daran ermunde, die materie und geschichte aldann das
nem nogang erwerken, und mit eelgen laffen, daunt
der braw von Bern, ouch der frommen eidgnoßschafft
und iv tu gewanten fucken und güteten mit vergeffen
und wen nach konien schnftlich behalten werden

RICHARD FELLER · EDGAR BONJOUR

GESCHICHTSSCHREIBUNG DER SCHWEIZ

VOM SPÄTMITTELALTER ZUR NEUZEIT

BAND I

Zweite, durchgesehene und erweiterte Auflage

Mit 35 Tafeln

HELBING & LICHTENHAHN VERLAG
BASEL/STUTTGART

ISBN 3 7190 0722 7
© 1979 by Helbing & Lichtenhahn Verlag AG, Basel

VORWORT

Den ersten erwähnenswerten Versuch, eine Übersicht über die schweizergeschichtlichen Schriftwerke zu bieten, unternahm Johann Heinrich Hottinger in seinem 1654 erschienenen «Methodus legendi historias Helveticas». Dieser spiegelte den Stand des damaligen Wissens wider. Gegen Ende der alten Eidgenossenschaft, gleichsam als ihr «testamentarisches Inventar», veröffentlichte Gottlieb Emanuel von Haller 1785–1788 seine «Bibliothek der Schweizergeschichte» in sieben Bänden, das grösste schweizerische Unternehmen solcher Art, an das die späteren anknüpften. Es enthält ein Verzeichnis der Drucksachen und Handschriften schweizergeschichtlichen Inhalts mit Würdigungen, erstaunlich durch seine Vollständigkeit und die innere Unabhängigkeit des Urteils. Fortsetzungen und weitere Bearbeitungen aus der ersten Hälfte des 19. Jahrhunderts, wie diejenigen von Johann Caspar von Orelli und Gerold Meyer von Knonau, scheiterten; sie beweisen, dass man das Bedürfnis kannte, es jedoch nicht zu befriedigen vermochte. Um das Zufällige und Lückenhafte dieser Versuche durch eine planmässige Übersicht zu überwinden, publizierte Ludwig von Sinner 1851 eine «Bibliographie der Schweizergeschichte» von den Anfängen bis zum Sturz des Ancien régime, «weil wir nur bis dahin eigentliche Geschichte haben». Es ist ein Verzeichnis mit kurzen persönlichen Glossen, mehr Bibliographie als Historiographie. Sinner fühlte zwar die Notwendigkeit, Würdigungen der Werke zu geben, genügte ihr aber nicht, weil Kraft und Geduld fehlten; sein Unternehmen erscheint als launischer Einfall, der rasch und leicht ausgeführt wurde. Das Problem der Historiographie war gegeben, man rang damit, wie die missglückten Anläufe zeigen. Egbert Friedrich von Mülinen packte es 1874 in seinem «Prodromus einer schweizerischen Historiographie» an, einem alphabetischen Verzeichnis der schweizerischen Historiker aller Zeiten mit Angaben über ihr Leben sowie ihre Werke und mit kurzen Bemerkungen. Als Handbuch bequem, stellte es wissenschaftlich keinen Fortschritt dar.

Was nottat, wurde von Georg von Wyss geleistet. Als erstem gelang es ihm, mit einem während eines langen Lebens betätigten Fleiss und mit selbstloser Begeisterung ein Werk zu schaffen, das für die Forschung seiner Zeit grundlegend war. Es ist bereits vor hundert Jahren entstanden, als Wyss ein Kolleg über «Literatur der Schweizergeschichte» entwarf, erschien jedoch erst postum 1895. Für die Drucklegung benützte der Herausgeber Gerold Meyer von Knonau nur zum kleinsten Teil Wyssens Vorlesungsmanuskript; er zog vielmehr noch die kollegienmässigen Nachschriften dreier Studenten bei und unterbreitete die von ihm so bearbeiteten Teile verschiedenen Gewährsmännern: Johannes Dierauer, Gustav Tobler, August Bernoulli, Joseph Zemp und Wilhelm Oechsli, die ihrerseits die einzelnen Abschnitte bereicherten und neu schrieben. Demnach darf die «Geschichte der Historiographie in der Schweiz» nicht vorbehaltlos als ein Werk von Georg von Wyss bezeichnet werden. Es «stellt vielmehr ein aus der Zusammenarbeit zahlreicher Spezialisten hervorgegangenes Handbuch dar, welchem das Manuscript von Wyss als allgemeine Grundlage gedient hat». Aber immer noch bedeutet es das massgebende, einzige Werk dieser Art. Da seine Entstehung um ein Jahrhundert zurückliegt, ist es begreiflicherweise von der Forschung überholt worden.

Der Unterzeichnete wurde seinerzeit durch seinen ersten akademischen Geschichtslehrer Gustav Tobler in die Quellenkunde der Schweizergeschichte eingeführt; bei dessen Nachfolger Richard Feller konnte er nur noch wenige Übungen mitmachen. In seine Basler Lehrtätigkeit baute er von Anfang an die Geschichtsschreibung ein, hielt in regelmässigen Abständen Vorlesungen über schweizerische Historiographie und regte auf diesem Gebiet mehrere Dissertationen an. Schon vor Jahren begann er damit, seine Kollegmanuskripte zu einem Handbuch der Historiographie umzuarbeiten. Verschiedene Partien lagen bereits für den Druck fertig vor, als Richard Feller 1958 starb und dessen Erben dem Unterzeichneten die schriftlichen Unterlagen zu den quellenkundlichen Übungen des Verstorbenen übergaben. Es handelt sich um lose, unnumerierte Blätter, die offenbar im Zeitraum von 1910–1940 beschrieben worden sind. Sie enthalten entweder nur kurze Stichwörter oder ausgeführte Sätze und umfassen die gesamte Epoche der schweizerischen Historiographie.

Der Entscheid, ob der Unterzeichnete in der Ausarbeitung seines Manuskriptes unabhängig fortfahren oder die Hinterlassenschaft Fellers miteinarbeiten solle, war nach Einsichtnahme in die empfangenen Papiere bald getroffen. Einmal erlaubte die Mitbenützung der Fellerschen Handschriften einen rascheren Abschluss der Gesamtdarstellung. Sodann – und das fiel ungleich schwerer ins Gewicht – bestand jetzt die Möglichkeit, Fellers tiefe Einsichten einem weiteren Kreis von Geschichtsfreunden zu vermitteln. Richard Feller war zweifellos der beste Kenner der schweizerischen Historiographie. Das reiche Wissen seines alten Lehrers und Freundes einer nachfolgenden Generation weiterzugeben, erschien dem Jüngeren als willkommene Ehrenpflicht. Was schliesslich nach jahrelanger Arbeit als endgültiger Text vorliegt, beruht also teils auf den Kollegheften des Unterzeichneten, teils auf den Notizen oder fertig formulierten Ausführungen Fellers. Die einzelnen Partien sind so sehr ineinander verwoben und zusammengewachsen, dass der Anteil der beiden Autoren meistenorts nicht mehr genau abgegrenzt werden kann. Für die neueste Zeit wurde Fellers vergriffene Schrift «Die schweizerische Geschichtsschreibung des 19. Jahrhunderts» und die ebenfalls im Buchhandel nicht mehr erhältliche Darstellung des Unterzeichneten, «Historiographie der Sonderbundszeit», beide leicht gekürzt und mit bibliographischen Angaben versehen, eingearbeitet.

Das vorliegende Buch will über Geschichtsquellen berichten, aus denen uns schriftliche Kunde von der Vergangenheit unseres Landes zufliesst. Bekanntlich ist die Schweiz reich an alten Aufzeichnungen und Chroniken, empfing als Zwischenland von innen sowie von aussen Licht und Anregung. Wir wollen die Werke der Geschichtsschreibung nicht rezensieren, sondern interpretieren. Vom Standpunkt des Wissenschaftshistorikers aus werden wir zu fragen haben, wie gross der Beitrag zur Forschung ist, ob neues Tatsachenmaterial, neuer Stoff erschlossen wird, welchen Verfahrens man sich dabei bedient, wie es um die Technik und den Entdeckerscharfsinn des Historikers bestellt ist. Vermag er überdies die Anschauung, die Stimmung, die Atmosphäre der dargestellten Epoche zu vermitteln, so dass wir ihr den Puls fühlen und ihre geistige Ader verfolgen können? Repräsentiert er seine Zeit, oder steht er zu ihr im Gegensatz? Aus welchen Impulsen schreibt er? Wie steht es um seine Fähigkeit, die Zusammenhänge zu sehen, die Kausalität herzustellen? Besitzt er einen historisch durchdringenden Blick für Dinge und Menschen? Erst in letzter Linie werden wir die historischen Schriften auf ihren darstellerischen Wert prüfen, auf ihre sprachliche Gewandtheit, auf ihre wort- und bildschaffende, ihre evokatorische Kraft. Wir werden auch hier drei Grundeinstellungen gegenüber dem Überlieferungsgut feststellen: das Vergnügen am anschaulichen Bericht, den Drang nach Erkenntnis und das Streben nach Belehrung, nach nationaler Erziehung. Alle drei, die Darstellungskunst, der Deutungswille und der Unterweisungstrieb, sind in den einzelnen Individualitäten verschieden stark vorhanden, wirken manchmal aber auch zusammen und bringen so eigenartige Schriften hervor.

Unsere Geschichte der schweizerischen Historiographie trägt, vornehmlich aus didaktischen Gründen, auch den Charakter einer Quellenkunde, ohne aber auf Urkunden, Akten, Inschriften systematisch einzugehen. Sie will helfen, das Einfühlungsvermögen, den kritischen Sinn auszubilden. Obgleich sie sich bestrebt, das Schrifttum über unsere Vergangenheit in allen wichtigen Zeugnissen möglichst lückenlos beizuziehen, kann sie doch nicht Vollständigkeit erreichen. Die Geschichte der Historiographie muss, wie jede Geschichte der Literatur, Fragment bleiben. Einiges, besonders aus den Anfängen, ist bewusst weggelassen worden. Für Ergänzungen und Berichtigungen, deren ein Versuch wie der vorliegende immer bedarf, wird der Unterzeichnete erkenntlich sein.

Die schweizerische Geschichtsschreibung wird in folgenden Gesamtdarstellungen berührt: Eduard Fueter: Geschichte der neueren Historiographie. Handbuch der mittelalterlichen und neueren Geschichte; Abt. 1, 3. Aufl., München/Berlin 1936. – Josef Nadler: Literaturgeschichte der deutschen Schweiz; Leipzig/Zürich 1932. – Emil Ermatinger: Dichtung und Geistesleben der deutschen Schweiz; München 1933.

EDGAR BONJOUR

VORWORT ZUR ZWEITEN AUFLAGE

Unsere «Geschichtsschreibung der Schweiz» ist schon seit mehreren Jahren vergriffen; einer Neuauflage durfte ich mich aber erst nach dem Abschluss anderer dringender Arbeiten widmen. Es konnte sich dabei nicht einfach um einen Wiederabdruck des ursprünglichen Textes handeln; neue Ergebnisse, welche die historiographische Forschung inzwischen gezeigt hat, mussten verarbeitet, Lücken in allen Jahrhunderten geschlossen werden; auch galt es, die Darstellung bis an die Gegenwart heranzuführen. Mehr als auf Vollständigkeit wurde darauf Wert gelegt, dass die repräsentativsten und wichtigsten Werke zur Sprache kamen. Schriften noch lebender Historiker bleiben ausgeschlossen. Zu danken habe ich den Dres phil. E. Merz für das Mitlesen der Korrektur, M. Fürstenberger für die Beschaffung der Bilder, W. Meyrat für die Anfertigung des Personenregisters. Der Schweizerische Nationalfonds, die Max Geldner Stiftung und der Fonds zur Förderung von Lehre und Forschung an der Universität Basel leisteten namhafte Beiträge an die Herstellung der vorliegenden zwei Bände, wofür ich ebenfalls aufrichtig danke.

Basel 1979

EDGAR BONJOUR

INHALT

BAND I

Vorwort V
Vorwort zur zweiten Auflage IX
Verzeichnis der Abkürzungen XVIII

I. SPÄTMITTELALTER (14. und 15. Jahrhundert)

Einleitung 3

Bern 7
Chronica de Berno, Conrad Justinger, Conflictus Laupensis, Thüring Fricker, Benedikt Tschachtlan und Heinrich Dittlinger, Elogius Kiburger, Processus Bernensium, Memoiren, Hans von der Gruben, Diebold Schilling, Johannes Murer, Ludwig Schwinkhart

Basel 30
Oberrheinische Chronik, Matthias Nüwenburgensis, Chronikalien der Ratsbücher, Henmann Offenburg, Anonyme Chronik, Hans Sperrer (Brüglinger), Heinrich von Beinheim, Erhard von Appenweiler, Niklaus Gerung (Blauenstein), Johannes Knebel, Nikolaus Rüsch, Anonyme Chronik der Burgunderkriege, Heinrich Arnold von Ahlfeld, Hieronymus Brilinger, Anonyme Chronik des Schwabenkrieges, Anonyme Chronik der Mailänderkriege, Ludwig Kilchenmann, Chronikalien aus Zunftbüchern

Zürich 45
Chronik der Stadt Zürich, Klingenberger Chronik, Felix Hemmerli, Quellen über den Waldmann-Handel, Felix Schmid (Fabri), Johannes Meyer, Gerold Edlibach, Heinrich Brennwald, Konrad Türst

Luzern 60
Ältestes Ratsbüchlein, Ältestes Bürgerbuch, Hans Fründ, Melchior Russ, Petermann Etterlin, Diebold Schilling

Innerschweiz 72
Habsburgisches Urbar, Rudolf von Radegg, Herkommen der Schwyzer und Oberhasler, Heinrich von Gundelfingen, Weisses Buch von Sarnen, Bruder Klaus (Niklaus von Flüe), Albrecht von Bonstetten, Johann Eberhard

Ostschweiz 85
Heinrich von Klingenberg, Christian Kuchimeister, Johannes von Winterthur (Vitoduranus), Heinrich von Diessenhofen, Reimchronik des Appenzellerkrieges, Kleine Toggenburger Chronik

Westschweiz 92
Freiburg: Anonyme Freiburger Chronik (Anonymus Friburgensis), Hans Greierz, Wilhelm Greierz, Nicod du Chastel, Nicod Bugniet, Jacques Cudrefin, Hans Fries, Peter von Molsheim. Neuenburg: Kleine Neuenburger Chronik,

Entreprises du Duc de Bourgogne contre les Suisses, Recueil d'un chanoine anonyme, Chroniques des chanoines de Neuchâtel. Genf: Fasciculus temporis, Jean Bagnyon, Libertés, franchises, immunités, us et coutumes de Genève, Savoyische Chroniken

Randgebiete 102
Ottokars österreichische Reimchronik, Johann von Victring, Fritsche (Friedrich) Closener, Jakob Twinger von Königshofen, Fortsetzungen zu Königshofen, Reinbold Slecht, Kolmarer Chronik, Johannes Stetter, Ulrich Richental

Burgunder- und Schwabenkrieg 109
Conradus Pfettisheim, Burgundische Legende, Burgundische Historie, Nicolai de preliis et occasu ducis Burgundiae historia, Reimchronik über Peter von Hagenbach, Wiler Chronik des Schwabenkrieges, Heinrich von Bechwinden, Hans Lenz, Acta des Tirolerkrieges, Nikolaus Schradin, Ludwig Sterner, Ludwig Feer, Simon Lemnius, Heinrich Hug

Ausland 120
Poggio Bracciolini, Enea Silvio Piccolomini, Deutsche Humanisten, Willibald Pirkheimer, Diplomatische Akten, Depeschen mailändischer Gesandter

II. REFORMATION (16. Jahrhundert)

Einleitung 131

Zürich 134
Bernhard Wyss, Laurenz Bosshard, Peter Füssli, Felix Schwyzer, Hans Edlibach, Bernhard Sprüngli, Conrad Kürschner (Pellikan), Hans von Hinwil, Werner Steiner, Anonyme Schweizerchronik, Johannes Stumpf, Heinrich Bullinger, Josua Maler, Josias Simler

Bern 164
Heinrich Wölflin (Lupulus), Valerius Anshelm, Akten des Jetzer-Prozesses, Samuel Zehender, Johannes Haller, Abraham Müslin (Musculus), Gabriel Hermann

St. Gallen 181
Hermann Miles, Fridolin Sicher, Rudolf Sailer, Viborata Mörli (Fluri), Johannes Kessler, Joachim von Watt (Vadianus), Johannes Rütiner, Ambrosius und Thomas Blaurer (Blarer)

Basel 197
Georg Zimmermann (Carpentarius), Aufzeichnungen eines Kartäusers, Chronik des Fridolin Ryff, Fortsetzungen durch Peter Ryff und Diebold Ryff, Katholischer Anonymus, Konrad Schnitt, Heinrich Ryhiner, Niklaus Briefer, Cosmas Erzberg, Adelberg Meyer (Zum Pfeil), Johannes Gast, Bonifatius Amerbach, Ulrich Hugwald (Mutius), Heinrich Bantlin (Pantaleon), Thomas Platter, Felix Platter, Thomas Platter II, Christian Wurstisen, Andreas Ryff, Johannes Basilius Herold

Schaffhausen 227
Hans Stockar, Hans Oswald Huber, Johann Jakob Rüeger

Graubünden 231
Johann von Travers, Wolf von Capaul, Franciscus Niger, Ulrich Campell, Jakob Bundi, Hans Ardüser

Genf und Waadt 238
Jean Bâlard, François de Bonivard, Antoine Froment, Marie Dentières, Jeanne de Jussie, Guillaume Messiez (Messerii), Michel Roset, Jean du Villard, Simon Goulart, Reformationschronik von Orbe, Jérôme François

Glarus 258
Fridolin Bäldi, Heinrich Loriti (Glareanus), Valentin Tschudi, Aegidius Tschudi

Luzern 277
Oswald Myconius, Thomas Murner, Hans Salat, Rudolf Ambühl (Collinus), Peter Villiger, Renward Cysat

Solothurn und Freiburg 289
Anton Haffner, Hans Jakob vom Staal (Stall), Anton Palliard, Ludwig von Affry, Anonymus über den Arsent-Handel, Franz Rudella, Franz Guillimann

Übrige Schweiz 296
Werner Schodeler, Anton Tegerfeld, Friedrich Jakob von Andwyl (Anwyl), Heinrich Küssenberg, Aufzeichnungen im Dominikanerinnen-Kloster St. Katharinental bei Diessenhofen, Heinrich Schönbrunner, Sebastian Seeman, Kaspar Suter, Walter Klarer, Hauschronik der Ammänner Vogler zu Altstätten, Werner Schodeler der Jüngere, Christoph Silberysen

Ausland 306
Mailänder Chroniken, Balcus, Mario Sanuto, Niccolò Machiavelli, Francesco Guicciardini, Paolo Giovio (Paulus Jovius), Ascanio Marso, Benvenuto Cellini, Gilles le Bouvier (Berry), Olivier de la Marche, Philippe de Commines, Louis de la Trémouille, Pierre Bayard, Robert de Fleurange, Jean Barrillon, Gaspard de Saulx-Tavannes, Jean Bodin (Bodinus), Michel de Montaigne, Pero Tafur, Thomas More (Morus)

III. KONFESSIONALISMUS (17. Jahrhundert)

Einleitung 327

Graubünden und Veltlin 330
Bartholomäus Anhorn, Johann Guler von Wyneck, Fortunat von Juvalta, Fortunat Sprecher von Bernegg, Ulysses von Salis-Marschlins, Herzog Heinrich von Rohan, Gioachimo Alberti, Pietro Angelo Lavizari, Francesco Saverio Quadrio, Josias Waser, Bericht eines Augenzeugen über den Veltlinermord

Zürich 348
Johann Heinrich Schweizer, Johann Heinrich Hottinger, Johann Jakob Wagner, Beat Holzhalb, Johann Heinrich Rahn

Bern 356
Michael Stettler, Jodokus Jost, Michael Ringier, Gabriel von Weiss, Karl Manuel, Wilhelm Lutz

Solothurn und Basel 365
Hans Jakob vom Staal, Franz Haffner, Johann Georg Wagner, Johann Jakob Grasser, Matthäus Merian, Johann Rudolf Wettstein

Genf 375
Anonyme Chronik von Genf, Jacques Savion, David Piaget, Pierre Perrin, Abraham Du Pan, Esaïe Colladon, Berichte, Akten und Inschriften über die Genfer Escalade, Friedrich Spanheim, Samuel Guichenon, Jakob Spon

Waadt und Neuenburg 385
Jean Baptiste Plantin, Georges de Montmollin

Übrige Schweiz 388
Melchior Goldast, Johann Im Thurn, Franz Katzengrau, Winterthurer Chronisten, Rapperswiler Chroniken, Bartholomäus Bischoffberger

Kirchengeschichte 392
Christoph Hartmann, Heinrich Murer, P. Gabriel Buzlin (Bucelinus), Bartholomäus Anhorn der Jüngere, Johann Kaspar Lang, Heinrich Fuchs, Johann Jakob Hottinger

Ausland 399
Giovanni Battista Padavino, Daniel Eremita, Ranutio Scotti, Heutelia, Thomas Coryat, Fynes Moryson, Isaac Wake, John Evelyn, Gilbert Burnet, Marc Lescarbot, Elie Brackenhoffer, Basler Reiseberichte, Flugschriften

BAND II

IV. AUFKLÄRUNG (18. Jahrhundert)

Einleitung 423

Diplomatik 426

Zürich 431
Zeitschriften, Sammlungen, Neujahrsblätter, Johann Heinrich Bluntschli, Johann Jakob Scheuchzer, Johann Jakob Leu, Johann Caspar Ulrich, Johann Jakob Bodmer und Johann Jakob Breitinger, David Herrliberger, Johann Konrad Fäsi, Johann Konrad Füssli, Johann Heinrich Schinz, Johann Heinrich Füssli, Hans Rudolf Maurer, Leonhard Meister

Bern 455
Isaak Steiger, Johannes Fankhauser, Franz Ludwig von Lerber, Johann Rudolf Gruner, Jakob Lauffer, Hans Rudolf Grimm, Beat Emanuel von May, Alexander Ludwig von Wattenwyl, Vincenz Bernhard von Tscharner, Gottlieb Emanuel von Haller, Isaak Gottlieb Walther, Franz Sigmund von Wagner, Karl Ludwig Stettler

Basel 475
Jakob Christoph Iselin, Johann Rudolf Iselin, Johann Rudolf von Waldkirch, Jakob Christoph Beck, Johann Heinrich Brucker, Johann Jakob Spreng, Johann Heinrich Gleser, Daniel Bruckner, Isaak Iselin, Peter Ochs

Glarus und Appenzell 490
Johann Heinrich Tschudi, Christoph Trümpi, Johann Jakob Tschudi, Gabriel Walser

Graubünden 496
Niklaus Sererhard, Peter Dominicus Rosius a Porta

Innerschweiz 501
Joseph Anton Felix Balthasar, Beat Fidel Anton von Zurlauben, Franz Vincenz Schmid, Joseph Thomas Fassbind, Josef Businger

Genf 512
Jean Antoine Gautier, Jacob Vernet, Léonard Baulacre, Paul-Henri Mallet, Jean-Pierre Bérenger, Isaac Cornuaud, Francis d'Ivernois

Übrige Westschweiz 528
Zeitschriften, Abraham Ruchat, Charles Guillaume de Loys de Bochat, François Joseph Nicolas d'Alt de Tieffental

Ausland 535
Vendramino Bianchi, Abraham Stanyan, Edward Gibbon, William Coxe, Christoph Meiners

Johannes von Müller 545
Lebenslauf, Geschichtsschreiber: Geschichtsauffassung, Methode, Stil und Gestaltung

v. NEUZEIT (19. Jahrhundert)

Einleitung 573

Erste Epoche der Darstellung 578

    Fortsetzer Johannes von Müllers 578
Robert Glutz-Blotzheim, Johann Jakob Hottinger, Louis Vulliemin, Charles Monnard, Joseph Planta, Jean-Charles-Léonard Simonde de Sismondi

    Kleinere Darstellungen 602
Ludwig Meyer von Knonau, Niklaus Friedrich von Mülinen, Johann Ludwig Wurstemberger, Bernhard Emanuel von Rodt, Johann Anton von Tillier, Johann Kaspar Zellweger, Johann Heinrich Gelzer, Gallus Jakob Baumgartner

    Politische Geschichtsschreibung 625
Karl Ludwig von Haller, Heinrich Zschokke, Josef Anton Henne, Peter Feddersen

    Zeitgenössische Literatur über den Sonderbund 632
Guillaume Henri Dufour

    Die Besiegten 636
Josef Burkhard Leu, Franz von Elgger, Philippe de Maillardoz, Joseph Balthasar Ulrich, Jacques Crétineau-Joly, Jonas Karl Bluntschli, Constantin Siegwart, Bernhard Meyer

    Die Sieger 663
Jakob Amiet, Louis Rilliet de Constant, Johann Jakob Leuthy, J. Martin Rudolf, Niklaus Friedrich von Tschudi, Eusèbe Henri Gaullier, Albert An der Matt

Epoche der kritischen Forschung 675

    Anfänge 675
Joseph Eutych Kopp, Frédéric de Gingins-La Sarraz, Andreas Heusler, Jean Joseph Hisely, Johann Kaspar Bluntschli, Johann Jakob Blumer, Jacob Burckhardt, Wilhelm Vischer

    Westschweiz 692
Jean Barthélemy Galiffe, Aimé Louis Herminjard, Amédée Roget, Albert Rilliet, Henri Bordier, Pierre Vaucher

    Bodenforschung 696
Ferdinand Keller, Frédéric Troyon, Karl Adolf von Morlot, Albert Jahn, Gustav von Bonstetten

    Kritische Schule 701
Georg von Wyss, Friedrich von Wyss, Hermann Wartmann, Philipp Anton von Segesser, Moritz von Stürler, Ernst Ludwig Rochholz, Theodor von Liebenau, Johannes Strickler, Traugott Schiess, Friedrich Salomon Vögelin, Alexandre Daguet, Otto Henne am Rhyn, John Martin Vincent

    Ergebnisse 730
Jean Gremaud, Ernst Götzinger, Gustav Tobler, Conradin von Moor, Victor Cérésole, Hans Rudolf Rahn, Emil Egli, Ernst Alfred Stückelberg, Egbert Friedrich von Mülinen

Neue Epoche der Darstellung 733
Carl Hilty, Karl Dändliker, Wilhelm Gisi, Johannes Dierauer, Hans Schneider, Wilhelm Oechsli

VI. NEUESTE ZEIT (20. Jahrhundert)

Einleitung 753

Bern 756
Gustav Tobler, Heinrich Türler, Richard Feller, Hans von Greyerz, Robert Grimm

Zürich 763
Gerold Meyer von Knonau, Paul Schweizer, Ernst Gagliardi, Karl Meyer, Leonhard von Muralt, Hans Nabholz, Anton Largiadèr, Gottfried Guggenbühl, Alfred Stern, Eduard Fueter, Jakob Schollenberger

Basel 779
Rudolf Wackernagel, Hermann Bächtold, Emil Dürr, Felix Staehelin, Paul Burckhardt, Hans Georg Wackernagel, Carl J. Burckhardt, Eduard His, Paul Wernle

St. Gallen 789
Theodor Curti, Wilhelm Ehrenzeller, Werner Näf

Innerschweiz, Aargau 793
Robert Durrer, Walther Merz, Hektor Ammann

Freiburg 796
Gaston Castella, Albert Büchi, Oskar Vasella, Gonzague de Reynold

Westschweiz 799
Edouard Rott, Arthur Piaget, Eddy Bauer, Charles Gilliard, Edmond Rossier, Paul-Edmond Martin, William E. Rappard, William Martin

Kantonsgeschichten 810
Appenzell, Luzern, Glarus, Graubünden, Solothurn, Thurgau, St. Gallen, Schaffhausen, Aargau, Bern, Berner Jura, Schwyz, Zug, Tessin, Genf, Waadt, Neuenburg

Verzeichnis der Abbildungen 815

Personenregister 819

ABKÜRZUNGEN

Abh. schw. R.	Abhandlungen zum Schweizerischen Recht, Bern 1909 ff.
ADB	Allgemeine Deutsche Biographie, 56 Bde., Leipzig 1875–1912
Ann. frib.	Annales fribourgeoises, Freiburg i. Ue. 1913 ff.
Anz. Schw. Gesch.	Anzeiger für schweizerische Geschichte und Altertumskunde, Bde. 1–3, Zürich 1855–1868; Anzeiger für schweizerische Geschichte, NF Bde. 1–8, Bern 1870–1920
Appenz. Monatsbl.	Appenzellisches Monatsblatt, Jg. 1–22, 1825–1847
Arch. hérald. suisses	Archives héraldiques suisses, Neuenburg 1887 ff.
Arch. Hist. Ver. Bern	Archiv des Historischen Vereins des Kantons Bern, Bern 1855 ff.
Arch. Schw. Gesch.	Archiv für schweizerische Geschichte, Bde. 1–20, Zürich 1843–1875
Basl. Beitr. Geschichtswiss.	Basler Beiträge zur Geschichtswissenschaft, Bde. 1–139 ff., Basel 1938–1979 ff.
Basl. Beitr. vaterl. Gesch.	Beiträge zur vaterländischen Geschichte, hg. von der Historischen Gesellschaft in Basel, Bde. 1–10; NF Bde. 1–5, Basel 1843–1901
Basl. Chron.	Basler Chroniken, Bde. 1–7, Leipzig 1872–1915; Bde. 8–10, Basel 1945–1976
Basl. Jahrb.	Basler Jahrbuch, Basel 1879–1959; Basler Stadtbuch, Jahrbuch für Kultur und Geschichte, Basel 1960 ff.
Basl. Kunstver. Bericht	Basler Kunstverein, Berichterstattung über die Jahre 1871–1890
Basl. Taschenb.	Basler Taschenbuch, Jg. 1–10, Basel 1850–1864
Basl. Zeitschr. Gesch. Altertkde.	Basler Zeitschrift für Geschichte und Altertumskunde, Basel 1901 ff.
Beitr. Freib. Wiss. und Universitätsgesch.	Freiburger Beiträge zur Wissenschafts- und Universitätsgeschichte, Bde. 1–2, Freiburg/München 1974–1977
Beitr. Heimatkde. des Kantons Bern deutschen Teils	Beiträge zur Heimatkunde des Kantons Bern, Zollikon/Zürich 1948
Beitr. Kulturgesch. d. Mittelalters u. d. Renaissance	Beiträge zur Kulturgeschichte des Mittelalters und der Renaissance, Bde. 1–55, Leipzig/Berlin 1908–1939
Beitr. vaterl. Gesch.	Beiträge zur vaterländischen Geschichte, Bde. 1–15, Basel 1843–1901
Berner Zeitschr. Gesch. Heimatkde.	Berner Zeitschrift für Geschichte und Heimatkunde, Bern 1939 ff.
Bibliothek Litterar. Ver. Stuttgart	Bibliothek des literarischen Vereins Stuttgart, Stuttgart 1843 ff.
Bibliothek Schw. Staatskde.	Bibliothek der schweizerischen Staatskunde, Bde. 1–3, Zürich 1796–1797
Bl. Bern. Gesch. Altertkde.	Blätter für Bernische Geschichte, Kunst und Altertumskunde, Jg. 1–25, Bern 1905–1929

Bündn. Monatsbl.	Bündnerisches Monatsblatt, Chur 1850–1904; Bündnerisches Monatsblatt, Zeitschrift für bündnerische Geschichte, Landes- und Volkskunde, Chur 1914 ff.
Bull. Inst. nat. genev.	Bulletin de l'Institut national genevois, Genf 1853 ff.
Bull. Soc. hist. Protestant. Franç.	Bulletin de la Société de l'histoire du Protestantisme français, Paris 1853–1976 ff.
Centralbl. Zofingerver.	Centralblatt des Schweizerischen Zofinger-Vereins, Bern/Lausanne/Genf/Basel 1860 ff.
Coll. compl. mém. rel. l'hist. France	Collection complète des mémoires relatifs à l'histoire de France, Paris 1819–1829
ebda.	ebenda
Etr. genev.	Etrennes Genevoises, 4 séries, Genf 1877–1880
Europ. Hochschulschr.	Europäische Hochschulschriften, Reihe 3, Bern/Frankfurt a. M. 1967–1977 ff.
Festschr.	Festschrift
Freib. Geschichtsbl.	Freiburger Geschichtsblätter, Freiburg i. Ue. 1894 ff.
Freib. Hist. Studien	Freiburger Historische Studien, Bde. 1–6, Freiburg 1905–1910
Geschichtsfreund	Der Geschichtsfreund, Mitteilungen des Historischen Vereins der Fünf Orte, Einsiedeln/Stans 1843 ff.
Helv. Museum	Museum helveticum, Bde. 1–28, Tiguri 1753 ff.
Hist. Zeitschr.	Historische Zeitschrift, München 1859 ff.
Innerschw. Jahrb. Heimatkde.	Innerschweizerisches Jahrbuch für Heimatkunde, Bde. 1–20, Luzern 1936–1960
Jahrb. Gesch., Sprache, Literatur Elsass-Lothringen	Jahrbuch für Geschichte, Sprache und Literatur Elsass-Lothringens, Strassburg 1918 ff.
Jahrb. Hist. Ver. Glarus	Jahrbuch des Historischen Vereins des Kantons Glarus, Glarus 1865 ff.
Jahrb. Oberaargau	Jahrbuch des Oberaargaus, Bd. 1 1958, Sonderband 1969
Jahrb. Soloth. Gesch.	Jahrbuch für solothurnische Geschichte, Solothurn 1928 ff.
Jahrb. Schw. Alpenclub	Jahrbuch des Schweizer Alpenclub, Bde. 1–58, Bern 1869–1924
Jahrb. Schw. Gesch.	Jahrbuch für schweizerische Geschichte, Bde. 1–45, Zürich/Freiburg 1876–1920
Jahresber. Hist.-Antiq. Ges. Graubünden	Jahresbericht der Historisch-Antiquarischen Gesellschaft von Graubünden, Chur 1872 ff.
Kath. Schw. Bl.	Katholische Schweizerblätter für Wissenschaft, Kunst und Leben, Jg. 1–13, Luzern 1859–1871
Mém. doc. Soc. hist. arch. Genève	Mémoires et documents, publiés par la Société d'histoire et d'archéologie de Genève, Genf 1841–1887
Mém. doc. Soc. hist. Suisse Romande	Mémoires et documents, publiés par la Société d'histoire de la Suisse romande, Bde. 1–39, NF Bde. 1 ff., Lausanne 1838 ff.
Mém. Inst. Genève	Mémoires de l'Institut national Genevois, Bde. 1–17, Genf 1853–1889
MGH SS NS	Monumenta Germaniae historica, scriptores

Mitt. Antiq. Ges. Zürich	Mitteilungen der Antiquarischen Gesellschaft Zürich, Zürich 1841 ff.
Mitt. Hist. Ver. Schwyz	Mitteilungen des Historischen Vereins Schwyz, Einsiedeln 1882–1977 ff.
Mitt. Inst. f. österreich. Geschichtsforsch.	Mitteilungen des Instituts für österreichische Geschichtsforschung, Wien 1880 ff.
Mitt. vaterl. Gesch.	Mitteilungen zur vaterländischen Geschichte, hg. vom Historischen Verein in St. Gallen, St. Gallen 1862 ff.
Monogr. Gesch. Schw.	Monographien zur Ur- und Frühgeschichte der Schweiz, Basel 1937 ff.
Mskr.	Manuskript
Musée neuchât.	Musée neuchâtelois, Neuenburg 1864 ff.
Museum Helvet.	Museum Helveticum, Schweizerische Zeitschrift für klassische Altertumswissenschaft, Basel 1944 ff.
N. Arch. Gesch. f. ältere deutsche Geschichtskde.	Neues Archiv der Gesellschaft für ältere deutsche Geschichtskunde, Hannover/Leipzig 1876–1936
N. Bern. Taschenb.	Neues Berner Taschenbuch, Jg. 1–39, Bern 1896–1933
NDB	Neue Deutsche Biographie, Berlin 1953–1977 ff.
N. Heidelb. Jahrb.	Neue Heidelberger Jahrbücher, Bde. 1–56, Heidelberg 1891–1956
N. Schw. Museum	Neues Schweizerisches Museum, Bde. 1–6, Basel 1861–1866
N. Solothurn. Wochenbl.	Neues Solothurner Wochenblatt, Bde. 1–5, Solothurn 1910–1914
Njbl.	Neujahrsblatt
Njbl. GGG	Neujahrsblatt (für Basels Jugend), hg. von der Gesellschaft zur Beförderung des Guten und Gemeinnützigen, Basel 1821 ff.
Njbl. Hülfsges. Zürich	Neujahrsblatt der Hülfsgesellschaft in Zürich, Zürich 1801–1890
Njbl. Stadtbibl. Zürich	Neujahrsblatt der Stadtbibliothek in Zürich, Zürich 1812–1890
Nouv. Etr. Fribourg	Nouvelles étrennes Fribourgeoises, Bde. 1–24, Freiburg 1865–1890
Pariser Hist. Studien	Pariser Historische Studien, Stuttgart/Bonn 1962 ff.
Polit. Jahrb. Schw. Eidg.	Politisches Jahrbuch der Schweizerischen Eidgenossenschaft, Bde. 1–31, Bern 1886–1917
Quell. Forsch. Sprach- u. Culturgesch. german. Völker	Quellen und Forschungen zur Sprach- und Culturgeschichte der germanischen Völker, Bde. 1–124, Strassburg 1874–1918
Quell. Schw. Gesch.	Quellen zur Schweizergeschichte, hg. von der Allgemeinen Geschichtforschenden Gesellschaft der Schweiz, Basel 1877–1907, NF Basel 1908 ff.
Quell. schw. Reformationsgesch.	Quellen und Abhandlungen zur schweizerischen Reformationsgeschichte, Basel 1901–1905, Leipzig 1912–1942
Quellenb. Schweizergesch.	Wilhelm Oechsli: Quellenbuch zur Schweizergeschichte, Zürich 1893

Quellenslg. bad. Landesgesch.	Quellensammlung der badischen Landesgeschichte, Karlsruhe 1848–1867
Quellenw. Entst. Schw. Eidg.	Quellenwerk zur Entstehung der Schweizerischen Eidgenossenschaft, Aarau 1933 ff.
Realenzykl. protestant. Theol. Kirche	Realenzyklopädie für Protestantische Theologie und Kirche, Bde. 1–8, Hamburg und Gotha 1854–1866; 2. Aufl., Bde. 1–18, Leipzig 1877–1888
Rev. d'Alsace	Revue d'Alsace, Bde. 1–101, Strasbourg 1834–1962
Rev. Frib.	Revue de Fribourg, Bde. 1–43, Fribourg 1869–1912
Rev. hist. révol. franç. et de l'empire	Revue historique de la révolution française et de l'empire, Bde. 1–15, Paris, Reims 1910–1923
Rev. hist. vaud.	Revue historique vaudoise, Lausanne 1893 ff.
Sammelbde. der int. Musikgesch.	Sammelbände der internationalen Musikgesellschaft, Leipzig/Hildesheim 1899 ff.
Slg. Bern. Biogr.	Sammlung bernischer Biographien, Bde. 1–5, Bern 1884–1906
Schaffh. Beitr.	Schaffhauser Beiträge zur vaterländischen Geschichte, Thayngen 1937 ff.
Schriften Ver. Gesch. Bodensees	Schriften des Vereins für die Geschichte des Bodensees: I, Überlingen 1925; II, Friedrichshafen 1929
Schr. Ver. Reformationsgesch.	Schriften des Vereins für Reformationsgeschichte, Bde. 1–187, Halle 1883–1972
Schriftenr. Hist. Komm. Bayer. Akad. Wissensch.	Schriftenreihe der Historischen Kommission bei der Bayerischen Akademie der Wissenschaften, Göttingen 1957 ff.
Schw. Arch. Volkskde.	Schweizerisches Archiv für Volkskunde, Zürich/Basel 1897 ff.
Schw. Beitr. Allg. Gesch.	Schweizer Beiträge zur Allgemeinen Geschichte, Bde. 1–21, Bern 1943–Aarau 1972
Schw. Geschichtforscher	Der schweizerische Geschichtforscher, Bde. 1–14, Bern 1812–1840, 1852
Schw. Illustr. Zeitschr. Schw. Litt., Kunst, Wiss.	Illustrierte Zeitschrift für Schweizerische Litteratur, Kunst und Wissenschaft, Jg. 7–8, Bern 1864, 1865
Schw. Museum hist. Wiss.	Schweizerisches Museum für historische Wissenschaften, Bde. 1–3, Frauenfeld 1837–1839
Schw. Protestantenbl.	Schweizerisches Protestantenblatt, Basel 1878 ff.
Schw. Stud. Geschichtswiss.	Schweizer Studien zur Geschichtswissenschaft, Bde. 1–20, NF Bde. 1–13, Zürich 1908–1947
Schw. Zeitschr. Gesch.	Schweizerische Zeitschrift für Geschichte, Zürich 1951 ff.
Schw. Zeitschr. Strafrecht	Schweizerische Zeitschrift für Strafrecht, Bern 1896 ff.
Taschenb. Hist. Ges. Aargau	Taschenbuch der Historischen Gesellschaft des Kantons Aargau, Bde. 1–18, Aarau 1896–1930
Thurg. Beitr. vaterl. Gesch.	Thurgauische Beiträge zur vaterländischen Geschichte, Frauenfeld 1861 ff.
Verh. Schw. Naturforsch. Ges.	Verhandlungen der Schweizerischen naturforschenden Gesellschaft, Bde. 1–72 ff., Basel/Aarau/Zürich 1816–1890 ff.
Veröff. HHS St. Gallen	Veröffentlichungen des schweizerischen Instituts für Aussenhandels- und Absatzforschung an der Handelshochschule St. Gallen, St. Gallen 1943 ff.

Veröff. Schw. Bundesarchiv	Veröffentlichungen des schweizerischen Bundesarchivs, Bern 1975 ff.
Vierteljahrsschr. Naturforsch. Ges. Zürich	Vierteljahrsschrift der naturforschenden Gesellschaft in Zürich, Zürich 1856 ff.
Voigtl. Quellenb.	Voigtländers Quellenbücher, Bde. 1–94, Leipzig 1911–1918
Zeitschr. Gesch. Heimatkde. Vorarlbergs	Zeitschrift für Geschichte, Heimat- und Volkskunde Vorarlbergs, Bde. 1–4, Bregenz 1946–1949
Zeitschr. Gesch. Oberrhein NF	Zeitschrift für die Geschichte des Oberrheins, Bde. 1–38, Karlsruhe 1850–1885; NF Karlsruhe, 1886 ff.
Zeitschr. Savigny-Stiftung f. Rechtsgesch., germ. Abt.	Zeitschrift der Savigny-Stiftung für Rechtsgeschichte, Germanische Abteilung, Weimar 1880 ff.
Zeitschr. Schw. Gesch.	Zeitschrift für schweizerische Geschichte, Bde. 1–30, Zürich 1921–1950
Zeitschr. Schw. Kirchengesch.	Zeitschrift für schweizerische Kirchengeschichte, Stans 1907 ff., Freiburg i. Ue. 1945 ff.
Zeitschr. wiss. Theol.	Zeitschrift für wissenschaftliche Theologie, Bde. 1–55, Jena/Halle/Leipzig 1858–1919
Zürch. Beitr. Ref. gesch.	Zürcher Beiträge zur Reformationsgeschichte, Zürich 1970 ff.
Zürch. Taschenb.	Zürcher Taschenbuch, Bde. 1–3, Zürich 1858, 1859, 1862, NF 1878 ff.

I.
SPÄTMITTELALTER
14. und 15. Jahrhundert

EINLEITUNG

Im Mittelalter war die Welt nicht entschleiert, sondern von Geheimnis und Wundern umzogen. Der Gesichtskreis reichte höchstens vom Atlantischen Ozean bis zur Weichsel, von Schottland bis Ägypten. Dafür herrschte die Genugtuung, dass nach dem geltenden ptolemäischen Weltsystem die Erde der Mittelpunkt des Weltalls war. So beschränkt der Blick in die Weite war, so unermesslich stieg er in die Höhe. Allgegenwärtig ragte die Überwelt in die Welt hinein. Dantes Göttliche Komödie zeigt, dass der Mensch den Himmel und die Hölle genauer kannte als die Erde. Was das Menschenherz bewegte, brachte es dem Schöpfer aller Dinge dar und legte seine Last im Gottvertrauen ab, daher unter Trübsal seine beschwingte Freudigkeit; sie äusserte sich auch in Festen, die bei der engen korporativen Gliederung des Volkes alle Stände zusammenführten.

Das historische Schrifttum ist der Ausdruck von dem allem. Es hielt schwer, dass der einfache Mensch des Mittelalters zur Feder griff. Wenn er es tat, so drängte es ihn zur Zwiesprache mit Gott, zur erschütternden Verrechnung zwischen Zeit und Ewigkeit. Selten setzte deshalb eine Feder zur Geschichtsschreibung an. Geschah es aber, so durchwaltete die Aufzeichnungen eine einheitliche Weltanschauung: Gott ist das Subjekt, der Mensch das Objekt des Weltgeschehens; Gott macht die Geschichte, der Mensch erleidet sie. Also ist die Geschichte theozentrisch. Den Ausgangspunkt der Betrachtung bildet der Sündenfall im Paradies. Seither lastet die Erbsünde auf dem Menschengeschlecht und drückt es darnieder, so dass es immer tiefer sinkt bis zum Jüngsten Gericht. Der Verlauf der Geschichte gleicht einem beständigen Abstieg. Für das Mittelalter ist das die Bewegung, die durch die Geschichte geht und die Ereignisse zusammenhält. Wohl starb Christus den Opfertod; dieser erlöst den Einzelnen, entsühnt aber nicht die Menschheit insgesamt. Solche Voraussetzungen lassen verstehen, dass der Mensch nur zögernd sich an die Historiographie wagte; er scheute davor zurück, an diese schweren Geheimnisse zu rühren.

Geistliche schrieben Geschichte, ihre Sprache war das Latein. Im Kloster verzeichnete man die Todestage, um die Jahrzeiten festzuhalten, und bereicherte die Daten mit historischen Angaben. Die Aufzeichnungen erweiterten sich zu Annalen, zu Jahrbüchern, die das Dargestellte nach Jahren abteilten. Ein anderer Beweggrund war der Wunsch zu belehren. Auch vom Geschichtsschreiber sollte die Welt erfahren, dass Gottes Wille geschieht: Die Geschichtsschreibung wurde zum angewandten Gottesdienst. Der Mensch soll sein Herz nicht an zeitliche Dinge, die vergänglich sind, hängen, sondern sich den bleibenden Werten der Ewigkeit zuwenden. Neben den Annalen erscheint die Chronik; sie teilt den Stoff nicht unter die Jahre ab und stellt freier dar. Beiden Gattungen ist gemein, dass sie nicht nach pragmatischer Darstellung drängen; sie begründen die Ereignisse nicht, suchen nicht die Ursachen, nicht den inneren Zusammenhang. Dieser ist gegeben: göttlicher, nicht menschlicher Wille lenkt alles Geschehen.

Im späten Mittelalter meldet sich ein weltlich getöntes Begehren: Die aufblühenden Städte verlangen nach der Aufzeichnung ihrer Taten, sie erteilen den Auftrag zum Geschichtswerk. Das Bürgertum löst die Geistlichkeit in der Geschichtsschreibung ab, Weltliche führen herzhafter die Feder, in deutscher Sprache, mit dem Blick auf das Irdische. Städtechroniken entstehen, mehr aus politischer als aus gelehrter oder religiöser Tendenz. Das bewegte Leben der Vaterstadt regt den Verfasser zum Nachdenken über ihr besonderes Schicksal an und lehrt ihn ausscheiden, was nicht zu seinem Thema gehört, erzieht ihn zu monographischer Behandlung. Dies findet sich in der Historiographie des 15. Jahrhunderts sozusagen überhöht; denn es ist das Jahrhundert, da die Eidgenossenschaft sich aus dem Reich löst und immer mehr zum Bewusstsein ihrer besonderen Zusammengehörigkeit kommt, und zwar territorial, politisch und sozial. Die Reichsidee verblasst, das Reichsgefühl tritt zurück vor dem als politische Wirklichkeit erlebten, auf Handwerk und Handel gestellten, aufstrebenden Stadtstaat. Bestimmend ist der Einfluss der Gegenwart, des eigenen Lebensbereiches; die persönliche schweizerische Note schlägt durch. Es setzt eine schweizerische Geschichtsschreibung ein, die von der weiteren Umwelt absieht.

Wer amtlich beauftragt wurde, hatte den Vorteil, die Akten des geheimen Archivs benützen und so aus den ersten Quellen schöpfen zu können. Der Nachteil lag darin, dass die offiziellen Chronisten auf ihre Auftraggeber Rücksicht nehmen und ihnen Nachteiliges weglassen mussten. Denn ihre Manuskripte unterstanden der obrigkeitlichen Zensur, welche Missliebiges unterdrückte. Meist stammten die Chronisten aus der bürgerlichen Mittelschicht; sie interessierten sich fast ausschliesslich für die Regierenden und vertraten deren Standpunkt. Die Anliegen und Sorgen des gemeinen Mannes lagen ihnen ferner. Sie beschäftigten sich mehr mit dem Ausserordentlichen, dem Krieg, der Verbindung mit fremden Fürsten, den Erschütterungen des heimischen Gemeinwesens als mit dem Alltag, den sie einer Beschreibung nicht für wert hielten. Sie gehen von der Gegenwart aus, schreiben mit Bezug auf sie und sind am aufschlussreichsten da, wo sie Zeitgeschichte darstellen. Stets versichern sie, nur die Wahrheit suchen und schildern zu wollen. Dabei ist ihnen kaum bewusst, wie sehr sie in ihrer Sicht der Vergangenheit durch ihre Zugehörigkeit zu einer bestimmten politischen Gemeinschaft, zu einer bestimmten sozialen Schicht, zu einem bestimmten kirchlichen Verband bedingt sind, wie sehr ihre Auffassung standorts- und umweltsgebunden ist. Aber es geht ihnen in erster Linie auch gar nicht um die peinlich genaue Rekonstruktion der Vergangenheit; sie würdigen Leistungen, decken begangene Fehler auf, damit man sie nicht wiederhole; sie belehren, mahnen. Sie wollen das örtische Zusammengehörigkeitsgefühl beleben, letzten Endes das Nationalbewusstsein stärken. Damit geben sie Grundhaltungen ihrer Zeit getreu wieder und erfüllen eine wichtige Aufgabe des Historikers.

Allen Geschichtsschreibern war gemeinsam, dass sie *eine* Regung nicht verspürten: sie griffen nicht aus Ehrgeiz und Ruhmsucht zur Feder. Von vornherein konnten sie nur auf einen geringen Leserkreis zählen, da kein Druck ihre Schriften verbreitete. Daher nennen sie sich oft nicht oder schreiben unbedenklich aus anderen Werken ab, ohne sie zu bezeichnen.

Mit den Humanisten erscheint in der Literatur die freie Schriftstellerpersönlichkeit. Sie schreiben nicht im Auftrag einer Behörde, von der Anschauung eines bestimmten Standes aus oder in Anlehnung an eine bestimmte kirchliche Anschauung, sondern unabhängig, aus eigener Notwendigkeit, nach individueller Sicht. Darum ist es schwer, Gemeingültiges über sie auszusagen. Die Vorbilder suchen sie in der Antike, nicht bei den Kirchenvätern, nicht bei den christlichen Historikern. Sie sind meist Laien. Manchmal scheint es, sie betrachteten sich als Stand; aber das Individuelle sprengt doch das Gemeinsame. Ihr Antrieb ist der Ruhm des Darstellers wie des Dargestellten. Weil die Humanisten Schriftstellerehrgeiz haben, nennen sie sich. Damit stellt sich die Achtung vor dem literarischen Eigentum ein; es wird weniger abgeschrieben. Sie erkennen die tragende Kraft des glänzenden Stils und ahmen die Vorbilder Livius und Thukydides peinlich nach, wobei mit typisierenden Ausdrücken das eigene Zeitgepräge verwischt wird; die antiken Termini gleiten über die Wirklichkeit hinweg, erfassen sie nicht.

Und doch sind die Humanisten der Welt zugewandt, beobachten sie, suchen sie zu erschliessen, haben Sinn für das Wirkliche, Freude am Geschehen; sie reflektieren darüber. Das heisst, sie bieten nicht nur Tatsachen, sondern bedenken Probleme. Aber das kommt nicht genügend zur Geltung. Sie stellen eben die schöne Form über den Inhalt und vermeiden, was diese bricht. Daher lieben sie das Wirtschaftliche, die Zahlen nicht, obschon sie Sinn dafür aufbringen; es beeinträchtigt die Schönheit des Stils. Der Stoff wird nach ästhetischer Wirkung ausgewählt. Anstelle der früheren formlosen Anhäufung tritt eine Auslese, freilich nicht nach sachlichen Gesichtspunkten. Die Geschichte ist ihnen ‹munus oratoris›; das verleiht den Rang. Sie fahnden nach erregenden Stilmitteln, nach Redeturnier, Wortspiel, Witz, womit die Fähigkeit erwacht, auch das Bedenklichste verschleiert zu sagen. Nach antiken Mustern wie Tacitus und Sallust charakterisieren sie direkt oder indirekt durch das Mittel der Rede, so Thüring Fricker im Twingherrenstreit. Sie begründen das Geschehen nicht mehr transzendent, sondern immanent, suchen seine Ursachen in der Willensbildung des Menschen. Daher ist ihre Betrachtung anthropozentrisch ausgerichtet.

Politisch sind die Humanisten eher national gesinnt, gegen das Imperium, die Weltmonarchie eingestellt; das bestimmt den Gegenstand. Früher schrieb man Stadtgeschichte im Rahmen des Reiches, der Christenheit; jetzt schafft man die Landesgeschichte des Territorialstaates, die Nationalhistorie. Die Humanisten verkünden die Vaterlandsliebe. Diese war schon früher da; aber sie geben ihr Worte, machen sie sprachfähig. Anklänge finden wir bei Justinger und seinem Stolz auf Bern, bei Etterlin, der eine Stadt- und Landesgeschichte schreibt, und bei Schradin, der vom Schweizerland spricht. Gerne greifen die Humanisten zur Annalenform des Livius, den Jahrbüchern, sind hier also nicht frei. Der Nachteil liegt darin, dass sie eine durchgehende Entwicklung, wie sie ihrer Problemstellung entspräche, nicht zeichnen können. Ihre Motive überschneiden sich. Das Besinnen auf das Echte, das Zuverlässige, das heisst die Kritik des Inhaltes und damit die Kritik der Quellen, ist oft schwach vorhanden; man wird die Quellenkritik, die sorgfältige historische Einzelforschung später wachsen sehen. Dagegen erscheint die Kritik der Form von Anfang an als scharfäugig.

Das alles ist in den verschiedensten Abstufungen und Übergängen vorhanden, vom Edlen bis zum Gemeinen, vom Tiefgründigen und Ergriffenen bis zum Oberflächlichen und Leichtgeschürzten, wie es der entfalteten Individualität entspricht, die mit den bisherigen Voraussetzungen innerlich oder äusserlich gebrochen hat. Die neue Konvention, die die Humanisten schaffen, verpflichtet indessen zu wenig, und so ist es oft schwer, ihre Richtung von der mittelalterlichen zu unterscheiden. Man kann viel leichter die Aufklärung von der ihr vorausgehenden Zeit trennen; Humanismus und Mittelalter sind enger ineinander verzahnt. Am ehesten lässt sich der Humanismus in Italien gegen das Mittelalter begrenzen, weil er hier eine vorgestimmte Renaissancegesellschaft fand. Eine solche war in Deutschland spärlich, in der Schweiz kaum vorhanden. Darum hat man Mühe, einzelne Historiker in die eine oder andere Richtung einzureihen. Ausnahmsweise gibt es diesen oder jenen, der vom neuen Geist erkennbar durchdrungen ist oder sich gar zu ihm bekennt.

BERN

Obschon Berns Gründung verhältnismässig spät erfolgte, wurden Stadt und Land von der Geschichtsschreibung vorerst vernachlässigt. Kein Kloster mit literarischer Betätigung befand sich in der Nähe, und die Stadt selber zeigte wenig Sinn dafür. So ist die Aaregegend urkundlich und historiographisch später als der Osten des Landes, St. Gallen, und später als der Westen, St-Maurice, Romain-Môtier, Lausanne, aufgehellt worden. Im 15. Jahrhundert aber setzte eine amtliche Chronistik ein, die ihresgleichen in der Eidgenossenschaft nicht hat und bis ins 18. Jahrhundert reicht. Bei der politischen Bedeutung Berns erweiterte sich seine Chronistik zur Schweizergeschichte.

Chronica de Berno 1325 – ca. 1340

Sie kann als die erste historiographische Leistung Berns gelten. Folgendes ist ihr Ursprung: Anno 1325 legte der Deutschordensbruder Ulrich Pfund für die Leutkirche zu St. Vinzenzen ein neues Jahrzeitenbuch an, das heisst ein Stundenbuch für solche, die Vergabungen machten, mit Namen und Todesdatum. Auf den letzten Blättern dieses Buches finden sich von vier verschiedenen Händen dreissig lose Notizen in lateinischer Sprache über die Jahre 1191–1340 aufgezeichnet. Da mit den Eintragungen 1325 begonnen wurde, geht das Selbsterlebte höchstens bis 1280 zurück. Im Buch stehen noch zwanzig Interpolationen, umspannend die Jahre 1218–1405. Diese fünfzig Notizen werden *Chronica de Berno* genannt. Als Verfasser nahm man lange Ulrich Pfund an, der in Bern und Mülhausen nachgewiesen werden kann; offenbar haben jedoch verschiedene Ordensbrüder Eintragungen gemacht. Diese sind kurz und dürr, ausführlicher nur über die Belagerung der Stadt 1288, über das Gefecht von Oberwangen 1298 und über die Schlacht bei Laupen 1339. Auch findet sich hier die erste sichere Nachricht über das Gründungsdatum 1191, während in den Urkunden Bern erst 1208 genannt wird.

Auszüge aus dem Jahrzeitenbuche des Münsters zu Bern: *Chronica de Berno;* Schw. Geschichtforscher 2, 1817, S. 21 ff. – Die verstreuten Notizen sind von *Gottlieb Studer* neu geordnet und unter demselben Titel, *Chronica de Berno,* herausgegeben worden; Die Berner Chronik des Conrad Justinger; Bern 1871, S. 295 ff.

RUDOLF VON FISCHER: Die Handschriften der Burgerbibliothek als Spiegel der älteren bernischen Vergangenheit; Schätze der Burgerbibliothek Bern; Bern 1953, S. 9 ff.

Conrad Justinger gest. ca. 1438

Dass zu Bern im 15. Jahrhundert eine besonders reiche und interessante Geschichtsschreibung entstand, hängt mit der Entwicklung der Stadt zusammen. Anno 1353 ist Bern aus seiner Einzelstellung herausgetreten und hat sich den Eidgenossen verbunden. Es half mit, die Gugler-Invasion zurückzuwerfen, vernichtete das Grafenhaus der Kyburger, stieg zur angesehensten und stärksten Macht des Westens auf. Durch Erwerbungen im Oberland, Mittelland und Seeland schuf es einen abgerundeten Territorialstaat; schliesslich war auf seinen Antrieb hin die Eroberung des Aargaus erfolgt. Nun regte sich in der Bürgerschaft das Bedürfnis, die errungene Stellung nach aussen schaubar zu machen. Man legte den Grundstein zu den beiden repräsentativsten Bauten der städtischen Gemeinschaft, zum Rathaus und zum Münster. Diese Denkmäler bezeugen nicht nur den wachsenden Wohlstand der Bürger, nicht nur ihren Unternehmungsgeist und Gemeinsinn, sondern auch ihr Kunstverständnis. Man hatte in Bern sichtlich das Gefühl, einen gewaltigen Schritt vorwärts gemacht und das Schwierigste überwunden zu haben. Da regte sich auch der Wunsch, die Geschichte der Stadt, ihre Entwicklung seit der Gründung dem lebenden und kommenden Geschlecht zu Nutz und Frommen aufzeichnen zu lassen. Am St. Vinzenzen-Abend des Jahres 1420 beschlossen Klein- und Grossrat unter dem Vorsitz des Schultheissen Rudolf Hofmeister, die vergangenen und grossen Angelegenheiten der Stadt zusammentragen zu lassen, da sie «soliche ir geschicht und harkommenheit in geschrift bi einander nit eigentlich behept hand». Sie beauftragten mit dieser Arbeit den «Cunrat Justinger derselben stat Berne wilent statschriber».

Justingers Herkunft ist ungewiss. So viel scheint jedoch angenommen werden zu können, dass er ursprünglich kein Berner war. Wahrscheinlich stammt er aus Rottweil; sein Wappen stimmt mit demjenigen der Herren von Justingen aus der gleichen Stadt überein. Er war Schüler des Chronikschreibers Jakob Twinger von Königshofen in Strassburg. Zum ersten Mal wird Justinger in einer Urkunde von 1391 Burger von Bern genannt, wo er sich bis 1436 nachweisen lässt. Wahrscheinlich war er zunächst auf der Kanzlei angestellt. Hier schrieb und verfasste er teilweise wichtige Kanzleibücher wie das Satzungsbuch, das die in Bern geltenden Rechtssätze enthielt. Als der Stadtschreiber 1399 starb, folgte ihm Justinger im Amte nach. Er kann es aber nur kurz verwaltet haben, da er ein einziges Mal anno 1400 als Stadtschreiber urkundlich erwähnt wird; zudem folgte ihm im gleichen Jahr Heinrich Gruber, der nachweisbar dieses Amt bis 1413 innehatte. Nach seinem Austritt aus der Stadtschreiberei betrieb Justinger ein Notariatsgeschäft; er war Mitglied des Rates der CC. Die weiteren Nachrichten über das Leben Justingers sind ebenfalls dürftig. 1408 kaufte er sich vom Rate zu Basel eine Leibrente, 1414 gehörte er der Kommission an, die für den Empfang König Sigmunds Vorbereitungen zu treffen hatte. Wann er seinen Wohnsitz nach Zürich verlegte, ist nicht bekannt. Dort, wo er in einer Urkunde von 1435 auftaucht, wird er sein Notariatsgeschäft weitergeführt haben. Das Jahrzeitenbuch des Grossmünsters zu Zürich weist unter dem April 1438 die Eintragung auf: «Conradus Justinger, olim protonotarius in Berna, obiit.» Testamentarisch verfügte er, dass nach dem Tode seiner Witwe und ihrer beiden Töchter die Stadt Basel seine ganze Hinterlassenschaft erben solle. Ob Justinger zu Bern in Ungnade gefallen war oder ob er sich wegen seiner Geschichtsschreibung Feindschaften zugezogen hatte, ist nicht bekannt.

Alles, was bisher hierüber geäussert wurde, beruht auf reiner Vermutung.

Als Quelle zu seiner *Chronik* dienten Justinger die Urkunden, die in «der Stadt Kisten» lagen; freilich benützte er sie einigemal ungenau und übersah auch wichtige Stücke. Ferner stützte er sich mannigfach auf die Chronica de Berno. Für die ausserbernische Geschichte schöpfte er auch aus Strassburger, Zürcher, Basler und Konstanzer Chroniken, die er zum Teil vorher abschrieb. Jedoch wissen wir nicht, wieweit er der mündlichen Tradition Raum gewährte, dem, was er in der Einleitung «underwisung alter gelobsamer lüten» nennt. Im allgemeinen hielt er sich an das schriftlich Überlieferte. Auffallend ist, wie wenig er die Sage berücksichtigt. In Übereinstimmung mit den Ergebnissen der modernen rechtshistorischen Forschung behauptet er nicht die volle Freiheit der Innerschweizer. Er lässt die Empörung aus Gewalttätigkeiten der habsburgischen Amtsleute gegen die Bewohner des Landes, besonders gegen ihre Frauen hervorgehen, schildert die Bewegung als einen spontanen Widerstand wegen Verletzung des Ehrgefühls und des Selbstbewusstseins und gibt eine ordentliche Darstellung der Schlacht von Morgarten, ohne sich zur Schuldfrage zu äussern. Der Bund mit den Waldstätten wird nur knapp mitgeteilt, nicht etwa als schicksalsvoll und zukunftsträchtig herausgehoben, sondern in die Reihe der übrigen politischen Verbindungen Berns eingefügt, durchaus gemäss der zeitgenössischen Auffassung.

In einfacher, ungezwungener Weise referiert Justinger über die Ereignisse. Erst wie er sich der eigenen Zeit nähert, wird er ausführlicher und beredter, ohne aber seine Darstellung durch die Andeutung eigener Teilnahme zu erwärmen. Immerhin spürt man bei seiner Schilderung des Besuchs von König Sigmund im reichstreuen Bern, dass Justinger dem Empfangskomitee angehörte. Als die Stadt zur Bewirtung Sigmunds ihr Silbergeschirr hervorholen wollte, riet der königliche Hofmeister ab: «Nein! die beheim mugent nit ane steln sin; es wurde bald verstoln». Justinger unterlässt es nicht, eine genaue Kostenrechnung aufzustellen, worunter ein Posten für den Besuch des königlichen Gefolges «bi den schönen frowen im geslin» nicht fehlt. Sichere chronologische Folge hält er nicht inne, leidet hier an Ungenauigkeit; dies ist besonders auffallend für die Zeiten, die er selber erlebte. Manche Frage von grösster Tragweite streift er nur obenhin oder berührt sie gar nicht, lässt sich auch etwa gehen, so wenn er polternd seinen Zorn darüber äussert, dass man die Juden nach ihrer Vertreibung später wieder zuliess. Verfassungsfragen interessieren ihn nicht. Schlachten stellt er meistens einfach und einleuchtend dar. Ein ganz besonderes Verdienst erwarb er sich dadurch, dass er historische Volkslieder seiner Darstellung systematisch einfügte. Damit veranlasste er die spätere Geschichtsschreibung zu einem ähnlichen Vorgehen, weshalb man ihm die Erhaltung einer beträchtlichen Anzahl dieser wertvollen politischen Dichtungen verdankt.

Justingers Sprache ist natürlich und knapp, unter Vermeidung der üblichen Weitschweifigkeit. Er gliedert straff und übersichtlich, ordnet den

Stoff nach einzelnen Kapiteln mit Überschriften; auch hierin sind ihm die späteren bernischen Chronisten gefolgt. Der Ton ist freudig, frisch, bisweilen tendenziös, wie dies ja bei einem amtlichen Werk begreiflich erscheint. Unangenehmes wird etwa verschwiegen oder umgedeutet; so verschleiert er die Niederlage an der Schosshalde, unterdrückt den Misserfolg des Güminenkrieges und die geheime Abrede mit König Sigmund 1415, übertreibt aber die Zahl der Teilnehmer an den Schlachten noch nicht, wie es dann später üblich wurde. Das kriegstechnische Material, besonders die Belagerungsgeräte, interessieren ihn. Wiederholt betont er den Autoritätsstandpunkt, die Notwendigkeit der Disziplin im Felde. Als Grund von Niederlagen gibt er mehrmals Unbotmässigkeit gegenüber der militärischen Führung an. Das Werk ist in nationalem Geist geschrieben, nicht in wissenschaftlichem. Willig geht Justinger auf die gehobene Stimmung der erfolggeschwellten Burgerschaft Berns ein, vertritt überall ihren Standpunkt, in den er sich während seines dreissigjährigen Aufenthalts völlig eingefühlt hat. Was örtlicher Patriotismus mit seiner Beschränkung zu geben vermag, das bietet Justinger vollkommen. Die Chronik ist ein Ruhmesblatt für die aufstrebende Stadt Bern. Inhaltlich und formal stellt sie eine hervorragende Leistung dar. In der Vorrede gibt Justinger Aufschluss über Anlass, Zweck und Mittel seiner Chronik: Er will von inneren und äusseren Dingen schreiben, wobei die Frage offen bleibt, ob er die gegenseitige Bedingtheit von Innen- und Aussenpolitik ahnt. Er meint, eine Hauptfrucht der Beschäftigung mit Geschichte sei die Weisheit.

Die Berner Chronik des Conrad Justinger, hg. v. *Gottlieb Studer;* Bern 1871.

Man hat im 19. Jahrhundert versucht, die Authentizität Justingers in Abrede zu stellen. GUSTAV TOBLER kommt das Verdienst zu, seine Autorschaft wieder hergestellt zu haben. Das Original von Justingers Chronik ist, abgesehen von zweieinhalb Pergamentseiten, nicht mehr vorhanden; dagegen existieren noch vierzehn handschriftliche, vollständig erhaltene Kopien, wovon eine der ältesten der Ausgabe von Studer zugrunde liegt. Justingers nachweisbar eigenhändige und originale Niederschrift ist aber Ms. A 120 der Zürcher Zentralbibliothek.

EMIL BLÖSCH: Conrad Justinger; ADB 14, Leipzig 1881, S. 758f. – THEODOR VON LIEBENAU, GOTTLIEB STUDER: Die älteste Copie von Konrad Justingers Chronik; Anz. Schw. Gesch. 1885, S. 385 ff. 461 ff. – GUSTAV TOBLER: Notizen zum Leben Konrad Justingers; Anz. Schw. Gesch. 1886, S. 11 f. – THEODOR VON LIEBENAU: Zwei Freiburger-Handschriften von Justingers Chronik; Anz. Schw. Gesch. 1886, S. 13 ff. – EMIL HÖHN: Über eine Handschrift von Justingers Chronik in New Orleans; Anz. Schw. Gesch. 1887, S. 110 ff. – GUSTAV TOBLER: Die Chronisten und Geschichtsschreiber des alten Bern; Festschr. VII. Säkularfeier Berns, Bern 1891, S. 9 ff. – FRIEDRICH EMIL WELTI: Kunrat Justinger; Anz. Schw. Gesch. 1896, S. 406 f. – GUSTAV TOBLER: Konrad Justinger; Slg. Bern. Biogr. 2, Bern 1896, S. 44 ff. – ADOLF FLURI: Konrad Justingers Handschrift; Anz. Schw. Gesch. 1899, S. 128 ff. – ADOLF FLURI: Justinger und seine Chronik; Anz. Schw. Gesch. 1906, S. 57 ff. – FERDINAND VETTER: Neues zu Justinger. Kunrad Justinger als Schüler und Fortsetzer Königshofens und die ältesten Geschichtsschreiber Berns und des Laupenstreites; Jahrb. Schw. Gesch. 1906, S. 109 ff. – ADOLF FLURI: Die älteste Kopie Justingers; Anz. Schw. Gesch. 1907, S. 197 ff. – ERNST GAGLIARDI: Eine weitere Justingerhandschrift; Anz. Schw. Gesch. 1913, S. 419 f. – AIMÉE PERRIN: Verzeichnis der handschriftlichen Kopien von Konrad Justingers Berner Chronik; Berner Zeitschr. Gesch. Heimatkde. 1950, S. 204 ff. –

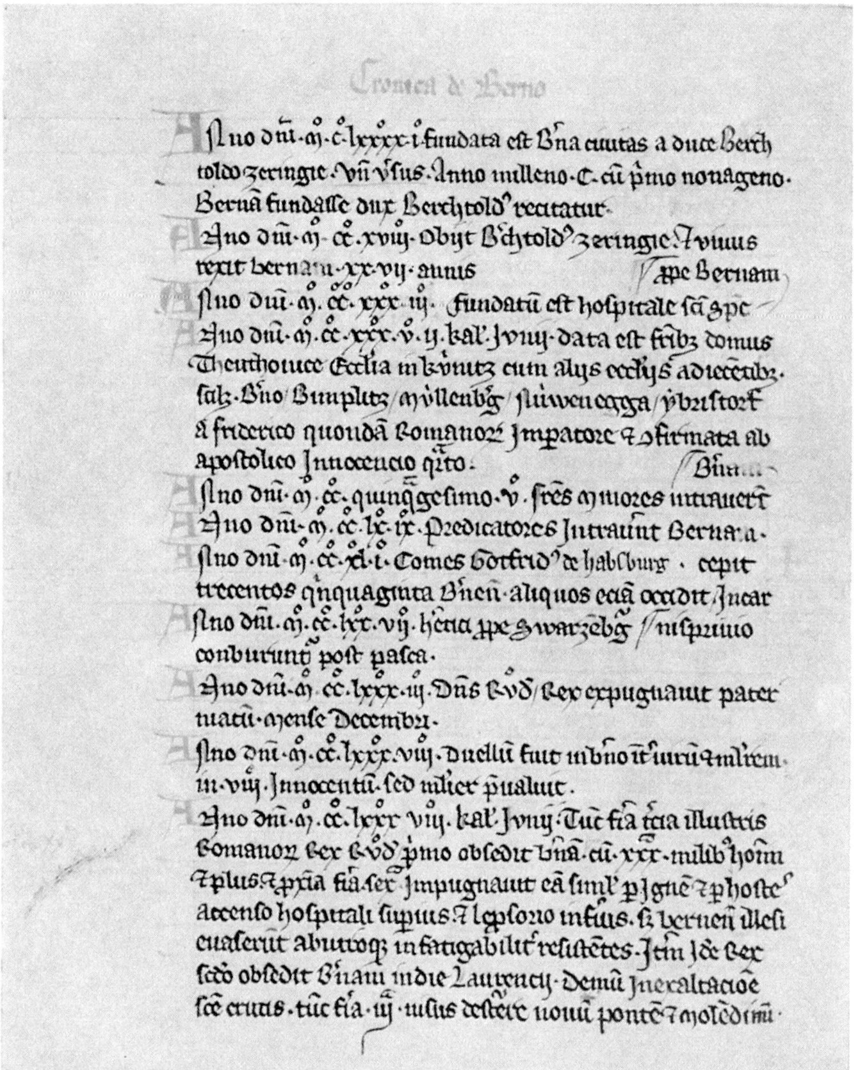

Cronica de Berno

Anno dñi. M̄.c̄.lxxx.i. fundata est Bña ciuitas a duce Berch-
toldo zeringie. vñ v̄sus. Anno milleno. c. cū p̄mo nonageno.
Bernā fundasse dux Berchtold' recitatur.

Ano dñi. M̄. cc. xviij. Obijt Bechtold' zeringie. Avuus
rexit bernā. n̄. xx.vj. annis.   Ape Bernam

Ano dñi. M̄. cc. xxx. iij. fundatū est hospitale sc̄i sp̄c

Ano dñi. M̄. cc. xxx. v. vj. kal'. Jvnij. data est fr̄ibz domus
Theuthonice Ecc̄lia in brunitz cum alijs ecc̄lijs adiacētibz.
sal'. Bño Bumplitz, m̄vllenbg̃, sliwen eggia, vbristorf
a friderico quondā Romanoz Jmp̄atore ⁊ sirmata ab
apostolico Innocencio q̄rto.   Bña

Ano dñi. M̄. cc. quinqgesimo. v. fr̄es minores intrauert

Ano dñi. M̄. cc. lx. ix. Predicatores Intrauint Berna.a.

Ano dñi. M̄. cc. xl. i. Comes Gotfrid' de habsburg . cepit
trecentos quinquaginta Bñen. aliquos eciā occidit. Incar

Ano dñi. M̄. cc. lx. vij. hēria ape Swarzebg̃, sñi sprimo
conburunt post pasca.

Ano dñi. M̄. cc. lxxx. iij. Dñs R̄vd. Rex expugnauit pater
niaci. mense Decembri.

Ano dñi. M̄. cc. lxxx. viij. Duellū fuit in Bño ī viruī ⁊ milierm
in. viij. Innocentū. sed mlier p̄ualuit.

Ano dñi. M̄. cc. lxx. viij. kal'. Jvnij. Tuc fr̄a t̄cia illustris
Romanoz Rex R̄vd. p̄mo obsedit Bñam. cū xxx. milib' hōim
⁊ plus. q̄xia fr̄a sex. Jmpugnauit cā sim̄pl' p̄ igne ⁊ p̄ hostes
accenso hospitali suprus ⁊ leprosoz infrius. s̄ bernen illesi
euaserunt abutroqz infatigabilit' resistētes. Jtm Id̄e Rex
sc̄do obsedit Bñam in die Laurencij. Demū In exaltacioe
sc̄e crucis. tūc fr̄a. iij. iustus destere nouū pontē molēdini

Tafel 1. Aus der «Cronica de Berno», um 1320.

HANS VON GREYERZ: Nation und Geschichte im bernischen Denken; Bern 1953, S. 29 ff. – LEO MÜLLER: Der bernische Stadtstaat und seine Beziehungen zum Reich nach der Chronik von Konrad Justinger; Mskr. Freiburg 1971. – JEAN-PIERRE BODMER: Chroniken und Chronisten im Spätmittelalter; Monogr. Gesch. Schw. 10; Bern 1976. – LEO ZEHNDER: Volkskundliches in der älteren schweizerischen Chronistik; Basel 1977. – HANS STRAHM: Der Chronist Conrad Justinger und seine Berner Chronik von 1420; Bern 1978.

Conflictus Laupensis ca. 1475

Diese nur in Kopie überlieferte, lange Zeit überbewertete Schrift wurde früher für einen zeitgenössischen Bericht eines Mithandelnden gehalten. Nach neuesten Forschungen hat sie sich als blosse, um 1475 herum entstandene Übersetzung der Alten Chronik Justingers entpuppt. Der Übersetzer kann ein St. Galler Wandermönch gewesen sein. Er hat viele Stellen seiner Vorlage missverstanden und teilweise recht ungenau übersetzt. Neues, über Justinger Hinausweisendes, erfährt man aus dieser kleinen Monographie nicht. Der Autor gibt ihren planmässigen Aufbau folgendermassen an: causa, principium, medium, finis, modus. Im Vordergrund steht das Walten des Allmächtigen. Die Berner werden für ihre Gottesfurcht belohnt, die Feinde für ihren Übermut bestraft; Militärisches tritt in den Hintergrund. Das Ganze ist eine Art Theodizee, eine Rechtfertigung der göttlichen Vorsehung.

Als Führer bei Laupen wird zweimal Gott der Herr genannt. Von Rudolf von Erlach ist hier nicht die Rede, wohl aber beim Angriff auf Freiburg, 1340: «Tunc quoque in illa victoria dux erat Rudolfus de Erlach miles». Aus den Urkunden möchte man schliessen, dass Erlach wirklich der Anführer bei Laupen war, obgleich er in keinem gleichzeitigen Schlachtbericht genannt wird, dafür aber nachdrücklich in der Vorlage, der Alten Chronik Justingers. Den Abschnitt, der hier von Erlachs Führerschaft handelt, hat der Übersetzer, aus welchen Gründen auch immer, übersprungen.

Beilage 2 zu *Die Berner Chronik des Conrad Justinger,* hg. v. *Gottlieb Studer;* Bern 1871, S. 302 ff.

Die Publikation des Conflictus Laupensis hatte einen lebhaft und zäh geführten Gelehrtenstreit zur Folge. An ihm beteiligten sich besonders MORITZ VON STÜRLER, EMIL BLÖSCH, GOTTLIEB STUDER, GEORG VON WYSS, HEINRICH KITT, GUSTAV TOBLER, FRANZ MOSER. Auf diese Diskussionen im einzelnen eingehend ist HANS STRAHM durch minutiöse Archivforschung und eindringende Interpretation zum Schluss gelangt, dass der Conflictus Laupensis erst nach der Alten Chronik von Justinger entstand und eine zum Teil oberflächliche Übersetzung dieser Vorlage ist: Die Narratio Proelii Laupensis, eine quellenkritische Untersuchung; Festgabe Hans von Greyerz, Bern 1967, S. 101–130.

Thüring Fricker ca. 1429–1519

Er ist eine der interessantesten Gestalten des schweizerischen Frühhumanismus. Sein Vater Niklaus war Stadtschreiber, später Schultheiss von Brugg, amtete von 1458–1460 und von 1465–1470 als Stadtschreiber in Bern. Der Sohn Thüring wurde zu Brugg geboren, studierte in Heidelberg, wo er das Magisterium artium erlangte, dann in Freiburg i. Br., 1461 in Basel; hierauf setzte er seine Studien im kanonischen Recht zu Pavia fort. Seit 1467 wirkte er als Gehilfe des Vaters, seit 1470 als sein Nachfolger. Gegenüber dem Vater, einer subalternen Beamtennatur, erscheint der Sohn selbständig, schöpferisch, als Mann von hoher Geistigkeit. Er protokollierte ausgezeichnet, hielt auf der Kanzlei strenge Ordnung, schuf recht eigentlich das Berner Staatsarchiv. Er legte die Ratsmanuale an; zahlreiche Missivenbücher, deutsche und lateinische, stammen von ihm. Valerius Anshelm rühmt, ihm sei die Erhaltung des wichtigsten Aktenmaterials aus dem Burgunderkrieg zu verdanken. Es war für Bern die grosse Zeit, da es zu europäischer Bedeutung emporwuchs. Fricker diente der Stadt nicht nur als Schreiber – die Archivluft ersättigte ihn kaum –, sondern auch als Politiker und Diplomat, der sich mit Vorliebe in der Atmosphäre grosser Geschäfte bewegte. Von 1473–1514 besuchte er 86mal die Tagsatzung, davon 54mal allein. Er wurde mehrfach mit heiklen Gesandtschaften betraut, übte auch das Schiedsrichteramt aus. Anno 1473 wollte er auf einer Reise nach Rom im Vorbeigehen zum Dr. iur. can. an der Universität Pavia promovieren. Doch fehlten ihm die nötigen Semester und Vorbereitungen. Da verwandte sich die Tagsatzung für ihn beim Herzog von Mailand; dieser empfahl ihn den Professoren zur milden Prüfung, und es gelang. Ganz Bern fühlte sich durch die Promotion geehrt und freute sich. Fricker war stolz auf den akademischen Titel und nannte sich nur noch Kanzler Berns. Er kann als erster bernischer Humanist gelten. Aber Geistiges mündete hier ins Geistliche ein. Fricker, ein treuer Sohn der Kirche, war in dieser Richtung eifrig beschäftigt. Er vertrat völlig die bernische Auffassung: Bei strenger Gläubigkeit machte er sich den Anspruch des Staates zu eigen, in die verwaisten Kirchenverhältnisse einzugreifen und hier von Staats wegen Ordnung zu schaffen. Wiederholt reiste er nach Rom, zur Wiederbesetzung der Bistümer Genf und Lausanne, zur Bevogtung des Klosters Interlaken, zur Errichtung des Chorherrenstiftes in Bern, wegen Ablässen, «Romfahrten», Engerlingsprozessen. Diese waren recht eigentlich sein Werk. Als der freigeistige Stadtarzt Valerius Anshelm hierüber spottete, gerieten die beiden bisherigen Freunde auseinander. Auch in Finanzgeschäften war Fricker ausgezeichnet bewandert, schloss Anleihen für die Stadt ab, erhielt für seine Dienste lebenslängliche Befreiung von allen Steuern und Reisen. Als reicher Mann machte er viele Vergabungen an die Kirche. 1492 trat er vom Stadtschreiberamt zurück, blieb aber in der Politik tätig, gehörte dem Grossen und dem Kleinen Rat an. 1512 wurde er wegen hohen Alters in kränkender Weise abgesetzt, 1514 wieder eingesetzt und zog sich noch im gleichen Jahre nach Brugg zurück, wo er etwa neunzigjährig starb. Er ist der Grossvater von Niklaus Manuel, um den er sich nicht viel kümmerte und den er in seinem Testament schäbig bedachte.

Thüring verfasste eine Geschichte des *Twingherrenstreits* von 1470. Wohl die Hauptursache dieses Konfliktes lag im Dualismus des mittelalterlichen

Staates. Die Twingherren besassen im Umkreis der vier Landgerichte viele Rechte, die später dem Staate gehörten: das Mannschaftsrecht, das Besteuerungsrecht, das Recht, zu Fuhrungen aufzubieten, Gerichtsversammlungen abzuhalten, militärische Musterungen vorzunehmen. Wohlerworbene Rechte, die man seit langem unangefochten besessen hatte, galten als unanfechtbar. Die Twingherren waren die Häupter der Republik, hochgeachtet auch in der Eidgenossenschaft. Jedoch drängte der bernische Staatsgedanke nach Einheit. Dies machte sich der Neid des Metzgers Peter Kistler zugute. Er brach den Streit vom Zaun, um die Herren in ihrem Besitz zu schmälern. Das Landvolk war den zentralisierenden Tendenzen der Stadt abhold, stand auf seiten der Herren und betrachtete des Adels Sache als seine Sache.

Fricker eignete sich ausgezeichnet zum Darsteller dieses Falles, der sich zur Staatskrise auswuchs. Er kannte alle Personen, wohnte den Verhandlungen bei, protokollierte sie, erfasste das Grundsätzliche, sah die Probleme, die Tragweite des Handels bei allem Persönlichen. Seine Bildung befähigte ihn zu einer lichtvollen Darstellung. Er schrieb deutsch, konstruierte aber aus dem Lateinischen heraus. Als Vorbild scheint ihm Sallusts «De conjuratione Catilinae» vorgeschwebt zu haben. Der altgesinnte Seckelmeister Fränkli ist bei ihm Cato, der auflüpfige Freiweibel Gfeller von Worb, der im Auftrag von Kistler gegen Niklaus von Diesbach vorging, der «frefne» Catilina. Der Streit begann Ende 1469; erst an Ostern 1470, als Metzger Kistler Schultheiss wurde, entschloss sich Fricker, «diese klegliche histori anzefahen». Das Vorausgehende schrieb er aus dem Gedächtnis, von Ostern an protokollarisch ausführlich und getreu. Von der Originalschrift sind nur Kopien erhalten; sie brechen mitten im Satz ab. Den Schluss muss man in den offiziellen Chroniken lesen.

Der Twingherrenstreit ist die zweite Monographie zur bernischen Geschichte. Sie behandelt nur ein Jahr, in ganz eigenartiger Weise. Fricker steht auf der Seite des Adels, stellt den Streitfall indessen unparteiisch dar. Wie Sallust nimmt er einen grossen Teil der Reden in seine Darstellung auf. Dabei entwickelt er die Kunst des Dramatikers, die Personen durch ihre Worte zu charakterisieren. Niklaus von Diesbach erscheint als würdig, verbindlich und bestimmt, Adrian von Bubenberg, welcher der Kistler-Partei die Wahrheit ins Gesicht heraussagt, als gallig, unbeugsam; Fränkli verkörpert das Gewissen, Kistler ficht mit der Dreistigkeit, den Listen, der Berechnung des Demagogen. Die Worte, die sich Fränkli und Kistler an den Kopf schleudern, werden mit vollsaftiger Frische wiedergegeben. Fricker erinnert daran, dass der Adel mit dem militärischen Schutz der Stadt und den vielen Gesandtschaftsreisen die finanziellen Lasten des Staates trägt. Als man vorschlug, eidgenössische Vermittlung anzufordern, riet Kistler ab: Er habe auf den Tagsatzungen gesehen, wie die Eidgenossen die Berner Herren gleich den Göttern schätzten und sie so sehr hofierten, «das mir der schweiss ussgieng». Gegen die jungen Neuerer poltert Fränkli, sie seien «nid usskon, stattkelber», hätten «nüt glert, nüt gseen, nüt erfaren». Sein Bekenntnis ist dasjenige des Altberners: zeitlebens habe er «all nüwerungen und unghorsame geschochen, als di so gmeinlich uffrur mit inen bringend».

Auch das Tatsächliche ist lebendig geschildert, die Vorgänge in Worb, die Erhebung Kistlers zum Schultheissen. Am Vorabend der Wahl hatte Fricker mit seinen Freunden den Himmel erkundet und «böse, widerwertige zeichen umb das gestirn» festgestellt. Und wirklich fielen am Wahltag nur wenige Stimmen auf das bisherige Staatsoberhaupt: «O we! do ich das gsach, dacht ich wol, die ku wölte den kübel umbschlan.» Fricker beschreibt den Schrecken und den Hohn der Stadt über die Wahl des Emporkömmlings, dessen Wert im Urteil der öffentlichen Meinung schwankte. Bisher war das oberste Staatsamt die Domäne des Adels gewesen. Nun klagten sogar die «jungen kind, das man sölte ein fleischhacker zu einem schultheissen zu Bern erwellen». Spannend erzählt Fricker die Folgen der in seinen Augen unglückseligen Wahl: den Rückzug des Adels aufs Land, das Ungeschick des Neulings in den Amtsformen, sein Drängen auf äusserste Massnahmen, worauf sich der Rat ihm versagte, schliesslich Kistlers Sieg in der Hauptsache: die Stadt gelangt, über bestehende Rechte hinwegschreitend, in den Besitz der vollen Landeshoheit.

Frickers Schrift war lange Zeit verloren, bis sie *Michael Stettler* im 17. Jahrhundert wieder fand. Er nannte sie einen «zu ser wider der Stadt Bern fryheiten gestechleten tractat». *J.J. Bodmer* begeisterte sich an der Schrift und gab sie 1735 heraus. In Bern war man davon so betroffen, dass man beantragte, sie zu verbieten. Doch siegte die Gegenmeinung, «diese unruhen seyen also beraset, dass keine Gefahr aus deren Bekanntschaft zu förchten seye». Die Ironie liegt darin, dass Fricker ja für die Regierenden schrieb. Man kann die Frage, ob Fricker noch andere historische Schriften hinterliess, nicht beantworten.
Beschreibung der Streitigkeit zwischen der Stadt Bern und den Twingherren unter Peter Kistlers Regierung, hg. v. *Johann Jakob Bodmer;* Helvetische Bibliothek 3, Zürich 1735. – *Thüring Frickarts Twingherrenstreit*, hg. v. *Gottlieb Studer;* Quell. Schw. Gesch. 1, Basel 1877.

Dr. Thüring Frickards Beschreibung des Streits der Stadt Bern mit ihren Twingherren; Schweitzerisches Museum 1786, S. 414ff. – Der Twingherrenstreit in Bern; Bern. Njbl. 1839. – GOTTLIEB STUDER: Über eine neu aufgefundene Handschrift Thüring Frickart's; Anz. Schw. Gesch. 1878, S. 17f. – GOTTLIEB STUDER: Die Twingherrenschaften bei Thüring Frickart; Arch. Hist. Ver. Bern 1878, S. 235 ff. – EMIL BLÖSCH: Thüring Frikard; ADB 8, Leipzig 1878, S. 89f. – GEORG FRIEDRICH RETTIG, JAKOB BÄCHTOLD: Thüring Frickart und Niklaus Manuel, Grossvater und Enkel; Anz. Schw. Gesch. 1879, S. 96ff. – EMIL BLÖSCH: Thüring Frikard; Slg. Bern. Biogr. 1, Bern 1884, S. 117f. – Die Matrikel der Universität Basel, hg. v. HANS GEORG WACKERNAGEL 1; Basel 1951, S. 21. – PETER LIVER: Rechtsgeschichtliche Betrachtungen zum Berner Twingherrenstreit; Festgabe Hans von Greyerz; Bern 1967, S. 235–256.

Benedikt Tschachtlan gest. 1493 *Heinrich Dittlinger* gest. 1478/79

Die beiden stellten 1469/70 eine *Stadtchronik* zusammen. Tschachtlan war seit 1452 in politischen Ämtern, im Grossen und Kleinen Rat, von 1467–1473 Venner, auch Schultheiss von Burgdorf und Bauherr. Dittlinger wuchs in einen ähnlichen Wirkungskreis, beteiligte sich an den Kriegszügen gegen Burgund, führte die Berner beim Sturm auf Les Clées an und

hatten si ein reise angeleit mit den von undwalden die jnen in
dem krieg bistendig warent das si reisen wolten für uffpunen daruf
do der herre von wissemburg gesessen was und solten die von undwalden durch habkeren hartus ziehen und zu jnen komen und als
die von hasle hinzugehen für gestelt sin an uffpunen und lugten
vast umb sich ob die von undwalden kemen und jnen hilfflichen
werent also kamen die von undwalden mit und liessen die von
hasle allein in der not des kam der herre von wissembury mit
sinem volk und villicht der gozhus lüte us dem boden und uffen
die hasle an und vachten mit den und erstachen dero ahtzehen
man und vienngen bi funftzig manen die selben gefangen konde
me lidig werden denn das die von hasle hilf suchten an den von
Berne und baten die das si sinen wolten ze hilf komen in iren
nöten das die gefangen lidig wurden und wo das beschehe so wolte
si iren undertenig sin und gehorsam in aller der wise als si dem
Römschen riche ze tünde gebunden weren Nu was in den zitten
ein lampart ze Bern gewesen der was flüchtig worden vom
land und selt der stat von Berne gelten Nu solt aber der herre
von wissembury dem lamparten gelten und von der schuld wegen kamen si wider in ze kriegen So aber das die von Bern of-
zugen für wissemburg und wurden sin darumb so was er mit
die ßud was ze uffpunen da die von hasle gefangen lagen Also
zugen si gen uffpunen und do der von wissemburg der von die
maht sah do liess er sich wisen und ward uberdingot das die gefangen lidig wurden und ward die sach berucht und also kemme
si die von hasle an die stat von Bern und vorset der von hasle
brief ist den sondag nach sant laurencien tag anno dm. 𝔪° ccc°-
xxxiiij°

Das lump von
uffbrochen ist

In den selben ziten als graf Eberhart von kyburg burg wesen

wurde für auswärtige Sendungen verwendet. Durch ihre Stellung im Gemeinwesen waren beide zur Schilderung der Zeitgeschichte befähigt. Ihr Anteil an der gemeinsamen Arbeit ist nicht genau auseinanderzuhalten. Auf dem ersten Blatt des Werkes heisst es, dass «im iar 1470 dise kronek geschriben und gemallt wart durch den fromen Benedicht Tschachtlan fenner und des rats zu Bern, ouch durch Heinrich Dittlinger, schriber des buchs». Vielleicht darf man in Tschachtlan den geistigen Urheber sehen, in Dittlinger den Schönschreiber. Sicher ist nur, dass es sich nicht um ein offizielles, sondern um ein privates Unternehmen handelt. Die Chronik blieb dem überlebenden Teil als Eigentum, gelangte durch Erbschaft nach Schaffhausen und befindet sich jetzt in der Stadtbibliothek Zürich.

Der erste Teil der Chronik stellt eine Abschrift Justingers bis 1423 dar. In die Fortsetzung von 1423–1470 wurde Johannes Fründs Chronik über den Alten Zürichkrieg eingeschoben. Man übernahm sie fast wörtlich, kürzte und veränderte nur hie und da, wo sie über Bern Nachteiliges aussagte. Der Name Fründ figuriert nirgends, was aber nicht als Plagiat galt, sondern allgemeiner Brauch war. Der übrige Teil der Fortsetzung – Freiburgerkrieg, Sundgauerzug, Belagerung von Waldshut – stammt vom Ratsherrn Tschachtlan. Ganz als seine eigene Arbeit erscheint auch die Darstellung des Twingherrenstreites; vielleicht wurde sie von Schilling angeregt, da dieser wie Tschachtlan der gleichen Zunft zum Distelzwang angehörte. Sie ist wichtig, obgleich es sich nur um eine nüchterne, unbeteiligte Aneinanderreihung von Notizen handelt, weil Fricker mitten in der Darstellung des Konfliktes abbrach. Fricker stellt den Kampf zwischen der Landeshoheit und den Rechten, den fünf Geboten der Twingherren, dar. Das streift Tschachtlan nur flüchtig; dafür rückt er anderes in den Mittelpunkt, das Kleidermandat, von dem Fricker schweigt. Dieser erfasst die Hauptsache, den inneren Zusammenhang, das Ringen um die Staatshoheit; Tschachtlan scheint den tieferen Sinn, den Prinzipienkampf zwischen Stand und Staat, nicht verstanden zu haben. Weder Fricker noch Schilling bringen den Schlussvertrag. Tschachtlan allein tut es, und hierin liegt auch ein Teil seiner Bedeutung.

Der andere Teil seines Wertes liegt in den Illustrationen. Von den neuen geistigen Kräften, die sich allenthalben regten, spiegeln seine Zeichnungen nichts wider. Jedenfalls erscheint Tschachtlans Bildschmuck noch ganz mittelalterlich-gotisch, naiv, unreflektiert. Perspektive und Modellierung sind verkümmert. Fröhliches und Grauses, Schmausen und Totschlagen stehen unmittelbar nebeneinander und geben einen echten Eindruck von der Brutalität dieser ganz unsentimentalen Welt. Von den Städten entwirft er nicht topographisch-naturgetreue, sondern formelhafte Zeichnungen. Immerhin charakterisiert er die Ansicht von Basel durch das Münster, diejenige Berns durch den Christoffelturm. Dorfanlagen mögen nach der Natur beobachtet sein. Aber Landschaft und Figuren stehen noch in keinem geordneten Verhältnis zueinander, das Kompositionsvermögen ist gering. In den Mittelpunkt seiner Darstellung rückt Tschachtlan entschieden den Menschen. Er tritt besonders als Krieger auf, wie denn überhaupt diese Illustrationen reichen Einblick ins Soldatenleben und Kriegerhandwerk gewähren; auch hinsichtlich der historischen Waffenkunde besitzen sie dokumentarischen Wert. Sie bilden eine wahre Fundgrube für die Kulturgeschichte.

Berner Chronik, hg. v. *Emanuel Stierlin* und *Johann Rudolf Wyss;* Bern 1820. – *Berner Chronik 1424–1470* nebst den Zusätzen des Diebold Schilling; Quell. Schw. Gesch. 1, Basel 1877, S. 199ff. – *Bilderchronik,* hg. v. *Hans Bloesch, Ludwig Forrer, Paul Hilber,* Vorwort v. *Robert Durrer;* Genf/Zürich 1933.

RUDOLF FETSCHERIN: Das sogenannte Zeitregister von Tschachtlan gehört dem XVII., nicht dem XV. Jahrhundert an; Arch. Schw. Gesch. 1855, S. 1 ff. – GOTTLIEB STUDER: Die Handschriften der Berner Stadtbibliothek von Conrad Justinger, Dittlinger, Tschachtlan, Diebold Schilling und der Berner Chronik im Anschluss an Königshofen; Arch. Hist. Ver. Bern 1860, S. 1 ff. – GOTTLIEB STUDER: Die Chronik von Tschachtlan; Arch. Hist. Ver. Bern 1867, S. 627 ff. – GUSTAV TOBLER: Die Chronisten und Geschichtsschreiber des alten Bern; Festschr. VII. Säkularfeier Berns, Bern 1891, S. 49 ff. – GUSTAV TOBLER: Benedikt Tschachtlan; ADB 38, Leipzig 1894, S. 697 f. – GUSTAV TOBLER: Schilling'sche Varianten zur Tschachtlan-Chronik; Anz. Schw. Gesch. 1895, S. 189 ff. – GUSTAV TOBLER: Benedikt Tschachtlan; Slg. Bern. Biogr. 2, Bern 1896, S. 564 f. – JOSEF ZEMP: Die schweizerischen Bilderchroniken und ihre Architektur-Darstellungen; Zürich 1897, S. 22 ff. – Künstlerlexikon, hg. v. Carl Brun, 3, Frauenfeld 1913, S. 337. – EDUARD ACHILLES GESSLER: Die Schweizer Bilderchroniken des 15./16. Jahrhunderts; Zürich 1941, S. 163 ff. – CARL GERHARD BAUMANN: Über die Entstehung der ältesten Schweizer Bilderchroniken 1468–1489; Bern 1971.

Elogius Kiburger gest. 1498

In dem festen Gefüge der bernischen Chronistenreihe taucht plötzlich das Phantasiegeranke Kiburgers auf. Er war Geistlicher, erscheint 1439 im Dienst der Bubenberg zu Spiez, amtete als Kirchherr zu Einigen, wo die Bubenberg das Patronat hatten. 1456 ist er als Kirchherr zu Worb nachweisbar, seit 1478 als Chorherr zu Bern; er war reich bepfründet. 1492 liess er das Jahrzeitbuch von Worb niederschreiben, siedelte schliesslich nach Bern über und starb hier hochbetagt, eingetragen als «honorabilis vir dominus Elogius Kiburger, ecclesiae collegiatae Bernensis canonicus».

Er ist der Verfasser der sogenannten *Stretlinger Chronik.* Darin erzählt er, wie armselig die Kirche von Einigen am Thunersee war, wie er das Vorderdach herstellen liess, einen Taufstein anschaffte und ein Sakramentshäuschen errichtete. Die Annahme liegt nahe, wirkt aber nicht unbedingt überzeugend, er habe seiner Kirche eine wundervolle Vergangenheit verleihen wollen, um die Aufmerksamkeit der Bubenberg sowie einer weiteren Umgebung dahin zu lenken und ihre Schenklust zu erregen. Es mag auch Eifersucht gegenüber dem Wallfahrtsort des heiligen Beatus am Thunersee mitgespielt haben. Vielleicht aber wollte Kiburger als frommer Kirchenmann ganz einfach aus der Geschichte des Hauses Stretlingen die Vergangenheit des Kirchleins von Einigen und der dort geschehenen Wunder gläubigen Herzens aufzeichnen. Jedenfalls ist er belesen und kann gut erzählen. Was er bietet, ist eine anmutige Legendensammlung, nicht eine Chronik. Er erwähnt einige Werke, aus denen er geschöpft habe, verschweigt aber andere. Mit Nachdruck behauptet er, er übersetze aus dem «origenal und latinischen buch». Dass dies bloss eine schlaue Erfindung des Chronisten sei, wird man kaum annehmen dürfen. Wohl aber weiss man, dass er einiges aus Jahrzeitrödeln und Donatorenbüchern schöpfte. Er mischt Wahres und Falsches, etwas Geschichte, einige alte Sagen und wohl auch einige Inventionen. Es ist im folgenden die Erzählung vom guten und bösen Herrn, rex justus und injustus, vom steten Kampf zwischen St. Michael und dem Teufel, der immer besiegt wird. Im ganzen ist das flott gemacht, wird erst gegen den Schluss hin wegen der Wiederholung gleicher Situationen eintönig. Wenn auch die vorgebrachten historischen Tatsachen nicht mehr geglaubt werden können, so gewährt das Buch doch einen guten Einblick in die Vorstellungs- und Gefühlswelt des ausgehenden Mittelalters; es trägt erbaulichen, nicht geschichtlichen Charakter und ist wegen seiner Gesinnung wertvoll.

Die Stretlinger Chronik, ein Beitrag zur Sagen- und Legendengeschichte der Schweiz aus dem XV. Jahrhundert, hg. v. *Jakob Bächtold;* Bibliothek älterer Schriftwerke der deutschen Schweiz 1, Frauenfeld 1877.

AUGUST BERNOULLI: Die verlorene Schwyzerchronik; Jahrb. Schw. Gesch. 1881, S. 175 ff. – GUSTAV TOBLER: Die Chronisten und Geschichtsschreiber des alten Bern; Festschr. VII. Säkularfeier Berns, Bern 1891, S. 34f. – MAX GRÜTTER: Ist die Strättliger Chronik historisch wertlos? Bl. Bern. Gesch. Alterkde. 24, 1928; Grütter meint, Kiburger habe doch ein lateinisches Buch besessen. – MAX GRÜTTER: Um die Quelle zur Strättliger Chronik; Kleiner Bund 18, 1937, Nr. 22. – HANS VON GREYERZ: Studien zur Kulturgeschichte der Stadt Bern am Ende des Mittelalters; Arch. Hist. Ver. Bern 35, Bern 1940, S. 267ff. – HANS GUSTAV KELLER: Einigen; Thun 1946, S. 57–102.

Processus Bernensium ca. 1465

Rudolf Asper oder *Asperlin* aus vornehmem Walliser Geschlecht – sein Bruder Heinrich war von 1451–1457 Bischof von Sitten – schuldete den Bernern seit 1430 als Erbe der Raron 500 Gulden. Er sperrte sich zu zahlen, wurde hierauf vom Walliser Gericht verurteilt, unterzog sich scheinbar, liess sich aber auf savoyischem Gebiet in Bex nieder und appellierte an Rom. Hierüber erzürnten die Berner und schickten 1464 dreihundert Oberländer unter Niklaus von Scharnachtal nach Bex, ihn zu fangen. Sie fanden ihn nicht, plünderten dafür sein Haus und führten seinen Sohn als Geisel weg, den sie nachher gegen eine Summe freigaben.

Über den Einfall liess Savoyen durch Beamte eine gerichtliche Untersuchung vornehmen. Die Berner wurden umsonst zitiert. Man verhörte Zeugen, von denen keiner wissen wollte, dass Asper Walliser sei; alle betrachteten ihn als Untertan des Herzogs und behaupteten, die Ursache des Streithandels nicht zu kennen. So wurde der Processus eine schwere und einseitige Belastung Berns.

Den Processus stöberte *Alfred Millioud* im Archiv von Lausanne auf, übertrug ihn vom Lateinischen ins Französische und veröffentlichte ihn 1911 in Genf: *Processus Bernensium. L'invasion de Bex en 1464.* Der Herausgeber vermied es sorgfältig, einen

Kommentar zu geben und die Sache richtigzustellen. Im Vorwort des Verlegers wimmelt es von Unrichtigkeiten, die den Sachverhalt verdunkeln.

Jean Gremaud wollte in einer Handschrift, die er im Archiv der Familie Ambühl zu Sitten entdeckte, eine Chronik des Raronkrieges (1414–1420) gefunden haben: JEAN GREMAUD: Documents relatifs à l'histoire du Valais 7, Lausanne 1894. Albert Büchi weist nach, dass jene Chronik nur eine Abschrift aus Heinrich Brennwald ist. ALBERT BÜCHI: Eine angebliche Chronik des Raronkrieges; Anz. Schw. Gesch. 1911, S. 99f. 182f.

Verlorengegangen ist eine alte Briger Chronik, wovon sich einige Bruchstücke bei Stumpf und Quartéry erhalten haben. ROBERT HOPPELER: Über eine alte Briger Chronik und deren Bericht von einem Treffen in Hospental; Anz. Schw. Gesch. 1908, S. 269 ff. – BARTHÉLEMY RAMEAU: Le Valais historique; Sion 1885.

Memoiren

Bis 1450 war Bern die stolze Trutzburg, wo Geist und Bildung wenig Pflege fanden. Um die Jahrhundertmitte aber drang eine neue, burgundische Mode ein, ein feinerer Ton, ein höheres Leben. Ein Hauch von Humanismus berührte Bern. Neue Familien tauchen auf, wie die Diesbach, Ringoltingen, Scharnachtal. Dieses höhere Leben manifestiert sich nach aussen in der Beschäftigung mit grosser Politik, in ritterlicher Erscheinung, nach innen in stolzer Selbstbesinnung.

Thüring von Ringoltingen, gest. 1484, dessen ursprünglicher Name Zigerli lautete, war Schultheiss; er übertrug einen Roman, die *Histori von der schönen edlen Melusine*, ins Deutsche.

Die *Scharnachtal* pflegten das Reisen, den Hofdienst, das Waffenhandwerk. Es bedeutet einen grossen Verlust, dass *Konrad von Scharnachtal*, gest. 1472, der am meisten Herumgekommene und berühmt wegen seiner Rittersitten, seiner Völkerkunde und seiner Abenteuer, nichts Schriftliches hinterliess. Die *Diesbach* waren mitteilsamer und verdienstlicher. Als Begründer des Hauses ist Niklaus Goldschmid anzusehen, der 1435 die Herrschaft Diesbach kaufte. Er betrieb einen ausgedehnten Leinwandhandel, pachtete die Bergwerke im Oberhasli, war Goldschmied und Silberhändler, erhielt von Kaiser Sigmund einen Adelsbrief mit Wappen. Dieser ausgezeichnete, erfolgreiche Geschäftsmann starb 1436. Seine Söhne gaben sich schon als Junker, die das Geschäft den Angestellten überliessen und ihr Vergnügen an Jagd, Reisen, Ritterspiel, Landgütern, Staatsgeschäften fanden. In Bern kam es zur Nobilitierung von Geschäftsleuten, während sie in Zürich im Handelsstand blieben. Ludwig von Diesbach zerfiel mit seiner Vaterstadt Bern, siedelte nach Köln über und starb dort 1452. Da brachte der getreue Haushalter, Hans von der Gruben, dessen Söhne Wilhelm und Ludwig nach Bern zu ihrem Vetter Niklaus, der sie erzog und in die Welt der Politik einführte. *Niklaus von Diesbach*, 1430–1475, war die Glanzgestalt des Geschlechtes, Freund König Ludwigs XI. von Frankreich, Urheber des Burgunderkrieges. Von früh an ungewöhnlich, machte er von sich reden. Zwölfjährig verlobte man ihn, sechzehnjährig heiratete er eine reiche Erbin. Als Knabe schon bildete er sich auf Geschäftsreisen bis nach Spanien. Er war eine Persönlichkeit von ausgesprochener Eigenart und überströmender Kraft. Bezeichnend für seine geistige Beweglichkeit und sein Selbstgefühl ist es, dass er früh schon seine *Denkwürdigkeiten* aufzuzeichnen begann; sie sind leider verloren.

Dagegen haben sich die *Memoiren* seines Vetters *Ludwig von Diesbach* 1452–1527 erhalten. Er war von 1468–1476 Page am Hofe Ludwigs XI., den er wie einen Vater verehrte. Den wichtigsten Ereignissen wohnte er bei. Aber er fand keinen Geschmack an der Politik und an der Diplomatie. Er erlebte und genoss vor allem die bunte Oberfläche der Dinge. Seit 1476 lebte er zu Hause, verheiratete sich, blieb der Politik abgeneigt. Wohl sass er in den Räten, musste jedoch von seinem Bruder Wilhelm, dem Schultheissen, zu öffentlichen Diensten gezwungen werden. Er amtete von 1512–1514 als Gouverneur zu Neuenburg, von 1516–1519 als Vogt zu Aelen, betrachtete beide Ämter als ein Unglück. Gerne dagegen begleitete er 1496 Kaiser Maximilian nach Rom und erhielt zu Pavia die Ritterwürde. Seine Zeit widmete er der Familie und der Verwaltung seines Vermögens. Er war zweimal verheiratet, hatte zwanzig Kinder und wird uns als zärtlicher Vater und Gatte geschildert. Trotz grosser Erbschaften steckte er oft in Geldverlegenheit, verlor viel Mittel in den Bergwerken und in der Alchemie, einer Leidenschaft, die er mit seinem Bruder Wilhelm teilte. Seine Kinder aus erster Ehe verlangten das Vermögen der Mutter heraus; das führte zu einem Familienskandal. Es war sein Glück, dass er an der Schwelle der Glaubensspaltung starb, die seine Familie zerriss. Von ihm stammen die Diesbach in Freiburg, in Frankreich und in Bern ab.

Seine Memoiren, die er Chronik nennt, verfasste er in zwei Anläufen; 1488 schrieb er den ersten Teil, um 1507 herum den zweiten. Dieser ist sehr gedrängt, enthält nur Häusliches. Ihr Wert liegt mehr im Kulturhistorischen als im Politischen. Sie geben einen Blick ins Innermenschliche, können es stimmhaft machen. Bei wichtigen Staatsdingen verweist er auf das Buch von Niklaus und geht über sie hin. Durch alles zieht ein starker Familiensinn, der das Glück der Seinen dauernd begründen will. Er schreibt schlicht und treuherzig, bekennt seine Sünden und beklagt der Kinder Undank. Seine Memoiren waren nicht für die Öffentlichkeit bestimmt.

Das Volksbuch von der schönen Melusine, hg. v. *Severin Rüttgers;* Leipzig 1923.
Ludwig von Diesbach: Chronik und Selbstbiographie; Schw. Geschichtforscher 8, 1830, S. 161 ff. – *Chronique du chevalier Louis de Diesbach, page de Louis XI*, hg. v. *Max de Diesbach;* Paris 1901 (mit Kommentar).

GEORG VON WYSS: Niklaus von Diesbach; Slg. Bern. Biogr. 1, Bern 1884, S. 38 ff. – FRANZ ADOLF MOSER: Ritter Wilhelm von Diesbach; Bern 1930. – HANS VON GREYERZ: Studien zur Kulturgeschichte der Stadt Bern am Ende des Mittelalters; Bern 1940. – CHRISTOPH VON STEIGER: Niklaus von Diesbach, Wilhelm von Diesbach; NDB III, Berlin 1957, S. 658/59, 659/60.

Hans von der Gruben ca. 1410–1479

Er war der gute Hausgeist der Diesbach. In Köln geboren, übte er den Beruf eines Goldschmieds aus, arbeitete in Venedig und Savoyen. 1436 kam er nach Bern, eben als der alte Niklaus von Diesbach starb. Bald wurde er Geschäftsführer der grossen Firma. Schon 1440 trat er in den Rat der CC, genoss hohes Ansehen, blieb aber den Diesbach treu. Er begleitete besonders den älteren Ludwig auf Kriegs- und Lustreisen. Die Jerusalemfahrten gehörten zum guten Ton unter den Vornehmen; damals gingen sie leichter vonstatten als im 16. Jahrhundert. In Venedig gab es Unternehmen, die gegen feste Summen die Hin- und Rückreise besorgten, zweimal im Jahr. Die Türken erzeigten sich duldsamer als später. Von der Gruben unternahm zwei Fahrten dorthin, anno 1440 mit dem Vater Ludwig, anno 1467 mit Niklaus und Wilhelm. Er begleitete Vater Ludwig auch im Alten Zürichkrieg und 1447 auf einer Kavalierstour durch Italien, Spanien, Frankreich; dann ging er 1450 nach Köln zurück. Er nahm am Burgunderkrieg teil, tötete laut Schilling den Verräter Châteauguyon bei Grandson.

Über seine Reisen hat von der Gruben *Denkwürdigkeiten* aufgezeichnet, wovon Kopien erhalten sind. Er schreibt schlicht, ohne Prahlerei: Gottes Gnade hilft aus den Gefahren. Genau notiert hat er alle Reliquien, nicht aber die fremden Sitten; das würde zu weit führen, meint er. Auf der zweiten Reise kam er bis Spanien, gab dort den Plan auf, nach der Wunderstadt Granada, dem Sitz der Künste und der arabischen Ritterschaft, zu ziehen. Beim Kap Finisterra – finsterer Stern, sagt er – gelangten die Reisenden ans Ende der Welt. Die dritte Reise führte nach dem Heiligen Land. Bis nach Jerusalem wird sie kurz abgetan; dort beschlossen die Pilger, nach dem Sinai weiterzugehen. Über diese Fahrt erzählt von der Gruben mehr. Sie reisen von Hebron nach Gaza, zu Schiff nach Kairo. Überall treffen sie Wunderbares an. Eine ehrfurchtsvoll-schauernde Stimmung erfüllt sie unter Lebensgefahren. In Hebron zeigt man ihnen die Erde, aus der Gott Adam erschaffen hat, in Kairo sehen sie die Speicher, die Joseph auf die Teuerung hin bauen liess. Der Nil fliesst direkt aus dem Paradies; deshalb ist sein Wasser gesund, schützt vor Krankheiten. Der Osten strotzte von biblischen Erinnerungen. Hier wird ersichtlich, wie weit die Welt der damaligen Vorstellungen reichte, welche Gestalten sie hegte. Das Ziel der Fahrt war das St. Katharinen-Kloster und der Gesetzesberg auf der Halbinsel Sinai, die überhaupt der Wunder voll war. Wonne und Andacht erfüllten die Reisenden. Seit acht Jahren war kein Pilger dort gewesen, wo Gott dem Moses die Gesetzestafeln übergeben hatte. Diesbach heisst auf der Grabtafel im Berner Münster «Ritter vom Sinai». Die Reisebeschreibungen von der Grubens zeitigen vornehmlich einen kulturgeschichtlichen Ertrag.

Hans von der Grubens Reise- und Pilgerbuch, hg. v. *Max von Diesbach;* Arch. Hist. Ver. Bern 14, 1896, S. 97 ff.

Bericht eines Mitreisenden: *Hans und Peter Rots Pilgerreisen 1440 und 1453,* hg. v. *August Bernoulli;* Beitr. vaterl. Gesch. 1882, S. 329 ff.

GERD TELLENBACH: Zur Frühgeschichte abendländischer Reisebeschreibungen; Festschr. Erich Hassinger zum 70. Geburtstag; Berlin 1977, S. 51 ff.

Diebold Schilling ca. 1430–1486

Es handelt sich um den bedeutendsten Geschichtsschreiber Berns im 15. Jahrhundert. Er stammte aus einer Solothurner Familie, in der geistige Interessen und Politik durch Generationen heimisch waren. Diebold trieb keine Studien wie seine Verwandten, sondern musste sein Brot verdienen. Von 1456–1460 war er Substitut auf der Kanzlei in Luzern, wo er den Chronisten Johannes Fründ kennenlernte. 1460 überliess er die Stelle seinem Bruder Johann, siedelte nach Bern über und kam hier wohl an. Er war von 1460–1476 Unterschreiber, führte oft die Ratsmanuale, amtete von 1476–1481 als Schreiber des Seckelmeisters, des zweithöchsten Staatsbeamten, von 1481–1485 als Gerichtsschreiber. Also war er zeitlebens Subalternbeamter, aber immer in lehrreicher Stellung. 1462 trat er in die Zunft zum Distelzwang ein, bekleidete sofort die Stelle des Schreibers, später des Kassiers und sogar des Stubenmeisters. Hier kamen die Vornehmen zusammen: die Diesbach, Bubenberg und andere. Die Zunft bildete den Mittelpunkt des Lebens, wo sich die Stubengesellen wöchentlich, oft täglich trafen und viel vernehmen konnten. Diebold Schilling muss beliebt gewesen sein. Von 1468 bis zu seinem Tod gehörte er dem Rat der CC an. Oft wurde er für kleinere Sendungen aufs Land verwendet, nie aber an die Tagsatzung oder an Höfe gesandt; er blieb Beamter, wurde nicht Politiker wie sein Vorgesetzter Thüring Fricker. An den Burgunderkriegen hat er teilgenommen, wie aus kurzen Bemerkungen in seiner Chronik hervorgeht; seine Abwesenheit von der Kanzlei ist auch aus den Schriftzügen der Manuale feststellbar. Er machte kirchliche Vergabungen, starb kinderlos; Erbin war seine Witwe Katharina Baumgartner.

Diebold Schilling ist wohl schon in Luzern durch Johannes Fründ, den dortigen Kanzleivorsteher, literarisch angeregt worden. Über die Entstehung der Chronik, über die verschiedenen Fassungen der ersten Entwürfe, herrscht Unklarheit. Anreger und Mitarbeiter wird der Ratsherr Bendicht Tschachtlan gewesen sein. Von sich aus, privat, verfasste Schilling eine Fortsetzung von Justinger bis zum Jahre 1468. Es ist eine bescheidene, anspruchslose, trockene Arbeit, worin er Notizen, allerdings wichtige, aneinanderreihte; sie ist durch Peter von Molsheim fast wörtlich in dessen Freiburger Chronik übernommen worden. Mit dieser Schrift empfahl er sich der Obrigkeit. Unter Adrian von Bubenberg beschloss der Rat am 31. Januar 1474, eine Stadtgeschichte bis auf diesen Tag verfassen zu lassen. Dieser Beschluss steht nicht im Ratsmanual, sondern im dritten Kapitel der Schilling-Chronik, wo aber der Name des Beauftragten nicht erwähnt wird. Das Manual enthält nie die Diskussionen, sondern nur die Beschlüsse, diente als Merkbuch für die Kanzlei, was auszufertigen sei. Vielleicht handelte es sich um eine unprotokollierte Sitzung des Grossen Rates.

Schilling arbeitete einen Entwurf zu der Chronik aus und legte ihn dem Rate vor. Dieser hat ihn «verhört und korrigiert», das heisst zensuriert. Er verlangte Änderungen, namentlich Streichungen, und gab ihm damit amtliches Gepräge. Dementsprechend arbeitete Schilling seinen Entwurf um. Anno 1483 überreichte er dem Rat der CC die *Amtliche Chronik* in drei

Bänden, in seiner schönen Handschrift auf Pergament und reich mit Bildern ausgestattet, zu einem «guten seligen jar». Schilling erzählt stolz: «Die selben cronicken hat man geheissen in der stat gewelb zu andern briefen und schetzen legen, dass sie zu sunderbarer ergetzung und trost unser und aller unser nachkomen behalten werden.» Die drei Prachtsbände wurden von jetzt an *Neue Stadtchronik* genannt, im Gegensatz zu Justinger.

Der erste Band enthält Justinger bis 1421 in leichter Überarbeitung. Der zweite Band bringt die Fortsetzung bis 1466, mit Einschüben aus Fründs Chronik über den Alten Zürichkrieg; dazu hat er wohl als Vorlage einen eigenen, unter Tschachtlans Aufsicht entstandenen Entwurf benützt. Der dritte Band bietet die Hauptsache, die neueste *Zeit von 1468–1480*. Das ist selbsterlebt und original. Am Schluss dieses Bandes steht die Bemerkung: «was siderhar mer bescheechen, han ich in einer andern nüwen cronicken angefangen.» Wie verhält es sich damit? Der Entwurf zum dritten Band blieb bei Schilling; er setzte ihn fort von 1480–1484. Gleich nach seinem Tod verkaufte die Witwe diesen Entwurf nach Zürich, wohl durch Vermittlung von Hans Waldmann; man wollte dort auch eine Chronik anlegen. Darauf erfolgte in Bern der zornige Ratsbeschluss: «die alte gerichtschriberin darzu halten, das si die andern cronicken, satzungen und anders harus gebe, und anzuslachen, wie man die strafen well, so damit sind umbgangen.» Diesem Entwurf, der heute in Zürich liegt, kommt grössere Bedeutung zu, weil er die ursprüngliche Fassung darstellt. Gerold Edlibach, Waldmanns Schwiegersohn, war eben mit der Abfassung einer Zürcher Chronik beschäftigt und benützte dazu Schillings Entwurf. Zum Jahr 1460 zitiert er seine Quelle mit der Bemerkung: «aber weller den gantzen handel wil lesen, der fint es in der grossen croneck, so min herren von Zürich von den von Bern kouft hand, lutter geschriben.» Es ist interessant, die erste mit der zweiten Fassung zu vergleichen, weil man daraus ersehen kann, was dem amtlichen Bern unbequem war und gestrichen wurde. Schilling suchte sein Werk zu verwerten und verfasste darum 1477 einen privaten Auszug aus dem dritten Band, umfassend die Jahre von 1468 bis und mit der Schlacht von Nancy. Dieser Auszug fand in vielen handschriftlichen Kopien rasche Verbreitung. 1478 wurde er von dem Johanniterbruder Peter von Molsheim seiner freiburgischen Darstellung des Burgunderkrieges untergelegt und amtlich anerkannt.

Obgleich Schilling bescheiden von der Blödigkeit seiner Sinne spricht, eignet er sich doch gut zum Geschichtsschreiber. Allerdings hat er keine höheren Studien getrieben und besitzt keinen weiten Gesichtskreis. Fricker ist ihm an Geist und Darstellungsgabe überlegen. Schilling schreibt über alles, nicht nur über politisch dankbare Ereignisse, sondern zudem über Kulturgeschichte, wenn er sich auch in der Auswahl noch ungeübt und unsicher zeigt. Er ist der Mann der Praxis, kennt die Bedürfnisse des Alltags, vermag, was rüstiger Bürgersinn und städtisches Selbstbewusstsein verleihen. Gegen seine erste Arbeit stellt die zweite einen sprachlichen Fortschritt dar, erscheint als fliessende, frische Darstellung, die hie und da

Tafel 3. Die Frauen von Bubenberg vor Gericht, Twingherrenstreit 1470.

noch zu umständlich wirkt. Die Sprache ist einfach, schmucklos, ohne Humanistenprunk. Schilling besass nicht den Literatenehrgeiz nach Ruhm, sondern löste einfach eine Aufgabe. Der Nachwelt dient mehr, dass er nicht Humanist, sondern Staatsdiener war. Als erster Berner fremdwörtert er, braucht Ausdrücke wie studieren, fundieren, appellieren. Der Fabelei abhold, sucht er sicheren Boden, genaue Nachrichten. Er verknüpft besser als Justinger, aber er durchdringt den Stoff nicht wie später Anshelm. Auch erfasst er nicht die Probleme. Da er noch nicht den zeitlichen Abstand zu den Ereignissen hat, gewinnt er keine gute Perspektive. Bern bedeutet für ihn den Mittelpunkt. Er erlebte damals eine grosse Zeit: Berns Führung der Eidgenossenschaft; wichtigste europäische Dinge waren Bern anheimgestellt. Schilling spürt es, aber er vermag es in seinem Werk nicht zum Klingen und Schwingen zu bringen, weil er nicht eine grosse Seele wie Anshelm hineinlegen kann. Über seine Geschichtsauffassung spricht er sich eingangs aus; er gibt als Zweck an: genaue, getreue Darstellung des Vergangenen, damit die Späteren das Künftige desto besser einrichten – also eine Verbindung von wissenschaftlichem und didaktischem Interesse.

Am Ende wichtiger Ereignisse bringt er gerne Nutzanwendungen, gegründet auf die einfache Moral, dass Tugend erhält, Untugend verschlingt. Unordnung und Disziplinlosigkeit in der Feldschlacht führt zu Niederlagen, wogegen «wisheit, vorgab und ordenung leget grosse kraft darnider». Schillings Überzeugung geht dahin, dass Gott alles bewirkt und nach Verdienst lohnt; er motiviert transzendental. Damit steht im Zusammenhang, dass er fast nur das Volk handeln lässt; es ist der Held. Die grossen Persönlichkeiten kommen bei ihm zu kurz. Er nennt sie wohl, weist ihnen ihren Platz an, gönnt ihnen ein paar Pinselstriche: den Diesbach, Bubenberg, Scharnachtal und Silenen, meist Distelzwangleuten, so dass seine Chronik zum Ehrenbuch für diese Zunft wird. Doch diese Erwähnungen geben keinen genügenden Begriff von der Wucht der Persönlichkeiten, die im Spiele sind und sich bekämpfen. Nur einmal holt er aus: Diesbach habe in diesen Dingen mit hoher Vernunft Tag und Nacht gehandelt und sei des Mehrteils Anstifter und Anfänger gewesen. Damit trifft er, nach dem Stand der modernen Forschung, den Kern der Dinge. Anshelm übertrifft ihn weit in der Fähigkeit zu charakterisieren und ins Licht zu setzen, ebenso der Zeitgenosse Commines. Es fehlt Schilling die Intuition, die genial verstehende Anschauung; trotzdem nennt er sich Dichter des Buches, Dichter im Sinn von Verfasser. Er will aber nicht wie die Humanisten mit der Poesie wetteifern.

Neben dem offenen didaktischen Zweck verfolgt Schilling noch einen unausgesprochenen, die Rechtfertigung der bernischen Politik. Er schreibt als Moralist und getreuer Beamter. Ein solcher Versuch war damals leicht möglich, weil dem Publikum die Mittel zur Kritik fehlten, daher auch die Chroniken so stark wirkten. Bereits gab es die Streitfrage, ob der Burgunderkrieg notwendig oder ob er im Interesse Frankreichs von Bern den anderen Kantonen aufgenötigt worden sei. Hatte Diesbach oder hatte

Bubenberg recht? Schilling hält den Krieg für notwendig, durchschaut nicht oder unterdrückt die offensiven Tendenzen der Diesbachschen Politik, schiebt sie vielmehr Karl von Burgund zu, während Valerius Anshelm den Krieg für französische Mache hält. Seiner Absicht entsprechend richtete Schilling die Darstellung ein: Karl ist der Schuldige. Der Chronist verschweigt die Ausschliessung Bubenbergs aus dem Berner Rat, spricht nicht, wie später Anshelm, von Verlogenheit des französischen Königs, dessen Tod er ergriffen meldet, übergeht den für die Haltung der Eidgenossenschaft so entscheidenden Gegensatz zwischen dem vorwärts drängenden Bern und den zurückhaltenden Orten. Er fälscht die Verhandlungen zu Ensisheim vom Januar 1474, macht den Verleumdungsfeldzug gegen Burgund mit. Karl den Kühnen nennt er Wütrich und Blutvergiesser von Burgunden, seine Freunde seien schnöde Buben, Hagenbach ein Verräter; Herzogin Jolanda von Savoyen schmäht er als rechten Ursprung und Hetzhund dieses Krieges. Von seinem leidenschaftlichen Hass lässt er sich weit fortreissen. So sagt er, es reue ihn, dass man die Bürger von Yverdon nicht habe über die Klinge springen lassen, dass man Hagenbachs Söldnern freien Abzug gewährte, fügt dann aber in christlicher Demut ängstlich hinzu: «wenn das nicht gegen den Allmächtigen geredet ist.» Er gibt sich völlig parteiisch, französisch.

Und doch war sich Schilling seines Deutschtums bewusst, fühlte sich als Glied der deutschen Nation. Den Kampf gegen Burgund fasste er als Kampf gegen welsche Tücke und Unzucht auf, weil die Macht Karls romanischen Charakter trug, ebenfalls das Elsässer Regiment des verhassten Peter von Hagenbach. Schilling verschweigt seine Enttäuschung über das Ausbleiben des Kaisers und lässt aus den von ihm wiedergegebenen bernischen Briefen an Karl die untertänigen Formeln weg. Das alles wurde durch die amtliche Zensur noch verschärft. Sie strich besonders im Zeitraum 1477–1480, als die bittern Früchte des Krieges und der Bündnisse zu kosten waren: die eingerissene Sittenlosigkeit, das torrechte Leben, die Jahrgelder, die Flucht Bubenbergs vom französischen Hof, die Verhandlungen wegen der Freigrafschaft. Schilling bemerkt etwa: «Dies lasse ich um des Friedens willen unterwegen». Eigentümlicherweise unterdrückte die Zensur ferner die Erwähnung der Romfahrten und Engerlingsprozesse; man schämte sich dessen wohl nachträglich. Namentlich wurde auch die Kritik nach innen, zum Beispiel an ungerechter Beuteverteilung, Geldgier, Gottlosigkeit, gedämpft. Die Bewunderer von Diesbach rechnen ihm hoch an, dass er die Schweiz auf Kosten Savoyens nach Westen ausdehnen wollte. Hier tritt ihnen Schilling entgegen. Er schildert den geschichtlichen Ablauf so, als hätte Bern um jeden Preis mit Savoyen im Frieden zu leben gewünscht, dieses aber den Krieg treulos und mutwillig heraufbeschworen. In Wirklichkeit fielen die Berner 1475 ohne Absage über die Waadt her. Friedliebe und grosse Pläne Berns sind nicht zu vereinigen.

Schillings Quellen waren vor allem die persönliche Erfahrung, schrieb er doch Zeitgeschichte. Er befand sich den ganzen Tag auf dem Rathaus, las alle ein- und ausgehenden Briefe, führte Gespräche auf Distelzwang, beteiligte sich an einigen Kriegszügen, sass im Grossen Rat, protokollierte im Kleinen Rat, hatte also einen ausgezeichneten Beobachtungsposten inne. Wichtige Aktenstücke nahm er in seine Darstellung auf, ebenso Volkslieder, die durch ihn erhalten sind, von Veit Weber aus Freiburg im Breisgau, von Matthis Zoller, Tuchherr und Schreiber in Bern.

Die Frage, ob Schilling die Illustrationen selber angefertigt hat, kann nicht mit Bestimmtheit beantwortet werden. Als gewiss gilt bloss, dass er den Text eigenhändig schrieb. Aber schon die Initialen, die teilweise Miniaturbildchen einschliessen, scheinen von anderer Hand herzurühren. In seiner Jugend arbeitete Schilling zu Hagenau in der Werkstatt des Diebold Lauber, der eine Schreibschule sowie eine Illustrations- und Verlagsanstalt führte. Bei der amtlichen Chronik waren mindestens zwei Illustratoren mit verschiedener Manier am Werk. Die Bilder der beiden ersten Bände bestehen aus kolorierten Federzeichnungen mit feinen Umrissen und reicher Farbenskala. Zwar sind die Landschaften und Naturformen noch gotisch-schablonenhaft stilisiert, ebenso die Figuren mit ihrem festen Oberleib und den dünnen Beinchen und die Städteansichten. Aber der zweite Illustrator gestaltet die Bilder bereits viel kraftvoller und abwechslungsreicher und sucht sich der Wirklichkeit zu nähern. Die meist ganzseitigen, einfach umrahmten Bilder weisen richtigere Proportionen und differenziertere Tönungen auf. Es sind keine grossen Künstler am Werk, mehr treffliche Laien, wie in den oberdeutschen Volksbüchern. Aber man gewinnt eine authentische Anschauung der Zeit, besonders des berühmten eidgenössischen Kriegsheeres und seiner Ausrüstung, der Schlachtfelder mit lokalgetreuem landschaftlichem Hintergrund, der Kriegsflotte auf dem Zürichsee, der kriegerischen Aktionen gegen den Landadel, der oft fast elementaren Zerstörungswut. Der Hauptwert der Bilder liegt in der Wiedergabe von Bewaffnung, Marsch, Angriff, Kampf, Belagerungstechnik, Geschützbedienung. Interieurs dagegen tauchen selten auf: Ratsstuben oder das Krankenzimmer bei Diesbachs Tod.

Am Ende seines Lebens schrieb Schilling seine älteste Bilderchronik für den befreundeten Alt-Schultheissen von Erlach ab; sie enthält im Text einige Varianten zur amtlichen Chronik. Mit dieser Arbeit gelangte Schilling nur bis zum Jahr 1465, als ihn der Tod ereilte. Seine schöne Handschrift erscheint in dieser *Spiezer Chronik* matt und verzogen. Aber die Illustrationen – man vermutet als Maler Schilling selber – sind freier als die gewundenen Darstellungen in den ersten Bänden der amtlichen Chronik. Der Bildschmuck, der sich enger an den Inhalt des Textes hält, zeugt von grösserer Beobachtung der Wirklichkeit, gibt die körperliche Haltung natürlicher wieder, berührt neben dem militärischen auch das zivile und höfische Leben, Wappen, Trachten, die Kleidermode, den beinahe adeligen Lebensstil des Patriziats. Jetzt sind die grossflächigen, schwarzgeranderten Bilder strenger durchkomponiert. Jedenfalls gehören die beiden Fassungen Schillings zu den aufschlussreichsten und wertvollsten Bilderchroniken des 15. Jahrhunderts.

Schillings Lebensarbeit ist erstaunlich, wenn man bedenkt, was er nebenbei geleistet, welche Anforderungen man an einen Beamten stellte. Er erreichte ein Alter von kaum über fünfzig Jahren. Seine Chronik hatte eine starke Nachwirkung. Noch lange wurde am Zehntausend-Ritter-Tag der Kirchgemeinde im Münster die Schilderung der Murtenschlacht vorgelesen. Auch etwa vor Ratssitzungen trug man aus Stadtchroniken vor.

Als erster wurde Schilling von *Johann Jakob Bodmer* herangezogen. Auf seine Anregung erfolgte 1743 eine Ausgabe des dritten Bandes, die ein Unbekannter allerdings ungeschickt besorgte: *Diebold Schillings Beschreibung Der Burgundischen Kriegen. Und einicher anderer in der Schweiz und sonderlich zu Bern, Um selbige Zeit vorgefallenen Merckwürdigen Begebenheiten;* Bern 1743. – *Berner Chronik,* hg. v. *Gustav Tobler;* 1 und 2, Bern 1897–1901, mit vorzüglichem Kommentar. – Eine Faksimileedition der drei Folianten, die Schilling in amtlichem Auftrag geschrieben und mit über 600 Bildern geschmückt hat, erfolgte in vier Bänden durch *Hans Bloesch* und *Paul Hilber: Diebold Schilling, Berner Chronik;* Bern 1943–45. – Die Faksimileausgabe der privaten Chronik besorgte *Hans Bloesch: Diebold Schilling, Spiezer Bilderchronik 1485;* Bern 1939. – Zur komplizierten Quellenfrage hat neuerdings *Carl Gerhard Baumann: Über die Entstehung der ältesten Schweizer Bilderchroniken 1468–1485;* Bern 1971, die Existenz einer ältesten Bilderchronik nachgewiesen, die Schilling wohl 1469 abgeschlossen und dann später für Rudolf von Erlach abgeschrieben hat; sie muss im 17. Jahrhundert aus der Staatskanzlei verschwunden sein.

THEODOR VON LIEBENAU, WOLFGANG FRIEDRICH VON MÜLINEN: Diebold Schillings Berner Chronik; Arch. Hist. Ver. Bern 1893, S. 431 ff. – THEODOR VON LIEBENAU: Diebold Schilling; Slg. Bern. Biogr. 2, Bern 1896, S. 417 ff. – H.M.: Zwei Urkunden zu Diebold Schilling; Bl. Bern. Gesch. Altertkde. 21, 1925, S. 141 ff. – ERICH GRUNER: Diebold Schilling, der Berner Chronist; Berner Heim 1935, Nr. 42. – LÉON MONTANDON: La chronique de D. Schilling et Neuchâtel; Musée neuchât. 27, 1940, S. 63 f. – EDUARD ACHILLES GESSLER: Die Schweizer Bilderchroniken des 15. und 16. Jahrhunderts; Zürich 1941, S. 165 ff. – HANS VON GREYERZ: Nation und Geschichte im bernischen Denken; Bern 1953, S. 32 f. – OTTO HOMBURGER: Über die kunstgeschichtliche Bedeutung der Handschriften der Burgerbibliothek; Schätze der Burgerbibliothek Bern; Bern 1953, S. 107 ff. – FLORENS DEUCHLER: Die Burgunderbeute; Bern 1963. – HANS GEORG WACKERNAGEL: Bemerkungen zum Geschichtsbild in der Alten Eidgenossenschaft; Discordia concors, Festgabe für Edgar Bonjour II; Basel 1968, S. 303–313. – WERNER MEYER: Burgenbruch und Adelspolitik im alten Bern; Discordia concors, Festgabe für Edgar Bonjour I; Basel 1968, S. 317–337. – Zu der durch die ganze Geschichtsschreibung sich hinziehenden Kontroverse über den Ursprung der Burgunderkriege KARL BITTMANN: Ludwig XI. und Karl der Kühne. Die Memoiren des Philippe de Commynes als historische Quelle; Göttingen, I 1961, II 1964, II/1 1970. – ADOLF GASSER: Les guerres de Bourgogne, leurs causes, leur déclenchement: Grandson 1476; Lausanne 1976, S. 66–111.

Johannes Murer ca. 1460–ca. 1525

Er figuriert auf der ersten Präsenzliste des Vinzenzstiftes von 1488 als Kustos, wurde 1492 Dekan, 1508 Propst und musste um 1520 wegen Geisteskrankheit zurücktreten. Sein im Jahr 1499 verfasstes *Chronicon Bernense* ist erst kürzlich in einer fehlerhaften Kopie gefunden worden. Es handelt sich zur Hauptsache um einen Auszug aus den Berner Stadtchroniken in lateinischer Sprache. Da Murer sein Werklein dem Bischof von Lausanne, Aimon von Montfalcon, widmete und darin die Erneuerung des Bünd-

Tafel 4. Chronist an der Arbeit, um 1480.

Tafel 5. Pergamentbände der Berner Chronik von Diebold Schilling, 1483.

nisses mit Savoyen von 1498 in hohen Worten feiert, ist es wohl auf diesen Anlass hin oder kurz nachher entstanden. Neues bietet Murer, der ausser den offiziellen Berner Chroniken noch eine baslerische erwähnt, kaum. Bemerkenswert sind einzig die Herausarbeitung der Beziehungen zu Savoyen, worin der Verfasser offenbar und mit Recht einen Hauptzug der bernischen Entwicklung sieht – Herzogin Jolandas Verhalten in den Burgunderkriegen wird zu entschuldigen versucht –, und der in Sprache und Gestaltung sich äussernde Frühhumanismus.

Eine Kopie der unedierten Chronik liegt in der Bibliothèque Nationale in Paris. Der Titel des Textes lautet: *Coronica minor urbis Bernae ex Codicibus coronicarum Bernensium congesta et ex vulgari Theutonico ad Latinum traducta...*

LEO NEUHAUS: Eine humanistische Bernerchronik von 1499; Festschr. Oskar Vasella; Freiburg 1964, S. 217 ff.

Ludwig Schwinkhart 1495–1522

Er entstammte einer Familie, die sich 1466 in Bern einbürgerte und rasch in die Ämter kam. Wenn auch nicht ersichtlich ist, wieweit er an der Zeitbildung teil hatte, so war er doch über den Durchschnitt geschult und in der Feder geübt. Wie er sich bildete, wissen wir nicht; dass er sich bildete, ist gewiss. Mit zweiundzwanzig Jahren trat er 1517 in den Rat der CC. Sein Grossvater Nikolaus sass im Kleinen Rat, sein Vater und sein Bruder gehörten dem Grossen Rat an. Ludwig fiel 1522 in der Schlacht bei Bicocca, siebenundzwanzigjährig. Er hinterliess eine *Chronik*, die lange im Verborgenen blieb.

Schwinkhart schrieb die Chronik in den Jahren 1519–1521 als junger Mann. Sie erstreckt sich über die Zeit von 1507–1521, bietet demnach Zeitgeschichte. Vielleicht setzte Schwinkhart im Jahre 1507 ein, weil damals Peterman Etterlins Chronik als erste gedruckte schweizerische erschien. Schwinkharts Chronik ist ein Jugendwerk, ein erster, nicht überarbeiteter Entwurf, der unvermittelt abbricht, da der Verfasser jäh hinweggerafft wurde.

Der stoffliche Ertrag der Chronik ist gering; Schwinkhart erzählt meist Bekanntes, mit vielen flüchtigen Irrtümern. Darum sind die neuen Züge, die er einfügte, nicht eben vertrauenswürdig, wenn sie nicht sonstwie belegt werden können. Man weiss nicht, woher er den Stoff nimmt; er nennt keine Quellen. Doch ist anzunehmen, dass er aus den Berichten der Zeitgenossen und aus bernischen Rechtsquellen schöpfte. So anschaulich er die Schlachten auch schildert, bleibt trotzdem unsicher, ob er dabei war. Indessen könnte er an der Schlacht von Novara und am Feldzug von 1515, nicht aber an der Schlacht von Marignano teilgenommen haben. Es geht Schwinkhart bei seinem Entwurf nicht so sehr um die stoffliche Richtigkeit als darum, die geistige Ader, die Richtlinie durch das Wirrsal der Zeit zu finden. Er ist alles andere denn ein Reisläufer. Friedliebe drückt ihm die Feder in die Hand. Er schreibt von einer Idee aus, nicht aufs Geratewohl. Ein bestimmter Geist, eine innere Ordnung ist vorhanden. Erschreckt von den Opfern, die die Schweiz auf den italienischen Feldzügen bringen musste, von der Ungerechtigkeit des Krieges, der so viele Unschuldige verschlang, predigt er den Frieden und zeigt das Verderbliche, das Unnötige der Auszüge nach Italien auf, so sehr auch sein Blut bei den Heldentaten von Novara und Marignano mitwallt. Er verdammt den Krieg und ist doch stolz auf die Kriegstaten der Eidgenossen. Fast gewaltsam sucht er Abstand von seiner Zeit zu finden. Das zeigt sich schon darin, dass er eine eidgenössische, nicht eine bernische Chronik schreibt, wennschon Bern im Mittelpunkt steht.

Diese unabhängige Linie hält er bis 1515 inne. Dann macht er die bernische Schwenkung zu Frankreich mit. Dass er den Ewigen Frieden von 1516 feiert, verträgt sich mit seiner Gesinnung. Aber er wird so sehr Anhänger der französischen Politik, dass er den Abschluss des Soldbündnisses von 1521 umständlich und ohne Kritik darlegt, obgleich er weiss, dass es die Schweizer erneut in den Kampf um Mailand verstrickt; er selber zog aus und kehrte nicht zurück. Dies ist das schwer Deutbare an seinem Werk. Anderes erscheint eindeutig. Er gibt sich als festen Anhänger der alten Kirche, wenn er auch gelegentlich die Politik Roms tadelt. Die Anfänge der Reformation erlebt er noch; aber nirgends erwähnt er Luther oder Zwingli. Dagegen legt er Wundergeschichten und Ablassberichte ein. Die romfeindlichen Stellen erkennt man leicht als Zutaten des reformierten Abschreibers von 1539. Eindeutig ist ferner Schwinkharts stramme bernische Staatsgesinnung gegen die Landleute, die andern Orte und das Ausland. Er gehört zur Schicht der regierenden Stadtberner, schaut das Landvolk ohne alle Illusion und Sentimentalität an. Unter dem Könizeraufstand von 1513 leidet er schwer, stellt die Verfehlung und die Niederlage der Regierung sowie die Ausschreitungen der Bauern möglichst grell dar. Selbst Frankreich kann er tadeln, wenn es sich gegen Bern mit unerlaubtem Werben vergeht. Berns Staatswesen ist seine höchste Beziehung, obschon er nicht in amtlichem Auftrag schreibt.

Selten bringt er uns Persönlichkeiten näher. Nur zu ein paar ragenden Gestalten nimmt er betont Stellung. So verdammt er den franzosenfeindlichen Kardinal Schiner als Kriegstreiber und Unruhestifter. Kaiser Maximilian verehrt er, obgleich er dem Reich nicht hold ist: Was Maximilian sündigte, wurde ihm von schlimmen Ratgebern eingeflüstert, da er von Natur den Frieden liebt. Hingegen ergrimmt Schwinkhart oft über König Ludwig XII., weil er mit seiner Geringschätzung, seinen Wortbrüchen den Krieg gegen die Schweiz heraufbeschwor. Seine Huldigung gehört Franz I., der den Krieg 1516 durch den Ewigen Frieden beilegte. Schwinkhart befleisst sich einer gemässigten und gesitteten Schreibweise, wie sie auch von der bernischen Kanzlei gepflegt wurde. Es ist das Ärgste, wenn er Ludwig XII. Bluthund nennt. Sogar die Haltung der gegnerischen Landsknechte würdigt er. Auch versteht er es, seine Chronik zu entwickeln. Zwar gibt er ihr die Annalenform; aber ungleich den Annalisten hackt er die Ereignisse nicht mit den Jahren entzwei, sondern zieht von seinem seelischen Mittelpunkt aus, mit Ausblicken nach vorwärts und rückwärts, die geistige Linie durch sein Werk: Segen des Friedens, Verderbnis des Krieges. Er entschuldigt sich, dass er die Annalenform nicht genau eingehalten, sondern nach Kapiteln gegliedert habe. Freilich vermag er nach 1516 die Grundlinie nicht einzuhalten; aber es ist aussergewöhnlich, dass er sie in jener Epoche der Grossmachtstellung einmal gesucht hat. Der Chronist weiss zu erzählen und zu spannen. Ganz vorzüglich bereitet er die Stimmung auf die Katastrophe von Marignano vor, indem er den Bericht über den Feldzug unterbricht und düstere Anzeichen, einen Türkeneinfall nach Ungarn und eine Wassernot bei Bellinzona, einlegt, so dass der Horizont ganz von Dunkel umzogen wird. Und wie die Eidgenossen bei Marignano sich zum Rückzug entschliessen, da erteilt er einem Hauptmann das Wort zu einem Strafgericht über die zerfahrene Politik und die Zwietracht der Schweizer. Zur Belebung bedient er sich auch der Wechselrede, deren Muster er vielleicht bei den Alten oder in Frickers Twingherrenstreit gefunden hat. Schwinkhart begegnet uns nur als Unfertiger, Unvollendeter, der Grösseres versprach.

Michael Stettler erwähnt Schwinkhart in seiner amtlichen Chronik von 1627. Erst zweihundert Jahre später entdeckte Johann Rudolf Wyss das Manuskript, das der Bibliothek von Mülinen angehörte und nun mit dieser an die Berner Stadtbibliothek überging. Nicht die Originalhandschrift Schwinkharts, sondern eine Abschrift von 1539 ist erhalten. *Eine neugefundene Schweizer-Chronik,* hg. v. *Johann Rudolf Wyss;* Schw. Geschichtforscher 5, 1825, S. 204ff. – Neue Ausgabe durch *Hans von Greyerz;* Arch. Hist. Ver. Bern 1941, S. 3ff.

RICHARD FELLER: Die Chronik Ludwig Schwinkharts; Der kleine Bund 1942, S. 27. – HANS VON GREYERZ: Nation und Geschichte im bernischen Denken; Bern 1953, S. 46. – HEINRICH SCHMIDT: Die deutschen Städtechroniken als Spiegel des bürgerlichen Selbstverständnisses im Spätmittelalter; Schriftenr. Hist. Komm. Bayer. Akad. Wissensch. 3; Göttingen 1958.

BASEL

Hier herrscht eine andere Atmosphäre als in Bern. Basel gehörte im 15. Jahrhundert noch nicht zur Eidgenossenschaft, war mit den Eidgenossen bald befreundet, bald verfeindet. Von 1441-1461 stand es mit Bern und Solothurn im Bündnis, unterhielt im Burgunderkrieg eine neue Freundschaft mit den Eidgenossen, die sich aber im Schwabenkrieg zur Neutralität abkühlte. Basel war freie Reichsstadt; in seinen Kämpfen mit dem umliegenden Adel sah es sich lange auf Österreich angewiesen. Es stand im Schnittpunkt wichtiger Strassenzüge, förderte den Austausch von Gütern und Gedanken, sammelte im Grosshandel Kapitalien und wurde zum angesehenen Bankplatz. Es war auch Bischofsstadt mit einem Domkapitel. Seit dem Konzil, 1431-1448, genoss es europäischen Ruf. Vom Schauspiel der Weltversammlung in seinen Mauern erfuhr es eine Weitung seines Horizontes, ebenfalls von der Gründung der Universität 1460. Doch gingen direkte geistige Anregungen zur Historiographie nicht vom kirchlichen oder vom akademischen Mittelpunkt aus, sondern vom Bürgertum.

Der Hauptinhalt der Basler Geschichte im 15. Jahrhundert ist der Kampf der Handwerkszünfte gegen Bischof und Adel, der Sieg der Handwerker, die den Gegner schrittweise zurückdrängten und um 1500 im Besitz der Macht waren. Ein Niederschlag davon findet sich in der städtischen Geschichtsschreibung. Sie schwoll an, als Basel mit St. Jakob an der Birs 1444 sein grosses äusseres Erlebnis hatte, und sank nachher ab. In seiner Aussenpolitik wurde Basel durch die ängstliche Vorsicht des Handels und durch die inneren Kämpfe gehemmt. Nachdem die Bürger den Adel aus der Regierung verdrängt hatten, fehlte dem Handwerkerregiment die Grosszügigkeit einer städtischen Aristokratie. Das reiche Basel lieh dem armen Bern Geld für seine Eroberungen. Diese Verhältnisse wirkten auf die Geschichtsschreibung zurück. Trotz grösserer Geistigkeit leistete Basel hier nicht was Bern. Es brachte keine amtliche Chronik hervor, weil hier Erfolg und Ruhmbegierde eine solche nicht geboten. In der Hauptsache begnügte man sich mit privaten Aufzeichnungen. Sie bieten eine angenehme Lektüre. Zwar fehlt die grosse Linie, doch entfaltet sich eine reiche Individualität der Darsteller und des Dargestellten. Der Blick richtet sich rheinabwärts, nicht ins Oberland; er erfasst mehr den Alltag der Stadt und ihr kulturelles Leben als die hohe Politik.

<small>Basels Geschichtswerke sind in den *Basler Chroniken* gesammelt, herausgegeben von der Historischen und Antiquarischen Gesellschaft zu Basel. Bearbeiter: *Wilhelm Vischer, Alfred Stern, August Bernoulli, Paul Burckhardt, Rut Keiser, Valentin Lötscher;* 10 Bde., Leipzig, später Basel 1872-1976. Die sorgfältig edierten Texte sind mit trefflichen Einleitungen und erklärenden sowie berichtigenden Fussnoten versehen.</small>

Oberrheinische Chronik ca. 1335

Der unbekannte Verfasser muss Geistlicher gewesen sein, da er sich mit der Kirche sehr vertraut zeigt, gehörte wahrscheinlich dem Deutschorden an; jedenfalls erzählt er gerne von dessen Taten. Er wohnte am Oberrhein, vielleicht in Basel. Seine Chronik begann er mit Adam und Eva und führte sie bis zum Jahr 1337; von anderer Hand wurde sie bis 1349 fortgesetzt. Es ist eine der ältesten deutschen Chroniken, ein vergnügliches Werklein, das mitten in die mittelalterliche Vorstellungswelt hineinführt. Der Autor schüttet in vorwissenschaftlicher Einfalt aus, was er weiss, erzählt viele Sagen, behauptet fröhlich die krausesten Dinge. Er weiss vom Kampf Habsburgs gegen Bern und vom Treffen an der Schosshalde, vom Königsmord 1308, von der Blutrache, von der Schlacht am Morgarten, von dem Bruch der Burg Schwanau am Rhein, von der Verbindung zwischen Luzern und den Urkantonen, nennt diese als erster «Waldstete». Der Fortsetzer geht auf Wunder und Zeichen aus, erwähnt die Heuschreckenplage und die Judenverfolgung von 1338; hier erscheint der Schwarze Tod in der Auffassung eines Zeitgenossen. Während der moderne Historiker aus der Fülle des Stoffes auswählt, nimmt der mittelalterliche wahllos das wenige, das er findet.

Oberrheinische Chronik; hg. v. *Franz Karl Grieshaber,* Rastadt 1850.

GEORG VON WYSS: Die Oberrheinische Chronik von Grieshaber; Anz. Schw. Gesch. 1866, S. 1 f. – OTTO HARTMANN: Wo hat der Verfasser der Oberrheinischen Chronik von Grieshaber geschrieben? Anz. Schw. Gesch. 1883, S. 382 ff. – KARL HELM: Die Oberrheinische Chronik; Aufsätze zur Sprach- und Literaturgeschichte, Wilhelm Braune dargebracht; Dortmund 1920, S. 237 ff.

Matthias Nüwenburgensis ca. 1300–ca. 1370

Er stammte aus Neuenburg am Oberrhein, aus dem Adelsgeschlecht derer von Endingen, studierte 1315/16 ius canonicum in Bologna, wurde Magister und erscheint 1327 als Advocatus am Bischofsgericht in Basel. Als bischöflicher Beamter war er Clericus, empfing aber nur die Niederen Weihen, so dass er die Ehe eingehen durfte. Er heiratete eine Tochter aus dem zu den ersten Familien gehörenden Basler Geschlecht der Münch. Im gleichen Jahr wurde Berchtold von Buchegg Bischof von Speyer und Strassburg; Matthias zog ihm nach, war auch dort bischöflicher Advocatus. Zuletzt wird er in einer Urkunde von 1364 als lebend bezeugt. Wichtige Geschäfte führten ihn auswärts, so 1335 nach Avignon, um die Wahl des Johann Senn von Münsingen zum Bischof von Basel zu betreiben. Er war ein eifriger Bewunderer des Bischofs Berchtold und seiner Familie.

Unbestritten ist er der Verfasser der *Vita Berchtholdi de Buchegg.* Dieses Werk gehört zu den bedeutenden Biographien des Mittelalters. Berchtold erscheint hier als hervorragender Kirchenfürst; ebenso wird sein Bruder Matthias, Erzbischof von Mainz, gewürdigt. Die Buchegg waren ein wichtiges Geschlecht der Aaregegend, mit den Kyburg und Signau verwandt; bis 1311 blieben sie Landgrafen in Kleinburgund.

Ein wahres Kreuz für die Historiker stellt die Entstehungsgeschichte des andern Werkes, der *Chronica,* dar. Seit Jahrhunderten streitet man darüber, wem sie zuzuschreiben sei. Jetzt hat man sich allgemein für die

Autorschaft von Matthias entschieden. Der Inhalt des Werkes ist Reichsgeschichte von 1281–1350; eine Fortsetzung geht bis 1378. Vergleicht man ihn mit seinem Zeitgenossen Vitoduranus, so stellt man fest, dass für beide der Streit zwischen dem Papst und Ludwig ein Kernstück bildet. Aber Matthias kümmert sich nicht um die Wirkung der Auseinandersetzung auf die Volksgenossen, bietet überhaupt wenig Kulturgeschichte. Sein Interesse gilt der Politik, vor allem der Geschichte der Fürsten, ihrer Ehen, Feindschaften und Freundschaften, in die er bei seiner Stellung eingeweiht war. Er urteilt frei über die Herrscher, auch die Habsburger. Ihm scheint selbstverständlich, dass die Geschichte die sittliche Weltordnung ist, die sich wieder herstellt, wenn sie verletzt worden ist. Bedeutend kritischer als Johannes von Winterthur handhabt er Chronologie und Aufbau, wenn auch noch fehlerhaft. Er schreibt nicht absichtslos, sondern schafft bewusst, strebt nach Stil und gesteigertem, fast dramatischem Ton. Die schwunghafte Einführung Kaiser Ludwigs, die ganz auf Antithese beruht, ist eine einzigartige Leistung, die aus der Zeit herausfällt. Matthias versucht sich überhaupt in Psychologie, während diese sich sonst im Religiösen erschöpfte. Er durfte mehr sagen, als heute dem guten Geschmack erlaubt ist, daher die saftigen Geschichtlein. Dennoch sind Hintergrund und Stimmung düster gehalten, ist die Phantasie mit furchtbaren Vorstellungen erfüllt. Matthias überschaut seine Zeit nicht, steht mitten drin. Im Kampf zwischen Kaiser und Papst ist er national gesinnt, wenn er schon die Schwäche Ludwigs nicht verschweigt. Für die Schweizergeschichte erweist er sich nicht als so ergiebig wie Johannes von Winterthur, weil ihm das Elsass im Vordergrund steht. Das Geschichtswerk von Matthias bietet nur *ein* Beispiel dafür, in welchen furchtbaren Gewissens- und Pflichtenkonflikt das Interdikt die Geistlichen stürzte. Berchtold hat den Kampf mit den Waffen durchgefochten.

Über die Herleitung der Habsburger tischt er noch viele Fabeln auf. Rudolfs Wahl überrascht. Die Anekdoten von Rudolf stammen meist aus Basel. Viel Lob fällt auf Leopold I. Die Ermordung Albrechts erzählt er ausführlich, das ist ein kleines Meisterstück; dagegen tut er Morgarten kurz ab, lokalisiert das Schlachtfeld nicht am See. Berchtold von Buchegg verhindert 1324 die Wahl des französischen Königs. Er ist zunächst im Zweifel, ob er Ludwig huldigen soll, tut es dann und vermeidet damit die Exkommunikation. Ununterbrochen wüten greuliche Fehden, Verwüstungen, Abschlachtungen: Alle Verhältnisse sind erschüttert. Der Papst stellt sehr harte Bedingungen für die Aufhebung des Interdiktes. Im Zug der Judenverfolgungen werden sogar getaufte Juden verbrannt. Die Geissler sind nicht so ausführlich geschildert wie bei Closener. Matthias erwähnt die Mordnacht von Zürich, den Bund der Ritter, das Treffen bei Dättwil zwischen Baslern und Zürchern, die Absicht Karls IV., Luzern und Zug zu kaufen, berichtet aber nichts von Laupen, von der Brunschen Verfassung, weist auch andere empfindliche Lücken auf.

Matthiae Neoburgensis Chronica cum continuatione et Vita Berchtholdi de Buchegg, Ep[iscopi] Arg[entinensis], hg. v. *Gottlieb Studer;* Bern 1866. Hg. v. *Alfons Huber;* Fontes rerum Germanicarum 4, Stuttgart 1868, S. 149 ff. - *Die Chronik des Matthias von Neuenburg,* hg. v. *Adolf Hofmeister;* MGH SS, NS 4, 2 Teile, Berlin 1924-40. - *Die Chronik des Matthias von Neuenburg,* übersetzt v. *Georg Grandaur,* mit einer Einleitung von Ludwig Weiland; Geschichtschreiber der dtsch. Vorzeit, 14. Jhdt., 6, Leipzig 1892.

Über die erste Phase der Streitfrage um die Autorschaft orientiert GEORG VON WYSS: Historiographie der Schweiz; Zürich 1895, S. 89 f. Der Humanist CUSPINIAN gab die Chronik zuerst im Druck heraus, Basel 1553; er schrieb sie dem Magister Albertus Argentinensis zu. Das ist GEORG ALBRECHT VON HOHENBERG, ein Vetter der Habsburger, geboren nach 1300, Domherr zu Strassburg und Konstanz, 1340 Kanzler Ludwigs von Bayern, 1349 Bischof von Freising, 1359 gestorben. Lange galt er unangefochten als Verfasser. Um 1760 hatte JOHANN RUDOLF SINNER VON BALLAIGUES in einer Handschrift aus dem 14. Jahrhundert auf der Berner Bibliothek MATTHIAS VON NEUENBURG als Verfasser genannt. Der Gelehrtenstreit zog sich durch das 19. Jahrhundert. Da lieferte ALOYS SCHULTE den Nachweis für Matthias: Zu Matthias von Neuenburg; Zeitschr. Gesch. Oberrhein NF 6, 1891, S. 496 ff. - EDWARD SCHRÖDER: Die Berner Handschrift des Matthias von Neuenburg: Nachrichten von der Königl. Gesellschaft der Wissenschaften zu Göttingen, Phil.-histor. Klasse aus dem Jahre 1899; Göttingen 1899, S. 49 ff. - ALOYS SCHULTE: Johann Cuspinian und die Chronik des Matthias von Neuenburg; Mitt. Inst. f. österreich. Geschichtsforsch. 32, 1911, S. 275 ff. Die Hauptgründe Schultes sind folgende: Eberhard von Kyburgs Studienzeit in Bologna 1316 wird eingehend beschrieben; Matthias weilte in dieser Zeit als Student in Bologna. Der Parteienstreit in Basel ist mit überraschenden Einzelheiten geschildert vom Standpunkt der Psitticher aus; Matthias war der Schwager von Münch, dem Führer der Psitticher. Die Gegend von Neuenburg wird mit Einzelheiten belegt, Oberrhein, Basel, Strassburg stehen im Vordergrund; für Albrecht von Hohenberg sind wenig Beziehungen zu diesen Gegenden nachzuweisen. - Matthias ist heute als Autor allgemein anerkannt, höchstens bleibt noch die Frage offen, ob Albrecht an der Arbeit Anteil gehabt hat durch Lieferung von Stoff.

Chronikalien der Ratsbücher

Im Brand, den das Erdbeben 1356 auslöste, ging ein altes, im Rathaus aufbewahrtes *Stadtbuch* verloren. Gleich nachher wurde ein neues, pergamentenes angelegt, das nach seinem Einband so geheissene *Rote Buch.* Zwei Drittel des Platzes waren für die Eintragung von Gesetzen bestimmt, ein Drittel für die Aufzeichnung wichtiger Ereignisse, «ewiger dinge oder ander stucken, die lange weren sullent». Ferner eröffnete man ein *Leistungsbuch,* in das man Kriegszüge und Teilnehmer, die sich dadurch das Bürgerrecht erwarben, einschrieb. Anno 1417 begann man, im *Rufbuch* zu verzeichnen, «wer unsrer stadt früntschaft getan hat» und wer ihr «unfrüntschaft» erwiesen habe. Im gleichen Jahre legte man den *Liber diversarum rerum* an.

Die Eintragungen erfolgten durch Stadtschreiber und Substitute nachlässig und ungleich. Es war kein Herz bei der Sache. Die Notizen gehen von 1356-1548, werden zuletzt immer dünner. Im ganzen befriedigen die *Chronikalien* nicht, bieten aber doch Unerwartetes, aus dem wir die Zeit erkennen. Es handelt sich mehr um ein Zeremonienbuch als um ein Geschichtsbuch. Besonders genau erfolgte die Aufzeichnung von Fürstenempfängen und Festen, die als Muster für spätere Besuche dienen konnten. Wir vernehmen daraus auch, dass man 1439 beschloss, eine Stadtchronik zu verfassen, woraus aber nichts wurde. Der Bericht über die Schlacht von

St. Jakob ist kurz, kühl; nichts zittert von diesem Tag darin nach. Von den Eidgenossen wird hier mit Abstand gesprochen, mit Zorn über ihren Zug in den Sundgau 1468. Die Aufnahme Basels in den eidgenössischen Bund 1501 findet überhaupt keine Erwähnung, dagegen die Beschwörung des Bundes 1507. Mit Behagen wird erzählt, wie sich Basler und Innerschweizer gegenseitig besuchen und amtliche Bierbriefe wechseln, wobei der Fritschihandel im Mittelpunkt steht.

Chronikalien der Ratsbücher hg. v. *August Bernoulli;* Basl. Chron. 4, Leipzig 1890, S. 1 ff.

Henmann Offenburg 1379–1459

Er war einer der bedeutendsten Basler im 15. Jahrhundert, stammte aus einer alten, wohlhabenden Apothekerfamilie. 1405 wurde er Ratsherr, stieg wiederholt zur Würde eines Oberstzunftmeisters auf, ging viel auf Reisen, private und politische. Da er über geschäftliche und höfische Gewandtheit verfügte, sandte man ihn nach allen Seiten aus, so ans Konstanzer Konzil und zu König Sigmund, dem er als einer der reichsten Basler Darlehen gewährte. Er stieg in die hohe Stube der Achtburger und Ritter auf, fungierte während des Basler Konzils als Diplomat des Rates. Anlässlich von Sigmunds Kaiserkrönung in Rom wurde er zum Ritter geschlagen, auf einer Reise nach Jerusalem zum Ritter des Heiligen Grabes. Er stand auch bei den zwei Habsburgern Albrecht II. und Friedrich III. in hoher Gunst; dieser war in Basel bei ihm zu Gast. Offenburg nahm noch andere Fürstlichkeiten auf, da er ein vornehmes Haus machte. Im Alten Zürichkrieg trat er für den Frieden ein und unternahm eine Vermittlungsreise nach Zürich, zu spät; bei St. Jakob an der Sihl war er Zuschauer. Als österreichischer Lehensträger und zugleich Kammerherr des französischen Dauphin geriet er in eine schiefe Lage. Man verdächtigte ihn als Freund Österreichs und stiess ihn vorübergehend aus dem Rat. Später kam er wieder hinein und gehörte ihm während fünfzig Jahren bis zu seinem Tod in unverminderter Autorität an. Er war der unentbehrliche Diplomat und Finanzexperte der Stadt, der er auch nach den Verleumdungen von 1445 wertvolle Dienste leistete.

Offenburg hatte ausgedehnte Kenntnisse, aber keine Zeit, Geschichte zu schreiben. Nur einmal, anno 1445, griff er für eine Verteidigungsschrift zur Feder. Dieses Plädoyer zeichnet sich durch einen persönlich-leidenschaftlichen Ton aus, womit auch das Entlegenste belebt wird. Offenburg stellte sein Leben von 1413–1445 dar; es ist Biographie und Lokalgeschichte zugleich in annalistischer Form. In diesem von ihm *Rodel* genannten Büchlein zählt er seine Verdienste um die Stadt auf, seine Reisen, Geschäfte, Kosten, Ehrungen. Die Zeit von 1443–1445 ist zusammenhängend chronistisch behandelt, nach innen gerichtet. Möglicherweise hat er den Rodel als eine Art Stoffsammlung angelegt, die ihm als Unterlage zur Verteidigung im drohenden Verratsprozess dienen sollte. Er beschreibt die demokratische Strömung von 1445, welche die Vornehmen ausschloss, den Krieg mit Österreich erzwang, schliesslich Misserfolg erntete und

Tafel 6. Oberstzunftmeister Henmann Offenburg, um 1416.

grosse Kosten verursachte; das Gesetz einer Proportionalsteuer gegen die Reichen sah heimliche Vermögensabgabe vor, um die Wohlhabenden vor der Neugierde weiterer Kreise zu schützen. Offenburgs Aufzeichnungen gewähren auch Einblick in Basels Verhältnis zu den Eidgenossen, namentlich in die Rivalität mit Solothurn, das beabsichtigte, den Baslern mitten im Frieden Waldenburg wegzunehmen; dieser Anschlag ist wohl nur durch Offenburgs diplomatisches Geschick rechtzeitig vereitelt worden. Der Autor verkörpert die baslerische Politik, die einen kaufmännisch-bankiermässigen Anstrich hatte. Ein prächtiges Glasgemälde des Oberstzunftmeisters Offenburg aus der Zeit um 1460 befindet sich in der Kartause zu Basel.

Die Originalhandschrift von Offenburgs Aufzeichnungen ging verloren; es existiert davon nur eine Kopie aus dem Jahre 1545. Auch diese war lange Zeit vergessen, bis sie 1826 auftauchte und gerettet werden konnte; gegen den Schluss fehlen zwei Blätter.
Aufzeichnungen, hg. v. *August Bernoulli;* Basl. Chron. 5, Leipzig 1895, S. 225 ff. – *Henmann Offenburgs Bericht von seinen Leistungen;* Schw. Geschichtforscher 12, 1844, S. 33 ff.

RUDOLF WACKERNAGEL: Geschichte der Stadt Basel 1; Basel 1907, S. 603 ff. – ELSANNE GILOMEN-SCHENKEL: Henmann Offenburg, Ein Basler Diplomat im Dienste der Stadt, des Konzils und des Reichs; Quellen und Forschungen zur Basler Geschichte 6, Basel 1975.

Anonyme Chronik von 1445
Es handelt sich um eine kurze Beschreibung der Vorgänge, die nach der Schlacht von St. Jakob – diese wird mit einem einzigen Satz erwähnt – zur Ausstossung der österreichischen Lehensträger aus dem Rat führten. Die Darstellung ist hauptsächlich auf die inneren Verhältnisse gerichtet und bestätigt Offenburg.

Anonyme Chronik, hg. v. *August Bernoulli;* Basl. Chron. 5, Leipzig 1895, S. 476 ff.

Hans Sperrer (Brüglinger) gest. 1456
Er stammte aus einer Bäckers- und Müllersfamilie; ein Vorfahr hatte die Mühle zu Brüglingen besessen, daher sein Zuname. Von 1429 an ist er in der Brodbeckenzunft nachweisbar, führte im Wappen eine Brezel, das Zeichen seines Handwerkes. Von 1439–1447 war er Zunftmeister, sass im Rat bis an sein Lebensende. Jedes zweite Jahr verwaltete er als Altzunftmeister das Amt eines Seckelmeisters, und zwar gerade in den für Geldbeschaffung sehr schwierigen Jahren 1444–1446, während welcher nach seinen eigenen Worten «kaum ein Bruder einem anderen einen Gulden lieh». Brüglinger scheint wohlhabend gewesen zu sein; vielleicht erwarb er sich ein Vermögen in den Missjahren 1436–1439 durch Getreidespekulationen. Der Rat verwendete ihn namentlich zur Führung von Finanzgeschäften. Bei Kriegszügen diente er in der Reiterei.

In das Zunftbuch der Brodbecken schrieb Sperrer eine *Chronik über die Jahre 1444–1446,* also über die wichtige Zeit der Armagnakeneinfälle und des Krieges gegen Österreich. Er begann mit der Niederschrift am 9. Juni 1446, schrieb in einem Zug und schloss am 12. Dezember des gleichen Jahres ab. Hierauf wollte er eine Fortsetzung verfassen, begann einen Satz, brach aber mitten drin ab; die Ursache davon ist unbekannt. Jedenfalls bildet die Chronik, die im Original erhalten blieb, ein zusammenhängendes Ganzes. Sie ist durchaus nur baslerisch, beschränkt sich auf das rein Städtische. Die Stimmung kann man charakterisieren als ein Aufatmen nach glücklicher Errettung. Es spricht aus den Aufzeichnungen die Zuversicht des wackeren Mannes, der bei aller Bescheidenheit mit Stolz auf seine Vaterstadt blickt. Basels Haltung wird in keiner Weise geschminkt. Nur merkt man, dass der Verfasser zur Regierung gehört, weil er sich in kitzligen Fragen vorsichtig äussert, Unangenehmes auch etwa verschweigt. So sagt er zum Beispiel nichts über den Tumult der Bürger auf dem Kornmarkt vom 26. August, am Schlachttage zu St. Jakob an der Birs, wodurch der Auszug mit dem Banner ertrotzt wurde. Das unterdrückt er wohl aus dem Grunde, weil es eine Missachtung der Ratsautorität bedeutete. Hingegen verhehlt er nicht die bange Stimmung vor der Schlacht. Dass das baslerische Hilfskorps, bei dem Sperrer sich befand, umkehren musste und man gezwungen war, die Eidgenossen «losen warten und erslagen werden», tat ihm sehr leid. Aber wäre man weitergezogen, «wir werend um lib und umb gut kumen und umb das alles, was uns got ie verlihen hat und umb die stat dorzue». – Aus der Chronik gewinnt man auch eine Anschauung von der Jämmerlichkeit des Krieges nach 1444 um die Stadt, wobei die Heere sich mieden, jedoch Raubzüge auf Kosten der armen Leute unternahmen. Nachdem die Basler mit den Eidgenossen dem Landvolk des Gegners Getreide und Vieh weggenommen, die Dörfer angezündet und hierauf fromm die Messe gehört haben, kehren sie mit der Beute, die jeweils genau gebucht wird, «recht in dem Namen gotz» wieder heim.

Chronik, hg. v. *August Bernoulli;* Basl. Chron. 4, Leipzig 1890, S. 174 ff.

Auf Brüglinger stellt AUGUST BERNOULLI wesentlich ab in seiner grundlegenden Arbeit: Die Schlacht bei St. Jakob an der Birs; Basel 1877. Erst hier wurde an Hand aller damals erreichbaren Quellen das Bild der Schlacht neu entworfen und damit das glänzendere von Aegidius Tschudi und Johannes von Müller zerstört. Die zeitgenössischen Quellen zur Schlacht wurden gesammelt in der Säkularschrift von 1844 durch WILHELM WACKERNAGEL: Die Schlacht von St. Jakob an der Birs in den Berichten der Zeitgenossen; Basel 1844. Diese enthält heimische und fremde Berichte, Kundschaften (Zeugenaussagen) und Zeitungen (Berichte des Rates von Basel). Nachträge: DANIEL ALBERT FECHTER: Vier Berichte über die Schlacht bei St. Jakob; Basl. Taschenb. 1864, S. 123 ff. – HANS GEORG WACKERNAGEL: Die Schlacht bei St. Jakob an der Birs, Quellen und ältere Darstellungen, in: Gedenkbuch zur Fünfhundertjahrfeier; Basel 1944, S. 287 ff.

Heinrich von Beinheim ca. 1398–1459

Er wurde als Bastard eines Freiherrn von Fleckenstein im Unterelsass gegen Ende des 14. Jahrhunderts geboren, studierte in Wien und Heidelberg, promovierte zum Baccalaureus und Lizentiaten des geistlichen

Rechtes. Darauf berief ihn sein Oheim, Bischof Johann, nach Basel. Hier empfing er die Niederen Weihen, wurde Offizial, Vorsteher des bischöflichen Hofgerichtes. Er zeichnete sich aus durch Rechtskenntnis, Scharfsinn, Gewandtheit, Wohlwollen, war ein allgemein beliebter Berater, arbeitete auch für das Konzil, das ihn zu einem seiner vier Sekretäre wählte. 1436 legte er seine geistlichen Ämter nieder und verheiratete sich. Nun eröffnete er ein sehr besuchtes Rechtsanwaltsbüro. Die Stadt schenkte ihm 1437 das Bürgerrecht, die Konzilsuniversität promovierte ihn zum Doctor iuris canonici. Als Bastard durfte er kein politisches Amt bekleiden, und doch stand er mitten im politischen Getriebe, als Gesandter, als Schiedsrichter. So verfasste er unter andern zuhanden des Rates ein sehr einsichtiges, praktisches *Gutachten über die zu errichtende Universität*. Kurz vor Eröffnung der Hohen Schule starb er, reich und kinderlos. König Friedrich III. hatte ihn einige Jahre vorher legitimiert und ihm das Wappen des Vaters erteilt. Seine Grabschrift befindet sich im Historischen Museum.

Beinheim war auch als Historiker tätig. Zwei lateinische Schriften sind uns in Kopien erhalten: 1. *Kleine Chronik der Basler Bischöfe* von ca. 1350 bis 1458. Sie ist sehr knapp gehalten, verrät aber gute Kenntnisse. Wurstisen hat sie in der lateinischen Originalfassung erhalten in seinen Analekten unter dem Titel *Extractum ex chronico domini Henrici de Benheim*. 2. *Grosse Chronik der Stadt von 1441–1451*. Wir kennen sie nur in der deutschen Übertragung, die Kaplan *Hieronymus Brilinger* von ihr anfertigte. Sie ist lückenhaft erhalten, trägt in dem Sammelkodex, der sie uns überliefert, den Titel: «Worhafftig geschicht, so sich ettlich jor verlouffen haben inn und umb Basel, ouch anderszwo...»

In dieser zweiten Schrift erweist sich Beinheim als fähiger Geschichtsschreiber, den Sperrer und Offenburg, die mehr nur Gelegenheitsschriftsteller waren, weit überlegen. Er sticht durch Selbständigkeit hervor, durch weitschauendes und freies Urteil, weil er über eine ausgezeichnete Bildung verfügt. Er weist einen grossen Zug auf und lässt doch die Genauigkeit und Fülle von Einzelheiten nicht vermissen. Persönliche Erlebnisse erzählt er nicht, nur die Sache liegt ihm am Herzen. Da er Tag für Tag seine Eintragungen machte, ist die Darstellung annalistisch zerstückt, aber gut beobachtet, treu berichtet, mit dem Sinn für das Wichtige. Er beginnt mit einer kurzen Beschreibung der Schlacht von St. Jakob, erwähnt die Bestattung der Gefallenen und beantwortet die Schuldfrage: «Diser unfal begegnet den Eydtgnossen, dass sy so kün und hochmüetig woren, wollten iren houptlüten nit volgen». Dann stellt er fortlaufend die Ereignisse dar, wobei Basels missliche Lage, sein Verhältnis zu Österreich und den Eidgenossen, gut zum Ausdruck kommt. Beim Friedensschluss zieht er das traurige Fazit: «Hatt ouch ein statt von Basel von nieman kein trost und hilff, dann alleyn von den Eydgnossen, welche ouch zum teyl träg und langsam waren».

Kleine Chronik der Basler Bischöfe, hg. v. *August Bernoulli;* Basl. Chron. 5, Leipzig 1895, S. 350 ff. – *Grosse Chronik der Stadt,* hg. v. *August Bernoulli;* Basl. Chron. 5, Leipzig

1895, S. 359 ff. – *Gutachten zur Errichtung einer Universität,* hg. v. *August Bernoulli;* Basl. Chron. 5, Leipzig 1895, S. 466 ff.

EDGAR BONJOUR: Die Universität Basel von den Anfängen bis zur Gegenwart; 2. Aufl., Basel 1971, S. 23 f. – HANS RUDOLF HAGEMANN: Stadtrecht im Spätmittelalter, Zeitschr. Savigny-Stiftung f. Rechtsgesch., germ. Abt. 78, 1961. S. 170 f.

Erhard von Appenweiler gest. 1471

Der Name stammt von einem Dorf bei Colmar; die angesehene Familie war in der Stadt Basel ansässig. Erhard ist seit 1429 als Kaplan am Münster bezeugt und blieb in der Stelle bis zu seinem Tod. Er schrieb eine *Chronik* auf die leeren Blätter einer handschriftlichen sächsischen Weltchronik; manchmal wurden Eintragungen in dieser Weise vorgenommen, um dem eigenen Werk unter dem Schutze eines grösseren bessere Erhaltung zu gewährleisten. Appenweiler begann seine Aufzeichnungen mit dem Jahr 1439, als Papst Felix V. gewählt wurde und die Armagnaken ins Elsass einfielen. Damals beschloss der Basler Rat, eine Chronik anzulegen; es blieb der einzige Versuch einer amtlichen Geschichtsschreibung, und er versandete. Appenweiler hat den offiziellen Auftrag nicht erhalten.

Seine Chronologie ist sorglos; oft werden die Ereignisse eines Jahres durcheinander erzählt. Der Wert der Chronik liegt weniger in der Güte der Darstellung als in der Menge der Nachrichten. Appenweiler ist ganz baslerisch gesinnt, fürchtet sich vor den wilden eidgenössischen Gesellen, tadelt ihr Morden und Brennen, nennt sie Schelmen: «Was den wart, stulentz als». Kein Basler Chronist hat über das eidgenössische Kriegsvolk so bitter geurteilt. Er verfügt über einen engen Horizont, erscheint als mittelalterlich neugierig, von keiner geistigen Strömung berührt. So erwähnt er die Gründung der Universität ohne eine Ahnung von der Bedeutung dieses Ereignisses. Durch ihn vernehmen wir, wie das breite Volk dachte und fühlte.

Chronik, hg. v. *August Bernoulli;* Basl. Chron. 4, Leipzig 1890, S. 249 ff.

FRIEDRICH MEYER: Die Beziehungen zwischen Basel und den Eidgenossen in der Darstellung der Historiographie des 15. und 16. Jahrhunderts; Basl. Beitr. Geschichtswiss. 39, Basel 1951.

Niklaus Gerung (Blauenstein) geb. ca. 1410

Er war Geistlicher, wirkte von 1430–1436 als Hauskaplan und Vertreter des Bischofs, erhielt dann eine Kaplanei am Münster, hatte aber noch andere Pfründen. Stets weilte er in Basel, studierte seit 1460 an der Universität. Er war ungleich rüstiger und angeregter als Appenweiler.

Unter seinen tüchtigen, im Domarchiv niedergelegten Arbeiten befinden sich zwei historische: einmal eine kurze *Chronica episcoporum Basiliensium* von 238–1475, sodann eine *Fortsetzung der Flores temporum.* Das war ein Geschichtsbuch der Minoriten, nach Päpsten und Kaisern geordnet;

Gerungs lateinisch geschriebene Arbeit erstreckt sich auf die Jahre 1414 bis 1475.

Fortsetzung der Flores temporum, hg. v. *August Bernoulli;* Basl. Chron. 7, Leipzig 1915, S. 38 ff. – *Chronik der Basler Bischöfe,* hg. v. *August Bernoulli;* Basl. Chron. 7, Leipzig 1915, S. 109 ff.

THEODOR VON LIEBENAU: Zur Basler Chronik des Nicolaus Gerung, genannt Blauenstein; Anz. Schw. Gesch. 1879, S. 183 ff. 217 ff.

Johannes Knebel 1414/16–1481

Er ist aus angesehener Basler Familie entsprossen, studierte in Erfurt und Heidelberg, wurde 1435 Baccalaureus der freien Künste, 1441 Priester in Basel. Von 1445 an amtete er als Kaplan am Münster bis zum Tod, wirkte daneben auch als Notar der Universität. Er besass zudem eine Pfründe in Lautenbach bei Gebweiler, war Hauseigentümer in Basel, führte überhaupt ein behagliches Dasein.

Der Nachwelt ist Knebel bekannt geworden durch sein *Diarium,* sein lateinisches Tagebuch. Dessen erster Teil ging verloren, jedoch blieb im Original erhalten der zweite Band über die Jahre 1473–1476 und der dritte Band über die Jahre 1476–1479. Der Wert der Chronik liegt in der unmittelbaren Wiedergabe der Stimmung sowie in der Fülle der Nachrichten. Dank seiner Stellung war Knebel mit bedeutenden Männern in Verbindung. Er hörte überall herum, im Rathaus, in der bischöflichen Kanzlei, an der Universität. Stadtschreiber Nikolaus Rüsch lieh ihm Akten; er sammelte zirkulierende handschriftliche Berichte und gibt sie in der deutschen Originalsprache wieder. Priester, Professoren, Politiker trugen ihm Nachrichten zu. Sein grosser Bekanntenkreis erstreckte sich auch rheinabwärts. Wie die Spinne sass er mitten im Netz. Er notierte fleissig, gewissenhaft, mit leidlicher Kritik. Wenn er eine Berichtigung erfuhr, korrigierte er sich, legte in seine Darstellung auch etwa Briefe ein. In seiner politischen Stellung erweist er sich als Freund der Schweizer, rühmt ihre prächtigen Krieger: «erant pulcherrimi viri», kritisiert aber auch ihre Schwächen, ihren Hochmut «superbia», ihren Starrsinn «pertinacia», ihre Geldgier «avaricia» und tadelt ihre Ausschweifungen. Das Kriegsvolk, das in die vor den Toren der Stadt liegenden Weinberge einbricht, schilt er «pessimam gentem». Aber im Kampf zur Erhaltung der Reichsfreiheit sind sie für Basel eben doch die zuverlässigste Stütze. Dem Adel und dem ländergierigen Kaiser «imperatori insaciabili» gilt sein unverhohlener Hass; er nennt ihn sogar einen schändlichen Buben «pessimum ribaldum». Auch vor Karl dem Kühnen kennt sein Abscheu keine Grenzen; im Kampf gegen Burgund nimmt Knebel einseitig für Basel Partei. Österreich wird nun unvermittelt als das gute Prinzip hingestellt, nachdem man es bisher in der schweizerischen Historiographie nicht schlecht genug hatte machen können. Peter Hagenbach ist der Satan, den Knebel in schauerlicher Färbung vorführt; er überschüttet ihn mit einer Menge anstössiger Geschichten, die ihm eigentümlicherweise gerade Geistliche zutragen. Aus

Hass gegen Karl, gegen alles Burgundische, erzählt er Übles sogar über dessen Tochter Maria. Auch den Feinden in der Stadt versetzt er gelegentlich eins, wie er denn überhaupt viel Klatsch vorbringt. Die ungeheure Angst vor Karl, das Unheimliche, das in der Luft lag, wird völlig fühlbar wiedergegeben. Es ist ein wahres Glück für die Nachwelt, dass Knebel im rechten Augenblick zur Feder griff, sobald der Krieg Mittelpunkt wurde. Knebel bietet Grosses und Kleines, Witterung, Preise, Skandale, Unglücksfälle, aber nicht naiv, sondern gerne moralisierend: Den hat der Arm Gottes auch erreicht. Sich selber flicht er ab und zu mit Bescheidenheit ein. Vor allem gibt er den unmittelbaren Eindruck, so dass man dem Leben jener Zeit so nahe wie möglich kommt. Für Strömungen und Stimmungen ist Knebel unübertrefflich; für Tatsachen muss er sorgfältig nachgeprüft werden. Knebel stellt die beste Nachrichtenquelle seiner Zeit dar.

Diarium, hg. v. *Wilhelm Vischer* und *Carl Christoph Bernoulli*; Basl. Chron. 2 und 3, Leipzig 1880 und 1887. – *Carl Buxtorf-Falkeisen* gab vom *Diarium* eine deutsche Übersetzung heraus, wobei er vieles kürzte, umstellte und das Ganze für Laien bearbeitete: *Chronik aus den Zeiten des Burgunderkrieges*; Basel 1851–55.

A. W. STROBEL: Notice sur Jean Knebel et sa chronique; Rev. d'Alsace 6, 1855, S. 470 ff. – WILHELM VISCHER: Johannes Knebel; ADB 16, Leipzig 1882, S. 275.

Nikolaus Rüsch um 1430–1506

Er war zuerst Stadtschreiber von Mülhausen, 1474–1497 Stadtschreiber von Basel, viermal Oberstzunftmeister, nahm eine massgebende Stellung ein und diente dem Rat mehrmals als Gesandter. In einem ersten Fragment seiner Aufzeichnungen erzählt er die miterlebten Begebenheiten in der ausgesprochenen Absicht, «in bedenck derselben ander derglich irrsall kunfticlichen ze furkommen», also zur Belehrung der Obrigkeit. Er übernahm zwei Berichte über die kriegerischen Unternehmungen im Westen, die er im Auftrag des Rates nach Lübeck und Erfurt geschrieben hatte, fast wörtlich, benützt meistens Quellen des Archivs; seine Darstellung der eidgenössischen Vorstösse in die Waadt, der Schlachten von Héricourt, Grandson, Murten gibt in sachlichem Ton die offiziell-baslerische Auffassung wieder.

Beschreibung der Burgunderkriege, hg v. *Christoph Bernoulli*, Basl. Chron. 3, Leipzig 1887, S. 275–332.

Anonyme Chronik der Burgunderkriege 1484

Diese kurze Darstellung beschlägt die Jahre 1473–1479, wurde von einem Basler und Zeitgenossen geschrieben. Sie ist unvollständig, weist Fehler und Verwechslungen auf, hält sich nur an das äussere Geschehen. Und doch ist sie brauchbar, da sie Notizen enthält, die bei Knebel fehlen. Der Chronist unterscheidet scharf zwischen Walchen und Tütschen, zeigt, wie der Krieg in Basel empfunden wurde, was man an der Beute von

Grandson für wertvoll erachtete, welche Kostbarkeiten die Berner, Basler und Solothurner bei der Brandschatzung Lausannes erbeuteten.

Anonyme Chronik der Burgunderkriege, hg. v. *August Bernoulli;* Basl. Chron. 5, Leipzig 1895, S. 506 ff.

Heinrich Arnold von Ahlfeld 1407–1487

Er ist zu Ahlfeld bei Hildesheim geboren, wurde Notar am päpstlichen Hof in Rom und später am Basler Konzil. 1437 zog er sich ins Kartäuserkloster in Kleinbasel zurück. Hier lebte er als Prior ganz weltabgewandt. Es erregte grosses Aufsehen, wenn seine ehrwürdige Gestalt einmal ausserhalb der Mauern erschien. Er zeichnete sich aus durch Gelehrsamkeit, Frömmigkeit und Fürsorge. Anno 1480 trat er als Prior zurück und starb im Kloster, nachdem er dort fast ein Jahrzehnt gelähmt gelegen hatte.

Nebenbei schriftstellerte er, schrieb erbauliche Traktate. Nach seinem Rücktritt verfasste er ein historisches Werk *Chronica fundationis Carthusiae in Basilea minori*, 1401–1480. Die Chronik ist in Dialogform geschrieben, als Zwiegespräch zwischen der Schutzpatronin, der heiligen Margareta, und ihrem Knechte, «servulus», wie sich der Schreiber nennt. Ahlfeld erweist sich in dieser Chronik der Mystik verhaftet. Obschon die Chronik als Erbauungsbuch gedacht war, erscheint sie doch als historisch wertvoll. Sie ist bezeichnend für das innere und äussere Leben des Klosters, man erfährt, wieviel es zur Gründung eines Klosters brauchte. Stifter war der Oberstzunftmeister J. Zibol. Das traurige Geschick seines angesehenen Geschlechtes wird in die Erzählung hineinverflochten. Mit listiger Wendung streut der Verfasser auch ein kleines Wunder in die Gründungsgeschichte.

Chronica fundationis Carthusiae, hg. v. *Wilhelm Vischer;* Basl. Chron. 1, Leipzig 1872, S. 248 ff. – *Die Chronik von der Stiftung der Karthause im Minderen Basel,* ins Deutsche übertragen v. *Carl Buxtorf-Falkeisen;* Einladungsschr. Promotionsfeier Gymn. Realschule Basel 1847.

Hieronymus Brilinger 1469–ca. 1535

Er wurde 1482 Diakon, 1487 Provisor der Schule beim Münster, 1505 Domkaplan und im selben Jahr Rektor der Universität. Als vielbeschäftigter Humanist sammelte er Altertümer, Münzen, Inschriften, übersetzte die Grösseren Basler Annalen ins Lateinische, Beinheims Chronik ins Deutsche und überarbeitete Blauensteins Werk. 1512 nahm er der Königin Anna die Krone aus dem Grab und einverleibte diese dem Kirchenschatz. Nach dem Sieg der Reformation verliess er Basel und siedelte mit dem Domkapitel nach Freiburg i. Br. über.

Der eifrige Sammler war der eigenen Sammlung unfähig. Das beweisen seine *Aufzeichnungen über die Jahre 1474–1525*. Es ist kein grosser Wurf, kein Geschichtswerk, sondern es sind nur Notizen: Curiosa, Missgeburten, Wasserhöhen, Fröste, Kometen, Zeitungen nach fliegenden Blättern, Verse auf die Schlacht von Marignano; er verwechselt Murten und Grandson. Man ist erstaunt, dass ein Humanist so etwas verbricht.

Anno 1513 vollendete er, wahrscheinlich im Auftrag des Bischofs, das *Ceremoniale Basiliensis Episcopatus*, ein beschreibendes Verzeichnis der an hohen Festtagen und bei anderen feierlichen Anlässen in Basel gebräuchlichen Zeremonien.

Aufzeichnungen, hg. v. *August Bernoulli;* Basl. Chron. 7, Leipzig 1915, S. 206 ff. – *Ceremoniale Basiliensis Episcopatus,* hg. v. *Konrad W. Hieronymus,* in: Das Hochstift Basel im ausgehenden Mittelalter; Basel 1938, S. 97 ff.

Die Matrikel der Universität Basel I, hg. v. HANS GEORG WACKERNAGEL; Basel 1951, S. 185, 276.

Anonyme Chronik des Schwabenkrieges 1504

Es handelt sich um die einzige Basler Aufzeichnung aus dieser Zeit, weshalb ihr ein gewisser Wert zukommt. Um 1504 herum wurde sie von einem Unbekannten verfasst. Sie ist nur in Bruchstücken, handschriftlichen Zusätzen zu einem Exemplar der Etterlin-Ausgabe erhalten. Ihr magerer Inhalt erstreckt sich auf die Jahre 1492–1504. Wertvoll sind die Notizen über die Schlacht von Dornach, den Frieden sowie Basels Bedrängnis nach dem Krieg und die eingehenden Ausführungen über Basels Aufnahme in den Bund. Diese Erzählung ist um so erheblicher, als die baslerische Chronistik den Eintritt Basels in den eidgenössischen Bund kaum erwähnt. Der Anonymus aber schildert, wie bedroht und verlassen sich Basel nach dem Schwabenkrieg fühlte: «deren... nott weret mer denn zwei gantzer jaren lang.» Er weiss auch, dass dem Gesuch Basels um Aufnahme als gleichberechtigter Ort erst nach zähen Verhandlungen stattgegeben wurde.

Anonyme Chronik des Schwabenkrieges, hg. v. *August Bernoulli;* Basl. Chron. 6, Leipzig 1902, S. 5 ff.

AUGUST BERNOULLI: Eine zürcherische Chronik der Schwaben- und Mailänderkriege 1499–1516; Anz. Schw. Gesch. 1891, S. 282 ff.

Anonyme Chronik der Mailänderkriege 1507–1516

Sie ist von einem unbekannten Stadtbürger ganz vom Basler Standpunkt aus geschrieben, bringt genaue Zahlen über die Auszüge und die Verluste Basels. Der Verfasser scheint Heraldiker und mit Ratssachen gut vertraut gewesen zu sein. Die Chronik liegt in zwei Niederschriften vor: 1. als Anhang zu der Beinheimschen Handschrift und 2. als Randnotizen zu einem gedruckten Etterlin-Text.

Aus dieser Chronik vernimmt man den Atemzug der hochherrlichen Zeit. Der Verfasser beschreibt den grossartigen Empfang in Venedig, durch den sich die Eidgenossen sehr geschmeichelt fühlten, die Verleihung der päpstlichen Privilegien für Basel, darunter das geistliche Gericht, die lateinische Oratio des Basler Oberstzunftmeisters Leonhard Grieb an den Heiligen Vater, bringt ferner gute Einzelheiten zur Belagerung von Novara und zur Schlacht, die mit «leren büchen» geschlagen worden sei. Bei der Erwähnung des Truppendurchmarsches nach Burgund 1513 beschreibt er genau die Fahnen, schildert behaglich das Zechen und Kegeln auf dem zugefrorenen Rhein, was wie ein Sieg über die Natur gefeiert wird. Beim Aufstand des Armen Kunz in Württemberg 1514 tritt die Kirchweih als Agitationsmittel in Erscheinung. Der Chronist meint, bei Marignano seien die Eidgenossen der Übermacht des Geschützes erlegen; die Hauptschuld aber sieht er in der Zwietracht der Eidgenossen: «wo sy bieinander blieben weren, das es, ob gott het gewelt, nit also ergangen wer.» Gemäss der französenfeindlichen Stimmung in Basel nimmt er gegen das Bündnis mit Frankreich von 1516 Stellung.

Anonyme Chronik der Mailänderkriege, hg. v. *August Bernoulli;* Basl. Chron. 6, Leipzig 1902, S. 30ff.

Ludwig Kilchenmann ca. 1450–1518

Er war ein wohlhabender Ratsherr. Sein Sohn, der eine noble Heirat machte, begab sich 1496 auf eine Pilgerreise nach Jerusalem, empfing dort den Ritterschlag, ging 1499 nach Santiago de Compostela, im Jubeljahr 1500 nach Rom und in Gesellschaft seines Vaters nach Aachen und Antwerpen. Beide hielten viel auf vornehmes Leben. Seit der Sohn dem Ritterstand angehörte, nennt ihn der Vater in seinen Aufzeichnungen nur noch «Herr Hansz». Sie wurden beide in den Rat gewählt und mit Aufträgen betraut. An den italienischen Feldzügen nahmen sie verschiedentlich als Zuzüger Basels teil. Anno 1508 wurde der Sohn wegen Totschlags verbannt; mit ihm starb 1522 das Geschlecht aus.

Ludwig Kilchenmann hinterliess ein *Schuldbuch 1468–1518,* worin er geschichtliche Notizen zerstreut und gelegentlich eintrug. Einiges ist bei ihm einzig; er schaute das Leben von der Seite der Reichen an. Die Notizen bezeugen vor allem seinen Familiensinn. Man erfährt, wie man sich vornehm gehabt; dazu gehörten gute Verbindungen mit der Kirche. Er spricht oft von Vergabungen und Jahrzeiten, erwähnt aber nicht seine und des Sohnes Stiftung einer Elenden (Pilger) Herberge; ihr Vermögen fiel dieser zu. Die Notizen sind kulturhistorisch interessant; Kilchenmann verkörpert den echten Basler Schlag. Kein anderer hat wie er in seinen Aufzeichnungen den Basler Dialekt so völlig walten lassen. Von der Teilnahme der Basler an den Feldzügen der Eidgenossen nimmt er kühl Abstand, missbilligt die sinnlosen Verwüstungen. Die Reserviertheit des vornehmen Baslers gegenüber dieser Verschleuderung der Kräfte und Mittel zeigt sich in seinem Tadel des Kalten Winterfeldzuges von 1511: «Disz reisen wer weger fermitten. Und hand die Eignoszen dem king fil lantz ferbrend; wer ouch weger vermitten, der armen litten halb.»

Schuldbuch, hg. v. *August Bernoulli;* Basl. Chron. 6, Leipzig 1902, S. 443 ff.

Chronikalien aus Zunftbüchern
Zunftbuch zur Gelten

Neben den Weinleuten gehörten dieser Zunft auch die meisten Schreiber an. Ihr Buch enthält eingestreute Notizen über den Zeitraum von 1487 bis 1517. Es ist darin vom Bruder Fritschi die Rede, von einer ganzen Perlenschnur von Festen, der Urner Kilbi, den Empfängen unterwegs, den Geschenken, Zunftessen. Die Reformation unterdrückte dann diese Festlust.

Zunftbuch zum Himmel
In dieser Zunft trafen sich Sattler und Maler. Die Notizen erstrecken sich über die Jahre 1511–1572, betreffen die Auszüge nach Italien und die sich steigernden Leistungen der Zunft. Allein im Jahr 1515 musste sie dreimal Zuzüger stellen, nacheinander vier, dreizehn und siebzehn Mann. Beim Abschluss des Burgrechts mit Delsberg und den Freibergen 1555 wird «Vorsicht mit gesalbtem Volk» empfohlen. Die Hoffnung, das Bistum an Basel zu ziehen, sollte sich als trügerisch erweisen.

Zunftbücher, hg. v. *August Bernoulli;* Basl. Chron. 7, Leipzig 1915, S. 450 ff. 453 ff.

ZÜRICH

In Zürich reichen die historischen Aufzeichnungen, die aus Liebe zur Vaterstadt gemacht wurden, weiter zurück. Wohl die älteste historiographische Leistung ist die sogenannte *Chronica universalis Turicensis*. Sie stammt aus dem Ende des 13. Jahrhunderts und stellt zur Hauptsache eine Kompilation von Otto von Freising und Otto von St. Blasien dar, mit Einschiebungen über Zürich, das Grossmünster, das Fraumünster, die drei thebäischen Heiligen. Ebenfalls zu den ersten Aufzeichnungen gehört die *Passio sanctorum Felicis et Regulae*.

Chronik der Stadt Zürich

Verschiedene Hände haben in verschiedenen Jahrhunderten an einer Geschichte Zürichs gearbeitet. Gegen 1420 sammelte ein einfacher Bürger unbekannten Namens die losen Stücke zu einer Chronik in deutscher Sprache. Er gehörte nicht den Ratskreisen an, besass nicht Zugang zum Archiv, arbeitete unkritisch. Seine Handschrift ist verlorengegangen; dafür liegen eine Anzahl Abschriften aus dem 15. und 16. Jahrhundert vor, mit Zusätzen, Auslassungen, Fortsetzungen. Das Hauptwerk geht bis 1418, in drei Fortsetzungen bis 1478: Es ist die sogenannte *Chronik der Stadt Zürich*. Für die ersten Jahrhunderte, die Gründung, den Namen, findet sich in diesen Chronikalien eine wirre Sammlung von Notizen aus der Bibel, den Alten, den Heiligengeschichten. Natürlich erscheinen Felix und Regula und Exuperantius. Die erste brauchbare Notiz betrifft die Gründung der Fraumünsterabtei 853 durch König Ludwig. Über die Jahre 1251–1292 finden sich lokale Mitteilungen betreffend die Regensburger Fehden, Rudolf von Habsburg, die Niederlage von Winterthur, Lebensmittelpreise. Von Morgarten heisst es ganz kurz, dass die Herren in den See fielen. Die Eroberung der Burg Schwanau wird isoliert erzählt; erst Etterlin und Brennwald brachten sie mit der Gründung der Eidgenossenschaft in Verbindung; über Laupen steht nur Anekdotisches.

Das Kernstück bildet die Zeit von 1350–1355. Hier ist die Chronik genau, ausführlich, eindringlich. Der Verfasser bleibt unbekannt; er arbeitete im Auftrag von Ratsherr und Schultheiss (Vorsitzender des Stadtgerichtes) Eberhard Mülner und war ein Anhänger von Rudolf Brun. Von 1355–1382 fliessen die Notizen dürftiger, über die Witterung, gute und schlechte Jahre, die Gugler, Bruno Brun; von 1382–1387 ist die Chronik wieder ausgezeichnet. Sie stellt die Ereignisse ganz von Zürich aus gesehen dar: den Kyburger Krieg, die Fehden in der Ostschweiz, wobei alle Absagebriefe aufgezählt werden, die Sempacher Schlacht; hier steht nichts von der Heldentat eines Einzelnen, während eine andere Handschrift, die auf eine alte Quelle zurückgeht, den Einbruch eines «getrüwen Mannes unter den Eidgenossen» erwähnt. Wo die Zürcher nicht beteiligt waren, wird die Berichterstattung etwas unsicher; nach dem Frieden mit Österreich lässt die eindringliche Kenntnis nach. Eine der Fortsetzungen behandelt ziemlich ausführlich den Alten Zürichkrieg vom österreichischen Standpunkt aus, übergeht gerne die Niederlagen, beleuchtet grell die Unerbittlichkeit des Bruderkampfes, so den Tod Stüssis, den Kreuzvertausch der Eidgenossen. Gott verordnete, dass der «telfin» (Dauphin) kam. Eine dritte Fortsetzung von 1460–1478 erzählt den Burgunderkrieg.

Aus den besten Handschriften stellte *Johannes Dierauer* die Chronik zusammen, gab sie mit einer musterhaften Einleitung, einem reichen Kommentar und den wichtigsten Varianten heraus in den Quell. Schw. Gesch. 18, Basel 1900. Dierauer nennt sie *Chronik der Stadt Zürich;* dieser Name war vorher nicht bekannt. – Exzerpte der *Chronica universalis Turicensis,* in: Ottonis de Sancto Blasio Chronica, hg. v. *Adolf Hofmeister;* MGH SS rer. Germ. 47, Hannover 1912.

Emil Dürr hat in Basel einen Band gefunden, der zeigt, dass die dritte Fortsetzung der Chronik der Stadt Zürich vom Glarner Landschreiber Rudolf Mad verfasst wurde. EMIL DÜRR: Die Chronik des Rudolf Mad, Landschreibers von Glarus; Basl. Zeitschr. Gesch. Altertkde. 9, 1910, S. 95 ff. – GEROLD MEYER VON KNONAU: Die Chronica universalis Turicensis aus dem Ende des 13. Jahrhunderts; Anz. Schw. Gesch. 1912, S. 334 ff. Das Ms. A 116 der Zürcher Zentralbibliothek aus dem Anfang des 15. Jahrhunderts sei von Justinger verfasst und geschrieben worden, nimmt Strahm, gestützt auf Leo Weisz, an; HANS STRAHM: Der Chronist Conrad Justinger; Bern 1978, S. 47 ff.

Klingenberger Chronik ca. 1450

Sie steht mit der Zürcher Chronik in engem Zusammenhang, stellt in den ersten Partien eine Kompilation dar, die um die Mitte des 15. Jahrhunderts von einem unbekannten schweizerischen Geschichtsfreund angelegt wurde. In zwei guten übereinstimmenden Handschriften desselben Jahrhunderts ist sie erhalten. Der Verfasser hat aus der Zürcher Chronik geschöpft, stimmt bis 1400 mit ihr fast wörtlich überein, geht dann aber von 1400 an eigene Wege und wird wertvoll. Er stellt ausführlich den Appenzellerkrieg dar und gibt vom Alten Zürichkrieg einen sehr guten Bericht; dieser stammt wohl von einem Rapperswiler, da die lange Belagerung von Rapperswil sachkundig geschildert wird. Der Standpunkt ist gemässigt österreichisch, für den Adel, gegen die Schweizer Bauern. Aegidius Tschudi benützte die Chronik und schrieb sie in seiner fabelnden Art den Herren von Klingenberg zu, die sie vom Vater auf den Sohn fortgesetzt haben sollten. Der falsche Name ist ihr geblieben. Bis heute wurde der Verfasser nicht ermittelt, was aber den Wert der Chronik nicht mindert. Sie ist das unentbehrliche Gegenstück zu Fründ, spricht dort, wo der Schwyzer Landschreiber verstummt. Ausführlich werden Redings Umtriebe mit Österreich und die Sarganserfehde erwähnt, die Fründ verschweigt, ebenfalls Zürichs Klage über die ungerechte Sperre von 1437. Der Chronist erzählt auch, dass Schwyz die Zürcher bei den Eidgenossen wegen der Österreicher anklagt, dass Bern 1443 Zürichs Bund mit Österreich gelten lassen will.

Klingenberger Chronik, hg. v. *Anton Henne;* Gotha 1861. Henne behandelt sie ziemlich kritiklos. Heute ist durch die Herausgabe der Zürcher Chronik das Stück bis 1400 überholt: *Johannes Dierauer: Chronik der Stadt Zürich;* Quell. Schw. Gesch. 18, Basel 1900 (auf S. XL Literatur zur Klingenberger Chronik).

GUSTAV SCHERRER: Über das Zeitbuch der Klingenberger; Mitt. vaterl. Gesch. 1, St. Gallen 1862, S. 65 ff. – RUDOLF WIGERT: Homburg und die ehemaligen Herrschaften von Klingenberg; Thurg. Beitr. vaterl. Gesch. 43, 1903, S. 4ff.; 44, 1904, S. 6ff. – Über Tschudi und die Klingenberger Chronik handelt EMIL DÜRR: Die Quellen des Aegidius Tschudi in der Darstellung des Alten Zürichkrieges; Basel 1908. – KARL HEINRICH REINACHER: Josef Anton Henne; St. Gallen 1916.

Felix Hemmerli 1388–ca. 1458

Er wurde aus alter, wohlhabender Zürcher Familie geboren, durchlief die Schulen der Vaterstadt, wurde Geistlicher, studierte, von frühem Wissensdrang getrieben, in Erfurt 1406 und in Bologna 1408 kirchliches und römisches Recht, erhielt mit vierundzwanzig Jahren eine Chorherrenpfründe am Zürcher Münster, erwarb 1413 zu Erfurt das Bakkalaureat, nahm aus Reformeifer, ohne amtlichen Auftrag, am Konzil zu Konstanz teil, wurde wohl wegen dieses Eifers Propst des angesehenen St.-Ursus-Stifts zu Solothurn 1423–1424, doktorierte 1424 zu Bologna. Damals waren die Universitäten als Bildungsmittel wichtiger denn heute, weil die jetzt ungeheure Masse der verbreiteten Bücher fehlte. Der Doktortitel verlieh den Adel und das Recht, an einer Universität zu lesen. Hemmerlis Doktordiplom ist als das älteste der Welt erhalten. 1427 wollte er Propst am Grossmünster werden, reiste deshalb vielleicht nach Rom, besass jedenfalls einen päpstlichen Fürsehungsbrief, der aber nicht anerkannt wurde. Bereits hatte Hemmerli Feinde, man wählte einen Gegner. Zur Entschädigung erhielt er 1428 die zweite Stelle, wurde Kantor und Schulmagister des Stifts, wie einst Konrad von Mure. Wohl 1428 wurde er auch Chorherr im St.-Moritz-Stift zu Zofingen, residierte aber in Zürich. In Solothurn weilte er nur vorübergehend, schuf dem St.-Ursus-Stift neue Statuten. Als Kantor in Zürich nahm er es sehr eifrig, war ein Muster von Pflichterfüllung und Sittenreinheit. Unermüdlich studierend, erwarb er eine ungemeine Belesenheit. Von seinen grossen Einkünften machte er gediegenen Gebrauch, indem er eine reiche Privatbibliothek anlegte, die grösser war als die jedes andern im Bistum, und grosszügige Wohltätigkeit übte. Er kannte auch das damals noch seltene Griechisch, erging sich hier aber in seltsamen Etymologien. Seine Arbeit ist erstaunlich, mitten in einer Wüste des Geistes; denn er hatte alles aus sich. Diese glückliche Zeit in seiner Amtswohnung, dem grünen Schloss im Stift, beschrieb er später in seinem *Passionale*.

Hemmerlis Stärke lag in seiner Empfänglichkeit. Er lebte noch ganz in der Scholastik, bemühte sich um die Verbesserung der Kirchenzucht, weilte amtlich auf dem Basler Konzil, wo er für den Reformpapst Felix V. gegen Eugen IV. eintrat. Mit immer stärkerem Nachdruck eiferte er gegen Mangel an Wissen, Trunksucht und Sittenlosigkeit des Klerus, setzte sich für Verminderung der Feiertage und für Abschaffung des Zölibats ein. Deshalb wurde er mit fünfzig Jahren Schriftsteller. Was in seinem Innern wogte, sprang mit einem Mal übermächtig empor, wie von einem Zauberstabe berührt. Ein grosses Talent mit stark journalistischem Einschlag kam zum Vorschein. Er brachte eine Fülle von Schriften hervor, alle in lateinischer Sprache; 34 sind ganz erhalten, 30 wurden gedruckt, von 5 weiteren kennt man den Titel. Alle sind von heftiger Leidenschaft getragen; was er für richtig hielt, verfocht er bis zur Masslosigkeit, schonte dabei keinen Gegner. Er schrieb ein im Hinblick auf seine Studien auffallend schlechtes Latein, was sich wohl aus der Produktionshast erklärt. Ein ungeheures Wissen breitet er aus, glänzt mit einer unübersehbaren Reihe von Zitaten aus beiden Corpora juris samt den Glossen, aus den Kirchenvätern und dem Talmud, auch aus der schweizerischen Historiographie: Radegg, Konrad von Mure und der Zürcher Chronik. Obgleich der Ausdruck in diesen Schriften oft übergelehrt erscheint, waren sie doch beliebt und verbreitet. Sein Temperament, sein Mut, sein Witz, seine Kernsprüche, namentlich sein unerschöpflicher Anekdotenvorrat fanden Anklang. Er war mit offenen Augen gereist, hatte ein glückliches Gedächtnis, meisterte die Dialogform.

Seine Schriften zerfallen in drei Gruppen: 1. kirchliche, 2. politische, 3. persönliche Auseinandersetzungen mit seinen Feinden. Die erste Schrift richtete sich gegen die Bettelmönche und die Gunstwirtschaft in Rom, womit er sich schon Feinde machte. Von seinen Kollegen im Stift – wo mehrere Lotterbuben lebten – stach er ab. Sein Wort und sein reiner Wandel beleidigten. Da er zudem sein Herz auf der Zunge trug, schlossen sich alle gegen ihn zusammen, so dass er bald vereinsamte. Sein gefährlichster Gegner war der Propst Nithard, ein bettelarmer Fremder aus Ulm, ein gewandter Stellenschleicher, Tugendheuchler, der die Oberen in Konstanz für sich einnahm, Hemmerli ungerechte Bussen auferlegte und ihm das Stift zur Hölle machte.

Der Zürichkrieg verbesserte seine Stellung, obgleich er sehr unter dem Unrecht litt, das Zürich 1436–1440 angetan wurde. Ein grosser Teil seines väterlichen Erbgutes ging dabei zugrunde. Er war ein glühender Hasser der Schweizer, verehrte den Adel und das Haus Österreich. Die Feinde im Stift, so der hergelaufene Propst, schlugen sich auf die Seite der Schweizerfreunde. Vom Adel erfuhr Hemmerli hohe Ehrungen: Er wurde Rat des Markgrafen von Baden und des Wilhelm von Hochberg, Kaplan König Friedrichs III. und der Herzöge von Österreich. Im Stift dominierte er jetzt 1441–1450 dank dem Einfluss der Habsburger. König Friedrich verwandte sich direkt für ihn in Zürich. 1450 schrieb Hemmerli sein grösstes Werk *De nobilitate et rusticitate dialogus*, mit dem Anhang *Processus judiciarius*, eine furchtbare Streitschrift gegen die Schweizer. Das gleiche Jahr 1450 brachte aber auch den Zusammenbruch seiner Stellung; er wurde den Zürchern, obgleich ein literarischer Vorkämpfer ihrer Vaterstadt, jetzt unbequem. Man verfolgte ihn im Stift. Einen Aufschrei aus dieser Not stellt das *Passionale* von 1452 dar. Er blieb stets literarisch tätig, schrieb über das Obstagium (Giselschaft), über Tierprozesse, mit denen er ganz einverstanden war, über die Bäder, sammelte alle Werke des Konrad von Mure und versah sie mit einem Vorwort. Anlässlich der Zürcher Fastnacht von 1454, an der 1500 Eidgenossen teilnahmen, überfielen ihn diese – nach Hetzereien der Stiftskollegen – in seiner Wohnung, nahmen ihn gefangen und überliessen ihn, fromm wie sie waren, den geistlichen Herren in Konstanz, seinen ärgsten Feinden. Die Zürcher liessen es geschehen, gaben ihn erbärmlich preis. Dieser Friedbruch erregte nicht einen entrüsteten Nachhall wie der Fall Bruno Brun. Bischof und Generalvikar verfügten ein empörendes Verfahren: Hemmerli wurde in Ketten gelegt, mit Mördern zusammengesperrt, aller Würden entsetzt, zu ewiger Haft verurteilt und den Franziskanern in Luzern, seinen Gegnern, überantwortet. Generalvikar Gundelfinger fiel über seine Bibliothek her, liess den Stiftsrodel mit dem Doktordiplom einbinden, wodurch es sich erhalten hat und im 19. Jahrhundert entdeckt wurde. Im Luzerner Gefängnis blieb Hemmerli ungebrochen tätig, verfasste weitere Schriften, so in eigener Sache das *Registrum querelae*, drei Klagelieder. Dann verschwindet er aus den Akten, ein Opfer der öden unfruchtbaren Zwischenzeit. Seine Schriften wurden früh gedruckt und lebten so weiter.

Hemmerlis Schicksals- und Hauptwerk ist *De nobilitate et rusticitate dialogus* – auch *Liber de nobilitate* genannt – mit dem *Processus judiciarius*. Dieses Werk ist so umfangreich wie alle anderen zusammen. Sein Zweck besteht darin, den Adel zu loben, den Bauernstand herabzusetzen. Dies wird mit gelehrtem Aufwand begründet. Daher versieht Hemmerli sowohl den Ritter als auch den Bauern mit klassischer Bildung. Die 34 Kapitel sind eine kulturelle Fundgrube. Voll Verachtung wird der Bauer geschildert; man sollte ihm alle fünfzig Jahre Haus und Hof zerstören, damit er nicht zu hochmütig werde. Die Schweizer seien nicht Bauern, da sie nicht das Land bebauten, sondern unter Kühe sich bückten, also Weiberwerk trieben. Karl der Grosse, der Bezwinger der Sachsen, habe die Wildesten davon in die Berge verbannt, wo sie «switten», das heisst für Kaiser und Reich Blut schwitzen mussten, daher der Name; das rote Banner rühre vom Blute her, das sie am Gotthard geschwitzt. Bei der Darstellung der Befreiung der Waldstätte hält sich Hemmerli an Justinger, bei der Beschreibung des Überfalls auf das Kloster Einsiedeln an Radegg. Die Vogtei über das ursprünglich freiherrliche Einsiedeln hätten sie sich angemasst. Alle Anklagen aus dem Alten Zürichkrieg über Greifensee, die Kreuzvertauschung bei St. Jakob an der Sihl, Stüssis Verstümmelungen, hat er nicht aus der Luft gegriffen, sondern auf zeitgenössische Kundschaften gestützt. Anno 444 wurden die Hunnen Attilas von den Franken geschlagen, nach tausend Jahren, 1444, die Schweizer von den Franzosen. Die Frage, ob Zürich aus dem Bund austreten dürfe, bejaht er lebhaft. Der Papst oder ein Konzil könnten die Zürcher ihrer Eide gegen die Eidgenossen ledig sprechen.

Im *Processus judiciarius* führen die Geschlagenen von St. Jakob an der Sihl, Stüssi und die Hingerichteten von Greifensee im Himmel Klage gegen die Schweizer. Als Beistände fungieren die drei Zürcher Heiligen und Karl der Grosse, der Zürich geliebt. Die Schweizer werden in den Himmel vorgeladen, kommen aber nicht, da sie gerade Zürich und die

Farnsburg belagern. Da verurteilt sie Gott: Ein fremdes Volk soll sie mit Krieg überziehen. Das Strafgericht wird durch die Franken vollzogen bei St. Jakob an der Birs, wo – nach Hemmerli – 4000 Schweizer fielen.

Die Eidgenossen erzürnten mächtig über diese Schrift. Hier wurden sie mit neuen Waffen angegriffen, gegen die sie ohnmächtig waren. Hemmerli erscheint in diesem Werk als Vater des Kriegsjournalismus.

Variae oblectationis opuscula et tractatus (ohne die Hauptschrift), hg. v. *Sebastian Brant;* Basel 1497. – Die beiden Schriften *De nobilitate* ... und *Processus* ... erschienen gesondert im Druck s.l. et a. (Strassburg gegen 1500?). – Bruchstücke und Inhaltsangaben daraus: *Johann Jakob Bodmer: Thesaurus historiae helveticae* 1, Zürich 1735, und *Burkhard Reber: Felix Hemmerlin von Zürich;* Zürich 1846. – Theodor von Liebenau hat die amtliche Kundschaft über die von den Schwyzern verübten Grausamkeiten auszugsweise wiedergegeben: *Theodor von Liebenau: Zur Geschichte Meister Hemmerlin's;* Anz. Schw. Gesch. 1865, S. 235 ff. – *Emil Dürr* wies in der Basl. Zeitschr. Gesch. Altertkde. 8, 1909, S. 162 ff. darauf hin, dass die zweite Fortsetzung der Chronik der Stadt Zürich und der Dialogus in den Tatsachen übereinstimmen, und schloss daraus, Hemmerli habe diese zweite Fortsetzung verfasst. Das ist möglich, aus mehreren Gründen jedoch nicht überzeugend. Beide gehen wohl auf eine gleiche Quelle, die Zürcher Kundschaft, zurück. – *Emil Dürr* wollte Felix Hemmerli in geistreicher, aber gesuchter Argumentation ein deutsches Volkslied über den Alten Zürichkrieg zuschreiben: Anz. Schw. Gesch. 1914, S. 220 ff. – Eine Edition des *De nobilitate et rusticitate dialogus* wird von *Piroska Mathé* vorbereitet und soll das Quellenwerk zur Entstehung der Schweizerischen Eidgenossenschaft abschliessen.

Felix Hemmerlin resigniert auf die Propstei in Solothurn; Soloth. Wochenbl. 1810, S. 167. – THEODOR VON LIEBENAU: Ein Leidensgefährte Meister Hämmerlins; Anz. Schw. Gesch. 1876, S. 189 ff. – CARL BRUNNER: Felix Hemmerlin. Chorherr in Zofingen; Anz. Schw. Gesch. 1876, S. 237 f. – THEODOR VON LIEBENAU: Zur Geschichte Meister Hemmerlin's; Anz. Schw. Gesch. 1865, S. 41 f. – HANS HEINRICH VÖGELI: Zum Verständnis von Meister Hämmerlins Schriften: Progr. Kantonsschule Zürich 1873. – FRIEDRICH FIALA: Felix Hemmerlin; ADB 11, Leipzig 1880, S. 721 ff. – OTTO HUNZIKER: Geschichte der schweizerischen Volksschule 1; Zürich 1881. – THEODOR VON LIEBENAU: Über Meister Felix Hämmerlin's Todeszeit; Anz. Schw. Gesch. 1886, S. 107 ff. – GEROLD MEYER VON KNONAU: Die Schweizer im Bild einer politischen Streitschrift des XV. Jahrhunderts; Zürich 1891. – ALBERT SCHNEIDER: Felix Hemmerli; Zürcher Taschenb. 1894, S. 106 ff. – ALBERT SCHNEIDER: Der Zürcher Canonicus und Cantor Felix Hemmerli an der Universität Bologna; Festschr., Bologna 1888. – ALBERT SCHNEIDER: Felix Hemmerli; Realenzyklopädie, hg. v. Herzog, 7, Leipzig 1899, S. 656 ff. – CASPAR WIRZ: Regesten zur Schweizergeschichte aus den päpstlichen Archiven 1, Bern 1911. – Felix Hemmerlins Abhandlung über das Abführen von Trottbäumen an Festtagen, übersetzt v. J. J. ESCHER; Zürcher Taschenb. 1912, S. 67 ff. – HERMANN WALSER: Meister Hemmerli und seine Zeit; Zürich 1940. – PAUL BÄNZIGER: Beitrag zur Geschichte der Spätscholastik und des Frühhumanismus in der Schweiz; Zürich 1945. – KARL MOMMSEN: Felix Hemmerli; NDB VIII; Berlin 1969, S. 511.

Quellen über den Waldmann-Handel 1489

1. *Akten:* urkundliche Stücke, Protokolle, Verhöre, Briefe aus den verschiedensten Archiven.

2. *Zeitgenössische Darstellungen* des Aufruhrs von 1489. Diese sind: a) Der *amtliche Bericht der beiden bernischen Gesandten Urs Werder und Anton Schöni.* Er wird als die klassische Quelle für den Aufruhr gewertet. Dieser Beur-

teilung kann man sich nicht so leicht anschliessen. Man spürt das Bedürfnis der beiden Gesandten, sich zu rechtfertigen, weil die eidgenössische Vermittlung Waldmann ausgeliefert und schliesslich im Wellenberg im Stich gelassen hat. Ihre Tendenz nötigt die Verfasser, die Sache von einer für Waldmann ungünstigen Seite zu zeigen, wennschon die Voreingenommenheit nicht aufdringlich ist. Es ergeben sich drei Streitpunkte: Welches war die Form der Abbitte durch die Bauern? Haben Feinde in der Stadt nachgeholfen? Wer hat die Ratsglocke im verhängnisvollen Augenblick ziehen lassen? Daneben gibt der Bericht eine klare, besonnene Darstellung des Aufruhrs mit vielen einzigartigen Nachrichten. b) *Bericht eines unbekannten Stadtzürchers.* Er steht Waldmann freundlich gegenüber, spricht von seinem trefflichen Regiment, urteilt trotzdem unabhängig, zeigt Fehler auf beiden Seiten. Die Berner sehen die Sache vom Rathaus aus, der Zürcher schaut sie mehr von der Gasse an, aber als gebildeter Mann. Ihre Mitteilungen decken sich deshalb nicht immer. Nach den Bernern liess Waldmann am 1. April morgens die Ratsglocke läuten; diese Behauptung erscheint bedenklich, sieht nach gesuchter Rechtfertigung aus. Nach dem Stadtzürcher erschrak Waldmann, als es läutete. Auch bei der Beschreibung des Todesganges und der Verteilung der Beute ergeben sich Unterschiede. c) *Bericht eines Bauern von Höngg.* Hier kommt zum ersten Mal das Landvolk, der Untertan zum Wort. Er ist Waldmann entschieden feindlich gesinnt, hat unter dem Eindruck der Ereignisse geschrieben. Auch bringt er wenig Neues, gibt aber die Stimmung des Landvolkes wieder. Die ungewöhnliche Leistung liegt darin, dass ein Bauer, der über wenig Bildung verfügt, aber doch seine Gedanken bestimmt und ursprünglich ausdrückt, zur Feder greift. Ein Vergleich der drei Berichte gibt überraschende Aufschlüsse, so über die Protokollfälschung.

3. *Historie von Herr Hanssen Waldmann.* Sie wurde spät verfasst, vielleicht von Johannes Stumpf ca. 1530. Zwar bringt sie nichts Neues, ist aber wichtig für die Verbreitung der Legende.

Dokumente zur Geschichte des Bürgermeisters Hans Waldmann, hg. v. *Ernst Gagliardi;* Quell. Schw. Gesch. NF, Akten Bde. 1 und 2, Basel 1911–13. Gagliardi hat zugleich das gesamte Material zu einer biographischen Einleitung verarbeitet, die für Waldmann vernichtend ausfiel. Besonders beleuchtet wird hier seine Roheit, Lasterhaftigkeit, Bestechlichkeit, Willkür, Untreue, Verräterei; sogar die Regentenfähigkeit wird gering eingeschätzt; das Schlechte ist sorgfältig hervorgehoben.

FRIEDRICH FIALA: Zum Prozess des Bürgermeisters Hans Waldmann; Anz. Schw. Gesch. 1877, S. 335 ff. – Drei Briefe betreffend Bürgermeister Waldmann's Ende, hg. v. MELCHIOR KIRCHHOFER; Arch. Schw. Gesch. 1849, S. 111 ff. – Beschreibung des Waldmannischen Auflaufs zu Zürich von einem Zeitgenossen, hg. v. MORITZ VON STÜRLER; Arch. Schw. Gesch. 1853, S. 279 ff. – THEODOR VON LIEBENAU: Dokumente zur Geschichte des Bürgermeisters Hans Waldmann, 1869. – KARL DÄNDLIKER: Bausteine zur politischen Geschichte Hans Waldmann's und seiner Zeit; Jahrb. Schw. Gesch. 5, 1880, S. 183 ff. – GUSTAV H. WUNDERLI: Hans Waldmann und seine Zeit; Zürich 1889. – KARL DÄNDLIKER: Hans Waldmann und die Zürcher Revolution von 1489; Zürich 1889, S. 72 f. – EDUARD VON MURALT: Hans Waldmanns Ende; Anz. Schw. Gesch. 1890, S. 75 ff. – KARL DÄNDLIKER: Hans Waldmann; ADB 40, Leipzig 1896, S. 711 ff. –

KARL DÄNDLIKER: Die sogenannten Waldmannischen Spruchbriefe, ihre Beurteilung und ihr Schicksal; Zürcher Taschenb. 1900, S. 17ff. – JOSEF BERNHART: Hans Waldmann; München 1923.

Felix Schmid (Fabri) ca. 1441–1502

Aus altem, angesehenem Geschlecht in Zürich stammend, verlor er früh den Vater und den Onkel (Bürgermeister Stüssi) in der Schlacht von St. Jakob an der Sihl; durch den Krieg ging auch das Vermögen zur Neige. Infolge der zweiten Heirat seiner Mutter mit einem Bürger von Diessenhofen verbrachte er dort und auf der Kyburg, wo sein Grossoheim als österreichischer Vogt residierte, die Jugend. Die Kyburg war noch voll von habsburgischen Erinnerungen; er sah die Reichskleinodien, verehrte innig das Fürstenhaus, brach in Tränen darüber aus, dass die Zürcher nun Schweizer werden sollten, so sehr hasste er die Eidgenossen. In seinem Wissensdrang entschloss er sich, Geistlicher zu werden, aber nicht in der Schweiz; er nannte sich später einen Verbannten. Anno 1452 trat er als Novize bei den Predigern zu Basel ein, mit ihm zugleich Jakob Sprenger, welcher durch seinen «Hexenhammer» eine so traurige Berühmtheit erlangen sollte. Nach dem Besuch der Schule in Pforzheim wurde er Mönch zu Basel. Man brauchte ihn als Cursor (Bote); sein Körper war den Strapazen gewachsen, er hatte verbindliche Umgangsformen, ein sicheres Auge und gutes Gedächtnis für das Erlebte. Reisen war seine Leidenschaft, so wie das Schriftstellern, was damals eine Ausnahme bedeutete. 1475 ging er zum Bruder Klaus, 1476 nach Rom, wo er von einer ungemeinen Ehrfurcht vor der ewigen Stadt befallen wurde. Von 1478 bis zum Tod war er Lesemeister oder Prediger im Ordenshaus zu Ulm. Da viele Priester nicht predigten, ersetzte er sie und kam weit herum. 1480 unternahm er seine erste Reise nach Jerusalem, 1483/84 seine zweite als wissenschaftlicher Begleiter schwäbischer Herren. Er verliess sie und ging nach Sinai, das damals noch höher geschätzt wurde. 1486 und 1487 weilte er auf den Ordenskapiteln in Venedig.

Fabri war ein ausserordentlich weltkundiger Mann, von freier Stellung zur Umgebung, aber fromm. Schreiben scheint ihm ein Bedürfnis gewesen zu sein. Er verfasste ein Werk über die erste *Jerusalemreise*, ein noch grösseres über die zweite, wo er unter schwierigsten Umständen Notizen machte. Dieses zweite Werk heisst *Evagatorium*. Der Autor erweist sich hier als ausgezeichneter Schilderer, flicht gern gelehrte Anmerkungen ein, stellt drastisch und realistisch die Seefahrt und das rohe Treiben der Pilger dar. Man hat ihn den gelehrtesten und den hervorragendsten Pilgerschriftsteller des 15. Jahrhunderts genannt.

Das Evagatorium zählt elf Teile. Im zwölften wollte Fabri den Heimweg durch Schwaben schildern. Er löste ihn los und machte daraus ein besonderes Werk: *Alamanniae et civitatis Ulmensis descriptio*. Dieser Baedecker des 15. Jahrhunderts zerfällt in zwei Teile: *Descriptio Sueviae* und *Descriptio civitatis Ulmensis*. Für die Schweizergeschichte fällt nur der erste Teil in Betracht. Die Descriptio ist geographisch, ethnographisch und historisch gehalten; darin kommt schon der Nationalstolz der deutschen Humanisten zum Ausdruck. Zum Historiker fehlten Fabri zwei Eigenschaften: Kritik und Unbefangenheit. Sein Quellenstudium ist flüchtig und zufällig, er setzt zwei widersprechende Autoren nebeneinander. Als Quellen benützt er die Zürcher Chronik, Heinrich von Diessenhofen, Gregor Hagen, Felix Hemmerli. Je näher er seiner Zeit kommt, desto reicher fliessen ihm die Einzelheiten aus dem Gedächtnis. Er hasst die Eidgenossen, nennt sie wie Hemmerli grausam, schlau, schwärmt für die Habsburger, spricht von Friedrich III. «de divo Friderico». Sein Bekenntnis lautete: «Ich habe einen Pfauenschwanz mir angeheftet, den, solange ich lebe, niemand seiner Federn wird berauben können.» Die «gottlose Hinterlist» der Schweizer bei St. Jakob an der Sihl kann er nicht verzeihen.

Fabri zitiert Schriftsteller, die er nicht gelesen hat. Entsprechend der Zeitmode bietet er humanistische Namenerklärungen. Über die Schweizer betet er einfach Hemmerli nach, erzählt die Befreiungssage wie dieser. Seine Ansicht geht dahin, die Schweizer hätten die Standesordnung erschüttert. Er liebt reiche Zitate aus der Bibel, antiken Schriftstellern und den Kirchenvätern. Im elften Kapitel gibt er eine Geschichte des Hauses Habsburg.

Ausgabe des auf die Schweiz bezüglichen Teiles der *Descriptio Sueviae* durch *Hermann Escher*, in: Quell. Schw. Gesch. 6, 1884, S. 107ff. – Ausgabe der ganzen *Descriptio* durch *Melchior Goldast* in Rerum Suevicarum Scriptores, 1605 und 1727. – *Evagatorium*, hg. v. *Conrad Dietrich Hassler*; Bibliothek des litterar. Ver. Stuttgart 2-4, Stuttgart 1834-49. – *Gereimtes Pilgerbüchlein*, hg. v. *Anton Birlinger*, München 1864.

WOLFF: Felix Faber; ADB 6, Leipzig 1877, S. 490. – KONRAD FURRER: Der Predigermönch Felix Schmid; Njbl. Waisenhaus Zürich 1899. – MAX HÄUSSLER: Felix Fabri und seine Stellung zum geistigen Leben seiner Zeit; Beitr. Kulturgesch. des Mittelalters u. der Renaissance 15, Leipzig 1914. – GUNDOLF GIERATHS: Felix Fabri (Schmid); NDB IV, Berlin 1959, S. 726f.

Johannes Meyer 1422–1485

Er gehört zu einer Reihe von Geistesmännern, die Schriftsteller aus Berufung waren, nicht Kanzlisten. Aus Zürich stammend, bereits zehnjährig im Predigerorden, widmete er seine Tätigkeit der Klosterreformation, wirkte als Beichtiger der Nonnen in Basel, Bern, Schönensteinbach, Schlettstadt, Worms. Er schrieb sehr viel. Seine Schriften sind wichtig für die Kirchengeschichte, die Mystik und Kulturgeschichte des Mittelalters. Von den sechzehn Handschriften wurden wenige gedruckt.

Meyer redigierte *Das Leben der Schwestern von Oetenbach*, *Das Leben der Elsbeth Stagel* und verfasste 1468 eine eigene Arbeit: das Buch der *Reformation des Predigerordens*. Hier erzählt er die Reformbewegung im Elsass. Dieses Buch schrieb Seraphim Dietler um 1707 völlig ab in seiner Chronik des Klosters Schönensteinbach. Im 20. Jahrhundert publizierte man Meyers *Liber de viris illustribus ordinis praedicatorum*. Er war einer, der schreiben musste. Der innere Drang von Johannes Meyer leitet zu den Humanisten hinüber.

Die Stiftung des Klosters Oetenbach und das Leben der seligen Schwestern daselbst, hg. v. Heinrich Zeller-Werdmüller, Jakob Bächtold; Zürcher Taschenb. 1889. – *Chronik des Klosters Schönensteinbach*, hg. v. Jean Schlumberger; Gebweiler 1897. – *Das Leben der Schwestern zu Töss beschrieben von Elsbet Stagel samt der Vorrede von Johannes Meier und dem Leben der Prinzessin Elisabet von Ungarn*, hg. v. Ferdinand Vetter; Deutsche Texte des Mittelalters 6, 1906. – *Liber de viris illustribus ordinis Praedicatorum*, hg. v. Paulus von Loë; Quell. u. Forsch. Gesch. des Dominikanerordens in Deutschland 12, 1918.

PETER ALBERT: Johannes Meyer, ein oberdeutscher Chronist des 15. Jahrhunderts; Zeitschr. Gesch. Oberrhein. NF 13, 1898, S. 255 ff. – PETER ALBERT: Zur Lebensgeschichte des Dominikanerchronisten Johannes Meyer; Zeitschr. Gesch. Oberrhein NF 21, 1906, S. 504 ff.

Gerold Edlibach 1454–1530

Edlibachs Vater nahm in Zürich eine angesehene Stellung ein, die Familie war geachtet. Seine Mutter heiratete in zweiter Ehe Hans Waldmann, der ihm den Posten eines Einsiedler Amtmanns abtrat. 1487 wurde er Mitglied des Kleinen Rates und Seckelmeister, 1489 vorübergehend beseitigt, 1524 auf seine Bitte entlassen. Er war ein fleissiger, brauchbarer Bürger, aber sehr vorsichtig, ja furchtsam, so im Waldmann-Handel und gegenüber der Reformation, die er nicht liebte.

Mit sichtbarer Mühe, unter Überwindung einer grossen Scheu, machte er sich an die Abfassung einer *Eidgenössischen Chronik von 1436–1517*. In einem ersten Anlauf schrieb er 1485/86 den Zeitraum von 1436–1486, den Alten Zürichkrieg, wobei er gegen Fründ einen ausgesprochen zürcherischen Standpunkt bezieht, ihn mit Akten belegt und damit hier Originelles bietet. Von 1468 an zog er den dritten Band des Berners Diebold Schilling, der 1486 nach Zürich verkauft worden war, aus und versah ihn mit Zusätzen, brach dann im August 1486 ab; es war eine Privatarbeit. Im gleichen Jahr setzte Zürich eine Kommission mit Waldmann ein, um eine amtliche Chronik zu schaffen, aber der Anlauf war umsonst. 1506 bildete sich eine neue Kommission mit Meyer von Knonau, um Schilling für Zürich zurechtzustutzen, doch schaute wiederum nichts dabei heraus. Edlibach fuhr in der Niederschrift seiner Privatchronik fort bis 1517, trug indessen nur kurze Partien ein, eingeschüchtert durch Waldmanns Sturz, dem seine vorübergehende Ausstossung aus dem Rat gefolgt war. Die Reformation verwirrt ihn. Er notiert 1527: «Deo gracius – ich mag nützit mer schriben.» Gleich darauf heisst es: «Noch muss ich mer schriben.» Er setzte seine Chronik sehr fragmentarisch fort in einzelnen Notizen über die Jahre 1520–1526 mit ausgesprochenem Bedauern über das Neue, über die Reformation Zwinglis, mit der er sich innerlich nicht befreunden kann.

Seiner Schilderung des Alten Zürichkrieges – diese Bezeichnung scheint von ihm zu stammen – spürt man an, dass ihm die enge Verbindung seiner Vaterstadt mit den österreichischen Adligen nicht passt. Die Hinrichtung der Besatzung von Greifensee lastet er ganz persönlich dem Schwyzer Landammann Itelhanss Reding an. Er kennt die Verhandlungen, die zum

Erschöpfungsfrieden führen, genau und freut sich darüber; denn seine Gesinnung ist im Grunde eidgenössisch geblieben. Sie kommt bei der Beschreibung der Burgunderkriege ungehemmt zum Ausdruck. Er erzählt, wie bei der Ankunft des zürcherischen Hilfskorps vor Murten «meng biderman, der von eidgnossen was,... von grossen fröuden wegen weintend».

Die eigenhändig ausgeführte Bebilderung erweist Edlibach als Dilettanten, der die Kunst der Berner Illustratoren nicht erreicht. Jedoch übertrifft er sie in der topographisch getreuen Wiedergabe von Stadt- und Befestigungsarchitekturen. Er bietet die ältesten bekannten Stadtansichten von Zürich und Baden. Eine Kopie der Chronik Edlibachs, die um 1500 in Zürich entstand, zeichnet sich besonders durch die Eindringlichkeit der figürlichen Illustrationen aus; sie nähert sich in ihrer Realistik bereits einer modernen Darstellungsart.

Die Chronik ist in jeder Beziehung wertvoll, ein Höhepunkt in der zürcherischen Chronistik vor der Reformation. Zuerst benützt Edlibach als Vorlage Aufzeichnungen eines Vetters, wird dann aber bald selbständig; er steht fest für Zürich ein, verhält sich kritisch gegenüber andern Autoren. Zu Schillings Darstellung bemerkt er: «nüt ganz grecht». Aber sehr vorsichtig bricht er ab, wo er ein strenges Urteil fällen sollte: «Hievon wäre viel zu sagen, das ich aber des besten wegen unterlasse». Vom Selbstbewusstsein des Humanisten weist der bescheidene Edlibach keine Spur auf; man kann ihn eher den alten Stadtchronisten an die Seite stellen. Der kulturhistorische Ertrag seines Werkes ist erheblich. Über der Geschichtsschreibung jener Tage schwebte wie eine dunkle Wetterwolke die äusserste Empfindlichkeit der Behörde gegen Schmähschriften, überhaupt gegen ungünstige Darstellungen.

Eidgenössische Chronik, nach einer Kopie hg. v. *Johann Martin Usteri;* Mitt. Antiq. Ges. Zürich 4, 1846.

HEINRICH ZELLER-WERDMÜLLER: Gerold Edlibach; Anz. Schw. Gesch. 1878, S. 7f. – GEORG VON WYSS: Gerold Edlibach; ADB 5, Leipzig 1877, S. 646. – EDUARD ACHILLES GESSLER: Die Schweizer Bilderchroniken des 15. und 16. Jahrhunderts; Zürich 1941, S. 178 ff. – FRITZ BÜSSER: Gerold Edlibach; NDB IV, Berlin 1959, S. 315. – ANTON KELLER: Zur Sprache des Chronisten Gerold Edlibach; Zürich 1965.

Heinrich Brennwald 1478–1551

Sein Vater war Ratsherr, wurde 1489 als Anhänger Waldmanns entsetzt, aber schon im Dezember 1489 zum Bürgermeister erwählt, 1491 von Kaiser Maximilian nobilitiert. Der Sohn Heinrich studierte in Basel, nahm hier vornehmlich scholastisches Wissen auf, zeigte einen natürlichen, offenen Sinn für die Wirklichkeit des Lebens, Geschick für Verwaltung und Finanzwesen, wozu man Geistliche damals oft berief; 1500 wurde er Chorherr von Embrach, 1518 der letzte Propst. Er führte einen schwierigen Kampf gegen die widerwilligen Zinspflichtigen, betätigte sich als eifriger

Anhänger Zwinglis, war aber keine Kampfnatur, wurde in Kommissionen zur Einführung des neuen Glaubens gewählt. Jetzt heiratete er seine Haushälterin, von der er schon mehrere Kinder hatte. Nach Aufhebung des Stifts Embrach wurde er 1525 zum Almosen-Obmann und Schreiber der Kommission für die Verwaltung der geistlichen Güter gewählt. Bernhard Wyss sagt von ihm: «ein geschickter man mit aller handtierung und rechnung der gotshüser guter». Von 1528–1536 amtete er als Pfleger oder Schaffner des Klosters Töss, einer der reichsten Stiftungen, die in ein Amt umgewandelt worden war; dann lebte er noch zwanzig Jahre lang im Privatstand.

In der Embracherzeit, von 1508–1516, schrieb er eine *Chronik von den Helvetiern bis 1509*, die erste, die den Namen «Schweizerchronik» verdient. Sie steht weit über Etterlin und Edlibach, den er oft als Vorlage benützt, bildet den ersten Versuch einer pragmatischen Darstellung der Schweizergeschichte. Brennwald sucht nach kausalen Zusammenhängen, geht nicht mehr annalistisch vor. Aber er ist im wesentlichen Kompilator, nicht Forscher, treibt sehr fleissig Studien. Keine einzige bedeutende Schweizerchronik ist ihm entgangen; von ausserschweizerischen benützte er Königshofen und Hartman Schedel. Archivalien hat er wenig beigezogen, dagegen in beträchtlichem Masse die mündliche Überlieferung. Er spürt das Bedürfnis, die Lücken auszufüllen; für einige seiner Angaben bleibt einstweilen seine Phantasie die einzige Quelle. Viele Sagen und Anekdoten gehen auf ihn zurück. Die Darstellung des Waldmann-Handels ist im wesentlichen selbständig, mit einigen Anklängen an Gerold Edlibach. Die diktatorischen Allüren des Bürgermeisters charakterisiert er mit dessen Ausspruch: «ich bin küng, keiser und pabst». Auf Brennwald geht auch die bekannte Schilderung der Aufnahme Basels in die Eidgenossenschaft und des Bundesschwurs am Kaiser Heinrichs-Tag 1501 zurück, mit dem Einritt der eidgenössischen Boten und dem Jubel der Kinder: «Hie Schwiz grund und boden und die stein in der besezi».

Brennwald legte seine Chronik planmässig an: 1. Helvetier, 2. Verzeichnis der schweizerischen Adelsgeschlechter. 3. Geschichte der Orte bis zum Eintritt in den Bund (ohne Solothurn und Schaffhausen). 4. Geschichte der Eidgenossenschaft bis 1509. Dies ist das Humanistische an der Chronik. Stumpf gliedert geographisch, Tschudi überhaupt nicht, verfährt annalistisch. Brennwald erweitert die Schweizergeschichte nach dem Altertum hin, knüpft an Julius Caesars De bello gallico an, nennt die Helvetier, die er den Eidgenossen gleichsetzt, «die sterksten und manhaftigsten unter den Galliern». Der Adel, mit dem sich die Eidgenossen später auseinandersetzen, wurde von den Deutschen zur Verteidigung der Pässe in die Berge verpflanzt, wo sie «in dem ruchen... land schloss und vestinen» bauten und später vertrieben wurden. Brennwalds Sprache schwankt zwischen der Zürcher Mundart und einer Art Schriftsprache. Seine Chronik stand etwa dreissig Jahre lang im Vordergrund, wurde viel kopiert, von Bullinger, Anshelm und Stumpf benützt, schliesslich von diesem verdrängt.

Schweizerchronik, hg. v. *Rudolf Luginbühl;* Quell. Schw. Gesch., NF Abt. 1, Chron. 1 und 2, Basel 1908, 1910.

ALFRED STERN: Einige Bemerkungen über die sogenannte Brennwald'sche Chronik und ihre Darstellung der Sage vom Herkommen der Schwyzer, sowie der Entstehung der Eidgenossenschaft; Jahrb. Schw. Gesch. 12, 1887, S. 157 ff. – AUGUST BERNOULLI: Zu Brennwalds Beschreibung des Schwabenkrieges; Anz. Schw. Gesch. 1899, S. 235 ff. – RUDOLF LUGINBÜHL: Die Chronik des Fridli Bluntschli und des Heinrich Brennwald; Anz. Schw. Gesch. 1906, S. 71 ff. – ERNST GAGLIARDI: Zur Brennwald- und Fridli Bluntschli-Frage; Anz. Schw. Gesch. 1908, S. 343 ff. – ALBERT MÜLLER: Die Sage bei Heinrich Brennwald; Schw. Arch. Volkskde. 17, 1913, S. 193 ff.

Konrad Türst ca. 1455–1509

Er wurde in Zürich geboren als unehelicher Sohn des Chorherrn Bernhard Türst am Fraumünster. Konrad konnte nicht Chorherr werden, weil das Fraumünster 1476 eine Verordnung erliess, wonach keine Bastarde mehr aufgenommen werden sollten, deren schon genug da seien. Er immatrikulierte sich 1470 an der Universität Basel, studierte Medizin, promovierte 1482 in Pavia zum Dr. med., kam nach Bern, trat in die adelige Zunft zum Distelzwang ein. Obmann war Schultheiss Rudolf von Erlach, für den Diebold Schilling eine Abschrift seiner Chronik ausarbeitete. Türst widmete Erlach ein Gesundheitsbüchlein, um seine Gunst zu gewinnen. 1485 kehrte er nach Zürich zurück und wurde 1489 Stadtarzt mit 10 Gulden Wartegeld. Er war ein vielseitiger Gelehrter und galt als Wundermann. Der Humanismus belebte die Astronomie in Form der Astrologie. In diese Kunst wurde Türst durch den Landsmann und Arzt Konrad Heimgartner eingeführt. Fürsten ehrten diese Kunst, weil sie die günstige Stunde für ihre Unternehmungen erfahren wollten. Türst widmete 1491 Ludovico Moro von Mailand ein astrologisches Büchlein mit Weissagungen und wurde dafür beschenkt. 1493 besuchte er den Hof und überbrachte die Nativitätstafeln für zwei Prinzen, alles auf Grund der ptolemäischen Tabellen. Sein Hauptwerk entstand in Zürich 1495–1497, die *Beschreibung der zehnörtigen Eidgenossenschaft.* 1497 besuchte er erneut den Herzog von Mailand, um ihm dieses Werk zu überbringen, wurde dafür belohnt und kehrte als politischer Agent heim. 1498 widmete er dem König Maximilian eine *Genealogie des Hauses Habsburg,* eine Nachahmung von Bonstetten. Er gehörte zum kleinen Kreis, der wie Bern den Schwabenkrieg zu hinterhalten suchte. Im Sommer 1499 berief ihn Maximilian als Leibarzt und Astrologen mit hundert Gulden Gehalt in seinen Dienst. Trotzdem hinterliess er seine Familie in bedrängter Lage; er hatte ein unruhiges, streitsüchtiges Humanistenblut.

Die Voraussetzung zu Türsts Hauptwerk ist die Wiederentdeckung des Ptolemäus. Claudius Ptolemäus (100–178), griechischer Gelehrter in Alexandrien, verfasste neben astrologisch-astronomischen Werken eine Geographie. Dies war nicht eine Zusammenfassung des geographischen Wissens, sondern eine Anleitung zum Kartenzeichnen mit Musterbeispielen. Er ging von der Annahme aus, dass die Erde eine Kugel sei, und teilte sie mit dem Gradnetz ein. Sein Werk war vergessen und verschollen; das Mittelalter nahm die Erde als Scheibe. Erst 1477 druckte man die wiedergefundene Geographie mit den Karten. Die Auflagen jagten sich und wurden vom humanistischen Wissenshunger verschlungen. Bonstetten liess sich von diesem Werk zu seiner Description anregen, versuchte auch Kartenskizzen zu entwerfen. Türst stand ganz unter dem Einfluss des Ptolemäus; er verfasste sein Werk lateinisch und deutsch: *De situ Confoederatorum descriptio* = *Über die Lage der Eidgenossenschaft*. Das Werk wurde nur handschriftlich verbreitet, nicht gedruckt. Ein erstes lateinisches Exemplar mit der Karte widmete er dem Schultheissen und Rat von Bern; es gelangte aber nicht dorthin, sondern in die Hand Maximilians und liegt heute in der Hofbibliothek Wien. Das erste deutsche Exemplar mit der Karte widmete er dem alten Gönner Rudolf von Erlach in Spiez; es blieb dort bis 1875 und kam dann in die Zentralbibliothek Zürich. Ein weiteres lateinisches Exemplar, Ludovico Moro zugeeignet, landete nach langen Irrfahrten in der Staatsbibliothek Berlin, Kopien des Exemplars für Maximilian befinden sich heute in Mailand. Die Karte wurde zuerst 1563 in der Strassburger Ptolemäusausgabe von Jakob Schott veröffentlicht.

Türsts Karte ist die älteste der Schweiz. Sie umfasst zehn Orte – Basel steht nicht darauf –, reicht von Giornico bis Säckingen. Er hat sie nach dem Muster arabischer Karten und italienischer Seekarten nach Süden ausgerichtet. Süden befindet sich oben; am Rande sind die Grade angegeben. In der Darstellung mischen sich Kavalierperspektive und Projektion, jene für Berge und Orte, diese für Gewässer. Das Mittelstück zwischen Zürich und Schwyz ist am besten geraten. Entferntere Gegenden scheinen verschoben, so die Quellen des Rheins, der Aare, der Rhone, des Tessin. Steffisburg steht bei Wimmis, Trachselwald am Brienzersee. Die Saane durchfliesst das Simmental, das sich auf Freiburg öffnet; die Simme fehlt. Dagegen verzeichnet Türst den heute verschwundenen Tuggensee. Eingetragen sind die für den Krieg und Verkehr wichtigen Brücken; die Flüsse tragen noch die alten Namen, zum Beispiel der «Rotten» = die Rhone.

Die Beschreibung der Schweiz geht auf eine Weisung des Ptolemäus zurück, der Kartenzeichner solle eine schriftliche Erläuterung beigeben. Bei Türst ist die Karte die Hauptsache, die Beschreibung ein Anhängsel. Wie Ptolemäus es will, gibt er die Entfernungen zwischen den Orten und die Himmelsrichtungen von den Orten aus an. Die Distanzen sind in Meilen und Rossläufen ausgedrückt, die Meile = 1480 Meter, der Rosslauf, das antike Stadion = 185 Meter. Für die Himmelsrichtungen verwendet er Aufgang, Mittag oder Föhn, Niedergang, Mitternacht, für Nord-Osten Schnittenhengst (Bise). Diese Distanzen bedeuten die ersten Messungsversuche in der Schweiz. Einige Zahlen, zum Beispiel für den Walensee, sind merkwürdig genau. Vielleicht hat Türst einen antiken Messapparat, den die Humanisten wieder einführten, gebraucht. Meist aber beruhen die Angaben auf Schätzungen. Sie vermittelten der Welt die erste zahlenmässige Vorstellung von den Grössenverhältnissen des Landes. Bonstetten gibt eine blühende Vorstellung von Land, Leuten und Sitten, Türst eine

Tafel 7. Ausschnitt der Schweizerkarte von Konrad Türst, 1497.

fast trockene Aufzählung der wichtigen Orte, Städte, Flecken, Burgen, Abteien; diese sind ihm wichtige Merkpunkte. Ab und zu fügt er charakteristische Wahrnehmungen bei; so nennt er die berühmten Märkte von Erlenbach, den Ort aber verlegt er an die Kander. Er antikisiert wie Bonstetten und flicht geschichtliche Bemerkungen von zweifelhafter Güte ein. Insgesamt zeigt er die erstaunliche Vielseitigkeit des Humanisten. Dem Exemplar an König Maximilian fügte er ein Kapitel über das Erlöschen schweizerischer Adelsgeschlechter bei, die er aufzählt.

De situ Confoederatorum descriptio, hg. v. *Georg von Wyss* und *Hermann Wartmann;* Quell. Schw. Gesch. 6, Basel 1884, S. 1 ff., Nachtrag, S. 311 ff.

RUDOLF THOMMEN: Nachträge zu Türst; Anz. Schw. Gesch. 1887, S. 80 ff. – THEODOR VON LIEBENAU: Dr. Conrad Türst als kaiserlicher Astronom; Anz. Schw. Gesch. 1888, S. 243 f. – HEINRICH TÜRLER: Konrad Türst; Anz. Schw. Gesch. 1898, S. 65 – ALBERT BÜCHI: Zu Dr. Konrad Türst; Anz. Schw. Gesch. 1901, S. 451. – FRIEDRICH HEGI: Neues zur Lebensgeschichte Konrad Türst's; Anz. Schw. Gesch. 1912, S. 280 ff. – Schweizerisches Künstler-Lexikon, hg. v. CARL BRUN, 3, Frauenfeld 1913, S. 343. – THEOPHIL ISCHER: Die ältesten Karten der Eidgenossenschaft; Bern 1945. – LEO WEISZ: Die Schweiz auf alten Karten; Zürich 1945, S. 26 ff.

LUZERN

Ältestes Ratsbüchlein 1300–1402

Es handelt sich um ein dünnes Pergamentheft, auf das in den alten Ratsprotokollen Luzerns immer wieder Bezug genommen wird. Der Name ist nicht ganz zutreffend, denn das Büchlein entspricht nicht einem Ratsprotokoll, sondern enthält die älteste Sammlung amtlicher Satzungen des Rats. Sie betreffen Rechte und Pflichten dieser Behörde, ein Reglement über den Ratsbesuch und Geschäftsgang, ferner Ratserkanntnisse über das Gericht, über die Verhältnisse von Fremden und Heimischen, über politische Vorkommnisse – eine bunte Sammlung. Man begann damit schon 1300 und fuhr fort bis 1402. Handschriften und Schreiber lösen sich ab. Es werden dunkle Verbindungsfäden mit den Waldstätten erwähnt, Vorkehrungen betreffend die Sicherung des Gotthardpasses, Vorschriften über den Fischmarkt – die Fische waren Luzerns Exportartikel – und den Weinhandel.

Luzerns ältestes Ratsbüchlein, hg. v. *Peter Xaver Weber;* Geschichtsfreund 65, 1910, S. 1 ff. Vollständige und sorgfältige Ausgabe.

Ältestes Bürgerbuch 1357–1479

Dies ist das Buch, in dem man die neuaufgenommenen Bürger verzeichnete und wichtige oder seltsame Ereignisse eintrug, auch Satzungen der Stadt. Wohl das älteste ist verloren, das vorhandene geht von 1316–1489. Sein Wert liegt in der gleichzeitigen Aufzeichnung der Dinge, sein Mangel in der Knappheit. Wichtiges und Unwichtiges steht durcheinander. Die Schlacht von Sempach wird nur kurz erwähnt, dagegen die Einrichtung einer Turmuhr 1385 durch einen Basler mit Nachdruck gemeldet. Über die Schlacht von Arbedo finden sich genaue Verlustziffern; nach dem Sieg von Grandson 1476 wird eine Ordnung für Kriegswaisen und arme Verwundete notiert, die eine detaillierte Hinterbliebenenfürsorge darstellt.

Annalistisches aus dem ältesten Bürgerbuche der Stadt Luzern, von 1191 bis 1489, hg. v. *Josef Schneller;* Geschichtsfreund 22, 1867, S. 159 ff. Der Herausgeber bietet nur Geschichtsnotizen und wichtigste Satzungen. – *P. X. Weber: Das älteste Luzerner Bürgerbuch 1357–1479,* vollständige Ausgabe; Geschichtsfreund 74–75, 1919–1920. Dazu *Register* von *J. W. Brandstetter,* ebda. 76, 1921.

Hans Fründ ca. 1400–1469

Er wurde zu Luzern geboren, ging dort in die Schule, bildete sich auf der Kanzlei und wurde 1429 Unterschreiber. Beim Ausbruch des Alten Zürichkriegs amtete er als Landschreiber in Schwyz, reiste oft an die Tagsatzung, stand mitten im Getriebe der Parteien, fungierte im Feld als gemeiner Eidgenossen Schreiber. 1457 kehrte er nach Luzern zurück, nahm die Stelle eines Gerichtsschreibers an. Seine *Chronik* ist eine Monographie des Alten Zürichkriegs. Dazu war er gut befähigt, kannte die leitenden Persönlichkeiten von Angesicht, überblickte die Akten, war im Felde selbst dabei gewesen. Seinem Wesen nach fromm, mild, urteilt er nicht schroff über die Gegner, bedauert die unschuldigen Opfer auf der Gegenseite. Anno 1444 geleitete er die Frauen und Kinder aus Greifensee hinweg. Seine Sprache ist lebhaft, anschaulich, persönlich, zuweilen salbungsvoll. Er führt sich selber in der ersten Person ein. Seine Chronik geht von 1436 bis 1447. Das Ganze schrieb er anno 1447, brach dann wahrscheinlich wegen Krankheit plötzlich ab; die Schlussverhandlungen fehlen. Obgleich alle Kriegsereignisse erwähnt werden, bleiben die Schlachtenberichte unklar. Er bietet auch eine Auswahl von Aktenstücken. Sein Werk gliedert er in vier Teile; oft gebrauchte er die Wendung «um der Kürze willen will ich die Sache nicht schreiben» oder «das weiss jedermann», was für den Geschichtsfreund verdriesslich ist.

Fründ erzählt die Entzündung des Krieges 1436–1439, den ersten Waffengang 1440, das österreichische Bündnis 1442, den zweiten Waffengang, das heisst den eigentlichen Zürichkrieg 1443–1446, den Waffenstillstand 1446, nicht aber den Frieden 1450. Sein Standpunkt ist ein schwyzerischer. Nach ihm liegt die einzige Ursache des Krieges darin, dass Zürich nicht nach Einsiedeln kommen will, um gemäss den Bünden das Recht gemeinsam mit den Eidgenossen zu suchen. Er verschweigt Redings unsaubere Zettelungen mit Österreich wegen Sargans, dessen ganze quälerische Unbilligkeit gegen Zürich, weiss Rechberg nicht zu würdigen, sieht nur einen Strauchritter in ihm, während dieser doch die stärkste militärische Kraft der Gegenpartei war. Durch viele Seiten hindurch tadelt er das Burgrecht Zürichs mit Sargans in weinerlichem Ton, ohne an das Verhalten von Schwyz in der Vergangenheit zu denken. Er gibt zu, dass die Verbindung mit dem Grafen bei den Eidgenossen unbeliebt war, dass Uri und Unterwalden zauderten. Die Schweizer Freiheiten seien zu Frankfurt nicht bestätigt worden, weil die Zürcher es verhinderten. Über Zürichs Bündnis moralisiert er langatmig, während Zürich doch Bundesfreiheit besass; auch erwähnt er auftretendes Misstrauen zwischen den Zürchern und Österreichern. Seine Verlustlisten von St. Jakob an der Sihl lauten 7 gegen 300. Den Mord von Greifensee tadelt er. Die Eidgenossen wollen vor Zürich bleiben, aber die Berner ziehen ab. Wegen der eingenommenen Höfe lebt man in steter Angst, muss sie bewachen. Im Seekrieg gewinnen die Zürcher die Oberherrschaft wieder. Der Krieg dehnt sich über Erwarten aus. Wichtige Partien von Fründs Chronik hat Diebold Schilling in seiner Berner Chronik eingefügt und ihnen damit Verbreitung und Nachleben gesichert.

Die Chronik des Hans Fründ, Landschreiber zu Schwytz, hg. v. *Christian Immanuel Kind;* Chur 1875.

WILHELM VISCHER: Hans Fründ; ADB 8, Leipzig 1878, S. 154. – HANS BERGER: Der Alte Zürich-Krieg im Rahmen der europäischen Politik; Zürich 1978.

Melchior Russ ca. 1450–1499

Sein Vater war Stadtschreiber zu Luzern, ein geachteter Mann, der wichtige diplomatische Sendungen versah und in amtlichem Auftrag eine Geschichte des Burgunderkrieges sowie des Waldmannhandels schrieb; erstere ging verloren, von letzterer sind Auszüge erhalten in Rennward Cysats Collectaneen.

Der Sohn studierte an den Universitäten von Basel und Pavia, erhielt hierauf die Stelle eines Ratssubstituts in der luzernischen Staatskanzlei, wo ihn der Vater einführte, nahm an den Burgunderkriegen teil und wurde mehrfach auf diplomatische Reisen geschickt; 1479 und 1488 ging er zu König Matthias Corvinus von Ungarn, kämpfte gegen die Türken und wurde zum Ritter geschlagen. Matthias machte ihm grosse Versprechungen, so dass Russ sich ein drittes Mal nach Ofen begab; aber Matthias starb, ohne seine Wünsche erfüllt zu haben. Russ geriet nach seiner Rückkehr in schwere Schulden, suchte vergeblich seine Gläubiger zu beschwichtigen und wurde von der französischen Partei auf Antreiben des Schultheissen Seiler aus der Stadt Luzern verbannt. Er ging nach Uri und fiel während des Schwabenkrieges als einfacher Urner Söldner.

Im Leben wie in der Literatur war Russ gleich erfolglos. Vom Berner Schilling angeregt, ging er anno 1482 an eine *Chronik*. Sie erweist sich fast durchgängig als blosse Kompilation. Die mittelalterliche Art abzuschreiben steigert sich bei ihm zur Unart. So besteht die Vorrede an Schultheiss und Rat von Luzern aus der wörtlich übertragenen Vorrede Albrecht von Bonstettens zu seinem Burgunderkrieg und der Vorrede zu Justingers Werk. Russens Chronik beginnt mit dem Ursprung der Stadt; aber die Frühgeschichte bleibt im Dämmer, vom Kloster Murbach steht nichts, der Übergang an Österreich bleibt unklar. Für diesen Teil müssen ihm lateinische Aufzeichnungen vorgelegen haben. Er flicht die Sage ein – «als die waren historien sagent» –, wie die Luzerner 811 von Karl dem Grossen in der Schlacht von Arles Harsthörner erhielten, ein Anklang an die Roland-Sage; ebenso erwähnt er die Ursus-Sage wohl deshalb, weil er in Solothurn Verwandte hatte. Von 1274 an schreibt er Justinger in der Redaktion von Dittlinger-Tschachtlan aus. Er setzt einiges Luzernisches nach dem alten Burgerbuch, das seither verlorenging, hinzu; einzig bei ihm findet sich eine Nachricht über das unglückliche Treffen bei Eschenbach 1353. Auch kennt er ein paar Urkunden. Den Ursprung der Eidgenossenschaft erzählt er anders als Justinger, führt Tell ein, bietet die Tellensage in der ältesten Form, wie er sie nach der mündlichen Überlieferung in Uri kennengelernt hatte, während sie im Weissen Buch schon überarbeitet ist. Er nennt das Tellenlied. Nach ihm erschoss Tell den Vogt an der «blatten». Bei Sempach ist Russ originell, gibt ein ausführliches Verzeichnis der gefallenen Adligen wieder; er nennt Winkelried nicht, weil man offenbar in Luzern nichts von ihm wusste, bringt das Schlachtlied in der alten Form. Anno 1479 bricht er plötzlich ab, wahrscheinlich weil er nach Ungarn ging und später keine Zeit mehr zur Weiterführung fand.

Der Wert der Chronik ist gering, die Sprache plump. Russ hatte nicht das Zeug zum Historiker. Nur Etterlin benützte ihn bis 1274; im übrigen blieb Russ unbekannt.

Eidgenössische Kronik, hg. v. *Josef Schneller;* Bern 1834, und: Schw. Geschichtforscher 10, 1838, S. 1 ff.

GEORG VON WYSS: Ritter Melchior Russ und Dekan Albert von Bonstetten; Anz. Schw. Gesch. 1862, S. 28f. – THEODOR VON LIEBENAU: Ritter Melchior Russ von Luzern; Kath. Schw. Bl. 12, 1870. – AUGUST BERNOULLI: Die Luzerner Chronik des Melchior Russ; Basel 1872. – THEODOR VON LIEBENAU: Melchior Russ; ADB 30, Leipzig 1890, S. 9ff. – RUDOLF MAAG: Melchior Russ der Jüngere berichtet über Archivalien, die er den Herzogen von Österreich ausgeliefert hat; Anz. Schw. Gesch. 1899, S. 193 ff.

Petermann Etterlin 1430/40–ca. 1509

Egloff Etterlin aus Brugg, seit 1427 Stadtschreiber von Luzern, hat seinen Sohn Petermann anfänglich wohl zum geistlichen Stand bestimmt; doch kehrte sich dieser nicht an den väterlichen Wunsch, heiratete und fand eine Anstellung auf der Kanzlei. Sein Bildungsgang ist nicht bekannt; doch steht fest, dass er Latein konnte. Einen Hauch von Frühhumanismus glaubt man bei ihm zu verspüren, wenn er in seiner Chronik mit Nachdruck hohe Gelehrsamkeit preist, so etwa bei der Erwähnung des spätrömischen Philosophen Boethius oder des Hieronymus von Prag. Petermann führte ein unruhiges, händelsüchtiges Leben, war oft auf Kriegszügen, nahm am Waldshuter- und Burgunderkrieg teil, focht bei Grandson, Murten, Nancy mit. Zwischenhinein betätigte er sich als Fürsprecher und rückte 1495 zum Gerichtsschreiber auf. Tief eingeweiht in die Ränke und Sünden der Zeit, war er sehr brauchbar als Beamter, weil er Französisch konnte. Offenbar hatte er in Luzern einen festen Rückhalt. Er war Anhänger der Franzosenpartei und ihres allmächtigen Hauptes, des Schultheissen Seiler, dem er unentbehrlich geworden zu sein scheint. Gelegentlich plauderte Etterlin von seinen geheimen Kenntnissen aus, rühmte sich in einem Freiburger Wirtshaus: «min herren bedorffend in nit usz dem rat noch vom ampt tuon, denn er wüsse ir sachen ze vil, und muessent in fürchten.» Man strafte ihn tatsächlich nicht, mochte er auch von manchen als «schelm und bösewicht» oder als «grober bub» gescholten werden, oder mochte er auch zeitweise seine Gläubiger körperlich misshandeln und ehrenrührig reden. Als 1507 ein Bote aus dem von den Franzosen besetzten Mailand mit Geheimbriefen zu Kaiser Maximilian eilte und durch Luzern reiste, gelang es Etterlin, ihm diese Briefe zu erpressen, worauf er sie in niederträchtigem Dienst dem französischen Ambassador übergab. Trotz ansehnlicher Einnahmen starb er in Schulden.

Von 1505–1507 schrieb er eine Eidgenössische Chronik. Das Neue liegt in dem seit den Burgunderkriegen gestärkten eidgenössischen Zusammengehörigkeitsgefühl; bisher hatte man kantonal-örtische Chroniken verfasst. Etterlins Brief an einen Freund in Basel, dem er sein Manuskript mit der Bitte um Korrektur übersandte, enthüllt die Veranlassung zu diesem Geschichtswerk: das Ansuchen seiner Herren, die Liebe zur Eidgenossenschaft und die Freude an alten Chroniken. Ausschlaggebend war wohl das nach dem Schwabenkrieg gesteigerte eidgenössische Selbstbewusstsein, die Abwehr der von den deutschen Humanisten wie Jakob Wimpfeling geführten literarischen Angriffe gegen die Schweizer als ein dem Reich abtrünniges, ungesittetes Volk. Etterlins Chronik kam 1507 zu Basel unter dem Titel *Kronika von der loblichen Eydtgnoschaft* im Druck heraus. Sie stellt somit die erste gedruckte Schweizerchronik dar, in gewissem Sinn sogar die erste Schweizergeschichte überhaupt. Was der Basler Korrektor an dem eilig hingeschriebenen Manuskript Etterlins geändert hat, inhaltlich und stilistisch, lässt sich nicht eruieren. Ausser mit Holzschnitten aus anderen Druckwerken schmückte der Verleger die Chronik auch mit besonders für diese Ausgabe geschaffenen Bildern, so mit der bekannten Apfelschussszene.

Bei der Abfassung der Chronik verfuhr Etterlin wie die andern, er kompilierte, schrieb ab auf gut Glück hin, stückte zusammen. In der Vorrede bemerkt er, er habe «uss vil bewerten, wahrhafften hystorien, geschrifften und erfarnen lütten mit gehapten vlis und arbeit diese cronicken colligiert». Von Melchior Russ übernahm er den Bericht von der Gründung Luzerns und die fabulöse Erzählung vom Erwerb der Harsthörner. Ferner benützte er die Anonyme Berner Chronik – zu Justinger fehlte ihm wahrscheinlich der Zugang – und Königshofen, Schedels Weltchronik, eine Zürcher Chronik, den Fasciculus temporum, die Legenda aurea des Jakobus a Voragine, das Weisse Buch von Sarnen. Für den Schwabenkrieg diente ihm als Unterlage Schradins Reimchronik. Dann verwertete er auch verlorene Aufzeichnungen und Erinnerungen seines Vaters für Arbedo und den Alten Zürichkrieg. Eigentlichen Quellenwert hat Etterlin nur für die Burgunderkriege und die ihnen unmittelbar vorangehenden Ereignisse sowie für den Waldshuterkrieg. Hiezu verwendete er ausnahmsweise archivalisches Material, mündliche Überlieferung und eigene Anschauung; sein Bericht über die Schlacht von Nancy ist ausgezeichnet. Nachher werden seine Mitteilungen merkwürdig dürftig, vertrocknen und brechen ganz ab. Über die Zeitgeschichte wusste er vieles, was zu verschweigen er für gut fand, um nicht seine Partei zu kompromittieren. Lieder und Reimsprüche finden sich wenig bei ihm. Übel steht ihm an, dass er sich immer wieder moralisierend an die Jungen wendet, da er sich selber nicht an seine Ermahnungen gehalten hat: Sie mögen sich vor Stolz und Hoffart hüten, sie sollen, wie einst ihre Väter, vor der Schlacht beten und im Kriege Zucht bewahren. Wenn Etterlin auch mit den Mängeln der mittelalterlichen Kompilatoren behaftet ist, hatte er doch eine kritische Ader und steht darum über Russ und dem nachfolgenden Schilling.

Etterlin ist von vielen späteren Chronisten benützt worden, besonders von Diebold Schilling, aber auch von Aegidius Tschudi, der zum Beispiel seine Schilderung der Schlacht von St. Jakob an der Birs fast wörtlich wiederholt. Nach Etterlins Muster beginnt Heinrich Brennwald seine Chronik und stützt sich für seine Darstellung der Geschichte Luzerns und

Von wilhelm Tellen dem frommen landt=
mañ der sinem eigen kind ein öpffel müst ab dem houpt schieſſen
vnd wie es im ergieng.

Vn was ein redlicher mã im lande der hies
wilhelm Tell/der hat ouch heymlichen zů dem stöffacher vñ siner
geselschafft geschworen/der selbig gieng nun etwa dick vñ menig

C .iiij

Tafel 8. Tells Apfelschuss aus der Chronik von Petermann Etterlin, 1507.

der ersten Bünde ganz auf ihn, ebenfalls Oswald Myconius für seinen Kommentar zu Glareans Panegyricon und auch der Nürnberger Humanist Willibald Pirkheimer. Somit ist Etterlin in den Werken bekannter Geschichtsschreiber als er es war aufgegangen. Schliesslich hat auch Schiller für sein Tell-Drama Etterlin gelesen. Die eidgenössische Befreiungstradition und die Tellgeschichte sind durch Etterlin über die Grenzen der Schweiz ins deutschsprachige Ausland gedrungen und allgemein bekannt geworden.

Kronica von der loblichen Eydtgnoschaft, jr harkommen und sust seltzam strittenn und geschichten; Basel 1507. – Im 18. Jahrhundert hat *Johann Jakob Spreng* die Chronik mit Anmerkungen neu herausgegeben, Basel 1752 und 1764. – Die moderne wissenschaftliche Edition besorgte *Eugen Gruber* in: Quellenw. Entst. Schw. Eidg., Abt. III, Bd. 3; Aarau 1965.

ALOIS LÜTOLF: Eine Quelle des Chronisten Etterlin; Anz. Schw. Gesch. 1875, S. 134. – AUGUST BERNOULLI: Etterlin's Chronik der Eidgenossenschaft, nach ihren Quellen untersucht; Jahrb. Schw. Gesch. I, 1876, S. 47ff., 256. – GEORG VON WYSS: Petermann Etterlin; ADB 6, Leipzig 1877, S. 397. – EUGEN GRUBER: Petermann Etterlin; NDB IV, Berlin 1959, S. 665. – ALBERT BRUCKNER: Einleitung zu «Das Herkommen der Schwyzer und Oberhasler»; Quellenw. Entst. Schw. Eidg., Abt. III, Bd. 2, 2. Teil; Aarau 1961. – BRUNO MEYER: Weisses Buch und Wilhelm Tell; Weinfelden 1963. – EUGEN GRUBER: Einleitung zu seiner Edition; Aarau 1965.

Diebold Schilling ca. 1460–1515

Die Schilling siedelten um 1360 von Biel nach Solothurn über. Von da wanderte einer, Klaus Schilling, nach Hagenau im Elsass aus. Seine beiden Söhne, Diebold und Hans, lernten in der Schreibstube und Verlagsanstalt von Diebold Lauber in Hagenau, arbeiteten dort als Illustratoren und Schreiber. Diebold Schilling kam zuerst als Substitut an die Kanzlei von Luzern, begab sich 1460 weiter nach Bern, um zu illustrieren. An die aufgegebene Stelle trat sein Bruder Hans und wurde 1468 Unterschreiber von Luzern. Er hielt sich übel, verwickelte sich in schlimme Händel, worauf man ihn 1487 wegen Unzuverlässigkeit aus der Kanzlei entfernte. Da ging er 1488 mit dem jüngeren Russ nach Wien zu Matthias Corvinus, erhielt grosse Zusagen, wollte 1490 ihre Einlösung erwirken und starb in Ungarn.

Er konnte schreiben und illustrieren, und das übertrug er auf den Sohn Diebold, der seinen bedenklichen Charakter erbte und ein bewegtes Leben führte wie Russ und Etterlin. Gleich diesen war ihm die Kanzlei die Vorschule der Geschichtsschreibung. Der Vater liess sich die Schulung des Sohnes etwas kosten. Wahrscheinlich studierte er 1476 in Basel, obschon sein Name in den Universitätsmatrikeln nicht vorkommt; jedenfalls sah er am Weihnachtsabend 1476 von der Rheinbrücke aus den Schiffbruch, der sich bei der Einschiffung betrunkener Schweizer Söldner ereignete. Von Basel aus zog er als Soldat in die Schlacht von Nancy und scheint sich bei der Rückkehr an den Studentenunruhen beteiligt zu haben, wo sich besonders Luzerner hervortaten. Dann setzte er sein Studium des kanonischen Rechtes in Pavia fort. 1479 wurde er öffentlicher Notar zu Luzern, arbei-

wie das gemein volck ein ewigen punt in
den dry lendern der noch weret zesamen schwürent.

Em nach hant die dry lender gemeinlich sich mitt den heymlichen Eydgenossen so hye vor also zū samen geschworen hatten/ver einbart vnd sich so vast gestercket/Das sy meister wurdent im lande/vnd vertribent die bösen herschafft ꝛc.

Tafel 9. Rütlischwur aus der Chronik von Petermann Etterlin, 1507.

tete seit 1479 in der Kanzlei beim Vater, begleitete ihn 1481 als Protokollführer nach Stans, erhielt die Priesterweihe und eine Pfründe auf dem Chorherrenstift am Hofe. Doch der geistliche Beruf war für ihn verfehlt; er blieb ein durchtriebenes Weltkind, verstrickte sich in böse Händel, musste wegen Degenzückens Skandalprozesse führen, worauf man ihn vorübergehend der Pfründe entsetzte. Schliesslich bekam er den Titel eines kaiserlich-päpstlichen Notars und trieb ausserdem Weinhandel.

Wie nicht anders möglich, geriet er in die Politik, betätigte sich als Anhänger Mailands gegen den franzosenfreundlichen Schultheissen Seiler und dessen Anhang. 1497 diente er, da er das Italienische beherrschte, dem mailändischen Gesandten als Dolmetscher und wurde von Ludovico Moro reich beschenkt. 1500 nahm er an der Katastrophe von Novara teil. Dann wandte er sich König Maximilian zu, den er in seiner Chronik günstig schildert, und erfuhr auch von ihm reiche Gunst. Ungleich den beiden Chronisten Russ und Etterlin wurde er allmählich wohlhabend. Seine *Chronik* entstand von 1509–1513. Sie umfasst die Zeit von der Gründung Luzerns bis 1509. Obgleich er es selber nicht sagt, muss doch angenommen werden, dass er in amtlichem Auftrag arbeitete. In der Vorrede bittet er um Nachsicht für sein «torrecht gedicht». Tatsächlich sind Quellenkunde und kritischer Sinn bei ihm weniger entwickelt als bei Etterlin. Er schrieb die Chronik, wie er bemerkt, zur Ehre Luzerns; es ist eine luzernische, nicht eine eidgenössische Chronik. Daher liess er die eidgenössische Geschichte vom Ursprung bis 1386, «bitz uff den stritt zu Sempach», weg; sie sei genug behandelt, meint er. Zu drei Vierteln ist sein Werk aus Etterlin abgeschrieben; daneben benützte er Schradin, Hartmann Schedel, Gundelfingen und die Zürcher Chronik, nicht aber den Oheim in Bern. Schilling kompilierte wie die andern, als ein literarischer Freibeuter, arbeitete auch nicht nach Dokumenten, da ihm das Archiv wegen seiner Gesinnung verschlossen blieb. Dagegen schöpfte er aus der Erfahrung; so schildert er die Schlacht von Giornico, die bei Etterlin fehlt. Einzigartigen Wert besitzt seine Darstellung der Tagsatzung zu Stans, über die er als nächster Augenzeuge Auskunft geben kann. Je näher er der Zeit der Abfassung kommt, um so ergiebiger fliessen seine Angaben. Hier wird sein Urteil selbständig, er schreibt als Franzosenfeind. Von 1503–1509 ist er sehr ausführlich, gerade dort, wo Etterlin schweigt. Er schildert das Treiben der französischen Agenten möglichst düster. Sein Bericht nimmt bisweilen tagebuchartigen Charakter an und ist um so aufschlussreicher, als die Archive in Luzern und den Waldstätten für diese Zeit wenig enthalten. Hier bildet Schilling die Hauptquelle. Er kann nicht gut erzählen, wiederholt sich, behandelt die Chronologie sorglos. Dafür entschädigt er durch einen reichen, naiven Inhalt. Auf das Manuskript setzte er die Überschrift «Erster Teil»; sein Tod hat den zweiten verhindert. Der erste Teil schildert also die Ausweitung des Bundes zur dreizehnörtigen Eidgenossenschaft und ihre europäische Machtstellung. Über die Niederlage von Marignano und den allmählichen Rückzug aus dem Spannungsfeld der Grossmächte wird nicht mehr berichtet. Die Prachthandschrift, die

Schilling am St. Jakobs-Tag 1513 dem Rat überreichte, liegt heute im Archiv von Luzern.

Dabei war ihm der Text offenbar Nebensache; sein Hauptaugenmerk galt den Illustrationen, 443 meist ganzseitigen Bildern auf 341 Folioblättern, datiert von 1511–1513. Zwei Drittel der Bilder stammen wohl von ihm, ein Drittel vom Luzerner Meister Hans von Arx. Es sind keine aquarellierten Federzeichnungen wie in den Berner Chroniken; sondern die illuminative Technik besteht darin, dass man das Pergament mit Deckfarbe bemalte und dann die Umrisse mit schwarzer Tinte aufsetzte. Die bildmässige Wirkung wird durch zum Teil reich ausgeführte Umrahmungen erhöht. Während Schilling noch gotisch formelhaft darstellt, starr, knorrig in der Bewegung, mit liebevollem Sinn für das Detail Einzelnes zum Ganzen fügend, spürt man bei von Arx bereits einen Hauch der Renaissance: in der Gelöstheit und Selbständigkeit der Formen, im bewussten Gestaltungswillen, im Drang nach Komposition. Die moderne Frische der Auffassung bekundet sich auch in der warmen Buntheit; bisherige Mischtöne der Farbe klären sich zu immer stärkerer Leuchtkraft. Der künstlerische Gegensatz zwischen Schilling und von Arx deckt den geistigen auf: die Wende vom Mittelalter zur Neuzeit. Gewisse Schwurszenen und Schlachtenbilder gemahnen im Parallelismus, in der Bewegtheit und Farbenfreude an die monumentalen Fresken Ferdinand Hodlers im 20. Jahrhundert.

Manchmal ist die Kunst in der Schilling-Chronik noch gering, der kulturgeschichtliche Gehalt aber immer gross. Die Bilder vermitteln das, was der Text verschweigt, nämlich den Alltag, die Lebensgewohnheiten des Schweizers in der ernsten Arbeit und beim spielerischen Zeitvertreib, das Brauchtum, die sakralen Anschauungen, die patriotischen Empfindungen, das altschweizerische Volksleben. Da die Maler meist von keiner künstlerisch vorgefassten Meinung ausgehen, sondern naiv die Aussenwelt abkonterfeien, kommt ihren Illustrationen der Wert der Wirklichkeitsnähe zu. Sie führen den Eidgenossen vor allem als Krieger vor, was nicht verwundert, wenn man bedenkt, dass er sich besonders mit den Waffen in die Annalen der Weltgeschichte eingetragen hat. Eindrücklich tritt einem die auf dem Prinzip der allgemeinen Wehrpflicht beruhende stete Kriegsbereitschaft entgegen, die durch Harnischschau kontrollierte obligatorische Selbstbewaffnung, die vornehmlichsten Schweizerwaffen des Langspiesses und Seitenschwertes. Breiten Raum gewährt der Illustrator den geschlossenen Heereszügen, dem Lagerleben, dem Gebet vor dem Kampf, den Schlachten – mit auffälliger Treue der örtlichen Sonderheit –, der Brandschatzung von Dörfern, der Beutelust, der Belagerung von festen Plätzen mit Wurfmaschinen, der im Luzerner Wasserturm ausgestellten Burgunderbeute, wobei als Folie der Kriegshandlungen die heroische Schweizer Landschaft dient.

Trotz der Ausschliesslichkeit männlicher Betätigung im damaligen öffentlichen Leben erscheint doch auch schon die Frau: auf dem Kriegszug als Marketenderin, im Lager als Betreuerin der Leibwäsche und als Buhlerin, auf dem Schlachtfeld als Samariterin, in den Fastnachtsfreuden als Tänzerin. Man erkennt ferner, welche grosse Bedeutung der alte Eidgenosse den Gastmählern mit ihren Tafelgenüssen beimass, sieht die Belustigungen einer Festgesellschaft, Fanfarenbläser beim Turnier, Harfe, Laute und Geige beim Gastmahl Sigmunds, den Mummenschanz mit Bruder Fritschi, das Armbrustschiessen, die turnerischen Wettkämpfe der männlichen Jugend mit Steinstossen, Wettlauf, Weitsprung, Schwingen, den von Musikanten mit Hackbrett und Schalmei angeführten Reigen. Auch gewinnt man Einblick in das einfache Zimmer eines Bauern und in das prunkvolle Gemach eines Stadtherrn. Und hart neben der bürgerlichen Geselligkeit geistert das Verbrechen mit derselben Realität durch die Bilder: Mordtaten, Überfälle in Wäldern, Schandtaten aller Art, ebenso die Schauerlichkeit der Rechtsprozeduren, die ausgeklügelte Mordtechnik bei der Ausführung gerichtlicher Todesurteile: Folterungen, Bahrproben, Enthauptungen, Räderungen, Verbrennungen, Ertränkungen.

Demgegenüber tritt der Ausdruck des staatlichen Lebens zurück. Immerhin finden sich vereinzelt auch Bilder von Ratssitzungen, Bürgerversammlungen, Bundesbeschwörungen. Besonders die lebhafte Aussenpolitik bietet Gelegenheit zur Darstellung der Empfänge von Fürsten, fremden Gesandten, Schatzmeistern, Botschaften der Eidgenossen ins Ausland. Mit unverhülltem Behagen stellt der Zeichner das Eintreffen und die Verteilung der Soldgelder dar. Das Geistige wird kaum berührt, fast nur in der Form des Religiös-Kirchlichen, etwa bei der Schilderung des Jetzer-Handels. Den Sinn fürs Künstlerische bekundet der Illustrator bei der miniatürlichen Wiedergabe von Standesscheiben, eines Tafelbildes und der Kirchenzierden, der Beute von Grandson, vor allem des gesunden Handwerks, des Baues der Hofkirche in Luzern. Die Chronik wendet sich nicht an den Gebildeten; sie will mit ihrer naiven Ausdruckskunst ein Volksbuch sein und ist tatsächlich zu einem Schweizerspiegel geworden. Das eidgenössische Leben in der Vollkraft seiner Entwicklung um die Jahrhundertwende findet aus unmittelbarer Anschauung heraus eine treue und saftige Wiedergabe. Gleich wie das wachsende eidgenössische Selbstgefühl in den am Ende des Mittelalters erbauten Kirchen und Ratshäusern architektonischen Ausdruck gefunden hat, so sind die Bilderchroniken literarisch-künstlerische Zeugen dieses neuen schweizerischen Selbstverständnisses.

Franz Josef Schiffmann gab 1862 anonym die *Chronik* zum ersten Mal im Druck heraus mit ein paar Bildern, aber ohne Kommentar, der um so mehr vermisst wird, als die Einleitung von *Kasimir Pfyffer* völlig unbedeutend ist.

1932 kam zur Bundesfeier Luzerns eine neue Ausgabe als Reproduktion der Bilder wie des Textes in der ersten Form heraus. *Robert Durrer* hat sich mehr um die Edition des Textes, des Kommentars und der urkundlichen Anhänge bemüht, *Paul Hilber* um die kunsthistorischen Auseinandersetzungen. Die Einleitung über die interessante Familie Schilling und das Leben des Diebold Schilling ist ihr gemeinsames Werk. Alles Wissenswerte, namentlich auch die Spezialliteratur, ist hier angegeben.

GEROLD MEYER VON KNONAU: Zur Kritik des Luzerner Chronikschreibers Diebold Schilling; Anz. Schw. Gesch. 1867, S. 28 ff. – THEODOR VON LIEBENAU: Chronik-

Tafel 10. Diebold Schilling überreicht dem Rate von Luzern seine Chronik, 1513.

schreiber Diebold Schilling von Luzern; Monatsrosen 15, 1871. – GEORG VON WYSS: Diebold Schilling; ADB 34, Leipzig 1892, S. 715 ff. – JOSEF ZEMP: Die schweizerischen Bilderchroniken; Zürich 1897. – ALBERT BÜCHI: Ein politisches Gedicht des Luzerners Diebold Schilling; Anz. Schw. Gesch. 1906, S. 50f. Büchi teilt mit, Schilling habe 1502 auf ein Schmähgedicht des Dr. Sebastian Brant in Strassburg mit einem anderen Gedicht geantwortet und dafür von jedem Ort zwei Gulden bekommen; beide Gedichte sind nicht mehr erhalten. – PAUL HILBER: Des Luzerners Diebold Schilling Bilderchronik. Kulturgeschichtliche Monographie; Die Schweiz im deutschen Geistesleben 13, Frauenfeld 1928. – EDUARD ACHILLES GESSLER: Die Schweizer Bilderchroniken des 15. und 16. Jahrhunderts; Zürich 1941, S. 181 ff. – HANS GEORG WACKERNAGEL: Bemerkungen zum Geschichtsbild in der Alten Eidgenossenschaft; Discordia concors, Festgabe für Edgar Bonjour I; Basel 1968, S. 303–313. – THEODOR OTTIGER: Die Luzerner Chronik des Diebold Schilling aus dem Jahre 1513. Luzern im Wandel der Zeiten; Luzern 1972. – ROLF DÜRST: Die Luzerner Diebold Schilling-Chronik; Ciba-Geigy-Zeitschrift 1/73, Basel 1973. – WALTER SCHAUFELBERGER: Das eidgenössische Wehrwesen im Spätmittelalter im Lichte moderner Militärgeschichtswissenschaft; Njbl. Feuerwerker-Ges. CLXVI, Zürich 1974.

INNERSCHWEIZ

Habsburgisches Urbar ca. 1330

Albrecht liess schon als Herzog von Österreich im Jahre 1287 ein Urbarium, das heisst ein Einkünfteverzeichnis, anlegen: *Rationarium Austriae*. Als König verfügte er die Anlage eines solchen in der Schweiz; es war nicht das erste, aber das umfassendste. Anno 1303 erteilte er dem Magister *Burkhard von Fricke* den Auftrag, das Urbar der vorderen Lande: Elsass, Schwarzwald, Schwaben, Schweiz, aufzunehmen. Burkhards Persönlichkeit ist wenig erhellt. Einmal heisst er des Königs oberster Schreiber, scheint aber nicht in der diplomatischen Abteilung angestellt gewesen zu sein, sondern der Finanzkanzlei vorgestanden zu haben. Er begann mit dem Elsass, verfuhr gründlich, nahm Kundschaft von Beamten und Untertanen; so wurden alle Lande registriert. Nur von den Waldstätten fehlen die Aufnahmen. Burkhard verzeichnet die Einkünfte, die Rechte verschiedener Herkunft aus Eigentum, Vogtei, Grafschaft, Lehen. Oft sind die Rechte bis auf den Ursprung zurückgeführt; da liegt der Wert der Quelle. Der schriftliche Niederschlag erfolgte in dreifacher Form: 1. Der begleitende Sekretär schrieb nach dem Diktat Burkhards die Konzeptrödel von Amt zu Amt. 2. Darnach wurden von einem anderen Schreiber die Ausfertigungsrödel kopiert. 3. Diese trug man um 1330 in einem Buch zusammen, der sogenannten Reinschrift, alles in deutscher Sprache.

Neben den Einkünfterödeln legte Burkhard von Fricke gleichzeitig Pfandrödel an, das heisst Verzeichnisse der Einkünfte, Güter, Rechte, die Habsburg an andere verpfändet hatte, und Revokationsrödel, das heisst Verzeichnisse von Eigenleuten, Einkünften, Gütern, Rechten, die Habsburg entwendet worden waren und die es zurückzufordern gedachte; gewöhnlich handelte es sich um erloschene Lehen. Diese beiden Rödel waren lateinisch abgefasst.

Das ganze Material lag auf dem Stein zu Baden, dem Zentralsitz der österreichischen Verwaltung. Hier wurde die Reinschrift wohl noch wiederholt abgeschrieben. Bei der Einnahme Badens durch die Eidgenossen 1415 verbrannte der Stein, und das Archiv kam nach Luzern. Stets reklamierten die Herzöge die Rückgabe der ausserschweizerischen Rödel und Urkunden. In der Ewigen Richtung 1474 wurde ihnen das zugestanden, worauf man ihnen in den nächsten Jahren das Gewünschte herausgab und die Reinschrift 1480 unter die Interessenten verteilte. So wurde das Material zerstreut. In bezug auf die Waldstätte erhebt sich folgende Frage: Entweder wurden dort von Burkhard keine Aufnahmen gemacht – vielleicht wegen Albrechts Tod und innerschweizerischem Widerstand –, oder aber die bezüglichen Stücke wurden nach 1415 von den Waldstätten vernichtet. Das heute in der Schweiz und in Deutschland zerstreute Material erweist sich als lückenhaft; weder die Konzeptrödel noch die Reinschrift sind vollständig, ergänzen einander aber, so dass doch eine vollständige Herstellung des Einkünfteurbars möglich ist. Die Pfand- und Revokationsrödel kennt man nur bruchstückweise.

Das Urbar stellt eine ausgezeichnete Quelle der politischen, Rechts- und Wirtschaftsgeschichte dar. Nur einiges kann hier angedeutet werden: Die Habsburger besassen um 1300 in der Schweiz keine geschlossene Territorialherrschaft. Ihr Besitz war aus Verschiedenem zusammengeflossen; daher besteht ein Durcheinander mit anderen Herrschaften. In der Eidgenossenschaft besassen die Habsburger nur zwei Dörfer ganz zu eigen, daneben weitherum Splitter an Gut und Recht. Dagegen gehörten ihnen eine Anzahl Städte vollständig. Die Tendenz der Habsburger ging dahin, einen zentralisierten Beamtenstaat zu errichten, in dem die Ämter nicht mehr erblich waren und ein Ausgleich zwischen Stadt und Land stattfand. Als Muster schwebte ihnen wohl Friedrichs II. Verwaltung in Sizilien und Neapel vor. Sie begünstigten die Landschaft, schwächten den Stand der Freien, hoben denjenigen der Unfreien, beschränkten aber das Gedeihen der Städte, damit diese nicht auf Kosten der Landschaft emporwuchsen wie Zürich und Bern. Die Rechte wurden ihnen karg zugemessen; wo solche von früher her bestanden, schnitt man sie zurück. Das Ideal der Habsburger war der grossräumige Flächenstaat mit nivellierten Untertanen. Als unmittelbare Vorteile ergaben sich daraus: die Freizügigkeit und das Connubium, auch für Klosterleute, deren blosse Vögte die Habsburger waren. Trotz dieser Vorteile lehnte der Partikularismus der Waldstätte das Aufgehen im Habsburgerstaat ab. Überraschend gross ist die Zahl der Verpfändungen der Habsburger; ungefähr ein Drittel aller Einkünfte war verpfändet als Belohnung für treue Dienste, als Gehalt für Beamte, als Bezahlung in Notzeiten. Später wurde es noch schlimmer, der habsburgische Besitz war völlig durchlöchert. Das Urbar verrät nicht, wie die Naturaleinkünfte von der Herrschaft verwertet wurden.

Das Habsburgische Urbar, hg. v. *Paul Schweizer* und *Rudolf Maag;* Quell. Schw. Gesch. 14, 15, 1 und 2, mit kritischen Fussnoten, Basel 1894–1904. Der 3. Bd. enthält Register, Glossar, Verzeichnis von Münzen, Massen, Gewichten, Karten des habsburgischen Besitzes und Kommentar von Paul Schweizer.

ULRICH STUTZ: Das Habsburgische Urbar und die Anfänge der Landeshoheit; Weimar 1904.

Rudolf von Radegg ca. 1314

Er stammte aus Schaffhausen oder aus der Ritterfamilie von Radegg am Irchel im Zürcher Gebiet, war als Knabe Alumnus Rheinaugiensis, wurde vor 1314 Rector puerorum in Einsiedeln und lebte in dieser Stellung noch 1327. Dem Kloster gehörte er nicht als Konventual an, sondern als blosser Kleriker; er war Eigenmann des Grafen Rudolf von Habsburg-Laufenburg. Den Abt Johannes von Schwanden (1298–1327) preist er in hohen Tönen. Anno 1314 flammte wegen der Grenzmarch der alte Streit mit Schwyz, der schon früher zu heftigen Zusammenstössen geführt hatte, wieder auf. In der Nacht vom 6. auf den 7. Januar überfielen die Schwyzer das Kloster, nahmen die Mönche gefangen – der Abt war abwesend –, führten sie zu Fuss nach Schwyz und hielten sie dort wochenlang gefangen. Die

Grafen von Habsburg und von Toggenburg verwendeten sich für ihre Loslassung.

Von diesem Überfall verfasste Rudolf von Radegg ein Epos in lateinischen Distichen unter dem Titel *Cappella Heremitana*. Das erste Buch enthält ein Lob des Klosters und eine Erzählung seiner Stiftung. Das zweite Buch befasst sich mit den «incolae monasterii Heremitani», mit dem Abt sowie den Konventualherren und charakterisiert in vernichtender Weise die Schwyzer als «homines qui non homines dici, sed fera monstra queunt». Im dritten Buch äussert sich der Verfasser theoretisch über die Zahl Sieben und erwähnt die übrigen Klosterinsassen. Das vierte Buch schildert höchst anschaulich und in starken Farben den Überfall in 759 Versen. Unter dem Princeps, dem Dux plebis, ist zweifellos der Schwyzer Landammann Stauffacher zu verstehen. Von einem Bund und der Befreiungssage steht hier nichts.

Johannes von Schwanden, Abt in Einsiedeln, und seine Zeit (1298–1326), besungen von Meister Rudolph von Radegg, hg. v. *P. Gallus Morel;* Geschichtsfreund 10, 1854, S. 170 ff. – Buch 4 übersetzt v. *Ernst Götzinger;* N. Schw. Museum 3, 1863, S. 282 ff., und v. *Wilhelm Oechsli:* Die Anfänge der Schweizerischen Eidgenossenschaft; Zürich 1891, S. 182*ff. – Die moderne wissenschaftliche Edition: *Rudolf von Radegg, Cappella Heremitana,* bearb. u. übersetzt v. *Paul J. Brändli;* Quellenw. Entst. Schw. Eidg., Abt. III, Chroniken und Dichtungen 4; Aarau 1975.

GEORG VON WYSS: Über die Antiquitates Monasterii Einsidlensis und den Liber Heremi des Aegidius Tschudi; Jahrb. Schw. Gesch. 10, 1885, S. 251 ff. – P. ODILO RINGHOLZ: Geschichte des Fürstlichen Benediktinerstiftes U. L. Fr. zu Einsiedeln unter Abt Johannes I. von Schwanden; Einsiedeln 1888, S. 111 ff.

Herkommen der Schwyzer und Oberhasler   ca. 1460

Die Originalhandschrift ging verloren, nur anonyme Kopien aus dem 15. und 16. Jahrhundert sind vorhanden. Ein gelehrter Streit entstand, von wem, wann und wozu diese seltsame Schrift verfasst worden sei. Man wies sie nacheinander Hans Fründ, Elogius Kiburger und Heinrich Gundelfingen zu, leistete aber den betreffenden Autoren mit der Zuerkennung dieses Machwerkes keinen Dienst.

Eine hemmungslose Phantasie spricht aus dieser Gelehrtenerfindung. Der Verfasser nennt Quellen, die er nicht benützt, verschweigt solche, die er verwendet. Er preist einleitend der Römer Treue und Weisheit. In Schweden und Ostfriesland sei infolge einer Hungersnot der zehnte Teil des Volkes ausgelost und zur Auswanderung gezwungen worden: So zogen 6000 Schweden und 1200 Ostfriesen den Rhein hinauf, kämpften mit den Franzosen und liessen sich mit Erlaubnis der Grafen von Habsburg um den Frackmund (Fractus mons = Pilatus) nieder; unter der Anführung der Schweden Swytherus und Remus gelangten sie bis zum lampartischen Gebirg, unter dem Ostfriesen Wadislaus sogar bis ins oberste Aaretal; dieser nannte das Land nach der Friesenstadt Hasnis Hasle. Sie halfen um 400 dem Papst Zosimus, den Kaisern Theodosius und Honorius sowie dem

Westgotenkönig Alarich Rom stürmen, das von dem Heiden Eugenius usurpiert war. Für ihr Heldentum wurden sie reich belohnt. Die Schwyzer erhielten die von ihnen erbetene Reichsfreiheit, da sie «doch von natur frey geborn» seien, ferner eine rote Fahne mit dem Kreuz und den Marterzeichen Christi, die Hasler eine Reichsfahne mit dem Adler und die Reichsfreiheit.

Vorher wusste niemand von dieser Herkunft der Schwyzer. Als Zweck der Schrift erscheint die Begründung der Reichsfreiheit. Sie ist ein Beispiel dafür, wie im 15. Jahrhundert den Eidgenossen mit dem Erfolg der Ehrgeiz kam nach möglichst vornehmer Abstammung; die Alamannen taten es nicht. Das Ganze sieht nicht nach dem Kern einer Volkssage aus, sondern eher nach blosser Erfindung. Jedenfalls weiss man nicht, ob und was der Verfasser von der Sage im Volksmund vorfand und wieviel er selber hinzufügte. In den Waldstätten scheint man diese Abstammungssage gekannt zu haben, denn am Ostermontag 1531 beschloss die Schwyzer Landsgemeinde, in Erinnerung an die grosse Hungersnot und Austreibung aus Schweden müssten alle Einwohner ein Gebet verrichten. Johannes Stumpf erzählt, dass überall, wo etwa Schweden und Schweizer zusammentrafen, sie sich als Landsleute begrüssten. König Gustav Adolf berief sich in seinem Bündnisantrag von 1631 auf die Blutsverwandtschaft. Den schönsten Niederschlag fand diese Sage in der Rütli-Szene von Schillers Wilhelm Tell.

Das *Herkommen* floss rasch in die Geschichtsschreibung ab und richtete hier wahre Verheerungen an. Es bestimmte die Auffassung bis ins 19. Jahrhundert. Schwedische Gelehrte stellten fest, dass sich bei ihnen Beweise für diese Auswanderung nicht finden, wennschon eine friesische Wurzel der Überlieferung vorzuliegen scheint. Es bleibt abzuwarten, ob die rechtshistorische Erforschung des Problems Abklärung bringen wird.

Die Stretlinger Chronik mit Anhang: *Vom Herkommen der Schwyzer und Oberhasler,* hg. v. *Jakob Bächtold;* Bibliothek älterer Schriftwerke der deutschen Schweiz 1, Frauenfeld 1877. – Die neuste wissenschaftliche Ausgabe ist bearbeitet v. *Albert Bruckner: Das Herkommen der Schwyzer und Oberhasler;* Quellenw. Entst. Schw. Eidg., Abt. III, Chroniken und Dichtungen 2, zweiter Teil; Aarau 1961, mit einer erschöpfenden Einleitung, S. 1–87.

Hugo Hungerbühler: Vom Herkommen der Schwyzer; Mitt. vaterl. Gesch. 14, St. Gallen 1872. – Ferdinand Vetter: Über die Sage von der Herkunft der Schwyzer und Oberhasler; Bern 1877. – Pierre Vaucher: Les traditions nationales de la Suisse; Genf 1885. – August Bernoulli: Die verlorene Schwyzerchronik; Jahrb. Schw. Gesch. 6, 1881, S. 175 ff. – Gustav Tobler: Die Chronisten und Geschichtsschreiber des alten Bern; Festschr. VII. Säkularfeier Berns, Bern 1891, S. 35 ff. – Joseph Ferdinand Rüegg: Heinrich Gundelfingen. Ein Beitrag zur Geschichte des deutschen Frühhumanismus; Freib. Hist. Studien 6, 1910. – Joseph Ferdinand Rüegg: Heinrich Gundelfingen, ein zeitgenössischer Biograph des sel. Nikolaus von Flüe; Zeitschr. Schw. Kirchengesch. 4, 1910. – Albert Bruckner in der Einleitung zu seiner Edition, Aarau 1961. – Guy P. Marchal: Die frommen Schweden in Schwyz; Basl. Beitr. Geschichtswiss. 138, Basel/Stuttgart 1976.

Heinrich von Gundelfingen ca. 1445–1490

Sein Grossvater war Abt von St. Gallen, dessen unehelicher Sohn Nikolaus Propst von Beromünster und Generalvikar von Konstanz, der Vater des unehelich geborenen Heinrich. Dieser kam in Konstanz zur Welt, studierte in Heidelberg, dann in Freiburg i. Br. Artes, wurde 1465 nicht zum Magisterium zugelassen «propter deformitatem morum», erlangte später die Magisterwürde doch noch. 1471 lehrte er an der Artistenfakultät, zuerst mit Lehrauftrag für Poetik – er selber war ein mittelmässiger Dichter –, dann für Rhetorik; 1473 wurde er Dekan, 1476 ordentlicher Professor. Er verdankte diese Gunst dem Herzog Sigmund, dem er seine erste Schrift *Militaria Monumenta* widmete. Seine zweite Schrift *Austriae principum chronici epitome triplex* ist eine völlig kritiklose Kompilation, aus Freude über den Abschluss der Ewigen Richtung geschrieben, mit einigen brauchbaren Notizen zum Burgunderkrieg. Der Dank Sigmunds bestand darin, dass er ihn zum Prorektor erhob, wie denn Gundelfingen überhaupt mit akademischen Ehren bedacht wurde. Um 1480 verfasste er *Descriptio confoederationis Helveticae*, eine Lobrede, nicht eine Beschreibung; sie zeugt von dem gewaltigen Eindruck, den der Burgunderkrieg allenthalben hervorgerufen hatte. Auf Grund einer Reise schrieb er das Gedicht *Amoenitates urbis Lucernensis*, das er dem Rat von Luzern widmete und dafür die Chorherrenpfründe Beromünster erhielt. 1486 widmete er dem Propst Peter Kistler in Bern seine *Topographia urbis Bernensis*, eine ruhmredige Arbeit, in die er aus Begeisterung dreizehn Distichen einflocht; er muss die Stadt Bern gesehen haben. Es ist ein echtes Humanistenstück, mit antikem Schwulst überladen, wo er eine naive Mischung von Gott und Göttern vornimmt. Er rühmt alles, die Gesundheit und Fruchtbarkeit der Gegend, die Grossartigkeit des Zeughauses. Nur eines vermisst er: Die Berner hätten kein Gymnasium; er beschwört sie, ein solches zu errichten, gibt ausschweifende Schilderungen des Vorteils eines solchen: Studenten mit viel Geld würden herbeiströmen, die Bernersöhne könnten unter den Augen ihrer Eltern bleiben; Römer, Griechen, Perser und Babylonier verdankten ihre Herrschaft den Lehrern. Der Zweck seiner Schrift war wohl: Gundelfingen wollte Stadtschulmeister in Bern werden.

Seine Schrift *Origo, profectus et gesta incolarum et civium de Hasli* ist fast ganz eine Übersetzung des Herkommens, weshalb man es auch ihm zugeschrieben hat. 1488 zog er sich von der Welt zurück nach dem Stift Waldkirch bei Freiburg. Dort verfasste er die *Historia Nicolai Unterwaldensis eremitae;* diese Schrift ist wertvoll, stützt sich auf Zeitgenossen und Augenzeugen. Er berichtet über das Vorleben, das Leben, die Worte, die Mahnungen des Niklaus von Flüe, nicht aber über seine Gesichte und Wunder. 1489 verfasste er noch *De thermis Badensibus;* das Büchlein ist nur in Bruchstücken, durch Konrad Gessner, erhalten. Was er über Pfäfers und Leuk schrieb, ging verloren.

Gundelfingen war Frühhumanist, von Ruhmsucht zum Schreiben getrieben. Seine Schriften verfasste er ausschliesslich in Latein; sie haben oft bloss das Gewand, nicht den Kern des Humanismus. Immerhin besass er

*Die nachvolgende Histori
ist zü besorg als sy welchem
von Johans Frund
erdicht*

Nach statt geschriben wie die
Schwytz vnd die von Hasle In Ir Land
sind komen

In dem namen des gütigen milten vnd barmherzigen
Jhesu cristi vnd siner lieben muotter marien vnd sant
Mauritzen mines patronen vnd schirmers So hab ich
mir ettwas fúr zü schriben — vnd das selb von der
latin zü tütsch transferieren In er der Edeln vnd doch
wirdigen statt zü bern gelegen In dem niúden tútschen
org etlichen ker Indütschen von den eren vnd manheit
kúnheit So ir alt vorden vollbracht hand vnd groß frij
guoten Da behalt vnd empfangen hand vnd and
du mir Eidgnossen. Als vil das hienach In aigentlich
lüterung witt nach sag altar kroniken setzen von
schriben — vnd tuon das darumb das sij In aller
türo vnd an hellikeit sich habent als ich ir vorder
hand getan vnd gegen denen Si tewo schuldig si
gesin vnd gezúgen hand — wann es brúcht an si
mais- mit dem namen politicatus In sinem her
küch an dem Sibenden Capitel das die rómer
alten götten warent In mercklich sterck wider al
anweren wie vil ir dero was Si warent mit
die tútschen wie groß vnnd starck Si warent Si war
vch wijder die Exst Der Ispanier vnd wie
die list der lunden affricken So was vnd bi
alles durch ir tewo vnd weißheit So si vnd
statt hattent vnd brachtent — vnd hierum
als ich In disem minem schribent an kainem artic
oder puncten oder wort nit vollkomen wer So bi
ich alle die das läsent mir das alles zü güte
affgebent hab ich aber das wol gesett das w
dem allmechtigen zü legen der vns durch sa'lige
vnd redlichen dich manigen So hienach gesi
sind vnd geschechen ist gelept vnd geert w

*Pollicratus !
forte Polybiy*

Von der gesetz So zü den selben
Zitten was In dem Landsweden
vnd fristen

*fabel
hertzig Rex suerho
cristoferg Emisorientalis Frisie*

Man findett als geschriben das In dem zit So
Gilbertus ús Schweden regirret vnd graff Cristuffel
Die ffriesen sind erst vnder Circolo Magno vmb die Jarzal
800 jar Christi gebut Christglóubig word wie kan darvm ein
Heid Cristofery so ein Christ nam ist gehiessen habe. 1000 darz
der schwedien vnd ost-friken vßzug, viel hund jar vol di
Tusent jaren vor Ciroli Magni zitt gesherch.

Tafel 11. Deutsche Fassung des «Herkommen», um 1460.

einen geweckten Sinn für das Wirkliche und die Statistik, also moderne Züge.

Topographia urbis Bernensis, Heinrich Gundelfingen, hg. v. *Emil Blösch;* Arch. Hist. Ver. Bern 9, 1880, S. 177 ff. – *Das Herkommen der Schwyzer und Oberhasler,* bearb. v. *Albert Bruckner;* Quellenw. Entst. Schw. Eidg., Abt. III, Chroniken und Dichtungen 2, zweiter Teil; Aarau 1961.

ALBERT BÜCHI: Die ältesten Beschreibungen der Schweiz; Schw. Rundschau 4, 1903/04, S. 171. – JOSEPH FERDINAND RÜEGG: Heinrich Gundelfingen. Ein Beitrag zur Geschichte des deutschen Frühhumanismus; Freib. Hist. Studien 6, 1910. – JOSEPH FERDINAND RÜEGG: Heinrich Gundelfingen, ein zeitgenössischer Biograph des sel. Nikolaus von Flüe; Zeitschr. Schw. Kirchengesch. 4, 1910. – GUSTAV SCHNÜRER: Gundelfingens Lobrede auf die Eidgenossenschaft; Zeitschr. Schw. Gesch. 4, 1924, S. 178 ff. – ALBERT BRUCKNER: Heinrich Gundelfingen; NDB VII, S. 313 f., Berlin 1966.

Weisses Buch von Sarnen ca. 1470

Das Buch, eine Kostbarkeit des Obwaldner Archivs, hat seinen Namen vom hellen Ledereinband. Zunächst sind auf 333 Seiten eine Anzahl Urkunden abgeschrieben, die das öffentliche Recht von Obwalden beschlagen. Die erste ist der Bundesbrief von 1315, die letzte stammt aus dem Jahr 1607. Bis 1471 sind die meisten von *einer* Hand geschrieben. Unverkennbar die gleiche Hand trug hinten eine kurze Chronik ein; diese beginnt mit der Entstehung der Eidgenossenschaft – für uns der wichtigste Teil – und bietet kurz die Beitritte zum Bund im 14. Jahrhundert, wird etwas ausführlicher über die Ereignisse zu Beginn des 15. Jahrhunderts und bricht mitten in den Walliserwirren ab. Die Zeit der Abfassung muss um 1470 liegen, weil die gleiche Hand die Urkunden bis 1471 eingetragen hat und weil beim Abschluss des Mailänder Kapitulats von 1467 Herzog Galeazzo Maria Sforza (1466–1476) bezeichnet wird als derjenige, «der nu herr ist».

Ob der Obwaldner Landschreiber *Hans Schriber* als Verfasser angesprochen werden darf, kann nicht mit voller Sicherheit ermittelt werden; wahrscheinlich kopierte er nur eine ältere Vorlage. Der Verfasser kennt Justinger, den er direkt nennt, und Hemmerli. Über die Frage, wie alt die Vorlage des Weissen Buches sei, herrscht ebenfalls Ungewissheit. Die Chronik ist der amtliche Kommentar zu den Bundesbriefen, stammt möglicherweise aus dem 14. Jahrhundert; vielleicht aber entstand sie erst zwischen 1440 und 1450 im Kampf gegen Österreich.

Das *Weisse Buch* bietet viele neue Züge. Hier erscheinen zum ersten Mal die bekannten Gestalten, Lokalitäten und Geschichten: Landenberg und die Blendung des Bauern im Melchi, die Flucht seines Sohnes, der Vogt von Alzellen, der im Bad erschlagen wird, Gessler vor dem Haus Stauffachers in Steinen, der Bund der drei Männer, die Zusammenkünfte auf dem Rütli, der Hut auf der Stange, der Tellenschuss, Tells Sprung auf die Platte, die Rache in der Hohlen Gasse, die Volkserhebung, der Burgenbruch, die Befreiung, der Bundesschwur, «der den lendern untzhar wol hat erschossen». Es ist die erste zusammenhängende Darstellung der Sage, eine Ver-

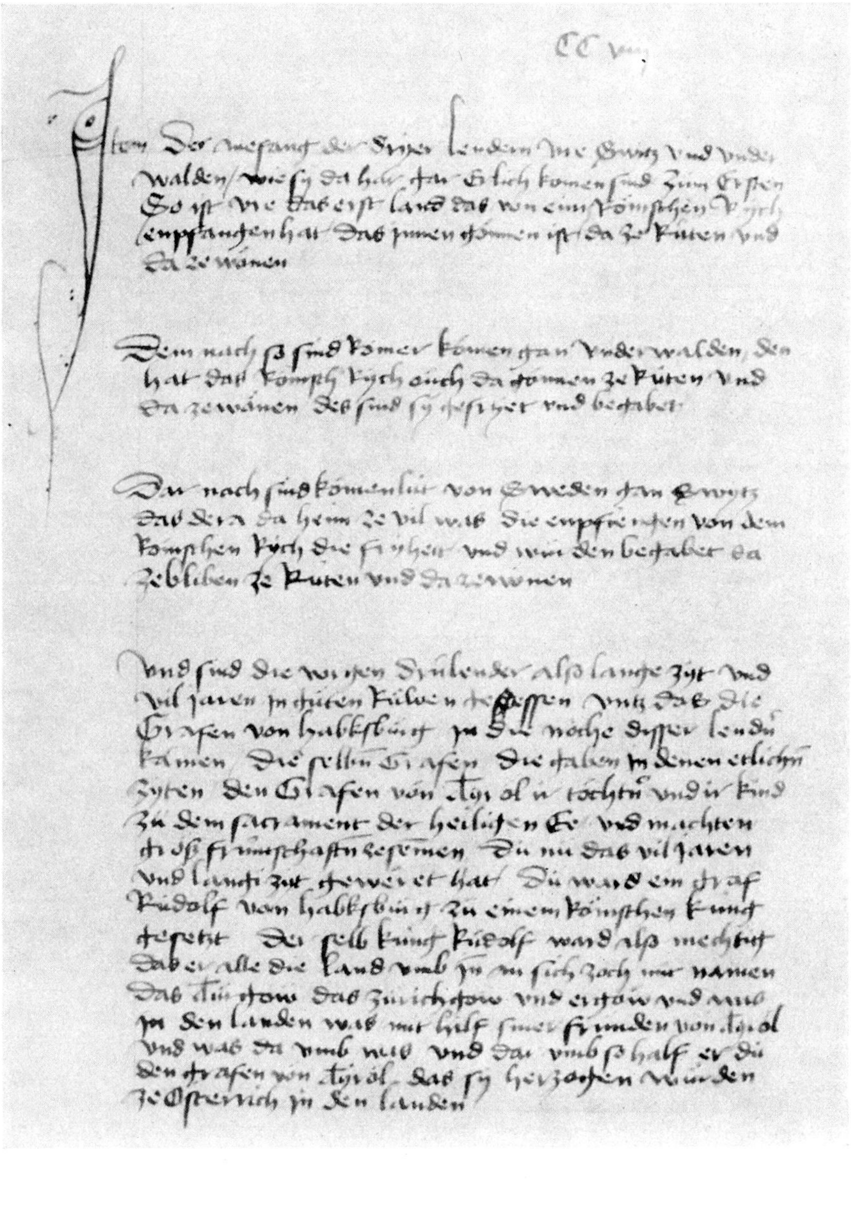

Tafel 12. Weißes Buch von Sarnen, 1470; Beginn der Erzählung.

bindung zwischen Rütliverschwörung und Tellengeschichte, ein Kompromiss zwischen den Rivalitätsansprüchen von Uri und Schwyz – wovon jedes für seinen Helden eintrat –, aber kein geschickter. Tell und Stauffacher erscheinen scharf getrennt. Sie tragen noch keine Vornamen. So stellte man sich um 1470 die Entstehung des Bundes vor. Etterlin nahm diese Darstellung in seine Chronik auf und gab den Gestalten Vornamen; es ist die Frage, ob er direkt aus dem Weissen Buch schöpfte oder aus einer anderen Kopie der alten Vorlage. Da seine Schrift 1507 als erste schweizerische Chronik gedruckt wurde, trug sie den Bericht in weite Kreise. In dieser Gestalt wurde die Sage Gemeingut. Aegidius Tschudi füllte die Lücken aus und rundete ab; Johannes von Müller wand seine Blumenkränze darum.

Es stellen sich eine Reihe von Fragen. Sie betreffen zunächst den Kopisten; seine Hand lässt sich in den zeitgenössischen Urkunden von 1435–1478 nachweisen. Hans Schriber war ein gutunterrichteter Mann, weilte an den Tagsatzungen, diente als Schiedsrichter in Händeln unter den Orten. Aber woher hat er geschöpft? Es sind hierüber von gewissenhaften Forschern viele Kombinationen und Konstruktionen ausgebreitet worden. Man muss mit dem Menschenverstand prüfen, was möglich sein könnte, was unmöglich ist. Dabei wird man sich stets eingedenk bleiben, dass die Befreiungssage in den Urkunden keine Stütze findet. Dagegen kann man einwenden, dass nicht alles Geschehene in den Urkunden eine Stätte hat. Aber auch die Geschichtswerke um 1300, die Annalen der Dominikaner zu Basel und namentlich Johannes von Winterthur enthalten keine Spur davon; und doch machte dieser Jagd auf solche erregenden Geschichten. Der historische Wert, der in den Aufzeichnungen des Weissen Buches liegt, ist von der Forschung noch nicht genau eruiert.

An der lebhaften Forschung und Diskussion haben sich hauptsächlich beteiligt: *Eutych Kopp, Gerold Meyer von Knonau, Georg von Wyss, Wilhelm Vischer, Ferdinand Vetter, Wilhelm Oechsli, August Bernoulli, Robert Durrer, Karl Meyer, Hans Nabholz, Bruno Meyer, Hans Georg Wirz.* Neuerdings beschäftigt sich auch die germanische Philologie mit dem Stoff. Man ist zu keiner gemeinsamen Auffassung gelangt, die Forschung befindet sich noch im Fluss, steht wohl erst am Anfang ihrer gemeingültigen Resultate. *Hans Georg Wirz* hat im *Quellenwerk zur Entstehung der Schweizerischen Eidgenossenschaft*, Abt. 3, Bd. 1, Aarau 1947 zunächst den «Erzählenden Teil im Weissen Buch von Sarnen» ediert, die sorgfältigste aller Ausgaben; ferner im gleichen Band «Das Register im Weissen Buch von Sarnen» und schliesslich «Die Urkunden im Weissen Buch von Sarnen» mit knappem, zuverlässigem Kommentar herausgegeben. Daran schliesst sich eine Arbeit von *Helmut de Boor*, «Die nordischen, englischen und deutschen Darstellungen des Apfelschussmotivs», Texte und Überlieferungen mit einer Abhandlung.

GEROLD MEYER VON KNONAU: Die Chronik des weissen Buches zu Sarnen; Geschichtsfreund 13, 1857, S. 66 ff. – GEORG VON WYSS: Die Chronik des Weissen Buches im Archive Obwalden; Zürich 1856. – ALBERT RILLIET: Les origines de la Confédération; 2. Aufl., Genf 1869. Deutsche Ausgabe: 2. Aufl., Aarau 1873. – ALFRED STERN: Einige Bemerkungen über die Chronik des weissen Buches; Anz. Schw. Gesch. 1886, S. 55 ff. – AUGUST BERNOULLI: Die Sagen der Waldstätte im Weissen Buch von Sarnen; Anz. Schw. Gesch. 1891, S. 164 ff. – FERDINAND VETTER: Weisses Buch; Schw. Rundschau 1891, Heft 8. – FRANZ HEINEMANN: Tellbibliographie; Geschichtsfreund 61, 1906, S. 11. – MAX WEHRLI: Wilhelm Tell, Bemerkungen zum Stand der Tellenforschung; NZZ Nr. 4060, 1962. – BRUNO MEYER: Weisses Buch und Wilhelm Tell; Weinfelden 1963. – LILLY STUNZI: Tell, Werden und Wandern eines Mythos (mit Beiträgen verschiedener Autoren); Bern/Stuttgart 1973. – FRANTIŠEK GRAUS: Wilhelm Tell als Schweizer Nationalheld. Lebendige Vergangenheit; Wien 1975, S. 61 ff. – JEAN-PIERRE BODMER: Chroniken und Chronisten im Spätmittelalter. Monogr. Gesch. Schw. 10; Bern 1976.

Bruder Klaus (Niklaus von Flüe) 1417–1487

Der seit 1467 als Einsiedler Lebende machte auf die Zeitgenossen einen tiefen Eindruck, der haften blieb. Keine Persönlichkeit des 15. Jahrhunderts hat einen so reichen literarischen Niederschlag hinterlassen. Alle Zeugnisse über ihn sind gesammelt worden in dem zusammenfassenden und abschliessenden Werk von *Robert Durrer: Bruder Klaus*, 2 Bde., Sarnen 1917–1920; es enthält Quellen und Biographien. Wir geben hier nur die ältesten literarischen Quellen an:

1. *Hans von Waldheim*. Dieser Adlige war Ratsherr in Halle, unternahm 1474 eine Pilgerreise zu Pferd nach Südfrankreich und besuchte die heiligen Stätten. Auf dem Hin- und Rückweg ritt er durch die Schweiz und machte auch Bruder Klaus einen Besuch. Sein Bericht ist der interessanteste und wertvollste. Die auf Niklaus von Flüe bezügliche Partie hat abgedruckt Durrer 1, 58 ff. Die Schweizerreise hat ganz ediert F. E. Welti; Arch. Hist. Ver. Bern 25, 1920, S. 89 ff. Sie ist kulturhistorisch ergiebig.

2. *Felix Fabri*, der bereits erwähnte Reiseschriftsteller, besuchte den Bruder Klaus 1475. Er erwähnt dies kurz in seinem Evagatorium; an das Fasten glaubte er (Durrer 1, 72).

3. *Albrecht von Bonstetten*. Er besuchte den Bruder am 31. Dezember 1479. Sein Bericht erschien in seiner Schrift *Historia fratris Nicolai de Rupe*, deutsch und lateinisch. Er deckt sich inhaltlich mit den anschaulicheren und ursprünglicheren Ausführungen Waldheims, gibt sich in journalistischer Aufmachung (Durrer 1, 79 ff.).

4. Brief des Mailänder Gesandten *Imperiali* vom 27. Juni 1483. Daraus ersieht man, dass Bruder Klaus in die politischen Verhältnisse genau eingeweiht war (Durrer 1, 226 ff.).

5. *Trithemius, Abt von Spanheim*, Humanist, schildert 1485 in den Hirsauer Annalen, wie Bruder Klaus einen geistlichen Würdenträger abführt (Durrer 1, 346 ff. 582 ff.).

6. Ungefähr 1487 erschien ein *erstes Druckwerk* über Bruder Klaus in Nürnberg und Augsburg. Es ist in der Form von Frage und Antwort zwischen Bruder Klaus und einem Pilger gehalten (Durrer 1, 359 ff.).

7. Die erste Biographie, *Historia Nicolai Unterwaldensis eremitae*, veröffentlichte *Heinrich Gundelfingen* ein Jahr nach dem Tod mit einem Officium (Durrer 1, 423 ff.). Dieser Biographie kommt ein grosser Wert zu. Doch ist dem Autor ein Irrtum unterlaufen. Er schreibt: «Is namque Nicolaus natione Leopontiacus ex Saxelon... natus», das heisst, er stamme aus der Familie Löwenbrugger. Unter Leopontici aber verstanden die damaligen Humanisten die Alpenbewohner.

8. *Hartmann Schedel* erwähnt Bruder Klaus in seiner *Weltchronik* 1493, mit Holzschnitt (Durrer 1, 496 ff.).

9. *Conrad Türst* erwähnt Niklaus von Flüe kurz in *De situ Confoederationum descriptio* ca. 1497 (Durrer 1, 509 f.).

10. Desgleichen *Johannes Nauclerus* in seiner Chronik ca. 1500 (Durrer, 1, 514 f.).

11. *Heinrich Wölflin* (Lupulus), ein Humanist und Intellektueller aus Bern, schrieb die erste zusammenfassende Biographie im Auftrag der Obwaldner. Er kannte Waldheim, Bonstetten, Gundelfingen nicht, schöpfte aus der Überlieferung und aus dem Sachsler Kirchenbuch. Doch deckt er sich merkwürdig mit jenen, namentlich mit Waldheim. Seine Schrift ist um 1500 verfasst, 1501 Matthäus Schiner gewidmet; sie bildet die Vorlage für die spätere Bruder Klausen-Literatur (Durrer 1, 524 ff.).

12. *Jakob Wimpfeling*, der kaisertreue Humanist und Schweizerhasser. Im letzten Kapitel seines *Soliloquiums* fingiert er eine Mahnrede des Bruder Klaus an die Schweizer, sie sollten dem Reiche treu und freundlich sein, nicht zu fremden Fürsten laufen und dienen. Das zweite entspricht Bruder Klaus, das erste wohl nicht (Durrer 1, 575 ff.).

13. Im Jahre 1507 verspricht *Maximilian*, die Heiligsprechung des Bruders zu betreiben (Durrer 1, 591 ff.).

14. *Diebold Schilling* von Luzern, Substitut und Protokollführer 1481 in Stans, gibt in seiner illustrierten Chronik einen Augenzeugenbericht von Bruder Klausens Vermittlung. Er wird durch die Schwyzer Botschaft bestätigt (Durrer 1, 596 ff.).

15. Von *Hans Salat* stammt die erste gedruckte Biographie (Durrer 2, 664 ff.).

Neuere Literatur in der Zeitschr. Schw. Kirchengesch.: THOMAS KÄPPELI: Das neu aufgefundene Widmungsexemplar der ältesten Legende und des Officiums des sel. Bruder Klaus, Jg. 22, 1933, S. 270 ff. – DOMINIKUS PLANZER: Zu Bruder Klausens Sprüchen und Gebet, Jg. 32, 1938, S. 39 ff. – OSKAR VASELLA: Bruder Klaus und die Stadt Nördlingen, Jg. 54, 1960, S. 68 ff.

Albrecht von Bonstetten 1441/45–1503/05

Wie Felix Hemmerli steht auch Bonstetten auf der Zeitenscheide zwischen alt und neu. Mit Niklas von Wyle aus Bremgarten im Aargau – seine Translationes streifen die Historiographie – gehörte Bonstetten zu den ersten schweizerischen Humanisten. Er stammte aus uraltem Freiherrengeschlecht des Zürichgaus, trat 1460 ins Kloster Einsiedeln, studierte Artes an den Universitäten von Freiburg i. Br. und Basel, kanonisches Recht in Pavia von 1471–1474. Von da an hatte er festen Sitz in Einsiedeln, wo er schon 1470 zum Dekan gewählt worden war. Aber er begab sich oft auf Reisen, suchte Freunde auf, unterhielt einen ausgedehnten Briefwechsel. Aus Einsiedeln machte er ein literarisches Zentrum, stand bei Friedrich III., Ludwig XI. und dem Herzog von Mailand in hoher Gunst. 1482 wurde er vom Kaiser zum Hofpfalzgrafen ernannt. Als solcher durfte er Notare kreieren, Uneheliche legitimieren, Wappen und Rittermässigkeit erteilen, Doktortitel verleihen. Es sind zehn Wappenbriefe bekannt, die er ausgestellt hat. 1498 wurde er zu seiner Freude zum Dr. juris promoviert.

Es sind 101 Briefe von ihm und an ihn erhalten. Sie zeichnen sich durch ihren wirklichkeitsnahen Inhalt aus. Im Gegensatz zu anderen Humanistenbriefen, die meist persönlicher Stimmung und Regsamkeit entspringen, geben Bonstettens Briefe Aufschluss über die Wissenschaft, über Gelehrte, über Politik, diejenigen aus Pavia über studentisches Treiben. Unter den Korrespondenten figurieren Niklas von Wyle, Francesco Filelfo, Kardinal Ascanio Sforza, Thüring Fricker und andere.

An Schriften Bonstettens sind dreizehn erhalten. Es handelt sich um Gelegenheitsschriften und Elogien. Einige wurden gedruckt. Er begann als Literat und Tagesschriftsteller, wurde erst später zum Geschichtsschreiber. 1. *Verbannung der Gerechtigkeit und der übrigen Tugenden*, in lateinischer Sprache. Es ist eine unbeholfene Jugendarbeit, die Nachbildung einer Schrift des Enea Silvio und anderer Lektüre, eine bittere Satire auf die Missstände der Zeit. Darin spricht sich ein Sinn für landschaftlichen Reiz aus, ein Naturgefühl, das der Autor stimmhaft zu machen versucht. Welt und Gerechtigkeit werden in der üblichen Weise einander gegenübergestellt. 2. *Der Burgunderkrieg*, in lateinischer und deutscher Sprache, den Siegern gewidmet, den beiden Herzogen und den Schweizern. Das Vorwort ist eine echte Humanistenarbeit, der Stil beider Sprachen künstlich, dem klassischen Latein nachgebildet, mit antiken Ausdrücken und Lobeserhebungen durchsetzt. Das Ganze hat den Charakter einer politischen Gelegenheitsschrift. Bemerkenswert allein erscheint die Schilderung von Murten, die allerdings keine neuen Tatsachen beisteuert. 3. *Provisio vacantis ducatus Burgundiae*, 1479. Es ist das eine Flugschrift zur Frage der Freigrafschaft, eine rhetorische Leistung mit einigen guten Notizen. Bonstetten stellt die Ereignisse von 1476 vom Standpunkt eines Anhängers des österreichischen Adels dar; dennoch wurde das Schriftchen von der Tagsatzung approbiert. 4. *Superioris Germaniae confoederationis descriptio*, 1479, von Bonstetten deutsch und lateinisch geschrieben. Er widmete die Schrift – trotz der Provisio – dem Papst, dem König von Frankreich und der Republik Venedig. Es ist die erste Schweizer Geographie, ein Ausgangspunkt dieser Wissenschaft. Einiges stammt aus Justinger, anderes aus Fründ und Radegg, das meiste aber aus seiner eigenen Anschauung. Er kennt die Schweiz durch und durch wie kein zweiter. Nach Inhalt und Sprache ist es seine beste Leistung. Mit offenen Augen betrachtet er die Welt, und obgleich er sich Notizen aus den Alten macht, so beruht das Ganze doch auf Autopsie. Die Rigi = mons regina bezeichnet er als den Mittelpunkt Europas. Bonstetten bietet nicht nur Ortsbeschreibung, sondern schildert die Bewohner, ihren Charakter, ihre Kultur, das Klima, die Produkte, den Handel, das Gewerbe, die Heeresstärke, macht Angaben über Giornico, gibt eine erste Beschreibung der Wappen der acht Orte. Sein Freimut zog ihm unverdienten Tadel zu. Er versucht auch, ein Gesamtbild der Schweiz zu entwerfen. Dieses Volk sei «nit zu überwinden mit stritt». 5. *Historia fratris Nicolai de Rupe*. Das Leben Bruder Klausens, 1479, den er in seiner Zelle im Ranft besucht hat. Sie enthält unersetzbare Angaben. 6. *Legende des Heiligen Meinrad*, lateinisch und deutsch, 1480. Von dieser Schrift sind nur Wiegendrucke vorhanden; vielleicht hat Bonstetten sie nicht selber verfasst, sondern bloss drucken lassen. In der literarischen Verwertung der Legende kommt jedenfalls der Priester zum Vorschein. 7. Die *Vita Sanctae Iddae von Toggenburg*, der Äbtissin zu Magdenau, 1481, ist nur handschriftlich erhalten. Von den Bollandisten wird die Heilige Ida in ihren Acta Sanctorum nicht anerkannt. 8. *Von der loblichen stiftung des hochwirdigen gotzhus Ainsideln*, 1494, lateinisch und deutsch, die erste gedruckte Geschichte des Klosters, ist eine tüchtige Arbeit, da Bonstetten sorgfältig Quellen benützte, die uns heute noch erhalten sind, und solche, die verlorengingen, so die 1577 verbrannten Gesta ald annales Monasterii. Von ca. 1350 bis auf seine Zeit war er der einzige Geschichtsschreiber des Stifts. Er ist der letzte Annalist, nachher setzt die gelehrt kombinierende Beschreibung Tschudis ein; Bonstetten ist frei von Schwulst, fast zu trocken-annalistisch. Einsiedeln war ein freiherrliches Kloster, befand sich damals im Niedergang, wies nur sechs Konventualen auf. 9. *Historia domus Austriae*, lateinisch und deutsch, 1490, eine historisch wertlose Schrift.

Geistesgeschichtlich ist Bonstetten Ausdruck einer Übergangszeit: des vielfältigen, wechselvollen 15. Jahrhunderts. Er vertritt das Gedankengut des ausgehenden Mittelalters, die Idee der Gerechtigkeit und der Versöhnung, mit dem Formenreichtum des Humanismus.

Schriften 1, 4, 8 und Briefe, hg. v. *Albert Büchi,* in den Quell. Schw. Gesch. 13, Basel 1893; Schriften 2 und 3 im Arch. Schw. Gesch. 1862, S. 283 ff.; Schrift 5 im Geschichtsfreund 18, 1862, S. 18ff.; Schrift 9 ist unvollständig und mangelhaft hg. v. *Marian Andreas Fidler: Austria sacra oder Geschichte der ganzen Österreichischen weltlichen und klösterlichen Klerisei;* Teil 2, Wien 1782.

GALL MORELL: Albert von Bonstetten; Geschichtsfreund 3, 1846. – GEORG VON WYSS: Ritter Melchior Russ und Dekan Albert von Bonstetten; Anz. Schw. Gesch. 1862, S. 28f. – GEORG VON WYSS: Albrecht von Bonstetten; ADB 3, Leipzig 1876, S. 133ff. – ALBERT BÜCHI: Albrecht von Bonstetten. Ein Beitrag zur Geschichte des Frühhumanismus in der Schweiz; Frauenfeld 1889. – LUDWIG SIEBER: Albert von Bonstetten's Horae canonicae von 1493; Anz. Schw. Gesch. 1889, S. 324ff. – ALOYS SCHULTE: Albrecht von Bonstetten und Gallus Oehem; Zeitschr. Gesch. Oberrhein NF 8, 1893, S. 709f. – ALBERT BÜCHI: Zu Albrecht von Bonstetten; Anz. Schw. Gesch. 1895, S. 223ff. – FRANZ LUDWIG BAUMANN: Zur Geschichte Albrechts von Bonstetten; Anz. Schw. Gesch. 1896, S. 320ff. – PAUL JOACHIMSOHN: Der Frühhumanismus in Schwaben; Vierteljahrsschr. württemberg. Landesgesch. 1, 1896 (hier sind viele Briefe von Niklas von Wyle abgedruckt). – ODILO RINGHOLZ: Geschichte des fürstlichen Benediktinerstifts U. L. Fr. von Einsiedeln 1, Einsiedeln 1904. – RUDOLF HENGGELER: Albrecht von Bonstetten; Grosse Schweizer, Zürich 1938, S. 130ff. – HELGA DOPPERT: Albrecht von Bonstetten, Dekan in Einsiedeln, Frankfurt a.M. 1951, Mskr. – RICHARD NEWALD: Albrecht von Bonstetten; NDB II, Berlin 1955, S. 450.

Johann Eberhard gest. 1497

Er war Priester in Zug, liess die St. Oswalds-Kirche für die Stadtbewohner ausserhalb der Stadtmauer bauen und führte darüber ein *Tagebuch*, das im Zuger Stadtarchiv liegt. Es gewährt Einblick, wie die Kirche zustande kam. Der Antrieb ging allein vom Pfarrer aus. Er begann den Bau 1478 ohne Kapital, im Vertrauen auf Gott und den Heiligen Oswald, warb, bettelte und steckte damit die anderen an. Dabei kam ihm der Glaube an die guten Werke zu Hilfe. So entlehnte er Geld, unter der stillen Voraussetzung, es nicht zurückgeben zu müssen – von einem Heiligen fordert man nicht zurück –, trieb also frommen Betrug. Wo dennoch der Gläubiger auf dem Seinen bestand, notierte der Pfarrer seine Enttäuschung ins Tagebuch. Der Bau rückte langsam; 1480 konnte das Schiff, 1483 das Chor eingeweiht werden, der Turm blieb stumpf. Die Vollendung hat Magister Eberhard nicht erlebt. Im 16. Jahrhundert wurde das kleine Schiff durch ein neues, grosses ersetzt. Es handelt sich um ein seltenes Baudenkmal der Gotik in den V Orten.

Das Tagebuch verzeichnet Einnahmen und Ausgaben, Löhne, Material, hat den Charakter eines Journals. Als Hauptspender erscheint die Regierung mit Geld, Holz und Stein. Vieles geschah aus reinem Opfersinn der Familien, für die es eine Ehrensache bedeutete. Wilhelm von Diesbach, Eberhards Freund, «erjagte» ihm 25 Dukaten von Karl VIII. von Frankreich. Weitere Spenden flossen von den Herzogen Sigmund und Renatus. Bruder Klaus gab einen Goldgulden, dessen Sohn, der Landammann, ebenfalls. Ein «frömder gsell, gestorben in saffoy», vergabte eine Krone. Viele Spenden wurden in Naturalien oder Arbeit geliefert: Die frommen Leute von Walchwil «heind mir gönnen holtz ze howen zu den bänken». Andere brachen Steine zu dem Chorgewölb, spendeten Hirse und Korn für die Bauleute, Wein für den Maler, Nägel für den Schlosser, Pergament für das Gesangbuch, roten Damast für ein Messgewand, Silber für einen Messkelch. Handwerker arbeiteten im kleinen Taglohn, Priester betätigten sich als Kunstgewerbler, banden Bücher ein, einer baute die Orgel, Eberhard selber verfertigte Messgewänder. Aus den Eintragungen sind die Preise der Zeit ersichtlich: Für ein Fenster zahlte man sechs Leinlachen.

Das Ganze ist ein Beispiel dafür, was ein tüchtiger Priester im täglichen Leben vermochte.

Auszüge aus dem Tagebuch: Die St. Oswaldskirche in Zug, hg. v. *Peter Bannwart;* Geschichtsfreund 2, 1845, S. 82 ff. – *Baurodel und Jahrzeitbuch der St. Oswalds-Kirche in Zug,* hg. v. *P. Rudolf Henggeler;* Quell. Schw. Gesch., II. Abt.: Akten IV, Basel 1951.

OSTSCHWEIZ

Heinrich von Klingenberg ca. 1250–1305
Er ist der bedeutendste Vertreter dieses Ministerialgeschlechts. In Zürich an der Grossmünsterschule wurde er unter Konrad von Mure gebildet, studierte in Italien Jurisprudenz, promovierte zum Doctor decretorum, trat in die Kanzlei Rudolfs von Habsburg, wurde 1285 Vizekanzler, 1295 Bischof von Konstanz. Den Habsburgern unbedingt ergeben, stand er 1298 Albrecht bei. Er war vielseitig: Theologe, Jurist, Diplomat, Hof- und Gesellschaftsmann, beherrschte die Zeitbildung und gehörte zum poetischen Kreis der Äbtissin Elisabeth von Wetzikon am Fraumünster in Zürich. Neuere Forscher wollen ihm sogar die Entstehung der Manessischen Sammlung zuweisen. Hadlaub rühmt in Versen seine poetische Begabung, woraus hervorgeht, dass er literarisch tätig war.

Klingenberg schrieb eine Habsburger Chronik, die 1507 unter dem Titel *Chronica Habspurgensis* erschien. Es handelt sich um eine kurze lateinische Familienchronik von 495 Versen. Der Stammbaum der Habsburger wird bis auf Priamus, den ersten Merowingerfürsten, hingeführt, später sogar auf König Hektor von Troja und auf Noah zurück; Kaiser Maximilian war für derartiges empfänglich. Als Ganzes enttäuscht die Chronik in literarischer und historischer Hinsicht. Sie bietet ein Beispiel dafür, woran sich damals der Historiker entzündete.

Die Klingenberger Chronik, hg v. *Anton Henne* von Sargans; Gotha 1861.

Der Humanist und Hofhistoriograph König Maximilians, MANLIUS (MENNEL), sagte 1519, Heinrich von Klingenberg habe eine Habsburger Chronik verfasst, die er, Manlius, schätze; sie ist aber nie gefunden worden. Es erhob sich ein gelehrter Streit, ob die Notiz von Manlius falsch sei. Man entdeckte in Matthias von Neuenburg, in den Zürcher Jahrbüchern und in Gundelfingen gewisse Übereinstimmungen; daraus wollte KARL RIEGER: Heinrich von Klingenberg und die Geschichte des Hauses von Habsburg, jene Chronik rekonstruieren; Arch. österreich. Gesch. 48, 1872, S. 330 ff. Die Beweisführung ist unhaltbar; VICTOR THIEL tat ihm alles durch, in: Die Habsburger Chronik Heinrichs von Klingenberg; Mitt. d. Jahrb. österreich. Geschichtsforsch. 20, 1899, S. 567 ff. Die Übereinstimmung der Chroniken ist nicht zwingend, damals gab es noch keinen individuellen Stil, nur Redensarten. Klarheit wurde geschaffen durch PETER P. ALBERT: Die habsburgische Chronik des Konstanzer Bischofs Heinrich von Klingenberg; Zeitschr. Gesch. Oberrhein NF 20, 1905, S. 179 ff. Demnach hat Heinrich von Klingenberg eine lateinische, gereimte Chronik geschrieben. Manlius gab sie 1507 heraus, indem er sie übersetzte und mit seinem kritiklosen Humanistenleichtsinn überarbeitete, so dass man die ursprüngliche Gestalt nicht mehr erkennen kann. Es ist möglich, dass das Werk in der Urgestalt noch gefunden wird.

Christian Kuchimeister ca. 1300
Er begann 1335 eine Fortsetzung der Casus sancti Galli zu schreiben (Ratpert, der erste Klosterchronist, erzählt die Entwicklung bis 883, Ekkehard IV. bis 973, fünf Chronisten gehen bis 1203, Konrad von Pfäfers führt

die Chronik bis 1232). Von ihm ist nur bekannt, dass er Laie war und einer angesehenen St. Galler Bürgerfamilie angehörte. Seiner deutsch geschriebenen Chronik gab er den Titel *Nüwe Casus Monasterii sancti Galli*. Sie umfasst die Zeit von 1229–1329. Er ist gut unterrichtet, unterhält enge Beziehungen zum Kloster, kennt Urkunden; neuere Aktenpublikationen bestätigen ihn. Seit 1300 berichtet er als Augenzeuge. Für viele Nachrichten ist er die einzige und zuverlässige Quelle. Geschickt trifft er eine Auswahl des Charakteristischen, bietet knappe, anschauliche Erzählungen mit Rede und Gegenrede. In erster Linie gibt er vom Kloster Kunde, dann von der Stadt, der Ostschweiz, dem Reich. Er schreibt mit innerem Anteil für das Kloster, obschon er sich im Urteil Zurückhaltung auferlegt. Ferner stellt er die Verwandtschaft der ostschweizerischen Adelsgeschlechter dar, behandelt indessen die Chronologie sorglos.

Die Chronik beginnt mit Abt Konrad von Bussnang, dem Mitarbeiter Friedrichs II., 1226–1239. Es herrscht kriegerische Hitze, das geistige Leben ist längst tot. Die Äbte greifen als grosse Herren in die politischen und militärischen Kämpfe ein. Kuchimeister schildert den streitbaren Abt Berchtold von Falkenstein (1244–1272) mit behaglicher Ausführlichkeit. Er lobt ihn, weil er in den Rechtshändeln und Fehden des Interregnums das Kloster geschirmt, zu Ehren und grösserem Besitz gebracht hat. Aber im ganzen billigt er als Stadtbürger die äbtische Politik nicht. An Abt Berchtold demonstriert er die Strafe für Übeltat: Arme Frauen und Knechte schleiften ihn nach seinem Tode auf einer Decke die Schlosstreppe herunter. «Er ward och gestrafet an sinem tod, dass er sin lüt also vast übernossen hat.» Zum Jahr 1249 erwähnt er Söldner von Schwyz und Uri; es ist einer der ersten chronikalischen Berichte vom schweizerischen Söldnerwesen. Anno 1262 kämpfen Schwyzer, Glarner und Graubündner Söldner gegen den Abt. Die letzte Glanzzeit des Klosters leuchtet auf. Kuchimeister deutet aber auch die Schattenseiten an, den Geheimbund der Untertanen, der St. Galler und Appenzeller. Nach dem Tode des Abtes setzt der Niedergang rasch ein: Äbte und Gegenäbte, Fehden, Verschleuderungen und Verpfändungen des Klostergutes. Dazu kam nun noch die gewalttätige Einmischung des Königs Rudolf von Habsburg, der hier in einem schlimmen Licht erscheint, ohne allen Humor, als rachsüchtiger Bedrücker und Ränkeschmied. Er setzte einen Vogt ein, der das Gotteshaus quälte und ausnützte. Abt Wilhelm von Montfort wird auf Befehl König Rudolfs durch Gegenabt Konrad von Gundelfingen verdrängt, der des Schreibens unkundig ist. Nach dem Tode Rudolfs 1291 kehrt Abt Wilhelm sofort zurück. Im Kloster herrscht so grosses Elend, dass die Kirchendächer nicht mehr ausgebessert werden und es hineinregnet; Bücher werden verschleudert. Im Jahr 1297 können Priester, Propst, Pförtner und Kämmerer nicht schreiben. Unter den nachfolgenden Äbten herrschen noch schlimmere Zustände. Kuchimeister wird immer knapper, obschon er jetzt doch über seine Zeit schreibt. 1329 bricht er ab; offenbar mochte er das Elend nicht weiter schildern. Von der Befreiung der Waldstätte 1291 steht nichts in seinen Casus.

Nüwe Casus Monasterii sancti Galli, hg., kommentiert und eingeleitet v. *Gerold Meyer von Knonau;* St. Gallische Geschichtsquellen, Mitt. vaterl. Gesch. NF 1, Heft 8, 1881.

Das Urkundenbuch der Abtei Sanct Gallen, bearb. v. HERMANN WARTMANN, Bd. 3, St. Gallen 1882, erwähnt Kuchimeister S. 175. 176. 705. 735. 841.

Johannes von Winterthur (Vitoduranus) ca. 1300–ca. 1349

Alle Nachrichten über ihn stammen aus dem von ihm lateinisch verfassten *Chronicon.* Er wurde in Winterthur geboren und geschult. 1309 sah er den Brand des Schlosses Wart, das im Zusammenhang mit der Blutrache nach König Albrechts Ermordung in Flammen aufging; 1315 begegnete er dem Herzog Leopold, der mit dem Rest des Heeres, worunter sich sein Vater befand, vom Morgarten heimkehrte. Johannes war Minorit in Basel 1328, in Schaffhausen 1335, in Lindau 1340–1348; hier schrieb er seine Chronik. Ort und Zeit seines Todes sind unbekannt; vielleicht starb er an der Pest in Zürich, wo die Autographen seiner Chronik gefunden wurden.

Für seine Arbeit war er gut ausgerüstet. Er kannte genau die Vulgata und das Kirchenrecht, aber nicht die Klassiker; sein Latein ist unliterarisch und kunstlos. Als Minorit kam er mancherorts umher und mit vielen Leuten zusammen, was seinen Blick weitete. Die Franziskaner unterhielten einen guten Nachrichtendienst im Orden. Sie wollten die Spielleute verdrängen und die Massen gewinnen, daher interessierten sie sich mehr für Handgreifliches als für Staatsgeheimnisse. Der gemeine Mann wird Subjekt und Objekt der Geschichtsschreibung. Unter diesem Gesichtspunkt erfolgt die Auswahl und Darbietung des Stoffes. Sie sammeln Material für die Ordensprediger, Heiligengeschichten, moralische Exempel. Zur Hauptsache ist es Mönchsbelletristik mit ihrem Wunderapparat. Johannes von Winterthur bringt Ordensgeschichte, Autobiographie, Landschaftsannalistik und Weltchronik. Man spürt seine franziskanische Tendenz gegen den Weltklerus und die Dominikaner, er arbeitet den Gegensatz von christlicher Demut und reichem Klerus heraus, wendet sich sogar gegen Bischöfe: Die Bettelorden müssen die Religion und die Welt retten. Man vernimmt bei ihnen echte religiöse Töne, aber aus niedriger Sphäre. Von sich redet Johannes in der ersten Person, während der höfische Johann von Victring die dritte Person braucht.

Die Chronik beginnt mit Papst Innozenz III., also anno 1198, und geht bis 1348. Das letzte Drittel ist allein den Jahren 1340–1348 gewidmet. Ein erster Band von Adam bis 1198 war geplant, wurde vielleicht geschrieben, ging aber verloren. Johannes hat den Stoff schnell und wahllos gesammelt. Er bietet ihn bunt durcheinander, in gemächlich breitem Erzählerton. Seine Chronik ist ein hochinteressantes, lehrreiches Buch, allerdings mehr für die Kultur- als für die politische Geschichte. Er gibt unvermittelt, volksnah wieder, was er gesammelt hat, schreibt, wie ihm der Schnabel gewachsen ist. Der Orden mit seinen grossen Gestalten geht ihm vor. Wichtig ist vor allem die Einleitung, weil sie über Quellen und Methode

Aufschluss gibt. Vitoduranus schiebt dem Leser zu, was der Historiker selbst besorgen sollte: die kritische Sichtung des Stoffes. Bei seiner Leichtgläubigkeit und seinem Mangel an Eifer, einen Tatbestand genau festzustellen, muss man ihn für die politische Geschichte mit Vorsicht benützen; von einem Vorfall kann er bis zu drei Versionen geben. Er erzählt nicht chronologisch rein, kommt auf eine abgetane Sache viel später wieder zu sprechen, offenbar wenn er neue Berichte darüber erhalten hat; es ficht ihn nicht an, sich zu widersprechen. Über die Ordensgeschichte zeigt er sich gut unterrichtet, viel weniger über die Reichsgeschichte, verfügt über keinen Sinn für tiefere historische Zusammenhänge. Die Gegend am Oberrhein liegt ihm am nächsten; sie wird von ihm am besten bedacht.

Als Ganzes stellt Vitoduranus' Chronik eine ausgezeichnete Quelle für die Kulturgeschichte dar, für die Stimmung des Volkes, mit der er als Minorit vertraut war. Den Grundstock bilden Geister-, Teufels- und Hexengeschichten, Judenverbrechen und Judenverfolgungen – Vitoduranus ist von der Schlechtigkeit, von den Hostienschändungen und Mordtaten der Juden überzeugt –, Feuersbrünste, Seuchen, Überschwemmungen, gute und schlechte Weinjahre, Hungersnöte, Heidenmissionen, Schlachten gegen die Heiden mit fabelhaften Zahlen. Er ist ein guter Erzähler, und einer seiner Kniffe besteht darin: Wenn er ein Lob seines Ordens vorgebracht hat, lässt er gewöhnlich etwas Schlechtes von den Predigern folgen. Geistliche, sogar Päpste, kritisiert er sehr frei, spricht sich überhaupt offen, im Volkston, über alle Hochgestellten aus; der kleine Mann kommt gegen die Grossen zum Wort. Vitoduran erzählt viel Grausiges und hat doch nicht geradezu eine blutrünstige Phantasie. Von Friedrich II. berichtet er mit Abscheu, auch von dem Glauben an seine Wiederkehr, wobei er sich über die Dummheit der Leute wundert. Seine durchgehend österreichische Gesinnung zeigt sich bei der Charakterisierung Rudolfs von Habsburg; König Albrecht wirft er Geiz vor, nimmt ihn aber gegen den Papst in Schutz. Bei der Schilderung des Kampfes gegen Bern 1271 erwähnt er eine Winkelriedstat, bei der Belagerung Zürichs eine Weiberlist. Von Morgarten bietet er den ältesten Bericht, auch den ausführlichsten unter allen Zeitgenossen. Über den Kampf zwischen Ludwig von Bayern und dem Papst berichtet er eingehend als Kenner der Streitfragen und der öffentlichen Meinung. Er hat eine Ahnung von den führenden Ideen, hebt sonst aber die Politik der führenden Männer hervor. Als Minorit nimmt er für den König Partei, fällt ein heftiges Urteil über Johannes XXII. Auch von Ludwig zeichnet er kein erfreuliches Bild; er wirft ihm Wankelmut vor, Geldgier, Abschluss schmutziger Geschäfte, Verhängung von Bussen zur Erpressung. Vitoduranus berichtet von der Umwälzung in Zürich 1336, wobei er Rudolf Brun mit grossem Lob bedenkt, von den Parteikämpfen in Schaffhausen, Winterthur und Konstanz, von der Verschwörung in Luzern 1343. Den Laupenkrieg beleuchtet er vom österreichischen Standpunkt aus, schildert Berns Not nach der Schlacht.

Chronicon, hg. v. *Georg von Wyss;* Arch. Schw. Gesch. 1856. – Hg. v. *Friedrich Baethgen, Carl Brun;* MGH SS, NS 3, Berlin 1924. – *Die Chronik des Minderbruders*

Johannes von Winterthur, übersetzt v. *Bernhard Freuler;* Njbl. Bürgerbibl. Winterthur 1859–1864.

GEROLD MEYER VON KNONAU: Einige Bemerkungen zu Vitoduranus' Chronik; Anz. Schw. Gesch. 1872, S. 174 ff. – GEROLD MEYER VON KNONAU: Deutsche Minoriten im Streit zwischen Kaiser und Papst; Histor. Zeitschr. 29, 1873, S. 241 ff. – GEROLD MEYER VON KNONAU: Vitoduranus; ADB 14, Leipzig 1881, S. 483. – GEROLD MEYER VON KNONAU: Zur Beurtheilung der Chronik des Vitoduranus; Anz. Schw. Gesch. 1877, S. 22 ff. – ALOIS LÜTOLF: Zu Johannes Vitoduranus; Anz. Schw. Gesch. 1877, S. 213. – GEROLD MEYER VON KNONAU: Der Chronist Johannes von Winterthur; Njbl. Waisenhaus Zürich 1911. – CARL BRUN: Einige verbesserte Lesungen bei Vitoduran; Zeitschr. Schw. Gesch. 1, 1921, S. 212 ff. – CARL BRUN: Der Armutsstreit bei Johannes von Winterthur; Zeitschr. Schw. Gesch. 3, 1923, S. 111 ff. – FRIEDRICH BAETHGEN: Zu Johannes von Winterthurs Bericht über die Schlacht am Morgarten; Zeitschr. Schw. Gesch. 3, 1923, S. 106 ff. – CARL BRUN: Die Franziskaner und der Orient bei Johann von Winterthur; Zeitschr. Schw. Kirchengesch. 17, 1923, S. 29 ff. – P. HOSP: Ketzertum und deutsche Kaisersage beim Minoriten Johann von Winterthur; Franziskan. Stud. 3, Münster 1916, S. 161 ff. – FRIEDRICH BAETHGEN: Franziskanische Studien; Histor. Zeitschr. 131, 1925, S. 421 ff.

Heinrich von Diessenhofen ca. 1300–1376

Der Vater, aus der habsburgischen Ministerialfamilie der Truchsess von Diessenhofen, war Hofmeister Friedrichs des Schönen, nahm eine ministerähnliche Stelle ein. Heinrich betrat die geistliche Laufbahn, studierte in Bologna, promovierte 1325 zum Doctor decretorum, war Canonist zu einer Zeit, da die Rezeption des canonischen Rechtes in Deutschland stattfand. Noch minderjährig, erlangte er vier Pfarrpfründen, wurde Canonicus von Beromünster, später Custos daselbst, 1338 Domherr von Konstanz; 1344 kandidierte er für die Bischofswürde, wurde aber wegen seiner päpstlichen Gesinnung nicht gewählt. Meistens hielt er sich in Avignon auf, als Kaplan Johannes' XXII. Anno 1345 erkoren ihn die Studenten der Universität Bologna zum Rector scolarium. Im gleichen Jahr traf ihn das päpstliche Dekret gegen Pfründenhäufung; er durfte von sieben nur zwei behalten.

Diessenhofen schrieb eine *Reichschronik.* Seine eigene Arbeit beginnt mit den Worten: «Hic incipit liber XXV.» Voraus gehen vierundzwanzig Bücher Kirchengeschichte des Bartholomäus von Lucca, die Diessenhofen fortsetzen will; sie reichen bis 1315. Seine eigene Darstellung umfasst die Zeit von 1316–1361. Zunächst erzählt er hauptsächlich die Ereignisse der römischen Kirche; von 1337 an aber verleidet es ihm, er zieht immer mehr Weltliches und Heimisches hinein. Dabei zeigt er sich sehr gut unterrichtet, kennt sich an den Höfen von Avignon und Wien aus, schreibt über Zeitgenössisches, bietet eine selten sorgfältige Chronologie. Die Schärfe des Juristen zeichnet ihn aus, auch eine ausserordentliche Anstrengung zur Genauigkeit, im Gegensatz zu Johannes von Winterthur. Man fühlt sich bei ihm auf sicherem Boden; einige Irrtümer unterlaufen ihm wohl, aber die Ereignisse werden richtig aneinandergereiht. Im Mittelpunkt seiner Chronik steht auch hier der Kampf zwischen dem Papst und Ludwig von Bayern. Heinrich ist päpstlich-österreichisch gesinnt, sagt stets: «Ludovicus, qui se pro imperatore gerebat». Doch urteilt er unbefangen, trachtet nach Unparteilichkeit und verzeigt Mängel auch auf kirchlicher Seite.

Er tadelt die Härte des Papstes, berichtet, dass der Gottesdienst 1338 wieder aufgenommen wurde, erwähnt die Schlacht bei Laupen. In Konstanz halten die Societates (Zünfte) zum König, die ostschweizerischen Städte lehnen Karl IV. ab. Von 1348 an tritt Konstanz immer mehr in den Vordergrund der Chronik, vielleicht weil Diessenhofen sich dort häufiger aufhielt. Gegen den Schluss hin werden die Ausführungen dürftiger. Von der Bedrohung der Schweizer durch Herzog Rudolf steht nichts in der Chronik. Diessenhofen stellt die notwendige Ergänzung dar zu Johannes von Winterthur.

Reichschronik, hg. v. *Alfons Huber;* Fontes rerum Germanicarum 4, Stuttgart 1868, S. 16ff.

JOSEF WILHELM LUDWIG AEBI: Heinrich, Truchsess von Diessenhofen; Geschichtsfreund 32, 1877, S. 133ff. – GEORG VON WYSS: Heinrich von Diessenhofen; ADB 5, Leipzig 1877, S. 148ff. – OTTOKAR LORENZ: Heinrich von Diessenhofen; Deutschlands Geschichtsquellen im Mittelalter seit der Mitte des 13. Jahrhunderts, 1, 3. Aufl. Berlin 1886, S. 84ff. – ALOYS SCHULTE: Beiträge zum Leben der Konstanzer Domherren und Geschichtsschreiber Heinrich Truchsess von Diessenhofen und Albrecht Graf von Hohenberg; Zeitschr. Gesch. Oberrhein NF 1, 1886, S. 46ff. – SABINE KRÜGER: Heinrich Truchsess v. Diessenhofen; NDB III, Berlin 1957, S. 662f.

Reimchronik des Appenzellerkrieges ca. 1405

Den Verfasser kennt man nicht. Er schreibt als Zeitgenosse und für manche Begebenheit wohl auch als Augenzeuge, wie man aus seinen genauen Schilderungen schliessen kann. Vielleicht war er Kriegsmann. Er erscheint als ziemlich unparteiisch, tadelt den Abt und die Klosterherren, ebenfalls die Städte, weil sie keine erfahrenen Adligen als Anführer nehmen und geschlagen werden wie bei Speicher. Wahrscheinlich gehörte der Chronist dem äbtischen Dienstadel an; ihm sind die Torheiten des Abtes ebenso zuwider wie das demokratische Regiment in der Stadt St. Gallen. Ganz abhold ist er den Appenzellern, verdammt ihre Erhebung, obschon er zugibt, dass sie oft vom Kloster gedrückt werden; er verflucht ihre Friedensbrüche, ihre Raubzüge in die Ebene und schildert mit Genugtuung die Schlappen, die sie erlitten, beschreibt als Kenner diesen Kleinkrieg. Der Chronist vertritt gleichsam eine konservative Minderheit, die das gute alte Recht erhalten will und die neue Zeit nicht versteht. Seinen Groll lässt er aus in einem Wehruf über die verdorbene Welt. Er gewährt vollen Einblick in politische und persönliche Verhältnisse, in den Stadtklatsch. Die über 4000 Verse sind unbeholfen, oft schwer verständlich; aber die Tatsachen stimmen mit den Urkunden überein, und der Chronist weiss noch mehr als sie. Es handelt sich um die erste Reimchronik der Schweiz, natürlich nicht um eine Dichtung.

Von der *Reimchronik* ist nur eine Kopie aus der Mitte des 16. Jahrhunderts vorhanden. Die letzte Ausgabe erfolgte durch *Traugott Schiess;* Mitt. vaterl. Gesch. 35, St. Gallen 1919. – Im gleichen Band sind von *Traugott Schiess* auch die *Seckelmeisterrechnungen* von St. Gallen aus der Zeit des Appenzellerkrieges herausgegeben worden.

Kleine Toggenburger Chronik ca. 1446

Sie setzt 1367 ein, verfährt nicht streng chronologisch, berichtet über Feuersbrünste, gute Jahre, Fröste, Wasserhöhen, über das glückliche Jahr 1420, alles mit herzlichem Anteil und bescheidenem Horizont. Der Verfasser bringt Notizen über das Gefecht bei Herisau 1428 und erzählt dann den Alten Zürichkrieg vom Toggenburger Standpunkt aus; er meint, Graf Friedrich habe das Erbe niemandem gegönnt. Die Vorgänge bei St. Jakob an der Sihl schildert er ganz verkehrt, hebt die Kriegszüge der Toggenburger unter Petermann von Raron gegen Zürich hervor. Toggenburg wird damals noch Thurtal, Johannsental oder Grafschaft genannt.

Unter dem Titel *Kleine Toggenburger Chronik* hat *Gustav Scherrer* 1874 in St. Gallen eine Anzahl chronikalischer Texte aus der St. Galler Landschaft herausgegeben, worunter die Kleine Toggenburger Chronik der wichtigste ist.

WESTSCHWEIZ

FREIBURG

Die ersten beiden Jahrhunderte der freiburgischen Entwicklung seit Gründung der Stadt 1157 sind in keinen einheimischen Aufzeichnungen festgehalten. Man kopierte einfach Berner Chroniken und gestaltete sie im Sinne Freiburgs um.

Anonyme Freiburger Chronik (Anonymus Friburgensis)   ca. 1400

Sie entstand um 1400, ist das älteste Geschichtswerk von Freiburg, in verderbtem Latein geschrieben und kurz gehalten, umfasst die Jahre 1386 bis 1388. Darin werden die Ereignisse auf dem westlichen Schauplatz des Sempacher Krieges behandelt: die Fehde zwischen Freiburg und Bern, ausführlich die Belagerung von Nidau, die Hilfstruppen Coucys in Freiburg. Die Chronik nimmt einen freiburgisch-österreichischen Standpunkt ein. Ihre Mitteilungen sind genauer und klarer als diejenigen Justingers. Sie bietet glaubwürdige Einzelheiten des trostlosen Kleinkrieges mit seinen Raub- und Verheerungszügen und wirft den Bernern Treulosigkeiten vor.

Die Chronik hatte wechselnde Schicksale. General Zurlauben fand um die Mitte des 18. Jahrhunderts eine Handschrift – nicht das Original – in Privatbesitz. Sie wurde von *J. H Füessli* im Neuen Schweitzerischen Museum 1, 1793, S. 613 ff., herausgegeben, worauf das Manuskript verlorenging. 1871 wurde die Chronik von *Gottlieb Studer* als Anhang zu seiner Ausgabe von Conrad Justinger nachgedruckt. Da trat *Theodor von Liebenau* im Anz. Schw. Gesch. 1900, S. 262 ff., nach den Regeln einer in alle Fugen gehenden Methode den Beweis an, dass diese Chronik eine geschickte Fälschung Zurlaubens sei. Die gelehrte Welt stimmte ihm zu, so *Albert Büchi: Die Chroniken und Chronisten von Freiburg im Uechtland;* Jahrb. Schw. Gesch. 30, 1905, S. 208 ff. Nun teilte aber *Alfred Roulin* im Anz. Schw. Gesch. 1919, S. 194 ff., mit, er habe in der Kantonsbibliothek Lausanne ein Manuskript der Chronik aus dem Anfang des 15. Jahrhunderts entdeckt, und er veröffentlichte es auch dort. Damit wurde der Scharfsinn Liebenaus hinfällig. Es bleibt doch bedenklich, wie die Methode völlig versagen konnte. Aus diesem quellenkritischen Zwischenfall muss man die Lehre ziehen, dass hier nichts gewiss ist, als was man in Händen hält.

Im 15. Jahrhundert waren fast gleichzeitig einige Freiburger Annalisten am Werk. Sie bedienten sich zunächst der lateinischen und französischen Sprache. Unter dem Einfluss Berns und infolge des Beitritts zur Eidgenossenschaft schrieben sie dann deutsch.

Hans Greierz   ca. 1400–1465

Er stammte aus einer Familie, die ungefähr 1350 aus Saanen eingewandert war und eigentlich Thuremberg hiess, sich jetzt aber Greierz (französisch Gruyere, lateinisch Grueire) nannte. Er studierte in Wien und wurde 1429 Notar zu Freiburg. Wegen seiner österreichischen Gesinnung genoss er nicht das Vertrauen der breiten Bürgerschaft und gehörte nur vorübergehend dem Kleinen Rat an. Im Sempacher Krieg machte er von 1447 bis 1448 fast täglich *Notizen*. Es handelt sich um präzise, eingehende Angaben, die zuverlässiger sind als Dittlinger-Tschachtlan oder Schilling. Erbittert über die Berner, nennt er sie perjuri und proditores, weil sie trotz des Burgrechts zu Savoyen hielten. Die Berner vergalten es übel, dass Freiburg 1444 neutral geblieben war. Greierz schreibt lebendig und bewegt, in ehrlicher Entrüstung über die Vergewaltigung seiner Vaterstadt. Der Krieg erschöpfte sich in gegenseitigen Raubzügen; grosse Zusammenstösse wurden vermieden. Gefechte fanden statt mit Büchsen und Bogen aus der Ferne, wie denn Greierz das Schiesswesen lobt. Die Freiburger befanden sich meistens in der Defensive, Bern unternahm zahlreiche Einfälle. Eine einzige grosse Offensive machten die Freiburger, um sich an den Guggisbergern wegen ihres Abfalls zu rächen, wobei sie auf der Rückkehr die Niederlage von Tavers erlebten. Greierz erhebt gegen die Berner den Vorwurf der Kreuzvertauschung. Schliesslich standen die Bauern auf und erzwangen den Frieden, weil sie ihre Felder nicht mehr der Verwüstung preisgeben wollten. Der durch eidgenössische Vermittlung zustandegekommene Friede von Murten 1448 war sehr drückend für Freiburg, richtete sich aber nicht gegen die Ehre der Stadt. Am Ende sahen sich die Berner doch von Savoyen geprellt.

In seinen Notariatsregistern machte Greierz über die Jahre 1441–1455 verstreut lateinische Eintragungen, die zu *Annalen* zusammengestellt worden sind. Ihr Wert liegt im kulturhistorischen Gehalt. Es finden sich hier Notizen über Schützenfeste, Preise, Wetter, Ernten, über den Besuch König Friedrichs, «unseres lieben Herrn von Österreich», über den Tanz in der Tuchhalle. Berner und Freiburger ziehen nach Savoyen gegen die «écorcheurs» und verscheuchen die Unholde kampflos. Junge Freiburger gehen nach Bern, um die deutsche Sprache zu erlernen. Im Alten Zürichkrieg bleibt Freiburg neutral; die Eidgenossen hätten geschworen, Zürich einzunehmen, berichtet er.

Bei Greierz sieht man die Dinge von der andern Seite, wodurch die Kontrolle erleichtert wird. Seine Annalen haben auf wenigen Druckseiten Platz. In dieser Unglückszeit reichte die Kraft nicht zu grösseren Werken aus. Und doch hätte Greierz den Geist und Stil dazu gehabt.

Die Notizen wurden als *Narratio* nach einer lateinischen Abschrift und unter Vergleichung mit einer älteren deutschen Übersetzung hg. v. *P. Nicolaus Rädle;* Quell. Schw. Gesch. 1, Basel 1877, S. 304 ff. – *Hans Greierz und seine Annalen,* hg. v. *Albert Büchi;* Freib. Geschichtsbl. 10, 1903, S. 1 ff.

ALBERT BÜCHI: Freiburgs Bruch mit Österreich; Collectanea Friburgensia 7, 1897. – ALBERT BÜCHI: Die Chronik und Chronisten von Freiburg im Uechtland; Jahrb. Schw. Gesch. 30, 1905, S. 199 ff.

Wilhelm Greierz 1439–1506

Sohn von Hans, wurde Wilhelm Notar wie sein Vater und übernahm 1465 die väterliche Schreibstube, trat in öffentliche Ämter, wirkte von 1477–1483 als Kanzler, scheint aber nicht genügend deutsch gekonnt zu

haben; später gehörte er der Regierung an, nahm am Schwabenkrieg teil.
Gleich seinem Vater trug er in die Notariatsregister von 1464–1476 *Notizen*
ein. Hierin findet sich die Auffassung der Zeit: Bei Pontarlier hätten sich
die Schweizer in die Wagenburg eingeschlossen und nicht angegriffen.
Wilhelm Greierz gibt sich weniger ruhmredig als Peter von Molsheim; es
ist schade, dass von seinen Aufzeichnungen nicht mehr vorliegt.

Un annaliste fribourgeois inconnu, hg. v. *Pierre de Zurich;* Ann. frib. 7, 1919, S. 137 ff., 196 ff.

Nicod du Chastel ca. 1400–1462

Dieser Zeitgenosse von Wilhelm Greierz stammte von einer Familie
aus Murten oder Kerzers ab, wo sich ein Geschlecht Tschachtli (de Chastel)
nachweisen lässt. Seit 1423 amtete er als Pfarrer der Liebfrauenkirche zu
Freiburg. Etwa 1452 machte er *chronikartige Aufzeichnungen*, welche die
Jahre 1435–1452 umfassen. Was ihm bemerkenswert schien, was den
städtischen Alltag unterbrach, schrieb er nieder; das Nahe sah er genau,
das Ferne unsicher. Er berichtet schlicht, wahrheitsgetreu, als Legitimist,
als Anhänger Österreichs. Bei St. Jakob an der Birs seien 4000 Eidgenossen
gefallen; dies ein Beispiel dafür, wie ungenau die Zeitgenossen unterrichtet waren. Die Kriegstaten von 1447–1448 meldete er ohne Hass. Auch
diese Chronik hat auf wenigen Druckseiten Platz.

Von Chastel war nur eine verstümmelte deutsche Übersetzung von *Peter Frujo* aus dem 16. Jahrhundert erhalten. In dieser Form gab *Albert Büchi* die *Aufzeichnungen* in den Freib. Geschichtsbl. 1901, S. 1 ff., heraus. Ein Glücksfall führte zur Entdeckung des lateinischen Originals in einer englischen Privatbibliothek; dieses wurde von *Albert Büchi* im Anz. Schw. Gesch. 1920, S. 106 ff. veröffentlicht.

GUSTAV TOBLER: Aus der Freiburger Chronik des Nico du Chastel; Anz. Schw. Gesch. 1895, S. 188. – ALBERT BÜCHI: Die Chroniken und Chronisten von Freiburg im Uechtland; Jahrb. Schw. Gesch. 30, 1905, S. 210 ff. – JEANNE NIQUILLE: Quelques renseignements biographiques sur Nicod du Chastel; Zeitschr. Schw. Gesch. 14, 1934, S. 238 ff.

Nicod Bugniet

Er war Ratsherr, savoyisch gesinnt, reich, einer der städtischen Zins-
herren, über die sich die Bauern wegen Bedrückung schwer beklagten.
Nach dem Schiedsspruch, der den Krieg mit den Bernern schlichten sollte,
wurde er verhaftet, abgesetzt, nach Freiburg i. Br. geführt, bis er sich los-
kaufte. Gleich nachher schrieb er sein *Livre des prisonniers*, wohl auf Grund
eines Tagebuchs, daher datiert er genau. Er schildert die Verluste, die
Haft, die Kosten des Besuches von Albrecht VI. Der Herzog benützte den
Anlass zur Erpressung, benahm sich schmählich, so dass der Verlust von
Freiburg für Österreich verdient erscheint. Bugniets Aufzeichnungen sind
im Ton gemässigt trotz des Ausgestandenen. Er nennt den Herzog
«Monseigneur très redoubté», nur einmal «Monseigneur le Tyran».

Le livre des prisonniers, hg. v. *Jean Gremaud;* Mémorial de Fribourg 4, 1857, S. 267 ff.

ALBERT BÜCHI: Die Berichte von Nicod Bugniet und Jakob Cudrefin; Collectanea Friburgensia 7, 1897, S. 155 ff. – ALBERT BÜCHI: Die Chroniken und Chronisten von Freiburg im Uechtland; Jahrb. Schw. Gesch. 30, 1905, S. 221 ff.

Jacques Cudrefin gest. ca. 1466

Auch er war Zinsherr, gehörte zur savoyischen Partei, wurde verhaftet, gefangen gehalten, erlangte aber schon bald die Freiheit. Seinem *Bericht* legte er Bugniet zugrunde, fügte einige Ergänzungen bei, so die Meldung, dass die Österreicher das Silbergeschirr der Stadt wegführten «ce que n'appartient a leal prince ne bon seigneur de ainsi traicter les soubjects». Obgleich weniger hart getroffen als Bugniet, führt er doch eine viel heftigere Sprache, nennt den Herzog nur «le tyran».

Nach einer Kopie hat *Beat Fidel von Zurlauben* einen Abdruck veranstaltet: *Tableaux de la Suisse ou voyage pittoresque fait dans les XIII cantons du corps helvétique* 6, 2ᵉ éd., Paris 1786. – *Einleitung,* hg. v. *Albert Büchi,* Freiburgs Bruch mit Österreich; Collectanea Friburgensia 7, 1897, Beilage II, S. 158 ff.

ALBERT BÜCHI: Die Chroniken und Chronisten von Freiburg im Uechtland; Jahrb. Schw. Gesch. 30, 1905, S. 225 ff. – ALBERT BÜCHI: Die Berichte von Nicod Bugniet und Jakob Cudrefin; Collectanea Friburgensia 7, 1897, S. 155 ff.

Hans Fries ca. 1460–1518

Ein Vetter des Malers gleichen Namens in Bern, sass er mit zweiundzwanzig Jahren schon im Grossen Rat, als Achtunddreissigjähriger im Kleinen Rat, dem er mit einem kurzen Unterbruch bis zu seinem Tod angehörte, und machte verschiedene Kriegszüge mit.

In seiner *Chronik* setzt er ein mit 1339, bietet aber nur ein paar Notizen, die er aus anderen schöpft. Selbständig und eingehend berichtet er erst seit 1468 und führt seine Darstellung bis 1482; dann gibt er nur noch kurze Notizen zum Saluzzer- und Schwabenkrieg. Im Gegensatz zu anderen Freiburgern lehnt er sich nicht an Schilling an. Er zeichnete nur für sich auf, dachte nicht an die Öffentlichkeit. Höhere Bildung und tieferer Geschichtssinn gehen ihm ab. Fries hält sich an Äusseres, das er schlicht, getreu, in kunstloser Sprache wiedergibt, aus seinem Gesichtsfeld. Der Ton ist ruhig; nur einmal bricht sein Zorn über die Verrätereien von Grandson durch. Er schreibt als Freiburger, nennt genau ihre Anführer; überhaupt ist er auf Namen und Daten versessen. Zum Wertvollsten gehört seine ausführliche Schilderung der Belagerung von Grandson, der Entsatzversuche, der Überredung. Hier ist er einzig. Er stellt die Sache so dar, als habe der Herzog sein Wort gebrochen. Ferner erzählt er das Vorpostengefecht bei Vaumarcus zu Beginn der Schlacht, den Vorstoss nach dem Sieg von Grandson mit dem verspäteten Zuzug der Niederen Vereinigung, gesteht die Schlappe bei Romont ein, gibt zu, dass die Eidgenossen in der Murtenschlacht über zahlreiche Geschütze verfügten, und bestätigt, sie seien fröhlich ins Gefecht gegangen. Von der Aufnahme Freiburgs in den Bund macht er nicht viel Aufhebens. Man erfährt aus Fries, welche Ereignisse einem einfachen Geiste wichtig waren und welche Spuren sie hinterliessen. Die Chronik geriet rasch in Vergessenheit, blieb ohne Wirkung auf die Historiker. Erst neuerdings ist sie hervorgeholt worden.

Chronik, hg. v. *Albert Büchi* nach den zuverlässigen Kopien aus dem 16. Jahrhundert als Anhang zum zweiten Bande der Diebold Schilling-Edition von Gustav Tobler; Bern 1901, S. 393 ff.

ALBERT BÜCHI: Die Chroniken und Chronisten von Freiburg im Uechtland; Jahrb. Schw. Gesch. 30, 1905, S. 230 ff. – MARGARETHE PFISTER-BURKHALTER: Hans Fries; NDB V, Berlin 1961, S. 603 f.

Peter von Molsheim   gest. ca. 1490

Im Jahr 1477 entwarf der Berner Diebold Schilling die erste, kurze, private Chronik des Burgunderkrieges, die grosse, amtliche erst 1483. Sofort wurde die kleine verschiedentlich für Freiburg kopiert. 1478 arbeitete Peter von Molsheim im Auftrag des Freiburger Rates eine dieser Abschriften um, indem er sie mit freiburgischen Zutaten und Tendenzen bereicherte; sie wurde vom jungen Hans Fries illustriert, anfangs 1479 dem Rat vorgelesen, bereinigt und angenommen. Damit hatte Freiburg seine *amtliche Chronik des Burgunderkrieges*.

Peter von Molsheim war Burger von Bern, Johanniterbruder, als solcher Mitglied der Zunft zum Distelzwang; seine nichtadeligen Vorfahren stammten aus dem Elsass. Seit 1455 lebte er in Freiburg als Kaplan der St. Johannis-Kirche; 1483 wurde er auf die Pfarrei Wohlen versetzt.

Seine Chronik beginnt mit dem Jahr 1178, enthält jedoch über die ältere Zeit nur kurze Notizen. Richtig setzt sie mit dem Jahr 1467 ein und verfolgt die Ereignisse bis 1477, bis zum «torechten Leben»; später wurden noch einige Kapitel bis 1481 eingefügt, die aber nicht von Molsheim herrühren. Was er Neues hinzutat, schöpfte er aus dem Freiburger Archiv und aus Selbsterlebtem sowie Gehörtem. Einleitend bietet er ein paar Kapitel über die Gründung von Bern und Freiburg, nach Justinger. Der Kern ist natürlich Schilling. Wertvoll an Molsheims Zusätzen sind die Bemerkungen über Freiburg, die Beleuchtung der Dinge von dieser Seite. Durchgehend herrscht die Tendenz, Bern zu umschmeicheln und zu verherrlichen, denn mit Berns Hilfe wurde Freiburg 1478 von Savoyen frei; darum werden die Berner stets die «hagbrüder» oder «herzlichen fründ» genannt. Anderseits ist Molsheim viel schärfer gegen Savoyen und Burgund eingestellt als Schilling. Nach ihm hat Burgund den Krieg heraufbeschworen. Dagegen wird Ludwig XI. vorsichtig im Hintergrund gelassen. Karl heisst durchgehend der Blutvergiesser von Burgund; Molsheim legt ihm verschiedentlich Schmähreden unter; er wird der Feind der edlen deutschen Nation genannt. Überhaupt spricht aus Molsheim ein starker Hass gegen die Walchen, eine unverhüllte Germanisierungstendenz, ein starker Wunsch nach Zutritt zur Eidgenossenschaft. Er ist schweizerischer als die Schweizer. Jolanda wird als falsche Herzogin geschmäht. Molsheim vertritt einen strammen Adelshass, empfindet Freude über die

Abschlachtung von adeligen Gefangenen, die er als hungrige Landhunde verspottet. Er verschweigt die Kriegsgreuel der Schweizer nicht, vermehrt sie gar noch um scheussliche Züge; so erzählt er den entsetzlichen Erstickungstod der Gefangenen in Orbe, die Hinrichtung mit dem Pfeil im Kopf, den Raub von Moudon; aber er will diese Taten möglichst begründen und einleuchtend machen und gerät so auf unangenehme Art ins Salbadern und Moralisieren. Wenn der Feind fällt, ist das der «Lohn, der ihm wert». Dieser apologetische Zug ist wohl nicht Heuchelei, sondern verrannte Überzeugung, Mangel an gerechtem Geschichtssinn. Molsheim gibt wahrscheinlich nur die populäre Auffassung vergröbert und leidenschaftlich wieder. Freilich ist die Arbeit dadurch persönlich belebt.

Diese Freiburger *Chronik des Burgunderkrieges* blieb lange Zeit vergessen. *Gustav Tobler* vermutete zuerst Peter von Molsheim als Verfasser; *Albert Büchi* wies ihn nach durch einen minutiösen Vergleich des erhaltenen Originals mit anderen Handschriften, die sicher von Peter von Molsheim herrühren. Die Edition der Chronik erfolgte durch *Albert Büchi: Freiburger Chronik der Burgunderkriege;* Bern 1914. Man gewinnt mit dieser Edition gleich zwei Texte, den kleinen, privaten Schilling und Molsheim.

ALBERT BÜCHI: Die Chroniken und Chronisten von Freiburg im Uechtland; Jahrb. Schw. Gesch. 30, 1905, S. 249 ff. – ALBERT BÜCHI: Zur Biographie Peters von Molsheim; Anz. Schw. Gesch. 1915, S. 112 f.

NEUENBURG

Kleine Neuenburger Chronik
Sie steht in einem Urkundenbuch des 16. Jahrhunderts, enthält eine Anzahl Notizen von 1249–1487. Der Armagnakeneinfall wird völlig falsch dargestellt, was – von einem Zeitgenossen – merkwürdig berührt.

Kleine Neuenburger Chronik, hg. v. *Theodor von Liebenau;* Anz. Schw. Gesch. 1892, S. 340 ff. In den Fussnoten weist Liebenau verschiedene Male auf die Chroniques des chanoines de Neuchâtel hin, betrachtete diese also noch als Quelle.

Entreprises du Duc de Bourgogne contre les Suisses ca. 1490
Der nicht genannte Verfasser – man vermutete früher, es sei ein Chorherr oder der Stadtschreiber von Neuenburg – schrieb bald nach dem Burgunderkrieg, jedenfalls noch vor der Reformation. Seine *Chronik* ist nur in einer verstümmelten Abschrift erhalten, Anfang und Ende fehlen. Er beginnt mit der Eroberung von Lothringen durch Karl 1475, erzählt ausführlich die zwei Züge in die Waadt, betont die Ereignisse um Neuenburg herum. Karl habe mit der Garnison von Grandson verhandelt, «leur promettant la vie saulve, puis les fit pendre par trahison». Ausdrücklich wird erwähnt, dass die geflüchteten Bürger von Estavayer und Yverdon bei Karl für die Hinrichtung der eidgenössischen Besatzung von Grandson eingetreten seien, indem sie darauf hingewiesen hätten, «qu'ilz estoyent cause de leur mal». Den Kampf von Grandson kennzeichnet er auf das bestimmteste als Begegnungsschlacht, stellt sie im übrigen aber unge-

nügend dar. Ausführlich schildert er den Vorstoss des Grafen von Romont nach Ins und die Belagerung von Murten, ohne Bubenberg zu nennen. Über die Schlacht von Murten berichtet er kurz, bricht hier ab. Er schwelgt in Zahlen, gibt die Heeresstärke Karls auf über 100000 Mann an; gewisse glaubwürdige Einzelheiten findet man nur bei ihm. Johannes von Müller schon benützte die «Entreprises».

Les entreprises du Duc de Bourgogne contre les Suisses, hg. v. *Alfred Schnegg;* Quell. Schw. Gesch. NF, Abt. 1, Chroniken 3, Basel 1948. In der Einleitung schaltet Schnegg den früher genannten David Baillod als Verfasser aus, nimmt vielmehr an, dass ein Teilnehmer des Krieges die Chronik zwischen 1483-1500 verfasst habe. Er sieht den Autor in Pétremand von Cressier, Burger und Ratsherr zu Landeron, bemerkt aber, er habe keinen sicheren Beweis dafür; doch passt der Vermutete trefflich in die besondere Situation und Aufgabe.

Recueil d'un chanoine anonyme ca. 1500

Auch davon liegt nur eine verstümmelte und schwer leserliche Kopie in lateinischer Sprache vor. Als Verfasser nimmt man einen unbekannten Chorherrn an. Die Aufzeichnungen gehen vom 13. Jahrhundert bis 1500, schildern innere Vorgänge, kreisen um das Chorherrenstift, das Grafenhaus und dessen geistliche Gründungen.

Recueil d'un chanoine anonyme, hg. v. d. Société d'histoire et d'archéologie du Canton de Neuchâtel 1884.

Chroniques des chanoines de Neuchâtel

Samuel de Pury (1675-1752), neuenburgischer Staatsrat – man nannte ihn «le grand conseiller» – trat als Gegner Frankreichs auf und förderte die Übertragung Neuenburgs an Preussen. Bei seinen Forschungen im Archiv, die er zu politischen Zwecken unternahm, entdeckte er im Jahr 1714 ein grosses, verstaubtes, zerfressenes Manuskript, dessen erste 88 Seiten fehlten. Er entzifferte es mit Hilfe des gelehrten Pfarrers Choupard, machte Auszüge daraus und meldete die Entdeckung seinem Onkel, dem Historiker Jonas Boyve, der jedoch zauderte, das Manuskript an die Hand zu nehmen. Pury ging dann für vier Monate an den Badener Kongress 1714; in seiner Abwesenheit brannte das Haus von Choupard, das Manuskript verschwand in den Flammen. Zu seinem Leidwesen blieben Pury nur die Auszüge, die er nicht als Historiker, sondern als Politiker gemacht hatte. Er veröffentlichte sie nicht, benutzte sie aber, um seinen Neffen und Nachfolger in seinen Anschauungen zu erziehen. Ihm ging es darum zu zeigen, wie alt und eng die Zugehörigkeit der Neuenburger zur Schweiz und nicht zu Frankreich war.

Das Original enthielt die Eintragungen von Vorfahren Purys, dreizehn Namen, umfassend die Jahre 1377-1516. Pury notierte das ihm wichtig Scheinende im Auszug; besonders kräftige Stellen schrieb er ab, charakterisierte auch etwa die Autoren. Zuerst ist das Manuskript lateinisch, seit

1424 französisch geschrieben. Als wichtigste Verfasser erscheinen: *Henry de Pury*, einer der beiden Chorherren, welche die Eidgenossen bei St. Jakob an der Birs warnten (er nennt Albert Tissot als Anführer der Neuenburger in dieser Schlacht), und *Hugues de Pierre*, der bedeutendste, der eine prachtvolle Schilderung des Burgunderkrieges bietet; von ihm stammen die grössten Auszüge im Wortlaut. Pury veröffentlichte seine Notizen und Kopien nicht; schon im 18. Jahrhundert benützte sie Johannes von Müller. Tissot und Pury bekamen ein Denkmal in Neuenburg.

Die erste Ausgabe erfolgte 1839, *Extraits des chroniques ou annales écrites autrefois successivement par les chanoines du chapitre de Notre-Dame de Neuchâtel,* die zweite 1884, *Chroniques des chanoines de Neuchâtel,* durch die Société d'histoire et d'archéologie du Canton de Neuchâtel. Das grosse Ansehen der Chronik wurde erschüttert durch *Theodor von Liebenau* in den Kath. Schw. Bl. 11, 1895, S. 497 ff.: Er beginnt mit einem höhnischen Blick auf die beiden Denkmäler. Dann führt er eine Reihe von Gründen auf, mit denen er beweisen will, dass Pury die Chronik gefälscht habe. 1896 wollte *Arthur Piaget* im Musée neuchât. 33 das Gleiche beweisen, von der sprachlichen Seite her. Beider Gründe waren: 1. Die Entdeckung und Verbrennung ist sonderbar. 2. Pury erstrebte damit die Bestätigung seiner Ideen. 3. Vom Jahr 1424 an ist die Sprache französisch – nirgends im 15. Jahrhundert haben die Kanoniker in der Volkssprache geschrieben. 4. Es ist eigentümlich, dass der Historiker Boyve nicht zugriff, als ihm Pury von seiner Entdeckung sprach. 5. Einige Kanoniker bezeichnen sich als Domicellus, was sonderbar anmutet, da sich sonst Geistliche ihre wissenschaftlichen und geistlichen Titel beilegen. 6. Es ist merkwürdig wenig von geistlichen Dingen die Rede. 7. Die Beute von Grandson wird als Unglück bezeichnet, was wie ein Anachronismus nach Stettler aussieht. 8. Die Sprache des Hugues de Pierre ist zu schön und flüssig. 9. Es finden sich positive Unrichtigkeiten darin: Schon 1444 wird die Universität Basel erwähnt, während die Gründung doch erst 1460 erfolgte. – Die gebildete Welt pflichtete auch diesmal Liebenau bei, wie im Falle des Anonymus Friburgensis; allgemein verwarf sie die Chronik. Nur ein Neuenburger Geschichtsliebhaber, *Edouard Perrochet*, trat 1902 für die Echtheit ein, wurde aber von Piaget lächerlich gemacht. Perrochet gab ein Buch zur Verteidigung heraus: *Etudes sur la Chronique des chanoines de Neuchâtel;* Neuchâtel 1914.

Im Fall des Anonymus Friburgensis zeigte sich Liebenau als oberflächlich und haarspaltend, ohne den tieferen Sinn, ohne die Intuition für das Echte; es ist nicht auszuschliessen, so stehe es auch hier. Einige Einwände fallen ohne weiteres dahin: 1. Für die Erhaltung und den Brand braucht nur auf die Parallele Königshofen 1869/70 hingewiesen zu werden. 2. Als Politiker suchte Pury bloss das heraus, was ihm passte. 3. Der Kanonikus Elogius Kiburger schrieb deutsch und ebenfalls Twinger von Königshofen. 4. Boyve hatte nur kurze Zeit, sich zu bedenken, dann verbrannte das Manuskript. 6. Die geistlichen Dinge überging Pury absichtlich. 9. Anno 1444 gab es in Basel bereits eine Konzilsuniversität, was man im 16. Jahrhundert noch wusste, später nicht mehr, sondern erst im 20. Jahrhundert wieder entdeckte. Charakteristische Einzelheiten des Berichtes über die Schlacht von Murten stimmen mit den zeitgenössischen Quellen überein. Positive Unrichtigkeiten können übrigens auf das unleserliche Manuskript zurückgehen, über das Pury sich gelegentlich beklagt.

Der Gesamteindruck spricht nicht unbedingt für eine Fälschung. Eine so grosse Arbeit leisten, nur um einen Neffen zu belehren? Und dann wäre eine solche Fälschung ja ganz tölpisch für einen so feinen Kopf wie Pury; er gibt den Zweck der Fälschung an! Warum hat er die Fälschung nicht veröffentlicht, wenn ihm doch so viel daran gelegen war? Hätte er gefälscht, so hätte er eine grossartige Kenntnis der Vergangenheit besessen, er der Politiker. Und dann so viele ausgeklügelte Feinheiten! Ein Kenner wie Michelet urteilte über den grossenteils in der Ursprache angeführten Hugues de Pierre: «Ich habe nie etwas gelesen, das lebendiger war.» Hätte Michelet es nicht gemerkt, wenn dieses alte Französisch im 18. Jahrhundert nachgemacht worden wäre? Hätte der vielbeschäftigte Pury eine so täuschende Fälschung der Sprache zustande gebracht?

Neuerdings glaubt *Jules Jeanjaquet* im Musée neuchât. 38, 1951, S. 3 ff. 43 ff., das komplizierte Problem der Autorschaft damit glatt lösen zu können, dass er sowohl die Chroniques des chanoines als auch die Mémoires de Montmollin dem gleichen Verfasser zuschreibt: dem bisher wenig bekannten *Abram de Pury* (1724–1809), einem schriftstellernden Offizier, der mit dieser Fälschung politische Zwecke verfolgt habe. So bestechende Argumente Jeanjaquet auch vorbringt, seine Hypothese vermag doch nicht restlos zu überzeugen.

GENF

Fasciculus temporis ca. 1335

Es handelt sich um die älteste erzählende Quelle Genfs, die sich nur als Bruchstück ohne Namen erhalten hat. Wahrscheinlich entstand diese savoyerfreundliche Schrift im Priorat St. Victor. Sie umfasst die Jahre 1303–1335, enthält kurze, bestimmte annalistische Aufzeichnungen von Fehden, Bräuchen, Geburten, Todesfällen in erlauchten Familien. Ihre Richtigkeit wird durch die Akten bestätigt. Für manches stellt sie die einzige Quelle dar. Sie schildert den endlosen Kleinkrieg zwischen Savoyen, dem Dauphin von Vienne und dem Grafen von Genevois: Belagerungen, Zerstörungen, Verwüstungen von Reben und Baumgärten. In der Stadt, die in den Streit hineingezogen wird, bekämpfen sich zwei Parteien. Den Höhepunkt der Ereignisse bildet der Angriff auf Genf 1307.

La plus ancienne chronique de Genève, hg. v. *Edouard Mallet;* Mém. doc. Soc. hist. arch. Genève 9, 1855. Ausgabe nach den zwei Handschriften, die in Genf erhalten sind.

Jean Bagnyon

Dieser Waadtländer Rechtsgelehrte und Notar gab 1487 eine kleine Schrift heraus: *Tractatus potestatum dominorum et libertatum subditorum.* Sie ist mit Vorsicht zu benützen, denn er behauptet darin, dass Genf keinem Herrn, nicht einmal dem Kaiser, unterworfen sei. Für diese politische Broschüre erhielt der Autor das Genfer Bürgerrecht.

Tractatus, hg. v. *Henri Bordier;* Mém. doc. Soc. hist. arch. Genève 17, 1872, S. 1 ff. Ein Teil ist übersetzt.

Libertés, franchises, immunités, us et coutumes de Genève 1387 und 1455

Die Aufzeichnung des Stadtrechts erfolgte erst 1387, in lateinischer Sprache, also später als in anderen eidgenössischen Orten. Bischof Adémar Fabry (1385–1388), ein gelehrter und menschenfreundlicher Herr, ordnete sie an. Doch handelt es sich nur zum Teil um eine Neuverleihung, zum andern Teil um die Kodifikation eines schon bestehenden Rechts. Anno 1285 wird zuerst der Freiheiten Erwähnung getan. Aus dem Jahr 1364 stammt das erste erhaltene Protokoll einer Gemeindeversammlung und Syndicwahl.

Von 79 Artikeln sind 22 aus den spärlichen Akten als vorher bestehend zu belegen. Es gab wohl schon früher Sammlungen, die aber verlorengingen. Die Kodifikation von 1387 umfasst Staats-, Zivil-, Straf- und Prozessrecht. Ihre Quelle war die verliehene Freiheit und das Genossenschaftsrecht. 1455 wurde diese Sammlung von Notar Michel Montyon mangelhaft ins Französische übertragen und 1507 in Genf gedruckt.

Diese Kodifikation bildet eine strahlende Ausnahme von dem damaligen Recht. Sie schützt den Bürger, nicht den Bischof, den Bedrängten, nicht den Bedränger, den Angeklagten, nicht den Ankläger. Die Strafen sind so mild wie möglich bemessen. Sie bieten eine schöne Bestätigung des Satzes: «Unterm Krummstab ist gut wohnen.» Man glaubte eine Zeitlang, der milde, freiheitsfreundliche Geist dieser Kodifikation habe Rousseaus Contrat social angeregt; doch ist jetzt nachgewiesen, dass Rousseau die Gesetze erst nach Vollendung des Contrat social kennenlernte.

Franchises de Genève, promulguées par l'évêque Adémar Fabri, hg., übersetzt und kommentiert v. *Edouard Mallet;* Mém. doc. Soc. hist. arch. Genève 2, 1847, S. 271 ff.

CHARLES LE FORT: Adhémar, évêque de Genève; Anz. Schw. Gesch. 1887, S. 61 ff. – JULES VUY: Adémar Fabri prince-évêque de Genève; Miscellanea di storia italiana 27, Turin 1888, S. 335 ff.

Savoyische Chroniken
Jean Dronvilla, genannt *Cabaret,* verfasste im Auftrag von Herzog Amadeus VIII. um 1420 eine *Chronik.* Sie geht von 968–1391, steckt voll Fabeln und wurde nie gedruckt.

Jean Servion, Bürger und Syndic von Genf, schrieb um 1465 *Gestez et chroniques de la mayson de Savoye.* Als Grundlage diente ihm Cabaret, wozu er noch andere Quellen ähnlichen Schlages benützte. Die Chroniques umfassen den Zeitraum von 242–1414; sie wimmeln von Fabeleien im Stil der Artussage.

Symphorien Champier machte daraus seine unwissenschaftliche Chronik von Savoyen, die er 1526 erscheinen liess. *Guillaume Paradin* gab sie 1552 wieder heraus.

Gestez et chroniques de la mayson de Savoye, hg. v. *Frédéric-Emmanuel Bollatti;* 2 Bde., Turin 1879.

Über Champier/Paradin: EUSÈBE-HENRI GAULLIEUR: Mémoire sur la composition des chroniques de Savoie; Mém. Inst. Genève 2, 1854, S. 1 ff. – EUSÈBE-HENRI GAULLIEUR: Les Chroniques de Savoie dans leurs rapports avec l'histoire de l'Helvétie occidentale, depuis le règne de Pierre de Savoie jusqu'à celui d'Amédée VIII; Arch. Schw. Gesch 10, 1855, S. 64 ff. – DENISE WERNER: Jean Servion. Figure genevoise du XVe siècle; Zeitschr. Schw. Gesch. 14, 1934, S. 205 ff.

RANDGEBIETE

Ottokars österreichische Reimchronik 1300–1308
Über den Verfasser ist urkundlich nichts erhalten; er lässt sich in seiner Chronik von Frau Minne als Ottokar anreden. Jedenfalls war er Steiermärker, um 1265 geboren, wurde von einem «videlaere» König Manfreds in die Kunst eingeführt, worunter Minnesang zu verstehen ist. Dem Sohne des bekannten Minnesängers Ulrich von Lichtenstein diente er als Edelknecht. Er ist sehr belesen, aber nicht wissenschaftlich gebildet. Sein erstes Werk, eine *Kaiserchronik*, ging verloren. Von seinem zweiten Werk, einer *Reimchronik*, sind 98 595 Verse erhalten, mit Lücken im Text und besonders am Ende. Sie umfasst die Zeit von 1250–1309. Ihr Inhalt ist Königsgeschichte und Landesgeschichte von Österreich und Steiermark; doch zieht der Verfasser gelegentlich die ganze bekannte Welt in Betracht. Er kennt viele Quellen, die heute verloren sind, wie die Übereinstimmung mit Matthias von Neuenburg beweist. Sein Standpunkt ist königstreu, ghibellinisch, er anerkennt das Recht des deutschen Königs auf Italien, nimmt für die Hohenstaufen gegen Karl von Anjou Partei, beugt sich vor dem menschlichen Schicksal, angesichts dessen die Feindschaft schweigt. Gegen geistliche Personen übt er keine besonderen Rücksichten, moralisiert gelegentlich, so im Zwiegespräch mit Frau «werlt». Seine Sprache ist mundartlich gefärbt, bei allem Streben nach schriftgemässem Ausdruck. Die Reimerei ist poetisch wertlos, nicht aber die Darstellung. Naive Freude an der bunt verwirrenden Fülle des Stoffes spricht daraus. Ottokar streut Reden voll drastischer Rhetorik ein, welche vergegenwärtigen und Leben bringen. Seine geographischen Kenntnisse sind gering: Der König von Äthiopien leitet, um die Heiden zu strafen, den Euphrat ab, der Ägypten fruchtbar macht.

Der Inhalt berührt auch eidgenössisches Gebiet: die Zusammenkunft mit dem Papst in Lausanne 1273, den Sieg des Herzogs von Werdenberg über Zürich 1292. Besonders eingehend und mit guter Spannung wird die Ermordung König Albrechts geschildert: Der Erzbischof von Mainz hetzt Herzog Johann auf; bei Tisch benimmt sich der König sehr freundlich gegenüber Johann, dieser ist ein Judas, eilt voraus, treibt die Leute aus dem Schiff, der König wird gewarnt.

Ottokars österreichische Reimchronik, hg. v. *Joseph Seemüller;* MGH, Deutsche Chroniken 5, 2 Teile, Hannover 1890–93.

Johann von Victring gest. 1347
Johann von Victring galt lange als der bedeutendste Historiker des ausgehenden Mittelalters. Von 1314–1347 war er Abt des Zisterzienser-Klosters Victring in Kärnten. Er schrieb *Liber certarum historiarum*, «Buch wahrhafter Geschichten». Drei Redaktionen zeugen von der aufgewen-

deten Sorgfalt. Die definitive Chronik reicht von den Karolingern bis 1343. Sie steht auf der Grenze zwischen Landesgeschichte und Reichsgeschichte, mit dem Schwergewicht auf dem Südosten. Ihr Hauptinhalt betrifft österreichische Geschichte seit 1246; nach dem Aussterben der Babenberger erschüttert, wurde Österreich unter den Habsburgern geeint. Victrings Held ist Herzog Albrecht der Lahme; ihm widmet er in der Vorrede sein Werk. Hier nennt er seine Quellen: Schriftsteller, Augenzeugen, Selbsterlebnisse. An Reichtum der Quellen ist er allen Zeitgenossen überlegen, kennt die geistliche und weltliche Literatur des Altertums, lässt seine Gewährsmänner sprechen: Einhard, Regino, Otto von Freising, Ottokar; ferner Plato, Horaz, Ovid und die Kirchenväter. Von 1314 an benötigt er keine schriftlichen Quellen mehr. Er wurde in die Geheimnisse der Höfe eingeweiht, mit diplomatischen Missionen betraut, war Kanzler Albrechts II. Auf sein Alter hin zog er sich wohl ins Kloster Zürich zurück und begann mit seinen Aufzeichnungen. Die Anordnung ist streng synchronistisch und gleichwohl der Faden gut gesponnen. Seinen Stil hat er an klassischen Mustern gebildet. Er schreibt als Hofmann für gebildete Kreise; ein deutlicher Abstand trennt ihn von der Volkstümlichkeit des Johannes von Winterthur. Massvoll urteilt er zwischen Kaiser und Papst, erstrebt volle Ruhe der Objektivität, der Wahrheit. Geschichte bedeutet ihm Lehrmeisterin der Menschheit; in der Vorrede stellt er das Beispiel der Ahnen hoch, spricht von leuchtenden Vorbildern. Durch das Ganze waltet eine eher pessimistische Lebensauffassung. Die Sprache ist klar; nach Form und Inhalt repräsentiert das Werk jedenfalls eine bedeutende Leistung.

Victring erwähnt Rudolfs Wahl, seine Berührungen mit Basel, die Zusammenkunft mit dem Papst in Lausanne, die Ermordung Albrechts, die Schlacht am Morgarten, die Irrlehren des Marsilius, die religiöse Spaltung wegen des Interdiktes, Wundergeschichten, die Heuschreckenplage, die Verfolgung der Juden, ihre Ritualmorde, Freude am Tirol, wo eine Spur von Natursinn bemerkbar wird.

Chronik, hg. v. *Johann Friedrich Böhmer;* Fontes rerum Germanicarum 1, Stuttgart 1843, S. 272 ff. – Übersetzung v. *Walter Friedensburg;* Geschichtschreiber der dtsch. Vorzeit, 14. Jhdt., 8, Leipzig 1888.

AUGUST FOURNIER: Abt Johann von Viktring und sein Liber certarum historiarum; Berlin 1875. – AUGUST FOURNIER: Johannes Victoriensis; ADB 14, Leipzig 1881, S. 476f.

Fritsche (Friedrich) Closener   gest. 1373

Von seinem Leben weiss man wenig: dass er aus guter Strassburger Familie stammte, Priester, Präbender zur St. Katharinen-Kapelle war und verschiedene schriftliche Arbeiten verfasste. Am 8. Juli 1362 vollendete er seine *Chronik.* Das Manuskript in Paris gilt als Original. Er schrieb auf Anregung des Ratsherrn Jakob Twinger. Es ist ein erster Versuch, die Stadtgeschichte mit Weltchronik zu verbinden, und er machte Schule. Die Einteilung ist folgende: 1. Ortsgeschichte. 2. Kaisergeschichte. 3. Geschichte der Strassburger Bischöfe. 4. Stadtgeschichte von Strassburg. Diese Disposition wird genau innegehalten; sie birgt die Gefahr der Wiederholung, auch fehlt die innere Verflechtung. Für die ältere Zeit schrieb Closener einfach ab: den Martinus Polanus, den sogenannten Ellenhard, die Chronik des Eike von Repkow, nach mittelalterlicher Sitte ohne seine Quellen zu nennen. Von 1320 an ist er selbständig. Er besitzt einen echt historischen Sinn, empfindet als Bürger, als Deutscher, nicht als Priester, findet für seine Aussage einen schlichten, schmucklosen Ausdruck. Später wurde er von seinem Schüler Jakob Twinger verdrängt und geriet in Vergessenheit.

Er liebt die Habsburger nicht – im Gegensatz zu Ellenhard, gibt eine gute Beschreibung der Einnahme von Schwanau 1339, wo Berner, Luzerner und andere Eidgenossen dabei waren, bietet die beste, eingehendste Schilderung der Geissler, zeichnet ihre Lieder und Predigten auf, ihre Umgänge, studierte sie als Fachmann: Während die Geistlichen gegen sie eingestellt gewesen seien, habe das Volk ihnen zuerst mehr Glauben geschenkt. Er erzählt den Sturz der Geschlechter, die Lebenslänglichkeit des Amtes eines Stettmeisters und Ammeisters (was das Muster für Rudolf Brun bildete), die Verfolgung der Juden, die der Rat schützte, weshalb er gestürzt wurde, die Vertilgung der Juden, wobei er die Ursache offen zugibt; als Erster erwähnt er das Erdbeben von Basel.

Chronik, hg. v. *Karl Hegel;* Die Chroniken der deutschen Städte 8, Strassburg 1870. Hegel kopierte in Strassburg von 1866–1870; bei der Belagerung 1870 verbrannten das ganze Archiv und die Bibliothek. – KARL HEGEL: Fritsche Closener; ADB IV, Leipzig 1876, S. 341. – HARRY GERBER: Fritsche (Friedrich) Closener; NDB III, Berlin 1957, S. 294f.

Jakob Twinger von Königshofen 1345–1420

Er war ein Schüler von Closener, wurde Geistlicher, Kapitelherr zu St. Thomas, kaiserlicher Notar und hinterliess *Croniken von keisern, bebesten und vil andern dingen.* In der Vorrede entwickelt er den Plan, befolgt das Muster Closeners. Die sechs Kapitel enthalten: 1. Die Vorgeschichte bis Rom, 2. die Geschichte Roms und der Kaiser bis auf seine Zeit, 3. die Geschichte der Kirche und der Päpste, 4. die Geschichte der Bischöfe von Strassburg bis auf seine Zeit, 5. die Geschichte der Stadt Strassburg und verschiedener Nachbarländer, wobei auch von der Schweiz die Rede ist, 6. ein alphabetisches Register historischer Ereignisse mit Jahreszahlen, ein Kompendium. Twinger richtet sich an gebildete Laien, nicht an gelehrte Pfaffen; deshalb schreibt er deutsch. Er begann mit der Arbeit 1382 und schrieb daran bis zu seinem Lebensende, in wechselnden, nachbessernden Redaktionen. Die Chronik geht vom Beginn der Welt bis 1400, enthält Nachträge bis 1415. Sie zeugt von ziemlich umfassender Quellenkenntnis des Autors; er zieht historische, poetische und scholastische Literatur heran, obschon er nur wenig Quellen nennt: Eusebius, Martinus Polanus, Hermannus Contractus, Jacobus de Voragine. Aber er benützt sie frei, streicht, fügt bei, zieht populäre Überlieferung heran und schmückt aus. Er will weder Wahrheit noch Erhebung bieten, sondern Unterhaltung. Grosse Freude empfindet er an allem Romantischen, Wunderbaren, gibt den Stand der literarischen Bildung und den historischen Glauben seiner Zeit wieder; im Mittelalter wurde überhaupt zusammengeschrieben, was kurzweilig war. Seine Chronologie ist schlecht. Er verachtet das Papsttum, ist kaiserlich deutsch gesinnt, erzählt Geschichten von der Klerisei, die von einem Geistlichen seltsam anmuten. Überhaupt scheut er vor keinem Ärgernis zurück, trägt im Gegenteil die Skandale der Geschichte zusammen. Als guter Erzähler erreicht er seinen Zweck, wurde viel gelesen, war der Liebling des Bürgertums, das sein Werk als Geschichte nahm. Er übte einen grossen Einfluss auf die Schweizer Historiographie aus, auf die Zürcher Chronik, auf Justinger, Russ, Etterlin. Oft wurde statt der Strassburger eine andere Lokalgeschichte hinzugefügt, oft auch das Kompendium abgetrennt von der Chronik in Umlauf gesetzt.

Der Anfang der Chronik gewährt Einblick in die Vorstellungswelt der Zeit, gibt eine merkwürdige Erklärung der Griechengötter, erzählt die Josephs-Geschichte viel deutlicher als die Bibel, zeugt von starkem Judenhass, tischt Fabeln über Alexander den Grossen auf, Geschichten über Rudolf von Habsburg, schildert die kriegerischen Vorgänge bei Laupen, Zürich, Sempach, Näfels, wo Strassburger dabei waren. Auch als zeitgenössischem Berichterstatter kommt ihm nur geringe Glaubwürdigkeit zu.

Chronik des Jakob Twinger von Königshofen, hg. v. *Karl Hegel;* Chronik der deutschen Städte 8 und 9, Strassburg 1870/71. In der Einleitung erörtert Hegel das genaue Verhältnis der verschiedenen Redaktionen zueinander.

AUGUST BERNOULLI: Königshofen's Bericht über die Schlacht bei Sempach; Jahrb. Schw. Gesch. 5, 1880, S. 1ff. – GEORG VON DER AU: Zur Kritik Königshofens; Essen 1881. – KARL HEGEL: Jakob Twinger von Königshofen; ADB 16, Leipzig 1882, S. 525. – K. BIESE: Die deutsche Chronik des Strassburgers Jakob Twinger von Königshofen; Leipzig 1923 (Mskr.), Auszug: Jahrb. Philosoph. Fakultät Leipzig 1921, S. 43 ff. – HANS STRAHM: Der Chronist Conrad Justinger; Bern 1978, S. 42 ff.

Fortsetzungen zu Königshofen
Königshofen war sehr beliebt und hatte ein verbreitetes Nachleben, so dass man gern an ihn anknüpfte. Es entstanden viele Strassburger, Basler, Konstanzer Fortsetzungen. Man vernimmt daraus Neues über die Züge der Eidgenossen in den Breisgau 1445, über die Eroberung der Raubnester Schuttern und Geroldeck, über Hagenbach. Die Basler Fortsetzung enthält viele lokale Einzelheiten, so über die böse Fasnacht des Jahres 1376, eine seltsame Darstellung der Schlacht von Arbedo 1422, eine Beschreibung der Appenzeller Wirren.

Fortsetzungen zu Königshofen, hg. v. *Franz Josef Mone;* Quellenslg. bad. Landesgesch. 1, Karlsruhe 1848, S. 252 ff. – Anonyme Zusätze und Fortsetzungen zu Königshofen nach der Abschrift Erhards von Appenwiler; Basl. Chron. 4, Leipzig 1890, S. 422 ff.

Reinbold Slecht
Die Minoriten hatten für den Unterricht ein Geschichtsbuch, die Flores temporum, das bald Martin dem Minoriten, bald Hermann von Genua zugeschrieben wurde. Es begann mit der Erschaffung der Welt und wurde später immer wieder fortgesetzt. Eine solche *Fortsetzung der Flores temporum* lieferte Reinbold Slecht, ein Strassburger Priester, der in der ersten Hälfte des 15. Jahrhunderts lebte. Er schrieb über die Jahre 1366–1444 in barbarischem Latein und annalistischer Form. Interessantes berichtet er für die oberrheinische Gegend, während er für Ferneres unzuverlässig ist. Er schrieb viel von andern ab, so von Jakob Twinger von Königshofen; das Ganze ist eine nachlässige Kompilation.

Einleitend entwickelt er den Plan der Arbeit, bringt einige Notizen über die Schweiz: über den Guglerkrieg 1375, über Sempach (mit mangelhaften Totenlisten), über den Appenzellerkrieg, über Sigmunds Zug durch Bünden nach Italien und seinen Besuch in Bern auf der Rückreise, über den Armagnakeneinfall ins Elsass – wobei er aber St. Jakob nicht erwähnt –, über Naturereignisse. Man gewinnt trotz der Dürftigkeit des Büchleins den Eindruck, dass das Weltbild für die mittelalterliche Neugierde und Wundersucht nicht minder bunt sich gestaltete als für uns, wennschon der Gesichtskreis viel enger war.

Die Fortsetzung der Flores temporum, hg. v. *Richard Fester;* Zeitschr. Gesch. Oberrhein NF 9, 1894, S. 79 ff.

Kolmarer Chronik 1403
Der Verfasser der kleinen Arbeit ist unbekannt; vielleicht gehörte er dem Dominikanerorden zu Kolmar an. Er schrieb anno 1403, schildert die Entwicklung vom Anbeginn der Welt bis 1400. Ein Späterer setzte die Chronik fort. Sie betrifft besonders das Elsass, Kolmar, Basel. Das Interesse an ihr liegt darin, dass man sehen kann, wie das kleine Werk entstanden ist. Für den Weltanfang benützt der Chronist das erste Buch Mosis, hierauf den Martinus Polanus, für das 13. Jahrhundert die Annales minores von Basel-Kolmar, für das 14. Jahrhundert mündliche Überlieferung und Selbsterlebtes. Was von Heiligen berichtet wird, stammt durchwegs aus der Legenda aurea des Jacobus de Voragine.

Es handelt sich um eine der ältesten deutschen Stadtchroniken. Die Notizen sind teils brauchbar, teils bloss erheiternd: Sie betreffen nach mittelalterlicher Chronologie die Schöpfung, die Geschichte von Noah und dem Weinstock, die Engelweihe zu Einsiedeln, den Sieg bei Fraubrunnen 1375, das Konzil von Konstanz, das Treiben der Zigeuner im Elsass, die Judenverfolgungen, berichten von viel Landschaden, Teuerung, Preisen, Krankheiten, Überschwemmungen, Sonnenfinsternis.

Die älteste deutsche Chronik von Colmar, hg. v. *August Bernoulli;* Kolmar 1888.

Johannes Stetter gest. ca. 1399

Der älteste nachweisbare Chronist von Konstanz war ein angesehener Ratsherr und Seckelmeister. Seine *Chronik* geht vom Ursprung der Stadt bis 1390. Sie ist verloren, aber in den späteren enthalten; alle bauen auf ihr auf. Fortsetzungen verfassten Hans Schulthais, sein Sohn Niklaus Schulthais und andere, unbekannten Namens. Es lässt sich auch nicht ausmachen, ob die Eintragungen gleichzeitig mit den Ereignissen oder nachträglich geschahen. Die Konstanzer Chroniken enthalten mehr Stadt- als Bischofsgeschichte, da die Bischöfe bereits geringe Macht über die Stadt besassen. Sie bieten viele Notizen zur Schweizergeschichte, sind jedoch den Eidgenossen nicht gerade freundlich gesinnt: Verlustlisten vom Morgarten, Meldung von Kanonen in einer Fehde von 1334, ausführliche Beschreibung des Guglerkriegs; die Niederlage des Herzogs Leopold III. sei durch die Flucht Hennebergers verschuldet worden; zur Erklärung der Niederlage von Näfels wird eine Teufelslist der Glarner berichtet; ferner erwähnt Stetter die Belagerung von Rapperswil und die Schlacht am Speicher, die Verpfändung des Landgerichts Thurgau an Konstanz 1415, Goldmacher und Turniere in Schaffhausen, Seuchen in der Schweiz, die Schlacht bei St. Jakob an der Birs, den Waldshuter Krieg.

Die Chroniken der Stadt Konstanz, hg. v. *Philipp Ruppert;* Konstanz 1891. – Die Anlage der Ausgabe ist unglücklich, Ruppert zerriss die einzelnen Chroniken, ordnete die Stücke chronologisch ein und stellte zu jedem Ereignis zusammen, was die verschiedenen Chroniken darüber sagten; zudem sind Rupperts Kenntnisse nicht genügend. Seine Arbeit wurde scharf kritisiert von *Theodor Ludwig: Die Konstanzer Geschichtsschreibung bis zum 18. Jahrhundert;* Strassburg 1894, S. 87 ff.

Ulrich Richental gest. 1437

Er war Konstanzer, gehörte weder dem Adel noch den führenden Geschlechtern an. Sein Vater Johann, der Stadtschreiber, wurde durch die demokratische Bewegung gestürzt. Der Sohn verpönte das neue Regiment und nahm nie ein Amt an. Er war sorgfältig gebildet, verheiratet, von Beruf wahrscheinlich Kaufmann, daneben ein heiterer Geniesser des Daseins, wohlhabend. Das Konzil regte ihn mächtig an. Er empfing durch den Grafen von Nellenburg als erster heimlich die Nachricht, dass Konstanz zur Konzilsstadt ausersehen worden sei, damit er sich rechtzeitig versorge. Am Konzil war er vielfach tätig, ritt mit den päpstlichen Exploratoren in den Thurgau, schrieb die Absagebriefe an Friedrich von Österreich, leistete den Fürsten und Adligen Dienste. In der Hauptsache aber ist er ein genauer Beobachter der fremden Welt, die sich in der kleinen Reichsstadt drängt, verfolgt mit wachem Auge all das Merkwürdige, macht hievon fast täglich Notizen. Er kümmert sich nicht um die tieferen Zusammenhänge, um die Verhandlungen der Sessionen – das Äussere zieht ihn an. So weiss er genau Bescheid über die Personen, über die Zahl ihres Gefolges, über Gewänder, Schmuck, Gerät, Zeremonien, Aufzüge, Feste, Essen, Lebensmittelpreise, Beherbergung, über das Kleine des Alltags, das er mit

Stolz auf die Vaterstadt und mit Reportertalent verzeichnet. Oft lädt er Fremde zum Essen, von denen er etwas erfahren kann, oder verschafft sich für Geld Abschriften von Königserlassen und Papstbullen. Dagegen zeigt er geringes Interesse für Geographie, verschreibt gehörig fremde Namen, hat nebelhafte Vorstellungen von fremden Ländern. Auch die Politik liegt ihm eigentlich fern. So berichtet er ungenau über die Eroberung des Aargaus, dagegen sehr genau, was Papst Martin V. in Bern zu essen und zu trinken bekam. Seine politischen und religiösen Urteile sind konventionell, nachgesprochen. Und doch kündet sich in ihm die Neuzeit an. Er weist bisher ungewohnte Züge auf: die Freude an der fremden Welt, die Fähigkeit, die Aussenseite der Dinge scharf zu erfassen, den Sinn für Statistik.

Richental arbeitete die *Chronik von 1420–1430* auf Grund seines Tagebuches und seiner Aktennotizen aus. Es ist unsicher, ob das Original lateinisch oder deutsch abgefasst wurde. Der Chronist liess in den freien Platz durch Maler auf seine Kosten Bilder und Wappen eintragen; es gab in Konstanz Buchillustratoren. Das Original ging verloren, doch existierten schon um 1450 mehrere deutsche Abschriften, ebenfalls mit Bildern versehen, die dem Original nachgezeichnet waren; seine Kleidermode- und Architekturzeichnungen wurden beibehalten. Diese Bilder wirken unbeholfen, stellen aber eine realistisch scharfe Wiedergabe dar und besitzen kulturgeschichtlichen Wert. Zahlreiche Abschriften bezeugen die Beliebtheit des Werkes.

Richental berichtet von dem Preistarif für die Herberge, von den vielen fremden Erwerbsleuten, die mit den Einheimischen im Frieden lebten, von der reichen Zufuhr an Lebensmitteln, vom Fluchtversuch Hussens und seinem Tod, von der Belehnung der Hohenzollern, von einer Prügelei unter den Herzogen, beschreibt genau das Konklave, den Versuch der Juden, dem Papste zu huldigen, die griechische Messe, die Unfähigkeit des Königs, seine Schulden zu bezahlen, die Pest in Konstanz.

Chronik des Constanzer Concils, hg. v. *Michael Richard Buck;* Bibliothek des Litterar. Ver. Stuttgart 158, Tübingen 1882. – Übersetzung ins Neuhochdeutsche: *Chronik des Konzils von Konstanz,* hg. v. *Otto Hermann Brandt;* Voigtländer Quellenbücher 48, Leipzig 1913. Gekürzt und liederlich. – Vollständig faksimilierte Ausgabe der Handschrift im Rosgarten-Museum zu Konstanz, hg. v. *Josef Keller* und *Jan Thorbecke,* mit einem Kommentarband, Konstanz 1964.

RUDOLF KAUTZSCH: Die Handschriften von Ulrich Richentals Chronik des Konstanzer Konzils; Zeitschr. Gesch. Oberrhein NF 9, 1894, S. 443 ff. – KONRAD BEYELE: Ulrich von Richental; Zeitschr. Gesch. Oberrhein NF 14, 1899.

BURGUNDER- UND SCHWABENKRIEG

Dem Fall des gewaltigen Herzogs des Abendlandes zitterte eine tiefe Erregung nach. Man vernimmt diese Stimmung allein schon aus den historischen Volksliedern. Die junge Buchdruckerkunst stellte sich, besonders in den oberen Rheinlanden, in den Dienst des allgemeinen Verlangens, Näheres über die verwickelten Vorgänge, die zum Untergang des Herzogs führten, zu vernehmen. Im Elsass war der Sinn für Historisches besonders gross. Dieses Zwischenland brachte eine einzig dastehende Chronikliteratur hervor. Der Buchdruck bemächtigte sich des Lieblingsthemas, die Macht der Presse im Gang der Ereignisse entfaltend. Einer der findigsten und unternehmendsten Buchdrucker war Heinrich Knoblochzer in Strassburg. Seine Verlagswerke, nicht dickleibige Folianten, sondern kleine, zügige, meist illustrierte Büchlein, standen im Dienste der Volksbildung. Unter den Inkunabeln, von denen nur wenige erhalten sind, erschienen in seiner Offizin 1477 drei deutsche Reimwerke.

Conradus Pfettisheim
   Sein *Gedicht über die Burgunderkriege* erschien wohl gleich nach der Schlacht von Nancy. Der Verfasser blieb lange unbekannt, bis man den Namen als Akrostichon in den achtzehn ersten Versen erkannte. Pfettisheim stammt aus einem alten Strassburger Geschlecht. Von Conradus ist sonst nichts bekannt; doch ergibt sich aus seinem Stil, aus seinen Redewendungen, dass er ein Geistlicher war. Er erhebt kräftig die Stimme, um den Fall des Gegners zu verkünden. Das Lied ist frisch und keck geschrieben, flüssig in der Sprache, anschaulich in den Bildern: Das Geschütz der Strassburger, der Strauss, hat Pulver im Kropf und legt harte Eier; dem Feind strählt man mit dem Kolben das Haar. Offenbar liebte das Volk dergleichen. Hagenbach wird als nasser Knab behandelt, Herzog Karl im Spott gestreift. Das Gedicht ist formgewandter und volkstümlicher als die andern über den gleichen Gegenstand. In 484 Versen wird die Erzählung von Hagenbachs Hochmut bis zu Karls Tod geführt. Der Verfasser zielt mit seiner Schilderung mehr auf Ruhm und Heldenhaftigkeit als auf Genauigkeit. Über Unangenehmes gleitet er hinweg.
   Dem Gedicht sind acht Holzschnitte beigegeben: Hagenbachs Hinrichtung, Karl auf dem Thron, die drei Hauptschlachten, Belagerungen. Wenn auch die Figuren verzeichnet, die Perspektive kaum angedeutet, die Vegetation dürftig, die Schauplätze aus der Phantasie geschildert erscheinen, sind die Bilder doch wertvoll für die Waffen- und Kostümkunde. Auf einem Bild vertritt der Bär die Eidgenossen.

Conradus Pfettisheims Gedicht über die Burgunderkriege, hg. v. *Gustav Tobler;* Njbl. Literar. Ges. Bern 1918. – *Konrad Pfettisheim, Geschichte Peter Hagenbachs und der Burgunderkriege,* Kommentar mit Beiträgen von *Lilli Fischel* und *Rolf Müller,* 2 Bde., Plochingen 1966.

KARL SCHORBACH, MAX SPIRGATIS: Heinrich Knoblochzer in Strassburg; Bibliograph. Studien Buchdruckergesch. Deutschlands 1, Strassburg 1888. – CHARLES NERLINGER: Deux pamphlets contre Pierre de Hagenbach; Paris 1895. – KARL SCHNEIDER: Die burgundische Historie und ihr Verfasser; Jahrb. Gesch., Sprache, Literatur Elsass-Lothringen 26, Strassburg 1910, S. 95 ff. – FRANÇOIS DUCREST: La rédaction fribourgeoise de la chronique des guerres de Bourgogne; Ann. frib. 1, 1913, S. 111 ff.

Burgundische Legende 1477

Sie stammt von einem unbekannten Verfasser, kam 1477 in Knoblochzers Offizin ohne Bilder heraus und wurde rasch in Augsburg nachgedruckt. Das Gedicht zählt etwa 369 Verse mit Paarreimen, beginnt anno 1465 und schliesst 1477 bei Nancy. Es ist ein kurzer, nüchterner, leichtfasslicher Bericht, der anscheinend Anklang fand.

Meistersang auf Karl'n den Kühnen von Burgund; Taschenb. vaterl. Gesch., München 1850, S. 312 ff. Eine vollständige moderne Ausgabe liegt nicht vor; die umfangreichste wurde in der Bibliothek des Litterar. Ver. Stuttgart 32, Stuttgart 1854, veranstaltet: *Konrad Stolles Thüring-Erfurtische Chronik,* hg. v. *Ludwig Friedrich Hesse.* Diese Chronik enthält das Gedicht.

Burgundische Historie 1477

Der Erfolg der burgundischen Legende bewog den Strassburger *Hans Erhard Tüsch,* eine vollständige Darstellung des Burgunderkriegs zu bieten, wobei ihm die Legende als Vorlage diente. Sein *Gedicht* erschien bei unbekanntem Drucker; weil diese Ausgabe A in Quart rasch vergriffen war, gab Knoblochzer eine Ausgabe B in Oktav heraus mit den gleichen Holzschnitten wie in Pfettisheims Gedicht.

Die Orthographie des Verfassernamens schwankt. Über die Person des Dichters erhellt wenig; er spricht selten von sich. Wahrscheinlich war er ein armer Weltlicher mit guter Bildung und gehörte zum Schreiberstand. Das Gedicht besteht aus 639 Strophen mit Kreuzreim. Die Strophenform ist eine Ausnahme; üblich sind sonst fortlaufende Reimpaare. Vom Meistersang hat Tüsch die Strophe, die Melodie und die Tendenz. Das historische Volkslied ist politische Poesie; es will nicht Wahrheit, sondern Stimmungsmache; es verspottet, reisst den Gegner herunter. Tüsch hasst Karl, malt ihn so schwarz wie möglich – er sei «Lucifer an sym hochmut glich» – und betet die Verleumdungen nach, die über ihn im Umlauf waren; im Elsass herrschte damals starker Welschenhass. Der Verfasser sucht den Volksgeschmack zu treffen, denn die Reimchroniken wurden den Analphabeten, der grossen Masse, vorgelesen und vorgesungen; sie ersetzten die Zeitung. Der Hass gegen Karl entspringt einem starken deutschen Nationalgefühl, der Besorgnis vor der Expansion des Welschtums durch Karl. Unter den Deutschen versteht der Verfasser auch die Schweizer; Süddeutschland und die Schweiz gehörten damals zum selben Kulturkreis. In dem Gedicht ist die politische Gesinnung so stark aufgetragen, dass selbst ein neuerer deutscher Nationalist von prodeutschem

Nationaldünkel redet und Tüsch vorwirft, er habe für das Heroische des verhassten und gefürchteten Mannes keinen Sinn. Das Urteil über die poetischen Fähigkeiten Tüschs muss ungünstig lauten: Er bringt nicht die künstlerische Kraft für das Ganze auf, verzettelt seinen Stoff in Einzelheiten. Anschaulichkeit mag man ihm zugestehen. Freilich steht er weit unter Veit Weber, sogar noch unter Pfettisheim.

Das Gedicht beginnt mit einer knappen Vorgeschichte Karls des Kühnen, erzählt dann breit und stümperhaft die Schlachten, erwähnt immerhin sonst unbekannte Einzelheiten. Tüsch schöpfte aus eigener Anschauung, aus Briefen und aus der burgundischen Legende. Im ganzen, abgesehen von der Tendenz, sind die Tatsachen glaubwürdig. Stets zieht er beissende Vergleiche mit Alexander, macht ein grosses Wesen, wie mächtig das Heer Karls, wie klein die Schweizerschar gewesen sei. Der Sieg über Karl gleicht demjenigen Davids über Goliath.

Die burgundische Hystorie. Eine Reimchronik, hg. v. *Edmund Wendling* und *August Stöber;* Alsatia, Colmar 1876, S. 341 ff. Diese Ausgabe ist mangelhaft, mit Fehlern und ganz dürftigem Kommentar. − *E. Picot* und *H. Stein* bieten einen Neudruck in *Recueil des pièces historiques imprimées sous le règne de Louis XI.* 1, Paris 1924.

GUSTAV ROETHE: Hans Erhard Tüsch; ADB 39, Leipzig 1895, S. 26f.; 45, Leipzig 1900, S. 674. − KARL SCHNEIDER: Die burgundische Hystorie und ihr Verfasser; Jahrb. Gesch., Sprache, Literatur Elsass-Lothringen 26, Strassburg 1910, S. 95 ff.

Nicolai de preliis et occasu ducis Burgundiae historia 1477

Die kurze lateinische Schrift schliesst sich an die Reimwerke an und wurde schon 1477 zu Strassburg gedruckt. Während diese sich an den Bürgerstand wandten, richtet sich jene an Gelehrte und Geistliche. Sie ist schwer zu lesen wegen des preziösen Lateins, der vielen Ligaturen und ungleichmässigen Verkürzungen. Das Werklein zeichnet sich durch einheitliche Gedankenführung aus. Seine Gesinnung ist ausgesprochen nationaldeutsch. Karl erscheint als Vertreter des französischen Volkes, die Schweizer werden als Deutsche beansprucht: Es gehe nicht an, sie als Gallier zu bezeichnen, weil sie auf dem linken Ufer des Rheins wohnten, «sed tota illa Colligationis multitudo non Gallos, sed Alamannos se profitetur». Die Schweizer werden immer wieder mit grossem Lob überschüttet; «qui forcium Alamannorum roboris preferunt privilegium speciale». Inhaltlich ist die Schrift von Tüsch abhängig, so dass ihr Wert nur im Literarischen liegt. Sie gibt eine bestimmte Auffassung der Dinge wieder. Die Autorfrage bleibt offen.

Der Wiegendruck wurde v. *Rudolf Luginbühl* in Faksimile nebst einer freien Übersetzung herausgegeben; Basel 1911.

EMIL DÜRR: Die Nicolai de preliis et occasu ducis Burgundie historia und deren Verfasser; Basl. Zeitschr. Gesch. Altertkde. 11, 1912, S. 395 ff. Kritik an der Edition von Rudolf Luginbühl.

Reimchronik über Peter von Hagenbach ca. 1478

Der Verfasser nennt sich nicht, auch ging das Original verloren, jedoch sind zwei Abschriften mit Zeichnungen erhalten. Im ersten Teil der Chronik wird Hagenbachs Leben bis 1474 erzählt; der zweite Teil umfasst die Jahre bis zur Schlacht von Nancy. Man hält den Bürgermeister Stähelin von Breisach für den Verfasser, jedenfalls einen, der mit den Verhältnissen genau bekannt war. Im Aufbau erhebt sich diese Chronik über ähnliche Werke. Der Stoff ist dramatisch gruppiert, auf tragischen Effekt gearbeitet mit voller Überlegung und Sachkenntnis, wodurch die Chronologie allerdings etwas leidet. Der Verfasser will zeigen, wie eine Untat zum Verderben führt. Natürlich ist die Tendenz Hagenbach sehr ungünstig: Schon mit zwölf Jahren soll er einen Mann erstochen haben. Dann werden eine Reihe von früheren Sünden aufgezählt, kein einziger guter Zug. Immerhin bringt die Reimchronik weniger Skandalöses als der Basler Geistliche Knebel. Der Justizmord an Hagenbach wird auch hier zu rechtfertigen gesucht, Breisach steht im Mittelpunkt; viele Kapitel handeln nur von seinem Schicksal.

Ausgabe von *Franz Josef Mone* in: Quellenslg. bad. Landesgesch. 3, Karlsruhe 1863, S. 183 ff., mit Kommentar und einer Einleitung, die aus den Archivalien schöpft.

CHARLES NERLINGER: Pierre de Hagenbach et la domination bourguignonne en Alsace; Nancy 1890.

Wiler Chronik des Schwabenkrieges 1499

Sie entstand im äbtischen Städtchen Wil. Als Verfasser vermutete man zuerst den äbtischen Statthalter P. Marx Baumann; jetzt hält man den Schreiber des Abtes, *Ulrich Huber, genannt Rüegger*, für den Autor. Die Chronik umfasst die Zeit vom 27. Januar bis 4. April 1499 und bricht dann leider plötzlich, ohne ersichtlichen Grund ab. Täglich werden die Notizen gesammelt und eingetragen, auch amtliche Schreiben aufgenommen. Wahrscheinlich entstand die Chronik unter amtlicher Aufsicht. Die Nachrichten stammen aus engem Kreis, sind absolut zuverlässig. Sie betreffen selten die eigentlichen Kriegsereignisse, dafür die Etappe, wozu Wil bei der Nähe des Schauplatzes dienen musste. Wir sehen den Krieg von einer neuen Seite, sozusagen von der Kehrseite, beobachten, wie er ins tägliche Leben einschneidet, wie die Grenzhuten aufgeboten und abgelöst werden, wie die soziale Ordnung sich lockert bei den vielen falschen Alarmen und der steten Bereitschaft. Der Verfasser ist ein scharfer, gerechter Beobachter.

Man vernimmt Einzelheiten über die Aufgebote: Der Eid der Soldaten lautet, bei Flucht treffe sie Tod und Vertreibung der Angehörigen. Ihr Sold wird von der Gemeinde bezahlt, die auch Speisen ins Lager senden muss. Wegen des Krieges herrscht Mangel an Salz und Eisen, die Lebensmittel werden rarer, ihre Preise steigen von Woche zu Woche, weshalb Verordnungen gegen den Wucher erlassen werden. Der Krieg kann unversehens kommen: So marschieren die Leute aus dem Vorarlberg plötzlich durch Wil. In diesen Zeiten werden sogar die Kinder kriegerisch. Die Bevölkerung leidet unter der Zuchtlosigkeit der Kriegsgurgeln, soziales Empfinden schlägt in Raubgier um, der Freund ist oft gefährlicher als der Feind, in Wil werden Anschläge gegen den Rat geschmiedet, die Äbtischen vermindern heimlich ihren Mannschaftszusatz; das Wetter ist stets kalt, schneereich, wild.

Nicht Heldentaten, sondern die kleinen und grossen Nöte und Jämmerlichkeiten des Kriegs treten hervor. Die gedrückte Stimmung wird greifbar. Hellauf ist nur das Gesindel. So bietet die Chronik ungewollte Milieuschilderung und ist deshalb sehr wertvoll.

Wiler Chronik des Schwabenkrieges, hg. v. *Placidus Bütler;* Mitt. vaterl. Gesch. 34, St. Gallen 1914.

Heinrich von Bechwinden

Er schrieb 1499 ein *Reimwerk über den Schwabenkrieg* in 1200 Versen und gab ihm eine *Kriegskarte* bei, das erste Beispiel einer solchen. In der ersten Hälfte behandelt er die Ursachen, in der zweiten den Krieg selbst. Jene ist wichtiger. Aus ihr spricht der Schweizerhass aller deutschen Humanisten und die Verehrung für Maximilian. Bechwinden fasst die Ursachen richtig auf. Während die Schweizer den Krieg aus lokalen Veranlassungen entstehen lassen, holt Bechwinden zu einer grosszügigen Betrachtung der Gegensätze von Reich und Schweizer, Adel und Bauer aus. Mit fast schmerzender Deutlichkeit gibt er der sozialen Verständnislosigkeit der oberen Stände Ausdruck. Das Vorgehen der Schweizer wird als ein Teil der allgemein bäuerischen Auflehnung gegen die Autorität dargestellt. Daher besitzt der erste Teil für die Ideengeschichte Wert. Der Autor kennt als Augenzeuge den Krieg, befand sich von Anfang bis zum Juni im Etschtal, dann in Konstanz. Er ist völlig parteiisch und unzuverlässig, macht aus der Schlacht von Dornach einen Sieg der Schwaben. Die Schuld der Niederlage an der Calven wälzt er auf die im österreichischen Heer gezwungen fechtenden Gotteshausleute. Aber er bietet auch Einzelheiten, die man sonst nirgends antrifft, so die Zerfahrenheit der österreichischen Heeresleitung bei Calven.

Der Hass erklärt sich aus der Angst, die süddeutschen Bauern würden sich den Schweizern anschliessen. Man braucht das Wort Schweizer synonym für Empörer, fürchtet sie wie die Hussiten. In der Tat war für die Schweizer bei ihrer grossen Anziehungskraft damals eine Ausdehnung nach Süddeutschland möglich. Sie zerstörten selber diese Aussichten durch ihr unsinniges Wüten, Rauben, Morden und wortbrüchiges Verhalten gegenüber kapitulierenden Städten. Der Dichter stellt sie darum als Reichsfeinde den Türken an die Seite.

Zwei Flugschriften aus der Zeit Maximilians I., hg. v. *Theodor Lorentzen,* Neue Heidelb. Jahrb. 17, 1912, S. 139 ff.

ALFRED STERN: Über eine muthmassliche Quelle von Sebastian Franck's Chronica der Teutschen und die Sage vom Herkommen der Schweizer; Historische Aufsätze, dem Andenken an Georg Waitz gewidmet, 1886, S. 491 ff. Stern wies nach, Sebastian Franck müsse für seine «Chronica der Teutschen» ein österreichisches Reimwerk über den Schwabenkrieg benützt haben. – WOLFGANG GOLTHER fand ein Bruchstück davon in München und veröffentlichte es: Reimchronik über den Schwabenkrieg; Anz. Schw. Gesch. 1890, S. 11 ff. – THEODOR LORENTZEN entdeckte das Ganze als Inkunabel. – ALFRED STERN: Die Sage vom Herkommen der Schweizer nach der Reimchronik Haintz' von Bechwinden; Abh. u. Aktenstücke Gesch. Schw., Aarau 1926, S. 1 ff. – ALFRED STERN: Heinrich Bebel als Verfasser des unter dem Namen «Haintz von Bechwinden» gegen die Schweizer gerichteten Spottgedichtes; Zeitschr. Schw. Gesch. 9, 1929, S. 82 ff.

Hans Lenz

Von seinem Leben weiss man nur, dass er aus Rottweil stammte, Schulmeister in Freiburg i. Ue. (1494–1498), in Saanen (1498–1499) und in Brugg gewesen ist. Noch im Jahr 1499 schrieb er eine *Reimchronik des Schwabenkrieges* in 12 000 Versen. Es ist gereimte Prosa, kein Nachfahr des Heldenepos, oft schwer verständlich. Aber es stehen gute Einzelheiten darin, die der Prüfung durch die Akten standhalten. Lenz nennt Gewährsmänner, so den Ludwig Sterner. Die Chronik hat die Form eines Zwiegesprächs mit einem Einsiedler, der sechzig Jahre nichts von der Welt gesehen hat und nun anregende Fragen stellt. Der Dialog ist geschickt durchgeführt, die Erzählung lebendig, anschaulich, eingehend. Lenz legt *Volkslieder* ein, zwei hat er selber verfasst. Er schrieb seine Chronik im Auftrag des Freiburger Rates und widmete sie der Stadt. Der offizielle Charakter macht sich unangenehm bemerkbar, indem der Verfasser auf fatale Weise moralisiert, in nationalistischem Sinn Kriegsgreuel über die Gegner auftischt und die Missetaten der Schweizer beschönigt.

Da die Chronik nicht leicht zu lesen ist, kannte man sie zu wenig. Sie bietet kulturhistorisch Belehrendes, weist einen starken Adelshass auf, von dem sogar der Einsiedler ergriffen ist. Die Naturschilderungen zeugen von Natursinn; doch hat der Autor noch nicht den Ausdruck dafür. Dem Krieg gehen Zeichen voraus: Missgeburten, Erdbeben, die neue Seuche, die übers Meer gekommen ist und deren Erlöschen Lenz erhofft. Das Lied hebt nicht als Heldengesang an, sondern als Litanei. Es schildert die vorausgehenden diplomatischen Umtriebe, den schwäbischen Bund, das französische Bündnis.

Die Urschrift der Reimchronik ging verloren; nur eine Abschrift von Sterner ungefähr aus dem Jahr 1501 hat sich erhalten. Sie wurde 1849 in einer ungenügenden Ausgabe veröffentlicht: *Der Schwabenkrieg besungen von einem Zeitgenossen,* hg. v. *Frédéric Henri von Diessbach;* Zürich 1849.

FERDINAND VETTER: Die Quellen zur Geschichte der Schlacht an der Kalven; Anz. Schw. Gesch. 1884, S. 258. – ALBERT BÜCHI: Die Chroniken und Chronisten von Freiburg im Uechtland; Jahrb. Schw. Gesch. 30, 1905, S. 261 ff. – MORITZ VON RAUCH: Der Reimchronist Johannes Lenz; Württemberg. Vierteljahrshefte Landesgesch. NF 20, 1911, S. 68 ff.

Acta des Tirolerkrieges ca. 1499

Noch während des Krieges wurden sie von einem Geistlichen in Chur aufgezeichnet. Er war kein Bündner, vielleicht ein Österreicher, jedenfalls gebildet. Seine Sympathien gehören nicht den Eidgenossen, noch weniger den Oberengadinern. Der Autor erscheint als ein vorsichtiger Nachrichtensammler; zu einer Meldung bemerkt er oft, diese müsse noch geprüft werden, besonders wenn sie aus dem Ausland stammt. Die Acta zirkulierten in so manchen Handschriften und erschienen den bündnerischen Geschichtsschreibern als so glaubwürdig, dass sie ihre historischen Werke darauf gründeten, so Lemnius und – freier und selbständiger – Ulrich Campell.

Acta des Tyroler-Kriegs, hg. v. *Conradin von Moor* und *Christian Kind;* Rätia 4, 1869. – *Die Acta des Tirolerkrieges,* hg. v. *Constanz Jecklin;* Beilage zum Kantonsschulprogramm 1898/99, Chur 1899.

FERDINAND VETTER, HARTMANN CAVIEZEL: Zur Schlacht an der Kalven; Anz. Schw. Gesch. 1892, S. 397 ff. 472 f. – FERDINAND VETTER: Benedict Fontana, eine schweizerische Heldenlegende; Jahrb. Schw. Gesch. 8, 1883, S. 201 ff.

Nikolaus Schradin ca. 1470–ca. 1531

Er stammte aus Schwaben, lebte nachweisbar von 1488–1531 in Luzern, als Kanzleisubstitut und zugleich Bärenwirt. Anno 1500 schrieb er eine *Reimchronik des Schwabenkrieges,* die er den zehn Orten widmete. Noch im gleichen Jahr wurde sie in Sursee oder Basel gedruckt. Es ist das erste historische Werk, das in der Schweiz im Druck erschien. Schradin beginnt mit den «geschichten alter sachen, die glichnuss geben und anzeygung machen», das heisst mit der Einwanderung der Schweden nach dem «Herkommen», schildert die Vertreibung des Adels durch die frommen Eidgenossen und erzählt dann die Entstehung des schwäbischen Bundes sowie den ganzen Schwabenkrieg. Er stellt die allgemeine Sittenlosigkeit der Zeit neben die gute Ordnung in der Schweiz. Trotz seiner Herkunft vertritt er eine echt schweizerische Gesinnung. Wegen dieser «Schmähschrift» wurde er von den Deutschen Wimpfeling und Bebel heftig angefochten. Neues bietet er nicht, nur platte Reimerei, ab und zu humoristische Züge. Der Nachteil einer Reimchronik liegt darin, dass die Genauigkeit dem Reim untergeordnet wird, der Vorteil darin, dass uns der Geist der Zeit vielleicht kräftiger anweht als aus einem Prosawerk. Schradin betont die Ideen und sozialen Umstände als Hintergrund. Etterlin hat ihn dreist geplündert, indem er seine Reimerei in Prosa übertrug.

Der Schwabenkrieg; Geschichtsfreund 4, 1847, S. 3 ff. – Von der Urausgabe *Chronik des Kriegs gegen den römischen König,* Sursee 1500, mit den 42 Holzschnitten, die über das Mass des bisherigen hinausgehen und gute Perspektiven bieten, wurde 1927 in München ein Faksimiledruck veranstaltet.

Bei Schradin taucht zuerst der falsche Name «Schlacht auf der M(W)alserhaide» auf, der von Etterlin weiter verbreitet wurde. Erst ALFONS VON FLUGI machte auf das Seltsame aufmerksam: Die Benennung der Schlacht auf der Malserhaide; Arch. Schw.

Gesch. 1868, S. 145 ff. – MORITZ VON STÜRLER: Woher der Name «Malserhaide»?; Anz. Schw. Gesch. 1872, S. 215 f. – THEODOR VON LIEBENAU: Das Alte Luzern; Luzern 1881. Hg. v. Kuno Müller, Luzern 1937. – GEORG VON WYSS: Nikolaus Schradin; ADB 32, Leipzig 1891, S. 440. – JAKOB BAECHTOLD: Geschichte der Deutschen Literatur in der Schweiz; Frauenfeld 1892, S. 200 f. – THEODOR VON LIEBENAU: Überblick über die Geschichte der Buchdruckerei der Stadt Luzern; Luzern 1900. – Zwei Flugschriften aus der Zeit Maximilians I., hg. von THEODOR LORENTZEN: N. Heidelb. Jahrb. 17, 1912, S. 139 ff. – WILHELM JOSEF MEYER: Die erste illustrierte Schweizer Reimchronik; Bl. Bern. Gesch. 16, 1920, S. 227 ff. Er vermutet, der Druckort Sursee sei fingiert, das Ganze weise auf Basel.

Ludwig Sterner ca. 1475–1541

Seine Herkunft ist dunkel. Er muss in der Jugend nach Italien verschlagen worden sein, wo er sich Bildung und Sprachenkenntnisse holte. 1496 taucht er in Freiburg auf. In den Gerichtsakten erscheint er als wilder Geselle, der tief in die Sünden der Zeit verstrickt war. 1499 nahm er an den Zügen im Schwabenkrieg teil, wo man ihn wegen seiner Sprach- und Schriftgewandtheit als Feldschreiber verwendete. 1500 schrieb er den Freiburger Schilling ab. 1501 verfasste er eine *Chronik des Schwabenkriegs,* sammelte Volkslieder aus dem Schwaben- und Burgunderkrieg. 1505 wurde er Bürger von Freiburg und Notar. Er verwickelte sich in neue Söldnerhändel, scheint an den Umtrieben der französischen Partei teilgenommen zu haben und wurde wieder gebüsst. Gleich darauf wählte ihn Biel zum Stadtschreiber mit einem jährlichen Gehalt von zwanzig Gulden, Amtswohnung und Steuerfreiheit, zuerst nur auf eine Probezeit, die er aber bestand. Der Reformation war er feindlich gesinnt, fand sich indessen schliesslich damit ab. Auch in Biel betätigte er sich literarisch, sammelte Urkunden, war ein vielseitig gebildeter und gelehrter Mann.

Die nur in Abschriften erhaltene Chronik trägt seinen Namen nicht. Sie ist selbständig, macht keine Anleihen bei Vorgängern. Sterner berichtet nach amtlichen Akten, nach dem Augenschein und nach Mitteilungen von Teilnehmern. Er führt die Darstellung nur bis Ende Juni, so dass die Schlacht von Dornach und der Friedensschluss fehlen. Wahrscheinlich schrieb er im Auftrag eines Berners; denn der Anteil der Berner ist mehr herausgehoben als derjenige der Freiburger. Auch bietet er über Verschiedenes eigenartige Details, so über das Treffen an der Hard, den Tod Heini Wollebs bei Frastenz, den er persönlich kannte, über die Züge in den Hegau, die Belagerung von Tiengen, die Schlacht an der Calven. Er erzählt, wie der gemeine Mann keinen Frieden will, wie die Schweizer den Rhein im Winter unter Geschützfeuer durchwaten, wie sie im Hegau brennen und arme Leute machen, wie auffällig gering ihre Verluste sind. Als einer der ersten verwendet er Fremdwörter.

Die Chronik war bis 1902 unbekannt. *Albert Büchi* hat sie nach sorgfältiger Prüfung Sterner zugeschrieben und damit keinen Widerspruch hervorgerufen. *Chronik des Schwabenkrieges,* hg. v. *Albert Büchi;* Quell. Schw. Gesch. 20, Basel 1901. Dieser Band enthält die Akten zum Schwabenkrieg. Büchi konnte anhand der Akten die Zuverlässigkeit der Chronik nachprüfen.

ALEXANDRE DAGUET: Ludovic Sterner, Greffier à Fribourg et Secrétaire de ville de Bienne; Anz. Schw. Gesch. 1879, S. 221 ff. 248 ff. 289 ff. 294 ff. – EMIL SCHMID: Bestellungsbrief Ludwig Sterners als Stadtschreiber von Biel; Anz. Schw. Gesch. 1902, S. 100. – ALBERT BÜCHI: Die Chroniken und Chronisten von Freiburg im Uechtland; Jahrb. Schw. Gesch. 30, 1905, S. 252 ff.

Ludwig Feer 1462–1503

Aus einer Luzerner Schultheissenfamilie stammend, studierte er in Paris, wo er promovierte, und wurde 1493 Stadtschreiber in Luzern. 1499 schrieb er eine kurze *Chronik* aus einem verspäteten Drang heraus, die grosse Zeit zu ehren. Er hat sie «uss alten abgangenen, nümen werenden büchern gezogen», zum Teil sogar kopiert. Die erste Notiz betrifft eine Feuersbrunst im Jahre 1462. Feers Sprache ist einfach, kunstlos, schwerfällig für einen Stadtschreiber. Er berichtet über die Auszüge der Luzerner von 1490 bis 1499 und gibt davon genaue Verzeichnisse. Mit Nachdruck erwähnt er die bösen Blattern, die nicht mehr aufhören wollen und von allen Chronisten erwähnt werden. Als Ursache des Schwabenkriegs erscheint ihm der Schwäbische Bund, der sich der «stächlin bund» nannte und den die Eidgenossen mit der Bezeichnung Giggenbund (Gigge = Jacke) belegten; ferner habe Maximilian den Eidgenossen einen Herrn aufzwingen wollen. Bei der Hard seien die Schweizer im Wasser erfroren. In der Karwoche zogen sie nicht gern nach Frastenz aus, sie wurden durch den Einfall der Feinde gereizt. Feer schloss selber bei Stühlingen die Kapitulation. Für die Neutralität der Reichsstadt Basel im Schwabenkrieg zeigt er volles Verständnis.

Seine Chronik ist im übrigen eine trockene Aufzählung der Siege; sie bringt charakteristische Einzelheiten, zieht nicht die grosse Linie.

Ettliche Chronickwürdige Sachen, hg. v. *Jost Vinzenz Ostertag;* Geschichtsfreund 2, 1845, S. 131 ff.

Simon Lemnius 1511–1550

Er war ein Bündner aus dem Münstertal, hiess eigentlich Margadant, setzte aber seinem Namen den Geschlechtsnamen der Mutter, Lemm, vor und latinisierte sich in Simon Lemnius Mercator oder Emporicus. Früh verwaist und um das Erbe betrogen, studierte er, war fahrender Schüler, gewann in Wittenberg Melanchthons Gunst. Anno 1538 liess er im Druck zwei Bände lateinische Epigramme erscheinen und widmete sie mit Lob seinem Gönner, dem Kurfürsten Albrecht von Mainz. Darob entbrannte Luther im Zorn und nötigte Rektor Melanchthon, den Fehlbaren vorzuladen, obschon dieser selber die Epigramme vorher gebilligt hatte. Sie enthielten sonst nichts Anstössiges. Lemnius floh, liess seine Bibliothek und den Hausrat im Stich und wurde relegiert. Melanchthon benahm sich in diesem Handel nicht gerade rühmlich. In flammender Predigt fiel Luther über Lemnius her. Dieser rächte sich mit zynischen lateinischen Schmähgedichten. Lessing unternahm 1753 einen Rettungsversuch, deckte das ungehörige Verhalten der Gegenpartei auf und nahm die alte Schmach von ihm. Religiös scheint Lemnius ziemlich gleichgültig gewesen zu sein; er war vor allem Humanist und Epikuräer. Von 1539-1542 lehrte er an der neugegründeten humanistischen Nikolaischule in Chur. Wegen seiner *Amorum libri IIII* und wegen seines geringen Interesses an den konfessionellen Streitfragen wurde er entlassen. Nun studierte er in Bologna, wo man ihn zum Dichter krönte. Von 1545 an war er wieder Lehrer in Chur und starb hier an der Pest. Auf dem Totenbett verfasste er seine eigene Grabschrift – ein schmerzlicher Abschied vom Leben in der Vollkraft. Er war mehr ein Talent als ein Charakter.

Lemnius besass eine ausgesprochene Formbegabung, kannte die Alten gut, dichtete nur lateinisch. Humanistische Ruhmbegier erfüllte ihn. Er war von einer staunenswerten Belesenheit, meisterte die Sprache mit Virtuosität. Aber um das antike Vorbild zu erreichen, fehlten Harmonie, tiefes Empfinden, abgeklärte Weltanschauung, und zudem: Er dichtete in einer nachempfundenen Sprache. Von seinen Werken sind zu nennen: eine Übersetzung der Periegesis des Dionysios Periegetes und die erstmalige Gesamtübersetzung der Odyssee, beide in lateinischen Hexametern; diese machten ihn der Welt bekannt. Mit dem Vollklang seiner epischen Tuba widmete er dem Ruhm der Heimat sein letztes Werk: *Libri IX de bello Suevico ab Helvetiis et Rhaetiis adversus Maximilianum Caesarem 1499 gesta rhythmis*, kurz die *Raeteis* genannt. Es entstand derart kurz vor seinem Tod, dass er es nicht mehr glätten und herausgeben konnte. In seinem nicht langen Leben hat er 40000 Verse gedichtet.

Der Inhalt der Raeteis ist der Schwabenkrieg. Mit epischen Kunstgriffen flicht Lemnius die Vorgeschichte Bündens ein. Den Grundstock bilden die Acta. Für die Vorgeschichte benützte er Aegidius Tschudis Rhaetia, ferner Etterlins und Stumpfs Chronik, das Bündnerlied und die Überlieferung – sein Vater war an der Calven gefallen. Das Gewand entlehnte er Homer: Wie dieser ruft er anfangs die Muse an, lässt die Götter für und wider die Rätier Partei nehmen, schiebt Heldenreden zu Beginn der Schlachten ein, neigt überhaupt zu homerischer Schilderung von Einzelkämpfen. Der Schild und die Rüstung Fontanas stammen von Vulcan, die Bilder auf dem Schild geben Anlass zur Erzählung der rätischen Geschichte, Fontanas Kampf gegen Freuler gleicht demjenigen des Ajax gegen Odysseus. Ganze Stücke entlehnt Lemnius aus der Punica des Tiberius Silius Italicus, der Thebais des Publius Papinius Statius und einiges aus der Aeneis des Virgil, so dass er selten die eigene Phantasie zu bemühen braucht. Die Glaubwürdigkeit bleibt, wo nicht Quellen nachweisbar sind, zweifelhaft. Lemnius schafft nicht als Dichter, sondern als Ruhmspender. Er nennt den Vater und die Aristien des rätischen Adels, verherrlicht den Benedikt von Fontana, der hier zum ersten Mal auftaucht. Neuere Forschungen haben erwiesen, dass die ganze Fontana-Episode der Raeteis echt ist: der Ansturm im Kugelregen, der Streit mit Freuler, der Heldentod.

Der Schwabenkrieg, ein helvetisch-rhaetisches Nationalgedicht, hg. v. *Joh. Georg Philipp Thiele*; 2 Teile, Zizers 1792–1797. – *Die Raeteis*. Schweizerisch-deutscher Krieg von

1499, hg. v. *Placidus Plattner;* Chur 1874. – *Raeteis.* Heldengedicht in acht Gesängen; übersetzt ins Deutsche von *Placidus Plattner,* Chur 1882.

CHRISTIAN KIND: Die Rhäteis von Simon Lemnius; Anz. Schw. Gesch. 1862, S. 68f. – FERDINAND VETTER: Simon Lemnius und sein Heldengedicht; Bund, Sonntagsbl. 1882, Nr. 29–33. – FERDINAND VETTER: Simon Lemnius; ADB 18, Leipzig 1883, S. 236ff. – PAUL MERKER: Simon Lemnius. Ein Humanistenleben; Quell. Forsch. Sprach- u. Culturgesch. german. Völker 104, Strassburg 1908. – JANETT MICHEL: Die Quellen zur Raeteis des Simon Lemnius; Zürich/Chur 1914; Jahresber. Hist.-Antiq. Ges. Graubünden 42/43, 1912/13. – JANETT MICHEL: Eine neue Handschrift zur Raeteis des Simon Lemnius; Bündn. Monatsbl. 1917, S. 82ff. – GEORG ELLINGER: Simon Lemnius als Lyriker; Festgabe Friedrich von Bezold, Bonn 1921. – G. R. MOHR: Simon Lemnius. Leben und Werke; Rätier 1921, Nr. 94, Beilage.

Die Historizität Fontanas gab Anlass zu einer Streitfrage: FERDINAND VETTER: Benedict Fontana, eine schweizerische Heldenlegende; Jahrb. Schw. Gesch. 8, 1883, S. 201 ff. Vetter bezweifelt zu Unrecht die Geschichtlichkeit Fontanas. – CONSTANZ JECKLIN: Benedikt Fontana und die historische Kritik; Chur 1886. Jecklin verteidigt sie und wurde bestätigt. Nachforschungen im Mailänder Archiv ergaben den Bericht des herzoglichen Agenten Baldo vom 27. Mai 1499, der den Tod des Fontana bezeugt: CONSTANZ JECKLIN: Urkunden zu der Schlacht an der Calven; Anz. Schw. Gesch. 1887, S. 97 ff. – JANETT MICHEL: Der Streit um den Helden Benedikt Fontana; N. Bündn. Zeitung 1924, Nr. 293f.

Heinrich Hug

Dieser Bürger und Staatsmann zu Villingen im österreichischen Schwarzwald verfasste eine *Chronik,* welche den Zeitraum von 1495 bis 1533 beschlägt. Der Verfasser schreibt zunächst über den Schwabenkrieg; er hasst die Schweizer grimmig, weil sie vom Reich abfielen. Nichtsdestoweniger gibt er einen guten Einblick, wie es auf seiner eigenen Seite aussah. Er deckt die Ursachen der Niederlagen, die verpassten Gelegenheiten auf: Unfähigkeit, Verzagtheit, Ratlosigkeit der Führer, Schrecken des Volks. Die Schweizer schont er noch weniger, übertreibt ihre Verluste, ihre Wortbrüchigkeit. Doch gesteht er auch, dass ihnen alle Angriffe wohlgerieten. Die Kämpfe der Schweizer in Italien betrachtet er als Auflehnungen gegen das Reich, die Schlachten von Novara und Marignano als Kraftproben zwischen Schweizern und Landsknechten. Bei Novara fielen aus Villingen allein zehn Knechte, die zusammen 43 Kinder hinterliessen. Über die Niederlage von Marignano herrschte grosse Freude, man atmete auf. Später äussert Hug auch gegen die Reformation grossen Hass.

Bericht der Villinger Chronik über den Schweizerkrieg; Fürstenbergisches Urkundenb. 4, Tübingen 1879, S. 511 ff. – *Villinger Chronik,* hg. v. *Christian Roder;* Bibliothek des Litterar. Ver. Stuttgart 164, Tübingen 1883.

AUSLAND

Im 15. Jahrhundert begann sich das Ausland literarisch mit der Schweiz zu beschäftigen. Verschiedenes führte dazu: die Konzilien von Konstanz und Basel, der militärische Ruhm, die gesteigerte politische Bedeutung. Die Humanisten Italiens eröffneten den Reigen. Meistens schilderten sie die Schweiz nicht aus eigener Anschauung, sondern vom Hörensagen, denn Fremde kamen nicht gern in die Schweiz; sie hatte den Ruf eines wilden, bergfinstern Landes und eines armen Bauernstaates. Sowohl im Norden wie auch im Süden herrschten Abneigung und Grausen vor.

Poggio Bracciolini 1380–1459

Dieser italienische Humanist, Geschichtsschreiber und Politiker, ein Mensch von vielseitigen Interessen, half das Altertum erschliessen und eröffnete die Neuzeit. Von 1414–1418 weilte er auf dem Konstanzer Konzil, besuchte St. Gallen, stöberte den Klassikern nach. Dabei fand er den Quintilian, das Lehrbuch über die Beredsamkeit, und teilte es begeistert einem Freund mit. Aus seinem Briefe spricht Verachtung für die Barbaren in St. Gallen; er ist von Stolz auf seine klassische Bildung durchtränkt.

Die Gicht in den Handgelenken zwang ihn 1417, Baden aufzusuchen. Von Baden entwirft er eine reizvolle Schilderung im Brief an den Humanisten Niccolo Niccoli. Er kam am Rheinfall vorbei, von dem er die erste uns erhaltene Beschreibung gibt. In Kaiserstuhl vermutete er ein römisches Kastell, konnte im übrigen der Gegend keinen Reiz zubilligen. Auch diese Schilderung ist ganz mit antiken Anspielungen durchsetzt. So rechnet er die Schweiz zu Gallien, bezeichnet den Rhein als die Grenze gegen Germanien. Von Baden war er begeistert: Das Wasser sei fast göttlich. Viele Leute kämen nur des Vergnügens wegen. Hier herrschten die freiesten Sitten. Jeder Gasthof besitze sein eigenes Bad, daneben gebe es öffentliche, unentgeltliche Bäder für die Armen. Jeder Tag sei ein Fest; man spiele, musiziere, esse auf schwimmenden Tischen im Bad, Gäste schauten von der Galerie aus zu. Eifersucht, wie sie alle Italiener plage, sei hier unbekannt. Hier weise zu sein, wäre die grösste Torheit. Poggio fand wegen der vielen Zerstreuungen weder zum Lesen noch zum Denken Zeit. Am Schluss zieht er einen Vergleich zwischen den nimmersatten Italienern und diesen harmlosen Geniessern.

Poggii Florentini oratoris et philosophi opera; Strassburg 1513 und Basel 1538. – *Epistolae,* hg. v. *T. Tonelli,* 1–3, Florenz 1832–61. – *Die Berichte über Baden und St. Gallen* in deutscher Übersetzung: *Wilhelm Oechsli;* Quellenb. Schweizergesch. NF, Zürich 1893, S. 358 ff.

ERNST WALSER: Poggius Florentinus. Leben und Werke; Beitr. Kulturgesch. d. Mittelalters u. d. Renaissance 14, Leipzig 1914.

Enea Silvio Piccolomini 1405–1464

Dieser italienische Humanist war zuerst Laie, später Geistlicher, Bischof, Papst Pius II. (1458–1464). Man kann ihn als einen Vertreter der Neuzeit ansprechen: grundgescheit, scharfäugig, gewandt, vielseitig, aufgeräumt, in der Jugend locker. Er war ein ausgezeichneter Lateiner, Poet – worüber er nicht wenig Stolz empfand –, Schriftsteller, Feuilletonist. Da keine Zeitungen existierten, schrieb er Briefe von erstaunlichem Reichtum, die man verschlang. 1432 kam er an das Konzil von Basel als Sekretär eines Bischofs, wurde dann Sekretär des Konzils, hierauf des Gegenpapstes Felix V., trat für die Reform ein, ging in den Dienst König Friedrichs III. hinüber. Später schlug er um, machte seinen Frieden mit Papst Eugen IV. und Rom und durcheilte eine stolze Laufbahn. Als historischer Schriftsteller verfasste er die Werke *Historia Austriaca, Historia Bohemica, Historia Europae*, als Tagesschriftsteller die zeitgeschichtlichen *Commentarii de gestis Basiliensis Concilii*. Hier drang er nirgends tiefer ein, blieb in der Tendenz stecken, behandelte indessen die Oberfläche meisterhaft. Sein Vorbild Bruni erreichte er nicht. Das Beste leistete er, wo er persönlich sein durfte, in den *Commentarien*, die er als Papst schrieb, und in seinen *Briefen*. Hier entfaltet er seine Kunst, glänzend zu schildern und anregend zu plaudern. Diese Briefe sind auch für die Schweizergeschichte wichtig. Piccolomini hat lange in der Schweiz geweilt und sich hier tüchtig umgetan, obgleich er nicht Deutsch lernte. Seine Briefe sind lateinisch abgefasst, wurden gesammelt, abgeschrieben, später gedruckt. Einige gleichen Leitartikeln, Feuilletons, Abhandlungen, Novellen: über das Glück, die Behandlung der Pferde, das Elend der Hofleute. Piccolomini hatte diese Briefe von vorneherein für ein weiteres Publikum bestimmt. Andere tragen intimen Charakter; sie wurden ihm unbequem, seitdem er Papst war. Er durchging eigenhändig die Sammlungen, strich durch, säuberte. In dieser Fassung kamen die Briefe in den Buchhandel und wurden später oft nachgedruckt.

Im *Brief* an den Kardinal Giuliano de Cesarini (Mailand, Juli 1434) und in demjenigen an den Erzbischof von Tours (Basel, Oktober 1438) bietet er eine *Beschreibung von Basel*. Sie vermitteln ein umfassendes, zur Hauptsache wohl richtiges Stadtbild Basels, der topographischen Lage, Bevölkerung, geistigen Eigenart, Verfassung, wennschon einige Bemerkungen mehr den Charakter allgemeiner humanistischer Stilisierung als individueller, wirklichkeitsgetreuer Beobachtungen besitzen und auf literarische Vorlagen Italiens zurückgehen. Die Schilderung des Rheinfalls z. B. wurde Poggio abgeschrieben. Piccolomini ist ein Meister der Städte- und Länderschilderung, hat auch Bilder von Wien und Genua entworfen. Doch ist die Beschreibung Basels seine erste dieser Art. Im zweiten Brief zieht er einen Vergleich mit der Politik der italienischen Städte, der sehr zugunsten Basels ausfällt. Es muss ihm hoch angerechnet werden, dass er einen verfassungsgeschichtlichen Bericht von Basel gibt, der freilich weder Tiefe noch Vollständigkeit aufweist. Aber schon die Absicht ist löblich; sie fehlt bei den andern, namentlich den Schweizern, denen das zu selbstverständlich war, als dass sie Sinn dafür bekundet hätten. Sie verzeichneten das Ausserordentliche, Ungeheuerliche, Wunderwürdige, die Kraftverschwendungen, nicht das Normale und Alltägliche, nicht den Durchschnitt, nicht das gewöhnliche Leben.

Piccolomini schildert in seinen Briefen den Einzug der böhmischen Konzilsväter in die Stadt 1431, den Vermittlungsvorschlag der Basler vor den streitenden Konzilsparteien im Mai 1437, das Wüten der Pest, die an einem einzigen Tag mehr als 300 Tote in der Konzilsstadt fordert, das Konklave in der «Mücke» vom November 1439, die Krönung des Papstes Felix V. am 24. Mai 1440. In zwei Beschreibungen Basels (1434 und 1439) zeichnet er nach dem Muster der Laudatio Florentinae urbis aus der Feder von Leonardo Bruni ein reizvolles, umfassendes Bild der Konzilsstadt, ihrer Lage, Architektur, geschichtlichen Voraussetzung, Kultur, ihrer Bewohner und Institutionen. Ferner bietet er auch eine Beschreibung der Schlacht von St. Jakob an der Birs 1444, wobei er sich streckenweise wörtlich an die Schilderung der Schlacht bei den Thermopylen durch den antiken Historiker M. Junianus Justinus (3. Jahrh. n. Chr.) anlehnt und den Eidgenossen die Tugenden der Spartaner leiht. Obgleich er im Dienste Friedrichs stand, urteilt er unbefangen, lobpreist den schweizerischen Heldenmut. Die Stärke der Eidgenossen veranschlagt er nach den einen Gewährsmännern auf 1500, nach den andern auf 4000; er bringt auch viele neue Züge, die in den üblichen Erzählungen fehlen. In andern Briefen streift er die Schweiz nur. In der *Historia Europae* (Kap. 41) erwähnt er die Grausamkeit der Schweizer gegen Zürich bei St. Jakob an der Sihl in einer Art, die beweist, dass er Felix Hemmerli gelesen hat. Vom gleichen Autor stammt wohl auch die Behauptung, dass die Eidgenossen um kleiner Ursachen willen Krieg anfangen und die benachbarten Untertanen gegen ihre Herren aufhetzen. An einer andern Stelle gibt er einen Abriss der schweizerischen Kriegsverfassung; er hat eine Ahnung, wie eng die Aussenpolitik der Eidgenossen damit zusammenhängt. Seiner Schätzung nach bringen die Schweizer leicht 30000 Mann auf, von denen keiner flieht; sie wissen überhaupt nichts von Flucht. Das Verlassen des Schlachtfeldes gilt ihnen als Kapitalverbrechen. Für Kriegswitwen und -waisen sorgen sie vorbildlich, was ja durch eine Luzerner Verordnung von 1476 bestätigt ist. Im Grunde genommen interessiert sich Piccolomini für die Schweizer nur als Kriegsleute; über die Schweizer als Hirten, Bauern, Bürger fällt kaum ein Wort.

Neuerdings wurde von *Rudolf Wolkan* eine vollständige Sammlung der echten Briefe angestrebt. Er ging auf die Originale zurück, gab sie in ihrer Vollständigkeit und brachte viele bisher unbekannte herbei. *Epistolae;* Fontes rerum Austriacarum. Diplomataria et acta 61/62. 67/68, Wien 1909–18. Ausgabe noch nicht abgeschlossen. – *Alfred Hartmann: Basel in einigen alten Stadtbildern und in den beiden berühmten Beschreibungen des Aeneas Sylvius Piccolomini.* Mit einer Einführung von *Edgar Bonjour;* Basel 1951, 2. Aufl., Basel 1954.

GEORG VOIGT: Enea Silvio Piccolomini, als Papst Pius II., und sein Zeitalter, 1–3, Berlin 1856–63. – BERTHE WIDMER: Enea Silvios Lob der Stadt Basel und seine Vorlagen; Basl. Zeitschr. Gesch. Altertkde. 58/59, Basel 1959, S. 111 ff. – BERTHE WIDMER: Enea Silvio Piccolomini, Papst Pius II. Biographie und ausgewählte Texte aus

Tafel 13. Enea Silvio Piccolomini um 1460. Willibald Pirkheimer, 1524.

seinen Schriften; Basel/Stuttgart 1960. – BERTHE WIDMER: Enea Silvio Piccolomini in der sittlichen und politischen Entscheidung; Basl. Beitr. Geschichtswiss. 88, Basel/Stuttgart 1963. Es ist ein Rehabilitationsversuch; die Verfasserin will die innere Entwicklung Piccolominis von allen Entstellungen befreien und sein wahres Bild herausarbeiten. Damit ist der älteren Darstellung durch Georg Voigt nicht bloss widersprochen, sondern sie dürfte im ganzen und im einzelnen widerlegt sein. – BERTHE WIDMER: Enea Silvio Piccolomini e gli Svizzeri; in: Enea Silvio Piccolomini-Papa Pio II, Siena 1968.

Deutsche Humanisten

Durch die Humanisten wurde ein starkes nationales Empfinden geweckt. Sie tadeln die Schweizer, weil diese dem Reich den Rücken kehren, schmähen oft mit groben Worten die «Helvetii». Dahinter steckt auch Furcht vor den Schweizern, welche ihrer Ansicht nach die Grundlage der Kultur, die Ständeordnung, zerstören.

Jakob Wimpfeling begreift den Abfall nicht. Er schimpft in der *Adolescentia* 1505, in der *Apologia pro republica christiana* 1506, am meisten in seinem *Soliloquium pro pace christianorum et pro Helvetiis* 1505, das als Antwort auf Schradin erschien und die Form eines Gebetes an Christus hat. *Sebastian Brant* mahnt in seinen *Gedichten* den König immer wieder, die Schweizer zu unterwerfen; das gleiche empfehlen *Johannes Nauclerus* in seiner *Chronik* 1516 und Abt *Johannes Trithemius* (Johannes Heidenberg von Trittenheim) in den *Annales Hirsaugienses*. Gerne vergleichen diese Autoren die Schweizer mit der türkischen Reichsgefahr, worauf Schradin spöttisch antwortete. Gemeinsam ist den Humanisten auch die Verachtung für den Bauernstand, dessen Entrechtung sie durchaus in Ordnung finden und dessen Verlangen nach besserem Leben ihnen als Anmassung erscheint.

Ausnahmsweise einen anständigen, sachlichen Ton schlägt *Jakob Manlius* (Mennel) an in seinem übrigens unbedeutenden Geschichtswerk *De episcopatu et civitate Vindonensi et Constantiensi*.

Wimphelings Gebet um Frieden unter den Christen; Schweitzersches Museum 5, 1789, S. 58 ff. – *Gebet um Frieden unter den Christen und für die Helvetier, dass sie sich bekehren,* hg. v. *Wilhelm Oechsli;* Quellenb. Schweizergesch., 2. Aufl., Zürich 1901, S. 374 ff. – Wimpfeling verfasste auch ein lateinisches Spottgedicht auf die Niederlage Karls des Kühnen bei Murten. Es ist der Triumph des Elsässers und Deutschen über den Gallier oder Franzosen.

Sebastian Brant: Einige deutsche Gedichte, hg. v. *Karl Schmidt;* Alsatia, Colmar 1875.
Johannes Nauclerus: Chronicon; Köln 1564. *Memorabilium omnis aetatis;* Tübingen 1516. – ERICH JOACHIM: Johannes Nauclerus und seine Chronik; Göttingen 1874.
Annales Hirsaugienses, hg. v. *Struve.* – Abschnitt über den Schwabenkrieg in deutscher Übersetzung: *Wilhelm Oechsli;* Quellenb. Schweizergesch., 2. Aufl., Zürich 1901, S. 373 ff.
Jakob Mennel: Chronicon episcopatus Constantiensis; Scriptores rerum Germanicarum, Frankfurt 1607, S. 615 ff. – *Alphons Lhotsky:* Neue Studien über Leben und Werk Jacob Mennels; Montfort. Zeitschr. Gesch. Heimatkde. Vorarlbergs 6, 1961/62, S. 3 ff.

Willibald Pirkheimer 1470–1530

Er stammte aus vornehmer, sehr reicher Nürnbergerfamilie, erhielt eine ausgezeichnete Bildung im Hofdienst, in der Diplomatie, im Kriegswesen, in den Wissenschaften. Während sieben Jahren studierte er in Padua und Pavia die Rechte, lernte Griechisch, nahm den Humanismus in sich auf und kehrte in den Rat der Vaterstadt zurück. Als Nürnberg 1499 dem König Hilfe schickte, wurde Pirkheimer zum Anführer gewählt, erschien aber erst im Mai auf dem Schauplatz, nahm an keiner grossen Schlacht teil, nur am Engadinerzug. Bei Maximilian stand er trotz den Verleumdungen, die Nürnberger hielten es mit dem Feind, in hoher Gunst und wurde zum kaiserlichen Rat ernannt. Er war einer der ersten Männer seiner Zeit, Mittelpunkt der Humanisten. In den Mussestunden übersetzte er *Xenophon, Platon, Plutarch (Kyprian),* die *Geographie des Ptolemäus,* die *Kirchengeschichte des Gregor von Nazianz,* unterhielt einen ausgedehnten Humanistenbriefwechsel, der Zeitungen sowie Zeitschriften ersetzte und ganze Abhandlungen enthielt. Der Reformation neigte er vorerst zu, wurde 1520 in der Bannbulle Luthers genannt, wandte sich später aber, enttäuscht von der Kleinlichkeit und Gehässigkeit der Reformatoren, vom neuen Glauben ab. Wie alle Humanisten war er von einem starken Nationalsinn erfüllt. Zwar vermittelte er das Altertum, lebte aber kräftig in der Gegenwart und beklagte es, dass die Deutschen ihre Geschichte vernachlässigten.

Er schrieb eine *Germaniae ex variis scriptoribus perbrevis explicatio,* ferner eine *Autobiographie* und ein *Bellum Suitense.* Seine letzten Jahre waren getrübt durch ein Leiden, das ihn 1526 nötigte, den Rat zu verlassen. So kam er eigentlich nicht zum Genuss seines Glückes und seiner grossen Stellung. Alles wurde ihm schliesslich vergällt, auch durch die Neider in der Stadt. Seine Autobiographie ist der Niederschlag davon. Sie wechselt zwischen naivem Selbstlob und kläglichen Berichten über die Umtriebe seiner Gegner und enthüllt die jämmerliche Kleinlichkeit, der man innerhalb der engen Stadtmauern nicht ausweichen konnte.

Über dem Nachlass waltete ein Unstern. Der bestellte Betreuer verbrannte einen grossen Teil der Korrespondenz, weil er sie nicht durchlesen mochte. Ein Nachkomme verkaufte einen Teil der Bibliothek nach England, darunter Pirkheimers Handschriften des Bellum Suitense und der Autobiographie; sie liegen heute im Britischen Museum. Pirkheimer genoss bei Mit- und Nachwelt einen grossen Ruhm. Zeitgenossen nannten ihn den deutschen Xenophon und moderne Historiker einen Fürsten unter den Gelehrten. Für die Schweizergeschichte fällt das Bellum Suitense in Betracht, dessen Abfassungszeit in den Jahren 1526–1530 liegt. Er hat es nicht selber herausgegeben; jedenfalls kam er nicht dazu, die letzte Feile anzulegen.

Zweck der Schrift ist der Ruhm bei der Nachwelt. Auch will der Verfasser Nürnberg von der Verleumdung reinigen, es habe heimlich mit den Schweizern konspiriert. Der Vorwurf ist zwar unberechtigt; aber in Nürnberg war doch die Stimmung den Schweizern günstig aus Hass der Franken gegen die Schwaben, der Reichsstadt gegen die Ritter. Pirkheimer will von den Taten der Deutschen sprechen. Nach Humanistenart schreibt er eine Monographie und verbindet sie mit der Vorgeschichte. Er will zeigen, wie es möglich war, dass die kleine Schweiz dem Reich widerstehen konnte. Obschon er über gutes Deutsch verfügt, schreibt er ein nachgeahmtes klassisches Latein; aber er kopiert nicht Szenen aus der Antike wie seine humanistischen Zeitgenossen. Als Humanist betrachtet er die Gegenwart mit Verständnis; er will Zeitgeschichte in klassischer Form bieten. Den Schweizern ist er geneigt; daraus erklären sich gewisse Behauptungen: 1. Er rühmt die Disziplin der Schweizer, während die eidgenössischen Abschiede über das Gegenteil klagen. 2. Die Niederlagen der Deutschen seien dadurch verschuldet, dass sie den Feind wegen seiner Minderzahl verachteten; die Akten sprechen gegenteils von der Furcht der Deutschen. 3. Der Adel bedrücke die Schweizer stets, deshalb wendeten sie sich vom Reich ab. – Diese subjektive Färbung macht den Reiz des Werkes aus.

Im ersten Buch erzählt Pirkheimer die Vorgeschichte nach Etterlin, das heisst er überträgt ihn ins Humanistische und benützt ihn mit leiser Neigung zur Kritik. Er lehnt die Sage vom Ursprung der Schweizer aus Schweden als Fabel ab. Abweichend von Etterlin entwirft er von Friedrich III. und Karl dem Kühnen ein günstiges Bild, weil sie zu den Vorfahren Maximilians gehören. Seine Schlachtenbilder – er besuchte Murten und Grandson – sind willkürlich. Im zweiten Buch schildert er den Krieg. Als Ursachen gibt er, ungenügend, an: Die Räte hätten Maximilian aufgehetzt; er sagt nichts von der Reichssteuer, vom Rorschacher Klosterbruch, vom diplomatischen Ränkespiel, weshalb das Politische zu kurz kommt. Er benützt keine Urkunden, war bei keiner Schlacht dabei, lässt zuweilen seiner Leidenschaft gegen die Schwaben die Zügel schiessen. Vielleicht schreibt er aus dem Gedächtnis, denn in den Zahlen ist er unsicher.

Der Wert des Werkes liegt einmal in der lebendigen Schilderung der Ereignisse, deren Augenzeuge er gewesen ist, so des ganz verfehlten, vom König befohlenen Einfalles ins Engadin. Für diese Partie stellt Pirkheimer die einzige Quelle dar, flicht auch Anekdoten ein, wie diejenige von den grasessenden Kindern. Er schildert die Verwüstung des Engadins durch die Bündner, die Hungersnot der Deutschen, ihr Auseinanderlaufen. Hier stellen wir Anfänge von Milieuschilderung fest. Jedoch kann er dem Eindruck von der Alpenwelt noch nicht Worte leihen. In seiner Schilderung der Konstanzer Zeit erwähnt er die Anekdote vom Schweizer Mädchen, zeichnet die Zerfahrenheit, die Uneinigkeit im schwäbischen Lager. Er gibt trefflich Auskunft über Maximilian, dem er nahesteht, beschreibt sein Verhalten nach der Schlacht bei Dornach, wie er sich in Lindau einschliesst, abends aber heiter speist und sich am Spiel ergötzt. Am nächsten Tag fuhr er, wie Melanchthon, nicht Pirkheimer, erzählt, mit dem König über den See nach Konstanz, wobei Maximilian einem Sekretär die Materialien zu seiner Geschichte diktierte.

Von Wert sind auch die allgemeinen Bemerkungen, mit denen Pirkheimer seine Erzählungen begleitet. Sie zeugen von bemerkenswerter sittlicher Erhebung und Unbefangenheit. Die Adligen nennt er die grossen Hansen. Trotz dem Sieg betrachtet er die Schweizer noch als Angehörige der deutschen Nation. Den Verrat von Novara empfindet er als einen Schimpf für ganz Deutschland, die späteren Niederlagen in Italien gelten ihm als Strafe hiefür. Er glaubt also noch, im Gegensatz zu den italienischen Humanisten, an eine ausgleichende göttliche Gerechtigkeit. Bei der Erzählung der Schlacht an der Calven erwähnt er Fontanas Tat mit keinem Wort; sie taucht erst in späteren Chroniken auf, ist aber durch Akten genügend nachgewiesen.

Die erste Ausgabe des *Bellum Suitense* besorgte *Goldast-Rittershausen* 1610; dieser schlechten Edition folgten später noch andere, gleichwertige. Eine sorgfältige, genügende Ausgabe erschien erst auf Grund der Manuskripte im Britischen Museum: Willibald Pirckheimers *Schweizerkrieg,* hg. v. *Karl Rück;* München 1895. – Die von Maximilian diktierten *Fragmente* wurden veröffentlicht im Jahrb. der kunsthistorischen Sammlungen des Allerhöchsten Kaiserhauses 6, 1888, S. 421 ff. – Verschiedene Abschnitte aus dem Bellum Suitense in deutscher Übersetzung: *Wilhelm Oechsli;* Quellenb. Schweizergesch., 2. Aufl., Zürich 1901, S. 293 ff. 295 ff. 312 ff. 319 f. 376 f.

LUDWIG FEER: Ettliche Chronikwürdige sachen, hg. v. Jost Vinzenz Ostertag; Geschichtsfreund 2, 1845, S. 138 ff. – OTTO MARKWART: Willibald Pirkheimer als Geschichtsschreiber; Basel/Zürich 1886. – FRIEDRICH ROTH: Willibald Pirkheimer; Schr. Ver. Reformationsgesch., Halle 1887. – LUDWIG GEIGER: Willibald Pirkheimer; ADB 26, Leipzig 1888, S. 810 ff. – EMIL REICKE: Willibald Pirkheimer und die Reichsstadt Nürnberg im Schwabenkrieg; Jahrb. Schw. Gesch. 45, 1920, S. 131 ff. – CARL JACOB BURCKHARDT: Willibald Pirckheimer; Gestalten und Mächte; Zürich 1941, S. 47 ff. – HANS RUPPRICH: Willibald Pirckheimer, Beiträge zu einer Wesenserfassung; Schw. Beitr. Allg. Gesch. 15, 1957, S. 64 ff.

Diplomatische Akten

Seit ungefähr 1450 kamen vereinzelt ständige Gesandtschaften in die Schweiz. Die Vertreter fremder Staaten sandten Berichte heim, Depeschen und Relationen, das heisst zusammenfassende Übersichten, eine Gattung, die von den Venezianern geschaffen und gepflegt wurde. In ausländischen Archiven liegen zahlreiche solche Berichte, die die Schweiz betreffen, daneben auch Instruktionen, Pensionenlisten, Eilbriefe. Das eidgenössische Bundesarchiv lässt seit ungefähr 1870 fremde Staatsarchive durchforschen, abschreiben und fotokopieren, was sich auf die Schweiz bezieht. So sind bis jetzt Archive folgender Länder ausgebeutet worden: Belgien, Dänemark, Deutschland, Frankreich, Grossbritannien, Italien, Japan, Niederlande, Österreich, Schweden, Spanien, Vatikan, Vereinigte Staaten von Amerika. Es handelt sich bei dieser Art von Quellen um wahre Fundgruben für die Geschichte der zwischenstaatlichen Beziehungen der Schweiz.

LÉON KERN, EDGAR BONJOUR: Summarisches Verzeichnis der Abschriften aus ausländischen Archiven, die im Bundesarchiv aufbewahrt werden; Zeitschr. Schw. Gesch. 15, 1935, S. 422 ff. – WALTER MEYRAT: Die Abschriftensammlung des Bundesarchivs; Veröffentl. Schw. Bundesarchiv, Inventare, Bern 1977.

Depeschen mailändischer Gesandter

Das Beste, was hieraus bekannt geworden ist, stammt von *Giovanni Pietro Panigarola*, der vom März 1475 bis zum Oktober 1476 als Gesandter bei Karl dem Kühnen weilte und ihn überallhin begleitete. Er schrieb genaue, vorurteilsfreie und leidenschaftslose Berichte vom Tag. Panigarola war ein scharfsinniger Beobachter, der den Herzog und dessen Aussichten eher günstig beurteilte in vornehmem, ehrerbietigem, sachlichem Ton. Bei Grandson stand er in der vordersten Linie, um sich mit eigenen Augen zu überzeugen. Vor der Schlacht von Murten legte er dem Herzog beim Alarm den Panzer an. Ferner sind interessant die Berichte des d'Appiano am Hof von Savoyen, der Karl schon weniger günstig beurteilt, und andere.

Hinsichtlich der bedingungslosen Übergabe der Besatzung von Grandson sind die Berichte von dieser Seite einig. Zum Verlauf der Schlacht von Grandson bringt Panigarola wichtige Mitteilungen, hebt den persönlichen Mut Karls hervor, stellt fest, dass die Schätze, Edelsteine, das Silbergeschirr gerettet wurden und die Verluste an Gefallenen gering waren. Bei der Belagerung von Murten unterstreicht er das furchtbare Geschützfeuer aus der Stadt. Man sagte die Schlacht für den 22. Juni voraus, weil es ein Samstag war, den die Schweizer bevorzugten; nur Karl glaubte nicht daran, weshalb er wieder überrascht wurde. Panigarolas Bericht über Murten lässt eigentlich erst die Schlacht verstehen. Die abgeschnittenen Lombarden wehrten sich verzweifelt, verkauften ihr Leben teuer, was auch durch die Verluste der Schweizer bezeugt wird. Wiederholt findet sich die Bemerkung, dass die Schweizer den Sieg nicht auszunützen verstehen.

Dépêches des ambassadeurs milanais sur les campagnes de Charles-le-Hardi, hg. v. *Frédéric de Gingins-la Sarraz;* 2 Bde., Paris/Genève 1858. Diese Sammlung ist nicht vollständig und weist Verlesungen der Kopisten auf. – Deutsche Übersetzung: *Wilhelm Oechsli;* Quellenb. Schweizergesch., 2. Aufl., Zürich 1901, S. 231 ff.

II.
REFORMATION
16. Jahrhundert

EINLEITUNG

Um die Jahrhundertwende waren die Gemüter gelockert und empfänglich für die grossen Gedanken, die die Seele über das Irdische hinaushoben und die Verjüngung von innen anbahnten. Dämmernd stieg die Ansicht auf, dass die Eidgenossenschaft nach Form und Inhalt unfertig sei und dass Menschenkraft sie nicht vollenden könnte. Der Himmel musste helfen. Dies ist der Keim der schweizerischen Reformation. Sie entstand nicht wie anderswo aus Humanismus, Renaissance, Glaubensnot und Kirchenverfall, sondern vorwiegend aus politischer und wirtschaftlicher Not. Die tiefsten Schichten der Menschenseele, die religiösen, waren beim Schweizer noch nicht in Schwingung versetzt.

Bei seinen strengen, knappen Lebensbedingungen griff der Schweizer herb und ohne Umschweif auf das Notwendige und vermisste im allgemeinen geistige Güter nicht. Sein Innermenschliches war noch ungepflegt und unentwickelt. Er stand dem europäischen Geistesleben fern und hatte noch keine massgebenden Beiträge dazu geliefert. Des neuen Geistes spürten die Schweizer zwar auch einen Hauch. Zwei Konzilien trugen ihn ins Land: Konstanz 1414-1418 und Basel 1431-1449. Die Italiener, die dahin kamen, streuten die Saat aus. Enea Silvio Piccolomini zog die ersten Humanisten in der Eidgenossenschaft heran, Niklas von Wyle aus aargauischem Geschlecht und Felix Hemmerli, Chorherr in Zürich. Doch wie bezeichnend: In der Schweiz wusste man mit ihnen nichts anzufangen. Niklas von Wyle durcheilte an süddeutschen Fürstenhöfen eine glänzende Laufbahn; Felix Hemmerli blieb zu seinem Unglück bei den Zürchern hangen und wurde von ihnen den Eidgenossen geopfert. Noch weniger wirkte zunächst die Renaissancekunst auf die Schweiz. Bei der allgemeinen Lebensnot und Sinnenverhärtung war der Eidgenosse noch kaum zum Genuss dieser Dinge erwacht.

In einer andern Beziehung aber hatten Humanismus und Renaissance einen durchschlagenden Erfolg in der Schweiz. Zusammen mit dem Reislauf entfesselten sie ungestüme Lebenslust und Lebensdurst. Auf den Söldnerzügen lernte der Eidgenosse das Wohlleben der Nachbarn, lernte er Räusche aller Art kennen, die er nach Hause brachte und ins Schweizerische übertrug. Es strich wie Glutwind durch das Land; vor ihm schmolz dahin, was Zucht, Sitte, Sparen und Haushalten geheissen hatte. Daher zeigte die wirtschaftliche Lage Züge von steigendem Verbrauch, sinkender Erzeugung, gespanntem Kredit, Krisen auf dem Geldmarkt wie in der Politik. Aus diesem bankerottierenden Treiben heraus schrie es nach Abhilfe, nach etwas Neuem. Nicht Sehnsucht der Seele, Herzensnot und Glaubensqual riefen in der Schweiz nach Erlösung, sondern politische, wirtschaftliche und sittliche Verlegenheit und Verstrickung, die keinen Ausweg mehr wusste. Und als dieses Neue mit der Reformation erschien, musste es nach Schweizerart die Wendung ins Praktische, Nützliche, Sittenrichterliche nehmen, nicht ins Geistige wie anderswo.

So verengerte die Reformation den Raum der Schweizergeschichte, indem sie fremde Bündnisse und Söldnerzüge verwarf. Den innermenschlichen Raum aber erweiterte sie, indem sie ein neues Seelenleben weckte, das auf sich selbst gestellt wurde. Jetzt erhielt der Mensch seine Rechtfertigung nicht mehr durch die Vermittlung der Kirche, sondern indem er sich unmittelbar an Gott wandte. Die Reformation übertrug die Bibel direkt auf die Wirklichkeit, erklärte die Heilige Schrift als Befehl für den Alltag und schuf so eine Bibliokratie. Damit wurden alle Kreise ergriffen. Ein Aufruhr der Geister war die Folge, welcher der Geschichtsschreibung einen gewaltigen Aufschwung verlieh. Die heftige Erschütterung des Herzens überwand die übliche Schreibscheu, so dass auch die bisher Stummen und Übergangenen zum Wort kamen, die Frauen sowie die Untertanen. Der Niederschlag fand mannigfaltige Formen: Streitschrift, Protest, Verteidigung, Tagebuch, Denkwürdigkeiten und das monumentale Geschichtswerk.

Mit der ihr eigentümlichen Logik und Tatkraft zog die schweizerische Reformation die Folgerungen über das Kirchliche hinaus auf das Ganze des Lebens. Schule, Armenpflege, Sittenzucht, die vorher der Kirche gehört hatten, gingen an den Staat über, dessen Gewalt damit mächtig erweitert wurde. Auf dass der neue Geist den Alltag durchdringe, erliess der Staat eine gründliche Gesetzgebung; sie lief zwar meistens auf eine Reglementierung des täglichen Lebens hinaus. Eine der folgenreichsten äusseren Leistungen der Reformation in diesem Zusammenhang bestand darin: Der Katholizismus stellte auf der Stufenleiter des Guten die Weltflucht obenan; die Reformation dagegen wandte den Menschen der Welt zu, in der er sein Bestes zu leisten hatte. Damit verpflichtete sie ihn zur Arbeit, zum Weltwirken, zur Bewährung im Beruf. Und zwar tat es die schweizerische Reformation, während die deutsche nicht ganz von überlieferten Anschauungen loskam und glaubte, leiden stehe höher als tun. Zwingli und mehr noch Calvin gaben der weltlichen Arbeit zum erstenmal sittliche Vertiefung. Hier setzte der moderne Arbeitsgeist ein, die Rationalisierung des Lebens, die Ausnützung der Zeit, die auch im historischen Schrifttum sich auszudrücken beginnt.

In der Geschichtsschreibung des 16. Jahrhunderts spiegeln sich ebenfalls die politischen Folgen der Reformation. Die Schweiz wurde durch die Glaubensspaltung zerrissen, nach innen und aussen hin in ihrer gesamtstaatlichen Tätigkeit gelähmt. Im Innern konnte kein engerer Zusammenschluss, keine Kräftigung des Bundes erfolgen, obschon gute Ansätze dazu vorhanden waren. Die Schweiz wurde zum losesten Zusammenhang, zur Zersplitterung auf Jahrhunderte verurteilt. Nach aussen hin untersagte der Glaubenshass eine kraftvolle, nationale Politik. Einheitlich anzugreifen und abzuwehren, Krieg zu führen, war den Schweizern unmöglich geworden. Von selbst wuchsen sie in ihre Neutralität hinein. Erobernd trat die Eidgenossenschaft nicht mehr auf; allerdings hatte sie ihre natürlichen Grenzen, den Rhein, den Jura und die südlichen Alpenkämme erreicht, und auch die Frage, ob sie Grossstaat oder Kleinstaat sein werde, war schon vor der Reformation zugunsten des Kleinstaates entschieden. So kreist denn das historische Bemühen der Zeit vor allem um die Aufhellung der Vergangenheit eines besonderen Ortes und seiner Glaubensentwicklung. Aus dem Unbehagen über die Zersplitterung und zu ihrer Überwindung versuchen sich jedoch immer wieder vereinzelte Historiker in einer Gesamtdarstellung der Bundesgeschichte.

Der geistige Ertrag bietet im Gegensatz zum politischen einen gewaltigen Überschuss. Was die Reformation wollte, sittlichen Ernst, Tiefe und Vertrauen, das heisst Erweiterung des Seelenlebens nach jeder Richtung, das konnte nicht mehr verlorengehen, sondern wirkte als gewaltige Macht auch in der Geschichtsschreibung nach. Freilich nahm die reformierte Kirche bald Formen an, die ihre Stifter nicht vorausgesehen: An Stelle der Bewegung und Frische traten Erstarrung, Zwang, Rechthaberei, so dass manches geistige Gut der Reformation zwar nicht zerstört, aber doch verhüllt wurde. Verloren konnte es nicht gehen, sondern kam in irgendeiner Form in der schweizerischen Historiographie stets wieder zum Vorschein und führte schliesslich zur Aufklärung.

Quellenwerke
Aktensammlung zur schweizerischen Reformationsgeschichte 1521–1532, hg. v. *Johannes Strickler;* 5 Bde., Zürich 1878–84. – *Aktensammlung zur Zürcher Reformation 1519–1533,* hg. v. *Emil Egli;* Zürich 1879. – *Quellen zur schweizerischen Reformationsgeschichte,* hg. v. Zwingliverein in Zürich; 3 Bde., Basel 1901–05 (nicht abgeschlossen). – *Aktensammlung zur Geschichte der Berner Reformation 1521–1532,* hg. v. *Rudolf Steck* und *Gustav Tobler;* 5 Bde., Bern 1918–22. – *Aktensammlung zur Geschichte der Basler Reformation,* hg. v. *Emil Dürr* und *Paul Roth;* 6 Bde., Basel 1921–50. – *Quellen und Studien zur Geschichte der helvetischen Kirche;* Zürich 1932 ff.
Huldrici Zwinglii opera, hg. v. *Melchior Schuler* und *Johannes Schulthess;* 8 Bde. und Supplement, Zürich 1828–61. – *Huldreich Zwinglis sämtliche Werke,* hg. v. *Emil Egli, Georg Finsler, Walther Köhler, Oskar Farner, Fritz Blanke, Leonhard von Muralt, Edwin Künzli, Rudolf Pfister, Joachim Staedtke, Fritz Büsser;* Corpus Reformatorum, Berlin/Leipzig, I 1905; XIII, Zürich 1967. – *Ulrich Zwinglis Hauptschriften,* bearb. v. *Fritz Blanke, Oskar Farner, Rudolf Pfister;* I, Zürich 1940...; XI, 1948. – *Correspondance des réformateurs dans les pays de langue française,* hg. v. *Aimé Louis Herminjard;* 9 Bde., Genève 1866 ff. (unvollständig).

Zeitschriften
Archiv für die schweizerische Reformationsgeschichte, hg. v. Schweizerischen Piusverein; 3 Bde., Luzern 1868–76. – *Zwingliana,* Mitteilungen zur Geschichte Zwinglis und der Reformation; Zürich 1897 ff. – *Archiv für schweizerische Reformationsgeschichte,* hg. v. der Schweizerischen Gesellschaft für Wissenschaft und Kunst; 2 Bde., Luzern 1903–04.

ZÜRICH

Bernhard Wyss ca. 1463–1531

Er war ein Schwabe aus Ravensburg, kam früh in die Eidgenossenschaft und wurde ein herzhafter Schweizer. Zuerst lebte er als Bäcker in Baden, zog 1499 als Feldschreiber an die Grenze, siedelte nach Zürich über und nahm 1513 am Dijoner Zug teil, wofür er das Zürcher Bürgerrecht erhielt. Jetzt wechselte er den Beruf, wurde – wie er selber sagt – «modist in stimmen und der zifferrechnung», das heisst, er erteilte in Musik und Rechnen einen höheren Unterricht über die Volksschule hinaus. Vom ersten Auftreten Zwinglis an fühlte er sich durch diesen angezogen und wurde ein feuriger Anhänger der Reformation. Der Sache der Glaubenserneuerung blieb er bis zu seinem Lebensende treu ergeben. Den ersten Kappeler Krieg machte er offenbar nicht mit; als aber die Lage sich verschlechterte und seine Vaterstadt sowie sein Glaube bedroht waren, nahm der achtundsechzigjährige Wyss seine Waffen und marschierte nach Kappel, wo er mit seinem verehrten Zwingli den Tod fand.

Der Eifer für die neue Sache drückte ihm die Feder in die Hand; er verfasste eine *Chronik*. Ihr erster Teil, von Rudolf von Habsburg bis 1519 reichend, «aus drei Chroniken versammlet», ist nur in Abschrift erhalten. Den zweiten, wertvolleren Teil dagegen, die Jahre 1519 bis Oktober 1530 umfassend, kennt man im Original. Wyss schildert als Augenzeuge den Aufstieg der Reformation unmittelbar aus der Zeitstimmung heraus, während der Hauptdarsteller Bullinger erst lange nach 1531, in den 1560er Jahren, schrieb.

Wyss verfuhr annalistisch, nicht pragmatisch. Aber er hat einen echten Sinn für Geschichte, erzählt mit heller Freude, kurz und bündig, auf Tatsachen, nicht auf Ideen gerichtet. Er gibt nicht mehr, als er hat, drückt die Stimmung trefflich aus. Man vernimmt aus ihm, wie man lebte und dachte, was Eindruck machte. Gleich zu Beginn stellt er Zwingli mit knappen Strichen vor, betont wiederholt, dass seine Art zu predigen bisher unbekannt war, bezeugt die Ergriffenheit der Zuhörer. Er erwähnt die erste Priesterehe, gibt lange Listen der Pfarrer, die «z'chilchen gingen», notiert die erste Taufe in der Muttersprache, beschreibt ausführlich den Ittingersturm und die Ausräumung der Kirchen. Als einziges auswärtiges Ereignis schildert er den Sacco di Roma, wohl deshalb, weil ein Zürcher, Röist, Gardehauptmann war, vielleicht auch, weil er es dem Papst gönnte. Für Toleranz zeigt er keinen Sinn, erzählt ruhig die Ertränkung von Täufern, die zum Teil mit Freuden starben, findet es durchaus richtig, dass man Männer, die über das Abendmahl anders denken als Zwingli, aus dem Rate stösst. Die Innerschweizer nennt er die «bösswilligen ort», betrachtet die Hinrichtung Wehrlis als selbstverständlich, obschon dessen Verschulden gering war, tadelt Berns «grimme» Vermittlung beim ersten Kappeler Frieden, behauptet tendenziös, Zwingli habe in Marburg Luther besiegt.

Es ist eine einseitige, aber klare, verständliche, sehr lesbare Chronik.

Die Chronik des Bernhard Wyss, hg. v. *Georg Finsler;* Quell. schw. Reformationsgesch. 1, 1901 (mit gutem Kommentar). – Gegen Finsler behauptet *Leo Weisz* in Zwingliana 5, 1933, S. 215, Anm. 58, Wyss habe die Chronik nicht verfasst, sondern bloss abgeschrieben; Verfasser sei wahrscheinlich Werner Steiner. Doch fehlt hiefür einstweilen der schlüssige Beweis.

Laurenz Bosshard ca. 1490–1532

Unter dürftigen Verhältnissen studierte er mit Stipendien seiner Vaterstadt Winterthur in Freiburg i. Br. Theologie; das war damals der normale Weg für einen armen, begabten Jungen, um emporzukommen. Winterthur zählte ungefähr 2500 Einwohner, zu deren kirchlicher Betreuung mindestens 40 Geistliche erforderlich waren, so dass Bosshard nach Beendigung seiner Studien schon mit achtundzwanzig Jahren eine schöne Chorherrenpfründe auf dem Heiligenberg erhielt. Er wurde ein eifriger, aber gerecht urteilender Anhänger der Reformation und verheiratete sich. Anno 1529 begann er eine Chronik zu schreiben, da er der geistlichen Verrichtungen enthoben war und Leibgeding genoss. Etwa zweiundvierzigjährig erlag er der Pest.

Seine im Original erhaltene *Chronik* ist sauber und übersichtlich angelegt. Sie zerfällt in zwei Teile: «Historien» vor der Reformation und Zeitgeschichte der Reformation. Diese ist wichtig; aber auch die «Historien» enthalten wertvolle Notizen, da Bosshard alle erreichbaren Quellen, Chroniken und Akten, benützte. Er geht vom Anfang der Stadt Winterthur aus, die durchwegs im Mittelpunkt seiner Darstellung steht, und bespricht die Erhebung zur Stadt. In der Reformation ist sein Standpunkt unbefangener, gelassener als derjenige von Bernhard Wyss, da er nicht im Banne Zwinglis, sondern etwas abseits in der Kühle steht. Immerhin fehlt es nicht an einseitiger Beurteilung, so bei der Behandlung der Äbte von St. Gallen und Rheinau. Aber er trachtet ernsthaft nach Richtigkeit, was die vielen Korrekturen in seiner Handschrift verraten. Umsichtig, mit offenem Blick zieht er alles Bemerkenswerte herbei, so den Sacco di Roma, die Belagerung von Wien, den deutschen Bauernkrieg. Die Sorgen und Nöte der Zeit gibt er deutlich wieder, weshalb der kulturgeschichtliche Gehalt seiner Chronik wertvoll ist. Er zeigt grosses soziales Verständnis, kennt die Lage des armen Volkes, spricht schon auf der ersten Seite vom Druck des Adels. Abergläubisch wie seine Zeit, notiert er Himmelserscheinungen, die von Einfluss sein sollen. Bestimmte örtliche Einzelheiten finden sich nur bei ihm. Bekanntes wird in neues Licht gestellt oder wirksam bestätigt. Die Darstellung ist einfach und klar. Bosshard handhabt die Sprache mit einer gewissen Anmut, flicht Gedichte ein, schreibt anschaulich, warm, aus innerem Drang; man spürt eine Seele.

In der Vorrede enthüllt er seine Gesinnung: Alles steht in Gottes Hand; er glaubt an einen unmittelbaren Eingriff Gottes in die Welt, was seine Chronik zeigen soll. Den Ittingersturm verurteilt er, enthüllt die Ausschweifungen der Bauern, nimmt aber im deutschen Bauernkrieg gegen die Regenten Partei, missbilligt in scharfen Worten das Blutbad von Zabern, tadelt den Adel, der «gantz freidig» gewesen sei und die wehrlosen Bauern wie Schafe gemetzget habe. Bei der Erwähnung des Marburger Gesprächs kommt Luther schlecht weg. Ferner berichtet Bosshard, die Türkengefahr sei den Reformierten günstig gewesen; auf der Badener Disputation hätten die Katholiken Oekolampad beim Reden durch absichtliches Husten gestört; gegen Baden sei ein Boykott verhängt worden, um den Glaubenswechsel zu erzwingen; nach dem Verbot des Reislaufens habe die Rodung einen grossen Aufschwung genommen; anno 1531 sei eine Finanznot ausgebrochen; trotz guter Ernte habe sich das Geld verkrochen.

Bosshards Werk stellt einen interessanten Versuch dar, Wahrheitsliebe mit einseitiger Überzeugung zu verbinden. Toleranz ist ihm unbekannt, Zwang selbstverständlich.

Die Chronik des Laurencii Bosshart, hg. v. *Kaspar Hauser;* Quell. schw. Reformationsgesch. 3, 1905 (mit reichem Kommentar, vom reformierten Standpunkt aus verfasst). Die Rechtfertigungen, die Bosshard für das reformierte Vorgehen in der Ostschweiz seit 1529 versucht, werden vom Kommentator nachdrücklich unterstützt; daher erscheint Bosshards Standpunkt um so verzeihlicher.

ALBERT HAFNER: Die Handschriften der alten Chronisten von Winterthur; Njbl. Stadtbibl. Winterthur 1880, S. 7 ff. – VALENTIN LÖTSCHER: Der deutsche Bauernkrieg in der Darstellung und im Urteil der zeitgenössischen Schweizer; Basl. Beitr. Geschichtswiss. 11, Basel 1943, S. 133.

Peter Füssli 1482–1548

Aus alter, angesehener Glocken- und Stückgiesserfamilie stammend, zog er seinem Stande gemäss als Reisläufer ins Ausland, sammelte in den Mailänder Kriegen militärische Erfahrungen, trug seit Marignano zeitlebens eine Kugel im Knie. Zu Hause übernahm er mit dem Bruder Hans das väterliche Geschäft, war ein tüchtiger Berufsmann und in der Bürgerschaft wohlgelitten. Vom neuen Glauben wollte er nichts wissen und besuchte weiterhin auswärts die Messe, bis es der Rat gänzlich verbot. Gleichwohl blieb er in Zürich geduldet und behielt die Stelle eines Artilleriekommandanten, da er etwas von der Sache verstand. Im zweiten Kappeler Krieg 1531 befehligte er als Büchsenhauptmann das Geschütz bei der Vorhut unter Göldli. Sein Verhalten war eigentümlich; zwar wurde er nachher nicht angeklagt wie Göldli, aber doch verdächtigt.

Von seiner 1523 durchgeführten *Jerusalemreise* verfasste er einen Bericht, den er zum Teil aus der reichen Literatur abschrieb. Gewissenhaft gibt er Auskunft über seine Verhandlungen mit den verschiedenen Schiffspatronen, aber nicht über seine Eindrücke von den fremden Ländern. Nicht einmal bei der Beschreibung der heiligen Stätten schwingt ein Gefühl mit; der Bericht bleibt auch hier trocken.

Ferner schrieb Füssli 1523, noch während der Reise, einen *Brief über den Fall von Rhodos.* Dieser stützt sich auf die Erzählung eines Augenzeugen über die Belagerung der Johanniterniederlassung durch Sultan Soliman II.

Da im Zürcher Gebiet drei Häuser dieses Ordens lagen, nahm man auch hier am Geschick des Ordens regen Anteil.

Gleich nach den Ereignissen verfasste Füssli einen *Grundlichen bericht ... des Capelerkriegs* und der Friedensverhandlungen zu apologetischem Zweck; er wollte sich rechtfertigen, wollte dem Gerede entgegentreten, er habe in der Schlacht seine Pflicht nicht getan. Ob er seinen Zweck erreichte? Es mutet zum mindesten sonderbar an, dass er seinem kriegslustigen Sohne verbot, mit dem Banner auszuziehen, dass er für den Ausgang der Schlacht Gott dankt, weil er mit dem Leben davonkam, die Niederlage seiner Vaterstadt ihn jedoch scheinbar gleichgültig liess. Neueste Darsteller der Schlacht werfen ihm Verrat vor und sehen in seinem Bericht einen Vertuschungsversuch. Füsslis Angaben sind in der Tat ungeeignet zur Klarstellung der strittigen Fragen über die Schlacht.

Der zweite Teil dagegen über die Friedensverhandlungen ist lehrreich. Füssli war selbst dabei, trat unbedingt für den Frieden ein, selbst unter Opferung der reformierten Vogteien. Als Vorwand zu dieser Haltung diente ihm die schlechte Stimmung des Landvolkes; aber seine Parteinahme sticht überall durch. Man erfährt die völlige Zerfahrenheit der Reformierten; zwischen Zürich und Bern gab es kein Vertrauen. Zürich stand hart vor einer Revolution, was die V Orte wussten und ausnützten, besonders im Streit um Artikel 4: Zuerst verlangten die Katholiken in den Vogteien nur Abstimmung, dann, ihre Forderung verschärfend, unbedingte Rückkehr einiger Vogteien; sie wandten sich direkt an die Zürcher Landsleute und setzten so ihren Willen durch. Füssli stand halb mit im Spiel, gönnte der Zwingli-Partei die Niederlage, obgleich seine Vaterstadt zu Schaden kam. Seine Schreibweise ist dunkel, schwerfällig, mühselig, man spürt ihr die Gedächtnisarbeit an.

Füsslis streng reformierter Bruder *Hans* schrieb eine *Chronik*, die bis 1519 reicht; da sie nur eine Abschrift aus bekannten Chroniken enthält, ist sie für die Forschung belanglos.

Warhafte reiss gen Venedig und Jerusallem beschen durch Petter Füssly und Heinrich Ziegler 1523; Zürcher Taschenb. 1884, S. 136 ff. – *Die Belagerung und der Fall von Rhodus im Jahre 1522*; Zürcher Taschenb. 1888, S. 202 ff. – *Grundlicher bericht ... des Capelerkriegs*; Zürcher Taschenb. 1889, S. 151 ff.

Gerold Meyer von Knonau: Peter Füssli; ADB 8, Leipzig 1878, S. 258. – Paul Schweizer: Die Schlacht bei Kappel am 11. Oktober 1531; Jahrb. Schw. Gesch. 41, 1916, S. 1 ff.

Felix Schwyzer gest. 1567

Sein Vater war der Bannerherr Johannes Schwyzer, der bei Kappel fiel. Der Sohn schlug etwas aus der Art, war ein unverbesserlicher Reisläufer trotz der obrigkeitlichen Verbote, wurde bestraft und schliesslich im Spital versorgt.

Er schrieb eine *Chronik*, umfassend die Jahre 1250–1566. Sie enthält

brauchbare Notizen über den Schwabenkrieg, Kappel, die Eroberung der
Waadt, wo er überall dabei war.

Chronik von einem Sohn des Bannerherrn Hans Schwyzer, hg. v. Paul Schweizer; Zwingliana 3, 1915, S. 261 ff.

Hans Edlibach 1487-1559

Er war ein Sohn des Chronisten Gerold Edlibach, trat 1525 in den Kleinen Rat ein, wurde 1528 Seckelmeister, später Landvogt und Tagsatzungsgesandter. Wie sein Vater stand er der Reformation und Zwingli eher kühl gegenüber, verurteilte dessen Heftigkeit, litt darunter, dass der Fremdling in Zürich das Wort an sich riss. Dies wird beleuchtet durch einen Stossseufzer am Anfang seiner Aufzeichnungen: «Hätte doch Gott gewollt, dass er uns sein Wort durch einen friedlicheren Mann als Zwingli sendete.» Aber Edlibach hielt zurück, weil er als Zürcher und Patriot empfand und die Schwierigkeiten nicht mehren wollte. So wurde er in den Ämtern belassen, sass aber nicht im Geheimen Rat, in Zwinglis Machtzentrum.

Er schrieb ums Jahr 1534 eine Historische Relation, einen Bericht über die Ereignisse von 1528-1531. Beiden Parteien will er den Spiegel vorhalten, ist subjektiv, aber nicht unbillig, ähnlich dem Vater, aber vorsichtiger. Er schöpft aus der Erfahrung, aus mündlichen Berichten von Zeitgenossen, weiss vieles, da er in der Regierung sass und wichtige Sendungen erfüllte. Für Verschiedenes stellt er die einzige Quelle dar. Dagegen scheint er schriftliche Zeugnisse nicht herangezogen zu haben. Bullinger benützte ihn eingehend für seine Reformationschronik, wobei er Unbequemes strich. Die Originalhandschrift ist verloren; man besitzt je eine Abschrift aus dem 16. und 17. Jahrhundert.

Aus Edlibachs *Geschichte des Kappelerkrieges* erfährt man, wie Zwingli den Krieg dem Rat abtrotzte. Fast mit erschreckender Deutlichkeit erkennt man, welcher Stimmungsmache der Reformator sich bediente. Edlibach gehörte selber dem Rat an, vor dem Zwingli 1529 mit der Forderung erschien, man solle schleunigst das Aufgebot erlassen und den V Orten den Krieg erklären. Als der Rat zögerte, drohte Zwingli, die Stadt zu verlassen, und erschien auf ein ausdrückliches Gebot «glatt nit» vor dem Rat, bezeichnete zwei der Räte als «Erzbuben» und gab erst nach langem Bitten nach. Infolge einer Provokation durch die Unterwaldner waren Rät' und Bürger froh, «dass wir mit eren khontend das spill anfahen».

Auch über die Zwischenkriegszeit vernimmt man durch Edlibach Wichtiges. Er wird nicht müde, den unheilvollen Einfluss der politisierenden evangelischen Geistlichkeit und ihren Kriegswillen aufzuzeigen, rügt die «scharpfen predigen», die die «ware göttliche liebe» verletzen. In der Ostschweiz sei die Stimmung überheblich gewesen. Die Thurgauer hätten geprahlt, den Zürchern mit 10000 Mann zu Hilfe eilen zu wollen, hätten von den V Orten nur noch verächtlich als von den «fünf Sennhüetli» oder den «fünf Kuedräcken» geredet. Schliesslich sei die Zürcher Obrigkeit vor allem durch ihre Landschaft, die sich früher so kriegerisch wie nur möglich gebärdete, zur Annahme des Friedens gezwungen worden. Die Katholiken hätten die verwundeten Zürcher gut behandelt.

Im ganzen schildert Edlibach die Reformation nicht freundlich, schiebt ihr unlautere Motive unter, bespricht Zwinglis Werdegang ungünstig und zeigt, wie sich Heuchler und Eigennützige zur neuen Bewegung drängen. Er beleuchtet die Zürcher Dinge von der andern Seite, was ein willkommenes Korrektiv unseres geschichtlichen Urteils bedeutet.

Geschichte des Kappelerkrieges, hg. v. *Leo Weisz;* Zeitschr. Schw. Kirchengesch. 26, 1932, S. 81 ff. 270 ff.

Leo Weisz: Die Geschichte der schweizerischen Glaubenskämpfe nach Ludwig Edlibach; N. Heidelb. Jahrb. 1932, S. 64 ff. – Fritz Büsser: Hans Edlibach; NDB IV, S. 315, Berlin 1959.

Bernhard Sprüngli gest. 1568

Stadtzürcher, eifriger Anhänger Zwinglis, focht er in den beiden Kappeler Kriegen mit. Anno 1549 wurde er Ratsherr, das heisst Mitglied der Regierung, dann Seckelmeister. Nach seinem Tode fand man zwei Schriften aus seiner Feder: *Annalen von 1538–1568,* deren kulturgeschichtlicher Gehalt beträchtlich ist, und ferner ein kleines Werk, *Beschribung beyder Cappelerkriegen;* dieses wurde von Bullinger ausgeschrieben und dann vergessen.

Die Schrift entstand unter dem frischen Eindruck der Kriegsereignisse, wurde Ende 1532 abgeschlossen. Sprüngli fand, alle umlaufenden Beschreibungen seien parteiisch, «uss nyd und hass, auch uss gunst und ungunst» abgefasst Daher wolle er endlich einmal «allein die warheit» melden. Aber ihr Zweck war apologetisch. Alle Schuld an der Katastrophe wird von Zwingli auf andere gewälzt, so auf die Zwingli-Gegner und die Berner, natürlich auch auf die Katholiken. Zwingli erscheint als der makellose Held und Eidgenosse. Die Darstellung ist unrichtig, jedoch nicht verlogen, sondern einseitig fanatisch. Sprüngli legt zwar Aktenstücke ein; aber ihm schwebt ein Wunschbild vor, das er aufs Papier wirft.

Mit seiner Schrift hat Sprüngli Schule gemacht. So sah man fürderhin in Zürich die Katastrophe an.

Erst im 20. Jahrhundert ist das Manuskript in zürcherischem Privatbesitz wieder aufgefunden worden. *Beschreibung der Kappelerkriege,* hg. v. *Leo Weisz;* Quell. Stud. Gesch. helvet. Kirche 2, 1932.

Ernst Gagliardi: Eine unbekannte Quelle zu Heinrich Bullingers Reformationsgeschichte; Zwingliana 3, 1915, S. 141 ff. – Ferdinand Schmid: Die Vermittlungstätigkeit des In- und Auslandes während der beiden Kappelerkriege; Zürich 1946.

Conrad Kürschner (Pellikan) 1478–1556

Zu Rufach im Elsass geboren, kam er arm und voll unersättlichem Wissensdurst in ein Franziskanerkloster, fand bei den Ordensbrüdern gute Förderung und studierte an süddeutschen Universitäten. Von sich aus lernte er Hebräisch, weil es damals an Lehrern und Büchern fehlte. Bald wurde er eine Zierde des Ordens; man überhäufte ihn mit Ämtern, die seiner Bescheidenheit zuviel waren, rief ihn 1517 auf das Generalkapitel nach Rom. In Basel wurde er unter dem Eindruck von Luthers Schriften von der Reformation ergriffen. Der Rat schützte ihn vor der Verfolgung des Ordens und übertrug ihm eine Theologieprofessur. Da erreichte ihn der Ruf Zwinglis; er siedelte 1526 nach Zürich über, zog die Kutte aus, heiratete und versah bis an sein Ende die Professur des Hebräischen. Als Hebraist leistete er Pionierarbeit, trug später aber zur Weiterentwicklung der Hebraistik nichts Eigenes mehr bei. Seine Eigenständigkeit als Exeget wird heute ebenfalls bezweifelt. Daneben wirkte er auch als Prediger. Anno 1544 zeichnete er für seinen Sohn Samuel sein Leben in einem Zug auf; von da an fügte er jährlich Notizen bei.

Kessler entwirft in seinen Sabbata von Pellikan folgendes Bild: «Dieser Pellicanus siner geberden nach (ain) gar kindtlicher, huldseliger, sänftmüttiger mensch und so gar nit erengitig... siner person nach blaich und rain, ainer zimlichen lenge, mit ainer fürgehenkten nasen gegen dem mund... so genaigt zu leren, das er mit dem klainesten kind, so studieren begert, tag und nacht unverdrossen mag mů und arbeit erdulden.» Von dem allem ist die *Autobiographie* der Ausdruck. Es handelt sich um eines der erfreulichsten Zeugnisse der Zeit, um ein erquickendes Geschenk an die Nachwelt. Pellikan war vor allem Lehrer und Gelehrter, bienenfleissig, unermüdlich als Hebraist, Herausgeber, Übersetzer, Erklärer biblischer Schriften, mild, überbescheiden, duldsam, den Frieden predigend, voll Anerkennung für andere, der Politik und allen Welthändeln abgeneigt. Sein Leben war ein eingesponnenes Gelehrtendasein voll Hingabe, Verzicht und echtem Glück. Er fand, wonach sein Herz begehrte. Daher bietet die Autobiographie einen ergiebigen Beitrag zur Geistes- und Kulturgeschichte als selten reines Selbstzeugnis.

Seine Darstellung beweist, dass es noch guten Geist in den Klöstern gab und dass geistiger Aufstieg im Kloster möglich war. Die Internationalität des Ordens tritt überall hervor. Bei der Beschreibung seiner Reise nach Rom sagt er nichts von der Schönheit der Borromäischen Inseln, die er aufsuchte, erwähnt jedoch den schlechten Einfluss des südlichen Klimas auf die Gesundheit und die daraus fliessenden Krankheiten. In Rom hat er kein Auge für die neue Kunst, geht dagegen als Humanist den Spuren der Antike nach. Er lässt sich skeptisch zu den Wunderstätten führen, deutet einen leisen Hohn an, zeigt sich aber sonst voll Nachsicht gegenüber dem vorreformatorischen Dunst und Aberglauben. Man darf nicht vergessen, dass er ein Musterbuch für den Sohn schrieb und darum alles Niedermenschliche dämpfte. In den Briefen liess er sich schon schärfer aus. Seine innere Umwandlung deutet er nur flüchtig an. Er kam als Humanist, als Quellenkritiker zum neuen Glauben, weil er entdeckte, dass die alte Kirche mit den Quellen im Widerspruch stehe; sein Erlebnis erscheint daher weniger erschütternd als bei andern, etwa bei Luther. Zum bahnbrechenden Reformator war er zu scheu und unpraktisch. Die Auseinandersetzung mit dem Orden stellt er sehr gelassen dar; er schied mit Leid von der Kutte, in die er gut passte. Von seinem Eintritt in die Welt bietet er eine reizende Schilderung. Er heiratet und muss nun das Geld kennenlernen; bisher war die Bedürfnislosigkeit sein Kapital gewesen.

Seine Freude am Haushalt, an den Kindern verzeichnet er als guter Hausvater und übt eine grossartige Gastfreundschaft, namentlich hinsichtlich Glaubensflüchtlingen. Über seine Arbeiten und ihre Entstehung macht er genaue Notizen, weil er unter göttlichem Antrieb schrieb. Mit merkwürdiger Kürze geht er über die Katastrophe von Kappel und Zwinglis Tod hinweg. Zwingli wurde doppelt ersetzt, durch Bullinger und Bibliander. Von diesem Hebraisten entwirft er eine neidlose Charakteristik, von Zwingli keine, obschon er in dessen Bann stand. Ihm lag der Gelehrte, nicht der Politiker nahe. Den Sohn schickte er zur Ausbildung in die Gelehrtenstadt Basel.

Pellikan, der in seinem Leben stets zurückgetreten war, hat mit seinem Werk sich bei der Nachwelt in den Vordergrund gestellt.

Chronikon, hg. v. *Bernhard Riggenbach;* Basel 1877. – Die Hauschronik Konrad Pellikans von Rufach; deutsche Übersetzung hg. v. *Theodor Vulpinus,* Strassburg 1892.

SALOMON VÖGELIN: Auszüge aus Konrad Pellicans Chronik; Zürcher Taschenb. 1858, S. 137 ff. – SALOMON VÖGELIN: Konrad Pellican; Njbl. Stadtbibl. Zürich 1871. – BERNHARD RIGGENBACH: Conrad Pellican; ADB 25, Leipzig 1882, S. 334 ff. – EMIL SILBERSTEIN: Conrad Pellicanus. Ein Beitrag zur Geschichte des Studiums der hebräischen Sprache in der ersten Hälfte des XVI. Jahrhunderts; Berlin 1900. – BERNHARD RIGGENBACH: Konrad Pellikan; Realenzykl. protestant. Theol. Kirche 13, Leipzig 1903, S. 108 ff. – EDGAR BONJOUR: Die Universität Basel von den Anfängen bis zur Gegenwart; 2. Aufl., Basel 1971, S. 110. – CHRISTOPH ZÜRCHER: Konrad Pellikans Wirken in Zürich; Zürich 1975.

Hans von Hinwil 1498–1544

Angehöriger einer Zürcher Adelsfamilie auf Schloss Elgg, studierte er in Wien bei Vadian, mit dem er sich später befreundete, wurde Landeshofmeister des Abtes von St. Gallen und stand auch im Dienst des Bischofs von Konstanz. Obschon Zürcher, blieb er Katholik. 1531 nahm er im Zürcherheer am Krieg teil.

Zwei seiner Schriften sind unbedeutend: *Die Geschichte von Elgg* und das *Familienbuch des Hans von Hinwil.* Mehr Gewicht besitzt sein *Bericht über den Kappelerkrieg 1531.* Der Verfasser schreibt als Augenzeuge kurz über die Schlacht bei Kappel, ausführlich über die Schlacht am Gubel. Breit erzählt er auch die Schandtaten der Reformierten; besonders die Thurgauer, seine Nachbarn, sind ihm widerwärtig. Er hat eine heimliche Freude an ihrem Unglück, berichtet über die Auflösung des reformierten Heeres mit leisem Spott. Er ist nicht unparteiisch, wie sein Herausgeber behauptet.

Das Familienbuch des Hans von Hinweyl; Arch. hérald. Suisse 1901, S. 76 ff. 91 ff. – *Bericht über den Kappelerkrieg,* hg. v. *Gabriel Meier;* Zeitschr. Schw. Kirchengesch. 1, 1907, S. 161 ff.

Werner Steiner 1492-1542

Obwohl einer mächtigen, angesehenen Zuger Familie entstammend, verfasste er doch alle Schriften in Zürich, weshalb er hier einzureihen ist. Sein Vater, der Zuger Ammann, führte die Vorhut bei Marignano an, zwei seiner Brüder fielen in dieser Schlacht, die übrigen auf anderen Kriegszügen. Er blieb als alleiniger Erbe des grossen Pensionenvermögens zurück. Mit zwölf Jahren schon kam er nach Zürich, hierauf zu seiner höheren Ausbildung nach Paris, wo er vermutlich als französischer Stipendiat studierte; Vater und Grossvater waren im Solde Frankreichs gestanden. Als Magister Parisiensis kehrte er heim, nahm 1515 als Freiwilliger oder Feldprediger am Kriegszug über die Alpen teil und hörte bei Monza, nordöstlich von Mailand, Zwingli predigen. Er allein erwähnt diese Feldpredigt und bemerkt später darüber: «Hätte man damals seine Lehre genau befolgt, so wären wir vor vielem Schaden bewahrt worden.» Steiner war mit in der Schlacht und sog hier seinen Hass gegen den Solddienst ein. 1518 wurde er päpstlicher Protonotar; «denn durch ihn wird man im Kanton Zug viele Vorteile erzielen können», schrieb der Gesandte der Kurie. Steiner begab sich im folgenden Jahr auf eine Palästinareise, an der nicht weltabgewandte Priester, sondern Staatsmänner und erprobte Krieger teilnahmen. In Venedig kaufte er sich seine erste Bibel und las eifrig darin. Von Jerusalem aus unternahm er gefährliche Reisen an den Jordan, wo er mit seinen Gefährten badete, und auf den Berg Quarantana, wo Christus vierzig Tage gefastet hatte. Neben Pilgern aus anderen Ländern wurden auch einige Schweizer zu Rittern des Heiligen Grabes geschlagen, Steiner jedoch nicht, weil ihm wohl die nötige Zahl freier Ahnen fehlte. Nach seiner Rückkehr residierte er als Chorherr von Beromünster – was ihm ein ansehnliches Pfründengeld eintrug – in Zug, ohne Stelle, in gemächlichem Privatstand gelehrten Neigungen hingegeben. Die Politik, wie alle Kämpfe, scheute er und mied die Stellung, die ihm nach Geburt gehörte.

Schon 1522 war er dem neuen Glauben ergeben und heimlich verheiratet. Er pflog eifrigen Verkehr mit Zürich, mit Zwingli, besonders aber mit Bullinger, der ihn mit dem Humanismus vertraut machte. Dieser schrieb 1527 eine ausführliche Studienordnung für Steiner, die später im Druck erschien; seine Anweisungen an den Studienbeflissenen waren so eingehend, dass sogar die Diät geregelt wurde. In Zug hielt Steiner mit seiner Überzeugung zurück, dieweilen er eine reformierte Bibliothek sammelte. Man duldete ihn wegen des grossen Ansehens seiner Familie, wegen seiner Friedfertigkeit und Milde. Aber die Härte Zwinglis gegen Zug und die Entdeckung seiner Bibliothek 1529 machten ihn in seiner Vaterstadt unmöglich. Er zog mit seinem «Volk» (Familie) nach Zürich, wurde hier Bürger, lebte aber ohne Amt im engsten Verkehr mit Zwingli, Pellikan, Bibliander, Bullinger als ihr Freund und Mahner, der sie zu ihren Studien anspornte. Pellikan nennt ihn in seiner Autobiographie «studiorum et pietatis patronus observantissimus». Dem Reformator diente er als stiller Ratgeber. Er war Zeuge, wie Zwingli vor dem Auszug nach Kappel von den Seinen Abschied nahm. Dass es überhaupt zum Kampfe kam, war

Steiner peinlich, weil auf der Gegenseite seine Zuger Verwandten fochten. Die Katastrophe von Kappel beurteilt er merkwürdig quietistisch: «Gottes Wille und Ordnung war also, der schafft und macht alles nach seinem Lob und den Seinen zu gut.» Nur bei der Erwähnung der Schändung von Zwinglis Leiche braust er auf: «Das ist grausam, unmenschlich, ja bei allen Heiden unehrbar.» Nach der Niederlage nahm er den flüchtigen Bullinger auf. Von einem grossen Freundeskreis betrauert, starb Steiner an der Pest.

Er hinterliess eine Anzahl Werke, worin er sich mehr als Sammler denn als Kritiker erweist. Sie sind in mildem, salbungsvollem Ton geschrieben; Steiner verfügte nicht über den eigentlichen Geschichtsstil.

1. *Autobiographie*. Sie wurde 1530 verfasst, erstreckt sich hauptsächlich über die Zuger Zeit von 1522-1529, erwähnt seine Anfechtungen; er stellt sich als Opfer der amtlichen Strenge dar, was man wohl nicht ganz gelten lassen kann. Diese Lebensbeschreibung ist wichtig für die Zugergeschichte, aber weniger reichhaltig als Pellikans Autobiographie oder Bullingers Diarium.

2. *Schweizerische Bilderchronik*. Obgleich nicht veröffentlicht, ist sie viel benützt worden. Steiner schrieb sie 1532 und fügte Zusätze bis 1536 bei. Er ist einer der ersten Sammler der historischen Volkslieder der Schweiz, bietet 31 Lieder, die er mit einem annalistischen Text von 1315-1536 verbindet. 15 Lieder sind einzig durch ihn erhalten, das ganze Sempacherlied von Halbsuter mit seinen 67 Strophen steht zuerst bei ihm. Ebenso nützlich ist der Begleittext. Steiner als erster erwähnt den Bundesbrief von 1291. Ferner stellt er den zweiten Kappeler Krieg anschaulich dar, gibt genau die Auszüge auf beiden Seiten an, bringt Einzelheiten von den Kämpfen bei Kappel und auf dem Gubel, die sonst fehlen.

3. *Chronik des Mailänderkriegs 1503-1516*. Steiner liess die anonyme Zürcher Chronik (1499-1502), die Quelle Brennwalds, welche Fridli Bluntschli zugeschrieben wurde, kopieren und fügte eine Fortsetzung bis 1516 hinzu. Er wob viele Zuger Aufzeichnungen ein, weshalb man sie später *Chronica Tugiensis* nannte. Hier brach er mit den Sitten seiner Vorfahren, tadelte Pensionen und Reislauf. Von Marignano gibt er eine ausführliche Schilderung, verschweigt aber die Worte und Taten seines Vaters. Der Standpunkt ist hier ganz eigentümlich. Steiner sieht beharrlich nur die Kehrseiten des Heldentums, als Pazifist, ja als Defaitist, hasst Krieg und Heldentaten, zeichnet nicht nur ein düsteres, sondern ein verzerrtes Bild. Er verweilt fast mit Behagen bei den Sünden seiner Landsleute. Wenn es Steiner auch am nötigen Verständnis für die taktischen Vorgänge fehlt und man aus ihm kein klares Bild der Schlacht von Marignano gewinnt, entschädigt er dafür mit ausgezeichneten einzelnen Beobachtungen, mit einer Menge unbekannter Züge, alle kläglich niederdrückend. Er entwirft ein beredtes Bild der Zwietracht, der Uneinigkeit unter dem Heervolk und den Hauptleuten, den Abbröcklern und Ausreissern. Den Rückzug von Marignano schildert er durchaus nicht als eine heroische, sondern als eine unrühmliche Angelegenheit. Nach ihm ist die aufgelöste Ordnung der

Eidgenossen schuld an der Niederlage und nicht etwa das Ausbleiben der Venezianer. Seit den zweihundert Jahren ihres Bestehens habe die Eidgenossenschaft noch nie eine so empfindliche Niederlage und einen so schmerzlichen Verlust erlitten: «Welchen Schaden, Nachteil, Jammer und Not die frommen Eidgenossen in diesen vierundzwanzig Stunden an Ehre, Leib und Gut erlitten haben, ist nicht zu schreiben.» Über alles giesst er Salbung und Bibelzitate aus. Auch deutet er den Hader der Feinde an. Bei ihm schimmert schon so etwas von dem durch, was man die Schadenfreude Europas am Missgeschick der Eidgenossenschaft nennen könnte. Das Ganze ist eine wichtige Quelle.

4. *Reformationschronik 1517–1534.* Sie hat geringen Wert, da ihr Kern aus einer Kopie von Bernhard Wyss besteht. Die wenigen selbständigen Notizen stehen schon in Steiners Bilderchronik.

Mailänderkriege; Helvetia 7, 1832, S. 228 ff. – *Beschreibung des zweiten Kappelerkrieges,* hg. v. *Theodor von Liebenau;* Anz. Schw. Gesch. 1885, S. 335 ff.

MELCHIOR KIRCHHOFER: Wernher Steiner; Winterthur 1818. – ROCHUS VON LILIENCRON: Die historischen Volkslieder der Deutschen vom 13. bis 16. Jahrhundert; 4 Bde., Leipzig 1865–69. – THEODOR VON LIEBENAU: Aus Werner Steiner's Leben und Schriften; Anz. Schw. Gesch. 1885, S. 432 ff. – GEORG VON WYSS: Werner Steiner; ADB 35, Leipzig 1893, S. 707 ff. – EMIL EGLI: Zu Werner Steiners Reformationschronik; Zwingliana 2, 1908, S. 249 ff. – WILHELM MEYER: Der Chronist Werner Steiner; Geschichtsfreund 65, 1910, S. 57 ff. – ALBERT BÜCHI: Zu Werner Steiner; Anz. Schw. Gesch. 1918, S. 169 f. – DIETHELM FRETZ: Steineri fata; Zwingliana 4, 1926, S. 377 ff. – WALTER KÖHLER: Aus der Reformationsgeschichte des Kantons Zug, in: Robert Doggweiler: Geschichte der protestantischen Kirchgemeinde des Kantons Zug; Zug 1939. – HANS ERB: Werner Steiner, ein Freund der Zürcher Reformatoren: NZZ 1943, Nr. 17. – RUDOLF HESS: Die zugerischen Geschichtsschreiber des 16. Jahrhunderts; Zug 1947, S. 19 ff.

Anonyme Schweizerchronik ca. 1536

In zwei Handschriften wird die Chronik *Register-Büchly* genannt. Sie entstand zwischen 1530 und 1540. Der Verfasser ist nicht zu ermitteln, aber unzweifelhaft Zürcher. Er beginnt mit der Urzeit und geht in seiner Darstellung bis 1536. Bis 1500 stellt sie nur ein Gerippe, einen Auszug aus anderen Chroniken dar. Von 1500 an ist sie etwas ausführlicher gehalten, mit selbständigen Mitteilungen.

Das Brauchbare daraus, zum Beispiel ein einzigartiger Beitrag zum Treffen am Gubel, hat *Rudolf Luginbühl* veröffentlicht: *Anonyme Zürcher- und Schweizerchronik aus den Dreissigerjahren des 16. Jahrhunderts, nach ihren Quellen untersucht;* Jahrb. Schw. Gesch. 32, 1907, S. 137 ff. 196 ff.

Johannes Stumpf 1500–1577/78

Sein Leben stellt ein ruhiges, wohlausgefülltes, beglücktes Gelehrtendasein dar. Zu Bruchsal im Bistum Speyer arm geboren, studierte er, hart für seinen Unterhalt kämpfend, in Frankfurt, Strassburg und Heidelberg. 1520 trat er in den Johanniterorden und wurde 1522 Prior im Ordenshause

Hierin wirt auch die gelegenheit der gantzen
Europe/ Item ein kurtzuergriffne Chronica Germanie oder Teütsch
lands/in sonders aber ein fleyssige histori vnd ordenliche beschreybung Gallie oder Franck
rychs fürgestellt/darauff deß obgedachte der Eydgnoschafft beschreybung volget. Welchs
alles mit gar schönen Geographischen Landtaflen/ Contrafetischem abmalen der Stetten/
Flächen vnd Schlachten/auch mit vilen alten vnd herrlichen Waapen/künigklicher/
fürstlicher vnd Edler geschlächten oder Geburtstaflen fürgebildet/darzu mit
fleyssigen Registern außgescheiden/Durch Johann Stumpffen beschri
ben/vnd in XIII. bücher abgeteilt ist. Welcher summen vnd
innhalt nach 5. nächst vmbgewendten blettern
eigentlich verzeichnet findst.

M· D·   XLVIII·

Getruckt Zürych in der Eydgnoschafft
bey Christoffel Froschouer.

Tafel 14. Titelblatt der Schweizer Chronik von Johannes Stumpf, 1548.

Bubikon, wo er zugleich als Prediger amtete. Er schloss sich Zwingli an, begann auf seinem Wirkungsfeld, dem Zentrum der Täuferbewegung, das Evangelium zu verkünden und die Reformation zu verbreiten, obgleich er keine Kampfnatur war. Nach der Schlacht von Kappel wurde er Dekan von Oberwetzikon und half hier die unruhigen Bauern und Sektierer beschwichtigen. 1529 heiratete er die Tochter des Chronisten Heinrich Brennwald und knüpfte damit enge Beziehungen zur zürcherischen Geschichtsschreibung. Nachdem er noch als Pfarrer in Stammheim und als Dekan des Kapitels in Stein am Rhein gewirkt hatte, zog er sich, halb erblindet, in den Ruhestand nach Zürich zurück. Er verbrachte einen langen Lebensabend in der Stadt, die ihm für seine Verdienste auf dem Gebiet der Historiographie das Bürgerrecht schenkte.

Aus Berufung und wohl auch angeregt durch den Schwiegervater kam er zur Geschichtsschreibung, der er eine ganz ausserordentliche Schaffenskraft widmete. Seine erste grössere geschichtliche Arbeit war eine Darstellung der von ihm erlebten Reformation. Diese *Reformationschronik*, in einer zweibändigen Prachtshandschrift überliefert, enthält zunächst eine Kopie von Heinrich Brennwald und Fridli Bluntschli und sodann eine eigene Bearbeitung der Jahre von 1507–1534, aus persönlicher Anschauung geschöpft und reich dokumentiert. In einer zweiten Fassung desselben Werkes, von Noah bis 1514 reichend, bezieht er Helvetien ein und nennt seine Quellen von Tacitus bis «das bitter vergifft Krütly von Luzern, genand Salat». Eine dritte Fassung, noch reicher dokumentiert, beschlägt die Jahre 1057–1495. Die drei Fassungen verraten wachsende Einsicht in die historische Methode und die geschichtlichen Zusammenhänge. Alle drei schrieb er als Begeisterter, ohne Publikationsabsichten, unter Ausschaltung jeglichen Autorenehrgeizes. Es ging ihm vor allem darum, die reformatorische Bewegung von allen sie entstellenden Einflüssen zu reinigen.

Diese Reformationschronik wurde vom Geschichtswerk Bullingers, der sie ausnützte, später völlig in Vergessenheit gedrängt und blieb der gelehrten Welt bis ins 20. Jahrhundert unbekannt. Breit erzählt er den Jetzerhandel und knüpft daran die Bemerkung, man ersehe daraus, «wass in der kutten stecket und wie uns dise heilgen lüt genarret habend». Als wichtigste eigene Arbeit Stumpfs innerhalb seiner Chronik gilt heute die *Biographie Zwinglis*, das wohl älteste deutsche Lebensbild Zwinglis, das ganz in Bullingers Werk überging. Mit folgender Bemerkung zeichnet Stumpf treffend Zwinglis geistiges Profil: «Syn allerhöchster flyss ist gewesen, alle frömbde fürsten zu erleyden, das blutgeld abzustellen, menglichen zu handarbeit zuziehen, hoffart hinzulegen, übermut zu temmen, tyranny uszerütten und ein fromm ehrsam volk in der eidgnoschaft, nach den exemplen ihrer altvordern, zu pflanzen.» Von besonderer Bedeutung ist seine Schilderung der Lage und Stimmung in Zürich nach der Niederlage von Kappel.

So vorbereitet, ging Stumpf um 1540 an sein Hauptwerk, die *Schweizerchronik*. Wie gewissenhaft er sie vorbereitete, zeigt der von ihm verfasste *Bericht über seine Schweizerreise vom Jahre 1544*. Auf dieser Forschungsreise durch die ganze damalige Eidgenossenschaft, die er zum grossen Teil zu Fuss durchwanderte, besuchte er namentlich die Klosterarchive und -bibliotheken, wo er freundlich empfangen wurde, ging auch anderen schriftlichen Aufzeichnungen nach, zog alte Bücher aus und kopierte römische Inschriften.

Anno 1548 veröffentlichte er *Gemeiner loblicher Eydgnoschaft Stetten, Landen und Völckeren Chronikwirdiger thaaten beschreybung*. Das Werk ruht auf topographisch-historischer Grundlage, während Stumpf bisher annalistisch dargestellt hatte. Eine Verbindung mit der Geographie waren schon früher Tschudi in seiner Alpisch Raetia, Glarean in seiner Descriptio Helvetiae und Sebastian Münster in seiner Cosmographie eingegangen. Das vornehmste Muster aber bildete die Italia illustrata von Flavius Blondus, der als erster in Italien die antiquarisch-kritische Methode handhabte, nicht Humanistenrhetorik, sondern Sachstudium bot. Stumpf erhielt ausgiebige Hilfe von vielen Seiten. Besonders die drei grössten Schweizer Historiker der Zeit, Tschudi, Vadian und Bullinger, die kritischer waren als Stumpf selbst, unterstützten ihn unermüdlich. Auf ihrer Mitarbeit beruht die Wissenschaftlichkeit des Werkes; denn Stumpf war mehr vorsichtiger Sammler als eindringender Forscher. Sie überliessen ihm selbstlos ihre «Collekturen» und warben ihm noch weitere Mitarbeiter. Tschudi kopierte für ihn Inskriptionen und löste sie auf, Bullinger las Stück für Stück durch, sammelte, wo er konnte, und setzte seine ganze Kraft ein. Vadian überliess ihm sein Material zu beliebiger Verwendung; so ist das Kapitel über den Thurgau ganz Vadians Arbeit. Wo Stumpf «Collekturen» der Freunde abschreibt, setzt er: «ich find». Dass er seine gelehrten Mitarbeiter nicht nennt, liegt darin begründet, dass ihn zum Beispiel Vadian ausdrücklich bat, seinen Namen nicht zu erwähnen. Und zudem war der Begriff des geistigen Eigentums damals nicht so ausgebildet wie später. Die wissenschaftliche Produktion beruhte nicht so sehr auf literarischem Ehrgeiz, auf der Ruhmsucht Einzelner, als vielmehr auf der treuen Zusammenarbeit Mehrerer, die sich zum gemeinsamen Werk in wechselseitig ergänzender Arbeit zusammenfanden.

Als Quellenverwerter war Stumpf abhängig. Bisweilen setzte er abgeleitete über ursprüngliche Quellen. So folgte er weithin Brennwald, für dessen Schwächen und Fabeleien er sich blind zeigte. Die Archive blieben ihm teilweise verschlossen. Aber er kannte mehr Schriften, als er in seinem unvollständigen Literaturverzeichnis angibt. Schon sein Grundsatz, möglichst viele Quellen heranzuziehen, bedeutete einen Fortschritt: die Quellenvergleichung. Er durchforschte die Autoren des klassischen Altertums auf Nachrichten über das helvetische Land und seine Bewohner, zog ausländische Chronisten des Mittelalters heran, kannte natürlich auch schweizerische Geschichtsbücher. Ausser der schriftlichen verwendete er die mündliche Überlieferung, ferner bildliche Darstellungen, Münzen, Siegel, Wappen. Indessen darf man ihn nicht nur als belesenen Sammler und unermüdlichen Kompilator bewerten; er war überdies auch selbständiger Bearbeiter und Darsteller.

Stumpf besass Erzählertalent und Darstellungsvermögen mit der Gabe des sinnvollen Ausdrucks. Von den Altgläubigen auf der Badener Disputation bemerkt er, sobald Oekolampad das Wort ergriffen habe, «so zogend sy die oren in, glych wie ein schneck, der uff den kopf getroffen ist» und hätten mit den Füssen gescharrt. Papst Julius II. nennt er einen «gar heiligen und durstigen Kriegsmann», Clemens VII. einen «romischen gott». Seine Chronik teilte er in dreizehn Bücher ein. Die drei ersten behandeln Europa, Deutschland und Frankreich, das vierte die Geschichte der Schweiz von Caesar bis 1314, das fünfte bis zwölfte die verschiedenen Gaue des Schweizerlandes, das dreizehnte endlich die eidgenössische Geschichte von 1314 bis zur Gegenwart 1540. Hierdurch wurde die Schilderung der einzelnen Kantone auseinandergerissen, die Wiederholung unvermeidlich, eine pragmatische Darstellung unmöglich; dafür konnte auf das Besondere, auf die Lokalgeschichte eingegangen werden. Das Ganze ist seinem eigentlichen Wesen nach eine Beschreibung der einzelnen «Stetten, Landen und Völckeren».

Stumpfs Erzählung ist bewusst unfrei, tendenziös: Er wollte zeigen, wie einig, wie stark einst die Schweiz gewesen, während ihr jetzt wegen der ausgebrochenen Uneinigkeit die Gefahr der Schwäche drohe. Und ferner wollte er dem Ausland beweisen, dass die Schweiz nicht revolutionären Ursprungs sei. Viele Fremde «wähnend, ... eine fromme Eydgnoschaft habe iren ursprung, ufgang, gewalt, regiment und herrlichkeit allein vom ufruhr, ungehorsame und mit bösem unordentlichem gewalt erobert. Sy wüssent aber nit, dass der Eydgnossen pündt, herkommen und freyes regiment von alter har von keyseren und künigen hoch bestätiget, befreiet und geehret sind». Diese Tendenz verleitet ihn aber nicht dazu, eigene Erfindungen dem Leser als historische Tatsachen hinzustellen. Für sein Wahrheitsstreben ist bezeichnend, dass Vadian ihm bei der Übersendung eines Beitrages versichern musste, seine Darstellung erfolge «mit solicher massung, dass mich niemand wird einiges hasses oder ufsatzes beziehen mögen, da ich das gsatz der histori wol weiss – sonderen allein die wahrheit an den tag zu tun iferig».

Stumpfs Werk gehört auch zu den bedeutendsten Sprachdenkmälern der Schweiz im 16. Jahrhundert. Es zeigt den Übergang vom alemannischen Dialekt zur neuhochdeutschen Schriftsprache, die Anpassung der deutschschweizerischen Schriftsprache an das Lutherische Kanzleideutsch. Sobald in der Schweiz ein Werk gedruckt wurde, das mit ausländischen Lesern rechnete, hatte man auf den Lautstand des Frühneuhochdeutschen Rücksicht zu nehmen, wie umgekehrt Luthers Neues Testament den Eidgenossen in einer alemannischen Redaktion nähergebracht werden musste. Stumpfs Sprache weist auch Spuren seiner lateinischen Lektüre und Prägung durch antiken Geist auf, woraus schlagende Formulierungen erflossen. Karl der Kühne sei, schreibt er, «in ettlichen stucken dem grossen Alexander glych, in ettlichen aber dem landfrässigen Julio Caesari, in ettlichen ouch dem bluotdürstigen Hannibal». Schlimme Gesandte werden als «Catilinarii» bezeichnet, Helden – in Anlehnung an

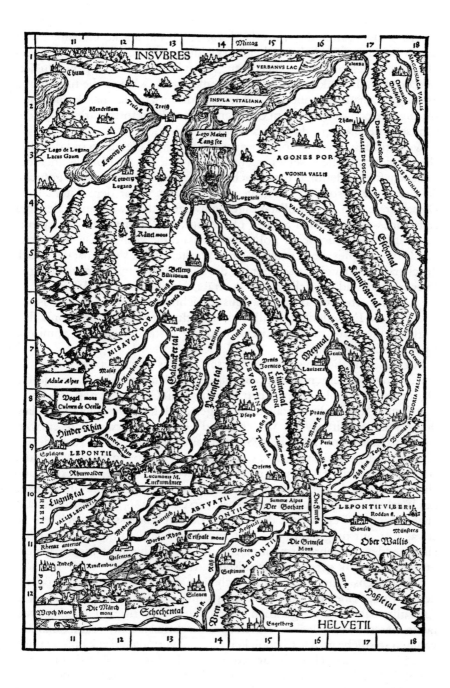

Tafel 15. Kartenausschnitt, Schweizer Chronik von Johannes Stumpf, 1548.

Cicero – als «vätter des vatterlandes». Auch die antike Gedankenwelt taucht bei Stumpf in helvetischer Verkleidung auf. Die Sentenz Horazens «Quidquid delirant reges, plectuntur Achivi» wendet er auf die Quälereien der Landbevölkerung im Schwabenkrieg an: «Wenn die herren und gwaltigen eynander rouffend, so müessend die puwren das har darbietten.» Im allgemeinen ist es die vom Christentum bereits geformte Ideenwelt der römischen Kaiserzeit, die sich Stumpf aneignete.

Was Stumpfs Werk besonders auszeichnet, sind die grossen, vortrefflichen *Landkarten*, die er selber zeichnete, um «die Art und Gelegenheit der Landschaften ordentlich fürzemachen». Sie waren bald so sehr gesucht, dass sie 1552 gesondert herausgegeben wurden unter dem Titel *Atlas*. Dieser erste und auch vollständige Schweizer Atlas war lange Zeit der erste eines europäischen Staates überhaupt, was ihm neben der kulturgeographischen auch eine politische Bedeutung verlieh. Die hervorragende typographische Ausstattung des Werkes ist das Verdienst des Bibeldruckers Froschauer. Er schmückte das Buch ausser mit Karten auch mit Burgen- und Städteansichten, mit Porträts, Abbildungen von Wappen und Siegeln und erhob es so zu einem ausgezeichneten schweizerischen Holzschnittwerk. Es stellt die erste illustrierte gedruckte Schweizerchronik dar, zugleich die erste protestantische und die erste, welche die römische Epoche mitbehandelt.

Für das damalige historische Wissen ist das Buch repräsentativ. Es wurde freudig aufgenommen. Stumpf liess den dreizehn Orten je ein Dedikationsexemplar überreichen, was diese mit Geschenken an den Autor quittierten. Nur Tschudi brauste auf wegen der Klostergeschichte. Vadian, durch seine Schrift «Vom Mönchsstand» dafür verantwortlich, entwarf ein Entschuldigungsschreiben; Stumpf sandte es ab, worauf Tschudi sich versöhnt zeigte. Kaiser Karl V. war über das Werk so ergrimmt wegen der Art, wie darin die Habsburger behandelt wurden, dass er es verbot und einen Haftbefehl gegen Autor und Verleger erliess. Eine zweite Auflage des Werkes, von Stumpfs Sohn besorgt, erschien 1586, eine dritte Auflage 1606. Stumpfs Werk wurde damals von beiden Konfessionen gelesen. So etwas war nur möglich in der Zeit zwischen Kappel und der erst später einsetzenden Gegenreformation. Bis ins 18. Jahrhundert hinein genoss Stumpfs Chronik geradezu kanonisches Ansehen.

Schon sechs Jahre nach dem Erscheinen der ersten Auflage veröffentlichte Stumpf einen handlichen Auszug unter dem Titel *Schwytzer Chronica*. Er wollte damit nicht eigentlich Geschichte popularisieren, sondern verfasste dieses «Handbüechle» mit der praktischen Absicht, «dann ouch diejenigen so sölche grosse Chronicken nitt wol vermögend zekauffen / unnd besonder die aufwachsende jugend in einer Eydgnoschafft / sich mit ringerem kosten jn den Historien und Geschichten jrer Altfordern des leychter ersähen unnd üben möchtend...». In diesem Handbüchlein bot Stumpf nicht einfach eine Kürzung des Hauptwerkes, sondern er gruppierte die Schrift um und gab ihr – im Gegensatz zur grossen Ausgabe – den Charakter einer Chronik. Gemeinsam ist beiden Versionen die patriotische Tendenz gegen die Fürsten: «Keiser Albrecht wolt ... ein Fürstenthumb in Helvetien zesamen klauben»; deshalb ist die Erhebung der Urschweizer gegen die Habsburger legitim. Die braven Eidgenossen stehen immer in der Verteidigung: Herzog Sigmund versetzte dem Burgunder die österreichischen Erblande, «darmit er Carolum an die Eydgenossen hetzete». Beide Versionen weisen eine bemerkenswerte Mässigung und Versöhnlichkeit in konfessionellen Fragen auf. Der gedrängte Aufbau und die strenge Kürze des «Handbüechle» erzeugen eine gewisse Dürre der Darstellung und eine Trockenheit der Sprache, die von dem bildhaften Ausdruck im Hauptwerk abstechen und in diesem Schulbuch kein Moralisieren aufkommen lassen.

Neben dem Hauptwerk verfasste Stumpf noch eine Reihe kleinerer Schriften:

1541 veröffentlichte er eine *Beschreibung des Konstanzer Konzils*. Hier wollte er dartun, dass eine Versammlung von päpstlichen Kirchenfürsten nicht imstande ist, die religiöse Wahrheit zu finden und über den Glauben zu entscheiden. Damit begründete er theologisch und historisch die Fragwürdigkeit des Tridentinums. Im gleichen Jahr schrieb er *Historia von Herr Hanssen Waldmann*. Diese Darstellung fusst zur Hauptsache auf Brennwald; sie hat nur Wert, weil sie zur Legendenbildung beitrug.

1556 verfasste er *Keyser Heinrichs des vierdten ... fünffzigjährige Historia*, eine Monographie, die den Schaden des Papsttums zeigen sollte. Wieder überliess ihm Vadian selbstlos seine Sammlungen, und noch einmal steuerte die Froschauer-Bibel Illustrationen bei.

Mehr kirchenhistorischen Wert hat Stumpfs Schrift *Von dem Span und Hader und Zweyung zwischen Doctor Martin Lutheren zu Wittenberg und Huldrychen Zwinglin zu Zürich ... betreffend des Herren Abendmahl*. Diese erst im 20. Jahrhundert bekannt gewordene Schrift behandelt die Jahre 1519–1531 und ist ein Ausschnitt aus einer grösseren Arbeit, welche den Zeitraum von 1519–1553 umfasst und um 1562–1565 abgeschlossen wurde. Die Darstellung ist völlig einseitig gegen Luther gedreht, mehr aus Befangenheit denn aus Mangel an Kritik.

1573 erschienen Stumpfs *Lobsprüche auf die dreyzehn Orte* mit Städtebildern im Druck.

Gemeiner loblicher Eydgnoschaft Stetten, Landen und Völckeren Chronickwirdiger thaaten beschreybung; Zürich 1548. – *Schweizer- und Reformationschronik,* hg. v. *Ernst Gagliardi, Hans Müller* und *Fritz Büsser;* Quell. Schw. Gesch. NF, Abt. 1, 6, 1955. – *Reisebericht von 1544,* hg. v. *Hermann Escher;* Quell. Schw. Gesch. 6, 1884, S. 231 ff. – *Lobsprüche auf die dreyzehn Orte,* hg. v. *Jakob Bächtold;* Njbl. Stadtbibl. Zürich 1890. – *Historia von Herr Hanssen Waldmann,* hg. v. *Ernst Gagliardi;* Waldmann II, Quell. Schw. Gesch. NF, Abt. II, 2, Basel 1913, S. 543 ff. – *Geschichte des Abendmahlstreites. Von dem Span und Hader und Zweyung zwischen Doctor Martin Luthern und Huldrychen Zwinglin,* hg. v. *Leo Weisz;* Zwingliana 5, 1933, S. 196 ff. – *Beschreibung des Abendmahlstreites,* hg. v. *Fritz Büsser;* Veröffentl. Ritter-Zweifel-Stiftung, Histor. Reihe, Zürich 1960. – Neuerdings wird diese Schrift Stumpfs allgemein als originell gewertet. Sie ist es, aber auf unerfreuliche Weise durch ihre aufdringliche Tendenz. So behauptet Stumpf, Luther und Zwingli hätten 1519 zugleich gegen das Papsttum zu streiten begonnen. In der ungedruckten Reformationschronik hatte er vorher richtig festgestellt, dass Luther vor

Zwingli aufgetreten sei. Der tiefere Grund des Streites war die Behauptung Zwinglis, dass er und seine Kirche Luther nichts zu verdanken hätten, dass er die Wahrheit ohne Luther gefunden habe. Diese unrichtige Behauptung Zwinglis will Stumpf erhärten. Natürlich erscheint Luther beim Marburger Gespräch klein vor Zwingli. Luther habe Zwingli schöne Worte gegeben, und sie seien in Freundschaft geschieden; nachher habe Luther Zwingli wieder angefallen: «Luther embot sich gegen Zwingli vil guts. Die wort warend gut, aber wie das hertz stund, wirt man glych hernach vermercken.» Das Umgekehrte scheint richtig: Luther verweigerte Zwingli die Versöhnungshand und machte aus seinem Herzen keine Mördergrube. Eher träfe der Vorwurf Zwingli. Im Saal zu Marburg bot er Luther unter Tränen die Hand, und ein paar Tage später schrieb er Vadian: «Wenn jemand besiegt worden ist, so ist der hartnäckige und unverschämte Luther besiegt davongegangen.» Diese Arbeit Stumpfs bildet kein Zeugnis für seine historiographische Überlegenheit, trägt aber den Charakter eines persönlichen Zeugnisses aus der Zeit selbst und besitzt deshalb Quellenwert. Er stellt den Gegensatz in der Auffassung des Abendmahls durch Zitationen aus Luthers Schrift und aus Zwinglis Antwort treu dar, empfindet aber Luthers Ansicht als eine zu starke Annäherung an die römisch-katholische Lehre von der Wandlung des Brotes und Weines in Leib und Blut Christi; wahrscheinlich hat er, wie mancher Zeitgenosse, unter dem Streit gelitten. Er schildert den Fortgang des Zwistes mit oft langen, wörtlichen Quellenbelegen bis 1553.

In den Schlachtbericht von Kappel legte Stumpf eine kurze Zwingli-Biographie ein. *Leo Weisz* hob sie heraus und bereicherte sie mit dem, was Stumpf schon in früheren Partien über Zwinglis Tätigkeit und Wesen sagte. Diese Zusammenstellung edierte er (unter dem von ihm erfundenen Titel) als «Johann Stumpfs Chronica vom Leben und Wirken des Ulrich Zwingli», Zürich 1931; im folgenden Jahr erweiterte er die Auflage mit noch mehr Einschiebseln.

Keyser Heinrychs des vierdten Hertzogen zuo Francken und am Rhyn etc. fünfftzigjährige Historia 1556; hg. v. *Gerold Meyer von Knonau;* Turicensia 1891, S. 145 ff.

SALOMON VÖGELIN: Johannes Stumpf; Njbl. Stadtbibl. Zürich 1836. – SALOMON VÖGELIN: Die Zürcher Holzschneidekunst im 16. Jahrhundert; Njbl. Stadtbibl. Zürich 1879–82, S. 42 ff. – GEROLD MEYER VON KNONAU: Eine Schweizerreise eines Gelehrten im 16. Jahrhundert; Jahrb. Schw. Alpenclub 19, 1884, S. 417 ff. – JAKOB BÄCHTOLD: Zur Biographie Johannes Stumpf's; Anz. Schw. Gesch. 1890, S. 82 ff. – GEROLD MEYER VON KNONAU: Johannes Stumpf; Zürich 1891. – GEORG VON WYSS: Johannes Stumpf; ADB 36, Leipzig 1893, S. 751 ff. – JOSEPH ZEMP: Die schweizerischen Bilderchroniken und ihre Architekturdarstellungen; Zürich 1897. – RUDOLF LUGINBÜHL: Heinrich Bullinger und Johannes Stumpf in ihrer Darstellung des Alten Zürichkrieges; Anz. Schw. Gesch. 1906, S. 91 ff. – ERNST GAGLIARDI: Beiträge zur Historiographie in der Schweiz; Jahrb. Schw. Gesch. 35, 1910, S. 47 ff. – AUGUST BERNOULLI: Die Basler Quellen zu Stumpfs Beschreibung der Eidgenossenschaft; Basl. Zeitschr. Gesch. Altertkde. 11, 1912, S. 244. – GUSTAV MÜLLER: Die Quellen zur Beschreibung des Zürich- und Aargaus in Johannes Stumpfs Schweizer Chronik; Zürich 1914. – AUGUST BERNOULLI: Neues über Stumpfs Basler Quellen; Basl. Zeitschr. Gesch. Altertkde. 13, 1914, S. 191 ff. – ATTILIO BONOMO: Johannes Stumpf, der Reformator und Geschichtsschreiber; Genua 1924. – OSKAR FARNER: Johannes Stumpf; Kirchenbote 1925, Nr. 8 ff. – JAKOB BERCHTOLD: Die Grundquelle von Stumpfs und Bullingers Reformationschronik; Zeitschr. Schw. Gesch. 7, 1927, S. 314 ff. – JAKOB BERCHTOLD: Das Zwinglibild und die zürcherischen Reformationschroniken; Quell. schw. Reformationsgesch. 5, 1929. – KONRAD GASSER: Johannes Stumpf; Zeitschr. Schw. Gesch. 11, 1931, S. 428 ff. – LEO WEISZ: Die Landkarten des Johann Stumpf; Bern 1942. – HANS MÜLLER: Der Geschichtsschreiber Johann Stumpf. Eine Untersuchung über sein Weltbild; Zürich 1945; Schw. Stud. Geschichtswiss. NF 8. – MARC SIEBER: Das Nachleben der Alemannen in der schweizerischen Geschichtsschreibung; Basl. Beitr. Geschichtswiss. 46, Basel 1953, S. 19 ff. – ERNST WESSENDORF: Geschichtsschreibung für Volk und Schulen in der alten Eidgenossenschaft; Basl. Beitr. Geschichtswiss. 84,

Basel/Stuttgart 1962, S. 21 ff. – FRITZ BÜSSER: Ein ungedrucktes Vorwort zu Johannes Stumpfs Geschichte des Konzils von Konstanz; Festgabe Hans von Greyerz; Bern 1967, S. 131–146.

Heinrich Bullinger 1504–1575

Bullingers geschichtliche Stellung wurde von seinem Zeitgenossen Konrad Pellikan folgendermassen umrissen: «Durch Gottes Gnaden empfingen wir an Zwinglis Stelle einen jugendlichen Bischof, einen köstlichen Mann, fromm, rechtschaffen, gelehrt, treu und hingebend, einen unvergleichlichen Prediger, welcher durch sein Lehrwort daheim und durch seine Schriften draussen in der ganzen Christenheit sich als Mann Gottes, voller Gaben, ausweist.» Damit hat man die Leistung dieses Nachfahrs Zwinglis richtig charakterisiert. Beim Amtsantritt Bullingers war die Zürcher Kirche in ihrem Mark getroffen, bei seinem Tode vollkommen wiederhergestellt und gefestigt.

Bullinger wurde zu Bremgarten im Freiamt geboren als Sohn eines Diakons, besuchte die Stiftsschule von Emmerich und studierte an der Universität Köln. Seit 1520 beschäftigte er sich mit der neuen Lehre, ging dann rasch, hemmungslos, verstandesmässig zur Reformation über. Den Weg zeigte er selber an: Er las die Autoritäten der alten Kirche, Petrus Lombardus und Kaiser Gratianus, bemerkte, dass sie von den Kirchenvätern Ambrosius und Augustinus abhängen, las diese und entdeckte, dass sie direkt aus der Bibel schöpften. Luthers Schriften, so fand er, stimmten am meisten mit der Bibel überein. Also gelangte er humanistenmässig ad fontes. Achtzehnjährig wurde er Lehrer am Kloster Kappel. Die Lektionen des jungen Schulmeisters bewirkten, dass hier 1525 die Reformation einzog und die Mönche ihre Ordenskleider ablegten. Bullinger übernahm das Pfarramt seiner Vaterstadt Bremgarten und befreundete sich während seiner Bremgartener Wirksamkeit mit Zwingli. Als nach dem zweiten Kappeler Krieg Bremgarten wegen der Parteinahme für Zwingli gebüsst und rekatholisiert wurde, floh Bullinger nach Zürich. Dort predigte er von der verwaisten Kanzel Zwinglis aus so wirkungsvoll, dass – wie Myconius berichtet – «es vielen vorkam, Zwingli sei nicht tot, sondern gleich dem Phönix wieder erstanden». Bern, Appenzell und Basel, wo Oekolampad soeben gestorben war, bewarben sich um den jungen Prediger. Da wählten ihn die Zürcher zum Pfarrer am Grossmünster; eine Legende will, Zwingli habe ihn selbst zu seinem Nachfolger bestimmt.

Als erster Antistes, das heisst als Haupt der Zürcher Kirche, trat er mit erst siebenundzwanzig Jahren ein schwieriges Erbe an. Aber er war ein frühfertiger Charakter, sicher und taktvoll im Auftreten. Seine Stärke lag in seiner Ruhe und Sicherheit, in seinem politischen Takt, seinem praktischen Blick für das Mögliche. Er gab die aggressive Politik Zwinglis auf und behauptete das Vorhandene. Unter dem Schutz des Friedens baute er die Kirchenordnung, das Schulwesen, die Sittengesetzgebung, die Armenfürsorge aus, wozu Zwingli nicht Zeit gefunden. Sein konservativer Zug traf glücklich mit den konservativen Instinkten des Volkes, die nach der

Hochflut wieder erwachten, zusammen. Das geistig-religiöse Erbe Zwinglis dagegen entwickelte er nicht fort; die Dogmenbildung (Rechtfertigung, Gnadenwahl) ging an Genf über, wo eine schärfere Logik am Werke war. Ein schöpferischer Geist, dem es aus unergründlicher Tiefe quillt, war Bullinger nicht. Leicht und glatt war er zum neuen Glauben gelangt; der grossartige Seelenkampf, den Luther der Welt vorlebte, hatte ihn nicht ergriffen. Unter ihm begann die Befestigung und – leise – die Erstarrung der Kirche. Der Aufschwung ging in Gewohnheit über, da auf Höhepunkten kein Verweilen ist.

Und doch war Bullinger mit seiner Klarheit, Klugheit, seinem Bienenfleiss, seinem sammelnden, ordnenden Tatendrang eine Persönlichkeit ersten Ranges von durchschlagendem Schwergewicht. Mit seiner Meisterung des Worts, seinem einheitlichen Wesen stellte er eine grosse und heilsame Kraft dar. Er stand nicht nur im Mittelpunkt der zürcherischen und schweizerischen Kirche, sondern im Mittelpunkt der reformierten Welt überhaupt und bewältigte eine ungeheure Arbeit. Das Schreiben muss ihm ein Genuss gewesen sein. Er unterhielt einen Briefwechsel nach allen Ländern mit Fürsten, Ministern, Geistlichen, mit den Evangelischen in Deutschland, Frankreich, Italien, Polen, Ungarn, am intensivsten wohl mit den Neugläubigen in England; er mahnte, warnte, riet, tröstete. Die Korrespondenz mit den Graubündnern allein füllt drei Bände. In seinem Haus trafen sich Reisende aus allen Gegenden, Flüchtlinge, Studierende, politische Sendlinge. Königin Elisabeth I. schenkte ihm einen goldenen Becher, weil er britische Glaubensgenossen aufgenommen hatte. Königin Jane Gray schöpfte ihren Glauben vor allem aus Bullingers Schriften; sein geistlicher Zuspruch stärkte sie vor der Hinrichtung.

Angestrengt und sorgenerfüllt verfolgte Bullinger die grosse Politik, die Anfänge der Gegenreformation, die Glaubenskämpfe in Frankreich. Sein Einfluss auf die eidgenössische Aussenpolitik war nicht gering. Er erwirkte die Aufnahme der Locarneser, setzte die Nichtbeteiligung am Tridentiner Konzil durch, bekämpfte wie Zwingli das Reislaufen und infolgedessen den Abschluss eines Bündnisses Zürichs mit Frankreich. Sein innerstaatlicher Einfluss reichte noch weiter: auf die Lehrpläne der Schulen, die Ordnung des Armenwesens durch gerechte Almosenverteilung, die Arbeitsbeschaffung, die einfache, beispielgebende Lebensführung der Geistlichkeit. Die Lebensfreudigkeit der Renaissance sollte durch einen neuen Sittlichkeitsimpuls eingeschränkt werden. In seinem Testament ermahnte er die Obrigkeit, beim reinen Glauben zu verharren und im christlichen Sinn zu regieren.

Als Schriftsteller war Bullinger von erstaunlicher Fruchtbarkeit; er musste stets die Feder führen. 1526 verfasste er den ersten theologischen Traktat *Verglich der uralten und unser zyten Ketzereyen;* ihm folgten gegen hundert solcher *Traktate*. Im gleichen Jahr verfasste er sogar ein sittliches Drama nach Humanistenart: *Spiel von der edlen Römerin Lucretia und dem standhaften Brutus;* es richtete sich gegen den Söldnerdienst, wurde wider sein Wissen gedruckt und aufgeführt. Ferner dichtete er einige *religiöse*

Lieder, erforschte als Schulherr die Geschichte der ihm anvertrauten Lehranstalten.

Bullinger führte auch ein *Diarium,* das von 1504–1574 reicht. Damit begann er ungefähr 1541, trug das Frühere in einem Zuge nach und machte seither regelmässige Aufzeichnungen in lateinischer und deutscher Sprache. Das Tagebuch ist intim, war nicht für die Öffentlichkeit bestimmt und gewährt doch keinen Einblick in das Seelenleben des Mannes; es steht in völligem Gegensatz zu den Konfessionen des Augustin. Er erzählt durcheinander Familien- und Weltereignisse, die seine Einbildungskraft beschäftigten, Wetter- und Ernteberichte, Wunderzeichen, an die er glaubt. Der Wert ist besonders ein kulturgeschichtlicher. Man tut einen Blick in seine innige Häuslichkeit. Bullinger ist ein musterhafter, etwas strenger Hausvater, verzeichnet Geburten, Todesfälle, Heiraten, gewährt den Notizen über Seuchen und Wetter einen breiten Raum, jammert, wenn die Ernte verdirbt, jubelt, wenn sie gerät, hält Preisschwankungen fest. Man belauscht die Zeit mit ihren Sorgen und Freuden. Er hasst das Söldnertum und muss es erleben, dass einer seiner Söhne in den Dienst des Landgrafen von Hessen tritt und auf einem Kriegszug nach Frankreich stirbt. Im Gegensatz zu seinen Geschichtswerken macht er hier heftige Ausfälle gegen die Römischen, lässt sich mit Schimpfworten gegen den Kardinal von Guise gehen, ist überzeugt, dass die eingerissenen Sünden neuen Landplagen rufen.

Der Geschichte brachte er einen gewaltigen Wissensdurst, ja eine wahre Leidenschaft entgegen. Von früh an sammelte und verarbeitete er unermüdlich geschichtlichen Stoff, zu einer Zeit, da man viel weniger von Hilfsmitteln bedient war als später. Seine erste historische Arbeit waren die 1526 verfassten *Annales Coenobii Capellani,* eine Geschichte und Baugeschichte des Klosters Kappel, eine der ersten Baugeschichten der Schweiz. Ferner schrieb er eine *Geschichte der Grafen von Habsburg,* eine *Chronik der Bischöfe von Konstanz,* eine *Geschichte des Klosters Einsiedeln.* Das waren kleine, monographische Vorbereitungsarbeiten.

Während vierzig Jahren sammelte er, bevor er seine Hauptwerke ausarbeitete. Aus den 1530er Jahren stammt eine erste Fassung seiner *Schweizerchronik,* worin er seine Quellen angibt und darunter auch das Testimonium veterum, das heisst die mündliche Überlieferung, aufzählt. Diesen Entwurf legte er beiseite und verfasste *Epitome oder kurtze Verzeichnuss des Alten Zürichkriegs,* die von Stumpf für seine Schweizerchronik von 1548 meist wörtlich benützt wurde. Mit seinem Stoff und seiner überlegenen Kritik liess er Stumpf eine grossartige Hilfe angedeihen. 1567 schloss er seine *Reformationsgeschichte 1519–1532* in zwei umfangreichen Handschriftenbänden ab. 1568 beendete er eine *Historie gemeiner loblicher Eydtgnoschaft,* seines «geliepten vatterlandts», vom Altertum bis 1516, anno 1574 eine Umarbeitung dieser Historie, genannt *Von den Tigurinern und der Stadt Zürich sachen.* Beide Redaktionen sind Schweizergeschichte mit starker Betonung des Kantons Zürich. Bullingers Schweizergeschichte ist nicht gedruckt, sondern nur in Abschriften auf Bibliotheken erhalten, während seine Reformationschronik im 19. Jahrhundert veröffentlicht wurde; nach ihr ist der Historiker Bullinger zu beurteilen.

Er ist ein guter Erzähler, schildert zum Beispiel die Schlacht von Kappel sehr anschaulich. In der Einleitung bekennt er sich zur Pragmatik, wechselt aber im Text zwischen Pragmatik und Annalistik ab und versucht die Entwicklung wiederzugeben. Sein Zweck ist ein apologetischer; wiederholt betont er, dass er Unwahrheiten widerlegen wolle. Er gibt nur die Reformation in der Schweiz, scheidet alles aus, was nicht unmittelbar dazu gehört. Die Parallelen in Deutschland stellt er nicht dar, mit Ausnahme des Bauernkriegs von 1525. Dagegen geht er auf die Vorgänge in Italien ein, bemerkt manchenorts, dass die italienischen Feldzüge den Bürgerkrieg unterbanden, kennt also die internationalen Zusammenhänge. Der neuerdings gegen Bullinger erhobene Vorwurf, er stelle die Entwicklung so dar, als ob die schweizerische Reformation unabhängig von der deutschen entstanden sei, trifft nicht ihn, sondern Zwingli, der das stets behauptete; dies gab ja auch den Anlass zum Zwist zwischen Luther und Zwingli.

Bullinger benützt Quellen von allen Seiten, zitiert sie auch im Text und übt Kritik daran. So rechnet er mit den übertreibenden Darstellungen der Niederlage von Kappel ab. Er legt Aktenstücke ein, sogar feindliche, ebenso Lieder. Trotzdem ist der Text kein Stückwerk, sondern zu einem Ganzen verwoben, dank seiner Erzählerkunst und der langen Reifezeit. In seinem Innern wuchs es durch Jahrzehnte zusammen.

Sein Standpunkt ist natürlich reformiert, einseitig und doch relativ gerecht. Zwar gebraucht er kräftige Ausdrücke gegen die Widersacher, verdreht ihre Namen, schmäht sie aber nicht, wie es der Brauch war.

Er vertuscht nicht viel, verschweigt aber, dass Zwingli zum Krieg drängte und jeden Aufschub als verhängnisvoll verwarf. Von schlimmen Sachen unterdrückt er nur eine, die Hinrichtung Wehrlis, die ein Justizmord war. Bisweilen spricht er Verdächtigungen gegen die Katholiken aus. Hinwiederum stehen so viele Beweise von gerechtem Empfinden in seiner Chronik, dass ihm die gute Treue nicht abgesprochen werden kann. Er nimmt Akten des Ittingerprozesses auf, obgleich sie die Reformierten einigermassen belasten. Die Hinrichtung des Ratsherrn Grebel ist ihm nicht recht. Er tadelt die Frechheit der reformierten Weesener, sagt es heraus, dass Bern 1530 Zürichs Vorgehen gegen St. Gallen missbilligte; zwischen beiden Städten bleibt er neutral. Vor allem ersieht man aus Bullinger deutlicher als sonst aus reformierten Darstellungen, wie Zwingli die Forderungen immer höher spannte. Dabei verschleiert er den Gegensatz zu Bern keineswegs, entschuldigt sogar den Übermut der Katholiken nach Kappel, das sei Brauch der Sieger. Daneben aber urteilt er wieder ganz einseitig, zum Beispiel über das Marburger Gespräch. Dass Faber in der Disputation auf ein Konzil hinwies, war nicht nur üble Kunst, sondern Angst vor der Spaltung. Zwinglis Entwicklung stellt er viel zu geradlinig dar, glaubt bei Kappel nicht an einen Verrat Göldlis.

Gegenüber Stumpf bietet er an verschiedenen Stellen Ausweitungen, so bei der Schilderung der Basler Reformation, die ihn wegen persönlicher

Verbindungen besonders interessiert. Das gewalttätige Durchsetzen der neuen Lehre, den Bildersturm charakterisiert er mit keinem Wort als ungesetzlich. Und doch ist er ein Vertreter der Obrigkeit. An den Unruhen sind immer die provozierenden «Bäptischen» schuld. Bei der Zerstörung der Heiligenbilder, der «Götzen», bemerkt er fast entschuldigend, man habe sie ursprünglich den Armen zum Verfeuern überlassen wollen. Er scheint die Selbsthilfe des Volkes, also das Widerstandsrecht der Gemeinde gegenüber dem widerstrebenden Rat, zu billigen. Hier eilt er offenbar seiner Zeit voraus, von der er doch sehr bedingt ist. Seine eschatologische Geschichtsanschauung, die seit seiner Jugend feststand, hat er nie aufgegeben. Historie wertet er von der Endzeit, vom letzten Ziel her, dem sie zustrebt, und relativiert so alles menschliche Geschehen.

Obgleich Bullinger in manchem von der Zeit bedingt erscheint, ist er doch auch der Zeit überlegen.

Bibliographie der Bullinger-Schriften, hg. v. *Joachim Staedtke;* Zürich 1972. – *Ein schön spil von der geschicht der edlen Römerin Lucretiae;* Basel 1533. – *Von den edeln Grafen von Habspurg Hertzogen ze Oesterreich und Schwaben,* hg. v. *Senckenberg;* Selecta juris et historiarum 4, Frankfurt 1738. – *Annales Coenobii Capellani,* Geschichte des Klosters Kappel, hg. v. *Salomon Vögelin;* Mitt. Antiq. Ges. Zürich 3, 1845. – *Diarium,* hg. v. *Emil Egli;* Quell. schw. Reformationsgesch. 2, 1904. – *Reformationsgeschichte,* hg. v. *Johann Jakob Hottinger* und *Hans Heinrich Vögeli;* 3 Bde., Frauenfeld 1838–40. – *Register zu Heinrich Bullingers Reformationsgeschichte,* hg. v. *Willy Wuhrmann;* Zürich 1913. – *Bullingers Korrespondenz mit den Graubündnern,* hg.v.*Traugott Schiess;* Quell.Schw. Gesch. 23–25, 1904–06. – *Briefwechsel,* 1. Bd.; Zürich 1972.

Über die Entstehung der Schweizergeschichte entstand eine heftige Erörterung zwischen Rudolf Luginbühl, Ernst Gagliardi und Emil Dürr. RUDOLF LUGINBÜHL: Die Schweizer Chronik des Heinrich Bullinger; Anz. Schw. Gesch. 1906, S. 69 ff. – RUDOLF LUGINBÜHL: Zur Bullinger- und Bluntschli-Frage; Anz. Schw. Gesch. 1908, S. 354 ff. – ERNST GAGLIARDI: Die angebliche Bullingerchronik von 1531; Anz. Schw. Gesch. 1909, S. 427 ff. – EMIL DÜRR: Zur Frage nach Heinrich Bullingers Chronikon vom Jahre 1531 und 1538; Anz. Schw. Gesch. 1909, S. 408 ff. – Hans Georg Wirz fand das Richtige; er entdeckte den Entwurf in einem Manuskriptband der Zürcher Bibliothek. HANS GEORG WIRZ: Heinrich Bullingers erste Schweizerchronik; Nova Turicensia 1911, S. 235 ff.

SALOMON HESS: Heinrich Bullingers Lebensgeschichte; 2 Bde., Zürich 1828/29. – FELIX VON ORELLI: Heinrich Bullinger; Njbl. Hülfsgesellschaft Zürich 1840. – CARL PESTALOZZI: Heinrich Bullinger; Elberfeld 1858. – GEORG GEILFUS: Heinrich Bullingers Erzählung des Sempacherkrieges; Njbl. Bürgerbibl. Winterthur 1865. – CARL KRAFFT: Aufzeichnungen des schweizerischen Reformators Heinrich Bullinger über sein Studium zu Emmerich und Köln; Elberfeld 1870. – RAGET CHRISTOFFEL: Heinrich Bullinger und seine Gattin, nach ihrem segensreichen Wirken in ihrer Familie, Gemeinde und gegen verfolgte Glaubensgenossen; Zürich 1875. – HEINRICH BRUPPACHER: Zu Bullingers Bericht über die Schlacht von Kappel; Anz. Schw. Gesch. 1876, S. 192 ff. – JOHANN KASPAR MÖRIKOFER: Heinrich Bullinger; ADB 4, Leipzig 1876, S. 513 ff. – GEORG GEILFUS: Heinrich Bullingers Lukretia; NZZ 1882, Nr. 168 ff. – GUSTAV VON SCHULTHESS-RECHBERG: Heinrich Bullinger, der Nachfolger Zwinglis; Schr. Ver. Reformationsgesch. 82, Halle a. S./Zürich 1904. – TRAUGOTT SCHIESS: Bullingers Briefwechsel mit Vadian; Jahrb. Schw. Gesch. 31, 1906, S. 23 ff. – RUDOLF LUGINBÜHL: Heinrich Bullinger und Johannes Stumpf in ihren Darstellungen des Alten Zürichkriegs; Anz. Schw. Gesch. 1906, S. 91 ff. – RUDOLF LUGINBÜHL: Zusätze des Pfarrers Zacharias Schörlin zu Bullingers Reformationschronik; Anz. Schw.

Gesch. 1906, S. 95 ff. – HANS LEHMANN: Erinnerungen an die Familie des Reformators Heinrich Bullinger im Schweizerischen Landesmuseum; Zwingliana 2, 1906, S. 97 ff. 132 ff. – EMIL EGLI: Zum Diarium Bullingers; Zwingliana 2, 1906, S. 115 ff. – HANS GEORG WIRZ: Ein Beitrag Bullingers zu Stumpfs Schweizer Chronik; Zwingliana 2, 1912, S. 457 ff. – ERNST GAGLIARDI: Eine unbekannte Quelle zu Heinrich Bullingers Reformationsgeschichte; Zwingliana 3, 1914, S. 141 ff. – JOHANN SUTZ: Heinrich Bullinger, der Retter der Zürcher Reformation; Zürich 1915. – KÄTHE HIRT: Heinrich Bullingers Spiel von Lucretia und Brutus; Marburg 1919. – JAKOB BERCHTOLD: Die Grundquelle von Stumpfs und Bullingers Reformationschronik; Zeitschr. Schw. Gesch. 7, 1927, S. 314 ff. – LEO WEISZ: Ein unbekanntes Geschichtswerk Heinrich Bullingers; NZZ 1929, Nrn. 1331, 1856. – ELSA DOLLFUSS-ZODEL: Bullingers Einfluss auf das zürcherische Staatswesen; Zürich/Bern 1931. – TRAUGOTT SCHIESS: Der Briefwechsel Heinrich Bullingers; Zwingliana 5, 1933, S. 396 ff. – LEO WEISZ: Die Bullinger Zeitungen; Zürich 1933. – EDUARD SCHERRER: Der Briefwechsel zweier Freunde, Johann Konrad Ulmer und Heinrich Bullinger; Schaffhausen 1937. – ARNOLD ZIMMERMANN: Heinrich Bullinger; Grosse Schweizer; Zürich 1938, S. 106 ff. – ANDRÉ BOUVIER: Henri Bullinger, Réformateur et conseiller œcuménique; Zürich 1940. – FRITZ BLANKE: Der junge Bullinger; Zürich 1942. – VALENTIN LÖTSCHER: Der deutsche Bauernkrieg in der Darstellung und im Urteil der zeitgenössischen Schweizer; Basl. Beitr. Geschichtswiss. 11, Basel 1943, S. 118 ff. – MAX NIEHANS: Heinrich Bullinger als Neutraler im Schmalkaldischen Krieg von 1546/47; Zwingliana 8, 1946, S. 245 ff. – Sonderheft Heinrich Bullinger zum 450. Geburtstag; Zwingliana 10, 1954. – JOACHIM STAEDTKE: Die Juden im historischen und theologischen Urteil des Schweizer Reformators Heinrich Bullinger; Judaica 11, 1955, S. 236 ff. – RUDOLF PFISTER: Heinrich Bullinger; NDB III, Berlin 1957, S. 12 f. – HEINOLD FAST: Heinrich Bullinger und die Täufer. Ein Beitrag zur Historiographie und Theologie im 16. Jahrhundert; Mennonitischer Geschichtsver. Weiherhof (Pfalz) 1959. – JOACHIM STAEDTKE: Die Geschichtsauffassung des jungen Bullinger; Zürch. Beitr. Ref. Gesch. 7, Zürich 1975, S. 65 ff. – KURT RÜETSCHI: Bullinger als Schulchronist; Zürch. Beitr. Ref. Gesch. 7, Zürich 1975, S 305 ff.

Josua Maler 1529–1599

Als Sohn eines ehemaligen Franziskanermönches, der aus dem Schwarzwald stammte und Bürger von Zürich geworden war, studierte Josua Theologie und wirkte hierauf als Pfarrer in verschiedenen Ortschaften der Zürcher Landschaft, zuletzt in Glattfelden.

Von 1563–1569 schrieb er seine *Erinnerungen*, vielleicht nach einem Tagebuch aus der Jugend. Sie sind kulturgeschichtlich ergiebig, denn Maler redet von dem, wovon die Historiker sonst schweigen: vom Alltag. Er erzählt, wie ihn die Zürcher Regierung in die Lausanner Akademie zu Viret schickte und wie er anderthalb Jahre später nach Paris und Oxford weiterzog. Auf der Strasse nach Nyon begegnete ihm Calvin zu Pferde; in Paris konnte er keine Vorlesungen hören, weil die meisten Professoren sich wegen der religiösen Unruhen verborgen hielten. In London traf er Schweizerstudenten aus Oxford an. Obgleich er über ein Jahr in Oxford und Cambridge studierte, wollte er nicht Englisch lernen, da man es ausserhalb der Insel doch nirgends brauchen könne: «Die recht wahr englisch sprach wöllend wir erst im wahren Engel-land, in Gottes Gemeinsame aller Seligen und Userwählten Gott ewiglich loben und prisen.» Hier kleideten sich die Leute besser als anderswo, so dass man meinen könnte, es sei hier alle Tage Sonntag. Noch bezeugten die Engländer wenig Eifer für das Evangelium, man höre selten eine Predigt. Die Verfolgungen durch Maria die Blutige haben solch schädlichen Schlaf brechen und die Spreu von den Kernen stäuben müssen. In Cambridge besuchte Maler das Grab Martin Bucers. Als er nach Holland hinüberfuhr, erhob sich auf dem Meer ein so furchtbarer Sturm, dass der niederländische Patron des Schiffes ihm Gott anzurufen riet: «Dann sunst», sprach er, «ist zu fürchten, wir werden hinacht all in der Hellen slapen. Vor so abscheulicher erschrockenlicher Schlafkammer wölle der gnädig Gott uns und jedermann behüten.» Maler zwang mit Drohungen einen papistischen Handwerksburschen, der Maria und die Heiligen anrief, ihm auf seine evangelische Weise nachzubeten. In Zeeland fiel ihm der Torf auf, den er noch nicht kannte und für gedörrten Schwefelgrund hielt. In Strassburg besichtigte er die Münsterorgel: «Man führt mich zu der Himmelpfyffen, der schönen Orglen. Da waren zugegen viel starker Knecht, so die Blosbälg uflupfen musstint, darzu der Organist selber; der gehub sich übel, wie sine riche Tumbherren viel lieber kostliche Pferd und schöne Frauwen erhieltint, als dies herrliche Werk der Orglen.» In der Universität Freiburg i. Br. hörte er den alten Glarean seinen Studenten vom Katheder herab die Oden des Horaz vorsingen. Im aargauischen Baden politisierte er mit einem schwedischen Adeligen, der ihm gegenüber bemerkte: «dann dass die ersten Schwyzer anfangs us sinem Vaterland, us Schwedien, harkommen, trug er ein sondere Liebe zu der Eidgnosschaft. Aber us dem Bedenken der grossen Änderungen und wie alles verkehret, sprach er mehrmals in Latin: juvenile consilium, intestinum odium, rei privatae studium, haec tria perdidere Romam, haec eadem perdent vestram Helvetiam.»

Aus Malers Erinnerungen vernimmt man ferner: Nur ältere oder Staatspersonen reisen zu Pferd, die anderen zu Fuss. In den besseren Schweizer Familien herrscht die Sitte, die Söhne auswärts schulen zu lassen, sie bei einem Pfarrer zu verdingen. Bereits ist der Kindertausch zwischen der deutschen und der welschen Schweiz im Gang. Die Kirchen werden so schlecht geheizt, dass dem Josua Maler im kalten Winter auf der Kanzel beinahe die Hände erfrieren. Überall trifft man düstere Anzeichen vergangener und kommender Religionsstürme. Stets durchkreuzt die Pest alles Leben, alle festen Verhältnisse. Maler spricht viel vom irdischen Jammertal, obgleich das Glück ihm lächelt. Die Grundstimmung der Aufzeichnungen ist Demut und Milde. Er erwartet alles von der Gnade des Herrn. Man kennt noch keine demokratische Streberei, keinen Emporkommensdrang. Das Leben ist ein Geschenk Gottes. Malers Erinnerungen gewähren uns Einblick in eine schlichte altschweizerische Häuslichkeit, in der neben allem Ernst die Fröhlichkeit ihren Platz hat.

In der Geschichte der deutschen Philologie ist Josua Maler als Lexicograph bekannt, als Herausgeber des grossen Wörterbuches *Die Teutsch Sprach*, 1561 in Zürich erschienen. Jakob Grimm urteilte, dass es «das erste wahrhaft deutsche Wörterbuch ist, welches die Trockenheit seines Vorgängers verlassend, ein Muster aufstellte, wie man in allen Landstrichen unsere Sprache hätte verzeichnen sollen».

Selbstbiographie eines zürcherischen Pfarrers aus der zweiten Hälfte des 16. Jahrhunderts; Zürcher Taschenb. 1885, S. 123 ff.

Josua Maler; Njbl. Ges. Chorherren Zürich 1804. – JAKOB BAECHTOLD: Josua Maler; ADB 20, Leipzig 1884, S. 137. – JAKOB BAECHTOLD: Josua Maler; Kleine Schriften, Zürich 1899, S. 79 ff.

Josias Simler 1530–1576

Sein Leben spiegelt ein reines Gelehrtendasein wider. Er wurde als Sohn des Pfarrers von Kappel sorgfältig erzogen, galt als stiller, sanfter Musterknabe, wurde zu seinem Paten Bullinger geschickt, hierauf als Student nach Basel, wo ein höherer Lebenszuschnitt herrschte. Gerne erinnerte er sich später eines feierlichen Schauspiels, das von Basels Universität und Bürgerschaft im Jahr 1546 aufgeführt worden war, mit grosser Kleiderpracht, Truppenschau und dreitägigem Festgelage. Noch nicht zweiundzwanzigjährig wurde er als Professor der neutestamentlichen Exegese ans Carolinum nach Zürich berufen, wozu später noch Lehraufträge für alte Sprachen und Hebräisch kamen. Er entwickelte einen grossartigen Fleiss, pflegte rege Freundschaften, lebte sorgenfrei, aber oft von Gicht geplagt, lag wochen-, monatelang im Bett. Mit Gessner wurde er durch die Liebe zur Naturwissenschaft zusammengeführt; seine Neigung gehörte mehr dieser und den Sprachen als der Theologie, für die er durch die Geburt bestimmt schien. Dennoch schrieb er auch theologische Abhandlungen, nahm an den Kirchenkämpfen teil, obschon er Ireniker war. Als ausgezeichneter Lateiner übersetzte er viel, verfasste Bücher zu Lehrzwecken. Er war ein geschickter, klarer Darsteller, ein Systematiker, nicht ein Bahnbrecher. So verbrachte er ein Leben unter Büchern, vollbrachte eine staunenswerte Leistung, bis er frühzeitig starb.

Seine Teilnahme gehörte insbesondere den vaterländischen Dingen, der Geographie und Geschichte. Jahrelang sammelte er Stoff, ermunterte Tschudi, die ganze Schweizergeschichte zu schreiben. Tschudi konnte sie nicht vollenden und starb, worauf Simler sie besorgen wollte; aber die Erben gaben den Nachlass nicht heraus. Daher übernahm Simler die ganze Arbeit für sich. Davon bot er 1574 eine erste Probe mit *Descriptio Vallesiae* nebst *De Alpibus Commentarius*. Thomas Platter sah sie durch; Simler dedizierte sie dem Bischof Hildebrand von Riedmatten. Die Berge muss er aus eigener Anschauung gekannt haben; er erschrak nicht über sie wie seine Zeitgenossen. Mit Nachdruck rühmt er den Bildungsdrang der Walliser, erwähnt die Heiligen Wasser, die Steinkohle, die Kröpfe und Kretins; die Mazze sei ein Scherbengericht des Volkes. Er deutet die deutschfranzösische Sprachgrenze an, die damals bei Sitten verlaufen sein muss. Auch berichtet er von den Walsersiedlungen im oberen Etschtal und jenseits des Monte Rosa, meint, es handle sich um Überreste der Urbevölkerung. Als Quellen dienen ihm S. Münster, J. Stumpf und mündliche Mitteilungen von Thomas Platter. Auch schöpft er aus den Alten, die ihm über alles gelten. Nur wo sie schweigen, gibt er neues Wissen. Simler steht zwischen Empirie und Humanismus, zwei Weltanschauungen bekämpfen sich in ihm. Er glaubt, dass auf den Alpenspitzen die Tage länger, dass die Kristalle aus Gletschereis, dass die Quellen aufgedrungenes Meerwasser seien. Dagegen gibt er eine richtige Erklärung der geringen Wärme in der Höhe, bekämpft die alte Ansicht, dass die grössten Flüsse von den höchsten Bergen kommen. Der immer kränkliche, gichtige Stubengelehrte vermittelt auch eine Anleitung zu Bergreisen, wie man Gletscherspalten und anderen Gefahren begegnet. Stets nimmt er Bezug auf die Antike, was zuweilen besseres Wissen erstickt.

Simler mochte ahnen, dass seine Jahre zur Bewältigung der grossen Schweizergeschichte nicht ausreichen. Daher veröffentlichte er kurz vor seinem Tod 1576 *De Helvetiorum Republica libri duo*, einen in straffer Gedankenführung gehaltenen Auszug zu Lehrzwecken, worin er Meister war. Das Ganze ist ein Lehrbuch oder Abriss des eidgenössischen Staatsrechts, der staatlichen, politischen und gesellschaftlichen Verhältnisse. Im ersten Buch bietet er eine Geschichte der Bünde, meist ganz nach Stumpf und Tschudi und deshalb unoriginell. Um so grösseren Wert besitzt das zweite Buch, eine vollständige und lebendige Darstellung der Eidgenossenschaft zur Zeit des Verfassers. Helferdienste leisteten ihm dabei: Kessler in St. Gallen, Thomas Platter in Basel und Johannes Haller in Bern. Simler ist auch hier kein bahnbrechender Geist, sondern gab den Durchschnitt der Zeit. Das grosse Werk, die ganze Schweizergeschichte, blieb unvollendet. Sein Enkel, Bürgermeister Waser, sammelte die Manuskripte, die heute in der Zürcher Bibliothek liegen.

In der Vorrede rechtfertigt Simler sein verfassungsgeschichtliches Werk mit Beispielen der Alten. Er gibt Platons Rezept für das beste Regiment. Der Welt will er die Wahrheit über die Schweiz verkünden, namentlich die Verleumdung bekämpfen, dass der Adel ausgerottet sei und deshalb Anarchie herrsche: «sunt tamen nonnulli, qui odio ingenti gentis Helveticae, nimis impudenter anarchiam nobis objiciunt, ac majores nostros, caesis aut in ordinem redactis nobilibus, sese in hanc libertatem praeter jus et aequum vendicasse ajunt.» Sein Wunsch geht dahin, die Schweizer möchten gemäss diesem Buch in der Fremde Auskunft geben. Bei der Geschichtsdarstellung schleppt Simler einen ganzen Wust von Irrtümern mit. Er zählt alle Orte, Zugewandten und Untertanen auf, nennt aber Pruntrut und Genf nicht. Das Untertanenverhältnis charakterisiert er sehr mild. Die eidgenössische Geschichte stellt er so dar, dass er sie erzählt, bis ein neuer Ort hinzutritt, und dann dessen Geschichte nachholt. Damit wird zwar der Zusammenhang etwas gestört, das Wachsen der Eidgenossenschaft und ihres Bündnissystems aber klar dargestellt. Simler fragt sich, ob die Eidgenossenschaft ein Staat sei. Aus seinen Ausführungen liest man heraus, dass er die Frage bejaht, was das nationale Fühlen betrifft, dass er sie aber verneint, was die Form angeht. Er rühmt die Gerechtigkeitsliebe und Gastfreundschaft der Eidgenossen, tadelt ihre Trunksucht und Hoffart, spricht von den vielen Bettlern und der allgemein geübten Barmherzigkeit, rühmt das eidgenössische Recht des Herkommens. Im ganzen waltet eine gewisse Loblust vor und eine Hochachtung der Vorfahren, die die Idee des Fortschritts nicht kennt; er steht der Aufklärung noch ganz fern, vertritt ein konservatives Prinzip, will die «sitten und gebreuch» der alten Schweizer festhalten.

Simler widmete sein Werk dem Bürgermeister und Rat von St. Gallen. In der Zueignung schreibt er, er hoffe, dass die unternehmenden St. Galler Bürger, wenn sie ganz Europa in Handelsgeschäften durchzögen, sich seines Werkes als Wegleitung bedienen würden, um richtige Begriffe über ihr Vaterland den Fremden zu vermitteln. Sein Wunsch ging in Erfüllung; das Werk hatte einen ausserordentlichen Erfolg, fand weiteste Verbreitung und wurde für die ganze Schweiz repräsentativ. Schon im Jahr seines Erscheinens kamen eine deutsche und eine französische Übersetzung heraus; später traten holländische Übertragungen dazu. Wer von den Kriegstaten der Eidgenossen gehört hatte, griff nach dieser Geschichte und Beschreibung ihrer Heimat. Cromwell studierte diese Systematik der Schweizergeschichte beim Aufbau seines britischen Staates. Kein Werk aus schweizerischer Feder ist so oft aufgelegt worden; es schwang sich über den Glaubenshass der Zeit hinweg. Anno 1734 zählte man bereits achtundzwanzig Ausgaben. 1735 bearbeitete J. J. Leu das Werk und veröffentlichte es unter dem Titel *Von dem Regiment der löblichen Eidgenossenschaft*; er führte die Geschichte fort und berichtigte in Fussnoten das Staatsrecht auf den Stand der Zeit. Bis zum Untergang der alten Schweiz blieb Simlers Werk das beliebteste Handbuch des eidgenössischen Staatsrechtes und die verbreitetste Kurzdarstellung der Schweizergeschichte. Durch ihn ist die Geschichtsschreibung Tschudis und Stumpfs Allgemeingut geworden.

Descriptio Vallesiae; Zürich 1574. – *De republica Helvetiorum libri duo.* – *Regiment gmeiner loblicher Eydtgnoschaft;* beide Ausgaben Zürich 1576. – *Regiment Gemeiner Loblicher Eydtgnoschaft,* hg. v. *Johann Jakob Leu;* Zürich 1735. – *De Alpibus Commentarius – Die Alpen,* hg. v. *Alfred Steinitzer;* München 1931.

GEORG VON WYSS: Josias Simler; Njbl. Waisenhaus Zürich 1855. Hier findet man auch eine Übersicht aller Schriften Simlers. – GEORG VON WYSS: Josias Simler; ADB 34, Leipzig 1892, S. 355 ff. – GEROLD MEYER VON KNONAU: Josias Simler als Verfasser der «Vallesiae Descriptio» und des «Commentarius de Alpibus»; Jahrb. Schw. Alpenclub 1896–97, S. 217 ff. – SIEGMUND GÜNTHER: Josias Simler als Geograph und Begründer der wissenschaftlichen Alpenkunde; Verh. Schw. Naturforsch. Ges. 84, 1901. – BREVOORT WILLIAM AUGUSTUS COOLIDGE: Josias Simler et les origines de l'alpinisme jusqu'en 1600; Grenoble 1904. – HERMANN ALFRED SCHMID: Die Entzauberung der Welt in der Schweizer Landeskunde; Basl. Beitr. Geschichtswiss. 84, Basel 1942, S. 62 ff. – ERNST REIBSTEIN: Respublica Helvetiorum. Die Prinzipien der eidgenössischen Staatslehre bei Josias Simler; Bern 1949. – ERNST WESSENDORF: Geschichtschreibung für Volk und Schulen in der alten Eidgenossenschaft; Basl. Beitr. Geschichtswiss. 84, Basel/Stuttgart 1962, S. 31 ff. – HANS SCHAEPPI: Josias Simlers Rechts- und Staatsgedanke, Zürich 1970.

JOSIAS SIMLERUS,
MATHEMATICUS, HISTORICUS, ET SS. THEOLOGIÆ
IN SCHOLA TIGURINA PROFESSOR CELEBRIS:
Natus est Capellis, A: 1530. 6. Nov. Denatus Tiguri, 1576. 2. jul.

Me docet Historicum simul, Astronomúmq; fuisse
  Patria, doctorem sed magis, alma Dei.

C. Meyer fecit
1662

Tafel 16. Josias Simler, 1530–1576.

BERN

Heinrich Wölflin (Lupulus) 1470–ca. 1532

Die Familie war bernisch; man kennt seinen Studiengang nicht, sondern weiss nur, dass er Magister der freien Künste und kaiserlicher Notar war. Er gehörte zu den wenigen Humanisten Berns. Von 1494–1498 wirkte er als ordentlicher Schulmeister der Lateinschule. Myconius gibt ihm in seiner Zwingli-Biographie von 1532 grosses Lob; er habe Zwingli in die alten Sprachen und in die Poesie eingeführt, er sei der erste gewesen, der in der Schweiz der schönen Wissenschaft den Weg gewiesen habe; auch erteilte er Griechischunterricht, was damals selten war. Nach einigen Jahren schon verliess er die Schule, wurde 1503 Chorherr zu St. Vinzenzen und Hilfsgeistlicher, stieg zum Stiftskantor empor, hatte schöne Einnahmen, verstand aber das Haushalten nicht und steckte in Schulden. Anno 1515 schenkte er der Stadt die vier St. Vinzenzen-Teppiche mit Darstellungen aus dem Leben des Heiligen. Im Jetzer-Handel fiel er leichtgläubig auf den Schwindel herein und wurde von der Untersuchung gestreift. Stiftsdekan Läubli verurteilte von Anfang an das Treiben im Kloster; hier liegt der Anfang eines langen Hasses zwischen beiden. 1518 stellte sich Lupulus dem Ablasshändler Samson als Dolmetscher im Münster zur Verfügung; er war eben ein gelehrtes Kind, ging im Aberglauben der Stadt auf. Anshelm witzelte über ihn im Gespräch mit dem Schultheissen: «Herr, so Samsons füchsle und Heinrichs wölfle vereint wöllen predien, so stuend üwerm ampt zu, üwere gänsle und schäfle inzetuon.» Früh schon schloss er sich Berchtold Haller und der Reformation an, nachdem er erst noch eine Palästinareise unternommen hatte. Er heiratete, verlor den Genuss seiner geistlichen Stellen, wurde Gerichtsschreiber und öffentlicher Notar.

Wölflin genoss Gelehrten- und Dichterruhm. Glarean zählt ihn 1514 zu den «ingenia Helvetiae», und ähnlich urteilte Bullinger. Er verfasste:

1. verschiedene *lateinische Gedichte* historischen und panegyrischen Inhalts,

2. ein *Officium Sancti Vincentii*, das ist ein Chorgebet für den Heiligen mit Psalmen, Hymnen, Gebeten, Lesestücken aus der Heiligen Schrift,

3. eine *Beschreibung seiner Reise nach Jerusalem*, die schon reformiert angehaucht ist,

4. *Historia Nicolai de Saxo*. Dieses Leben des Bruder Klaus ist sein wichtigstes Werk, 1500 im Auftrag der Obwaldner Regierung verfasst, 1501 dem Walliser Bischof Matthäus Schiner gewidmet. Es stellt die erste vollständige Biographie des Einsiedlers dar. Wölflin kannte die vorausgehende Literatur nicht, stimmt aber gut mit ihr überein. Er schöpfte aus dem Sachseler Kirchenbuch und aus der Überlieferung, bildete selber wieder die Vorlage für die spätere Literatur. So hat ihn der Luzerner Hans Salat tapfer ausgeschrieben. Erst 1608 wurde die Historia durch den Druck allgemein bekannt.

Historia Nicolai de Saxo; Bibliothek schw. Staatskde. 1, Zürich 1796. – *Leben Bruder Klausens;* übersetzt von *Robert Durrer;* Schw. Rundschau 17, 1916/17, S. 153 ff. 225 ff. – *Robert Durrer: Die ältesten Quellen über den seligen Nikolaus von Flüe, sein Leben und seinen Einfluss;* 2 Bde., Sarnen 1920, S. 522 ff. – *Reise nach Jerusalem,* hg. v. *Hans Bloesch;* Bern 1929.

JOSEF STAMMLER: Der Humanist und Chorherr Heinrich Wölflin, genannt Lupulus, von Bern; Kath. Schw. Bl. 3, 1887, S. 99 ff. 156 ff. 234 ff. – GUSTAV TOBLER: Die Chronisten und Geschichtsschreiber des alten Bern; Festschr. VII. Säkularfeier Berns, Bern 1891, S. 39 f. – ADOLF FLURI: Die bernische Stadtschule und ihre Vorsteher bis zur Reformation; Bern. Taschenb. 1893/94, S. 51 ff. – JOSEF STAMMLER: Heinrich Wölflin; Slg. Bern. Biogr. 2, Bern 1896, S. 352 ff. – HANS VON GREYERZ: Nation und Geschichte im bernischen Denken; Bern 1953, S. 43.

Valerius Anshelm 1475–1547

Sein Erscheinen in der schweizerischen Historiographie verdankt er der Beharrlichkeit, mit der Bern, wie kaum ein Ort nördlich der Alpen, eine amtliche Historiographie pflegte. Die Reformation fand in Bern keinen Niederschlag in privaten Aufzeichnungen von Zeitgenossen. Diese Armut wird durch Anshelms Werk aufgehoben.

Er stammte aus Rottweil im Schwarzwald. Sein voller Name lautete Valerius Anshelm Rüd; ob Rüd bloss Zuname oder Geschlechtsname ist, kann nicht entschieden werden. Seit 1463 gehörte Rottweil als zugewandter Ort zur Eidgenossenschaft; Anshelms Grossvater trug das Rottweiler Banner bei Murten. Das Leben Anshelms ist wenig aufgehellt. Von 1492/93 bis 1495 studierte der junge Schwabe in Krakau, erlangte dort das Bakkalaureat, liess sich hierauf an seiner heimischen Universität Tübingen immatrikulieren, wo er während des Schwabenkrieges hörte, wie die Professoren von ihren Lehrkanzeln herab in grobem Tone gegen die Eidgenossen losschimpften. Als fahrender Scholar zog er umher, kam 1501 nach Dijon, dann nach Bern. Hier wurde er 1505 zum Vorsteher der Lateinschule ernannt, an der schon Lupulus gewirkt hatte. Im Jetzerhandel lehnte er es ab, der Untersuchungskommission als Dolmetscher zu dienen, obschon er heftig gegen die Mönche eingenommen war. 1509 wurde er Stadtarzt mit hundert Pfund Lohn nebst Holz und Korn und der Erlaubnis, daneben eine Privatpraxis zu führen. Er nahm heftig gegen die Pensionen Stellung, stand aber bald darnach selber auf der päpstlichen Pensionenliste. Als einer der ersten in Bern legte er den Finger auf die Schäden der Kirche, bezweifelte die Wirksamkeit der Totenmessen. Er bekennt von sich, er sei einer der frühesten Anhänger Luthers gewesen, und freute sich, als aus «sonderlicher Schickung des gnädigen Gottes dem starken Luther der feste Ulrich Zwingli zutrat». So genoss er denn auch die Freundschaft Zwinglis und Vadians, wie der lateinische Briefwechsel dieser drei Männer zeigt.

Schon 1520 erhielt er den Auftrag, die amtliche Stadtchronik fortzusetzen; dieser fiel dann aus unbekannten Gründen dahin. Anshelm verdarb es durch freigeistige Haltung mit dem Kanzler Fricker. Er nahm eifrig Stellung für die Reformation, stand auf vertrautem Fusse mit Niklaus

Manuel sowie mit dem grossen Finanzmann und Renaissancemenschen Bartholomäus May. Seine Gattin sprach einmal unbedachte Worte gegen die Muttergottes, sie sei eine gewöhnliche Frau gewesen. Dafür büsste man ihn, worauf er erbittert nach Rottweil heimkehrte. Aber auch hier wurde er Verfolgungen ausgesetzt, geriet sogar vorübergehend ins Gefängnis und wurde mit vierzig Reformierten vertrieben. Ihre Bittschrift an die Tagsatzung unterzeichnete er als erster. Wenn er über die «ruche stiefmutter» klagt, meint er seine Heimatstadt Rottweil. Er rief die Vermittlung Zwinglis an und wurde wohl durch dessen Fürsprache nach Bern berufen als amtlicher Chronist «und nützit anders», immerhin wieder mit der Erlaubnis, eine bescheidene Privatpraxis auszuüben. Sein Sohn, dem er den ungewöhnlichen Humanistenvornamen Plato gab, wurde später Syndikus in Nürnberg; in Bern pflanzte sich das Geschlecht nicht fort.

Bern hat Anshelm auf sein Amt eines Historikers gestossen, er ist nicht selber dazu gekommen. Immerhin war er gut darauf vorbereitet. Bereits hatte er historische Arbeiten verfasst. Sein erstes geschichtliches Werk war offenbar seine zusammenhängende *Darstellung des Jetzerhandels* 1507 bis 1509. Ferner verfasste er 1510 den *Catalogus annorum*, ein Kompendium der Weltgeschichte, das er handschriftlich dem Papste, dem französischen Gesandten, dem Kaiser Karl und der Stadt Bern überreichen liess, nach Humanistensitte sich den Grossen empfehlend. Das 1540 gedruckte Buch widmete er in der Vorrede dem Rat von Bern als Herold seiner Ehre, seines Ruhms. Die Wärme des Tons lässt ihn ganz als Berner erscheinen. In der Benützung der Quellen, auch der bedenklichen, ist er hier noch unkritisch. Er übernimmt den Rahmen der vier Weltmonarchien und führt die Entwicklung von Adam bis 1536. Die Geschichte erscheint als Ratgeberin für praktisches Verhalten im Leben: «... omnis historiae lectio tendit, ut ad bene beateque vivendum exemplis abundemus». Man kann den Catalogus annorum als erstes gedrucktes Lehrbuch der Weltgeschichte in der Schweiz bezeichnen; es empfahl ihn als amtlichen Chronisten.

Anshelms Lebenswerk ist die grosse *Chronik*. Sie schliesst sich an Justinger an, nicht an Schilling. Mit ihrer Ausarbeitung war er von 1529 bis in seine letzten Lebensjahre beschäftigt; noch 1546 bezog er das Chronistengehalt. Es ist ein ragendes Werk, in jeder Hinsicht ausserordentlich.

Umfang: 1. Einleitung, wo er seine Auffassung darlegt. 2. «Besserung», das heisst die Nachträge zu Justinger von 1030–1298. 3. Burgunderkrieg von 1474–1477, kurz, nur seine Auffassung und die Motive enthaltend, nicht den Verlauf, sondern den Gegensatz zu Schilling. Dieser Teil ist in zwei Redaktionen vorhanden, wahrscheinlich entstand der kürzere nach dem Auftrag von 1520. 4. Hauptteil, die Zeitgeschichte von 1477–1536.

Quellen: Kein älterer Historiker hat so wenig literarische Quellen, das heisst Darstellungen benützt wie Anshelm. Nachzuweisen sind Otto von Freising, Burkard von Ursperg, Nauclerus, Gaguinus, Brennwald, Wölflin, Schwinkhart; dazu erbat er sich in Zürich die vielumstrittene Chronik des Fridli Bluntschli. Das ist wenig und doch kein Mangel, denn Anshelm verwendete ein gewaltiges Studium auf Urkunden, auf Dokumente aus dem Archiv, das ihm offenstand, auf eigene Erfahrung, auf Berichte von Augenzeugen; er schrieb ja zur Hauptsache Zeitgeschichte. Rastlos sammelt er, nimmt Aktenstücke in den Text auf, begleitet sie bisweilen mit scharfen Bemerkungen, fälscht sie aber nicht. Er ist da sehr zuverlässig und glaubwürdig, unterlässt es meist nicht, die Dokumente mit einem Begleitwort einzuführen.

Reichweite des Stoffes: Anshelms Auftrag lautete dahin, eine nationale Landesgeschichte zu schreiben; sie erweiterte sich unter seinen Händen zu einer Weltgeschichte seiner Zeit, wobei die bernische Geschichte klar ausgeschieden ist und zu ihrem Recht kommt.

Anordnung des Stoffes: Ob er Leonardo Bruni, den Begründer der humanistischen Annalistik, und seine Florentiner Geschichte gekannt hat, wie man allgemein annimmt, ist nicht sicher. Jedenfalls war Anshelm Humanist. Von den Humanisten übernahm er die annalistische Einteilung; er setzt an die Spitze jeden Jahres Kaiser und Papst, den Schultheissen und, am Schluss des Kapitels, die Räte von Bern. Damit verband er die bunte Stoffmannigfaltigkeit der mittelalterlichen Chronisten, um der herrschenden Gewöhnung entgegenzukommen, also Wetter, Ernte, Unglücksfälle, Wunderwürdiges; aber er verfuhr hierin mit einer bestimmten Auswahl. Er hielt sich ausschliesslich an den annalistischen Rahmen mit einer Ausnahme: Den Jetzerhandel von 1507–1509, den er schon früher verfasste, aber noch einmal nach den Akten behandelt, legt er als durchgehende Erzählung ein. Abgesehen davon ist sein persönliches Gut die Kraft, den Stoff sich zu unterwerfen, zu gestalten, die Fähigkeit der Zusammenschau, der durchgreifenden inneren Gruppierung, die wiederum zusammenhängt mit der Ausscheidung zwischen Wichtigem und Unwichtigem. Diese Ordnung hat er selbst erkämpft; er empfindet das Bedürfnis nach Periodisierung. Der Regierungsauftrag bedeutete für Anshelm nur den Anstoss, ohne den allerdings seine Chronik nicht da wäre. Aber dass sie so ausfiel, dass sie die zweite, noch stärkere Probe beseelter Geschichtsschreibung in Bern neben Frickers Twingherrenstreit darstellt, das ist sein Verdienst. Und wir bekommen in seiner Chronik eine gewaltigere Seele zu fühlen, als sie sich im Twingherrenstreit hervorwagt. War Fricker noch durch die Scheu vor seinem Amt gehemmt, so enthüllt sich Anshelm furchtlos, während Schilling einfach Fleiss und Geschicklichkeit seinem Auftrag unterwirft, so dass er als eine subalterne Beamtenseele auch anders geschrieben hätte, wenn es verlangt worden wäre. In Anshelm lebt der Geist des geborenen Geschichtsschreibers, der Drang nach Erkenntnis und nach Gestaltung des Erschauten.

Das alles wurde gewaltig angeregt durch das ungemeine Geschehen seiner Zeit. Was für eine dynamische Epoche erlebte er: den Schwabenkrieg, die italienischen Feldzüge seit 1494, Aufstieg, Höhepunkt und Abstieg der Eidgenossenschaft, die habsburgische Weltmonarchie, deren Zusammenprall mit Frankreich, den schwindenden Glauben an das Konstante in der Politik, wo alle Möglichkeiten sich auftun, und obendrein die tiefste Erschütterung des menschlichen Bewusstseins und Gewissens, die Reformation. Wie musste das auf ihn wirken, welche Gedankenwelt in ihm entfesseln, sein Temperament zum Sturm entfachen!

Anshelms Einreihung: Er lässt sich mit Vadian nicht vergleichen, denn eine ganze Seite des Historikers bleibt bei ihm verborgen, die Fähigkeit, in die Geschichte einzudringen, mit Hilfe aller Überreste der Vergangenheit die erloschenen Spuren und Verbindungslinien wieder herzustellen, worin Vadian der Meister, aber nicht bahnbrechend war, weil seine wichtigsten Schriften unter Verschluss blieben. Das Abschnittchen «Besserung» 1030–1298 erlaubt kein Urteil über Anshelms rückschauendes Vermögen. In der Hauptsache schreibt er Zeitgeschichte; auch vom Burgunderkrieg gibt er nicht eine Darstellung, sondern seine Auffassung. Aber soviel ist ersichtlich, dass ihn Vadian in der Abwägung des historischen Urteils übertrifft. Vadian spürt als erster die Bedingtheit des historischen Urteils heraus, Anshelm glaubt an die unbedingte Richtigkeit. Damit ist die Gefahr der Einseitigkeit und Ungerechtigkeit gegeben und von Anshelm auch nicht immer vermieden worden. Jedoch sind es Fehler des Standpunkts, nicht bewusste Verrückung der Gesichtspunkte und Fälschung wie bei Schilling, der die Sache so darstellt, wie die Regierung sie aufgefasst haben will, also Staatswahrheit mit amtlichem Oberlicht bietet.

Anshelm hat demgegenüber einen grossen Vorsprung, wo jene Einseitigkeit als Tugend zum Vorschein kommt; er gibt sich unabhängig und souverän in seinem Geschichtswerk. Dessen ist er bewusst, spricht von der «warheit krüz». Er schreibt ohne andere amtliche Voraussetzung, als dass er einen Lohn für den Lebensunterhalt empfängt. Dass die Regierung diese Selbständigkeit neben sich duldete, ist nicht selbstverständlich, sondern hoher Anerkennung würdig und ein Zeugnis dafür, welche Belebung, Ausweitung und Grosszügigkeit die Reformation mit dem ersten Anhauch, mit dem ersten Eindruck der inneren Revolution bis in die amtlichen Kreise verbreitete. Dreissig Jahre später wäre das nicht mehr möglich gewesen, weder in Basel noch in St. Gallen noch in Bern. Dort sperrte man die Schriften ein, hier liess man sie in Missachtung und Vergessenheit fallen.

Geschichtsanschauung: Wie alle grossgearteten Historiker hatte er den – wohl unbewussten – Drang nach der Einheit des Weltbildes, hatte den Ehrgeiz, diese Einheit in seinen Schriften auch zum Ausdruck zu bringen. So widerspruchsvoll die Erscheinungen des Lebens, so auseinanderstrebend die Antriebe, so unüberwindlich die Antinomien, so unheimlich die unterirdischen Klüfte des Daseins, so misstönend die Zusammenklänge des Menschlichen auch sind, von je gewesen sind, so kann sich der Geschichtsschreiber doch nicht der Aufgabe entziehen, die Einheit in der Vielheit zu suchen. Im Grunde genommen kam man auch später nicht weiter als bis zur Überzeugung, dass der Vielheit des Lebens eine Einheit zugrunde liegt, die uns freilich ein Rätsel bleibt, also ein Postulat der Vernunft, nicht ein Ergebnis der Erkenntnis ist. Bei Anshelm wird die

Einheit durch Gott, das Sittliche hergestellt. Er will die Wunderwerke Gottes in den historischen Ereignissen und Gestalten zeigen. Alles Geschehen bekommt so einen Sinn. Es ist kein zufälliger Zusammenprall der Menschen. Gott kann dem Bösen Gewalt geben; aber durchs Ganze waltet sein gerechtes Gericht, wobei freilich das Letzte nicht ausgesprochen, sondern scheu verhüllt wird, ob dieses Gericht sich stets schon im Diesseits vollzieht: «Der wisen herschaft wirt bständig sin, und die stät werden behalten durch die witz der fürsichtigen. Und widerumb der unwis küng verderbt sin volk, und der Hergot wirt herniderrissen die stiel (Stühle) der hochfärtigen; dan in siner hand ist aller gwalt des erdrichs und des menschen, gibtz und nimtz wem und wan er will, erhöcht und ernidret wän und wen er wil.» Von da stammt das Moralisieren Anshelms, das man als kleinbürgerlich abgetan hat: Anshelm kenne die höheren Möglichkeiten, die Bedürfnisse der Politik nicht. Davon ist nur soviel richtig, dass Anshelm überall den streng sittlichen Massstab anlegt, auch an die Nächsten, an die Berner Regierung, was alles sich gelegentlich zu einem durchgehenden Verdammungsurteil steigert, so gegen Frankreich. Für ihn ist die französische Politik das Böse schlechthin, nicht weil er ein «verbernerter Schwabe» ist – im Schwabenkrieg empfindet er als Schweizer –, sondern weil er Frankreich für die Korruption durch Pensionen verantwortlich macht, ihren Anfang im Burgunderkrieg sieht, den er daher scharf verurteilt. Wenn auch Anshelm den Drang zur Einheit des Daseins wohl unbewusst in sich trägt, die Mittel, diese Einheit sichtbar zu machen, handhabt er bewusst. Er will das Wesentliche in Erscheinung treten lassen.

Politische Erfahrung und Studium der Vergangenheit liefern ihm den Stoff, an dem er seine Auffassung von der Schöpfungsordnung demonstriert. Seine politische Einsicht befähigt ihn, auch die Gegenwart schon als Geschichte zu begreifen. Er holt ein gutes Stück der Anregung und Schulung, auch der Belege für seine Ansichten, aus der Antike, zitiert häufig Plutarch, Livius, Caesar, Vergil, Plato, nicht um seine altklassische Bildung zur Schau zu stellen, sondern um seine persönlichen Ansichten zu erhärten. So liest man etwa: «Der göttlich Plato sagt recht, dass in einer stat dem gemeinen nutz kum schädlichers möge sin dann wo einem jezlichen (jedem) nach sinem willen wird nachgelassen ze gewinnen und ze vertuen ...» Und um die schlimmen Folgen der französischen Pensionen zu beweisen, beruft er sich auf die Erfahrungen der Griechen und Römer: «Sobald der kriechen frie pundstät des mazedonischen küngs Philippi gunst und gaben annamend, wurdends zertrent und verlurend ire lobriche frihet und herlikeit.» Aber von den Humanisten unterscheidet er sich doch wesentlich in der Auffassung. Die Humanisten setzen als Ursache des Geschehens den bewussten, rational bedingten Willen des geschichtlichen Menschen ein; sie glauben an die Allmacht des Verstandes. Anshelm fühlt demgegenüber die Abhängigkeit des Menschen von unüberwindlichen Notwendigkeiten, für die er als Protestant Gott einsetzt. Weil er an die Gerechtigkeit und Güte Gottes glaubt, ist er nicht so rücksichtslos auf die erbarmungslose Wirklichkeit eingestellt wie etwa Machiavelli. Wie dieser zwar vermag er vom Individuum abzusehen, an dessen Stelle Gebilde höherer Ordnung zu setzen, Volk, Staat, die Eigenleben haben; in allgemeinen Zusammenhängen und grossen Wandlungen ahnt er geschichtliches Werden und Vergehen, erfasst es aber nicht so empirisch bestimmt wie Machiavelli. Seine Darstellung geht doch auf das Ganze der Politik und des Lebens; sie bietet nicht Schnitzelwerk. Wenn ihm auch in Bern eine kleine Bühne zugewiesen ist, wie mit einem Zauberstab verwandelt er sie in die wogende Welt. Weil er alle Erscheinungen zu würdigen sucht, hat er etwas von der Buntheit mittelalterlicher Chroniken. Aber während die Buntheit bei diesen zufällig und zusammenhanglos ist, gibt er ihr einen tieferen Sinn. Er spürt im Volk überschüssige Kräfte, die nicht von der Notwendigkeit, von den ersten Anforderungen des Seelenheils und des täglichen Brotes, verzehrt werden. Diese Kräfte äussern sich im Spieltrieb: Feste, Vergnügungen, Maskenscherz, Mode, Tracht, Ausgelassenheit, ja Verbrechen. Dem allem geht er aufmerksam nach, weil es ihm eine Einheit ist; zum Beispiel stellt er einen Zusammenhang zwischen Zeitgeist und schamloser Kleidertracht her. Damit gelangt er ungewollt zum Lokalkolorit, das sonst Ideenmenschen seiner Art nicht gerade liegt. Es gelingen ihm ausgezeichnete Sittenbilder. Sein Werk soll ein Regenten- und Volksspiegel zugleich sein. Der moderne Respekt vor der Unfehlbarkeit des Volkes hätte ihm ein Lächeln abgenötigt.

Seine Mängel sind durch seine Vorzüge bedingt. Die Kraft der Zusammenschau verführt ihn, die Ereignisse oft summarisch zu erzählen, wo wir einen umständlichen Bericht gewünscht hätten, nicht aus Unkenntnis oder Oberflächlichkeit, sondern aus Geringschätzung des Einzelnen. Er zielt auf den Gehalt, auf die Moral der Dinge. Seine Moral ist die des protestantischen Christen, der an die Erbsünde und ihre Wucherungen glaubt. Darum sieht er in gewissen Übelständen einfach einen Beweis für die sündhafte menschliche Natur und hat kein Verständnis für wirtschaftliche und politische Notwendigkeiten. Dies gilt für Reislauf, Pensionen, Soldbündnisse, das französische insbesondere. So klagt und schilt er bei der Ankunft der französischen Pensionengelder: «Wie nun nach obgemelts abscheids bestimmung d'eidgnossen wider zuosamen waren kommen, do wurden die 200 tausend kronen mit herlichem bracht, trummeten, trummen und pfiffen, rütern und fuossknechten zue Bern uf gedeckten spittelwägen ingefüert, damit ein fröud und lust ze machen. Dennoch so sprachend so vil kläglich: J, dass Got erbarm, das sind unsere doten von Meyland! dass der tüfel d'franzosen und ir geld hätte! i, wo sind die alten frommen eidgnossen!» Oder er beschreibt eine ähnliche Szene: «Der ... basthart (Bastard von Frankreich) schut (schüttete) zuo Fryburg sinen kronensack in ein sal, ruort darin mit einer schuflen, sprechende: Das hiess ein küng» (etwa: auf Befehl seiner Majestät). Nach derartigen Szenen gibt Anshelm seiner heftigen Gemütsbewegung in der Apostrophe Ausdruck: «O alten, fromen, trüwen, lieben eidgnossen! o seliger bruoder Claus! ja wol o her richer ätti küng Ludwig! hie ist din profeci erfült, do du sagtest, wen d'eidgnossen nur geld, wivil auch des, genommen

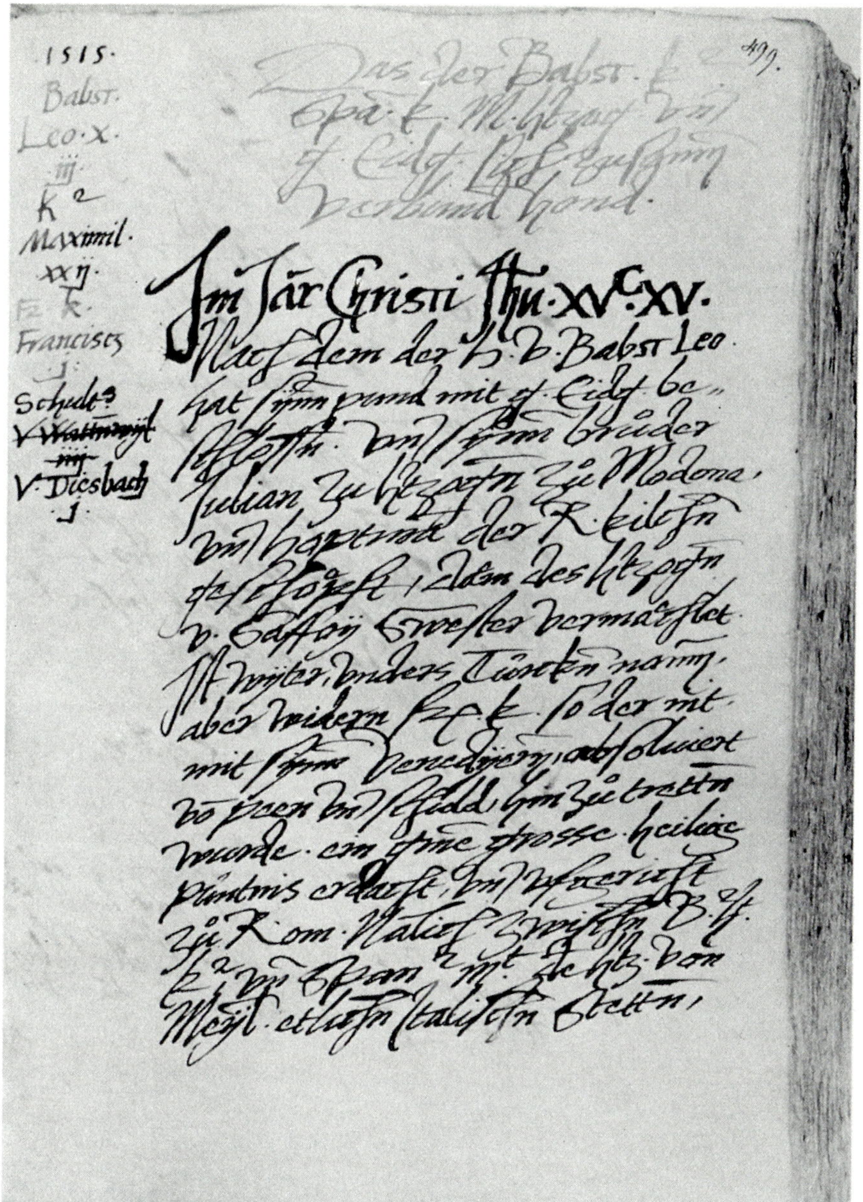

Tafel 17. Handschrift von Valerius Anshelm, 1530/40.

hättid, so wurd einer kron von Frankrich nimmer me ken grosser schad von inen entstohn.» Man ist heute von der Unentbehrlichkeit des Reislaufs überzeugt, wennschon man seine Schäden und sein Übermass feststellen muss. Zu Anshelms Entschuldigung sei gesagt, dass er zu einer Zeit schrieb, da das reformierte Bern diesen Dingen entsagt hatte und er an ihre Entbehrlichkeit glauben durfte. Aber dem ist entgegenzuhalten, dass das, was das wohlhabende Bern oder Zürich wagen durfte, nicht auch den Waldstätten möglich war und dass Bern diese Enthaltsamkeit nur sechzig Jahre lang aushielt.

Aus allem ergibt sich: Anshelm hatte nach christlich-sittlicher Überzeugung eine Werteskala, die mit der Relativität des Historischen zu wenig rechnet; mit dem unbedingten Werturteil ist er rasch zur Hand. Er verdammt, was mit dem Papsttum, der alten Kirche, der französischen Politik zusammenhängt; ja er verdächtigt das gesamte Ausland, dass es doch nur die Schweiz verführen wolle. Hier vergreift sich seine Rhetorik im Pathos der Schelte. Dem entspricht auf der anderen Seite ein sehr kräftiger Sinn für das Nationale und – der Zeitlage entsprechend – die Angst um das Nationale. Um dieses Gut vor fremder Ansteckung zu schützen, möchte er es so sehr umhegen, dass es bisweilen scheint, er glaube an eine Autarkie der Schweiz. Jedenfalls empfindet er eine gewisse Abneigung gegen den Fortschritt der Kultur, eine leise Neigung, den Naturzustand zu idealisieren: Die Kultur hat die alte Kirche verdorben. Die Abneigung erklärt sich aus der Reformation.

Man merkt auch den Arzt im Geschichtsschreiber. Er gibt gerne Krankheitsbilder und Krankengeschichten, die den Fachmann verraten. An Gelegenheit fehlt es ihm nicht. Und doch wird auch der Arzt vom Moralisten gemeistert. Er geht auf das Triebhafte wie den Reislauf (Fernweh, Anziehungskraft des Südens, Wein) nicht ein. Trotz seines Nationalsinnes, seines Bemühens, alles zur Erkenntnis heranzuziehen, wäre er nicht imstande gewesen, eine Naturgeschichte des Schweizers zu schreiben, wie sie Machiavelli gelungen ist, soweit es dessen unzureichende Mittel erlaubten. Doch gibt Anshelm eine Pathologie des Volkes, nicht etwa der republikanischen Staatsform; auf Verfassungsfragen hat er im allgemeinen wenig acht, ihm ist der Geist wichtiger.

Als verstandesstarker Humanist stand Anshelm dem Übersinnlichen, das ihm nicht aus der Bibel überliefert war, ungläubig gegenüber. Er verlachte den mittelalterlichen Geisterspuk: «Und das ist s'glückrad, darin der ganzen welt unbeständiger stand stetz umgat, welches nit, wie doch vil witziger narren meinend, das gestirn; sonder die gwaltige hand Gots tribt alli sine welt, nach sinem almächtigen frien willen, durch gebürliche mittel verwaltend und verschaffend.» Das kreisende Rad der Fortuna, das den Schwachen erhöht und den Starken erniedrigt oder den Bösen hinaufhebt und den Guten hinabstürzt – schon im Mittelalter ein bekanntes Symbol der Unbeständigkeit aller irdischen Macht –, wird nach der Ansicht Anshelms nicht von einem launischen Weib angetrieben, sondern von der gerechten Hand Gottes. Thüring Fricker hielt Anshelm wegen der Verhöhnung der Engerlingprozesse fälschlicherweise für einen freigeistigen Spötter und brach mit ihm. Aber auch Anshelm war von der Dämonologie nicht frei. Im Jetzerhandel scheint er befangen. Die schwerste Anklage gegen die vier Dominikaner war nicht ihr vermeintlicher Betrug, sondern dass sie diesen Betrug mit Hilfe des Teufels durchführten. Anshelm kommt wie die übrige Welt zu einem verdammenden Urteil, um so bedenklicher für ihn, als er die Prozessakten durchaus studiert hatte.

Selbstverständlich besitzt Anshelm eine mächtige Phantasie, ohne die nichts Grosses möglich ist. Allerdings unterwirft er sie nicht einer wissenschaftlichen Schulung, prüft ihr Wirken und Weben, ihren Flug wie ihre Schleichwege nicht nach; das kann man von einem Menschen jener Tage nicht verlangen. Aber er liess sie auch nicht frei walten, sondern stellte sie auf seine moralischen Zwecke ein, wie er es denn gut versteht, das Unheil zu malen, das der Sittenverderbnis entspringt oder entspringen soll. Der Mangel Anshelms liegt darin, dass er nicht genügend Abstand von seiner Zeit nimmt. Das darf man überhaupt von den damaligen Geschichtsschreibern nicht erwarten, und es ist auch heute schwer. Bei ihm aber tritt es oft schneidend hervor: er äussert viel Ironie, jedoch wenig Humor.

Warum ist er trotzdem ein grosser Geschichtsschreiber? Neben seinen Urteilen und Vorurteilen gibt es einen ganzen weiten Bereich des Wirklichen, den er beherrscht. Dazu kommt noch seine geistige Energie, der Weitblick, mit dem er das Schweizerische mit dem Europäischen in Beziehung setzt, seine echte temperamentvolle Menschlichkeit, sein Mitgefühl, sein Freimut, die Deutung der Menschenseele, der Sinn fürs Persönliche, die Kraft der Charakteristik. Ereignisse und Gestalten bekommen durch seine Schilderung buntere Farbe, wärmeres Blut.

Diese Begabung erweist sich auch an den Porträtskizzen, die er von Zeitgenossen entwirft, etwa von Niklaus von Flüe, Hans Waldmann, Kardinal Schiner, Julius II. Obschon er diesen Papst hasst, lässt er ihm doch eine gewisse Gerechtigkeit widerfahren: «Er was ganz zum herschen zornig und zur rach schnel und geneigt, doch grossmüetig und gmeiner gerechtigkeit also häbig (eifrig), dass all buoben, henselin, wucherer, räuber muosstend us rom und römischen gebieten entfliehen oder hangen.» Nachdem Anshelm die Neigung des Papstes zu Gold, verschwenderischer Prachtentfaltung, Bauten, Edelgestein, Wein beschrieben hat, bemerkt er bitter: «Und das alles in und us desse namen, der da sprach: des menschen sun hat nicht sin hopt anzeleinen, und desse, der do sagt: ich hab weder silber noch gold; wir sind arm und veracht; machend üch rich und hochgeacht uber alle rich und fürsten diser welt, so da blind und betrogen wil sin.»

Anshelms Sprache ist ebenso auffallend durch Mängel und Vorzüge wie der Inhalt. Jeder deutsche Schriftsteller musste sich damals seine Sprache schaffen. Nun begeht Anshelm den Missgriff, sein Deutsch der Antike nachzubilden. Im Streben nach taciteischer Kürze versucht er es mit absoluten Satzkonstruktionen, die dem Deutschen unleidlich sind. Das macht ihn bisweilen dunkel und schwer verständlich. So schreibt er – in

Übertragung des Akkusativ mit Infinitiv aufs Deutsche – vom Papsttum, dass es «vermeint und ruompt schon gesiget haben und anders nüt me uber sin» (nihil aliud superesse). Oder er verwendet nach lateinischem Vorbild die relative Anknüpfung. Daneben ist er ein Sprachmeister, ja Sprachschöpfer. Souverän bedient er sich des beliebten altrömischen Stilmittels der Antithese: «Do wart ... ein weiche urteil geben uber den herten frävel.» Über den altersschwachen Ludwig XI. spottet er, dass er «täglich an krankheit zue und an geld abnam». Seine neuen Wortbildungen schöpft er aus dem Volksgeist, nennt die übermütigen Landsknechte «rüemmüler», die Pensionsherren «kronenfresser», Waldmanns Gesellen «sine verderbliche orenküzler». Mit Anspielung auf die fürstlichen Wappenbilder von Burgund und Frankreich, den Feuerstahl und die Lilie, verhöhnt er die betäubende Wirkung, die «des fürschlags guldene flammen und der gelen gilgen starker geschmack» oder «der wolrichenden himmelgilgen starker rouch» auf die Eidgenossen ausgeübt habe. Ihm gelingt der treffende Ausdruck, das inhaltsschwere Wort, das farbige Bild, die beziehungsreiche Sentenz, die bedeutungsvolle Prägung, der epigrammatische Abschluss; so entschädigt er reichlich für das, was er mit Latinismen sündigt. Diese Mittel handhabt er bewusst und mit Absicht, als Künstler, als Humanist. Darum ist es Genuss und Gewinn, ihn zu lesen. Ranke urteilte: «Anshelm Valerius Ryd's Chronik gehört wirklich zu den besten unserer älteren Literatur.»

Anshelms Originalhandschrift liegt in der Stadtbibliothek Bern in vier Folianten. Der vierte Band ist nur zur Hälfte von Anshelms Hand, die andere Hälfte stellt eine gute Abschrift von Stadtschreiber *Michael Stettler* dar. Es gehört zum Verdienst Stettlers, sich des Werkes angenommen zu haben, da bald nach des Verfassers Tod das Interesse daran verflog. Er fand nur lose Blätter vor, hat das Werk geordnet, ja gerettet, als es zerstreut umherlag. Die Jahre 1526–1536 sind nur mit Lücken vorhanden, die schon Stettler antraf. Eine *erste Ausgabe* in sechs Bänden besorgten *Emanuel Stierlin* und *Johann Rudolf Wyss* 1825–1833; sie geht nur bis 1526. Die *zweite Ausgabe* wurde durch eine Kommission des historischen Vereins des Kantons Bern ausgebrütet in sechs Bänden 1884–1901. Diese Edition fordert die Kritik heraus. Die Herstellung des Textes (Rezension) geschah willkürlich und mangelhaft. Einmal sind Aktenstücke, die Anshelm aufgenommen, ausgeschieden worden mit dem Hinweis, wo man sie gedruckt finden könne. Und sodann hat es die Kommission nicht verstanden, alles herauszuholen aus dem schwierigen vierten Band, was möglich war. In der Ausgabe klaffen schmerzliche Lücken. *Theodor von Quervain* fand auf der Stadtbibliothek eine vollständige Stettlersche Abschrift vom Jahr 1528 und gab die fehlenden Stücke dieses Jahres als Anhang zu *«Kirchliche und soziale Zustände in Bern unmittelbar nach der Einführung der Reformation»;* Bern 1906, heraus. *Adolf Fluri* wies nach, dass die Lücke von 1526 aus Stettlers eigener Chronik ergänzt werden könnte, dass die Lücke von 1532/33 dagegen unersetzlich ist: *Die Lücken in Anshelms Chronik;* Anz. Schw. Gesch. 1908, S. 283 ff. Ferner ist nur Anshelms zweite Redaktion des Burgunderkrieges gegeben. Schliesslich ist zu bemängeln, dass ein Kommentar fehlt; was geboten wird, verdient diesen Namen nicht.

EMMANUEL VON RODT: Auszüge aus der Fortsetzung von Valerius Rüd, genannt Anshelm, 1526–1536; Geschichtsfreund 10, 1845, S. 273 ff. – ALFRED STERN: Valerius Anshelm; ADB 1, Leipzig 1875, S. 483 f. – EMIL BLOESCH: Valerius Anshelm und seine Chronik; Öffentliche Vorträge, gehalten in der Schweiz 6, Basel 1881. – GUSTAV TOBLER: Die Chronisten und Geschichtsschreiber des alten Bern; Festschr. VII. Säkularfeier Berns, Bern 1891, S. 40ff. – ADOLF FLURI: Zur Biographie des Chronisten Valerius Anshelm; Anz. Schw. Gesch. 1896, S. 380ff. – GUSTAV TOBLER: Valerius Anshelm in Krakau; Anz. Schw. Gesch. 1898, S. 199ff. – EMIL BLOESCH: Die Berner Chronik des Valerius Anshelm; 6, Bern 1901, S. 1ff. – OTTO VON GREYERZ: Sprache – Dichtung – Heimat; Bern 1933, S. 315ff. – FRANZ MOSER: Valerius Anshelms Staats- und Geschichtsauffassung; Arch. Hist. Ver. Bern 1948, S. 273ff. – VALENTIN LÖTSCHER: Der deutsche Bauernkrieg in der Darstellung und im Urteil der zeitgenössischen Schweizer; Basl. Beitr. Geschichtswiss. 11, Basel 1943, S. 136ff. – FRANZ MOSER: Valerius Anshelm; NDB I, Berlin 1953, S. 312.

Akten des Jetzer-Prozesses 1507–1509

Ausgangspunkt des Streites war die unbefleckte Empfängnis Mariä. Die Dominikaner vertraten die alte Ansicht von der natürlichen Empfängnis, die Franziskaner die neue von der Conceptio immaculata. Um 1500 neigte der Sieg den Franziskanern zu, indem auch die öffentliche Meinung sich ihnen zuwandte. Rom schwieg. Bei den auf Wunder erpichten Dominikanern im Kloster zu Bern behauptete der Schneidergeselle Jetzer, in wiederholten Erscheinungen habe ihm Maria ihre befleckte Empfängnis bestätigt. Der Schwindel kam aus, und Bern geriet in grossen Zorn.

Der erste Teil des Prozesses in Lausanne 1507 richtete sich gegen Jetzer; dieser klagte die Mönche an. Der zweite Teil, das Hauptstück, war der Prozess gegen die vier Vorsteher der Dominikaner in Bern durch die Bischöfe von Lausanne und Sitten. Der dritte Teil bestand in der Nachprüfung des Prozesses durch einen päpstlichen Delegaten, den Bischof Achilles de Grassis, und in der Verurteilung 1509.

Fast alle waren von der Schuld der Dominikaner überzeugt; ganz wenige Stimmen sprachen sich für sie aus, wurden aber übertönt. Die Franziskaner triumphierten und schickten ihre beste journalistische Kraft als Reporter nach Bern zum Prozess, *Thomas Murner*. Er machte 1509 die Welt in zwei gedruckten Schriften mit der Schuld der Mönche bekannt: *De quattuor haeresiarchis ordinis Praedicatorum* und *Von den fier ketzeren Prediger ordens*, eine gereimte Erzählung mit Holzschnitten von Urs Graf. Die lateinische Fassung hatte zum Hauptgegenstand den Empfängnisstreit, die deutsche Fassung die Verteidigung Berns gegen Verleumdung. Diese Schriften wurden vielfach verbreitet und ausgebeutet, in einer ersten, katholischen Phase gegen die Dominikaner und ihre Auffassung, in einer zweiten, reformierten Phase gegen die alte Kirche und das Mönchstum überhaupt. Daher die grosse geschichtliche Bedeutung des Prozesses; er bildete durch Jahrhunderte die Rüstkammer der Pfaffenfresser, und zwar in der Darstellung Anshelms. Dieser gibt in seiner Chronik eine ausführliche Beschreibung. Er wohnte dem Prozess bei und zog nachher die Akten aus. Gestützt darauf verdammt er die Mönche, schreibt als Reformierter eine Satire auf die Klöster, freigeistig und doch abergläubisch. Die Mönche wurden nicht nur wegen des Betruges verurteilt, das hätte zur Hinrichtung nicht genügt, sondern wegen ihres Bundes mit dem Teufel;

dieser half ihnen zum Beispiel, dem Jetzer die Wundmale aufdrücken. Anshelm glaubt das. Von ihm ging es in Michael Stettlers «Annalen» über, die 1627 im Druck erschienen, während Anshelm erst viel später veröffentlicht wurde.

Akten zum Jetzerprozess, hg. v. *Georg Rettig;* Arch. Hist. Ver. Bern 11, 1886. Rettig erkannte, dass Jetzer ebenfalls am Betrug teilhatte, doch wurde er an der Beendigung seiner Arbeit verhindert. Gestützt auf ihn veröffentlichte der Janssen-Schüler *Niklaus Paulus* die Schrift *Ein Justizmord an vier Dominikanern,* 1897, worin er die Mönche als unschuldig, als Betrogene erklärt, die Schuld auf Jetzer und auf den Fanatismus der Berner wirft. Das machte so grosses Aufsehen, dass man die vollständige Herausgabe der Akten beschloss: *Die Akten des Jetzer Prozesses nebst dem Defensorium,* hg. v. *Rudolf Steck;* Quell. Schw. Gesch. 22, 1904. Steck bot die ganzen Verhörakten und das Defensorium der Dominikaner, alles lateinisch, mit deutschen Zeugenaussagen, ferner einige bezügliche Korrespondenzen. Dem Katholiken Paulus gab er in der Hauptsache recht, soweit das heute noch möglich ist: *Rudolf Steck: Der Berner Jetzerprozess in neuer Beleuchtung nebst Mitteilungen aus noch ungedruckten Akten;* Schw. Zeitschr. Strafrecht 18, 1901. Die Akten vermitteln überraschende Aufschlüsse. Anshelm hat sie völlig einseitig benützt, nur das Belastende herausgehoben, das Entlastende übergangen in gutem Glauben, weil er von der Schuld der Dominikaner überzeugt war. Ferner: Der Prozess wurde äusserlich zwar stilgerecht, innerlich aber willkürlich geführt; dem Verteidiger schnitt man das Wort ab, hörte die Entlastungszeugen nicht, verdrängte den Dominikanerprovinzial aus dem Gericht, erpresste die Schuldbekenntnisse mit der Folter. Formal sind die Akten das Musterbeispiel eines Inquisitionsprozesses. Und schliesslich: Die schwerste Anklage, der Teufelsbund, fällt in sich zusammen, auch ohne Akten. Diese neue Ansicht dringt nur schwer durch. Aufgeklärte geben die Fundgrube für den Kampf gegen das Mönchstum nur ungern preis, so noch *Johannes Dierauer: Geschichte der Schweizerischen Eidgenossenschaft* 3, Gotha 1907, S. 5.

CARL STOOSS: Eine Episode des Jetzerprozesses; Schw. Zeitschr. Strafrecht 15, 1902, S. 115ff. – RUDOLF STECK: Kulturgeschichtliches aus den Akten des Jetzerprozesses; Bl. Bern. Gesch. u. Altertkde. 1, 1905. – ADOLF LECHNER: Zum Jetzer-Prozess; Anz. Schw. Gesch. 1907, S. 152ff. – ADOLF LECHNER: Zur Jetzergeschichte; Bl. Bern. Gesch. u. Altertkde. 4, 1908. – GEORG SCHUHMANN: Thomas Murner und die Berner Jetzertragödie; Zeitschr. Schw. Kirchengesch. 2, 1908. – HANS VON GREYERZ: Der Jetzerprozess und die Humanisten; Arch. Hist. Ver. Bern 1932, S. 243ff. 321ff.

Die hohe Zeit Berns geht vom Burgunderkrieg bis zur Eroberung der Waadt 1536. Sie fand den angemessenen Geschichtsschreiber in Anshelm. Nachher fehlte der grosse Gegenstand; die Geschichtsschreibung Berns verflachte, die amtliche Chronistik wurde ganz aufgegeben, obschon zu sagen ist, dass jede Zeit des Lebendigen genug hat, um die beste Feder zu reizen. Was das 16. Jahrhundert an bernischer Geschichtsschreibung noch bietet, ist privater Versuch.

Samuel Zehender 1529–1564

Auf den Geschichtsschreiber blieb nicht ohne Einfluss, dass er aus alter Burgerfamilie mittlerer Geltung stammte. Da der Vater als Vogt von Chillon früh starb, mag Samuels Jugend ziellos und zufällig, seine Bildung mässig gewesen sein. Abenteuerlust trieb ihn in die Fremde: 1549 zog er aufs Geratewohl aus, kam ins Lager der Landsknechte bei Boulogne, nahm verbotene Dienste, begleitete einen Antwerpener Edelmann durch Italien, trat in den Dienst des päpstlichen Gardehauptmanns und blieb dort bis 1553, diente hierauf bei den Franzosen in Piemont, vielleicht als Feldschreiber oder Leutnant, jedenfalls nicht als Gemeiner. 1556 liess er sich dauernd in der Heimat nieder und erhielt Verzeihung. Aus dem Abenteurer wurde ein tüchtiger Bürger; er heiratete, wurde Chorschreiber und Ratsmitglied.

Zehender führte eine Art Tagebuch, *Memorial miner Byllgerfahrt*, was man modern mit «Erdenfahrt eines Christen» wiedergeben könnte. Wahrscheinlich begann er 1543 seine Eintragungen; sie reichen bis 1564. Er ist der tüchtigste Berner Historiograph nach Anshelm. Schon dass er schrieb, war eine Tat. Sein Memorial enthält die Vorzüge, die bei dieser unteren Gattung der Geschichtsschreibung möglich sind: scharfe Beobachtung, starkes Empfinden, wackeren, menschenfreundlichen Sinn, freimütiges Urteil, vaterländische Überzeugung, treffenden Ausdruck. Zehender schreibt kurz, ohne Schminke und Überhebung, aber persönlich und temperamentvoll. Freilich ist er nicht die grosse Persönlichkeit Anshelms, die im Allgemeinen aufgeht. Durch Zehender erhält man Einblick ins Kleine, Alltägliche, Familiäre, in die Bedingungen, unter denen damals ein Einzelleben ablief. Er ist kurzweilig zu lesen, namentlich über die Erlebnisse in Rom und Piemont, wo ihm nichts Merkwürdiges entgeht. Über eines bekommt man nicht genaue Auskunft: Diente er in Rom nur im Haus des Gardehauptmanns, oder war er Gardeknecht? Wie erging es dabei seinem Protestantismus? Das hat er wohl absichtlich verschleiert. Die Feldzüge in Piemont waren arm an wichtigen Ereignissen, reich an Mühsalen. Man gewinnt den Eindruck, dass das Kriegführen milder geworden war gegenüber 1499 und den Mailänder Zügen.

Der Hauptwert des Memorials liegt darin: Es schildert die Hochspannung von 1560–1564, da Bern die Waadt verteidigen musste. Grossratssitzungen werden hier viel ausführlicher wiedergegeben als im amtlichen Protokoll. Stimmung und Gegensätze heben sich deutlich ab: auf der einen Seite der Kleine Rat, der etwas opfern will, um die Hauptsache zu behalten, auf der andern Seite der Grosse Rat, der sich für sein Recht wehren will – also Klugheit gegen Tapferkeit. Berns Lage war schlimm. Die Katholiken standen ihm feindlich gegenüber, die Reformierten unterstützten es lau, hatten den Besitz der Waadt nie anerkannt, drangen auf Nachgeben; Freiburg nahm eine bedrohliche Haltung ein, obschon es doch in dieser Sache die gleichen Interessen hatte wie Bern. Herzog Emanuel Philibert, seit dem Frieden von Cateau-Cambrésis 1559 sieggeschwellt, besass zudem eine gute Handhabe: 1530 hatte Karl III. nur die Baronie Waadt zum Pfand gesetzt, die Berner aber hatten 1536 mehr genommen, das rechtsufrige Chablais, Genevois und Gex. Hier konnten sie bei einem allfälligen Rechtsentscheid gefasst werden. Darum wollte der Kleine Rat den Handel durch Entgegenkommen und gütliche Verständigung beilegen.

Zehender sträubte sich gegen Zugeständnisse, opponierte der Regierung. Er stellt von Sitzung zu Sitzung dar, wie der Kleine Rat den Grossen bevormundete, einschüchterte und zum Nachgeben zwang, wie er verbot, bei Abstimmungen auszukneifen. Auch das Verhältnis zu Genf wird beleuchtet. Dieses war schlecht wegen Calvin, wegen der Glaubensdifferenzen und der genferischen Verbannten. Der Kleine Rat hielt Genf für die Ursache der savoyischen Zähigkeit, neigte dazu, die Stadt fallen zu lassen; Nägeli sprach böse Worte von welschen Possen. Der Grosse Rat trat für Genf und ein Burgrecht mit ihm ein und ist hier durchgedrungen. Als es zur Abstimmung kam, verliessen viele Grossräte die Sitzung. Bern trat das Gebiet südlich des Genfersees ab, die gewünschte Schwächung Berns war erreicht. Zehender gibt den lebendigen Eindruck dieser Krisenjahre wieder – dies der Hauptwert seines Tagebuches –, daneben das Übliche: Wetter, Preise, Hinrichtungen, Prozesse, Verordnungen, Todesfälle.

Auszüge aus der handschriftlichen Chronik Samuel Zehenders, hg. v. *Gottlieb Studer;* Arch. Hist. Ver. Bern 1863. Studer stellte die Texte unter dem Gesichtspunkt der Stoffgebiete zusammen und zerriss so den Zusammenhang.

GUSTAV TOBLER: Die Chronisten und Geschichtsschreiber des alten Bern; Festschr. VII. Säkularfeier Berns, Bern 1891, S. 52f.

Johannes Haller 1523–1575

Sein Vater war nicht mit dem Reformator Berchtold Haller verwandt, sondern stammte aus der Ostschweiz; er heiratete als erster bernischer Geistlicher. Infolge des zweiten Reformationsmandates gab er seine Stelle auf und kehrte in die Heimat zurück. Der Sohn Johannes studierte in Zürich und an deutschen Universitäten, erhielt eine Pfarrei in Zürich, dann in Augsburg und wurde 1548 nach Bern berufen. Mit neunundzwanzig Jahren schon stieg er zum Dekan empor, das heisst zum Haupt der bernischen Kirche, und verblieb in diesem Amt bis zum Tod. Er war ein bedeutender Mann, einer der Organisatoren der bernischen Kirche und Schule, der Ahnherr der bekannten bernischen Familie.

Auch als Chronist hat er sich versucht, leistete hier aber wenig Bedeutendes. Er verfasste *Ephemeriden* von 1548–1561, ein lateinisches Tagebuch. Sein Inhalt erstreckt sich hauptsächlich auf kirchliche Streitigkeiten. Bern führte den Kampf an zwei Fronten: 1. gegen Deutschland: Lange hatte es im Abendmahlstreit zwischen Luther und Zwingli geschwankt; als Dekan Simon Sulzer stürzte, siegte mit der Berufung Hallers die zwinglische Richtung; 2. gegen Genf und den Calvinismus: Im Streit um die Stellung der Kirche zum Staat und um die Prädestination nahm die bernische Geistlichkeit Stellung für die Subordination der Kirche – Calvin verfocht die Koordination – und gegen eine schroffe Fassung der Prädestination. In der Waadt kam es unter der Geistlichkeit zu heftigen Spaltungen und leidenschaftlichen Kämpfen, die 1558 zur Entlassung des Calvinisten Pierre Viret von der Akademie Lausanne und zur Säuberung derselben vom Calvinismus führten. Haller nahm an all dem hervorragend teil, musste prüfen, schlichten, verdammen. Die Gesinnung der Kirchendiener wurde genau erforscht; Abweichungen galten als Gewissensschuld und Staatsvergehen. Hallers Tagebuch bietet davon einen Niederschlag. Er ist kein Eiferer. Den Tod Heinrichs II. meldet er als merkwürdigen Zufall, ist offenbar von der Prädestination nicht durchdrungen. Man erfährt, wie 1557 Bern das auswärtige Studium wieder erlaubt, das es wegen der Ansteckungsgefahr durch unliebsame Ansichten verboten hatte.

Haller verfasste auch eine Chronik, das *Chronicon breve Ecclesiae et Reipublicae Bernensis*, trotz des Titels in deutscher Sprache. Es bewegt sich auf der unteren Stufe der Geschichtsschreibung, stellt eine blosse Notizensammlung dar über Mandate, Verbrechen, Hochzeiten, Todesfälle, Hinrichtungen, Ratsverhandlungen, Ereignisse im In- und Ausland. Geist und Zusammenhang fehlen; aber wegen der Reichhaltigkeit der Mitteilungen hat das Tagebuch Wert für die Kulturgeschichte. Freimut wagt sich nicht mehr hervor, man verdeckt seine eigene Ansicht. Den Streit um das französische Bündnis 1564-1567 berichtet Haller, ohne seine Meinung zu verraten; erst am Schluss bemerkt er, Gott habe es abgewendet. Er verschweigt die Vorgänge in Saanen, nimmt sehr viel Rücksicht auf die Regierung. Die Stimmung ist jetzt gedämpfter als in der Reformation, wo die religiöse Befreiung alles in Schwung setzte.

Ephemerides; Helv. Museum 5, 1747, S. 79 ff. - Unvollständige Ausgabe der *Chronik;* Zofingen 1829. - *Das Tagebuch Johannes Hallers aus den Jahren 1548-1661;* übersetzt v. *Eduard Bähler,* Arch. Hist. Ver. Bern 1917, S. 238 ff.

SAMUEL SCHEURER: Einiche Nachricht von dem Leben und Verrichtungen des Johannes Hallers des Sohns; Bern. Mausoleum 6, Bern 1742, S. 471 ff. - GOTTLIEB JAKOB KUHN: Die Reformatoren Berns im XVI. Jahrhundert; Bern 1828, S. 401 ff. - GUSTAV TOBLER: Die Chronisten und Geschichtsschreiber des alten Bern; Festschr. VII. Säkularfeier Berns, Bern 1891, S. 53 f. - ALBERT HALLER: Johannes Haller; Slg. Bern. Biogr. 2, Bern 1896, S. 22 ff. - EDUARD BÄHLER: Erlebnisse und Wirksamkeit des Predigers Johann Haller in Augsburg; Zeitschr. Schw. Gesch. 2, 1922, S. 1 ff. - EDUARD BÄHLER: Johann Haller und die Berner Kirche von 1548-1575; Bern. Taschenb. 28-31, 1923-26. - EDUARD BÄHLER: Der Kampf zwischen Staatskirchentum und Theokratie in der welschbernischen Kirche im 16. Jahrhundert; Zeitschr. Schw. Gesch. 5, 1925, S. 1 ff. 129 ff. - KURT GUGGISBERG: Johannes Haller; NDB VII, Berlin 1966, S. 549.

Abraham Müslin (Musculus) 1534-1591

Bern hatte seinen Vater Wolfgang Müslin, den Stammvater des Pfarrergeschlechts gleichen Namens, aus Lothringen herberufen. Der Sohn Abraham war ebenfalls Geistlicher, amtete seit 1565 am Münster, seit 1586 als Dekan. Er setzte die Chronik Hallers im gleichen Sinne fort, nur dass er bisweilen ein Aktenstück einlegte. Sie umfasst die Jahre 1574-1587. Der Abschnitt über die Zeit von 1581-1587 ging verloren; bloss die ausführliche *Beschreibung des Mülhauserkrieges 1587* blieb in monographischer Einsamkeit übrig.

Die Haller-Müslin-Chronik hatte ein viel reicheres Nachleben als Anshelm. Dieweilen dieser vergessen moderte, wurde jene oft abgeschrieben und verarbeitet, weil sie leichter verständlich war und die Neugierde befriedigte. Die Kopisten verfuhren willkürlich, liessen aus und machten Zusätze.

Nach einer unvollständigen Abschrift erfolgte die *Ausgabe der Haller-Müslin-Chronik* durch *Samuel Gränicher;* Zofingen 1829. – Die Monographie des Mülhauserkrieges trägt in der Kopie den Titel: *Beschrybung der Gelegenheit der Stadt Mülhusen und des unglücksäligen unfals und jamers, der sich in derselbigen von wegen der verfluechten ufrur, so sich zwüschen den ufrürischen Burgern und irer natürlichen Obrigkeit etlicher Zyt dahar zugetragen und von derselben Eroberung der Evangelischen Staaten, namlich Zürich, Bern, Basel und Schaffhausen, den 15. Juni 1587.*

GUSTAV TOBLER: Die Chronisten und Geschichtsschreiber des alten Bern; Festschr. VII. Säkularfeier Berns, Bern 1891, S. 54f.

Gabriel Hermann 1556–1631

Er hat ein wichtiges Stück Schulgeschichte hinterlassen, und zwar über die deutsche Schule, das heisst die Volksschule der Stadt. Neben der staatlichen Lateinschule gab es in Bern verschiedene private, aber staatlich erlaubte deutsche Schulen, an denen die Elemente, Lesen, Schreiben und Rechnen, gelehrt wurden, wozu seit der Reformation noch ausgiebig Kirchenliedersingen und Gebetaufsagen kamen. Die Lehrer hiessen Guldischriber, Modisten, Lehrmeister, Kinderlehrer, Rechenmeister – nie Schulmeister; dieser Titel war dem Vorsteher der Lateinschule vorbehalten. Die Lehrerinnen hiessen Lehrfrauen, Lehrmeisterinnen, Lehrgotten. Ihr Lohn bestand aus dem Schulgeld der Schüler, die, soweit ersichtlich, an allen vier Fronfasten je drei Batzen bezahlen mussten. Die Lehrer bezogen kein Gehalt vom Staat; doch seit der Reformation, als die Bedeutung der Schule stieg, wurde ein Wartesold in Geld und Getreide entrichtet, also nicht ein Gehalt, sondern eine Art Gratifikation. Sie mieteten auf eigene Kosten ein Haus; ihre Vorbildung war dürftig, das Notwendigste schauten sie einem alten Kollegen ab; hauptsächlich kam es auf ihre Geschicklichkeit an. Manche Lehrmeister zogen von Ort zu Ort, hielten für kurz oder lang Einkehr in der Stadt; andere stammten aus heimischen Handwerkskreisen. Jeder musste sich von den Stadtpfarrern examinieren lassen, bevor er die Erlaubnis zur Ausübung seines Berufes erhielt. Der Schulmeister der Lateinschule hatte auf die «tütsche lermeister zue achten, zue merken und zue losen», ob ihr Unterricht mit der Heiligen Schrift, der Berner Disputation und der Reformation übereinstimme.

Diese Zustände herrschten das 16. Jahrhundert hindurch, bis Gabriel Hermann kam und Änderung schuf. Er war Pfarrerssohn, lernte das Handwerk eines Feinlederarbeiters, erhielt 1594 die Erlaubnis zur Eröffnung einer deutschen Schule und versah sein Amt bis zum Tod. Aus seiner Feder stammt *Kurtze und einfaltige beschreibung, wie, wenn und auss was anlass die reformierte teütsche schul allhier zu Bern ihren anfang genommen habe.* Hermann erzählt, wie aus der Privatschule eine Staatsschule wurde. Sein willkommener Bericht über die Jahre 1594–1616, in klarem, durchsichtigem Stil verfasst, ist der Ausdruck einer tatkräftigen Persönlichkeit. Er schöpft aus dem vollen. Hier zuerst lernt man das Schulelend der Zeit kennen. Hermann trat unter den schlimmsten Bedingungen an: Gegen hundert Kinder musste er im eigenen Haus unterrichten. Sie waren verwildert; wenn er streng gegen sie vorging, liefen sie zu einem Konkurrenten, und die Eltern begünstigten solche Übertritte. Folgendermassen schildert er das Schulmeisterelend: «Und muss ein lehrmeister so vil fauler bosheiten von den bösen bueben gsehen und leiden in der lehr und auf den gassen, das einem im herzen weh tuet ... und je mer irer sind, je boshaftiger sie werden.» Für den Schulmeisterdienst findet Hermann die treffende Bezeichnung «heiliger bättelorden». Oft wurde das Schulgeld nicht entrichtet; Hermann musste ihm mühsam von Haus zu Haus nachlaufen.

Hierüber schrieb er einen unverblümten Bericht. Er schlug vor, alle drei derzeitigen Lehrmeister in einem Haus, das der Staat stellte, zu vereinigen, um dem Weglaufen der Kinder einen Riegel zu stossen. Ferner befürwortete er die Trennung der Mädchen und Knaben. Er gewann die Geistlichen für seinen Plan und drang durch. Die Schulordnung vom Jahr 1596 schuf eine staatliche Primarschule; ihr stellte man das alte renovierte Lateinschulhaus zur Verfügung, wo nur Knaben Zutritt hatten. An der neuen Töchterschule unterrichtete die «grosse Lehrgotte» Sarah Schürer. Die drei Lehrmeister, von denen ausser Hermann der eine ursprünglich Schneider, der andere Schuhmacher gewesen war, setzten rasch die Abschaffung des Fronfastengeldes durch und erlangten eine Lohnerhöhung. Als Folge dieser Neuordnung konnte man einen grossen Zudrang buchen. Zuerst teilten sich die drei Lehrer in die Fächer; dann schieden sie stufenmässig drei Klassen aus und machten den Aufstieg von der einen zur andern von einer Promotionsprüfung abhängig, um den Ehrgeiz anzuspornen. Sie standen in einem aussergewöhnlich guten Verhältnis zueinander. Ebenso fällt auf, wie willig die Regierung auf alle ihre Vorschläge einging. Sie mussten auch am Sonntag antreten, um die Kinder in der Kirche zu beaufsichtigen. Leider vernimmt man nichts über die Schulstunden und die Ferien. Hermanns Bericht ist leicht und mit Genuss zu lesen. Berufsstolz trieb ihn zum Schreiben.

Kurtze und einfaltige beschreibung, wie, wenn und auss was anlass die reformierte teütsche schul allhier zu Bern ihren anfang genommen habe, hg. v. *Adolf Fluri;* Arch. Hist. Ver. Bern 17, 1903, S. 1 ff. Die *Einleitung* steht in Bd. 16, 1902, S. 492: Beschreibung der deutschen Schule zu Bern, Gabriel Hermann, Wilhelm Lutz. Hier hat Fluri die Geschichte der privaten Schulen im 16. Jahrhundert sorgfältig dargestellt.

ADOLF FLURI: Die bernischen Stadtschulen und ihre Vorsteher bis zur Reformation; Bern. Taschenb. 1893/94, S. 51 ff.

ST. GALLEN

Hermann Miles 1463–1533

Aus einer Schultheissenfamilie von Lichtensteig gebürtig, widmete er sich dem geistlichen Stande, erlangte die Magisterwürde und wurde vom Abt von St. Gallen zum Propst der St. Mangen-Kirche ernannt. Schon 1495 erlangte er die Würde eines Dekans des St. Galler Kapitels. Er war beliebt, ein freundlicher Mann, ohne Leidenschaft, beschaulich, nahm das Gute jeder Art, den Annehmlichkeiten der Welt nicht abhold. Die Reformation liess er an sich herankommen, begrüsste sie nicht, trat erst 1525 auf Befehl über, heiratete ebenfalls auf Geheiss seine Haushälterin, wie damals seine meisten Amtsbrüder in die Ehe traten. Mit Vadian, der in ihm den Geschichtskenner schätzte, wechselte er Freundesbriefe.

Er verfasste *Annalen* seiner Zeit. Johannes Kessler nennt ihn einen «flissigen uffschriber aller furnemen löfen, die sich zu sinen ziten zutragen haben». Als gelassener Beobachter zeichnete er auf, was ihn fesselte, niemand zu Leid oder Freud, ein zartes Reis, das auf dem alten Kulturboden St. Gallens nach langer Dürre aufspross. Durch Abschreiber ist der Text der Annalen durcheinander geraten, die Chronologie etwas verwirrt. Sehr wahrscheinlich sind dabei die scharfen Kapitel gegen den Katholizismus aus den Sabbata Kesslers eingeflochten worden. Sie passen nicht zur milden Denkweise des Miles. Es erscheint merkwürdig, wie ruhig er die Tragik einer Übergangszeit erfährt, die andere in Verzweiflung stürzt oder zu höchster Kraft anspornt. Er vertritt keine Partei, entwickelt dafür den Sinn fürs Interessante. Den grossen historischen Zug verbietet schon die Annalenform. Dagegen erzählt er sehr hübsch, namentlich Anekdoten. Er ist eher den Schriftstellern der vorreformatorischen Epoche zuzuzählen.

Die Annalen umfassen in der Hauptsache den Zeitraum von 1485–1532; einige Notizen aus früheren Jahren sind vorausgeschickt. Sie enthalten viel St. Galler Spiessbürgereien, Witterungs-, Ernte- und Preisberichte. Man erfährt daraus, dass die Mönche 1529 die Gebeine Othmars flüchteten, dass man glaubte, die 1495 aus Neapel eingedrungenen Blattern würden nur sieben Jahre währen; ferner vernimmt man unbekannte Einzelheiten über den Schwabenkrieg und dass die Verräter vom Gubel in Zürich hingerichtet wurden. Nur die selbsterlebte Zeit vor Einführung der Reformation hat bei Miles selbständigen Wert.

Die Chroniken des Hermann Miles und Johannes Kessler, hg. v. *Ernst Götzinger;* Mitt. vaterl. Gesch. 14, St. Gallen 1872 (Ausgabe in Auszügen). – *Chronik des Hermann Miles,* hg. v. *Traugott Schiess;* Mitt. vaterl. Gesch. 28, St. Gallen 1902, S. 275 ff. (vollständige Ausgabe).

Schon Götzinger und Schiess merkten, dass Miles für den Reformationsteil seiner Chronik aus dem Entwurf zu Kesslers Sabbata geschöpft hat. – ERNST GAGLIARDI: Beiträge zur Geschichte der Historiographie in der Schweiz; Jahrb. Schw. Gesch. 35, 1910, S. 563 ff. geht hier noch weiter: Nur die Zeit bis 1517 sei Miles' Arbeit, alles Spätere, der ganze Reformationsteil, sei einfach aus Kesslers Entwurf, der viel ausführlicher gewesen sein müsse, als was man heute unter diesem Namen kenne, der Miles-Chronik angefügt worden, entweder von ihm oder einem andern. Restlos lässt sich das nicht beweisen.

Fridolin Sicher 1490–1546

Er studierte in Konstanz Musik und Theologie, lernte das Orgelspiel, erhielt 1510 eine Pfründe am Chorherrenstift seines Geburtsortes Bischofszell, liess auf seine Kosten die Orgel reparieren, fungierte von 1516–1529 als Organist im Dienste des Abtes. Als das Kloster ausgeräumt wurde, kehrte Sicher nach Bischofszell zurück und blieb standhaft allem Druck zum Trotz beim alten Glauben, während der Pfarrer und die meisten Kaplane sich der Neuerung anschlossen. Nach dem Umschlag von 1531 kehrte er nach St. Gallen zurück und starb als Organist. Das St. Galler Totenbuch erwähnt ihn mit folgenden Worten: «presbyter atque canonicus in zella episcopali et sacellarius Sancti Jacobi nec non organista peritissimus huius venerabilis monasterii, qui se plurimum elaboravit scribendo atque in cunctis angustiis huius temporis permansit immobilis.» Es fällt auf, dass dieses Necrologium nur vom Verdienste Sichers um Orgel und Bücherabschreiben spricht, die historiographische Tätigkeit jedoch unerwähnt lässt.

Er stand nicht im Vordergrund der Ereignisse, war ein einfacher Mensch, ansprechend mit seiner Bescheidenheit, Wahrheitsliebe, Gerechtigkeit und in mässigem Genuss des Daseins, zum Beispiel des guten Tropfens. Auf den Namen eines Gelehrten oder Humanisten hat er keinen Anspruch; Vadian nennt ihn nur einmal «den kropfeten Sicher», Kessler erwähnt ihn nie. Er schrieb Musikwerke für das Kloster ab, die sich erhalten haben, weshalb er für die Musikgeschichte von Bedeutung ist.

Sicher verfasste eine *Chronik*; er setzte damit 1427 ein und führte sie bis 1530. Das Frühere stellt Auszüge aus der Klingenberger Chronik und der Toggenburger Chronik des Heinrich Forer dar; von 1515 an ist es eigene Arbeit. Die Zeit von 1515–1530 liegt noch in einer zweiten Bearbeitung vor, wobei einzelne Kapitel, die Ausländisches enthalten, ausgeschieden wurden, dafür anderes episch breit ausgeführt ist. Alles entstand jedenfalls vor dem zweiten Kappeler Krieg. Sichers Absicht bestand nicht darin, eine Reformationsgeschichte zu schreiben, sondern er begann 1515 einfach aus Freude am Weltgeschehen, auch weil er mit Geschäften nicht überladen war, ohne politischen Nebenzweck. Meist schöpft er aus dem Erlebnis und dem Hörensagen. Den Verhandlungen in den Räten und der Tagsatzung steht er fern, beruft sich selten auf ein Aktenstück. Er schreibt Zeitgeschichte, die von selbst zur Reformationsgeschichte wird. Immer trachtet er nach Wahrheit, korrigiert sich, wenn er besser berichtet wird, klagt über leeres Geschwätz: «Ich darf schier nit mer uf hörensagen schriben.»

Besonders ausgiebig behandelt er die Jahre 1528–1530. Als Mann des Friedens fällt er sehr milde Urteile, freut sich kindlich über den Abschluss des ersten Kappeler Kriegs. Obgleich er verfolgt wird, schmäht er nie, lässt selten ein böses Wort fallen, so etwa über Zwingli, nennt Vadian und

Kessler nur ganz nebenbei. Den breitesten Raum nimmt neben Zwingli Balthasar Hubmaier ein, der damals in aller Mund war. Hier gibt Sicher den Eindruck unmittelbar wieder. Für die selbsterlebte St. Galler Geschichte von 1515-1530 ist sein Bericht zuverlässig, wird trotz seiner Nachsicht, ja trotz eines gewissen Verständnisses für die neue Lehre zur Anklageschrift gegen reformierte Methoden. Sicher ist ein treuer Diener des Abtes, den er stets seinen gnädigen Herrn nennt, leidet unter dem Unrecht. Völlig greifbar bekommt man das willkürliche Vorgehen Zwinglis bei der Bekehrung der Ostschweiz zu spüren. Es wird deutlich, wie sehr Eigennutz, Ablösung von den Lasten, Verweltlichung des Kirchenvermögens mitspielen, wie Zwingli in der Ostschweiz mit weitgehender Demagogie arbeitete, zum grossen Bedenken aller anderen Orte. Die reformierte Propaganda steht hier am Pranger im Urteil eines sanften, wahrheitsliebenden Mannes. Man mag immerhin das Unbequeme dieser Tatsache abschwächen mit der Bemerkung, ihm fehle der Überblick, die grosse Linie, bei ihm gehe alles ins Kleine. Eben das Kleine ist es, das hier den Ausschlag gibt. Sicher ist unentbehrlich zur Nachprüfung von Vadian und Kessler.

Anfangs scheint Sicher noch unentschieden gewesen zu sein, ob er sich dem «heiteren und klaren Gotteswort» zuwenden solle, hielt dann aber unter dem Eindruck des gewalttätigen Vorgehens der Reformierten am alten Glauben fest. Man vernimmt, wie die allgemeine Teuerung im ersten Kappeler Krieg hundert Prozent betrug, was für Werte der Abt aus dem Kloster rettete, namentlich Bücher, die sonst zerstört worden wären, wie man Abt Franzens Tod geheimhielt, bis sein Nachfolger gewählt war. Die Einheit der Landschaft Thurgau schimmert noch durch. Viel Licht fällt auf den Opfermut der Täufer, auf die Profanierung der Kirchen durch die Reformierten, in deren Reihen der Spruch zirkulierte «Gotshüser sind Kotzhüser», und über die empörende Behandlung der Nonnen.

Fridolin Sichers Chronik, hg. v. *Ernst Götzinger;* Mitt. vaterl. Gesch. 20, St. Gallen 1885.

GUSTAV SCHERRER: Kleine Toggenburger Chroniken; St. Gallen 1874, S. 42 ff. – EMIL EGLI: Zur Kritik von Fridolin Sichers Chronik; Analecta reformatoria I, Zürich 1899, S. 25 f. Egli beurteilt Sicher freundlich, weist nach, dass er vieles abgeschrieben hat, scheidet dessen selbständige Arbeit aus. – ALBERT BÜCHI: Zu Fridolin Sicher; Anz. Schw. Gesch. 1907, S. 204. – ALBERT SCHEIWILER: Geschichte des Chorherrenstifts St. Pelagius zu Bischofszell im Mittelalter; Schriften Ver. Gesch. Bodensees 45, 1916, S. 193 ff. – EDGAR REFARDT: Historisch-Biographisches Musikerlexikon der Schweiz; Zürich/Leipzig 1928, S. 290 f.

Rudolf Sailer gest. 1532

Über sein Vorleben ist wenig bekannt. Er stammte von Wyl, aus einer streng katholisch gesinnten Familie, die den Äbten mit mehreren Gliedern diente. Seit 1527 amtete er als Kanzler, das heisst als Vorsteher der äbtischen Kanzlei. Er verfasste *Aufzeichnungen* aus der Regierungszeit der Äbte Kilian German und Diethelm Blarer über die Jahre 1529-1531, wobei er wohl unmittelbar nach den Ereignissen von Tag zu Tag aufschrieb. Seine

Tagebücher betreffen die Verbannung der Äbte, die heftigste Kampfzeit des Klosters, da diesem die Auflösung drohte. Sailer begann vermutlich im Auftrage des Abtes Kilian, für dessen Schicksal er persönliche Teilnahme bekundet, da dieser ebenfalls aus Wyl stammte; der erste Teil des Manuskriptes ist von Kilians Hand korrigiert.

Mit seinen Aufzeichnungen verfolgt Sailer den Zweck, die Äbte, insbesondere Kilian, gegen Vorwürfe zu rechtfertigen: Die Reformierten behaupteten, er spinne in Süddeutschland verräterische Verbindungen, seine Mönche klagten, er verschwende das Klostergut. Sailer erzählt die Irrfahrten des heimatlosen Abtes, der sich meist in Bregenz aufhielt, gelegentlich über Kaiserstuhl nach Baden und Einsiedeln kam, stets in Gefahr, von den auflauernden Zürchern gefangen genommen zu werden. Das Auf und Nieder dieses gequälten Daseins, Freud und Leid, Hoffnung und Verzweiflung spiegeln sich wider, ebenso bei Abt Diethelm. Beiden Äbten leiht Sailer keine falsche Seelengrösse. Gerührt schildert er Kilians Leutseligkeit, sein tapferes Aufstehen nach jedem Schlag, der ihn darnieder geworfen, seinen Tod in der Bregenzer Aach.

Die Abfassungsart entspricht dem halbamtlichen Auftrag: ruhig im Ton, überraschend sachlich, ja treuherzig, oft weitschweifig, wohlerwogen, sehr reich mit Aktenstücken ausgestattet. Nie zieht er über die Gegner los. Selbst da, wo er über die Schlacht von Kappel und den Tod der Prädikanten, namentlich Zwinglis, berichtet, fügt er warm hinzu: «Der allmächtige Gott welle ihrer Seelen allen begnaden.» Diese friedfertige Gesinnung Sailers ist um so mehr anzuerkennen, als er einige Male von den Reformierten bedroht war. Gleichwohl werden die Gewalt und Tücke, mit der Zwingli und die Zürcher in der Ostschweiz, besonders in St. Gallen verfuhren, völlig deutlich. Die nackten Tatsachen sind überwältigend. Sailer war meistens dabei, stand mitten im Getriebe, nennt sich aber bescheiden «schriber». Es wirkt fast komisch, wie Abt Diethelm das Wenige versetzen muss, was er hat, und in dieser äussersten Not von solchen angezapft wird, die ihm beistehen sollten. Die Kurie verweigert die Konfirmation, bis die Annaten in Rom eingelaufen sind, und die kaiserliche Kanzlei teilt ihm mit, er sei in den Regalien eingestellt, weil er die Türken- und andere Reichssteuern nicht bezahlt habe. Er vermag nicht einmal mehr nach Speyer zu gehen, um sich zu verantworten. Als letztes Ereignis verzeichnete Sailer den zweiten Frieden von Kappel und äussert seine Freude darüber, dass das Kloster wieder erstehen solle.

Die Tagebücher Rudolf Sailers aus der Regierungszeit der Äbte Kilian German und Diethelm Blarer, hg. v. *Joseph Müller,* St. Gallen 1910; Mitt. vaterl. Gesch. St. Gallen 33, 1913, S. 241 ff. Sehr wahrscheinlich fehlt der Anfang des Manuskriptes. Es setzt erst mit dem 12. August 1529 ein, während der sinngemässe Beginn der 25. März wäre, da Kilian von den vertriebenen Mönchen zu Rapperswil gewählt wurde. Auch am Schluss fehlt vielleicht ein Stück der auf dem Stiftsarchiv St. Gallen liegenden Handschrift.

Viborata Mörli (Fluri)
 Sie war zur Reformationszeit Oberin des Frauenklosters St. Leonhard in St. Gallen. Mit ihren Schwestern vom Franziskanerorden erlebte sie die lange Leidenszeit und die gewaltsame Bekehrung. Durch Jahre wiederholten sich die Versuche, das Kloster zu beseitigen. Ihr Leid vertraute die Oberin einem allzu knappen *Tagebuch* an. Die Eintragungen sind abgerissen, zeitlich weit auseinanderliegend und reichen von 1524–1538. Das Manuskript befindet sich in der Vadiana.

Viboratas Tagebuch ist eine bedenkliche Schrift für die Reformatoren St. Gallens, besonders für Vadian, der als der ärgste Feind der Nonnen erscheint. Es wirkt doch gar zu jämmerlich, wie der Geistesheld den wehrlosen Frauen den Meister zeigte. Die Bedrängung des Klosters wird Schritt für Schritt aufgedeckt. Zuerst will der Rat den Nonnen Vögte geben und sie in eine Art Schutzhaft nehmen. Sie wehren sich, worauf der Pöbel ihr Haus stürmt. Die Urheber werden zwar vom Rat gerüffelt, aber nicht bestraft. Denn nun dient der Überfall als wirksames Pressionsmittel. Sobald die Nonnen sich sperren, erhebt sich das Gerede in den Gassen, dem Kloster einen neuen Besuch zu machen; da ducken sie sich endlich. So wird eins nach dem andern erpresst: Die Nonnen dürfen keine Novizen mehr aufnehmen, müssen ihre Zinsbriefe herausgeben, reformierte Prediger anhören, die Messe abschaffen, Bilder entfernen, die Nonnentracht ablegen; zuletzt werden ihnen noch die Glocken genommen unter dem Hohn der Ratsgewaltigen. Nur eines wird nicht erreicht: die Räumung des Klosters. Die Nonnen bleiben, weshalb neuer Streit mit Vadian entsteht.

Über die Niederlage der Reformierten im zweiten Kappeler Krieg freuen sich die Feldnonnen mächtig. Abt Diethelm Blarer reitet als Fürst mit seinem Konvent in den Hof zu St. Gallen zurück. Aber der sehnlichste Wunsch der Nonnen bleibt unerfüllt: Ihr Kloster wird nicht wieder hergestellt, da es auf Stadtboden liegt, wo man nur den evangelischen Gottesdienst duldet. Viborata erzählt, wie sie heimlich durch einen Knecht in Konstanz Messgewänder und einen Kelch habe holen lassen, wie sie einem sterbenden Mann Beichte und Sakrament empfahl. Vor den Untersuchungsrichtern erklärt sie: «Ich habe ihm geraten, was ich auch gerne hätte, wenn ich in der letzten Not wäre.» Im Tagebuch fügt sie bei: «Da war ich am Donnerstag und die Nacht darauf allein im Stübli.» Über die späteren Schicksale der Viborata Mörli ist nichts bekannt.

Hier lernt man die Folgen des zweiten Kappeler Landfriedens kennen. Kessler gleitet über diese Dinge hinweg, verschweigt sie in seiner Sabbata. Erst in den Jahren 1560–1565 verglich sich der Rat mit der Abtei über die gänzliche Auflösung des Klösterleins.

Ernst Götzinger: Die Feldnonnen bei St. Leonhard; Njbl. St. Gallen 1868. Teilweise Ausgabe des Tagebuches. Vollständige Ausgabe: *Bericht über das Frauenkloster St. Leonhard in St. Gallen von der Frau Mutter Wiborada Fluri,* hg. v. *Gabriel Meier;* Anz. Schw. Gesch. 1915, S. 14ff. Meier nennt die Verfasserin irrtümlich Fluri. *Joseph Müller* stellt den Namen Mörli fest: Wibrat Mörli genannt Fluri; Zeitschr. Schw. Kirchengesch. 16, 1922, S. 234f.

EDGAR BONJOUR: Die Unterlegenen; Die Schweiz und Europa 2, Basel 1961, S. 259f. – M.W. LEHNER: Die Schwestern zu St. Lienhart vor der Stadt St. Gallen; Zeitschr. Schw. Kirchengesch. 1961, S. 191ff. 275ff.

Johannes Kessler ca. 1502–1574

Man kann ihn als den ersten bedeutenden Reformationshistoriker St. Gallens bezeichnen. Die Eltern bestimmten den in ärmlichen Verhältnissen Geborenen zum Priester. Er studierte zuerst in Basel, in abgeschabtem und zerrissenem Kleid, wie er selber berichtet. Bei der Schilderung des Erasmus in dessen Studierzimmer bemerkt er stolz: «Allda hab ich ihn gesehen von person.» Anno 1522 wanderte Kessler nach Wittenberg weiter, um sich ein Urteil über das Neue zu bilden. An einem Wirtshaustisch zu Jena fand die Zusammenkunft mit dem unbekannten Ritter statt, der sich später als Martin Luther entpuppte. In Wittenberg wurde Kessler zum entschiedenen Anhänger der Reformation. Anfechtungen und Zweifel scheint er nicht durchgemacht zu haben. Als seinen Lehrer bezeichnet er neben Luther besonders Melanchthon; diesen nennt er kurzweg «minen schulmeister». Vor seiner Abreise hörte er als letztes Wort von Luther, es sei ein Wunder, dass er noch lebe. Nach St. Gallen zurückgekehrt, gab es für ihn im Kirchendienst keine Verwendung. Kurzentschlossen ergriff er das Sattlerhandwerk, heiratete und schlug sich schlicht durch. Aus freien Stücken begann er, einigen Bürgern die Heilige Schrift zu erklären; er legte in den Feierstunden den Johannesbrief, dann den Römerbrief aus und bahnte damit der Reformation den Weg. Seine Bibelauslegung – vom Staat tolerierte Laienpredigten – fanden so mächtigen Zulauf, dass die Tagsatzung daran Anstoss nahm, worauf er seine Kurse vorübergehend einstellen musste.

In den Feierstunden schrieb der Unermüdliche eine Zeitgeschichte, der er den Namen *Sabbata* gab. Sie bildete seine Erholung neben dem Handwerk. Anno 1537 wurde er zum Lehrer an der Lateinschule und zum Hilfsprediger berufen. Als Pädagoge war er ausgezeichnet, als Prediger durch seine schwache Stimme behindert. Nun gab er die Sattlerei auf und nahm Schüler in Pension. Infolge seiner angestrengten Tätigkeit stellte er die Niederschrift der Sabbata 1539 ein. In seinem Amte wurde er durch Vadian unterstützt. Dieser Gelehrte, aus den höchsten Bürgerkreisen stammend, pflog mit ihm vertraulichen Umgang. Die Freundschaft mit Vadian, von dem er in der Sabbata ein überwältigendes Bild entwirft, bedeutete für ihn die beste Seelenhabe. Am Krankenlager Vadians und bei dessen Tod stand er ihm tröstend bei. Ergriffen schildert er, wie ihm Vadian sein Handtestament übergibt mit den Worten: «Nimm, mein Kessler, dieses Testament, das mir mein liebster Besitz auf Erden war, zu ewigem Gedächtnis unserer Freundschaft.» Er ordnete den Nachlass seines Freundes und baute die städtische Bibliothek zur Vadiana aus. Den Hochbetagten macht die Regierung zum Vorsteher des Synodalverbandes, so dass nun der ehemalige Sattler an der Spitze der Schule und Kirche St. Gallens stand. Als er starb, meldete ein Freund dem Zürcher Bullinger: «Wir sind hochbetrübt; denn er ist die Säule der Kirche gewesen.»

Kessler verfasste folgende Schriften:

1. *Vita Vadiani*, 1522. Es ist ein sorgfältig abgewogenes Denkmal seines Freundes.

2. *Sabbata*. Sie stellt sein Hauptwerk dar, das er seinen Söhnen widmete. Die Sabbata, das heisst Ruhetag, setzt mit dem Tod Maximilians 1519 ein und geht bis 1539. In diesen zwanzig Jahren muss der erste Entwurf entstanden sein. Man kann nicht genauer feststellen, wann Kessler mit dem Schreiben begann. Er trug die Ereignisse wahrscheinlich unmittelbar nachher ein und machte noch nachträgliche Zusätze. 1533 verfasste er eine Reinschrift, in der er Verschiedenes ausschied. Solche Stücke, die nicht in die Reinschrift aufgenommen wurden, finden sich bei Miles; vielleicht hat er den Entwurf im Sinne seines Freundes Vadian umgeschrieben. 1556 befahl der Rat allen Bürgern, die Chroniken hatten, diese vorzulegen, um Unbequemes auszumerzen. So fiel auch in Kesslers Reinschrift die Stelle weg, wie die St. Galler 1529 die Mönche schlecht behandelten. Der Entwurf ging verloren, die Reinschrift hat sich erhalten.

Die Sabbata ist die gemütlichste Chronik der Reformation, das kostbare Denkmal einer vollendet liebenswürdigen Persönlichkeit. Es spricht daraus hohes religiöses Gefühl, das Bedeutendes auch in der Geschichtsschreibung hervorbringt. Die Bibel ist dem Verfasser das All der Weisheit. In ihm hat die Reformation ihren guten Ausdruck gefunden. Kessler schrieb nicht aus Freude am blossen Geschehen, sondern um der Reformation willen, um die sich alles zusammenzieht. Er besitzt die Gabe scharfer Beobachtung, zeichnet geistige Profile, beweist Feingefühl für Persönlichkeitswerte. Originell ist sein Einfall, grosse Gestalten auch in ihrem Äussern wiederzugeben.

Im ganzen bietet er Häusliches, Städtisches, Schweizerisches, Ausländisches, wobei im Mittelpunkt immer die St. Galler Reformation steht. Das erste Buch handelt von Christus und dem Papst; hier will Kessler festhalten, wie die alte Kirche gewesen; er schrieb zu einer Zeit, da er meinte, sie werde ganz verschwinden. Im zweiten Buch beschreibt er Luthers Auftreten und den neuen Glauben. Inhalt des dritten Buches ist die Reformation in St. Gallen, wobei er sich mit Sicher ergänzt. Er widmet der Wiedertäuferei einen breiten Raum, und zwar ihren beiden Richtungen, der tollen und der tiefgründigen. Man erfährt die Suggestion, die werbende Kraft der Grebel und Hubmaier. Eine Zeitlang schien es fraglich, ob nicht die Täuferei obenaufschwinge und die Form der Reformation werde, was dann aber die Ausschreitungen der Psychopathen verhinderten. Hier wird deutlich, wie alle Grundlagen wankten. In der Beurteilung der Täufer unterschied sich Kessler von seinem Freund und Vorbild. Während Vadian in seiner durchgreifenden Art gegen alle Andersdenkenden streng ins Gericht geht, wendet sich der milder gesinnte Kessler gegen ihre gewaltsame Verfolgung. In ihnen und den aufrührerischen Bauern sieht er Menschen, die das Evangelium missverstanden haben. Bei der Erwähnung der Hinrichtung Hubmaiers notiert er: «Sy erbarment mich von Herzen, dan irer vil yferent nach Gott, aber mit unverstand.» Kessler lässt auch Wirtschaftliches einfliessen, bietet einen Exkurs über die St. Galler Leinenindustrie, eine Statistik der Einwohnerschaft, vermerkt schlechte Ernten und Preissteigerungen. Er beschreibt die Ausräumung des Münsters, die Bilder und den Kirchenschmuck, die zerstört wurden, bedauert «was subtiler kunstwerke», deren Geldwert er ausrechnet, zerstört wurden. Obgleich dem Friedfertigen jede Gewalttätigkeit zuwider ist, hält er doch die gewaltsame Konfessionalisierung für ein gutes Recht der Obrigkeit. Auch erzählt er das Auftreten des Kometen; einige St. Galler beobachten ihn die Nacht hindurch auf der Bernegg; Vadian führt das Gespräch, wobei sein unerschöpflicher innerer Reichtum, seine überfliessende Mitteilungsgabe, sein Hochgefühl angesichts der Herrlichkeit der Welt zum Ausdruck kommen. Kessler glaubt, dass «Gott solliche zaichen dannzumal an den himmel setz, so... sin zorn über uns entbrunnen und billiche straf fürzenemmen». Die Bücher vier bis sieben schildern den Fortgang der Glaubenserneuerung in St. Gallen und der Ostschweiz, die Rückschläge, die eidgenössischen Zwistigkeiten, den Glaubenskrieg. Man ermisst die Wucht der katholischen Reaktion: Der Rat der Stadt muss den Bürgern bei Strafe verbieten, in die Messe zu gehen; es wird ersichtlich, wie schwer der neue Glaube durch den Misserfolg geschädigt wurde.

Im allgemeinen ist die konfessionelle Beschränkung des Geschichtsschreibers nicht lästig. Gegenüber den Humanisten bleibt er zwar nicht ganz unbefangen; er kennt sie und nützt Blondus aus. Aber er schätzt sie zu sehr nach ihrer Stellung zur Reformation ein. Und doch hätte er von ihnen in der Form viel mehr lernen können. Seine Sabbata ist nicht durchgearbeitet und durchgeformt, die Kritik lässt zu wünschen übrig; er kompiliert, trägt zusammen, was er findet, und will es wahrheitsgetreu mitteilen; denn – so schreibt er in der Vorrede – die Chroniken müssten «unpartheiisch federen haben». Aber weithin urteilt er persönlich und vom konfessionellen Standpunkt aus. Kein systematischer Denker, besass er die Gabe anschaulicher Vermittlung. Sein Werk ist ein guter Ausdruck des frommen, reformierten Kleinbürgertums, ein schönes Beispiel der Verinnerlichung. Wenn man aus jener Zeit etwas vernimmt, möchte man stets fragen: «Was sagt Kessler dazu?»

Sabbata, hg. v. *Ernst Götzinger;* Mitt. vaterl. Gesch. 5–10, St. Gallen 1866–68 (erste Ausgabe). – *Johannes Kesslers Sabbata mit kleineren Schriften und Briefen,* hg. v. *Emil Egli* und *Rudolf Schoch;* St. Gallen 1902. – *Johannes Kesslers Sabbata,* St. Galler Reformationschronik 1523–1539, hg. v. *Traugott Schiess;* Schriften Ver. Reformationsgesch. 103/104, 1911 (Auszug aus dem umfangreichen Werk). – *Aus Kesslers Sabbata,* hg. v. *Wilhelm Ehrenzeller;* St. Gallen 1945. – *Vita Vadiani;* St. Gallen 1865. Deutsche Übersetzung durch Ernst Götzinger; St. Gallen 1895. – Neue Edition in: *Johannes Kesslers Sabbata mit kleineren Schriften und Briefen,* hg. v. *Emil Egli* und *Rudolf Schoch,* St. Gallen 1902, S. 601 ff. – *Werner Näf:* Vadian I, St. Gallen 1944, S. 6 ff.; II, St. Gallen 1957, S 185 ff.

JOHANN JAKOB BERNET: Johan Kessler genannt Ahenarius; St. Gallen 1826. – ERNST GÖTZINGER: Johannes Kessler; ADB 15, Leipzig 1882, S. 657. – VALENTIN

LÖTSCHER: Der deutsche Bauernkrieg in der Darstellung und im Urteil der zeitgenössischen Schweizer; Basl. Beitr. Geschichtswiss. 11, Basel 1943, S. 157ff. – INGEBORG WISSMANN: Die St. Galler Reformationschronik des Johannes Kessler; Bielefeld 1972.

Joachim von Watt (Vadianus) 1484–1551

Es ist erstaunlich, wie die kleine Schweiz zur Reformationszeit eine ganze Anzahl bedeutender Geschichtsschreiber und Humanisten hervorbrachte, wogegen Deutschland auf ungleich weiterem Gebiet nichts Vergleichbares aufweisen kann. Mit 1499 begann die politische Trennung der Eidgenossenschaft vom Reich; im Geistigen jedoch blieb die Verbindung eng.

Joachim von Watt stammte aus einer begüterten und vornehmen Kaufmannsfamilie. Sein Vater schickte ihn 1501/02 an die Universität Wien. Sie war Sitz eines blühenden Humanismus, der sich unter dem Antrieb Maximilians besonders für die deutschen Geschichtsquellen interessierte, also der richtige Ort für den unersättlichen Geist Vadians. Mit der Vielseitigkeit des Humanisten wandte er sein Interesse den verschiedensten Gegenständen zu, studierte auch Naturwissenschaften, namentlich Astronomie und Geographie. Rasch stieg er die Stufenleiter der akademischen Grade empor, lernte und lehrte in Vorlesungen, auf Reisen, trat als Redner, als Dichter, als wissenschaftlicher Autor hervor. Kaiser Maximilian krönte ihn zum Poeta laureatus. 1516 erhielt er in Wien die Professur für Latein und Griechisch. Er disputierte, korrespondierte, edierte, gab eine Menge antiken Schrifttums heraus: den Froschmäusekrieg, den italienischen Humanisten Lorenzo Valla, der die Konstantinische Schenkung als Fälschung entlarvte, Sallust, Ovid, einen Teil der Naturgeschichte des Plinius, den griechischen Reisenden Dionysios Periegetes, der eine Länderbeschreibung verfasste, die Geographie des Pomponius Mela, den Avienus, alle mit Kommentaren, die das Wissen der Zeit enthielten. Seine Forschung richtete sich damals vornehmlich auf Geographie. Er ging von den Alten aus; aber neben das Buchwissen stellte er die selbständige Beobachtung der Natur, das Reisen. Als erster verwendete er die Entdeckungen der Portugiesen, verwarf die geläufige Meinung, dass die heisse Zone unbewohnbar sei, glaubte dagegen, Amerigo Vespucci sei der Entdecker von Amerika, welcher Irrtum damals allgemein verbreitet war. Wie Kopernikus vertrat er die Ansicht, dass Wasser und Erde ein gemeinsames Schwergewicht besässen, dass die Erde Kugelgestalt habe (Sendschreiben an Rudolf Agricola). Hier eilte er seiner Zeit voraus. In späteren Jahren veröffentlichte er ein eigenes geographisches Werk: *Epitome Trium Terrae partium, Asiae, Africae et Europae,* 1534.

Anno 1517 stieg er zum Rector magnificus der Universität Wien empor. Er war eine junge Berühmtheit. Einer seiner Schüler schrieb ihm in überschwenglicher Begeisterung: «Ganz Helvetien wünscht Dir Glück. Jünglinge und Greise sind stolz auf den helvetischen Meister.» Er stand als Vierunddreissigjähriger in den höchsten Ehren der akademischen Welt, in den Forschungsbahnen des neuen Jahrhunderts, im Gedankenaustausch mit den Weltbürgern der humanistischen Gelehrtenrepublik. Aber trotz der glänzenden Stellung an einer der ersten Universitäten des Abendlandes trug er das Verlangen nach der Heimat in sich. Er studierte Medizin als Brotkorb, doktorierte und kehrte nach St. Gallen zurück, der Stadt Wien, der Habsburger dankbar gedenkend. Verschiedene Ursachen mögen mitgewirkt haben, seinem Leben eine so scharfe Wendung zu geben: Familienangelegenheiten, aber vornehmlich doch eine starke Bindung an die Patria, die Vaterstadt. In der Vorrede zur Mela-Ausgabe hat er geschrieben: «Dort will ich mich mit allem Fleiss als derjenige zu erweisen versuchen, von dem nach dem Ausspruche Platons auch die Nachwelt einstimmig sagen soll, dass er nichts unterlassen habe, worin er seiner Geburtsstadt, seinen Angehörigen und jedem Rechtschaffenen sich nach Kräften habe dienstbar erweisen können.»

In St. Gallen wurde er sofort zum Stadtarzt ernannt, womit das Amt des Sachwalters der Stadt verbunden war, und trat in den Rat. Es gab in St. Gallen einige reformfreundliche Geistliche. Diesen erklärte er die Apostelgeschichte, streute den Samen aus. 1526 wurde er Bürgermeister und blieb es bis zu seinem Lebensende, alle drei Jahre regierend, in den verfassungsmässigen Zwischenzeiten als Altbürgermeister und Reichsvogt amtend. Er führte die Reformation in St. Gallen durch, fast gleichzeitig mit Zürich, und nahm an den Disputationen von Zürich und Bern teil. Die Beweggründe des Umschwungs waren nicht ganz rein, sondern es wirkte das Verlangen der Stadt mit, vom Kloster loszukommen. Die bereits freie Stadt wollte den Fürstabt beseitigen, an seine Stelle treten und, wie sie schon 1490 beabsichtigt hatte, mit der äbtischen Landschaft einen vollwertigen Ort schaffen. 1529 schien das Ziel erreicht, das verlassene Kloster erloschen. In der Konfessionspolitik dieser Jahre, in den Kämpfen zwischen Stadt und Abtei entfaltete Vadian eine energische Staatsmannschaft. Wenn es ihm auch nicht gelang, dem politischen Machtstreben der Stadt zum Sieg und damit zu einem grösseren Landgebiet zu verhelfen, so hat er doch den Charakter, das geistige Antlitz St. Gallens geformt. Von seiner überwältigenden Persönlichkeit sagte Zwingli: «Ich weiss nit mehr einen solchen Eidgenossen.»

Jetzt griff Vadian zur Feder, um den Anspruch der Stadt auf die Landschaft literarisch zu stützen. Er schrieb nun deutsch, denn er wollte verstanden werden. Gegenstand seiner Forschung waren das Kloster und die Stadt, was sich zur Reichsgeschichte ausweitete. Zuerst hatte er nur die Absicht zu zeigen, wie Mönchstum und Papsttum vom wahren Glauben abgefallen und zu beseitigen seien, verfolgte also eine Tendenz. Rasch aber brach die Unbefangenheit, das unverfälschte Streben des geborenen Wissenschaftlers durch, die Tendenz trat vor der reinen Forschung zurück. Er unternahm weitläufige Vorarbeiten, wozu ihm die eigene Bibliothek, seit 1529 auch teilweise die Klosterbibliothek als Instrumentarium dienten. Zwei Vorarbeiten sind erhalten: 1. *Epitome,* das heisst eine Sammlung von Notizen und Auszügen zur Fortsetzung seiner noch unvollende-

Tafel 18. Vadianus (Joachim von Watt), um 1580.

ten Chronik. Man blickt ihm hier in die Werkstatt und sieht, wie mühsam und gewissenhaft er seine Notizen aus den Archiven sammelt. Es ist gleichsam unbehauenes historisches Material, das erst noch der Verarbeitung harrt. 2. *Diarium,* ein Tagebuch über die Jahre 1529–1533, auch dieses, wie die Epitome, deutsch verfasst. Vadian hat es in dem Zeitpunkt begonnen, da er wähnte, nun werde die Stadt an die Stelle des Klosters treten, als Materialsammlung für diesen historisch bedeutsamen Übergang. Die Haltung ist schrankenlos subjektiv; Ernst, Liebe, Leidenschaft, Hass, Zorn, Spott sprechen aus den Aufzeichnungen. Dieses Diarium geht auf bestimmten Strecken parallel mit Kesslers Sabbata; doch urteilt Vadian ungleich weitblickender, nüchterner, staatsmännischer.

So entstand von 1529–1531 das Hauptwerk: die *Grosse Chronik der Äbte,* umfassend die Jahre von 1199–1490. Die Darstellung ist schwungvoll, vom Erfolg der Zeit beflügelt, vom Feuer seines hochfliegenden Geistes durchglüht. Äusserlich trägt das Werk ein annalistisches Gewand; dieses wird indessen von dem durch und durch pragmatisch gestalteten Inhalt gesprengt. Warum fehlt in der endgültigen Fassung der Anfang, den Vatdian doch geschrieben hatte? Als die Chronik 1531 schon weit gediehen war, plünderte der Pöbel das Kloster, wobei dessen pergamentene Urkunden zerstreut wurden. Vadian sammelte sechshundert davon. Diese ermöglichten ihm die Einsicht in eine neue geschichtliche Welt. Das war ein Reichtum von Tatsachen, Rechtsverhältnissen, Lebensbildern, wie ihn Vadians Wirklichkeitssinn nur eben wünschen konnte. Nun erst ging ihm ein wahres Licht über die Anfänge des Klosters auf. Er musste das bereits Geschriebene nachprüfen und hat dann aus wissenschaftlichem Gewissen den ganzen ersten Teil bis 1199 unterdrückt. Die Schlacht von Kappel und der zweite Friede nahmen ihm die Feder aus der Hand. Jetzt erstand das Kloster wieder, die Hoffnung hatte noch einmal getrogen wie 1490, tödliche Krankheit befiel den Reformator. Es schien keinen Zweck mehr zu haben, das Werk zu vollenden. Vadian setzte aber seine Forschungen aus reiner Liebe fort. 1537 verfasste er, jetzt wieder in lateinischer Sprache, ein Gelehrtenwerk: *Farrago* (Mengenfutter) *de Collegiis et Monasteriis Germaniae veteribus,* eine Zusammenstellung von Quellenstudien, erste diplomatische Untersuchungen. Sie stellen das Ergebnis seiner neuen Forschungen anhand der entdeckten Urkunden dar. Da kam Stumpf und belebte seinen Eifer neu. Der Zürcher wünschte von ihm Material für seine Schweizerchronik.

In der Mitte der 1540er Jahre schossen Vadians deutsche Abhandlungen und Werke aus den Vorarbeiten rasch empor. Er gestaltete die grosse Äbtechronik um zur *Kleinen Chronik der Äbte* von 720–1531, das heisst vom ersten Abt Othmar bis zum Zeitgenossen Diethelm Blarer. Der erste Teil der grossen Chronik bietet eine Geschichte der Äbte von 1199–1328. Sie waren Reichsfürsten und deshalb eng mit dem Schicksal der deutschen Könige und Kaiser verbunden. Wahrhaft glänzend ist hier die Partie über die Hohenstaufen, denen Vadian anhing, die Darstellung ihres Kampfes mit der Kurie. Wie dort die Begeisterung, so gab hier der Hass seiner Darstellung Farbe und Glut. «O guetiger, gnädiger Gott», bemerkt er, «was onseglicher zwitrachten und truebsalen habend die päpst der frommen, sighaften teutschen nation bewisen und angericht.» Das Papsttum ist für Vadian eine antichristliche Macht, Gregor VII. ein Schwarzkünstler und «scheuchlicher wolf» oder «ein eergeitig, listig und rachgirig mandli». Im zweiten Teil der grossen Chronik ist vornehmlich von der Stadt St. Gallen und den Eidgenossen die Rede, von ihrem Wachstum, ihren Bündnissen und Kriegen. Die Rechtfertigung, das Kloster einzuziehen, wird zu einer Rechtfertigung der Reformation überhaupt. In der Schilderung des Kampfes zwischen Stadt und Land behandelt er besonders die Wirksamkeit des Abtes Uelrich Rösch, verhöhnt diesen Bäckerssohn aus «klainfugem geschlecht», der den Fürsten spielen wollte, diesen grossen Kirchenräuber, «der alles, das er hat mögen, an sich zogen und bracht», damit man Fürstenleben und Pracht führen könne; den Mann mit dem Trutz, dem Hochmut, der «Glichsnerie»; den «bschissnen Uoli», wie ihn die Appenzeller nannten, oder den «rot Uolin», dessen «roub und simoni über allen judenwucher ist... Dan er sunst libs halb ain rotbrächt, vierschröt, stark man was, gegen iedermann früntlicher worten und schmachlender red, im gemůet aber hitzig, hochfertig, unvertraglich und hässig; der ainem wol von rotem sagen dorst und darbi schwarzes im sinn hatt». Der Unterschied zwischen der Grossen und der Kleinen Chronik liegt darin: Die Kleine Chronik ist knapper, zeitlich zwar umfangreicher, aber räumlich viel gedrängter und scheidet Reichsgeschichte grösstenteils aus, beschränkt sich auf die Schweiz, speziell die Ostschweiz, während die Grosse Chronik sich zur Reichsgeschichte ausweitet. Vadian schreibt noch immer freimütig, aber gedämpfter, nüchterner. Der frühere Schwung ist nach der Katastrophe der Niederlage von Kappel dahin.

Daneben verfasste Vadian mit erstaunlicher Arbeitskraft in kurzer Zeit eine Anzahl Arbeiten zur Unterstützung des Hauptwerkes: 1. *Von der Gelegenheit des Turgöuws,* eine knappe geographische Skizze, wobei der Begriff Thurgau im alten Sinn verstanden ist. 2. *Von dem mönchsstand;* hier versuchte Vadian den Beweis des Abfalls von Christo anhand der historischen Entwicklung zu erbringen. Es war ein Thema so recht nach seinem Herzen. Er betrachtet das Mönchstum in seinen Anfängen als eine durchaus segensreiche Einrichtung, die aber bald entartete, besonders aus Geldgier: Zu Geizhäusern sind die Gotteshäuser durch die reichen Schenkungen geworden! Die Frau Andacht brachte die Frau Reichtum, und dann wurde die Mutter von der Tochter verschlungen. Die Mönche wurden, statt aus der Welt zu gehen, durch den Eintritt ins Kloster erst recht reich. Nur der Kutte, nicht dem Herzen nach waren sie Mönche. 3. *Von dem frommen einsidel Sanct Gallen,* eine Monographie über Gallus. 4. *Geschichte der fränkischen Könige von Ludwig bis Arnulf.* 5. *Römische Kaisergeschichte von Caesar bis Caligula,* ein Fragment. 6. *Von anfang, gelegenheit, regiment und handlung der weiterkannten frommen statt zu St. Gallen,* ein Verfassungsabriss von St. Gallen, knapp nach der erschöpfenden Äbtechronik gearbeitet, zugleich ein Kabinettstück der Heimatkunde, wie es wenige Städte aus so alter Zeit besitzen. In dem schönen Gemälde, das Vadian von der Vaterstadt entwirft, hat er nach reichlichem Lob für die Bürgerschaft auch sich selber kurz konterfeit: «Vadian, vil gueter Künsten verständig und gelehrt und in der Stadt zu St. Gallen zu dieser Zit nit des mindesten ansechens.» 7. *Von dem Oberbodensee.* Hier erkannte Vadian, dass im Osten die Verlandung durch Geschiebe vor sich ging; dagegen deutete er das Pfahlwerk bei Arbon als ein Übergreifen des Sees. Stumpf schrieb diese Arbeiten grossenteils ab, ohne Vadian zu nennen; aber dessen Feder ist in der trockenen Kompilation Stumpfs unverkennbar.

Der Mensch Vadian ist auch ein wenig in seiner Häuslichkeit fassbar. Er war glücklich vermählt mit Marta Grebel, der Tochter jenes angesehenen Zürcher Ratsherrn, der dann später wegen heimlichen Pensionsempfangs hingerichtet wurde; ihr Bruder, der exaltierte Konrad Grebel, stand an der Spitze der Wiedertäufer. Vadians äussere Erscheinung schildert Kessler also: «Capite erat rotundo, vertice per frontem calvo, pilis circum tempora crispantibus nigerrimisque, fronte liberali, colore subfusco, reliquo corpore torosus et prepinguis, cunctis ita dispositis, ut masculum quandam prae se ferunt gravitatem.» Er empfand im allgemeinen kein Bedürfnis nach Kampf. Sein Umgang wurde als wahrhaft erhebend empfunden. In dem reizenden Bericht Kesslers über die Kometenschau sticht Vadians Hochgefühl durch, auch die Vielseitigkeit seiner historischen Forschung. In St. Gallen stand er einsam da; ausser Kessler, den er unterstützte und hielt, hatte er hier keinen Gleichstrebenden, keinen gleichgerichteten Kreis. Die Massgebenden gingen auf in Leinenfabrikation und Leinenhandel. Sie schätzten ihren Mitbürger nur, weil er mit seiner Gewandtheit in Wort und Schrift, mit seinem Wissen die Sache der Stadt verfocht. Um den Historiker kümmerten sie sich nicht. Als nach Vadians Tod Stadtschreiber Fechter Vadians Werke sauber abgeschrieben dem Rat überreichte, befahl ihm dieser, nichts mehr abzuschreiben; es hätte unliebsames Aufsehen erregen, den Handel schädigen können. Unter diesen Umständen ist es begreiflich, dass Vadian nicht an die Veröffentlichung seiner Werke dachte. Es gab in St. Gallen keine Druckerei. Seine von Kessler katalogisierten Bücher und Manuskripte vermachte er der Vaterstadt; es ist der Grundstock der heutigen Stadtbibliothek Vadiana.

Der Historiker Vadian ist ganz selbständig und ohne Voraussetzungen. Er bringt eine grossartige Vorbildung mit, dringt in römisches und kanonisches Recht ein, in die Scholastik und verfügt über humanistische Formengewandtheit. Alles stellt er nach der Sitte der Zeit in den Dienst der Heimatgeschichte, bewahrt aber den Blick und Zug fürs Ganze, Grosse. Er geht nicht nur nach Humanistenart zu den Quellen zurück, sondern zu den ältesten Quellen, denn er will nicht abschreiben, sondern ein Werk nach den Urkunden von Grund aus neu schaffen. Eine angeborene Spürkraft für Wahres und Falsches leitet ihn; er merkt, wo etwas nicht stimmt, wennschon er freilich nicht immer das Richtige an die Stelle des Getadelten setzen kann. So entdeckt er, dass Ratpert, der erste Chronist des Klosters, von der ursprünglichen Freiheit des Klosters fabelt; man hat das im 19. Jahrhundert neu entdecken müssen. In Auffassung und Darstellung ist er durchdringender Pragmatiker, ja er huldigt schon einer genetischen Betrachtungsweise, erkennt das entwicklungsgeschichtlich Bedeutende. Demzufolge trachtet er nach den Zusammenhängen, nach der Rechtsordnung, den Finanzen, der gesellschaftlichen Gliederung. Er fühlt den Dingen den geschichtlichen Gehalt an. Mit tiefem Geschichtssinn tut er Blicke wie keiner zuvor. Er ahnt, dass menschliche Verbände, dass Gemeinwesen ein Werden und Vergehen wie die Menschen selber haben. So kommt er dem Entwicklungsprinzip nahe, das erst später von Leibniz ausgesprochen wurde. Auch fühlt er das Leben und den Wandel der Sprache. Literatur, Münzen, Überreste irgendwelcher Art zieht er herbei. Dafür schaltet er Curiosa, Geschichtchen, Wunder aus. Insbesondere wittert seine Skepsis das Sagenhafte. Als erster nennt er die Gründungsgeschichte des eidgenössischen Bundes Fabelwerk und übergeht sie, weist dafür auf die Analogien zwischen der Befreiung der Waldstätte und der übrigen Orte hin. Auch dem Ursprung der Legenden geht er nach. Während Tschudi die Urschweizer Befreiungssage für bare Münze nahm und sie noch ausschmückte, kritisiert sie Vadian: «Von disen drien lendern sagend vil, ires alters und harkumens halb, seltsam sachen, und dass si anfangs fri gsin und erst bi küng Rudolfs von Habspurg zu ghorsamen beredt worden sigind. Besorg ich, dass vil fabelwerch von denselben anzaigt si und anders darnebend, das sich mit warhait nit verglicht.» Ferner weist er die in St. Gallen geglaubte Sage zurück, Karl der Grosse habe das Kloster zu einem Fürstentum gemacht: «Das melden ich nun nit, jemands stand oder stat zu verkleinern, sondern allein, dass der histori ire gebürlich warheit bleibe und fabelwerch an ein ort gelegt werde.» Nachdem er ein Legendenwunder als nicht glaubwürdig bezeichnet hat, fügt er überlegen hinzu: «So aber jemand obgemelte Beschreibungen für wahrhaft und gewiss haben will, dem ist es auch frei zugelassen.»

Vadian merkt, dass die Ansicht über frühere Zeiten nur bedingt ausgesprochen werden darf, kennt also die Relativität des historischen Urteils. Zum Beispiel schreibt er, die St. Galler Mönche seien so gelehrt und geschickt gewesen, wie es zu jener Zeit möglich war; jetzt scheine es anders. Auch spürt er, dass eben eine grosse Epoche abgelaufen sei, spricht von mittleren Jahren, von mitteljährig, das heisst vom Mittelalter, hat Sinn für Periodisierung. Das alles und so vieles, was heute unentbehrlich scheint, findet sich erstmalig bei ihm.

In der Darstellung versteht er es meisterhaft zu gliedern, verfügt über die Kraft, grosse Sachgruppen zu beherrschen, schaltet souverän mit der Materie. Den Stoff formt er so, dass das Wichtige herausschaut. Er schreibt unmittelbar, bisweilen lehrhaft und verschmilzt die Kunst des Wortes mit der Glut des Herzens. Religiös scheint er tolerant, soweit es die Politik erlaubt. Er verehrt Erasmus, nennt ihn als Reformator neben Luther und Zwingli, war zuerst wohl Erasmianer. Auch das ist ihm hoch anzurechnen, dass er, obgleich er als Politiker zur Feder griff, rasch zum Wissenschaftler überging. Er arbeitete um der Sache, nicht um des Ruhmes willen. Nur die grosse Chronik entsprang publizistischer Absicht. Selbstlos gab er die Früchte seines Fleisses an Tschudi und Stumpf weiter und wirkte wenigstens durch diese.

Freilich hat seine Unbefangenheit ihre Grenzen. Denn er kennt Neigungen und Abneigungen. Er begeistert sich für die Hohenstaufen und das Reich wie ein Walter von der Vogelweide, verehrt das Haus Österreich. Den Eidgenossen steht er kühl gegenüber, weil sie wiederholt dem Kloster geholfen hatten. Er verdammt das Papsttum, wird ihm und seiner Stellung nicht gerecht, wie überhaupt keinem Glaubensfeind, gegen die er immer Epigramme zur Hand hat. So bedauert er es, dass die Kaiser nach Rom zogen, das sei ein spottlich Ding gewesen: «Und hiess unser rich billicher und eerlicher das tütsch rich oder das rich in Germanien, dan das römisch rich.» So sehr er fürs Deutsche sich begeistert, so sehr hasst er die Welschen, fällt ein hartes Urteil über sie: «Dan dieser nation grösste wishait nüntz anderst ist, dan grosse untrüw.» Auch die Appenzeller kann er nicht ausstehen, ihr keckes Zufahren war ihm widerwärtig. Zeitbefangenheit war es ebenfalls, wie er den Solddienst abtut. Aber Vadian kennt seine persönlichen Fehlerquellen und sucht sie zu meistern. Wenn sein Lebenswerk eine ungeheure Leistung darstellt, so ist nicht ein geringes Stück davon die Arbeit an sich selber.

Es war ein Raub an seinem Namen und der Wissenschaft, dass seine Schriften um Jahrhunderte zu spät herauskamen. Denn als sie erschienen, hatten andere neu herausgefunden, was er als Erster erschaute. Ein Teil der Arbeit ist so vergeudet worden. Den Rang liefen ihm Tschudi und Stumpf ab, die er als wissenschaftlicher Forscher hoch überragte. Er ist der grösste humanistische Geschichtsschreiber der Schweiz, der grössten einer überhaupt.

Lateinische Schriften, hg. v. *Melchior Goldast;* Scriptores rerum Alamannicarum 3, Frankfurt 1600. – *Deutsche historische Schriften,* hg. v. *Ernst Götzinger;* 1–3, St. Gallen 1875–79, enthalten u.a.: *Grosse Chronik der Äbte, Fragment einer römischen Kaisergeschichte, Geschichte der französischen Könige, Diarium. – Vadianische Briefsammlung,* hg. v. *Emil Arbenz* und *Hermann Wartmann;* Mitt. vaterl. Gesch. 24. 25. 27–30, St. Gallen 1890–1908. – *Lateinische Reden,* hg. v. *Matthäus Gabathuler;* Vadian-Studien, St. Gallen 1953. – *Brevis indicatura symbolorum / Kurze Erklärung der Glaubensbekenntnisse,* hg. v. *Conradin Bonorand* und *Konrad Müller;* Vadian-Studien, St. Gallen 1954.

GEORG GEILFUS: Joachim von Watt, genannt Vadianus, als geographischer Schriftsteller; Progr. höh. Stadtschulen Winterthur 1865/66. – ERNST GÖTZINGER: Joachim Watt; St. Gall. Njbl. 1873. – GEROLD MEYER VON KNONAU: Der St. Galler Humanist Vadian als Geschichtsschreiber; Schr. Ver. Gesch. Bodensees 9, 1878, S. 49ff. – RUDOLF STÄHELIN: Die reformatorische Wirksamkeit des St. Galler Humanisten Vadian; Basl. Beitr. vaterl. Gesch. NF 1, 1882, S. 191 ff. – EMIL ARBENZ: Aus dem Briefwechsel Vadians; St. Gall. Njbl. 1886. – ERNST GÖTZINGER: Joachim Vadian, der Reformator und Geschichtsschreiber von St. Gallen; Schr. Ver. Reformationsgesch. 50, 1895. – ERNST GÖTZINGER: Vadian; ADB 41, Leipzig 1896, S. 239ff. – JOHANNES HÄNE: Die Hauptquelle Vadians über die Burgunderkriege; Anz. Schw. Gesch. 1898, S. 89ff. – TRAUGOTT SCHIESS: Bullingers Briefwechsel mit Vadian; Jahrb. Schw. Gesch. 31, 1906, S. 23 ff. – EMIL ARBENZ: Joachim Vadians Tätigkeit von der Schlacht bei Kappel bis zu seinem Tode 1551; St. Gall. Njbl. 1910. – WILHELM EHRENZELLER:

Joachim Vadian; St. Gallen 1924 (kleine konzise Biographie). – JOHANNES NINK: Arzt und Reformator Vadian; St. Gallen 1936 (populär gehaltenes Werk). – GEORG THÜRER: Joachim Vadian; Grosse Schweizer, Zürich 1938, S. 79 ff. – WERNER NÄF: Vadian und seine Stadt St. Gallen; 2 Bde., St. Gallen 1944–57 (wissenschaftliche Biographie). – MATTHÄUS GABATHULER: Stand und Ziel der Vadianforschung; Schw. Beitr. Allg. Gesch. 2, 1944, S. 227 ff. – WERNER NÄF: Vadianische Analekten; Vadian-Studien, St. Gallen 1945. – DORA F. RITTMEYER: Vadian-Bildnisse; Vadian-Studien, St. Gallen 1948. – CONRADIN BONORAND: Joachim Vadian und die Täufer; Schw. Beitr. Allg. Gesch. 11, 1953, S. 43 ff. – BERNHARD MILT: Vadian als Arzt, hg. v. C. BONORAND; St. Gallen 1959. – CONRADIN BONORAND: Vadians Studienreise nach Nordostitalien; Schw. Beitr. Allg. Gesch. 18/19, 1960/61, S. 186 ff.

Johannes Rütiner gest. 1556

Er war St. Galler Bürger, Schwiegersohn von Kessler, zuerst Theologe, dann Kaufmann und Ratsherr. Sein *Diarium* aus den Jahren 1529–1539 ist in Küchenlatein geschrieben, dessen Sinn man oft nur erraten kann. Das Original liegt auf der Stadtbibliothek St. Gallen. Es enthält kurze Notizen, viel Stadtklatsch, boshafte Nachreden namentlich in sittlicher Beziehung, wobei die Katholiken schlecht wegkommen; Rütiner nennt meist seinen Gewährsmann. Er greift auch auf frühere Zeiten zurück, so auf seine Studienzeit in Basel 1519–1524. Man hat diese Aufzeichnungen ein historisches Anekdotenbuch genannt.

Aus dem Diarium des Johannes Rütiner von St. Gallen aus den Jahren 1529–1539, hg. v. *Theodor von Liebenau;* Basl. Zeitschr. Gesch. Altertkde. 4, 1905, S. 45 ff. Es sind die auf Basel bezüglichen Teile des Tagebuches, das Übrige ist nicht veröffentlicht.

Die Matrikel der Universität Basel, hg. v. HANS GEORG WACKERNAGEL I; Basel 1951, S. 351.

Ambrosius 1492–1563 und *Thomas* gest. 1567 *Blaurer (Blarer)*

Die beiden Brüder reformierten Konstanz, der ältere, Ambrosius, als Pfarrer, der jüngere, Thomas, als Bürgermeister. Sie standen mit der Schweiz und St. Gallen in engen Beziehungen. In den 1540er Jahren wurde die letzte Möglichkeit erwogen, Konstanz der Eidgenossenschaft anzugliedern, jedoch verpasst. Nach der Rekatholisierung von 1548 flohen die Brüder Blaurer in die Schweiz. Ambrosius wurde Pfarrer in Biel. Unter den Briefstellern ihrer ausgedehnten *Korrespondenz* ist Bullinger besonders stark vertreten. Man gewinnt durch ihren Briefwechsel Einblick in die Ideenwelt der Reformation.

Briefwechsel der Brüder Ambrosius und Thomas Blaurer, hg. v. *Traugott Schiess;* 3 Bde., Freiburg i. Br. 1908–12.

ROBERT BAUMGARTNER: Der Reformator Ambrosius Blaurer in Biel 1551–1559; Bl. Bern. Gesch. Altertkde. 19, 1923, S. 29 ff. – ANTON E. CHERBULIEZ: Das Gesangbuch Ambrosius Blaurers und die Chronologie der in der Schweiz gedruckten reformierten Gesangbücher des 16. Jahrhunderts; Zwingliana 5, 1933, S. 417 ff.

BASEL

Auch in Basel drückte die Reformation den Ergriffenen die Feder in die Hand, um zu frohlocken oder zu wehklagen. Bei einigen war es einfach das Bedürfnis, das Unerhörte auszusprechen, bei andern die Absicht, die Nachwelt zum Zeugen von Sieg oder Unrecht anzurufen, und dazu war die Basler Reformation besonders angetan. Die Chronisten bieten hier Tatsachen und Meinungen, nicht den tieferen Gehalt der Dinge. In der Universitätsstadt fand sich kein überlegener Geist, der die Feder der Grösse der Zeit angemessen geführt hätte. Erasmus schrieb international. So hören wir mehr von den Ausschreitungen als von der inneren Bewegung der Reformation. Von der spontanen Einschätzung schöpferischer Kräfte, von der Entstehung einer geschichtlichen Macht spürt man wenig. Das Vorhandene ist fanatisch und kleinbürgerlich.

Schon unmittelbar vor der Reformation, 1521, sagte sich die Stadt von Pflicht und Eid gegen den Bischof los und schaltete ihn bei den Ratswahlen aus. Das war rein politischer, nicht reformierter Geist. Oekolampad kam 1522 nach Basel, wurde 1523 Vikar zu St. Martin sowie Professor an der Universität und eröffnete den Kampf. Aber die Hohe Schule, die Humanisten wie Erasmus und die vornehmen Familien lehnten das Neue ab, während die Zünfte ihm zuneigten. Daraus erflossen langes, zähes Ringen, widerspruchsvolle Mandate, Ausschreitungen gegen Priester und Klöster, Aufstände. Das Beispiel Berns feuerte Basel an, und 1529 erzwang eine revolutionäre Bewegung die Einführung der Reformation. Der Bischof hatte 1528 die Stadt verlassen und liess sich in Pruntrut nieder, das Residenz des bischöflichen Fürstentums wurde.

Die Chroniken der Basler Reformation liegen in mustergültigen Editionen vor, hg. v. der Hist. Antiq. Ges. Basel.

Georg Zimmermann (Carpentarius) ca. 1487–1528

Er wurde zu Brugg geboren, verlebte schwierige Jugendjahre in Armut, besuchte die Schule von Basel, studierte an der Universität in stetem Kampf mit der Not und trat 1510 ins Kartäuserkloster ein. Hier tat er sich als Schönschreiber hervor, kopierte viele Bücher und wurde Klosterbibliothekar.

Anno 1526 setzte er die *Kartäuserchronik* des Arnold von Ahlfeld für die Jahre 1480–1526 fort; er arbeitete nach einem Entwurf des Bruders Philipp Stauffer und nach eigenen Erinnerungen. Der Unterschied zwischen dem ersten und dem zweiten Werk besteht darin, dass jenes von mittelalterlicher Mystik, dieses vom Zeitgeist durchweht ist. Zimmermann gehörte zu den Anhängern der Humanisten, schrieb die Werke des Erasmus ab, pflog Freundschaft mit Bonifatius Amerbach, lobte die Buchdruckerkunst, gedachte aber auch mit Wohlgefallen der frommen Werke. Altes und Neues ringen in ihm miteinander. Er übte freie Kritik, auch an den Prioren. Damals lebte im Kloster Johannes Heynlin vom Stein, eine hochinteressante Persönlichkeit, die in sich die widersprechenden Zeittendenzen austrug und dem europäischen Geistesleben angehörte. Als er starb, erlaubte der Prior keine Grabinschrift, was Zimmermann tadelt. Auch über den problematischen Hieronymus Zschekkenbürlin, der sich mit Eklat vom Sündenleben losgerissen hatte und sich im Kloster nicht wohl fühlte, spricht Zimmermann in freiem Ton.

In der Fortsetzung der Kartäuserchronik nimmt Zimmermann noch nicht Stellung zu der Glaubensfrage. Jedoch widmet er ihr sein zweites Werk: *Narratio rerum quae reformationis tempore Basileae et in circumjacentibus regionibus gestae sunt.* Diese Reformationschronik schrieb er 1528 in einem Zug, kurz vor seinem Tod. Das Original ist verloren; man besitzt nur zwei unvollständige Kopien aus dem 18. Jahrhundert. Das Vorhandene bietet zunächst kurze Lebensnotizen von 1500–1518; die eigentliche Chronik geht von 1518–1528.

Zimmermann war seiner Gesinnung nach Erasmianer. Zuerst begrüsste er das Auftreten Luthers und scheint geschwankt zu haben. In einem erhaltenen Brief von 1525 an Zwingli offenbart er dem «süssen Bruder Huldrich» seine Gewissensnot, seinen Kampf mit dem Mönchsstand. Später jedenfalls schlug er um, wurde ein erbitterter Gegner der Reformation, wie so viele feine und empfindliche Geister durch das rohe Auftreten der Neuerer abgestossen. In seiner Chronik bricht die Entrüstung oft mit Heftigkeit durch. Ihr Thema ist das Umsichgreifen der neuen Lehre. Die Gewalttaten der Lutherani, Oecolampadiani werden sorgfältig registriert. Man spürt, wie sich die Mönche nicht mehr sicher fühlen in Erwartung eines Überfalles, trotzdem das Kloster in Kleinbasel liegt. Es herrscht eine gewitterschwüle Stimmung. Zimmermann muss den allmählichen Abfall von seiner Kirche verzeichnen, den völligen Sieg der Gegner 1529 hat er nicht mehr erlebt; er starb wohl in der Meinung, Gott werde das Unheil selbst wieder vertilgen. Im ganzen berichtet er wahrheitsgetreu, in Kleinigkeiten ungenau, verdreht ab und zu etwas zu Ungunsten der Gegner. Mit Genugtuung stellt er das Unglück der Reformierten fest, erzählt, wie sich Oekolampad ins Vertrauen der Bürger einnistet, ehe er Farbe bekennt, gibt dem Luthertum die Schuld am Bauernaufstand, kreidet die Täuferei der Reformation an, berichtet befriedigt das widerliche Ende des Apostaten Brun, deutet die Explosion im Pulverturm als Fingerzeig von oben, tadelt Bischof Christoph von Utenheim, er habe zuerst Luther begünstigt und zu spät das Schlangengift entdeckt. Ein Schlagfluss und teilweise Lähmung verdüsterten Zimmermanns Gemüt, was vielleicht den herben Ton seiner Schrift erklärt.

Reformationsbericht, hg. v. *Wilhelm Vischer;* Basl. Chron. 1, Leipzig 1872, S. 378ff. – *Die Reformationschronik des Karthäusers Georg;* übersetzt v. *Carl Buxtorf,* Basel 1849.

VALENTIN LÖTSCHER: Der deutsche Bauernkrieg in der Darstellung und im Urteil der zeitgenössischen Schweizer; Basl. Beitr. Geschichtswiss. 11, Basel 1943, S. 87ff.

Aufzeichnungen eines Kartäusers ca. 1532

Sie sind meist deutsch geschrieben, in gleichzeitigen Abschriften überliefert. Als Verfasser glaubte man *Nikolaus Müller (Molitor(is))* annehmen zu können, der seit 1496 im Kloster lebte und 1525 zum Vikar aufrückte. Diese Vermutung ist einleuchtend, nicht aber die andere, dass das Ganze 1532 in einem Zuge niedergeschrieben worden sei; unmittelbare Aufzeichnung ist ebenso gut möglich. Jedenfalls standen dem Verfasser neben der Korrespondenz mit dem Rat Notizen zur Verfügung, sonst hätte er nicht nebensächliche Gespräche bis ins Einzelne frisch wiedergeben können. Die Zeit bis 1529 berührt er nur kurz, ausführlich dagegen die Jahre 1529–1532, da Molitor den geflohenen Propst vertrat, die Zeit des heftigsten Kampfes und Leidens. Schrittweise kann man die Bedrängnis des Klosters verfolgen. Der grelle Widerspruch zwischen der neuen Lehre, die sich als höher gab, und den Gewalttaten ihrer Bekenner drückte dem Mönch die Feder in die Hand und verlieh ihm den herb beredten Ausdruck des beleidigten Rechtssinnes. Legte sich Zimmermann noch Schonung auf, dieser Mönch lässt sich gehen und gibt derb zurück, was er empfangen. Er zeigt die Reformation völlig von der anderen Seite, was ihr nie gut bekommen kann, weil es deutlich macht, dass sie ihren Erfolg nicht nur ihrem Geist, sondern auch der Faust verdankt.

Nach dem Aufruhr der Reformierten vom 1. Mai 1525 stellte der Rat das Klostervermögen unter Aufsicht, erlaubte den Mönchen, gegen Rückgabe ihrer Aussteuer und gegen Abfindung auszutreten; bei den Kartäusern trat ein einziger aus. Der Rat wurde gesäubert und schritt gegen die Klöster ein. Er hätte die Mönche verjagen können; das wagte er nicht, weil sie sonst mit fremder Gewalt bewehrt das Ihre hätten zurückverlangen können, daher seine Verlegenheit. Auch fürchtete er, auswärtige Güter zu verlieren. Er stellte sie vor die Wahl, entweder zu bleiben oder auf das Kloster mit allem zu verzichten, wofür er reiche Abfindung in Aussicht stellte. Ferner befahl er den Mönchen, die Kutte abzulegen, den Regeln zu entsagen, die Predigt zu hören. Die Kartäuser weigerten sich, wurden eingeschlossen, bevogtet, bewacht und Quälereien ausgesetzt, um sie willig zu machen. Sie litten wie wahre Glaubenszeugen. Doch nimmt der Chronist keine Märtyrerpose an, gesteht offen Kleinmut und Angst. Die Mönche kennen die Verlegenheit des Rates. Prior Zschekkenbürlin floh nach Freiburg i. Br., worauf Molitor die Leitung des Widerstandes übernahm. Ein Prädikant, den der Rat ins Kloster schickte, hatte mit seiner Predigt bei den Mönchen, die ihn gezwungen anhören mussten, keinen Erfolg. Wer entschlüpfen wollte, wurde an eine Kette gelegt; schliesslich verhängte man über alle eine förmliche Gefangenschaft. Da belegte der Prior die Zinsen aus Deutschland mit Haft. Die Furcht vor dem Geldverlust war es wahrscheinlich, die den Rat zum Einlenken nötigte.

Zum Schluss erzählt der Kartäuser mit Behagen alle Unglücksfälle, welche die Stadt seit der Reformation trafen, spricht von den schlechten Geschäften seit dem Glaubenswechsel. Über den Ausgang, nämlich den Vertrag zwischen Rat und Kloster, berichtet er nicht mehr. Das Kloster war zum ruhigen Aussterben verurteilt; die Mönche erhielten die Freiheit zur stillen Ausübung ihres Kultes. Prior Zschekkenbürlin kehrte zurück, Molitor starb 1545, die Stadt erbte das Kloster. Die Aufzeichnungen sind das tapfere Büchlein eines Mannes mit ungewaschenem Mundwerk.

Aufzeichnungen eines unbekannten Karthäusers, hg. v. *Wilhelm Vischer;* Basl. Chron. 1, Leipzig 1872, S. 439 ff.

Chronik des Fridolin Ryff ca. 1488–1554

Die Ryff kamen um die Mitte des 15. Jahrhunderts nach Basel und gewannen rasch Ansehen. Fridolin wurde 1529 Sechser der Weberzunft, trat in den Rat ein und waltete als Meister der Stachelschützen. Er besass die Chronik nur; ein anderer – ein Unbekannter – hat sie verfasst. Dieser gehörte wahrscheinlich seit 1528 dem Grossen Rat an.

Die *Chronik* umfasst die Jahre 1514–1541. Bis 1529 ist sie in einem Zug geschrieben, gestützt auf frühere Notizen und auf eine Aktensammlung. Die Siegesfreude lässt den Verfasser zur Feder greifen. Nachher wurde nur stückweise eingetragen, meist kurz nach den Begebenheiten. Besonders ausführlich und zusammenhängend sind die Krisenjahre 1528/29 dargestellt. Der Chronist kennt die geheimen Staatssachen nicht und steht nur im Vorhof der Republik; aber er erzählt anschaulich und kräftig. Als felsenfester Reformierter ist er von einer Befangenheit, die sich bisweilen Verdrehungen gestattet. Seine Einseitigkeit scheint mehr naiv als verlogen. Im Drang, das revolutionäre Vorgehen seiner Partei zu rechtfertigen, überschüttet er die Katholiken mit Anklagen; überhaupt ist er mit Verdächtigungen rasch zur Hand. Stets schiebt er den Katholiken die Offensive und die gefallenen Trotzworte zu. Sie tragen nach ihm an allem die Schuld, an Streit und Aufruhr, während in Wirklichkeit die reformierte Mehrheit Schritt für Schritt die Katholiken bedrängte, unterdrückte, vertrieb, gegen den Willen des Rates, der sie schützte und selber über seine Gerechtigkeit fiel. Manchmal erscheint hier die Reformation als Werk des Ehrgeizes und der sozialen Streberei, was der Chronist aber nicht sehen will. Seine Selbsttäuschung ist oft kaum erträglich und macht einem das Lesen widerwärtig.

Im eidgenössischen Bürgerkrieg nimmt er hemmungslos Partei. Über die Disputation von Baden bemerkt er kurz, man habe hier «Perlen vor die Säue geworfen». Während ihn Basels Burgrecht mit Strassburg, das gegen den Bundesbrief mit den Eidgenossen verstösst, nicht stört, vergleicht er das Bündnis der katholischen Orte mit König Ferdinand mit dem Bunde zwischen Pilatus und Herodes. Bei der Schlacht auf dem Zugerberg seien die Basler von den Bernern und Zürchern treulos im Stich gelassen worden. Im zweiten Kappeler Landfrieden, den Zürich und Bern unter Ausschluss Basels mit den Ländern abschlossen, «wart me des tüffelz regiment dan gottes err begriffen».

Ausser für das Konfessionelle interessiert sich der Chronist auch für Freuden und Leiden des gemeinen Volkes. Nachdem die Pest im Lande gewütet hat, lädt Uri zu einem Freischiessen ein, um den gesunkenen Geist zu heben und zu beleben; die Gegenkilbi in Basel dauert acht Tage, während welcher die Urner gastfrei gehalten werden. Das Soldbündnis mit dem König von Frankreich wird als Werk des Antichrists getadelt: «wer vor unser tötlicher fygend wasz, wart jetz durch gelt willen unser fründ». Man hatte in Basel den Eindruck, dass damit eine Verderbnis über die Schweiz gekommen sei, wie das in den Tendenzdramen von Pamphilus Gengenbach kräftigen literarischen Ausdruck fand. Auch der Chronist äussert heftigen Zorn über diesen Menschenhandel, verdammt das Reislaufen als Krebsübel. Im Bauernkrieg erfüllt ihn Sympathie für die Aufständischen, weil die Pfaffen dabei zu Schaden kommen. Im Hungerjahr 1531 wird in der Basler Landschaft Emd zu Brot gebacken. Das Interesse des Chronisten ist rein baslerisch; er zieht Auswärtiges nur heran, wenn es Basel berührt. Für Nachrichten aus der Ferne erweist er sich als völlig unzuverlässig; so berichtet er etwa, Luther sei in Marburg besiegt worden. Gegen den Schluss hin fliesst die Nachrichtenquelle immer dünner; als Ersatz müssen Naturereignisse herhalten; Ernten, Wetter, Preise treten als Lückenbüsser ein.

Der Chronist besass nur geringe Bildung, versteht nicht einmal recht Latein. Seine Chronik zeigt, wie die Reformation auf einen benommenen, unkritischen Schwätzer wirkte. Sein Werk ist eines der leichtfertigsten, aber lehrreichsten Erzeugnisse der Reformation.

Chronik, hg. v. *Wilhelm Vischer;* Basl. Chron. 1, Leipzig 1872, S. 18 ff.

Fortsetzung durch Peter Ryff 1558–1629

Peter, Dr. med. und Professor der Mathematik, war ein Grossneffe von Fridolin. Er erbte von ihm die Chronik und schrieb anno 1585 eine Fortsetzung von *1541–1585* nach Notizen, die ihm ein anderer zur Verfügung stellte. Er schreibt einsichtig, gebildet, trocken, ohne Zusammenhänge über äusseres Geschehen und Naturereignisse: Die Pest von 1564 habe im Basler Gebiet 10000 Personen hinweggerafft. Bei der Erwähnung des Besuches von Condé mit Gefolge schilt er die Lasterhaftigkeit und den Übermut der Franzosen, höhnt die Fides gallica. 1585 erlaubte Basel zum erstenmal seit 1521 einen Auszug, weil es gegen die Guisen ging. Sowohl in der Chronik des Fridolin Ryff als auch in der Fortsetzung werden oft schwere Heimsuchungen durch Birsig und Rhein erwähnt.

Fortsetzung des Peter Ryff, hg. v. *Wilhelm Vischer;* Basl. Chron. 1, Leipzig 1872, S. 164 ff.

Die Matrikel der Universität Basel, hg. v. HANS GEORG WACKERNAGEL; 2, Basel 1956, S. 189.

Fortsetzung durch Diebold Ryff 1516–1586

Er war ein Vetter von Fridolin, Tuchhändler und Färber, ein ehrlicher Mann, schrieb Notizen zu den Jahren *1560–1574.* Sie betreffen Witterung,

Rheinhöhe, Ernte, Not, Teuerung, Krankheiten. Wiederholt erwähnt er mit Entrüstung den Korn- und Weinwucher der Reichen. Von Politik steht nur wenig, dagegen manches von fremdem durchziehendem Kriegsvolk, von Fürstenbesuchen. Ein enger Gesichtskreis, aber ein wackerer Sinn spricht aus diesen Aufzeichnungen. Das viele Traurige, über das er berichtet, ergibt ganz den Eindruck des Jammertales; das Helle wird nicht verzeichnet, eine Verdüsterung gegenüber der Zeit der Reformation ergibt sich. Das grosse Anliegen, sich der Gnade Gottes zu versichern, zehrte manches auf, was ehedem Licht, Luft und Abwechslung gebracht hatte. In den Chroniken der früheren Zeit lagen Scherz und Ernst durcheinander.

Aufzeichnungen des Diebold Ryff, hg. v. *Wilhelm Vischer;* Basl. Chron. 1, Leipzig 1872, S. 218 ff.

Katholischer Anonymus ca. 1526

Seine *Chronik* erstreckt sich über die Jahre 1521-1526; es existiert davon eine Abschrift aus der Zeit um 1600. Als Autor nimmt man einen Kaplan des St. Peter-Stifts an. Er gibt sich streng katholisch, verdammt das Neue. Bei ihm sind die grossen Anliegen und Gegensätze der Zeit deutlich, er gewährt gute Durchblicke. Seine Sprache ist ungescheut, würzig, sehr derb, sein Stil reich an kräftigen Lapidarsätzen. Der Anonymus schrieb nur für sich, begann 1525 und brach im folgenden Jahr, mitten in der Badener Disputation, ab, vielleicht vom Tod ereilt. Die Galle lief ihm über, deshalb das offene Herausreden. Er bietet wertvolle Ergänzungen zu den Kartäusern, widerspricht natürlich der Chronik von Fridolin Ryff in manchem, deckt vieles auf, worüber jener hinwegschreitet. Die Stimmung wird unmittelbar wiedergegeben.

In den Jahren 1521-1522 berichtet er ausführlich, aber innerlich unbeteiligt, von den Mailänder Zügen, die alle Blicke anziehen. Unterdessen gleitet die neue Lehre nach Basel hinein. Mit einem Mal ist sie da, und nun bricht er los: «in diesem jar hat sich ein böser blost ufferhept der Lutherey halben.» Er lässt kein gutes Haar an den Reformatoren, die zum Teil wirklich Anstoss erregten. Immer wieder nimmt er das unerschöpfliche Thema der Priesterheiraten auf, wo alle Anspielungen möglich waren. Der erste reformierte Prediger in Basel sei «ein ippiger, ungelerter esel» gewesen. Was so ein frecher Neuling alles wagt! Hubmaier, der «lecker» mit den vielen Ringen an den Fingern, wird in seiner Eitelkeit verhöhnt. Dem Bildersturm in der Zürcher Landschaft lässt der Chronist die Strafe Gottes auf dem Fusse folgen. Mit Genugtuung schiebt er der Reformation die Schuld an der Wiedertäuferei und am Bauernaufstand zu. Er hasst die aufständischen Bauern, berichtet befriedigt von ihrer Abschlachtung, schwelgt geradezu in den hohen Zahlen der Toten, während Ryff die Bauern rechtfertigen möchte; er scheint keine Ahnung davon zu haben, dass die Reformation nur den Anstoss, nicht die Ursache des Bauernkriegs bildete. Der Eindruck des Schreckensjahres 1525 ist ausgezeichnet wiedergegeben. Wohl kennt der Anonymus den Sieg der Reformation noch nicht, ahnt ihn aber.

Anonyme Chronik aus der Reformationszeit, hg. v. *August Bernoulli;* Basl. Chron. 7, Leipzig 1915, S. 247 ff.

Konrad Schnitt   gest. 1541

Aus Konstanz stammend, Handwerker, d. h. Maler von Beruf, trat Schnitt 1519 in die Malerzunft und heiratete in eine einflussreiche Familie, was ihn vorwärts brachte. Zur Reformation ging er mehr aus äusserem als aus innerem Antrieb über; er war kein Eiferer. Schnitt jagte den Stellen nach, sein tiefstes Anliegen scheint gewesen zu sein, eine soziale Stellung zu gewinnen. Stets finden wir ihn auf seiten der Macht; er war ihr handfester Diener. Anno 1528 wurde er Schaffner des aufgehobenen Augustinerklosters, was einen einträglichen Posten darstellte. Am ersten Kappeler Krieg nahm er teil, nicht aber am zweiten. Von 1530–1536 wirkte er als angesehener Zunftmeister und Ratsherr, gehörte 1532 zu den drei Deputaten für die Neugründung der Universität. Er macht den Eindruck eines energischen Mannes, den man mit heiklen Aufträgen betraute; 1531 liess er die Wiedertäufer auf dem Land ertränken; im folgenden Jahr wurde er beauftragt, sämtliche überflüssigen Kapellen zu veräussern; dann führte er auf der Landschaft das Mandat durch, das den auswärtigen Messebesuch bei hoher Strafe verbot. Anno 1536 trat er aus der obersten Behörde, dem Rat, zurück; er unterhielt weiterhin sehr gute Beziehungen zu den höchsten Kreisen, blieb auch Deputat und als solcher sehr besorgt um das Wohlergehen der Universität bis zu seinem Tod durch die Pest.

Schnitt war ein tüchtiger Heraldiker und Genealoge. Dazu gesellte sich eine echte Neugierde fürs Geschichtliche, ein Eifer und eine Forscherausdauer, die als wissenschaftlich zu werten sind, obschon ihm gelehrte Grundlagen fehlten. Er brachte eine eigentliche Disposition zum Geschichtsschreiber mit, die darin bestand, dass er sich über die Dinge erhob und sie nach ihrem Geschehen, nicht nach ihrer Wirksamkeit wertete. Um 1530 verfasste er ein *Wappenbuch* und um 1533 eine *Chronik*. Nach seinem Tod verkaufte der Sohn beide dem Rat. Dieser steckte sie unter Verschluss, weil darin Sachen stünden, die, wenn man sie vernähme, der Stadt Irrung und Nachteil zuziehen würden. Dies bezog sich unter anderem auf die Tatsache, dass 1529 der Aufruhr dem Rat über den Kopf gewachsen war; das ertrug eine autoritätssüchtige Zeit nicht. Also ist mit der Reformation in Basel die Geschichtsschreibung nicht nur nicht amtlich angeregt, sondern direkt abgeregt worden. Die gleiche Ängstlichkeit treffen wir auch anderwärts an, zum Beispiel in St. Gallen. Das Geheimnis wurde zum Staatsgrundsatz erhoben. In Basel waren die Bedenken in dieser Beziehung so gross, dass man es nicht einmal wagte, die gesamte Heeresmacht auf einmal zu mustern. Das Wappenbuch von Schnitt blieb erhalten, die Chronik jedoch ging in der Obhut des Staates verloren; man kennt weder ihren Umfang noch ihren Inhalt.

Dagegen ist seine *Weltchronik* erhalten, die er nach 1536 in Musse verfasste und die von 200–1541 reicht. Er verwendete ein gewaltiges Quellenstudium darauf; man kennt den Grossteil der fremden und heimischen Quellen, die er kompilierte. Einige Stücke daraus besitzen selbständigen Wert; sie sind später herausgeschält und zu einer *Reformationschronik* 1518–1533 zusammengestellt worden. Diese ist hoch zu werten. Schnitt schreibt kurz, klar, übersichtlich und, im Gegensatz zu Ryff und dem Kartäuser, unbefangen. Deshalb kommt die Reformation, der er nahestand, nicht besonders gut weg. Schnitt bestätigt verschiedene Anklagen der Kartäuser, stellt entschieden die Verdrehungen und Vertuschungen der Ryffschen Chronik zurecht. Er selber war ein Mann der Autorität, welcher Auflehnungen gegen die Obrigkeit verdammt. So vermerkt er befriedigt, dass die Freibriefe aus dem Jahr 1525 vom Landvolk 1532 zurückgegeben wurden. Er legt das Programm der Täufer vor, das stark materialistisch gehalten ist und unvermittelt ins Spiritualistische umschlägt, beschreibt ihren Opfermut, ihr Märtyrerhochgefühl. Auch sieht er den Streit um den Hauptartikel des ersten Kappeler Landfriedens richtig. Dieser gab den Katholiken die kantonale Glaubenshoheit, während ihm die Reformierten die individuelle Glaubensfreiheit unterschieben wollten. Grosse Befriedigung zeigt er über die Wiederherstellung des eidgenössischen Einvernehmens nach dem zweiten Kappeler Landfrieden: «Und sassen gemein Eidgenossen die dryzechen ort wider zusamen wie vor, schalteten und walteten wie vor.»

Beim Wappenbuch handelt es sich um eine grosse Arbeit von 241 Blättern. Auf den letzten acht Seiten sind die Wappen der Basler Bischöfe eingetragen, darüber, soweit Raum, Name, Jahreszahl, mitlebende Kaiser, Päpste, Weihbischöfe, kurze Notizen. Zwar ist das meiste davon sonst bekannt. Aber darin steckt das älteste Basler Bischofsverzeichnis (237–1533), das Schnitt in schlechter Abschrift vorgelegen sein muss. Er merkte die Unmöglichkeiten, wollte aus Urkunden verbessern, was ihm nicht immer gelang. Schnitt zeigt, wie die Verschuldung der Bischöfe sie nötigte, der Stadt Rechte zu verkaufen.

Ferner sind einzig durch Schnitt erhalten eine *Anonyme Chronik*, die Jahre 1495–1541 umfassend, die *Grossen Basler Annalen* über die Zeit von 238–1416 und *Spätere Aufzeichnungen* betreffend die Jahre 1400–1487, alle drei unbekannten Ursprungs.

Reformationschronik, hg. v. *August Bernoulli;* Basl. Chron. 6, Leipzig 1902, S. 110ff. – Der Zürcher Stumpf benützte Schnitt, und zwar namentlich seine erste Chronik.

AUGUST BERNOULLI: Die Basler Quellen zu Stumpfs Beschreibung der Eidgenossenschaft; Basl. Zeitschr. Gesch. Altertkde. 11, 1912, S. 244ff. – AUGUST BERNOULLI: Neues über Stumpfs Basler Quellen; Basl. Zeitschr. Gesch. Altertkde. 13, 1914, S. 191ff. – GUSTAV MÜLLER: Die Quellen zur Beschreibung des Zürich- und Aargaus in Johannes Stumpfs Schweizerchronik; Bern/Zürich 1914.

Wappenbuch, hg. v. *August Bernoulli;* Basl. Chron. 7, Leipzig 1915, S. 320ff.

RUDOLF WACKERNAGEL: Wappenbuch des Konrad Schnitt; Der Deutsche Herold 1891, Nr. 11, S. 159ff.

Anonyme Chronik, hg. v. *August Bernoulli;* Basl. Chron. 6, Leipzig 1902, S. 191 ff. –
Grosse Basler Annalen; Basl. Chron. 6, S. 245 ff. – *Spätere Aufzeichnungen;* Basl. Chron. 6,
S. 296 ff.

Heinrich Ryhiner ca. 1490–1553

Geborener Brugger, kam Ryhiner 1508 an die Universität, wurde bischöflicher Prokurator, hierauf Stadtschreiber und starb in hohem Ansehen. Man schätzte ihn als trefflichen Beamten mit organisatorischem Talent, der eine *Sammlung wichtiger Beschlüsse* anlegte. Anno 1525 schrieb er eine *Geschichte der Bauernunruhen* in der Umgebung Basels aus demselben Jahr. Diese Darstellung wollte er dem Rat widmen, unterliess es aber, weil Dinge darin standen, deren Erinnerung die Regierenden beschämen musste. Daher behielt Ryhiner die Chronik unter Verschluss.

Sie sticht unter den Basler Aufzeichnungen hervor. Ryhiner trachtet vor allem nach gerechtem Urteil. Während die anderen mit mehr oder weniger Recht ihre Partei vertreten, Schnitt aus innerer Gleichgültigkeit unparteiisch bleibt, sucht er mit warmem Herzen Menschen und Dinge unbefangen zu würdigen. Er ist Diener der Obrigkeit, von der Göttlichkeit der Autorität überzeugt, aber er versteht auch das Volk. Etwas langatmig erörtert er die Rechtfertigung des Staates durch die Reformation. Von der Regierung erwartet er Gerechtigkeit, gibt zu, dass die Bauern, namentlich im Elsass, hart bedrückt seien; anderseits verstösst es gegen die Ordnung Gottes, dass die Untertanen sich selbst helfen wollen, um die Freiheit des Fleisches zu gewinnen. Ryhiner schreibt also nicht einfach als Freund des Bestehenden, sondern prüft ernstlich. Seine Chronik ist eine wahre Monographie, sie gibt für seinen Gegenstand das Ganze der Politik, nicht nur Brocken wie andere; auch schiebt er seiner Darstellung Akten ein.

Im ersten Teil erzählt Ryhiner die Bauernbewegung. Er verwirft das Vorgehen der Bauern. Prädikant Stör zu Liestal schickt heimlich einen Hetzbrief in die Stadt. Die Bauern wollen die Ratsboten der Stadt nicht anhören, vergessen die Wohltaten der Stadt, die Hilfe, die sie ihnen bei Unglücksfällen gewährt, den Sold, den sie ihnen auf Feldzügen bezahlt, während anderswo die Landgemeinden dafür aufkommen müssen. Unbelehrbar ziehen die Bauern vor die Stadt, zufällig anwesende Solothurner vermitteln; überhaupt fällt die Allgegenwart eidgenössischer Vermittlung in jener Zeit auf. Ryhiner entschuldigt die Bauern mit Rücksicht auf die deutschen Unruhen.

Im zweiten Teil berichtet er über die Bauernbewegung im Elsass. Noch im Mai waren die Bauern im Vorteil. Das Regiment von Ensisheim bat um Mediation. Basel und andere Schweizer Städte legten sich ins Mittel, weil das Elsass ihr Brotkasten und Weinkeller war. Ein Vergleich kam zustande; doch nach Niederwerfung des Aufstandes hielten sich die Regenten nicht mehr daran; Basels Mahngesandtschaft wurde übel aufgenommen. Da gab die beleidigte Stadt den Regenten fürderhin den Ehrenwein nicht mehr. Plötzlich bricht Ryhiner ab. In diesem zweiten Teil nimmt er entschieden für die Bauern Partei.

An Gehalt, Geist, Gesinnung steht Ryhiner über den andern Chronisten; es ist zu bedauern, dass er nicht mehr geschrieben hat.

Geschichte der Bauernunruhen, hg. v. *August Bernoulli;* Basl. Chron. 6, Leipzig 1902, S. 470ff.

AUGUST BURCKHARDT: Stadtschreiber Heinrich Ryhiner; Basl. Zeitschr. Gesch. Altertkde. 2, 1903, S.34ff. – VALENTIN LÖTSCHER: Der deutsche Bauernkrieg in der Darstellung und im Urteil der zeitgenössischen Schweizer; Basl. Beitr. Geschichtswiss. 11, Basel 1943, S.72ff.

Niklaus Briefer gest. 1548

Er stammte aus angesehener Basler Ratsfamilie, immatrikulierte sich anno 1500 an der Universität, war seit 1507 Professor juris, wiederholt auch Rektor und amtete zugleich als Dekan. Obwohl gegen die Reformation eingenommen – man bezeichnete ihn als «treffenlichen bäbstler» – wurde er zu einem der vier Präsidenten der Berner Disputation gewählt. 1529 zog er aus Verdruss über die Vorgänge in Basel nach Frankreich. Später scheint er sich der Reformation unterzogen zu haben; denn er kehrte 1532 zurück und trat wieder in die Ämter ein.

Briefer war ein eifriger Geschichtsforscher im Verein mit Schnitt. Er vermittelte diesem Mitarbeiter die Beziehungen zu Tschudi und Stumpf, unterhielt auch freundschaftlichen Verkehr mit Beatus Rhenanus. Mit Schnitt zusammen verfasste er eine *Genealogie der Habsburger* nach den Acta Murensia, ferner eine *Urkundensammlung,* die verlorenging; Auszüge davon sind bei Wurstisen erhalten. Im weiteren rettete er die Handschrift der Colmarer Annalen, unterstützte Sebastian Münster, der damals in Basel lebte, bei seiner Cosmographie und teilte Stumpf «allerhand antiquiteten» mit.

Für Stumpf arbeitete er sein letztes Werk aus, die *Chronik der Basler Bischöfe von Julius Caesar bis 1538.* Er wollte Besseres leisten als Blauenstein und Schnitt mit ihren Bischofskatalogen, wollte genauere Daten ermitteln und «ex certis et indubitatis auctoribus» das Gerippe füllen. Darum betrieb er ein noch umfassenderes Quellenstudium als Schnitt, ging noch kritischer vor als dieser, konnte römische Inschriften auflösen. Für die ältere Zeit weist er denn auch viel weniger Irrtümer auf. Quellenwert hat die Schrift in dem Abschnitt über die Zeit von 1478–1529; hier stehen eigene Berichte. Briefers Chronik hat die Hauptquelle abgegeben für Stumpfs XII. Kapitel. Der Reformation gegenüber verhält er sich kühl; Luther habe das Kind mit dem Bad ausgeschüttet, meint er. Über die Basler Reformation geht er allzu knapp hinweg.

Chronik der Basler Bischöfe, hg. v. *August Bernoulli;* Basl. Chron. 7, Leipzig 1915, S.375ff.

Die Matrikel der Universität Basel, hg. v. HANS GEORG WACKERNAGEL 2; Basel 1956, S. 22.

Cosmas Erzberg ca. 1470–1550

Dieser Basler studierte 1483 an der Universität, wurde 1488 Substitut des Stadtschreibers, versah von 1494–1532 die Stelle eines Kaufhausschreibers. Er hinterliess ein grosses Manuskript mit ziemlich ungeordneten Geschichtsnotizen. Zur Ausarbeitung hat er die gleichen Quellen benützt wie Schnitt und diesen selbst. Daher bietet er wenig Wertvolles. Das Brauchbare ist herausgeschält und zu einer kurzen *Anonymen Chronik* 1473–1529 zusammengestellt worden. Ebensowenig übermitteln Erzbergs eigene *Aufzeichnungen* zu den Jahren 1488–1532; sie betreffen meist nur Preise, Naturereignisse, Witterung, Wasserhöhe.

Chronik, hg. v. *August Bernoulli;* Basl. Chron. 6, Leipzig 1902, S. 313 ff.

Adelberg Meyer (zum Pfeil) 1474–1548

Bürgermeister, Führer der Reformierten in der Krisenzeit, Freund von Schnitt, Förderer der Geschichte, liess er durch Hieronymus Brilinger die lateinische Chronik von Beinheim ins Deutsche übertragen, andere Chroniken durch Magister Berlinger kopieren. In ein Heft trug er *Notizen* aus bekannten Quellen zusammen. Verwertbar daraus sind die Aufzeichnungen aus der eigenen Zeit 1537–1540.

Ferner begann er 1533 eine *Familienchronik,* die von den nächsten Generationen bis 1656 zum Urenkel fortgesetzt wurde. Hier notiert er Geburten, Gevattersleute, Todesfälle, Heiraten, Kinderreichtum: Sein Sohn hatte 14, der Enkel 10, der Urenkel 11 Kinder.

Aufzeichnungen, hg. v. *August Bernoulli;* Basl. Chron. 6, Leipzig 1902, S. 354 ff. 391 ff.

RUDOLF WACKERNAGEL: Geschichte der Stadt Basel 3; Basel 1924, S. 262 f.

Johannes Gast ca. 1500–1552

Er stammte aus Breisach, scheint in seiner Studienzeit weit umhergekommen zu sein, gelangte nach Frankfurt, Mainz, Breslau, Budapest, Wien und erwarb sich als angehender Kleriker eine humanistische Bildung. 1525 ist er im Hause des Druckers Adam Petri nachweisbar, wurde 1529 Diakon zu St. Alban und bekleidete nun dieses Amt ununterbrochen während dreiundzwanzig Jahren. Man kennt ihn als namhaften Gelehrten und fruchtbaren theologischen Schriftsteller, der mit Bullinger und anderen im Briefwechsel stand. Er war auch ein scharfer Beobachter seiner Zeit. Davon zeugen seine Tischreden, *Sermones conviales,* die mehrere Auflagen erlebten, und sein lateinisches *Diarium.* Von Natur sauer und grämlich, durch Not verbittert – die Armut sticht an mehreren Stellen seines Tagebuches durch –, war er gescheit, hatte eigene Gedanken. Hier spricht ein durch Unglück erniedrigtes Talent. Stets fühlte er sich zurückgesetzt: Andere bekommen die guten Pfründen, um die er sich bewirbt. Auf seine Kollegen ist er schlecht zu sprechen, zeigt sie nur von der üblen Seite, wurde wegen seiner heftigen Kritik vorübergehend abgesetzt. Eigentlich lässt er nur Oekolampad und Myconius gelten; jenen verehrte er hoch. Die andern sind ihm zu scharf oder meistens zu süss und schmeichlerisch. Er selber nahm auf der Kanzel kein Blatt vor den Mund gegen die Sittenlosigkeit der Stadt, darum wurde er mit Geld gebüsst. Gast war ein eigenartiger Charakter, bald Menschenfreund, bald Menschenfeind, geistig durchaus selbständig.

Das Tagebuch bildete die Zuflucht des Gequälten und Verkannten. Hier giesst er seine Bitterkeit aus, lässt ein missfarbenes Licht über das Leben fallen. Die Hoffnungslosigkeit des irdischen Jammertals wird wohl nirgends wie bei ihm so eindringlich ausgebreitet. Jede Freude fehlt ausser der Schadenfreude. Bei ihm selbst macht sich schleichende Ränkesucht bemerkbar. Mit einer Art Genugtuung verzeichnet er die Schlechtigkeit der Welt, Verbrechen, Gemeinheiten, Ausschweifungen, was alles ihm eine heimliche Erholung verschafft. So wird das Tagebuch zur Skandalchronik. Die Genüsse, die ihm versagt sind, kreidet er andern an. Er bringt nicht viel Politik, sondern mehr Ausschnitte aus dem Alltag. Und doch meint er es gut mit den Menschen; als erster führt er einen unablässigen Kampf gegen die Trunksucht, verlangt die Bestrafung der Wirte, die die Völlerei fördern, und verzeichnet besonders die Verbrechen, die im Rausch begangen werden; da ist ihm ein Gerichtsurteil selten hart genug. Aber mit Heftigkeit rügt er den Missbrauch der Folter.

Sein Tagebuch ging verloren. Ein Pfarrer hat anno 1600 Auszüge aus den Jahren 1531, 1545, 1546, 1548, 1551 und 1552 gemacht, die erhalten sind. Dass nicht mehr gerettet werden konnte, bedeutet einen Verlust; denn die Welt wird hier von einer bestimmten Seite unerbittlich festgehalten. Das Diarium bietet ein Beispiel, wie damals der Pessimismus in theologische Sittenrichterei umschlug.

Gast ist übrigens ein strammer Reformierter im Sinne Zwinglis. Diejenigen, die für Vermittlung und Frieden eintreten, sind «mali» = Böse, ja «oligarchia Reipublicae pestis» = eine für den Staat verderbliche Gruppe. Wo er Lauheit feststellt, wittert er Papismus. 1531 tritt er entschieden für den Krieg ein. An der Niederlage sind die Schwachen im Glauben schuld. Er meldet die Freude der Basler Katholiken am Ausgang des zweiten Kappeler Krieges. Beim Ausbruch des Schmalkaldischen Krieges stellt er mit Befriedigung fest, dass Basel den Kaiser in seinem «bellum iniustissimum» (= sehr ungerechten Krieg) gegen die Freiheit Deutschlands nicht unterstützt. Der Kaiser besteche die Länderkantone, damit sie sich von den andern Orten trennten. Naturbeobachtungen bilden eine liebliche Abwechslung.

Trotz allem stellt Gasts Tagebuch eine Quelle ersten Ranges dar; sein sittengeschichtlicher Wert ist bedeutend.

Gast's Tagebuch, hg. v. *Carl Buxtorf;* Basel 1856. - *Diarium,* hg. v. *Paul Burckhardt;* Basl. Chron. 8, Basel 1945.

PAUL BURCKHARDT: Die schriftstellerische Tätigkeit des Johannes Gast; Basl. Zeitschr. Gesch. Altertkde. 42, 1943, S.39ff. - HANS JÜRGEN RIECKENBERG: Johannes Gast; NDB VI, Berlin 1964, S.85.

Bonifatius Amerbach 1495–1562

In wohltuendem Gegensatz zum Diarium des leidenschaftlich herausredenden Klerikers Gast stehen die Tagebuchaufzeichnungen des vornehm zurückhaltenden Juristen Amerbach. Zwar dienen ihm die Eintragungen besonders dazu, seinen Mittelweg zwischen den Konfessionen abzustecken und sich über seine Zurückweisung des behördlichen Gewissenszwanges klarzuwerden. Daneben aber enthält sein Tagebuch zum Jahr 1531 auch Betrachtungen zu den Tagesereignissen. Daran interessiert ihn besonders die rechtliche Seite, so im Galgenkrieg – einem Streit mit Solothurn – und namentlich im Konfessionskrieg. Er bringt Verständnis auf für die Klagen der altgläubigen V Orte, meldet, dass zwei aus der Gefangenschaft heimkehrende Basler Krieger die ihnen in der Innerschweiz zuteilgewordene gute Behandlung rühmen, kritisiert das Draufgängertum der Zürcher – sie seien «ettwas frischer dan villicht Evangelischen zimpt» –, stellt mit Befriedigung fest, dass in Zürich nach dem zweiten Kappelerkrieg die wegen ihrer altgläubigen Gesinnung aus dem Rat Vertriebenen in ihre frühere Stellung zurückkehren dürfen. Es ist die Gesinnung eines feinfühlenden, leicht verwundbaren Menschen, der sich, mühsamer als sein Pate Erasmus von Rotterdam, in schweren inneren Kämpfen eine Haltung über den Konfessionsparteien erarbeitet hat.

Tagebuch zum Jahr 1531, hg. v. *Theophil Burckhardt-Biedermann,* in: *Bonifacius Amerbach und die Reformation,* Basel 1894, S. 325–377.

THEOPHIL BURCKHARDT: Bonifacius Amerbach und die Reformation; Basel 1894. – ALFRED HARTMANN: Bonifacius Amerbach; NDB 1, Berlin 1953, S. 247. – Amerbach-Korrespondenz, hg. v. ALFRED HARTMANN, Bde. 1–8, Basel 1942–1974.

Ulrich Hugwald (Mutius) 1496–1571

Er nannte sich Mutz, später latinisiert Mutius, war aus Wilen im Kanton Thurgau gebürtig, immatrikulierte sich 1519 an der Universität, veröffentlichte von 1520–1522 mehrere *reformatorische Streitschriften.* Vorübergehend schloss er sich der Wiedertäuferei an, wanderte ins Gefängnis, weil er «etwas fantasy an die kilchthür geschlagen» und im folgenden Jahr schon wieder, weil er «eine wincklechtige versamlung gmacht». Später wurde er Lehrer und Rektor der Lateinschule auf Burg, dozierte seit 1541 an der artistischen und inskribierte sich 1542 in der theologischen Fakultät.

Ohne inneren Beruf schrieb er *De Germanorum prima origine ... usque ad mensem Augustum anni MDXXXIX libri chronici XXXI.* Bei der Abfassung dieses grossen Werkes hat Mutius fast ganz die Chronographie des Nauclerus ausgeschrieben. Eigenartig erscheinen Gesinnung und Zweck; Mutius will den Italienern zeigen, dass die Deutschen ihre Verachtung nicht verdienen: die Taten der Deutschen sind grossartig, aber niemand erzählt sie der Welt. Darum schreibt Mutius Latein. Er führt die Erzählung von Noah bis 1539. Der erste Bund der Eidgenossen, den er 1306 ansetzt, ist keine Rebellion, seine territoriale Ausdehnung beruht auf gerechten Kriegen. Ihre Siege verdanken die Eidgenossen ihrer virtus (Tugend) und ihrer fortitudo (Stärke). Sie sind fromm, danken Gott für den ihnen verliehenen Ruhm, behandeln die Kriegsgefangenen humanissime (= sehr human). Nach wie vor gehören sie zum Reich, ihre Feinde sind die Welschen. Aus Mutius sprechen national-deutsche Gesinnung und zugleich Stolz auf die Eidgenossenschaft sowie ihre Siege. Er ist jetzt religiös tolerant und hofft auf eine Vereinigung der Bekenntnisse, ähnlich wie Erasmus.

Chronik, Scriptores illustres veteres rerum Germanicarum 2, Regensburg 1731, S. 605 ff.

CARL EUGEN HERMANN MÜLLER: Die Chronik des Baseler Professors Huldreich Mutius; Prenzlau 1882. – CARL EUGEN HERMANN MÜLLER: Huldreich Mutius; ADB 23, Leipzig 1886, S. 113. – RUDOLF THOMMEN: Geschichte der Universität Basel 1532–1632; Basel 1889, S. 352. – Die Matrikel der Universität Basel, hg. v. HANS GEORG WACKERNAGEL; 1, Basel 1951, S. 340, Nr. 10. – Amerbach-Korrespondenz, hg. v. ALFRED HARTMANN; 5, Basel 1958, S. 177 ff.

Heinrich Bantlin (Pantaleon) 1522–1595

Der Vater, Christian Bantlin, war als Schneidergeselle aus Ravensburg eingewandert. Heinrich erwarb sich an der Universität seiner Vaterstadt Basel das Magisterium artium, wurde Professor der lateinischen Sprache, dann der Rhetorik, promovierte in Valence zum Dr. med. und erhielt in Basel den Lehrstuhl für Physik. Seinen Ruhm erwarb sich der von Kaiser Maximilian zum Poeta laureatus Gekrönte als Verfasser des lateinisch und deutsch erschienenen Werkes *Teutscher Nation Heldenbuch.* Es ist eine Heroengalerie im Sinne des von der Renaissance geweckten Ruhmesempfindens, beeinflusst durch die antike Biographie und die mittelalterliche Hagiographie. Die geschichtliche Kontinuität wird vernachlässigt, um die Reichsgeschichte in Porträts hervorragender Persönlichkeiten darstellen zu können. Aber die Personen werden nicht individuell, sondern schematisch geschildert, mit einem Tugendkranz geschmückt und wirken in dieser Panegyrik wenig lebendig. Das Ganze ist ein buntes Mosaik, einzig durch die deutsche Reichsidee zusammengehalten. Von den geschilderten bürgerlichen Helden entfällt etwa die Hälfte auf die Eidgenossenschaft, woraus sich eine Art Schweizergeschichte in Porträts ergibt, von Tell und Stauffacher über Winkelried zu Magistraten, Buchdruckern, Künstlern und Handwerkern; sachlich Neues erfährt man über sie nicht. In seinem der Stadt Basel gewidmeten *Diarium historicum* behandelt er in zwölf Kapiteln die übrigen zwölf eidgenössischen Orte und rühmt ihre Obrigkeiten mit den wärmsten Worten, das Ganze ein Humanistenwerk ohne historischen Quellenwert.

Ausser medizinischen Arbeiten und zahlreichen Übersetzungen hat Pantaleon noch eine Reihe weiterer historischer Schriften publiziert: eine *Chronographia Ecclesiae Christianae*, eine *Martyrum Historia* in polemischem Ton, eine in heiterer Stimmung gehaltene farbenreiche Bädergeschichte der *uralten Statt und Graveschaft Baden*, eine chronologische Porträtgalerie der französischen Könige und eine Geschichte des Johanniterordens, Versuch eines Reformierten, dem Kreuzritterwesen gerecht zu werden.

Anno 1572. 28. Januarÿ cæpi ⟨...⟩ scribere ⟨...⟩

Worūb ich di ser hab geschribe

Die will du, Lieber sun felix, nū etlich mall an mich begärt hast, des glichē ouch andre verriempte vnd glerte mēner, die vor etlich iarē in ir iugent mine discipuli gsin sind, ich sölle vō iugend vff min laben beschriben, dan du, wie ouch sÿ manchmall vō mier gehört habend, in was grosser armūt vō mütter lyb an, demnach in wie vill grosser pferden ich offt bin gsin mins lybs vn lābens erstlich als ich gedienet hab in der grusame gebirgē, dem nach als ich den schülen in miner iugend nach bin gezogē, ouch wie ich in die ee bin kumē, mich mit miner husfrowē mit grosser sorg müi vnd arbeit mit den minen ernert hab.

So dan sömlichs fürnämlich dier zū güttem vrschiessen mag, das du betrachtest von gott mich nach mall so wunderbarlich erhalten, vn du dem herre in himel drū dankest das er dich vō mier erborē, so woll begabet hatt, vn besünder das du mit mir so hast miessen armüt liden, so kan ich dier das nit abschlache, sünder als wÿr mier einiglich der gedas meinhalb alles anzeigen, wie vn wo wit, ich erbore, vn erzogen sige worden. Vnd erstlich kan ich kein ding minder wissen dan zū welcher zÿt sich ein iglichs mit mier verloffen hab.

Der zÿt vergässen

Wie ich dan der zÿt miner geburt nach gedacht, vn gefragt hab, so hatt ma zelt 1499 bin an dise welt kumē vff der herren fasznacht, eben als ma zū der maß zämē gelütet hat, dz weis ich de bÿ, dz mine fründ alweg verhofset haben ich werde ein priester werdē, die will ma eben der zÿt zū der mess zämē gelütet hat, so han ich ein schwester gehan hat Christina gheissen, die iez allein bÿ der mütter doch sÿ mit grüsen ist.

Geburt

Die hatt mier das ouch angezeigt vatter

Min vatter hatt Hanßeni platter gheissen, vō dem alte geschlechtz derē die platter gheissen hatt, die hand ire name vō einē huß das ist vff einer breitte blatten, dz ist ein felsen, vff einē gar hohen berg, bÿ einē dorff das heiset Grenche, ghöret in die Zenden vnd kilchhöri vispp, ist ein vernämpt dorff in Zenden in walleß. Die mütter aber hatt gheissen Amilli sum-mermatterin, vō einē gar grossen gschlecht, dz ma har genempt die Summermatter, welche ein vatter gehan hat, der ist 126

Mütter

Prosopographia heroum atque illustrium virorum totius Germaniae ...; Basel 1565. – *Teutscher Nation Heldenbuch* ...; Basel 1570. – *Diarium historicum;* Basel 1572.

J. BOLTE: Heinrich Pantaleon; ADB 25, Leipzig 1887, S. 128 ff. – ALBRECHT BURCKHARDT: Geschichte der medizinischen Fakultät zu Basel 1460 bis 1900; Basel 1917, S. 49 ff. – HANS BUSCHER: Heinrich Pantaleon und sein Heldenbuch; Basl. Beitr. Geschichtswiss. 26, Basel 1946.

Thomas Platter ca. 1500–1582

Im Walliser Dörfchen Grächen ob Visp geboren, verlebte Platter eine überaus strenge Jugend. Der frühe Tod des Vaters und die zweite Heirat der Mutter hatten zur Folge, dass er als Hirtenknabe bei Verwandten untergebracht wurde. Im zartesten Alter schon musste er die Geissen hüten, als ihn diese noch überrannten. Er begleitete seine Tiere «uff die hohen und grusamen berg». Von Alpenromantik ist bei Platter noch nichts zu spüren, er kannte nur die Gefahren und Mühsale des Gebirges; viel später noch erinnert er sich ihrer mit Schrecken. Täglich litt er Entbehrungen. Mit neun Jahren tat man ihn zum Pfarrer von St. Niklaus; von diesem wurde er so sehr misshandelt, «dass oft die nachpuren über ihn schruwen, ob er mich wellte mirden».

Ungefähr zwölfjährig begab er sich mit seinem Vetter Paulus Summermatter auf die Studienreise. Auf der Grimsel sah er den ersten Kachelofen, in Luzern die ersten Ziegeldächer. Die älteren fahrenden Schüler, die «Bachanten», wanderten gerne in Scharen; die jüngeren, die «Schützen», mussten durch Betteln und Stehlen für ihren Unterhalt sorgen. Auf diese Weise erhielt Platter seinen Vetter jahrelang. Sie zogen zusammen weit nach Deutschland, kamen bis nach Sachsen und Schlesien. Hie und da konnte sich Platter satt essen, meistens aber blieb er hungrig. Nicht selten plagten ihn die Läuse. Er lernte das Betteln meisterhaft und hielt durch dank seiner Abhärtung. Sein unruhiges Blut nährte seine Wanderlust. Überall war er beliebt, wurde zuweilen wegen seiner Mundart und seines Schweizertums beschenkt. Ein Fugger wollte ihn sogar adoptieren, aber der Vetter erlaubte es nicht. In München war er bei einem reichen Seifensieder gut aufgehoben, dem er nach Jahrzehnten in Basel die Wohltaten vergelten konnte. Schliesslich kam das Heimweh über ihn. Er entlief dem Vetter, der ihn schändlich ausbeutete, und floh nach Konstanz. Jenseits des Stroms erblickte er die Heimat: «do ich ... ettliche Schwitzer pürlin in wissen iüpplinen gsach, ach min gott, wie was ich so fro, ich meint, ich weri im himelrich.»

Mit achtzehn Jahren konnte er noch nichts. Er holte sich die dürftigsten Anfangsgründe der alten Sprachen in Schlettstadt. Dann fand er an der Zürcher Fraumünsterschule im Luzerner Oswald Myconius seinen Lehrer für Latein und Griechisch, lernte mit eisernem Fleiss auch Hebräisch. Von Zwingli wurde er tief ergriffen; als er ihn predigen hörte, da war ihm, «es zuge mich einer by dem haar uber sich». Den Reformatoren diente er als Bote; besonders bei der Badener Disputation versorgte er Zwingli mit den neuesten Berichten, indem er alle andern Tage zwischen Baden und Zürich hin und her lief. Seine Schilderung dieser Zeit enthält eine Fülle reizender Züge, zum Beispiel, wie er Zwingli mitten in der Nacht aufweckt. Um eines besseren Auskommens willen erlernte er von Collinus das Seilerhandwerk. Dann siedelte er nach Basel über und nahm hier Anstellung bei einem Seilermeister, war Seilergeselle und Hebräischlehrer zugleich. Eines Tages erschien Erasmus in seiner Werkstatt und bot ihm seine finanzielle Hilfe an, was Platter aber ablehnte.

Vorerst hielt es ihn nicht in Basel fest; sein Leben lang spürte er Lust nach Veränderung. Er machte den ersten Kappeler Krieg mit und sah, wie man das Ferdinandeische Bündnis der katholischen Kantone zerschnitt. In seiner letzten Zürcherzeit heiratete er die Hausangestellte seines Lehrers Myconius. Die Ehe wurde in Dübendorf gefeiert, und zwar so, wie Platter selber ironisch erzählt, «dass lüt by uns am tisch waren, die wussten nit, dass ein hochzyt was». Nun versuchte es Platter als Seiler und Schulmeister in Visp. Er kam in seiner Walliserheimat wohl an; der Bischof wollte ihn zum Landesschulmeister in Sitten machen. Aber Platter verliess wegen des Glaubens die Heimat, trug sein Kind auf einem Räf über die Berge. Jetzt dachte er daran, Medizin zu studieren. Nach einem Abenteuer als Arztgchilfe in Pruntrut jedoch verging ihm die Lust hiezu. Er liess sich dauernd in Basel nieder; die Frau wollte wohl endlich Ruhe haben.

In Basel versuchte er es mit dem Buchdruck; aus seiner Offizin gingen einige Drucke hervor, darunter ein Werk von Weltbedeutung: Calvins «religionis christianae institutio». Aber auch da hatte Platter kein Verbleiben und wurde endlich Rektor der «schuoll uff Burg», das heisst des Gymnasiums auf dem Münsterplatz, das er aus dem Verfall in die Höhe brachte.

Er muss ein ausgezeichneter Lehrer der klassischen Sprachen gewesen sein, treuherzig, aber heftig, temperamentvoll, mit der Rute rasch zur Hand. Gelegentlich liess er seine Schüler ein von ihm verfasstes deutsches Spiel aufführen. Oft geriet er als Gymnasiarch in Streit mit der Universität, wobei immer er der Angreifende war; er hatte eben rasch Feuer im Dach. Neben der Führung des Rektorats blieb ihm noch Zeit, eine Kostgeberei zu leiten, in der bis vierzig Schüler wohnten. Immer musste er etwas Neues anfangen. So kaufte er ein Gut, das Weiherschlösschen, in Gundeldingen und bauerte dort nebenbei. Als er sein Amt ungefähr vierzig Jahre lang verwaltet hatte, demissionierte er, wie er fast entschuldigend sagt, «da ich so viel unmuoss mit der jugent ohn unterlass erliden hab miessen, dass ich mich allerdingen ab inen ermiedet, abgewerkt».

Aber Platter blieb zäh und unverwüstlich und heiratete nach dem Tode seiner Frau ein zweites Mal. Drei Töchter aus erster Ehe waren ihm an der Pest gestorben, was den Vater furchtbar hergenommen hat. Seine ganze Hoffnung stellte er auf seinen Sohn Felix.

Für diesen schrieb er 1572 in vierzehn Tagen seine *Erinnerungen* nieder. Besonders reichhaltig berichtet er über seine Jugend sowie die Wander- und Studienjahre, von seinem guten Gedächtnis unterstützt. Das Ganze ist ein einmaliges Kabinettstück. Platter entpuppt sich darin als geborener Schriftsteller mit treffendem, kernigem Ausdruck, Sinn für Spannungsmomente, das Wesentliche heraushebend. Alles durchzieht eine leichte Lebhaftigkeit, die den Meister ausmacht. Ohne allen Aufputz wird dieses Leben erzählt wie bei Augustin und Rousseau. Man sieht der Zeit ins Gesicht, den Menschen ins Herz. Die Proportion wird nicht gewahrt; er schrieb nach der Frische des Eindrucks, der ihm geblieben war. Platter ist durchaus originell; seine Sprache spiegelt sein Wesen. Er enthüllt sich in seiner Vita als eine goldene Natur, als ein tapferer Erdenstreiter.

Die Autobiographie Thomas Platters ist schon im 18. Jahrhundert herausgegeben worden. *Goethes* Tagebücher enthalten im Frühjahr 1812 den Namen Platter sechsmal. Von Platters *Selbstbiographie* gibt es viele Ausgaben, z.B. von *Heinrich Boos,* Leipzig 1878; von *Horst Kohl,* Voigtl. Quellenb. 21, Leipzig 1913. Die letzte und zuverlässigste besorgte *Alfred Hartmann: Thomas Platter. Lebensbeschreibung.* Originaltext mit Kommentar; Basel 1944 – *Thomas Platters Briefe an seinen Sohn Felix,* hg. v. *Achilles Burckhardt;* Basel 1890.

Gustav Freytag hat Platter eingehend gewürdigt: Bilder aus der deutschen Vergangenheit 2, Leipzig 1879, S. 1 ff. – Jakob Baechtold: Thomas Platter; ADB 26, Leipzig 1888, S. 265 ff. – Dionys Imesch: Ein Brief des Thomas Platter an Landeshauptmann Peter Owling in Brig; Anz. Schw. Gesch. 1902, S. 27 ff. – Walter Muschg: Thomas Platter; Grosse Schweizer, Zürich 1938, S. 125 ff. – Alois Larry Schnidrig: Thomas Platter; Brig 1955. – Paul Koelner: Das Gelehrtengeschlecht Platter; Sonntagsbl. Basl. Nachr. 1956, Nr. 33.

Felix Platter 1536–1614

Er war das einzig überlebende Kind des Thomas Platter aus erster Ehe und hatte es viel leichter, da er auf der Stellung fussen konnte, die sein Vater erworben hatte, als ein rechter Hätschelhans des Schicksals. Seinen ersten Unterricht genoss er beim Vater. Sechzehnjährig zog er an die Universität Montpellier zum Studium der Medizin. Im Oktober 1552 ritt er mit einem Kameraden über den Hauenstein nach Genf, wo er sich eine Predigt Calvins anhörte, jedoch, der französischen Sprache noch unkundig, nichts verstand. In Montpellier legte er sein Studium sehr umsichtig an, trieb während viereinhalb Jahren Botanik, Zoologie, Anatomie, Chirurgie, Pharmakologie. Noch dozierten an der Universität zum Teil die gleichen berühmten Professoren, die Rabelais zwanzig Jahre zuvor gehört hatte. Platter erzählt, wie die Studenten aufstanden, weil die Dozenten zu wenig lasen, wie er nachts auf Leichenraub ausging, um Material für seine anatomischen Studien zu gewinnen, schildert die Volksgruppe der Maranen, mit deren Ideen und Bräuchen ihn sein Kostgeber Catalan bekannt machte, sah die türkische Flotte im Hafen von Aigues-Mortes, befand sich gerade in der Apotheke, als die Henker der reformierten Märtyrer Terpentin zum Anzünden des Scheiterhaufens kauften; in Montpellier wurden die fremden Reformierten geduldet, die einheimischen jedoch öffentlich verbrannt. Neben fleissigen Studien lebte Platter auch der Geselligkeit, hielt in allem ein gesundes Gleichgewicht. Er war musikalisch, spielte als Autodidakt mehrere Instrumente, was ihm viele Türen öffnete; man nannte ihn «l'Allemand du luth». Mit dem Vater unterhielt er einen regen Briefwechsel; dieser mahnte ihn stets besorgt zum Studienabschluss, spiegelte ihm als Preis die Zukünftige vor, wies auf die vielen Ärzte hin, die sich in Basel niederliessen, und erinnerte ihn an seine Armut. Unter Tränen nur schied Felix aus dem ihm liebgewordenen Montpellier. Auf der Rückreise besuchte er die Loire-Schlösser, weilte einige Wochen in Paris, sah den jungen Dauphin Franz II. Als er sich seiner Heimatstadt näherte, «sach ich mit freuden beide münsterthürn... schoss mein bugsen ab in ein garten hüsle und reiten .. bis zu meins vatters hus.» In Basel doktorierte der Baccalaureus medicinae umständlich und öffentlich mit grossem Erfolg. Dann heiratete er die Tochter eines Chirurgen und Ratsherrn. Er hatte sie schon als Knabe auserkoren, aber nach damaliger Sitte nur aus der Ferne verehrt; ihr Bild im Herzen, war er nach Montpellier geritten. Dem Verhältnis zu seiner künftigen Lebensgefährtin ist ein breiter Raum in seiner Selbstbiographie gewidmet. Thomas, nach Walliserart, klopfte gleich beim Vater der Tochter an, erhielt jedoch von dem vornehmen Basler ausweichenden Bescheid. Dieser verlangte die Aufhebung der Kostgeberei; später, beeindruckt von der gloriosen Promotion, willigte er ein. Zum zweitägigen Hochzeitsfest waren hundertfünfzig Gäste geladen.

Nachdem Platter öffentlich seziert hatte, was seit Vesals Zeiten nie mehr vorgekommen war, stieg sein Ruhm rasch. Fünfunddreissigjährig stand er in Basel als Arzt an dem unbedingt ersten Platz: Er wurde Stadtarzt, Spitalleiter, Professor an der Universität und sechsmal deren Rektor. Die medizinische Fakultät hob er auf eine bisher unerreichte Höhe und machte sie zu einem vielbesuchten Mittelpunkt. Als Wissenschafter war er kein Bahnbrecher, führte aber doch die Medizin seiner Zeit an, verband Praxis und Lehre, gab eine Art poliklinischen Unterrichts. Seine Schriften, die von seinem beschreibenden Talent zeugen, erlebten viele Auflagen. Als einer der ersten untersuchte er methodisch Seelenstörungen, so dass man ihn zu den Vorläufern der modernen Psychopathologie zählen kann. Ferner bemühte er sich um die medizinische Statistik; er hat sieben Pestseuchen, die er erlebte, genau beschrieben. Bei diesen Pestilenzen setzte Platter unbedenklich sein Leben ein und bewies grosse Aufopferungsfähigkeit, worüber sein *Pestbüchlein* Auskunft gibt.

Bei sich zu Hause richtete er eine Sammlung von Musikinstrumenten, ein naturhistorisches Museum, einen botanischen Garten und ein anatomisches Theater ein. Michel de Montaigne und Jacques de Thou versäumten nicht, dieses Privatmuseum zu besuchen. In der Basler Bürgerschaft war der wohlhabende, berühmte Platter hochangesehen. Die gesellschaftlichen Formen beherrschte er spielend; seiner Feder entflossen zierliche Verse. Auf der obersten Stufe des Erfolges starb er. Der offizielle Redner klagte: «deserta luget Basilea celeberrimum illud Germaniae decus.»

Tafel 20. Felix Platter, 1584.

Platter hatte das Auge des Arztes, bemerkte schon in frühen Jahren körperliche Eigenheiten am Menschen, beobachtete in Frankreich genau die vielen Hinrichtungen und berichtete darüber mit ruhiger Sachlichkeit, anscheinend vom Grässlichen unberührt. Der sensible Gelehrte verfügte über eine glückliche Verbindung von kühlem Kopf und warmem Herzen, woraus die Fähigkeit floss, das Unvermeidliche, Schwere am rechten Ort leicht zu nehmen und sich in die Welt zu schicken. Gewöhnlich war er aufgeräumt. So erzählt er etwa mit verschämtem Behagen, wie er sich listig durch grämliche Lagen wand. Bei ihm sticht die Grausamkeit des damaligen Lebens nicht minder durch, aber auf eine andere Weise als beim Vater; bei diesem sind mehr die Natur und die Verhältnisse grausam, beim Sohn die Menschen.

Felix war eine vielseitige, glückliche Natur, mit Eigenschaften, die sich sonst auszuschliessen scheinen. Dies ist auch ersichtlich aus der *Autobiographie*, die er, wohl von Vaters Beispiel angeregt, 1612 aufzeichnete. Sie geht von 1536–1567, enthält leider nichts über sein Wirken als Arzt und Dozent, vielleicht weil der Vielbeschäftigte in dieser Zeit keine Tagesnotizen gemacht hatte. Seine Selbstdarstellung erwarb sich nicht den gleichen Ruhm wie die väterliche. Der Sohn erscheint liebenswürdiger, geschmeidiger, glatter als der Vater, während Thomas alle Ecken und Schrunden seines mühseligen Lebenswerkes trägt. Dafür ist der Vater männlicher und ursprünglicher als der Sohn, übertrifft ihn auch an echter Schriftstellergabe. Der Sohn erzählt die Jugendjahre mit fast modern anmutendem psychologischem Interesse an seiner seelischen Entwicklung, manchmal etwas breit, nicht immer mit dem genialen Blick des Vaters für das menschlich Wertvolle. In der Beschreibung Montpelliers und der Reise durch Frankreich ist Felix dann an richtiger Stelle mitteilsam. Hier beginnt der ungewöhnliche Wert seiner Aufzeichnungen für die Kulturgeschichte. Auch über andere Reisen hinterliess Platter Notizen, so über einen Ausflug zu seinen Verwandten ins Wallis, wobei er über die «scheutzliche Gemmi» zurückkehrte. Mit dem politischen Zeitgeschehen befasste er sich in seiner Autobiographie nur selten, so etwa, wenn er den Schrecken verzeichnet, den im deutschen Religionskrieg die Niederlage von 1547 des Kurfürsten Joh. Fr. von Sachsen in Basel auslöste: «do iederman meint, keiser Carli wurdt uns alle ussmachen».

Tagebuchblätter, hg. v. *Heinrich Boos;* Leipzig 1878. Hg. v. *Otto Fischer;* München 1911. Hg. v. *Horst Kohl;* Voigtl. Quellenb. 59, Leipzig 1913. Die letzte, zuverlässigste Gesamtausgabe besorgte *Valentin Lötscher: Felix Platter, Tagebuch;* Basl. Chron. 10, Basel/Stuttgart 1976.

GUSTAV FREYTAG: Eine junge Gelehrtenhochzeit und Haushalt; Bilder aus der deutschen Vergangenheit 2, Leipzig 1879, S. 201 ff. – Felix Platters Reis' gen Simringen auf Graf Christofel von Zolleren Hochzeit; Basl. Jahrb. 1887, S. 221 ff. – WILHELM MERIAN: Felix Platter als Musiker; Sammelbde. der int. Musikgesch. XIII, Jg. 2, 1912. – ALBRECHT BURCKHARDT: Geschichte der medizinischen Fakultät zu Basel; Basel 1917, S. 64 ff. – ROSE HUNZIKER: Felix Platter als Arzt und Stadtarzt in Basel; Basel 1939. – JOHANNES KARCHER: Felix Platter. Lebensbild des Basler Stadtarztes; Basel 1949. – EDGAR BONJOUR: Die Universität Basel von den Anfängen bis zur Gegenwart; 2.Aufl., Basel 1971, S. 175 ff. – HULDRYCH M. KOELBING: Felix Platters Stellung in der Medizin seiner Zeit; Gesnerus 1/2, Aarau 1965. – ELISABETH LANDOLT-WEGENER: Materialien zu Felix Platter als Sammler und Kunstfreund; Basl. Zeitschr. Gesch. Altertkde. 72, Basel 1972. – VALENTIN LÖTSCHER: Felix Platter und seine Familie; Basl. Njbl. 1975.

Thomas Platter II 1574–1628

Er war ein Sohn des alten Thomas aus zweiter Ehe, aber eine viel begrenztere Natur als sein Vater, neben diesem farblos wirkend. Kaum hatte die Familie ihren Gipfel erreicht, versiegte die produktive Kraft des Geschlechtes. Thomas II promovierte in Basel zum Dr. med.; nach dem Tode seines Halbbruders Felix erhielt er die Professur für Anatomie und Botanik, später für Medizin. Durch drei Generationen schenkten die Platter der Stadt Basel namhafte Ärzte; im 18. Jahrhundert erlosch das Geschlecht.

Während sein Vater und sein Bruder ihre Lebenserinnerungen als alte Männer, rückblickend auf ein erfolgreiches Leben, niedergeschrieben haben, machte Thomas II seine Tagebuchaufzeichnungen von der viereinhalb Jahre dauernden Studien- und Bildungsfahrt in jungen Jahren, als Rechenschaftsbericht für seinen Bruder, der ihm diese Reise grosszügig ermöglicht hatte. Sie führte ihn nach Frankreich, Spanien, England, Belgien. Er reiste zu Fuss, zu Pferd, zu Schiff über Lausanne, Genf, Lyon nach Montpellier, studierte dort bei den tüchtigen Nachfolgern der Professoren seines Bruders und schloss mit dem Grad eines Baccalaureus der Medizin ab. In Begleitung eines Studienkameraden begab er sich dann nach Spanien, war in Barcelona und Montserrat, kehrte aber aus Furcht vor der Inquisition bald schon nach Montpellier zurück und trat erst jetzt die bei den Adligen und Begüterten übliche sogenannte «Grand Tour» an. Er durchstreifte Frankreich nach verschiedenen Richtungen, hielt sich in Paris auf, bereiste die spanischen Niederlande, schritt durch die verödeten Häuser der Hansa in Antwerpen und durch die Gassen von Brügge, wo «lang grass wahre gewachsen». Sein Interesse für soziale und wirtschaftliche Dinge zeigt sich etwa darin, dass er die Kinderarbeit in den flandrischen Städten notierte, die Betriebsamkeit jüdischer Händler, das Los der Findelkinder in Frankreich. Aufmerksam besichtigte er die römischen Altertümer und die Schlösser mit ihren kunstvollen Gartenanlagen in Frankreich, besuchte Vorstellungen «frembder, italienischer comoedianten», war beeindruckt von der Spontaneität und Einfachheit Heinrichs IV., den er dinieren und Ballspielen sah, begegnete langen Umzügen der Geissler und verkehrte mit eidgenössischen Söldnern. Auch von berühmten Männern der hugenottischen Kirche und der Wissenschaft ist die Rede.

In Dover sah der Basler die faulenden Schiffsrümpfe der untergegangenen spanischen Armada, an der Themsebrücke die auf Spiesse gesteckten Köpfe hingerichteter Verräter, im neuen Globe-Theater die Tragödie «vom ersten keyser Julio Caesare... gar artlich agiren», wobei es sich zweifellos um Shakespeares Drama handelte. In Richmond bekam er die alternde Königin Elisabeth I. und ihren Hofstaat zu Gesicht, wurde Zeuge der fast abgöttischen Verehrung des Volkes für seine Herrscherin: «Die Engellender hulten sie schier nicht allein für ihr königin, sondern auch für ihr gott». In London wurde er an die offene Tafel des Lordmayors geladen, versuchte mit Stipendiaten der berühmten Eton-Schule ein lateinisches Gespräch zu führen; sie verstanden jedoch sein baslerisch ausgesprochenes Latein nicht, «deuteten alle mit den fingern auf dass maul unndt schittleten die Köpf». Er vermerkt den fast durchgehenden Wohlstand der Bevölkerung, die Wärme des Klimas, so dass man auf Öfen verzichten kann, die merkwürdige, wirtschaftlich bedingte Sitte des Fastens bei einer reformierten Bevölkerung, den verbreiteten Hexenglauben, die schöne Kirchenmusik.

Thomas Platter des Jüngeren Englandfahrt im Jahre 1599; hg. v. *Hans Hecht;* Halle 1929. – *Félix et Thomas Platter à Montpellier;* Montpellier 1892. – Die vollständige und beste Ausgabe besorgte *Rut Keiser: Thomas Platter d.J.;* Basl. Chron. 9/1 und 2, Basel/Stuttgart 1968.

Christian Wurstisen 1544–1588

Er bietet den späten Beweis dafür, dass die Universitätsstadt Basel ausser Gelegenheitsschreibern, Polemikern und vergnüglichen Liebhabern der Geschichte auch einen humanistischen Historiker hervorbrachte. Die Reformation hat in Basel das Geistige nicht geweckt wie in Zürich, St. Gallen, Bern, sondern eher verzehrt.

Wurstisen wurde als Sohn eines Ratsherrn geboren, lernte am Gymnasium bei Thomas Platter, studierte an der Universität Theologie, machte gute Examina und war schon mit neunzehn Jahren Pfarrer. Nachdem er eine Zeitlang als Verweser zu St. Theodor gewirkt hatte und es sich nun darum handelte, ihn definitiv anzustellen, erklärten die Kleinbasler: «sie kondend ihn nit verstohn und fassen in sinen predigen, was er rede.» In dem Schreiben an den Bürgermeister, worin Wurstisen um Entlassung bat, sprach er die Hoffnung aus, seine Studien «dermassen zu persequieren und fürzutruken», dass er mit Gottes Hilfe einst mit mehr Frucht und Lob seinen Dienst dem gemeinen Nutzen leisten könne. Kaum zwanzigjährig, wurde er zum Professor der Mathematik an der Universität gewählt. Er verfasste eine *Doctrina Arithmetica*, die noch seine Nachfolger auf dem mathematischen Lehrstuhl ihren Vorlesungen zugrunde legten. Später rückte Wurstisen in eine Theologieprofessur auf. Anno 1586 liess er sich zum Stadtschreiber wählen; als erster legte er ein ordentliches Protokoll der Ratsverhandlungen an. Erst vierundvierzigjährig starb er.

Wurstisen war nicht nur vielseitig wie die Humanisten, sondern ein wahrer Polyhistor mit den Vorzügen und Nachteilen eines solchen. Die unermüdliche Stoffaufnahme lähmte die Schöpferkraft. Er besass Bescheidenheit und Einsicht in die Grenzen seines Wissens, merkt an, wo er etwas ungenau oder gar nicht weiss. Seine geistige Selbständigkeit erweist sich auch auf mathematischem Gebiet. Amtlich verpflichtet, das ptolemäische Weltsystem zu lehren, war er als einer der wenigen von Kopernikus überzeugt, zu einer Zeit, da die Autorität der Gelehrten noch ganz auf Seite der Alten stand. Soweit ersichtlich, hat sich Wurstisen offen zu seiner Überzeugung bekannt. Galileo Galilei sagt in dem berühmten, für ihn verhängnisvollen Dialog, er habe die erste Anregung zu seinem System aus ein paar Vorträgen geschöpft, die Wurstisen in Padua gehalten. Die Sache ist nicht ganz durchsichtig; denn man weiss nicht, ob Wurstisen wirklich in Padua gewesen ist; es scheint wohl möglich, da er viel reiste.

Früh machte sich bei Wurstisen das Bedürfnis geltend, merkwürdige Dinge aufzuzeichnen. Schon mit dreizehn Jahren begann er sein Tagebuch, lateinisch und deutsch geschrieben, das von 1557-1573 reicht. Er nannte es *Diarium quorundam memorabilium casuum*. Die Lektüre, obgleich unterhaltend, befriedigt doch nicht. Wurstisen erzählt wohl, wie ihn Thomas Platter wegen des Schwänzens der Schule übers Knie nahm, wann er das erste Mal zu Ader liess, sich rasierte, geschröpft wurde, ein schönes schwarzes Kleid von «lündisch» Tuch anzog, mit welcher Genugtuung er die erste Besoldung einstrich, berichtet von Promotionen und den dazu vorgeschriebenen Schmäusen. Aber wir vernehmen nichts vom Werden des geistigen Menschen, seinen Bildungswegen, dem Erwachen des selbständigen Denkens, den geistigen Führern. Später versandet das Diarium im üblichen: Wetter, Preise, Hinrichtung eines Gotteslästerers, theologische Streitigkeiten zwischen Zwinglianern und Lutheranern. Das Wurstisensche Diarium setzt gerade dort ein, wo die Autobiographien der Platter abbrechen. Thomas Platters natürliche Frische, Unmittelbarkeit und Treuherzigkeit erreicht Wurstisen schon deshalb nicht, weil er zum grossen Teil nicht in der Muttersprache schreibt. Gegen Johannes Gasts Tagebuch dagegen sticht Wurstisen vorteilhaft ab, denn dessen Weitschweifigkeit und moralisierende Tendenz liegen ihm fern.

An historischen Schriften veröffentlichte Wurstisen 1572/74 eine Übersetzung von *Des Paulus Aemilius französisch und andern Nationen mitlaufende Historien*. Das Stück über die Jahre 1568-1574 stammt von Wurstisen selbst. Es enthält eine Darstellung der Bartholomäusnacht, worin er eine genaue Kenntnis der Vorgänge bis in viele Einzelheiten beweist. Seine Angaben werden meistens durch die moderne Forschung bestätigt. Was sich um Admiral Coligny herum zutrug, erzählt er präzis. Aber er unternimmt keinen Versuch, den Gesinnungswechsel König Karls IX. zu erklären noch überhaupt die Lage psychologisch zu deuten. Wir vernehmen nichts Klärendes über die Hauptsache, ob es Karl mit dem Frieden je ernst meinte, ob und wie er durch seine Mutter Katharina bearbeitet wurde. Hier zeigen sich die Grenzen von Wurstisens Begabung: Einfachere Charaktere vermag er zur Not zu skizzieren, in kompliziertere Gestalten einzudringen oder sie gar zu porträtieren, ist ihm versagt. Wahrscheinlich besitzen Wurstisens Aufzeichnungen Quellenwert, da ja die geflüchteten Söhne des Admirals sowie seine Tochter über ein Jahr lang in Basel als Emigranten lebten.

Anno 1577 publizierte Wurstisen in lateinischer Sprache *Epitome historiae basiliensis*. Es ist keine Geschichte, sondern eine Heimatkunde. Wurstisen beschreibt in annalistischem Gewand das Rauracherland, die Gründung der Stadt, das Entstehen der einzelnen Gotteshäuser, der Universität und der Druckereien. In der Vorrede weist er auf die Schwierigkeiten hin, die bei dem Mangel der Überlieferung seinem Vorhaben entgegenstehen: Durch das Erdbeben seien so viele Urkunden zugrunde gegangen, dass er sich wie ein Bauer vorkomme, der nach dem Hagelschlag die noch verschonten Ähren zusammenlese. Von dieser Schrift gab der Basler Geschichtsprofessor Jakob Christoph Beck 1757 eine Übersetzung heraus unter dem Titel *Kurzer Begriff der Geschichte von Basel*. Das Buch ist eine Kostprobe von Wurstisens Hauptwerk.

Dieses erschien 1580. Es ist die *Basler Chronik*, an der er zehn Jahre lang gearbeitet hat. Der umständliche Titel der Originalausgabe betont die Berücksichtigung der Eidgenossenschaft, Burgunds, des Elsass und des Breisgaus als «beiliegender Landschaften». Es handelt sich um eine grossangelegte Heimatkunde des Rauracherlandes und der Nachbargebiete, das heisst der Region Basel. Dabei versucht Wurstisen, die Lokalgeschichte im Zusammenhang mit der europäischen Geschichte aufzufassen. Vor allem will er die Taten der Eidgenossen, zu denen jetzt auch die Basler gehören, zur Geltung bringen und dann zu seinem Lieblingsgegenstand, der Reformation, vorstossen; hier bietet er denn auch sein Bestes.

Wurstisen war ein unheimlicher Arbeiter. Er zeichnete sich aus durch eine umfassende Belesenheit in den Alten, den mittelalterlichen Chronisten, den Humanisten und Reformatoren. Ausserdem zog er alles Erreichbare herbei: sehr viele Urkunden, Inschriften, Münzen, Siegel, Wappen; für Heraldik hatte er eine Vorliebe. Leider blieb ihm die beste Quelle, das Archiv, grundsätzlich verschlossen. Später, als es ihm von Amtes wegen offenstand, starb er weg. Er hatte auch Zuträger und reiste selber den Sachen nach: In Augst verfolgte er die römischen Mauern, kroch in die Wasserleitungen, kopierte in St. Blasien die Jahrzeitenbücher, entwarf von St. Ursanne und seiner steinernen Brücke eine Bleistiftskizze, suchte in Aventicum die Inschriften zu entziffern; ein trockener Stubengelehrter war er nicht. So ging ihm auch ein Zusammenhang auf zwischen Basels Lage und seiner Bedeutung.

In seiner Vorrede bezeichnet Wurstisen als Gründe, die ihn zur Abfassung seiner Chronik führten: den Trieb, die Werke Gottes aufzuzeigen, die «Anmut zum Vaterland» und die Einsicht, dass Partikularhistorien die Grundlage für Generalhistorien bilden müssten. Wie jede Heimatkunde, ist auch diese von dem Italiener Flavius Blondus abhängig, von seiner antiquarischen und topographischen Methode. Zwar nennt ihn Wurstisen in dem vorausgeschickten Quellenverzeichnis nicht, hängt aber zumindest durch Stumpf von ihm ab. In der Kritik erreicht er Blondus, der nur das völlig Beglaubigte gelten liess, keineswegs. Wurstisen kritisiert zwar die Quellen, insbesondere volkstümliche Überlieferungen, die er nicht liebt; er zieht es vor, auf die Urkunden zurückzugehen. Aber zu einer

Überlegenheit gegenüber den Quellen wie Vadian, zu einer Folgerichtigkeit in der Anwendung kritischer Grundsätze wie Blondus gelangt er nicht.

Für seine Zeit ist Wurstisen aufgeklärt. Gegenüber der Astrologie, die ihm als Mathematiker nahelag, hält er sich sehr zurück. Kirchenwunder, Teufelsspuk, Aberglauben verfolgt er geradezu mit Ingrimm. Und doch ist seine innere Abhängigkeit grösser, als man nach dieser Einstellung erwarten könnte. Seiner Ansicht nach soll der Mensch nicht zu tief Gottes Plänen nachforschen. Die fromme Scheu warnt vor der Seelenkunde und psychologischen Studien. In der Überzeugung, die freilich nie Polemik wird, gibt er sich als entschiedener Reformierter. Das einzige ausführliche Lebensbild ist dasjenige des Oekolampad; er hat es schlicht aufgefasst, nach der Weise der griechischen Tragödie, ohne Psychologie. Viel weniger als religiöse Fragen beschäftigen ihn institutionelle. Das ist ein entschiedener Mangel; in Verfassungsfragen bietet Andreas Ryff viel mehr. Die Frage nach der Staatsform entzündet weder seine Gedanken noch Leidenschaften, da sie einer höheren Beantwortung unterstand.

Das Verhältnis Basels zur Eidgenossenschaft stellt er noch in der überkommenen teleologischen Sehweise dar: die Stadt habe sich folgerichtig zu den Eidgenossen hin entwickelt, so dass die Aufnahme Basels in die Eidgenossenschaft wie die Erreichung eines lang erstrebten Zieles erscheint. Eine Etappe auf diesem Weg ist das Bündnis Basels mit Bern und Solothurn von 1400: «sammt andern derglichen Dingen des ewigen Bunds... Praeludia und Vorläuflin». Die Eidgenossen sterben in St. Jakob, um die befreundete Stadt zu retten, im Krieg zwischen den Eidgenossen und dem Kaiser nimmt die ganze Bürgerschaft für die Eidgenossen Partei. Und doch wäre es Wurstisen möglich gewesen, den Sachverhalt wirklichkeitstreuer anzugeben.

Ein Vorzug Wurstisens ist die lebendige, mit schlagenden Bildern gewürzte Sprache. Sie ist markig, innerlich belebt und lässt eine starke Persönlichkeit dahinter vermuten. Auch drastische Formulierungen scheut er nicht. Den Humanisten Poggio nennt er den florentinischen Mundgaukler, von seinen Schmähreden auf Felix V. sagt er: «summa, was ihm für Schmachwort in das ungewaschen Walchengefräss kommen, hat er ussgestossen.» Lateinische Verse pflegte er beim Zitieren in deutschen Reimen wiederzugeben, die ungelenk konstruiert sind und von Flickwörtern wimmeln. Seine Prosa dagegen liest sich leicht. Sie ist der Ausdruck einer Gelehrsamkeit, die mehr in die Breite geht, als in die Tiefe reicht, mehr Überblick als Innenschau bietet. Allerdings ist bei der annalistischen Anlage seiner Chronik eigentliche Kunst der Darstellung ausgeschlossen. Die grosse Linie fehlt; er reiht Wesentliches und Unwesentliches aneinander, erzählt oft Geschichtchen statt Geschichte, verfügt über keinen ausscheidenden Plan. Das Wichtigste aber: Weder Annalistik noch Heimatkunde vermögen die grosse Geschichtsschreibung, welche auf den Zusammenhang des Ganzen zielt, zu erzeugen, da sie das Geschichtliche nach Jahren und Orten schachteln. Ein Vadian, ein Anshelm musste den Rahmen sprengen, um Weite zu bekommen. Wurstisen vermochte das nicht, ob-

Tafel 21. Titelblatt der Basler Chronik von Christian Wurstisen, 1580.

schon er von den sittlichen Werten der Geschichte überzeugt war, in seiner Vorrede sich über Ethici und Historici verbreitet.

Anno 1585 gab Wurstisen in Frankfurt heraus: *Germaniae historicorum illustrium. I et II,* eine zweibändige Sammlung von Quellen aus dem Zeitraum von 1050–1400. Die letzte Arbeit, die Wurstisen druckfertig hinterliess, ist eine *Beschreibung des Basler Münsters und seiner Umgebung.*

So wenig wie Stumpfs Schweizergeschichte hat auch Wurstisens Basler Chronik in die Breite gewirkt. Ein halbes Jahrhundert nach ihrem Erscheinen gab *Johannes Gross,* Pfarrer zu St. Leonhard, 1624 eine *Kurtze Bassler Chronik* heraus, im Grunde nichts anderes als ein Auszug aus Wurstisen und eine in die Niederungen der Skandalgeschichte abgeglittene Popularisierung. Diese ist wiederum nach mehr als einem halben Jahrhundert unter dem Titel *Basslerischer Geschichts-Calender* von *Vinzenz Paravicini,* gekürzt und von Quisquilien gereinigt, 1701 neu herausgegeben worden, so dass Wurstisen den angesprochenen «gemeinen Mann» nachträglich doch noch, wenn auch in sehr veränderter Form, erreicht hat.

Die *Basler Chronik* wurde durch *Daniel Bruckner* bis 1620 fortgesetzt, erschien 1765 und 1779 in 2., 1882 in 3. Auflage. – *Kurzer Begriff der Geschichte von Basel;* hg. v. *Jacob Christoff Beck;* Basel 1757. – *Diarium,* hg. v. *Rudolf Luginbühl;* Basl. Zeitschr. Gesch. Altertkde. 1, 1902. – *Beschreibung des Basler Münsters und seiner Umgebung,* hg. v. *Rudolf Wackernagel;* Basl. Beitr. vaterl. Gesch. 12, 1888, S. 399 ff.

JACOB CHRISTOPH ISELIN: Vita Christiani Urstisii; Museum Helvet. 2, Teil 7, Zürich 1748, S. 429 ff. Deutsche Übersetzung in: Christian Wurstisen: Kurzer Begriff der Geschichte von Basel; Basel 1757. – RUDOLF WOLF: Ch. Wurstisen; Biogr. Kulturgesch. d. Schw. 2, Zürich 1859, S. 35 ff. – ACHILLES BURCKHARDT: Christian Wurstisen; Basl. Beitr. vaterl. Gesch. 12, 1888, S. 357 ff. – RUDOLF WACKERNAGEL: Das Wappenbuch des Christian Wurstisen; Der deutsche Herold 22, 1891, Nr. 11, S. 161 ff. – AUGUST BERNOULLI: Christian Wurstisen; ADB 44, Leipzig 1898, S. 346 f. – VALENTIN LÖTSCHER: Der deutsche Bauernkrieg in der Darstellung und im Urteil der zeitgenössischen Schweizer; Basl. Beitr. Geschichtswiss. 11, Basel 1943, S. 98 ff. – MARC SIEBER: Das Nachleben der Alemannen in der schweizerischen Geschichtschreibung; Basl. Beitr. Geschichtswiss. 46, Basel 1953, S. 11 ff. – ALWIN VON ROHR: Christian Wurstisen; Manuskript 1959. – EDGAR BONJOUR: Die Universität Basel von den Anfängen bis zur Gegenwart; 2. Aufl., Basel 1971, S. 164 ff.

Andreas Ryff 1550–1603

Sein Geschlecht war um die Mitte des 15. Jahrhunderts aus dem Elsass nach Basel eingewandert. Der Vater hatte den Schmalkaldischen Krieg gegen Karl V. mitgemacht, sich dann in Basel verheiratet und den Beruf eines Wollenwebers ergriffen. Wie bei Johannes Gast die Bitternis des Skeptikers, so kommt bei Andreas Ryff der Lebensmut des Christen zum Ausdruck. Er wurde Tuchhändler, heiratete eine Witwe, die ihm einen Seidenhandel und ein Bergwerk bei Belfort einbrachte, wurde Sechser seiner Zunft, später Ratsherr, ritt oft als Gesandter auf die Tagsatzung und zu Jahrrechnungen ins Tessin, betreute als Deputat das Schulwesen und die Universität, als Dreierherr auch das Finanzwesen. Mit Leib und Seele

Tafel 22. Titelblatt des Reis-Büchleins von Andreas Ryff, 1600.

war er Handelsmann, von rastloser Tätigkeit und erstaunlicher Vielseitigkeit, Kenner des Schiesswesens, Schützenmeister, Freund der Wissenschaft trotz vernachlässigter Jugendbildung. Als erster grub er in Augusta Raurica nach Altertümern, entfaltete in kurzen Mussestunden einen fruchtbaren schriftstellerischen Eifer. Dazu war er ein treuer Diener, aber auch ein scharfer Beobachter und Kritiker seiner Vaterstadt. Man spürt bei dem Geschäftsmann höheres Leben. Er bietet ein Beispiel, was gesunder Menschenverstand und Tüchtigkeit auf den verschiedensten Gebieten leisten können. In der Geschichte war er ein Liebhaber, der es sehr ernst nimmt.

Er schrieb 1. eine *Selbstbiographie*, 1592, ein reizendes Schriftchen, das leider nur bis zu seiner Verheiratung 1574 geht und namentlich die politische Tätigkeit nicht berührt. Man kommt hier hinter den Alltag seiner Zeit: So ging es zu, so lebte man. Er bekennt, wie seine Komplexion nicht fürs Lernen, sondern für den Handel geschaffen war. Obschon sein Vater alles tat, um ihm Lust zum Studieren beizubringen, blieb ihm doch die Schule jederzeit «ungeschmackt». Viel lieber zog er schon als Achtjähriger mit dem Vater zur Aushilfe auf die benachbarten Jahrmärkte. 1560 steckte man ihn in Genf in eine Lateinschule, verdingte ihn hierauf bei einem Gewürzkrämer. Dieser hielt den Knaben sehr streng, strich ihn des Jahres wohl dreissigmal mit der Rute bis aufs Blut, oft um geringer Ursachen willen. Und doch dankte Ryff Gott, dass er in dieses Haus gekommen war; denn es wurde eine herrliche Hauszucht gehalten: alle Morgen und alle Abende kniefälliges Gebet der ganzen Familie und des Gesindes. Durch dieses Gebet, so erzählt Ryff, habe er Inbrünstigkeit der Religion erlangt. Auch die üblichen Quartalbesuche und Examina durch die Genfer Prädikanten in allen Häusern dienten ihm zur Erbauung, «dass ich mich dessen noch zu freuen habe».

Nach Basel zurückgekehrt, befreite ihn die Pest gottlob dauernd von der Schule. Er beschreibt die furchtbaren Leiden seiner Krankheit und die rohe Therapie der Zeit. Nun kam er in ein grösseres Tuchgewerbe nach Strassburg. Anfangs war der arme Schweizer ziemlich verachtet, erwarb sich dann aber das Zutrauen seines Meisters und verlobte sich mit dessen Tochter. Das Verlöbnis zerschlug sich an der beidseitigen Erklärung der Eltern, dass sie ihre Kinder nicht von sich lassen könnten. Ein Selbstbestimmungsrecht der Kinder existierte noch nicht; man unterwarf sich der Führung durch die Eltern. Zu Hause stürzte sich Ryff in die Geschäfte, besuchte zu Pferd und zu Fuss die Märkte der Umgebung. Als den Anfang seines Geschäftsglückes bezeichnete er, dass ihm die Faktorei eines grossen Antwerpener Tuchhauses übertragen wurde. Nun machte er sich noch ans Erlernen der Buchhaltung aus einem in Augsburg gedruckten Buche. Es war wohl ein weiterer Akt kluger Lebenspolitik, dass er eine Witwe heiratete, die in Kaufmannshändeln wohl erfahren war. Bei all seinen Erfolgen im privaten und öffentlichen Leben gibt er Gott allein die Ehre. Ausser seiner Selbstbiographie schrieb Ryff

2. *Liber legationum* 1593–1602. Das Vorwort – Prefation – enthält ein Bekenntnis zum gemeinsamen schweizerischen Vaterland: «Ob gleichwol

die Eidtgnosen nit einer lantsart, nit einer sprach, nit einer religion, dennocht sind sy im gemeinen wolstandt des vaterlants eins». Hierauf folgt eine Beschreibung von Ryffs Gesandtschaften, die er nach und nach eingetragen hat. Sie führten ihn als Vertreter Basels und als Finanzsachverständigen zu den gemeineidgenössischen Jahrrechnungstagungen nach Baden, zu den Jahrrechnungsprüfungen in die ennetbirgischen Vogteien, zur Eintreibung rückständiger Gelder ins Ausland, ferner zu politischen gemeineidgenössischen Geschäften nach Bern, ins Wallis, zu den Friedensverhandlungen mit dem Herzog von Savoyen nach St. Julien 1603.

3. *Ämterbuch* 1594–1600. Es ist ein Verzeichnis seiner Ämter, woraus sein steiler Aufstieg im baslerischen Gemeinwesen ersichtlich wird. Besonderes Interesse kommt zwei eingelegten Reden zu, die er als Ratsvertreter bei der Amtseinsetzung neuer Pfarrherren gehalten hat.

4. *Rappenkrieg* 1594. Ryff hat das Werklein gleich nach den Ereignissen niedergeschrieben. Der Rappenkrieg war ein Aufstand der Bauern wegen des Ohmgeldes von einem Rappen die Mass, den die Stadt von der Landschaft zur Äufnung des «gemeinen Gutes» erhob. Ryff zog mit achtzig Schützen den empörten Bauern entgegen, und es gelang ihm, den Aufruhr ohne Blutvergiessen beizulegen. Imponierend wirkt die Klugheit und Festigkeit seines Auftretens sowie seine Stegreifberedsamkeit. Eine Glasscheibe zu seinen Ehren hält die Szene fest, wie er mit den Bauern verhandelt: «Trotz, Hochmut und Rebellion, macht gute Polizei zergohn.» Ryff verkörperte zwei Zeitalter: Das Ansehen der Obrigkeit hielt er so aufrecht wie der spätere Bürgermeister Wettstein; aber er wusste auch die Gefühle des Untertans zu schonen.

5. *Reisbüchlein* 1600. Ryff will dem «grossgünstigen läser» den Begriff vom Reisen seiner Zeit beibringen, eine Art Reiseführer bieten. Dazu ist er berufen, da er «iner 25 joren nyt vil anheimsch gewesen... doch jederzeit uff den strossen». Er benützt alle Mittel der Fortbewegung: wandert, reitet, fährt zu Schiff oder in der «Goutschen». Zur Einleitung seines Büchleins verfasste er ein überaus prosaisches Gedicht. Man trifft in seinen Beschreibungen keine Spur von Naturgefühl an. Schön ist das ebene, nützliche Land, nicht das Gebirge; dieses jagt mit seiner toten Öde nur Schrecken ein. Auf dem Gotthardpass drohen Lawinen, auf der Splügenroute mit ihren schmalen «ahn die felsen gekleibten» Holzstegen gefährliche Abstürze. Nach den grossen Beschwerden der Wanderung über die verschneite Gemmi im Leukerbad angelangt, muss er noch am gleichen Abend «zu ir gnaden» dem Bischof von Sitten ins Bad sitzen, «welliches uns die miede fein hat abgewäschen». Vom Pittoresken der Lage Leuks scheint er doch gefesselt. Aber er hat kein Auge für die Anmut der italienischen Seen, sondern nur für das Grosse, Seltsame, technisch Wunderbare. In Mailand bestaunt er das Kastell, in Verona das römische Amphitheater, in Florenz den Dom mit der mächtigen Kuppel. Die Pracht und der Reichtum Italiens machen ihm einen tiefen Eindruck. Es ist der Respekt eines aus kleinen baslerischen Verhältnissen Herausgewachsenen. Bei der Beschreibung dieser Reise, die er zum ersten Mal nicht der Ge-

schäfte wegen unternahm, wird man des weiten geistigen Horizontes Ryffs gewahr.

6. *Münzbüchlein* 1599. Es ist eine Beschreibung seines Münz- und Mineralienkabinetts, wozu er wohl durch sein Bergwerk angeregt wurde. Die Bodenschätze erscheinen ihm als «Sparhafen» der göttlichen Vorsehung, der Bergbau als willkommenes Mittel der Arbeitsbeschaffung. Hier sticht das calvinische Arbeitsethos, das diesen erfolgreichen Geschäftsmann zu unermüdlicher Tätigkeit antrieb, besonders deutlich durch: «Dieweil dann Gott, der Herr, haben will, dass wir arbeiten sollen, wie imme dann zweifelsohne der müssiggang gentzlich zuwider ist».

7. *Bedenken über die Verteidigung der Stadt Basel* 1603. Diese Aufzeichnungen hat Ryff, der als zeitweiliger Stadtkommandant auch über militärische Kenntnisse verfügte, einen Monat nach der Genfer Eskalade niedergeschrieben und zündete damit in die faulen Friedenszustände der Stadt Basel hinein, bittere Kritik an den Bürgern übend.

Während Ryff bisher persönliche und Gelegenheitsschriften verfasst hatte, erfreut vom Erfolg seiner Lebensarbeit, trat er in einem seiner späteren Werke als Geschichtsschreiber auf:

8. *Cirkell der Eidtgnoschaft* 1597. Darin schreibt er meist wörtlich Wurstisen aus, entlehnt bisweilen auch aus Stumpf, durchsetzt aber alles mit eigenem Urteil, mit knappen, treffenden Bemerkungen. Das Ganze ist eine Geschichte der Eidgenossenschaft auf 1370 Seiten und eine Darstellung der Verfassungen des Bundes sowie der Kantone, wobei ihm vorzüglich Simlers bekanntes Werk «De republica Helvetiorum» vorgeschwebt zu haben scheint. Ryffs Motiv war ein durchaus patriotisches: Er wollte die Kenntnis der vaterländischen Geschichte verbreiten und diejenigen widerlegen, welche behaupteten, die Eidgenossenschaft beruhe auf unrechtmässiger Auflehnung. Er bestimmte sein ganzes Werk zur Publikation und widmete es der Eidgenossenschaft.

Einzig der Abschnitt über Basel ist durchaus eigene Arbeit. Für die Ausgrabungen in Augst hat er 1200 Gulden verwendet, wozu er Zuschüsse der Regierung erhielt. Die Frühgeschichte schildert er viel zu ruhmreich; so setzt er die Reichsfreiheit schon im 10. Jahrhundert an. Dagegen stellt er das Verhältnis der Stadt zum Bischof mit grosser Unbefangenheit dar. Er gebraucht dafür das Bild, die Stadt sei am Bistum aufgewachsen «wie das Ephäu an einer Mauer». Das ist eine auf historischer Erkenntnis beruhende Anerkennung, zu der nicht einmal sein gelehrter Zeitgenosse Wurstisen fähig war. Ryff bietet ausser institutionellen Verhältnissen auch Bräuche. Für seine selbsterlebte Zeit ist er gut verwendbar.

Vom Zirkel gab *Rudolf Wackernagel* den Teil über Basel heraus: *Der Stadt Basel Regiment und Ordnung 1597;* Basl. Beitr. vaterl. Gesch. 13, 1893. S. 1 ff. – Den auf Mülhausen bezüglichen Teil hat *Ernest Meiningen* unter dem irreführenden Titel: *Une chronique suisse inédite du 16ᵉ siècle,* Basel 1892, publiziert. – *Der Rappenkrieg;* Basel 1833. – Den Liber Legationum edierte und kommentierte *Friedrich Meyer;* Basl. Zeitschr. Gesch. Altertkde. 58/59, 1959, S. 5 ff. – Das *Reisebüchlein* gab ebenfalls *Friedrich Meyer* kritisch heraus; Basl. Zeitschr. Gesch. Altertkde. 72, Basel 1972, S. 1–135; ebda. *Elisabeth Landolt: Die Illustrationen zum Reisebüchlein.*

ANDREAS HEUSLER-RYHINER: Andreas Ryff; Basl. Beitr. vaterl. Gesch. 9, 1870, S. 1 ff. – GEROLD MEYER VON KNONAU: Zur Beurteilung der Ansicht des Andreas Ryff über die Entwicklung der Stadt Basel; Anz. Schw. Gesch. 1871, S. 134. – WILHELM VISCHER: Eine Basler Bürgerfamilie aus dem 16. Jahrhundert; Basl. Njbl. 1872. – TRAUGOTT GEERING: Handel und Industrie der Stadt Basel; Basel 1886 (mit einem besonderen Kapitel über Ryff), S. 398 ff. – HANS TROG: Andreas Ryff; ADB 30, Leipzig 1890, S. 63 f. – PAUL KOELNER: Die Feuerschützengesellschaft zu Basel; Basel 1946, S. 134 ff. – GEORG KOPRIO: Das Münzbüchlein des Andreas Ryff; Der Anschnitt 2/3, Bochum 1960. – PAUL GANZ: Hieronymus Vischer und seine Bergwerkdarstellungen im Münz- und Mineralienbuch des Andreas Ryff; Der Anschnitt 3, Bochum 1960, S. 14 ff.

Johannes Basilius Herold 1514–1567

Der gebürtige Schwabe liess sich nach unstetem Vagantenleben fünfundzwanzigjährig in Basel nieder, studierte an der Universität, musste jedoch aus Erwerbsgründen in den Dienst der Drucker treten, wo der Autodidakt in überstürzter Eile disparate Editionspläne zu verwirklichen suchte. Sein ehrgeiziges Ziel, eine Geschichte Basels zu schreiben, hat er nicht erreicht; dagegen gab er in eifriger publizistischer Tätigkeit alte Texte mit selbstverfassten ruhmreichen Vorreden und mit Kommentaren heraus, die von seiner Vielbelesenheit zeugen. Im *Philopseudes* und weiteren kleinen panegyrischen Schriften huldigte er dem Erasmus von Rotterdam und der Stadt Basel, die ihn später einbürgerte und sogar mit diplomatischen Missionen betraute. Herolds verdienstlichste editorische Leistung ist eine Ausgabe altgermanischer Leges *Originum ac Germanicarum antiquitatum libri...*, kurz auch *Antiquitates Germanicae* genannt. Mit diesem Codex der Volksrechte, den er im Kloster Fulda entdeckt hatte, bot er den bisher wichtigsten Beitrag zur Rechtsgeschichte des frühen Mittelalters. Einige dieser Gesetze sind bloss durch seine Edition erhalten geblieben. Der Erstausgabe altgermanischer Stammesgesetze liess er noch weitere Editionen von ihm entdeckter und kommentierter altgermanischer Texte folgen. Bei der Transkription der Originale ist er mit viel Spürsinn und Akribie, manchmal aber auch mit Willkür vorgegangen.

Origines ac germanicae antiquitates; Basileae 1557.

OTTO STOBBES: Geschichte der deutschen Rechtsquellen I, Braunschweig 1860, S. 4–194. – KARL AUGUST ECKHARDT: Pactus legis salicae; Germanenrecht NF, Westgerm. Recht I, Göttingen 1954, hat auf den S. 233–280 Herolds Ausgabe in facsimiliertem Druck reproduziert und besprochen. – ANDREAS BURCKHARDT: Johannes Basilius Herold. Kaiser und Reich im protestantischen Schrifttum des Basler Buchdrucks um die Mitte des 16. Jahrhunderts; Basl. Beitr. Geschichtswiss. 104, Basel/Stuttgart 1967.

SCHAFFHAUSEN

Hans Stockar 1490–1556

Sein Hang zu Reisen und seine Frömmigkeit führten den vornehmen Schaffhauser auf Pilgerfahrten nach Rom, nach Santiago de Compostela und nach Jerusalem. 1524 wurde er Seckelmeister, 1528 Oberrechner, sass in den Räten, hatte Landvogteien inne, strebte jedoch nicht nach den höchsten Ämtern, weil der Staatsdienst seiner Unabhängigkeit wenig zusagte; er pflegte lieber seine Geschäfte und Güter.

Von 1520–1529 führte er eine Art *Diarium*, das er *kroneck* nannte. Er trug nicht täglich, sondern an hohen Tagen, wie Neujahr, Ostern, ein; das ist erkennbar an der einleitenden Formel. Meist erzählt er Selbsterlebtes. Wo er den Fall von Rhodos 1523 schildert, erwähnt er ausdrücklich seinen Gewährsmann, einen zurückgekehrten Ritter; also trachtet er nach Wirklichkeit. Es sticht hier ein ganzer warmblütiger Mensch durch, der Aussprache mit sich selbst pflegt und uns mit merkwürdiger Eindringlichkeit unmittelbar in seine Zeit versetzt. Wir bekommen alles aus erster Hand. Er gibt nicht Staatssachen und Politik, sondern den Alltag und die Zeitläufte, also Lebenskunde, von seinem Temperament durchleuchtet. Ohne besonders gebildet zu sein, überragt er seine Zeit durch Geist und Gemüt, durch echte Menschlichkeit: fromm, wacker, aufrecht, unabhängig, freimütig, freigebig, mitleidig – ein Mensch mit Leidenschaften, aber nie fanatisch. Das Treiben der Umwelt verachtet er, rechnet gelegentlich mit sich selber scharf ab. Er hatte eine ritterliche Freude an Pferden, handelte damit regelmässig in Zurzach, dem grössten Markt der Nachbarschaft. Überhaupt ist er gerne unterwegs und gibt einen anschaulichen Begriff vom damaligen Reisen, von den Gefahren beim Übergang über einen verschneiten Alpenpass. Der Reformation gegenüber bleibt er in seiner Chronik völlig neutral. Er verzeichnet regelmässig ihre Fortschritte, steht aber bei tiefer Frömmigkeit über dem Treiben der Parteien, schmäht die Altgläubigen nicht, obschon er durchaus reformiert dachte. Es ist das eine erstaunliche Unbefangenheit bei der damaligen Hitze. Sein Tun erscheint durchdrungen vom Grundsatz «Noblesse oblige». Er steht in einem Jahr dreissig Kindern zu Gevatter, spendet viel, lässt sich betrügen, schilt auf seine Gutmütigkeit; bei alledem muss er doch gut gewirtschaftet haben. Er fühlt als echter Patriot, freut sich, dass der Rebleuteaufstand von 1525 ohne Hinrichtungen ablief. Überhaupt ist er mild, gegen Blutvergiessen eingestellt. Dies bestimmt seine Haltung zum Bauernkrieg: Er sagt, die Bauern wollten zuviel; dafür sei ihnen der Lohn geworden. Aber er zürnt den Schlächtereien der Herren, hat Mitleid mit den Bauern. Er empört sich über die rauhen Sitten, über das Treiben auf dem Zurzacher Markt, beklagt sich oft über Unverschämtheit und Undank seiner Werkleute. Die fremden Pensionen verdammt er als Blutgeld. Dem verstorbenen Kardinal Schiner schreibt er einen bitteren Nekrolog: «des dott frowt miengen man, wain er vil unruw und krieg und bluttvergiessen gestifft hatt in der kristenhait von Eydgnosen und von düsch und welsch landen.» Infolge des Solddienstes herrscht Mangel an Werkleuten; den verbotenerweise weggelaufenen Söldnern werden ihre Familien von der Obrigkeit nachgeschickt. Im allgemeinen ist das Bild düster trotz der grellen Feste, die dazwischenfallen. Mit seinem geraden Sinn und warmen Herzen hat er den Durchschnitt der Zeit getroffen. Die Chronik ist eine Fundgrube für die Kulturgeschichte und für das Nationale. Stockar schrieb nicht für die Öffentlichkeit, sondern, wie er einfach bemerkt, «zu ainer gedechtnus mir»; im Grund schrieb er zu seiner Entladung, um sich vor innerer Verbrennung zu schützen.

Der Pilger Stockar hat aus durchaus frommen Motiven seine weiten, zum Teil gefährlichen Wallfahrten unternommen. Über die Rückreise aus Palästina 1519 verfasste er nach der Sitte der Zeit einen Bericht. Die gleiche Wallfahrt haben zwei weitere schweizerische Teilnehmer, der Engelberger Konventherr Heinrich Stulz und der Glarner Ludwig Tschudi, beschrieben; Tschudis Schrift wurde schon 1606 gedruckt. Davon hebt sich Stockars Bericht durch seine Lebendigkeit und Schlichtheit vorteilhaft ab: Er beschreibt das Heilige Land, besonders die Wallfahrtsstätten, die Abfahrt von Jaffa, das Leben auf einem mittelalterlichen Meerschiff, die Verfolgung durch Seeräuber, die Landung auf Cypern, wo er eidgenössische Söldner aus Venedig trifft, stürmisches Wetter, auf Rhodus den verzweifelten Kampf der Johanniterritter gegen Sultan Suleiman, die Heimkehr nach Schaffhausen, wo während seiner Abwesenheit ein Bruder unter Hinterlassung von zehn Kindern gestorben war, «da was ain gros geschray und wainen um ieren fatter». Am Schluss blickt Stockar auf die ganze Wallfahrt zurück und bemerkt in seiner gerechten Art, er habe «gutt und boes lütt funden in der kristenhait und in haidaschafft und in der Durggy und by den Juden; hand mir al gutz dun und bös».

Die *Heimfahrt von Jerusalem* und das *Tagebuch* wurden 1839 von *Johann Heinrich Maurer-Constant* auf eine unglückliche Weise herausgegeben. Der Editor konnte offenbar das Original nicht lesen und bot einen verpfuschten Text mit lächerlichen Fehlern. Heute ist das Original leider verloren. – Neue Ausgabe: *Hans Stockars Jerusalemfahrt 1519 und Chronik*, hg. v. *Karl Schib;* Quell. Schweizergesch. NF 1, Abt. Chron. 4, 1949. – Von beiden Schriften Stockars finden sich Auszüge bei *Otto von Greyerz:* Von unsern Vätern; 1, Bern 1912, S. 25 ff.; 2, Bern 1913, S. 31 ff. – Eine Übertragung der Pilgerfahrt ins Neuhochdeutsche hat *Walter von Stockar* herausgegeben: *Christ, Pilgrim, Ratsherr;* Erlangen/Würzburg 1951.

JOHANN JACOB SCHALCH: Erinnerungen aus der Geschichte der Stadt Schaffhausen; Schaffhausen 1834–46. – ROBERT LANG: Schaffhauser Gelehrte und Staatsmänner; Festschr. Stadt Schaffhausen 1901. – ANNA MARIA VON LILIENCRON: Mitteilung über eine aufgefundene Handschrift von Hans Stockars «Heimfahrt von Jerusalem» und «Tagebuch von 1520–1529»; Anz. Schw. Gesch. 1909, S. 490f. – THEODOR PESTALOZZI-KUTTER: Kulturgeschichte Schaffhausens 1, Aarau 1928, S. 380ff. – VALENTIN LÖTSCHER: Der deutsche Bauernkrieg in der Darstellung und im Urteil der zeitgenössischen Schweizer; Basl. Beitr. Geschichtswiss. 11, Basel 1943, S. 181.

Hans Oswald Huber 1521–1582

Von 1559 bis zu seinem Tod bekleidete er das Amt eines zweiten Staatsschreibers. Er verfasste von 1570 an eine kleine *Chronik*, die von 1537–1581 reicht, das heisst, er trug von Jahr zu Jahr kleine Notizen ein, so dass seine Aufzeichnungen die Form von Annalen haben. Sie gehen nicht über den Lokalhorizont hinaus. Huber bietet wenig Politik und Stadtverwaltung, wenig vom Bild der planmässigen menschlichen Tätigkeit, sondern meist Zufälle und Seltsames, dieses aber aufmerksam, nüchtern, spiessbürgerlich, zuverlässig – im Gegensatz zu später, wo das menschliche Wollen und Handeln im Vordergrund stand, das Schicksalverhängte zurücktrat. Huber scheint vom neuen Geist unberührt; was er aufzeichnet, hätte fast im 15. Jahrhundert geschrieben sein können: Unglücksfälle, Ernten, Wetter, Preise, Wasserhöhen, Missgeburten, Verbrechen, Hinrichtungen, Fürstenbesuche, Todesfälle in den sogenannt besseren Familien, alles in kurzen knappen Worten. Einzig den Besuch von Kaiser Ferdinand II. im Jahre 1563 hat er eingehend beschrieben, vielleicht deshalb, weil er dabei glänzte. Alles, was er erzählt, bringt uns die gute alte Zeit mit ihrer Not und Härte wieder nahe, die Stimmung, den Atem der Zeit. Wir werden in eine kleine Welt mit Schaffhauser Namen versetzt.

Hans Oswald Huber's Schaffhauser Chronik, hg. v. *Carl August Bächtold;* Beitr. vaterl. Gesch. Schaffhausen 1906, S. 81 ff.

Johann Jakob Rüeger 1548–1606

Früh besuchte er das Gymnasium in Strassburg, wo der Vater und der Sohn beim gleichen Lehrer zur Schule gingen. Hierauf studierte er in Zürich Theologie. 1569 übernahm er eine Pfarrei im glarnerischen Schwanden; dort verkehrte er mit dem alten Tschudi. In Schaffhausen, wohin er 1575 zurückberufen wurde, herrschte eine achtenswerte geistige Blüte. Er war ein trefflicher Seelsorger, auch ein eifriger Dogmatiker; die Zunahme des Katholizismus bekümmerte ihn. Er legte grossen Wert auf Schulbildung, sorgte eifrig für die Schule. 1600 wurde er zweiter Triumvir, das heisst zweiter Geistlicher des Kantons. In den 1580er Jahren begann er sein Geschichtsstudium, zuerst antiquarischer Richtung, sammelte Münzen; das führte ihn mit vielen Gelehrten zusammen, mit denen er einen ausgedehnten Briefwechsel unterhielt. Er brachte einen ungeheuren Fleiss auf, trieb auch Genealogie und verwandte Wissenszweige. Schliesslich gelangte er zur eigentlichen Geschichte, verfasste *Conjectura,* die Erklärung einer bei Kloten gefundenen römischen Inschrift, und weitere kleinere genealogische Aufsätze.

Sein grosses Werk ist die *Schaffhauser Chronik,* die er von 1600–1606 niederschrieb. Er musste die Geschichtsschreibung Schaffhausens neu begründen, hatte keine Vorgänger, kannte die Aufzeichnungen von Stockar, Huber und anderen nicht; so eingekapselt lebte man in einer Kleinstadt. Er schöpfte aus dem Klosterarchiv, dem Spitalarchiv und durfte bisweilen im Stadtarchiv forschen; aber die Ratsmanuale blieben ihm verschlossen.

Für Schweizerisches benützte er besonders Stumpf und Guillimann, ferner gedruckte Weltchroniken. Sein Werk ist weniger eine Chronik als eine topographisch-historische Beschreibung. Er war von Stumpf beeinflusst, strebte eine Verbindung von Orts-, Schweizer- und Weltgeschichte an. Sein Werk ist eine Huldigung an den Ortsgeist und zugleich ein Streben ins Allgemeine. Doch ist ihm die Verschmelzung von Topographie und Geschichte, von Universal- und Spezialgeschichte nicht besonders gelungen, es ging über seine Kraft; Stumpf hat es ja schliesslich auch nicht gemeistert. Für die Forschung sind am wichtigsten Band 5 mit der Geschichte von Schaffhausen und Band 7 mit den Genealogien der alten Familien von Schaffhausen. Rüeger lässt sich zwar zu Ausfällen auf die alte Kirche fortreissen; aber er berichtet streng nach der Wahrheit. Sein kritisches Vermögen überrascht, wenn man bedenkt, dass ihm Anleitung hiezu fehlte. Er bekennt, wenn er etwas nicht weiss. Seine Darstellung beruht fast ganz auf Urkunden, die er mit Sicherheit handhabt; er arbeitet also wissenschaftlich. Lücken füllt er vorsichtig mit Hypothesen, die er als solche bezeichnet. Am meisten geht er mit Etymologien fehl. Doch leitet er Schaffhausen von Schiff (scapha) ab und nicht von Schaf, wie man es bislang getan hatte. Stolz hebt er hervor, der Ort sei schon vor Allerheiligen 1052 bewohnt worden. Sein Stil ist lebendig, warm, anschaulich, bisweilen mit Humor durchtränkt. Er schreibt als Vaterlandsfreund, und als solcher bricht er in das übliche Klagen über die Abnahme des Guten aus. Seine handschriftliche Chronik wurde von Hans Kaspar Lang mit Wappen geschmückt. Nach seinem Tod hat der Rat die Chronik eingefordert und in das Gewölbe verschlossen.

Chronik der Stadt und Landschaft Schaffhausen, hg. v. *Carl August Bächtold;* 1/2, Schaffhausen 1884–1892. *Register* bearb. v. *Georg Wanner,* Schaffhausen 1910.

JOHANN JACOB MEZGER: Johann Jakob Rüger; Schaffhausen 1859. – CONRAD MÄGIS: Schaffhauser Schriftsteller von der Reformation bis zur Gegenwart; Schaffhausen 1869. – GEROLD MEYER VON KNONAU: Johann Jacob Rüeger; ADB 29, Leipzig 1889, S. 589. – ROBERT LANG: Schaffhauser Gelehrte und Staatsmänner; Festschr. Stadt Schaffhausen 1901, S. 28 ff. – REINHARD FRAUENFELDER: Der Chronist J. J. Rüeger in bildlichen Darstellungen; Schaffh. Beitr. 1963.

GRAUBÜNDEN

Johann von Travers ca. 1483–1563

In Zuoz geboren, machte er sich mit acht Jahren davon, studierte lange auf eigene Faust an fremden Schulen und kehrte dann nach Hause zurück, wo man ihn für tot gehalten hatte. Rasch kam er zu Ehren, wurde eine ragende Gestalt, einer der bedeutendsten Bündner seiner Zeit: Feldherr, Staatsmann, Diplomat. Als der erste Krieg mit dem Kastlan von Musso ausbrach, erfolgte 1525 seine Ernennung zum Landeshauptmann im Veltlin. Beim Überfall auf das Veltlin war Travers gerade abwesend, warf sich aufs Pferd und schlug den Müsser aus dem Land. Der Krieg zog sich hin, Travers ging mit anderen Bündnern als Gesandter zu Herzog Franz nach Mailand, wurde bei der Rückreise auf dem Comersee 1525 vom Kastlan überfallen und ein halbes Jahr auf Musso in harter Haft gehalten, schliesslich von den Bündnern losgekauft. Nach seiner Befreiung trat Travers entschieden für die Reformation ein, für den zweiten Ilanzer Brief vom Juni 1526. Er war ein Hauptförderer des neuen Glaubens, half 1538 die erste Landesschule in Chur gründen. 73jährig bestieg er in Zuoz die Kanzel, um zu predigen. Die Prädikanten in ganz Bünden priesen ihn hoch. Als er aber 1560 ihren Anschlag, das Bistum aufzuheben, vereitelte, schalten sie ihn einen Abtrünnigen und schoben ihm eigennützige Beweggründe unter.

Travers war auch literarisch tätig. Er begründete die ladinische Schriftsprache. Neben Dramenübersetzungen verfasste er 1527 *La chanzun della guerra dalg Chiasté d'Müsch*, ein Lied vom Müsserkrieg, eines der frühesten rätoromanischen Schriftwerke. Es bietet anschauliche Schilderungen seiner Gefangennahme. Die Absicht aber ist eigentlich, dem Volk die Meinung zu sagen wegen seines Wankelmuts, Undanks, wegen seiner Blindheit. Travers war erbittert, weil man die Gesandten im Gefängnis hatte schmachten lassen mit der Ausrede, sie seien selber schuld. Er äusserte sich freimütig über die Mängel der Volksherrschaft, was in Bünden zu wegwerfenden Urteilen führen musste; ja er warnte geradezu vor dem Volksdienst. Der Ausdruck ist klar, bestimmt, kräftig, aber begreiflicherweise noch rauh und ungelenk.

Zwei historische Gedichte in ladinischer Sprache aus dem 16. und 17. Jahrhundert; hg. und übersetzt v. *Alfons von Flugi,* Chur 1865.

ALFONS VON FLUGI: Johann von Travers' Gedicht vom Müsserkrieg; Schw. Illustr. Zeitschr. Schw. Litt., Kunst, Wiss. 7, 1864, S.194f. – CHRISTIAN KIND: Johannes Travers; Bündn. Monatsbl. 8, 1857, S.161ff. – ALFONS VON FLUGI: Johann von Travers; Rätia 2, 1864, S.105ff. – OSKAR VASELLA: Wo ist der Briefwechsel des Johann Travers? Bündn. Monatsbl. 1942, S.261ff. – G. SIEVEKING: Die drei Engadiner Humanisten Gian Travers, Marcus Takius und Simon Lemnius; Bündn. Monatsbl. 1946.

Wolf von Capaul 1473–1563

Er lebte in Flims in angesehener Stellung, war Kommissarius, viermal Landrichter und versah noch viele andere Ämter. 1550 begann er eigenhändig *Aufzeichnungen*, diktierte sie später einem Urenkel. Nachher fügte eine unbekannte Hand noch ein paar Notizen bis 1629 hinzu.

Capaul bietet Angaben aus der Bündner- und Schweizergeschichte bis auf Tell zurück (1297). Der historiographische Ertrag ist gering, wichtiger, wie es historisch im Kopf eines alten Staatslenkers aussah. Hier herrschte keine Ordnung; Nahes und Fernes, Wichtiges und Unwichtiges bringt er durcheinander, sogar die Jahrhunderte. In abgerissenen Notizen erwähnt er Schlachten, Teuerungen, Feste, Himmelszeichen, Wetter, Krankheiten, den Familienstand, teilweise in Reimen. Er gibt ein Verzeichnis der Churer Bürgermeister und der Bischöfe, die er gekannt hat. Das Ganze scheint auf einen Herbsttrieb zurückzugehen, auf ein Bedürfnis, der Nachwelt etwas von sich zu hinterlassen. Es stellt eine Mischung von Chronik und Memoiren dar.

Chronik des Wolff von Capaul aus Flims 1550, hg. v. *Guido von Salis-Seewis;* Bündn. Monatsbl. 1920, S. 135 ff.

Franciscus Niger 1500–1564

Zuerst Priester, dann zum neuen Glauben übergetreten, flüchtete Niger deshalb aus seinem Geburtsort Bassano und kam auf Empfehlung Zwinglis nach Chiavenna. Dort entfaltete er jahrzehntelang als Lehrer der alten Sprachen, als Prediger, Humanist und Schriftsteller eine für das geistesarme Land fruchtbare Tätigkeit. Er übersetzte, verfasste Schulbücher, einen italienischen *Katechismus* nach Luther, eine theologische Streitschrift in dramatischer Gestalt: *Tragödi vom freien Willen*, die Anklang und Verbreitung fand, da sie das grosse Anliegen der Zeit in lutherischem Sinn und in allegorischem Zeitgeschmack behandelte. Sie kam schon 1559 auf den ersten Index. Sein wichtigstes Werk, *Rhetia sive de ritu et moribus Rhetorum* erschien 1547 in Basel.

Niger unterhielt einen ausgedehnten Briefwechsel, war mit Bullinger und Gessner freundschaftlich verbunden, leistete strenge Arbeit auf hartem Boden als südlicher Vorposten des Neuen. Er war eine stets angeregte, hochfliegende Natur, ein liebenswürdiges Wesen, voller Ausdauer und Hingabe. Erstaunlich ist dieses Hochgefühl in geistiger Einsamkeit. Auf einer Reise nach Polen, wo sein Sohn im Dienste stand, starb er plötzlich. Seine Quellen nennt er in den Noten, sogar mehr als er benützte, Tschudis Raetia, Pomponius Mela in Vadians Ausgabe; ferner stützt er sich auf eigene Beobachtung. Nigers Rhetia ist ein Gedicht voll von antiken Anspielungen, ein Humanistenwerk von merkwürdiger Toleranz, dem Bischof von Chur gewidmet. Er spendet auch den Katholiken Anerkennung, was mit dem panegyrischen Charakter des Gedichtes zusammenhängen mag; dieser ist sehr fühlbar. Die vielen Entlehnungen und Anspielungen aus der Antike geben ein etwas schwülstiges, verschwommenes Bild. Man fühlt sich bisweilen leer angeklügelt; das Sachliche leidet Not. Hätten wir nur ihn, das Bild Bündens wäre zu rosig-undeutlich. Es ist ein Werk der

Gefühlserhebung, nicht der Forschung. Von der Viehzucht, die er beschreibt, hat er keine reale Kenntnis, entlehnt vieles aus Vergils Georgica.

Rhetia; Quell. Schweizergesch. 23, Einleitung S. 58. Hier auch *Briefe* von Niger. – Eine *Dichtung aus dem 16. Jahrhundert* von *F. Niger aus Bassano,* hg. und übersetzt v. *Traugott Schiess;* Progr. bündn. Kantonsschule Chur 1896/97 mit Anm. und biogr. Abriss.

Bündner Chronisten, hg. v. RUDOLF OLAF TÖNJACHEN; Bündn. Haushaltungs- u. Familienbuch 1942.

Ulrich Campell ca. 1510–1582

Seine Familie leitete ihren Ursprung von der Burg Campell im Domleschg ab. Aber seit dem 15. Jahrhundert war sie in Süs im Unterengadin ansässig, wo sie zu den Angesehenen gehörte. Ulrich wurde zum Geistlichen bestimmt, besuchte keine Universität, lernte bei Philipp Gallicius, dem Reformator des Engadins, heiratete früh; 1537 wurde ihm in Süs das erste Kind geboren. Sein Vater Kaspar, ein eifriger und tapferer Reformierter, vollzog die Nottaufe, da in Süs ein Messpriester amtete, wie denn überhaupt noch der grössere Teil des Engadins dem katholischen Glauben anhing. Darob erhob sich ein heftiger Kirchenstreit, der die Ausbreitung der neuen Lehre förderte. Von 1548 bis 1550 war Campell Pfarrer in Klosters, ging dann nach Süs und nahm eine führende Stellung unter den Engadiner Geistlichen ein. Er war eine Kampfnatur, ein Sturmbock der Reformation, die langsam fortschritt, vertrat eine dezidierte Meinung in politischen und dogmatischen Fragen; in diesen war er streng und unnachgiebig, in jenen passte er sich den Umständen an. 1548 bekämpfte er die Erneuerung des französischen Bündnisses; 1564 förderte er es aus Hass gegen Spanien, dessen Einfluss er fürchtete. Darum unternahm man gegen ihn und andere Gleichgesinnte 1565 einen Fähnlilupf. Vater und Sohn Campell wurden verhaftet und gebüsst, es kam einer Erpressung gleich.

Anno 1570 wurde er nach Chur berufen. Es bedeutete einen unglücklichen Tausch, denn er war des deutschen Predigens nicht mehr gewohnt; seine Predigt wurde als langweilig verschrieen. Dazu kam noch sein verhängnisvolles Eingreifen in die Politik. Mit seinem Kollegen Egli beschwor er 1572 den Bullenhandel herauf, der den Dr. Johann von Planta, den Herrn von Rhäzüns, aufs Schafott führte; Campell hatte das allerdings nicht gewollt. Er befand sich in einer unerquicklichen Stellung und gab deshalb 1573 seine Demission in Chur; zuerst nahm man sie nicht an, dann aber ersetzte man ihn 1574 hinterrücks. Er war ein Freund und Pfleger des Rätoromanischen, half, ihm eine Schriftsprache zu schaffen, übersetzte Psalmen, den Katechismus, schrieb Volksdramen in Rätoromanisch und führte die öffentlichen Schauspiele im Unterengadin ein.

Der Anstoss zu seiner Geschichtsschreibung ging von Zürich aus, dem Mittelpunkt der ostschweizerischen Reformierten. Campell trat Ende der 1560er Jahre mit Simler und Bullinger in Briefwechsel. Simler plante eine historisch-topographische Darstellung der Gesamtschweiz und suchte

Mitarbeiter. Er selber gab 1574 eine Probe mit der Descriptio Vallesiae. Für Bünden verfiel er auf Campell, weil dessen Lehrer Gallicius eine Topographie Bündens verfasst hatte, die heute verschollen ist. Campell folgte willig dem Ruf. Als Politiker, Gottesstreiter, Geistesmensch wurde er dadurch angeregt, gefördert und befriedigt. 1570 schickte er eine erste Probe nach Zürich und wurde von Simler dafür gelobt. Von 1570–1573 verfasste er unter schwierigen Umständen und Anfechtungen *Raetiae Alpestris topographica descriptio*, von 1573–1576 *Historia raetica*. Über dem Ganzen schwebte ein Unstern: Simler starb, für den das Werk bestimmt war. Da legte es Campell dem rhätischen Bundestag vor. Dieser spendete Lob, verweigerte aber die Übernahme der Druckkosten, was eine schwere Enttäuschung für Campell bedeutete. So blieb das Werk dreihundert Jahre lang verborgen, wurde seines Umfangs wegen auch wenig abgeschrieben.

Die Leistung Campells ist nach seinen bescheidenen Mitteln, nach dem Mangel an Anregung in der Heimat, mitten unter aufreibenden Kämpfen, als ausserordentlich anzusehen. Das meiste gewann er aus eigener Anschauung, so dass die Descriptio eine wertvolle Originalarbeit darstellt. Die Freude am Kleinen ist bei ihm gross. Er bevorzugt den Gotteshausbund, legt Wert auf die Institutionen, bietet bei jedem Ort Genealogien der wichtigen Familien. Bergreisen hat er nicht unternommen, von den Höhen hat er nur unbestimmte Kunde; Furcht verrät sich, zumal er sehr abergläubisch war; Drachen sind für ihn Bewohner des Hochgebirges. In den Anhängen gibt er Treffliches über Berge, Gletscher, Lawinen, Bebauung des Bodens, Pflanzen, Tiere, Jagd, Nahrungsquellen, Bergbau. Er behauptet, der Ackerbau nehme zu, Bünden könne seine Bewohner ernähren, das Unterengadin führe Getreide aus. Dem Söldnerdienst schreibt er Laster und Aufwand zu; früher sei das Leben heilig gewesen im Vergleich zu seiner Zeit. Oft streut er Anekdoten ein. In der Descriptio werden stets die Grenzen zwischen Deutsch und Rätisch abgesteckt; er ist eifersüchtig auf das Vordringen des Deutschen.

Mit der Historia begründete Campell die Geschichte Graubündens. Er schätzte offenbar das Urkundenwesen nicht richtig ein, suchte nicht in die Archive einzudringen und liess sie unbenützt. Dazu fehlte ihm wohl mehr die Geduld, nicht so sehr die Akribie. Er nennt viele Autoren, die er kaum gesehen hat. Bis 1500 bietet er mangels an Stoff mehr Reichs- und Schweizergeschichte; von 1500 an fliesst der Stoff beträchtlicher. In steigendem Mass beruht seine Darstellung auf eigener Erfahrung, so dass das Werk gelegentlich Memoirencharakter annimmt. Er schreibt völlig als Romane, als Feind des Deutschen – das erste Beispiel eines durchgehenden Rassenhasses. Die Etrusker haben laut seinen Ausführungen das Rätoromanische gebracht. Stolz redet er von einem Bündnis mit dem alten Rom: Das Unglück begann, als Rätien ans Deutsche Reich kam und geknechtet wurde, denn die Rätier sind von Haus aus die höhere Rasse. Ihre Sprache wurde durch das Deutsche verdorben. Campells Reichshass steht im Gegensatz zu Stumpf, Vadian und Tschudi. Dies ist der Ausgangspunkt seiner demokratischen Dogmatik. Die allmähliche Lösung vom Reich durch die Gründung der drei Bünde bedeute zugleich den Aufstieg zur Volksherrschaft. Es ist ein prächtiges Beispiel dafür, wohin vorgefasste Ideen in der Geschichtsschreibung führen; er denkt auf die Demokratie zu. Die Zeitgeschichte ist ebenfalls einseitig aufgefasst, und zwar vom reformierten Standpunkt aus; Campell hätte aus Bünden am liebsten einen protestantischen Kirchenstaat gemacht.

Er versucht pragmatische Darstellung, bleibt aber in der Annalistik stecken mit Notizen über Wetter, Krankheiten, Kometen, Überschwemmungen. Eine Vorliebe für Skandalgeschichten und dicken Aberglauben tritt hervor, theologische Erörterungen machen sich breit, ebenso moralische Ergüsse. Der Glaubens- und Rasseneifer in ihm ist ungeniessbar. In seinem Latein baut er verschlungene Sätze und gibt ihnen einen dunklen Sinn, wenn auch der Ausdruck anschaulich ist. Campell hat Ideen, hat das Zeug zum Historiker, erscheint indessen unentwickelt. Darum blieb das Werk trotz seiner grundlegenden Bedeutung im Verborgenen.

Die Allgemeine Geschichtsforschende Gesellschaft der Schweiz übernahm die Veröffentlichung des Werkes von Campell, nachdem schon 1848–1851 *Conradin von Moor* im Archiv für die Geschichte der Republik Graubünden eine Übersetzung und einen Auszug davon gegeben hatte. – *Christian Immanuel Kind* und *Placidus Plattner* gaben 1884–1890 in Bd. 7–9 der Quell. Schw. Gesch. die *Raetiae Alpestris topographica descriptio* und die *Historia Raetica* heraus. Für die Descriptio lag Kind nur die Abschrift mit zwei Anfängen aus dem 18. Jahrhundert im Besitz der Familie von Salis-Zizers vor; das Original galt als verloren, während sich die Urschrift der Historia erhalten hat. Später kam das Original der Descriptio im Besitz des Obersten von Sprecher in Maienfeld zum Vorschein. *Traugott Schiess: Nachträge zu Campell; Anz. Schw. Gesch.* 1899, S. 175 ff. 202 ff. Das Original zeigt einen dritten und vierten Anfang zur Descriptio, mit dem es folgende Bewandtnis hat: 1573 schickte Campell das Original der Descriptio nach Zürich; Bullinger und Simler waren davon nicht befriedigt; dem ersten war hier zu wenig geboten, dem zweiten zu viel. Campell verfasste nun vier Anfänge, die einen allgemeinen Zug hatten, während die Descriptio selbst eine Ortsschilderung war. Die Anfänge 1 und 2 standen schon bei Kind, Quell. Schw. Gesch. 7; *Traugott Schiess* veröffentlichte nach dem gefundenen Original die Anfänge 3 und 4: Rhaetiae Alpestris topographica descriptio; Beil. Jahresb. Naturforsch. Ges. Graubündens NF 42–44, Chur 1900. – Die Historia ist nach dem Original herausgegeben. – *Johannes Guler* machte einen Auszug aus der Historia und gab ihn 1616 als *Raetia* deutsch heraus; deshalb ist das lateinische Original erst recht überflüssig geworden.

CHRISTIAN IMMANUEL KIND: Ulrich Campell; Bündn. Monatsbl. 1859. – GEORG VON WYSS: Ulrich Campell; ADB 3, Leipzig 1876, S. 737f. – HERMANN WARTMANN: Einleitung zu Bd. 9 der Quell. Schw. Gesch.; Basel 1890. – HERMANN WARTMANN: 3. und 4. Anhang zu Ulrich Campells Topographie von Graubünden; 1900. – CARL CAMENISCH: Die Reformation in Graubünden, in: Bündner Geschichte, Vorträge; Chur 1902. – E. CAMENISCH: Notizen über Ulrich Campell aus seinem letzten Lebensjahre nach dem Synodalprotokoll von 1571–1608; Bündn. Monatsbl. 1920, S. 79ff. – JANETT MICHEL: Vom Humanismus und seinen Anfängen in Graubünden; Beil. Kantonsschulprogr. 1929/30. – FRIEDRICH PIETH: Bündnergeschichte; Chur 1945, S. 154f.

Jakob Bundi ca. 1565–1614

Er war Abt von Disentis von 1594–1614, schrieb eine kurze *Chronik*, in der Hauptsache einen chronologisch ungeordneten, lückenhaften Katalog der Äbte vom Heiligen Sigisbert an. Und doch ist es die erste zusammenfassende Chronik des Gotteshauses. Um den Glanz des Stifters zu erhöhen, schreibt Bundi die Neugründung des Klosters Karl dem Grossen zu, die anderen Chronisten sonst Karl Martell.

Die Disentiser Kloster-Chronik des Abtes Jakob IV. Bundi, hg. v. *Caspar Decurtins;* Monatsrosen 31, 1888. – *Die Jerusalemreise des Abtes Jakob Bundi im Jahre* 1591, hg. v. *G. Cahannes;* Jahresber. Hist.-Antiq. Ges. Graubündens 52, 1922, S. 1 ff.

Hans Ardüser 1557–1614

Der Vater, hochangesehener Landammann von Davos, hatte dreiundzwanzig Kinder. Sein Sohn sollte eine gelehrte Laufbahn einschlagen, besuchte die Lateinschule in Chur, ging nach Zürich und bat um einen Freiplatz; doch die Zürcher lehnten ab. Der Traum, Pfarrer zu werden, war damit verflogen. Zwei Jahre lang wirkte er als Lehrer in Maienfeld. Von jedem Zögling erhielt er an Fronfasten 6 Schilling, 5 Gulden vom Herrn, Essen und Trinken auf dem Schloss. Hierauf ging er zu Feldkirch und Chur bei einem Maler in die Lehre. Seit 1581 war er selbständig und übte nun einen Doppelberuf aus: Im Sommer war er Maler, im Winter Schulmeister. Die bildende Kunst in der Schweiz hatte ihre Blüte kurz vor der Reformation. Durch die Not des 16. Jahrhunderts, Kriege, Seuchen, Teuerungen, durch die harte Nüchternheit der Reformation wurde sie geknickt; die glänzenden Verhältnisse und verschwenderischen Gewohnheiten der Renaissance, die der Kunst zugute kamen, hatten der Kleinbürgerlichkeit Platz gemacht, die in der Kunst vorlieb nahm. Anregungen, höhere Aufträge fehlten. Ardüser blieb Handwerker, der mit dem Pinsel nicht künstlerischem Drang Ausdruck gab, sondern Geld verdiente. Im Sommer durchstreifte er mit seiner Frau, beides abgehärtete Fusswanderer, Bünden und seine Nachbarschaft und dekorierte Kirchen, Häuser, innen und aussen. Unvorsichtig setzte er seinen Namen hinzu; einiges ist noch erhalten. Er besass kein künstlerisches Gewissen, wurde in den besten Jahren stets flüchtiger und dreister im Auftragen, da das Urteil der Besteller fehlte. Aber er gedieh dabei, wurde wohlhabend. In seiner Autobiographie verzeichnet er nur die Preise, nicht das Was und Wie seiner Leistungen. Gleich wie er katholische und reformierte Kirchen bemalte, hielt er im Winter bald im katholischen Lenz, bald im reformierten Thusis Schule. Damals herrschte in Bünden ein gemütliches Durcheinander beider Konfessionen. Er nahm es mit der Schule ernster als mit dem Häuserschmükken, liebte die Kinder, verzeichnete mit Stolz ihr späteres Glück. Stets arbeitete er an seiner lückenhaften Bildung, las sehr viel, setzte sich unter Opfern mit dem Büchermarkt in Verbindung. In der Autobiographie gibt er ein Verzeichnis der wichtigsten Werke, die er gelesen: ein Kunterbunt, bei dem der Aberglaube nicht fehlt.

Durch das Lesen angeregt, griff er zur Feder. 1598 erschien im Druck *Wahrhafte Beschreibung etlicher herlicher und hochvernampter Personen in alter freier Rhätia,* ein genealogisch-biographisches Lexikon Bündens. Er hatte sich Angaben durch briefliche Anfragen verschafft. Damals war sein Lexikon trotz der Dürftigkeit willkommen; 1770 erschien eine zweite Auflage. Er liess eine gewisse Vorsicht und Kritik walten; die prunkenden Stammbäume aus Rom oder gar vom Alten Testament vermied er.

Überhaupt verdient sein geistiges Streben Achtung. Er machte sich selbst, wurde nicht gestossen. 1610 schrieb er eine *Autobiographie*, die bis 1605 geht, von 1611–1614 eine *Bündner Chronik*. Die Autobiographie ist kurz und knapp gehalten, ihr Grundton die völlige Unterwerfung unter Gott. Sein Leben fasst er als ein Geschenk, als eine Gnade auf. Um ihn herum verderben die Leute, werden von der Seuche weggerafft; er selber gedeiht, ihm unbegreiflich. Die Chronik geht von 1572–1614. Sie reiht sich äusserlich an Campell, unterscheidet sich aber innerlich vom Vorgänger. Er ordnet nach Jahren, rafft kalenderartig unter Jahreszahlen alles mögliche zusammen. Fanatismus fehlt völlig. Dafür glänzt seine Belesenheit und genaue Kenntnis von Land und Leuten, weil er überall hinkommt. Er besitzt ein gutes leibliches und geistiges Auge, einen Humor unter Lächeln und Tränen. Der Autor erscheint als eigenartig, gescheit, persönlich in Gedanke und Ausdruck. Deutlicher noch als das Politische wird die Not des Alltags, die stete Bedrohung durch die Natur, der kümmerliche Stand der Menschheit auf der Erde, gerade in Bünden. Ardüser schaut mit gerührter Andacht zu den Vornehmen, zu den Standespersonen empor, verzeichnet ihre Hochzeiten und Todesfälle, zählt mit Heimatstolz berühmte und gelehrte Bündner auf. Die Sünden seines Volkes beurteilt er mild; immerhin betrachtet er jedes Unglück als eine verdiente Strafe vom Höchsten. Er teilt mit dem Volk den Teufelsglauben, meldet unbefangen Hexenprozesse, übt scharfen Tadel an der Trunksucht, erwähnt immer wieder Fälle, dass Standespersonen in der Völlerei zu Tode fielen. Er macht deutlich, was man liebte, hasste, fürchtete; stets wieder deutet er an, dass das Veltlin bedroht sei. Noch über 1600 hinaus verzeichnet er reformierte Fortschritte, macht aber keine Ausfälle gegen die Katholiken.

Die Originalhandschriften der *Autobiographie* und der *Chronik* liegen in St. Gallen. Beide wurden herausgegeben und kommentiert von *Jakob Bott;* Beil. Jahresber. Naturforsch. Ges. Graubündens 1877. – *Bruchstücke der Autobiographie* in: *Otto von Greyerz:* Von unsern Vätern; 1, Bern 1912, S. 131 ff.

RUDOLF WOLF: Johannes Ardüser; Biogr. Kulturgesch. d. Schw. 4, Zürich 1862, S. 25 ff. – Ctr.: Hans Ardüser; ADB 1, Leipzig 1875, S. 513. – JOHANN RUDOLF RAHN: Fahrten und Werke eines Bündner Malers im 16. und 17. Jahrhundert; Zürich 1880.– WOLFRAM DERICHSWEILER: Ferienwanderungen eines bündnerischen Schulmeisters im 16. Jahrhundert; Alpina 1916, S. 131 f. – FRIEDRICH PIETH: Bündnergeschichte; Chur 1945, S. 186 ff.

GENF UND WAADT

Genfs Geschichte liegt abseits von der eidgenössischen. Die Stadt war im Mittelalter halb bischöflich, halb savoyisch gewesen und wandte sich erst in der zweiten Hälfte des 16. Jahrhunderts der Schweiz zu. Aus früherer Zeit sind nur dürftige Aufzeichnungen vorhanden, die der Bedeutung Genfs nicht gerecht werden. Immerhin gab es dort schon seit dem 15. Jahrhundert gute Schulen. Die Reformation berührte auch hier den Boden wie mit einem Zauberstab, und die Quellen sprangen auf.

Erwähnt seien vorweg zwei nicht erzählende Hauptwerke: *Registres du conseil de Genève,* publiés par la Soc. hist. arch. Genève, 1, Genève 1900, geht vom Jahre 1409 an; heute ist das Werk mit Bd. 13, Genf 1940, bis zum Jahr 1536 gelangt. – *Aimé Louis Herminjard: Correspondance des réformateurs dans les pays de la langue française* 1–9, Genève 1864–97 (unvollendet).

Ein besserer Führer durch die westschweizerische Historiographie als Georg von Wyss ist VIRGILE ROSSEL: Histoire littéraire de la Suisse Romande; 1, Genève 1890.

Jean Bâlard ca. 1490–ca. 1557

Aus alter Genfer Familie geboren, war er wie der Vater Eisenhändler, reich, doch ein schlichter Bürger. Anfangs 1525 trat er in den Kleinen Rat ein, wurde für dieses Jahr Syndic, dann wieder für 1530, also für zwei Schicksalsjahre. Dazwischen sass er im Kleinen Rat oder verwaltete das Schatzmeisteramt. Er war eine ruhige, gehaltene Natur, verdankte seine Geltung in diesen Sturmjahren seiner Klugheit, seiner Arbeitskraft und Geschäftskunde, vielleicht auch den Anleihen, die er der Stadt gewährte. Eine ausgesprochene Parteinahme vermied er, bis die Reformation kam. Er gehörte zu den ganz wenigen Genfern, die der Freiheit und dem alten Glauben zugetan waren, verurteilte das Eindringen der Reformation, diente den bedrängten Nonnen von St. Clara als Beistand. Umsonst suchte ihn Farel zu überzeugen. Er hing an der Messe, wurde sogar des Hochverrats angeklagt, reinigte sich aber. 1539 drängte man ihn aus dem Kleinen Rat. Als verdächtig vorgeladen, sollte er sagen, ob die Messe gut oder schlecht sei. Wie er ausweichen wollte, hiess es: entweder Antwort geben oder in zehn Tagen die Stadt räumen. Seine Antwort lautete: «Da die Herren zu hören wünschen, dass die Messe schlecht sei, so sage ich, dass sie schlecht ist.» Hier kommt der gelassene, zähe Mann zum Vorschein, der grosse Gebärden nicht liebt. Er durfte in der Stadt bleiben, zog sich von der Politik soviel als möglich zurück, blieb aber bis ans Ende Mitglied der LX und der CC; sogar im Konsistorium sass er und in verschiedenen Kommissionen.

Bâlard erhob nicht den Anspruch, Geschichtsschreiber zu sein. Wohl aber führte er ein sorgfältiges *Tagebuch* über die politischen Ereignisse der Stadt. Als Zweck führt er an: «que pour une aultre foys on se sache bien conduire.» Er begann 1515, als er in den Kleinen Rat eintrat. 1530, in der höchsten Bedrängnis der Stadt, schickte er das Tagebuch auswärts. Es ist nur verstümmelt erhalten vom März 1525 bis Oktober 1531. Bâlard beobachtet sorgfältig, steht im Mittelpunkt, erfährt das Geheimste und zeichnet die Verhandlungen bis in die Winkelzüge genau auf, protokollarisch peinlich, trocken wie ein Notar, wie ein Geschäftsmann, ohne irgendwelchen literarischen Anspruch, sogar ohne eigene Meinung. Fast pedantisch, farblos, eintönig zieht sich der Bericht dahin. Wichtiges und Unwichtiges wird nicht unterschieden. Nur selten erwähnt er etwas ausser Rats- und Stadtgeschäften. Man hat Mühe, sich hineinzulesen. Und doch ist es die zuverlässigste Quelle, denn dieser Mann ohne Schwung und Phantasie ist ehrlich, photographisch treu. Wie in der Politik, so hält er auch hier persönlich zurück, verschweigt seine Meinung; er lobt, tadelt, urteilt nicht. Wenn er einmal eine Behauptung wagt, einen Einfall hat, so trägt er ihn nur sehr bedingt, mit Entschuldigungen vor. Sein Leitsatz lautet: «La cause du bien est humilité.» Vielleicht ist er so zurückhaltend aus Furcht, sich blosszustellen, sich schuldig zu machen, wenn seine geheime Schreiberei auskommen sollte; denn die Lage war so gespannt, dass man den Ausgang nicht absehen konnte. Erst allmählich lernt man sein Herz kennen, merkt man, dass er, während er scheinbar nur die Oberfläche, das Äussere bietet, den tieferen Sinn der Dinge versteht: Er ist ein warmer Patriot. Sein Ausdruck schon schmiegt sich dem Gang der Ereignisse an. Je besser es Genf geht, um so freier wird er; seine Parteinahme für Genf wird immer fühlbarer. Zusehends urteilt er mutiger, persönlicher und ist darin ein Abbild der Stadt. Zuerst nennt er den Herzog «notre tres redoubté Seigneur», später einfach «Monsieur de Savoye». Die Änderung vollzieht sich ihm wohl unbewusst. Gerade wegen dieser Eigenart ist sein Tagebuch so wertvoll. Man lernt das zähe Geflecht von Schlichen, Ränken, Betrügereien völlig kennen. Der Herzog und der Bischof wollen mit Hilfe der Genfer einander übertölpeln, bis sie von den Genfern überlistet und um das Ihre gebracht werden. Von Genf ergibt sich kein günstiges Bild: Ducken, Heucheln, Manteldrehen; dann Überhebung, Rachsucht, Unrecht. Über allem schwebt, lastet die gemeinsame Furcht vor den Schweizern. In der Tat ist ihr Erscheinen 1530 furchtbar. Für Bâlard stellt die Schweiz etwas Fernes und Unbekanntes dar, er nennt sie stets Allemagne; ähnlich blicken die Schweizer gegen Genf; die politischen Entfernungen sind noch sehr gross. Bâlard hat nur den Genfer Horizont, es ist eine weise Beschränkung. In Bâlard und Bonivard kommen zwei gegensätzliche Seiten der Geschichtsschreibung zum Ausdruck, die beide unentbehrlich sind und vereint sein sollten.

Journal du Syndic Jean Bâlard, hg. v. *Jean-Jacques Chaponnière;* Mém. doc. Soc. hist. arch. Genève 10, 1854.

HENRI DELARUE: Notes pour l'histoire de la Réforme à Genève avant Farel; Bull. Soc. hist. arch. Genève 1933–35, S. 31 ff.

François de Bonivard 1493-1570

Er ist der Hauptvertreter der genferischen Geschichtsschreibung in der Reformation, eine merkwürdige, umstrittene Persönlichkeit, die anzieht und abstösst zugleich. Als Gefangener von Chillon, nicht als Geschichtsschreiber wurde er zuerst der Welt vertraut. Rousseau verkündete in der Nouvelle Héloïse seinen Ruhm: «ami de la liberté quoique Savoyard et tolérant quoique prêtre». Noch weiter trug seinen Namen Lord Byrons herrliches Gedicht «The prisoner of Chillon», wo die Welt bekannt wurde mit jenem Pfad, den Bonivard in den Felsen getreten haben soll, ein Pfad, der für ihn der Weg zur Märtyrerglorie wurde; denn mit Byrons Gedicht ist er der Unsterblichkeit teilhaftig. Auch Maler wie Delacroix beeilten sich, die rührende Gestalt zu verherrlichen. Die Forschung des 19. Jahrhunderts ist ihm verderblich geworden und zeigt ihn in seiner Haltlosigkeit, seinem Wankelmut, seinem genusssüchtigen Eigennutz.

Bonivard wurde zu Seyssel als savoyischer Untertan geboren. Seine Familie war adelig, im Fürstendienst emporgekommen, von der Gunst des Herrscherhauses ausgezeichnet. Er wuchs in durchgeistigter, seinem Talent angemessener Atmosphäre auf. Als jüngeren Sohn bestimmte man ihn zum Geistlichen. Der Oheim, Inhaber des Priorates St. Victor bei Genf und anderer reicher Pfründen, leitete die Erziehung. Seine Jugend war erfüllt mit gründlichen Studien und vornehmem Weltgenuss, wozu ihm die Mittel reichlich flossen; er eignete sich die Weltbildung des Edelmannes an, studierte in Turin und Freiburg im Breisgau die Rechte, erwarb grosse Sprachenkenntnis, so des Deutschen, was ihm nachmals sehr zustatten kam; er blieb zeitlebens ein Liebhaber des Deutschen. Anno 1514 starb sein Oheim; Bonivard erbte das Priorat St. Victor, nicht aber die Abtei Pignerol, die der Herzog seinem Verwandten, dem Bischof von Genf, gab. St. Victor war ein kleines Fürstentum vor den Toren Genfs mit zwanzig Dörfern; Bonivard regierte es unter der Souveränität des Herzogs. Als Prior sass er zugleich im Genfer Domkapitel und hatte damit eine Doppelstellung inne. Er nahm von Anfang an für Genf Partei. Als der Herzog drei Kanonen verlangte, die der Oheim zurückgelassen, hielt sie Bonivard den Genfern zu. Er erklärte seine Haltung später aus einem natürlichen Hang zur Republik, womit aber sein Leben nicht in allen Wendungen übereinstimmt; vielmehr mochten es Jugendübermut und seine Enttäuschung wegen Pignerol sein. Er hielt in Genf offenes Haus, war lebenslustig, genoss «die bis zu den Augen in Wohllust versunkene» Stadt. Zuerst hielt er sich zu Berthelier und der «bande de la liberté»; sein Haus war Mittelpunkt der Beratungen. 1529, beim Zusammenbruch der Partei, floh er aus Genf, wurde von falschen Freunden verraten und dem Herzog ausgeliefert, der ihn zwei Jahre in Haft hielt. Jetzt entdeckte er wieder sein monarchistisches Herz, unterwarf sich und wurde freigelassen. Aber Papst Leo X. gab St. Victor seinem Verwandten, was Bonivard als schweren Schlag empfand. Ohne Mittel, ans Geldausgeben gewöhnt, verschuldete er sich in Genf. Vergeblich ging er nach Rom, um St. Victor zurückzugewinnen. Da besetzte es der Herzog. Bonivard unternahm 1528 einen bewaffneten

Zug nach St. Victor, der fehlschlug. Nun näherte er sich wieder dem Herzog, erhielt einen Geleitbrief, begab sich nach Seyssel zu den Eltern und wurde kurz darauf von des Herzogs Schergen in der Waadt gefangen, weil er das Priorat an den Bischof von Lausanne verhandeln wollte. Er wurde nach Chillon verbracht, zwei Jahre lang gut behandelt, dann ins Verliess gesteckt, wo er vier Jahre verbrachte und schliesslich 1536 durch die Berner befreit wurde. Nach Genf zurückgekehrt, liess er sich ins Bürgerrecht aufnehmen und bekehrte sich wohl auch zur Reformation, stritt aber mit der Stadt um das Priorat. Als Genf nicht nachgab, wandte er sich 1537 nach Bern und wurde dort Bürger. Bern vermittelte 1538 einen Vergleich, wonach Bonivard auf das Priorat verzichtete und dafür von den Genfern eine Pension bezog. Er blieb bis 1541 in Bern, «où nous sommes Allemants et Romantz pesle-mesle», was dem Doppelsprachigen sehr zusagte.

Anno 1542 erhielt er vom Genfer Rat den Auftrag, eine Stadtchronik zu schreiben. Mit Freuden nahm er an und lebte seit 1542 dauernd in Genf; hier verbrachte er äusserlich einen ruhigen Lebensabend, der nur durch seine Gattinnen getrübt war. In vierter Ehe heiratete er eine entlaufene Nonne; diese wurde 1565, nicht von ihm, des Ehebruchs angeklagt und der Sitte der Zeit gemäss ertränkt. Bis in seine letzten Tage liebte Bonivard Fröhlichkeit und eine heitere Gesellschaft. Er nahm das Leben nie ganz ernst, trug stets einen Zug von Posse und von Halbheit. Immer steckte er in Schulden und ärgerlichen Prozessen, rieb sich mit dem Konsistorium. «D'aller au prêche, il ne scait ce que c'est», tadelte es ihn. Er wurde vorgeladen, erschien mit einem Blumenstrauss über dem Ohr, «ce qui lui sied mal, à luy qui est vieil». Trotz seiner Lebenslust war er ein entschiedener Anhänger Calvins, wohl vor allem deshalb, weil er finanziell von der Stadt abhing. Sein Charakter ist zwar durchsichtig, er macht keine Mördergrube aus seinem Herzen, aber es hält dennoch schwer, Leben und Schriften zusammenzustücken.

Was der Held Bonivard bei der Nachwelt verliert, das gewinnt der Schriftsteller. Seine Werke sind erst im 19. Jahrhundert herausgegeben worden. Sie betreffen Philologie, Philosophie, Geschichte und Politik. Hier zeigt sich die Vielseitigkeit des Humanisten, sein lebenslanges Bemühen um das Geistige. Auch dichtete er, behauptete sogar, er sei «poeta laureatus» geworden; wann, wo, warum, ist unbekannt. Man kennt verschiedene Gedichte von ihm, so eine *Lamentation en la captivité chillonique*. Alles in allem war er nur ein mässiger Reimer. Seine philologischen Arbeiten beruhen auf eingehender Kenntnis der klassischen und modernen Sprachen. 1529 schrieb er *Jardin d'antiquité*, das heisst ein Reallexikon zu den alten Schriftstellern. Um 1542 verfasste er ein *Wörterbuch* deutsch-französisch-lateinisch, lateinisch-französisch-deutsch und französisch-lateinisch-deutsch, dazu Bruchstücke einer deutsch-französischen *Grammatik* zur Erlernung dieser Sprachen. Im Vorwort betont er den Wert der modernen Sprachen zu einer Zeit, da die alten allein galten. Um ihre angebliche Unordnung zu widerlegen, sucht er Regeln für sie aufzustellen. 1563 verfasste er *Advis et devis des lengues*, wo er sich um die Etymologie der

Sprachen bemüht und eine tiefe Kenntnis der jungen Sprachwissenschaft offenbart.

Der Geschichtsschreiber Bonivard ist vom Philologen zu trennen. Mit der *Stadtchronik* begann er 1546 und schloss sie 1551 ab. Zum Dank erhielt er die beiden Häuser, die er bewohnte; Froment diente ihm als Sekretär. Bonivard war der geeignete Mann. Alles empfahl ihn: allgemeine Belesenheit, Rechtskenntnisse, Teilnahme an den wichtigsten Ereignissen der letzten Jahrzehnte, schliesslich eine ausgesprochene natürliche Begabung für Geschichtsschreibung. Er nützte die Erlaubnis zu Archivarbeiten gründlich aus, kannte das Wenige, das früher über Genfergeschichte geschrieben worden war. Besonders hoch schätzte er Stumpfs Chronik, die eben herauskam; er nahm sehr viel daraus, auch aus Tschudi, Münster und Nauclerus. Bonivards Chronik wurde von einem Ausschuss geprüft; dieser fand den Stil rauh, einige Stellen bedenklich, weil sie Bern und Freiburg treffen konnten; deshalb wurde die Erlaubnis zum Druck verweigert und die Chronik unter Verschluss genommen. Bonivard begründete als erster die Genfergeschichte quellen- und urkundenmässig; er nahm ganze Aktenstücke auf, legte Nachdruck auf die Rechtsverhältnisse, räumte Fabeleien weg, hatte den Mut zur Lückenhaftigkeit, um nichts Unbelegtes zu sagen; das Archiv bot ihm für vieles keinen Anhalt, war vernachlässigt. Oft führt Bonivard den Leser auf den Weg der Untersuchung, gibt zu, was er nicht weiss. Die Darstellung schwillt an, wo seine Erfahrung einsetzt. Der erste Band führt die Schilderung von den Anfängen bis 1513, der zweite bis 1530; hier wird die Chronik stellenweise zum Memoirenwerk. Bonivard hat ein echtes Verlangen nach geschichtlicher Wahrheit; gleichwohl ist eine Tendenz fühlbar, nicht eine calvinistische, wie man behauptet hat, schon deshalb nicht, weil er 1530 abbricht, sondern eine genferisch-freiheitliche. Im Vorwort ermahnt er die Genfer Regenten: «Spart nicht Silber und nicht Gold, wenn es um die Ermittlung der Rechte und Titel eurer Vorfahren geht; denn ich behaupte, dass ihr das alles mindestens so sehr nötig habt, wie die Mauern, Türme und Bollwerke eurer Stadt.» In guten Treuen verficht er die Unabhängigkeit Genfs von Savoyen; seine Darstellung zielt darauf, ihre Berechtigung zu erweisen. Bedenklicher ist im zweiten Band eine gewisse vorteilhafte Beleuchtung seiner Person in den Freiheitskämpfen, seiner Führerrolle, ebenso sein Hass gegen den Herzog. Dennoch ist sein Werk das erste Beispiel einer besonnenen pragmatischen Darstellung in der Westschweiz. Dazu verfügt er über einen Stil, der entzückend genannt werden muss: leichte Lebhaftigkeit, rasche Bewegung der Gedanken und Worte, Mannigfaltigkeit, Abwechslung des Ausdrucks, Erdgeruch, gallischer Humor, Bilderreichtum, Urwüchsigkeit, die die Dinge bei ihrem Namen nennt. Er besitzt die Kunst zu charakterisieren, auch indirekt. Nicht französisch, sondern gallisch will er schreiben, liebt die savoyische Mundart; auch die Sprachvermengung im internationalen Genf färbt auf ihn ab. Man hat ihn den Montaigne von Genf genannt; näher liegt ein Vergleich mit Rabelais.

Im einzelnen ist seine Chronik da und dort berichtigt worden, im ganzen

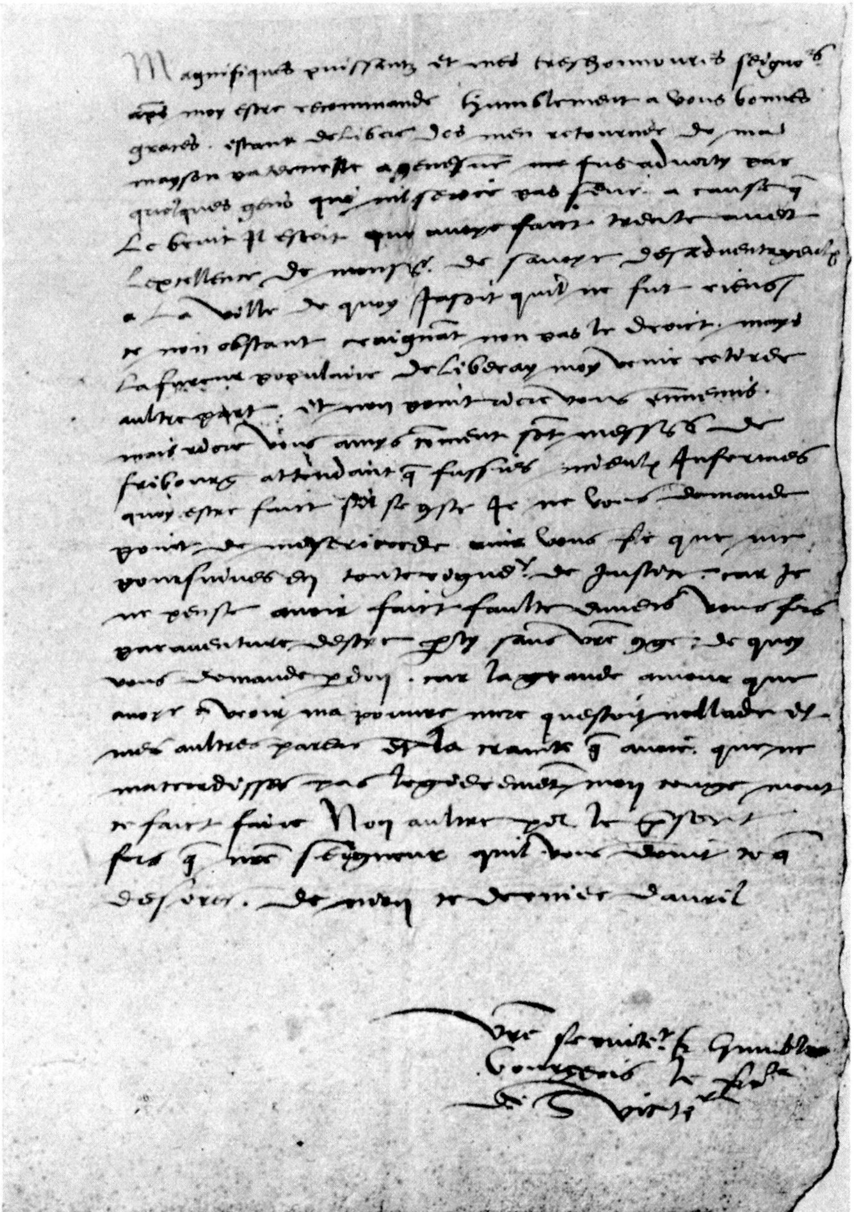

Tafel 23. Brief von François Bonivard an den Rat von Genf, 1530.

hat sie sich bewährt. Dass sie Calvin zu wenig gesinnungstüchtig fand, ist heute ihre Empfehlung. Wenn auch seinem Werk die Geschlossenheit mangelt: an kritischem Sinn, ausgenommen gegen Genf, kann sich Bonivard mit Vadian messen und übertrifft Stumpf und Tschudi, die von der Legende nicht frei sind.

In den Jahren 1556–1560 entstand die Schrift: *Advis et devis de l'ancienne et nouvelle police de Genève*; auch hier half Froment mit. Der Titel ist irreführend. Zwar wird das vorcalvinische mit dem calvinischen Genf verglichen, aber Mittel- und Hauptstück des Werkes bildet die einseitige Darstellung der bitteren Parteikämpfe von 1546–1555. Bonivard hatte sich vom Staatssekretär Roset Archivalien geben lassen. Das Ganze ist dennoch ein schmähliches Pamphlet gegen die Nationalpartei, ein schwerer Makel auf Bonivards Namen. Obschon er an Calvins Fanatismus und Sittenstrenge bei seiner Lockerheit, seinem Lebensdurst und seinen Skandalen keinen Geschmack finden konnte, gebärdet er sich als literarischer Verfechter des calvinischen Zwangsstaates: auf der einen Seite Calvin und seine Anhänger, darunter die Flüchtlinge, auf der andern Seite die Freiheitspartei, die «enfants de Genève», die Perrin, Vandel, Berthelier. Er lässt die Calvinisten im Tugendschimmer erstrahlen und häuft alle Gemeinheit auf die Freiheitspartei. Sie sind Lasterbuben und Verbrecher, die mit Göttlichem und Menschlichem ein verwegenes Spiel treiben und dafür 1555 ein gerechtes Gericht erleiden. Damit brach Bonivard mit seiner Vergangenheit; er hatte einst der «bande de la liberté» angehört. Nun schwärzt er sie auf Jahrhunderte an. In Wirklichkeit waren sie die politischen Erben des älteren Berthelier und des Besançon Hugues; wie diese älteren gegen Savoyen, kämpften die jüngeren gegen die Theokratie, die Überfremdung, Internationalisierung und für die hergebrachte Freiheit und Art Genfs. Was bewog Bonivard zu dieser Charakterlosigkeit? Er war finanziell von der Regierung abhängig, eigentlich auch ein Fremder. Die Freiheitspartei hatte ihn durchschaut, von ihr durfte er nichts erwarten, seine Freunde standen im anderen Lager. Die «fibre nationale» der Opposition hat er nie gekannt. Hier kommt die schlimmste Seite des Schriftstellers zum Vorschein, der Meister der Verdrehung und Verleumdung, der Pamphletist mit der unsauberen Phantasie, der Klopffechter. Nicht nur die Gegner, auch ihre Angehörigen, Eltern, Frauen und Kinder deckt er mit Unrat zu, den er in ihrem Privatleben bemerkt haben will. Aber alles ist geschickt mit der Farbe der Wahrheit und frommen Salbadereien verbrämt, wobei ab und zu ein Korn Wahrheit darin steckt. Er übt die Kunst der Andeutung und halben Verdächtigung; das Gift ist sehr geschickt gemischt, der Stil fesselnd. Man kann das Ganze nicht Geschichtsschreibung nennen, sondern muss es als üblen Journalismus bezeichnen. Der Grosse Rat wagte nicht, die Druckerlaubnis für dieses Pamphlet zu geben. Es ist eine Geistes- und Charakterverwirrung, ein Missbrauch des Talentes, wie er in der eidgenössischen Historiographie einzig dasteht. Gerade diese Schrift machte Bonivard zuerst bei der Nachwelt bekannt.

Zum Glück hat Bonivard bei der erstaunlichen, echt humanistischen

Vielseitigkeit seiner Interessen und seines Charakters noch Besseres hinterlassen: *Advis et devis de la noblesse*, 1542. Darin begründet er Rechte und Stellung Genfs gegenüber dem Bischof. Hauptquelle war ihm das vierte Buch von Johannes Stumpf, das er teilweise wörtlich übernahm, dazu Plato und Nauclerus. Er meint, die Deutschen seien berufen, darüber Auskunft zu geben: «Telz offices sont provenuz des Germains premierement.» Sein Eigenes ist die schneidende, grausame Satire auf den Adel seiner Zeit, indem er Ideal und Wirklichkeit einander gegenüberstellt und seinen Hohn ausgiesst auf Adelsbriefe, auf die «gentilshommes à mercy de ratz». Obschon Bonivard grosse Kenntnis des Gegenstandes entwickelt, ist er heute natürlich von der Forschung überholt; der bleibende Wert liegt in dem freimütigen Zeitbild.

In engem Zusammenhang damit steht die Abhandlung *Des trois estatz politiques, ascavoir monarchique, aristocratique et democratique et de leurs corruptions*. Da der Streit um die drei Staatsformen entbrannt war, will sich Bonivard aus seinen Studien und seiner Beobachtung eine eigene Meinung bilden. Wieder zeigt sich, wie belesen und scharfäugig er ist. Er erwägt das Für und Wider jeder Form und geht dabei vom Wohl des Volkes aus. Monarchie und Aristokratie scheinen ihm gefährlich. An den französischen Königen zeigt er die Schwächen der Monarchie, die Weiberherrschaft, die ruinierende Jagdlust, die er scharf verdammt; an Rom und Venedig zeigt er die Entartung der Aristokratie. Aber auch die Demokratie flösst ihm Bedenken ein, denn ihre Pest ist die Anarchie, was er an den Bauernaufständen in Deutschland erweist. Der Erblichkeit zieht er die Wahl vor; die Demokratie ist das geringste Übel. Auch hier beherrscht er die Kunst, den spröden Stoff durch eingestreute Geschichten und Einfälle zu beleben; stetsfort hat seine Sprache die Fähigkeit, dem Gedanken prägnanten Ausdruck zu geben.

Wie die politischen Zustände, so prüfte er auch die geistlichen in zwei Abhandlungen: *Advis et devis de la source de l'idolâtrie et tyrannie papale*. Hier rechnet er mit Rom ab. Die allgemeinen Ideen nimmt er aus dem reformierten Lager, das Besondere sind die Charakterbilder, die er von den letzten Päpsten entwirft; er hat Grund, sie persönlich zu hassen. Wieder ist sichtbar, dass die Satire die Gattung war, die Bonivard am nächsten liegt. Er versteht es, annähernd, boshaft, halbwahr zu charakterisieren, das heisst zu karikieren.

In der zweiten Schrift, *Advis et devis des difformes reformateurz*, rechnet er mit der Reformation ab. Er erhebt sich in freier, unabhängiger Betrachtung über seine konfessionell verrannte Zeit. Nirgends wie hier wird es deutlich, dass er ein Menschenfreund war, was seine Literatenbosheit oft verhüllt. Mit Freuden hat er die Reformation begrüsst, Luther wollte gewiss das Beste; aber was hat sie erreicht? Aus Bonivard spricht Enttäuschung: Die Reformation hat ihre Anhänger entflammt, diese sind über die Katholiken hergefallen, haben Priester und Kirchengut geplündert, die Fürsten voran – haben die andern zu bekehren versucht, anstatt sich selber zu reinen Sitten zu bekehren; die Laster wüten wie zuvor. Ob Jude,

Mohammedaner, Katholik oder Reformierter, alle bleiben Kinder Adams und Sünder. Daher die Toleranz, die Bonivard ganz unzeitgemäss verkündet. In einem Fragment, *Des hérétiques*, wünscht er die Veröffentlichung der häretischen Schriften, damit sich an ihrem Widersinn die Wahrheit erweise, während Rom und Genf sie unterdrückten. Calvin ist ihm im geheimen unausstehlich. Im Traktat über den Ursprung der Sünde, *L'Amartigenée*, geht er wesentlich mit der Prädestinationslehre einig, ist aber in der Schlussfolgerung und Praxis viel milder. Letzten Endes war er wohl dogmatisch gleichgültig.

Ein unmittelbarer Einfluss blieb Bonivard versagt, da er fast nichts veröffentlichte. Gleichwohl geziemt ihm im Reiche der Geister ein hoher Rang. Für die Westschweiz ist er der bahnbrechende, der hervorragendste Geschichtsschreiber des 16. Jahrhunderts. Er hatte das Sonderbare, das Anziehende und Unbegreifliche, das man Geist nennt.

Advis et devis de la source de l'idolâtrie et tyrannie papale, par quelle practice et finesse les papes sont en si haut degré montez, suivis des difformes reformateurz, de l'advis et devis de mençonge, et des faulx miracles du temps présent, hg. v. *Jean-Jacques Chaponnière* und *Gustave Revilliod*, Genève 1856. – *Advis et devis des lengues, suivi de l'Amartigenée, c'est à dire de la source de peché,* hg. v. *Gustave Revilliod*, Genève 1865. – *Advis et devis de l'ancienne et nouvelle police de Genève, suivis des Advis et devis de noblesse et de ses offices ou degrez et des III estatz monarchique, aristocratique et démocratique, des dismes et des servitudes taillables,* hg. v. *Gustave Revilliod*, Genève 1865. – *Chroniques de Genève,* 2 Bde., hg. v. *Gustave Revilliod*, Genève 1867. – Textauswahl in: *Chroniqueurs du XVIe siècle;* Lausanne 1974.

Die beiden Genfer Gelehrten Galiffe, Vater und Sohn, zerrissen den Schleier, den Entfernung und Poesie über Bonivard gelegt hatten, so JACQUES-AUGUSTIN GALIFFE in: Matériaux pour l'histoire de Genève 1/2, Genève 1829/30, wo er Bonivard «un champignon vénéneux né des ordures d'un prêtre» nennt. Sie zeigen Bonivard in seiner Haltlosigkeit, seinem Wankelmut, seinem genusssüchtigen Eigennutz.

JEAN-JACQUES CHAPONNIÈRE veröffentlichte 1845 die erste zusammenfassende und grundlegende Biographie: Notices sur François Bonivard; Mém. doc. Soc. hist. arch. Genève 4, 1845. Er urteilt milder, ohne über die Schatten hinwegzutäuschen. – HENRI-LEONARD BORDIER: François de Bonivard, chroniqueur genevois du seizième siècle; Bibliothèque de l'Ecole des Chartes, 2. Ser., Bd. 2, Paris 1845, S. 385 ff. – JOSEPH ERNST BERGHOFF: François de Bonivard, sein Leben und seine Schriften, Heidelberg 1923. Berghoff fasst zusammen und zieht das Ergebnis. – A. CHERPILLOD: Un solliciteur de marque: Le passage de François Bonivard à Moudon le 25 mai 1530; Bull. de l'assoc. du Vieux Moudon 10, 1922, S. 237 ff. – Bonivard à Moudon et son arrestation à Ste Catherine; Rev. hist. vaud. 30, 1922, S. 380 ff. – HENRI BRESSLER: François Bonivard gentilhomme savoyard et bourgeois de Genève; Genève 1944. – PAUL-E. MARTIN: François Bonivard, Genève et Berne 1536–1538; Schw. Zeitschr. Gesch. 10, 1960, S. 80 ff. – EDGAR BONJOUR: François de Bonivard; in: Die Schweiz und Europa 2, Basel 1961, S. 263 ff.

Antoine Froment 1509–1581

Als Mensch und Geschichtsschreiber war Froment ein Sonderfall. In der Dauphiné geboren, kam er schon früh mit Farel in die Schweiz. Von 1528–1529 wirkte er in Aigle, heiratete hier Marie Dentières, eine französische, dem Kloster entsprungene Nonne; sie war sein Unglück. 1530/31 weilte er mit Farel in Neuenburg und im Jura. Nach dem ersten, missglückten Auftreten Farels in Genf ging Froment 1532 dorthin. Er führte sich als Lehrer und Arzt ein, wollte unentgeltlich unterrichten, heilen und hatte dabei Erfolg. Seine Anhänger ermutigten ihn, auf dem Molard aufzutreten; es entstand ein Aufruhr, man wollte ihn in die Rhone werfen, so dass er fliehen musste. Dieser dramatische Zwischenfall machte ihn in der genferischen Tradition zum populärsten Reformator. Nach verschiedenen fruchtlosen Versuchen konnte er sich 1534 mit Farel und Viret endgültig in Genf festsetzen; sie bekehrten die Stadt unter dem Drucke Berns. Das Verdienst Froments um die Reformation ist unbestreitbar. Solange das Feuer der Jugend ihm treu blieb, war er der geborene Agitator, von eiserner Unerschrockenheit und hinreissender Beredsamkeit. Nach dem Erfolg sank er in die angeborene gemeine Natur zurück, von seiner Frau herabgezogen. Anno 1537 wurde er im bernischen Thonon Pfarrer. Wenn er in seiner Chronik diejenigen brandmarkt, die nach dem Gut der katholischen Kirche und ihrer verjagten Diener griffen, so gehört er selbst dazu. Daneben trieb er wucherische Geschäfte mit Öl und Wein und führte einen lasterhaften Lebenswandel. Der Briefwechsel der Reformatoren, die Klassenberichte enthüllen bittere Einzelheiten. Farel schreibt 1540: Nach dem Beispiel der Frau sei Froment in Trunksucht verfallen; Calvin 1541: Froment scheine den Verstand verloren zu haben; Farel 1546: Er sei als Seelsorger ganz ungeeignet, töricht, frech, verdorben. Froment beklagt es in seiner Chronik, dass aus der alten Kirche so viele minderwertige Priester und Mönche in den neuen Predigerstand übertraten und ihn verunehrten; er selber ist ein Beispiel dafür. Um die Kirche von ihm zu erlösen, wurde er 1548 durch den Rat als Sekretär Bonivards bei der Abfassung der Chronik mit Gehalt angestellt. Er erlebte Demütigungen, die ihm das skandalöse Benehmen seiner Gattin bereitete. Aber auch nach dem Tod der Frau führte er sich schlecht auf, kam 1562 wegen offenen Ärgernisses ins Gefängnis und wurde verbannt. Zehn Jahre lang vagabundierte er um die Stadt herum; 1572 wurde er wieder zugelassen als Notar und starb dann im Dunkel.

Als Geschichtsschreiber ist Froment Schüler von Bonivard. Die überlegene Kultur und Freiheit jedoch, die Bonivard bei allem Leichtsinn besass, blieben Froment unerreichbar. Er nahm das Schlimme von Bonivard und vergröberte es. Froment schrieb gegen 1550 eine *Chronik* von 1532 bis 1536, also eine Fortsetzung von Bonivards Werk; sie war durch Mitarbeit bei Bonivard angeregt. Der Autor bestimmte sie für die Öffentlichkeit, aber der Rat versagte den Druck, angeblich aus Rücksicht auf Bern, in Wirklichkeit aber wohl wegen des anstössigen Tons. Nach wiederholten Versuchen liess er 1554 *Deux épîtres préparatoires*, die heute sehr selten sind, und gleich darauf die Chronik im Druck erscheinen. Der Rat zog sie sogleich ein, so dass heute kein Exemplar mehr vorhanden ist. Froment hatte im Sinn, seine Chronik weiterzuführen, kam aber nicht dazu; der Schluss ist ersichtlich gezwungen.

Im Vorwort «aux lecteurs» versichert er, er wolle nur die erprobte Wahrheit schreiben. In Wirklichkeit ordnete er sein Werk noch anderen, widerwärtigen Beweggründen unter: seiner Eitelkeit und Ruhmsucht.

Während Bonivard seine Taten wohl gelegentlich zu rechtfertigen versucht, oft aber absichtlich seinen Namen im Hintergrund hält, ja verundeutlicht, setzt sich Froment glänzend und grossartig in Szene; er kann seiner Eitelkeit alles bieten, ist der Auserwählte, der das Licht in Genf aufsteckte. Erfüllt von seiner Unwiderstehlichkeit, schmeichelt es seiner eitlen Natur, dass die Stadt in Aufruhr gerät, dass die Frauen ihn in die Rhone werfen wollen. Während Bonivard sich gelegentlich nach Rabelais' Art gehen lässt und Gepfeffertes einstreut, schwelgt Froment in seiner unsauberen Phantasie, ergeht sich in anstössigen Geschichten, die er in frömmelndem Evangelistenton verurteilt, heimlich aber geniesst. Auf ihn, nicht auf Bonivard, fällt der Tadel, als erster die Schlüpfrigkeit in die schweizerische Geschichtsschreibung eingeführt zu haben. Erst an dritter Stelle und fast nebenbei kommt, was wir als erstes erwartet hätten, die Polemik gegen die alte Kirche in seiner Schrift zum Vorschein. Er ist zu sehr Weltmensch, um Fanatiker zu sein. Dogmatisch scheint er nicht interessiert, obgleich er die Prädestination anerkennt. Er verunglimpft selbst die Clarissinnen. Natürlich steht er mit Jeanne de Jussie in beständigem Widerspruch. In einem aber stimmen sie überein: in der Verdammung des Genfer Volkes. Begreiflich, denn bei jeder Wendung in Genf werden die Charakterfesten ausgestossen, die Wankelmütigen bleiben.

Seine politische Auffassung entspricht der Lage von 1550, als er schrieb. Damals regierte die Freiheitspartei. Darum darf er die Perrin, Vandel, die tatsächlich der Reformation die Bahn gebrochen, nach Verdienst preisen. Nur einen Gönner, Jean Philippe, tut er kalt ab, weil dieser schon erledigt war. Die Hauptsache, die Wahrheit, kommt zu kurz. Er hat kein Auge für die Genauigkeit, reiht die Tatsachen flüchtig ein ohne sichere Chronologie und kennt die tieferen Zusammenhänge nicht. Wo er unbeteiligt ist, berichtet er nur flüchtig. Das allerdings weiss er, dass Bern die Reformation in Genf gewollt und gefördert hat, und er sagt es. Geschickt versteht er es, im munteren Tone des Feuilletons zu erzählen, Anekdoten einzustreuen und mit Zynismen zu würzen, dann wieder zu frömmeln, den Faden wie einen Roman zu spinnen. Er hat heimlich Freude am Getöse, übertreibt in allem. Wo nicht seine Leidenschaften hineinspielen, kann er menschlich und billig sein, Zugeständnisse zugunsten des Gegners machen. Man darf ihm aber nirgends ganz trauen. Bonivard und Froment entstammen anderem geistigem Klima als die ältere schweizerische Historiographie; Beweglichkeit, Temperament und Sittlichkeit weisen in die Fremde.

Les Actes et Gestes merveilleux de la Cité de Genève, hg. v. *Gustave Revilliod;* Genève 1854. Der Ausgabe ist ein Auszug der Stadtregister 1532-1536 beigegeben. – *Restitution de l'Ecrit intitulé: La Guerre et deslivrance de la ville de Genève,* hg. v. *Albert Rilliet;* Mém. doc. Soc. hist. arch. Genève 20, 1879, S. 320 ff. – Textauswahl in: *Chroniqueurs du XVIe siècle;* Lausanne 1974.

Antoine Froment, prédicateur et chroniqueur, 1509-1581; Etr. genev. 4, 1880. – JULES VUY: Le réformateur Antoine Froment et sa première femme; Paris 1883. – ARTHUR PIAGET: Documents inédits de la Réformation dans le pays de Neuchâtel; 1, Neuchâtel 1909.

Marie Dentières 1490–1548

Sie stammte aus edlem Geschlecht in Tournay, ging ins Kloster, wurde Äbtissin, floh mit einem Priester, ehelichte ihn, lebte acht Jahre in Strassburg, 1529 in Bex, wo ihr Gatte Pfarrer wurde; hier erfolgte die Scheidung. Marie heiratete den zwanzigjährigen Froment, konnte ihn aber nicht halten. Jeanne de Jussie schildert sie, wie sie bei den Clarissinnen von Genf eindrang: «une abbéesse fausse, ridée et langue diabolique envenimée.» Sie führte einen anstössigen Lebenswandel, genoss einen schlechten Ruf, geriet mit Calvin in Streit, nannte seine Frau eine Dirne; in den Schenken und Winkeln hetzte sie gegen die Prediger, streute Verleumdungen aus, schlug mit ihrer Zunge unheilbare Wunden. Sie bedeutete eine Verlegenheit für das Konsistorium, dessen sie spottete. Und doch, trotz ihrer Verkommenheit muss sie eine gute Bildung besessen haben. Man schreibt ihr zwei Streitschriften zu. Die erste heisst *La guerre et deslivrance de la ville de Genève fidèlement faicte et composée par un marchant demourant en ville,* ist 1536 verfasst und gleich darauf gedruckt worden. Darin werden kurz die Jahre 1532–1536 dargestellt. Die Dentières besitzt genaue Kenntnis der Heiligen Schrift, führt das kanonische Recht an. Zweck und Stil sind von der Chronik Froments verschieden. Dentières bietet keine neuen Tatsachen; sie will dem Volk die wunderbare Rettung durch Gottes Hand in kurzen Zügen dartun, wobei Unpassendes weggelassen, der besiegte Gegner noch einmal verdammt wird. Der Fanatismus, die Anklage ist schneidend, der Standpunkt schärfer als bei Froment, auch die beissende Ironie. Sie predigt und ermahnt mit heftigem, sittenrichterlichem Ton. In ihrem Enthusiasmus, ihrer Entrüstung ist sie das Echo der bewegten Tage. Sie weiss die Mittel der Rhetorik zu gebrauchen. Der Stil ist kurz, farbig, kräftig, aber auch sprunghaft, wie ihn die Leidenschaft verlangt; Froment dagegen ist weitschweifig. Sie redet Freund und Feind direkt an. Das Ganze ist eine hastig hingeworfene Gelegenheitsschrift von durchschlagender Kraft; Froment hat sie stellenweise wörtlich übernommen.

Die andere Schrift, *Epistre tres utile par une femme de Tournay à la Reyne de Navarre,* erschien ebenfalls namenlos; sie erzählt die Vertreibung Calvins, wurde 1539 gedruckt, von der Zensur, die damals einsetzte, beschlagnahmt und verbrannt. Diese zweite Broschüre zeigt eine auffallende Verwandtschaft mit der ersten. Die Verfasserin tritt heftig für Calvin gegen die Stadt ein. Dentières wird hier sogar zur Frauenrechtlerin. In einem besonderen Abschnitt «défense pour les femmes» verlangt sie für die Frauen das Recht, in Glaubenssachen öffentlich mitzusprechen.

Albert Rilliet schrieb die beiden Streitschriften der Dentières zu; Mém. doc. Soc. hist. arch. Genève 20, 1879, S. 320ff. – *Jules Vuy: Le réformateur Antoine Froment et sa première femme,* Paris 1883, legt sie Froment bei. Rilliets Ansicht ist von *Virgile Rossel* aufgenommen worden, ebenso von *Georg von Wyss.*

AIMÉ LOUIS HERMINJARD: Correspondance des réformateurs dans les pays de la langue française 5, Genève 1878.

Jeanne de Jussie 1505/10–ca. 1568
Von ihrem Leben ist wenig bekannt. Sie stammte aus adeliger Familie in der Umgebung von Genf, genoss eine gewisse Bildung. Jung trat sie ins Clarissinnenkloster von Genf ein, wo viele savoyische Edeldamen Aufnahme fanden. Sie erlebte die Reformation, zog sich im August 1535 mit den Nonnen nach Annecy zurück, dem neuen Heim, das ihnen der Herzog bereitete; später wurde sie Äbtissin. Von Fall zu Fall, unmittelbar zeichnet sie auf, was 1530–1535 der alte Glaube in Genf, insbesondere ihr Kloster, zu dulden hatte. Diese Notizen verarbeitete sie 1546/47 in Annecy zu einem fortlaufenden Bericht zum Gedächtnis der Schwestern; sie hiess ihn *Histoire mémorable du commencement de l'Hérésie de Genève.*

Jeanne ist nicht nur strenge Katholikin, sondern auch Anhängerin des Herzogs Karl III., also Feindin der Schweizer. Sie schreibt, was sie vernimmt und was sie selber erlebt, tritt aber im Bericht nicht selber hervor, obschon ihr Name einige Male genannt wird. Nur durch Kombination kann man feststellen, dass sie die Verfasserin ist. Ehrliche Entrüstung über die Ungerechtigkeit bewegt sie; ein angeborenes Stiltalent führt ihre Feder. Ihr Buch gehört zu denjenigen, die für die Reformation gefährlich sind, denn es zeigt den neuen Glauben von der Seite, die er zu fürchten hat: rohe Gewalt und Wut des Pöbels. Es ist die Leidensgeschichte eines Klosters, wie uns solche aus St. Gallen, Basel, Stein am Rhein und Orbe bekannt sind; überall stellt man ungefähr den gleichen Weg der Unterdrückung und Verfolgung fest. Keine machte tieferen Eindruck, erhielt grössere Verbreitung als die Schrift der Jussie, da hier starke Leidenschaft, Mut und Talent am Werke waren. Sie enthüllt das fürchterliche Gesicht der Genfer Reformation. Die Genfer kommen ganz schlecht weg; was andernorts nur angedeutet wird, tritt hier peinlich hervor: Sie seien feig, grausam wie das römische Zirkusvolk, raublustig, sittlich verdorben. Wiederholt stehen die Glaubensparteien mit Geschrei unter Waffen; nie kommt es zum Kampf, sondern nur zu Morden. Die Reformation steht übel da; ursprünglich ein frohes sittliches Gut, schlägt sie hier in Parteiwut um und lockt mit den niedrigsten Leidenschaften. Es ist der furchtbare Zwang des Stadtstaates, der alles begehrt: das Gewissen, das Leben, das Eigentum. Dies stellt Jeanne in ihrer ursprünglichen, lebhaften Schreibweise dar. Das Wort steht ihr für alles zur Verfügung. Es ist erstaunlich, was einer Nonne aus der Feder gleitet; die Katholiken sind Chrétiens, die andern Canaille, die Berner Chiens. Sie schreibt mit Blut, ergeht sich im Grausigen, schreibt alles in guten Treuen, in echter Trauer. Ihr Buch ist kein Pamphlet, sondern ein Klageschrei. Die Jussie lebt im Wunder; sie stellen sich in Menge ein, retten den Glauben aber nicht. Jeanne erzählt mit Wonne, wenn es den Ketzern schlecht ergeht. Ihr Buch war nicht für die Öffentlichkeit bestimmt, wurde indessen von den Katholiken als schneidende Waffe gebraucht. Und doch findet die Autorin auch herbe Worte für die Verderbnis der alten Kirche, ähnlich wie der Katholik Bâlard.

Bei der Erstürmung des Klosters durch den Pöbel kommen die Syndics wie immer zu spät. Die ausziehenden Nonnen werden von den Genfer

Halbstarken bedroht. Viele dieser Klosterfrauen können nicht gehen, sind weltfremd, sehen weidende Haustiere für Bären und Wölfe an. In Savoyen finden sie glänzende Aufnahme; sie nannten sich später stets «les réfugiées de Genève». Dieses Buch zerstört die Illusion, dass Gewalttaten nur auf seiten der Katholiken vorkamen.

Die Aufzeichnungen der Jussie wurden 1611 unter der Überschrift *Levain du Calvinisme* gedruckt, ein irrtümlicher Titel, da ja zur Zeit der Ereignisse Calvin noch nicht in Genf war. Seither erfuhr der Bericht wiederholt Ausgaben. Die letzte Edition mit biographischem Abriss besorgte *Albert Rilliet*, Genf 1865. – *Aus dem Tagebuch der Schwester Johanna von Jussie,* Nonne zu Sankt Klara in Genf, 1534–1535; Der Pilger 2, Einsiedeln 1843. – *Istoria memorabile del principio dell'eresia di Ginevra* per Suor Giovanna di Jussie, hg. v. *Marcellino da Civezza;* Prato 1882. – Textauswahl in *Chroniqueurs du XVIe siècle;* Lausanne 1974.

DE ROMONT: Sur l'histoire du protestantisme à Genève. Mémoire de sœur Jeanne de Jussie 1535; Ann. cath. Genève 1855, S. 356 ff. – JULES VUY: Jeanne de Jussie et les Sœurs de Sainte Claire; Paris/Bruxelles/Genève 1881.

Guillaume Messiez (Messerii) ca. 1518–1569

Er sass im Genfer Grossen Rat und hatte verschiedene Ämter inne. Bei seinen Akten liess er kurze *Aufzeichnungen* zurück; sie gehen von 1532, da er in die Schule trat, bis 1544. Er war überzeugter Reformierter; seine Notizen sind ziemlich allgemein gehalten, umfassen nur wenige Seiten, besprechen Inneres und Äusseres, erzählen die Übel, die man der Stadt zufügte. Sie geben dem eigentümlichen Gefühl einer mit Bewunderung gemischten Angst vor den Schweizern Ausdruck: «la très puissante, magnifique et florissante nation des Souysses». Am Schluss wird der gefährliche Friede von 1544 erwähnt. Viele Bürger erwarteten von Stunde zu Stunde ihren Herzog, als sein Tod dazwischentrat. Vom äusseren Geschehen bieten diese Aufzeichnungen nur ein undeutliches Echo.

Chronique, mit einer Einleitung hg. v. *Théophile Heyer;* Mém. doc. Soc. hist. arch. Genève 9, 1855, S. 20 ff.

Michel Roset 1534–1613

Der Vater war Staatssekretär, ein strenger Calvinist. In diesem Geist wurde der Sohn erzogen. 1547 kam er auf Empfehlung Calvins nach Zürich in die Schule und lernte gut Deutsch, was ihm später oft zu Hilfe kam. Am 16. Mai 1555 führte er die Nachtwache, unterdrückte die libertinische Bewegung. Im gleichen Jahr wurde er Staatssekretär, 1560 erster Syndic. Von Anfang an war er auch Unterhändler in Schweizersachen, besass diplomatische Begabung und Sprachenkenntnis. Während fünfzig Jahren geschah nichts Wichtiges ohne ihn. Willig brachte er dem Staat die äussersten Opfer an Geld, Zeit und Sicherheit. Oft war er auf Reisen von Gefahren umlauert. Der Schutzvertrag von 1579 mit Bern und Frankreich gilt als sein Werk; es gelang ihm, das Wort «protection» daraus zu entfernen; ebenso geht das Bündnis mit Zürich von 1584 auf ihn zurück und

1589 Berns Teilnahme am unglücklichen Krieg. 1603 schloss er den Frieden von St. Julien, der Genf endlich sicherstellte. Dann wurde er zu seiner Enttäuschung wegen hohen Alters nicht mehr zum Syndic gewählt, gehörte aber dem Kleinen Rat bis zu seinem Tod an; während sechzig Jahren stand er im Staatsdienst.

Unter der erdrückenden Last des Staatssekretariates, die ihm Erschöpfung und Krankheit eintrug, fand er noch Zeit, ein Geschichtswerk zu schaffen. Anno 1562 legte er es dem Rat vor: *Les chroniques de Genève*. Man fasste den Beschluss, in jeder Ratssitzung einen Abschnitt daraus vorzulesen. Damit war Rosets Werk als die offizielle Geschichte anerkannt; aber es ist nirgends ersichtlich, dass er in öffentlichem Auftrag schrieb. Auch nachdem sich ein Verleger gemeldet hatte, behielt der Rat das Buch unter Verschluss; es wurde erst Ende des 19. Jahrhunderts publiziert.

Man merkt dem Buch nicht an, dass es die Frucht von Stunden ist, die Roset der Ermattung abgerungen hatte. Eine echt calvinische Willenskraft spricht daraus. Es ist in sechs Bücher eingeteilt; das erste Buch geht von Cäsar bis 1523; hier schöpfte Roset aus Bonivard. Die übrigen Bücher umfassen die Jahre 1523–1562. Seine Quellen sind die Erfahrung als Mitlebender und das Archiv. Roset verdient seinen besonderen Platz als ausserordentliche Persönlichkeit, in der die Welterfahrung des Staatsdenkers und die Weltfremde des Sektenmenschen seltsam gemischt erscheinen. Die Tendenzen der Vorgänger werden bei ihm noch gestrafft und überhöht. Er ist in der Reformation, im täglichen Anblick des Meisters aufgewachsen und trotzdem Altgenfer. Er kennt nichts als seine Vaterstadt, während Bonivard und Froment aus anderen Gedankenkreisen herkommen. Mit seinem Werk ist er der reine, unbedingte Ausdruck des Calvinismus, worüber er in seinem Vorwort Rechenschaft gibt. Nüchtern, klar, knapp, streng denkt und schreibt er unter Verzicht auf jeden literarischen Glanz, auf Witz, auf stilistischen Schmuck; man spürt die herbe Schule Calvins. Das Werk wurde zu Ehren des calvinischen Gottes geschrieben, daher die unbeirrte politische und religiöse Dynamik, der das Ganze unterworfen ist. *Ein* Gedanke durchdringt das Werk, gibt den inneren Zusammenhang, die einheitliche Zielrichtung, den strengen Zug. Der Inhalt ist die Befreiung Genfs von der Sünde und von Savoyen unter der Leitung Gottes, der Calvin und die Seinen als Werkzeuge auserwählt hat. Obschon der Schauplatz nur in Genf liegt, vertritt Roset seine Sache mit einem Hochgefühl und einem Schwergewicht, wie wenn er der künftigen Triumphe seines Glaubens schon sicher wäre. Im Mittelpunkt steht Calvin, unbeugsam, furchtlos, stets ein altbiblisches Wort auf den Lippen, seine Gegner verdammend.

Das Buch vermittelt einen guten Begriff von der ungeheuren Arbeits- und Gewissensenergie, die der Calvinismus entfaltete. Roset geht dabei gewissermassen ehrlich zu Werke. Er gibt die Tatsachen im allgemeinen richtig wieder, verschweigt nicht immer unbequeme Dinge; aber er wertet sie parteimässig, gibt einseitig die Auffassung seiner Gesinnungsgenossen wieder. Den Gegnern wird er nicht gerecht, sie gelten ihm als Kinder des

Teufels, gegen die jeder Verdacht am Platz ist. Ihre Vertilgung scheint ihm selbstverständliche Pflicht. Die Calvinisten haben denn auch mehr Bürgerblut vergossen als etwa Herzog Karl III. Selbst angesichts der Grösse von Calvins Werk ist der kalte Fanatismus, der sich selbst enthüllt, unerträglich. Vollends das Genfervolk kommt, ohne dass es Roset beabsichtigt, schlecht weg; vor der savoyischen Gefahr geduckt und mutlos, dann von den Schweizern gerettet, jetzt überheblich, rachsüchtig, blutgierig. Bei jeder politischen Wendung verlässt eine Welle von Flüchtlingen die Stadt, denen die Regierung Rechtsurteile und Konfiskation nachsendet: Eidgenossen, Mamelukken, Katholiken, Libertiner. Dieser Wankelmut erklärt allerdings die Unerbittlichkeit Calvins, der Genf in ein christliches Sparta verwandelt. Die Heldenzeit Genfs liegt in der Epoche nach der Niederschrift des Buches.

Calvinistisch ist, dass der Verfasser wenig Aufhebens von der Einzelperson macht, er kennt keine Kreaturvergötterung; ist doch der Mensch nur das Werkzeug einer höheren Bestimmung. Selbst Calvin wird nicht herausgehoben; seine Taten sprechen für ihn, so dort, wo er allein zu den Pestkranken gehen will. Die Libertiner nennt Roset nur die «débauchés», später die «condamnés». Er steht ganz auf der Seite der «vénérable compagnie» im Streit um die Sittenzucht. Calvins Institutio wird vom Rat heiliggesprochen; man verbietet, sie anzuzweifeln. Verschiedene Fälle von Unzucht bewirkten eine Überspannung der Sittenzucht. Seit dem Sieg von 1555 «blühte die Gerechtigkeit», das heisst man vertilgte erbarmungslos die Gegner. Über die greulichen Gerichtsprozeduren von 1555 wirft Roset einen Schleier, sagt nichts von Folter und Verweigerung der Verteidigung, von Befriedigung der Rachsucht, er schreibt überhaupt nicht alles, was er denkt. Die Hinrichtung Servets verteidigt er, weiss nichts von der Denunziation durch Calvin. Ein grosser Teil des Buches ist dem Kampf gegen Bern gewidmet. Bern und Calvin schliessen einander aus. Die Berner verwenden sich – allerdings vergeblich – für die Opfer der Genfer Politik und nehmen die Flüchtlinge von 1555 auf. Auch dogmatische Gegensätze spielen mit: Bern lehnt ein Werk über die Prädestination ab, das seien zu hohe Dinge. So ist denn Bern auch der Aufnahme Genfs in den Bund nicht geneigt. Und erst recht die Innerschweiz wehrte sich dagegen. Roset hat selber gehört, wie Rudolf Pfyffer auf der Tagsatzung erklärte, Genf möge vernichtet werden; es sei ein Jammer, dass der König von Frankreich diese faule Stadt und ein so gottloses Gesindel schütze. – 1542 begann in Genf die Einwanderung der Fremden, die so viel zur inneren Entzweiung beitrug.

Trotz der Einseitigkeit ist Rosets Werk ein unvergängliches Zeugnis. Wenn man wissen will, was der Calvinismus war, muss man bei Roset anfragen. Dass er die Begabung, den Blick für Geschichtsschreibung hatte, belegt das erste Buch, wo er einen Abriss der Genfergeschichte gibt. Hier schiebt er den Wust mittelalterlicher Chroniken beiseite und sucht nach rechtlicher Begründung der genferischen Freiheit. Allerdings schöpft er ganz aus Bonivard; gleichwohl wirft er ihm vor, er habe «forcé l'histoire».

Von Wetter, Himmelszeichen, Naturereignissen behält er nur das Auffälligste bei, wenn es ihm als Ansage grosser Dinge dient, als Strafen Gottes; er will Zeugnis für Gott ablegen, nicht der Wissenschaft dienen. Darum hat er nur die eine, die gute Seite des Calvinismus zum Ausdruck gebracht; die andere, die blutrünstige, scheinheilige, den Parteifanatismus, die Verfolgung der Altgenfer durch die Zugezogenen verschweigt er. Ohne Auftrag ist er der offizielle Chronist des Calvinismus.

Nach Roset verstummte die grosse Genfer Geschichtsschreibung; die Hochspannung liess nach. Genf hatte seine Richtung gewonnen, die inneren Kämpfe waren erloschen. Nun galt es, das Gewonnene zu behaupten, auf der einmal eingeschlagenen Richtung zu beharren. Erst seit 1564 war Genf wieder von Savoyen umringt, von Heldengeist erfüllt, in steter Anspannung bis 1602. Wie auch aus anderen Zeiten ersichtlich, ist es nicht die ruhige Entwicklung, sondern die Mannigfaltigkeit, der Wechsel des Schicksals, was dem Geschichtsschreiber die Feder in die Hand legt. Die genferische Historiographie hat etwas Persönliches; sie ist viel mehr als die deutschschweizerische vom Charakter und der Parteinahme des Verfassers bestimmt. Man merkt, dass sie in einer anderen geistigen Zone entstand.

Les Chroniques de Genève, hg. v. *Henri Fazy;* Genève 1894.

AMADÉE ROGET: Les Suisses et Genève ou l'émancipation de la communauté genevoise au seizième siècle; 2 Bde., Genève 1864. – JEAN SENEBIER: Histoire littéraire de Genève; Genève 1876. – JEAN-ANTOINE GAUTIER: Histoire de Genève des origines à l'année 1691, hg. v. ALFRED CARTIER; 8 Bde., Genève 1896-1914. – MARGUERITE MAIRE: Les «Chroniques de Genève» de Michel Roset; Etr. genev. 1926, S. 55 ff. – Histoire de Genève des origines à 1798, Genève 1951 (Gemeinschaftswerk verschiedener Autoren).

Jean du Villard 1532–1610

Merkwürdigerweise lernte dieser Sprössling einer angesehenen Genfer Familie das Kriegshandwerk in kaiserlichen Diensten, wurde geadelt, kehrte gegen 1565 heim, trat in die Ämter, bekleidete von 1583 an wiederholt das Amt eines Syndic. Er war kein Diplomat, kein feingebildeter Mann, aber tüchtig in den Geschäften, in der Verwaltung und im Kriegswesen. Man brauchte ihn überall, wo man eine starke Hand nötig hatte.

Von 1589 an schrieb er in einen Kalender *Notizen über den Krieg gegen Savoyen* unmittelbar unter dem Eindruck der Tatsachen. Als Oberst stand er mitten im Getriebe, war genau unterrichtet und gibt das Wesentliche in voller Frische wieder. Schrift, Orthographie und Grammatik sind so naturwüchsig, dass das Tagebuch nur mit Mühe entziffert werden konnte. Seine Notizen dienen zur Nachprüfung schon vorhandener Darstellungen dieses Krieges.

Über die klägliche Haltung der Berner macht Villard nicht viel Wesens, nur über Ulrich von Bonstetten lässt er ein bitteres Wort fallen. Doch sticht seine Geringschätzung durch – die Rollen scheinen gegen einst vertauscht. Er beklagt es, dass die Berner ihre Unterhandlungen mit Savoyen geheim führten und unversehens abzogen. Genf war durch die Feste Versoix von der Schweiz abgeschnitten, konnte den Verkehr nur zu Wasser aufrechterhalten. Die wahre Bedrängnis Genfs kommt im Tagebuch dieses entschlossenen Mannes wenig zum Ausdruck.

Journal du Syndic Du Villard pour l'année 1589, hg. v. *Albert Choisy;* Mém. doc. Soc. hist. arch. Genève 32, 1912, S. 245 ff.

Simon Goulart 1543-1628

Dieser Franzose wurde zu Senlis geboren, studierte zuerst die Rechte, trat zum Calvinismus über, kam 1566 nach Genf, wurde Pfarrer, seit 1571 zu St. Gervais in Genf. Er war eine vielseitige und starke Persönlichkeit, einer der volkstümlichsten Prediger und Seelsorger der Stadt, stellte in den drangvollen Jahrzehnten auch in der Politik seinen Mann. Nach dem Tode Theodor Bezas trat er 1606 an die Spitze der Genfer Kirche, bis das Alter ihn zum Rücktritt nötigte.

Zu seiner Zeit galt er als literarische Berühmtheit. Polyhistor und Vielschreiber mit dem Talent, dem Volk das Schwierige klar zu sagen, dichtete er, musizierte, versuchte sich in religiösen Andachts- und Streitschriften, gab Klassiker heraus, kommentierte sie, übersetzte aus fremden Sprachen ins Französische. Er stand im Mittelpunkt der literarischen Bewegung, stellte sich namentlich mit den Deutschschweizern gut, spann aber seine Fäden über die ganze reformierte Welt. Sein Werk stellt eine erstaunliche Arbeitsleistung dar.

Gleich nach ihrem Erscheinen übersetzte er Josias Simlers «De republica helvetiorum», die es zu mehreren französischen Auflagen brachte. Er behandelte die Zeitgeschichte, besonders den Hugenottenkrieg von 1561-1598 in verschiedenen annalistischen Werken, wie *Mémoires de la Ligue* und *Histoire des cinq Rois*, die zum Teil in die Geschichte der Schweiz übergreifen. Vor allem stellte er die Kriegsereignisse von 1589 dar, denen er als Feldprediger beiwohnte, in *Expositio verissima*. Hier rechnet er scharf mit den Bernern ab. Auch zur Escalade veröffentlichte er Schriften.

ALBERT CHOISY: Genève en guerre 1589-1590; Etr. genev. 1919, S. 56 ff. – LEONARD CHESTER JONES: Simon Goulart; Genève/Paris 1917, bes. S. 491 ff.

Nach langer Zeit taucht die *Waadt* wieder in der Historiographie auf. Aus dem 9. Jahrhundert kennt man die Lausanner Annalen und aus dem 13. Jahrhundert das Kartular von Lausanne. Die savoyische Herrschaft fiel zusammen mit geistiger Armut, die Waadt war ein Junkerparadies. Auch im 15. Jahrhundert ist sie historiographisch nur dürftig vertreten.

Reformationschronik von Orbe

Über die Arbeitsweise des Autors lässt sich sagen, dass er entweder ein sehr gutes Gedächtnis hatte oder aber unmittelbar nach den Ereignissen Notizen machte. Auch schöpfte er aus dem Orber Archiv; aber er bietet mehr, ergänzt es aus zeitgenössischen Büchern. Sein Werk umfasst die Jahre 1530–1561 und ist zur Hauptsache Orber Ortsgeschichte; der Kummer über den Sieg des Neuen bewog ihn zum Schreiben. Hier wird die Reformation wieder einmal von der anderen Seite gezeigt, von der Seite ihres gewalttätigen Triumphes.

Orbe stand seit 1476 unter der Herrschaft von Bern und Freiburg. 1531 tauchen unter dem Schutz der bernischen Vögte die ersten Prädikanten auf: Farel, Viret und andere. Es wird dargetan, wie die Reformation in diesem Winkel sich langsam vollzog. Die Reformierten greifen trotz ihrer Minderzahl gewaltig an, weil Bern sie deckt; sie höhnen die Messe, stürzen Altäre und Bilder um, dringen ins Nonnenkloster ein. Die Katholiken werden langsam warm; ihre Weiber verprügeln den reformierten Prediger; die gepressten Kinder laufen ihm davon. Bern muss auf Freiburg Rücksicht nehmen. 1532 ordnen die beiden Städte das Nebeneinander der zwei Konfessionen durch ein Mandat, ein Zustand, der bis 1554 dauert. Die Hoffnung der Katholiken beruht auf Freiburg, wird aber bitter enttäuscht. Freiburg lässt sie im Stich, teils weil beim Glaubenswechsel das Kirchenvermögen unter beide Städte geteilt wird, teils weil es fürchtet, die Mitherrschaft zu verlieren. Bern setzt 1554 das «Plus», die Abstimmung über den Glauben, durch, wobei die Reformierten siegen. Die Minderheit muss sich bekehren; äusserlich tut das auch der Verfasser, innerlich bleibt er Katholik. Priester und Nonnen sind genötigt, wegzuziehen, Freiburg verweigert den Nonnen die Aufnahme, Wallis gewährt ihnen Zuflucht in Evian. Diese ganze Entwicklung, die Gewalttätigkeiten, die Zerstörung der Altäre und Heiligen, die Verspottung, die Einbrüche, die Verhaftung von Priestern, schliesslich die «grande désolation» von 1554, lässt der Chronist wie seine Landsleute auch über sich ergehen, ohne sich gegen den Glaubenszwang zu erheben; Groll bricht erst in seinen *Memoiren* durch.

Der Verfasser begann seine Arbeit 1556. Er benützte im zweiten Kapitel Sleidan, der 1556 erschien. Für Orbe ist der Chronist zuverlässig, wenn auch nicht erschöpfend; er wählt die Ereignisse seiner Stimmung entsprechend aus. Für das Auswärtige ist er weniger genau und sicher; er stützt sich auf gedruckte Chroniken und umlaufende Berichte. Es fällt auf, dass er die Genfer Ereignisse von 1533–1536 präzis darstellt; wahrscheinlich wurde er durch eine Verwandte im Clarissinnenkloster zu Genf unterrichtet. Seine Chronik geht von 1503–1560. Er untersucht nicht grosse Probleme, bietet vielmehr Dramatisches und Anekdotisches. Aber in diesem Rahmen schreibt er gewissenhaft, wahrheitsgetreu nach sorgfältiger Erkundigung. Seine Sprache ist dunkel, schwerfällig, aber lebendig, farbig, saftig. Er ist trotz seinem Rang nicht Mithandelnder, sondern Zuschauer aus der Menge, nüchtern, wirklichkeitsnah, vor allem an seinem Besitz hangend. Politisch geht er mehr mit seinen Herren einig. Er lobt die Vögte; sein Empfinden wendet sich gegen Freiburg, das die Katholiken im Stiche liess. Dabei ist er nicht einseitig, er verurteilt das Schlechte auch auf seiner Seite. Seine Memoiren bieten ein Bild des waadtländischen Lebens; er ist der richtige Vertreter seines Volkes, versetzt uns in seinen

Winkel; wir erleben Aufstieg und Niedergang von Familien. Mit Besorgnis verfolgt er den Fortgang der Reformation in Genf, in Deutschland. So getreu er über das Nahe berichtet, so unsicher bleibt er über das Ferne. Der Temperamentsunterschied zwischen Genfern und Waadtländern ist aus dem Nebeneinander der Konfessionen ersichtlich. Man kann die Orberchronik als ein Seitenstück zu den Aufzeichnungen der Jeanne de Jussie, der Viborata Mörli in St. Gallen, der Nonnen zu St. Katharinental bei Diessenhofen oder der Kartäuser Chronik von Basel betrachten. Überall erscheinen die reformierten Methoden als dieselben.

Der Waadtländer Historiker *Abraham Ruchat* erhielt zu Beginn des 18. Jahrhunderts durch Abkömmlinge der Orber Familie Pierrefleur das Original einer Chronik. Darauf war der Verfasser nicht genannt; aber er führt sich in der Chronik als Banderet ein: «Ich, der Banderet, sah...» Ruchat schrieb die Chronik dem Pierre de Pierrefleur zu, dem Angehörigen einer vornehmen Orber Familie. Von da an erklärte man die Chronik als das Werk des Bannerherrn Pierre de Pierrefleur. Das Original ist seither verlorengegangen, man hat aber Kopien; die älteste, leider unvollständig, muss um 1600 geschrieben worden sein. Gestützt auf diese gab der Waadtländer Arzt *Auguste Verdeil* 1856 in Lausanne die Chronik *Mémoire de Pierre de Pierrefleur* heraus, eine gut gemeinte, aber unkritische Leistung. Allmählich wurden Zweifel an der Urheberschaft Pierre de Pierrefleurs laut: Er starb um 1550, und die Chronik bricht 1561 ab. Ferner entdeckte man, dass es keine Bannerherren in Orbe gab. So glaubte man nicht mehr an diesen Pierre de Pierrefleur, konnte ihn aber nicht ersetzen. Licht in diese Streitfrage brachte zuerst Arthur Piaget. In zwei Aufsätzen – *Arthur Piaget* et *Maxime Reymond: Notes sur les Mémoires attribués à Pierre de Pierrefleur, grand Banderet d'Orbe;* Rev. hist. vaud. 36, 1928; S. 198 ff., und *Arthur Piaget: Les Mémoires du Grand Banderet d'Orbe;* Zeitschr. Schw. Gesch. 12, 1932, S. 145 ff. – führte er aus: Auf dem Hauptplatz zu Orbe steht ein Brunnen, dessen Sockel eine Mannsfigur trägt. Man bezeichnete sie von altersher als Le grand Banderet, wie denn Rolandssäulen im Welschen allgemein «banderet» genannt werden. Der unbekannte Verfasser versteckte sich hinter diesem Banderet und liess ihn genau tun, was der steinerne Mann tun konnte; er handelt nicht, spricht nicht, sondern schaut nur zu. So sieht er den Auszug der Clarissinnen aus dem Kloster gegenüber und verfolgt die Nonnen mit den Augen. Damit hatte Piaget den Bannerherrn aufgehellt, nicht aber den Verfasser. Er meint, der Verfasser sei ein Mann der Kirche oder Schule gewesen. 1933 veranstaltete *Louis Junod* eine sorgfältige Ausgabe unter dem Titel *Mémoires de Pierrefleur* mit einer musterhaften Einleitung. Hier wies er sowohl aus den Memoiren wie aus den Archiven nach, dass der Verfasser *Guillaume de Pierrefleur* (1513/14–1580) sein muss, ein begüterter, angesehener Mann, der die höchsten Ämter, so den Gouvernursposten von Orbe, bekleidete. – Textauswahl in: *Chroniqueurs du XVIe siècle;* Lausanne 1974.

DE ROMONT: Mémoires de P. Pierrefleur, grand banneret d'Orbe 1531–1561; Ann. cath. Genève, 1856, S. 293 ff. – CH. MERCIER: Les mémoires de Pierrefleur; Centralbl. Zofingerver. 1893/94. – JULES JÉRÉMIE ROCHAT: La Réforme dans le pays de Vaud d'après les mémoires de Pierre de Pierrefleur; Rev. hist. vaud. 30, 1922, S. 293 ff.

Jérôme François 1566–1616

Der Lausanner Bürger François hinterliess ein dürftiges *Journal* von 1568–1618. Es enthält Notizen über seine Familie, über Zufälle, Aufbrüche, persönliche Verhältnisse, Unwetter, welche die Weinreben zerstörten, ist im ganzen unbedeutend. Man erfährt daraus, dass 1613 in Lausanne 2000 Menschen an der Pest starben; viele flohen in die Landhäuser.

1614 wurde ein siebzigjähriger Baron von Aubonne wegen Konspiration gegen die Berner Herren in der Stadt Bern enthauptet und geviertelt. Das Kernstück des Journals ist ein Bericht über die Synode von Lausanne 1616. An ihr nahmen Geistliche, Amtleute und Vögte teil; die dabei verwendeten Sprachen waren Französisch und Latein. Jeder Anwesende, geistlich oder weltlich, musste abtreten, während die andern sich über ihn äusserten, dann erhielt er vom Vorsitzenden Lob oder Tadel, «tout ouvertement en pleine assemblée point par point remontrés en sa confusion». Die meisten Einklagungen erfolgten wegen Trunksucht, Hochmut, Unwissenheit oder schlechten Sitten, was mit folgenden Strafen belegt wurde: Gefängnis, Einstellung im Amt, Absetzung. Der Pfarrer von Crissier wurde wegen schlechten Benehmens gegenüber seiner Ehefrau eingesteckt und seines Amtes enthoben.

EDUARD DE MURALT: Journal de Jérôme François, bourgeois de Lausanne; Anz. Schw. Gesch. 4, Solothurn 1882, S. 369 ff.

GLARUS

Fridolin Bäldi ca. 1486–ca. 1560

Über sein Leben ist wenig bekannt. Er erlitt die Zeit der Reformation, blieb dem alten Glauben treu, war ein angesehener Mann und erfahrener Krieger, der auf den Pensionslisten stand. Anno 1521 führte er den Glarner Auszug zum päpstlichen Heer. Sein Wort fiel an der Landsgemeinde ins Gewicht.

Er zeichnete in einer *Chronik* die Zeitereignisse auf, zuerst von 1525 bis 1527; dann holte er die Jahre von 1482–1525 mit kurzen Notizen nach und fuhr hierauf mit seinen Eintragungen bis 1529 fort. Der Abschnitt von 1525–1529 wurde also unter dem frischen Eindruck der Ereignisse niedergeschrieben, ist darum reichhaltiger, trägt aber wie das Ganze durchaus annalistisch abgerissenen Charakter. Bäldi war offenbar ein geweckter Mann, der den Dingen nachging und tiefer zu blicken suchte. Und doch griff er erst 1525 zur Feder. Wie viele innere Hemmungen musste er überwinden, bis er dazu kam, und wie mühselig und verworren bringt er seine Aufzeichnungen zu Papier, trotzdem er viel zu sagen hatte. Hier wird man inne, warum die schweizerische Geschichtsschreibung früherer Jahrhunderte so kärglich ist.

Obschon Bäldi dem Alten anhangt und das siegreiche Eindringen des Neuen in seiner Heimat erleben muss, spricht er massvoll davon, fast treuherzig. Anscheinend vorher mit Zwingli befreundet, wohnte er seiner Primiz in Wildhaus bei und liess ihn nur ungern von Glarus nach Einsiedeln ziehen. Bis dahin nennt Bäldi den Zwingli «Meister (Magister) Ulrich Zwingli», von jetzt an nur noch «der Ueli». Seine Chronik ist reich an sittengeschichtlichen Beobachtungen, namentlich der Feste, der gegenseitigen Massenbesuche, der Kriegszüge, der Alltagsarbeit und der Alltagssorgen. Zum Teil aus der französischen Pension, so erfährt man, bezahlt Glarus die Herrschaft Werdenberg. Unverkennbar ist die politische Verdüsterung, die mit der Glaubensspaltung einfiel. Bäldi gibt davon einen deutlichen Begriff, gerade weil er friedfertig ist. Man verfolgt, wie Glarus 1526 das Neue ablehnte, 1529 sich zur Toleranz durchrang und 1532 durch einen Kompromiss die Scheidung vollzog, womit es seinen eigenartig paritätischen Charakter erhielt.

Chronik, hg. v. *Johann Georg Mayer;* Zeitschr. Schw. Kirchengesch. 1, 1907, S. 43ff. 112ff.

Heinrich Loriti (Glareanus) 1488–1563

Damit tritt einem eine Glarner Gestalt von ganz anderem Format entgegen. Er wurde zu Mollis von wohlhabenden Bauersleuten geboren, weilte von 1501 an als Schüler in Bern, dann bei Rubellus (Rötelin) in Rottweil, studierte von 1506–1510 in Köln und erwarb sich das Magisterium sowie das Lizentiat; von jetzt an nannte er sich Glarean. Er hielt Vorlesungen über Vergil und nahm im Streit über das Hebräische für Reuchlin

Tafel 24. Wappentafel der Eidgenössischen Orte und Zugewandten aus «Panegyricum» von Heinrich Glarean, 1515.

Partei. Man kennt ihn als Humanisten, Literaten, Poeten, Musiker, Geographen und dabei als feurigen Schweizer Patrioten; Historiker war er nur im Nebenberuf. Früh stand er mit Zwingli, als dieser in Glarus amtete, in freundschaftlichem Briefwechsel. 1517 verfasste er ein *Lobgedicht* «singend nach der dorischen Tonart» auf Kaiser Maximilian, wofür er von diesem zum Poeta laureatus gekrönt wurde. Der Lorbeerkranz habe Glareans Selbstgefühl bedeutend gesteigert, bemerkt Zwingli in einem Brief an Vadian. Immer mehr sah Glarean im Humanismus seine Bestimmung, weshalb er nach Basel drängte, in die dortige Gelehrten- und Buchdruckerwelt. Die Begegnung mit Erasmus empfand er als eines seiner wichtigsten Lebensereignisse; er nannte ihn «parens et praeceptor», umwarb ihn stürmisch in Elegien. Von 1517–1522 lebte er mit Hilfe einer Pension König Franz' I. in Paris als Betreuer der Schweizerstudenten und Vorsteher einer Art Burse. Dem Erasmus schrieb er aus Paris: «Tausend Sophisten lärmen herum. Ich war neulich bei einer Disputation in der Sorbonne, bei der es so theatralisch herging, dass ich mich unschwer des Lachens enthalten konnte, aber es lachte niemand... Satt der Possen, ging ich. Ich halte mich zuhause singend und studierend, ergötze mich an meinem Horatius und belache mit Demokrit die dumme Welt.» Dann kehrte Glarean wieder nach Basel zurück, wo er an der Universität lehrte und in der Sodalitas der Humanisten eine bedeutende Stellung einnahm. Bildungsgeschichtlich bemerkenswert ist, dass er hier, wie schon früher in Basel, eine Burse leitete, eine halb private Lehranstalt, die er in der Form einer römischen Republik einrichtete. In diesem konviktartigen Studentenhaus lehrte er auf unkonventionelle Weise Latein, Griechisch, Hebräisch. Erasmus schrieb, Glarean mache sich um die Bildung der helvetischen Jugend sehr verdient.

Glarean war temperamentvoll, witzig, derb, heftig, voll von Geist und ursprünglichem Leben, streng in den Sitten, mit unerbittlichem Arbeitswillen begabt, stets voller Interessen und Pläne, der «geniale Mensch von der Bergeshalde», in anregendem Verkehr mit seinen Schülern und Hausgenossen stehend, die humanistische Saat ausstreuend. Als erfolgreicher Dozent der Basler Universität lebte er in zwei Welten, in der Antike, die seine Sehnsucht blieb, und in der Gegenwart, die seine geistige Lebenslust reizte. Dabei war er ehrgeizig, machte mit Dedikationen Jagd auf Mäzene, nahm von fremden Fürsten Pensionen. Und doch erfüllte ihn ein begeistertes Schweizerbewusstsein. Er lehrte «im Namen des ganzen Vaterlandes»; sein Ruhm solle zu «Helvetiens Ehre» dienen. An ihm ist alles Geist, Leben und Bewegung. Mit Erasmus begrüsst er die Anfänge Luthers, verdammt aber schon 1522 die ersten Ausschreitungen der Reformation. An der Autorität der Kirche hält er fest, verwirft die Beiziehung des Volkes zum Entscheid, denn er fürchtet für die Studien. Die Kirchenspaltung ist das grösste Leid seines Lebens, das zu beklagen er nie müde wird: «Möchte doch Gott diese Häresie endlich einmal zu den hintersten Scythen (ad extremos Arimaspos) jagen und der Friede dem Vaterlande wieder scheinen. Ich sehe, dass Deutschland zugrunde geht, einst die edelste, jetzt die elendeste aller Nationen; sehr fürchte ich, dass Deutschland mit seiner Freiheit und seinen zahllosen Sekten ehestens in eine Räuberhöhle verwandelt werden wird. Diese Häresie ist eine Plage Gottes wie keine verderblichere (pestilentior) je über die Erde verhängt wurde. Nur Gott kann die pharaonische Verstocktheit der verführten Menschen heilen.» Beim Sieg der Reformation in Basel 1529 kehrte Glarean dieser Stadt für immer den Rücken und liess sich bleibend in Freiburg i. Br. nieder als Professor der Poetik, obschon er in späteren Jahren das Dichten klüglich aufsteckte. Seine und des Erasmus Reizbarkeit führte zum Bruch zwischen den beiden, was Glarean tief bedauerte. Auch in Freiburg wirkte er als eine Zierde der Universität, als ihr gefeiertster Lehrer. Stets stand er mit dem Vaterland in Verbindung, wurde der literarische Berater der katholischen Orte, versuchte sie umsonst zur Gründung einer höheren Schule zu bewegen. Seine Schriften gerieten 1559 zu seinem grossen Leidwesen auf den Index, wurden erst auf mannigfache Verwendung wieder gestrichen. Er starb fast fünfundsiebzigjährig in Freiburg. Ein erhaltenes Porträt zeigt ein volles Gesicht mit scharfen Augen und grossem Selbstbewusstsein im Blick.

Obgleich die stärkste Wirkung von ihm mündlich ausging, war er ein fruchtbarer Schriftsteller. Er verfasste gegen dreissig Schriften, namentlich in Freiburg, über Musik, Klassiker, Geographie. 1547 veröffentlichte er das *Dodekachordon*, worin er beweisen will, dass es nicht acht, sondern zwölf Tonarten gebe, und belegt es mit Kompositionen aus dem 15. und 16. Jahrhundert; heute ist dieses Buch eine grosse musikalische Seltenheit.

Für die schweizerische Historiographie fallen in Betracht seine patriotischen Dichtungen. Ein *Näfelserlied*, aus 900 lateinischen Hexametern bestehend – er verachtete die deutsche Sprache –, blieb unvollendet. Anno 1515 veröffentlichte er *Helvetiae descriptio et in laudatissimum Helvetiorum foedus panegyricon*, geschmückt mit Holzschnitten von Urs Graf. Es ist ein Zentralwerk des schweizerischen Humanismus, ebenfalls in lateinischen Hexametern abgefasst. Die zweite Ausgabe besorgte Myconius mit seinem Kommentar zu manch dunklen Stellen des Gedichtes, die dritte Ausgabe 1543 Glarean selber mit vielen Verbesserungen; Tschudi hatte ihn über einige Irrtümer belehrt. 1558 wurde der letzte Teil in Musik gesetzt von Manfred Barberin Lupus. Glarean verfasste auch noch eine prosaische Bearbeitung des Stoffes, aus der die Quellen ersichtlich sind.

Das Werk besteht aus drei Teilen: der erste, «De situ Helvetiae et vicinis gentibus», gibt in 92 Versen eine geographische Beschreibung. Es ist ein Vorläufer der topographisch-antiquarischen Darstellungen. Während bisher das alte Zürich Turicum oder Turegum genannt wurde, setzte Glarean nach Cäsars Tigurini Tigurum, welchen Irrtum man ihm bis ins 18. Jahrhundert glaubte. Der zweite Teil, «De quattuor Helvetiorum pagis», bietet eine Beschreibung nach den vier Hauptflüssen; der dritte, das «Panegyricon justissimo Helvetiorum foedere», enthält zuerst ein Lob des Volkes; dann werden die dreizehn eidgenössischen Orte vom noblen Tigurum bis zu dem eben in den Bund aufgenommenen Abbatiscella (Appenzell) nach ihren Verdiensten angesungen. Das Ganze schliesst mit einer Peränese, einer Ermahnung, die Eidgenossen sollten die alten Römer zu Vorbildern nehmen: «Brutus erat nobis, Uro Guilelmus in arvo, Assentor patriae vindex ultorque Tyrannum.» Hier steht Glarean ganz im Banne der Alten, überlädt sein Gedicht mit antiken Anspielungen, ergeht sich in humanistischen Versuchen der Namendeutung. Er ist der erste, der die Alten für unsere Geschichte und Geographie heranzog, Strabo, Ptolemäus, Caesar, Plinius, Tacitus. Damit begründete er die Geschichtsschreibung der römischen Schweiz. Tell ist der Brutus der Schweizer; die Urner stammen von den Hunnen ab, die Schwyzer von den Goten, die Unterwaldner von den Römern. Zuweilen klingen Töne des Naturgefühls auf; sie sind aber nur den Alten nachempfunden. Glarean überreichte sein Werk statt irgendeinem einzelnen Mäzen der Tagsatzung, die ihn reichlich belohnte. Er machte Schule, traf den Geschmack der Zeit und fand viele Nachahmer, die aber ganz verflachten.

Das für die Wissenschaft wohl wichtigste Werk war *De Geographia liber unus* 1527. Darin setzt er die geometrischen und astronomischen Prinzipien der mathematischen Geographie auseinander und durchgeht zum Schluss alle Neuentdeckungen, nennt auch Amerika.

Descriptio Helvetiae, hg. v. *Carl Christoph Bernoulli;* Denkschr. hist.-antiq. Ges. Basel zur Erinnerung an den 1. August 1291, Basel 1891. – Ausgabe der *prosaischen Bearbeitung,* hg. v. *Otto Fridolin Fritzsche;* Zentralbl. Bibliothekswesen 5, 1888, S. 77 ff. – *Beschreibung der Schweiz. Lob der Dreizehn Orte. Helvetiae Descriptio,* hg. und übersetzt in deutsche Hexameter v. *Werner Näf;* St. Gallen 1948. – *Das Epos vom Heldenkampf bei Näfels und andere bisher ungedruckte Gedichte,* eingel. v. *Emil Franz Joseph Müller,* hg. v. *Konrad Müller* und *Hans Keller,* deutsche Nachdichtung v. *Josef Müller;* Jahrb. Hist. Ver. Glarus 53, 1949.

HEINRICH SCHREIBER: Heinrich Loriti Glareanus; Freiburg i. Br. 1837. – RUDOLF WOLF: Glarean; Biogr. Kulturgesch. d. Schw. 1, Zürich 1852. – BERNHARD FREULER: Das Leben und Wirken Glareans; Jahrb. Hist. Ver. Glarus 12, 1876, S. 5 ff.; 13, 1877, S. 10 ff. – LUDWIG GEIGER: Glarean; ADB 9, Leipzig 1879, S. 210 ff. – THEODOR VON LIEBENAU: Vier Briefe Glarean's; Anz. Schw. Gesch. 1881, S. 362 ff. – OTTO FRIDOLIN FRITZSCHE: Glarean, sein Leben und seine Schriften; Frauenfeld 1890. – RUDOLF PFEIFFER: Neues von Glareanus; Zentralbl. Bibliothekswesen 34, 1917, S. 284 ff. – ALBERT BÜCHI: Glareans Schüler in Paris; Festschr. Robert Durrer, Stans 1928, S. 372 ff. – E. F. MÜLLER-BÜCHI: Briefe Glareans an Aegidius Tschudi; Zeitschr. Schweiz. Kirchengesch. 27/28, 1933/34. – WERNER NÄF: Schweizer Humanismus, Zu Glareans «Helvetiae Descriptio»; Schweiz. Beitr. Allg. Gesch. 5, 1947, S. 186 ff. – KONRAD MÜLLER: Nachträgliches zu Glareans «Helvetiae Descriptio»; Schw. Beitr. Allg. Gesch. 7, 1947, S. 156 ff. – B. MEIER: Heinrich Loriti Glareanus als Musiktheoretiker; Beitr. Freib. Wiss.- und Universitätsgesch. 21, 1960, S. 65 ff. – MARC SIEBER: Glarean in Basel; Jahrb. Hist. Ver. Glarus, Glarus 1963, S. 53–75. – HEINRICH GRIMM: Heinrich Glarean (Loriti); NDB VI, Berlin 1964, S. 425 f. – EDGAR BONJOUR: Die Universität Basel von den Anfängen bis zur Gegenwart; 2. Aufl., Basel 1971, S. 101 ff.

Valentin Tschudi ca. 1500–1555

Seine Familie geht zurück ins 13. Jahrhundert; sie gab der Heimat einige Landammänner. Valentin erhielt den ersten Unterricht in Glarus bei Zwingli. Dann studierte er in Wien unter Vadian, in Pavia, in Basel unter Glarean und ging mit diesem auch nach Paris, wo er in dessen Konvikt lebte. Als Zwingli den Pfarrdienst in Glarus quittierte, wirkte er bei der Wahl Tschudis zu seinem Nachfolger mit, führte ihn 1522 mit einer Predigt ins Amt des Leutpriesters ein. In den konfessionellen Wirren suchte Tschudi den Frieden zu halten. Es widerstrebte seiner milden Natur, sich entscheidend für die Reformation zu erklären, der er anfänglich nicht abgeneigt war. Aber er verdammte die Ungeduld der Neuerer, die Missachtung der Obrigkeit, die masslose Agitation auf beiden Seiten. Als treuer Kirchenmann bediente er beide Konfessionen. Nach seiner Heirat 1530 las er nicht mehr Messe, blieb aber Pfarrer und predigte beiden Glaubensparteien bis zu seinem Tod in aufrichtiger Toleranz. Bäldi schreibt von ihm: «Meister Valentin Tschudi was kilchher, was ein gueter und grechter herr.»

Tschudi schrieb eine *Chronik von 1519–1533* in annalistischer Form. Da er zu den ersten Familien gehörte – Aegidius war sein Vetter –, vernahm er ausserordentlich viel, worauf ein Teil des Wertes seiner Arbeit beruht. Aus einigem möchte man schliessen, er sei Ratgeber und Vertrauter der Regierung gewesen. Zu seiner moralischen Entlastung trug er von Jahr zu Jahr ein. Glarus steht natürlich im Mittelpunkt seiner Aufzeichnungen, aber er bringt auch manche Nachricht vom Ausland, darunter ein paar einzigartige. Der Blick ist weiter, der Standpunkt höher als bei Bäldi; er achtet mehr auf das Wesentliche als dieser. Den verworrenen Verhältnissen steht er als unabhängiger, fortschrittlicher Mann gegenüber, der Gewalt, Streit und Trennung verabscheut. Darum kommen bei ihm die Reformierten nicht besonders gut weg, weder in Glarus, noch im benachbarten St. Gallen, wo er die Unterdrückung der Abtei mit ansieht. Die Färbung ist düster; zur Untermalung zieht er auch die Not, Hunger, Misswachs, Seuchen heran. Es ist möglich, dass er darin die höhere Vergeltung erkennt. Auch als er das Lesen der Messe einstellte, blieb er der ruhige, kluge, mutvolle, leicht erbitterte Beobachter. Seine Chronik gehört zu den unparteiischsten, obgleich er urteilt. Er hat seinen Standpunkt klar umschrieben. Wie er, dachten wohl noch manche; doch pflegen sie in solchen Zeiten nicht ins Gewicht zu fallen. Der Hauptwert seiner Chronik liegt darin, dass sie ein Bild von der Entwicklung der Reformation in Glarus entwirft und ihre Wirkung auf einen ruhigen, wohlmeinenden Mann aufzeigt.

Chronik der Reformationszeit, hg. v. *Johann Jakob Blumer;* Arch. Schw. Gesch. 9, 1853, S. 331 ff., Nachtrag 18, 1873, S. 417 ff. Hg. v. *Johannes Strickler;* Jahrb. hist. Ver. Glarus 24, 1888, mit Kommentar.

JOHANNES STRICKLER: Valentin Tschudi; ADB 38, Leipzig 1894, S. 753 f. – GEROLD MEYER VON KNONAU: Notiz über Valentin Tschudi; Anz. Schw. Gesch. 1919, S. 213. – ALBERT BÜCHI: Glareans Schüler in Paris; Festschr. Robert Durrer, Stans 1928, S. 372 ff.

Aegidius Tschudi 1505–1572

Der Vater gehörte dem Rat an, befehligte 1515 die Glarner bei Marignano, wo der älteste Sohn Fridolin fiel. Aegidius war der jüngste aus erster Ehe. Von früh an wurde er durch seinen Lehrer Ulrich Zwingli in den Humanismus eingeführt. 1516 ging er zu Glarean nach Basel und mit diesem nach Paris. Schon als Jüngling trieb er selbständige Geschichtsstudien, reiste, sammelte. Da der Vater kein grosses Vermögen besass, war der Sohn auf Ämter angewiesen. Im Glaubensstreit blieb er wie der Vater katholisch, wurde erst später zum Fanatiker. Auch er erkannte die Notwendigkeit der Kirchenreform.

Bereits 1529–1532 amtete er als Vogt unter den VII Orten in Sargans. Er vermittelte in der religiös gespaltenen Vogtei, wusste den Zürchern mit der Feder zu antworten, stellte ihrem Drängen auf Glaubenserneuerung die Erklärung entgegen, dass er aller VII Orte Knecht sei und sich nach dem Entscheid der Mehrheit zu richten habe. Als die reformierten Stände im Mai 1531 eine allgemeine Lebensmittelsperre gegen die V Orte verhängten, weigerte sich Tschudi, sie durchzuführen, und hielt den wichtigen Verkehr mit der Innerschweiz und dem österreichischen Vorarlberg aufrecht, führte die Sarganser nicht in den Krieg, sondern behauptete Neutralität. Das Streben der Familie Tschudi ging dahin, das Land Glarus der Neuerung zu verschliessen. Man war darob in Zürich so aufgebracht, dass man schrieb, er müsse «unter der Klinge durchlaufen». Im zweiten Kappeler Krieg hätte er eine viel rücksichtslosere Ausbeutung des Sieges gewünscht. An der altgläubigen Reaktion in Glarus nahm er lebhaft teil. 1532 wurde er vom Abt von St. Gallen als Obervogt nach Rorschach berufen, 1533 von der Glarner Landsgemeinde zum Landvogt in Baden gewählt.

Als solcher gehörte es zu seinen Amtspflichten, den Sitzungen der Tagsatzung, die seit der Glaubensspaltung regelmässig in Baden abgehalten wurden, als eine Art Sekretär beizuwohnen. Er hatte die Ausfertigung ihrer Beschlüsse und Missiven zu überwachen und ihnen sein Siegel aufzudrücken. Auch in Baden gab er sich in erster Linie als Vertreter der V Orte. Neben einem erstaunlichen Arbeitsquantum fand er Zeit, seine historischen Studien weiter zu betreiben. Er drang ins eidgenössische Archiv ein, das sich in Baden befand, und benützte seine Beziehungen zu den benachbarten Gotteshäusern Wettingen, Muri, Klingnau, um ihre Urkunden- und Handschriftenschätze zu erforschen. In Baden und Umgebung bot sich ihm Gelegenheit, seine epigraphischen Studien fortzusetzen. Einen römischen Meilenstein, den ein Bauer beim Pflügen in Vindonissa entdeckte, liess er «von wunders und alter geschichten anzeigung wegen» in seiner Amtswohnung aufstellen. Silber- und Goldmünzen, die in Zurzach gefunden wurden, schickte man ihm, womit er eine Sammlung für seine numismatischen Forschungen anlegte. Nachdem seine Amtszeit abgelaufen war, trat er in französischen Kriegsdienst. Er führte 1536 eine Schar Söldner nach der Provence, gelangte über Lyon und Vienne nach Narbonne, von da über Nîmes nach Marseille. Überall kopierte der schweizerische Reisläufer römische Inschriften, darunter die grosse Erztafel des Claudius in Lyon. Ein eindrucksvolles Bild, dieser eidgenössische Kriegshauptmann, in der einen Hand die Hellebarde, in der anderen den Griffel.

Anno 1536 wurde er in den Glarner Landrat gewählt, kam aber politisch nicht voran, weil er zur Minderheit gehörte. Er bezog eine französische

Pension und füllte die Musse mit Forschung und Reisen aus; so gelangte er 1540 nach Rom. Es sind seine wohl ergiebigsten Gelehrtenjahre. In der Zeit von 1549-1551 hatte er wieder das wichtige und einträgliche Amt eines Landvogts von Baden inne. Von da an verfiel er der Politik; an Tagsatzungen, auf Gesandtschaften und bei Schiedsgerichten war er sehr begehrt wegen seiner einzigartigen Kenntnis der Vergangenheit, so im Zweyer-Prozess 1554, im Locarner-Handel 1554-55, wo er entschieden für den Katholizismus eintrat. 1559 reiste er mit Stadtschreiber Escher als eidgenössischer Gesandter zum neuen Kaiser Ferdinand I., um die Bestätigung der Schweizer Freiheiten zu erwirken. Angeblich erhielt er vom Kaiser einen Adelsbrief.

Inzwischen erfolgte in Glarus endlich seine Beförderung. 1554 wurde er Statthalter, bei der Wahl zum Landammann 1556 jedoch übergangen; die Landsgemeinde wählte den reformierten Schuler. Tschudi wurde mit zunehmendem Alter immer glaubenseifriger und zeigte sich äusserst gereizt, obschon 1558 nun doch seine Wahl zum Landammann zustande kam. In Verbindung mit den V Orten – Landammann Schorno von Schwyz war sein Schwager – beschwor er den Tschudi-Handel 1556-1564 herauf, um das «Krebsgeschwür» in Glarus auszurotten, was beinahe zum Tschudi-Krieg geführt hätte. Der Entwurf zur Kriegserklärung ist von seiner Hand geschrieben. Insgeheim rief er die Hilfe der V Orte an und schrieb den Schwyzern, dass Gott denen, die «um seine Ehre und den wahren Glauben zu erhalten kriegten», wiederum «treulich helfen und beistehen» werde. Um dieser Machenschaften willen werde man ihm, drohten seine Gegner, «den grind wol erklopfen». Schliesslich rettete ein aussenpolitischer Vorgang den innerschweizerischen Frieden: Der französische König brauchte zur Beilegung des Bürgerkrieges in Frankreich Schweizer Truppen, weshalb sein Gesandter vermittelte; die V Orte verzichteten auf die Rekatholisierung von Glarus. In seiner engeren Heimat unmöglich geworden und von den Reformierten schwer beleidigt, verzog er sich, obgleich nicht wohlhabend, nach Rapperswil und kehrte erst 1565 zurück. Seine politische Laufbahn war nun beendet, trotz seinem hohen Ansehen: Die Tagsatzung schrieb, er habe von eidgenössischen Dingen mehr Wissen als ein anderer. Der Fünfzigjährige fand endlich Zeit, ganz seinen Studien zu leben, denen er sich bis zu seinem Tod widmete. In seinem Leben und Schaffen haben sich fortan Politik und Historie wechselseitig erhellt.

Tschudi brachte der nationalen Vergangenheit ein ungeheures Verlangen und Annäherungsvermögen entgegen. Er hatte nur allgemeine Vorbilder in den Humanisten Rhenanus, Pirkheimer, Vadian, Aventin, wie er erzählt, nicht aber besondere fachmännische Anleitung; vielleicht fand er bei Glarean einen Hinweis auf die Quellen. Er musste alles aus sich selber entwickeln, Methoden und Hilfsmittel. Bullinger, Anshelm, Vadian waren noch nicht ediert. Darum waltete Tschudi auf seinem Gebiet souverän. Wissensdurst, Forscherdrang und Sammeleifer waren seine unbezähmbare Leidenschaft. Er knüpfte an keinen andern an, stellte alles Vergangene auf einen neuen Boden, den er selbst bereitete. Mit dreiundzwanzig Jahren schon hatte er sein erstes Werk vollendet, die *Uralt wahrhafftig Alpisch Rhetia*, eine topographisch-antiquarische Schilderung Graubündens mit einer von ihm entworfenen *Karte*, die Frucht seiner Bergreisen, die er in einem für damalige Verhältnisse ganz ungewöhnlichen Umfang unternommen hatte. So überschritt er im Frühling unter Lawinengefahr den Grossen St. Bernhard, den Gotthard und andere Pässe, drang zu den Gletschern vor, wobei er die durchwanderten Gegenden skizzierte sowie Land und Volk scharf beobachtete. Als Glarean zu Besuch in Glarus weilte, gab ihm Tschudi das Manuskript mit. Sebastian Münster übersetzte es ins Lateinische und veröffentlichte es mit Tschudis Erlaubnis 1538 deutsch sowie lateinisch. 1560 erschien eine zweite, korrigierte Auflage mit einer verbesserten Karte Graubündens und der Schweiz. Gottlieb Studer urteilte in seiner Geschichte der physikalischen Geographie der Schweiz in Hinsicht auf diese Karte, man habe damals die Alpen besser gekannt als um 1800. Die Rhetia ist das einzige zu Lebzeiten Tschudis gedruckte Werk. Es begründete seinen Ruhm als Geograph, Kartograph und Historiker, erregte das Entzücken der Kenner, bahnte den Verkehr mit Vadian, Bullinger, Stumpf an, verursachte einen Aufruhr in der Gelehrtenwelt und hatte eine tiefe Nachwirkung, indem es die Heimatkunde begründete.

In jener Zeit muss auch eine kleinere Schrift Tschudis entstanden sein, eine *Geschichte des zweiten Kappelerkriegs*. Die Darstellung der Schlacht bei Kappel und auf dem Gubel ist so anschaulich, dass man annahm, diese könne nur von einem Teilnehmer herrühren, und da Tschudi damals als Landvogt in Sargans amtete, werde er die Schrift selbst nicht verfasst haben. Allein mit eben der gleichen Anschaulichkeit hat er ja alle anderen Schweizer Schlachten geschildert. Er kannte Land und Leute, verkehrte persönlich mit den Anführern aus beiden Lagern und beherrschte die ganze Literatur; namentlich benützte er die Darstellung des Schultheissen Golder von Luzern und die erste amtliche Darstellung von katholischer Seite durch Hans Salat. Tschudis Schrift ist ein abgerundetes Werklein, durchaus eine katholische Parteischrift.

Sein Forschungsobjekt spaltete sich in Altertum und Schweizergeschichte. Über das Altertum sammelte er drei mächtige Codices, las alle alten Autoren, zog die mannigfaltigsten Zeugnisse der Vergangenheit herbei, nahm eine sorgfältige Autopsie vor; schon das weist ihm einen Platz unter den Humanisten an. Ein Codex enthält Vorarbeiten zur Gallia comata, die beiden anderen zu einer Geschichte des Altertums, die er nicht ausführte.

Die schweizergeschichtlichen Forschungen betrieb er auf breitester Grundlage. Er zog alles Erreichbare heran, keine Chronik entging ihm. Ferner benützte er Urkunden und Akten wie keiner zuvor. 1530 beschloss die Tagsatzung, dass alle thurgauischen Archive ihm geöffnet werden sollten. Das Glarner Archiv zog er an sich. Die Waldstätter Archive standen ihm durch seinen Einfluss zu Diensten. Aus Zürich und Luzern liess er sich Abschriften kommen, nahm Einblick in die Bestände von Baden, der Klöster Muri, Einsiedeln, St. Gallen, Wettingen, alles auf eigene

Kosten. Diese Sammlungen nannte er Annalia. Sie kamen zuerst Stumpf zugute, den er in selbstloser Weise ausstattete. Dann ging er an die Ausarbeitung der Schweizergeschichte. 1557 war ein erster Entwurf, die Jahre 800–1470 umspannend, vorhanden. Aber so rastlos sein Sammeleifer auch sein mochte, seine Ausarbeitung war zögernd. Als Simler ihn drängte, die helvetische Geschichte zu schreiben, antwortete Tschudi, dass er allerdings den Stoff zu einer solchen in grosse Bücher gesammelt beieinander habe, woraus eine richtige Historie zu ziehen wäre; jedoch fürchte er, zu alt dazu zu sein. Wie Tschudi dann aber 1569 auch noch auf einer Reise in die Waldstätte bestürmt wurde, ging er an das sogenannte *Mittelbuch*. Er stellte endgültig die Zeit von 1000–1370 fertig; 1571 erfolgte die Meldung an Simler, die *Chronik* sei abgeschlossen. Dann ging er – immer unter schweren Körperleiden – an die Frühgeschichte vor 1000, die er mit der römischen Zeit einsetzen liess. Im folgenden Jahr schickte er Simler die Einleitung zur Frühgeschichte, das, was man später die *Gallia comata* nannte. In dem Begleitbrief schreibt er, er wolle in dem Buch einen Begriff geben «Galliae comatae, vom ursprung und harkomen der Galliern, von fruchtbarkeit Galliae, von iren abteilungen, provintzen, völkern, stetten, wassern etc., der zweien provintzen Sequanorum maximae, darinn Helvetii, desglich Alpium Grajarum et Poeninarum, darinn Seduni; ouch Alemannorum, Vindelicorum, Rhaetorum, Lepontiorum sonderbare beschribungen; demnach der Galliern sitten und alte brüch, desglich der Germaniern und letstlich ihre bekerung zum christlichen Glauben.» Dann nahm ihm der Tod die Feder aus der Hand. Er hat in seinem systematisch gegliederten Werk also nicht die ganze Frühgeschichte entworfen, was einen Verlust bedeutet.

Tschudi genoss zu Lebzeiten und nach dem Tod ein kanonisches Ansehen. Glarean sagte von der Rhätia, ein besseres Zeugnis der Topographie sei seit tausend Jahren nicht erschienen. Johannes von Müller fusste weitgehend auf Tschudis Chronicon und urteilte: «So weit dieser geht, ist Licht und Klarheit, vor ihm und nach ihm Finsternis und Dunkel.» Schiller liess sich durch ihn «poetisch stimmen» und preist ihn wegen seines «herodotischen, ja fast homerischen Geistes». Goethe schreibt in der Farbenlehre: «Wer das menschliche Herz und den Bildungsgang des Einzelnen kennt, wird nicht in Abrede stellen, dass man einen trefflichen Menschen heranbilden könnte, ohne dabei ein anderes Buch zu gebrauchen, als Tschudis schweizerische oder Aventins baierische Chronik.»

Im 19. Jahrhundert wurde Tschudi entthront. Von 1845 an erschien die Geschichte der eidgenössischen Bünde von Joseph Eutych Kopp, der in schwerer wissenschaftlicher Rüstung mit modernen Forschungsgrundsätzen nach Tschudis Blössen zielte und sie traf. Damit war der Weg geöffnet; Berufene und Unberufene drängten sich herzu, um über ihn den Stab zu brechen, bis schliesslich von Tschudi nichts anderes übrig blieb als der befleckte Ruf eines dreisten, anmassenden Fälschers. Ist das richtig? Kann der Mann, dessen Jugendwerk die gelehrte Welt in Entzücken versetzte, dessen Bildungsgehalt von Goethe so hoch erhoben wurde, vor dem sich Jahrhunderte beugten, wirklich so tief sinken? Welches ist das Wesen des Historikers Tschudi?

Seine stärkste Leidenschaft war das Sammeln, nicht das Darstellen. Er ging planmässig vor, vertraute nicht dem Zufall. Alle Akten, die zu seiner Zeit publiziert waren, und es gab deren schon viele, hatte er gelesen und ausgezogen, ferner alle zugänglichen Schweizer- und Reichschroniken; ob er noch italienische und französische Chroniken benützte, ist nicht nachgeprüft. Er drang in die gehüteten Archive ein, zog Urkunden, Akten, Tagsatzungsabschiede, Jahrzeitenbücher, Stiftsbücher in solcher Fülle heran, als ob er sein Werk bloss auf sie gründen wollte. Durch ihn wurden etwa 750 Stück allein im Chronicon gerettet. Das hat Vadian auch getan; er ging auf die ältesten Quellen zurück und kritisierte sie. Tschudi griff darüber hinaus. Er sammelte die erreichbaren Überbleibsel: Volkslieder, Sagen, Familienüberlieferungen, Sitten und Bräuche, Inschriften und Münzen; er trachtete nach der Vollständigkeit der Zeugnisse – ein bahnbrechender Gedanke. Dadurch trat er bewusst der Kultur- und Naturgeschichte des Schweizervolkes näher, während Anshelm eigentlich nur aus moralisierender Tendenz dieses Gebiet berührte, um den Sittenverfall aufzudecken. Auf mündliche Mitteilungen zum Beispiel geht es zurück, dass der «Held» der Badegeschichte von Alzellen den Namen Wolfenschiessen bekam, während er ursprünglich Landenberg heissen sollte. Für bodenständige Volkskultur hatte Tschudi mehr Verständnis als alle seine Zeitgenossen. Wie fein bemerkt er zum Beispiel, Fabel und Sage seien «nit vergeblich entstanden».

Ein grossartiges Gedächtnis ermöglichte Tschudi den Überblick, die Beherrschung seines gewaltigen Materials, das er gut geordnet hinterliess. Er gibt Quellen in der Gallia comata an, selten aber im Chronicon. Zu den Quellen trat in hervorragendem Mass der Augenschein, das forschende Reisen, das Tschudi zum besten Kenner der schweizerischen Topographie machte. Als Sammler und Forscher ist er bahnbrechend; er hat den gewaltigsten Unterbau für die Schweizergeschichte geschaffen, ohne über irgendwelche Hilfswerke zu verfügen. Manche, die ihn nachmals kritisierten, lebten doch von seinem Fleiss.

Die Verwertung des Materials. Skepsis, Akribie und Reichtum an Kenntnissen befähigten Tschudi, seine Quellen zu kritisieren. Er hat es wiederholt und mit Erfolg getan, hat als erster Fabeleien aufgedeckt. Den habsburgischen Stammbaum bis Noah zurück lehnte er ab, ebenso die Gründung Zürichs zu Abrahams Zeiten und das Herkommen der Schwyzer und Hasler – dies nur Beispiele dafür, welchen Wust ein Historiker damals wegräumen musste, um auf den Grund zu kommen. Für die Späteren war die Arbeit getan, sie hatten es viel leichter.

Und doch, persönliche Eigenschaften und Tendenzen lassen die Kritik Tschudis nicht bis zum unerbittlichen Wahrheitswillen eines Vadian gedeihen. Vadian ist ihm als Kritiker überlegen. Als Fehlerquellen Tschudis erkennt man: 1. Seine Unzuverlässigkeit; sie lässt ihn mit der Wahrheit oft sorglos umgehen. 2. Seine Eitelkeit, sein Familienehrgeiz. Er fälscht eine Anzahl Urkunden, damit er seinen Stammbaum bis 906 zurückführen und seiner Familie das Meieramt bis in diese Zeit zurück beilegen kann. Um einen so sicheren, lückenlosen Stammbaum müssten die ältesten Häuser – Welfen, Wittelsbacher, Habsburger, Zollern – das Haus Tschudi beneiden. Das einzig Erfreuliche daran ist: Tschudi musste ein ausgezeichneter Urkundenkenner sein, dass er so erfolgreich fälschen konnte. Neben dem adeligen war der literarische Ehrgeiz verhältnismässig gering; Tschudi hatte nie das Bedürfnis zu publizieren. 3. Sein Katholizismus. Diese Tendenz konnte in den grossen Werken nicht stark hervortreten, weil sie die ältere Zeit behandeln. Oft nimmt er für die Staufer gegen die Päpste Partei. Immerhin unterdrückt er im Alten Zürichkrieg die Sakrilegien, Kirchenschändungen der Eidgenossen, denn zu seiner Zeit warfen die V Orte das alles den Reformierten vor. In der Geschichte des zweiten Kappeler Krieges dagegen bricht diese Tendenz durch. Tschudi gibt von der Schlacht einen Bericht, der mit allen anderen Quellen im Widerspruch steht, lässt die V Orte über eine zürcherische Übermacht siegen. Diese absichtlichen Verdrehungen sind so peinlich, dass man neuerdings zweifelte, ob die Schrift von Tschudi stamme, und sie wirken um so befremdlicher, als er Stumpfs antiklösterliche Tendenz heftig kritisierte. Beim Erscheinen von Stumpfs Werk zeigte er sich konfessionell aufgebracht und beklagte es, dass Stumpf «ein lang pluderment macht von münchen, wie sie die welt betrogen... Jeder Historicus soll unpartyisch sin». Vadian musste in den Riss springen und Tschudi beschwichtigen. 4. Seine hochgesteigerte Vaterlandsliebe. Deshalb erfüllt ihn Feindseligkeit gegen Österreich, das ihm als der Erbfeind erscheint. Er zuerst stellt Österreich durchgehend als Bedränger dar, die Eidgenossen als frei, als die Opfer, die sich wehren müssen, – eine Auffassung, die bis auf den heutigen Tag durch die Schulstuben geht, obschon sie zum Teil widerlegt ist. Auf der andern Seite kommt Tschudis Vaterlandsliebe als tiefe Verehrung für die alteidgenössische Treue und Freundschaft zum Vorschein; dieses Gefühl ist wohl sogar stärker als sein Katholizismus. Daraus stammt 5. seine Behutsamkeit im Urteil. Eine Chronik sollte nach ihm so abgefasst sein, dass «si zu allen teilen und partyen mit gedultigen eren, mit anmut und danksagung hätte mögen gelesen werden». Auch die gespannte Lage um 1560 machte ihm diese Vorsicht zur Pflicht. Darum wollte er seine Chronik nicht erscheinen lassen, bis er mit «vertrauten, geheimen, fürnemen Personen» in jedem Ort, katholisch und reformiert, Rücksprache genommen. Er vermeidet gern eigene Urteile. Man darf nie vergessen, dass er als erfahrener Politiker schrieb, nicht als Stubengelehrter. 6. Seine Staatsauffassung. Er ist ein Mann der Autorität, stimmt mit seinem Zeitalter darin überein; eben damals begann allenthalben die Aristokratisierung. Die alten Familien, «die Ehrbarkeit», sind zur Regierung berufen. Rudolf Stüssi gilt ihm als Emporkömmling. Grundlagen des Staates sind Gehorsam und Disziplin. Ab und zu gleitet ihm das Wort Pöbel aus der Feder. 7. Seine Willkür. Er korrigiert seine Quellen, wie sie für seine Zwecke passen, setzt die Urkunden bisweilen falsch ein, hat sie vielleicht auch falsch gelesen.

Alle diese Tendenzen und Neigungen trüben das ursprünglich kräftige kritische Vermögen Tschudis. Neben dieser Schwäche steht sein Sinn, sein Verständnis fürs Volkstümliche, Bodenständige, Altväterische, für Kulturgeschichte, die er mit der liebevollen Aufmerksamkeit moderner Heimatschützer pflegt. Das Wort Kulturgeschichte braucht er noch nicht, entdeckt aber die Sache. Aus diesem Quell fliesst seine Pietät für die Sage. Er unterscheidet zwischen Fabel und Sage. Von ihr sagt er, dass «sölche stät beharrte sag an zweifel nit vergeblich entstanden». So hatte er Scheu, den poetischen Duft der Gründungssage zu zerstören, nahm auch weitgehend Rücksicht auf das Volksempfinden; die Urkunde von 1291 zu Schwyz scheint er nicht gesehen zu haben. In der Allseitigkeit der Quellenforschung und in der Universalität der Interessen übertrifft er jeden Zeitgenossen.

Die Darstellung. Da ist ein Doppeltes vorauszuschicken. Einmal ging er zu spät an die Ausarbeitung. Die Gallia comata ist überhaupt bloss eine Materialsammlung, die er rasch chronologisch geordnet hat. Unser Urteil gründet sich also auf das Chronicon, das er zweimal bearbeitete. Ferner: Tschudi ist Humanist und hat die Fehler der humanistischen Geschichtsschreibung nicht überwunden, als da waren: Erhebung der Form über den Inhalt, Vernachlässigung der Realkritik, Hervorquellen des Patriotischen, das Verlangen nach äusserlich lückenloser Abrundung und Einheit, ungelöste Spannung zwischen Empirie und Humanismus. Stärker ist der Humanist Vadian durch das alles zur Sachlichkeit durchgedrungen. Aber Vadian konnte Tschudi nicht als Muster dienen, da er nicht gedruckt vorlag, und zudem wäre dieser wohl zu selbstbewusst gewesen, sich einem Muster durchaus anzupassen. Tschudi wählt die annalistische Darstellung; aber im Chronicon begnügt er sich nicht mit dem Aneinanderreihen von Tatsachen; er trachtet nach den Zusammenhängen, wird pragmatisch. Bisweilen schiebt er Exkurse ein, so über die Entstehung geistlicher Herrschaften, bietet überschauende Zusammenfassungen. Freilich an Durchdringung des Stoffes, Herstellung erloschener Verbindungslinien, Überschau und Zusammenraffen des Materials, an innerer Gruppierung reicht er nicht an Vadian und Anshelm heran. Doch die Einheit des Gedankens, das Zentralproblem: ursprüngliche Freiheit und ihre Behauptung, hat er durchgehalten. Die Eidgenossenschaft ist rechtmässig entstanden, aus Notwehr, nicht aus Rebellion: «Hiebij mengklich mercken mag, das dise püntnus und eidtgnoschafft ein erlichen ursprung und nit von unruwigen rottierungen entsprungen, dann si nit begert jemant des sinen ze berouben, sonder sich selbs bi recht ze schirmen und ire frijheiten ze hanthaben.» Gegenüber den Quellen gewinnt er keine sichere Methode. Er prüft sie nicht genug nach ihrem inneren Wert, nach ihrer Tendenz, er klassifiziert sie nicht, stellt sie nicht einander gegenüber, obschon er im einzelnen gescheite kritische Bemerkungen anbringt. Die ausführlichste Quelle ist ihm oft die schätzbarste. Er legt sie zugrunde und ergänzt sie mehr äusserlich aus den andern; er berichtigt nicht eine an der andern. Es muss aber gerechterweise daran erinnert werden, dass es einer ausserordentlichen Kraft

sin vogt Ulrich von Metsch graf ze Kirchberg.
Diser erbet prettigion, im hund von Graf Friderich
von Toggenburg, deßhalb der Letst graf Gandentz
vil zits sin woonung hieroßen hat. / Diser
Justus setzt vil grafen von Metsch vor etlich hundert
jaren ee si grafen geweßen /.
Von etwa mängem stammen Grafen und fryen were
noch zemelden, die diser Tugendtrichter meldet. Vnd
vilnach eins Libells bedörffen.

Er setzt den .x. Thurnie zu Zürich in Hertzog Welphen
von peieren land, hab nie funden das gedachter Welph
noch kiniger fürst von peieren Je Zürich yngesetzt,
Aber wol die Hertzogen Stroaben vnd Zeringen

der glichen wer noch vilvaltig anzüzeigen, Ist aber
Züvertroßen, diß verwüsst uns nit diser
dichters stamporis dem Berhirsch Adel zetzmaß
Sonders sine für anzezeigen. Was feind soll der Adel
als erdichte vnwarhaffte dingen empfangen, Bluß
als der kiser als Gebroiters genealogia off Noe. Man
findt wol vil erlicher treffliger warhaffter gschicht
vom Adel zeschriben, bedarff nit fabeln,
Die artikel, ordmmge vnd statuten des Thurniers
verwirff ich nit. vellind min schriben
nit zeüberdruß vfnemen Dann was ich üch gfellig
dienst bewißen köndt wolt ich nit sparen, Beüelhend
mir meist Conrats vast, Datt Claris
off Bartarea A. 1541.

Egidius Tschudy von Glarus.

Tafel 25. Schreiben des Aegidius Tschudi an Niklaus Briefer, 1541.

bedurft hätte, um sein ungeheures, meist schriftliches Material ohne die modernen Hilfsmittel, die Nachschlagewerke, richtig in ein Ganzes zu verweben.

Zuerst bietet er Reichsgeschichte, die sich allmählich in Schweizergeschichte verengert. Das Einpassen der Quellen hat er trefflich los, ohne dass man die Nähte sieht. Wenn man also von der Kombinationsgabe Tschudis spricht, so ist darunter oft die Kompilation der Quellentexte, nicht die höhere Kombination der Tatsachen zu verstehen, obschon bisweilen Blitze praktischer Staatsweisheit durchleuchten. Dabei ist Tschudi ein sehr guter Erzähler, ja ein Künstler, daher der Zuname «schweizerischer Herodot». Schlachten schildert er so anschaulich, dass man die mitatmende Spannung des Autors zu spüren glaubt. Diese Beschreibungen sind bis auf Johannes von Müller in der deutschsprachigen Historiographie unübertroffen geblieben. Als Künstler empfindet er das Bedürfnis nach Abrundung, nach einem vollen, fugenlosen Ganzen. Wo seine Quellen ihn im Stiche lassen, wo gewisse Zeiträume leer bleiben, fühlt er sich aus der Erwägung heraus, dass dort doch etwas geschehen sein müsse, dazu verpflichtet, die Lücken durch seine Erfindungsgabe auszufüllen; dabei lehnt er sich geschickt an seine Quellen, korrigiert sie sogar. Wie wunderhübsch hat er zum Beispiel den knappen Bericht des Weissen Buches aufquellen lassen, Ereignisse herangeholt und eingereiht, die fehlenden Namen aus den Urkunden der Zeit gesucht und eingesetzt und damit die Sage so wirkungsvoll aufgehöht, dass Johannes von Müller wenig mehr zu tun fand. Hier ist Tschudi wirklich ein $\pi o \iota \eta \tau \acute{\eta} \varsigma$. Er erfand die Sache, er gab sie nicht bloss wieder; allerdings lagen ihm auch Quellen vor, die wir heute nicht mehr haben. Damit hängt zusammen, dass er ein enges Verhältnis zu seinem Stoff besass und ihm sein Leben, seine Wärme einflösste. Unterstützt wurde er dabei durch eine kernige Sprache voll innerer Spannung, durch ein feines Gefühl für die Reinheit des Deutschen; gegen die humanistische Mode der deutsch-lateinischen Sprachvermengung verwahrte er sich heftig: Die modernen Kanzlisten «wöllend also unser tütsch, so ein ehrlich spraach ist, verachten, bruchend ouch etwa wälsche wort». Er vermied Fremdwörter, bemühte sich um eine präzise Verdeutschung lateinischer Begriffe. Wie er nach Vollkommenheit des Stils strebte, zeigt ein Vergleich zwischen der Urschrift und der Reinschrift.

Man stösst bei Tschudi auf eine Frische der Wissenschaft, die man bei späteren Autoren kaum mehr antrifft. Entdeckerlust treibt ihn in unberührte historische Gegenden, und tiefe Neugierde lässt ihn immer weiter vordringen. Ihm ist Geschichte noch nicht Methode, sondern Talent, reine Liebhaberei. Nur auf sich selber gestellt, ohne Unterstützung durch gelehrte Körperschaften hat er mit kühnem Wagemut schwierigste Aufgaben angepackt und bewundernswerte Leistungen vollbracht, beflügelt von Kräften, die ihm wohl aus religiösen Tiefen zuströmten.

So sehr auch Kopp und seine Nachfolger Tschudis Werk und Ruhm herabgesetzt und geschmälert haben, so bleibt doch des Unvergänglichen genug. Schliesslich sind seine Tadler, ist die ganze Schweizergeschichte bei ihm an die Kost gegangen. Das Urteil, Tschudi sei noch kein moderner Historiker, kann man nur mit gebührendem Humor aufnehmen und erwidern, dass mancher moderne Historiker noch kein Tschudi ist. Und das scheint bedenklicher. Wenn wir heute den Anfängen der Eidgenossenschaft näher gekommen sind als Tschudi, ist es zum guten Teil ihm zu verdanken. Es müsste noch festgestellt werden, wieviel man vor ihm über die ältere Zeit nicht wusste. Er hat die Geschichtsschreibung der Schweiz auf den Weg der quellenmässigen Forschung gewiesen; das ist eine der wichtigsten, für die Wissenschaft folgenreichsten Seiten seiner Gelehrtentätigkeit.

Um Tschudis Werke waren besonders die Klöster bemüht. Muri und Engelberg nahmen davon Abschriften. Als *Augustin Stöcklin* OSB um 1625 den Nachlass in Glarus musterte, waren die schweizerischen Kollektaneen bis 800 und die von 1472 bis 1500 schon spurlos verschwunden. 1652 wurde der Nachlass auf Schloss Gräplang bei Flums aufbewahrt. 1669 kaufte Zürich einen Teil, 1767 Abt Beda von St. Gallen den andern von den Nachkommen. Unterdessen waren weitere wertvolle Stücke abhanden gekommen, verschollen, so die ganze eigenhändige zweite Redaktion; das Mittelbuch von 1000–1414 befand sich zum Glück noch als Kopie in Muri, es wurde 1923 wieder gefunden und ist jetzt mit dem vollständigen ersten Entwurf von 800–1200 in Zürich. *Johann Rudolf Iselin* gab 1734–1736 zu Basel das Mittelbuch in zwei Bänden erstmals heraus unter dem Titel *Chronicon helveticum,* die Zeit von 1000–1370 nach der Kopie in Muri, die Zeit von 1370–1470 nach dem ersten Entwurf im Original, der damals noch auf Gräplang lag. Vgl. *Fritz Heitz: Johann Rudolf Iselin;* Basl. Beitr. Geschichtswiss. 32, Basel 1949, S. 113 ff.

Johann Jakob Gallati, Pfarrer zu Bärschis bei Flums, gab 1758 in Konstanz die Einleitung zur Frühgeschichte heraus: «Hauptschlüssel zu verschiedenen Alterthümern oder gründliche, theils historische, theils topographische Beschreibung vom Ursprung, Landmarchen, alten Namen und Muttersprachen Galliae comatae...», kurzweg *Gallia comata* genannt (Gallia comata = das behaarte Gallien). Es ist eine Beschreibung von ganz Gallien nördlich der Alpen, also auch der Schweiz «das Land Helvetia so man jetz die Eidtgnoschaft und bi allen ussern nationen das Schwitzerland nempt». Gallati hat seiner fehlerhaften Edition das Original Tschudis zugrunde gelegt, Stücke aus den Manuskripten eingeschoben, die Sprache modernisiert. Kopien eines vermutlichen Entwurfs von 1472–1509 haben stückweise veröffentlicht: *Gottlieb Emanuel von Haller* in der Bibliothek Schw. Gesch. 4, Bern 1786, S. 193 ff., und *Jakob Vogel: Einige Bruchstücke aus der ungedruckten Fortsetzung von Tschudis Schweizerchronik;* Arch. Schw. Gesch. 1855.

An kleinen Schriften von Tschudi wurden veröffentlicht: *Beschreibung des zweiten Kappelerkrieges von 1531.* Sie erschien zuerst in Balthasars Helvetia 2, Aarau/Bern 1826, S. 165 ff. 321 ff. Tschudis Autorschaft wurde bezweifelt, bis sie *Theodor von Liebenau* überzeugend nachwies: Arch. Schw. Reformationsgesch. 1, 1903, und hier zugleich eine bessere Neuausgabe bot. Vgl. *Paul Schweizer: Die Schlacht bei Kappel;* Jahrb. Schw. Gesch. 41, 1916, S. 1 ff. – Ferner: *Liber Heremi.* Dieses Buch wurde von *Gall Morel* im Geschichtsfreund 1, 1844, S. 93 ff. 391 ff. teilweise veröffentlicht. Man hielt es für eine Abschrift einer alten Einsiedler Geschichtsquelle, bis *Georg von Wyss* feststellte, dass nur der erste Teil echte Einsiedler Annalen enthält: Über die antiquitates monasterii Einsiedlensis und den liber Heremi des Aegidius Tschudi; Jahrb. Schw. Gesch. 10, 1885, S. 251 ff. Die Hauptmasse jedoch, von Tschudi «Antiquitatum Monasterii Einsiedlensis Collectio» betitelt, umfasst nur deutsche Vorarbeiten Tschudis mit Urkunden für eine Klostergeschichte bis 1152.

Das einzige zu Tschudis Lebzeiten im Druck erschienene Werk ist die *Uralt warhafftig Alpisch Rhetia – de Prisca et vera alpina Rhaetia,* hg. v. *Sebastian Münster;* Basel 1538 und 1560.

Aus dem wissenschaftlichen Streit um die Echtheit von Tschudis Texten sei hier nur das Wichtigste angeführt: BASILIUS HIDBER, der das Schweizerische Urkundenregister (Bern 1863–77) herausgab, und JOHANN JAKOB BLUMER, der die Urkundensammlung zur Geschichte des Kantons Glarus (3 Bde., Glarus 1865–91) edierte, bekamen Bedenken, wie Tschudi mit den Urkunden umging. ALOYS SCHULTE erklärte in der Abhandlung: Gilg Tschudi, Glarus und Säckingen (Jahrb. Schw. Gesch. 18, 1893, S. 1 ff.), dass Tschudi, um den uralten Adel und das uralte Meieramt der Tschudi in Glarus glaubhaft zu machen, eine Reihe von Urkunden erfunden habe. Die Anklage des wissenschaftlichen Staatsanwaltes lautete: «Tschudi ist als ein überaus geschickter Fälscher entlarvt und dazu als ein Mann, der seine Falsifikate für sich nutzbar machte; er hat nicht allein falsche Banknoten hergestellt, sondern sie auch ausgegeben. Man wird solche nun auch unter den übrigen Scheinen vermuten, die sein Portefeuille enthält.» Tschudi fand Verteidiger in PETER CONRADIN VON PLANTA: Schulte und Tschudi, ein Beitrag zur historischen Kritik (Chur 1898) und in ERNST MAYER: Zur rätischen Verfassungsgeschichte (Zeitschr. Schw. Gesch. 8, 1928, S. 385 ff.). Doch TRAUGOTT SCHIESS in: Tschudis Meieramtsurkunden (Zeitschr. Schw. Gesch. 9, 1929, S. 444 ff.) und FRIEDA GALLATI: Gilg Tschudi und die ältere Geschichte des Landes Glarus (Jahrb. Hist. Ver. Glarus 49, 1938) behoben die Zweifel; Frieda Gallati folgte Tschudi sozusagen in die Werkstatt nach und enthüllte, wie er einen Adelsbrief anfertigte, den er 1559 von Kaiser Ferdinand I. erhalten haben wollte. Sie hat Forschungsergebnisse der früheren Kritik bestätigt und offen gebliebene Fragen beantwortet.

Auch die von Tschudi überlieferten antiken Inschriften sind angefochten worden. Nachdem Eutych Kopp 1835 Tschudis Ruf erschüttert hatte, griff ihn THEODOR MOMMSEN 1854 als Epigraphiker an in: Inscriptiones confoederationis Helveticae Latinae (Mitt. Antiq. Ges. Zürich 10, 1858). Er behauptete, nicht Tschudi, sondern Stumpf habe zuerst in der Schweiz lateinische Inschriften gesammelt und gedeutet. Tschudi habe sie aus dessen Werk genommen und zum Teil in der Gallia comata gefälscht; es handelte sich um die 47 in Stumpfs Chronik überlieferten Inschriften. Ihm antwortete SALOMON VÖGELIN und schickte den gelehrten Mommsen heim: Wer hat zuerst die römischen Inschriften in der Schweiz gesammelt und erklärt? Beilage: Die älteste Tschudi'sche Inschriftensammlung mit den Stumpf'schen Beiträgen (Jahrb. Schw. Gesch. 11, 1886, S. 27 ff.) und: Gilg Tschudi's Bemühungen um eine urkundliche Grundlage für die Schweizergeschichte im Zusammenhange mit den Forschungen Vadian's, Stumpf's und anderer Zeitgenossen dargestellt; aus dem Nachlasse, hg. v. Emil Krüger (Jahrb. Schw. Gesch. 14, 1889, S. 111 ff.,; 15, 1890, S. 181 ff.). Vögelin stellte fest, dass Tschudi die meisten von Stumpf gebotenen Inschriften selbst gesammelt, die Abkürzungen aufgelöst und Bruchstücke ergänzt hat. Nach Erscheinen von Stumpfs Chronik 1548 setzte Tschudi die Auflösungsversuche fort und brachte neue in seiner Gallia comata; dies seine «Fälschungen». Daraus ist ersichtlich, dass Stumpf in diesem wie in anderem ganz und gar bei Tschudi zu Tische ging; er war es, der die grossen Beiträge von Tschudi, Vadian, Bullinger, die ihn überragten, verwertete. Er, der Mittelmässige, erntete den Ruhm, dieweilen sich die Grossen bescheiden im Hintergrund hielten: Sie waren reich genug, sich bestehlen zu lassen.

Über die Quellen Tschudis äusserten sich EMIL DÜRR: Die Quellen des Aegidius Tschudi in der Darstellung des Alten Zürichkrieges, Basel 1908, und ferner GUSTAV MÜLLER: Die Quellen zur Beschreibung des Zürich- und Aargaus in Johannes Stumpfs Schweizerchronik, Bern/Zürich 1914.

ILDEPHONS FUCHS: Egidius Tschudi's von Glarus Leben und Schriften; 2 Theile, St. Gallen 1805. – MELCHIOR SCHULER: Briefe von Gilg Tschudi von Glarus an Josias Simler in Zürich; Helvetia 6, Aarau 1830, S. 485 ff. – Vier merkwürdige Briefe des Chronikschreibers Aegidius Tschudi; Geschichtsfreund 2, 1845, S. 153 ff. – JOSEPH EUTYCH KOPP: Geschichte der eidgenössischen Bünde; 8 Bde., Leipzig 1845–82. – Neun ungedruckte Briefe Aegidius Tschudi's an Josias Simler, hg. v. HANS OTTIKER; Arch. Schw. Gesch. 1846, S. 165 ff. – Einige noch ungedruckte Briefe von Aegidius

Tschudi, hg. v. CARL WEGELIN; Arch. Schw. Gesch. 1849, S. 185 ff. – Fünf Briefe von Aegidius Tschudi, aufbewahrt in Zürich, hg. v. GEROLD MEYER VON KNONAU; Arch. Schw. Gesch. 1851, S. 365 ff. – JAKOB VOGEL: Egidius Tschudi als Staatsmann und Geschichtsschreiber; Zürich 1856. – JOHANN HEINRICH GRAF: Beitrag zur Kenntnis der ältesten Schweizerkarte von Aegidius Tschudi; Mitt. Naturforsch. Ges. Bern 1865. – JOHANN JAKOB BLUMER: Aegidius Tschudi. Ein Lebensbild aus dem Zeitalter der Reformation; Jahrb. Hist. Ver. Glarus 7, 1871, S. 7 ff. – JOHANN JAKOB BLUMER: Aegidius Tschudi als Geschichtsschreiber; Jahrb. Hist. Ver. Glarus 10, 1874, S. 81 ff. – HANS WATTELET: Die Jahre 1298 bis 1308 aus Egidius Tschudi's Chronik, aus dem Entwurfe auf der Stadtbibliothek in Zürich; Arch. Schw. Gesch. 1874, S. 347 ff. – THEODOR VON LIEBENAU: Zu Tschudi's Cappelerkrieg; Anz. Schw. Gesch. 1878, S. 360 ff. – RUDOLF WOLF: Geschichte der Vermessungen in der Schweiz; Zürich 1879. – Ein ungedruckter Brief des Chronisten Gilg Tschudi, hg. v. WILHELM TOBLER-MEYER; Anz. Schw. Gesch. 1882, S. 20 ff. – GEORG VON WYSS: Die eigenhändige Handschrift der eidgenössischen Chronik des Aegidius Tschudi in der Stadtbibliothek Zürich; Njbl. Stadtbibl. Zürich 1889. – HANS HERZOG: Die Romreise des Aegidius Tschudi; Anz. Schw. Gesch. 1890, S. 81 f. – WILHELM OECHSLI: Gilg Tschudi; ADB 38, Leipzig 1894, S. 728 ff. – WILHELM OECHSLI: Zum Druck von Tschudi's Rhaetia; Anz. Schw. Gesch. 1895, S. 192 ff. – WILHELM OECHSLI: Gilg Tschudi; Zürich 1895. – ALEXANDER CARTELLIERI: Zu Gilg Tschudis Leben; Anz. Schw. Gesch. 1899, S. 173 ff. – HANS HERZOG: Die Bemühungen der Nachwelt um die beiden Hauptwerke des Chronisten Aegidius Tschudi; Taschenb. Aargau 1906. – GOTTFRIED HEER: Die Reformation im Lande Glarus; Glarus 1919. – GEORG THÜRER: Kultur des alten Landes Glarus, Kapitel Gilg Tschudi; Glarus 1936. – GEORG THÜRER: Aegidius Tschudi; Grosse Schweizer; Zürich 1938, S. 135 ff. – FRIEDRICH GUNDOLF: Anfänge deutscher Geschichtschreibung; Amsterdam 1938, S. 10 ff.: Gilg Tschudi und die Schweizer Chronisten. – RICHARD GROB: Geschichte der Schweizerischen Kartographie; Bern 1941, S. 18 ff. – HANS NABHOLZ: Aegidius Tschudi in neuer kritischer Beleuchtung; Argovia 54, 1942, S. 174 ff. – FRIEDA GALLATI: Einige Bemerkungen zu Gilg Tschudi; Zeitschr. Schw. Gesch. 1942, S. 106 ff. – FERDINAND ELSENER: Gilg Tschudi, Redaktor des Landbuches von Gaster; Zeitschr. Schw. Gesch. 26, 1946, S. 392 ff. – HANS GEORG WIRZ: Die handschriftliche Überlieferung von Gilg Tschudis Schweizerchronik; Arch. Hist. Ver. Bern 1948, S. 399 ff. – BERNHARD MILT: Gilg Tschudi als Patient von Conrad Gessner; Vierteljahrsschr. Naturf. Ges. Zürich 95, 1950, S. 58 ff. – FRIEDA GALLATI: Die Rolle des Chronisten Aegidius Tschudi im Glarnerhandel oder «Tschudikrieg»; Jahrb. Hist. Ver. Glarus 55, 1952, S. 10 ff. – FRIEDA GALLATI: Die königlichen Freibriefe für Uri von 1231–1353 und ihre Überlieferung durch Aegidius Tschudi; Schw. Zeitschr. Gesch. 3, 1953, S. 481 ff. – WALTER BLUMER: Aegidius Tschudi als Kartograph; Schw. Zeitschr. Vermessung u. Kulturtechnik 51, 1953, S. 36 ff. – MAX WEHRLI: Aegidius Tschudi, Geschichtsforscher und Erzähler; Schw. Zeitschr. Gesch. 6, 1956, S. 433 ff. – HANS TRÜMPY: Zu Gilg Tschudis epigraphischen Forschungen; Schw. Zeitschr. Gesch. 6, 1956, S. 498 ff. – EDGAR BONJOUR: Johannes von Müller, Erbe des Aegidius Tschudi, in: Studien zu Johannes von Müller; Basel 1957, S. 237 ff. – JAKOB WINTELER: Das Tschudische Familienarchiv Glarus; Festschr. Anton Largiadèr; Zürich 1958, S. 107 ff. – FRIEDA GALLATI: Aegidius Tschudi als Chronist, in: Kleine Schriften; Jahrb. Hist. Ver. Glarus 58, 1957/58, S. 100 ff. – JOHANNES DUFT: Aegid Tschudis Handschriften in der Stiftsbibliothek St. Gallen; Zeitschr. Schw. Kirchengesch. 53, 1959, S. 125 ff. – Seit 1965 ist eine kritische, den Forderungen der modernen Wissenschaft genügende Neu-Edition des Chronicon Helveticum in Gang. Von der auf 16 Bände berechneten Ausgabe sind bisher 4 erschienen: 1. Teil, 1968, bearb. v. PETER STADLER und BERNHARD STETTLER; 2. Teil, 1974, bearb. v. BERNHARD STETTLER; diese zwei Bände enthalten die Reinschrift von 1000–1273. 1. Ergänzungsbd., 1970, und 2. Ergänzungsbd., 1975, bearb. v. BERNHARD STETTLER; beide Bände enthalten die Urschrift von 1200–1370. – Quell. Schw. Gesch., hg. v. d. Allg. Geschichtforschenden Ges. d. Schweiz, NF, 1. Abt. Chroniken, Bde. VII/1 a. Erst auf Grund dieser Neuausgabe kann der «Vater der Schweizergeschichte» vorurteilslos gewürdigt werden. Forschungsergebnisse liegen bereits in den umfangreichen Einleitungsbänden Stettlers zu den Textbänden vor. Die Auswertung der noch vorhandenen Manuskripte ermöglicht es, die einzelnen Stufen der Entstehung des Chronicon und die Arbeitsweise Tschudis zu erkennen. Darüber hinaus kann der Bearbeiter auch die Gesamtkonzeption sichtbar machen. So legt er dar, dass Tschudi die Ereignisse in einen universalgeschichtlichen Rahmen einfügt, als Teil einer umfassend gedachten Geschichtsdarstellung von letztgültigem Anspruch. Nach göttlichem Heilsplan ist die eidgenössische Geschichte ein fortschreitender Kampf für die Wiederherstellung des uralten freien Standes der Helvetier. Aus dieser Überzeugung fliesst Tschudis Bestreben, die Entstehung der Eidgenossenschaft als einen rechtmässigen Vorgang hinzustellen, als eine Wiedererlangung der ursprünglichen Freiheit. Dabei versucht er die ungenaue und widersprüchliche Befreiungssage in eine möglichst durch Urkunden belegte und mit historisch bezeugten Persönlichkeiten in Verbindung gebrachte Befreiungsgeschichte überzuführen. Wo trotz scharfsinniger Kombination Lücken in der Dokumentation bleiben, überbrückt sie Tschudi gelegentlich mit der Erfindung nichtbestehender Akten.

LUZERN

Oswald Myconius 1488–1552

Ursprünglich hiess er Geisshüsler, wurde zu Luzern als Sohn wohlhabender Eltern geboren, die ihn studieren liessen. Den ersten Unterricht genoss er bei Rubellus in Rottweil mit Berchtold Haller und Glarean. Dann ging er mit seinem Lehrer nach Bern, später als Student nach Basel. 1516 wurde er Lehrer am Chorherrenstift in Zürich; er bewog Zwingli zur Bewerbung um die Leutpriesterstelle. Von 1519–1522 unterrichtete er in Luzern, geriet hier aber wegen seiner Hinneigung zu Zwinglis Lehren in eine unmögliche Lage. Seit 1523 wirkte er als treuer Mitarbeiter Zwinglis und als Lehrer am Fraumünster in Zürich, wo Thomas Platter sein Schüler war. Nach Zwinglis Tod, Ende 1531, übersiedelte er nach Basel als Pfarrer von St. Alban; schon im folgenden Jahr ernannte man ihn zum Pfarrer am Münster und Antistes als Nachfolger Oekolampads. Am Aufbau der Kirche war er stark beteiligt; das Basler Glaubensbekenntnis von 1534 stammt von ihm.

Er betätigte sich vornehmlich als theologischer Schriftsteller. Doch schrieb er auch drei Beiträge zur Schweizergeschichte:

1. *Commentar zu Glareans Descriptio Helvetiae.* Glareans Gedicht ist mit Zitaten und Anspielungen so überladen, dunkel und schwer verständlich, dass Myconius auf den Wunsch anderer einen lateinischen Kommentar verfasste, der 1519 mit der zweiten Ausgabe erschien. Der Kommentar ist geniessbarer als das Gedicht. Er enthält die ersten Spuren freier Anschauung. So schreibt hier Myconius, man dürfe dem Kaiser und dem Papst nur so lange gehorchen, als sie nichts Unchristliches verlangten, nimmt also gegen fremde Autorität das eigene Gewissen zur Richtschnur; ferner bemerkt er, das Volk werde oft in Sachen des Glaubens betrogen.

2. *De Huldrichi Zwinglii vita et obitu.* Die Schrift ist an einen gewissen Agathius gerichtet, worunter wahrscheinlich ein Chorherr von Beromünster zu verstehen ist. Sie stellt die älteste Biographie Zwinglis dar, ist kurz, in einigen Angaben unsicher, sonst aber zuverlässig. Man charakterisiert sie am zutreffendsten als echtes Freundeswerk. Hier vernehmen wir zuerst die zählebige Legende, dass Zwinglis Herz unversehrt aus dem Feuer gesprungen und gerettet worden sei.

3. *Narratio verissima civilis Helvetiorum belli.* Sie ist in Dialogform abgefasst, blieb unvollendet. Es handelt sich um eine Tendenzschrift, die nicht wesentlich Neues bringt.

Myconius' Kommentar wurde wie Glareans Gedicht durch *Johann Jakob Bodmer* im Thesaurus historiae Helveticae 1747 herausgegeben. – Diese Ausgabe der *Zwingli-Biographie* erfolgte in deutscher Übersetzung durch *Walther Köhler* in der Gedächtnisschrift Ulrich Zwingli, Zürich 1918, S. 1 ff. – Die *Narratio* wurde von *Johann Jakob Bodmer* gedruckt in: Historische und Critische Beyträge zur Historie der Eidgenossen 1, 1739, S. 154 ff. und im Archiv für alte und neue Kirchengeschichte, hg. v. *Carl Friedrich Stäudlin, Heinrich Gottlieb Tzschirner*; 1, 2. Stück, Leipzig 1813, S. 2 ff.

MELCHIOR KIRCHHOFER: Oswald Myconius; Zürich 1813. – LEDDERHOSE: Oswald Myconius; ADB 23, Leipzig 1886, S. 127 ff. – CARL RUDOLF HAGENBACH: Johann Oekolampad und Oswald Myconius, die Reformatoren Basels; Leben und ausgewählte Schriften der Väter der reformierten Kirche 2, Elberfeld 1895 (hier nur die theologischen Schriften des Myconius). – EMIL EGLI, BERNHARD RIGGENBACH: Oswald Myconius; Realenzykl. protestant. Theol. Kirche 13, Leipzig 1903, S. 607f. – P. XAVER WEBER: Beiträge zur ältern Luzerner Bildungs- und Schulgeschichte; Geschichtsfreund 79, 1924, S. 28 ff. – FERDINAND VETTER: Schweizerische Reformationslegenden; Zeitschr. Schw. Gesch. 3, 1923, S. 1 ff. – FRIEDRICH RUDOLF: Oswald Myconius, der Nachfolger Oekolampads; Basl. Jahrb. 1945, S. 14 ff. – WILLY BRÄNDLY: Geschichte des Protestantismus in Stadt und Land Luzern; Luzern 1956. – WILLY BRÄNDLY: Oswald Myconius in Basel; Zwingliana XI, 1960, S. 183 ff. – EDGAR BONJOUR: Die Universität Basel von den Anfängen bis zur Gegenwart; 2. Aufl., Basel 1971, S. 209 ff.

Thomas Murner 1475–1537

Eigentlich gehört er der Literaturgeschichte, nicht der Historiographie an. Für die Schweiz ist er mehr ein Stück Geschichte als ein Geschichtsschreiber. Aus dem Elsass stammend, wurde er Franziskaner, trieb vielfältige Studien. Er war ein geborener Prediger und Schriftsteller, einer der grössten Satiriker Deutschlands, ein Meister des Verses mit einem ungewöhnlichen Bilderreichtum der Sprache, den er dem Volksmund ablauschte, neben Luther ein Sprachschöpfer. Wider Willen wurde er zum Spötter: «quippe quod ego ut nostri me opte natura non sim serius, sed in risum (etiam me de hoc dolente) pronissimus.» Obschon er ausgedehnte Kenntnisse besass, erscheint er doch mehr als Sittenverbesserer denn als Gelehrter. Persönlich war er sittenrein. Seine Leidenschaft gehörte dem Kampf. Er schuf sich durch seinen Freimut überall Feinde. Dafür wurde er zu Unrecht als Zänker und Unruhstifter ausgegeben. Stets steckte er sich hohe Ziele. Schon vor der Reformation griff er die Verderbnis von Klerus und Laien so heftig an, dass seine Schriften später auf den Index kamen. Die Reformation machte ihn zum heftigen Gegner Luthers, wie seine bekannteste Schrift *Vom grossen Lutherischen Narren* zeigt. Er starb in der elsässischen Heimat.

Eine erste Berührung mit der Schweiz fand 1509/10 in Bern statt. Als Reporter wurde er zum Jetzer-Prozess geschickt. Seine Berichte über den Prozess sind anonym gleich nachher erschienen, um der Sensationslust zu genügen:

a) *De quattuor haeresiarchis ordinis Praedicatorum*. Eine zweite Auflage, von Murner besorgt, trägt den Titel: *Historia mirabilis quattuor haeresiarcharum ordinis praedicatorum de observantia apud Bernenses combustorum anno 1509*. Von dieser Darstellung in Versen gab Murner eine Anzahl Übersetzungen in Prosa heraus.

b) *Von den fier ketzeren Prediger ordens der observanz zu Bern im Schwytzerland verbrannt*; mit Illustrationen von Urs Graf. In diesem 5500 Verse zählenden Reimwerk steckt der richtige Murner. Er ist flüssig, bisweilen flüchtig, bilderreich, vollsaftig.

Die Welt ist durch Murner über den Fall unterrichtet worden. Er hat das einseitige Urteil der Nachwelt bestimmt, nicht Anselm, dessen Dar-

Defensio Germaniæ Jacobi
Wympfelingii quam frater Thomas Murner Impugnauit.

Epistola. T. Wolfij Junioris
D.D. ad F. Tho. Murner in defensionem Iacobi Wympfelingi.

Tafel 26. Thomas Murner, 1475–1537, und Jakob Wimpfeling, 1450–1528.

stellung im Verborgenen blieb. Heute erkennt man die Hinrichtung der Dominikanermönche als Justizirrtum. Murner, der das Urteil für richtig hielt, ist zu entschuldigen, weil er sich nur am Rand des Prozesses bewegte, während auch die Mithandelnden, die mitten drin standen, völlig fehl gingen. Trotzdem sich Murner den Anschein gibt, nur nach den Akten zu referieren, sind seine Schriften tendenziös, im Interesse der mit den Dominikanern konkurrierenden Franziskaner geschrieben. Man gewinnt sogar den Eindruck, Murner wolle nicht nur die vier verbrecherischen Mönche an den Pranger stellen, sondern den ganzen Orden mit der Schuld am Skandal belasten. Dennoch darf der Quellenwert dieser Schriften, namentlich was die im Volke kursierenden Gerüchte betrifft, nicht unterschätzt werden.

Das zweite Mal weilte Murner in der Schweiz, als er 1518/19 in Basel die Rechte studierte und zum Doctor juris promovierte, nachdem er schon früher den Doctor theologiae erworben hatte. Anno 1525 wurde er vom Bauernaufstand aus dem Elsass vertrieben und wandte sich nach Luzern. Seine Predigten fanden hier grossen Zulauf. Man schickte ihn auf die *Badener Disputation 1526*, wovon er im folgenden Jahr die Akten herausgab; ungerechterweise wurde gegen diese Publikation der Vorwurf der Fälschung erhoben.

Murners schärfste, ja masslose schweizerische Schmähschrift ist der *Kirchendieb- und Ketzerkalender auf das Jahr 1527*, gegen die Zürcher gerichtet. In Zürich hatte man einen evangelischen Kalender mit einem von Hans Holbein entworfenen Titelblatt herausgegeben, in welchem die Namen der Heiligen durch Personen aus dem Alten und Neuen Testament ersetzt waren. Das hat Murner zu seiner Gegenschrift gereizt; er hatte immer das Gefühl, sich gegen furchtbare Anfeindungen wehren zu müssen.

Ende 1527 und 1528 entstanden eine Reihe gereimter Flugschriften an Bern, um dieses vom Religionsgespräch und Glaubenswechsel abzuhalten. Die zwei wichtigsten wurden durch Niklaus Manuels Satiren auf die Krankheit und den Tod der Messe provoziert. Es sind das *Bären Testament* und das *Bären Zahnweh*. In der ersten Kampfschrift zeigt Murner den Staat Bern in der Gegensätzlichkeit zweier Generationen. Dem alten Bären, das heisst dem rechtgläubigen, bundestreuen Bern, treten die jungen «Betzly» gegenüber, das heisst die Neuerer, die Abtrünnigen. Die religiösen Dinge werden mit den politischen zusammen gesehen. Murners Grundgedanke ist der: Bern hat zweimal sein Wort gegeben, den alten Glauben zu halten; wer den Glauben bricht, bricht auch die alten Bünde – es war der Satz der Katholiken gegen den Satz Berns von der Autonomie in Glaubenssachen. In diesen Pasquillen ist Murners Hand schon erlahmt. Hin und wieder leuchtet noch eine schlagende Zeile auf, so etwa in dem Verspaar gegen die Kirchenräuber: «Sy hand ir finger und die hendt, Geweschen in dem testament Der frummen messen als man sagt.» Der kalte Satiriker, der kräftige Polemiker, der gewandte Reimer wird zwar noch gespürt, aber er altert. Niklaus Manuels Frische schnitt besser ab. Echt ist an diesen Schriften Murners tiefer Kummer um den Niedergang der Kirche.

Bern und Zürich fühlten sich durch das Streitgedicht verletzt und beschwerten sich in Luzern: «Wie schantlich und mit unwahrheit wir darinne angetastet, mag ein jeder biderb man, der das buechlin liset oder höret, wol erkennen.» Luzern erwiderte, dass das seinerzeit gegenseitig erlassene Verbot der Schmachbüchlein von den Neugläubigen längst durchbrochen worden sei. Im ersten Kappeler Krieg gab dann Luzern Murner preis. Er sollte sich zum Prozess stellen, floh aber vor Abschluss des Verfahrens 1529 aus der Schweiz. In Luzern vermisste man später den gelehrten, gescheiten, erfahrenen Mann und begehrte ihn 1535 zurück; aber er lehnte um des Friedens willen ab.

Kritische Gesamtausgabe: *Thomas Murners deutsche Schriften*, hg. v. *Franz Schultz;* 9 Bde., Strassburg 1918–1931. – *Kirchendieb- und Ketzerkalender*, hg. v. *Ernst Götzinger*, Schaffhausen 1865. – *Des alten christlich Bären Testament*, hg. v. *Max Scherer;* Anz. Schw. Gesch. 1919, S. 1 ff.

BASILIUS HIDBER: Doktor Thomas Murner's Streithandel mit den Eidgenossen von Bern und Zürich; Arch. Schw. Gesch. 1855, S. 277 ff. – FRANZ JOSEPH SCHIFFMANN: Über Thomas Murners Flucht aus Luzern und eine bisher unbekannte von ihm daselbst herausgegebene Schrift; Geschichtsfreund 27, 1871, S. 230 ff. – THEODOR VON LIEBENAU: Thomas Murner in Basel 1518–1519; Basl. Jahrb. 1879, S. 70 ff. – E. MARTIN: Thomas Murner; ADB 23, Leipzig 1886, S. 67 ff. – GEORG SCHUHMANN: Thomas Murner und die Berner Jetzertragödie; Zeitschr. Schw. Kirchengesch. 2, 1908. – THEODOR VON LIEBENAU: Der Franziskaner Dr. Thomas Murner. Erläuterungen und Ergänzungen zu Janssens Geschichte des deutschen Volkes 9, Heft 4/5, 1913; Liebenau hat sein Lebtag daran zusammengetragen. – Neuerdings ist Murner wieder umstritten. Wurde er früher wegen seiner gelegentlich groben Polemik eher zu leicht gewogen und abgetan, so lässt man jetzt das Ursprüngliche, Geniale seines Wesens zur Geltung kommen. THEODOR VON LIEBENAU: Documenta quaedam circa vitam F. Thomae Murneri; Archivum Franciscanum Historicum 5/6, Ad Clara aquas prope Florentium 1913. – GEORG SCHUHMANN: Zur Beurteilung der neuesten Murnerforschung; Zeitschr. Schw. Kirchengesch. 16, 1922, S. 81 ff. – PAUL SCHERRER: Thomas Murners Verhältnis zum Humanismus; Basel 1929. – WOLFGANG PFEIFFER-BELLI: Thomas Murner im Schweizer Glaubenskampf; Münster i.W. 1939. – FLORENZ LANDMANN: Zur Charakteristik Thomas Murners; Arch. elsäss. Kirchengesch. 15, 1941/42, S. 199 ff. – RICHARD NEWALD: Elsässische Charakterköpfe aus dem Zeitalter des Humanismus; Colmar 1944, S. 111 ff. – GUIDO KISCH: Die Anfänge der juristischen Fakultät der Universität Basel 1459–1529, Basel 1962, S. 77 ff.

Hans Salat 1498–1561

Dieser zu Sursee Geborene kann als der hervorragendste Polemiker auf katholischer Seite neben Murner bezeichnet werden. Über seine Jugend weiss man nichts. Von seinen vier Brüdern fiel der eine in der Schlacht von Pavia, der andere starb an der Pest, der dritte wurde auf einem Kriegszuge zum Priester geweiht – das Abbild einer einfachen Schweizer Familie jener Zeit. Er selber lernte das Seilerhandwerk, weshalb er in den Akten auch als Hans Seiler erscheint; die Berufstätigkeit begann damals zum festen Familiennamen zu erstarren. Zudem trieb er Latein; seine Schriften lassen aber nicht den Schluss auf eine tiefere Bildung zu. Als Zwanzigjähriger gründete er einen Hausstand in Sursee; da raffte die Pest unter den 900 Opfern des Städtchens auch seine Frau und sein Kind dahin. Er gesundete, heiratete ein zweites Mal, hatte in dieser Ehe elf Kinder; davon überlebte ihn aber nur eines, was ein Licht auf die Sterblichkeit jener Zeit wirft.

Von 1522–1527 weilte er als Feldschreiber, das heisst als Quartiermeister, auf italienischen Feldzügen. Dass er bald darauf nach Luzern übersiedelte, beweist das Luzerner Strafbuch, wo viele Spuren seines ungeregelten Lebenswandels eingetragen sind. Trotz seiner Rechtsverstösse wurde er auf der Staatskanzlei angestellt, machte den ersten Kappeler Krieg mit und erhielt dafür samt seinem Sohn das Bürgerrecht von Luzern; schliesslich stieg er zur verantwortlichen Stelle eines Gerichtsschreibers auf und übte eine wundärztliche Praxis aus. Wie seine Vorgänger im Amt, wie Russ und Etterlin, wurde er Chronist. Zugleich war er als Dramatiker, Dramaturg und Spielleiter tätig und entfaltete literarisch einen grossen Eifer. Er führte ein wüstes Leben, geriet in Schulden, verstrickte sich in unsaubere Händel. 1540 setzte man ihn wegen Betruges ab und verwies ihn des Landes, vielleicht auch wegen seiner französischen Richtung, dieweil die Regierung kaiserlich gesinnt war. Da machte er 1542 den Feldzug nach Perpignan mit, kämpfte in der Picardie gegen Karl V., unterrichtete vorübergehend als Schulmeister in Sarnen und Sursee, liess sich 1544 als deutscher Schulmeister in Freiburg nieder. Aber im gleichen Jahr noch nahm er wieder am Reislauf teil, diesmal bei Karl V., um in Luzern Gnade zu finden. Er sehnte sich stets dorthin zurück, wo er Frau und Kinder gelassen; aber alle seine Flehbriefe waren umsonst. 1547 wurde er in Freiburg entlassen, weil er mit seinen Schülern ein bedenkliches Spiel aufgeführt hatte. Nun praktizierte er wieder als Arzt, häufiger jedoch als Wahrsager, Schwarzkünstler, Alchimist. Er verkam immer mehr, versank in Armut und erlosch auf klägliche Weise in Freiburg. Er war eine leidenschaftliche, unbeherrschte Natur, im Genuss wie in der Literatur masslos, aber ein starkes, ursprüngliches Talent. Sein eigenes Urteil lautete, als er 1516 von der Pest auferstand: «Unkrut verdirbt nit.»

Salat schrieb eine kräftige, klare Prosa, übte sie an den Translationen des Niklas von Wyle, den er abschrieb. Nach diesem guten stilistischen Muster übertrug er selbst aus Erasmus und Hieronymus. Aber sein Latein blieb bedenklich. Seine Art ist originell, satirisch, voll Anregung, mit einer genialen Ader, was er alles nicht ausreifen lassen konnte. Einen Einblick gewährt sein lachend-derbes *Tagebuch*; er begann es gegen 1536. Doch reicht es bis in die Jugend zurück, bietet Persönliches und Kulturelles, bringt die alte Zeit nahe: Aberglauben, Totschläge, Gerichtsformen, Totenschauen – die Kehrseite des Lebens, und ist deshalb wertvoll. Für seine *Dramen*, deren Zahl man nicht mehr feststellen kann, wurde er von der Obrigkeit belohnt. 1537 erschien im Druck *Der verlorene Sohn*; auch hier zeigt sich sein Talent, seine flotte Darstellung und volkstümlich derbe Sprache.

Salat war der Parteijournalist und Polemiker gegen die Reformation aus innerer Überzeugung. Nach dem zweiten Kappeler Krieg verfasste er den *Tanngrotz*, das ist ein grober, verkrüppelter Strunk. Er griff aus den Schmähwörtern der Reformierten diesen Ausdruck heraus und machte ihn zum Titel. Die Katholiken wählten auch dem Schimpf zum Trotz ihr Zeichen, das Tannenreis. Der «Tanngrotz» ist eine ingrimmige Satire; Salat hat von Murner gelernt, schildert den zweiten Kappeler Krieg, Entstehung, Verlauf und Ausgang voll Hass und Hohn. Dieses Pasquill erschien 1531 samt zwei kleinen in Melodie gesetzten Gedichten *Vom Krieg* und *Vom Zwingli* im Druck. Es sind Ergüsse des Hasses, die den Unflat der Zeitliteratur widerspiegeln. Bern klagte, gestützt auf Artikel 6 des Landfriedens, woraufhin die Luzerner den Pamphletisten ein paar Tage in den Turm steckten. Empfindlicher für ihn war die Abstrafung durch Bullingers Schrift «Salz zum Salat», worin der Tanngrotz Punkt für Punkt widerlegt wurde, in massvoller Sprache, aber mit dem bitteren Hinweis auf Marignano, Bicocca, Pavia. Salat erteilte seine Antwort 1532 mit dem *Triumphus Herculis Helvetici*. Der Hercules ist Zwingli, so wurde er von seinen Anhängern genannt. Auf nächtlicher Waldeshöhe hat der Dichter ein Gesicht: Als wildes Heer ziehen an ihm vorüber die ausgetretenen Mönche und Nonnen, die verheirateten Pfarrer, die Opfer von Kappel, zuletzt Zwingli auf dem Triumphwagen, «rotbrächt um den schnabel» (Salat hatte ihn zu Einsiedeln gesehen). Hier übertrifft sich der Grobianismus des Dichters so sehr, dass man das Gedicht im 19. Jahrhundert nur mit viel Bedenken gedruckt hat. Aber alles ist von genialer Bildkraft; leicht, in einem Zug fliessen ihm seine Verse voll Schmähungen und Unflat aus der Feder. Um dieselbe Zeit entstanden seine frechen Gebetsparodien auf das Vaterunser, Ave Maria, Credo; auch auf protestantischer Seite gab es dergleichen. Später beruhigte sich Salat. 1537 schrieb er ein *Büchlein in Warnungsweise an die XIII Orte*. Hier predigte er Achtung vor den Bünden und Eintracht zum Heil des Vaterlandes. Ferner verfasste er Lieder über seine Züge nach Frankreich, wovon nur das *Lied über den Zug in die Picardie 1543* sich erhalten hat.

Neben dieser polemisch-journalistischen leistete er auch historiographische Arbeit. 1534 verfasste er für die Obwaldner Regierung einen eingehenden *Bericht von der Veranlassung und dem Hergang des Obwaldner Einfalles über den Brünig 1528*. Diese Vorgänge suchte Salat zu rechtfertigen, indem er sich auf Berichte von Augenzeugen stützte. Im Jahr 1536 schloss er eine *Reformationschronik* ab. Es ist die erste auf katholischer Seite; die Reformierten waren schreiblustiger. Einen direkten amtlichen Auftrag erhielt er nicht, wohl aber Ermunterung und Begünstigung. Die katholische Tagsatzung wies darauf hin, dass die Zürcher all das, was ihnen zu ihrer Rechtfertigung dienlich erschien, aufzeichnen liessen; Luzern solle mit seinen Schreibern reden. Salat griff das auf, vom Beispiel der Amtsvorgänger geleitet. Er verarbeitete Flugschriften, Akten – das Archiv von Luzern stand ihm offen –, Mitteilungen von Zeitgenossen, eigenes Erleben. Die fertige Arbeit stellte er den katholischen Orten zu und erhielt dafür ein Honorar, bestimmte sie aber nicht für die Öffentlichkeit.

Es ist nicht nur die erste, sondern auch die bedeutendste *Reformationschronik* katholischerseits. Schon aus dem Titel ersieht man die Tendenz des Werkes: *Cronika und beschrybung von anfang des nüwen ungloubens, so genempt der lutherisch oder zwinglisch.* Eine einheitliche Auffassung durchzieht sie: Die Reformation wird als Strafgericht Gottes dargestellt, der Reformator als göttliche Zuchtrute. Salat knüpft bei Etterlin an, schildert die Jahre 1517-1534. Die katholische Empfindung und Auffassung bricht nackt, aber nicht überall unberechtigt durch. Grosse Stücke sind von der flammenden Entrüstung verletzten Rechtssinnes getragen, namentlich die Schilderung der Jahre 1529-1531. Eigentümlicherweise verdammt er nicht besonders das, was uns heute an Zwinglis Propaganda am meisten stösst, dass Zwingli den Einlass der Reformation in die V Orte erzwingen wollte, während er selbst in seinem Machtbereich alles Katholische vertilgte. Auch Salat kennt die Toleranz nicht prinzipiell, entrüstet sich mehr über die Propaganda in der Ostschweiz, die Säkularisierung der Kirchengüter, die Schmähungen, die Kornsperre, das Christliche Burgrecht. Und noch etwas bricht bei ihm durch. Es geht zwar nicht an, Zwingli als modernen Zentralisten zu bezeichnen; aber seine politischen Gedankengänge bewegten sich doch in dieser Richtung, deutlich genug, um den Partikularismus herauszufordern. Den Widerhall davon hört man bei Salat; Zwingli unterschätzte die kantonalen Schwergewichte. Salat schreibt aus ehrlicher Überzeugung heraus, schiebt aber doch bisweilen fingierte Briefe ein. Ebenso peinlich sticht ab und zu ein Mindergehalt an Bildung durch. Wenn Zwingli sich verteidigt, er habe seinen Glauben nicht aus Luthers Schriften, sondern aus griechischen Büchern, aus dem Neuen Testament, so meint Salat, man solle das Griechische verbieten, es sei schon von den Konzilien untersagt worden. Trotz alledem, trotz der derben, oft groben Sprache, ist Salats Chronik nicht nur wertvoll, sondern einzigartig; denn er fängt die Stimmung der V Orte ganz ein und lässt ihr in vollem Strome freien Lauf. Solche katholische Dokumente sind uns zwar aus Basel und St. Gallen überliefert; jedoch die Seele der Innerschweiz vermittelt uns er allein.

1537 gab er mit der gleichen, aber gemilderten Tendenz das *Volksbuch von Bruder Klaus* nach Wölflins lateinischer Biographie heraus. Salat will die Zeugniskraft des alten Glaubens an einem grossen Beispiel dartun. Das wenige Selbständige am Tatsachenbericht dieser Erbauungsschrift beruht wohl auf mündlicher Überlieferung.

Tagebuch, Gebetsparodien, Tanngrotz, hg. v. *Jacob Bächtold;* Basel 1876. – *Reformationsgeschichte,* hg. v. *Friedrich Fiala* und *Peter Bannwart;* Arch. Schw. Reformationsgesch. 1, 1868. – *Memorial der Regierung von Unterwalden über den bewaffneten Zug der Obwaldner in das Haslital wider die Berner;* Arch. Schw. Reformationsgesch. 2, 1872, S. 103 ff. – *Volksbuch von Bruder Klaus,* hg. v. *Robert Durrer,* in: Bruder Klaus 2, Sarnen 1921, S. 138 ff. – Eine Edition der *Reformationsgeschichte* mit Sachkommentar, Glossar und Register wird von *Ruth Jörg* vorbereitet und soll in den Quellen zur Schweizergeschichte erscheinen.

JACOB BÄCHTOLD: Hans Salat, ein schweizerischer Chronist und Dichter; Basel 1876. – JACOB BÄCHTOLD: Hans Salat; ADB 30, Leipzig 1890. – ALBERT BÜCHI: Ende und Nachlass des Chronisten Hans Salat; Anz. Schw. Gesch. 1896, S. 385 ff. Danach ist Salat als ein völlig Entgleister in Freiburg gestorben, nicht in seiner Heimat, wie Georg von Wyss schreibt. – ALBRECHT BÜCHI: Hans Salat in Freiburg; Freib. Geschichtsbl. 18, 1911, S. 152 ff. – ALOIS MÜLLER: Die Schlacht auf dem Gubel; Zeitschr. Schw. Kirchengesch. 17, 1923, S. 1 ff. 81 ff. 182 ff. Hier sind die Schlachtberichte zusammengestellt. – OSKAR EBERLE: Theatergeschichte der innern Schweiz; Königsberg i. Pr. 1929. – PAUL CUONI: Hans Salat, Leben und Werk; Stans 1938.

Rudolf Ambühl (Collinus) 1499–1578

In der Luzerner Landschaft als Bauernsohn mit Namen Ambühl geboren, lernte er an der Klosterschule zu Beromünster und in Luzern, studierte bei Glarean in Basel, bei Vadian in Wien, schliesslich in Mailand. Hierauf wurde er Lehrer in St. Urban und Chorherr zu Beromünster. Aber 1524 schloss er sich der Reformation an, gab seine Pfründe auf und übersiedelte nach Zürich. Er betätigte sich zuerst als Seiler und Reisläufer, übernahm 1526 eine Griechischprofessur am Carolinum, anfangs mit geringem Lohn, und musste sich deshalb den Lebensunterhalt weiterhin als Seiler verdienen; noch war die reine Gelehrtenlaufbahn nur den Geistlichen möglich. Zwingli benützte den Weltgewandten zu diplomatischen Reisen, nahm ihn als einzigen mit nach Marburg und sandte ihn nach Venedig zu König Franz I.

Hochbetagt schrieb Collinus 1576 aus dem Gedächtnis eine kurze *Autobiographie*, die bis 1531 reicht. Am besten hafteten ihm die Studienfahrten der Jugend und die Reiszüge, so 1525 der Zug zu Herzog Ulrich von Württemberg. Wichtiges dagegen übergeht er: so seine Lösung vom alten Glauben, seine Sendungen nach Venedig und Frankreich; die Reise nach Marburg deutet er nur mit einem Satz an. Aus seinen Lebenserinnerungen spricht ein tüchtiger Mann von heiterem, lebhaftem Wesen. Lebenslust, Streitbarkeit, praktisches Geschick stechen hervor; der Gelehrte und Reformator tritt zurück.

In Mailand hört er das Wort «Mediolanum sub Rege Gallorum esse civitatem, sub Imperatore esse pagum». 1522 lässt der Rat von Luzern in St. Urban eine Bücherinspektion vornehmen. Ein Ratsherr sagte zu Collins Griechischbüchern: «Was krizis, kräzis ist das? Das ist lutherisch.» Collin musste sich in Luzern verantworten, bekam seine konfiszierten Bücher mit der Ermahnung zurück, wie die Vorfahren guter Christ und Luzerner zu bleiben. Schultheiss Hug setzte hinzu: sonst könne er in Zürich eine Pfründe von Zwingli erlangen. Bei der Ankunft in Zürich erfährt er eine reizende Überraschung durch Myconius.

Es ist schade, dass der mit leichtem Humor Begabte nicht mehr geschrieben hat. Aus seinen Aufzeichnungen wird ersichtlich, wie die geistig Regsamen der Reformation zustrebten.

Vita Rodolphi Collini; Miscellanea Tigurina 1, Zürich 1722.

JOHANN JAKOB HOTTINGER: Collinus; Njbl. Hülfsgesellschaft Zürich 1844. – SALOMON VÖGELIN: Rudolf Collins Schilderung seines Lebens; Zürcher Taschenb. 1859, S. 179 ff. – KONRAD FURRER: R. Collin, eine Charakterbild; Halle 1862. – JAKOB MÄHLY: Rudolf Collin; ADB 4, Leipzig 1876, S. 410 f. – ALFRED HARTMANN: Rudolfus Collinus (Clivanus, am Bül, zum Bül); NDB III, Berlin 1957, S. 325.

Peter Villiger gest. 1581

Er stammte aus Root im Kanton Luzern, wurde 1552 Pfarrer in Arth, wo er bis zu seinem Tode verblieb. Anno 1565 unternahm er mit einigen Landsleuten eine Pilgerfahrt nach Jerusalem und fand dort die üblichen Zänkereien um das Heilige Grab. Für drei Jahre geriet er in harte türkische Gefangenschaft, kaufte sich los und wurde 1569 Dekan seines Kapitels.

Er schrieb eine *Bilgerfahrt*, die erst 1609 gedruckt wurde, ferner eine Schweizerchronik: *Kurtzer Begriff der Geschichten, so von Alter har sich im Schwytzerland begeben hand.* Meistens schöpfte er wohl aus Stumpf und Etterlin und fügte einige lokale Nachrichten aus der Überlieferung hinzu. Das Ganze hat geringen Wert; es zeigt, was ein Mann von beträchtlicher Bildung wie Villiger damals von der Schweizergeschichte wissen konnte.

Als einziger berichtet er, die Frauen von Arth hätten 1315 die Letzi bewacht, ein Seitenstück zu den tapferen Zürcher Frauen von 1292 und den Appenzellerinnen am Stoss. Was er von der Befreiungstradition erzählt, beweist, dass die Sagenbildung zu seiner Zeit noch unsicher war und weiterging. Erst Tschudi gab ihr die kanonische Form.

GABRIEL MEIER: Pfarrer Peter Villiger von Arth, sein Leben, seine Pilgerreise nach Jerusalem und seine Schweizerchronik; Mitt. Hist. Ver. Schwyz 9, 1896, S. 3 ff.

Renward Cysat 1545-1614

Sein Vater war aus Italien eingewandert und hatte sich in Luzern eingekauft. Der Sohn Renward, früh verwaist, durchlebte eine kümmerliche Jugend, erfuhr geringe Schulung, bildete sich jedoch selbst. Vielseitig begabt, namentlich für das täglich Brauchbare, besass er grosse Sprachgewandtheit, war Naturfreund, Naturkenner, besonders Botaniker, aber auch Musiker, Schriftsteller, Freund der Volkskunde. Ein rastloser Arbeitseifer beflügelte den scharfen Rechner, den gefälligen Redner, den geschickten, verschwiegenen Unterhändler und Politiker, den eifrigen Sohn der Kirche, den Menschenfreund. Er war zwar auf den Nutzen bedacht, aber auch wohltätig. Aus seinen kärglichen Verhältnissen arbeitete er sich empor. Mit vierzehn Jahren begann er als Apothekerlehrling, eröffnete nach Lehrjahren in Italien eine Apotheke zu Luzern, wurde 1570 Unterschreiber, wobei ihn seine Handschrift und seine Sprachenkenntnisse empfahlen. Von 1575 bis zu seinem Tod amtete er als Stadtschreiber, nannte sich Kanzler Luzerns. Daneben behielt er sein Geschäft und ernährte eine grosse Familie.

Aufs tiefste in die Politik verflochten, mit allen Geheimnissen der katholischen Schweiz vertraut, stand er mit den Höfen in amtlichem und persönlichem Briefwechsel. Luzern war damals Mittelpunkt der schweizerischen Gegenreformation. Cysat empfing im Auftrag der Obrigkeit die fremden Gesandten, wurde selber oft auf Botschaften geschickt, war eine repräsentative Persönlichkeit. Mit seinem Talent und seiner Neigung passte er vollkommen in seine Zeit und füllte seinen Posten ganz aus. Er beurteilte und betrieb die Politik als strenger Katholik, Luzerner und Empfänger von Pensionen, die ihm reicher als andern flossen und ihn zum begüterten Manne machten. Aber über seine Zeit ragte er nicht um einen Zoll empor. Wenn er sich auch oft in seinen Aufzeichnungen als Antrieb und Seele des Ganzen andeutet, so war er doch auch der – allerdings unumgängliche – Gehilfe L. Pfyffers und M. Lussys. Eidgenössisches Empfinden fehlte ihm zeitweise. Nur zu gerne hätte er den Herzogen von Savoyen, mit denen er eng befreundet war, Genf sowie die Waadt zugehalten und ging in den konfessionellen Sonderbündnissen auf, alles ohne Arg, aus voller Überzeugung. Den Jesuiten völlig ergeben, sammelte er für sie Geld von Haus zu Haus, bis sie 1574 nach Luzern kamen. Er pries seine Söhne glücklich, dass ihnen ein besserer Unterricht durch die Väter Jesu beschieden war als ihm, und schrieb ein Buch über ihren Orden.

In Luzern war er der Unentbehrliche, leitete unter anderem die grossen geistlichen Osterspiele, die ungefähr alle zwölf Jahre abgehalten wurden. Hoch und niedrig drängte sich zur Bühne, Hunderte von Personen waren daran beteiligt, die Rollen, obgleich nur gegen Bezahlung zu haben, sehr gesucht; am höchsten im Preis standen die Teufelsrollen, die der Rat versteigerte; nur das Kostüm des Judas Ischariot ging auf staatliche Rechnung, weil es schwer hielt, einen Schauspieler für die Rolle des Verräters zu finden. Cysat formte auch am Text, besass aber nur geringes poetisches Talent. Interessant sind seine realistischen Regiebemerkungen. So heisst es von dem Besessenen: «Er falt nider, knirset mit den zänen, zitret, schumet, zablet, würgt und tuet leid.» Diese ganze bürgerliche Spielfreude erging sich in breiter Volkstümlichkeit, ergötzend und erschütternd.

Cysat erholte sich in der Gärtnerei und in seiner wissenschaftlichen Arbeit, die in die glückliche, entspannte Epoche zwischen dem Kappelerkrieg und dem Dreissigjährigen Krieg fiel. Er beobachtete das Volksleben, Sitten, Gebräuche und zeichnete sie auf, wobei er dem Aberglauben der Zeit huldigte. Ab und zu meldet sich bei ihm aber doch die Skepsis; so erklärt er die Pilatussagen «für einfaltige Fabeln und armsäliges Harunenwerk, wodurch der Pöffel» sich äffen und betören lasse; etwas Wahres sei aber schon daran. Er liebte das Volk, insbesondere die «Puursame», die sich sonst nicht gerade der Beachtung erfreute, da das Landleben als Idyll noch nicht entdeckt war, und weilte gern in seiner Mitte. Oft äussert er bittere Bemerkungen über den Hochmut und die Laster des Adels. Dies bricht auch in seinem Fastnachtsspiel «Convivium» und in seinem Passionsdrama «Kreuzerfindung» durch; politisch war er natürlich ein Anhänger der Aristokratie. Dem Volk zuliebe legte er heitere Stellen in die Passion ein.

Als eifriger Mann ohnegleichen studierte er alles mögliche: Geschichte, Archäologie, Numismatik, Heraldik mit unverzagter Leichtigkeit, welche die Schwierigkeiten nicht sieht. Er traf das Luzerner Archiv völlig verwahrlost an, ordnete und arbeitete es durch. So verfasste er eine *Gesetzessammlung von 1252–1586* und rettete damit viele wichtige Akten. Vor allem aber trug er sechzehn Bände Kollektaneen, *Collectanea chronica*, mit Auszügen aus dem Archiv zusammen. Es handelt sich um einen reichhaltigen Stoff, mit Aufzeichnungen von Tag zu Tag in kunterbunter Folge über Armenwesen, Baugeschichte, Finanzwesen, Heraldik, Kulturelles. Ferner schrieb er eine grossangelegte *Luzernerchronik*, die unfertig blieb, eine *Reformationschronik*, ein *Leben des Bruders Klaus*, eine *kurze Beschreibung der Eidgenossenschaft*. Das alles blieb ungedruckt, steht handschriftlich in Luzern, eine Fundgrube für die Forschung. Er selber hatte keine Zeit, die Notizen wissenschaftlich auszuarbeiten, wohl auch nicht die Darstellungsgabe und Geduld, welche die Abfassung eines Werkes verlangt. So war er für die Öffentlichkeit verloren.

Keine Schrift von grösserem Belang hat er durchgearbeitet und für den Druck vorbereitet. Dagegen sind kleinere Sachen von ihm später veröffentlicht worden, so *Luzerns Geheimbuch*. In dieses Buch trug der Stadtschreiber Cysat 1609 «allerley geheime sachen» ein, «deren man sich zu behelfen in gfarlichen löuffen und besorgenden kriegswesen wider die vyent des vatterlands, besonders aber unsere sectische miteidgnossen». Das Ganze ist typisch für Cysat, zeigt Fülle des Stoffes und Mangel an Ordnung.

Luzern's Geheimbuch, hg. v. *Theodor Scherer;* Arch. Schw. Reformationsgesch. 3, 1875, S. 117 ff. – *Bericht über das Wirken der Jesuiten in Luzern*, hg. v. *Theodor von Liebenau;* Kath. Schw. Bl. und Arch. Schw. Reformationsgesch. NF 2, 1904, S. 1 ff. – *Verzeichnusz vom Harkommen der 3 Laendern ouch von allen kriegen der Eidtgnossen mit fremder Herrschaft und vom Uffgang der Eidtgnoszschaft;* Photoausg., hg. v. *Walther ab Hohlenstein;* Luzern 1937. – *Collectanea Chronica und denkwürdige Sachen pro Chronica Lucernensi et Helvetiae*, bearb. v. *Josef Schmid;* Luzern 1969, 1972, 1977, mit Bibliographie. Damit ist das Cysat-Corpus erschlossen.

BASILIUS HIDBER: Renward Cysat, der Stadtschreiber zu Luzern; Arch. Schw. Gesch. 1862, S. 161 ff.; 1875, S. 3 ff. – THEODOR VON LIEBENAU: Renward Cysat; ADB 4, Leipzig 1876, S. 669 f. – WILHELM OECHSLI: Cysat und das eidgenössische Glaubenskonkordat vom 28. Januar 1525; Anz. Schw. Gesch. 1890, S. 18 ff. – THEODOR VON LIEBENAU: Renward Cysat über die Beziehungen der Schweiz zu Frankreich in der Zeit Heinrichs III.; Anz. Schw. Gesch. 1901, S. 457 ff. – RENWARD BRANDSTETTER: Renward Cysat 1545–1614, der Begründer der schweizerischen Volkskunde; Luzern 1909. – JOSEPH MÜLLER: Renward Cysats Japanische Historie; Schw. Rundschau 1942, S. 394 ff. – JOSEF SCHMID: Die Bildnisse des Luzerner Stadtschreibers Renward Cysat; Innerschw. Jahrb. Heimatkde. 1944/46, S. 141 ff. – RICHARD WEISS: Volkskunde der Schweiz; Zürich 1946. – ANTON DÖRRER: Renward Cysat; NDB III, Berlin 1857, S. 455 f. – WALTER FREY: Der Luzerner Stadtschreiber Renward Cysat. Eine Kurzbiographie mit Bildern; Luzern 1963.

SOLOTHURN UND FREIBURG

Anton Haffner ca. 1535–ca. 1608
In Solothurn geboren, machte er von 1552 an bei den meisten Feldzügen in Frankreich mit, diente von der Pike auf, war Feldschreiber, zuletzt Grossrichter und Hauptmann eines Regiments. Noch 1573 ist er auf einem Feldzug nachweisbar, 1576 als Gerichtsschreiber in Solothurn bezeugt, diente auch später in Kanzleien.
Als erster schrieb er eine *Solothurner Chronik*. Auf dem Original steht, dass er sie 1587 vollendete. Der erste Teil besteht aus einer Geschichte Solothurns seit Abrahams Zeiten, völlig naiv und kritiklos gehalten; die Genealogie gleicht einem wilden und wüsten Feldlager. Wichtig ist Haffners Darstellung der Vorgänge von 1533. Hier zuerst wird Wengis Edeltat und Wort erwähnt; er behauptet als strenger Katholik, die Reformierten hätten einen Anschlag gemacht, die Katholiken nächtlich zu ermorden. In Wirklichkeit brach die Sache am hellen Tage los, und ein Mord war nicht beabsichtigt. Haffner nennt die Führer beider Parteien. Der zweite Teil der Chronik, der sich wohl auf Feldaufzeichnungen stützt, schildert sorgsam die Feldzüge in Frankreich und ist sehr willkommen, denn hier erzählt Haffner Selbsterlebtes. Seine Auffassung ist streng katholisch und französisch; Frankreich bedeutet ihm das Himmelreich. Die Chronik wird hier zum Memoirenbuch.

Haffner entwirft ein Bild von Ludwig Pfyffer, gibt eine genaue Darstellung des Rückzuges von Meaux 1567, wo er dabei war, ebenso der Schlachten von Dreux, Jarnac, Moncontour. Bei Dreux schlugen die Schweizer den Angriff der hugenottischen Streitmassen mit Steinwürfen ab. Der König dankte den Schweizern mit weinenden Augen für ihr Kommen. Haffner klagt, dass Christen gegen Christen und nicht gegen Türken kämpfen. Die furchtbaren Strapazen der Jahre 1567–1570, wo die Schweizer haufenweise zugrunde gingen, werden nur schwach angedeutet. Doch sagt Haffner am Schluss: Herrendienst hat keine Wurzel. Die französischen Namen gibt er gelungen wieder: Château-Thierry = Dietrichsburg, Châlon s.S. = Klein Schalun, Châlons s.M. = Gross Schalun. Die allgemeine Verwüstung des Gewissens zeigt sich darin: Wenn ein hoher Herr stirbt, spricht Haffner stets den Giftverdacht aus.

Chronik, hg. v. *Wilhelm Tugginer;* Solothurn 1849. Es ist die liederliche und oberflächliche Arbeit eines Unberufenen. Ihr wurde eine Kopie zugrunde gelegt, obschon das Original erhalten ist; jeder Kommentar fehlt.

L. SPACH: Anton und Franz Haffner; ADB 10, Leipzig 1879, S. 317ff. – ADOLF LECHNER: Die Chronik Anton Haffners von Solothurn; Anz. Schw. Gesch. 1907, S. 209f. – FRIEDRICH FIALA: Solothurner Schriftsteller bis Ende des 16. Jahrhunderts; mit Anm. v. Ludwig Rochus Schmidlin; Zeitschr. Schw. Kirchengesch. 2, 1908. – PETER WALLISER: Was der Solothurner Chronist Antoni Haffner im Jahre 1577 über die Geburt des Antichrists zu berichten weiss; Oltener Geschichtsbl. 5, 1951, Nr. 7.

Hans Jakob vom Staal (Stall) 1539–1615

Dieser bedeutendste Solothurner Staatsmann in der zweiten Hälfte des 16. Jahrhunderts war Schüler Glareans, studierte auf französischen Hochschulen, unternahm Bildungsreisen, machte 1567 einen Feldzug in Frankreich mit. Von 1578–1594 war er Stadtschreiber, 1604 Venner. Er verfasste ein *solothurnisches Stadtrecht*, das jahrhundertelang im Gebrauch blieb. Ferner schrieb er *lateinische Epigramme, Gelegenheitsgedichte*, ein *Tagebuch über den Feldzug von 1567* und *Ephemerides: Politica et Domestica;* sie sind leider nicht herausgegeben.

Der geistvolle Gehalt der Tagebücher wird gerühmt. Hier spricht ein überlegener Kopf, der in einer flachen, verwilderten Umgebung nach Bildung und Tugend strebt. Sein Tagebuch diente ihm wohl dazu, sich durch Selbstbesinnung in der Selbstbehauptung zu ermuntern. Eine kurze *Vita Domini Guilhelmi Tuggerini*, 1579, von seiner Hand zeigt ihn ganz als Katholiken und Franzosenfreund, in Widerspruch mit seiner übrigen, unabhängigen Denkweise. In einem Brief an Guillimann klagt er, dass der Politiker vergessen wird und nur der Gelehrte und Schriftsteller dauernden Namen behält.

Ludwig Glutz: Der Solothurnische Feldschreiber Hans Jakob vom Staal im Hugenottenkrieg 1567; Solothurn 1876. Das ist ein Beispiel dafür, wie man nicht vorgehen soll. Glutz plaudert über den Inhalt des Tagebuches, anstatt es herauszugeben, wobei er einer groben Gemeinverständlichkeit frönt. Stil, Gedanke und Geist Staals werden daraus nicht ersichtlich. – *Vita Domini Guilhelmi Tuggerini*, hg. v. *Theodor von Liebenau;* Anz. Schw. Gesch. 1885, S. 394 ff.

In Freiburg fehlen im 16. Jahrhundert grosse und originelle Anstrengungen, mit einer einzigen Ausnahme.

Anton Palliard gest. 1558

Er war Vize-Guardian und Guardian im Franziskanerkloster zu Freiburg, schrieb eine kurze, geringwertige *Chronik von 1499–1548* in deutscher Sprache. Brauchbar daran ist, dass er alle militärischen Auszüge mit den Anführern verzeichnet. Im allgemeinen beschränkt er sich auf freiburgische Lokalnotizen und kehrt daher wenig Fanatismus heraus.

Die Chronik des Franz Katzengrau von Freiburg und Anton Palliard; Anz. Schw. Gesch. 1888, S. 216 ff.

Albert Büchi: Die Chroniken und Chronisten von Freiburg im Uechtland; Jahrb. Schw. Gesch. 30, 1905, S. 267 f.

Ludwig von Affry gest. ca. 1530

Seit 1487 erscheint er in den Räten von Freiburg, nahm am kalten Winterfeldzug 1511 teil, machte darüber kurze, aber sprechende *Aufzeichnungen*, die nicht bis zum Ende gehen, sondern nur bis zum 19. Dezember. Hier wird alles durch genaue Angaben bestätigt, was man sonst weiss, und noch mehr dazu: schlechtes Wetter, saumseliger Anmarsch der Schweizer, ihre Grausamkeit, das Abschlachten der Landleute, Klosterplünderungen, Zuchtlosigkeit und Ungehorsam.

Beschreibung des Winterfeldzuges von 1511, hg. v. *Albert Büchi;* Anz. Schw. Gesch. 1901, S. 451 ff.

ALBERT BÜCHI: Die Chroniken und Chronisten von Freiburg im Uechtland; Jahrb. Schw. Gesch. 30, 1905, S. 269 f.

Anonymus über den Arsent-Handel ca. 1512

Franz Arsent, Ritter des Heiligen Grabes, Schultheiss von Freiburg 1507–1509, Haupt der französischen Partei, war mit Venner Peter Falk verfeindet. 1510 verhaftete man auf Betreiben Kardinal Schiners Jörg uf der Flüe zu Freiburg und folterte ihn. Arsent wurde wider seinen Willen von seinen politischen Feinden arglistig zu dessen Verteidiger gemacht. Er wusste um die Flucht des Gefangenen, weshalb sich die Wut der Franzosenfeinde gegen ihn richtete. Man griff auf ihn, Falk amtete als Ankläger, worauf trotz heftiger Fürsprache der Schweizer 1511 seine Hinrichtung erfolgte; es war ein Justizmord; Arsent fiel als Opfer der Schiner-Politik.

Eine kurze Darstellung dieses Handels verfasste ein unbekannter Anhänger Arsents in deutscher Sprache; der Vorgang wird aus nächster Nähe verfolgt, vielleicht sass der Autor im Grossen Rat. Bei aller Mässigung und Zurückhaltung fallen bittere Worte über den Venner Falk. Der Bericht ist tagebuchartig.

Geschichte der Gefangennahme und Hinrichtung des Schultheissen und Ritters Franz von Arsent von Freiburg; Schw. Geschichtforscher 1, 1812, S. 115 ff.

ALBERT BÜCHI: Die Chroniken und Chronisten von Freiburg im Uechtland; Jahrb. Schw. Gesch. 30 1905, S. 268 f.

Franz Rudella ca. 1530–1588

Aus Murten gebürtig, kaufte er sich in Freiburg ein, wo er immer als Junker bezeichnet wurde, machte rasch Karriere und war eine einflussreiche Persönlichkeit. Seinem Kanton schuf er die fehlende Geschichte, und zwar mit der schon gewonnenen humanistischen Methode; eine Folge des Humanismus waren unter anderem gerade die zusammenfassenden Landesgeschichten. Rudella bediente sich nicht der topographischen, sondern der annalistischen Methode. Die Vorgeschichte besteht aus Fabeln; er beginnt mit 3789 v. Chr. und geht bis 1570 n. Chr., trieb eifriges Quellenstudium, las die Berner Chronisten, Stumpf, Etterlin, Tschudi, die Alten und benützte auch das Staatsarchiv. Die Darstellung ist vielseitig, denn er zog alles heran, was die Entwicklung von Freiburg irgendwie belebt. Diese *Landesgeschichte*, die für Freiburg grundlegende Bedeutung hat, erhielt sich handschriftlich in drei Stufen: 1. Sammlung, 2. Entwurf, 3. Reinschrift. Die Chronik ist deutsch geschrieben; seit 1481 war das Deutsch Amtssprache. Staatsschreiber Franz Gurnel übersetzte die Chronik ins Französische, weswegen er lange als Verfasser galt wie vordem Ratsherr

Peter Fruyo, der sich nur als Kompilator betätigte. In einer sogenannten Kurzfassung werden die Hauptereignisse vornehmlich der Aussenpolitik annalistisch bis 1448 aneinandergereiht, untermauert mit Akten in Regestenform. Auch die architektonische Entwicklung der Stadt, der Bau ihrer Kirchen, Klöster, Wehranlagen wird berücksichtigt.

Gaston Castella et *Léon Kern: Notes sur la Chronique de Rudella et Index chronologique du manuscrit des Archives d'Etat de Fribourg;* Ann. frib. 8, 1920, S. 108 ff. 159 ff. 208 ff. – Die *Wiener Kurzfassung der Freiburger Chronik des Franz Rudella;* hg. u. eingel. v. *Pascal Ladner,* in: Discordia Concors, Festgabe für Edgar Bonjour II, Basel 1968, S. 401–431.

ALBERT BÜCHI: Die Chroniken und Chronisten von Freiburg im Uechtland; Jahrb. Schw. Gesch. 30, 1905, S. 272 ff. – JEANNE NIQUILLE: Rudella et Guillimann; Ann. frib. 15, 1927, S. 241 ff.

Franz Guillimann ca. 1568–1612

Er ist der bedeutendste Freiburger Historiker, einer der bedeutendsten der Schweiz überhaupt. Zuerst besuchte er das Jesuitenkolleg in Freiburg, dann das Collegium Helveticum in Mailand, wo er einen Freiplatz hatte, da er von Haus aus arm war. Einflussreiche Gönner in Freiburg, die seinen Wert erkannten, förderten ihn, so Propst Schnewly, der Erneuerer der Freiburger Kirche und Schule. Von 1587–1589 studierte er an der Jesuiten-Universität in Dillingen, erfuhr dort eine strenge Zucht und Schulung in Philosophie und Sprache, lernte seinen lateinischen Vers bauen. Er hegte den Wunsch, an einem der zwei königlichen Freiplätze in Paris zu studieren, was nicht zustande kam. Mit jeder Faser war er dem Geistigen zugewandt; für ihn gab es nur gelehrte Tätigkeit. Von 1590–1595 wirkte er als Leiter der Stadtschule in Solothurn, verheiratete sich dort, wurde Bürger dieser Stadt und bezog ein knappes Gehalt. Er hatte das grosse Glück, in Venner H. J. vom Staal einen Freund und Förderer zu finden, der das Ungewöhnliche seiner Begabung herausspürte. Sonst aber erlebte er viel Unerquickliches. Guillimann war zwar ein tüchtiger Lehrer, sang aber den Aufsehern des Chorherrenstifts zu wenig. Dazu geriet er in politische Händel. Die Regierung nahm im französischen Bürgerkrieg mehrheitlich für Heinrich IV., Guillimann für die Liga Partei, worauf er plötzlich entlassen wurde.

In Solothurn begann er mit der Geschichtsschreibung; sie wuchs aus einem Kommentar zu Caesars De bello gallico heraus, der aber nie zur Veröffentlichung gelangte. Durch Staals Vermittlung wurde er Sekretär des spanischen Gesandten Casati in Luzern; er diente ihm als Dolmetscher, Übersetzer, Reisebegleiter und kam so oft an die Tagsatzung. Aber diese Tätigkeit befriedigte seine Sehnsucht nicht, sie gehörte der Wissenschaft. Er war mit seiner Ehrlichkeit, seinem Wahrheitsdrang nicht für die Tagespolitik geschaffen. Seine Erquickung blieb die Forschung und Geschichtsschreibung. Er plante eine Schweizergeschichte von der Antike an, wollte ein katholisches Gegenstück zu Stumpf und Simler geben. Namentlich legte er Nachdruck auf die helvetische Zeit. Er arbeitete nachts, zog alle erreichbaren Autoren heran, beutete als erster die Gallia comata aus. Wenn immer möglich ging er auf die frühesten Quellen zurück. 1598 erschien aus der Staatsdruckerei Freiburgs *De rebus Helvetiorum sive Antiquitatum libri V*. Die Darstellung geht bis 1315. Eine echt wissenschaftliche Haltung spricht daraus. Guillimann räumt mit dem Legendennebel auf, schon das war eine Leistung. Das Werk fand das Lob der Kenner, aber das Publikum verhielt sich gleichgültig oder ablehnend. Besonders die Waldstätte zeigten sich unzufrieden, weil Guillimann an der Befreiungssage und an ihrem Herkommen rüttelte; er schien ihnen auch zu wenig scharf in konfessionellen Dingen, obschon er ein überzeugter Katholik war. Solothurn gar empfand es als Guillimanns Rache, dass er seine Fabelvorgeschichte beiseite schob. Dieser war äusserst gereizt, sein tüchtiges, ehrliches Streben so missdeutet zu sehen. Er wandte der Schweizergeschichte den Rücken zu, zerstörte die Fortsetzung, verwendete sie in usus posticos.

Nun erforschte er die Geschichte des Hauses Habsburg, für das er eine grenzenlose Bewunderung hegte. Sein Erstling hatte ihm wenigstens wertvollen Verkehr mit Fachleuten eingetragen und damit Erquickung in sein gedrücktes Dasein gebracht, wie sein zum Teil erhaltener Briefwechsel zeigt. Seit 1599 trieb er eifrig habsburgische Studien nach kritischen Grundsätzen. Er sammelte auch Originalbildnisse der Habsburger, bewarb sich um ihre Gunst, sang sie an. 1605 erschien *Habsburgiaca sive de antiqua et vera origine Domus Austriae*, dem Kaiser Rudolf II. gewidmet. Darin zerstörte er die Fabel vom römischen, trojanischen, altbiblischen Ursprung der Habsburger, wies ihnen den Aargau als Heimat an, was nicht ganz richtig ist, verfolgte den Stammbaum immerhin noch ins 7. Jahrhundert zurück. Von den Acta Murensia an, die er benützte, ist er auf dem richtigen Weg. Auch hier stellen wir Gründlichkeit und elegantes Latein fest, wofür ihm Sallust als Muster diente. Seine Arbeit fand bei den Habsburgern Anklang. Schon das erste Werk hatte gefallen, weil es die alten Rechte der Habsburger in der Schweiz andeutete. Rudolf II. sprach ihm ein Jahrgeld zu, die Erzherzöge nahmen ihn unter ihre Obhut, ernannten ihn zum Geschichtsprofessor in Freiburg i. Br. Er trat die Professur 1606 als Berufshistoriker, als erster Geschichtsprofessor an. Das Amt liebte er nicht, denn er war nicht ein Mann des schnellen Wortes, sondern ein stiller Gelehrter, dessen Früchte langsam reiften. Die Universität befand sich im Niedergang, die Geschichte wurde nicht beachtet, die Kollegen liessen sie nicht als Wissenschaft gelten, und oft fand er keine Hörer. 1609 wurde er auf sein dringendes Gesuch vom Lehramt erlöst. Seine Zeit gehörte nun ganz der habsburgischen Geschichte. Ihm schwebte ein grossartiges Werk in zehn Bänden vor; von der Schweizergeschichte her war er überzeugt, dass die wissenschaftlich-kritische Methode zur Verherrlichung des Hauses Österreich ausschlagen müsse. Er sammelte gründlich Überbleibsel aller Art, Wappen, Münzen, Siegel, Urkunden, unterschied zwischen primären und sekundären Quellen, verlangte Vollmacht, in die Amts- und Klosterarchive einzudringen. Maximilian öffnete ihm das Innsbrucker Archiv, überhaupt erzeigten sich ihm die Habsburger sehr gnädig, ernannten ihn zum kaiserlichen Rat und Historiographen, adelten ihn, gewährten Zuschüsse an seine Arbeiten. Und doch leuchtete ein Unstern über seinem gequälten Dasein. Er wurde von der Arbeit aufgerieben, von Krankheit heimgesucht, steckte oft in Geldverlegenheit und Schulden; er verzehrte sich in rastlosem Eifer und in Mangel, konnte sich nicht darein finden, dass der Mann des Geistes und der Ehrlichkeit dazu da ist, von der Welt hintergangen zu werden; er war unfähig, mit den gleichen Waffen zu antworten.

In den erzwungenen Arbeitspausen schrieb er Kleineres: *De episcopis Argentinensibus opus* 1608, eine flüchtige Gelegenheitsarbeit; ebenso *Genealogiae Juliacenses* 1609, einen Stammbaum von Jülich, ferner *De vera origine et stemmate Cunradi II. Imperatoris Salici syntagma*. Endlich hatte er den ersten Band der *Austriaca* druckfertig, den Stoff für zwei weitere Bände beisammen, hatte sogar eine eigene Druckerei errichtet, als er im Augenblick des Gelingens starb, arm und enttäuscht. Er erntete die Frucht seiner gewaltigen Anstrengung nicht und kam auch bei der Nachwelt zu kurz. Erst 1617 wurde dem Erzherzog Maximilian das Manuskript *De Principum Habsburgi Austriacorum*... vorgelegt, und da der Fürst bald starb, gelangte dieses Hauptwerk nie zum Druck, so dass Guillimanns Forschungen im 19. Jahrhundert wiederholt werden mussten. Und Ähnliches gilt auch von der Schweizergeschichte. Hätte er die Antiquitates fortgesetzt, so wären viele Irrtümer nicht bis ins 19. Jahrhundert fortgeschleppt worden. Dagegen wurden die beiden ersten Werke in der Folge wiederholt aufgelegt.

Guillimann betrachtete die Geschichte als Wissenschaft, nicht als Kunstübung, was damals nicht selbstverständlich war. Seine *De rebus Helvetiorum* ist die erste vollständige Schweizergeschichte bis 1315 auf wissenschaftlicher Grundlage, die im Druck erschien. Vadian und Tschudi waren nicht gedruckt. Guillimann legte Wert auf die Partien, die Simler übergangen hatte, auf Altertum und frühes Mittelalter. Das erste Buch behandelt Helvetien bis auf Augustus, das zweite Buch geht bis 1315, das dritte Buch verfolgt die Entstehung der einzelnen Orte, das vierte die Entstehung der Zugewandten, das fünfte erörtert die Bundesbriefe und die Bündnisse mit dem Ausland. Guillimanns Quellen sind die Alten, die mittelalterlichen Chronisten, soweit sie gedruckt vorlagen, dann Abschriften von Tschudis Gallia comata und dem Mittelbuch. Er hat die Geschichte Alt-Helvetiens wissenschaftlich dargestellt unter vollständiger Benützung der bekannten Akten. Als erster meldet er die Alemanneneinfälle, erwähnt die Lex Gundobada, vermerkt die Stellung beider Teile der Schweiz im Frankenreich: Burgund unter Statthaltern, Alemannien unter eigenen Herzogen. Das Urkundenmaterial für die mittelalterliche Geschichte nimmt er aus Tschudi. Dieser übertrifft ihn bei weitem an Vollständigkeit der Stoffsammlung, da er länger lebte, mehr Zeit und bessere Verbindungen hatte. Guillimann ist dafür zuverlässiger in der Bearbeitung; Nebenzwecke fallen bei ihm weg. Vaterlandsliebe und Forschergewissen standen bei ihm in besserem Verhältnis zueinander als bei Tschudi. Er schreibt nur für Gebildete, ergeht sich in methodisch-kritischen Erörterungen. Stets trachtet er nach dem Zusammenhang, kombiniert mit wissenschaftlichem Verständnis. Wohl greift er oft daneben, kommt aber bei seinem reinen Streben der Wahrheit näher als Tschudi, Lücken füllt er nicht mit Phantasie und Fabeleien aus. Er stellt die Entstehung des Landes auf neuen Boden. Während Tschudi von uralter Freiheit berichtet, lässt er die Waldstätte erst im 13. Jahrhundert frei werden, vorher sind sie untertan, er sagt – einseitig – meist unter geistlicher Herrschaft. Guillimann bringt als erster die Urkunde von 1240, die er allerdings Uri zuschreibt. Als eigentlichen Befreier aber preist er Rudolf von Habsburg, verleitet durch die Urkunde von 1291, worin Rudolf den Schweizern freie Richter zusagt (er kannte den Bund von 1291 nicht). Hier liegt eine richtige schöpferische Erkenntnis: der Zusammenhang von Freiheit und Gerichtswesen; aber der gute Gedanke wird irrtümlich verwendet, auf alle drei Orte ausgedehnt. Und dann erliegt Guillimann der Gründungssage, ihrer Wucht und Gemeinverständlichkeit. Damals brauchte es viel mehr Entschlossenheit, sich von ihr zu befreien, als später. Er erzählt sie nach Tschudi, fügt nur hinzu, dass Tell von Bürglen sei. Guillimann hatte eben nichts oder zu wenig, um die Sage zu ersetzen; zehn Jahre später, nach eindringlichen Studien über den Ursprung der Habsburger, schreibt er an Goldast, er halte die Erzählung vom Schützen Tell für eine Fabel, und belegt dies mit Gründen, die seinem Scharfblick Ehre machen. Ähnliche Anfänge der Erkenntnis tauchen bei der Erörterung der Besiedelungsfrage auf. Er führt die Alemannen in unsere Geschichte ein. Gleichwohl fabelt er im dritten Buch, die Urner stammten von den Tauriskern ab, die Schwyzer von den Cimbern, die Unterwaldner von den Römern; auch hier triumphierte die Sage, weil der vorhandene Stoff ihm nicht erlaubte, nach dem ersten den zweiten Schritt zu tun. Seine Ansätze, Grundsätze und Ziele sind richtig. Was wäre aus ihm geworden, wenn er das äussere Glück Tschudis besessen hätte!

FRANZ GASSLER: Abhandlung über Guillimann. Leben und Schriften; Wien 1783. – ALEXANDRE DAGUET: Biographie de François Guillimann; Freiburg 1843. – GEORG VON WYSS: Franz Guillimann; ADB 10, Leipzig 1879, S. 107 ff. – JOHANN KÄLIN: Franz Guillimann, ein Freiburger Historiker von der Wende des XVI. Jahrhunderts; Freib. Geschichtsbl. 11, 1905, S. 1 ff. Es ist eine sorgfältige Biographie mit einer Bibliographie für die Werke, aber eine mangelhafte Würdigung der historiographischen Leistung und der Methode. – GASTON CASTELLA: Histoire du Canton de Fribourg; Freiburg 1922, S. 285 ff. – JEANNE NIQUILLE: Rudella et Guillimann; Ann. frib. 15, 1927, S. 241 ff. – MARC SIEBER: Das Nachleben der Alemannen in der schweizerischen Geschichtschreibung; Basl. Beitr. Geschichtswiss. 46, Basel 1953, S. 22 ff. – OSKAR VASELLA: Franz Guillimann; NDB V, Berlin 1964, S. 299 f.

ÜBRIGE SCHWEIZ

Werner Schodeler 1490–1541

Er entstammte einer Bremgarter Schultheissenfamilie, arbeitete von 1503–1508 als Lehrling auf der bernischen Kanzlei unter dem gestrengen Stadtschreiber Nikolaus Schaller, war ein munterer, zu Scherz aufgelegter Junge, wie Eintragungen in den amtlichen Schriften erweisen. Anno 1509 wurde er Stadtschreiber von Bremgarten, trat in den Rat ein und amtete von 1520 bis zum Tod wechselweise als Schultheiss. Er war bei Marignano dabei, blieb Katholik auch in den kritischen Jahren 1528–1531, da die Altgläubigen in Bremgarten verfolgt wurden und Bullingers Stimme von der Kanzel erscholl. Schodeler vermittelte und beschwichtigte nach Kräften. Die zweite Schlacht von Kappel bedeutete eine Erlösung für ihn, er wurde der Vertrauensmann der V Orte; zehn Jahre später starb er an der Pest, die unter seiner Familie aufräumte.

Wie die meisten Chronisten der Zeit begann er mit seiner Darstellung von vorn; das bedeutet dann einen Vorteil, wenn dadurch sonst verlorene Quellen erhalten werden. Der erste Band seiner *Chronik*, in Kopie auf der Stadtbibliothek Bern erhalten, führt von Anbeginn bis 1436; es ist eine Kompilation, ein Leitfaden: Justinger in Tschachtlans Form mit einigen Zusätzen aus anderen Chroniken und Streichungen. Der zweite Band, im Original zu Bremgarten vorhanden, umfasst die Jahre 1436–1466 und bietet Tschachtlan sowie in der Hauptsache Fründ. Beide – unselbständigen – Teile wurden noch vor der Reformation verfasst. Der dritte Band, im Original zu Aarau, beschlägt den Zeitraum von 1468–1525. Bis 1478 ist es eine Kopie Schillings, nachher eigene Arbeit mit Ausnahme von 1499, wo Schodeler Etterlin abschreibt. Die Bände 2 und 3 (bis 1478) sind mit zahlreichen wertvollen *Illustrationen* versehen. Der selbständige Teil entstand viel später, jedenfalls nach der Reformation. Er zeichnet sich durch Umsicht, Ordnung und Überblick aus; man spürt die Wirkung des neuen Geistes, Temperament und Freimut; in seinen Urteilen schont er die Eidgenossen nicht.

Die beiden ersten Bände enthalten 132 kolorierte, der dritte weist 193 unkolorierte Federzeichnungen auf. Sie haben sich von der mittelalterlichen Formenwelt gelöst, geben mit kräftigem Naturalismus ihre Zeit wieder (Hinrichtung der Besatzung von Greifensee 1444), können sogar in ihren Städtedarstellungen topographische Treue beanspruchen (Belagerung von Zürich durch die Eidgenossen, von Laufenburg durch Basler, Berner und Solothurner 1444). Der dritte Band zeigt Bilder von so hervorragender Komposition, dass man sie zu den besten der schweizerischen Chronistik zählen kann.

Die Chronik ist nicht ediert.

MORITZ VON STÜRLER: Über Werner Schodelers Berechtigung zum Chronikschreiben; Anz. Schw. Gesch. 1861, S. 43 f. – GOTTLIEB STUDER: Der Chronist Werner Schodeler; Arch. Hist. Ver. Bern 7, 1871, S. 396 ff. – PLACIDUS WEISSENBACH: Die

Tafel 27. Beutezug, aus der Chronik von Werner Schodeler, um 1530.

Reformation in Bremgarten; Argovia 6, 1871, S. 1 ff. – PLACIDUS WEISSENBACH: Die Regesten des Staatsarchivs Bremgarten; Argovia 8, 1874, S. 1 ff. – THEODOR VON LIEBENAU: Werner Schodelers Beschreibung der Schlacht von Marignano von 1515; Anz. Schw. Gesch. 1885, S. 356 ff. – GEORG VON WYSS: Werner Schodeler; ADB 32, Leipzig 1891, S. 211. – ERNST GAGLIARDI: Beiträge zur Historiographie in der Schweiz; Jahrb. Schw. Gesch. 35, 1910, S. 63*ff. – RUDOLF LUGINBÜHL: Zur Schodelerchronik; Anz. Schw. Gesch. 1913, S. 354f. – ERNST GAGLIARDI: Geschichte der schweizerischen Eidgenossenschaft bis zum Abschluss der Mailänderkriege; Voigtl. Quellenb. 67, Leipzig 1914, S. 205. – EDUARD ACHILLES GESSLER: Die Schweizer Bilderchroniken des 15./16. Jahrhunderts; Zürich 1941, S. 186 ff. – MICHAEL STETTLER: Werner Schodeler von Bremgarten im Aargau. Bilder aus dem 3. Bd. der Eidgenössischen Chronik; Aarau 1943. – Die eidgenössische Chronik des Werner Schodeler. Wissenschaftl. bearb. Faksimile-Ausgabe. Hg. v. ALFRED A. SCHMID und Mitarbeitern; 3 Bde., Luzern 1978f.

Anton Tegerfeld gest. ca. 1528

Der aus einer Mellinger Magistratenfamilie Hervorgegangene war Priester, zeitweilig Kaplan in Zofingen. Er machte Aufzeichnungen, die nur von 1502–1525 erhalten sind, zeigt eine gute Bildung mit humanistischem Einschlag, kennt die alten und modernen Schriftsteller. Es handelt sich um eine lateinische *Chronik* im alten Stil mit kurzen Notizen zu den einzelnen Jahren. Sie fliessen von 1512 an reichlicher, betreffen Politisches, Wetter, Ernte, Preise, Krankheiten, sehr wenig Lokales, meist Schweizer- und Allgemeingeschichtliches. Der Verfasser ist gut eidgenössisch gesinnt, ein Anhänger des Reichs, ein Feind der Franzosen, auch der neuen Lehre.

Für die politische Geschichte enthält die Chronik manchen interessanten Zug, der von keinem Zeitgenossen erwähnt wird. Auch kulturhistorisch bietet sie Erwähnenswertes. Tegerfeld weist den humanistischen Einschlag der Zeit auf: Sinn für das Geistesleben. Er schreibt mit innigem Anteil, daher seine sittlichen Ausrufe. Temperamentvoll erlebt er die Epoche, so dass man ihren erhöhten Pulsschlag fühlt. Mit grosser Hoffnung zählt er die Schriften auf, die gegen Luther gerichtet sind; seine Haltung ähnelt derjenigen des Erasmus.

Chronik des Anton Tegerfeld von Mellingen, hg. v. *Theodor von Liebenau*, in: Die Stadt Mellingen. Ortsgeschichte, Urkunden und Chroniken. Argovia 14, 1884, S. 209 ff.

Friedrich Jakob von Andwyl (Anwyl) gest. ca. 1533

Er stammte aus thurgauischer Ministerialfamilie, lebte um 1500 in hochgeachteter Stellung, war Hofmeister des Bischofs von Konstanz und 1506 Gesandter König Maximilians zu den Schweizern. Als Vertreter des Bischofs nahm er 1523 an der ersten Disputation in Zürich teil, trat mit Zwingli in Beziehung und neigte der Reformation zu. Nun entfaltete er eine literarische Tätigkeit, dichtete geistliche Lieder. Bullinger zitiert hie und da eine helvetische Chronik von ihm, die aber verloren gegangen ist. 1527 gab er eine *Beschreibung des volks und der landschafft Thurgäuw* im Druck heraus. Die Chronik ist kurz und enthält wenig Brauchbares. Andwyl verbreitet sich besonders über den Auszug der Helvetier 58 v. Chr., angeregt durch den Humanistenbetrieb, bietet aber Unverdautes und Fabulöses. Man stellt hier eine humanistische Fehlentwicklung fest.

Eine kurze Beschreibung des Thurgaus; Thurg. Beitr. vaterl. Gesch. 26, 1886, S. 124ff.

EMIL EGLI: Ritter Fritz Jakob von Anwyl, ein thurgauischer Edelmann und Verehrer Zwinglis; Zwingliana 2, 1905, S. 44 ff. – Johannes Stumpf: Chronicon vom Leben und Wirken des Ulrich Zwingli, hg. v. LEO WEISZ; Zürich 1932, S. 118, Anm. 58.

Heinrich Küssenberg

Von ihm ist wenig bekannt. Bis 1525 amtete er als Pfarrer zu Dogern bei Waldshut, wurde durch die Täufer- und Bauernunruhen vertrieben, wirkte dann als Kaplan in Wettingen, musste auch von hier weichen und wurde Kaplan in Klingnau, das unmittelbar dem Bischof von Konstanz unterstand.

Er machte *Aufzeichnungen über die Jahre 1521-1531*, vielleicht erst lange nach den Ereignissen, denn an zwei Stellen spricht er vom Calvinismus, was aber auch spätere Zutat sein kann. Küssenberg vertritt einen ausgesprochen katholischen Standpunkt. Der erste Teil der Chronik von 1523 bis 1529 beschränkt sich aufs Lokale, schildert die Vorgänge in Waldshut, leider nur bis 1525, dann die Begebenheiten in Zurzach, Klingnau und Umgebung. Der folgende Teil beschreibt den zweiten Kappeler Krieg in offener, bestimmter Sprache. Der Ton ist lebhaft, die Anschauung persönlich, diejenige eines Opfers der Reformation. Den Balthasar Hubmaier nennt er gelehrt und verkehrt, erzählt, wie die Wiedertäufer aus dem Melkkübel getauft werden, schiebt die Schuld am Bauernkrieg der Reformation zu. Bei der Schilderung des Bauernkriegs bricht bei ihm wie bei allen andern Darstellern das Mitleid durch angesichts der grausamen Unterdrückung. Anlässlich der Reformation in Zurzach wurde das Verena-Grab geöffnet. Küssenberg gibt Beispiele für die Anmassung Zürichs, stellt genau dar, wie die Abstimmung in Klingnau vor sich ging. Als Ursache der Kornsperre und des zweiten Kappeler Kriegs nennt er die Weigerung der V Orte, die Bibel in ihrem Gebiet zuzulassen. Von der Schlacht bietet er eine klare Darstellung, obschon einige Angaben unrichtig sind. Vogt Hans Jauch aus Uri, der die schwache Seite der zürcherischen Aufstellung erspäht, ist der Held, der den Sieg gewinnt. Bitterer Hass fällt auf Zwingli: «der verfluechte erzketzer krepiert.» Die Zürcher wehren sich nach seiner Darstellung tapfer.

Heinrich von Küssenberg's Chronik der Reformation in der Grafschaft Baden, im Klettgau und auf dem Schwarzwalde, hg. v. *Johann Huber;* Arch. Schw. Reformationsgesch. 3, 1875, S. 418 ff. Ausgabe nach zwei Kopien des verlorenen Originals. Es erheben sich berechtigte Zweifel, ob der zweite Teil der Chronik von Küssenberg stammt oder bei der Abschrift hinzugekommen ist.

Merkwürdigerweise erwähnen weder PAUL SCHWEIZER: Die Schlacht bei Kappel; Jahrb. Schw. Gesch. 41, 1916. S. 1 ff. noch FERDINAND VETTER: Schweizerische Reformationslegenden; Zeitschr. Schw. Gesch. 3, 1923, S. 1 ff., den Schlachtbericht Küssenbergs.

Aufzeichnungen im Dominikanerinnen-Kloster St. Katharinental bei Diessenhofen 1529–1532

Eine Nonne schildert unter dem unmittelbaren Eindruck der Dinge gewandt die Erlebnisse des Klosters von 1529–1532. Sie beschreibt die Verfolgung, Bedrängnis, Überfälle, Wegnahme der Ordenskleider, den Zwang zum Anhören des Prädikanten. Überall wurden die gleichen Mittel angewandt, um die Klosterleute in die Welt zurückzuführen. Aus dieser lebendigen Darstellung spricht echtes Empfinden. Die Verfasserin gehört wahrscheinlich dem Adel an, besitzt eine gute Bildung. 1531 äussert sie innige Freude über den Sieg, den ein Himmelsbote ihr verkündet, «dass die schlacht uff dem berg zu Cappel eroberet und der Zwingli umbkumen were. Ach wie warend wir so fro und lobten Gott». Die Begegnung mit den Abgesandten der Reformation erzählt sie viel milder, als die Eidgenössischen Abschiede dies tun. Man empfindet das besondere Schicksal des Klosters als einen Widerschein des allgemeinen Schicksals der katholischen Kirche in den reformierten Orten.

Denkschrift der Priorin und Schwestern in Sant Catharina Thal bei Diessenhofen; *Aufzeichnungen,* hg. v. *Peter Bannwart,* mit Anm. v. P. Mauritius van der Meer; Arch. Schw. Reformationsgesch. 3, 1875, S. 101 ff. – Slg. Eidg. Abschiede, hg. v. *Johannes Strickler,* 4, 1 b, Zürich 1876, S. 608. 664 f.

EDGAR BONJOUR: Die Unterlegenen, in: Die Schweiz und Europa 2, Basel 1961, S. 260.

Heinrich Schönbrunner 1498–1537

Sein Oheim, der Zuger Pfarrer Hans Schönbrunner, ermunterte die Berner bei Dornach und beweinte den Tod Zwinglis mit dem oft erzählten human-patriotischen Wort: «Wie du auch des Glaubens halber gewesen, so weiss ich, dass du ein redlicher Eidgenosse gewesen bist.» Heinrich Schönbrunner aus Zug bekleidete ein paar Ämter, war Landvogt, vor allem Söldnerführer, ein eifriger Franzosenfreund. Bei Marignano machte er mit und seither auf allen Zügen. 1536 wurde er wegen einer verbotenen Werbung schwer gebüsst und starb im folgenden Jahr an dieser Kränkung.

Er hinterliess ein *Tagebuch* mit Eintragungen von 1515 an über Züge, Schlachten, Reformation, die er wie den Einbruch einer unbekannten Seuche schildert, und über seine Pilgerfahrt nach Santiago. Der rauhe Söldnerhauptmann hat eine ungefüge, oft dunkle Schreibweise, aber er gibt direkt den Eindruck der ungestümen Zeit wieder. Nach seinem Tod reihte sein Neffe Hans Schönbrunner noch ein paar Notizen an. Trotz den knorrigen, kurzangebundenen Sätzen ist seine leider kleine Chronik mit Genuss zu lesen. Er schildert den Streit zwischen kaiserlich und französisch Gesinnten und entwirft damit ein Sittenbild von Zug anno 1522. Auch im ersten Kappeler Krieg war er dabei. Er schneidet tapfer auf, übertreibt die Zahlen, die Zuversicht der Katholiken. Von der Milchsuppe sagt er nichts; erst Bullinger erwähnt sie dreissig Jahre später. Schönbrunner zählt die Wunder auf, die dem zweiten Krieg vorangingen, und ärgert sich, dass die Reformierten sie nicht glauben wollen.

Hauptmann Heinrich Schönbrunner von Zug und sein Tagebuch, hg. v. *Bonifaz Staub;* Geschichtsfreund 18, 1862, S. 205 ff.

RUDOLF HESS: Die zugerischen Geschichtsschreiber des 16. Jahrhunderts; Zug 1947, S. 48 ff.

Sebastian Seemann 1492–1551

Mit zwölf Jahren trat er ins Zisterzienserkloster St. Urban ein, wurde Prior, 1535 Abt. Anno 1513 verbrannte das Kloster. Zum Neubau schrieb er zwischen 1517–1525 eine lateinische Festschrift; das ist die *St. Urbaner Chronik*. Seemann wollte die Vergangenheit des Klosters nicht gleichmässig darstellen, konnte es wohl auch nicht, da beim Brand ein grosser Teil der Dokumente zerstört wurde. Es handelt sich um eine rasche Gelegenheitsschrift, die wichtige Abschnitte übergeht und das innere Leben zu wenig berührt. Der Autor verband dürftige Überreste des Archivs mit der Tradition und eigenen Erlebnissen. Eine ältere Klostergeschichte fehlt, sagt er in der Vorrede. Er besitzt eine gute Bildung; allerdings ist sein den Klassikern nachgebildetes Latein nicht fehlerfrei und etwas dunkel. Seemann beginnt mit der Gründung 1194, schildert Anfechtungen, flicht Schweizergeschichte nach Justinger ein, rühmt den alten, klostergründenden Adel, tadelt den gegenwärtigen, der nur zusammenrafft, beklagt sich über die laue Zeit. Im Urteil ist er frei, bezweifelt sogar ein Wort Christi. Zum Guglerkrieg, wo St. Urban Hauptquartier war, bringt er einige selbständige Mitteilungen: Die Grafen von Grünenberg überfallen die Gugler in St. Urban und kommen dabei um. Beim Rückzug bricht die Brücke unter den Guglern zusammen, viele von ihnen ertrinken; 80000 Gugler zu Pferd fielen ein, ihr Fussvolk war zahllos wie die Heringe. Seemann nennt Dörfer, die nicht wiedererstanden, äussert den Verdacht gegen den Grafen von Nidau, er habe den fremden Eindringlingen die Jurapässe geöffnet. Für ihn begann das Schisma nicht 1517, sondern 1511, als der Kardinal von Ferrara gegen Julius II. auftrat, von Frankreich unterstützt; das Konzil von Pisa und die Wahl des Gegenpapstes hätten zum Pavierzug geführt, wo die Schweizer als Retter erscheinen. Zur Zeit, da Seemann schrieb, fühlte er noch nicht, welche Kluft das Schisma aufriss. Sehr ausführlich beschreibt er den Brand von 1513, die Leiden der Mönche, den Dank an die Helfer; hier schimmert die Absicht der Arbeit durch. Ausführlich schildert er auch den Bauernaufruhr von 1513, wo das Kloster bedroht, angegriffen wurde, und fällt wegwerfende Urteile über die Bauern. Es ist schade, dass Seemann nur eine Gelegenheitsarbeit schrieb; er hatte das Zeug zu Grösserem. Seine Chronik wurde schon früh benützt, Stumpf exzerpierte sie, ohne den Autor zu nennen.

Antiquitates Sancti Urbani, hg. v. Hermann Escher; Quell. Schw. Gesch. 6, 1884, S. 298 ff. – *St. Urbaner Chronik*, hg. v. Theodor von Liebenau; Cisterzienserchronik 9, 1897.

AUGUST PLÜSS: Die Freiherren von Grünenberg; Arch. Hist. Ver. Bern 16, 1902, S. 202 ff. – Die verschiedenen Benützer Seemanns werden in der Fussnote S. 1 der Cisterzienserchronik 9 genannt. – HANS WICKI: Geschichte der Cisterzienser-Abtei St. Urban (1500–1550); Freiburg 1945.

Kaspar Suter ca. 1500–1554

Geborener Zürcher aus Horgen, war Suter von Beruf Schreiber und Schullehrer. In seiner Heimat gab es deren zuviel; da ging er nach Zug, blieb aber reformiert. Obschon den fremden Fürsten abgeneigt, trat er doch in den Solddienst, «miner notdurft halb», denn in Zürich kam er trotz Bitten nicht an. 1544 nahm er an der Schlacht von Cérisole teil, machte die Feldzüge im Piemont mit und wurde bei der Plünderung der Stadt Camerano erschossen. Zeitlebens war er ein Pechvogel, auch in der Literatur. Er versuchte sich in der Geschichtsschreibung:

1. Anno 1544 verfasste er ein Lied von der Schlacht bei Cérisole, das *Bemunderlied*; auf einem Blatt mit einem Holzschnitt gedruckt, fand es weite Verbreitung. Es besitzt nicht poetischen, sondern einigen historischen Wert.

2. Von 1545–1549 arbeitete er an einer grossen *Chronik der Schweiz*. Er fand, das Stumpfsche Werk genüge den Volksansprüchen nicht, sei gegen die Katholiken ungerecht, und so wollte er nun mit Stumpf wetteifern. Für seine Chronik benützte er viele Quellen, auch ausländische, unter anderem eine Chronik, die er auf einem Schloss gefunden haben wollte und die heute verschollen ist. Sein Werk bot Suter 1549 der Tagsatzung an, die es aber ablehnte; der Stil sei zu verworren. Diese Chronik kennt man heute nicht mehr, dagegen einen von Suter verfassten Auszug, der sich im Manuskript auf der Bürgerbibliothek in Luzern befindet. Er enthält einige eigenartige Notizen und interessante Varianten zur Befreiungssage. Tell tritt an die Stelle von Walter Fürst; Stauffacher geht mit dem Sack in Uri um, damit Treue und Verschwiegenheit zu kaufen, was alles Suter aus dem Volksmund nahm.

3. *Chronik der Stadt Zug*, bis 1549 reichend. Das Original ist verschwunden; jedoch hat sich eine Kopie mit Fortsetzung bis 1580 von Lazarus Kolin erhalten, daher sie auch Kolin-Chronik genannt wird.

4. Eine *Neue Chronik*, die Religionskriege von 1528–1531 betreffend, ging verloren. Suter sagt darin, dass sein Vater auf Zürcherseite am Gubel gefallen sei.

5. *Antwort auf das Schmachlied des Lukas Lercher von Nördlingen.*

6. *Ein warrhaffte und gründliche Histori, was sich 1552 und 1553 im Pemondt zugetragen und verloffen hat.* Das Schriftchen von sechzehn Blättern mit einem Holzschnitt wurde 1554 zu Bern bei Apiarius gedruckt.

Ungunst der Verhältnisse und eigene Schuld scheinen in Suter ein Talent zerstört zu haben.

Das *Bemunderlied* ist abgedruckt bei *Rochus von Liliencron:* Die historischen Volkslieder der Deutschen vom 13.–16. Jahrhundert 4, Leipzig 1869, S. 247. – Aus der Kleinen Chronik sind die *Varianten zur Befreiungssage* abgedruckt von *Theodor von Liebenau:* Zur Bundesfeier 1291–1891; Geschichtsfreund 46, 1891, S. 283 ff., und von *Robert Durrer:* Neue Beiträge zur Aus- und Fortbildung der Befreiungssage; Anz. Schw. Gesch. 1916, S. 157 ff.

THEODOR VON LIEBENAU: Zur Gessler Chronik; Anz. Schw. Gesch. 1865, S. 21 ff. – THEODOR VON LIEBENAU: Caspar Suter von Horgen; Zuger. Njbl. 1885. – THEODOR VON LIEBENAU: Kaspar Suter; ADB 37, Leipzig 1894, S. 200. – RUDOLF HESS: Die zugerischen Geschichtsschreiber des 16. Jahrhunderts; Zug 1947, S. 78 ff.

Walter Klarer 1499–1567

Er ist der einzige, der sich aus Appenzell vernehmen lässt. Zu Hundwil geboren, studierte er von 1517–1521 mit königlichen Stipendien in Paris. 1521 kehrte er zurück, wie er rückblickend schrieb, «nicht der Mindeste im Papsttum, dafür fast ohne Kenntnis der Bibel». Bald wurde er Pfarrer von Hundwil, wo er eifrig für die neue Lehre eintrat. Man nennt ihn den Reformator von Appenzell, aber nicht ganz mit Recht. Der Bahnbrecher war Jakob Schurtanner, der 1525 starb. Klarer führte das Werk durch, in Freundschaft mit Vadian, der sein Trost war. Hier auch verspürt man einen Strahl des Lichts, das von Vadian ausging. Appenzell wurde paritätisch. Klarer ging amtlich an die Disputation von Bern, wirkte von 1530 bis 1532 als Pfarrer in Gossau, wurde vom Abt von St. Gallen verhaftet und des Landes verwiesen. Nachher amtete er als Pfarrer in Urnäsch und in Hundwil, hiess Präsident, das heisst Dekan der reformierten Gemeinde. Er war tapfer in den Sorgen, in Armut und Kummer.

Anno 1565 wurde er von seinen Amtsgenossen aufgefordert, die *Appenzeller Reformation* darzustellen. Er tat es auf einigen Blättern, die sehr ins Gewicht fallen. Man vernimmt Not und Gefahr und stete Anfechtung. Klarer schreibt aus dem Gedächtnis, auf sich allein angewiesen, da die Mitstreiter gestorben waren. Er nennt seine Mitarbeiter, mit besonderem Lob Vadian, befasst sich eingehend mit dem Priesterstreik, den Gegnern, besonders mit Pfarrer Hurter, der die Gemeinde Appenzell beim Alten erhielt. Seine Darstellung besitzt um so grösseren Wert, als sie die einzige zeitgenössische ist und sich die Akten über die Appenzeller Reformation nur spärlich erhalten haben. Er berichtet über die Jahre 1521–1531 «schlicht und einfältig», wie er sagt, leider in Kürze.

Pfarrer Walther Klarer's Geschichte der Reformation im Appenzellerlande, hg. v. *Heinrich Jakob Heim;* Appenz. Jahrb. 2. Folge, Abt. 1, Heft 8, 1873, S. 86 ff.

EMIL EGLI: Walter Klarer; Zwingliana 1, 1903, S. 363 ff. – JOHANN WILLI: Die Reformation im Lande Appenzell; Bern 1924.

Hauschronik der Ammänner Vogler zu Altstätten

Verfasser der unveröffentlichten Chronik sind *Hans Vogler* der Vater (1442–1518) und *Hans Vogler* der Sohn (1498–1567), Amtmänner des St. Galler Abtes im Rheintal, beide streng rechtlich, ohne Nachsicht, von

Feinden umgeben. Der Sohn trat aus dem Klosterdienst, wurde das Haupt der Reformierten, setzte die Reformation im Rheintal durch, amtete von 1528–1531 und fiel der Umwälzung zum Opfer. Zürich liess ihn im Stich, nahm ihn später als Burger auf; er kaufte das Schloss Uster, wo er sein Leben beschloss.

Der Vater fing die *Chronik* an; sein Teil ist mehr kulturhistorisch interessant. Er trug das ihm Wichtige unter verschiedenen Rubriken ein, so eine für Familienereignisse, für Weinpreise, für Geschichtliches – diese zu knapp –, für Gedichte, Rezepte, religiöse Betrachtungen, für Charakteristiken der eidgenössischen Landvögte, für Mannschaftsrödel aus dem Rheintal. Man erfährt daraus, wie die Leute lebten, was sie empfanden, dachten, erlitten, belachten. Die Auffassung ist eher düster für einen vom Glück so begünstigten Mann; er spricht vom Jammertal.

Der Sohn schildert die Reformation in der rheintalischen Heimat; sein Anteil an der Chronik hat mehr historischen Gehalt.

JOHANNES HÄNE: Das Familienbuch zweier rheinthalischer Amtmänner des 15. und 16. Jahrhunderts (Hans Vogler, der Reformator des Rheintals); Jahrb. Schw. Gesch. 25, 1900, S. 43 ff.

Werner Schodeler der Jüngere 1547–1587

Er war ein Enkel des Chronisten, kam in Bremgarten zur Welt, wo er sein Leben verbrachte. 1568 trat er in den Grossen Rat, wurde 1570 Stadtschreiber als Nachfolger seines Vaters, 1572 Mitglied des Kleinen Rates. Das Schreiben war in der Familie Überlieferung. Auch der Vater hinterliess persönliche Aufzeichnungen. Werner führte 1566–1577 ein *Tagebuch*, aber ungleichmässig, verweilt bei einem Jahr ausführlich und geht über ein anderes kurz hinweg. Er bringt keine Enthüllungen geschichtlicher Vorgänge, sondern gibt das Echo wieder, das grosse Ereignisse in der Schweiz hervorrufen: die Seeschlacht von Lepanto 1571, die Pariser Bluthochzeit 1572, von dieser die katholische Auffassung, dass der König in Notwehr handelte. Das Wertvolle an dem Tagebuch liegt darin: Es führt in die Leiden, Sorgen und kargen Freuden einer Menschheit, die nur kümmerlich auf Erden eingerichtet war; es gibt den Durchschnitt des Alltags nach innen und aussen. Obgleich der Schreiber in mässigen und gesicherten Verhältnissen lebte, ist sein Herz gepresst, die Färbung dunkel und traurig, der Aufblick nach oben selbstverständlich. Das Dasein wird als ein Geschenk Gottes hingenommen. Zu Neujahr trägt Schodeler die Bitte um Abwendung von Leiden ein. Der Hauptinhalt betrifft Witterung, Steigen und Sinken der Preise, Überschwemmungen, Seuchen, Aufbrüche der Söldner, wobei anlässlich der Rückkehr vermerkt wird, ob sie Geld mitgebracht haben, was oft nicht der Fall war. Ab und zu ist ein Fest eingesprengt. Das Konfessionelle hat keinen Raum, es wird von den nächstliegenden Sorgen verzehrt.

Wernher Schodelers des Jüngern Tagebuch, hg. v. *Walther Merz;* Taschenb. Hist. Ges. Aargau 1904, S. 77 ff.

JAKOB STAMMLER: Der Chronist Werner Schodeler; Arch. Hist. Ver. Bern 13, 1893, S. 601 ff.

Christoph Silberysen 1541–1608

Dieser Conventual, dann Abt des Zisterzienserklosters Wettingen schrieb eine kleine und zwei grosse Chroniken, alle illustriert, die er aus verschiedenen Quellen zusammengetragen haben wollte. Es handelte sich aber um lauter Abschriften von Brennwald, Schodeler und Füssli. Man hat ihn aus der Historiographie zu verweisen, so anerkennenswert auch sein Sammeleifer erscheint.

Die Illustrationen sind ebenfalls zum grossen Teil kopiert, nach zeitgenössischen Holzschnitten aus Stumpfs Chronik und aus Münsters Kosmographie. Sie weisen ferner Abbildungen von Siegeln und Münzen auf, Wappenfolgen und Stadtansichten. In den selbständigen Zeichnungen verfügt der Illustrator über eine sichere Hand und bietet auch aufschlussreiche Darstellungen aus dem Zivilleben. Aber die künstlerische Kraft ist dennoch am Erlahmen.

Bilderfolge, hg. v. *Hans Herzog* und *Johann Rudolf Rahn;* Turicensia 1891, S. 52 ff.

HANS HERZOG: Christoph Silbereysen; ADB 34, Leipzig 1892, S. 318. – JOSEPH ZEMP: Die schweizerischen Bilderchroniken und ihre Architekturdarstellungen; Zürich 1897. – ERNST GAGLIARDI: Beiträge zur Historiographie in der Schweiz; Jahrb. Schw. Gesch. 35, 1910, S. 63*ff. – EDUARD ACHILLES GESSLER: Die Schweizer Bilderchroniken des 15./16. Jahrhunderts; Zürich 1941, S. 191 ff.

AUSLAND

Um 1500 begann sich das Ausland um die Schweiz zu kümmern, da diese eine militärische Grossmacht war und wie eine Gewitterwolke über Europa auftauchte, aus der der Blitz unversehens niederfuhr. Mitteleuropa lag gleichsam unter einem schweizerischen Alpdruck. Je weniger man von der Eidgenossenschaft wusste, um so mehr suchte man von ihr zu erspähen. Bisher hatte man sie kaum beachtet, da sie noch keinen Beitrag zur europäischen Kultur geleistet hatte und wie eine arme, barbarische Wildnis am Rande der bewohnten Welt lag. Jetzt stand sie mit einem Mal drohend da, forderte die mächtigsten Staaten heraus und bestimmte das Geschick von Mitteleuropa. Furcht, Bangen, Neugierde, Feindseligkeit ringsum begleiteten ihren erschreckenden Aufstieg. Und dabei erkannte man eines nicht, weil man von ihr nur das Dürftigste wahrnahm: Wohl fielen die Schweizer unerbittlich siegreich in die Nachbarländer ein und verhängten bisweilen Furchtbares über sie; aber sie dachten nicht daran, aus der militärischen Überlegenheit politischen Nutzen zu schlagen und einen grossen Staat zu gründen, weil für sie das Problem, ob Grossstaat oder Kleinstaat, bereits zugunsten des Kleinstaates entschieden war.

Dass zunächst besonders die italienischen Schriftsteller sich mit den Schweizern befassten, hängt mit den italienischen Feldzügen zusammen.

Mailänder Chroniken

Donato Bossi (1436–ca. 1500) liess 1492 eine Chronik im Druck erscheinen, die meist Ereignisse der Heimatstadt bis an die Schwelle seiner Gegenwart berührt. Er erwähnt ganz kurz die Schlacht von Arbedo und den Frieden von 1426, etwas ausführlicher die Schlacht von Giornico 1478, wie man sie von mailändischer Seite ansah, verkleinert und ungenau.

Bernardino Corio (1459–1519) veröffentlichte 1503 eine Geschichte Mailands in italienischer Sprache, *Patria historia*, die bis 1499 reicht. Über die die Schweiz betreffenden Jahre von 1422 und 1426 bietet er nichts, die Schlacht von Giornico erzählt er nach Bossi mit dessen Irrtümern; ausführlich ist dieser Kompilator nur für 1499.

Benedetto Giovio, ein älterer Bruder von Paolo, schrieb eine *Geschichte seiner Vaterstadt Como*.

Andreas de Biliis verfasste eine *Geschichte von Mailand* in den Jahren 1402 bis 1431, wo er die Ereignisse von Arbedo schildert.

Andreas de Biliis: Schlacht bei Arbedo, hg. v. WILHELM OECHSLI; Quellenb. Schweizergesch. NF, Zürich 1893, S. 366ff.

Über einige Mailänder Chronisten handelt GEROLD MEYER VON KNONAU: Eine mailändische Quelle zur Geschichte der Eidgenossenschaft im 15. Jahrhundert; Anz. Schw. Gesch. 1866, S. 57ff. – EMIL MOTTA: Benedict Giovio und die Schweizer; Anz. Schw. Gesch. 1881, S. 366ff. – SANTO MONTI: Rivendicazione dell'opusculo «de antiquitate, de moribus et terra Suitensium», al suo vero autore Benedetto Giovio; Perio-

dico della società storica per la provincia e antica diocesi di Como 7, Como 1890. –
F. GÜTERBOCK: Die Urkunden des Corio, ein Beitrag zur Geschichte des Lombardenbundes; N. Arch. Gesch. f. ältere deutsche Geschichtskde. 23, 1898, S. 213 ff.

Balcus

Er war Mailänder. Von ihm ist nur bekannt, dass er zwischen 1500 und 1504 eine *Descriptio Helvetiae* verfasste, die er dem Gioffredo Caroli, dem französischen Vizekanzler von Mailand, widmete, und dass er bald danach starb. Sie schliesst sich ziemlich eng an die Descriptio des Albrecht von Bonstetten aus dem Jahr 1478 an. Wie dieser spricht er nur von acht Orten der Eidgenossenschaft, obschon ihr jetzt bereits zehn oder zwölf angehörten. Man hat deshalb Balcus als ziemlich wertlos beurteilt, zu Unrecht. Er bringt einige kurze Abschnitte, die selbständig die Meinung des Auslandes über die Schweizer, ihren Charakter, ihre Politik, Kriegsweise und Rechtsanschauungen wiedergeben, allerdings nicht gerade nach dem Geschmack der Eidgenossen.

Wie Bonstetten erscheint ihm der Rigi als der Mittelpunkt von Europa. Die eidgenössische Bezeichnung Ort gibt er mit «angulus» wieder, einer richtigen Übersetzung des französischen Ausdrucks «canton», den die Franzosen eben zu gebrauchen begannen. Seine Schilderung der Schweizer mischt Richtiges mit Übertreibungen. Er nennt sie vertragsbrüchig, erwähnt ihre langen Schmäuse, ihre Trinkgelage, tadelt ihre Verachtung der Bildung, der friedlichen Arbeit, ihre Geldgier und Zwietracht. Sie müssen vom Krieg leben oder verhungern. Balcus staunt, dass ein so rauhes, ungeschlachtes («ignobile») Volk Europa seine Herrschaft auferlegen kann. Die Schweizer gleichen an Geist und Seele ihren Bergen und Wäldern.

So oder ähnlich tönt es von nun an durch die Berichte fremder Gesandten. Padavino drückt sich in seiner denkwürdigen Staatsschrift fast übereinstimmend aus, ein Zeichen, dass Balcus für seine selbständige Darstellung aus guten Quellen, wahrscheinlich aus Gesandtschaftsberichten, geschöpft hat.

Descriptio Helvetiae, hg. v. *August Bernoulli;* Quell. Schw. Gesch. 6, 1884, S. 73 ff. Hier sind noch andere, meist geographische Werke über die Schweiz herausgegeben worden. – *Urteil des Mailänders Balcus über die Eidgenossen,* hg. v. *Wilhelm Oechsli;* Quellenb. Schweizergesch. NF, Zürich 1893, S. 470 ff.

Marino Sanuto   ca. 1470–1535

Venezianer, sass er im Rat seiner Vaterstadt, betätigte sich daneben auch als Historiker. Am wichtigsten sind seine *Diarii,* die von 1496–1533 gehen. Darin zeichnete er mit ungeheurem Fleiss auf, was Tag für Tag in der Welt vorging. Er nahm als Sammler von Nachrichten eine ausnahmsweise günstige Stellung ein, da Venedig damals im Brennpunkt der Universalpolitik lag. In seine Tagebücher legte er Aktenstücke, Protokolle von Ratsverhandlungen, Depeschen ein, schrieb ganz unpersönlich auch über

Schweizerisches. Seine Diarii sind eine sehr wertvolle, unumgängliche Quelle für die italienischen Feldzüge.

Sanutos Tagebücher wurden in Venedig von 1879–1903 in 58 Folianten mit einem Einleitungsband herausgegeben: *I Diarii di Marino Sanuto*. Editori: *Niccolò Barozzi, Rinaldo Fulin, Guglielmo Berchet, Federico Stefani*. Jeder Band besitzt ein Register, so dass das die Schweiz Betreffende leicht unter dem Stichwort Sguizzeri zu finden ist.

Niccolò Machiavelli 1469–1527

Dieser bekannte Florentiner besass eine praktische Erfahrung im Staatsdienst, amtete von 1498–1512 als Sekretär des Rates zu Florenz, wurde dann kaltgestellt, weil er überzeugter Republikaner war. Er hatte die Anlage zum grossen Geschichtsschreiber, war aber vor allem politischer Denker, einer der grössten aller Zeiten. Daher rührt seine wunderbare Feinfühligkeit für tiefere geschichtliche Zusammenhänge. Hier wirkte er bahnbrechend, zum Beispiel für die Einsicht in den Zusammenhang zwischen äusserer und innerer Politik, zwischen Wehrwesen, Aussenpolitik und Macht. Er hatte Ohr und Sinn für seine Zeit, schlang ein enges Band zwischen Vergangenheit und Gegenwart. Dabei stellte er auf die Masse und den Staat ab, nicht nach Humanistenart auf die glänzende Persönlichkeit, trotz dem «Principe». Sein Urteil ist frei und souverän, unabhängig von Vorgängern; aber um das Quellenstudium ist es schlimm bestellt.

Machiavellis Verhältnis zu den Schweizern gliedert sich in drei Perioden:

1. Bis 1512. Während dieser Zeit betrachtet, studiert er sie mit tiefem Anteil und mit Sympathie. Er sah Schweizer 1494 beim Einzug in Florenz unter Karl VIII., 1501 nach dem Fall von Novara im Dienst von Florenz, hörte ihr stolzes Wort, ihre militärische Kraft sei den Römern gleich, sie könnten tun wie diese; 1506 begegnete er ihnen als Gardesöldnern in Rom, 1507 reiste er in wenigen Tagen von Genf nach Konstanz und wurde in Freiburg von einem Staatsmann über die eidgenössische Verfassung unterrichtet, wobei er einiges falsch auffasste, unter anderem die Befehlsgewalt der Tagsatzung; er hielt den Bund für viel enger, als er in Wirklichkeit war. Seine Kenntnis der Schweizergeschichte scheint dürftig, weil es in Italien keine Literatur über sie gab; Balcus lag noch nicht gedruckt vor, nur Aeneas Silvius. Machiavellis Bemerkungen über die Schweizer aus dieser Zeit finden sich in seinen Depeschen, Briefen, Berichten, so in den *Ritratti delle cose dell'Alamagna* 1508 und in den *Ritratti delle cose della Francia*. In den ersteren steht seine Beschreibung der Schweizer: Sie seien klein, schmutzig, unschön. Er studiert ihr Heer, hebt ihre Freiheit hervor; Miliz und Freiheit erkennt er als ihre Merkmale.

2. Von 1512–1515. Machiavelli war ein Freund der Franzosen, weil sie 1494 die Medici vertrieben. Gleich nach dem Pavierzug der Schweizer stürzte in Florenz die Republik, die Medici kehrten zurück. Deshalb hasst er nun die Schweizer, auch deshalb, weil sie dem Papsttum dienen, das er als Pest Italiens verabscheut. Jetzt schilt er sie barbarisch, ja bestialisch, fürchtet eine schweizerische Expansion in Italien, hat eine übertriebene

Vorstellung von ihrer Macht, verficht die Losung: weg von den Schweizern! Hauptquelle für Machiavellis Einstellung zu den Schweizern während dieser Periode bildet seine *Korrespondenz mit dem Freund Francesco Vettori*.

3. Von 1515-1527. Machiavellis Wunsch wurde 1515 erhört: Die Schweizer erlitten bei Marignano ihre blutigste Niederlage, die Franzosen kehrten zurück. Aber Machiavelli erfuhr eine grimmige Enttäuschung: Franz I. verbündete sich mit dem Mediceer Leo X., und die Republik Florenz erstand nicht wieder. Jetzt wurde Machiavelli erneut zum Freund der Schweizer, erkannte, dass sie nicht erobern wollten, weil sie uneins und zerteilt seien. In dieser Periode schrieb er in Musse seine klassischen Werke *Il Principe, Dell'Arte della Guerra, Discorsi sopra Tito Livio*. Hier erscheint er als kleinstaatlicher Republikaner, schwärmt für antike «virtù», für Freiheit und Wehrpflicht und findet dies alles in der Schweiz. Er ist entzückt von der schweizerischen Alterspatina und Einfachheit, von der geringen Verderbnis, der Naturnähe der Eidgenossen und führt den Alpensohn in die Weltliteratur ein. Als Hasser des Grossstaates, als Republikaner ersehnt er den kleinen, freien Stadtstaat. Sein politisches Ideal ist das «vivere politicamente», freies, republikanisches Leben, das Mittel dazu sieht er in der «virtù», dem Inbegriff bürgerlicher und militärischer Tugend. Unter virtù versteht er die Kraft des politischen und militärischen Handelns, kriegerische Schlagkraft wird bei ihm zu einer moralischen Energie. Diese findet er in Italien nicht, überhaupt nicht in der südlichen Welt. Er sieht die Schweizer überall siegen, daher billigt er ihnen die «virtù» im antiken Sinne zu. Das regt ihn an, auch ihre inneren Zustände zu verfolgen, und er entdeckt, dass sie wirklich ein «vivere politicamente» haben, das heisst innere Freiheit und äussere Unabhängigkeit.

Als Ursache hiezu erkennt er: Sie haben den Feudalismus, den Fluch der Staaten, vernichtet. Ferner ist bei ihnen die Staatsgewalt, «forza publica», stärker als das Privatinteresse, «forza privata». Er hegt die Überzeugung, dass die staatliche Gemeinschaft nur durch Zwang bestehe. Diesen Zwang setzt er in der Schweiz voraus, daher rührt seine Meinung von der starken Tagsatzung; ihre geheime Kraftquelle, den freien genossenschaftlichen Geist, kennt er nicht. Und schliesslich haben die Schweizer die alte Religion. Darunter versteht er den Glauben, der nicht von der Wirklichkeit auf das Jenseits ablenkt, sondern auf das Diesseits verpflichtet. Der Religion verdanken die Schweizer ihre Treue gegenüber dem Eid, der Pflicht, was ihm bei seiner geringen Meinung von den Menschen auffällt. Religion fasst er als ein altes, neuerlebtes Christentum auf. Darum glaubt er auch, dass bei den Bergbewohnern die Republik eher möglich ist als in den korrupten Städten, weil in den Bergen die alten Sitten sich rein erhalten haben. Es ist übrigens nicht ganz leicht, Machiavelli zu folgen, weil er die Schweizer bald als Deutsche, bald als eigene Nation sieht und auch den süddeutschen Reichsstädtern «virtù» zutraut. Jedenfalls schwebt ihm die Schweiz so verklärt vor, dass sie ihm als Vorbild gilt, an dem er seinen Schmerz um das unselige, verdorbene, unkriegerische und unfreie Italien nährt. Besser als über die politischen Zustände oder über ihr kulturelles und wirtschaftliches Leben, das ihn nicht interessiert, kann er über die Kriegstüchtigkeit der Schweizer Auskunft geben, die er genügend vor Augen hatte. Hier gibt er die Wirklichkeit, nicht bloss ein Wunschbild wie für die politischen Zustände.

> Tutte le opere ...: hg. v. *Guido Mazzoni* und *Mario Casella;* Firenze 1929.
>
> ALEXANDRE DAGUET: Machiavel et les Suisses; Musée neuchât. 14, 1877. – EMIL DÜRR: Macchiavellis Urteil über die Schweizer; Basl. Zeitschr. Gesch. Altertkde. 17, 1918, S. 162 ff. – FERNANDO SCORETTI: Macchiavelli e gli Svizzeri; Bellinzona 1942. – WERNER KAEGI: Machiavelli in Basel; Histor. Meditationen, Zürich 1942, S. 121 ff. – ERNST WALDER: Macchiavelli und die virtù der Schweizer; Schw. Beitr. Allg. Gesch. 2, 1944, S. 69 ff. – LEONHARD VON MURALT: Macchiavellis Staatsgedanke; Basel 1945, S. 125.

Francesco Guicciardini 1483–1540

Politiker, Aristokrat und Republikaner, stand er in florentinischen und päpstlichen Diensten. Von der Praxis kam er zur Geschichtsschreibung, näherte sich der getreuen Wiedergabe des Lebens, soweit es einem Realisten und Pessimisten möglich ist, der edlere Beweggründe überhaupt nicht kennt, nur Selbstsucht und Erfolg ins Gewicht fallen lässt und von allen Faktoren bloss politische und militärische berücksichtigt, nicht wirtschaftliche und geistesgeschichtliche. Er brach mit der Ästhetik der Humanisten, die die Darstellung schöner Dinge auswählten, begnügte sich auch nicht nur mit der einen Quelle, die sich am schönsten las, sondern schöpfte zudem aus Akten, wo er konnte. Innerlich trennte er sich von der Landesgeschichte, schrieb als Universalhistoriker, dem es um die internationalen Zusammenhänge zu tun ist.

Ein Zeugnis davon ist sein Hauptwerk, die *Istoria d'Italia*. Sie umfasst die Jahre 1492–1534, bietet Zeitgeschichte, für die italienischen Feldzüge Unentbehrliches. Hervorragend ist bei Guicciardini die Fähigkeit zur psychologischen Analyse, die politische Intelligenz, die Unabhängigkeit des Urteils. Ihn reizte wie Machiavelli das Geheimnis, worin die militärische Stärke der Schweizer bestehe. Er sah bei diesen Menschen ein erhöhtes, manchmal furchtbar erhöhtes Lebensgefühl und kalte Mechanik der Politik am Werk. Jeder Italiener erklärte das Ungemeine auf seine Weise. Neben den berühmten Schilderungen der Schlachten von Novara und Marignano bei Guicciardini ist für die eidgenössische Geschichte die Beurteilung des Schweizertums wichtig, zu der er im Buch X fürs Jahr 1501 ausholt. Die Schlacht von Marignano beschreibt er unbefangen und erscheint trotz der Kühle der Darstellung erschüttert.

Mit scharfem Blick erkennt er, dass die Schweizer eine neue und blutige Kriegsart in Italien einführen, «cosa nuova e di spavento grandissimo». Zwar gibt er zu, es handle sich bei diesem Kriegsvolk um «bellissima gente». Ihre hohen Lohnforderungen aber empfindet er als unverschämt, als unehrenhafte Geldgier, klagt, es sei ein entsetzliches Ding, mit ihnen zu verhandeln, tadelt ihre Widerspenstigkeit, empört sich über den Anspruch der schweizerischen Hauptleute, bei der Kriegführung mitzusprechen. Nachdem er seinen aufgestauten Groll vom Herzen gestossen, muss er doch immer wieder eingestehen, die Schweizer seien an Kriegstüchtigkeit den spanischen, südfranzösischen und deutschen Söldnern weit überlegen. Das geheime Getriebe allerdings findet man nicht bei ihm, sondern in den Akten.

Francesco Guiccardini: Istoria d'Italia 1-4, Mailand 1875. – *Beurteilung des Schweizertums* aus Buch X und Bericht über die *Schlachten von Novara und Marignano* aus Buch XII bei *Wilhelm Oechsli:* Quellenb. Schweizergesch., 2.Aufl., Zürich 1901, S.357. 368ff. 382f. – *Belagerung und Schlacht von Novara,* übersetzt bei *Ernst Gagliardi:* Gesch. Schw. Eidgen. bis zum Abschluss der Mailänder Kriege; Voigtl. Quellenb. 67, Leipzig 1914, S.198ff.

RUDOLF VON ALBERTINI: Francesco Giucciardini; Schw. Beitr. Allg. Gesch. 10, 1952, S.209ff. – ROBERTO RIDOLFI: Vita di Francesco Giucciardini, Rom 1960. – BERTHE WIDMER: Erfahrungen eines päpstlichen Statthalters mit Schweizersöldnern; Discordia Concors, Festgabe für Edgar Bonjour, Basel 1968, S. 339-366.

Paolo Giovio (Paulus Jovius) 1483-1552

Er war Humanist, Arzt, Schriftsteller, Professor in Rom, empfahl sich den Päpsten, wurde Bischof von Nocera. Mit ihm beginnt die journalistische Behandlung der Geschichte. Die humanistische Rhetorik in der Historiographie bog er ins Belletristische um, betrachtete als Zweck, den Leser zu unterhalten; er wusste genau, was das grosse Publikum wollte. Ein anderes Ziel seiner historiographischen Tätigkeit bestand darin, Geld zu verdienen, sich für Lobhudeleien bezahlen zu lassen, durch Androhung von Schmähungen zu erpressen. Der Lebenswandel von Giovio war ebenso skandalös. Aber seine Sache verstand er ausgezeichnet. Er beherrschte seinen Stil meisterhaft, schrieb über alles leicht fasslich, anregend, nie zu tief. Höchst gerissen ging er in seinen Urteilen immer von der strengen Moral aus, wahrte den Anstand. Als erster Reporter und Interviewer reiste er den Ereignissen, den Schlachtfeldern nach und befragte unermüdlich die Teilnehmer; in Rom sass er an der Quelle. Er fühlte den Beginn eines europäischen Staatensystems heraus und zog alle Völker in den Kreis seiner Betrachtungen, ohne ein echter politischer Denker zu sein. Die Oberfläche hat er meisterhaft behandelt. Er schrieb Biographien von Zeitgenossen, insbesondere aber eine Zeitgeschichte, *Historiarum sui temporis libri XLV,* umfassend die Jahre 1494-1547 mit zwei grossen Lücken, den Zeiträumen von 1498-1512 und 1521-1527. Bei der Darstellung der italienischen Feldzüge stiess Giovio allenthalben auf die Schweizer; daher ist er für die eidgenössische Historiographie wichtig. Als Beispiele seien erwähnt: der Einzug der Schweizer in Rom 1494, der Übergang über den Apennin mit dem Heere Karls VIII., das Gelächter der Schweizer in dem Gefecht von Fornuovo, die Schlachten von Novara und Marignano. Während er zuerst die Kriegstaten der Schweizer bewunderte, in ihnen antike Tapferkeit verkörpert sah und sich eingehend mit ihnen beschäftigte, schlägt nach dem Dijonerzug seine Meinung um; jetzt bezichtigt er sie der Überheblichkeit und Roheit. Aber der Faszination dieser einmaligen Erscheinung auf dem italienischen Kriegstheater vermag er sich doch nicht ganz zu entziehen, schildert bewegt, wie der Hornstoss des Uristiers nach der Schlacht von Marignano fast tröstend durch die Nacht dröhnt und die zersplitterten Eidgenossen sammelt. Noch viel später, 1540, äussert er die Ansicht, dass der Sieg jeder Kriegspartei von der Hilfe der Schweizer abhange: «la salute de' quale dipenderezze solamente da' Svizzeri». Nach all dem bedauert man die Lücke von 1498-1512.

Die *Historiarum sui temporis libri XLV* sind erst nach ihrem vollständigen Abschluss 1551/52 zu Florenz erschienen; später wurden noch mehrere Ausgaben und Übersetzungen veröffentlicht, so ins Deutsche von *Heinrich Pantaleon* in Basel 1560.

LEOPOLD VON RANKE: Zur Kritik neuerer Geschichtsschreiber; Leipzig 1824. – LUDWIG VON PASTOR: Geschichte der Päpste 4, Freiburg 1906 (Register). – EDUARD FUETER: Geschichte der neueren Historiographie; 3. Aufl., München/Berlin 1936, S. 51 ff. – BENEDETTO CROCE: Intorno a Paolo Giovio; La Critica; Rivista di letteratura, storia e filosofia 27, Napoli 1929. – HANS BUSCHER: Heinrich Pantaleon und sein Heldenbuch; Basl. Beitr. Geschichtswiss. 26, Basel 1946, S. 104 ff.

Ascanio Marso ca. 1500–ca. 1570

Aus seiner Feder floss die erste Monographie eines Italieners über die Schweiz. In Bologna aus adeligem, begütertem Geschlecht geboren, studierte er laut eigener Aussage die Rechte, trat 1533 in die kaiserliche Kanzlei zu Mailand ein und stieg 1537 zum «Cancelliere del Consiglio segreto di Milano» auf. Anno 1549 erfolgte seine Ernennung zum Geschäftsträger des Kaisers und des Herzogtums bei der Eidgenossenschaft, in den folgenden Jahren die Beförderung zum Botschafter. Als solcher blieb er bis 1558 in der Schweiz. 1549 und 1564 wurde er in Sondermission nach Graubünden geschickt, wo er vergeblich gegen die Vorherrschaft des französischen Einflusses ankämpfte.

Als Vertreter des Kaisers und später Spaniens hatte er schwierige politische und wirtschaftliche Aufgaben zu bewältigen: den Verkehr über die Alpen zu betreuen, vor allem den Gotthardpass, der die Verbindungen Mailands mit der Freigrafschaft, Vorderösterreich und dem Tirol sicherte. Er suchte von den Eidgenossen durch Handelsverfügungen politisches Entgegenkommen zu erpressen, eine «hülfliche vereinigung» und den freien Durchpass für Waffen, Munition und Truppen. Der geistig und religiös Vielinteressierte stand eine Zeitlang den Häretikern Vergerio und Socini nahe, sammelte ihre Schriften, besuchte auch schweizerische Reformierte und korrespondierte mit ihnen – Bullinger nennt ihn einen «vir vere pius» – und liess seine drei Söhne im Hause des Locarneser Glaubensflüchtlings Martin von Muralt in Zürich erziehen. Doch wird es sich bei diesen Kontakten kaum um einen eigentlichen Kryptoprotestantismus Marsos gehandelt haben, sondern vielmehr um einen echten Wissensdurst und eine Neigung zu freien kirchlichen Formen, denen er zunächst nachgab, worauf er ganz zur alten angestammten Konfession zurückkehrte.

Auch die Absicht des Diplomaten, durch die Häretiker Nachrichten vom protestantischen Lager zu erhalten, um damit seine politischen Zwecke besser durchsetzen zu können, ist nicht von der Hand zu weisen.

Sein literarisches und historisches Interesse äusserte sich schon darin, dass er in den Druckereien Basels und Zürichs immer wieder nach Neuerscheinungen stöberte. Er legte sich eine Sammlung eidgenössischer Verträge an, die er ins Italienische übersetzte und die ihm als handbuchmässiges Hilfsmittel, als Nachschlagewerk für seine tägliche Berufsarbeit diente. Diese Quellensammlung benützte er bei der Abfassung seiner Schrift *Discorso de i Sguizzeri*. Sie baut sich noch auf anderen Quellen auf: den damals bereits im Druck zugänglichen Geschichtsbüchern über die Schweiz von Etterlin, Stumpf, Münster, Tschudi (Rhetia), den durch schweizerische Geschichtsfreunde vermittelten Auskünften und auf dem persönlichen Augenschein sowie der eigenen Beobachtung von Land und Leuten. Der Discorso muss um 1557/1558 entstanden sein. Seine Gliederung ist einfach und machte im monographischen Schrifttum über die Schweiz Schule. Er zerfällt in zwei Teile. In einem ersten allgemeinen, der sechs Kapitel zählt, behandelt der Autor Land, Volk und Staat der Schweizer. In einem zweiten grossen Teil durchgeht er abschnittsweise die einzelnen dreizehn Orte.

Marsos Discorso ist seinem Charakter nach ein Bericht, der zwischen Relazione und Trattato die Mitte hält, wie sie italienische Diplomaten und Reisende zur Belehrung und Unterhaltung ihrer Landsleute abzufassen pflegten. Wahrscheinlich dachte Marso nicht an eine Veröffentlichung, denn sonst hätte er einige kritische Bemerkungen, welche seine schweizerischen Zeitgenossen beleidigen mussten, unterdrückt. Er hatte als Leser wohl seine Vorgesetzten und die mailändische Staatskanzlei im Auge. Hier war eine einlässliche Beschreibung des Nachbarlandes hoch willkommen; sie konnte auch den Instruktionen späterer mailändischer Gesandten beigelegt werden und ihnen Dienste leisten. Es ist anzunehmen, dass Marsos Discorso dem Venezianer Padavino bei der Abfassung seines berühmten Geheimberichtes vorgelegen hat. Nuntius Ranutio Scotti schrieb in seiner 1642 publizierten Helvetia profana den Bericht Marsos ohne Namensnennung fast vollständig aus, so dass dieser noch über hundert Jahre weiter wirkte.

Wir erfahren aus dem Discorso, was für Züge ein gebildeter Italiener damals an der Eidgenossenschaft erwähnenswert findet und wie er sie beurteilt. Die schroffe Gebirgswelt jagt ihm Schrecken ein, und gleich den anderen Ausländern vermag er nur der schweizerischen Ebene und ihren Städten, geschmückten Bürgerhäusern und gedeckten Brücken einigen Reiz abzugewinnen. Die Bewohner der Innerschweiz sieht er wohl allzu schematisch als rauhe Sennen und Säumer, und an der politisch sowie gesellschaftlich führenden Schicht vermisst er höhere Bildung. Dagegen bringt dieser italienische Adlige dem kleinen, hart um sein Brot ringenden Mann der Eidgenossenschaft Verständnis und Sympathie entgegen. Von der Schweizer Vergangenheit interessiert ihn besonders die Befreiungsgeschichte. Er verweilt eingehend bei ihr und führt die Sagenbildung in dem Stadium vor, das sie etwa bei Etterlin erreicht hat; aus diesen Freiheitsbewegungen ist die umständliche, schwerfällige «Lega de gli elementi discorti» hervorgegangen. Der Volksherrschaft in den Landsgemeindeorten und den Stadtrepubliken steht der italienische Aristokrat höchst skeptisch gegenüber, bewundert aber wie Machiavelli den opferreichen militärischen Einsatz für die Erhaltung der Unabhängigkeit gegen aussen. Die unbedingte Bereitschaft zur Verteidigung der Freiheit nötigt ihm mehr Achtung ab als die unbeholfene Staatsführung, wo der Zufall und die Unbeständigkeit der Volkslaune ausschlaggebender seien als die weise Voraussicht. Diese abschätzige Bewertung des schweizerischen öffentlichen Wesens ist wohl ein Niederschlag seiner mühsamen Verhandlungen mit den einzelnen Orten und der verschiedenen diplomatischen Misserfolge.

Renward Cysat, der Stadtschreiber von Luzern, machte sich dreissig Jahre nach Entstehung des Discorso an eine Übersetzung ins Deutsche und an eine Kommentierung, geriet damit aber nicht über das erste Drittel des Textes hinaus.

Discorso de i Sguizzeri des Ascanio Marso von 1558, hg. v. *Leonhard Haas;* Quell. Schw. Gesch. NF 3, Abt. 3, Bd. 7, 1956. – *Renward Cysats Übersetzung und Kommentierung,* in seinen Collectanea erhalten, trägt den Titel «Kurtze Beschrybung der Eydgnossschafft durch Ascanium Marsum von Mayland, Keiser Caroli dess Fünfften Ambassadoren in der Eydgnossschafft, wöllcher by ... Jaren darum, meertheils aber zu Uri gewonet hatt, in italischer Sprach beschriben, jetzt aber übersehen und von Fäl und Mänglen so vil möglich corrigiert, purgiert und in ein andre ähnlichere Form gebracht und umb vil wytters nützlich gemeeret und verbessert durch Renwardum Cysatum, Stattschrybern zu Lucern. Anno 1588.»

Benvenuto Cellini 1500–1571

Der berühmte Florentiner Goldschmied und Bildhauer begab sich 1537 an den Hof des französischen Königs und reiste – wegen des Kriegs zwischen Karl V. und Franz I. die Lombardei meidend – durch Graubünden. Der Künstler hat noch kein Auge für die Schönheit der unbelebten Natur, beschreibt nur die Gefahren der Gebirgsreise auf der noch verschneiten Bernina und Albula und atmet erst in Walenstadt auf, wo er gute Herberge findet. Er besteigt mit seinen Begleitern und Pferden ein Schiff, muss aber infolge eines Sturms notlanden, worauf die kleine Karawane auf dem Landweg nach Lachen gelangt; diese Gegend nennt Cellini in Übereinstimmung mit dem Chronisten Stumpf lieblich und angenehm. Er notiert als besonders charakteristisch, wie in diesem aus Holz erbauten Städtchen der Nachtwächter wegen der drohenden Feuersgefahr jede Stunde ansagt «in molto piacevol modo». Der Renaissancemensch, der nur die aus Stein erbauten, geometrisch-harmonisch angelegten italienischen Städte mit den breiten Plätzen kannte, stösst sich nicht im mindesten an dem gotischen, wingligen Zürich mit den gewundenen engen Strassen, sondern bezeichnet diese Stadt als «meravigliosa, pulita quanto un gioiello» = sauber wie ein

Schmuckstück. Auch die Weiterreise über Solothurn an den Genfersee weckt in ihm keine sentimentalen Naturgefühle; er hat nur Sinn für das Praktische, Technische. Von der Schweiz fehlt ihm jede Kenntnis, ihre Bewohner nennt er durchwegs Deutsche, interessiert sich nicht für ihre Institutionen. Ein Land ohne Mäzene, das ihm keine Kunstaufträge bot, war für ihn bloss Durchgangsland.

Vita di Benvenuto Cellini, kritisch hg. v. *E.Carrara,* Torino 1926.

LEONARDO OLSCHKI: Benvenuto Cellini in Svizzera; Archivio Storico Italiano II/3, Firenze 1937.

Gilles le Bouvier (Berry) 1386–ca. 1455

Dieser abenteuerlustige Franzose aus Bourges unternahm weite Reisen, wurde dann Diener, Herold und schliesslich «premier roi d'armes» König Karls VII. Er erlebte die Zeit der Jungfrau von Orléans und der schrecklichen Bürgerkriege, war auch mit dem Grosskaufmann Jacques Cœur bekannt. Verschiedene Werke flossen aus seiner Feder: eine *Chronik Karls VII.,* ein *Wappenbuch Frankreichs* und eine *Beschreibung der von ihm bereisten Länder.* Diese wurde noch nicht als Ganzes veröffentlicht. Der auf die Schweiz bezügliche Teil ist leider kurz; immerhin enthält er wertvolle Nachrichten. So erwähnt Gilles als erster das weissrote Fleckvieh in der Eidgenossenschaft und die Kröpfe der Schweizer: «In diesem Lande sind die schlimmsten und gefährlichsten Bergübergänge in der Christenheit. Aus den Gebieten von Deutschland kann man nur hier nach der Lombardei hinüber gelangen. Diese Leute sind bärtig und haben dicke Hälse. Sie sind mit grobem Wollenzeug bekleidet und nehmen zu ihrer Arbeit ihre Schwerter und Spiesse mit.» Auch hier gleicht der Abschnitt über die Schweiz einem späteren Forschungsbericht aus der Wildnis.

Armorial de France, hg. v. *M. Vallet de Viriville;* Paris 1866; der auf die Schweiz bezügliche Teil S. 23.

Olivier de la Marche 1427–1502

Er gehörte dem burgundischen Hochadel an, diente dem Herzogshause treu, nach Karls des Kühnen Tod auch seiner Tochter Maria. Seine *Memoiren* sind vom burgundischen Standpunkt aus geschrieben, lückenhaft, mit verwirrter Chronologie. Den Feldzug in der Schweiz machte er mit, nahm zufällig aber an den Schlachten von Grandson und Murten nicht teil, weshalb seinem Bericht hierüber kein Wert zukommt. Brauchbarer ist seine Schilderung, wie er die Herzogin Jolanta nach der Schlacht von Murten aufheben musste, und seine Beschreibung der Schlacht von Nancy, wo er mitkämpfte, beides leider zu knapp. Obschon er ein tapferer Krieger war, schildert er lieber Hoffeste als Waffengänge. Er ist ein genauer Kenner der Wappen, Trachten, Zeremonien, der Cours d'amour. In diesen Äusserlichkeiten steckt auch ein Stück Zeitgeist; so dachten massgebende Persönlichkeiten. Motivierungen der Politik fehlen, den Frieden von Souleuvres aus dem Jahre 1475 gibt er jedoch in extenso wieder. Im allgemeinen liegt das Ziel solcher Heldenmemoiren darin, Ehre, Treue und Ritterlichkeit leuchten zu lassen in Einzeltaten, nicht eine grosszügige Darstellung des Ganzen zu bieten.

Les mémoires de Messire Olivier de la Marche, hg. v. *Claude-Bernard Petitot;* Coll. compl. mém. rel. l'hist. France, série 10, Paris 1820.

Philippe de Commines ca. 1445–ca. 1511

Zuerst stand er als Niederländer im Dienst der burgundischen Herzöge, trat dann zu Ludwig XI. über, wurde von ihm reich belohnt und dessen Vertrauter. Unter Karl VIII. gehörte er der Opposition an, wurde ins Gefängnis gesteckt, begnadigt und wieder in den Hofdienst aufgenommen. Jetzt schrieb er seine *Mémoires*, umschliessend die Jahre 1464–1498. Commines ist nicht Historiker, sondern politischer Denker, selbständig, ohne konventionelle Voraussetzungen; ihn interessiert wie Machiavelli nur die Wirklichkeit. Wie dieser löst er sich rational von der Wunderwelt des Mittelalters, gelangt hierin aber nicht so weit. Sein Werk ist ein Lehrbuch für Staatsmänner. Er verfuhr realistisch, zeigte, wie man in der Politik Erfolg und Misserfolg haben kann. Die Gegensätze zwischen Ludwig XI., Karl VIII. und Karl dem Kühnen deckt er schonungslos auf, wobei letzterer wohl zu schlecht wegkommt; Commines muss eben seinen Übergang zu Ludwig rechtfertigen. Allerdings gelangt er zur Einsicht, dass auch die schärfste Berechnung fehlschlagen kann. Daher stellt er alles dem Entscheid Gottes anheim: «Fortune est nul forz une fiction poetique.» Für sein Werk – er schrieb 1489/91 und 1497/98 – zog er nicht andere Schriftsteller bei, sondern verliess sich auf sein Gedächtnis, weshalb seine Schrift mit Recht Mémoires genannt wurde. Sie enthält eine Folge sachlicher und zeitlicher Irrtümer. Der Stil ist schmucklos, hat dafür vor den Humanisten innere Kraft und den Sinn für das Reale voraus. Er stellt das Wirkliche scharf dar, durchleuchtet es mit ungesuchten Geistesblitzen. So ist sein Werk epochemachend. Für die Schweizergeschichte erscheint es deshalb wichtig, weil er von französischer Seite aus den Beginn der französisch-schweizerischen Beziehungen ohne Vorurteil bespricht. Einige Stellen sind Gemeingut unserer Geschichtsbücher geworden.

Mit seiner Charakterisierung der Schweiz als «pays tres sterile et pauvre» hat er einen Ton angeschlagen, der im Ausland bis ins 18. Jahrhundert nachklingt. Er meint, Schuld an der Niederlage von Grandson sei die Eigensinnigkeit des Herzogs gewesen; er habe jeden guten Rat seiner Freunde verachtet. Der König von Frankreich und der Herzog von Mailand hätten sich über das Unglück Karls von Burgund sehr gefreut, in Frankreich seien öffentlich Lieder zum Lobe der Sieger gesungen worden. Ferner erzählt er, dass die Schweizer die Beute von Grandson nicht zu schätzen wussten; hier finden sich die seither bekannten Anekdoten von den zerschnittenen Prachtstoffen, der weggeworfenen Perle, der allgemeinen Verschleuderung. Er verurteilt das französische Bündnis vom Standpunkt der Schweizer aus, weil es ihnen Unglück bringe; das Geld verderbe und entzweie sie; es sei die einzige Möglichkeit, ihnen zu schaden. Auch dieses Urteil hat Schule gemacht.

Im allgemeinen hat Commines gegen die Schweizer ein Ressentiment wie jeder höhere Geist der Zeit, obschon er gerecht urteilen will.

Die neueste kritische Ausgabe der *Mémoires* nach einer bisher unbenützten Handschrift stammt von *Joseph-Louis Calmette* und *G. Durville;* 3 Bde., Paris 1924/25. – Deutsche Übersetzung, hg. v. *Fritz Ernst;* Stuttgart 1952.

BENEDETTO CROCE: Il personaggio italiano che esortò il Commines a scrivere i «Mémoires»; Atti di Accademia di science morali di Napoli 55, 1932. – GERHARD HEIDEL: La langue et le style de Philippe Commynes; Leipzig 1934. – ALBERT PAUPHILET: Historiens et chroniqueurs du moyen-âge; Paris 1938. – LOUIS BURGENER: Commines et la Suisse; Bienne 1941.

Louis de la Trémouille 1460–1525

Aus dem französischen Hochadel stammend, wirkte er als Feldherr und Staatsmann. Im Verlauf von vierzig Jahren stand er bald an der Spitze der Schweizer, bald gegen sie. Zuerst kommandierte er sie in Frankreich 1488, dann in Italien 1494/95, als er mit ihnen die Kanonen über den Apennin schaffte, und 1500 vor Novara. Anno 1512/13 war er das Haupt der bedenklichen Bestechungsgesandtschaft, 1513 Gouverneur von Dijon, 1515 Befehlshaber der Franzosen bei Marignano, wo er seinen einzigen Sohn verlor; 1525 fiel er mit den Schweizern bei Pavia. Gleich nachher schrieb sein Vertrauter Jean Bouchet fingierte Memoiren Trémouilles unter dem Titel *La Panegyrie du Chevalier sans reproche*. Sie sind bei weitem nicht so ergiebig wie die Chronique von Commines, sondern ungenau, ruhmredig, mit eingeschalteten Heldenreden. Anschaulich schildert er den Übergang über den Apennin, verschweigt aber die Taten der Schweizer bei Fornuovo, behandelt ausführlich den Verrat von Novara, sagt zur Entschuldigung der Schweizer, sie hätten keinen Sold vom Herzog empfangen; Trémouille «fit tous les Soysses passer soulz la picque» und entdeckte den Herzog in seiner Verkleidung. Die Schuld an der Niederlage von Novara wirft er auf nicht ausgeführte Befehle sowie auf die schweizerische Übermacht. Eingehend erzählt er auch die Beschwatzung der Schweizer beim Tintenfrieden von Dijon 1513, gibt an, er habe im Lager der Schweizer Freunde besessen, die ihm alles verrieten. Über den Sieg von Marignano äussert er Genugtuung, unterstreicht die Arbeit der Artillerie, gibt die Verlustliste der französischen Edeln.

Im ganzen sind diese Memoiren nicht sehr zuverlässig, sie ordnen alles dem Zwecke der Heldenverehrung unter.

Les chroniques du tres chestien et tres victorieux Louys de Valois, hg. v. *Claude-Bernard Petitot;* Coll. compl. mém. rel. l'hist. France, Série 1, 14, Paris 1820.

Pierre Bayard 1476-1524

Seine Biographie, *Histoire des faiz... du bon chevalier sans paour et sans reprouche*, wurde wahrscheinlich von einem seiner Getreuen, Jacques de Mailles, verfasst. Dieses Heldenepos ist für die Schweizergeschichte wenig ergiebig. Es erwähnt Novara, spricht ebenfalls von «passer soulz la picque», berichtet, Antoine Baissey habe die herzoglichen Schweizer bestochen, die nicht gegen ihre Landsleute im gegnerischen Lager fechten wollten: «J'ai veu advenir plusieurs fois cela qui a porté beaucoup de dommage en France.» Bei der Schilderung der Schlacht von Ravenna erwähnt er eine Winkelriedstat, beschreibt die Schlacht von Marignano, wobei selbst Bayard fliehen musste; Johannes von Diesbach will den Todwunden wegtragen, der es jedoch ablehnt.

Histoire des faiz, gestes, triumphes et prouesses du bon chevalier sans paour, hg. v. *Claude-Bernard Petitot;* Coll. compl. mém. rel. l'hist. France, Série 1, 15/16, Paris 1820. – Neue Edition durch *Joseph Roman* für die Société de l'histoire de France 1878.

GASTON LETONNELIER: Etude critique sur le Loyal Serviteur et son Histoire de Bayart; Bull. de l'Acad. delphinale 15, Série 5, Paris 1926, S. 97 ff.

Robert de Fleurange 1492-1536

Robert de la Marque, Herr von Fleurange, war ein Grosser der Krone Frankreichs, Marschall, Chef der 1499 errichteten Hundertschweizer. Bei Pavia 1525 wurde er gefangen, in einem flandrischen Schloss eingekerkert und schrieb nun aus Langeweile seine *Memoiren*. Sie nähern sich mehr der Geschichte als Bayards Histoire, enthalten aber chronologische Unrichtigkeiten, weil er aus dem Gedächtnis schrieb. Am besten hafteten die Waffentaten: Er berichtet von vielen Zusammenstössen mit den Schweizern, eingehend von der Belagerung von Novara, wobei er die Wirksamkeit der Schweizer Artillerie, die ins Hauptquartier schoss, und die Verluste der Franzosen betont. Die Schlacht schildert er ausführlich, aber nur von seinem Erleben aus; er tadelt Ludwig XI., dass er den Dijoner Frieden nicht hielt. Über die Vorgänge im Lager der Schweizer ist er nur ungenau orientiert. Ausführlich beschreibt er Marignano, rückt den König Franz I. in den Mittelpunkt.

Histoire des choses memorables advenues du reigne de Louis XII et Francois Ier, hg. v. *Claude-Bernard Petitot;* Coll. compl. mém. rel. l'hist. France, Série 1, 16, Paris 1820. Wie sehr die Schweizer die Phantasie der Zeitgenossen beschäftigten, beleuchtet eine Probe aus den Aufzeichnungen der *Luise von Savoyen*, der Mutter Franz I. Anno 1541 sah sie einen Kometen und schrieb: «Les Suisses! les Suisses! les Suisses! Je commencay à prédire par céleste prévision, que mon fils seroit une fois en grande affaire contre les Suisses», S. 395.

Jean Barrillon ca. 1485–ca. 1550

Er war Sekretär von Duprat, dem französischen Kanzler unter Franz I. Von 1515–1521 schrieb er ein *Tagebuch*, das eine ausgezeichnete Quelle für die Vorgänge vor der Schlacht von Marignano darstellt. Es bietet eine genaue Schilderung des Alpenübergangs, der französischen Verlegenheit, ob die Schweizer den Frieden annehmen würden oder nicht. Man sieht alles von der Gegenseite aus beleuchtet. Die Schlacht selber wird kurz abgetan, weil Barrillon nicht dabei war. Ins Journal sind wichtige Aktenstücke eingelegt. Es nähert sich viel mehr der Geschichtsschreibung, als die Heldenmemoiren dies tun.

Journal de Jean Barrillon, hg. v. *Pierre de Vaissière;* 1/2, Paris 1897–99.

Gaspard de Saulx-Tavannes 1509–1574

Dieser Franzose verbrachte sein Leben unter Waffen, wurde Marschall von Frankreich, nahm als Ehrenmann an der Bartholomäusnacht nicht teil. Oft kämpfte er an der Seite der Schweizer, so bei Cérisole 1544, wo die Eidgenossen an den Landsknechten für Pavia Vergeltung übten, und in den Schlachten des Hugenottenkrieges. Er ist in seinen *Aufzeichnungen* schlecht auf sie zu sprechen, wohl wegen ihrer Undisziplin, beurteilt sie sehr kühl. Nach der Schlacht von Marignano holt er zu einem kurzen Exkurs über die Schweizer aus.

Mémoires de Gaspard de Saulx, Seigneur de Tavannes, hg. v. *Claude-Bernard Petitot;* Coll. compl. mém. rel. l'hist. France, Série 1, 23, Paris 1822.

Jean Bodin (Bodinus) 1530–1596

Bodin diente in höheren französischen Beamtungen, wurde auch bei Hofe geschätzt, besonders als Staatsrechtskenner. Sein Hauptwerk *Les six livres de la république* 1576 ist angeregt durch den Zustand Frankreichs; es erlebte mehrere Auflagen, da es für seine Zeit massgebend wurde. («République» bedeutete damals Staat, «état» den Stand oder Zustand, bei Bodin eine bestimmte Staatsform: «état aristocratique, état populaire».) Bodins Buch ist eine Lehre vom Staat. Er schreibt vom Standpunkt der Macht aus, verherrlicht den Absolutismus und bringt dem Volk tiefes Misstrauen entgegen, spricht sich abschätzig über die wahre Natur des Volkes aus. Im Gegensatz zum Contrat social verdammt er, was Rousseau als Forderung aufstellt. Da die Schweiz damals eine politische Anomalie in Europa bildete, zieht er sie oft als erläuterndes Beispiel heran, weil andere Länder dergleichen nicht boten. Das Buch hat also den Wert, dass es die Ansichten eines fremden Kenners vom politischen Zustand der Eidgenossenschaft wiedergibt. Allerdings wird sie vom Standpunkt und Interesse Frankreichs aus geschaut.

Bodin gibt sich Mühe, die Schweiz kennenzulernen; er befragt die französischen Gesandten in der Schweiz, liest ihre Berichte. Und doch ist es ihm nicht gelungen, die seltsame, verwickelte Vergangenheit und Gegenwart der Eidgenossenschaft ganz zu entwirren; seine Verstösse rühren meistens von der damaligen Schwierigkeit her, von einem fremden Land Nachricht zu bekommen. So behauptet er, die einzelnen Kantone besässen nicht

Bundesfreiheit, was er mit einer falschen Auffassung des zweiten Kappeler Krieges belegt. Natürlich entsprach das den Interessen Frankreichs, das seine Allianz ausschliesslich gelten lassen wollte. Ebenso ist es ein Missverständnis, dass die Mehrheit auf der Tagsatzung die Minderheit in Bundessachen zwingen könne. Er verallgemeinert die Tatsache, dass das bei der Verwaltung der gemeinen Herrschaften der Fall war. Obgleich er der Tagsatzung mehr Gewalt zuschreibt, als sie in Wirklichkeit besass, kam er doch zu dem richtigen Schluss, wie Simler, dass die Schweiz kein Gesamtstaat sei, weil die Orte und Zugewandten die Hauptsache nicht gemein haben. Seine Bemerkung: «Les Grisons les Républiques les plus populaires qui sont» trifft zu. Ferner behauptet er, die Schweizer hätten den Adel ausgerottet, sie seien Gleichheitsfanatiker. Er verwirft die Ansicht Xenophons, je mehr Leute sich an der Gesetzgebung beteiligten, desto dauerhafter seien die Gesetze. Das Gegenteil belegt er mit Beispielen, so mit Athen. In der Schweiz allerdings gebe es Demokratien seit 260 Jahren, «et continuant de bien en mieux», aber nur, weil das Volk sich bloss um die Wahl der Magistrate, nicht aber um die Staatsgeschäfte kümmere. Damit will Bodin die Anomalie der Schweiz abschwächen. Mit Genugtuung stellt er wiederholt fest, dass der König von Frankreich schon oft den Glaubenskrieg in der Schweiz verhindert habe. Aus geringen Ursachen lässt er Kriege entstehen, so den Burgunderkrieg aus dem Raub einer Wagenladung Schafhäute. Das ist nicht die Leichtfertigkeit der «Histoire galante», sondern eine Mahnung an die Herrscher zu äusserster Vorsicht im Verkehr mit den Schweizern. Er setzt auseinander, dass die Pensionen des Königs an die Kantone kein Tribut Frankreichs seien, weil sie auf Freundschaftsvertrag beruhten, unterstreicht den Vorteil der Allianz für die Schweiz. Unklar bleibt eine Stelle, wo er Ludwig XI. als «protecteur des Suisses» bezeichnet. Immerhin schimmert hier durch, wie man in Frankreich das Verhältnis auffasste und wie Ludwig XIV. es dann offen handhabe. Trotz der häufigen Unrichtigkeiten erfährt doch die Schweiz eine willkommene Beleuchtung.

Zugleich ist der politische Gedankenvorrat der Zeit ausgeschüttet. Bodin gibt an, worauf die Macht eines Staates beruht, versucht eine Definition und Rechtfertigung des absoluten Fürsten. Hier wirkt er völlig fremd. Sein Fürst steht über dem Recht, die Grenzen seiner Gewalt seien nur «la loy de Dieu et de nature». Bodin verneint das Widerstandsrecht selbst im äussersten Fall, sieht im Fürstenmord eine furchtbare Ruchlosigkeit, predigt den leidenden Gehorsam nach der Bibel. Das alles ist erklärlich aus Bodins Neuschöpfung: Er zuerst umschreibt den Souveränitätsbegriff genau, unterscheidet Staatsgewalt und Souveränität, aber verlegt sie in die Person des Fürsten. Seine Souveränitätslehre, die sich mit dem Machtdenken verband, wurde zunächst von den Juristen der Universität Basel scharf zurückgewiesen. Dann aber begann man in der Schweiz diese Lehre zu rezipieren. In den Verhandlungen Wettsteins am westfälischen Friedenskongress 1648, die zur formellen Ablösung der Schweiz vom Reich führten, spielte sie bereits eine Rolle. – Es ist eigentümlich: Ein so heller

Kopf wie Bodin war doch dem Gespensterglauben, den Zauberkünsten, den Magien seiner Zeit unterworfen.

Les six livres de la République; Paris 1576, Lyon 1580.

ROGER CHAUVIRÉ: Jean Bodin, auteur de la République: Paris 1914. – JEAN MOREAU-REIBEL: Jean Bodin et le droit publique comparé dans ses rapports avec la philosophie de l'histoire; Paris 1932–34. – MAX IMBODEN: Johannes Bodinus und die Souveränitätslehre; Basel 1963. – KARL MOMMSEN: Bodins Souveränitätslehre und die Exemption der Eidgenossenschaft; Discordia Concors, Festgabe für Edgar Bonjour II, Basel/Stuttgart 1968, S. 433–448.

Michel de Montaigne 1533–1592

Von 1580–1581 befand sich der bekannte französische Schriftsteller auf einer Reise in Italien, wohin er auf dem Weg durch die Schweiz gelangt war. Erst 1774 wurde das Manuskript seines *Reisejournals,* auf das er in seinen Essays wiederholt anspielt, entdeckt und mit einer Widmung an Buffon gedruckt – fast zweihundert Jahre nach dem Tode des Autors. An der Authentizität darf man nicht zweifeln, obgleich die Originalhandschrift nicht mehr zum Vorschein kam. Montaignes Geist und Stil sind unverkennbar; einige Ideen des Journals kehren in den Essays wieder.

Montaigne unternahm die Reise, um den heimischen Verhältnissen, die ihm missfielen, zu entrinnen, um ausländische Thermalbäder zu erproben, besonders aber aus Neugierde nach fremden Sitten und Menschen. Für die Kunst zeigt er nicht viel Interesse, öffnet jedoch seinen Sinn den Naturschönheiten, den staatlichen und sozialen Verhältnissen. In Mülhausen, «belle petite ville de Suisse», kommt der Wirt zur Traube von der Ratssitzung aus einem Palast, wo er präsidiert hat, um dem Gaste bei Tisch aufzuwarten. In Basel wird ihm Ehrenwein gespendet, wobei ein Honoratiorenmitglied eine lange Rede hält. Er besucht das prächtige Haus des berühmten Arztes Felix Platter und bewundert dort unter vielen köstlichen Dingen besonders dessen Herbarium. Von Montaignes eindringendem psychologischem Blick zeugt, wie er bei der ersten Zusammenkunft mit Basler Professoren und freien Gelehrten sofort herausspürt, dass sich unter ihnen auch Anhänger häretischer Glaubensansichten befinden: «qu'ils estoient mal d'accord de leur religion, pour les responses qu'il en receut: les uns se disant Zwingliens, les autres Calvinistes, et les autres Martinistes» (Lutheraner). Im Kloster Königsfelden werden den Vorübergehenden, die darum bitten, Brot und Suppe ohne Entgelt verabreicht. Baden ist klein und schön wie alle Schweizer Städte. Diese führen durchgehend ausser dem eigenen noch das Wappen des Reichs und Österreichs. In den Dörfern sind die Plätze und Strassen breiter als in Frankreich, die Brunnen zahlreicher. Montaigne staunt über die gute Ausstattung der Dorfhäuser; sie weisen Ziegel, Kachelöfen, Fensterglas, äussere Bemalung auf. In den Gasthöfen werden Herrschaft und Diener an den gleichen Tisch gesetzt; die Esssäle sind schön, die Schlafzimmer elend.

Montaigne hat sein Journal nicht für die Öffentlichkeit bestimmt. Wenn er hier auch zunächst sich selber Rechenschaft gibt und die Schweiz nur in den kurzen Monaten September/Oktober durcheilte, ist es doch anregend zu sehen, was diesem gescheiten Kopf in der Schweiz auffiel und was er davon der schriftlichen Aufzeichnung wert erachtete.

Journal de voyage en Italie, par la Suisse et l'Allemagne en 1580 et 1581. Avec des Notes par *M. de Querlon;* 2 Bde., Rome/Paris 1774. Moderne Ausgabe mit Kommentar und Anmerkungen v. A. *Armaingaud.* Œuvres complètes de Montaigne 1/2, Paris 1928/29.

RICHARD FELLER: Die Schweiz des 17. Jahrhunderts in den Berichten des Auslandes; Schw. Beitr. Allg. Gesch. 1, Aarau 1943, S. 60.

Pero Tafur

Dieser kastilianische Edelmann durchstreifte von 1436–1439 die damals bekannten Länder. Auf Grund von Notizen, vielleicht von Tagebuchblättern, arbeitete er nachher eine *Reisebeschreibung* aus. Er kam von Mailand über den Langensee nach Lugano, ging über den Gotthard und machte interessante Angaben über die Gefahren des Passes. Über die Konzilstadt Basel verbreitet er sich ziemlich eingehend, wobei er mit Lob nicht spart. Auf der Rückreise berührt er Schaffhausen. Im ganzen ist die Reisebeschreibung für die Schweiz wenig ergiebig; dieses negative Ergebnis bedeutet auch eine Kritik.

Eine *Übersetzung* der die Schweiz betreffenden Partien aus Tafurs Reisebeschreibung bieten *Karl Stehlin* und *Rudolf Thommen: Aus der Reisebeschreibung des Pero Tafur 1438 oder 1439;* Festgabe 80. Jahresvers. Allg. Geschichtforsch. Ges. Schw. in Basel 1926, S. 45 ff.

Thomas More (Morus) 1478–1535

Er ist der bekannte englische Humanist und Lordkanzler Heinrichs VIII. Als der König 1532 mit dem römischen Stuhle brach, legte Morus seine Ämter nieder und zog sich nach Chelsea zurück. Er war bereit, die Erbfolge zu beschwören, wies aber alle anderen Punkte des neuen Sukzessionsstatuts von 1534 zurück, weigerte sich insbesondere, einen Eid auf den königlichen Supremat über die englische Kirche zu leisten. Da wurde er in einem richterlichen Scheinverfahren zum Tode verurteilt und starb 1535 auf dem Schafott. Sein Bildnis hat Hans Holbein d. J. mehrmals gemalt.

Mores berühmtes Werk *De optimo reipublicae statu deque nova insula Utopia* erschien 1518 auch in Basel. In seinem Bericht über das Traumland Utopia, das den Krieg verabscheut, führt More das Kriegervolk der Zapoleten ein, worunter er sehr wahrscheinlich die Schweizer versteht. Als ihre hervorstechendsten Züge erkennt er das Hirtentum und das Kriegerwesen: «Dieses Volk ... ist ungesittet, derb und wild und zieht seine Berge und Wälder, in denen es aufwächst, allen Ländern der Erde vor. Es ist ein zäher, kräftiger Menschenschlag, unempfindlich gegen Hitze, Kälte und Strapazen, unbekannt mit allen Lebensgenüssen, ohne besonderen Eifer für den Ackerbau; auch auf schöne Wohnung und Kleidung legen sie wenig Wert, nur für die Viehzucht haben sie Interesse. Grossenteils leben sie von Jagd und Raub. Allein zum Kriege geboren, suchen sie eifrig nach Gelegenheit dazu; bietet sich eine, so stürzen sie sich mit Gier darauf, rücken in hellen Scharen aus dem Lande und bieten sich um geringen Sold jedem Beliebigen an, der Soldaten sucht. Bloss dieses eine Gewerbe verstehen sie: das Leben zu fristen, indem sie den Tod suchen. Wem sie um Sold dienen, für den fechten sie mit Eifer und unerschütterlicher Treue.»

Woher stammen die Kenntnisse Mores, die ihn zu dieser, neben wenigen falschen so viele entscheidend richtige Züge enthaltenden Charakterisierung befähigten? Da damals erst eine einzige Schweizerchronik gedruckt vorlag, diejenige von Petermann Etterlin 1507, wird More durch seinen Freund Richard Pace informiert worden sein. Dieser muss die Eidgenossenschaft von seiner Gesandtschaft her gut gekannt haben. Möglich ist auch, dass der Walliser Bischof Matthäus Schiner während seines Aufenthaltes in England dem Lordkanzler mündliche Mitteilungen machte.

Die erste Ausgabe erschien 1516 in Löwen, die dritte Ausgabe 1518 in der Offizin des Johannes Froben zu Basel mit Titelblatt von Hans Holbein. – Texte latin édité par *Marie Delcourt,* avec des notes explicatives et critiques; Paris 1936. – Übersetzung ins Deutsche von *Alfred Hartmann,* Basel 1947.

WILHELM GISI: Die Beziehungen zwischen der Schweiz und England in den Jahren 1515–1517; Arch. Schw. Gesch. 1866, S. 221 ff. – JERVIS WEGG: Richard Pace, a Tudor Diplomatist; London 1932.

III.
KONFESSIONALISMUS
17. Jahrhundert

EINLEITUNG

Die Reformation erzeugte religiöse Spannung in der Welt. Um diesen seelischen Mittelpunkt drehten sich für hundert Jahre die europäischen Konflikte. In der Schweiz stumpfte sich der Widerstreit der Glaubensparteien lange nicht ab und sollte sogar bis 1712 dauern. Ihre Eroberungen hatte die Reformation im ersten Anlauf gemacht und rasch weite Gebiete ergriffen. Erst später raffte sich die alte Kirche auf. Mit dem Abschluss des Tridentiner Konzils 1563 war sie zur Gegenwehr, zur Wiedereroberung gerüstet; damit setzte die Gegenreformation ein.

Der Katholizismus führte und gab, indem er sich auf allen Lebensgebieten äusserte, in Politik, Wissenschaft und Kunst, der Epoche im sogenannten Barock das Gepräge. Dabei muss man sich aber bewusst sein, dass sich nicht alle geistigen Erscheinungen einer Zeit auf einen Generalnenner zurückführen lassen. Eine ganze grosse Richtung der menschlichen Bildung, Gesittung und Überzeugung blieb vom Geist der Epoche unberührt, das reformierte Sektierertum. Psychische Epochen sind nie einheitlich. Gewiss, alle Erscheinungen eines Zeitalters bilden ein Ganzes; aber das heisst noch nicht, dass alle Erscheinungen gleichgerichtet, gleich beseelt gewesen seien. Es ist immer eine Gefahr, aus politischer oder künstlerischer Auffassung einheitliche psychische Perioden zu schaffen; die Wirklichkeit wird damit vergewaltigt. Und auch das ist noch zu bedenken, dass die Zeiteinteilung nicht recht stimmen will. Die politische Geschichte lässt die Gegenreformation im allgemeinen um 1650 herum aus guten Gründen enden. Die Barockepoche als Form der Gesellschaft, des Geistes, der Kunst dehnt sich jedoch bis ins 18. Jahrhundert aus. Offenbar decken sich hier die Bedürfnisse der politischen und der Kulturgeschichte nicht. Vielleicht lässt sich die Unstimmigkeit so erklären: Der politische Katholizismus ging um 1560 voran und brach dem barocken Geist und Stil Bahn, der sich erst voll auswirkte, als der politische Drang gedämpft oder gebrochen war. Jedenfalls: Dieses Zwischenzeitalter beruhte auf streng konfessioneller Grundlage.

Unter den eidgenössischen Glaubensparteien herrschte ein stiller, kalter Krieg, so dass man sich fragen kann, ob die alten Bundesbriefe noch einen Sinn hatten. Zwar bestand die Eidgenossenschaft fort, sie war noch für weite Gebiete der Politik kräftig, was fast an Geheimnis grenzt und sich nie ganz mit Worten deuten lässt. Einmal hatte eine gemeinsam verlebte und durchfochtene Vergangenheit stille Reserven des Bundesgeistes geschaffen. Ferner war der Bund so locker und weit gefasst, dass er schwere Gegensätze umschliessen und scharfe Spannungen aushalten konnte. Und schliesslich gab es einen alten Zusammenhang von Verkehr, Güteraustausch, Wirtschaft, Recht, Sitte, Gewohnheit, gab es einen genossenschaftlichen Geist, den selbst die Macht der Konfession nicht auszulöschen vermochte. So hatten denn alle konfessionellen Auseinandersetzungen samt den Glaubenskriegen nicht den Zweck, die Eidgenossenschaft zu sprengen, sondern die Machtfrage unter den Konfessionen zu entscheiden. Sogar das Ausland nahm die Schweiz trotz ihrer Gespaltenheit gefühlsmässig als Ganzes, als etwas Besonderes.

In der Geschichtsschreibung verstärkte sich die Tendenz, nicht bloss die Entwicklung des einzelnen Orts, sondern – über alles Trennende hinweg – der Gesamtschweiz darzustellen. Es kam sogar zu einer losen Zusammenarbeit unter den Konfessionen: Als Pater Murers Werk «Helvetia sacra», das dem herrschenden Geschmack entgegenkam, 1648 erschien, da war es mit Illustrationen des Zürcher Malers Rudolf Meyer geschmückt, weil sich auf katholischer Seite keine kundige Hand fand. Umgekehrt wurden schweizerische Archive von gelehrten Mönchen geordnet, die wichtigen Urkunden von ihnen gedruckt, eine Leistung, die einstweilen auf reformierter Seite kein Gegenstück hatte, aber von ihr fortgesetzt werden sollte.

Nachdem die Eidgenossenschaft den Gefahren des Bürgerkrieges entgangen war, stieg im Schweizer Geschichtsschreiber die Überzeugung auf, dass sein Land einen eigenen Beruf zum Glück habe. Wenn er sein schöneres Los mit den Leiden anderer Völker verglich, hob er dankbar seinen Blick zum Höchsten, der sein Land mit unverdienter Gnade auszeichnete. Hier gewann der Schweizer sein Lebensmass, die genügsame Tugend, die allein dieser Gnade würdig war. Als dann gegen Ende des Jahrhunderts der erst noch so lebendige Kraftstrom der Reformation und Gegenreformation lau und trübe floss, als Enge und Starrheit den schöpferischen Geist verschüchterten und fesselten, da gedieh, was Dämmerlicht nötig hat, Aberglaube, Hexenwahn, platte Verehrung der Überlieferung, Gedankenarmut. Das Niedermenschliche bekam sein Recht und erlebte seinen vollen Tag. Wo ein bisschen Anmut und Güte sich behauptete, da mochte das Glück im Winkel blühen.

In dieser Zeit der Aristokratisierung wird Geschichte fast durchgängig unter behördlichem Oberlicht dargestellt, das heisst vom Standpunkt der Obrigkeit aus geschrieben. Das Licht ist zu verschiedenen Zeiten von verschiedener Seite in die Schweizergeschichte eingefallen: in den ersten Jahrhunderten bis und mit der Reformation von Volk, Regierung und Kirche; namentlich in der Epoche der ersten Bundesgründung strahlte das Licht vom Volk aus, da wir kaum den Namen, geschweige denn die Persönlichkeit führender Männer kennen, so dass die erste Bundesgeschichte ziemlich anonym ist. Nach der Reformation mit der zunehmenden Aristokratisierung wurde es um das Volk still. Es war nur die grosse dunkle Menge, deren Lebensregungen wenig in die Geschichte dringen. Handlung, Bewegung und Aufhellung flossen von den Regenten her, in bescheidenem Mass auch von der Kirche. Der Bauernkrieg unterbricht für kurze Zeit diesen einseitigen Zustand; das Volk wird ein Lichtherd. Von entgegengesetzten Seiten fallen die Lichtströme ein, kreuzen sich und zeichnen scharf die Umrisse. Vieles wird stimmhaft gemacht, was sonst lautlos verschollen wäre.

Im allgemeinen aber, mit Ausnahme von Graubünden, verdorrt die schweizerische Historiographie. Sie bringt neben grossen Wälzern, die kompilieren und das Bedürfnis nach Übersichten befriedigen, keine Darstellungen hervor, die auf einer lebendigen und durchdringenden Anschauung ihrer Zeit beruhen. Die Schilderung der Gegenwart zieht sich in den engen Kreis persönlicher Aufzeichnungen zurück. Dagegen blüht die theologische Polemik. Sie lebt sich in mächtigen konfessionellen Kirchengeschichten aus, in denen sich eine gewaltige Gelehrsamkeit sammelt und die aufeinander feindselig abgestimmt sind. Dem erwachenden Sinn für exakte Forschung entsprechend, der allerdings mehr der Naturwissenschaft zugute kommt, beginnt die Sammlung von historischen Dokumenten auf kritisch-wissenschaftlicher Grundlage. Im ganzen aber bleibt das Walten und Wehen des historischen Geistes flau. Die Schweiz hat auch keine erschütternden religiösen Erlebnisse. Es ist die Stille zwischen zwei geistigen Epochen, der Reformation und der Aufklärung.

Die Bewertung des historischen Verlaufs ist von der christlichen Auffassung der menschlichen Sündhaftigkeit und der Führung und Gnade Gottes bestimmt, nur dass der reformierte Erlösungsglaube durch den milderen Vorsehungsglauben verdrängt wird. Damit verträgt sich ganz gut eine starke Bezugnahme auf die Antike, namentlich auf Cicero, der das Gedankengut des klassischen Altertums in einer dem Christentum erträglichen Aufweichung bietet. Die Spannung zwischen Antike und Christentum, zwischen den harten Tugenden der Alten und der Demut, Liebe und Selbstverleugnung der Christen, wird noch nicht empfunden. An den Geschichtsschreibern des 17. Jahrhunderts beschäftigt uns weniger, was sie bringen, da das zunehmende Aktenmaterial ohnehin die Feststellung der Tatsachen ermöglicht, als wie sie es bringen, nämlich Methode, Auffassung und Bewertung. Zur Wertlehre ist zu bemerken: Die modernen Urteilssysteme gehen auf René Descartes und seine Bewusstseinsphilosophie zurück, mit der er den Unterschied zwischen Subjekt und Objekt statuierte und das Erkenntnisproblem schuf. Vor Descartes stammten die Massstäbe aus der christlichen Güterlehre; hier lag die Erkenntnis, das innere Licht. Die schweizerischen Historiker des 17. Jahrhunderts hielten vorwiegend an diesem Erkenntnisquell fest. Geschichtsschreibung soll Gottes Wirken verdeutlichen, soll die praktische Anwendung des Gotteswortes sein. Sie darf erbauen. Das kann die spätere Historiographie nicht mehr; denn die realistische Forschung hat sich davon überzeugt, dass Gott und die Welt zweierlei sind, wenn sie den göttlichen Geist überhaupt noch zur Voraussetzung nimmt.

GRAUBÜNDEN UND VELTLIN

Eine stattliche Reihe von Bündner Schriftstellern haben die Unruhen ihrer Heimat monographisch oder memoirenhaft dargestellt. Das herzbewegende Leid, die patriotische Erschütterung, die Leidenschaft der Parteikämpfe fanden einen historiographischen Niederschlag, dem die anderen Kantone um diese Zeit nichts Gleichwertiges entgegenstellen können.

Bartholomäus Anhorn 1566–1640

Zu Fläsch geboren, studierte Anhorn in Chur und Zürich, amtete in verschiedenen Bündner Dörfern als Pfarrer, zuletzt in Gais, ein echter Seelenhirt und Gemeindevater. Er war ein rastloser Geschichtsschreiber mit patriotischer Absicht. Obgleich ein überzeugter Reformierter, strebte er nach einem überlegenen, unparteiischen Gesichtspunkt. Wahrscheinlich zeichnete er nur Zeitgeschichte auf. Sein Drang, sein unermüdlicher Eifer in einer geistig unbedeutenden Umgebung ist erstaunlich; in ihm selber lebte der Geist. An ihm kann man verfolgen, wie es ein Mann ohne besondere Schulung und Hilfsmittel anstellte, sich zum Historiker zu bilden. Die antiken Geschichtsschreiber gaben ihm Anregung und Mut, Form und Ton; aus den Schweizer Chronisten des 16. Jahrhunderts lernte er einige methodische Handgriffe. Das natürliche Geschick führte ihn auf den richtigen Weg. Er sammelte Quellen von allen Sorten, Akten, Abschiede, Gesandtschaftsverträge, Lieder, Flugschriften, wandte sich an führende Männer um Auskunft, pflegte mit ihnen regelmässigen Briefverkehr. Die Atmosphäre der Referendumsdemokratie, wo jeder am Staat sich beteiligte, war seinem Vorhaben günstig, da Staatsgeheimnisse von ihr nicht geduldet wurden.

Zu Lebzeiten Anhorns erschienen im Druck von ihm nur ein paar Leichenreden und *Erschrockenliche Zeitungen über den Untergang von Plurs* 1618. Sein erstes historisches Werk ist der *Püntner Aufruhr*, aus dem Jahr 1607 stammend. Im Vorwort verrät Anhorn, wie viele Hemmungen er zu überwinden hatte, ehe er den Griffel der Clio zu führen sich getraute. Er knüpft an ein Wort des Sallust an, entschuldigt sich, dass er es unternommen hat, den «ungereimten» Aufstand zu beschreiben, mit einem Hinweis auf die Bibel. Bedenken erfüllen ihn, dem Volk seinen Spiegel vorzuhalten, und doch ist dies seine didaktische Absicht. Er strebt nach Wahrheit und Aufrichtigkeit, der Geschichtsschreiber soll nicht urteilen, sondern den Richtspruch Gott anheim stellen. Aber auch Anhorn kann nicht über seinen Schatten springen; der reformierte Pfarrer ist unverkennbar. Er schreibt unter dem frischen Eindruck der Ereignisse – das Vorwort stammt von 1609 –, legt reiche Dokumente ein, Tagsatzungsbotschaften, Gerichtsakten und bedauert, dass er nicht eine vollständigere Sammlung vorlegen kann. Sie ist deshalb besonders wertvoll, weil das Aktenmaterial von 1605–1614 fast ganz verloren ging. Aus Anhorns Schilderung der

Fähnlilupfe und Strafgerichte ersieht man, dass jeweils möglichst viele Männer Richter und Gäumer sein wollten, weil sie ein Herrenleben auf Kosten der Opfer glaubten führen zu können. Gemeiner Neid und Gier, zu Geld zu kommen, traten hervor, auch Grausamkeit; Georg Beeli sei zehn Tage lang gefoltert worden, ehe man ihn aufs Schafott schleppte. Anhorn gibt dessen herzbewegende, gerecht-edle Rede – vielleicht nach Livius und Sallust stilisiert – ausführlich wieder; daraus spricht das Hochgefühl des Sterbenden. Das Ganze bietet ein trostloses Bild der Bündner Demokratie, ein Durcheinander von Richttag, Ratlosigkeit, Geschwätz, Rauflust, Genusssucht, Verdacht gegen alle Hohen, alle Potentaten. Es ist eine wohldurchdachte, abgewogene, geschliffene Monographie. Dass sie nicht gedruckt wurde, bedeutet für ihn einen «Denkzädel».

Das zweite grosse Werk Anhorns, der *Graw-Pünter-Krieg*, ist keine abgeschlossene, fertige Arbeit; sie wurde von ihm selber Diarium genannt. Er schrieb sie oft im Feldlager auf einer Trommel, sammelte Akten, Berichte von Beteiligten, ordnete und verarbeitete sie chronologisch, fügte eigene Beobachtungen hinzu. Die letzte Hand fehlt. Aber auch so ist sie eine Hauptquelle der Wirren, ein Beweis seiner Spürkraft, seines angeborenen Talentes. Er gibt kurz die Vorgeschichte von 1603–1618. Dann behandelt er ausführlich die Zeit von 1618–1629. Der reformierte Pfarrer tritt hier ungemildert mit dem Patrioten zutage. Was schon 1607 das Bündner Volk heimgesucht, wird nun zur Katastrophe, zum Ruin: die Parteisucht, Überhebung, Unbelehrbarkeit des Volkes. Den Anstoss gaben jeweils die fremden Bündnisse, die Ränke des Auslandes. Anhorn schildert das Treiben der Prädikanten, ihre altbiblische Salbung – die Zitate sind meist dem Alten Testament entnommen –, den Beginn der Pfarrerpolitik, die er durchaus für selbstverständlich hält. Als Augenzeuge beschreibt er den Prättigauer Aufstand sehr ausführlich, den Krieg im Veltlin und in Cleven. Erst aus Anhorns Bild der Zeitereignisse begreift man Jenatschs hinreissende Persönlichkeit. Unversehens schiebt Anhorn 1639 dessen Tod ein. Im Nekrolog Anhorns auf Jenatsch stellt er ihn zu ränkesüchtig dar und wird ihm damit nicht gerecht. Hier steht, dass Jenatsch mit derselben Axt erschlagen wurde, mit der er Pompejus Planta umgebracht hatte.

Erschrockenliche Zeitung / Wie der schöne Haupt-Flecken Plurs in der Graffschaft Cleven / in der dreyen Grawen Pündten alter freyer Rhaetia Underthanen Land / inn der nacht auff den 25 Augusti diss 1618 Jars / mit Leut und Gut, in schneller eyl undergangen seye; Lindau 1618. – *Püntner-Aufruhr im Jahre 1607,* hg. v. *Conradin von Moor;* Bündn. Geschichtsschreiber u. Chronisten 6, Chur 1862. – *Graw-Pünter-Krieg 1603–1629,* hg. v. *Conradin von Moor;* Bündn. Geschichtsschreiber u. Chronisten 9, Chur 1873. – *Nekrolog auf Jenatsch; Ernst Haffter:* Georg Jenatsch, Davos 1894. Urkundenbuch, enthaltend Exkurse und Beilagen; Chur 1894, S. 169 ff. – *Ein unvollständiges Verzeichnis seiner gedruckten und ungedruckten Schriften* erschien in der Vorrede von *Conradin von Moors* Ausgabe des *Püntner-Aufruhrs.*

CHRISTIAN IMMANUEL KIND: Bartholomäus Anhorn; ADB 1, Leipzig 1875, S. 464f. – ERNST HAFFTER: Zur Charakteristik von Bartholomäus Anhorns des Älteren Grauw Püntner Krieg, und «Ein schryben von Chur von Genatzen unruw»; Anz. Schw. Gesch., 1897, S. 546 ff. – WILLY WUHRMANN: Vom Schicksal dreier Bündner

Pfarrer; Schw. Protestantenbl. 38, Nr. 46, Basel 1915, S. 364f. – FRANZ GEORG MAIER: Bartholomäus Anhorn; NDB I, Berlin 1953, S. 297.

Johann Guler von Wyneck 1562–1637

Seine Familie, «der vornehmsten Geschlechter eines aus Davos», genoss grosses Ansehen. Der Vater war eine einflussreiche Persönlichkeit, Landammann des Zehngerichtebundes. Sein Sohn empfing eine sorgfältige Erziehung, einen guten Unterricht an der Nikolaischule in Chur und in Zürich, studierte in Genf und Basel. Er besass aussergewöhnliches Sprachtalent: «siben sprachen sind imm gemein.» Mit zwanzig Jahren wurde er von der Hochschule weg zum Landschreiber des Zehngerichtebundes berufen. Rasch erklomm er die hohen Ämter dank hervorragender Eigenschaften. Von früh an war er von einer Erwartung getragen, die er noch übertraf. Als Staatsmann wie als Mensch machte er den grössten Eindruck. Er war äusserlich vorzüglich ausgestattet, von hoher, kräftiger Gestalt, wusste sich überall, auch in den grössten Verhältnissen, mit Sicherheit zu bewegen. Seine geistige Ausrüstung ist beim Chronisten Sprecher geschildert: «Eine fürbündig gute Gedächtnuss, aus der Massen süss aussprechende Zunge und ganz zierliche Feder»; dazu sei er mannhaft, aufrecht, mildtätig und umgänglich mit jedermann, er habe alles mit lachendem Munde geredet und getan. So konnte er, was vom Bündner Staatsmann gefordert wurde, nach zwei Seiten seine Gewandtheit entfalten, an Volkstagen und im Verkehr mit den Grossen an den Höfen. Seit 1589 wurde er zu den wichtigsten Gesandtschaftsreisen berufen, war Landeshauptmann im Veltlin, Landammann des Zehngerichtebundes. Grossen Nachdruck legte er auf einen rittermässigen Stand, besonders seit er 1618 am französischen Hof den Ritterschlag empfangen hatte. In der Aussenpolitik war er entschieden venezianisch-französisch gesinnt, befürwortete 1603 das venezianische Bündnis. Darum wurde er eines der ersten Opfer des Sturmes von 1607. Eben befehligte er im Veltlin ein Regiment zum Schutze gegen Fuentes und floh dann nach Ragaz. Ein erstes Urteil sprach ihm Leben und Vermögen ab, ein zweites Urteil legte ihm eine Busse von 1500 Kronen an die Gerichtskosten auf. Da zog er sich gekränkt vom öffentlichen Leben zurück. Erst 1618 trat er wieder hervor; er verteidigte in Thusis erfolglos den Erzpriester Rusca, besiegte 1620 als Oberst die aufständischen Misoxer, unternahm den missglückten Zug nach Tirano. Nun übersiedelte er nach Zürich, wo er Bürger wurde; auch von hier aus wirkte er für Bünden als Haupt der Emigration. Seit 1627 lebte er beständig in Chur, hatte grossen Besitz, eine zahlreiche Familie und starb als Patriarch.

Guler war nicht nur geistig angeregt, sondern hatte das Bedürfnis nach wissenschaftlicher Tätigkeit, wozu noch seine Vaterlandsliebe kam. So wurde er Historiker. Die Musse dazu gewann er seiner öffentlichen Tätigkeit ab. Er ging von Campell aus, dessen Handschrift er in Zuoz entdeckte. Davon machte er zunächst einen Auszug: *Ex Huldrici Campelli Historia Rhetica libri duo 1586 elaborati.* Als zweite Arbeit verfasste Guler einen *Cata-*

logo delle terre, città e luoghi principali delli Cantoni, loro sudditi e confederati; der Padavino gewidmete Katalog ist handschriftlich erhalten.

Gulers Hauptwerk war die 1616 gedruckte *Rätia: Das ist ausführliche und wahrhaffte Beschreibung Der dreyen Loblichen Grawen Bündten und anderer Retischen völcker.* Dieses Ludwig XIII. gewidmete Werk muss schon 1600 fertig gewesen sein. In der Vorrede sagt Guler, dass noch niemand die rätische Geschichte vollkommen dargestellt habe, obgleich schon Tschudi, Niger, Stumpf, Simler, Münster und andere darüber geschrieben hätten; von Campell bemerkt er, dieser habe Geringes breit, Wichtiges dagegen nicht dargestellt. Guler nun fühlt sich als Lehrer Bündens, will den Bündnern ihre Geschichte erzählen. Seine Methode entnimmt er Stumpf: Verbindung von Topographie und Pragmatik. Die zehn ersten Bücher behandeln Weltgeschichte mit Hervorhebung der rätischen, von 588 v. Chr. bis etwa 1500 n. Chr.; hier überwiegt das Pragmatische. Die Bücher 11–14 geben eine Darstellung nach Landschaften; hier überwiegt das Topographische. Dieser Teil ist unvollendet; die Fortsetzung scheint bei einem Brand untergegangen zu sein. Ebensowenig wie Stumpf vermochte Guler die beiden Methoden restlos in Einklang zu bringen. Die Folge davon ist Zersplitterung, Wiederholung, Weitschweifigkeit. Auch gelang es ihm nicht eben gut, die rätische und die allgemeine Geschichte ineinander zu verweben. Aber dank seinem Sammeleifer verfügte er über einen gewaltigen Stoff, den er hauptsächlich Campell und den anderen von ihm genannten Autoren entnahm. Er waltete nicht mit kritischer Überlegenheit, sondern fiel mancher Fabel zum Opfer. Immerhin wird der Stand des damaligen Wissens und die Methode sichtbar. Guler will selbständig sein. Er beweist, dass gesunder Menschenverstand, politische Erfahrung, Vaterlandsliebe und Fleiss zur Geschichtsschreibung nicht genügen, sondern dass da eine eigene Spürkraft am Werke sein muss. Die Vorgeschichte trägt humanistisch-phantastischen Charakter; dazu kommen bedenkliche Etymologien. Oft stehen in einem einzigen Satz Scharfsinn und Unsinn hart beieinander. Campell ist ihm an kritischem Geist überlegen. Aber Gulers Rätia, die deutsch erschien, machte Campells lateinische Historie überflüssig, diese blieb im Dunkeln. Wie Stumpf bot Guler Abbildungen von Münzen, Siegeln, Waffen, genealogische und synoptische Tafeln und Landkarten, die für jene Zeit recht ordentlich ausgefallen sind. – Sein Sohn, Johann Peter Guler, gab 1622 einen gekürzten Abschnitt über das Veltlin gesondert heraus.

Im gleichen Jahr 1622 erschien *Pündtnerischer Handlungen widerholte unnd vermehrte Deduction.* Dieses Schriftchen ist eine Rechtfertigung des Prättigauer Aufstandes. Es gibt eine genaue Zergliederung der Rechtsverhältnisse im Zehngerichtebund, der Ansprüche Österreichs auf historischer Grundlage mit Aktenstücken und lässt dann die Beschreibung des bewaffneten Aufruhrs folgen, alles viel eingehender als Anhorn. Die Darstellung des bewegten Lebens gelingt Guler nicht übel. Er schildert den Druck der Österreicher, ihre Quälereien, den Glaubenszwang, die Bewaffnung. Was bei Anhorn in einem plötzlichen, mannhaften Entschluss losbricht, kommt bei Guler nur unter Zittern, Zagen, Schwanken zustande. Auf der Höhe des Triumphes, im Sommer 1622, bricht die Erzählung ab.

Guler verfasste ferner eine *Beschreibung des Fideriser Sauerbrunnens*, die der Sohn 1642 herausgab; schon in der Rätia hält Guler grosse Stücke auf Heilquellen. Ferner führte er von 1627–1634 ein *Handbuch*, in das er Lebensmittelpreise, Arbeitslöhne, Ausgaben eintrug, auch Notizen über Familienereignisse, Geschäfte, Pestseuchen, und vor allem Verse. Er verstand es, lateinische und deutsche Epigramme sowie Gelegenheitsgedichte zu drechseln. Einiges von seinen Schriften, so eine *Deutsche Verschreibung*, soll verloren sein.

Raetia: Das ist ausführliche und wahrhaffte Beschreibung Der dreyen Loblichen Grawen Bündten un anderer Retischer völcker; Zürich 1616. – *Fideriser Sawrbrunn:* Das ist Seiner Situation / Ursprungs / Natur / Würckung / Gebrauchs / und was darvon zu wüssen nutz und nothwendig / kurtze andeutung; 1642. – *Aus Johannsen Guler's von Weineck täglichem Handbuch;* Bündn. Monatsbl. 4, 1853, S. 221 f. 261; 5, 1854, S. 77 f. 133. 161 f. 182; 6, 1855, S. 137 ff. 171 f. – *Pündtnerischer Handlungen widerholte unnd vermehrte Deduction,* hg. v. *Conradin von Moor;* Bündn. Geschichtsschreiber u. Chronisten 10, Chur 1877.

FORTUNAT SPRECHER VON BERNECK: Das Christenlich Leben und selig Sterben Des thüren Helden und thrüwen Vatters dess Vatterlandts / Herren Obersten Johann Gulers von Wyneck / Rittern; Chur 1637; Neu aufgelegt, Chur 1819. – GEORG LEONHARDI: Ritter Johannes Guler von Weineck; Lebensbild eines Rhätiers aus dem siebenzehnten Jahrhundert; Bern 1863. – GEORG VON WYSS: Johann Guler von Wyneck; ADB 10, Leipzig 1879, S. 115 f. – JULES ROBBI: Ritter Johannes Guler von Wyneck; Chur 1918. Robbi versprach, seiner Biographie eine besondere Arbeit über den Geschichtsschreiber folgen zu lassen; sie ist aber nicht erschienen.

Fortunat von Juvalta 1567–1654

Ein Spross aus alter, bischöflicher Ministerialfamilie, reformiert; er besuchte die Lateinschule in Augsburg, verbrachte zwei unnütze Jahre am Hofe des Bischofs von Chur, seines mütterlichen Oheims, und – obgleich Protestant – zwei sehr nützliche Jahre an der Jesuiten-Universität zu Dillingen. Von hier trug er einen wohlgefüllten Schulsack und eine gute klassische Bildung davon; Rosius a Porta nannte ihn einen der gelehrtesten Männer Bündens. Mit einundzwanzig Jahren trat er in den Staatsdienst, übernahm Ämter in den Vogteien und in der Heimat. Später siedelte er nach Fürstenau im Domleschg über, amtete hier zwanzig Jahre lang als Vogt des Bischofs, lernte Land und Leute zweier verschiedener Gegenden kennen. Er war dem Parteihader gründlich abhold, hielt sich fern von den Bewegungen, verfolgte sie aber scharf. Gerne holte man ihn zu schwierigen Gesandtschaften. Vom Thusener Strafgericht 1618 wurde er auf Betreiben der Prädikanten willkürlich, ungerecht gebüsst. An ihm, der Besten einem, wird die Wirkung der unberechenbaren Volksbewegungen gegen die führenden Männer deutlich: Da sie stets, bei Erfolg und Misserfolg, in Gefahr irgendeiner Willkürlaune schwebten, flohen sie die Verantwortung. Juvalta nahm wichtige Sendungen nur noch gezwungen an, liess sich einen Sicherheitsbrief ausstellen, der ihn für später deckte. Diese Zurückhaltung erklärt auch, warum ein Waghals wie Jenatsch obenauf kommen konnte; der hatte wenig zu verlieren, während die alten, angesehenen Familien nicht so um Kopf und Kragen spielen wollten. Immer unüberwindlicher wurde bei Juvalta der Abscheu des Vornehmen gegen die dunkeln Augenblicksgünstlinge der Volkslaune. Doch nach zwanzig Jahren, «da er in steter Angst und Kümmernis gelebt», war ihm noch der Genuss der ruhigen Zeit seit 1639 vergönnt. Mit 87 Jahren ist er in seiner Heimat Zuoz gestorben.

Nachdem Juvalta schon lange einen Ruf für seine elegante lateinische Dichtung genossen hatte, schrieb er zweiundachtzigjährig seine *Commentarii vitae*, ebenfalls in untadeligem Latein. Es ist eine Abrechnung mit der Bündner Demokratie. Wie Sprecher und Salis, und wie die durchbeizten Leiter Bündens seiner Zeit, war er sich über den bündnerischen Volksstaat und seine persönliche Stellung zu ihm im klaren, keiner mehr als er. War er doch der aufrechte Mann von unbeirrtem, geradlinigem Denken und Tun, der niemandem nachzulaufen brauchte, aber auf jedem Posten seinen Mann stellte und dem schliesslich das natürliche Verlangen nach standesgemässem Staatsdienst federleicht wog. Schmal nur ist der Band, den er hinterlassen hat, und doch wird hier über Bünden das Bitterste gesagt, lauter Kernschüsse, gespickte Epigramme: in unruhigen Zeiten sei immer der Schlechteste obenan. Er schreibt wie das Gewissen. Seine Denkwürdigkeiten sind der reine Ertrag eines reinen Lebens. Juvalta tut die tiefsten Blicke, schlägt die klarsten Töne von allen an. Aber aus diesem unbestochenen und unbekümmerten Sündenregister fühlt man auch die schmerzhafte Leere, die bei Juvalta anstelle der ursprünglichen, herzlichen Zuneigung zu seinem Volk getreten ist. Er schreibt nicht, um es zu bessern; sein Büchlein ist alles andere als eine Volksschrift. Darin legt er ein Bekenntnis von seinem Verhältnis zu seinem Volk ab, spricht seine innersten quälenden Gedanken erlösend aus. Hier redet er um so freier, je achtsamer er im Leben sein musste. Ob er an Veröffentlichung dachte? Gerade die sorgfältige Behandlung der aussenpolitischen Probleme lässt die Vermutung aufkommen, er möchte Späteren Winke erteilen.

Nicht nur ist sein Werklein das gelehrteste von allen, sondern er übertrifft die andern auch in der Methode. Von sich spricht er wenig; ausführlich verbreitet er sich nur über seine schmähliche Behandlung auf dem Thusener Strafgericht. Überhaupt gibt er sich nicht mit dem Einzelnen ab; er versucht eine gedrängte Zusammenschau, bietet eine Synthese, die ganz auf Ursache und Wirkung beruht. Es ist der erste Essay nicht nur in der bündnerischen, sondern auch in der schweizerischen Historiographie. Mit kräftigem Wort durchgeht er zunächst die Sünden des Volksstaates: Richterbestechung, Ämtererschleichung, Bereicherung und die schlimmste, die Ausbeutung der Vogteien. Er macht eifrig bei den Reformversuchen der 1590er Jahre mit, sieht sie an den listigen Vorkehren einiger Grössen, so des älteren Guler, scheitern und schliesslich in das Ämterdekret von 1603 auslaufen, das die Besetzung der Vogteistellen dem Los anheimgab. Gleich die erste Anwendung war ein Skandal, wurden doch Leute ohne alle Kenntnisse und Erziehung herausgehoben, die im Veltlin zorniges Gelächter erregten. Von da an ist Juvalta von der Hoffnungslosigkeit der inneren Zustände überzeugt.

Er wendet sich der auswärtigen Politik zu, die er von einem eigenen Standpunkt aus überschaut; nicht wie Guler, Anhorn, Salis gehört er einer Partei an, weder Venedig, noch Frankreich, noch Spanien. Juvalta ist nur Bündner, misstrauischer Bündner, der die feste Überzeugung hat, dass alle Nachbarn Bünden doch nur ausnützen und missbrauchen wollen. Somit wäre das beste: weg von allen. Aber das geht nicht wegen der internationalen Lage des bündnerischen Passstaates. Seiner Meinung nach soll sich Bünden mit *der* Macht vor allem gut stellen, die Bünden auf der längsten Strecke begrenzt und ihm deshalb am meisten schaden könnte: mit Spanien-Österreich. Der taktfeste Protestant Juvalta trat für das katholische Spanien ein, zur Wut der Prädikanten, die meist venezianisch waren. Als ob nicht auch Venedig und Frankreich katholische Mächte gewesen wären! Diese Anschauung vertrat Juvalta von Anfang an; aller Anfechtung zum Trotz erwies sie sich schliesslich als die richtige, indem erst die Verständigung mit Spanien 1639 dem Land Ruhe brachte. Als unentbehrlich stellte sich nach hundert Irrtümern die spanische, nicht die französische Freundschaft heraus. Wie keiner hat Juvalta die Möglichkeiten der Aussenpolitik herausgearbeitet, wie keiner die richtige betont.

Herrn Fortunats von Juvalta ... hinterlassene Beschreibung der Geschichte Gemeiner drey Bünde vom Jahre 1592 bis 1649, aus einer lateinischen Handschrift übersetzt und hg. v. *Heinrich Ludewig Lehmann;* Ulm 1781. – *Raeti Commentarii vitae et selecta poemata,* ed. *Lucius Hold;* Curiae Raetorum 1823. – *Fortunat von Juvalta's Denkwürdigkeiten 1567 bis 1649,* hg. v. *Conradin von Moor;* Arch. Gesch. Rep. Graubünden 1, Chur 1853, S. 6ff.

CHRISTIAN I. KIND: Fortunat von Juvalta; ADB 14, Leipzig 1881, S. 761. – FRITZ VON JECKLIN: Vier Domleschger Geschichtsschreiber; Bündn. Monatsbl. 1929, S. 33. – EDGAR BONJOUR: Fortunat von Juvalta; Die Schweiz und Europa 2, Basel 1961, S. 273 ff.

Fortunat Sprecher von Bernegg 1585–1647

Er wurde zu Davos geboren, umsichtig erzogen und an der Universität Basel weitergebildet. Heimberufen, sollte er sehr jung heiraten, lehnte aber ab und ging wider den Willen der Eltern nach Frankreich, wo er in Orléans die Rechte studierte und zum Doktor promovierte. Mit einem Stipendium des Königs reiste er nach Norwegen. Nach Hause zurückgekehrt, versah er in der Folge viele Ämter und Gesandtschaften und wurde mit dem Ritterschlag ausgezeichnet. Er erlebte die lange Leidenszeit Bündens von 1618–1639. Selten griff er ein; er war nicht eine bewegende Kraft, sondern stand abseits als ruhiger, scharfblickender und beseelter Beobachter, der fleissig sammelte, die Ereignisse mit der Feder verfolgte und stets freimütig für das eintrat, was er für richtig hielt – der ideale Zuschauer. Daher war er oft den Mächtigen des Tages unbequem, wogegen ihn enge Freundschaft mit Rohan verband. Meist lebte er in Chur und starb daselbst allgemein geachtet.

An kleineren Arbeiten verfasste er: *Ein schön neuw Lied zu Ehren gemeiner Loblichen dreyen Pündten* 1615; *Das christenlich Leben und selig Sterben Herrn Obersten Gulers* 1637; ein *Kartenwerk von Bünden* 1620, das drei Auflagen erlebte; einen *Stammbaum der Familie Planta in Zuoz*.

Sprechers erste grosse Arbeit war die *Pallas Rhaetica armata et togata*, 1617 lateinisch erschienen, 1672 in deutscher Übersetzung. In der Vorrede erwähnt er seine Quellen; die wichtigste fehlt, Ulrich Campell, der noch nicht herausgegeben war; dafür kennt er Gulers Rätia, die 1616 erschien und das meiste aus der Chronik von Campell schöpfte, so dass ihm dieser indirekt zugute kam. Sachlich geht er kaum über ihn hinaus. Aber in seinem schönen Latein vermeidet er manche Weitläufigkeit und Fabelei Gulers sowie Campells; die rätische Geschichte erscheint geläutert, immerhin taucht noch der Sagenheld Rhaetus auf. Wertvoll sind die Bücher 5-10, die seine eigene Leistung darstellen; er gibt hier mehr Institutionen als Topographie. Seine Darstellung war denjenigen Lesern zugänglich, die Gulers deutsche nicht verstanden.

Als Sprechers wichtigstes Geschichtswerk gilt mit Recht die *Historia motuum et bellorum postremis hisce annis in Rhaetia excitatorum et gestorum*. Es ist eine Geschichte der Bündner Wirren. Der erste Band, 1629 erschienen, bietet eine kurze Vorgeschichte, setzt 1607 breit ein und geht bis 1628; Sprecher glaubte die Wirren beendet. Der zweite Band umfasst die Jahre von 1629-1644. Während Bartholomäus Anhorn aus der Ferne Notizen sammelt und nicht dazu kommt, sie zu verarbeiten, während Salis erst nachträglich seine Denkwürdigkeiten als Patriot und Edelmann aufzeichnet, schreibt Sprecher mitten aus dem Getriebe heraus, bewusst als Historiker. Er allein ist reiner Geschichtsschreiber, die anderen haben einen Zweck. Sprecher übernimmt bewusst der Öffentlichkeit gegenüber eine Verantwortung. Dass er auch Patriot ist, schadet bei ihm, dem Geschichtsschreiber, nicht. Als Protestant widerstrebt er Spanien, ohne sich für Venedig oder Frankreich festzulegen. Er kennt die handelnden Personen, nimmt oft an den Beratungen teil, weiss sich wichtige Papiere, Akten, Verzeichnisse zu verschaffen, schreibt wohl fast gleichzeitig mit den Ereignissen. Vor allem: Er will den Sinn des echten Historikers entwickeln, procul odio et gratia. Er trachtet nach Genauigkeit und Gerechtigkeit und legt sich eine Zurückhaltung auf, die seinem Temperament nicht entspricht. So versagt er sich Werturteile und Charakteristiken. Den Johann Guler und Rudolf von Salis schickt er kaum eine Zeile nach; einzig Jenatsch wird etwas ausführlicher besprochen. Aber so sehr er auch die eigene Meinung zurückhält, sich vor Ausdrücken und Sätzen hütet, die ihn festlegen würden, so ist er doch zu warmblütig, um sich ganz verleugnen zu können. Aus dem Ton des Ganzen ergibt sich sein Empfinden, seine Auffassung, so zum Beispiel über den Abfall von Rohan, über den er wie Salis nicht hinwegkommt, während spätere Generationen sich aus realpolitischen Gründen damit abgefunden haben. Jenatsch ist auch ihm unvertraut; den Abstand, der ihn von diesem trennt, überwindet er nicht. Unserer Zeit hat Conrad Ferdinand Meyer Jenatsch nahe gebracht, mit dem einfachen und doch so feinen Kunstgriff, dass er die grossen Sünden, die Jenatsch mächtig und interessant erscheinen lassen, unterstreicht, die kleinen Gemeinheiten aber, von denen Jenatschs allzumenschliches Leben wimmelt, unterdrückt. Das Schwärmen für Renaissancemenschen, das in unserer Zeit als bürgerliches Sonntagsvergnügen üblich ist, lag dem ritterlichen Empfinden eines Salis, eines Sprecher fern. Die beiden Guler dagegen standen ihm näher als die beiden Salis. Vollends bricht die tiefe Leidenschaft Sprechers durch, wenn er, überwältigt vom Schmerz über das seiner Heimat Davos zugefügte Unrecht, 1644 die Feder niederlegt. Er hat sich doch nicht so abgekühlt, wie er sich vormachte, zum Glück für den Leser.

Auch über das Militärische zeigt er sich gut unterrichtet mit detaillierten Listen von Offizieren, Marschrouten, Verlustangaben. Schilderungen von militärischen Handlungen, namentlich von Schlachten, gelingen ihm aber nicht besonders; hier ist ihm der Fachmann Salis über. Dagegen hat er in der Entwicklung verschlungener Handlungen, in der Beobachtung der Stimmung, in der genauen Berücksichtigung der Einzelheiten nicht seinesgleichen unter den genannten Bündnern. Weil sein Ehrgeiz die Genauigkeit ist, stellt er ganz auf Verträge und Aktenstücke ab und erzählt fein in der Ordnung, ohne sich bei Ergüssen und persönlichen Meinungen aufzuhalten. Man kann ihm vielleicht vorwerfen, dass er als Historiker zuwenig gewagt, dass er mit angenommener Nüchternheit manchen schönen, bezeichnenden Zug übergangen hat. Der Niederschlag der Erfahrung ist eben Resignation. Er sagt mit Cicero: «Satis est historico non esse mendacem.» Sich selber flicht er mit Vorsicht ein. Und doch ist sein Werk und seine Persönlichkeit bewundernswert. In einer verworfenen Zeit, da dem Ehrenmann mit aufgeschnappten Worten, Fetzen von Briefen Fallen gelegt wurden, halten sich diese bündnerischen Geschichtsschreiber, Sprecher, Salis, Juvalta, hoch und bezeugen ihre Kultur und ihren Charakter gegenüber der haltlosen Öffentlichkeit.

Ein schön neuw Lied zu Ehren gemeiner Loblichen dreyen Pündten in alter hoher freyer Rhetien ober Teutschlandt; 1615 (Haller IV, 813). – *Pallas Rhaetica, armata et togata;* Basileae 1617. Deutsche Übersetzung: *Rhetische Chronica ...;* Chur 1672. – *Chronicum Rhaetiae seu Historia inalpinae confoederatae Rhaetiae;* Basileae 1617. – *Alpinae seu foederatae Rhaetiae subditarumque et terrarum nova descriptio,* hg. v. *Fortunatus von Sprecher* und *Philipp Cleverius;* Amsterdam 1618, 1629. – *Historia motuum et bellorum postremis hisce annis in Rhaetia excitatorum et gestorum;* Authore *Fortunato Sprechero a Berneck J.U.D.* Equite Aurato, Coloniae Allobrogum 1629. Deutsche Übersetzungen: *Fortunati Sprechers von Berneck Beider Rechten Doctoris und Ritters Historische Beschreibung Von denen Unruhen und Kriegen / so in denen Hochlöblichen Rhaetischen Landen vor Jahren entstanden / und durch Gottes Beystand glücklich zum Ende gebracht worden;* Schaffhausen 1703. – *Des Ritter's Fort. Sprecher von Bernegg J.U.D. Geschichte der bündnerischen Kriege und Unruhen,* hg. v. *Conradin von Moor;* Chur 1856/57. – *Das Christenlich Leben und selig Sterben Des thüren Helden und thrüwen Vatters dess Vatterlandts Herren Obersten Johann Gulers von Wyneck / Rittern;* Chur 1637. – *Stemma vetustissimae romanae originis familiae Plantarum;* Curiae Rhaetorum 1722 (Haller II, 2125). – *Stemmatographia equestris nec non vetustissimae Hetruscae Originis prosapiae de Planta cum Privilegiorum Immunitatum Magistratuumve ad eandem spectantium nec non Legationum atque dignitatum militarium,* hg. v. *Conradin von Moor;* Chur 1872. – *Davoser Chronik von Florian und Fortunat von Sprecher,* hg. v. *Anton von Sprecher;* Bündn. Monatsbl. 1953, S. 314ff.

Bartholomäus Anhorn, 1566–1640.

Fortunat Sprecher von Bernegg, 1585–1647.

Ulysses von Salis-Marschlins, 1594–1674.

Tafel 28.

FRITZ VON JECKLIN: Fortunat Sprecher von Bernegg; ADB 35, Leipzig 1893, S. 279 ff. – TRAUGOTT SCHIESS: Über die Chronik Fortunat Sprechers; Bündn. Monatsbl. NF 4, 1901, Schiers 1901, S. 31 ff. – J. ANDREAS VON SPRECHER: Aus der Jugendzeit des Geschichtschreibers Fortunat Sprecher; Bündn. Monatsbl. 1935. – FRIEDRICH PIETH: Bündnergeschichte; Chur 1945, S. 234.

Ulysses von Salis-Marschlins 1594–1674

Sein Vater war ein angesehener Mann und Patriot zu Grüsch im Prättigau, sein Onkel der Historiker Guler. Ulysses besuchte die hohen Schulen von Heidelberg und Orléans. Von 1608–1611 war er Page beim Herzog von Bouillon, von 1616–1619 Hauptmann in venezianischen Diensten. Er wohnte 1620 in Sondrio, entging durch Zufall dem Blutbad, verteidigte 1621 Cleven erfolglos. Anfangs 1624 stand er im Dienste Mansfelds im Breisgau, kam aber auf die Kunde vom Aufstand sofort zurück. Er nahm in französischem Sold an allen Kämpfen von 1624–1626 im Veltlin teil, tat später in der Gardekompagnie in Frankreich Dienst, war von 1636–1637 als Oberst der Gefährte Rohans, den er hoch verehrte, verurteilte den Kettenbund, blieb Rohan treu und kam dadurch in einen Gewissenskonflikt. Wegen seiner Treue erfuhr er die Gunst des Königs und Richelieus, wurde 1641 Maréchal de Camp, machte die Feldzüge in Italien mit, worauf ein neuer Pflichtenkonflikt ihn 1643 bewog, trotz glänzender Aussichten den Dienst für immer zu verlassen. Er kehrte nach seinem Sitz Marschlins zurück. Seit dem Veltlinermord hatte er die häusliche Ruhe nicht mehr gekostet. Er wurde Bundesammann der Zehngerichte, beteiligte sich am Loskauf von Österreich. Zwischen 1650 und 1658 schrieb er in italienischer Sprache seine *Memorie*.

Salis war Patriot, Reformierter, Kavalier; letzterer überwiegt. Das Ehrgefühl ist seine höchste Beziehung, der er alles unterwirft. Ein solcher Mann wird nicht in erster Linie für die Wissenschaft schreiben. Er sucht aber auch nicht den persönlichen Ruhm, sondern will seine Nachkommen belehren. Seine Person tritt verhältnismässig zurück. Aber so sehr er es vermeidet, sich in Szene zu setzen, so peinlich genau stellt er fest, dass er überall der Ehre des Kavaliers – des honnête homme – genügt habe. Seine Anschauungen sind fest und bestimmt, wennschon er sie nicht aufdrängt. Nach aussen hin ist er zuerst entschieden venezianisch, und als Venedig ausscheidet, französisch. Er verschmerzt den Undank gegen Frankreich nicht, was ihn aber nicht hindert, die Fehler der Franzosen zu verurteilen. Wie im Leben, so trachtet er auch in seinen Denkwürdigkeiten nach der Unabhängigkeit der Überzeugung, der er wiederholt Opfer bis zum Einsatz des ganzen Daseins gebracht hat.

Einem Menschen von dieser Wesensart und diesen Anschauungen konnte die bündnerische Demokratie nicht liegen. Obschon er sich nirgends grundsätzlich dagegen ausspricht, so nimmt er doch Abstand vom Volk und bleibt innerlich einsam. Zuviel muss er erleben: den Wankelmut, die Rachsucht, die Verfolgung seines Standes. In keinem Kanton stellte sich das Problem der Volksgunst so früh wie in Bünden; darum wurde sie von den zeitgenössischen Geschichtsschreibern abgewogen. Nicht das entzweit ihn mit seinem Volk, dass es seine adeligen Führer straft, sondern dass es sie bei allem Misstrauen immer wieder hervorholt, sie in gefährlichen Zeiten an die Spitze stellt, nach innen und nach aussen mit grosser Verantwortung belädt und ihnen in einem Anfall von Unmut den Prozess macht. Das Volk wollte Führer haben und konnte sie doch nicht ertragen. Jede Art von Untreue, auch nur Unzuverlässigkeit in den persönlichen Beziehungen, ist Salis verhasst. So kommen auch die Guler, der Geschichtsschreiber und sein Sohn Johann Peter, übel weg, weil sie gelegentlich von ihrer Gesinnung, von der Ehrliebe etwas aufopfern, um sich einen Vorteil zu sichern. Und wieviele Fälle solcher Art musste er in der trostlos zerrissenen Zeit erleben, da der Hass nicht nur von Partei zu Partei, sondern auch von Glaube zu Glaube, von Familie zu Familie ging. Salis presst einmal seine Erfahrung in das Wort zusammen: «Chi serve al commune, serve nessuno.» Und doch verzweifelt er als guter Patriot nicht an der Zukunft Bündens; der Beweis sind seine Denkwürdigkeiten. Wenn er auch sein Schicksal einflicht, so ist doch sein Gegenstand das grosse Unglück Bündens. Er erzählt es späteren Geschlechtern zur Lehre; darum die gesalzenen Sentenzen, die aus seiner bittern Lebenserfahrung herfliessen. Nicht für sich, nicht zur Selbstschau hat er aus lehrreichster Zeit geschrieben, sondern für andere aus der Fülle seiner klugen Menschenbeobachtung, mit der Überlegenheit eines Mannes, der durch Jahrzehnte gewohnt war, es auf alles ankommen zu lassen, wennschon es ihm bei seinen persönlichen Vorzügen nicht an Welterfolg gefehlt hat, da er zum Glück geschaffen war.

Das ist der spezielle Wert seiner Denkwürdigkeiten, dass sie uns erlauben, in die Seele eines Menschen, der längst dahin ist, einzudringen. Memoiren sind nicht immer so freigebig. Gewiss kann man ihm unrichtige Angaben nachweisen; Fehler waren unvermeidbar, da er Jahrzehnte nachher schrieb und nur für einzelne Teile Aufzeichnungen, die er an Ort und Stelle gemacht, verwenden konnte. Gefälscht hat er nirgends, sondern versucht, sich über die Parteien zu stellen, wie er auch Gegner anerkennt und Freunde tadelt. Zudem verweist er stets auf Fortunat von Sprecher.

Das Ganze umfasst ungefähr die Jahre von 1600–1649. Zu Beginn erwähnt Salis die edlen Taten aus seiner Familie, das vorbildliche Leben des Vaters, der wegen der Bartholomäusnacht auf seine französische Pension verzichtete. Schon früh streut er bittere Bemerkungen über die Volksgunst ein. Er beschreibt die Hochzeitsfeiern der Edlen als Adelskonvente, wo die äussere Politik abgeredet wurde. Wiederholt betont er, wieviel Venedig anno 1618 für Bünden tat. Genau berichtet er über die Praktiken der Gesandten gegeneinander, zergliedert die Parteien, zählt ihre Anhänger auf. Er schildert den verfehlten Angriff auf das Veltlin, das Elend der Flucht, den schnöden Empfang in St. Gallen und Zürich, den Undank Frankreichs, die Unlauterkeit der Franzosen und ihre Sitte des Unterschleifs. Über Jenatschs Haltung urteilt er als ein Edelmann über den Emporkömmling. Hier wird deutlich, was ihn von Jenatsch trennte: Salis wittert in ihm den Niedriggeborenen, der nach strenger Auffassung nicht der Ehre und des Ehrenwortes fähig war, obschon er als Offizier Kavaliersrang beanspruchen konnte. Für das Vaterland hätte Salis alles geopfert, nur nicht die Ehre. Jenatsch dagegen ging über alles hinweg: Er opferte seiner Vaterlandsliebe und seinem Geltungsdrang auch die Ehre und den Glauben. Daher gewinnt er seine ungemeine Handlungsfähigkeit. Jenatsch regiert als Steuermann, die anderen sind bloss seine Knechte. Wegen der Verhaftung des Herzogs von Bouillon entschliesst sich Salis, nicht mehr in Frankreich zu dienen; er sieht den Bürgerkrieg voraus und will in keinen Pflichtenkonflikt mehr geraten.

Mit Sprecher verglichen, ist Salis reicher an militärischen Einzelheiten. Aber wenn er nicht Selbsterlebtes, Miterlebtes erzählen kann, verweist er oft auf Sprecher, berichtigt, wo er bessere persönliche Kunde hatte.

Des Maréschal de Camp Ulysses von Salis-Marschlins Denkwürdigkeiten, hg. v. *Conradin von Moor;* Chur 1858. Diese stark gekürzte Übersetzung ist eine unglückliche Leistung mit willkürlichen Streichungen, wobei die Lücken nicht angezeigt sind. – *Memorie di Ulysses Salis; Ernst Haffter:* Georg Jenatsch. Urkundenbuch, enthaltend Exkurse und Beilagen; Chur 1894, S. 21 ff. – *Memorie de Maresciallo di campo Ulisse de Salis-Marschlins;* Pubblicate a cura della Società storica grigione e della Pro Grigione italiano di *Constanz von Jecklin;* Coira 1931 (vollständige und sorgfältig mit Noten versehene Edition des italienischen Urtextes).

ALFONS VON FLUGI: Ulysses von Salis; Bündn. Monatsbl. 4, 1853, S. 1 ff. 24 ff. 41 ff. – GEORG VON WYSS: Ulysses von Salis-Marschlins; ADB 30, Leipzig 1890, S. 237 ff. – KARL OBSER: Der Feldzug des Jahres 1622 am Oberrhein nach den Denkwürdigkeiten des Freiherrn Ulysses von Salis-Marschlins; Zeitschr. Gesch. Oberrhein NF 7, Freiburg 1892, S. 38 ff. – CONSTANZ VON JECKLIN: Die Memorie des Marschalls Ulysses v. Salis-Marschlins; Bündn. Monatsbl. 1931, S. 257 ff.

Herzog Heinrich von Rohan 1579–1638

Der bekannte Schweizerfreund wurde in einer hochvornehmen, mit den Bourbonen verwandten Familie der Bretagne geboren und genoss eine sehr sorgfältige Erziehung in calvinischem Geist. Von 1599–1601 unternahm er Reisen durch Europa, die dem Studium der Staatseinrichtungen gewidmet waren. Von früh an zeigte er Ernst und Selbstzucht und bildete damit eine Ausnahme unter den leichtfertigen Standesgenossen: ein ausgezeichneter Mensch mit grosser militärisch-politischer Begabung, edlen Sitten, Hochgefühl, von anziehendem Umgang, ritterlich gewinnend. Unter Heinrich IV. stand er in voller Gunst, wurde 1603 Generaloberst der Schweizer, vermählte sich mit einer Tochter Sullys. Nach Heinrichs Tod stand er an der Spitze der hugenottischen Partei, führte jahrelange Kämpfe zur Verteidigung des Ediktes von Nantes, setzte alles, Leben und Stellung, für seine Glaubensgenossen ein. Sein Führertalent in schwierigsten Umständen wurde anerkannt, bewundert; er war einer der klangreichsten Namen Europas. Ein dunkler Punkt blieb sein Notverhältnis zu Spanien, das ihm Richelieu nicht verzieh, wenn auch äusserlich eine Versöhnung mit der Krone stattfand. Rohan zog sich nach Venedig zurück, schrieb dort seinen *Parfait Capitaine* und seine Memoiren über die Ereignisse in Frankreich seit 1610 in meisterhaftem Geschichtsstil. Ferner verfasste er eine politische Studie über die Beziehungen der europäischen Staaten zueinander unter dem Titel *De l'intérest des Princes et Estats de la Chrestienté*. Er wurde Obergeneral der venezianischen Armee. Ende 1631 erreichte ihn der Auftrag nach Bünden; er griff begierig zu, um seine Vergangenheit durch nationale Taten wettzumachen, erhoffte sehnlich «l'oubli des choses passées». Der hohe nationale Geist des Franzosen erfüllte ihn. Es ist bekannt, was er in Bünden leistete, wie unglücklich für ihn die Mission endete. Nun zog er sich nach Genf zurück, da ihm der Weg nach Frankreich verlegt war. Dort schrieb er seine *Memoiren* über den Veltlinerkrieg. Der Hass Richelieus vertrieb ihn aus Genf ins Feldlager zu Bernhard von Weimar, wo er in der Schlacht verwundet wurde; er starb zu Königsfelden und fand sein Grab in Genf.

Die Memoiren über den Veltlinerkrieg umfassen die Zeit von 1631 bis 1637. Sie sind eine Rechenschaft, die Rohan vor sich und der Welt ablegt; von sich spricht er in der dritten Person, objektiviert sich. Er empfindet das Bedürfnis, den für die französischen Waffen kränkenden Abzug zu erklären. Das Bündner Drama wird hier von einer neuen Seite beleuchtet. Was Rohan den Bündner Geschichtsschreibern voraus hat, ist die Atmosphäre grosser Verhältnisse und Geschäfte. Vertraut mit der europäischen Politik, kennt er die Beziehungen der Kabinette, ihre Gemeinsamkeiten wie ihre Gegensätze; er deckt die Zusammenhänge auf, von denen die Bündner nichts wissen, weist ihrem Land im Getriebe eine hervorragende Stelle an: Bünden sei ausserordentlich unfruchtbar, dafür eine Drehscheibe der internationalen Politik, meint er. Er gibt sich Mühe, in die verwickelten Verhältnisse der schweizerischen Kleinwelt einzudringen. Im ganzen hat er sie erfasst, wenn er auch ab und zu eine Einzelheit missversteht. Bei allem spürt man das politisch gebildete Auge des Praktikers, bedient von der geschulten Feder des Schriftstellers. Rohan kann diplomatische Schachzüge, Motive von Frankreich und Venedig enthüllen, die den Bündner Geschichtsschreibern nicht bekannt sind; unter anderem gibt er Aufschluss, warum Frankreich 1631–1635 zauderte, das Veltlin anzugreifen. Seine Meinung geht dahin, dass Republiken eine beständigere Aussenpolitik als die Monarchien haben.

Da er sich besonders vor Frankreich rechtfertigen will, schreibt er nicht als Calvinist, sondern als Franzose und legt unzweideutige Bekenntnisse seines Nationalstolzes ab. Damit im Zusammenhang steht sein Verhältnis zum König. Es ist ein schmerzhaft verdecktes; er fühlt sich von früher her schuldig und leidet, dass man es ihm nachträgt. Seinen Widersacher Richelieu nennt er nie. Alles in seiner Darstellung ist darauf berechnet zu zeigen, wie schwierig die Aufträge vom Hofe, ja wie unmöglich sie waren, so dass sie nach menschlicher Berechnung scheitern mussten: der Marsch durch die Schweiz 1635, der Alpenfeldzug jenes Jahres. Hier äussert Rohan keine Siegesfreude, sondern unverhohlene Bitterkeit. Vor allem die Darstellung des Alpenfeldzuges hat er schwarz untermalt: Wegen der Unzulänglichkeit

Tafel 29. Grabmal des Herzogs von Rohan in Genf, 1888/90.

der Mittel bleibt der Ausgang jeden Tag zweifelhaft, die Sache scheint oft nur an einem Haar zu hangen. Dass der glorreiche Erfolg, die wunderbare Leistung sein Werk ist, weiss er. Nicht dass er es an die Glocke hängt; aber es bestimmt seine Geschichtsauffassung. Die grosse Frage, ob der Ablauf geschichtlicher Ereignisse vom Zwang der Verhältnisse oder von der grossen Persönlichkeit entschieden wird, beantwortet er in letzterem Sinn, ohne die Verrechnung zwischen Persönlichkeit und Umwelt im einzelnen zu bereinigen: Der Held bewegt die Welt. Dies war auch die Auffassung seiner Zeit.

Vollends die Katastrophe von 1639 überbindet er dem Hof; hier wird die Schrift zur lauten Anklage. Rohan hat rechtzeitig auf das Kommende vorbereitet, die Gelder für die Obersten, die Übergabe des Veltlins dringend gefordert. Vier Monate bleibt er ohne Bescheid, wird endlich mit einer faden Ausflucht abgespeist: Er solle nach Klugheit handeln. Sein Verkehr mit dem Hof, der den Bündner Historikern unbekannt bleiben musste, wird hier aufgedeckt. So bitter auch die Erfahrungen mit den Bündnern waren, nicht sie macht er verantwortlich. Selbst Jenatsch verdammt er nicht. Diese Ruhe des Urteils ist eine Charakterleistung nach allem, was ihm die Bündner angetan. Er ist eigentlich ihr Opfer. Sei es, dass er die Feder am besten führte, sei es, dass er die Vorgänge am tiefsten empfand, bei ihm bricht die dramatische Wucht der Vorgänge am stärksten durch.

Dagegen fällt auf, dass sich seine Darstellung mit der von Salis, auch mit der von Sprecher in einigen Punkten nicht deckt. Jener glaubt, Rohan habe sich von den Verschwörern täuschen lassen, während dieser behauptet, sie durchschaut und nur die Miene der Leichtgläubigkeit angenommen zu haben. Salis meint, das Veltlin hätte von den Franzosen gegen die Verschwörer gehalten werden können, indessen Rohan erklärt, dies sei wegen des Hungers, der Seuchen, des Mangels an Geld und an Vorräten unmöglich gewesen. Salis wirft Rohan vor, an Lecques die Befehle des Königs, das Veltlin zu halten, nicht weitergegeben zu haben; Rohan stellt fest, dass solche Briefe nicht rechtzeitig eintrafen. Oft scheint es, als ob Rohan gewissen Aussagen von Salis geradezu antworte. Seine Bitterkeit fliesst nicht aus dem schier übermenschlichen Opfer, das ihm zugemutet wurde, sondern aus dem nationalen Schmerz über die Niederlage Frankreichs.

Da Rohan für Franzosen, das heisst für Ausländer schreibt, bringt er in Buch 3 einen Abriss der Bündner Geschichte. Als erster macht er sich über Rhaetus lustig. Er erfasst das Einzigartige der Bündner Demokratie, die Institutionen, die Machtquellen richtig. Die Gemeinden seien souverän, die Auslese der Vögte schlecht. Über das Veltlin fallen gescheite Bemerkungen, über Jenatsch nur wenig Worte. Im allgemeinen muss man feststellen, dass Jenatsch bei den zeitgenössischen Schriftstellern nicht den Raum einnimmt wie in unserer Vorstellung.

Le parfait Capitaine, ou l'Abrégé des Guerres des Gaules des commentaires de César; Paris 1636. – *Le parfait Capitaine,* autrement L'Abrégé des guerres des Commentaires de César. Augmenté d'un Traicté de l'interest des Princes et Estats de la Chrestienté; Rouen/Paris 1667. – *Mémoires du Duc de Rohan.* Augmentés d'un quatriesme Livre et de divers discours Politiques du mesme Auteur cy-devant non imprimez; 2. Ed., Amsterdam 1646. – *Mémoires et lettres de Henri Duc de Rohan sur la Guerre de Valteline,* hg. v. *Baron de Zur-Lauben;* 3 Bde., Genève 1758 (1 Bd. Memoiren, 2 Bde. Aktenstücke; die Fussnoten des Herausgebers sind zum Teil unrichtig). – *Mémoires du Duc de Rohan sur la guerre de la Valteline,* hg. v. *Claude-Bernard Petitot;* Coll. compl. mém. rel. l'hist. France 19, Paris 1822.

GEORG VON WYSS: Herzog Heinrich von Rohan; Njbl. Stadtbibl. Zürich 1869. – AUGUSTE LAUGEL: Henry de Rohan, son rôle politique et militaire sous Louis XIII; Paris 1889. – CLAUDE-BERNARD PETITOT: Notice sur Henri Duc de Rohan et sur ses ouvrages – mémoires du Duc de Rohan; Coll. compl. mém. rel. l'hist. France 18, Paris 1822. – FRIEDRICH PIETH: Die Feldzüge des Herzogs Rohan im Veltlin und in Graubünden; Bern 1905. (Hier ist die ganze Literatur über den Gebirgskrieg von 1635 angegeben.) – HEINRICH GIGER: Der Marsch Herzog Rohans durch die Schweiz. Ein Beitrag zur Geschichte der Rohanschen Feldzüge im Veltlin; Schw. Monatsschr. Offiz. aller Waffen 21, Frauenfeld 1909, S. 501 ff. 554 ff. 605 ff.

Gioachimo Alberti 1595–1673

Aus alter, vornehmer Familie von Bormio stammend, erlebte er die Schreckenszeit seiner Heimat von 1620–1637 als Podestà. Am Fuss der Pässe gelegen, war Bormio Schauplatz der militärischen Ereignisse, musste sich nacheinander vor Österreichern, Bündnern, Franzosen beugen und litt entsetzlich. Alberti war österreichisch gesinnt, wurde von Rohan verhaftet, trat in spanische Dienste, kehrte 1632 zurück und empfing von Ferdinand II. den Adelstitel.

Im Alter schrieb er *Antichità di Bormio.* Es ist eine hervorragende, aufschlussreiche Leistung. Das Drama wird von einer anderen Seite, vom Bergflecken aus, geschaut. Zuerst bietet Alberti kurze Notizen über Geographie, Statistik, Rechtsordnung, Kultur des Contado di Bormio, dann eine gedrängte Vorgeschichte von 3000 v. Chr. bis 1618. Hier setzt die Darstellung breit ein, bricht 1639 ab; Alberti hat sie reich mit Aktenstücken ausgestattet. Sie stellt eine Geschichte Bormios von 1616–1639 dar, gegen den Schluss mit memoirenhaftem Einschlag. Der Autor geht von örtlichen Voraussetzungen aus. Er ist ganz katholischer Bormianer, hasst die Bündner, erstrebt die Befreiung vom «duro giogo del Dominio Democratico». Es fällt auf, wie alle diese Geschichtsschreiber die Demokratie verurteilen, nicht nur wegen ihren entarteten Ausschreitungen in Bünden, sondern auch grundsätzlich aus dem Geist der Zeit heraus. Für die Gebildeten ist die vernünftige Staatsform die Monarchie oder die Aristokratie; Bünden erscheint als unerträglicher Sonderfall. Man muss bei Albertis Erzählung stets den zeitlichen Hintergrund in Anschlag bringen. Alberti erhofft die Befreiung durch Österreich-Spanien, dem er unwandelbar ergeben bleibt. Über die Rückkehr der Bündner empfindet er tiefen Schmerz.

Seine Sprache ist oft dunkel, aber er erzählt mit mannhafter Offenheit, deckt die Karten auf. Das Jahr 1635 mit seinem raschen Wechsel des Glücks und der Besetzung wird zur schweren Charakterprobe. Neben den grossen politischen Richtlinien bietet er auch die lokalen Spannungen, flicht den üblichen Neid und den Kleinkrieg ein. Stets hebt er den Gegensatz von Bormio und Veltlin hervor. Robustellis Übergriffe, die Umtriebe der Franzosenfreunde werden getadelt. Er rechnet mit seinen Feinden ab, aber nicht als blinder Fanatiker, sondern findet auch an Rohan gute Züge. Albertis höchste Empfindung ist doch seine Heimat Bormio, ihre Leiden schmerzen ihn tief. Er wird gegen alle hart, die sich an Bormio vergriffen haben. Aber in der Verteilung von Lob und Tadel ist er merkwürdig unbefangen, urteilt aus dem Empfinden heraus. Er gibt ohne Vorlage alles aus dem Eigenen.

Antichità di Bormio; Raccolta Storica 1, ed. Società storica comense, Como 1890. Edition nach einer Abschrift und ohne Kommentar; das Vorwort enthält ein wertvolles Verzeichnis der zeitgenössischen Literatur über die Bündner Wirren.

ERNST HAFFTER hat in seiner Kritik der Ausgabe auf die Bedeutung der Schrift hingewiesen: Eine neue Quelle für die Geschichte der Bündnerwirren im XVII. Jahrhundert; Anz. Schw. Gesch. 1890, S. 155 ff. 177 ff.

Pietro Angelo Lavizari

Er war Veltliner, amtete als Pfarrer in Mazzo bei Tirano. Anno 1716 liess er zu Chur *Memorie istoriche della Valtellina,* 1739 eine *Genealogie der Lavizari* erscheinen. Man kann sich fragen, ob die Memorie eine Darstellung oder eine Quellenschrift seien, muss sich indessen für letzteres entscheiden; denn Lavizari arbeitete Protokolle von Revolutionsbehörden und Aufzeichnungen von Zeitgenossen hinein, die heute in diesem Umfang nicht mehr zur Verfügung stehen. Sein Werk durfte erst nach der Zensur durch die bündnerischen Behörden erscheinen.

Zuerst bietet er eine kurze Charakteristik des Veltlins, vergleicht die Veltliner mit den Bündnern, wobei diese schlecht wegkommen: Er erwähnt ihre Trägheit, ihren üblen Namen im Ausland. Lavizari liebt die Schönheit seiner Heimat, ihren grossen Schmuck an Kirchen. Dann erzählt er kurz die Vorgeschichte von Rhaetus bis 1618. Ausführlich berichtet er über die Jahre 1618–1639 und stellt am Schluss noch die Verwaltung dar. Er ist katholischer Geistlicher, fasst die Ereignisse von der Veltlinerseite her auf, überzeugt, dass der Veltlinermord allein durch die Ungerechtigkeit, die Verfolgungssucht der Bündner entfesselt wurde, direkt durch das Thusener Strafgericht. Man erfährt von ihm, was Ruscas Tod für das Veltlin bedeutete. Zuweilen bricht ein entrüsteter, aber nie ein gehässiger Ton durch. Den Veltlinermord verdammt er und bringt erschütternde Einzelheiten. Er deckt die Verabredung der Verschwörer mit Spanien auf; sie rufen das Beispiel der Bartholomäusnacht an, geben den Mord in Sondrio als Leichenfeier für Rusca aus. Die Bauern erschlagen ihre reformierten Gläubiger, die Pächter ihre Herren. Lavizari verurteilt es, dass auch Bormio in den Aufstand hineingerissen wurde, und lobt Rohan, weil dieser 1635 im Veltlin auf seine Kosten die Kirchen herstellte, beklagt aber den «gravissimo giogo francese» im Veltlin. Anno 1618 zählte das Veltlin 150000 Einwohner, anno 1630 nur noch 40000, zu Lavizaris Zeit um 1720 wieder 90000.

Es bleibt eine offene Frage, ob ohne Zensur die Parteinahme in den Memorie nicht schärfer, einseitiger ausgefallen wäre. Immerhin ist die Schrift unter solcher Voraussetzung ein Meisterstück.

Memorie istoriche della Valtellina, In Libri Dieci descritte e dedicate alla medesima Valle; Coira 1716. – *Storia Genealogica della Famiglia Lavizari;* Trento 1739.

FRITZ VON JECKLIN: Die Zensurierung von Lavizaris Storia della Valtellina; Bündn. Monatsbl. 1926, S. 46 ff.

Francesco Saverio Quadrio 1695–1756

Auch er gehörte einer alten Veltlinerfamilie an, trat in den Jesuitenorden, verliess ihn später und starb in Mailand. Anno 1755–57 erschienen hier seine drei Bände *Dissertazioni critico-storiche.* Der erste Band ist eine Landesbeschreibung des Veltlins, der zweite eine Geschichte des Veltlins von den sagenhaften Anfängen bis 1639. Sie gleicht mehr einer Darstellung als einer Quellenschrift; Quadrio zieht die bekannten Autoren, Sprecher, Lavizari, Alberti, diesen im Manuskript, heran, daneben aber auch Akten und Handschriften, die den anderen nicht zugänglich waren. Er ist viel heftiger gegen die Bündner und gegen die Reformierten eingestellt als Lavizari, darf es auch, da sein Werk in Mailand erschien. Nicht einmal einen Anlauf zu einem überlegenen Standpunkt versucht er. Quadrio gibt sich ganz als Veltliner, als Sprachrohr ihres Hasses. Darum stellt er die Jahre 1618–1639 ausführlicher als andere dar; es ist für ihn die Heldenzeit des Veltlins. Die Erhebung von 1620, den Mord an den Reformierten erzählt er mit den gefühlsbetonten, stolzen Wendungen, mit denen die Schweizer über die Befreiung der Waldstätte durch Tell und die Männer auf dem Rütli zu berichten pflegten. Er preist die Entschlossenheit, die aufopfernde Vaterlandsliebe der Führer Robustelli und Guicciardi. Dabei braucht er Wendungen wie: «tirannico giogo dei Protestanti, amor della patria, virilmente ripurgato dall'Eretica pesta». Die grauenvollen Vorgänge richtet er zu einem Heldengedicht her, wo das Morden Mannestat und selbstverständliche Pflicht wird. Mit inniger Genugtuung schildert er die Schlächtereien, berichtet Einzelheiten, die kein anderer weiss, vertuscht auch gar nichts, sondern arbeitet aus den Unmenschen Lichtgestalten heraus. Das Abtun der Frauen und Kinder geht in *einem* Panegyrikus fort. So schief vieles an Quadrios Darstellung ist, so hat er doch einen ausgezeichneten, wirksamen Ausgangspunkt, das Thusener Strafgericht, die Verhaftung, Prozessierung und Hinrichtung des Erzpriesters Rusca.

Dissertazioni critico-storiche intorno alla Rezia di qua dalle Alpi, oggi della Valtellina; 3 Bde., Milano 1755/56.

DON TARCISIO SABICE: Francesco Saverio Quadrio; Bolletino della Società Storica Valtellinese 10, Sondrio 1956, S. 71 ff.

Josias Waser 1598–1629

Dieser Feldprediger des Zürcher Regiments Steiner verfasste einen *Bericht über den Feldzug von 1620 nach dem Veltlin, über das Treffen von Tirano und den Rückzug nach Bünden.* Es ist das Beste, was von einem Zeitgenossen darüber geschrieben wurde, kurz, treffend, klar, mit verständigem Sinn und wachem Auge. Dass die Zürcher gut abschneiden, entspricht den Tatsachen und kommt in der Darstellung geschickt zur Geltung. Dagegen fallen über die Bündner die üblichen scharfen Urteile: Sie kümmern sich nicht um die Helfer, sagen, sie hätten sie nicht gerufen; mit Mühe werden sie zum Mitziehen bewogen, sind feig und raubgierig, stehen beim Treffen zuhinterst, beim Plündern zuvorderst. Das Gefecht sei verloren gegangen, nicht nur weil die Berner hitzig in einen Hinterhalt fielen, sondern weil die Bündner trotz aller Aufforderung nicht vom Berg herunter sich zum Angriff wagten.

Der Feldzug Zürcherischer Truppen nach dem Veltlin im Jahre 1620; Arch. Schw. Gesch. 1844, S. 369 ff.

Bericht eines Augenzeugen über den Veltlinermord

Ein venezianischer Untertan berichtet an einen venezianischen Beamten nüchtern, in bergamaskisch-venezianischem Dialekt, mangelhaft stilisiert, über den Mord. Als Feldmesser im Veltlin weilend, wurde er durch die Versicherung, der Papst habe es befohlen, mit fortgerissen und nahm daran teil; durch Räubereien ernüchtert – «io mi ritirai in me stesso» – und des Betrugs mit dem Namen des Papstes inne geworden, machte er sich unter Verlust der Habe davon. Er gibt auch einen Bericht vom Rachezug der Bündner anfangs September 1620 sowie von den furchtbaren Ausschreitungen.

Narrativa breve delle cose occorse in Valtellina fino alli 5 de Guigno 1621 scritta vera e reale senza passion nissuna, come leggendo intenderete, hg. v. *Jacob Burckhardt: Bericht eines Augenzeugen über den Veltlinermord;* Arch. Schw. Gesch. 1849, S. 241 ff.

WERNER KAEGI: Jacob Burckhardt. Eine Biographie 2; Basel 1950, S. 323 f.

ZÜRICH

Johann Heinrich Schweizer 1553–1612

Schweizer wurde 1582 Pfarrer, amtete von 1584–1592 in Kilchberg, von 1592–1612 in Rickenbach bei Winterthur. Unter anderem schrieb er *Schweizerische Annalen*, die ungedruckt blieben. Anno 1607 gab er eine *Chronologia Helvetica* heraus. Die friedliche Zeit verlangte Belehrung, Übersichten, Kompendien, Lehrbücher. Im Vorwort preist er die Wahrheit als höchstes Gesetz der Geschichte. Darunter versteht er Richtigkeit von Ort, Zeit und Person; diese müssen stimmen, das ist sein Kontrollmittel. Vom Sinn der Geschichte redet er nicht. Da für viele Leute Geschichtsbücher zu teuer waren, verfasste er ein *synoptisches Tabellenwerk*, das dem Leser die Nachprüfung und Übersicht ermöglichen sollte. Es war nur für Schule und Studium bestimmt, darum lateinisch abgefasst. Zur Einleitung schrieb er eine *Helvetiae brevis descriptio* als eine Art Rechenschaftsbericht, ein hemmungsloses Loblied aus der glücklichen Zeit vor dem Dreissigjährigen Krieg. Er sieht nur den Überfluss an Gütern, Tugenden, Kraft. In dem Geschichtsabriss weiss er nichts von den Alemannen, verbreitet sich über die Herkunft der Helvetier, rühmt die Fruchtbarkeit der Schweiz: «nulla divitis terrae bona desunt Helvetiis». Er erklärt die kriegerische Kraft der Schweizer aus der Rauheit der Berge, lobt aber auch ihre Friedliebe: «Nemini sine iusta causa bellum inferre populus Helveticus consuevit.»

Der wahre Grund dieses Landesglückes wird nicht ausgesprochen, weil er selbstverständlich ist; Schweizer entwirft ein blühendes optimistisches Friedensbild. Seine Chronologie beginnt mit 2300 v. Chr. und schliesst 1607. Das Buch bietet weder einen methodischen noch einen sachlichen Ertrag, enthält die üblichen Irrtümer. Angehängte Regententafeln betreffen alle Länder, sogar die Türkei.

Chronologia Helvetica, res gestas Helvetiorum ad nostra usque tempora indicans ordine, et brevissime complectens. Adiuncta summorum Pontificum, Imperatorum, Regum et Principum in orbe Christiano, nec non et Turcicorum Imperatorum successione et serie succinta. opera fideli, summoque studio conscripta Ioannis Heinrici Svizeri, Tigurini; Hanoviae 1607. – Die Chronologie ist wieder abgedruckt im Thesaurus Historiae Helveticae; Tiguri 1735.

PAUL SCHWEIZER: Geschichte der Familie Schwyzer oder Schweizer; Zürich 1916, S. 58f.

Johann Heinrich Hottinger 1620–1667

Man kann ihn als den grössten Schweizer Gelehrten im 17. Jahrhundert bezeichnen, dem Glück und Ehre ausgiebig zuteil geworden sind, eine Erscheinung ähnlich derjenigen Albrecht von Hallers im 18. Jahrhundert. Der junge Zürcher war frühreif, fiel durch sein Sprachtalent auf. Als Knabe schon schrieb er Predigten griechisch nieder, studierte dann Theologie, 1635 mit staatlicher Unterstützung in Genf, bereiste Frankreich, England, die Niederlande. Überall erregten seine verblüffenden Sprachkenntnisse Aufsehen. Als junge Berühmtheit warf er sich auf die orientalischen Sprachen, erschloss neue, veröffentlichte auf diesem Gebiet zahlreiche Arbeiten, 1642 wurde er in Zürich Professor der Kirchengeschichte, Theologie und Orientalischen Sprachen. Er war der Stolz seiner Vaterstadt, erfüllte das Gelehrtenideal der Zeit, den Polyhistor. Nur auf dringendes Bitten beurlaubte man ihn 1655 nach Heidelberg, damit er dort die verfallene Ruperta-Carola neu belebe; auch hier entwickelte er als Professor und Kirchenrat eine gesegnete Tätigkeit. Nach seiner Heimkehr wurde ihm in Zürich das Amt des Scholarchen anvertraut; er behielt es lebenslänglich. Ein zweites Mal sollte er auf ehrenvollen Ruf hin für einige Zeit nach Leyden ausgeliehen werden. Als er kurz vor der Reise mit der Familie und Freunden nach seinem Landgut über die Limmat fuhr, schlug der Kahn um; er rettete sich durch Schwimmen, stürzte sich wieder in die Flut, um den andern zu helfen, und ertrank, was eine Trauer in der ganzen Gelehrtenwelt auslöste.

Hottinger arbeitete unermüdlich, schnell und leicht, wovon seine vielen Publikationen Zeugnis ablegen. Sie gehören vorwiegend der Orientalistik an. Seine zweite Hauptrichtung war Kirchengeschichte. Er gab von 1651 bis 1667 in Zürich die *Historia ecclesiastica* heraus, ein gewaltiges Werk in neun Bänden. Es umfasst die Kirchengeschichte von Beginn des Christentums bis auf seine Zeit, mit Einschluss der schweizerischen Kirchengeschichte, und enthält viele Dokumente. Ihr Zweck scheint darin bestanden zu haben, die Vortrefflichkeit des Protestantismus zu erweisen, und nicht, reine Forschung zu treiben. Hottinger hatte sich eine grosse Aktensammlung zur vaterländischen Geschichte angelegt, die heute als Thesaurus Hottingerianus in der Zürcher Stadtbibliothek liegt, eine herrliche Fundstelle authentischer Quellen. Aus diesem Schatz flossen die anderen Werke Hottingers, die für die schweizerische Historiographie in Betracht fallen:

Methodus legendi historias Helveticas 1654. So gründlich und umfassend die Forschung auch ist, die Abfassung zeigt Spuren flüchtiger Hast, wie es bei der atemlosen Schnellproduktion gar nicht anders möglich war. Dazu tritt eine unermüdliche Streitlust, die durchs Ganze geht und ihm einen überflüssig polemischen Charakter verleiht. Das war Hottinger zur andern Natur geworden. Schon seine Historia ecclesiastica hatte ihn in schwere Kämpfe verwickelt, die er mit Genuss durchfocht. Abgesehen davon ist der Methodus ein wichtiges Buch: Es ist die erste Historiographie der Schweiz, aus voller, umfassender Kenntnis geschöpft, und erlaubt, den damaligen Stand der Quellenkunde zu bemessen. Methodisch ist der Ertrag gering: Hottinger sagt, man müsse auf die Augenzeugen und Zeitgenossen zurückgehen; das wussten schon die Humanisten. Kritik und Bewertung sind streng rational sowie protestantisch und werden unter steten Ausfällen durchgehalten. Trotz dieser Mängel bietet das Buch viel interessante Einzelheiten und liest sich vergnüglich, hat er doch darin seine Collectaneen aufgearbeitet, was moderne Bibliographien der Schweiz übersahen. Das Sprachgenie Hottinger ist aber kein guter Etymologe. Für das Wort Helvetien und für die Ähnlichkeit von Schweizerdeutsch und Schwedisch gibt er krause Erklärungen. Er verteidigt die Schweizer gegen den Adel, polemisiert überhaupt heissblütig gegen die Deutschen, besonders gegen Wimpfeling und Bebel. Die Berner Chronisten des 15. und 16. Jahrhunderts kennt er nicht, sein Liebling ist Stettler. Er fragt sich, warum Vadian kein Geschichtswerk geschrieben habe! Seine Betrachtung stellt er stark auf die natürlichen Grundlagen ab, rühmt den Reichtum des Bodens, die Gunst der Natur, dass es fast wie Aufschneiderei berührt. Die Frage, ob die Schweiz ein Staat sei, welche Guillimann und Bodinus verneinen, bejaht er. Er kämpft für den Ruhm der Schweiz, streicht sie stets gegen die deutschen Geschichtsschreiber heraus. Hottinger wiederholt das Wort, das nach Otto von Freising über Zürichs Toren stand: Nobile Turegum multarum copia rerum. Gegen den Schluss läuft das Buch in überschwängliche Lobpreisung Zürichs aus: «Ipse Patriam nostram deinceps etiam esse jubeat bonitatis suae speculum, Ecclesiae ornamentum, justitiae tribunal, pauperum asylum, bonarum literarum domicilium, verae, seriae et minime fucatae poenitentiae exemplum, sanctum denique sancti sui Spiritus templum.»

Von seiner Heimatliebe zeugt ein anderes Werk: *Speculum Helvetico-Tigurinum* 1665. Es ist eine Heimatkunde. Hottinger durchgeht die Vergangenheit Zürichs politisch, kirchlich, militärisch anhand eines damals vollständigen Quellenmaterials. Er führt den Streit Turicum-Tigurum breit aus, mit bemerkenswerter Methode, indem er die Quellen gegeneinander abwägt. Sein Ergebnis lautet Tigurum, weil er, wie Glarean im Panegyricum, Caesars Angaben folgt. Das Material ist streng kritisch gesichtet. Aber Hottinger geht rein antiquarisch auf die Feststellung der Tatsachen, nicht auf ihre Verknüpfung oder gar Verflechtung aus. Darum stellt er politische, kirchliche, militärische Geschichte hintereinander dar und lässt unter Eventualia Zufälle, Naturereignisse, Dürren, Hungersnöte, Seuchen folgen. Er besitzt nur die Fähigkeit der Kritik und Analyse, nicht aber die krönende Kunst der Synthese und Zusammenfassung der verschiedenen Antriebe zu einem vollen Bild vergangenen Lebens, die erst den Historiker ausmacht.

Eine Schulgeschichte und, was wertvoller ist, das alphabetische Verzeichnis aller literarisch tätigen Zürcher enthält das Werk: *Schola Tigurinorum Carolina cum Bibliotheca Tigurina* 1664. Auch hier weicht Hottinger einer zusammenfassenden Geschichte aus. Aber er hat doch manches gerettet, was sonst versunken wäre. Es ist erstaunlich, was er alles auftreibt. So führt er Arnold von Brescia an, der um 1147 in Zürich wirkte, und bemerkt, er habe Ähnliches wie Zwingli gelehrt, indem er einen Vers Gunthers aus dessen Epos Ligurinus zitiert: «Servat adhuc uvae gustum gens ista paternae.» Lorenz Bosshard schreibt er eine Geschichte der Urkantone zu. Brennwald und Edlibach tut er kurz ab, während er kirchliche Dogmatiker und Polemiker, die längst vergessen sind, aus-

METHODVS LEGENDI
Historias Helveticas.

COnstitueram equidem בְּעָוֹן אלְלָה וְתוֹפִיקָד,
Musagetem dare Theologicum tripartitum,in eorum potissimùm gratiam,qui exteras salutaturi sunt Academias. Prima pars, παρασκευαστική, salutaria suppeditare poterat consilia feliciter peregrinaturo: Secunda peregrinanti: Tertia ad functionem publicam vel apud suos,vel alios sustinendam reversuro. Illius, præter cætera,erat suadere,ne quis de exteris prius visitandis oris esset solicitus,quàm suam ipsius penitius nôsset patriam. Nata hinc & orta seria cogitatio non modò de Speculo Helvetico Helvetiis,sed & Tigurino Tigurinis,studiosis potissimùm ordinando.Quia verò aliæ me occupationes aliò nunc invitant,vel aliqua saltem de Helvetiis in genere, & dilecta mea patria in specie,ostendisse,gratum erit. Proponam, primùm de universa Helvetia Canones in lectione Historiæ domesticæ observatos: Vrbis deinde nostræ qualemcunque,ex vetustis fidéque dignis erutam monumentis exhibebit σκιαγραφίαν Oratio,publica authoritate, anno superiori,recitata. Si qua fortè indulgentior videar patriæ alumnus,&afflicto,quo hæc scribebam ejus statu; quo dejectis ubique animis medicina erat qnærenda,&ipsi quoque στοργῆ,de qua poëta;

Nescio qua natale solum dulcedine cunctos
    Ducit,& immemores non sinit esse sui,

tribuatur. Præteritorum recordatione in spem futuri auxilii divini eramus erigendi. Ingrati profectò hominis est, ne dicam impii,ea velle ignorare,aut non satis inculcare,quæ benignissimus Deus tam larga concessit manu. Non ideò beneficia sua Deus elocat,ut rusticus ea pudor supprimat, sed ut, nihil nobis tribuendo, omnem gratiæ ejus acceptam feramus felicitatem. Hoc Christiani est,illud ne hominis quidem.

        N 3   I.Celebre

Tafel 30. Titelblatt des «Methodus legendi» von Johann Heinrich Hottinger, 1654.

spinnt. Bullinger bekommt den grössten Platz; Hottinger würdigt aber hauptsächlich seine theologischen Schriften. Sich selber hat er breit dargestellt, gibt ein Verzeichnis seiner Werke.

Hottinger leistete der Geschichte wissenschaftliche Vorarbeit; aber er war nur ein temperamentvoller Alexandriner.

Irenicum Helveticum; Tiguri 1653. – *Methodus legendi Historias Helveticas;* Tiguri 1654. – *Historiae ecclesiasticae novi testamenti;* 9 Bde., Hanoviae 1655—67. – *Schola Tigurinorum Carolina:* id est, Demonstratio historica; ostendens Illust. ... Reipub. Tigurinae Scholam, a Carolo Magno deducendam: Accedunt 1. Bibliotheca Tigurina, sive Catalogus Librorum ante et post Reformationem a Tigurinis scriptorum; Tiguri 1664. – *Speculum Helvetico-Tigurinum;* Tiguri 1665.

LEONHARD MEISTER: Johann Heinrich Hottinger; Berühmte Zürcher, Teil 2, Basel 1782, S. 10ff. – OTTO FRIDOLIN FRITZSCHE: Johann Heinrich Hottinger; Zeitschr. wiss. Theol. 11, Leipzig 1868, S. 237ff. – GEORG VON WYSS: Johann Heinrich Hottinger; ADB 13, Leipzig 1881, S. 192f. – HEINRICH STEINER: Der Zürcher Professor Johann Heinrich Hottinger in Heidelberg 1655–1661; Festschr. Univ. Heidelb., Zürich 1886. – EMIL EGLI: Johann Heinrich Hottinger; Realenzykl. protestant. Theol. Kirche, hg. v. Albert Hauck, 8, 3. Aufl., Leipzig 1900, S. 399ff. – LUDWIG FORRER: Johann Heinrich Hottinger; Grosse Schweizer, Zürich 1938, S. 225ff. – RUDOLF PFISTER: Johann Heinrich Hottinger; NDB IX, Berlin 1972, S. 656.

Johann Jakob Wagner 1641–1695

Er lebte als Arzt und Bibliothekar in Zürich, war aus Neigung Botaniker, erhielt 1691 die Mitgliedschaft der deutschen Akademie der Naturforscher. Das Bedürfnis war erwacht, die Schweiz in Gesamtbildern allseitig kennen zu lernen. Wagner kam ihm von der naturwissenschaftlichen Seite entgegen. Er veröffentlichte 1680 *Historia naturalis Helvetiae curiosa*, eine Naturgeschichte der Schweiz, die noch etwas sehr auf das Seltsame gespitzt war. Die Ausnahme wurde gesucht, nicht das Organische erforscht.

Voraussetzung seiner Arbeit bildet die hergebrachte Anschauung, dass Gott die Natur schuf. Neu ist nun aber, dass Wagner die Natur stärker hervortreten lässt als üblich. Er setzt zuweilen Natur gleich Gott. In der Dedicatio schreibt er: «ad Naturae rara ac admiranda, quae benigna haec rerum omnium mater in almam patriam nostram liberali manu contulit.» Und weiter heisst es einmal: «Tamquam donis et dotibus singularibus, quas Deus et Natura Helvetiae largita est.» Hier finden sich erste Andeutungen der Forschung, die sich verselbständigen wird. Er führt aus, das Forschungsprinzip sei nach Francis Bacon die Historia naturalis inductiva vermittelst «observatio» und «experimentum», statt die allgemein scholastischen Regeln von der Natur, wie sie noch in den Schulen gelehrt würden. Das bedeutete einen Fortschritt gegenüber J.-B. Plantins Helvetia antiqua et nova. Wagner tadelt, dass die Schweizer lieber die Fremde statt die Heimat kennen wollen und sündigt selber dagegen; denn er gibt mehr klassisches Wissen als eigene Forschung, unterwirft das eigene Denken dem Überlieferten. Er zitiert die Alten, wo man eigenes Schauen erwartet, liest mehr in den Büchern als in der Natur. Hieraus spricht die Naturscheu und der Stubensinn seiner Zeit. Die Berge kennt er zum geringsten Teil aus eigener Anschauung. Mit einem Fuss steht er noch im Wunder. So erzählt er die Geschichte vom Hahnenei nach, glaubt aber nicht mehr an den todanzeigenden Fischteich zu St. Maurice. Den Drachen widmet er ein eigenes Kapitel, teilt sie in geflügelte und flügellose ein – Zeitgenossen haben solche gesehen, er nicht –, rechnet die Irrwische zu den natürlichen Erscheinungen. Und doch ringt er sich von der Fabel los: Er verwirft das Pilatuswunder, weil er sich durch einen Besuch von der Haltlosigkeit überzeugt hat, bezweifelt das Wasserwunder «im Bruderbalm»: «Narratio haec media videtur inter fabulam et historiam.» Noch war die Wissenschaft der Religion unterworfen, was sich schon in der Zensur äusserte. Wagner steht auf der Scheide zweier Zeiten.

Auch über den eidgenössischen Volksschlag verbreitet er sich. Die Schweizer seien in den Bergen grösser als in den Städten, weil dort die Verweichlichung fehle und Einfachheit herrsche. Hier wird die Milieutheorie vorempfunden. In der guten alten Zeit seien die Schweizer Riesen gewesen, was Wagner mit der Riesenhaftigkeit des angeblichen Grabes von Teutoboch und mit den zu Reiden aufgefundenen Mammutknochen zu beweisen sucht. Die Langlebigkeit der Schweizer führt er ebenfalls auf ihre Einfachheit zurück, belegt aber ihre Grösse mit antiken Zitaten statt mit eigenen Messungen. Den Solddienst erklärt er mit der Fruchtbarkeit der Schweizer und bringt Beispiele von hohen Geburtenzahlen. Im ganzen erscheint der Abschnitt über die Menschen überraschend papieren, ohne eigene Anschauung. Aber trotz aller Mängel ist es ein Buch, das Besseres anregte und eine neue Seite der Landeskunde erschloss. Man kann mit seiner Hilfe die geistige Ader der Dinge verfolgen.

Wagner schrieb noch Reisebücher, so 1684 den *Index memorabilium Helvetiae*; oder 1688 und 1701 den *Mercurius Helveticus*. Es sind Wegweiser mit Kärtchen und Kupfern. Die wichtigsten Orte werden alphabetisch aufgeführt, mit Angaben über Lage, Geschichte, Sehenswürdigkeiten.

Historia naturalis Helvetiae curiosa, In VII Sectiones compendiose digesta. Authore Joh. Jacobo Wagnero, Med. Doct., Tiguri 1680. – *Index memorabilium Helvetiae, oder Zeiger der denkwürdigsten Curiositäten, welche in der Eydgnossschaft dieser jetzigen Zeit fürnemlich zu beobachten sind;* Zürich 1684. – Vermehrt und mit neuem Titel: *Mercurius Helveticus: fürstellend die denk- und schauwürdigsten Anmerkungen und Seltsamkeiten der Eydgnossschaft;* Zürich 1688 (Haller I, 705).

HERMANN ALFRED SCHMID: Die Entzauberung der Welt in der Schweizer Landeskunde; Basl. Beitr. Geschichtswiss. 7, Basel 1942, S. 90ff.

Beat Holzhalb 1638–1709

Als Angehöriger einer führenden Zürcher Familie durchlief er die Ämterbahn, verwaltete verschiedene Vogteien des Kantons und bekleidete das Amt eines eidgenössischen Kriegs-Commissarius. Die Zeitgenossen scheinen seine Barockdichtungen geschätzt zu haben; anlässlich seines Todes verfasste Gotthard Heidegger die Trauerschrift *Delicio Holzhalbiano – heu! –*

erepto cupressus et graciarum monumentum. Geistig stand Holzhalb zwischen der Orthodoxie und der beginnenden Aufklärung.

Im Auftrag der Tagsatzung unternahm er 1677 eine Reise nach Wien zu Kaiser Leopold I., um von ihm eine Anerkennung der eidgenössischen Neutralität in dem seit 1672 währenden «Holländischen Krieg» zu erlangen. Über seine erfolgreiche Mission führte er ein Tagebuch, worin er die Reise sowie das umständliche Zeremoniell bei der kaiserlichen Audienz beschreibt und seine vor der Majestät gehaltene «Proposition in hochdeutscher Aussprach» sowie seine Gespräche mit hochgestellten Personen wiedergibt. Auch für die Wiener Antiquitäten hat er ein Auge, was den kulturhistorischen Wert seines Reiseberichtes erhöht.

Wiener Reise 1677; hg. v. *Dietrich W.H.Schwarz,* mit Einleitung und Kommentar; Mitt. Antiq. Ges. Zürich 48, Heft 2; Zürich 1977.

Johann Heinrich Rahn 1646–1708

Dieser Bibliothekar, Stadtschreiber und Seckelmeister in Zürich schrieb nebenbei aus Liebhaberei Geschichte. Wie er berichtet, hatte er als junger Bibliothekar viel freie Zeit. So trug er ein Geschichtswerk aus Chroniken und Akten zusammen, das ihm auf drei Folianten anwuchs. Auf Betreiben der Freunde gab er 1690 mit Erlaubnis der Obrigkeit einen Auszug davon als *Eidtgnössische Geschicht-Beschreibung* heraus, immerhin noch dick genug. Er wollte eine Lücke ausfüllen, weil Stumpf topographisch angeordnet sei, während er ein «Jahrzeitenbuch» bot, das heisst rein annalistisch verfuhr; noch empfand er das Bedürfnis, sich für den Druck eines Geschichtswerkes zu entschuldigen.

Sein Compendium bewegt sich auf den unteren Stufen der Wissenschaft. Es erstreckt sich von Abraham bis 1690. Trocken, zusammenhanglos werden die Ereignisse, Kriege, Seuchen unter Jahreszahlen gereiht, also ein sprödes Aneinander der Tatsachen geboten, immerhin ein zuverlässiges Nachschlagewerk. Rahn verzeichnete seine Quellen, vornehmlich Stumpf. Von eigenen Aktenstudien merkt man kaum etwas. Selbst wenn er auf seine Zeit kommt, wird er nur breiter, nicht angeregter und anschaulicher und lässt es auch hier am sicheren Blick für das Wichtige und Entscheidende fehlen. Er ist ein braver Mann von guten Treuen, aber kein Historiker. Dass er in seinem polemischen Zeitalter auf schmähsüchtige Betrachtung, auf Betrachtung überhaupt verzichtet, gab ihm den Anstrich von Unparteilichkeit, obschon er natürlich reformiert und aristokratisch gerichtet ist. Dagegen teilt er mit der Zeit das Steifleinene und vermag dem Stoff nicht höheres Leben einzuflössen. Unkritisch, ohne eigenes Urteil, besitzt sein Werk nicht Quellenwert, fand aber unendlichen Beifall; Rahn traf es den Zeitgenossen. Sein Buch spricht von einer erfreulichen Zunahme der geschichtlichen Wissbegierde, nicht aber von einem Fortschritt der Methode und der Erkenntnis. Unverkennbar ist der Abfall gegen das 16. Jahrhundert. Die ruhige, vom Kleinlichen erfüllte Zeit setzte keine grossen Geister in Bewegung, die an den Erlebnissen sich entzündeten.

Eidtgnösssische Geschicht-Beschreibung | Das ist kurtzer Begriff aller in den Loblichen XIII und Zugewandten Orten der Eidtgnossschaft | Wie auch Dero nächst angrentzenden Landen | sint dem Anfang des Helvetischen Namens biss auf das lauffende 1690 Jahr | vorgangener Sachen | mit möglichstem Fleiss und Unpartheylichkeit aus einer grossen Anzahl getruckter und geschribener Authorum, Wie auch den Actis Publicis selbs zusammen getragen; Zürich 1690.

RUDOLF WOLF: Johann Heinrich Rahn; Biogr. Kulturgesch. d. Schw. 4, Zürich 1862, S. 55 ff. – GEORG VON WYSS: Johann Heinrich Rahn; ADB 27, Leipzig 1888, S. 173 f. – MARC SIEBER: Das Nachleben der Alemannen in der schweizerischen Geschichtschreibung; Basl. Beitr. Geschichtswiss. 46, Basel 1953, S. 37 ff.

BERN

Michael Stettler 1580–1642

Bern pflegte wie früher die Ortsgeschichte, die sich – vereinzelt – zur Schweizergeschichte erweiterte. Stettler stammte aus alter Berner Stadtburger-Familie. Der Vater und drei Brüder waren Handwerker; ihn allein bestimmte man für den Staatsdienst. So studierte er denn in Lausanne und Genf das Notariat und trat zu Hause in die Ämter. Anno 1605 wurde er Chor- und Ehegerichtsschreiber, 1606 Mitglied des Rats der CC, 1610 Deutschseckelmeister. Von 1616–1622 war er Landvogt zu Oron, von 1627–1629 zu St. Johannsen, von da an bis zum Tod Oberlehenskommissär der welschen Lande: im ganzen eine bescheidene Laufbahn, die sich in der Stille begnügte. Nie trat er in der Politik hervor. Dafür lebte in ihm der Geschichtssinn, die Gabe der Beobachtung, der unermüdliche Drang nach dem Geistigen. Er ist der Geschichtsschreiber Berns im 17. Jahrhundert, wie es Valerius Anshelm im 16. und Konrad Justinger sowie Diebold Schilling im 15. gewesen waren.

Als junger Mann versuchte sich Stettler in der Poesie, obschon ihm jede dichterische Gabe abging. Er verblüfft hier durch Massenhaftigkeit. Anno 1599 verfasste er ein Gedicht über eine Reise nach Frankreich, England und Italien; 1602 folgte *Kurtzes Poetisches Gedicht einer hochlöblichen Eidtgnosschafft zu Ehren gestellt* und ein ebensolches über den Bund zwischen Bern und Graubünden: *Ein New Lied und Frolockung über die Pündtnuss zwischen den dreyen Pündten Rhetier Landts und der Statt Bern*. 1605 liess er ein Gedicht drucken zur Hochzeit von Schultheiss Albrecht Manuel und Magdalena Nägeli, der Gattin dreier Schultheissen. 1605 schrieb er eine Tragikomödie vom *Ursprung löblicher Eidsgenossenschafft* in dreiunddreissig Akten, 1609 eine «Komödie» *Von der Erbauung der Stadt Bern* in nur zwanzig Akten, weil sie unvollendet blieb. Diese Versungeheuer sind dramatisierte Geschichte, wie sie zu jener Zeit das England Shakespeares in höchster Vollendung auf die Bühne brachte, während Stettlers Stücke wohl nie aufgeführt wurden. Im *Ursprung* mahnte er die Eidgenossen zur Eintracht; die Reformierten versuchten damals umsonst, die Katholiken zum Bundesschwur zu bewegen. In der *Erbauung* verteidigt er die Vorrechte der Stadt gegen das Land; die unzufriedene, feindliche Stimmung, die schon damals bestand, entlud sich erst später mit kriegerischer Gewalt.

Für Stettlers historiographische Tätigkeit sind zwei Perioden zu unterscheiden:

1. Die Zeit der Stoffsammlung, 1602–1608. Er kopierte seine Vorgänger, die noch alle ungedruckt waren, in der Reihenfolge Fründ, Justinger, Tschachtlan, Schilling, Anshelm; vielleicht besass er die Chronik von Haller-Müslin und auch eine Kopie von Schwinkhart. So bekam er das Material für die Epoche vom 12.–16. Jahrhundert zusammen; nur Fricker scheint er nicht gekannt zu haben; er nennt ihn nie und gibt eine Darstellung des Twingherrenstreites, die sich einzig um das Kleidermandat dreht.

2. Die Zeit selbständiger Darstellung. Lange glaubte man, er habe erst später damit begonnen, bis man in Genf seine erste selbständige Arbeit entdeckte, datiert 1609, betitelt *Kurtzes concept helvetischer sachen*, umfassend die Jahre 1251–1523. Stettlers historiographische Schriftstellerei lenkte die Aufmerksamkeit einflussreicher Herren auf ihn. Auf ihr Betreiben wandte er sich an den Rat und erbat den Auftrag, Anselms Chronik fortzusetzen, was gewährt wurde und ihm die Archive erschloss. 1614 überreichte er dem Rat das dreibändige *Verzeichnis oder Zythregister der loplichen Stadt Bern Geschichten*, umfassend die Epoche von 1527–1587. Zwei Jahre später übergab er die Fortsetzung des Zeitregisters: *Annalen über die Jahre 1588–1616*. Er setzt jedem Jahr die regierenden Häupter der Christenheit und den Schultheissen der Stadt Bern voran. Den Stoff teilt er in Rubriken ein: Religionssachen, Politische Sachen (Auswärtiges), Civilische Sachen (Bern und die Eidgenossenschaft), Stadtsatzungen, was zwar die Übersicht erleichtert, aber die eigentliche Aufgabe des Geschichtsschreibers, die organische Zusammenschau, vereitelt; zudem fehlen Abschnitte über Kultur und Wirtschaft.

Als Stettler 1616 Landvogt wurde, fand er Zeit zu einer neuen Redaktion. Er entdeckte auf dem Archiv Fragmente Anshelms zu den Jahren 1526–1536, gewann auch sonst Material, das ihm erlaubte, seine Darstellung zu erweitern. 1623 überreichte er dem Rat eine zweite Redaktion, betitelt *Die Bernerchronik*, umfassend die Jahre 1526–1610, in zehn Prachtbänden, zu denen Malerei, Buchbinderei und Kalligraphie ihr Bestes beisteuerten. Eine Nebenfrucht seiner Tätigkeit war die Rettung des halbvergessenen Valerius Anshelm, dessen Werk auf dem Archiv herumlag, der letzte Band bereits zertrümmert; Stettler konnte noch Fragmente bis 1536 zusammenstellen und so erhalten. – Anno 1623/24 schrieb er ein *Zeitregister von 1191–1477*, eine zweite Redaktion des früheren Konzeptes, wobei er nicht nur seine Vorgänger auszog, sondern die Arbeit mit neuem Aktenmaterial ausstattete und damit abweichende Auffassungen begründete. So hatte er die Geschichte Berns bis auf seine Zeit dargestellt.

Die Burgerschaft begehrte nun, dass die Chronik im Druck zugänglich werde. Schultheiss Manuel stellte den Antrag, worauf der Rat die Erlaubnis erteilte, unter Vorbehalt der Zensur. Stettler stellte ihm die Bogen druckfertig zu; dann zirkulierten sie bei den Ratsherren, und Professor Lüthard zensierte sie. Wesentliches wurde nicht beanstandet. 1626 erschien der erste Band, der bis 1527 geht, unter dem Titel *Grundliche Beschreibung Nüchtländischer Geschichten*. Im gleichen Jahr erschien der zweite Band, bis 1626 reichend, mit dem Titel *Chronikon;* 1631 liess Stettler den Exemplaren einen Anhang von 1627–1630 und ein Vorsatzblatt mit dem gemeinsamen Titel *Schweitzer-Chronic* beibinden. Die Regierung erteilte ihm ein Privileg, das ihn vor Nachdruck schützte; dann liess er die Feder sinken.

Stettler nahm sich Anshelm zum Vorbild, was von einem guten Spürsinn zeugt. Von Anshelm stammen die annalistische Form, einige Grundanschauungen wie die Verurteilung des Solddienstes, die Warnung, das Misstrauen vor fremden Fürsten, die unverhohlen reformierte Gesinnung, die erhabene Ansicht vom Wert der Geschichte. Aber er erreicht nicht die Darstellungskunst, den hohen Flug, die Tiefe und weite Anschauung, den göttlichen Zorn Anshelms; er ist Anshelm ins Nüchterne, Kleinbürgerliche übertragen. In einem Punkt unterscheidet er sich wesentlich von ihm. Dieser nimmt nicht bestimmt Stellung zur Staatsform, Aristokratie oder Demokratie, weil das damals nicht drängte und noch nicht scharf geschieden war; er betont mehr die Macht und Würde des Staates nach antiken Vorbildern. Stettler dagegen verficht die Aristokratie, was im 17. Jahrhundert die Haltung der Gebildeten in der Schweiz war. Als Schweizer verpönt er die Monarchie, als Stadtbewohner erschreckt ihn die Demokratie, von der damals Bünden und die Waldstätte einen bedenklichen Anschauungsunterricht gaben. Seine Überzeugung kleidet er in die unverbindlichen Worte: «Der gwalt gehört den wisen und nicht den ungezempten büffeln.» Die grosse Masse ist ihm der Pöbel, vor dem er Angst hat; besonders deutlich zeigt sich das bei seiner Darstellung des Könizaufstandes von 1513. In der Aristokratie sieht er Schutz vor Willkür und vor Masslosigkeit, sieht er den goldenen Mittelweg und das Mass der Dinge. Sein Wahlspruch lautet: «Moderata durant.» Ähnlich vergleicht Padavino seine Heimat Venedig mit der schrankenlosen spanischen Weltmonarchie und der Bündner Anarchie. Stettler macht seinem Wahlspruch Ehre durch einen gesunden kleinbürgerlichen Menschenverstand. Kleinbürgerlich ist auch seine Angst vor der Kritik, vor der er sein Werk durch Dedikation an die Obern schützen will.

Im übrigen erhellen Methode, Auffassung und Wertsysteme aus den Dedikationen und Vorreden. Es sind Rechenschaftsberichte. Darüber hinaus schöpfen sie den Vorstellungskreis jener Zeit aus. Als Quellen gibt er «gute Gewahrsame» an, das heisst Akten und «hineben andere gute Authores». Er schreibt nicht Spezial-, sondern Universalgeschichte, «insbesonderheit germanischer und gallischer Sachen»; daher nennt er denn auch die Eidgenossenschaft einen «so grossen Circell nammhaffter Landen». Von der Führung Gottes ist er fest überzeugt; als Dominante klingt immer wieder an: «erstlich auff die Ehr des allregierenden Gottes gesehen.» Es herrscht in Stettlers Werk eine einheitliche Zielführung auf eine Theodicee hin. Er braucht in diesem Zusammenhang Wendungen, die sehr modern klingen, die aber nur Umschreibungen des göttlichen Waltens sind. So spricht er vom glücklichen «prozess und fortgang der eidgenössischen Sachen»; es sieht wie Fortschrittsglaube aus. Dieser ist aber als durchwaltende Überzeugung erst von der Aufklärung geschaffen worden; Stettler meint nur den Ausnahmefall der Eidgenossenschaft unter Gottes Führung. Die Schweiz hat sich von einem sehr zarten Gewächs zu einem ansehnlichen hohen Baum «erhept».

Die Historie ist der «allerbeste Schulmeister». Ihr Zweck liegt darin, zu den Regimentstugenden zu reizen, also Vorbilder zu geben. Im höheren Sinn ist dies ein moderner Gedanke: ohne Geschichte keine Kultursynthese der Gegenwart, ohne diese keine Richtlinien in die Zukunft. Die Wahrheit, sagt er, sei die Seele der Geschichte.

Tafel 31. Titelblatt, Berner Chronik von Michael Stettler, 1627.

Stettler legt ein kräftiges Bekenntnis zur Reformation ab; er warnt vor den Fürsten, vor ihrem «honigsüssscheinenden fürgeben» und ihrer Neigung, Zwietracht zu stiften; man solle der alten Freunde nicht vergessen. Stets ermahnt er zum Gehorsam gegen die Regierung, die den Staat repräsentiert. Er allein ist sein Gegenstand. Kulturgeschichtliches streift er gelegentlich ohne Absicht, so wenn er zum Jahr 1610 eine Gespenstergeschichte erzählt, der er selbst beigewohnt hat.

Nach Stettler ist zu Bern im 17. Jahrhundert kein grosser historiographischer Wurf mehr gelungen. Von seinen Söhnen beschäftigte sich Hieronymus mit Geschichte, aber nur als Kopist. Michael Stettlers Schweizer Chronik hatte eine starke Wirkung und ein langes Nachleben, da ja seine Vorgänger nicht gedruckt waren. Vieles ist fast wörtlich in Anton von Tilliers bernische Geschichte eingegangen.

Kurtzes Poetisches Gedicht einer hochlöblichen Eidtgnosschaft zu Ehren gestellt. Darinn ettliche ihre Thaten und die Anläss dadurch jedes Ort sich in Pundt begeben vergriffen; Bern 1602. – *Ein New Lied und Frolockung über die Pündtnuss, so dises Jahr zwischen den dreyen Pündten Rhetier Landts und der Statt Bern aufgerichtet worden;* Bern 1602. – *Comedy von Erbuwung der Loplichen Statt Bern* (Haller IV, 631). – *Tragi-Comödie vom Ursprung löblicher Eidsgenossenschaft;* (Haller V, 727). – *Gründliche Beschreibung Nüchtländischer Geschichten;* Bern 1626. – *Chronikon oder Gründliche Beschreibung der fürnembsten Geschichten und Thaten | welche sich in gantzer Helvetia, den jüngsten Jahren nach | von ihrem Anfang her gerechnet | ... bis auff das 1627.Jahr | participirt, verlauffen;* Bern 1627. – *Schweitzer-Chronic;* Bern 1627–31.

RUDOLF FETSCHERIN: Das sogenannte Zeitregister von Tschachtlan gehört dem XVII., nicht aber dem XV. Jahrhundert an; Arch. Schw. Gesch. 1855, S. 3ff. – GUSTAV TOBLER: Die historiographische Tätigkeit Michael Stettlers; Anz. Schw. Gesch. 1888, S. 199ff. – GUSTAV TOBLER: Die Chronisten und Geschichtsschreiber des alten Bern; Festschr. VII. Säkularfeier Berns, Bern 1891, S. 57ff. – JAKOB BAECHTOLD: Geschichte der Deutschen Literatur in der Schweiz; Frauenfeld 1892, S. 394 und Anm. S. 116ff. – GUSTAV TOBLER: Michael Stettler; ADB 36, Leipzig 1893, S. 133ff. – GUSTAV TOBLER: Michael Stettler; Slg. Bern. Biogr. 2, Bern 1896, S. 49ff. – THEODOR NORDMANN: Studien zu Michael Stettler (1580–1641/42), amtlichem Histriographen des Freistaates Bern; Mskr. Basel 1923., S. 10ff. Diese Untersuchung beschränkt sich auf einen rein äusserlichen Textvergleich. – THEODOR NORDMANN: Eine wiedergefundene Stettler-Chronik; Arch. Hist. Ver. Bern 27, 1924, S. 169ff. – HANS VON GREYERZ: Nation und Geschichte im bernischen Denken; Bern 1953, S. 57ff. – EDGAR BONJOUR: Michael Stettler, in: Die Schweiz und Europa 2, Basel 1961, S. 281ff.

Jodokus Jost ca. 1590–1657

Als trefflicher Landwirt und guter Haushalter lebte er im Weiler Brechershäusern in der Gemeinde Wynigen, reich unter seinesgleichen. Wohl aus der Rückschau zeichnete er nach 1649 seine Erlebnisse, Beobachtungen und Gedanken in einer *Chronik* auf. Diese Schrift ist ein Glücksfall; denn wir venehmen hier eine der ersten Stimmen vom Untertanenland, das sonst stumm bleibt. Was Jost schreibt, ist weniger wichtig wegen der Nachrichten, denn als Durchgangsstelle des Volksmässigen. Er denkt über sich, die Umgebung, die Welt und ihre Zusammenhänge nach, woraus er sich mit kluger Einfalt ein Weltbild zurechtzulegen sucht. Man vernimmt, was man in diesen Kreisen empfand, wie man lebte, was man vom grossen

Krieg – dem Dreissigjährigen – hörte, wie man es verarbeitete, und zwar von einem Manne, der mit höherem Flug nach der Weisheit der Dinge trachtete. Deshalb wünscht man sich das Büchlein noch einmal so lang. Es umfasst Orts-, Schweizer- und Weltgeschichte ohne chronologische Ordnung, mit Sittenbildern aus der Zeit. Jost hat das meiste aus sich, einiges aus «Zeitungen», das heisst aus mündlichen oder schriftlichen Nachrichten.

Er entschuldigt sich eingangs für seine Schriftstellerei, ähnlich wie Johannes Kessler in den Sabbata: Die Aufzeichnungen seien in langen Kiltnächten verfasst, «hiemit nüt damit versaumt worden und nur von Kurzweil wegen geschriben. Andersyts ist es nit nur vom hören sagen geschriben, sonder alles selbsten gesehen, auch vermeind den Nachkommenden darmit zu dienen.» Ausführlich schildert er den bäuerlichen Wohlstand vor dem Krieg, die Feste, die Hoffart, die Verarmung wegen des kostspieligeren Lebens, das ihm als Verschwendung erscheint. Er berichtet über den Dreissigjährigen Krieg, den er aus reformiertem Gemüt miterlebt, über des Kaisers Glück, den Brand von Magdeburg, die Rettung durch die Schweden: «Wäre diess schwedische Volk noch ein paar Monat lang nit über Meer ins Deutschland ingefallen, so wäre es um uns die evangelischen Eidsgenossen zethun gsin; mir wären mehr als mit hunderttausend Mann überfallen worden.» Kometen ängstigen das Volk, Pestilenzen suchen es heim. Besonders wertvoll sind Josts Mitteilungen über den «verwirrten, schädlichen und verdammlichen Baurenkrieg» von 1653, über den «unerhörten Eyd» der Bauern auf der Landsgemeinde zu Sumiswald, über seine eigene Stellung zum Kriege: «Ich bin zeitlich von den Bauren abgefallen und desshalben müssen wychen und ein Weil nit dörfen warten.» Die blutige Strafe der Obrigkeit an den Aufrührern mit acht Tagen Gefängnis «ohne Spys und Trank», mit Ohren- und Zungenschlitzen, Enthaupten, Vierteilen wird erbarmend verzeichnet; «denne sind sonst noch viel gerichtet worden, welches alles dem letsten und jüngsten Gericht heimgestellt ist». Auch auf den Villmergerkrieg von 1656 fallen Streiflichter. Jost erzählt vom stolzen Auszug der Berner, und wie General von Erlach nach dem Ausgang allgemein verachtet wurde wegen seiner «Verführung ein so versechenen Volks».

Die Chronik des Jost von Brechershäusern 1598–1656, mitgeteilt von *Wolfgang Friedrich von Mülinen;* Bernerheim, Sonntagsbeil. z. Berner Tagblatt III, 1892, S. 278 ff. 285 ff. 297 ff. 307 ff. – *Die Chronik Josts von Brechershäusern,* hg. v. *Alfred Bärtschi;* Burgdorfer Jahrb. 25, 1958, S. 79 ff.

EGBERT FRIEDRICH VON MÜLINEN: Beitr. Heimatkde. des Kantons Bern deutschen Theils; Heft 5, Bern 1890, S. 43.

Michael Ringier 1585–1661

Dieser Lateinschulmeister in Zofingen und spätere Pfarrer in Birr führte ebenfalls ein Tagebuch, das aber weniger ergiebig ist als dasjenige des Bauern Jost. Er verzeichnete Feuersbrünste, Wolfshatzen, Unwetter – anno 1651 schwoll die Aare so hoch an, dass man «mit Waidlingen im

Stättlin (Wangen) hin und wider fuhr» –, beklagt sich über die Mühsal des vielen Predigens und breitet Klatsch aus über seine Amtsbrüder. Am interessantesten sind seine mageren Bemerkungen über die rebellischen Bauern.

OTTO HOLENWEG: Tagebuch von Michael Ringier; Jahrb. Oberaargau; Herzogenbuchsee 1960, S. 159ff.

Gabriel von Weiss 1613–1684

Ein Schweizer, der Lebenserinnerungen hinterlässt, ist eine Ausnahme in seinem Lande, während damals in Frankreich ein Reichtum an Memoiren erblühte. Hier konnte sich die französische Mitteilsamkeit ausleben, die sich unverbindlich erging, da Memoiren weder Studium noch Genauigkeit erfordern; hier treffen wir den Genuss des Subjektiven, scharfe Beobachtung, Unmittelbarkeit und Freiheit des Urteils, das man im Leben nicht auszusprechen wagte. Weissens Erinnerungen aber sind anderer Natur.

Die Familie von Weiss war noch jung in Bern, stammte aus dem Wallis, vielleicht früher noch aus Albi in Südfrankreich. Der Grossvater von Gabriel, ein reformierter Walliser, warnte 1588 als erster Bern vor den Anschlägen des Herzogs Karl Emanuel von Savoyen; 1589 siedelte er nach Bern über, wurde Burger, in die Ämter und in den regierenden Kreis aufgenommen. Der Vater Gabriels trat während des Dreissigjährigen Krieges in schwedische Dienste, rückte, von Gustav Adolf geschätzt, zum General empor und fiel 1638 in Siebenbürgen. Er hatte seinem Sohn Gabriel eine sorgfältige Erziehung angedeihen lassen. Dieser lernte in Genf, 1630/31 an der Universität Basel. Da machte er sich heimlich fort nach Deutschland zum Vater, der ihn mit Unwillen empfing, aber seine Aufnahme in schwedische Dienste ermöglichte. Er gab dem Sohne zwei treffliche militärische Erzieher, deren sich dieser dankbar erinnerte; um seine Ausbildung zu vollenden, schickte er ihn auf weite Reisen durch verschiedene Länder und liess ihn ein Jahr in Paris studieren. Dann kämpfte Gabriel unter den schwedischen Fahnen und erbte vom Vater grosse Güter in Nassau, Geschenke Gustav Adolfs. Er musste harte Prozesse zu ihrer teilweisen Behauptung ausfechten, ein Quell steter Sorgen, der ihm für immer Abneigung gegen Advokaten und Richter einflösste. Anno 1642 kehrte er nach Bern zurück, da er von befreundeter Seite den Wink erhielt, er dürfe den Eintritt in die Ämter nicht verpassen. Er ging eine Vernunftehe mit Susanna Stürler ein, was zur politischen Laufbahn notwendig war. Hierauf gelangte er in den Grossen Rat, leistete von 1648–1651 als Hauptmann in Venedig Dienst. In Bern schätzte man seine militärische Erfahrung, ernannte ihn zum Kriegsrat und Stadthauptmann und schickte ihn 1655 auf eine Gesandtschaft nach Turin zu den Waldensern.

Seinen *Erinnerungen* ist ein biographischer Nachruf von einem ungenannten zeitgenössischen Patrizier angehängt. Daraus wird ersichtlich, warum man ihn gern zu Gesandtschaften verwendete: Er war ein schöner

Mann, gross, mit militärischer Haltung, sprach besser als er schrieb, konnte sich auch aus dem Stegreif gut ausdrücken. Man schätzte ihn als geschickten Unterhändler, der zu verschweigen wusste. Auf Gesandtschaften wahrte er eifersüchtig seinen Rang. Von seinen Reisen brachte er den Umgang mit den Grossen, den Hofton mit. Dazu kam sein natürliches gesellschaftliches Talent. Er vertrug den Wein besser als andere, blieb stets Kavalier, stolz auf seinen alten Adel. In dem etwas spiessbürgerlichen Bern war er das Muster ritterlicher Künste, Sportsmann, Pferdekenner; wenn er auf seinem Schimmelhengst ausritt, kamen die Leute ans Fenster. In den «causes nobles», den Ehrenhändeln, fungierte er als Schiedsrichter. Als Oberst des oberländischen Regiments bewachte er im ersten Villmergerkrieg das Oberland, verstand es sehr gut, mit den Soldaten umzugehen. Dann zog er als Landvogt nach Saanen, hierauf als Kommandant eines Schweizerregiments nach Venedig, kehrte nach Bern zurück, wurde in den Kleinen Rat, 1662 zum Zeugherrn gewählt. Oft nahm er an der Tagsatzung teil, weilte als Syndikator im Tessin, war eine repräsentative Figur. Er wurde viel gebraucht, da er Tüchtigkeit mit offenem, festem und ränkelosem Sinn verband. Auf einer zweiten Gesandtschaft nach Turin wegen der Waldenser und Genfs hatte er Erfolg. Wiederholt wurde er für Gesandtschaften an den französischen und den kaiserlichen Hof bestimmt, die dann unterblieben – zu seiner Freude, weil er dabei aus dem Eigenen zulegen musste und weil er immer mehr die Umstände solcher Sendungen scheute. Nach dem Tod der Gattin heiratete er die Witwe Johanna Steiger; sie unterstützte mit klugem Werben seine Laufbahn. Da er als Spezialist für Savoyen galt, verwendete man ihn im Westen, als der Herzog Genf beunruhigte. Er wurde 1667 bernischer Resident in Genf mit militärischen Vollmachten, dann Landvogt von Lausanne und trat schliesslich in den Kleinen Rat zurück. Willig tat man ihm die hohen Ämter auf, die höchsten blieben ihm versagt. Umsonst kandidierte er für die Stelle eines Welschseckelmeisters und Venners. Er war kein guter Vermögensverwalter, hatte oft «des dettes criardes», die von seinen Gegnern ausgebeutet wurden; dazu kam sein vornehmes Wesen, das man als Stolz auslegte. Mit seinen Vorzügen hätte er sich auf einem grösseren Theater bewährt. Gleichsam als Entschädigung erhielt er 1678 die Direktorenstelle der Salzhandlung; das Amt galt als einträglich, aber die Geschäfte entsprachen nicht seiner Neigung. Seine Laufbahn stellt nicht ganz ein bernisches Normalleben dar.

Im Alter war er etwas verbittert. Nach einer Rekonvaleszenz von schwerer Erkrankung schrieb er seine Lebenserinnerungen frei aus dem Gedächtnis. Die Jugend und ersten Mannesjahre tat er kurz ab; je weiter er in der Zeit heraufstieg, um so ausführlicher wurde er, aber nicht nach der Art französischer Memoiren. Hier herrscht kein überfliessender Plauderton, keine eitle Selbstbespiegelung. Es ist vielmehr eine knappe Rechtfertigung aus bedrängtem Gemüt, vielleicht auch etwas Abrechnung mit Bern, das ihm nicht genug getan. Er betont immer wieder, wieviel er im Staatsdienst geopfert habe, streift auch seine Liebhabereien, um zu erklären, warum er finanziell nicht vorwärts gekommen sei. Über den Inhalt seiner Staatsgeschäfte, seiner Gesandtschaften teilt er nichts mit, vielleicht aus Sorge, die Schrift könnte in unrichtige Hände kommen. Dagegen sammelt er seine Welterfahrung in klugen und christgläubigen Sprüchen für die Nachkommen, wobei er seine Fehler nicht übergeht. Man gewinnt willkommene Einsicht in bernische Verhältnisse, in die Vorstellungswelt der Zeit. Die Schrift verrät Kultur; es scheint, dass er viel gelesen hat. Bedauerlich ist die Knappheit der Eintragungen. Wenn Weiss geahnt hätte, was wir heute von ihm alles vernehmen möchten! Seine Erinnerungen gehen von 1613-1678. Er ist der Mann, der tiefe Einblicke getan und sich mit Reue, aber auch mit Genugtuung besinnt. Der Anreiz ist nicht geistig, sondern seelisch; daher der wackere, menschliche und haushälterische Ton.

Selbstbiographie eines bernischen Staatsmannes aus dem 17. Jahrhundert, hg. v. Ludwig von Ougspurger; Bern. Taschenb. 24/25, 1875/76, S. 1 ff. Anhang betreffend die Sendungen des Stadtmajors Gabriel Weiss nach Turin zu Gunsten der verfolgten Waldenser.

Karl Manuel 1645-1700

Er war Bernburger, trat 1680 in den Rat der CC, amtete von 1686 bis 1692 als Schultheiss zu Thun. Sein Leben ist das ruhige Durchschnittsdasein eines Patriziers, ausgefüllt mit geselligem Verkehr, Landwirtschaft und Amtsgeschäften. Auf der Berner Stadtbibliothek liegen zwölf Schreibkalender aus den Jahren 1675-1699 mit Tagebuchnotizen von ihm.

Wie uns Stettler in den höheren, so führt uns Manuel in den täglichen Gedankenkreis Berns. Man lernt den Menschen Manuel kennen. Vergnügt, zufrieden, anspruchslos geniesst er bei mässiger Anstrengung sein Regimentsglück. Er fühlt sich behaglich in der festgefügten Weltordnung und dankt Gott dafür. Die unbedingte Unterwerfung unter seine Gnade ist die einzige höhere Beziehung des Schreibers, die ihm jede andere ersetzt. Er verzeichnet Feste, Familienereignisse, Geschenke zu Neujahr und Namenstag, Kindbetti, Hochzeit, Leset in der Waadt – was damals so die Würze eines beschaulichen Daseins ausmachte. Ferner berichtet er über seine öffentlichen Dienste, über Truppenübungen, wo es selten ohne Tote oder Verwundete abging, über die Amtsjahre in Thun, als ein Freund des Alten und Einfachen, jedem Aufwand abgeneigt. Aus vertrautem, sicherem Winkel beschaut er sein Bern. Der Ertrag für die Kulturgeschichte ist bedeutend, weil verschollene Sitten festgehalten werden. Auf die Politik lässt er sich nicht ein, auch nicht dort, wo sie sich völlig aufdrängt; nie gibt er einen Einblick in die innere oder äussere Lage. Wie er 1680 mit der Begrüssungsgesandtschaft zur Herzogin von Nemours nach Neuenburg reist, notiert er genau Mahlzeiten, Kutschen, Empfänge, Zeremonien, Sessel, Bedeckung der Häupter, Abschiedskuss; aber nicht ein einziges Streiflicht trifft das Verhältnis von Bern und Neuenburg. Auch Gabriel von Weiss ist so verschwiegen, obschon er mehr in die öffentliche Sphäre übergreift. Mit Entrüstung trägt Karl Manuel den ungenügenden

Empfang ein, den die Schweizer Gesandten 1681 zu Ensisheim von Ludwig XIV. erfuhren; kein Wort vom Inhalt der wichtigen Verhandlungen. Ausserdem vernimmt man von den Vorschriften über die Amtstracht, vom Tabakverbot, von den Sitzungen des «Äusseren Standes», von der Tintenfabrikation, den bloss zwei Tagesmahlzeiten, von den Refugianten, ihrer Verteilung und den Kollekten zu ihren Gunsten. Manuel brummt über die neuen Silberkannen des Rates. Die andere Seite des Patriziates, der Familienneid, der Streit, die Ränke, die Amtsschleicherei, lag dem Schreiber fern; als heitere Natur bietet er das Bild der Eintracht.

Eines Berners *Kalendernotizen* im letzten Viertel des 17. Jahrhunderts, hg. v. *Franz Thormann;* Bl. Bern. Gesch. u. Altertkde. 19, Heft 2/3, 1923, S. 158 ff.

HANS GUSTAV KELLER: Aus dem Leben eines bernischen Landvogts; Bern. Taschenb. 1932, S. 143 ff. Keller hat die Originalschreibtafeln ausgebeutet.

Wilhelm Lutz 1625–1708

Ebenfalls Bernburger, studierte er Theologie, wurde aber infolge von Übelhörigkeit und undeutlichem Sprechen nicht ins Ministerium aufgenommen; dafür beliess man ihn von 1665–1697 im Lehrmeisteramt, worauf er wegen Altersgebrechen mit Leibgeding in Ruhestand versetzt wurde. Ihm eignete nicht die Tatkraft, der Mut, die sichere Führung seines Vorgängers Gabriel Hermann; er war ein mühseliger, ängstlicher, klaghafter, aber zäher Mann, der bis zuletzt in Demut auf seinem Posten durchhielt. Wegen seines Fleisses, redlichen Strebens und Schönschreibens schätzte man ihn.

Seine Schulgeschichte, *Beschreibung der deutschen Schule zu Bern*, ist ein Ausdruck davon. Sie setzt diejenige Hermanns von 1633 an fort und führt sie bis 1708. Lutz gibt nicht ein Bild von der Entwicklung dieser Schule, sondern zählt alle die Mühseligkeiten und Jämmerlichkeiten auf, die er von Knaben, Kollegen und Behörden zu erdulden hatte. Er begann um 1685 zu schreiben, nahm den Faden auf, wo ihn Hermann gelassen, und spann ihn weiter bis zu seinem Tod. Er schwelgt förmlich im Elend seines Berufes und notiert getreulich, wenn er zu seinem kargen Lohn noch einen Kreuzer hinzu verdienen kann. Anschaulich schildert er die quetschende Enge des Raumes, wo er zeitweilig bis 150 Schüler versammelte und noch neben ihm zugleich ein Unterlehrer eine Klasse führte. Eine Lehrgotte unterrichtete 307 Mädchen. Drill und Stock regieren; Aarebaden und Schlitteln sind verboten. Die Kinder streuen Ofenasche und Kehricht auf die Tintenschrift, bis Lutz ihnen Sandhäuschen verschafft. Vom Wesen der Schule und des Unterrichts gibt er keinen klaren Begriff. Jedenfalls gingen die Behörden nicht über die vorhandenen Mittel hinaus. Mit dem Schulzwang stand es schlecht.

Beschreibung der deutschen Schule zu Bern. Aufzeichnungen der deutschen Lehrmeister Gabriel Hermann (1556–1632) und Wilhelm Lutz (1625–1708), hg. v. *Adolf Fluri;* Arch. Hist. Ver. Bern 16, 1902, S. 492 ff. – *Kurtze und einfaltige beschreibung, wie, wenn und auss was anlass die reformierte teütsche schul allhier zu Bern ihren anfang genommen* habe, hg. v. *Adolf Fluri;* Arch. Hist. Ver. Bern 17, 1903, S. 1 ff.

SOLOTHURN UND BASEL

Hans Jakob vom Staal 1589–1657

Er war der Sohn des gleichnamigen Solothurner Staatsmannes, Historikers und Gönners von Guillimann, genoss eine sorgfältige Erziehung vom vortrefflichen Vater. Rasch gelangte er in die Ämter, erwarb sich auf der Tagsatzung Ansehen, legte zu Hause aber nur langsam, von Neid gehemmt, die Laufbahn zurück. Besonders schadete ihm seine Feindschaft zu Schultheiss von Roll. Dieser neigte Spanien zu, Staal Frankreich. Staal war ein scharfer Gegner, ein gefürchteter Kritiker; er setzte im Kluser Handel 1632 die Genugtuung an Bern durch und verhinderte den Krieg, seinem Widersacher von Roll zum Trotz. Schliesslich wurde er Venner und in den letzten Lebensjahren Schultheiss.

Staal setzte die *Secreta domestica von Staalorum*, die der Vater begonnen hatte, von 1615–1651 fort. Darin bietet er Häusliches und Politisches in annalistischer Form. Der Ton ist herb; Staal rechnet mit seinen Gegnern ab, namentlich mit von Roll. Er lässt hinter die Kulissen schauen, deckt den elenden Kram der Kleinstadt ab. Familienneid und Eifersucht bestimmen wichtige Staatsgeschäfte. Es ist Staal in dieser Sticklüft unwohl, denn in ihm lebt der Geist. Aber er behauptet sich herzhaft, während Franz Haffner von der Kleinstadt das Gemütliche nimmt und sich gut damit abfindet.

Das Lebensbild von *Alfred Hartmann:* Junker Hans Jakob vom Staal; Solothurn 1861, neu herausgegeben vom Verein für Verbreitung Guter Schriften 117, Basel 1918, ist ein Phantasiestück nach den echten Aufzeichnungen, bietet das Tagebuch in Novellenform. Hier erscheint Staal als Franzosenfeind, während er in Wirklichkeit Frankreich begünstigte.

FRANZ FÄH: Hans Jakob vom Staal der Jüngere, 1589–1657; Vom Jura zum Schwarzwald 4, Aarau 1887, S.189 ff. – FRANZ FÄH: Junker Hans Jakob vom Staal; ADB 37, Leipzig 1894, S.329 f. – HANS ROTH: Die Aufzeichnungen des Junkers Hans Jakob vom Staal zur Zeit des Dreissigjährigen Krieges; Zeitschr. Schw. Gesch. 26, 1946, S.505 ff.

Franz Haffner 1609–1671

Grossneffe des Chronisten Anton Haffner, aus ratsfähiger Familie gebürtig, widmete er sich nach Studien bei den Jesuiten und an der Universität Basel dem Staatsdienst. Anno 1635 wurde er Ratsschreiber, später Stadtschreiber und Mitglied des Geheimen Rates. Oft weilte er auf der Tagsatzung. Als frommer Mann half er das Jesuitenkolleg in Solothurn gründen. Der rastlos Tätige erblindete später und gab das Stadtschreiberamt auf.

Als Geschichtsforscher schuf Haffner auf dem Solothurner Staatsarchiv Ordnung, stellte die Akten in Folianten zusammen, verfasste Gutachten und Streitschriften für die Regierung, so 1661 das *Trophaeum Veritatis* gegen das Kloster Beinwil. Anno 1666 veröffentlichte er *Den klein Solo-*

thurner Schaw-Platz Historischer ... Geschichten. Es ist sein Hauptwerk, ein Kompendium im Geschmack der Zeit, in zwei Teilen. Im ersten, grösseren enthält es Welt- und Schweizergeschichte, im zweiten Solothurnergeschichte. Haffner setzt mit der Schöpfung der Welt 4052 v. Chr. an und geht bis 1666. Er begann aus eigenem Antrieb Geschichte zu schreiben, zum Privatvergnügen und zu Geschäftszwecken. Dazu zog er hundertfünfundzwanzig Autoren aus und benützte auch Akten. Es war eine harte Arbeit. Auf Antrieb von Freunden, besonders des Stadtschreibers Wagner, diktierte er der Tochter einen Auszug und veröffentlichte ihn 1666 mit den üblichen Umständlichkeiten, Widmungen, Vorworten, abwägenden Erklärungen, Lobversen von Freunden. Er schreibt für arme und unstudierte Leute, die kein Geld haben und nicht Latein lernen können, um die Autoren zu lesen, also für einen durchschnittlichen Verstand, was ihn zur Volkstümlichkeit nötigt. Er will bildend auf die Masse wirken. Seine Chronik bietet Wissenswertes im allgemeinen, nicht nur Geschichte. Darum legt er Tabellen über alte und neue Masse sowie Münzen ein, erklärt den menschlichen Körper, gibt eine Liste der Metallvorkommnisse – alles umständlich. Haffner schreibt aus einer Atmosphäre von Wunderglauben, Kirchlichkeit, Stadtstolz, Behagen und doch mit dem Aufschwung zu einem höheren und weiteren Horizont. Dabei ist er lebhaft, saftig; er hat die Naivität, die Einfälle des Kalendermannes und trifft damit den Geschmack des Publikums, so dass wir aus ihm den alltäglichen Gedankenkreis seiner Zeit aufnehmen können. Es ist ein lehrhaftes Plauderbuch. Dieses Jahrhundert der Kompendien bringt keine originellen Leistungen hervor, dafür unendlich fleissige Sammlungen. Haffner gibt das Verlangen der Zeit wieder: Wunder, Pracht, Aberglauben. Jedoch seine Lebendigkeit, seine herzliche Teilnahme machen ihn zu einem der Sprühenden unter den steifleinenen Zeitgenossen. Darin liegt heute der Wert seines «Schauplatzes».

Er wahrt seinen katholischen Standpunkt, ist aber duldsam, fällt nicht aus, bedenkt auch die reformierten Orte mit Lobversen. Nur einmal wird er böse, und zwar gegen einen Glaubensgenossen, gegen Guillimann, der es zu bestreiten wagt, dass Solothurn zu Noahs und Abrahams Zeiten 1900 v. Chr. gegründet worden sei. Den schlägt er mit seinem Zitatensack zu Boden, mit der Stelle, wo Caesar von den Soldurii (!) spricht (II 19), und mit zahlreichen Partien aus Autoren des 16. und 17. Jahrhunderts, die alle das Alter Solothurns bestätigen. Dies gibt das Mass seines kritischen Vermögens; es ist unterentwickelt. Sein gesunder Alltagsverstand bietet hier keinen Ersatz. Die Erzählung von der Weltschöpfung an bis Christus ist ein Geschichtsroman, den er sich hat sauer werden lassen, weil er die üblichen Ingredienzien aus der biblischen, griechischen, römischen, germanischen, helvetischen Vorgeschichte mühsam zusammengiessen musste. Da spazieren durcheinander Osiris, Noah, Priamus, Hercules, Atlas, Tuisko, Abraham, Rhaetus in guten Treuen, ohne einander zu stören. Geschichtliche Spuren tauchen erst mit Christus auf; das Aktenstudium kommt nur der Ortsgeschichte zugut. Es ist Haffners Leistung, dass er den

Der klein Solothurner
Allgemeine Schaw-Platz, Hi-
storischer Geist- auch Weltlicher vornembsten Geschichten vnd Händlen/

Welche sich von Anfang der Welt biß auff gegenwärtige Zeit in Helvetien/ Teutschland/ Franckreich/ Italien/ Spa-
nien/ Engelland/ auch andern Orthen zugetragen/ in schöner Chronologischer Ordnung/ mit beygefügten Notis vnd nutzlichen Erinnerun-
gen/ zum Verstand der Historyen sehr dienstlich:
Verfasset vnd auß vilen bewehrten so wol Teutschen/ als Latein-
auch Frantzösischen Authoribus mit sonderem Fleiß zusamen getragen:
Durch
H. Franciscum Haffner alt-Stattschreibern Löblicher Statt Solothurn/ Equitem & Not. Apost.

Cum Facultate Superiorum.
Gedruckt zu Solothurn/
In der Truckerey vnd Verlag Johann Jacob Bernhardts:
Durch Michael Wehrlin/
ANNO M. DC. LXVI.

Tafel 32. Titelblatt von Franz Haffners «Schaw-Platz», 1666.

trüben geschichtlichen Vornebel zu Gebilden geballt und die abergläubischen Vorstellungen bestätigt hat. Auf seine Muttersprache legt er hohen Wert und gibt davon Zeugnis, redet vom Reichtum der deutschen Sprache, von Sprachreinigung.

Dem Leser hat er es gewiss getroffen. Mit munterem Erzählerton und sittlicher Ergriffenheit lässt er eine bunte Reihe von Bildern an ihm vorüberziehen und erlaubt ihm überdies, kostenlos in Märchenpracht und Reichtümern zu schwelgen – Kleid Ludwigs XIV.! – oder sich durch Dämonenbezwingung von der steten Gespensterfurcht zu erholen. Doch wagt er zu schreiben, dass die Erde eine Kugel sei. Eigentümlich: Er flicht eine Art Kulturgeschichte nach der Bibel ein, indem er planmässig erwähnt, wann die Menschen eine Fertigkeit gewonnen, ein Gerät erhalten, und von wem; und doch behauptet er wieder mit Beweisen aus der Bibel, die Welt sei sich gleich geblieben. Diese streitenden Tendenzen plagen ihn nicht. Den Koran nennt er ein unflätig Schandbuch. Von den Waldstätten erzählt er natürlich, sie seien von jeher frei gewesen, es habe keine Rebellion stattgefunden; die Schweiz schildert er in üblicher Weise, ihren Reichtum, den aufsteigenden Ackerbau, die Tapferkeit. Sehr richtige Beobachtungen macht er über den Bauernkrieg. Der Nutzen des Buches liegt unter anderem auch darin, dass es die geheimsten Ratsstuben erschliesst.

Trophaeum Veritatis, das Siegzeichen und Ehrenkränzlein der Wahrheit, oder unpartheyisches Examen und wohlgegründete Ableinung des im letst verwichenen 1660 sten Jahr gedruckten Traktätlins, Jura Beinwilensia genannt; Solothurn 1661. – *Der klein Solothurner Allgemeine Schaw-Platz Historischer Geist- auch Weltlicher vornembsten Geschichten und Händlen | welche sich von Anfang der Welt biss auff gegenwärtige Zeit in Helvetien | Teutschland | Franckreich | Italien | Spanien | Engelland | auch andern Orthen zugetragen ... Cum Facultate superiorum;* Solothurn 1666.

FRIEDRICH FIALA: Franz Haffner; ADB 10, Leipzig 1879, S. 318. – ERNST KISSLING: Ein Gelübde des Chronisten Franz Haffner 1664; N. Solothurn. Wochenbl. 1, 1910/11, S. 340 ff. – LUDWIG ROCHUS SCHMIDLIN: Die Solothurner Schriftsteller im XVII. Jahrhundert; Zeitschr. Schw. Kirchengesch. 6, Stans 1912, S. 2 ff. – HEINZ KLÄY: Die historiographische Haltung Franz Haffners ...; Jahrb. Solothurn. Gesch. 27, Solothurn 1954, S. 76 ff. – PETER WALLISER: Aus der Chronik von Franz Haffner; Oltener Geschichtsbl. 8, 1954, Nr. 11.

Johann Georg Wagner 1625–1691

Dieser Solothurner aus angesehener Familie übernahm 1660 das Amt eines Stadtschreibers als Freund und Nachfolger von Franz Haffner und erklomm 1675 den Schultheissenstuhl. Anno 1663 begleitete er die schweizerische Gesandtschaft als Sekretär nach Paris und veröffentlichte hierüber einen Bericht, den er den regierenden und zugewandten Orten widmete: *Parisische Reyss/Handlung* ... Da er den feierlichen Auftrag von der Gesandtschaft empfing, ist es die amtliche Darstellung. Für die Geschäfte verweist er auf die Abschiede; er bietet den äusseren Verlauf. Seine Absicht war, den Glanz dieser Pariser Wundertage festzuhalten, und zwar in möglichst grossem Abstand vom schweizerischen Alltag. Zuerst gibt er ein Verzeichnis der Boten und ihres Gefolges. Er lässt die Reise, den Einzug in Paris, die Empfänge beim König und seinen Grossen, die Mahlzeiten und schliesslich den Gipfel des Ganzen, den Bundesschwur, vorüberziehen, tönt auch den Zeremonienstreit an, bei dem die Schweizer unterlagen: Sie mussten unbedeckten Hauptes vor dem bedeckten König schwören. Wagner bewundert die gebotenen Herrlichkeiten, die reichbesetzten Tafeln – bei denen man freilich oft wegen Musik und Damen nicht zum Essen kam – den kunstvoll aufgebauten Nachtisch, der dem zuschauenden Volk preisgegeben wurde. Beim Grafen von Soissons, dem Generalobersten der Schweizer, wurden beim Nachtisch die kleinen Söhne herumgereicht, darunter der später so bekannte Prinz Eugen, der kaum einen Monat alt war. Bei Grammont sahen die Eidgenossen den Molière Komödie spielen. Doch notiert Wagner auch gesellschaftliche und kulturelle Mängel, die zu der amtlichen Pracht stark kontrastierten: die Unwegsamkeit und Räubereien auf den Strassen von Paris, das Lachen über die Bärte der Eidgenossen, den Spott, der hinter dem öffentlichen Schaugepränge lauerte, die Pamphlete, die Unsicherheit selbst im Audienzsaal des Königs, wo Taschendiebe die Gesandten ausfegten, die Schminke und Dreistigkeit des Frauenzimmers. Wenn er aber versichert, die eidgenössischen Boten hätten es bei den Verhandlungen nicht an Fleiss und Emsigkeit fehlen lassen, so ist der Zürcher Heinrich Escher, der Vertreter der Kaufmannschaft, anderer Meinung. Er sendet den eidgenössischen Gesandten die grimmen Worte nach, sie hätten sich wie Schulbuben aufgeführt. Tatsächlich trugen sie auch geschäftlich eine Niederlage davon, was freilich Wagner nicht hindert, die fremden Allianzen unter den drei Bedingungen des Glückes für die Schweiz aufzuführen. Eine freie Bewertung der Allianz war bei dem Zweck der Schrift ausgeschlossen.

Parisische Reyss | Handlung und Bünd | Schwür, Das ist: Wahrhafftige Erzehlung | was sich in der zwischen dem Aller-Christlichsten König zu Franckreich und Navarra Ludovico XIV. an einem: So denne Den XIII. und V. zugewandten Orten Hochlöblicher Eydgnosschaft, Im Jahre 1663 zu Pariss verpflogenen Bunds-Erneuerung zugetragen; 1. Ausgabe, Solothurn 1664, 2. Ausgabe, Bern 1732.

Herrn Burgermeister Wettsteinen von Basel Bedenken über die gedruckte Wagnerische Beschreibung des Parisischen Bundschwures, 1664 (Haller V, 1220). – *Die Flugschriften der Epoche Ludwigs XIV,* hg. v. *Rudolf Meyer;* Basl. Beitr. Geschichtswiss. 50, Basel/Stuttgart 1955, S. 208f.

Johann Jakob Grasser 1579–1627

Grasser studierte in Frankreich und Italien und amtete dann als Pfarrer in seiner Heimatstadt Basel. Er war ein hastiger Vielschreiber in Theologie und Geschichte. Über Schweizergeschichte verfasste er 1614 ein *Itinerarium Historico Politicum,* eine Reise von Frankfurt durch die Schweiz nach Italien. Itineraria waren damals das Gewand für geographisch-politische Landesbeschreibungen. Grasser reist von Ort zu Ort, nur um die abgestandenen Geschichtskenntnisse seiner Zeit über jeden Ort aufzuwärmen und mit ein paar Ammenmärchen zu würzen. Er hat keinen Blick für die Wirklichkeit, die Reise ist nur fingiert.

Gleich kritiklos und oberflächlich ist sein 1624 erschienenes *Schweitzerisch Heldenbuoch*; darin verdienen nur die Holzschnitte und Stiche Interesse. Umsonst gierte Grasser nach dem Lorbeer des Polyhistors. Man merkt aus ihm und anderen, wie stark Glarean und Pantaleon immer noch nachklingen. Das Heldenbuch stellte eine bestimmte Seite der schweizerischen Vergangenheit in einer Übersicht dar, die damals offenbar verlangt wurde. Persönlichkeiten und Kriegswesen stehen durchwegs im Vordergrund. Es scheint, dass Grasser hier als erster eine Ähnlichkeit zwischen dem Schützen Tell und Toko entdeckte. Über seine patriotische Absicht orientiert das beigefügte Gedicht: «Was wöllen wir der Griechen alt Gedichte / Oder der Römer lesen manch Geschichte? Wir haben hie die Thaten der Eydgnossen / Von denen wir uns rühmen sein entsprossen. Diess sein alss lauter grosse Heldensachen / Die uns billich zur nachfolg lustig machen...»

Eine gewisse Originalität kommt dem Buch durch seinen didaktischen Einschlag zu. Grasser stellt die alten Schweizer in ihrer Frömmigkeit und ihrem Sanftmut – (sie) «hatten niemahlen lust zu bluotvergiessen»! – als Vorbilder seiner eigenen Gegenwart entgegen, welcher der «stinkende Fluch des unrechtmässig erworbenen geldes» mehr wert sei als die Ehre der Vorväter. Mit dieser Zeitkritik, diesem Moralisieren und mit der biographischen Auflockerung der Darstellung eilt er seiner Epoche voraus.

Schweitzerisch Heldenbuoch / darinn Die Denckwürdigsten Thaten und Sachen: Gemeiner Loblicher Eydgnosschafft / auffgezeichnet und beschrieben. Schön und lustig zu lesen; Basel 1624. In der Widmung «Dem Hoch-Edlen / Gestrengen / Herren Frantz Ludwig von Erlach, Freyherrn zu Spietz / Loblicher Statt Bern Rath / etc.» nennt sich der Autor: Johann Jacob Grasser / Diener am H. Evangelio. – *Itinerarium Historico Politicum, quod ex inclyta ad Moen. Francofordia, per celebriores Helvetiae, et Regni Arelatensis urbe in universum extenditur Italiam, variis ad Prudentiam Politicam, et verum peregrinationis usum, Hypomnematibus exornatum;* Basel 1624. – *Johann Jacob Grasser* und *Johann Georg Gross: Christliches Bedencken;* auch Natürlicher /Historischer und Schrifftmässiger Bericht von dem erschrockenlichen Cometen / Der in dem ausslauffenden 1618. Jahr sich in Europa sehen lassen mit eingeführten andern Wunderzeichen. Widerumb auffgelegt und vermehret / wegen der trewenden Comet-Ruten / dises ausslauffenden 1664. Jahrs; Zürich 1664. – Faksimile-Nachdruck der Ausgabe von 1624; Bern 1968.

ERNST WESSENDORF: Geschichtsschreibung für Volk und Schulen in der alten Eidgenossenschaft; Basl. Beitr. Geschichtswiss. 84, Basel 1962, S. 24ff.

Matthäus Merian 1593–1650

Er wurde zu Basel geboren, setzte seine Neigung zur künstlerischen Tätigkeit durch, studierte bei Dietrich Meyer in Zürich, bildete sich zum Maler und Kupferstecher aus, empfing in Paris die Anregungen von Callot, von dessen «misères et malheurs de la guerre». Es folgten Reisen und Arbeiten in den Niederlanden und Deutschland; 1618 heiratete er die Tochter des Frankfurter Buchhändlers de Bary, lebte mit ihr einige Jahre in Basel, eifrig Landschaften aufnehmend. Seine erste grössere Pu-

Tafel 33. Genf, aus der Topographie von Matthäus Merian, 1642.

blikation erfolgte 1624/25: *Novae regionum aliquot amoenissimarum delineationes*, vornehmlich die Rheingegend betreffend. 1624 liess er sich in Frankfurt nieder, übernahm das Geschäft des verstorbenen Schwiegervaters und brachte es zur Blüte. Frankfurt war damals das Zentrum des Verlagswesens und Buchhandels. Merian wurde zu einem berühmten Verleger und Künstler. Auch der Sohn und der Enkel erwarben sich einen grossen Namen als Künstler und führten die Verlagsanstalt erfolgreich fort. Der Name Merian war durch ein Jahrhundert deutscher Kunst lebendig.

Das für die Schweizerhistorie am meisten in Betracht fallende Werk Merians ist seine *Topographia Germaniae*. Davon erschien als erste Abteilung 1642 die *Topographia Helvetiae, Rhaetiae et Valesiae*. In der Folge wurden alle Gegenden Deutschlands herausgegeben, nach Merians Tod noch Frankreich und Rom. Es ist ein grossartiges Unternehmen in den traurigsten Jahren des Dreissigjährigen Kriegs. Sein Wert liegt darin, dass der Glanz des alten Deutschland vor der Zerstörung festgehalten wurde; dies war auch der Zweck. Das ganze Werk umfasste achtzehn Bände. Sie bieten Ansichten von Städten, Landschaften und Bauten in Kupferstich nebst Begleittext. Wie sein Vorgänger Sebastian Münster es für die Cosmographie tat, wandte sich Merian an die Obrigkeiten um Auskünfte, Geschichtsnotizen und Bild-Aufnahmen. Den Text anvertraute er dem Vielschreiber Martin Zeiller, dem Baedeker seiner Zeit, der ebenso gelehrt wie leichtgläubig und oberflächlich schrieb, aber immerhin einen europäischen Namen besass. Für das Künstlerische verfügte Merian über einen Kreis geschulter Mitarbeiter.

Die Topographie der Schweiz ist den dreizehn Orten gewidmet; sie hat nur Wert durch ihre Kupfer. Der Text taugt nichts. Zeiller bietet von jedem Ort, was er gerade hat; auch gesicherte Daten sind ihm unbekannt: So lässt er Bern von Berchtold IV. gründen, singt ein Lob auf Pfäfers, das einer Baderreklame gleichkommt, verliert sich einigemal in trostloses Geschwätz. In der Widmung berichtet Merian, wie er seit vielen Jahren die Ansichten entweder selbst verfertigt, oder von Gönnern erhalten, oder für den Verlag gekauft habe. Die Blätter stammen zum Teil von seiner Hand, zum Teil von anderen Zeichnern oder Stechern; nicht alle sind gezeichnet. Als Erstling steht die schweizerische Topographie noch nicht auf der Höhe der künstlerischen Auffassung der späteren Bände. Bis dahin war üblich, im Vordergrund Allegorien oder steife Trachtenbilder anzubringen. So erscheinen sie auch noch auf einigen Blättern; doch treffen wir auf anderen schon malerische Staffagen und Figuren an, die den Charakter des Orts andeuten. Der Wert der Bilder ist unterschiedlich. Auf den dreien der Urschweiz erscheint die Perspektive verfehlt. Dagegen sind die Städteansichten wohlgelungen, besonders vortrefflich die vier von Basel, die er selber geschaffen; am Münster erkennt man die drei Stile. Die Reisenden werden meist zu Pferd abgebildet; Fussgänger tragen ein Schwert auf der Schulter. Im Gegensatz zur damals herrschenden Kriegszeit stehen die Friedensbilder: Liestal mit seinem in Gärten verwandelten Graben, St. Gallens Hirschpark, Sittens Anlagen in den Gräben; einzig Genf zeigt eine Festung mit drei Toren und gleicht den geschützstarrenden Wällen deutscher Städte.

Trotz dem für jene Zeit hohen Preis fand das Werk einen raschen Absatz; 1654 folgte eine zweite Auflage. Das Bücherkaufen war damals gute Sitte im gehobenen Bürgerstand.

Novae regionum aliquot amoenissimarum delineationes. Ex naturali locorum positu desumptae, et aeri incisae; Peter Aubry Excudit, 1. Folge, Strassburg 1624; 2. Folge, Strassburg 1625. – *Topographia Helvetiae, Rhaetiae et Valesiae;* Frankfurt 1642; 2. erweiterte Ausgabe, Frankfurt 1654. Neue Ausgabe mit einem Nachwort, hg. v. *Lucas Heinrich Wüthrich;* Kassel 1960.

WESSELY: Matthäus Merian; ADB 21, Leipzig 1885, S. 422 ff. – H. ECKHARDT: Matthäus Merian, Eine kulturhistorische Studie; Basel 1887. 2. Aufl., Kiel 1892. – JAKOB PROBST: Matthäus Merian, der Ältere; Basl. Jahrb. 1887, Basel 1887, S. 145 ff. – DANIEL BURCKHARDT-WERTHEMANN: Matthäus Merians Jugendjahre (1593–1625), Matthäus Merians Frankfurter Aufenthalt (1625–1650), Des alten Merian Kinder und Enkel; Basl. Kunstver., Bericht. 1906, 1907, 1908, Basel 1907–09. – WILL KELLER: Matthäus Merian – der Chronist Europas; Merian, Monatsh. d. Städte u. Landsch. 9, Heft 7, Basel/Hamburg 1956, S. 29 ff. – LUCAS WÜTHRICH: Jacob Burckhardt und Matthäus Merian; Basl. Zeitschr. Gesch. Altertkde. 60, Basel 1960, S. 65 ff.

Johann Rudolf Wettstein 1594–1666

Über seine wichtige Mission an den westfälischen Friedenskongress in Münster und Osnabrück, wohin der Basler Bürgermeister Johann Rudolf Wettstein mit dem Kreditiv nur der evangelischen Orte, ohne gesamtschweizerische Legitimation, abgeordnet worden war, wo er aber für die ganze Eidgenossenschaft die Exemption vom Reich erlangte, orientiert sein *Diarium*. Er beschreibt mit scharfer Beobachtungsgabe bis ins Einzelne die pittoreske Reise, die er am 4. Dezember 1646 mit wenigen Begleitern in Basel zu Schiff antrat, das dürftige «Wollenweberstüblein», das er wegen der Kargheit der ihm zur Verfügung gestellten Mittel in Münster bezog und das in krassem Gegensatz zum Prunk der andern fremden Gesandten stand, die barocke Kompliziertheit der Etikette, das Intrigenspiel der Parteien. Oft musste er seine intensive Schreibarbeit im Bett verrichten, «weilen dass verfluchte Podagran mich abermohlen angegriffen». Es ist erstaunlich, wie geschickt er auf dem europäischen Schachbrett operierte, wie er als gewiegter Gleichgewichtspolitiker die beiden ausschlaggebenden Grossmächte Frankreich und den Kaiser gegeneinander ausspielte und es schliesslich durchsetzte, dass der bekannte Artikel 61 des Vertrags von Münster und der Artikel 6 des Vertrags von Osnabrück «de Helvetiis», die die Exemption des souveränen Standes der Eidgenossen vom Reich aussprachen, in den allgemeinen Friedensvertrag aufgenommen wurden.

Wettsteins Diarium gewährt Einblick nicht nur in die verwickelten Verhältnisse der Eidgenossenschaft, sondern auch in die verschlungenen Pfade weitumspannender europäischer Politik und ist zum Verständnis einer wichtigen Episode schweizerischer Entwicklung unentbehrlich.

Das Originalmanuskript von Wettsteins *Diarium* liegt in der Basler Universitätsbibliothek. Es blieb lange Zeit unediert, wurde aber verschiedentlich benützt, so von *Franz Fäh: Johann Rudolf Wettstein. Ein Zeit- und Lebensbild;* Basl. Njbl. 1894 und 1895. – Die mustergültige Edition besorgte *Julia Gauss: Johann Rudolf Wettsteins Diarium 1646/47.* Quellen Schw. Gesch., hg. v. der Allg. Geschichtforschenden Ges. der Schweiz, NF VIII, Bern 1962.

FRIEDA GALLATI: Die Eidgenossenschaft und der Kaiserhof zur Zeit Ferdinands II. und Ferdinands III. Geschichte der formellen Loslösung der Schweiz vom Deutschen Reich im westfälischen Frieden; Zürich 1932. – JULIA GAUSS: Bürgermeister Wettstein und die Trennung der Eidgenossenschaft vom Reich; Basel 1948. – JULIA GAUSS und ALFRED STÖCKLIN: Bürgermeister Wettstein; Basel 1953. – JULIA GAUSS: Einleitung zur Edition des Diariums, S. I–XLII; Basel 1962.

GENF

Anonyme Chronik von Genf
Sie entstand ums Jahr 1600 herum. Als Verfasser werden vermutet Simon Goulart oder – mit besseren Argumenten – Pierre d'Airebaudouze. Die Chronik setzt mit dem Beginn der Stadt ein und geht bis auf die Zeit der Jahrhundertwende. Für die älteste Geschichte behält der Verfasser trotz Bonivard die Fabeln bei. Wertvoll dagegen ist, was er über das Genf seiner Zeit sagt. Er beantwortet Fragen, die von den ausschliesslich politisch-konfessionellen Berichten der Vorgänger nicht berührt wurden. Welches waren die Lebensbedingungen, die natürlichen geographischen Gegebenheiten Genfs? Genf wird ein «magasin» der umliegenden Landstriche genannt. Der Verfasser versucht eine Charakteristik der Genfer: «quot capita, tot sensus.» Die savoyische Epoche erscheint ihm als die gute alte Zeit; dass das Genf seiner Epoche sein Heldenalter durchlief, fühlt er nicht. Es ist ein seltsames Gemisch von Gegenwartssinn und Kritiklosigkeit für das Historische. Die groben Fehler scheinen nicht auf einen Mann von hoher Bildung zu weisen.

Chroniques de Genève écrites au temps du roi Henri IV, ed. *Eugène Ritter;* Mém. doc. Soc. hist. arch. Genève 1886, S. 241 ff. Ritter gibt nur einige sprechende Auszüge davon. Er vermutet, sie stamme vom hervorragenden Theologen Simon Goulart. *Paul-E. Martin* schreibt die Chronik dem Pierre d'Airebaudouze zu.

LEONHARD CHESTER JONES: Simon Goulart 1543–1628; Genève/Paris 1917. – PAUL-E. MARTIN: Deux chroniqueurs genevois du XVIe et du XVIIe siècle, Pierre d'Airebaudouze du Cest, Pierre Perrin; Bull. Soc. hist. arch. Genève 6, 1937, S. 203 ff. – PAUL-F. GEISENDORF: Les Annalistes genevois du début du dix-septième siècle, Savion – Piaget – Perrin. Etudes et textes; Mém. doc. Soc. hist. arch. Genève 37, Genève 1942.

Jacques Savion 1546–1613
Die aus Nîmes eingewanderte Familie wurde um die Mitte des 16. Jahrhunderts ins Genfer Bürgerrecht aufgenommen. Jacques, der als Autor der *Annales* wohl eher in Betracht fällt als sein jüngerer Bruder Jean, war Kaufmann und verstrickte sich in unsaubere Händel und Prozesse. Er gehörte dem Rat der CC an, wurde davon vorübergehend ausgeschlossen, stieg nicht die Stufenleiter der republikanischen Ehrenämter empor wie sein integrer, erfolgreicher Bruder, sondern scheint im Unglück gestorben zu sein.

Die sogenannten Annalen beschlagen die Zeit von 2728 v. Chr. bis 1603 n. Chr. Sie stellen eine ungeschickte Kompilation älterer bekannter Aufzeichnungen dar, zum Teil in fehlerhaften Abschriften. Darunter befinden sich zwei wichtige Fragmente, die seither verloren gegangen und nur hier erhalten sind. Sie allein geben dem ganzen Werk seinen Wert. Im ersten Stück, einer Chronik der Jahre 1532–1546, hat man wahrscheinlich den lange vergeblich gesuchten Schluss des zuverlässigen Tagebuches von Jean Bâlard zu sehen. Es zeigt die leidenschaftslosen Reaktionen eines Ehrenmannes auf die Tagesereignisse. Dieses Zeugnis der Zeit überragt an Wahrheitsgehalt die zeitgenössischen Berichte der Bonivard, Jeanne de Jussie, Froment, Dentières. Weil dieses Fragment die interessante Epoche aufhellen hilft, da die Reformation in Genf ihren Einzug hielt, kommt ihm Gewicht zu. Das zweite originale Stück über die Jahre 1592–1595 rührt von einem Autor her, den man nicht hat identifizieren können.

Annales de la Cité de Genève attribuées à Jean Savyon, Syndic, hg. v. *Jules Guillaume Fick,* mit einem Vorwort von *Edouard Fick;* Genève 1858. Savions Annalen fanden weite Verbreitung und sind in mehreren Kopien erhalten. Die vorliegende Edition ist unvollständig, unkorrekt und deshalb kaum brauchbar.

GERTRUDE WEIGELT: Les éditions Fick; Bibliothèque du Musée Gutenberg Suisse, Nr. 5, Bern 1936. – PAUL-F. GEISENDORF: Les Annalistes genevois du début du dix-septième siècle, Savion – Piaget – Perrin. Etudes et textes; Mém. doc. Soc. hist. arch. 37, Genève 1942, S. 35 ff.

David Piaget 1580–1644

Sohn eines reichen Kaufmanns in Genf, immatrikulierte er sich an der Genfer Akademie, 1602 an der Basler Universität und studierte hier sowie in Leyden Theologie. Danach amtete er als Pfarrer in verschiedenen Gemeinden der Umgebung Genfs. Sein Wirken blieb nicht unangefochten, wie man aus einigen Erlassen der Vénérable Compagnie schliessen muss.

Die von ihm herrührende, handschriftlich erhaltene *Histoire ou chronique de Genève* geht von den Anfängen bis 1627. Piaget kompilierte weniger Quellen als Savion, schrieb indessen zuverlässiger ab; die chronologische Einordnung gelang ihm ebensowenig wie diesem. Nachweisbar benützte er die fabulösen Chroniques du Pays de Vaud, ferner Bonivard, Goulart, Roset, Goldast und andere; für die Zeit von 1604–1627 kennt man seine Vorlagen nicht. Die Epoche von 1564–1603 wird in der Histoire viel eingehender behandelt als in den Annalen von Savion, die zudem hier abbrechen, während Piaget die geschichtliche Entwicklung ein Vierteljahrhundert weiter führt. Nach Inhalt und Darstellung leistet der akademisch gebildete Piaget kaum Besseres als der Kaufmann und Krieger Savion.

Histoire de l'Escalade avec toutes ses circonstances, introduction et notes par *L. Dufour-Vernes* et *Eugène Ritter;* Bull. Inst. nat. genev. 25, Genève 1883, S. 347 ff.

PAUL-F. GEISENDORF: Les Annalistes genevois du début du dix-septième siècle, Savion – Piaget – Perrin. Etudes et textes; Mém. doc. Soc. hist. arch. 37, Genève 1942, S. 173 ff.

Pierre Perrin 1593–1636

Sein Schicksal wirft ein grelles Licht auf die Einstellung der Genfer Obrigkeit zur Geschichtsschreibung. Spross einer aus Besançon eingewanderten Familie, erwarb sich dieser Natif eine humanistische Bildung und scheint dann Privatlehrer geworden zu sein. In den Familien seiner vornehmen Zöglinge hörte er über die ihn sehr interessierenden Staatsgeschäfte allerhand und flocht dies in seine Geschichte Genfs ein, an der er zu Hause schrieb. Als er das Manuskript zum Buchbinder brachte, kam seine geheime Schreiberei aus. Er wurde ins Gefängnis geworfen und dazu verurteilt, Gott und die Regierung auf den Knien um Verzeihung zu bitten und zu bekennen «avoir mal faict». Seine Schrift konfiszierte man. Die Regierung erklärte ausdrücklcih «qu'il n'appartient à personne de mettre la main à l'Histoire que par autorité du Conseil». Laut obrigkeitlicher Auffassung war Geschichte nicht für die Öffentlichkeit bestimmt; nur Magistratspersonen sollten historische Aufzeichnungen machen, die man sich allenfalls im engen Kreis herumreichte, sonst aber im Archiv unter Verschluss legte, damit ihr Inhalt ja nicht den feindlichen Nachbarn zur Kenntnis gelange. Wie die Chroniken von Savion und Piaget wurde auch diejenige von Perrin von späteren Historikern stark benützt und führte in deren Werken ein langes, anonymes Nachleben.

Die *Histoire de Genève et des Païs circonvoisins* von Perrin ist ebenfalls eine Kompilation, aber sorgfältiger gearbeitet als die Chroniken der Vorgänger und wahrscheinlich auf Grund von zahlreicheren Vorlagen. Eigenen Wert besitzt sie erst von der zweiten Hälfte des 16. Jahrhunderts an. Die dreissig ersten Jahre des 17. Jahrhunderts beruhen entweder auf einer von niemand sonst benützten Chronik oder stellen eine selbständige Arbeit Perrins dar. Seine Chronik weist von allen genferischen Geschichtswerken der Epoche am meisten Persönlichkeitsgehalt auf. Er ist selbstverständlich reformierter Parteimann. Für seinen Helden Calvin liegt ihm kein Lob zu hoch: «homme d'un zèle et d'une prudence incroyables en tout le cours de son Ministère, ayant servi à l'advancement de l'Evangile, à l'édification des Eglises du Seigneur entre tous les plus excellents personnages de notre temps pour ruiner et saper la Tyrannie de l'Antéchrist». Das Papsttum dagegen bekämpft er stetig als «Idole romaine», «Putain babylonique», «Sorcière romaine... enchantant et enyvrant les nations du vin de sa paillardise spirituelle et temporelle». Perrins Histoire über die Jahre 1610–1632 ist allen andern genferischen Geschichtsdarstellungen dieser Epoche überlegen.

Chroniques de Genève écrites au temps du roi Henri IV, hg. v. *Eugène Ritter;* Mém. doc. Soc. hist. arch. 22, Genève 1886, S. 241 ff.

PAUL-E. MARTIN: Deux chroniqueurs genevois du XVIe et du XVIIe siècle; Bull. Soc. hist. arch. Genève 6, 1937, S. 223 ff. – PAUL-F. GEISENDORF: Les Annalistes genevois du début du dix-septième siècle, Savion – Piaget – Perrin. Etudes et textes; Mém. doc. Soc. hist. arch. Genève 37, 1942, S. 215 ff.

Abraham Du Pan 1582–1665

Sohn eines «premier Syndic», liess er sich nach der Escalade in Gex nieder, wo er während fünfzehn Jahren kirchliche und politische Funktionen ausübte. Hierauf kehrte er in seine Vaterstadt zurück und nahm in der genferischen Geistlichkeit einen ersten Platz ein. Wiederholte Aufforderungen, in den Conseil, das heisst in die Regierung einzutreten, lehnte er stets ab. Man kennt ihn als erfolgreichen Autor religiöser Schriften.

Er verfasste auch die *Annales genevoises* und historiographische Notizen. Die Annalen beschlagen die Zeit von 1625–1663; es sind in verschiedenen Intervallen erfolgte Eintragungen, nicht nur über Genfer Verhältnisse. Du Pan interessiert sich auch für den Dreissigjährigen Krieg, für das Schicksal der Protestanten in Frankreich, für das Pays de Gex und für seine Familie. Breiten Raum gewährt er ferner den Wunderzeichen, Weissagungen, Kriminalaffären, Naturereignissen, Geburts- und Todesfällen in den führenden Familien Genfs. Als Quellen dienten ihm sein Gedächtnis und mündliche Mitteilungen von Zeitgenossen. Man erfährt Zuverlässiges in bunter Darstellung über die Genfer Bürgerschaft des 17. Jahrhunderts. Du Pans Annalen sind ein treuer Spiegel der Anschauungen und Gefühle seiner Epoche.

Das *Manuskript der Annalen* befindet sich in der Bibliothèque Publique et Universitaire de Genève.

PAUL-E. MARTIN: Abraham Du Pan, ses Annales genevoises et ses notes historiographiques; Festschr. Hans Nabholz, Zürich 1934, S. 193 ff.

Esaïe Colladon 1562–1611

Er war der Sohn eines französischen Juristen, der sein Geschlecht in Genf einbürgerte, studierte in Basel und anderswo Medizin, amtete als Professor der Philosophie in Lausanne, seit 1594 als Professor der Philosophie, Logik und Mathematik in Genf und praktizierte nebenbei als Arzt; sein Tod war «maximum scolae et pauperum detrimentum», heisst es im amtlichen Sterberegister. Colladon schrieb ein *Tagebuch von 1600 bis 1605* mit einem kleinen Nachtrag zu 1609. Original und Kopie tragen den Verfassernamen nicht; jedoch kann man ihn aus gewissen Bemerkungen erschliessen.

Das Tagebuch ist sehr willkommen, einmal weil dergleichen in Genf selten verfasst wurde und sodann, weil es die Krisenzeit von 1602 beschlägt. In kleinen, schlichten Notizen trug Colladon das Wichtigste ein. Sie gewähren Einblick in die Begebenheiten der Zeit, in die Alarmstimmung dieser Jahre, in die stete Beunruhigung, die Quälerei durch Savoyen. Im Mittelpunkt steht Theodor Beza, mit dem Colladon befreundet und dessen Arzt er war. Hier erst wird die Bedeutung des weltberühmten Greises deutlich. Fremde von Namen, selbst Katholiken, besuchten Genf nicht, ohne ihn zu begrüssen. Erwähnt ist unter anderem Bezas Begegnung mit Heinrich IV., wobei die Liebenswürdigkeit des Königs wie überall siegte. So sehr Colladon selbst ein gutes Beispiel von der calvinischen Geisteszucht gab, in der unruhigen Stadt spürte man wenig davon. Von der Escalade gibt er einen kurzen Bericht, einen ausführlicheren von der Prozessierung und Hinrichtung der Gefangenen. Diese Erzählung floss in andere Schriften ab und wurde schon früh veröffentlicht; oder vielleicht hat sie Colladon selbst aus einem solchen umlaufenden Bericht geschöpft.

Journal d'Esaïe Colladon, hg. v. *Théophile Dufour;* Mémoires sur Genève 1600–1605, Genève 1883. Diese Edition erfolgte nach einer Kopie des 18. Jahrhunderts; seither ist das Original aufgefunden worden.

LÉON GAUTIER: La médecine à Genève jusqu'à la fin du XVIIIe siècle; Genève 1906, S. 188. 429. – Die Matrikel der Universität Basel, hg. v. *H. G. Wackernagel*, II, Basel 1956, S. 350.

Berichte über die Genfer Escalade
Bei dem Aufsehen des Falles entstanden zahlreiche Berichte. Meist waren sie genferischen Ursprungs, da von der savoyischen Seite das publizistische Bedürfnis bescheiden blieb. Sie bieten ein lehrreiches quellenkritisches Problem, zeigen, wie schwierig die Rekonstruktion der Wahrheit ist.

Eine erste Gruppe von Berichten wurde unmittelbar nach dem Ereignis niedergeschrieben; sie sind kurz, depeschenartig gehalten.

1. *Amtlicher Rapport des Staatssekretärs* in den Registern des Rats, eingetragen am 12. Dezember morgens. Edition durch *Jean Gaberel: L'Escalade, récit officiel du secrétaire d'Etat;* Genève 1867.

2. *Brief récit de ce qui advint à Genève*, niedergeschrieben am 14. Dezember. Auch dieser Bericht ist namenlos; doch kann man den Verfasser leicht feststellen: Simon Goulart. Da Nr. 1 und 2 übereinstimmen, hat der Historiker dem Staatssekretär auf Wunsch den ersten Bericht aufgesetzt. Es ist der klassische Bericht; er wurde veröffentlicht von *Théophile Dufour: Deux relations de l'Escalade, suivies d'une lettre de Simon Goulart;* Genève 1880.

3. *Entreprise sur Genève par le Duc de Savoye* vom 15. Dezember. Dieser Bericht wurde mit Nr. 2 von *Théophile Dufour* ediert in: *Deux relations de l'Escalade...;* Genève 1880.

4. *Bericht an die reformierten Orte* durch den Staatssekretär vom 13. Dezember. Er wurde herausgegeben von *Jean Gaberel: Deux récits officiels de l'Escalade recueillis et mis en lumière;* Genève 1868. (S. 7: «C'est une délivrance miraculeuse.»)

5. *Bericht eines Augenzeugen* vom 15. Dezember. Auch er ist namenlos, schildert kurz das Eindringen und die Entdeckung, ausführlich die Kämpfe um die Tore. Er hebt den Mut der Savoyer hervor; sie wichen erst, als brennende Bündel die Szene beleuchteten und die Schüsse aus den Fenstern trafen. Veröffentlicht als Nr. 1 bei *Emile Duval: Trois relations de l'Escalade, tirées des manuscrits de la Bibliothèque nationale de Paris;* Genève 1885.

6. *La surprise de la ville*. Es ist der Rapport im Register der Vénérable Compagnie vom 17. Dezember, ediert durch *Jean Gaberel: Deux récits officiels...;* Genève 1868. «Dieu donna cœur à beaucoup de gens»; hier schimmert der Vorsehungsglaube durch: Jene Nacht erwies die Genfer als Auserwählte.

7. *Bericht eines Augenzeugen*, vielleicht vom gleichen Verfasser wie Nr. 5, veröffentlicht als dritter Bericht bei *Emile Duval: Trois relations...;* Genève 1885.

8. *Bericht im Tagebuch des Esaïe Colladon.* Es handelt sich um Eintragungen im November und Dezember über die Truppenansammlungen in der Umgebung, über die Ereignisse in der Schicksalsnacht, über das Verhalten der Gefangenen und ihre Hinrichtung. Théophile Dufour: *Journal d'Esaïe Colladon;* Genève 1883.

9. *Livre de raison des Buchdruckers Jakob Stör.* Auszüge davon wurden veröffentlicht in Mém. doc. Soc. hist. arch. Genève, 19, 1877. S. 172. Es ist eine gute, klare Erzählung.

Eine zweite Gruppe von Berichten entstand erst ein paar Wochen und Monate nach dem Ereignis; sie wurden meist sofort veröffentlicht und sind umfassender als die Berichte aus den ersten Tagen.

1. *Histoire* (auch *Vrai discours*) *de la miraculeuse délivrance envoyée de Dieu à la ville de Genève;* publiée avec une introduction et des notes par *Louis Dufour-Vernes* et *Eugène Ritter.* Sie wurde 1603 französisch und lateinisch auf Befehl des Rates gedruckt. Als Verfasser kommt Simon Goulart in Betracht. Es ist eine erstaunlich gute Erzählung, die über alle Unklarheiten Aufschluss geben will. Sie schildert die Vorbereitungen und den Anmarsch der Feinde, ihr Eindringen in die Stadt, ihre Entdeckung durch die Wache, das Hin und Her der Kämpfe, den harten Widerstand der Savoyer, den Sieg. Der Rat wird durch den Volkswillen gezwungen, die Feinde enthaupten zu lassen. Dieser Bericht ist ein sinngemässes Ganzes aus geübter Feder, wohl etwas geschmückt.

2. *Le véritable récit de l'Entreprise du duc de Savoye sur la ville de Genève.* Er wurde noch im Dezember 1602 aufgesetzt, 1603 gedruckt, 1878 neu herausgegeben. Allgemein schreibt man ihn Simon Goulart zu. Man vernimmt hier, dass dichter Nebel in den Gassen lagerte, dass ein leichter, kalter Wind blies; die Savoyer schworen, nicht ohne Befehl zu plündern.

3. *Histoire de l'Escalade avec toutes ses circonstances;* publiée avec une introduction et des notes par *Louis Dufour-Vernes* et *Eugène Ritter.* Sie wurde erst 1883 veröffentlicht, im Bull. Inst. nat. genev. 25, S. 345 ff., nach einem Manuskript, das den Namen David Piaget trug, aber wohl auch von Simon Goulart stammt. Diese Histoire entstand offenbar 1603, trachtet nach Vollständigkeit, bietet viel Einzelheiten, ist durchdacht und in bewegtem Ton gehalten; man merkt den geschulten Historiker. Wegen ihres herben Tadels wohl wurde sie nicht veröffentlicht.

4. *Academiae Genevensis Palingenesia.* Es ist die Rede des Rechtsprofessors und Syndic Jakob Lect am Dankfest der Akademie, im Druck erschienen mit einem Vorwort vom April 1603. Das Ganze trägt den Charakter einer Hymne auf Gott. Dieser hat die äusserste Gefahr zugelassen, um seine Güte zu erweisen. Sachlich bietet die Rede nichts Neues. In langen Ausführungen rechtfertigt der Autor, dass die Feinde gemäss Beschluss des Rates an einem Sonntag hingerichtet wurden. Mém. doc. Soc. hist. arch. Genève 28, 1902, S. 129.

5. *Carolus Allobrox, seu de superventu Allobrogum in Urbem Genevam historia,* von Sallustius Pharamundus Helvetius, gedruckt 1603. Wahrscheinlich

1619 erschien davon eine französische Übersetzung *Histoire de la supervenue inopinée des Savoyards en la ville de Genève*. Verfasser ist der bekannte Historiker und Sammler *Melchior Goldast;* als Übersetzer glaubt man David Le Clerc identifiziert zu haben. Von 1599–1603 weilte Goldast in Genf, erlebte also die Nacht mit, war mit Lect eng vertraut. Gleich nachher reiste er ab, verfasste die Schrift. Er erklärt die geringen Verluste der Genfer: Gott machte sie gegen die Kugel fest. Jetzt heisst es nicht mehr, die savoyischen Pistolen seien nicht losgegangen; Goldast hörte die Kugeln pfeifen. – Seine Darstellung bildet ein sinngemässes Ganzes, sucht das Schwerverständliche zu erklären, will keine Lücke im Gesamtverlauf offen lassen. Dass der Autor den gewohnten Respekt vor Fürsten durchbricht und den Herzog schroff angreift, wurde selbst von Genferseite getadelt. Es ist eine der deutlichsten und lebhaftesten Darstellungen. Sie wurde neu herausgegeben von *Frédéric Gardy* in den Mém. doc. Soc. hist. arch. Genève, 28, 1902, S. 137 ff.; *E. L. Burnet:* Note sur la date de la traduction...; Zeitschr. Schw. Gesch. 3, 1923, S. 123 ff.

6. *La Scalata di Ginevra*. Dieser einzige Bericht von savoyischer Seite ist undatiert, muss aber wegen der Genauigkeit der Einzelheiten gleich nach dem Ereignis aufgesetzt worden sein. Er bietet, was man nur von der savoyischen Seite wissen konnte, den Aufmarsch der Truppen, die genauen Zeitangaben; voran ging der Adel. Den Misserfolg erklärt der Autor durch die Vorgänge im einzelnen. Veröffentlicht wurde der Bericht erst in den Annales du Midi, 2, Toulouse/Paris 1890, S. 233 ff. Eine Übersetzung gab *Eugène Ritter* heraus: *La chanson de l'Escalade en langage Savoyard;* publiée avec d'autres documents sur cette entreprise, Genève 1900.

Die zeitgenössischen *Lieder* über die Escalade haben nur bedingten, mehr polemischen Wert. Polemik enthalten auch die Schrift *Le Cavalier de Savoye* 1606 von savoyischer Seite und die Antwort *Le Cittadin de Genève* von Jean Sarrasin 1606; diese ist eine schneidige Abwehr aller savoyischen Ansprüche. Abgeleitete Darstellungen finden sich in den zeitgenössischen Historikern von Frankreich, wie *Pierre Matthieu, Jean de Serres, Agrippa d'Aubigné* und in der Relation des Italieners *Andrea Cardoino* vom Jahr 1621.

Akten

1. *Documents diplomatiques sur l'Escalade tirés des Archives d'Etat de Venise,* par *Victor Cérésole;* Mém. doc. Soc. hist. arch. Genève, 19, 1877, S. 209 ff. – *Documents sur l'Escalade de Genève tirés des archives de Simancas, Turin, Milan, Rome, Paris et Londres 1598–1603;* Genève 1903. Daraus gewinnt man wertvolle Aufschlüsse: unter anderm, dass der Überfall schon 1601 geplant war, obgleich Spanien stets abriet, getreu der Politik Philipps II.; dass der Herzog nachher umsonst seine Anwesenheit bei der Escalade in Abrede zu stellen versuchte. In beiden Publikationen findet sich nicht ein einziger Hinweis auf Verräterei, auch nicht in den savoyischen Papieren.

2. *Les défenseurs de Genève à l'Escalade,* par *Louis Dufour-Vernes;* Mém. doc. Soc. hist. arch. Genève, 28/1, 1902, S. 1 ff. Diese Publikation enthält

auch protokollarische Aussagen der Posten vor der Untersuchungskommission. Daraus ist die Nachlässigkeit der Wachen ersichtlich; die Kälte trieb sie in die Wirtschaften.

3. *Le syndic Philibert Blondel (1555–1606), étude sur sa vie, son rôle à l'Escalade et son procès d'après des documents inédits*, par *Emile Chatelan*; Mém. doc. Soc. hist. arch. Genève, 28/2, 1904, S. 225 ff. Blondel hatte in jener Nacht die Wache, so dass sich gegen ihn nach und nach der Verdacht verdichtete, er sei der Verräter. Chatelan muss die Schuldfrage offen lassen, obgleich Blondel als Opfer seiner Feinde dasteht. Genf erscheint in Prozesslust und unordentliches Geschäftstreiben getaucht, so dass die Vorstellung vom calvinischen Sparta getrübt wird.

Inschriften
W. Deonna: *Une inscription commémorative de l'Escalade de Genève 1602;* Schw. Zeitschr. Gesch. 1952, S. 405 ff.

EMILE AUDÉOUD: Bibliographie de l'Escalade. Histoire littéraire de Genève; Genève 1887. – JEAN ANTOINE GAUTIER: Histoire de Genève VI, Genf 1903, S. 430. – ALAIN DE BECDELIÈVRE: L'Escalade de 1602. L'histoire et la légende; Annecy 1903, S. 120ff. – Eine knappe Übersicht gibt EUGÈNE RITTER: Les récits de l'Escalade; Almanach de Genève 1903, S. 39ff.

Friedrich Spanheim 1600–1649
Aus Deutschland stammend, ging er 1625 als Professor und Pfarrer nach Genf, 1642 als Professor nach Leyden, wo er starb. Man kann ihn als einen der fruchtbarsten Arbeiter der Genfer Kirche bezeichnen, als einen enzyklopädischen Geist. Er fasste im Mercure Suisse 1634 die *Ereignisse von 1632 bis Anfang 1634* zusammen, also die schwedischen Bündnisanträge, den Kluserhandel von 1632, die Grenzbesetzung durch Bern von 1633 sehr ausführlich, die Belagerung von Konstanz und die Erneuerung des Spanischen Bündnisses. Im Vorwort gibt er seinen Zweck bekannt: den Kantonsregierungen ohne Ansehen der Partei den Kopf zu waschen und sie zur Eintracht zu mahnen. Dies war bitter notwendig; denn die Schweiz durchlief damals eine wahre Gefahrenzone des Bürgerkrieges; es waren die kritischen Jahre des Grossen Krieges. Spanheim hat sich der Gerechtigkeit beflissen, zum Beispiel tadelt er Berns Härte gegen Solothurn. Immerhin kann er nicht das Übermenschliche leisten und den Calvinisten vergessen. Für die Leser jener Tage war diese Zusammenfassung ein willkommener Gewinn, zumal Spanheim Akten einlegte. Für uns ist es eine liebenswerte Stimme aus der Zeitnot. Dagegen stehen uns heute mehr Akten offen. Spanheim wusste von den geheimen Verhandlungen Zürichs und Berns mit den Schweden nichts, nichts vom Kriegswillen der beiden Städte, der Absage der Schweden; er wusste nicht, wie gross die Gefahr war, er ahnte es nur. – Der Mercure zeigt, auf welchem Wege man damals auf die öffentliche Meinung wirken musste.

Geneva restituta; Genevae 1635. Rede des Akademie-Rektors bei der Hundertjahrfeier der Reformation.
La famille des Spanheim; Bull. Soc. hist. Protestant. Franç. 12, Paris 1863, S. 96 ff.

Samuel Guichenon 1607–1664

Er wurde zu Bourg en Bresse geboren, war Jurist, trat zum Katholizismus über, arbeitete als Historiker im Dienste des Hauses Savoyen, zeichnete sich aus und wurde geadelt. Sein Hauptwerk ist die *Histoire généalogique de la royale maison de Savoie,* 1660 erschienen, sowie die *Bibliotheca Sebusiana* aus dem gleichen Jahr, die dazu gehörige Urkundensammlung. Diese ist solid; Guichenon benützt Urkunden, wie wenig Historiker vor ihm. Aber der darstellende Teil fordert die Kritik heraus. Er stellt keine Staatsgeschichte dar, sondern bloss eine Geschichte der Glieder des Fürstenhauses mit der üblichen Zumessung von runden Tugenden. Jede Zeile wurde vor dem Druck vom Hof geprüft, wie denn überhaupt die erste Ausgabe auf Kosten des Herzogs erfolgte. Die Darstellung der schweizerisch-savoyischen Beziehungen ist ungenügend, lückenhaft, einseitig, jedenfalls nicht auf Aktenstudien gegründet. Besonders schief geriet die Zeichnung des Verhältnisses Savoyens zu Bern, oberflächlich und tendenziös die Darstellung der Lage Genfs. Herzog Karl Emanuel I. ist der Liebling Guichenons; er sieht in dem unstäten, raufenden Phantasten einen Feldherrn. Mit unverhohlener Genugtuung und naiver Selbstverständlichkeit erzählt er die Vorbereitungen zur Escalade und bedauert den Misserfolg «d'un si noble dessein».

Histoire généalogique de la royale maison de Savoie; 3 Bde., Lyon 1660. Neuausgabe, 4 Bde., Turin 1778–80. – *Bibliotheca Sebusiana;* Lyon 1660.

Jakob Spon 1647–1685

Die Familie stammte aus Ulm, hatte sich in Genf und Lyon niedergelassen. Jakob lebte zuerst in Lyon, dann wegen der Calvinistenverfolgung in Genf, wo er als Arzt wirkte. Er unternahm weite Reisen bis nach Kleinasien, sammelte Inschriften. Anno 1680 liess er zu Lyon seine *Histoire de la ville et de l'Estat de Genève* erscheinen. Es ist die erste gedruckte Geschichte Genfs, der nach dem Urteil Pierre Bayle's so kleinen Stadt, von der man in Europa mehr spreche als von mächtigen Grossstaaten. Daher erlebte Spons Werk rasch mehrere Auflagen, auch in englischer und holländischer Sprache, in Ländern, wo der Calvinismus herrschte. Spon war kein eigenständiger Historiker. Er sagt, er habe das Werk «tiré fidellement des manuscrits». Unter diesen nennt er Roset, die Jussie, nicht aber Bonivard, den Begründer der älteren Genfergeschichte. Doch scheint er diesen in einer Überarbeitung gekannt zu haben. Wie er die Vorlagen benützte, ist nicht genau ersichtlich, da die Zensur sein Werk verstümmelte. Calvins Zeit erscheint recht mangelhaft wiedergegeben. Spon schreibt ohne Polemik als Secrétaire de la vérité. Er wagt es, von kleinen Dingen auf bescheidener Bühne zu sprechen, nicht von Fürsten und Schlachten. Dafür ist stets «la providence de Dieu» sichtbar.

Histoire de la ville et de l'Estat de Genève, Depuis les premiers siècles de la fondation de la ville jusqu'à présent, tirée fidellement des Manuscrits; 2 Bde., Lyon 1680/82. – *The History of the City and State of Geneva, from its foundation to this present time;* London 1687. *Histoire de Genève,* Rectifiée et augmentée par d'amples Notes. Avec les actes et autres pièces servant de preuves à cette histoire; 2 Bde., Genève 1730.

LEONHARD MEISTER: Jacob Spon; Berühmte Züricher, Teil 2, Basel 1782, S. 5 ff. – Allgemeines Gelehrten Lexikon von CHRISTIAN GOTTLIEB JÖCHER; Leipzig 1751, 4. Teil, Spalte 753 f.

WAADT UND NEUENBURG

Jean Baptiste Plantin 1624–1700

Er war Pfarrer in Château d'Oex, 1666 Professor in Lausanne und starb als Pfarrer in Lutry. An seinen Geschichtswerken ist der Fleiss das Beste. Anno 1656 veröffentlichte er seine *Helvetia Antiqua et Nova*, eine Art Heimatkunde. Darin zeichnet er das römische Helvetien und gleich daneben die Gegenwart, geht also nicht auf die Entwicklung ein. Muster sind ihm Simler und Clüvers Germania antiqua (1616). Im Wissen und Denken ist er nicht originell, sondern abhängig von den Alten, bietet also nicht Autopsie. Er zitiert viel aus Simler, Eremita, Hottinger, lebt ganz von ihnen. Man trifft bei ihm das übliche Schema: geographische Lage, Grösse, Berge, Ebenen, Wälder, Flüsse, Tiere, Pflanzen, Menschen, ihre Körper, ihren Geist, ihre Tugenden und Untugenden. Das Buch ist, obgleich als trocken verschrien, angenehm zu lesen, wennschon es keine neuen Tatsachen vermittelt. Es versetzt mitten in den Zeitgeist, deckt die Reibungsflächen, die Streitfragen ab. Man kann den Vorstellungskreis der Zeitgenossen ermessen.

Wenn er ein Kapitel «De Alpium admirandis» überschreibt, so meint er damit nur die Curiosa. Er glaubt, die Quellen flössen unterirdisch vom Meer her, einige nicht beständige würden im Gebirge vom Schnee gespiesen, in den Bergen treffe man Unsittlichkeit und Tanzwut an. Plantin verteidigt die Demokratie (Republik) gegen die Aristokratie (Monarchie), was damals selten vorkommt. Er lehnt den Söldnerdienst ab; das Vertrauen auf Gott sei der äusseren Hilfe vorzuziehen. Tapfer nimmt er die Schweizer gegen allerlei Nachreden in Schutz; hier ist eine eifersüchtige Heimatliebe am Werk.

Im Jahr 1666 veröffentlichte er den *Abrégé de l'Histoire générale de Suisse*, die erste Schweizergeschichte in französischer Sprache. Sie umfasst zwei Teile: 1. Die Geschichte der Schweiz. Es ist ein nüchtern-sachliches Aneinanderreihen der Ereignisse von der Römerzeit an bis 1633, sorgfältig nach den besten gedruckten Quellen erzählt. Plantin merzt die Sage aus, sowohl die antiken Fabeln als auch die Tellen- und Rütligeschichte. Hier geht er mit sicherem Takt vor, in Abweichung von den Vorlagen, die er am Rand erwähnt; dies ist wohl auf den Einfluss von Guillimann zurückzuführen. Der zweite Teil enthält die Beschreibung der Kantone: Es ist eine trockene Aufzählung der Orte, wobei er sehr viele Inschriften aufnimmt. Plantin hatte das Zeug zur antiquarischen Arbeit, aber nicht eigenen Geist.

Ferner publizierte Plantin 1678 eine *Petite Chronique de Berne*, mit einer Vorrede an die gnädigen Herren. Sie enthält eine Rechtfertigung der göttlichen Einsetzung der Obrigkeit im allgemeinen, Ruhm und Erhebung der bernischen Regierung im besonderen. Es ist ein Auszug aus Stettler, zugleich aber auch eine Ergänzung zu Stettler und eine Abwehr «des impertinences et faussetés de Guichenon». Plantin will den Waadtländern bernische Geschichte vermitteln und damit den Graben zwischen Bern und der Waadt ausfüllen.

Helvetia Antiqua et Nova Seu Opus Describens I. Helvetiam, quoad adjuncta et partes ... II. Antiquiora Helvetiae loca, etc. III. Populos Helvetiis finitimos, etc.; Bernae 1656. – *Abrégé de l'Histoire générale de Suisse. Avec une description particulière du Païs des Suisses, de leurs Sujets et de leurs Alliez;* Genève 1666. – *Petite Chronique de la très-illustre et fleurissante Ville de Berne, ou abrégé de l'Histoire de ceste Ville depuis la fondation, selon l'ordre des temps;* Lausanne 1678.

ALBERT MONTET: Dictionnaire biographique des Genevois et des Vaudois; 2, Lausanne 1878, S. 311 f. – BENJAMIN DUMUR: Jean-Baptiste Plantin et sa famille; Mém. doc. Soc. hist. Suisse romande 9, Série 2, Lausanne 1911. – GONZAGUE DE REYNOLD: Un ancêtre de la littérature Suisse romande: Jean-Baptiste Plantin; Rev. Frib. 42, 1911, S. 493 ff. – CATHERINE SANTSCHI: Les évêques de Lausanne et leurs historiens des origines au XVIIIe siècle; Lausanne 1976.

Georges de Montmollin 1628–1703

Sohn eines neuenburgischen Beamten, studierte er die Rechte und durchlief eine rasche Ämterbahn. Neuenburg war damals ein Fürstentum der Longueville. Montmollin wurde 1655 Generalprokurator, 1661 Kanzler. Er amtete als Vertrauter des Herzogs Heinrich von Longueville, später seiner Witwe, die für den geistesgestörten Sohn, den Abbé d'Orléans, die Vormundschaft führte. Als sie 1679 starb, übernahm die Herzogin von Nemours, die Schwester Herzog Heinrichs, die Regentschaft. Da Montmollin ihren Erbschaftsplänen widerstrebte, setzte sie ihn sogleich ab. Sie wollte im Fall ihres Ablebens die Erbschaft ihrem Günstling, dem Grafen von Soissons, zuhalten. Wegen ihrer Misswirtschaft wurde sie 1687 der Regentschaft entsetzt und diese den beiden Condé, Vater und Sohn, übertragen. Sie riefen Montmollin ins Amt zurück, betrieben nun aber die Kandidatur des Prinzen von Conti, des Verwandten und Günstlings Ludwigs XIV. Montmollin wirkte auch dieser Kandidatur entgegen und wurde 1691 neuerdings entlassen. Als 1694 der Abbé d'Orléans, der eigentliche Fürst, starb, trat die kinderlose Herzogin von Nemours das Erbe an. Aber was sollte nach ihrem Tod geschehen? Sollten Conti oder Soissons die Nachfolge antreten? Montmollin sah eine stürmische Erbfolge voraus, «une orageuse vacance». Diese erlebte er nicht, denn er starb vorher in Ungemach.

Aus der Sorge um die Zukunft Neuenburgs verfasste er die *Mémoires sur le Comté de Neuchâtel*, die, für den Privatgebrauch bestimmt, erst 1831 gedruckt wurden. Sie sind nicht echte Geschichtsschreibung, sondern eine Parteischrift, die historisch unterlegt wird, so dass diese Mémoires doch zu einer der ersten Geschichten von Neuenburg wurden, obgleich die Absicht vorherrschte, ein Bestimmtes zu beweisen. Montmollin durchgeht die Genealogie der verschiedenen Fürstenhäuser und die Beziehungen Neuenburgs zu den Nachbarn, um die staatsrechtliche Stellung Neuenburgs zu bestimmen. Sein Ergebnis lautet folgendermassen: Neuenburg ist weder vom Reich noch von Frankreich irgendwie abhängig, sondern ein souveräner Staat mit Selbstbestimmungsrecht der Stände und zugleich Glied der Eidgenossenschaft; schon 1487 bestand kein Zusammenhang mehr mit dem Reich. Daraus zieht Montmollin die Schlüsse: Die Kandidaturen Soissons und Conti sind abzulehnen, die legitime Nachfolge gehört nach Erbrecht den Familien Matignon oder Gondy; sie sind aber Untertanen Ludwigs XIV., und eine französische Sukzession erscheint Montmollin für Neuenburg zu gefährlich. Das Beste wäre: Neuenburg wird ein Schweizerkanton, was aber ungemeinen Hindernissen begegnet. Darum kommt Montmollin als erster auf den Gedanken, die Thronfolge Wilhelm von Oranien anzubieten, der von den Châlons her verjährte Rechte aufgreifen könnte. Er liess durch seine Söhne, die als Offiziere in Holland dienten, Wilhelm von Oranien eine Denkschrift einreichen. Die Wirkung war: Im Ryswyker Frieden von 1697 stellte Wilhelm seine Ansprüche fest. Da Wilhelm keine Kinder besass, fasste Montmollin ebenfalls als erster das mit Oranien verwandte Haus Brandenburg ins Auge; es würde, meinte er, Neuenburg tausendmal mehr anstehen als eine französische Familie, obschon deren Rechte feststünden und obgleich er selber nicht an einen legitimen Anspruch von den Châlons her glaubte. Hier wird der Ursprung der Kandidatur Hohenzollern enthüllt.

Montmollin spricht offen, bitter, schneidend über alle und alles. Seine Haltung ist scharf kritisch und polemisch, auch gegenüber den Eroberungen der Schweizer.

Mémoires sur le Comté de Neuchâtel en Suisse par le chancelier de Montmollin; Neuchâtel 1831.

VICTOR HUMBERT: Le chancelier de Montmollin 1628–1703; Musée neuchât. 31, Neuchâtel 1894, S. 76 ff. 101 ff. 125 ff. – ARTHUR PIAGET: La chronique des chanoines de Neuchâtel; Musée neuchât. 33, Neuchâtel 1896, S. 77 ff. 104 ff. 125 ff. – JULES JEANJAQUET: Les études du Chancelier de Montmollin à Bâle et à Orange; Musée neuchât. NS 10, Neuchâtel 1923, S. 94 ff. – ARTHUR PIAGET: La chronique des chanoines de Neuchâtel; Pages d'histoire neuchâteloise, Neuchâtel 1935, S. 33 ff. – JULES JEANJAQUET: L'Auteur de la chronique des chanoines et des mémoires du Chancelier de Montmollin; Musée neuchât. 38, Neuchâtel 1951, S. 3 ff. 43 ff. Der Autor schreibt Montmollins Memoiren dem Abram de Pury zu. – Heute gilt das Werk als ein Erzeugnis des 18. Jahrhunderts; doch ist diese Frage noch nicht restlos abgeklärt; s. S. 98 ff.

ÜBRIGE SCHWEIZ

Melchior Goldast ca. 1578–1635

Seine Familie sei sehr alt und adlig, sagt er. Sie war aber auch arm, so dass der im Thurgau bei Bischofszell geborene Melchior von jung an mit Not und Sorgen zu kämpfen hatte. Aus Mangel an Mitteln musste er 1598 seine Studien abbrechen und bildete sich von da an selbst. Er war ein offener Geist, der mit eisernem Fleiss weite Gelehrsamkeit gewann in Recht, Geschichte, reformierter Theologie und angrenzenden Wissenschaften. Vornehmlich wurde er Sammler und Herausgeber. Von 1598 bis 1599 weilte er beim gelehrten Altertumsfreund Bartholome Schobinger in St. Gallen. Dieser plante die Edition der vadianischen Schriften. Goldast erwarb sich binnen kurzem eine verblüffende Kenntnis der literarischen Schätze der Vadiana und des Klosters, liess aber hundert alte Klosterurkunden mitgehen. Die Ausgabe der vadianischen Schriften wurde durch den frühen Tod Schobingers verhindert. Von 1599–1603 weilte Goldast in Genf bei Professor Lect und erlebte hier die Escalade. Darüber veröffentlichte er anonym die Schrift *Carolus Allobrox*; es ist eine der ganz wenigen Abhandlungen Goldasts.

Von nun an lebte er meist in Deutschland, zuerst als Hofmeister bei Adligen, dann als Geheimrat an kleinen Höfen. Er wurde ausgebeutet, kämpfte stets mit der Armut, musste einmal neun Tage lang von zwei kleinen Broten und von Wasser leben. Dazu war er kränklich, seelisch leidend; sein hochfliegender Geist rieb sich an dem Elend wund. Stets musste er von der Feder leben, die er den Mächtigen zur Verfügung stellte, erhielt Geschenke für seine Dedikationen. Zum Höfling war er nicht geschmeidig genug. Ein unersättlicher Wissensdurst und Arbeitshunger erfüllte ihn. Das Geld verwendete er, um sich eine Bibliothek zusammen zu hamstern. Von seinem grossen Briefwechsel mit Gelehrten gab man 1688 heraus: *Virorum doctorum ad Melch. Goldastum epistolae*. Er war ein Polyhistor, nicht ein Weiterbilder der Erkenntnis, musste viele literarische Fehden bestehen. Man warf ihm Mangel an Kritik, Flüchtigkeit, Willkür, selbst Fälschung vor. Dieses letztere geht zu weit.

Hauptsächlich betätigte er sich als Herausgeber. Er arbeitete nach einer guten Methode, verfasste ein Verzeichnis aller Stücke mit ihrem Charakter und ihrer Herkunft. Irrtümer waren unvermeidlich, da ja die Kontrollmittel fehlten. Er gab eine Sammlung von Reichsgesetzen heraus, die ihm viel Anfechtung eintrug. Für die Schweizergeschichte fällt in Betracht *Suevicarum rerum, aliquot veteres* ... drei Bände 1605; hier edierte er die *Centuria chartarum*, die hundert St. Galler Urkunden. Ferner gab er selbständig heraus Vadians *Farrago* mit Anmerkungen Schobingers, und Willibald Pirkheimers *Bellum Suitense*.

Nie hatte Goldast einen festen Wohnsitz, lebte oft in Frankfurt, starb in Giessen; sein Nachlass an Büchern und Manuskripten war gewaltig. Er leistete, was heute nur ein Institut mit staatlichen Mitteln zusammenbringt.

Sallusti pharamundi helvetii Carolus Allobrox, seu de superventu allobrogum in urbem Genevam Historia, in qua, praeter res biennio gestas, ingenium Ducis infidum: adhoc Pontificis Romani, et Hispaniarum Regis, quae in Christianos captaverant, Consilia deteguntur; 1603. – *Rerum suevicarum scriptores aliquot veteres;* 2. Ed., Ulm 1727. – *Rerum Alamannicarum scriptores aliquot vetusti,* a quibus Alamannorum, qui nunc partim Suevis, partim Helvetiis cessere, historiae tam saeculares quam ecclesiasticae traditae sunt; 3. Ed., Frankfurt/Leipzig 1730. – *Histoire de la supervenue inopinée des Savoyards en la ville de Genève* en la nuit du dimanche 12. jour de décembre 1602, réimprimée d'après l'Edition de 1603 et précédée d'une introduction sur le séjour de Goldast à Genève (1599–1603) par *Frédéric Gardy;* Mém. doc. Soc. hist. arch. 28, NF 8, Genève 1903, S. 137 ff. – Ein ziemlich vollständiges Verzeichnis der Schriften Goldasts gab heraus: *Johann Georg Grässe:* Trésor de livres rares 3, Dresden 1862, S. 109 ff.

AUGUST VON GONZENBACH: Melchior Goldast; ADB 9, Leipzig 1879, S. 327 ff. – TRAUGOTT SCHIESS: Zu Goldasts Aufenthalt in St. Gallen; Zeitschr. Gesch. Oberrhein NF 32, Heidelberg 1917, S. 241 ff. – EMIL OTTENTHAL: Die gefälschten Magdeburger Diplome und Melchior Goldast; Sitzungsb. Akad. Wiss. Wien, phil.-hist. Kl. 192, Abh. 5, Wien 1919. – E. L. BURNET: Note sur la date de la traduction française du Carolus Allobrox de Melchior Goldast; Zeitschr. Schw. Gesch. 3, Zürich 1923, S. 123 ff. – ERNST HERDI: Ein abenteuerlicher Gelehrter, Melchior Goldast; Volkshochschule 17, 1948. S. 198 ff. – OSKAR VASELLA: Melchior Goldast; NDB VI, Berlin 1964, S. 601.

Johann Im Thurn 1579–1648

Er war Schaffhauser Patrizier, wurde 1632 Bürgermeister. Aus seiner Feder stammen ein *Tagebuch* und die *Beschreibung einer Reise nach Italien.* Das Tagebuch gehört zu den Zeugnissen, die man für das Verständnis der Zeit abhören muss, obschon es an Tatsächlichem nicht viel Neues beibringt. Soweit ersichtlich, reicht es von 1590–1632. Es ist aus gemütlichem Familien- und Amtskreis herausgeschrieben; man lernt die führenden, miteinander verschwägerten und vervetterten Geschlechter Im Thurn, Peyer, Waldkirch kennen, ihren Wechsel von Stadtleben und Aufenthalt auf dem Landgut. Der Alltag wird unterbrochen durch Feste, Fürstenbesuche, Komödien. So geht es im Frieden zu: geringe Abwechslung, wenig Gedankenumsatz. Auch im Glück unterwirft man sich dem Höchsten, feiert Bitt- und Danktage. Die Pest von 1611 und die noch furchtbarere von 1629 lassen die Stadt leer zurück. Mit dem Dreissigjährigen Krieg beginnen die Nöte einer Grenzstadt. Die Mitteilungen hierüber sind das Wertvolle des Tagebuches: Wehranstalten, Alarm, Teuerungen, Preisschwankungen, Münzverschlechterungen, Spekulationen.

Die Edition des Tagebuches erfolgte durch *Johann Heinrich Bäschlin: Aus dem Tagebuch des Bürgermeisters Hans Im Thurn;* Beitr. vaterl. Gesch. Schaffh. 5, Schaffhausen 1884, S. 21 ff. Das ist ein Muster, wie man nicht herausgeben soll; in neuhochdeutscher Übertragung, nach Gutdünken des Herausgebers gekürzt und ohne Kommentar.

Franz Katzengrau gest. 1678

Seit 1634 Freiburger Franziskaner, studierte er 1643/44 in Würzburg, erwarb 1659 den Dr. theol. und wurde 1672 Novizenmeister. Katzengrau zeichnete die Zeitereignisse in Annalenform auf während der Jahre 1622 bis 1654, notierte, was Eindruck machte und die Leute beschäftigte. Die

Annalen sind dürftig und ohne Zusammenhang. Etwas ausführlicher wird der Bauernkrieg behandelt, aber ohne Neues mitzuteilen. Von den drei Entlebuchern heisst es, sie hätten «sich bekleidet gehabt, wie man die drey Eidtgenossen zu malen pflegt».

Die Chronik des Franz Katzengrau von Freiburg, hg. v. *Theodor von Liebenau;* Anz. Schw. Gesch. 1888, S. 216. 221 ff.

Winterthurer Chronisten

Auch im 17. Jahrhundert brachte Winterthur eine stattliche Reihe von Chronisten hervor, freilich nicht mehr vom Rang eines Johannes Vitoduranus oder Laurentius Bosshart. Ihre Manuskripte sind Zeugen bescheidenerer Arbeit. Es ist nicht der alte Chronikstil. Im Mittelpunkt steht das Städtchen mit seinen Freuden und Leiden, der Gemeingeist, der kommunale Ehrgeiz; aus allem spricht Gemütstiefe und biedere Gesinnung. Ein *Schwiderius Schreiber* schildert rührend ergeben die Pest von 1611, die von etwa 2500 Einwohnern 1145 hinwegraffte. Originalität besitzt die *Buchersche Familienchronik*: Drei Generationen sitzen von 1615–1749 als Hochrichter auf dem Turm der Pfarrkirche und tragen von diesem erhabenen Standpunkt aus das Wichtigste in die Chronik ein, freilich nur das Wichtigste aus der Stadt. Der bedeutendste ist *Johann Jakob Goldschmid*, ein begüterter Gerbermeister (1715–1769), der eine tüchtige Chronik von Winterthur aus den Urkunden bis auf seine Zeit heraufführte.

Keiner dieser Chronisten ist im Zusammenhang herausgegeben; teilweise gedruckt wurde nur die Chronik von *Schwiderius Schreiber;* Njbl. Stadtbibl. Winterthur 1881, S. 210 ff.

ALBERT HAFNER: Die Handschriften der alten Chronisten von Winterthur; Njbl. Stadtbibl. Winterthur 1881, 218. Stück, Winterthur 1880.

Rapperswiler Chroniken

Die bewegten Schicksale und die ausgesetzte Stellung von Rapperswil (1458 schweizerisch, 1464 Schutzort der drei Urkantone und von Glarus, 1712 an Zürich und Bern abgetreten) erzeugten hier eine bescheidene Ortsgeschichtsschreibung: 1. *Johann Peter Dietrich* (1611–1677), seit 1647 Stadtschreiber, nachher Schultheiss, schrieb ein *Belagerungsbuch*, das heisst ein Tagebuch der Belagerung von 1656. 2. Pfarrer *Dominik Rothenflue*, gestorben 1699, schrieb eine *Chronik von Rapperschwyl*, die vornehmlich kirchliche Dinge berücksichtigt. 3. *Jakob Basil Rickenmann*, der von 1678 bis 1751 lebte, schrieb eine Chronik, die nicht mehr vorhanden zu sein scheint. 4. Der Unterschreiber *Basilius Brägger*, gestorben 1838, verarbeitete diese Chronik mit Rothenflue zu der *Chronik der lobl. alt katholischen Stadt Rapperschwyl samt zugehörigen Landen*.

Die Chroniken liegen unveröffentlicht im Archiv von Rapperswil. Über sie geben Auskunft: XAVER RICKENMANN: Geschichte der Stadt Rapperswil von ihrer Gründung bis zu ihrer Einverleibung in den Kanton St. Gallen; 2. Aufl., Rapperswil 1878, S. 8 f. – HERMANN EPPENBERGER: Die Politik Rapperswils von 1531–1712; Biel 1894.

Bartholomäus Bischoffberger 1622–1698

Seit 1643 amtete er als Pfarrer in Trogen und wurde Dekan. Bis zum Tod führte er ein Diarium, woraus er 1682 eine *Appenzeller Chronik beider Rhoden* zusammenstellte. Als Quellen dienten ihm die eigene Anschauung, allerhand Schriften und das Archiv. In der Vorrede äussert er die üblichen Gedanken über den Nutzen der Historie nach Cicero, über Gottes Plan. Er will eine Übersicht bieten; daher legt er die Fäden auseinander, verwebt sie nicht. In besonderen Kapiteln behandelt er Kirchen-, Kriegs-, Verfassungsgeschichte. Bischoffberger wendet sich gegen den Aberglauben, gegen die Gespensterfurcht. Auch hier beginnt, noch zage, die Entzauberung der Welt. Im Gegensatz zur zeitgenössischen konfessionellen Erstarrung ist er tolerant, ohne kirchliche Streitsucht. Das polemische weicht dem sachlichen Interesse. So gibt er zum Beispiel als Ursache des zweiten Kappeler Krieges das Verlangen Zürichs nach freier Predigt in den V Orten an. Über den Bauernkrieg urteilt er ebenfalls unparteiisch, äussert pazifistische Gedanken gegen den Söldneroptimismus. Sein stärkstes Empfinden ist die Liebe zum freien Appenzell, das ihm trotz der Trennung von 1597 eine Einheit bedeutet.

Der historischen Darstellung schickt er eine Beschreibung des Landes, der Lage, der Grösse, des Unterhalts, der Nahrung, der Sitten von Appenzell voraus. In den Jahreszahlen ist er unzuverlässig, tischt eine fabelhafte Vorgeschichte auf, führt die Bundesverträge an, erklärt die Ursachen des Bernerbundes von 1353, äussert sittliche Bedenken gegen die Ausbreitung der Industrie. Im ganzen stellt die Chronik einen tastenden Versuch dar, sich der Wirklichkeit zu bemächtigen, eine Annäherung an die Heimatkunde.

Appenzeller Chronic. Das ist Beschreibung dess loblichen Lands und Eydgnössischen Orts Appenzell der Inneren und Usseren Roden; St. Gallen 1682.

TITUS TOBLER: Bartholomäus Bischoffberger; ADB 2, Leipzig 1875, S. 675.

KIRCHENGESCHICHTE

Christoph Hartmann 1565–1637

In Frauenfeld geboren, studierte er in Einsiedeln und Bologna, trat 1583 ins Kloster Einsiedeln, wurde 1592 Priester, amtete von 1614–1637 als Propst zu St. Gerold im Vorarlberg, einem Besitztum des Klosters. Ein reiches Wissen und die Kenntnis alter Sprachen befähigten ihn zu historischen Studien. Abt Augustin Hofmann begünstigte ihn und ernannte ihn zum Bibliothekar. Er ordnete und erklärte die Handschriftenschätze. Ein *Commentarius rerum Helveticarum*, das heisst eine topographisch-historische Beschreibung der Schweiz nach Orten und Zugewandten, blieb ungedruckt. Anno 1601 begann er die Stoffsammlung für eine Klostergeschichte, mit der er beauftragt war. Daraus entstand unter tätiger Beihilfe Guillimanns, der sogar den Hauptteil redigierte, *Annales Heremi Deiparae Matris monasterii in Helvetia*, 1612 im Druck erschienen. Das nach Äbten geordnete Werk geht von St. Meinrad bis 1600. Angehängt wurden eine *Vita Meginradi Martyris* und eine *Vita Sanctae Adelheidis Imperatricis*. Für seine Zeit ist es eine vorzügliche Leistung, wenn schon der Versuch, Klostergeschichte mit Reichsgeschichte zu verbinden, nicht völlig gelang. Hartmann nimmt Urkunden auf, die zum ersten Mal im Druck erschienen, zitiert Chronisten, schildert alemannische Geschichte um 900, sucht Salomo III. zu reinigen. Die Erhebung der Waldstätte setzt er auf 1307 an, gibt als Ursache die Bedrückung durch die Vögte an, «wie gesagt wird». Bei der Schilderung des Klosterüberfalls von 1314 zählt er die Insassen auf, nennt Rudolf von Baldegg nicht, weiss nichts von seinem Gedicht. Über den Ewigen Frieden von 1516 bemerkt er: «Tanti victor ab victis pacem redemit.» Dem Zwingli in Einsiedeln wirft er alle Laster vor.

Annales Heremi Deiparae Matris monasterii in Helvetia ordinis S. Benedicti antiquitate, religione, frequentia, miraculis, toto orbe celeberrimi; Freiburg i. Br. 1612.

GABRIEL MEIER: Christoph Hartmann; ADB 10, Leipzig 1879, S. 681 f.

Heinrich Murer 1588–1638

Seine Mutter heiratete in zweiter Ehe den Schultheissen Ludwig Pfyffer von Luzern, dieser war also sein Stiefvater. Der zu Baden geborene Murer studierte an der Sorbonne in Paris, trat 1614 in das Kartäuserkloster zu Ittingen, wurde Prokurator des Gotteshauses und widmete sich historischen Studien. Die Frucht seiner Arbeit erschien erst 1648: *Helvetia Sancta seu paradisus Sanctorum Helvetiae florum*, mit Kupfern. Es ist eine Geschichte der schweizerischen Heiligen und Seligen, die erste zusammenfassende Leistung, eine Frucht des Barock, welcher der Heiligen in erhöhtem Masse bedurfte und sie zur Schau stellte. Hiefür schuf Murer die Basis. Er zog die besten Quellen, die damals erhältlich waren, heran, auch reformierte wie Stumpf, Sprecher, Simler, Grasser, Guler; dazu erhielt er eine beson-

Tafel 34. Titelblatt aus der «Helvetia Sancta» von Heinrich Murer, 1648.

dere Erlaubnis, weil entsprechende katholische Unterlagen fehlten. Zur Benützung der Quellen über die ersten christlichen Jahrhunderte, die im Dunkeln lagen, brachte er wohl den nötigen Fleiss und bemerkenswerte Sorgfalt, nicht aber die kritische Schärfe auf, um in das Geflecht der Legenden einzudringen. Es wurde ein Werk gläubiger Gelehrsamkeit mit herrlicher Erquickung am Gegenstand und ohne konfessionelle Feindseligkeit. Nur einmal bemerkt er, Guler und Sprecher würden über die rätischen Bischöfe und Heiligen mehr geschrieben haben, wenn sie katholisch gewesen wären. Murer verfasste sein Werk zur Stützung des im Dreissigjährigen Kriege schwer angefochtenen katholischen Glaubens. Er führte die Reihe von Beatus bis Fidelis, darunter verschiedene, die heute von der Wissenschaft umstritten sind oder verworfen werden. Das grosse Werk diente mehr der Erbauung als der Wissenschaft, in einer Zeit, da der Himmel durch einen Flammenhang von Wundern umzogen war. Die schönen Illustrationen vom Zürcher Rudolf Meyer boten der Phantasie fast noch mehr als der Text. Eben damals nahmen die Bollandisten die Arbeit für die ganze Kirche auf und führten sie mit kritischer Strenge auch in den folgenden Jahrhunderten durch, wobei mancher Heilige in die Legende verwiesen wurde, der zur Zeit Murers noch galt. Murer schrieb auch ein *Theatrum Ecclesiasticum Helvetiorum*, eine Beschreibung aller Schweizer Klöster, die nie gedruckt wurde. Überhaupt kamen damals Heiligen- und Kirchenkataloge auf, so die Basilea Sacra der Jesuiten in Pruntrut 1658, ferner die Helvetia sacra et profana des Ranutius Scotus 1642.

Helvetia Sancta seu paradisus Sanctorum Helvetiae florum; Das ist Ein Heyliger lustiger Blumen-Garten und Paradeiss der Heyligen; oder Beschreibung aller Heyligen / so von anfang der Christenheit / biss auff unsere Zeit in Heyligkeit dess Lebens / und mancherley Wunderwercken / nicht allein in Schweitzerland / sondern auch angräntzenden Orten geleuchtet. Zusammengezogen und beschrieben Durch weyland den Ehrwürdigen und Wolgelehrten/Herren P.F. Henricum Murer / der Carthauss Ittingen Profess und Procurator / etc / Mit schönen Abbildungen unnd Kupferstücken geziehret / Lucern, Wien 1648.

GEROLD MEYER VON KNONAU: Heinrich Murer; ADB 23, Leipzig 1886, S.60.

P. Gabriel Buzlin (Bucelinus) 1599–1681

Eigentlich hiess er Buzlin, war aus Diessenhofen gebürtig, ein frommer, stiller, furchtsamer Mensch, trat 1612 ins Kloster Weingarten, in ein Benediktiner Reichsstift, wurde Priester, Novizenmeister, später Lehrer an der Klosterkirche in Feldkirch; seit ca. 1648 amtete er dreissig Jahre lang als Prior des St. Johannsstifts zu Feldkirch, wo er erblindet starb.

Man kann ihn als einen der fruchtbarsten Gelehrten des 17. Jahrhunderts bezeichnen, der mit eisernem Fleiss und rastloser Sammlertätigkeit auf dem Gebiete der Genealogie und der geistlichen Kataloge arbeitete. Er soll dreiundfünfzig Werke hinterlassen haben. Davon wurden wenige, allerdings die grössten, gedruckt, so 1666 die *Rhaetia Etrusca, Romana, Gallica, Germanica, sacra et profana.* Sein Hauptwerk war die *Germania topo-chrono-*

stemmatographica sacra et profana, 1655–1678 in vier Bänden von Elefantenformat erschienen. Einen solchen Zuschnitt hatte auch seine Gelehrsamkeit: gewaltig und formlos, fast wüst. Das bezieht sich aber nicht auf seine Gesinnung – frei von konfessioneller Streitsucht spricht er mit Achtung von den Reformierten –, sondern auf die endlose Namen- und Datenhäufung ohne genügende Kritik; es ist barocker Schwulst. Die Germania enthält Kataloge der Bistümer und Bischöfe, Abteien und Äbte, der Reichsstädte und fürstlichen Gebiete, der kaiserlichen Kanzlei, der Teilnehmer an den zwölf grossen königlichen Turnieren von 938 (!) bis 1198, und insbesondere die Stammbäume fürstlicher und adeliger Geschlechter. Genealogie war Bucelins Lieblingsfach, hier gilt er als unentbehrliche Informationsquelle. Aber alle seine Angaben sind mit Vorsicht aufzunehmen, da er es an Akribie fehlen liess. So zeichnet er einen fehlerhaften Stammbaum der Habsburger bis 680, geht immerhin nicht bis Abraham zurück, wie man es früher tat. Bei der Beschreibung der Schweizerstädte singt er Bern ein erstaunliches Loblied, preist seinen heldenreichen Adel: «Populus ipse meretur sola civilitate nomen nobilitatis»; wenn der Gründer das Schicksal der Stadt vorausgesehen hätte, würde er ihren Namen vom Adler oder Löwen genommen haben.

Man lernt eigentlich mehr an diesem Buch als aus ihm. Die gelehrte Kompilation blühte, der geschichtliche Geist, das historische Denken aber darbten.

Germania topo-chrono-stemmatographica sacra et profana in qua brevi compendio regnorum et provinciarum eiusdem amplitudo, situs et qualitas designatur ... 4 Bde., Augustae Vindelicorum, Ulmae, Francofurti ad Moenum 1655–1678. – Rhaetia Etrusca Romana Gallica Germanica Europae Provinciarum situ altissima et munitissima sacra et prophana Topo-chrono-stemmatographica; Augustae Vindelicorum 1666.

M. JOSEPH BERGMANN: Der Genealog P. Gabriel Bucelin, Benedictiner zu Weingarten und Prior zu St. Johann in Feldkirch; Sitzungsb. Akad. Wiss. Wien, phil.-hist. Kl. 38, Wien 1862, S. 47ff.

Bartholomäus Anhorn der Jüngere 1616–1700

Er war der Enkel des Chronisten, wurde zu Fläsch geboren, ging mit dem Vater 1622 ins Exil, amtete als Pfarrer im Prättigau und im St. Gallischen, als Inspektor in der Pfalz, unternahm Reisen in Deutschland, Holland, England – im ganzen das Dasein eines Pfarrers, der einen geistigen Trieb in sich fühlte und sich in seinem einsamen Pfarrhaus verzehrte. Neben geistlichen Schriften verfasste er ein Buch über die *Heilige Widergeburt der Evangelischen Kirchen in den gmeinen dreyen Pündten der freyen Hohen Rhaetiae* 1680. Die Schrift erscheint als Mischung von Traktätchenton und Kirchenannalistik, was nur aus dem Geist der Zeit zu verstehen ist. Nach einer geschwollenen Einleitung voll aggressiver Dogmatik spinnt er unter heftigen Bekenntnissen und Bibelsprüchen einen dünnen geschichtlichen Faden, an dem er die Entstehung und Verbreitung des neuen Glaubens, den Übertritt der einzelnen Gemeinden in Bünden von

1524 bis ca. 1630, aufreiht. Man erfährt, wie spät sich einzelne Gemeinden bekehrten, so Seewis 1590, Zizers 1612, wohl als Folge der Gemeindesouveränität. Reformierte Blutzeugen werden im Legendenton verherrlicht. Das Buch endet mit einer Streitschrift, die alle geläufigen Argumente gegen die alte Kirche zusammenfasst. Es ist schwer geniessbar und nicht besonders vertrauenswürdig. Anhorn preist auf Kosten Comanders den Prediger Bürkli von Zürich als ersten Sämann des reinen Evangeliums in Bünden, weil er einem Ratsherrn Bürkli in Zürich das Werk widmet. Oft verfällt er in Klatsch und Hintertreppenromantik; den Vergleich mit dem Grossvater hält er nicht aus.

Heilige Widergeburt der Evangelischen Kirchen /in den gmeinen dreyen Pündten / Der freyen Hohen Rhaetiae: Oder Beschreibung derselbigen Reformation und Religions-Verbesserung: Samt dero Fernerem Zustand / grossen Verfolgungen / wider sie angesponnen / mordtlichen Praktiquen und gnädiger Erhaltung Gottes; Chur/Brugg 1680.

JACOB KELLER: Nekrologe schweizerischer Schulmänner: Bartholomäus Anhorn; Beilage Jahresb. Aarg. Lehrerseminar Wettingen, Schuljahr 1894/95, Baden 1895, S. 1.

Johann Kaspar Lang 1631–1691

Aus Zug gebürtig, amtete er als katholischer Pfarrer zu Frauenfeld und stieg zum apostolischen Protonotar auf. Man kennt ihn als unermüdlichen begabten Verfechter seiner Konfession. In diesem Sinn schrieb er viele theologische Traktate. Sein Hauptwerk ist der *Historisch-theologische Grundriss* 1692, eine allgemeine Kirchengeschichte mit besonderer Berücksichtigung der schweizerischen. Der Autor polemisiert hier gegen J. Heinrich Hottingers Kirchengeschichte. Über Fabeln und Legenden enthält das Werk bemerkenswerte Notizen aus Urkunden; es steht an Forschungswert über Murers Arbeit. In solchen Schriften verausgabte sich das geistige Temperament des Jahrhunderts; die Geisteskräfte wurden damals von konfessionellen Fehden beansprucht.

Historisch-Theologischer Grund-Riss Der alt- und jeweiligen Christlichen Welt / bey Abbildung der alten und heutigen Christlich Catholischen Helvetia, und sonderbar des alten Christlichen Zürichs; 2 Bde., Einsidlen 1692.

HEINRICH ALOIS KAISER: Die Zuger Schriftsteller; Jahresb. Kant. Industrieschule Zug, Schuljahr 1874/75, S. 47; 1878/79, S. 40. – GEORG VON WYSS: J. Kaspar Lang; ADB 17, Berlin 1883, S. 613. – CATHERINE SANTSCHI: Les évêques de Lausanne et leurs historiens des origines au XVIIIe siècle; Lausanne 1977.

Heinrich Fuchs 1623–1689

Als sich der gelehrte Frauenfelder Dekan Johann Kaspar Lang mit der Ausarbeitung seines Historischen Grundrisses beschäftigte, bat er 1684 die Freiburger Regierung um Geschichtsstoff. Da diese ihm keine Originalakten überlassen wollte, beauftragte sie den Dekan von St. Niklaus, Heinrich Fuchs, eine historische Darstellung zu verfassen. Das von Fuchs einer speziellen Kommission unterbreitete Ergebnis seiner dreijährigen Forschung wurde als zu umfangreich und zu gefährlich empfunden, und Fuchs wurde angewiesen, bloss einen Auszug davon nach Frauenfeld zu schicken: Er solle sich darauf beschränken, die Gründung und Ausdehnung Freiburgs, die Errichtung von Klöstern und die Bemühungen der Behörden zur Wahrung des katholischen Glaubens zu behandeln. Lang benützte die verkürzte Darstellung so intensiv, dass ganze Abschnitte seines Werkes einfach eine genaue Übersetzung ins Deutsche des lateinischen Textes von Fuchs sind.

Fuchs führt die politisch-militärische Geschichte, beruhend auf Rudella und den Archivakten, nur bis zum Eintritt Freiburgs in den eidgenössischen Bund 1481. Dann geht er recht unvermittelt zur reinen Kirchengeschichte über, wobei das Kollegiatstift zu St. Niklaus besonders berücksichtigt wird. Der kirchengeschichtliche Teil, obgleich unzusammenhängend und lückenhaft, hat dennoch Originalwert, weil er Dokumente und Angaben enthält, die einzig durch ihn überliefert sind. Man wird der Arbeit von Fuchs bloss gerecht, wenn man bedenkt, dass er nicht eine selbständige Chronik schreiben, sondern dem Dekan Lang historische Angaben liefern wollte.

Friburgum Helvetiorum Nuythoniae. Chronique fribourgeoise du dix-septième siècle, publiée, traduite du latin, annotée et augmentée de précis historiques par *Héliodore Raemy de Bertigny;* Fribourg 1852.

Albert Büchi: Die Chroniken und Chronisten von Freiburg im Uechtland; Jahrb. Schw. Gesch. 30, 1905, S. 296 ff. – Jeanne Niquille: La chronique fribourgeoise du Doyen Fuchs; Zeitschr. schw. Kirchengesch. 27, 1933, S. 100 ff.

Johann Jakob Hottinger 1652–1735

Da er ein Sohn des Orientalisten war, verstand sich die gelehrte Laufbahn von selbst. Sein Studium absolvierte er in Basel, Marburg und Genf. Anno 1676 wurde er Pfarrer, 1698 Professor der Theologie in Zürich. Er besass des Vaters Rastlosigkeit und Gelehrsamkeit; es ist erstaunlich, was diese Männer bei beschränkten Möglichkeiten alles heranzogen und lasen. Aber auch kampffreudig war er wie der Vater. Darum gab er den ursprünglichen Plan, des Vaters allgemeine Historia ecclesiastica fortzusetzen, auf. Als dieses Werk von J. K. Lang und anderen Katholiken angefochten wurde, entschloss er sich, zur Abwehr die *Helvetische Kirchengeschichte* monographisch darzustellen. Diese erschien deutsch von 1698 bis 1729 in vier Bänden. Sie bietet nicht den Aufstieg und die Ausbreitung des christlichen Gedankens in der Schweiz, sondern eine scharfe Abrechnung mit Lang, Murer und anderen. Es ist eine These, die er verficht: dass die Reformation nichts Neues, sondern die Wiederherstellung der ersten christlichen Kirche darstelle, während die römische Kirche von dieser abgefallen sei. Dies wird mit Disputatorenscharfsinn und Schneid verfochten, so dass die Langeweile, die der Titel vermuten lässt, sich nicht einstellt. Zwar sein Wertsystem bleibt das übliche: christliche Güterlehre, Teilhabe an der Gnade Gottes, «seine wunderbare Güte gegen diese Landgegne».

Aber er bekämpft gewandt den schwachen Punkt in des Gegners Stellung, den Wunderglauben und die Heiligenlegenden, und entwickelt dabei einen kritischen Scharfsinn, der neu ist. Er stellt quellenkritische Grundsätze auf, die zwar schon von Ausländern vorgetragen worden waren, die aber bei einem Schweizer zum ersten Mal begegnen; mit dieser Kritik räumt er unter den Heiligen Murers auf. Er verwirft den heiligen Beatus und den heiligen Lucius, diesen nach den Regeln der Quellenkunde, aber zu Unrecht, da zwar seine Vita erst aus dem 9. Jahrhundert stammt, aber doch eine ganze innere Beglaubigung für ihn spricht. Auch den Thebäern setzt er scharf zu, hat aber Spürkraft genug, um sie nicht zu streichen. Er ficht den heiligen Fridolin an, geht auf dessen Quelle zurück, hält sie für eine Fälschung. Hottingers Werk reicht von Christi Geburt bis 1728. Seine eigene Zeit hat er aktenmässig dargestellt, so den zweiten Villmerger Krieg, wo er die Schuld nicht nach damaliger allgemeiner Gepflogenheit auf Du Luc abwälzt.

Neben der philologischen verwendet er die Realkritik, wie es für einen Wunderfeind naheliegt. Seinem Werk kommt auch das Verdienst zu, dass es mitten in die geistige Bewegung der Zeit versetzt und die literarischen Kampfziele abdeckt. Daneben war Hottinger in der Orthodoxie seiner Zeit befangen und bezeigte den Pietisten keine Duldung.

Helvetische Kirchen-Geschichten: Vorstellende Der Helveteren Ehemaliges Heidenthum / und durch die Gnad Gottes gefolgtes Christenthum: Samt / Nothwendigen Anmerkungen von der Lehre / Gebräuchen / und Regierung der Helvetischen Kirch / und denen darinn vorgefallenen Veränderungen. Auss bewährten / Gedruckten und Geschriebenen Documentis unpartheyisch zusammen getragen; in richtiger Jahrordnung / bis auf gegenwertige Zeiten ausgeführt. 4 Teile samt einer Zugabe aus glaubwürdigen Documentis; Zürich 1698–1729.

Johann Jacob Lavater: Vita Joannis Jacobi Hottingeri ... Catalogus Scriptorum Ejus; Tiguri 1736. – Leonhard Meister: Johann Jakob Hottinger; Berühmte Zürcher, Teil 2, Basel 1782, S. 239f. – Georg von Wyss: Johann Jacob Hottinger; ADB 13, Leipzig 1881, S. 193ff.

AUSLAND

Giovanni Battista Padavino 1560-1639

Seine Familie gehörte zu der Bürgerklasse von Venedig, der die Sekretariats- und Kanzleiposten der Republik zufielen. Mit sechzehn Jahren trat er in die Kanzlei ein, stieg rasch die Stufenleiter des Beamten empor, wurde 1584 Sekretär des Rates, 1588 Unterkanzler, 1603 Sekretär des Rates der Zehn, 1630 Grosskanzler. Dazwischen führte er wichtige Gesandtschaften aus: Von 1603-1605 weilte er in Bünden, von 1607-1608 in Zürich, 1616 wieder in Chur, wo man ihn mit Gewalt vertrieb. Sein diplomatischer Ruhm war das Bündnis mit den Bündnern von 1603. Sein Verdienst um die Geschichtsschreibung liegt in zwei Relationen über Bünden und die Schweiz. Die Venezianer waren damals Meister in der diplomatischen Beobachtung, in der Ausspähung und Berichterstattung, wofür sie eine sorgfältig gepflegte Tradition besassen. Namentlich wertvoll sind die Endberichte, mit denen die Gesandten über ihre Mission Rechenschaft ablegten. Leopold Ranke hat sie zuerst ausgebeutet und reichsten Gewinn daraus gezogen; sie sind für seine Auffassung und Methode entscheidend geworden.

In der *Relatione de Grisoni* vom Jahr 1605 gibt Padavino - er sagt es selber - keine Beschreibung von Land und Leuten, sondern die Geschichte der Bündnisversuche seit 1554, ausführlich die Jahre 1603-1605. Anscheinend bietet er wenig, in Wirklichkeit jedoch viel; denn er vermittelt in ruhig abwägendem Urteil den Durchschnitt der damaligen politischen Weisheit. Die geheimen Sorgen der Republik Venedig, die wir sonst nicht erführen, werden laut, insbesondere die beherrschende Furcht vor dem alles verschlingenden Spanien. Nach ihm wäre der Idealzustand ein freies Italien mit Venedig an seiner Spitze. Stets wird die Mässigung, die Beständigkeit, die Milde der Republik, ihre «mediocrità» gegenüber dem Ehrgeiz der Monarchien hervorgehoben. Venedig hat Schätze, nicht Schulden wie die Fürstenstaaten. Von diesen venezianischen Voraussetzungen aus betrachtet Padavino Bünden und zeigt den grossen Unterschied zwischen den beiden Republiken. Aus den genau mitgeteilten Verhandlungen im venezianischen Senat ergibt sich die Notwendigkeit, mit Graubünden anzuknüpfen. Wer den Krieg vermeiden will, muss rüsten. Aus Deutschen und Schweizern allein kann man schwere Infanterie bilden; überdies stellen die Bündnerpässe die einzige Möglichkeit dar, mit dem Norden zu verkehren. So schwer auch diese Notwendigkeiten ins Gewicht fallen, so wird doch hier wie überall von den Bündnern ein ungünstiges, ja verächtliches Bild entworfen. Padavino spricht vom Neid, der keinen etwas zu Ende führen lässt, vom Herzudrängen der grossen Masse, die überall dabei sein will, von der Unmöglichkeit, das Geheimnis zu bewahren, von den gierigen Schmausereien auf Kosten der fremden Gesandten, von der Kriegslust bei Hoch und Niedrig. Er nimmt die Bündner einfach als käufliche Ware. Aus seiner Erzählung wird deutlich, dass die Salis

Haupturheber des venezianischen Erfolges von 1603 waren. Die Relation zeigt, was Weisheit, Scharfsinn und Geschick bei abnehmender Kraft noch vermögen.

Die zweite Relation von 1608, *Del governo e stato dei signori Svizzeri* ist anders als die erste. Padavino gibt jetzt eine Darstellung der Schweizer, ihrer Staatseinrichtungen, Sitten, Lebensweise, Kräfte, Rechtsverhältnisse, Leidenschaften, Neigungen, Vorzüge und Fehler. Er sucht die Vielgestaltigkeit des schweizerischen Lebens zu erfassen, da noch kein solcher Bericht in Venedig vorhanden war. Seine Arbeit stützt er auf ein ausgedehntes Geschichtsstudium. Unter anderem sammelt er alte Bundesbriefe und auswärtige Bündnisse, übersetzt sie und schickt sie nach Venedig; ferner lässt er eine Karte der Schweiz herstellen. Aber wenn er auch mit der Bildung des Geschichtsschreibers seinen Gegenstand behandelt, so ist der Zweck doch kein wissenschaftlicher, sondern ein praktischer: Welchen Nutzen kann Venedig aus der Schweiz ziehen? Er greift in der historischen Begründung auf den Eintritt der Orte zurück und bietet den Stand des damaligen Wissens, indem er aus dem Wust der widersprechenden Überlieferungen das Einleuchtende, Verständliche herausgreift. Immerhin erzählt er noch die Bärenjagd Herzog Berchtolds V. An Padavino macht man die Beobachtung, dass auch die bestunterrichteten Fremden sich nie ganz in der bunten eidgenössischen Kleinwelt zurechtfinden, sondern Verstösse begehen, die ein Schweizer vermeiden würde.

Auch ist Padavino nicht völlig unbefangen, er bringt Massstäbe mit. Als Venezianer urteilt er aristokratisch. Er bedauert den Niedergang des Adels in der Schweiz, die Eifersucht des Volkes auf alles Hervorragende; dabei verallgemeinert er allerdings die Verhältnisse in den Landsgemeindekantonen, wie ja bei solchen Schriften schiefe Zusammenfassung kaum vermieden werden kann: Die Leidenschaft des Volkes ist nach ihm die Gleichheit; darnach richtet sich das Erbrecht. Padavinos Verachtung der Volksherrschaft tritt verschiedentlich hervor. Sie ist ein vielköpfiges Tier, «incapace di usar la mediocrità». Gereizt durch Ereignisse von 1607, ergeht er sich in furchtbaren Verdammungssentenzen. Die Verhältnisse beschreibt er als «una pura anarchia assai più miserabile di qualsivoglia crudel tirannide», schimpft über die Gleichmacherei, verurteilt den Friedensbruch von 1415; denn Venedigs Dasein beruht auf der Achtung der Verträge, des Völkerrechts. Auch die Aussenpolitik der Schweiz bezieht Padavino ganz auf Venedig; unausgesprochen beurteilt er sie aus dem Gesichtspunkt der natürlichen Gemeinschaft der Stati liberi gegen die Grossmächte.

Die Schweiz ist ihm ein Rätsel, da sie auf Gegensätzen beruht. Er sucht mit Mühe nach einer Definition. Man könne sie nicht eigentlich eine Republik nennen, meinte er: «ella sia uno stato composto di Signoria popolare, in parte popolarmente governato, e parte anco di reggimento aristocratico.» Lobenswert erscheint ihm die Schweizerart, mehr nach Minne als nach Recht zu schlichten; denn für ein gutes Regiment sei Freundschaft wichtiger als Gerechtigkeit. Auch gefällt ihm die Einfachheit des Lebenszuschnitts; die Rauheit des Umgangs und die Trunksucht entschuldigt er. Die Walliser schildert er ebenso günstig, wie er die Bündner ungünstig charakterisiert; jene seien noch zu wenig bekannt. Und hier bricht endlich ein Gefühl durch, auf das man schon lange bei einem dieser Ausländer gewartet hat: das Entzücken über die Schönheit der Alpen. Ergriffen versteht er nun, warum man einst auf Bergeshöhen den Göttern Altäre errichtete. So urteilt der kühle Venezianer.

Für seinen venezianischen Zweck unterwirft er das Wehrwesen der Schweiz einer eindringlichen Erforschung. Er bietet von der Kriegsherrschaft, der Wehrhaftigkeit, vom Schlachtengeist der Schweizer eine Schilderung, die an die Heldenzeit erinnert: Die Schweizer besitzen die beste Infanterie, sind nicht für die Belagerung ausgerüstet, taugen auch weder für die Kavallerie noch für die Marine. Sein Vergleich fällt für die Italiener beschämend, für die Franzosen schmeichelhaft aus. Bei Padavino treffen wir 1608 die erste Schätzung der schweizerischen Bevölkerungszahl: 1 200 000 Seelen, was wohl zu hoch gegriffen ist.

Im letzten Teil seiner Relation zieht Padavino die praktischen Schlussfolgerungen. Nach den Erfahrungen von 1607 rät er ab, weitere Bündnisse mit den Schweizern einzugehen. Solche sind möglich mit Zürich, Bern, Glarus, aber nicht wahrscheinlich. Er gibt in diesem Zusammenhang ein Verzeichnis der offenen und geheimen Pensionen in der Schweiz. Die Reformierten sind grundsätzlich dagegen eingestellt; dass alle das Verbot halten, bezweifelt Padavino. Bei den Katholiken stellt er Korruption fest. Die Eidgenossen, witzelt er, kämen den französischen König so teuer zu stehen, dass er sie nicht ohne Grund «cari Svizzeri» nenne.

Stets fühlt man bei Padavino den Stolz auf die Gerechtigkeit und Freiheit Venedigs. Dazu tritt noch ein allgemeiner Pessimismus, die Überzeugung, dass alles Menschliche immer schlechter wird, was er wie selbstverständlich zur Voraussetzung nimmt. Abgesehen von dieser Bedingtheit des Urteils bleibt noch des Gültigen genug. Der Reichtum der Relation kann hier nicht ausgeschöpft, nur angedeutet werden. Man erfährt, welchen Eindruck unser Land auf einen weltklugen Beobachter machte.

Relatione de Grisoni fatta dal secretario Padavino, hg. v. *Christian Kind;* Rätia 3, Chur 1865, S. 186 ff. Die Edition weist viele Fehler auf, auch ist der zweite Teil mit den Ratschlägen an den Nachfolger weggelassen. – *Del governo e stato dei Signori Svizzeri.* Relazione di Giovanni Battista Padavino; con annotazioni di *Vittorio Ceresole;* Venezia 1874. – *Les dépêches de Jean-Baptiste Padavino secrétaire du conseil des Dix, envoyé de la république de Venise, écrites pendant son séjour à Zurich 1607–1608;* Quell. Schw. Gesch. 2, Basel 1878.

Victor Cérésole: Relevé des Manuscrits des Archives de Venise se rapportant à la Suisse et aux III Ligues Grises; nouv. éd., Venise 1890. – Eduard Rott: Méry de Vic et Padavino. Quelques pages de l'histoire diplomatique des ligues suisses et grises au commencement du XVIIme siècle. Venise et les Ligues Grises. L'alliance de Davos 1603; Quell. Schw. Gesch. 5, Basel 1881. – Richard Feller: Die Schweiz des 17. Jahrhunderts in den Berichten des Auslandes; Schw. Beitr. Allg. Gesch. 1, Aarau 1943, S. 64f.

Daniel Eremita 1584–1613

Er stammte aus edlem Geschlecht von Antwerpen, trat zum Katholizismus über und ging nach Italien, wo ihn die Fürsten wegen seiner Gelehrsamkeit, seiner lateinischen Stilkunst, seiner Einsicht in die Politik suchten. Als Sekretär diente er dem Grossherzog von Florenz; dieser sandte ihn 1609 an den Kaiserhof und an andere deutsche Höfe, um den Tod des Grossherzogs Ferdinand I. anzuzeigen. Wo er hinkam, erregte er Bewunderung mit seiner Beherrschung von sieben Sprachen. Literarische Früchte dieser Besuche sind die Briefe über seine Reise nach Deutschland und seine Reise nach der Schweiz. In Italien galt er als der Führer, die Zuflucht der Deutschen, die dorthin kamen. Sein junger, jäher Ruhm blendete. Ein *Panegyricum* aus seiner Feder über die Hochzeit des Grossherzogs Cosimo II. wurde als Meisterwerk bewundert. Er verfasste noch andere Schriften. Der Philologe Joseph Scaliger schenkte ihm seine Freundschaft, ein anderer Gelehrter, Kaspar Scoppius, focht ihn an und zielte schonungslos auf seine Schwäche, seine Sittenlosigkeit. Mit neunundzwanzig Jahren starb Eremita in Livorno. Wie ein aufregender Komet war er über der gelehrten Welt aufgegangen, hatte gefunkelt und sich verzehrt. Als Vielwisser, Literat, Höfling und Diplomat kam er nie zu Fassung und Sammlung. Sein verhängnisvolles Glück war, dass sein Talent genau das literarische Bedürfnis der Zeit traf: die Fülle erraffter Kenntnisse und die geschickte Nachahmung des klassischen Latein. Der leichte Erfolg ersparte ihm die Vertiefung.

Sein Reisebericht trägt den Titel *De Helvetiorum, Raetorum, Sedunensium situ, republica, moribus epistola*. Er hat die Form eines Briefes an den Prinzen Ferdinand Gonzaga, den Sohn des Herzogs von Mantua. Eremita schreibt als schmeichelnder Höfling. In der Vorrede bekennt er, dass der Gegenstand der prinzlichen Majestät eigentlich nicht angemessen sei. Seine publizistische Absicht ist eine üble: Er betrachtet die Schweiz nicht mit unbefangener Neugierde oder gelehrtem Wissensdurst, sondern er will dem Prinzen die Verkehrtheiten und Lächerlichkeiten zu Füssen legen und die Schweiz mit seiner eleganten Feder der Verachtung preisgeben. Hiefür ahmt er die Wucht, die Gedrungenheit eines Caesar und Tacitus nach. Da er aber nicht den Geist, das Herz und den edlen Zorn der Römer hat, wird sein Klassizismus leere Ziererei. Wo Tacitus grollend verdammt, ist er boshaft und witzig. Mit angenommenem Kennerblick will er die Schwächen der Schweiz durchdringen. In Wirklichkeit betrachtet er das, was anders ist als in Fürstenstaaten, als Mangel. Er sieht das gleiche wie die übrigen Fremden, beurteilt es aber anders. Sein Bericht ist kein Itinerar, sondern eine zusammenfassende Überschau: Bodengestalt, Berge, Täler, Flüsse, Wälder, Thermen, Fauna, Städte, Kantone, Bundesbriefe, Sprache, Glaube, Sitten, Trachten. Dabei versteht sich die Skepsis von selbst; denn er will sich keinen Dunst vom Schweizerischen vormachen lassen. Er kehrt den Kenner der Völker, Sitten und Laster heraus, den kultivierten Italiener gegen den Barbaren und gibt schlimme Deutungen. Es ist doch wohl nur Geckerei, wenn er am Schluss behauptet, er habe die Schrift in zwei Tagen aus der Erinnerung hingeworfen; die Waserschen Reminiszenzen, mit denen er die Schrift verbrämt, sind nicht so rasch aus dem Ärmel zu schütteln.

Das Leben in den Alpentälern schildert er als trostlos; hier müssen die Bewohner ihre Verstorbenen im Eis bestatten, da die wenige Erde für die Lebenden benötigt werde (ingens argumentum stoliditatis humanae); die Bergbewohner lebten mit dem Vieh und wie das Vieh, nicht glücklicher als dieses, ihm ähnlicher als der Menschennatur. Dagegen lobt er die rätische Einfachheit und Sittenreinheit: «solas nives solas solitudines veneratur». Die Kretine im Wallis schildert er wie Plantin, der hier wahrscheinlich aus ihm geschöpft hat. Die Befreiungssage erwähnt er zwischen Lob und Tadel, gibt das Unrecht der Habsburger zu, behauptet aber, die Freiheit werde von den Schweizern missbraucht, und er warnt wiederholt vor ihr. Unter Fürstengewalt herrsche mehr Freiheit als unter der Volksherrschaft Bündens, wo es nur Scheinfreiheit gebe. Er verdammt die Reformation; sie sei aus der gleichen Rebellion wie der Schweizerbund entstanden. Wegen des Friedens und der Musse werde in der Schweiz das Wissen gepflegt: «Literas scire quam videri malunt.» Mehr als andere Völker liebten die Schweizer den Wein. Ohne Unterschied von Ort, Person und Zeit lüden sie jeden zu den Gastmählern. Beim Trunk werde alles abgemacht; selten stritten sie hier, sondern ergingen sich in Ruhmredigkeit über die eigenen und die Taten der Vorfahren. Die Frauen und Kinder lebten zu Hause sparsam, damit die Männer prassen könnten. An den Hochzeitsschmäusen nähmen auch Frauen teil. Jungfrauen sässen drei Stunden steif da, ohne eine Miene zu verziehen. Alle benähmen sich bescheiden, schweigsam: «Mira in conviviis mulierum modestia, altum silentium, erectae virgines, et habitu ac veste insolita coactiores, non immutato vultu, ad tres fere horas accubant.» Zu Hause lebten Frauen und Kinder vernachlässigt, schmutzig, ungekämmt; und doch wüchsen diese zur bestaunten Grösse und Stärke der Glieder heran.

Am Schluss hat Eremita noch Noten angehängt, gelehrte Bemerkungen, Versuche von Namensetymologie, da er ja von Haus aus Philologe war. Er will wohl die Erudition nachholen, die er ob der Eleganz des Stils vernachlässigte.

Eremitae Belgae Panegyricus Cosmo Medices ... Magno Hetruriae Principi dictus, cum Mariae Magdalenae Austriacae ... nuptiarum sacris initiaretur; Florentiae 1608. – *De Helvetiorum, Raetorum, Sedunensium situ, republica, moribus, epistola ad D. Ferdinandum Gonzagam Mantuae Ducis fil.;* Helvetiorum/Respublica Diversorum autorum quorum nonnulli nunc primum in lucem prodeunt; Leyden 1627. – *D. Eremitae Aulicae vitae ac civilis* libri IV. Ejusdem opuscula varia; hg. und mit einem Vorwort versehen v. *J. G. Graevius,* Utrecht 1701.

Allgemeines Gelehrten-Lexikon, hg. v. CHRISTIAN GOTTLIEB JÖCHER; Leipzig 1750, Spalte 378f. – RICHARD FELLER: Die Schweiz des 17. Jahrhunderts in den Berichten des Auslandes; Schw. Beitr. Allg. Gesch. 1, Aarau 1943, S. 60f.

Ranutio Scotti 1597–1661

Ranutio Conte Scotti de Piacentino weilte von 1630–1639 als Nuntius in der Schweiz und ging dann in der selben Eigenschaft nach Frankreich. Anno 1642 veröffentlichte er einen Bericht: *Helvetia profana e sacra*. Die Helvetia profana verfasste er gleich am Ende seiner Nuntiatur, die Helvetia sacra zwei Jahre später. Überschauende Rechenschaftsberichte, welche die Nuntien beim Abschied vom Amt eingaben und worauf die Instruktionen für die Nachfolge abstellten, sind im allgemeinen wichtige Quellen zur Schweizergeschichte. Ob Scottis Schrift einfach eine solche amtliche Endrelation darstellt, die ausnahmsweise unter die Presse geriet, oder ob die amtliche Form für die Öffentlichkeit zurechtgestutzt wurde, ist nicht ersichtlich. Scottis Mission machte in der Schweiz nicht Epoche; sein Andenken ist mit keiner erschütternden oder unangenehmen Erinnerung verknüpft. Auch in seinem Buch bleibt die Haltung verbindlich. Von Berufs wegen spricht er das Bedauern über den Abfall der Ketzer, über die Enteignung der Kirche in den reformierten Orten aus, aber nicht mehr; er polemisiert nicht. Am besten sind ihm die ersten zwanzig Seiten geraten, wo er das Wesen des Schweizers zu erfassen sucht. Hier und im ganzen Bericht stützt er sich stark auf Ascanio Marsos «Discorso de i Sguizeri» von 1557/58. Scotti findet in der Schweiz Tugenden, die in Italien fehlen. Ob und wie weit er auch die unedierten Berichte des Nuntius Ladislaus d'Acquino von 1612 benützt hat, ist eine offene Frage. Das Bild der Eidgenossen ist eher geschmeichelt; immerhin befleissigt er sich einer realistischen Schau, vermeidet Redensarten.

Wie Marso macht er den Versuch, die militärische Überlegenheit, die Tapferkeit der Schweizer psychologisch zu erklären. Er erwähnt die Vollblütigkeit, den Kinderreichtum, die Sitte der Mütter, ihre Kinder selber zu nähren. Sie geniessen von Jugend auf eine rauhe Erziehung zu den Waffen. Um sich abzuhärten, kämpfen sie mit den Jahreszeiten. Im Notfall können sie 150000 Krieger ins Feld stellen. Sie sind fleissig, verachten den Müssiggang. Scotti rühmt ihre Treue zum Wort, ihre Treue im Hass und in der Liebe. Sie wachsen in einfachem Haushalt auf, den arme wie reiche Frauen selbst besorgen. Man begegnet vielen rüstigen Greisen von siebzig bis achtzig Jahren. So bleiben denn auch die Ärzte in der Schweiz fast unbeschäftigt: «Cosi avviene, che fatta in essi gran medicina l'essercitio li mantiene sani, e robusti, e vi si veggono huomini, che già passano il settantesimo, e l'ottantesimo anno, tuttavia si gagliardi, che solo dalla canutezza, s'argomenta la vecchiaia.»

Nach der Gesamtschweiz bespricht er die einzelnen Kantone, auch ihre Geschichte. Er kennt die Institutionen der Katholiken besser als die der Reformierten, doch bleibt sein Wissen dürftig, ungenau. Zwar vermeidet er die gröbsten Fabeln, folgt aber unentwegt seinen Führern Marso und Tschudi. Beiläufig erwähnt er zwei Gruppen von Kantonen, demokratische und aristokratische, ohne aber auf diesen Unterschied Gewicht zu legen. Allen sei die Freiheit geradezu heilig. Er hebt die Bedeutung der Nuntiatur hervor; die schweizerische komme teurer zu stehen als jede andere, da der Nuntius die Eidgenossen beim Bankett freihalten müsse.

Scotti steht mitten im Barock, gibt sich aber nicht Rechenschaft davon; er meldet nichts vom Jesuitentheater in Luzern, von den Prozessionen Einsiedelns, von der barocken Kulturarbeit St. Gallens.

Helvetia profana. Relatione del Dominio temporale de potentissimi XIII cantoni Svizzeri detti della gran lega fatta da Monsignor Scotti, Vescovo del Borgo di S. Donino – Parte prima; Macerata 1642. – *Helvetia sacra.* Relatione de Vescovati, Abbatie et altre dignità subordinate alla Nuntiatura Helvetica – Parte seconda; Macerata 1642. – Mangelhafte Übersetzung der Relation von Ladislaus d'Acquino in Schreibers Taschenbuch II, Freiburg i. Br. 1840, S. 280 ff.; III, 1841, S. 289 ff.; IV, 1844, S. 27 ff.

HANS FOERSTER: Der Nuntius Ladislaus d'Acquino und die Schweizer; Zeitschr. Schw. Kirchengesch., XXVII. Jg., Stans 1933, S. 1 ff. – RICHARD FELLER: Die Schweiz des 17. Jahrhunderts in den Berichten des Auslandes; Schw. Beitr. Allg. Gesch. 1, Aarau 1943, S. 55 ff.

Heutelia

Anno 1658 erschien mit dem angeblichen Druckort Lutetia (Paris) eine Schrift, die das unliebsamste Aufsehen erregte: *Heutelia, das ist: Beschreibung einer Reiss / so zween Exulanten durch Heuteliam gethan.* Es handelt sich um folgende Fiktion: Ein pfälzischer Edelmann und ein württembergischer Rechtsgelehrter, beide reformiert, fliehen vor dem Dreissigjährigen Krieg in die Schweiz und machen von Ort zu Ort ihre gepfefferten Glossen. Die Schrift muss zwischen 1638 und 1639 entstanden sein. Sie erwähnt den Tod Rohans (1638) und weiss noch nichts von der englischen Revolution (1640); zwei reisende Engländer, die sie ausfragen, schildern das England kurz vor dem Umsturz; Bernhard von Weimar wird noch als lebend angenommen (gest. 1639). Der Ton ist zügellos satirisch, bisweilen zynisch, namentlich wenn die Stellung der Frau gestreift wird. Es macht sich viel Grobianismus breit. Dahinter steckt aber der forschende Ernst, der den Dingen auf den Grund geht. Gesprächsweise werden die brennenden Zeitfragen durchgenommen und, um die Sache schmackhaft zu machen, wird der damalige Vorrat an landläufigen Witzchen und Anekdötchen darüber ausgeleert, so dass aus dem Ganzen der Gefühlsstand, der Denkinhalt der Zeit herausschaut. Die Absicht war durchaus, die Schäden und Verkehrtheiten der Schweiz aufzudecken. Freilich versteht man die Anspielungen nicht mehr alle. Auch wird das Lesen durch die absichtliche Verstellung der Namen erschwert. Den meisten Exemplaren wurde ein, leider unvollständiger, Schlüssel beigedruckt: Sibilacopolis = Basel, Rusinopolis = Bern, Illigeria = Frankreich, Salatia = Elsass, Druida = Protestantischer Pfarrer.

Die beiden Reisenden haben ein gutes leibliches und geistiges Auge; sie sehen sehr viel und lassen den Blick auf die richtigen Stellen fallen. Um die Religionsfrage zu besprechen, gesellen sie sich ein Stück Weges einem flüchtigen Priester aus Bayern zu. Sie treiben den Braven gehörig in die Enge, was ihnen um so leichter fällt, als ihre religiöse Haltung eigentlich eine lockere ist. Aber vom Hexenwahn sind sie alle überzeugt; jeder weiss einen Beitrag beizusteuern; die Frage dreht sich nur darum, ob dem Teufel oder den Hexen, die er verführt, die grössere Schuld zukomme.

In der Politik vertreten die beiden Reisenden den adeligen Standpunkt und zucken die Achseln über das demokratisch-plebejische Wesen der Schweiz. Während man später vorwiegend den Gegensatz zwischen Patriziern und Landbevölkerung im 17. Jahrhundert feststellt, betonen sie vielmehr den Gegensatz in den Städten selbst zwischen dem altgeborenen Adel und den Patriziern bürgerlichen Standes, die sie Demokraten nennen, und beklagen es, dass die Adligen so zurückgesetzt werden. Dem alten Adel allein trauen sie Bildung, Sitte und Herrschergaben zu; die regierenden Burger sind ihnen nur drapierte Handwerker und Krämer: «jhre Rahts-Häuser ... seynd nach Manier und proportion der Archen Noe, in welche allerley Thiere eingangen seynd.» Scharfer Tadel fällt auf die ungelehrten Landvögte. Die Bauern verachten sie; diese seien grob, aufgeblasen, schwelgerisch, tückisch, anmassend, rechtsbrüchig: «Rusticus est quasi Rind.» Böse Sprüche werden über das Landvolk gefällt; bereits liegt die kommende Erhebung in der Luft. Die Bauern trügen die Schuld, dass Jagd und Fischfang verkümmerten, auf welche Adelsvergnügen die beiden Reisenden ein genaues Augenmerk halten. Sie werfen den Bauern Wilddieberei vor und beschuldigen sie namentlich, dass sie ihre Güter durch wuchernde Häge einzäunen, damit dem Wild die Wege versperren und die Wildbahn durch Einschläge im Wald verkürzen. Auch machen die Reisenden über die schweizerische Pferdezucht wegwerfende Bemerkungen.

Trotz junkerlichem Hochmut und gelehrter Spitzfindigkeit steckt im Ganzen viel gesunder Menschenverstand. Die Haltung zur Welt ist frei und überlegen; sie missbilligen die Anwendung der Folter, verurteilen die obsoleten Rechtsbrüche, rügen die bernische Münzverschlechterung, verdammen die Kriegslust der Fürsten. Dass sie die Jesuiten in Luzern aufs Korn nehmen, versteht sich: Diese hetzten die Katholiken auf, ihre Schulen beeinflussten die Jugend ungünstig. Besonders reich ist der sittengeschichtliche Ertrag. Die Reisenden fragen jedermann aus, meistens die Wirte, deren gesellschaftliche Stellung hier deutlich wird. Staunen erfasst sie ob dem Friedenstreiben in der Schweiz. Für landschaftliche Schönheit haben sie keinen Sinn; sie lassen sich die Schrecknisse des Hochgebirges schildern, finden die Gegend um Bern rauh und wild, schauen nur auf die Fruchtbarkeit des Landes; bloss *die* Gegend ist in ihren Augen schön, die sich sanft zu den Füssen der Reisenden schmiegt, saftiges Gras, schmackhaftes Gemüse und nahrhaftes Korn spendet. Stets stossen sie auf Völlerei, auf endlose Schmausereien der Schweizer; mit tüchtigen Seitenhieben bedenken sie die grassierende Unsitte des Zechprellens und sich Traktierenlassens. Das Leben zog sich damals stärker im Wirtshaus zusammen als später; daher rührt wohl auch die durchgehend skeptische Stellung zur Frau, die Verachtung ihrer Bildung.

Lob und Tadel werden nach Orten verteilt. Zürich kommt gut weg.

Basel wird auf der Reise nicht berührt, nur aus der Ferne boshaft grell mit dem Scheinwerfer beleuchtet. Gar von Bern entwerfen sie ein breites, schonungsloses Sittengemälde, das die Stadt in Aufruhr brachte: Hier herrsche Hass gegen die Studien, hemmungslose Stellenjägerei, Trunksucht am Sonntag, Dünkel der Burger gegen den Adel. Auf der Bibliothek begegnen sie staubigen Büchern, im Gespräch mit den Democratici krassem Hochmut. Für alle Staatsgebrechen preisen die beiden Reisenden *ein* Mittel an: die Gewalt dem Adel zu übertragen, den Burger in die Werkstatt zu verweisen. – Es ist ein gewisser Mangel der Heutelia, dass das Volk zu sehr als Hintergrund behandelt wird, so dass man zu wenig erfährt, wie es denkt, fühlt und lebt. Im ganzen zeigen sich die beiden Reisenden mehr scharfsinnig als einsichtig. Ins eidgenössische Leben des 17. Jahrhunderts gewährt die Schrift Einblicke, die andere Quellen nicht bieten.

Als die Schrift herauskam, erregte sie in Bern einen Sturm. Der Verfasser hatte hinter Kulissen geschaut und ausgeplaudert. Ein Regierungsausschuss wurde eingesetzt, das Büchlein zu unterdrücken, umsonst. Es gehörte zu den boshaften Erzeugnissen, über die man sich mit Vergnügen ärgert. Darum fand es in Privatbibliotheken Unterschlupf; und es mochte Liebhabern Genuss bereiten, das Werklein mit einem Namensschlüssel zu versehen.

Wer war der Verfasser? Schon im 17. Jahrhundert hielt man Jakob von Graviseth dafür, der als bernischer Landvogt in Oron amtete und im gleichen Jahr 1658 starb, da die Heutelia erschien. Heute neigt man dazu, die Heutelia dem in Payerne geborenen Hans Franz Veiras zuzuschreiben, einem Diplomaten in pfälzischen Diensten, der nach der Niederlage des Winterkönigs am Weissen Berg als Exulant durch die Lande zog.

Heutelia. Das ist: Beschreibung einer Reiss, so zween Exulanten durch Heuteliam gethan / darinn verzeichnet / 1. Was sie denckwürdig gesehen und in obacht genommen, so wol in Geistlichen als in Weltlichen. 2. Was sie für Discursen gehalten. 3. Was ihnen hin und wider begegnet; 1658. – *Hans Franz Veiras: Heutelia,* hg. v. *Walter Weigum;* München 1969, mit eingehendem Kommentar, der die Verschlüsselungen auflöst.

HERMANN HAGEN: Jakob von Graviseth, der Donator der Bongarsischen Bibliothek; Bern. Taschenb. 1879, S. 156ff. Hagen suchte den Indizienbeweis zu führen, dass Graviseth der Verfasser sei. Dieser erscheint ausführlich im Buch als Herr von Langophinia, die Bongarsische Schenkung wird genau beschrieben; auch das Erscheinen des Buches unmittelbar nach Graviseths Tod spricht dafür. Dagegen spricht, dass er sich so genau einführt, dagegen auch der grobianische Ton, der sich mit seiner Bildung schlecht verträgt, die Unvertrautheit mit dem Volk. – ADOLF FLURI: General-Auditor Joh. Heinrich von Traunsdorff; Bl. Bern. Gesch. u. Altertkde. 9, Bern 1913, S. 59f. Fluri spricht die Vermutung aus, der Verfasser oder Mitarbeiter könnte der deutsche Flüchtling Johann Heinrich von Traunsdorff sein, der 1639–1644 in Bern lebte. Doch bleibt die Frage der Verfasserschaft offen. – Sie wurde neuerdings diskutiert von WALTER WEIGUM: Heutelia, eine Satire über die Schweiz des 17. Jahrhunderts; Wege zur Dichtung 47, Frauenfeld 1945. Weigum hält den pfälzischen Emigranten Hans Franz Veiras für den Verfasser. Dieser habe die Schrift nach längerem Aufenthalt in der Schweiz verfasst und ihr eine wirkliche Reise zugrunde gelegt. Graviseth habe die Heutelia nur überarbeitet und ihr das schweizerdeutsche Sprachgepräge gegeben. Bei der deutschen Bearbeitung seien die «Poemata» Traunsdorffs benutzt worden. Weigums These kommt am meisten Wahrscheinlichkeit zu. – RICHARD FELLER: Die Schweiz des 17. Jahrhunderts in den Berichten des Auslandes; Schw. Beitr. Allg. Gesch. 1, Aarau 1943, S. 62f.

Thomas Coryat ca. 1577–1617

Dieser Engländer wurde als Sohn eines Pfarrers geboren, studierte 1596 in Oxford, lebte nachher im Hause des Henry Prince of Wales. Anno 1608 begab er sich auf eine Festlandtour, die ihn nach Frankreich, Italien, der Schweiz, Deutschland und Holland führte. 1612 unternahm er eine zweite Reise, diesmal nach dem Osten; er gelangte bis nach Persien und Indien, wo er starb. Von der ersten Reise veröffentlichte er 1611 einen Bericht, betitelt *Crudities*.

Coryat reist zu Fuss, nicht wie die Engländer gewöhnlich zu Pferd, trägt tausend Kronen bei sich. In Chiavenna, vor dem Eintritt in die Schweiz, sagt ihm der Ortspfarrer, er werde in diesem Lande sicherer reisen als sonst irgendwo, ohne Begleitung und Waffen. Das Gleiche hört Coryat noch an anderen Orten. Er fragt sich, ob er das der Strenge der Gesetze oder der natürlichen Tugend des Volkes zuschreiben solle: «I never heard of such a rare honesty before in all my life, in any people whatever before or since Christ.» Bei der Wanderung über den Splügen staunt er, dass man ihm die Länge des Weges in Stunden, nicht in Meilen angibt. Über die Schönheit des jungen Rheins ist er entzückt; zum ersten Mal sieht er hier Wasserstaub. Die Fussböden der Häuser seien aus Holz, nicht aus Erde, wie in England. Das Volk nennt er «very poor». Erst in Splügen beginne die deutsche Sprache. In Chur beweist er, dass er ungewöhnliche Geschichtskenntnisse besitzt, gibt einen Abriss der Staatsverfassung und verweist dabei auf Josias Simler. Er stellt fest, dass die Schweiz so lang ist, aber nicht so breit, wie Caesar sagt. Zürich nennt er «the Metropolitan citie of Switzerland». Hier besucht er die Gelehrten, erwähnt den Ruhm des Linguisten Kaspar Waser und zollt den Zürcher Geistesleuchten hohes Lob. Obschon Zürich keine Hochschule besitze, habe es doch mehr Gelehrte als eine Universitätsstadt: «for the quantity (not the quality) of writing the Tigurines without doubt have the superiority of our English men.» Das Zeughaus sei reich ausgestattet mit Altertümern, Bogen der Helvetier, Bannern, erbeuteten römischen Adlern, Schilden, Schwertern. Er erzählt die Sage von Wilhelm Tell und die Geschichte von Karl dem Kühnen richtig. Zürich habe so wechselvolle Geschicke erlebt, «as if she had been Dame Fortunes tennis ball». Die Gegend um Zürich sei fruchtbar; sogar Korn könne ausgeführt werden. Im Städtchen Baden schockiert ihn die hier herrschende Freiheit, dass Frauen und Männer im gleichen Bad sitzen; er tadelt das. Von Basel zeigt er sich besonders beeindruckt. Die Universität sei zwar klein, aber durch glänzende Namen, besonders in der Theologie, ausgezeichnet. Coryat hört eine Vorlesung über Homers Ilias beim Griechischprofessor Zwinger, einem Sohne des berühmten Theodor Zwinger. Die Tapferkeit der Eidgenossen bei St. Jakob an der Birs vergleicht Coryat mit dem Heldenmut der Griechen bei den Thermopylen, wie er denn überhaupt Neigung zeigt, antike Erinnerungen und Beziehungen zu finden. Die Baslerinnen seien hübsch, aber nicht zu vergleichen mit den Engländerinnen, die er über alle Frauen auf dem Erdenrund stellt. Die Basler nennt er scharfe Zecher; sie verachteten den, der beim Trinken nicht mithalte, und sähen ihn für launisch an, sprächen nicht mit ihm. Jedoch sehe man keine Betrunkenen, sehr im Gegensatz zu England.

Coryat ist sozial unergiebig. Er hat mehr Augenmerk für Kuriositäten und Gebräuche, für Religion und Altertümer.

Crudities. Hastily gobled up in five Moneths travells in France, Savoy, Italy, Rhetia commonly called the Grisons country, Helvetia alias Switzerland, some parts of high Germany and the Netherlands ... London 1611; Neuausgabe in 2 Bänden, Glasgow 1905.

AUGUSTUS JESSOPP: Thomas Coryate; Dictionary of National Biography 12, London 1887, S. 259 ff. – RICHARD FELLER: Die Schweiz des 17. Jahrhunderts in den Berichten des Auslandes; Schw. Beitr. Allg. Gesch. 1, Aarau 1943, S. 58 f. – JEAN JACQUET: Le voyage de Thomas Coryat et les amitiés anglo-suisses au début du XVIIe siècle; Schw. Zeitschr. Gesch. 1951, S. 203 ff.

Fynes Moryson 1566–1617?

Er studierte die Rechte, war Fellow am Petershause in Cambridge, unternahm von 1591–1595 eine erste Reise, von 1595–1597 eine zweite. Anno 1617 veröffentlichte er *An Itinerary*, zuerst lateinisch geschrieben und hierauf selber ins Englische übersetzt.

Bei Schaffhausen erreicht er 1592 die Schweiz, schreibt von den vielen Kornfeldern bei Eglisau und Zürich; in dieser Stadt seien die Häuser im Riegelbau errichtet. Von Baden gibt er eine humorvolle Beschreibung; man suche hier auch Heilung von Liebeskrankheit. Er erzählt oft von alten Bäumen mit weiten Kronen, worunter sich der Tisch für die Mahlzeiten befinde. So habe Kaiser Maximilian II. in Basel unter der mächtigen Eiche auf dem Petersplatz getafelt. Eingehend berichtet er von Basels Antiquitäten.

In der Schilderung geschichtlicher Ereignisse macht er oft grobe Schnitzer, obschon er im allgemeinen von Simler ausgeht. Wie dieser erwägt er, ob die Schweiz ein Staat sei. Die Schweizer vermeiden nach ihm möglichst die Gefahren einer Demokratie. Ihre Verwaltung sei sehr gerecht und streng, garantiere die Sicherheit der Wege. Duelle würden durch Friedgebote verhindert, was ein Vorbild für England abgeben könnte.

Im Hinblick auf die schweizerische Aussenpolitik sei das französische Bündnis wichtiger als alle anderen zusammen. Moryson stellt interessante Erörterungen darüber an, warum Zürich und Bern nicht ins französische Bündnis traten. Da die Schweizer laut der Allianz nicht offensiv, nicht bei Belagerungen und nicht über Meer verwendet werden dürften, bringe ihre Hilfe keinen Nutzen. Der einzige Vorteil bestehe darin, dass sie nicht gegen die Verbündeten kämpften. Moryson beschreibt eingehend das

Kriegswesen der Schweizer. Der zweite Teil des vierten Buches von Morysons Itinerary ist einfach eine Zergliederung der Behörden, die er von Ort zu Ort verfolgt, ohne ein eigenes Urteil über die Zustände zu geben.

An Itinerary. Containing his ten yeers travell through the twelve Dominions of Germany, Bohmerland, Sweitzerland, Netherland, Denmarke, Poland, Italy, Turky, France, England, Scottland and Ireland; London 1617. Moderne Ausgabe, Glasgow 1907. – *Shakespeare's Europe.* Unpublished chapters of Fynes Moryson's Itinerary; London 1903.

LEE SIDNEY: Fynes Morison; Dictionary of National Biography 39, London 1894, S. 172ff. – RICHARD FELLER: Die Schweiz des 17. Jahrhunderts in den Berichten des Auslandes; Schw. Beitr. Allg. Gesch. 1, Aarau 1943, S. 58. – GAVIN RYNALDS DE BEER: Travellers in Switzerland; London, New York, Toronto 1949, S. 13f. – MARC SIEBER: Die Universität Basel im 16. Jahrhundert und ihre englischen Besucher; Basl. Zeitschr. Gesch. Altertkde. 55, 1956, S. 105f.

Isaac Wake ca. 1580–1632

Dieser englische Diplomat hatte in Oxford studiert, sprach französisch und italienisch und wurde dreimal, anno 1616, 1625 und 1626, mit schwierigen Missionen in der Eidgenossenschaft betraut. Es handelte sich zunächst darum, in Ausführung von Jakobs I. grosser aussenpolitischer Konzeption einer Union aller Protestanten Europas zwischen dem Herzog von Savoyen und Bern einen dauerhaften Frieden zu vermitteln. Sodann sollten sich die eidgenössischen Kantone in die antihabsburgische Front einreihen und damit das europäische Gleichgewicht stützen helfen. Von seinen Aufenthalten und Verhandlungen her kannte Wake die Schweiz gut. Schon 1625 verfasste er über die dreizehnörtige Eidgenossenschaft einen Bericht, der erst 1655, wohl mit einigen Ergänzungen versehen, im Druck erschien: *On the Thirteen Cantons of the Helvetical League.*

Diese Schrift beruht in erster Linie auf eigener Anschauung. Ob Wake, der aus der Erinnerung schrieb, auch Aufzeichnungen benützte, kann nicht eruiert werden. Jedoch ist sicher, dass er Werke von Schweizer Autoren über ihre Heimat zu Rate zog, so Heinrich Glareans «Descriptio Helvetiae» und Aegidius Tschudis «Uralt wahrhafftig Alpisch Rhetia». Er beschreibt das lose Bündel der souveränen Orte und verzeichnet genau die Zugewandten, Verbündeten und Untertanen. Mit besonderem Nachdruck setzt er seinen englischen Lesern die eidgenössische Vormauernpolitik auseinander: Graubünden bilde das Bollwerk gegen Österreich, St. Gallen gegen Schwaben, Mülhausen gegen das Elsass und Genf gegen Savoyen. Diese Vormauern seien leider jetzt vernachlässigt worden, was «may in time indanger their ruine». Wake sieht die äussere Gefahr für den Bestand der Eidgenossenschaft in der drohenden Übermacht Habsburgs, während er die innere Gefahr in der konfessionellen Spaltung erblickt. Wenn England den reformierten Schweizern helfe, festige es damit seine eigene Stellung auf dem Kontinent. Der Schweizerboden sei ein ausgezeichneter Wachtposten, von wo aus man sich über die Verhältnisse in Europa informieren könne. Auch über die damals viel diskutierte Herkunft des Namens Schweiz verbreitet sich Wake, lehnt die Helvatter-Legende mit Ironie ab, ebenfalls die Herleitung von Schweden und weist auf das Nächstliegende hin, die Übertragung des Ortsnamens Schwyz auf die ganze Eidgenossenschaft.

Der Bericht scheint ganz aus dem Gesichtspunkt geschrieben, der englischen Obrigkeit darzulegen, was für einen Nutzen sie aus engeren Beziehungen zur Eidgenossenschaft ziehen könne. So heisst denn auch die Schlussbetrachtung geradezu: «Of the use of correspondence in those parts, as far as it doth concern the Crown of England». Daraus erhellt die europäische Bedeutung der Schweiz im Kreise der Stati liberi. Wakes Schrift leistet von England aus das, was Padavinos Bericht «Del stato e del governo dei Signori Svizzeri» von Venedig aus getan hatte, wobei allerdings die alte diplomatische Tradition, auf welcher der Venezianer fussen konnte, ihm gegenüber dem Engländer einen bedeutenden Vorsprung sichert.

Isaac Wake: A Three Fold Help to Political Observations, contained in three Discourses: the first concerning *the thirteen Cantons of the Helvetical League,* or the Switzers; London 1655.

J. A. HERBERT: Isaac Wake; Dictionary of National Biography 58, London 1899, S. 401 f. – WOLFGANG SCHNEEWIND: Die diplomatischen Beziehungen Englands mit der alten Eidgenossenschaft zur Zeit Elisabeths, Jakobs I. und Karls I. 1558–1649; Basl. Beitr. Geschichtswiss. 36; Basel 1950, S. 104ff.

John Evelyn 1620–1706

Evelyn gehörte einer reichen englischen Familie der Gentry an und machte von den Vorteilen seiner Geburt einen ausgezeichneten Gebrauch. Seine Neigung gehörte nicht der Politik, sondern der Wissenschaft. Obgleich er die stürmische Zeit Englands erlebte, den Kampf der Puritaner gegen Karl I., Cromwells Protektorat, die Restauration der Stuarts, die Wirren unter Karl II. und Jakob II., die glorreiche Revolution von 1688, die unsicheren Jahre unter dem Oranier Wilhelm III., trat er nirgends in die Kämpfe ein. Nach seiner Gesinnung war er Royalist, Anhänger der gesetzlichen Ordnung, des friedlichen Gedeihens, ein Feind der Gewalttat und des Blutvergiessens. Mit seiner Vorsicht, seinem Geschmack, seinem Wissen, seinem menschenfreundlichen Sinn standen ihm alle Türen offen. Er verkehrte bei Hof, in den ersten Adelsfamilien; er hatte Freunde und Bekannte in allen Lagern, war bestrebt, im stillen das Unglück, das Unrecht zu lindern, das die gewalttätige Zeit über ihre Opfer verhängte. Der Gleichmut, unter dem er seinen Kummer über die Ereignisse verbarg, war Trost für viele. Bei seinem Geschäftssinn, seiner Uneigennützigkeit wurde er in amtliche Stellungen, besonders in Verwaltungskommissionen berufen, sass dagegen nie im Parlament. Mit inneren Vorbehalten nahm er die Dinge, wie sie kamen, und küsste nacheinander König Karl I., Karl II., Jakob II., Wilhelm III. die Hand. Cromwell war er abgeneigt; die Hinrichtung Karls I. entsetzte ihn. Seine Zuflucht suchte er in den Studien und im Kunstgenuss. Die Wunder der Welt wie der Menschenhand fesselten ihn. Er wurde die Seele der Royal Society, der ersten wissenschaftlichen Gesellschaft Englands, beschäftigte sich mit Naturwissenschaft, Architektur, Musik, Malerei, in denen er als Kenner geschätzt wurde. Auch hatte er Sinn für Altertümer und Seltsamkeiten ferner Gegenden. Durch eine bedachte Einteilung des Tages genügte er den Ansprüchen der Gesellschaft, der Geschäfte sowie der Wissenschaft und fand noch Musse, nach englischer Art das Landleben auf seinem Erbsitz zu geniessen.

Er veröffentlichte gelehrte und sittengeschichtliche Werke. Das wichtigste Erzeugnis seiner Feder hielt er verschlossen, sein *Diary*, sein Tagebuch. Bei seinem sicheren Auge, seiner Unbefangenheit, seinem ausgezeichneten Beobachtungsposten ist es eine Quelle ersten Ranges für die englische Geschichte. Aber man kann auch für die Schweizergeschichte aus dem Tagebuch schöpfen. Früh schon unternahm er die übliche Festlandtour des vornehmen jungen Engländers. Nicht das Vergnügen, sondern die Wissbegierde, der Sinn für Beobachtung lenkte seine Schritte. Die Eindrücke trug er in das Tagebuch ein. So kam er im April 1646 von Italien her über Domodossola, den Simplon, das Wallis hinunter und auf dem See nach Genf, wo eine Krankheit ihn längere Zeit festhielt. Es ist schade, dass er nicht mehr von der Schweiz sah; denn mit offenem Sinn vereinigte er ein warmes Empfinden und eine ansprechende Wiedergabe im Tagebuch. Er hat reiche Mittel der Beobachtung und des Ausdrucks für Beifall und Verwerfung.

Wenn ihm die Alpen Schrecken einflössen, so teilt er dieses Empfinden mit allen Zeitgenossen; der Natursinn war noch nicht erwacht. Im 19. Jahrhundert sollten gerade die Engländer Bahnbrecher des Alpinismus werden. Die Natur wird anders gelobt als später; sie habe die Lombardei, wo auf einige hundert Meilen kein Stein zu finden sei, geräumt und den Erdschutt zu den Alpen gehäuft. Evelyn bricht in laute Seufzer aus über die halsbrecherischen Wege und Stege, über die Schneemassen am Simplon; tiefe Schluchten habe man unter Lebensgefahr auf ein paar unbehauenen Baumstämmen überschreiten müssen. Im Simplonhospiz waren die Betten so hoch, dass man sie mit Leitern bestieg. Hier wurde er wegen einer Ziege das Opfer einer Erpressung (nach der uralten Gewohnheit der Primitiven, Fremde wie Gestrandete auszubeuten). Vom Simplon an bis Genf beobachtet er sehr grosse Kröpfe, namentlich an Frauen, die ein Linnen über den Kopf bis unter den Kropf bänden, um ihn zu tragen. Man sage, dieser rühre vom Trinken des Schneewassers her; bei den Männern trete er weniger häufig auf, weil sie mehr Wein tränken. Evelyn aber meint, das Übel liege an der Rasse, am Blut. In Brig sieht er fast über allen Türen Köpfe von Bären, Wölfen und Füchsen angebracht. Er staunt über die grossen Temperaturunterschiede: Auf dem Simplon herrscht Frost, im Tal Hitze. Das Wallis ist ein angenehmes Land und fruchtbar. In Sitten wird er sehr gut aufgenommen. Der Gastwirt ist einer der Ersten des Landes, wie üblich in den meisten Landkantonen; er weist seinem englischen Besucher stolz die Merkwürdigkeiten der Heimat, so gewaltige Steinbockhörner. In der Qualität der Kleidung bestehe nur ein kleiner Unterschied zwischen Vornehm und Gering, wie es das Gesetz vorschreibe. Alle Leute trügen warme Kleider nach seltsamem Zuschnitt, «very clownish». Das Land sei viele Meilen lang eine schöne Galerie zwischen schrecklichen Bergen: «I look upon this country to be the safest spot of all Europe, neither envyed, nor envying; nor are any of them rich, nor poor; they live in greate simplicity and tranquillity» (in Mitteleuropa tobte der Dreissigjährige Krieg). Er rühmt die Treue und Redlichkeit der Bewohner, obschon sie tüchtige Preise machten. Bettler sah er keine. Jeder trägt das Schwert. Das Land ist unbezwinglich wegen des Gebirges. Die Grossmächte lassen die Schweiz in Ruhe aus Eifersucht; denn wenn ein fremder Staat die Schweiz beherrschte, so würde er mit den Schweizer Söldnern alle anderen Mächte überwinden; so sieht Evelyn die internationale Stellung der Eidgenossenschaft.

In Genf schaut er sich weidlich um, weil er hier wochenlang wegen Krankheit und Erholung bleiben muss. Er besucht die einheimischen Gelehrten, trifft junge, vornehme Landsleute, die hierher zu ihrer Erziehung und Weiterbildung geschickt wurden, notiert Inschriften. Genf erzeuge Bücher, allerdings schlecht gedruckte, ausgezeichnete Gewehre, vorzügliche Uhren. Die Häuser seien meist aus Holz gebaut und mit Vordächern versehen. In dieser Stadt herrsche eine liebenswürdige und mässige Geselligkeit. Dem ernsten Hochkirchenmann Evelyn erscheint die calvinische Kirchenordnung nicht als so streng wie die englische der Presbyterianer. Immerhin werde Ehebruch mit dem Tode bestraft. Nach dem Sonntagsgottesdienst hielten die Bürger eifrige militärische Übungen auf dem Marsfeld ab, Wettschiessen mit Bogen, Armbrust und Gewehr. Das genferische Landgebiet sei nicht einmal so gross wie das Landgut manches englischen «ordinary gentleman».

The Diary and Correspondence of John Evelyn, Es., F.R.S. from 1641 to 1705–06 with memoirs; ed. *William Bray;* 4 Bde., London 1852–57; 1879.

LESLIE STEPHEN: John Evelyn; Dictionary of National Biography 18, London 1889, S. 79 ff. – RICHARD FELLER: Die Schweiz des 17. Jahrhunderts in den Berichten des Auslandes; Schw. Beitr. Allg. Gesch. 1, Aarau 1943, S. 59.

Gilbert Burnet 1643–1715

Er war Schotte, Geistlicher episkopaler Richtung, 1669 Theologieprofessor in Glasgow, 1674 Pfarrer in London. In die Kämpfe der Zeit verwickelt, vermittelte er zwischen der episkopalen und der presbyterianischen Richtung. 1679–81 veröffentlichte er seine *History of the Reformation of the Church of England.* Weil er den katholischen Tendenzen Jakobs II. widerstrebte, verlor er seine Stelle. Da unternahm er eine Festlandreise, hielt sich 1687 im Haag bei Wilhelm von Oranien als dessen Ratgeber auf.

Nach der Glorreichen Revolution wurde er 1689 Bischof von Salisbury. Bis zu seinem Tod führte er die *History of my own Time* fort. Er starb als hochangesehener, führender Geist.

Für die Kenntnis der Schweiz fallen in Betracht *Some letters containing an account of what seemed most remarkable in Switzerland...*, 1686 in Amsterdam erschienen. Es ist ein Reisebericht in Briefen, die sich an den Präsidenten der Royal Society richten. Die Reise ging durch Frankreich über Genf in die Schweiz. Burnets Bericht unterscheidet sich von demjenigen Evelyns. Dieser nimmt gerade auf, was am Wege liegt, und trägt es impressionistisch ins Tagebuch ein. Burnet jedoch ist ein systematischer Kopf. Er gibt Übersichten, die zusammenfassen und das Wichtige herausheben. Bisweilen übergeht er Bedeutendes, so die Verfassungen von Genf und Bern, weil man das kenne – der Adressat, Robert Boyle, war sehr gelehrt. Wie Evelyn verfügt er über ein gutes Auge für Merkwürdigkeiten, Altertümer und Handschriften. Aber er ist in erster Linie Historiker und Politiker. Vor allem will er Staatseinrichtungen, Land und Leute kennen lernen. Er hat einen offenen Blick, Einbildungskraft und Empfinden, bleibt indessen in seinem Urteil durchaus Engländer. Da Frankreich damals Englands grösster Feind war, deckt er es mit schwerem Tadel zu. Weil Frankreich eine Gefahr für England darstellte, bedeutet es in seinen Augen eine Gefahr für jedermann. Auch gegen die alte Kirche ist er eingenommen.

In Genf trifft er gute Gesetze, Gerechtigkeit, Vorsorge für die Armen, sehr im Gegensatz zu Frankreich. «Good works» seien «a presumption, if not an indication of a good faith». Hier herrsche eine Mischung von «french openess and italien exactness», wobei letztere überwiege. Kenner beklagten einen Mangel an «sincerity» bei den Genfern. Trotz der Nachbarschaft der Schweiz finde man hier nur wenig Trunksucht. Er rühmt das Gesetz über den Güterhandel; in keinem Land sei der Besitz so sicher wie in der Schweiz. Auch die Ämterwahl durch das Los mit Kugeln lobt er. In Lausanne beginnt sich sein Natursinn zu regen. Zwar lässt ihn der Montblanc unberührt, man heisse ihn «le maudit», wie denn überhaupt der Schöpfer diese ungeheuerlichen Berge nicht gemacht haben könne; sie seien das Werk der Sintflut. Dagegen wird Burnet vom Reiz der Seeufer ergriffen, nennt die Gestade «the wonderfullest plots».

In Bern ist Burnet von dem guten Verhältnis zwischen Stadt und Land beeindruckt. Man erhöre die Klagen der Untertanen gegen die Vögte. Die Befestigungen der Stadt bleiben unvollendet, aus Vertrauen auf die Liebe und Treue der Untertanen. Hier seien die Bauern «generally rich and well armed», besässen ansehnliche Vermögen, weil sie keine grossen Abgaben entrichten müssten. Auch fällt ihm die gute Bestellung des Ackers auf. Die Männer seien «sincere but heavy». Die Frauen der ersten Magistraten besorgten den Haushalt gleich den niedrigsten Bäuerinnen, wie denn überhaupt in der Schweiz die Frauen sich auf die Führung des Haushaltes beschränkten; sie verkehrten gesellschaftlich nicht mit den Männern, seien so beschäftigt, dass sie keine Zeit für Liebesabenteuer hätten; der dritte Rückfall im Ehebruch werde mit Tod bestraft. In der ganzen Schweiz würden die Frauen nicht mit dem Hute gegrüsst; man gebe ihnen die Hand. Die Berner seien «disposed for war»; Burnet rühmt ihre Freiheitsliebe und Vaterlandstreue; aber sie hätten zu wenig Offiziere und Schatzgeld. Der Untertan sei reich, der Staat jedoch arm. Den Schultheissen Sigmund von Erlach nennt er «the wisest and worthiest man of the state». Sein Einfluss sei erstaunlich gross, da er doch nicht mit den andern Bürgern zeche und feste; er gleiche mehr dem Minister eines Monarchen als dem Haupt einer Republik. Die Gebäude von Bern seien nicht «magnificent», aber «convenient». Er erzählt die Jetzer-Geschichte, die er in den Akten studiert hat, mit der üblichen Auffassung von der Schuld der Mönche.

Zürich gelte als erster Platz der Schweiz. Es sei reicher als Bern, wegen seines Handels, weise einen besseren Staatshaushalt auf, ein gefüllteres Zeughaus. Hier allein bleibe das französische Geld ohnmächtig. Die Stadt entfalte keine Staatspracht, ihre öffentlichen Bauten seien gewöhnlich, dafür unterhalte sie Wohltätigkeitsanstalten. In der ganzen reformierten Schweiz seien die Hugenotten mit einer Gastlichkeit aufgenommen worden, die mehr in eine primitive Zeit als in die Gegenwart passe. Täglich würden Predigten gehalten, die aber zu lang währten; sie sollten nicht über eine Viertelstunde dauern. Burnet forscht Bullinger nach, liest seine Briefe aus England. Über die Entstehung der Consensusformel macht er genaue Angaben; er verdammt diese Angelegenheit, die mit Religion nichts zu tun habe.

Im zweiten Brief erzählt Burnet seinen Aufenthalt in Graubünden. Er versteht nicht, wie die Bündner auf so kargem Boden leben. Ihre Staatsform bezeichnet er als «commonwealth». Schon mit sechzehn Jahren erhalte der Bündner das Stimmrecht. Die Freiheit sei hier grösser als in der Schweiz, verführe aber zu Aufruhr. Jede Gemeinde stelle einen selbständigen Staat dar. Es bestehe kein Unterschied zwischen «gentleman» und «peasant». Der Gutsherr übe keinen Stimmdruck auf seinen Pächter aus. Im allgemeinen sei der Bündner gegenüber den Spaniern ebenso misstrauisch, wie der Schweizer gegenüber den Franzosen. Georg Jenatsch nennt Burnet «a bloody and perfidious man, disgrace to his religion and profession.» Noch heute dankten die Bündner dem guten Herzog Rohan. Die Pfarrer seien elend bezahlt und jederzeit absetzbar. Über das Veltlin erzählt Burnet Sonderbares, das er sich wohl hat aufschwatzen lassen.

Auf der Rückreise brachte Burnet den Winter in Genf zu; er hatte nicht geglaubt, ihn ausserhalb von England so angenehm verbringen zu können. Ausführlich berichtet er über Basel. Diese Stadt nehme keine neuen Bürger an, weil sie ohnehin im Krieg mit fremdem Volk überfüllt sei. Burnet erklärt, warum in Basel die Uhr um eine Stunde vorangeht, preist Holbeins Malereien, die noch frisch wirkten, hält die Bibliothek mit ihren Manuskripten für die beste der Schweiz. An der Universität herrsche «a spirit of more free und generous learning» als sonst in der Schweiz. In einigen Zünften seien die Nichtgewerbler bereits stärker vertreten als die Gewerbler.

Burnet findet Italien und Frankreich von der Natur reicher ausgestattet, aber entvölkert und verelendet. In der Schweiz dagegen, sogar im armen Graubünden, wohne eine starke Bevölkerung mit allen Zeichen des Wohlstandes und der Fülle zu Stadt und Land, in Häusern, Strassen, Kleidern. Die Ursache davon sieht er im «gentle governement». Die Schweizer seien so glücklich, als es ein Volk sein könne, wie es auch das Elsass und die Freigrafschaft gewesen, bevor sie französisch geworden seien. Jetzt würden Basel und die Waadt von Frankreichs vorschreitender Macht bedroht.

Some letters containing an account of what seemed most remarkable in Switzerland, Italy, some parts of Germany ... Amsterdam/Rotterdam 1686. – *Voyage de Suisse, d'Italie et de quelques endroits d'Allemagne et de France, fait ès années 1685 et 1686;* 3.Ausgabe, augmentée de la Vie de l'Auteur, Rotterdam 1718. – Deutsche Ausgabe, Leipzig 1687. – *The history of the reformation of the Church of England;* 3 Bde., 4.Ausgabe, London 1715. – *Historische Nachricht von dem Leben und den Schriften des hochberühmten und hochverdienten Herrn Tit. Gilbert Burnets, Bischoffen zu Salisbury in England;* aus dem Französischen ins Deutsche übersetzt, 1716. – *History of my own time.* From the Restoration of King Charles II. to the conclusion of the Treaty of Peace at Utrecht, in the Reign of Queen Anne; 2 Bde., London 1724–1734; 4 Bde., London 1753. – *Histoire de mon temps.* Coll. mém. rel. révolution d'Angleterre; 4 Bde., Paris/Rouen 1824.

GUSTAV PEYER: Geschichte des Reisens in der Schweiz; Basel 1885, S.150ff. – OSMUND AIRY: Gilbert Burnet; Dictionary of National Biography 7, London 1886, S.394ff. – HEDWIG WÄBER: Die Schweiz des 18.Jahrhunderts im Urteil ausländischer Reisender; Bern 1907, S.29. – RICHARD FELLER: Die Schweiz des 17.Jahrhunderts in den Berichten des Auslandes; Schw. Beitr. Allg. Gesch. 1, Aarau 1943, S.63f. – GAVIN R. DE BEER: Travellers in Switzerland; London/Oxford 1949, S.24. – EDGAR BONJOUR: Die Universität Basel von den Anfängen bis zur Gegenwart; 2. Aufl., Basel 1971, S.321.

Marc Lescarbot 1578–1634

Lescarbot war «avocat en Parlement». Anno 1618 veröffentlichte er *Le tableau de la Suisse et autres alliez de la France ès hautes Allemagnes.* Im Vorwort an den König steht, er wolle ihm das poetische Bild der Landschaft und der Städte einer kriegerischen Nation entwerfen «que vous prisés, aymés et cherissés et qui le mérite aussi; autrement elle ne seroit point vostre Alliée». Lescarbot möchte ihm die höchsten Berge der Welt zeigen und die Allianzen mit der genannten Nation erläutern. Vor allem sei es ihm darum zu tun, die Augen des Königs mit den «bigarrures de la Suisse» zu ergötzen. Aus der Anrede an die «Tres Magnifiques et Tres-Honorez Seigneurs» der Kantone erfährt man, dass Lescarbot, als er beim französischen Gesandten in Solothurn weilte, die Schweiz bereisen durfte und dabei Aufzeichnungen machte. Er rühmt die Schweiz: Sie ist ausgezeichnet durch Krieger, gewann damit die Freiheit, die sie sich in der französischen Allianz gesichert hat, so dass es kein Fürst mehr wagt, den Fuss dorthin zu setzen, um sie zu molestieren. Der Abt von St.Gallen wird getadelt, weil er von Frankreich zu Spanien abfiel: «Il est retourné a son vomissement.»

Alles in der Schweiz soll eben von der Überlegenheit Frankreichs abhängen.

Ein neuer Stil taucht hier auf: Lescarbot kopiert nicht seine Vorgänger, wie das bisher die meisten Autoren getan haben. So las er zum Beispiel Glarean erst nach der Niederschrift seines «Tableaus». Er meint, der Glarner Humanist habe nur die Grenzen und festen Plätze der Schweiz geschildert, nicht das Herz des Landes. Auch schaut bei Lescarbot überall der Ehrgeiz des antikisierenden Literaten durch.

Das Naturgefühl ist ebenfalls nach den Alten stilisiert. Wie seine Zeitgenossen, gibt er der Ebene vor dem Gebirge den Vorzug. Er betont, dass die Berge Namen haben. Was er aber Näheres über sie aussagt, lässt den Zweifel aufkommen, ob er je droben gewesen ist. So behauptet er, auf den Bergen reiften im Sommer unter dem Schnee viele Erdbeeren. Er spricht mit Zittern von den «monts glacés effroyables», denkt mit Schaudern an die Furkaschrecknisse zurück, findet die Stadt Luzern an sich schön, aber hässlich wegen der Nähe des Pilatus. Freiburg wäre geradezu ein «abrégé de Paris», wenn es in schöner, das heisst weniger gebirgiger Umgebung läge. Nur die Bündner können in so rauhen Gegenden wohnen; warum ziehen sie nicht in fruchtbare Ebenen hinunter?

Das Schweizervolk kann laut Lescarbot von seiner Arbeit nach Belieben leben. Es wird nicht von «tailles, imposts, aydes, subsides et gabelles», diesen Mördern der armen Leute, bedrückt – eine Feststellung, die natürlich im Hinblick auf die Zustände in Frankreich Bedeutung bekommt. Nur am Rande verzeichnet Lescarbot die «heureuse liberté» der Schweizer. Zur Zeit der Burgunderkriege herrschte hier grosse Einfachheit; man kannte weder Schmuck noch kostbare Möbel. Damals lebten die Eidgenossen lieber von ihrer Arbeit und folgten nicht ehrgeizig dem Hofe der Fürsten. Heute ist die alte Einfachheit verloren, der Schweizer stolz und kriegerisch.

Lescarbots naturwissenschaftliches Interesse wird besonders durch das Wallis erregt. Er betont den grossen Unterschied zwischen dem rauhen oberen Teil des Tales und dem milderen Unterwallis, wo Granaten, Feigen, Mandeln, Safran gedeihen. Auch erwähnt er die Heiligen Wasser, beschreibt ausgiebig Tiere, Pflanzen, Bäder, Mineralien. – Basel preist er als «honneur du Rhin», als «splendeur des cantons». Seine Papierindustrie sowie seine Druck- und Verlagsanstalten belieferten die ganze Welt; seine Gelehrten genössen hohes Ansehen; man könne an ihrer Akademie Medizin, Jurisprudenz, Theologie, Griechisch und Hebräisch studieren. – Auch Genfs Gelehrsamkeit blühe; Sitten und Gesetze dieser Stadt hätten nicht ihresgleichen. Lescarbot urteilt merkwürdig milde und mit Verständnis über den Calvinismus. Vielleicht war er selber Calvinist oder einfach Franzose, der die Religion als Nebensache behandelt.

Während die Beschreibung der Schweiz in Versen gehalten ist, erläutert Lescarbot die Verträge mit Frankreich in Prosa. Er schildert das Verhältnis mit jedem König, manchmal etwas einseitig, gibt aber gut an, welche neuen Artikel zu jeder Allianz hinzukommen; schiefe Angaben erfolgen nur über das Alter der andern Bündnisse. Im ganzen ist Lescarbots Urteil über die Schweiz wohlwollend. Er gibt sich als Freund der Eidgenossen, will sie verstehen, überhebt sich nicht mit höherer Kultur. Aber die Schweizer sollen merken, dass ein Franzose sich Mühe gegeben hat, ihr Land zu ehren.

Le tableau de la Suisse et autres alliez de la France ès hautes Allemagnes. Auquel sont descrites les singularités des Alpes, et rapportées les diverses Alliances des Suisses, particulièrement celles qu'ils ont avec la France; Paris 1618.

RICHARD FELLER: Die Schweiz des 17. Jahrhunderts in den Berichten des Auslandes; Schw. Beitr. Allg. Gesch. 1, Aarau 1943, S. 61 f.

Elie Brackenhoffer geb. 1618

Er gehörte zum reformierten Strassburger Patriziat, einer kultivierten Familie von Bürgermeistern, trat 1643 eine Studienreise durch Europa an, wobei er zunächst die Schweiz besuchte. Hievon hinterliess er eine Beschreibung in deutscher Sprache: *Schweizerreisen*. Er notiert sittengeschichtliche Merkwürdigkeiten und gibt zum Schluss den Gesamteindruck von der Schweiz wieder, aus dem seine Überraschung wegen des friedlichen Zustandes dieses Landes hervorsticht. Als Elsässer hatte er anderes erlebt. In dieser Hinsicht herrscht Übereinstimmung zwischen ihm und dem Simplizissimus Grimmelshausens.

Von der ausführlichen Reisebeschreibung wurde der auf die Schweiz bezügliche Teil in französischer Übersetzung 1930 veröffentlicht: *Voyages en Suisse 1643 et 1646*, Traduit d'après le manuscrit du Musée historique de Strasbourg par *Henry Lehr*; Paris 1930.

RICHARD FELLER: Die Schweiz des 17. Jahrhunderts in den Berichten des Auslandes; Schw. Beitr. Allg. Gesch. 1, Aarau 1943, S. 59 f.

Basler Reiseberichte

Schon vom 14. Jahrhundert an haben wir Kunde von Baslern, die als Kaufleute, Pilger, Krieger, Studenten nach Italien reisten; aber erst vom 16. Jahrhundert an kennen wir Aufzeichnungen ihrer Erlebnisse. So entwarf der Rechtsprofessor *Peter von Andlau* (1460–1480 Universitätsdozent) in seiner Schrift *De Caesarea Monarchia* ein einzigartiges Bild der Stadt Rom, beschrieb der Geistliche *Stefan Irmy* in seinen autobiographischen Notizen seine längeren Aufenthalte in Italien, erwähnte der Grosskaufmann *Henmann Offenburg* (1379–1459) die Geschäfte seiner Italienfahrten. Als erster Basler Humanist hat der Franziskaner *Conrad Pellikan* (1478 bis 1556) in seiner *Hauschronik* über seine Italienreise lebensnahe Auskunft gegeben, mit kritischen Bemerkungen die kirchlichen Verhältnisse beleuchtend. Auch *Theodor Zwinger* (1533–1588) widmete in seiner *Methodus Apodemica* seiner Italienfahrt einen besonderen Abschnitt. Das Italienerlebnis spiegelt sich in den *Briefen* des *Basilius Amerbach* (1534–1591), im

Tagebuch des *Ludwig Iselin* (1559–1612). Für den Kaufmann ist typisch, was *Andreas Ryff* (1550–1603) in seinem *Reissbüchlein* mit der Feder und dem Zeichnungsstift festgehalten hat und in seinem *Liber legationum* ordnete und anspruchsvoller gestaltete. Während die früheren Italienfahrer mehr nur von ihrem Itinerarium, ihren politischen Missionen und Handelsgeschäften Kunde gaben, steht bei Ryff das fremde Land mit seinen Eigentümlichkeiten im Mittelpunkt.

Die Italienfahrten der Humanisten stellen den Übergang von der Berufsreise zur Bildungsreise dar, die nun im 17. Jahrhundert vorherrschend wird. Dem Niederschlag einer solchen Reise begegnet man bei *Johann Jakob Grasser* (1579–1627) in seiner *Schatzkammer, das ist Wahrhaffte und eigentliche Beschreibung aller Stätten in Italia, Sicilia, Sardinia, Corsica*... und in seinem im Druck herausgegebenen *Itinerarium*. Er nennt Italien «den schönsten und fruchtbarsten Lustgarten Europae», bietet aber weniger eine geographische Beschreibung des Landes als eine Erzählung seiner Geschichte. In dem nicht publizierten Tagebuch des *Remigius Faesch* (1595 bis 1667), des grossen Sammlers und Münzenkenners, tritt die Antike stark hervor, während bei Ryff das Italien der Gegenwart im Vordergrund steht. Rom als Mittelpunkt der Christenheit vermag die reformierten Basler nicht mehr so stark zu fesseln, wie es einst die Wallfahrer früherer Jahrhunderte angezogen hatte.

Im 18. Jahrhundert ist *Achilles Ryhiner* (1731–1788) bis nach Sizilien vorgestossen und hat hierüber *Reisetagebücher* verfasst, die im 20. Jahrhundert wieder zum Vorschein gekommen und publiziert worden sind. Dagegen blieben *Jakob Sarasins* (1724–1802) *Erinnerungen* an seine Romreise ungedruckt. *Johann III. Bernoulli* (1744–1801) gab mehrbändige Reisewerke in französischer Sprache heraus *Lettres sur différents sujets*. Diese kompilatorischen Bücher eroberten sich einen festen Platz in jener Zeit der Enzyklopädien. Zu den gehaltvollsten Reiseberichten der Basler im 19. Jahrhundert gehören die *Erinnerungen und Eindrücke aus Griechenland* von *Wilhelm Vischer-Bilfinger* (1808–1874).

Hans und *Peter Rot: Pilgerreisen 1440 und 1453;* hg. v. *A. Bernoulli,* Beitr. vaterl. Gesch. 11, Basel 1882. – *Petrus de Andlau: Libellus de Caesarea Monarchia;* hg. v. *Jakob Hüglin;* Weimar 1891/92. – *Conradi Pellikan: Chronicon Conradi Pellicani Ruffachiensis ad filium et nepotes,* 1544; hg. v. *B. Riggenbach;* Basel 1877. – *Theodor Zwinger: Methodus Apodemica;* Basileae 1577. – *Andreas Ryff: Reissbüchlein;* hg. v. *Friedrich Meyer,* Basl. Zeitschr. Gesch. u. Altertkde. 72, Basel 1972, S. 1–135. – *Johann Jakob Grasser: Newe und vollkomne Italiänische, Frantzösische und Englische Schatzkammer;* Basel 1609. – *Itinerarium historicopoliticum;* Basileae 1624. – *Achilles Ryhiner: Italienische Reise;* Basl. Jahrb. 1900. – *Johann III. Bernoulli: Lettres sur différents sujets, la Suisse, la France méridionale et l'Italie en 1774 et 1775;* Bde. 1–3; Berlin 1777–1779. *Zusätze zu den neuesten Reisebeschreibungen von Italien...,* Bde. 1–3; Leipzig 1777/78, 1782. – *Wilhelm Vischer: Erinnerungen und Eindrücke aus Griechenland;* Basel 1957.

VERENA VETTER: Baslerische Italienreisen vom ausgehenden Mittelalter bis in das 17. Jahrhundert; Basl. Beitr. Geschichtswiss. 44, Basel 1952. – BÉATRICE MARR-SCHELKER: Baslerische Italienreisen vom Beginn des 18. Jahrhunderts bis in die zweite Hälfte des neunzehnten Jahrhunderts; Basl. Beitr. Geschichtswiss. 119, Basel 1970.

Flugschriften
Die in der Schweiz häufig gelesenen Broschüren waren meist ausländischen Ursprungs. Sie orientierten den Bürger, dem noch keine Tagesblätter zur Verfügung standen, über die Verhältnisse in den umliegenden Staaten und enthielten oft auch historische Exkurse. Mit solchen Libellen informierte man sich in der Schweiz über die grossen Zeitfragen: Universalmonarchie oder europäisches Gleichgewicht, Absolutismus oder Volkssouveränität, Widerstandsrecht, Neutralität, Verhältnis der christlichen Bekenntnisse zueinander. Diese vielfältige Publizistik, die in den schweizerischen Bibliotheken reich vertreten ist, bietet Einblick in das politische Denken der Zeit; ihr historiographischer Wert ist gering.

RUDOLF MEYER: Die Flugschriften der Epoche Ludwigs XIV. Basl. Beitr. Geschichtswiss. 50, Basel 1955.

ÆGIDII TSCHUDII
gewesenen Land-Ammanns zu Glarus

CHRONICON HELVETICUM.

Oder

Gründliche Beschreibung

Der

So wohl in dem Heil. Römischen Reich als besonders in Einer Lobl. Eydgnoßschafft und angräntzenden Orten vorgeloffenen

Merckwürdigsten Begegnussen.

Alles

Aus Authentischen Brieffen und Urkunden / auch grösten Theils mit beygefügten Copeyen aller zu dieser Historie dienlichen Documenten und Diplomatum, mit sonderbahrem Fleiß aus denen vornehmsten Archiven

Loblicher Eydgnoßschafft

zusammen getragen.

Nunmehro zum Ersten mahl aus dem Originali herausgegeben / und mit einer Vorrede und nöthigen Anmerckungen,

Wie auch

einem Register versehen

Von

Johann Rudolff Iselin, J. U. D.

Facult. Jurid. Basil. Assess. und der Königl. Preußischen Gesellschafft der Wissenschafften Mitgliede.

Erster Theil,

Von Anno M. biß A. MCCCCXV.

Gedruckt zu Basel /

In Verlegung Hanß Jacob Bißhoff, Buchhändlers allda.

ANNO M DCC XXXIV.

Titelblatt des «Chronicon Helveticum» von Aegidius Tschudi, 1734.

RICHARD FELLER · EDGAR BONJOUR

GESCHICHTSSCHREIBUNG DER SCHWEIZ

VOM SPÄTMITTELALTER ZUR NEUZEIT

BAND II

Zweite, durchgesehene und erweiterte Auflage

Mit 20 Tafeln

HELBING & LICHTENHAHN VERLAG
BASEL/STUTTGART

ISBN 3 7190 0722 7
© 1979 by Helbing & Lichtenhahn Verlag AG, Basel

INHALT

BAND I

Vorwort v
Vorwort zur zweiten Auflage IX
Verzeichnis der Abkürzungen XVIII

1. SPÄTMITTELALTER (14. und 15. Jahrhundert)

Einleitung 3

Bern 7
Chronica de Berno, Conrad Justinger, Conflictus Laupensis, Thüring Fricker, Benedikt Tschachtlan und Heinrich Dittlinger, Elogius Kiburger, Processus Bernensium, Memoiren, Hans von der Gruben, Diebold Schilling, Johannes Murer, Ludwig Schwinkhart

Basel 30
Oberrheinische Chronik, Matthias Nüwenburgensis, Chronikalien der Ratsbücher, Henmann Offenburg, Anonyme Chronik, Hans Sperrer (Brüglinger), Heinrich von Beinheim, Erhard von Appenweiler, Niklaus Gerung (Blauenstein), Johannes Knebel, Nikolaus Rüsch, Anonyme Chronik der Burgunderkriege, Heinrich Arnold von Ahlfeld, Hieronymus Brilinger, Anonyme Chronik des Schwabenkrieges, Anonyme Chronik der Mailänderkriege, Ludwig Kilchenmann, Chronikalien aus Zunftbüchern

Zürich 45
Chronik der Stadt Zürich, Klingenberger Chronik, Felix Hemmerli, Quellen über den Waldmann-Handel, Felix Schmid (Fabri), Johannes Meyer, Gerold Edlibach, Heinrich Brennwald, Konrad Türst

Luzern 60
Ältestes Ratsbüchlein, Ältestes Bürgerbuch, Hans Fründ, Melchior Russ, Petermann Etterlin, Diebold Schilling

Innerschweiz 72
Habsburgisches Urbar, Rudolf von Radegg, Herkommen der Schwyzer und Oberhasler, Heinrich von Gundelfingen, Weisses Buch von Sarnen, Bruder Klaus (Niklaus von Flüe), Albrecht von Bonstetten, Johann Eberhard

Ostschweiz 85
Heinrich von Klingenberg, Christian Kuchimeister, Johannes von Winterthur (Vitoduranus), Heinrich von Diessenhofen, Reimchronik des Appenzellerkrieges, Kleine Toggenburger Chronik

Westschweiz 92
Freiburg: Anonyme Freiburger Chronik (Anonymus Friburgensis), Hans Greierz, Wilhelm Greierz, Nicod du Chastel, Nicod Bugniet, Jacques Cudrefin, Hans Fries, Peter von Molsheim. Neuenburg: Kleine Neuenburger Chronik,

Entreprises du Duc de Bourgogne contre les Suisses, Recueil d'un chanoine anonyme, Chroniques des chanoines de Neuchâtel. Genf: Fasciculus temporis, Jean Bagnyon, Libertés, franchises, immunités, us et coutumes de Genève, Savoyische Chroniken

Randgebiete 102

Ottokars österreichische Reimchronik, Johann von Victring, Fritsche (Friedrich) Closener, Jakob Twinger von Königshofen, Fortsetzungen zu Königshofen, Reinbold Slecht, Kolmarer Chronik, Johannes Stetter, Ulrich Richental

Burgunder- und Schwabenkrieg 109

Conradus Pfettisheim, Burgundische Legende, Burgundische Historie, Nicolai de preliis et occasu ducis Burgundiae historia, Reimchronik über Peter von Hagenbach, Wiler Chronik des Schwabenkrieges, Heinrich von Bechwinden, Hans Lenz, Acta des Tirolerkrieges, Nikolaus Schradin, Ludwig Sterner, Ludwig Feer, Simon Lemnius, Heinrich Hug

Ausland 120

Poggio Bracciolini, Enea Silvio Piccolomini, Deutsche Humanisten, Willibald Pirkheimer, Diplomatische Akten, Depeschen mailändischer Gesandter

II. REFORMATION (16. Jahrhundert)

Einleitung 131

Zürich 134

Bernhard Wyss, Laurenz Bosshard, Peter Füssli, Felix Schwyzer, Hans Edlibach, Bernhard Sprüngli, Conrad Kürschner (Pellikan), Hans von Hinwil, Werner Steiner, Anonyme Schweizerchronik, Johannes Stumpf, Heinrich Bullinger, Josua Maler, Josias Simler

Bern 164

Heinrich Wölflin (Lupulus), Valerius Anshelm, Akten des Jetzer-Prozesses, Samuel Zehender, Johannes Haller, Abraham Müslin (Musculus), Gabriel Hermann

St. Gallen 181

Hermann Miles, Fridolin Sicher, Rudolf Sailer, Viborata Mörli (Fluri), Johannes Kessler, Joachim von Watt (Vadianus), Johannes Rütiner, Ambrosius und Thomas Blaurer (Blarer)

Basel 197

Georg Zimmermann (Carpentarius), Aufzeichnungen eines Kartäusers, Chronik des Fridolin Ryff, Fortsetzungen durch Peter Ryff und Diebold Ryff, Katholischer Anonymus, Konrad Schnitt, Heinrich Ryhiner, Niklaus Briefer, Cosmas Erzberg, Adelberg Meyer (Zum Pfeil), Johannes Gast, Bonifatius Amerbach, Ulrich Hugwald (Mutius), Heinrich Bantlin (Pantaleon), Thomas Platter, Felix Platter, Thomas Platter II, Christian Wurstisen, Andreas Ryff, Johannes Basilius Herold

Schaffhausen 227

Hans Stockar, Hans Oswald Huber, Johann Jakob Rüeger

Graubünden 231

Johann von Travers, Wolf von Capaul, Franciscus Niger, Ulrich Campell, Jakob Bundi, Hans Ardüser

Genf und Waadt 238
Jean Bâlard, François de Bonivard, Antoine Froment, Marie Dentières, Jeanne de Jussie, Guillaume Messiez (Messerii), Michel Roset, Jean du Villard, Simon Goulart, Reformationschronik von Orbe, Jérôme François

Glarus 258
Fridolin Bäldi, Heinrich Loriti (Glareanus), Valentin Tschudi, Aegidius Tschudi

Luzern 277
Oswald Myconius, Thomas Murner, Hans Salat, Rudolf Ambühl (Collinus), Peter Villiger, Renward Cysat

Solothurn und Freiburg 289
Anton Haffner, Hans Jakob vom Staal (Stall), Anton Palliard, Ludwig von Affry, Anonymus über den Arsent-Handel, Franz Rudella, Franz Guillimann

Übrige Schweiz 296
Werner Schodeler, Anton Tegerfeld, Friedrich Jakob von Andwyl (Anwyl), Heinrich Küssenberg, Aufzeichnungen im Dominikanerinnen-Kloster St. Katharinental bei Diessenhofen, Heinrich Schönbrunner, Sebastian Seeman, Kaspar Suter, Walter Klarer, Hauschronik der Ammänner Vogler zu Altstätten, Werner Schodeler der Jüngere, Christoph Silberysen

Ausland 306
Mailänder Chroniken, Balcus, Mario Sanuto, Niccolò Machiavelli, Francesco Guicciardini, Paolo Giovio (Paulus Jovius), Ascanio Marso, Benvenuto Cellini, Gilles le Bouvier (Berry), Olivier de la Marche, Philippe de Commines, Louis de la Trémouille, Pierre Bayard, Robert de Fleurange, Jean Barrillon, Gaspard de Saulx-Tavannes, Jean Bodin (Bodinus), Michel de Montaigne, Pero Tafur, Thomas More (Morus)

III. Konfessionalismus (17. Jahrhundert)

Einleitung 327

Graubünden und Veltlin 330
Bartholomäus Anhorn, Johann Guler von Wyneck, Fortunat von Juvalta, Fortunat Sprecher von Bernegg, Ulysses von Salis-Marschlins, Herzog Heinrich von Rohan, Gioachimo Alberti, Pietro Angelo Lavizari, Francesco Saverio Quadrio, Josias Waser, Bericht eines Augenzeugen über den Veltlinermord

Zürich 348
Johann Heinrich Schweizer, Johann Heinrich Hottinger, Johann Jakob Wagner, Beat Holzhalb, Johann Heinrich Rahn

Bern 356
Michael Stettler, Jodokus Jost, Michael Ringier, Gabriel von Weiss, Karl Manuel, Wilhelm Lutz

Solothurn und Basel 365
Hans Jakob vom Staal, Franz Haffner, Johann Georg Wagner, Johann Jakob Grasser, Matthäus Merian, Johann Rudolf Wettstein

Genf 375
Anonyme Chronik von Genf, Jacques Savion, David Piaget, Pierre Perrin, Abraham Du Pan, Esaïe Colladon, Berichte, Akten und Inschriften über die Genfer Escalade, Friedrich Spanheim, Samuel Guichenon, Jakob Spon

Waadt und Neuenburg 385
Jean Baptiste Plantin, Georges de Montmollin

Übrige Schweiz 388
Melchior Goldast, Johann Im Thurn, Franz Katzengrau, Winterthurer Chronisten, Rapperswiler Chroniken, Bartholomäus Bischoffberger

Kirchengeschichte 392
Christoph Hartmann, Heinrich Murer, P. Gabriel Buzlin (Bucelinus), Bartholomäus Anhorn der Jüngere, Johann Kaspar Lang, Heinrich Fuchs, Johann Jakob Hottinger

Ausland 399
Giovanni Battista Padavino, Daniel Eremita, Ranutio Scotti, Heutelia, Thomas Coryat, Fynes Moryson, Isaac Wake, John Evelyn, Gilbert Burnet, Marc Lescarbot, Elie Brackenhoffer, Basler Reiseberichte, Flugschriften

BAND II

IV. Aufklärung (18. Jahrhundert)

Einleitung 423

Diplomatik 426

Zürich 431
Zeitschriften, Sammlungen, Neujahrsblätter, Johann Heinrich Bluntschli, Johann Jakob Scheuchzer, Johann Jakob Leu, Johann Caspar Ulrich, Johann Jakob Bodmer und Johann Jakob Breitinger, David Herrliberger, Johann Konrad Fäsi, Johann Konrad Füssli, Johann Heinrich Schinz, Johann Heinrich Füssli, Hans Rudolf Maurer, Leonhard Meister

Bern 455
Isaak Steiger, Johannes Fankhauser, Franz Ludwig von Lerber, Johann Rudolf Gruner, Jakob Lauffer, Hans Rudolf Grimm, Beat Emanuel von May, Alexander Ludwig von Wattenwyl, Vincenz Bernhard von Tscharner, Gottlieb Emanuel von Haller, Isaak Gottlieb Walther, Franz Sigmund von Wagner, Karl Ludwig Stettler

Basel 475
Jakob Christoph Iselin, Johann Rudolf Iselin, Johann Rudolf von Waldkirch, Jakob Christoph Beck, Johann Heinrich Brucker, Johann Jakob Spreng, Johann Heinrich Gleser, Daniel Bruckner, Isaak Iselin, Peter Ochs

Glarus und Appenzell 490
Johann Heinrich Tschudi, Christoph Trümpi, Johann Jakob Tschudi, Gabriel Walser

Graubünden 496
Niklaus Sererhard, Peter Dominicus Rosius a Porta

Innerschweiz 501
Joseph Anton Felix Balthasar, Beat Fidel Anton von Zurlauben, Franz Vincenz Schmid, Joseph Thomas Fassbind, Josef Businger

Genf 512
Jean Antoine Gautier, Jacob Vernet, Léonard Baulacre, Paul-Henri Mallet, Jean-Pierre Bérenger, Isaac Cornuaud, Francis d'Ivernois

Übrige Westschweiz 528
Zeitschriften, Abraham Ruchat, Charles Guillaume de Loys de Bochat, François Joseph Nicolas d'Alt de Tieffental

Ausland 535
Vendramino Bianchi, Abraham Stanyan, Edward Gibbon, William Coxe, Christoph Meiners

Johannes von Müller 545
Lebenslauf, Geschichtsschreiber: Geschichtsauffassung, Methode, Stil und Gestaltung

V. NEUZEIT (19. Jahrhundert)

Einleitung 573

Erste Epoche der Darstellung 578

  Fortsetzer Johannes von Müllers 578
Robert Glutz-Blotzheim, Johann Jakob Hottinger, Louis Vulliemin, Charles Monnard, Joseph Planta, Jean-Charles-Léonard Simonde de Sismondi

  Kleinere Darstellungen 602
Ludwig Meyer von Knonau, Niklaus Friedrich von Mülinen, Johann Ludwig Wurstemberger, Bernhard Emanuel von Rodt, Johann Anton von Tillier, Johann Kaspar Zellweger, Johann Heinrich Gelzer, Gallus Jakob Baumgartner

  Politische Geschichtsschreibung 625
Karl Ludwig von Haller, Heinrich Zschokke, Josef Anton Henne, Peter Feddersen

  Zeitgenössische Literatur über den Sonderbund 632
Guillaume Henri Dufour

  Die Besiegten 636
Josef Burkhard Leu, Franz von Elgger, Philippe de Maillardoz, Joseph Balthasar Ulrich, Jacques Crétineau-Joly, Jonas Karl Bluntschli, Constantin Siegwart, Bernhard Meyer

  Die Sieger 663
Jakob Amiet, Louis Rilliet de Constant, Johann Jakob Leuthy, J. Martin Rudolf, Niklaus Friedrich von Tschudi, Eusèbe Henri Gaullier, Albert An der Matt

Epoche der kritischen Forschung 675

  Anfänge 675
Joseph Eutych Kopp, Frédéric de Gingins-La Sarraz, Andreas Heusler, Jean Joseph Hisely, Johann Kaspar Bluntschli, Johann Jakob Blumer, Jacob Burckhardt, Wilhelm Vischer

  Westschweiz 692
Jean Barthélemy Galiffe, Aimé Louis Herminjard, Amédée Roget, Albert Rilliet, Henri Bordier, Pierre Vaucher

  Bodenforschung 696
Ferdinand Keller, Frédéric Troyon, Karl Adolf von Morlot, Albert Jahn, Gustav von Bonstetten

  Kritische Schule 701
Georg von Wyss, Friedrich von Wyss, Hermann Wartmann, Philipp Anton von Segesser, Moritz von Stürler, Ernst Ludwig Rochholz, Theodor von Liebenau, Johannes Strickler, Traugott Schiess, Friedrich Salomon Vögelin, Alexandre Daguet, Otto Henne am Rhyn, John Martin Vincent

  Ergebnisse 730
Jean Gremaud, Ernst Götzinger, Gustav Tobler, Conradin von Moor, Victor Cérésole, Hans Rudolf Rahn, Emil Egli, Ernst Alfred Stückelberg, Egbert Friedrich von Mülinen

Neue Epoche der Darstellung 733
Carl Hilty, Karl Dändliker, Wilhelm Gisi, Johannes Dierauer, Hans Schneider, Wilhelm Oechsli

VI. NEUESTE ZEIT (20. Jahrhundert)

Einleitung 753

Bern 756
Gustav Tobler, Heinrich Türler, Richard Feller, Hans von Greyerz, Robert Grimm

Zürich 763
Gerold Meyer von Knonau, Paul Schweizer, Ernst Gagliardi, Karl Meyer, Leonhard von Muralt, Hans Nabholz, Anton Largiadèr, Gottfried Guggenbühl, Alfred Stern, Eduard Fueter, Jakob Schollenberger

Basel 779
Rudolf Wackernagel, Hermann Bächtold, Emil Dürr, Felix Staehelin, Paul Burckhardt, Hans Georg Wackernagel, Carl J. Burckhardt, Eduard His, Paul Wernle

St. Gallen 789
Theodor Curti, Wilhelm Ehrenzeller, Werner Näf

Innerschweiz, Aargau 793
Robert Durrer, Walther Merz, Hektor Ammann

Freiburg 796
Gaston Castella, Albert Büchi, Oskar Vasella, Gonzague de Reynold

Westschweiz 799
Edouard Rott, Arthur Piaget, Eddy Bauer, Charles Gilliard, Edmond Rossier, Paul-Edmond Martin, William E. Rappard, William Martin

Kantonsgeschichten 810
Appenzell, Luzern, Glarus, Graubünden, Solothurn, Thurgau, St. Gallen, Schaffhausen, Aargau, Bern, Berner Jura, Schwyz, Zug, Tessin, Genf, Waadt, Neuenburg

Verzeichnis der Abbildungen 815

Personenregister 819

IV.
AUFKLÄRUNG
18. Jahrhundert

EINLEITUNG

Wer die Schweizergeschichte des 18. Jahrhunderts überblickt, findet eine anscheinend einfache Gliederung. Die bewegenden, erschütternden Ereignisse ballten sich zu Beginn und zu Ende des Jahrhunderts zusammen, zu Beginn der Spanische Erbfolgekrieg mit seinen Rückschlägen auf die Schweiz, zu Ende die grosse Revolution, die die alte Eidgenossenschaft fällte. Dazwischen lag eine lange Friedenszeit, in welcher die Aufklärung einen neuen Geist und neuen Sinn des Lebens verbreitete und zugleich die Schweiz einen industriellen Aufschwung nahm, der sie zu einem der ersten Exportländer Europas erhob. Bisweilen zuckten Aufstände empor, grollten bürgerliche Unruhen, das Alte erprobend, aber nicht überwältigend, weil den meisten Schweizern das Überlieferte teuer war. So schlicht das Geschehen, so schwierig ist die Erkenntnis, wie unter der leichten Hülle Altes und Neues sich begegneten, sich anzogen und abstiessen. Es handelte sich dabei um letzten, innersten Besitz, um Vorgänge der Seele, die auch im Zeitalter der Aufklärung geheimnisvoll bleiben. Denn die Aufklärung mit ihrem Rationalismus erteilte zwar dem Irrationalen in Mensch und Volk eine Absage, konnte aber seine dunkle Urgewalt doch nicht aus der Welt verstossen.

Aus der Fülle und Tiefe der Aufklärungsbewegung sei hier nur herausgehoben, was auf die Geschichte Bezug hat. Die Aufklärung ist vor allem eine religiöse Wandlung. Sie brach mit der bisherigen Überzeugung, dass Gott unmittelbar in die Welt eingreife und mit geheimem Zügel alles Geschehen lenke, dass Natur, Mensch und Welt vom Sündenfall her verdorben seien und dem Untergang, dem Jüngsten Gericht entgegenwankten. Damit wandte sie sich gegen die mittelalterlichen Chroniken, die ihre Erzählung mit dem Sündenfall zu beginnen pflegten. Die Aufklärung entthronte Gott nicht, aber sie lehrte: Gott hat die Natur, hat den Menschen nach seinem Ebenbild geschaffen und ihn zum Beweis davon mit der höchsten Fähigkeit, der Vernunft, ausgestattet. Natur und Mensch sind gut, die Vernunft ist göttlich. Während man bisher den Quell alles Glücks droben sah, verlegt man ihn jetzt in den Menschen. Daher greift Gott nicht mehr unmittelbar ein – durch das Wunder –, sondern überlässt die Welt den vernünftigen Gesetzen, die er ihr gegeben hat. Es beginnt die Entzauberung der Welt. Der alte Glaube beruhte auf Heteronomie und verlangte Unterwerfung, der neue wollte Freiheit, sittliche Autonomie des Menschen und zugleich die menschliche Verantwortung für das freie Tun. Der alte Glaube huldigte dem innerweltlichen Pessimismus – die Erde sei ein Jammertal –, der neue dem Optimismus, der Entwicklung zum Besseren, dem Fortschritt, wie denn dieser Begriff zu den Errungenschaften der Aufklärung gehört. Der alte Glaube verhängte die irdische Zukunft mit einem schwarzen Tuch und entschädigte dafür mit unermesslichem Jenseitstrost; der neue liess die irdische Zukunft licht und froh aufsteigen.

Durch diese Wandlung des Weltbildes veränderte sich die Geschichtsschreibung. Diese hatte bisher als Grund allen Geschehens Gott vorausgesetzt; daher lief sie offen oder verhüllt auf eine Gottesschau, auf einen Gottesbeweis, auf eine Rechtfertigung Gottes, eine Theodicee hinaus. Wo sie irdische Beweggründe mitspielen liess, hatten diese nur zweiten, dritten Rang und beiläufigen Wert. So sehr sie auch die Welt verdammte, so mass sie doch dem Menschen nicht die volle Verantwortung zu, weil er eben dem Zwang der Erbsünde unterlag. Man darf aber nicht zu klein von dieser Historiographie denken. Sie erforschte doch einen grossen Bezirk des Menschlichen und reichte vom Tiefsten bis zum Höchsten. Freilich, den Reichtum der Menschennatur und des Geschichtlichen schöpfte sie nicht aus, weil sie sich von der Überwelt her Schranken setzte und sie achtete.

Die neue Geschichtsschreibung anerkannte die Freiheit des menschlichen Handelns und überband dem Menschen dafür die volle Verantwortung; er wurde in den Mittelpunkt der Betrachtung gerückt. Daher der Anreiz, ihn von allen Seiten auszuspähen, seine Fähigkeiten zu erwägen, in sein Inneres zu dringen, psychologische Probleme aufzuwerfen, wovor in der Schweiz Männer wie Johann Heinrich Tschudi bereits warnten. Der alte Wertmassstab war ein überweltlicher, der neue ein weltlicher, die Vernunft. Die neue Geschichtsschreibung schied den unmittelbaren Eingriff Gottes, das Wunder, aus und anerkannte eine natürliche Gesetzmässigkeit des Geschehens. Deshalb machte sie sich zur Pflicht, die verzauberte Welt zu entzaubern und das Geschehen aus natürlichen Ursachen zu erklären. Das legte ihr vermehrtes und vertieftes Studium des Menschen und seiner Umwelt auf. Die neue Geschichtsschreibung betrachtete ihn nicht als ein natürlich schlechtes Wesen, das nur durch Gottes besondere Gnade zu retten war. Sie verwarf die Erbsünde und billigte dem Menschen die Fähigkeit zu, kraft seiner Würde und Vernunft sich zu erheben und fortzuschreiten, wenn er nur die Hilfsmittel, mit denen ihn die Natur ausstattete, benützte. Er könne sich selbst erlösen. Und so erfolgte eine erneute Aufforderung an den Geschichtsschreiber, die menschlichen Fähigkeiten nachzuprüfen, die heilsamen oder hemmenden Kräfte der umgebenden Natur abzuwägen und die gleichgeborenen Menschen mit ihrer Umwelt in lebendige Beziehung zu setzen.

Die Erforschung des Milieus, der Umwelt, wird eine feste Position der Historie. Als besondere Probleme der Milieuforschung erkennt man: das Klima, die geographische Lage, die Nähe oder Ferne des Meeres. Hier erscheint die Aufgabe der Geschichte unbegrenzt. Menschliche Einrichtungen, die bisher nur bedingt gegolten hatten, Staatsordnung, Verfassung und Staatstheorien, empfingen absoluten Wert. Der Menschengeist, bisher ein beflecktes, fragwürdiges und mangelhaftes Werkzeug, erhielt eine selbständige Gültigkeit, ein eigenes Leben. Seine Verflechtung mit der Vergangenheit, sein sehnsüchtiges Zukunftsstreben verlangten als Krönung der Historie die Geistesgeschichte. Aus einem Erfahrungsobjekt verwandelte sich die Geschichte in ein Erkenntnisobjekt. Klio kann und muss bei allen Wissenschaften zu Gast gehen und den Gewinn, den sie davon trägt, bei sich zu Hause verarbeiten. Eine solche Erweiterung des Geschichtsfeldes verdankt sie der Aufklärung, wie diese überhaupt allen

Wissenschaften ihre kritischen Grundlagen vermittelte. Darum ist die Aufklärung kein historisches Intermezzo, was man auch später gegen sie einwenden mochte. Weil sie Licht verbreiten wollte, wirkte sie auf die Geschichtsschreibung noch in der Weise praktisch ein, dass diese sich fortan der Muttersprache bediente, nicht mehr des Lateins.

Allenthalben erwachte der Nationalgedanke, weshalb man auch in der Schweiz die nationale Sonderart nach Montesquieu erforschte, und zwar auf der natürlichen Grundlage. Damit verquickte die schweizerische Aufklärung das Moralische, die Frage nach dem Gewissen. Tugend wurde ihr zum Schlagwort. Zugleich stellte die Aufklärung die Forderung nach der Glückseligkeit auf Erden. Um beides zu erreichen, kritisierten die schweizerischen Geschichtsschreiber nicht den Staat, die Aristokratie, weil der republikanische Charakter der Schweiz allgemein bewundert wurde, sondern die Gesellschaft und den Sittenzerfall in der Heimat, der den Fall des Staates nach sich ziehen könnte. Johann Jakob Bodmer verlangte die Sittengeschichte, und Vinzenz Bernhard von Tscharner prägte das Wort von der Sittenforschung. Nach ihnen sollte die Geschichte als Anleitung zur Tugend, als Warnung vor dem Laster dienen. Als Muster erkor man die vortrefflichen Helden der Griechen und Römer oder die alten Eidgenossen. Bei diesen war noch Einfachheit und Heldentum zu finden. Die Forschung ging darauf aus, die Vollkommenheit der Ahnen darzustellen als Vorbilder für die Lebenden, wobei die Vergangenheit zu gut und die Gegenwart zu schlecht wegkam. Dem aufmerksamen Betrachter missfiel an seiner Zeit die steigende Lebenshaltung, die die Kraft brach. Die Schweiz sollte sich selbst genügen wie einst, um ihren Kriegsgeist zu erhalten; denn die Machtpolitik der Nachbarn erfüllte viele mit Sorge um das Vaterland. Geschichte wurde also nicht als reine Forschung aufgefasst, sondern mit Zwecken geladen. Die Schweizer Historiker vertraten nicht die echte Fortschrittsidee, sondern suchten in der Vorwelt ihr Ideal, um die Gegenwart zu verbessern; das Konfessionelle übergingen sie mit Achtung.

Aus dieser Einstellung floss die Forderung des sogenannt pädagogischen Zeitalters, die erzieherische Funktion der Geschichte herauszustellen, sie, nach einem Wort Isaak Iselins, zum «Experimentalcours der Sittenlehre, der Staatskunst und des guten Geschmacks» zu machen. Die didaktisch-patriotische Geschichtsschreibung wurde zu einem zentralen Anliegen der Aufklärer. Biographien, moralische Mustersammlungen zur Illustration von Tugend und Laster traten an die Stelle der chronologischen Kompendien. Alle Bestrebungen mündeten schliesslich in das Programm einer grossgeschauten Nationalerziehung. Auf der ersten Vollversammlung der Helvetischen Gesellschaft sprach es Hans Caspar Hirzel aus: Wenn einmal alle Schweizer «die gesamte Eidgenossenschaft für ihr einziges Vaterland ansehen», dann stimmten sie mit den Absichten und Grundsätzen der ersten Stifter der Eidgenossenschaft, dieser tugendhaften und weisen Helden, überein. Als Brennpunkt und Krönung aller bisher durcheinanderwogenden Tendenzen der Geschichtsschreibung empfand man das Werk Johannes von Müllers.

DIPLOMATIK

Noch bevor die Aufklärung erfrischend in die Geschichte eindrang, wurde diese von einer anderen Seite, der Urkundenlehre, bereichert. Die Aufklärung spendete Höhenlicht, die Diplomatik neue Grundlagen, jene Geist, diese Technik.

Schon früh verwendete der Geschichtsschreiber Urkunden, so im 9. Jahrhundert der St. Galler Mönch *Ratbert* in den *Casus Sancti Galli*, freilich in tendenziöser Weise. Auch andere zogen sie heran, aber meist nur, um bestimmte Tatsachen zu bestätigen. Dass in den Urkunden die Fülle an juristischen, kulturellen, genealogischen, philologischen Belehrungen steckte, merkten die früheren Jahrhunderte kaum. Obgleich man sich im Mittelalter oft der Urkundenfälschung hingab und Prozesse deswegen häufig waren, entwickelte sich doch keine Urkundenlehre, die die Merkmale des Wahren und Falschen planmässig bestimmte. Mit der Renaissance setzte allenthalben die historische Kritik ein, aber mehr im allgemeinen, nicht speziell hinsichtlich der Urkunden. Eine Ausnahme machte *Vadian*, der grösste humanistische Geschichtsschreiber der Schweiz. Er ging nicht nur auf die ältesten Quellen zurück, sondern er kritisierte sie. Anno 1537 erschien seine Abhandlung *Farrago antiquitatum Alamannicarum*, die die Ansätze zu einer Diplomatik enthielt. Sie wurde zu wenig beachtet. Da sie scharfe Angriffe gegen die Klöster aufwies, sahen die Reformierten an Vadians Schrift nur die Tendenz; die Katholiken lehnten sie ab. Stumpf und Tschudi bedeuten in dieser Beziehung einen Rückschritt gegen Vadian.

Im 17. Jahrhundert setzen die gedruckten Urkundensammlungen ein und damit die sogenannten «bella diplomatica», die zwar gelehrt, aber nicht wissenschaftlich geführt wurden. Ihr Zweck war praktisch, bestand vor allem im Kampf um Rechte, Titel, Besitzungen, Vorrang. Solange die Dokumente als Prozessmittel, nicht als historische Zeugnisse betrachtet wurden, waren sie der Wissenschaft entzogen. Auf Schweizergebiet sammelten und druckten zunächst die Benediktinerklöster ihre Urkunden:

In St. Gallen belebte *P. Jodokus Metzler* (1574–1639) die Liebe zur Vergangenheit wieder. Er hinterliess zahlreiche historische Arbeiten, die nie gedruckt wurden, darunter eine Geschichte von St. Gallen. Seit 1640 gab es eine Klosterdruckerei. Ein Schüler Metzlers, *P. Magnus Brüllisauer* (1582 bis 1646), begann den planmässigen Druck aller Dokumente des Archivs, zuerst wohl der ältesten im *Codex traditionum*. Als Fortsetzer wirkte *P. Chrysostomus Stipplin* (1609–1672). Man machte von den Urkunden nur vierundzwanzig Abzüge, da ja bloss die praktische Absicht der Besitzwahrung vorlag.

In Einsiedeln erschienen fünf Folianten *Documenta Archivii Einsidlensis*, von 1665–1674; zwei Bände beschlagen Einsiedeln, einer Pfäffikon, ein anderer St. Gerold im Vorarlberg und ein weiterer das Besitztum Ittendorf; demnach war das Werk nach Verwaltungszwecken angelegt. 1640 hatte man die *Libertas Einsidlensis* herausgegeben, die sich gegen Schwyz richtete. – In Muri ordnete P. *Dominicus Tschudi* (1596–1654), seit 1644 Abt, das verwirrte Archiv. 1651 veröffentlichte er, auf die Acta Murensia gestützt, seine Abhandlung *Origo et genealogia gloriosissimorum Comitum de Habsburg*. Sie sollte ein heftiges Nachleben haben. – Wettingen edierte 1694 durch P. *Joseph Meglinger* (1634–1695) das *Archiv des Hochloblichen Gottshaus Wettingen*, in wenig Abzügen, geographisch geordnet nach Klosterbesitzungen, dazu einen Grundriss der Klostergüter. – Es ist schade, dass nichts Ähnliches für Disentis geschah, wodurch viel Wertvolles gerettet worden wäre, das der Brand von 1799 zerstörte.

Alle die Veröffentlichungen kamen später der Wissenschaft zugute; einstweilen dienten sie dem Nutzen der Klöster. Der Anstoss, der diesen Fleiss der Wissenschaft dienstbar machte, ging von anderer Seite aus. Seit 1615 waren die Bollandisten am Werk. P. *Daniel Van Papenbroeck* (1628 bis 1714) veröffentlichte 1675 an der Spitze des elften Bandes der Acta Sanctorum eine Abhandlung *Propylaeum antiquarium...*, einen ganz unzureichenden Versuch zu einer Diplomatik. Er griff darin die Benediktiner und das Archiv des Klosters von St. Denis an. Einer von ihnen, *Don Jean Mabillon* (1632–1707), von der Kongregation von St. Maur – daher der Name Mauriner – antwortete mit dem Werk *De re diplomatica libri VI*, 1681. Damit war der grosse Wurf gelungen, die Diplomatik begründet. Die Richtlinien der paläographisch-kritischen Urkundenprüfung waren gegeben. Sie sind seither verbessert, nicht neu gezogen worden. Mabillons Werk fand in der gelehrten Welt allgemein Widerhall; auf ihm setzte die wissenschaftliche Urkundenforschung ein. In Deutschland wurde der Unterricht in der neuen Disziplin sogleich an mehreren Universitäten eingerichtet. Don Mabillon bereiste 1683 die Schweizer Benediktinerklöster, um Material für seine *Acta Sanctorum O.S.B.*, 9 Bde. 1668–1702, zu sammeln.

Mabillons Wirkung war mannigfaltig. Die Archive hatten den Nutzen davon; man begann, zu ihnen besser Sorge zu tragen und sie zu sichten. Freilich erst im 19. Jahrhundert wurden sie nach den Regeln einer Archivwissenschaft geordnet und jedermann zugänglich gemacht. Noch grösser war die Wirkung auf die weltliche und geistliche Forschung, auf die geschichtswissenschaftliche Tätigkeit in den Benediktinerklöstern.

St. Blasien genoss im 18. Jahrhundert eine wissenschaftliche Blüte, die sich besonders unter P. *Martin Gerbert* (1720–1793) entfaltete. Seit 1764 Abt, sammelte er um sich eine wahre Gelehrtenakademie; zugleich stand er mit dem Wiener Hof in naher Beziehung. Nach der Feuersbrunst 1768 richtete er 1789 die neue Kirche zu einem Mausoleum für die habsburgischen Fürsten ein, deren Gebeine von Königsfelden übertragen wurden. Seine Arbeiten greifen in die Schweizergeschichte über; sie sind Beispiele der neuen diplomatischen Methode: *Iter Alemannicum accedit Italicum et Gallicum*, 1765, ein Werk mit Notizen über Altertümer und einer Bibliographie der Schweiz; *Codex epistolaris Rudolphi I. Romanorum regis*, 1772; *Historia nigrae silvae ordinis S. Benedicti Coloniae*, 3 Bde. 1783–1788. Abt

Martin plante eine Germania Sacra nach dem Muster der Gallia Sacra, auf den Bienenfleiss der weltflüchtigen Schar von Mitarbeitern hoffend. *P. Aemilian Ussermann* (1739-1798) gab 1790 den *Prodromus Germaniae sacrae* heraus. *P. Trudbert Neugart* (1742-1825), der bedeutendste Historiker neben Martin, übernahm die Bearbeitung des Bistums Konstanz. Als diplomatische Grundlage veröffentlichte er den *Codex diplomaticus Alemanniae et Burgundiae transjuranae intra fines dioecesis Constantiensis*, 2 Bde. 1791 bis 1795. Später publizierte er den *Episcopatus Constantiensis Alemannicus sub metropoli Moguntina*, 2 Bde. 1803-1862. 1803 wurde St.Blasien aufgehoben; Neugart siedelte mit dem Konvent nach St. Paul in Kärnten über. – Zwei andere Sanblasianer von tüchtigem Ausmass, *P. Marquard Herrgott* (1694 bis 1762) und *P. Rustenus Heer* (1715-1769), warfen sich auf die habsburgische Geschichte. Von Herrgott erschien 1737 in drei Bänden *Genealogia diplomatica Augustae gentis Habsburgicae*, als Urkundensammlung noch heute wichtig. Sein zweites, noch grösseres Werk, unter Mitarbeit von Heer verfasst, erschien 1750-1772 in acht Bänden: *Monumenta Augustae domus Austriacae*, betreffend Siegel, Schilde, Münzen, Genealogie, Gräber des Hauses Habsburg, ein streng wissenschaftliches Riesenwerk. – Die Bistumsgeschichte von Chur erfuhr durch *Ambrosius Eichhorn* (1758-1820) in seinem noch heute benützten *Episcopatus Curiensis* von 1797 eine angemessene Darstellung.

Durch seine genealogischen Arbeiten stiess Herrgott mit den Benediktinern von Muri zusammen. Auch hier regte sich im 18. Jahrhundert wissenschaftliches Leben. Muri betrachtete sich als das eigentliche habsburgische Hauskloster, vor St.Blasien. Seinen literarischen Stolz bildeten die *Acta Murensia*, die erzählten, dass die Habsburger Muri ca. 1030 gestiftet hätten; sie enthielten ausser der Gründungsgeschichte noch die älteste Genealogie der Habsburger sowie den Güterbeschrieb, der nur in einer Kopie des 14. Jahrhunderts erhalten ist und schon 1618 herausgegeben worden war. Herrgott zweifelte im ersten Band der Genealogie die Acta Murensia in ihrem Alter und in ihrer Zuverlässigkeit an, vielleicht nicht ohne Eifersucht auf Muris Vorzug. *P. Fridolin Kopp* (1751-1757 Abt des Klosters) gab 1750 die Antwort von Muri mit seinem Werk *Vindiciae actorum Murensium*. Darauf entgegnete *P. Rustenus Heer* 1755 mit *Anonymus Murensis denudatus*. Die Duplik von Muri erfolgte 1760 durch *P. Johannes Baptist Wieland* (1731-1763): *Vindiciae vindiciarum Koppianarum*. Da der Streit sehr hitzig geworden war, schritten Wien und Rom ein und schnitten ihn ab. Die Frage wurde nicht ausgetragen, sondern lebte im 19. Jahrhundert zwischen *Theodor von Liebenau* und *P. Martin Kiem* von Muri-Gries auf; Liebenau trat gegen die Acta, Kiem für die Acta ein, bis Hans Hirsch 1904 in einer mustergültigen Untersuchung *Die Acta Murensia und die ältesten Urkunden des Klosters Muri* den Streit zugunsten der Acta entschied: Sie sind im 12. Jahrhundert verfasst, im 13. überarbeitet worden, also beweiskräftig. Später hat *Albert Brackmann* den Streit wieder aufgenommen. Er kommt zum Ergebnis, dass in dieser Frage keine Sicherheit bestehen kann. – Im 17. Jahrhundert stritten sich die Historiker um das Konfessionelle, im 18. Jahrhundert um die Quellen des Mittelalters, wobei die Frage offen bleibt, wo der Fortschritt liegt.

Unter den gelehrten Benediktinern des 18. Jahrhunderts ragt hervor *P. Moritz Hohenbaum van der Meer* (1718-1795). Er war Holländer, kam schon als Knabe ins Kloster Rheinau, wurde Prior und entwickelte eine riesige Forschertätigkeit: siebzehn Folio- und dreiundzwanzig Quartbände von seiner Hand nebst zweiundfünfzig Bänden gelehrter Korrespondenz liegen in der Kantonsbibliothek Zürich. Davon ist das meiste lateinisch geschrieben und unveröffentlicht. Anno 1777 beging das Kloster die Tausendjahrfeier, obschon sich urkundlich sein Dasein nur bis 844 zurückbelegen lässt. Dazu verfasste Hohenbaum das *Millenarium Rhenaugiense* in sechs Foliobänden, und die *Annales Rhenaugienses*. Für die Germania sacra bearbeitete er die Bistümer Sitten und Genf. Das alles und noch viel anderes blieb im Verborgenen. Veröffentlicht hat er 1778 eine *Kurze Geschichte der tausendjährigen Stiftung des frei eximirten Gottesbauses Rheinau* und 1782 eine *Gründliche Untersuchung, ob Rheinau in der Landvogtey Thurgau liege*, die sich gegen den Topographen Fäsi richtet. *Georg Wilhelm Zapf* (1747-1810) in Augsburg plünderte ihn schamlos, bewirkte aber damit doch, dass einiges bei Lebzeiten Hohenbaums herauskam. 1785 publizierte Zapf in seinen *Monumenta anecdota historiam Germaniae illustrantia* Hohenbaums *Historia diplomatica monasterii Rhenaugiensis*, 1786 in seinen *Reisen in einige Klöster Schwabens, durch den Schwarzwald und in die Schweiz* Hohenbaums *Vita Sancti Findani*. Hohenbaum liess es geschehen. Welche Bescheidenheit des enzyklopädischen Gelehrten, verglichen mit späteren Zeiten, wo eitler Publikationsdrang Halbfertiges und Unvergorenes auf den Markt warf!

St. Gallen war weniger produktiv, bereitete aber Grösseres für später vor. Tüchtige Bibliothekare, wie *P. Pius Kolb* (1712-1762) und *P. Magnus Hungerbühler* (1732-1811), betreuten die wissenschaftlichen Schätze nach den neuen Regeln und rüsteten sie für die kommende Forschung. Hier bereitete sich *P. Ildefons von Arx* (1755-1833) vor, der langerwartete Geschichtsschreiber des Klosters, freilich nachdem dieses aufgehoben worden war.

Unberührt von dieser klösterlichen Forschung entwickelte die Aufklärung ihre fruchtbaren, aber dem Mittelalter abholden Ideen. Die Romantik versuchte, beide miteinander zu vereinigen. Aber erst der Geschichtsschreibung des 19. Jahrhunderts ist das einigermassen gelungen.

Jean Mabillons Schweizerreise, hg. v. *Hans Herzog;* Taschenb. Hist. Ges. Aargau 1900, Aarau 1900, S. 57 ff.

Acta Murensia, hg. v. *P. Martin Kiem;* Quell. Schw. Gesch. 3, Teil 3, Basel 1883.

THEODOR VON LIEBENAU: Über die Entstehungszeit der Acta Murensia; Argovia 4, 1865, S. 19 ff. - THEODOR VON LIEBENAU: Die Anfänge des Hauses Habsburg; Jahrb. herald.-genealog. Verein Adler 1882, S. 119 ff. - MARTIN KIEM: Entgegnung auf Die Anfänge des Hauses Habsburg; Jahrb. herald-genealog. Verein Adler 1884, S. 1 ff. - HANS HIRSCH: Die Acta Murensia und die ältesten Urkunden des Klosters Muri; Mitt. Inst. f. österreich. Geschichtsforsch. 25, 1904, S. 209 ff. 414 ff. - ALBERT BRACKMANN:

Die Verfälschungen in den Papsturkunden der Abtei Muri und ihre Bedeutung für die Kritik der Acta Murensia; Nachrichten v. d. Königl. Ges. d. Wiss. Göttingen, Phil.-hist. Kl. 1904, S. 477 ff. – HANS HIRSCH: Zur Kritik der ältesten Urkunden des Klosters Muri; Mitt. Inst. f. österreich. Geschichtsforsch. 26, 1905, S. 479 ff. – HANS HIRSCH: Zur Kritik der Acta Murensia und der gefälschten Stiftungsurkunde des Klosters Muri; Jahrb. Schw. Gesch. 31, 1906, S. 69 ff.

LÉON KERN: L'érudition historique en Suisse; Zeitschr. Schw. Gesch. 1, 1921, S. 1 ff. – P. GALL HEER: Johannes Mabillon und die Schweizer Benediktiner; St. Gallen 1938.

ZÜRICH

Zeitschriften
Sie sind der Ausdruck des erhöhten geistigen Strebens, das um 1700 einsetzte. *Gotthard Heidegger* gab von 1694-1711, 1724 die Monatsschrift *Historischer und politischer Mercurius* heraus, mit Notizen zum Tag, Aktenstücken und Urkunden zur älteren Geschichte. Dieses Journal war die Übersetzung und Nachahmung einer in Holland unter dem gleichen Titel erschienenen Zeitschrift, gleich wie auch die mehr naturwissenschaftlich gerichteten *Nova Literaria* von *Johann Jakob Scheuchzer* sich an die Vorbilder des französischen «Journal des Sçavans» und der deutschen «Acta Eruditorum» anschlossen und durch die neue Rubrik der Buchbesprechungen über den jüngsten Stand der Forschung orientierten. *Johann Konrad Hottinger*, Pfarrer in Höngg, redigierte von 1717-1720 die Zeitschrift *Altes und Neues aus der gelehrten Welt* mit antiquarischen und historischen Notizen sowie Fundberichten.

In den aufkommenden enzyklopädischen Zeitschriften, die der scientia universalis dienten, begann man, selbständige Aufsätze historischen Inhalts zu veröffentlichen. So hat der Mercurius 1794 beim Tode des Fürsten von Neuenburg einen Abriss der Geschichte dieses zugewandten Ortes veröffentlicht, damit man wisse, wie diese Herrschaft «von einer zur andern Zeit regiert worden» sei und «in was für Pflichten selbige gegen etlichen Orten der Eidtgenossenschaft» stehe. Aber die geschichtlichen Beiträge stellten neben den theologischen nur einen kleinen Prozentsatz dar; Abhandlungen zur Schweizergeschichte fehlten zunächst fast ganz. In den tastenden Versuchen gelehrter Zeitschriften wollte man Nachrichten aus der gesamten gelehrten Welt vermitteln und den gebildeten Laien die Möglichkeit bieten, sich in der anschwellenden Buchproduktion, besonders der wissenschaftlichen, zurecht zu finden. Trotz fortschreitender Verfächerung der Wissenschaft wurde die Form der reinen Fachzeitschrift von den Herausgebern noch nicht gewählt, vielleicht noch nicht gefunden. Um beim Publikum zu ziehen, mischten sie Gemeinverständliches ein. So hat z.B. der Mercurius 1695 unter der Rubrik «Aus der Eidgenossenschaft» über ein Gespenst berichtet, um darzulegen, «dass der Fürst der Fünsternuss zwaren grosse Gewalt, aber gleichwohl nicht mehr thun könne, als ihme von Gott zugelassen». Als in der gleichen Zeitschrift «verschiedene ungeziemende Anmerkungen über gekrönte Häupter gemacht worden», liess die Zensurbehörde die ganze Ausgabe «auf dem Fischmarkt öffentlich» verbrennen und büsste sowohl Autor als auch Drucker empfindlich. Man versteht deshalb, dass der 1743 erscheinende *Bernische Mercurius* schon in seiner ersten Nummer gelobte, «selbs gedachte und eitele Projektionen» zu vermeiden. – Von einer Organisation oder genauen Zielsetzung in der historischen Forschung war man noch weit entfernt.

Vor der historischen ist die kirchengeschichtliche Zeitschrift entstanden. *Johann Jakob Ulrich* gab 1722 *Miscellanea Tigurina* heraus, worin er bisher unedierte Quellen publizierte. *Johann Conrad Füssli* folgte ihm nach mit *Beyträge zur Erläuterung der Kirchen-Reformationsgeschichten des Schweitzerlandes;* und als auch diese versiegten, veröffentlichte *Johann Jakob Simler* die *Sammlung alter und neuer Urkunden zur Beleuchtung der Kirchen-Geschichten vornehmlich des Schweitzer-Landes.* Er vertrat das schon recht modern anmutende Prinzip: «Eine Geschichte, die nicht auf actenmässige Urkunden sich gründet... verdient den Namen einer Geschichte nicht; sie wird ein Roman.»

Die erste historische Fachzeitschrift der Schweiz war *Johann Jakob Bodmers Helvetische Bibliothek.* Sie ging auf eine Anregung der von ihm und Breitinger gegründeten Helvetischen Gesellschaft zurück, dem ersten historischen Verein der Schweiz. Bodmer hoffte, darin «vitae, recensiones, gedruckte rare und ungedruckte historische pièces, politische Gutachten etc.» erscheinen zu lassen. Aber nach einem freudigen Anfang liessen ihn seine Mitarbeiter schmählich im Stich. Vergeblich machte er in eindringlichen Worten auf die Bedeutung aufmerksam, welche die Pflege vaterländischer Geschichte für die Formung des Volkscharakters besitze. Schon nach dem 5. Stück ging dieses Fachblatt, das so Wertvolles geboten hatte, wieder ein. Denn die Differenzierung der Wissenschaft war noch nicht so weit gediehen, der Begriff der Geschichte hatte sich noch nicht so weit geläutert, dass das reine Fachblatt Erfolg haben konnte. Nur Neuenburg in der französischen Schweiz brachte einen Vorläufer des geschichtlichen Fachblattes heraus, den *Mercure Suisse.* In der deutschen Schweiz jedoch kam man über Anfangsversuche nicht hinaus. Ein später Nachfolger der Helvetischen Bibliothek war das vom Bodmer-Schüler *Johann Heinrich Füssli* seit 1783 herausgegebene *Schweizerische Museum.* Im Sinne der Helvetischen Gesellschaft wurde hier vor allem der Nationalgeist gepflegt, die Belebung vaterländischer Feiern. Der Herausgeber beabsichtigte, durch Quellenpublikationen einem kommenden Geschichtschreiber der Eidgenossen bereinigte Quellen zur Benützung vorzulegen, wie denn das Ziel der Zeitschriften im 18. Jahrhundert darin bestand, das nationalschweizerische Fühlen zu fördern und das geschichtliche Verständnis zu vertiefen. Erst im 19. Jahrhundert gelang die historische Fachzeitschrift; die Grundlage hiezu hat aber das 18. Jahrhundert geschaffen.

CARL LUDWIG LANG: Die Zeitschriften der deutschen Schweiz bis zum Untergang der alten Eidgenossenschaft (1798); Leipzig 1939. – FRITZ STÖRI: Der Helvetismus des «Mercure Suisse»; Bern 1953. – RENÉ SALATHÉ: Die Anfänge der historischen Fachzeitschrift in der deutschen Schweiz (1694–1813); Basl. Beitr. Geschichtswiss. 76, Basel 1959. – PETER STADLER: Die historische Forschung in der Schweiz im 18. Jahrhundert; Pariser Hist. Studien 13, Bonn 1976, S. 296ff.

Sammlungen

Schon etwas vor den Zeitschriften entstand die *Wasersche Sammlung* (Bürgermeister Johann Heinrich Waser 1600–1669) mit Dokumenten, Akten und memoirenhaften Notizen. *Johann Wilpert Zoller* (1673–1757) und *Erhard Dürsteler* (1678–1766) trugen Urkunden, Handschriften zusammen, aus denen die erhöhte Wertschätzung dieser Dinge spricht; Dürsteler hinterliess überdies monographische Darstellungen zur Zürcher Geschichte, die auf der Stadtbibliothek Zürich liegen. *Johann Jakob Simler* (1716–1788), Nachkomme des Josias, Professor an der Stiftsschule, sammelte ein einzigartiges Quellenwerk, eines der reichsten, das stets benützt wurde, zur allgemeinen Kirchengeschichte, nicht nur der schweizerischen: 196 Folianten, 62 Bände Register. – Diese Leute kannten nichts als Arbeit, einseitige Arbeit, die sie beglückte.

Neujahrsblätter
Aus dem Kreis der Zürcher Bibliothek sind im 17. Jahrhundert die ersten Neujahrsblätter der Schweiz hervorgegangen. Sie brachten zunächst theologische Carmina, verfolgten eine religiös-moralische Tendenz, wandten sich aber bald einmal der Geschichte zu und blieben den historischen Themen treu. Die Geschichte hat eine erzieherische Funktion und steht hier ganz im Dienste patriotischer Absichten; sie verherrlicht die Tapferkeit, das Heldentum der alten Schweizer. Anreger war wiederum *Johann Jakob Bodmer*. Als Verfasser folgten ihm seine Schüler *Salomon Hirzel* und *Hans Heinrich Füssli*. Beim Herannahen der Französischen Revolution weicht der bisher idyllische Ton einem polemischen. Man kämpft für die Aufrechterhaltung des guten Alten und für das Herkommen gegen die «trügerischen Wortspiele» der Neuerer. Man bestrebt sich, «den Jünglingen den Muth zu erhöhen, dessen jeder als ein geborener Beschützer des Vaterlandes bedarf». Originalaufsätze finden sich selten. Was Hirzel bringt, stammt aus «bewährten Geschichtsschreibern». Nur die Beiträge Füsslis besitzen Selbständigkeitswert. Er vermeidet den üblichen rhetorischen Schwulst, geht auf Quellen zurück, bietet kritische Geschichte, unterstellt sie aber auch der politischen Erziehung. Durch den Kanal der Neujahrsblätter ist die Kenntnis der Schweizergeschichte in weite Volksschichten gedrungen. Über die Entwicklung der Geschichtsdidaktik geben die 150 Jahrgänge der Neujahrsblätter deutlichen Aufschluss.

Ausser der Bürgerbibliothek hat auch die Gesellschaft der Chorherren im 18. Jahrhundert Neujahrsblätter veröffentlicht. Diese pflegten die historische Biographie zur Verbreitung geschichtlicher Kenntnisse, wobei ihre besondere Vorliebe der zürcherischen Reformation galt. Die Zürcher Neujahrsblätter haben ähnlichen Organen in andern Kantonen zum Vorbild gedient. Aber das Ziel wandelte sich. An die Stelle der Bildung durch vaterländische Geschichte trat Befriedigung lokalhistorischen und antiquarischen Interesses.

LEO WEISZ: Die politische Erziehung im alten Zürich; Zürich 1940, S. 46 ff. – ERNST WESSENDORF: Geschichtsschreibung für Volk und Schulen in der alten Eidgenossenschaft; Basl. Beitr. Geschichtswiss. 84, Basel/Stuttgart 1962, S. 145 ff. – KURT BÜCHI: Historisch-politische Gesellschaften in Zürich 1730–1830; 163. Njbl. d. Hülfsges. in Zürich, Zürich 1963.

Johann Heinrich Bluntschli 1656–1722

Er gab 1704 die *Memorabilia Tigurina* heraus. Hier fand das Verlangen, weitere Kreise – den gemeinen Burger, wie Bluntschli sagt – mit dem Staat Zürich und seiner Vergangenheit vertraut zu machen, einen eigentümlichen Ausweg: die Form des alphabetischen Sach-Lexikons; Personen sind ausgeschlossen. Seine Angaben stammen aus Stumpf und Simler, eigene Forschung hat er nicht getrieben. Verschiedene Jahreszahlen und Namen sind unrichtig, Sagen unkritisch aufgespeichert. Und doch diente es bis zum Ende der Alten Eidgenossenschaft als bequemes Nachschlagewerk, das mehrere Auflagen erlebte.

Memorabilia Tigurina, oder Merkwürdigkeiten der Stadt und Landschaft Zürich; Zürich 1704. 3. Ausgabe, ergänzt und bis 1741 fortgesetzt v. *Johann Balthasar Bullinger* und *Erhard Dürsteler;* Zürich 1742. Von 1780–1790 hat *A. Werdmüller* die *Memorabilia* berichtigt und erweitert herausgegeben.

FRIEDRICH HEGI: Geschichte der Zunft zu Schmiden in Zürich 1336–1912; Zürich 1912. – ERNST WESSENDORF: Geschichtsschreibung für Volk und Schulen in der alten Eidgenossenschaft. Basl. Beitr. Geschichtswiss. 84, Basel/Stuttgart 1962.

Johann Jakob Scheuchzer 1672–1733

Scheuchzer war seit 1696 Professor in Zürich, eine anregende und merkwürdige Gestalt, wie sie nur eine Übergangsepoche hervorbringt, ein vielseitiger Gelehrter, der unermüdlich Natur und Geschichte erforschte. In jener zerstreuenden Zeit entwickelte er eine grosse Fähigkeit zur Konzentration. Der Reiz lag darin, dass alles neu war, dass es keine Vorarbeiten gab. Seine Werke wurden nur zum kleinen Teil gedruckt. Er war mehr Sammler des Stoffes als Former, obschon es ihm an Geist zur fesselnden Darstellung nicht fehlte. Als Naturforscher stand er zwischen Alt und Neu und suchte den Bibelglauben mit der neuen Empirie in Einklang zu bringen. Mit seinen Erfindungen und Entdeckungen wollte er der Bibel nicht widersprechen, sondern sie bestätigen. Und doch beginnt auch mit ihm zage die Entzauberung der Welt.

Von 1706–1708 erschienen drei Bände *Natur-Historie des Schweitzerlandes*, eine Zeitschrift, in patriotischer Absicht geschrieben. Es ist eine wahre Fundgrube für die Natur- und Kulturgeschichte des Schweizervolkes. Scheuchzer schöpft ebensosehr aus einer grossartigen Belesenheit als aus der Anschauung. Er unternahm Bergreisen, stiess tapfer und frisch in das Dunkel der Alpen vor und klärte auf, lern- und lehrbegierig. Gegen die alte Schulweisheit verlangt er Beobachtung. Mit Heimatstolz empfindet er scharf die geographische Eigenart der Schweiz und verteidigt ihre Vorzüge gegen das Ausland. Schiller benützte ihn neben Tschudi als Quelle zum Wilhelm Tell (I. 10 der «Graue Talvogt»). Er verwirft Gespenster, glaubt nicht an Himmelszeichen, erklärt die Irrwische natürlich; darin liegt auch sein Fortschritt gegenüber Wagners Historia naturalis Helvetiae curiosa. Anderseits nimmt er noch Steine aus dem Gehirn der Drachen als Heilmittel hin, erklärt Muscheln und Versteinerungen als Zeichen der Sintflut, legt zugleich ein Bekenntnis ab zur Erforschung der

Überbleibsel; die Schweiz nennt er «Theatrum reliquiarum Diluvii». Bei ihm findet sich die erste Beschreibung des Sennen und seiner Arbeit, des Gemsjägers, des Wildheuers, der Lawinen, alter Erdbeben. Er preist die Bergreisen als gesund, gibt eine Erklärung des Heimwehs, über welche Nationalkrankheit sich das Ausland belustigte: In der Tiefe sei der Luftdruck grösser, was dem Bergbewohner Beklemmung verursache; als Mittel dagegen empfiehlt Scheuchzer Salpeter. Wie andere weist er auf die Fruchtbarkeit der Schweiz hin, auf die Metallvorkommnisse im Land, auf die Heilquellen, auf die Ausfuhr von Heilkräutern. In einem besonderen Abschnitt «Von der Schweizer Art» sucht er diese zu erläutern. – Das Buch hat den Wert, dass es uns einen Einblick in den verschlossenen Menschen jener Tage gewährt.

Von 1716–1718 erschien als Fortsetzung die *Helvetiae Stoicheiographia*. Er verfasste auch 1712 eine grosse *Schweizerkarte*, die erst 1800 durch die Meyersche überholt wurde. Sein letztes Werk war die *Physica sacra*, eine naturwissenschaftliche Erklärung der biblischen Wunder, ein Anpassungsversuch, der verrät, wie zögernd sich die Wissenschaft von der Theologie löste.

Scheuchzer griff die Naturwissenschaft von der vaterländischen Seite an und begründete die Heimatkunde als Realfach. Seine Vaterlandsliebe ist eine Liebe zu den «natürlichen Begebenheiten», das heisst zum Boden der Heimat, nicht zu ihrer Geschichte. Mit Scheuchzer beginnt es in der Naturkunde zu tagen; er aber steht noch in der Dämmerung, mit einem Fuss im alten Glauben. So erklärt er Erdbeben als Züchtigungen des Himmels und beschreibt arglos Drachen; ein Salamanderskelett gibt er als dasjenige eines Sintflutmenschen aus. Obgleich er kein aushöhlender Zweifler, sondern ein überzeugter Christ war, der sich innig an Gottes Schöpfung freute, blieb ihm der Kampf mit der geistlichen Zensur nicht erspart; strich sie ihm doch, weil die Kirche das kopernikanische System noch nicht anerkannte, die sehr behutsam vorgebrachte Bemerkung, dass die Erde sich um die Sonne drehe. Gelegentlich verstand es Scheuchzer, durch Übersendung eines Zuckerstockes die Wachsamkeit dieser Behörde zu betören. Sein Feind war das Haupt der Zürcher Geistlichkeit, der Antistes Klingler, das Muster eines hoffärtigen Gewissensdespoten. Den Wust der Schriften, die er Scheuchzer entgegenschleuderte, charakterisiert die Broschüre «Gründliche Abhandlung über den Streit des Teufels mit dem Erzengel Michael über dem Leibe Mosis», eine Karikatur der guten alten Bibelfestigkeit.

Wohl war Scheuchzers Suchen Stückwerk; aber ihn erquickte die Freude, dass er alles neu und unberührt vorfand, dass keiner ihm die Stoffe vorweggenommen und vorempfunden hatte. Der einsame Forscher erfuhr Leid und Segen eines Menschen, der sich mit heissem Herzen und hellem Kopf an der Grenze zweier Zeiten der Wahrheit überlässt.

Als Historiker war Scheuchzer mehr Sammler. Die neue Urkundenlehre wirkte mächtig auf ihn. Er trug 70 Folianten Urkunden, meist eigenhändig geschrieben, zusammen, so 29 Folianten Diplomata historiae patriae, ferner Sammlungen zur Geschichte des Chorherrenstifts der Abtei St. Gallen und Ähnliches, das auf der Stadtbibliothek Zürich liegt. Als erster Schweizer gab er 1730 eine kleine Anleitung zum Urkundenlesen heraus: *Alphabeti ex Diplomatibus et Codicibus Thuricensibus specimen*; es sind Alphabete aus den Urkunden der Karolinger Könige zusammengestellt. 1723 erschienen von einer *Bibliotheca Helvetica* die Buchstaben A und B. Der Tod schnitt den Fortgang dieser Historiographie ab. Scheuchzers allgemein literarisches Interesse bekundet seine Zeitschrift *Nova Litteraria Helvetica* 1701–1704, worin er Neuerscheinungen besprach.

Eydsgenössische Geschichtsbeschreibung nach Chronologischer Ordnung, in welcher Stylo uniformi aus actis publicis geschriebenen und gedruckten Monumentis zu finden, was zu jeden Zeiten so wohl in Politischen- als Kirchen-Sachen passirt ist (Haller V, 473). – *Nova Litteraria Helvetica,* Tiguri 1702–1715. – *Helvetia Historia naturalis oder Natur-Historie des Schweitzerlandes.* Beschreibung der Naturgeschichten des Schweizerlandes, Zürich 1706–1708. 2. Aufl.: Naturgeschichte des Schweitzerlandes, hg. v. *Johann Georg Sulzer;* Zürich 1746. – *Helvetiae Stoicheiographia, Orographia et Oreographia, Oder Beschreibung der Elementen, Grenzen und Bergen des Schweitzerlandes;* Zürich 1716. – *Alphabeti ex Diplomatibus et Codicibus Thuricensibus specimen;* Tiguri 1730. – *Physica sacra,* illustriert von Johannes Pfeffel; 4 Bde., Augsburg/Ulm 1731–35. – *Kupfer-Bibel / In welcher Die Physica Sacra oder Geheiligte Natur-Wissenschafft Derer in Heil. Schrifft vorkommenden Natürlichen Sachen / Deutlich erklärt und bewährt;* Augsburg/Ulm 1731–35. – *Bibliotheca Helvetica;* Tiguri 1733. – *Verzeichnis des wissenschaftlichen Nachlasses von Johann Jakob Scheuchzer* 1672–1733, hg. v. *Rudolf Steiger;* Beibl. Vierteljahrsschr. Naturforsch. Ges. Zürich, Jg. 78, 1933, Nr. 21.

Jakob Horner: J. J. Scheuchzer; Progr. Kantonsschule Zürich 1844. – Johann Jakob Siegfried: Die beiden Scheuchzer; Zürich 1853. – Rudolf Wolf: Biographien zur Kulturgeschichte der Schweiz 1, Zürich 1858, S. 167 ff. – Salomon Vögelin: Die Sammlung von Bildnissen Zürcherischer Gelehrter, Künstler und Staatsmänner auf der Stadtbibliothek in Zürich; Njbl. Stadtbibl. Zürich 1876, S. 20 f. – Johann Jakob Binder: J. J. Scheuchzer als schweizerischer Naturforscher; Neue Alpenpost 7, Zürich 1878, S. 167 ff. 177 ff. – Georg von Wyss: Johann Jakob Scheuchzer; ADB 34, Leipzig 1893, S. 710 ff. – Franz Xaver Hoeherl: Johann Jacob Scheuchzer, der Begründer der physischen Geographie des Hochgebirges; München 1901. – Karl Schwarber: Nationalbewusstsein und Nationalstaatsgedanken der Schweiz von 1700–1789; Manuskript Basel 1919, S. 151 ff. – Rosa Schudel-Benz: Reise des Laurenz Zellweger mit Dr. J. J. Scheuchzer. Zellwegers Briefe an Dr. Scheuchzer aus Leiden (1710–1712). Zellwegers Briefe an Dr. Scheuchzer aus Trogen (1713–1728); Appenz. Jahrb. 51, Trogen 1924, S. 1 ff. – Albert Predeek: Schweizer Gelehrte im Urteil eines gelehrten Reisenden; NZZ Nr. 56, 62, 1926. – Rudolf Steiger: Johann Jakob Scheuchzer. I. Werdezeit (bis 1699); Schw. Stud. Geschichtswiss. 15, Zürich 1927. – Eduard Fueter: Johann Jakob Scheuchzer; Grosse Schweizer, Zürich 1938, S. 235 ff. – Eduard Fueter: Geschichte der exakten Wissenschaften in der Schweizerischen Aufklärung 1768–1780; Aarau/Leipzig 1941. Hermann Alfred Schmid: Die Entzauberung der Welt in der Schweizer Landeskunde; Basl. Beitr. Geschichtswiss. 7, Basel 1942, S. 98 ff.

Johann Jakob Leu 1689–1768

Er bildete sich sorgfältig, unternahm zu seiner juristisch-politischen Weiterbildung Reisen in der Schweiz und im Ausland. Mit zwanzig Jahren trat er in den Staatsdienst. Er führte zahlreiche diplomatische Missionen durch, zeigte in allen Staatsämtern Korrektheit, Gewissenhaftigkeit, Milde, Klugheit, was ihm den raschen Aufstieg durch die Staatsämter sicherte.

Tafel 35. Johann Jakob Scheuchzer, 1672–1733.

Mit sechzig Jahren wurde er Bürgermeister. Leu war ein hochverdienter Mann von uneigennützigem Wirken und eigenem Antrieb, Staatsmann und Gelehrter. Vor seiner Schaffenskraft kann sich die spätere betriebsame Zeit, vor seinen ausgedehnten, weitverzweigten Arbeiten das moderne Spezialistentum verneigen.

Schon früh legte er geschichtliche Sammlungen an. Zweimal gab er Josias Simlers eidgenössisches Staatsrecht *De Republica Helvetiorum* heraus, mit Nachträgen bis auf seine Zeit. Als Seitenstück dazu schuf er das Zivilrecht, nämlich *Eidgenössisches Stadt- und Landrecht* in vier Bänden 1727 bis 1746. Das Recht der einzelnen Orte wird systematisch behandelt und verglichen – für seine Zeit nicht nur ein verdienstliches, sondern unumgängliches Werk. Er gibt hier eine Definition des Naturrechts, wobei er natürliches, göttliches, menschliches Recht unterscheidet, und eine Definition der Privilegien, die er als selbstverständlich voraussetzt. Die Familie wird mit dem Staat verglichen, der Vater mit der Obrigkeit, im Sinne der Patriarchaltheorie. Als Vorbilder sollen die Regenten dem Volk voranleuchten. Wenn man in dem Buche liest, erstaunt man, wie tief der Mensch schon nach der Seite des Rechtes dachte, während andere Denkrichtungen noch verkümmert waren.

Als Hauptwerk Leus erschien von 1747-1765 in 20 Quartbänden *Allgemeines Helvetisches Eydgenössisches... Lexikon*. Es ist ein monumentales alphabetisches Nachschlagewerk der schweizerischen Orts-, Familien- und Personengeschichte. Leu unternahm das grosse Werk auf eigene Kosten mit Korrespondenten und Mitarbeitern in der Schweiz herum. Trotz mancher Fehler ist es im ganzen zuverlässig und reicht überraschend nahe an die Vollständigkeit heran. Der Herausgeber war nicht bloss Redaktor, sondern er bereicherte die Einsendungen. Sein Lexikon ist ein grossartiges, opferreiches Geschenk an Mit- und Nachwelt. Später wäre dergleichen ohne Staatshilfe und buchhändlerische Spekulation nicht mehr zustande gekommen, da dem hervorragenden und unabhängigen Menschen die Stellung zum öffentlichen Wesen verrückt worden ist. *Hans Jakob Holzhalb* (1720-1807), von Beruf Apotheker, fügte von 1786-1797 sechs *Supplementbände* bei, so dass das Lexikon bis ins 20. Jahrhundert als unentbehrliches Nachschlagewerk diente.

Leu sammelte auch Manuskripte zur eidgenössischen Geschichte; sein Sohn, Ratsherr *Johannes Leu* (1714-1782), fuhr damit fort. Diese Sammlung von 300 Bänden liegt auf der Stadtbibliothek Zürich.

Von dem Regiment der lobl. Eydgnoschaft, von Josias Simler; mit Anmerkungen und Fortsetzungen hg. v. *Johann Jakob Leu;* Zürich 1722 und 1735. – *Eidgnössisches Stadt- und Landrecht,* darinn der dreyzehn und zugewandten Loblichen Städt und Orten der Eydgnosschaft Stadt- und Land-Gesetze vorgestellt und mit Anmerckungen erläutert werden; 4 Theile, Zürich 1727-46. – *Allgemeines Helvetisches, Eydgenössisches, oder Schweitzerisches Lexicon;* 20 Theile, Zürich 1747-65. Fortsetzung von Hans Jakob Holzhalb; 6 Bde., 1786-95.

FRIEDRICH SALOMON OTT: Leben des zürcherischen Bürgermeisters Johann Jakob Leu; Njbl. Waisenhaus Zürich 1862. – GEORG VON WYSS: Johann Jakob Leu; ADB 10,

Leipzig 1883, S. 467 ff. – HANS RUDOLF MERKEL: Demokratie und Aristokratie in der schweizerischen Geschichtsschreibung des 18. Jahrhunderts; Basl. Beitr. Geschichtswiss. 65, Basel/Stuttgart 1957, S. 30 ff., 52 ff. – CLAUDIO SOLIVA: Das Eidgenössische Stadt- und Landrecht des Zürcher Bürgermeisters Johann Jakob Leu; Recht und Geschichte, 111, Wiesbaden 1968. – HANS CONRAD PEYER: Von Handel und Bank im alten Zürich; Zürich 1968. – MARIANNE VOGT: Johann Jakob Leu, ein zürcherischer Magistrat und Polyhistor; Mitt. Antiq. Ges., Zürich 1976.

Johann Caspar Ulrich 1705–1768

Aus der bekannten Zürcher Familie gebürtig, studierte er Theologie und unternahm nach dem Examen 1727 eine mehrjährige Studienreise nach Deutschland. Hauptsächlich erforschte er das Hebräische, kam in Hamburg, Bremen und Berlin viel mit Juden, Rabbinern zusammen und schöpfte aus erster Hand. Hier gewann er die Anregung zur Judenmission. Zuerst amtete er als Pfarrer in Uitikon, von 1745 bis zu seinem Tod am Fraumünster. Religiös stand er zwischen der alten Orthodoxie und der Aufklärung, gehörte dem Halleschen Pietismus an, von dem er den Sinn für die individuelle Frömmigkeit übernahm. Er wurde als Prediger sehr geschätzt und von den Studenten zum Kanzelmuster genommen.

Seine literarische Tätigkeit begann mit einer *Chronik* und einer *Genealogie des Geschlechtes Ulrich,* die er nicht veröffentlichte. Das 1768 erschienene Hauptwerk führt den Titel *Sammlung Jüdischer Geschichten.* Es ist eine Historie der Juden in der Schweiz seit dem 13. Jahrhundert, nach Kantonen geordnet, wobei Zürich begreiflicherweise am meisten bedacht wird. Ulrichs Werk beruht vornehmlich auf Aktenstücken. Hier zum ersten Mal werden die Archive auf einen bestimmten Gegenstand abgesucht und wird der Stoff zu einer Monographie zusammengefasst. Die Gattung ist neu der Absicht nach; denn die früheren Monographien, wie der Conflictus Laupensis oder Thüring Frickers Twingherrenstreit, waren nicht als solche beabsichtigt. Diese Gattung erzieht zur Begrenzung des Stoffes und steht im Gegensatz zum mittelalterlichen Zerfliessen des Stoffes oder zum wahllosen Zusammentreffen von Tatsachengeröll. Ulrichs Buch entsprang nicht wissenschaftlicher, sondern seelsorgerlicher Absicht. Hier verspürt man schon einen Hauch der Aufklärung. Ulrich hatte Erbarmen mit den Juden, die nur zu Lengnau und Endingen in der Vogtei Baden wohnen und anderswo bloss hausieren oder den Markt besuchen oder sich gar nicht zeigen durften. Ihre wirtschaftliche Lage war eher gedrückt; sie lebten aus religiösen Gründen von der Willkür der Behörden und wurden von allgemeiner Verachtung zugedeckt: Gottes Zorn ruhe auf ihnen. Das war auch die Meinung Ulrichs; aber er sah im Gegensatz zu seiner Mitwelt die Juden nicht für verloren an, wenn sie sich bekehrten. Darum missionierte er unter ihnen aus reiner, göttlicher Liebe, nahm die Verachteten in sein Haus auf, besuchte sie in Lengnau und Endingen, stand im Briefwechsel mit Rabbinern. Den Zwang zur Bekehrung verwarf er; sogar wenn sie verstockt blieben, wollte er sie dulden und trat für einen festen, sicheren Aufenthalt der Juden ein. Er arbeitete mit der

Halleschen Mission zusammen und gehörte seit 1759 der zürcherischen Proselytenkammer an. Von da an trug er den Stoff zu einem Buch zusammen. Zu dieser Arbeit war er gut ausgestattet, besass für seine Zeit eine ansehnliche hebräische Bildung, kannte die Juden seiner Tage besser als andere. Er hatte Beziehungen zu Gelehrten in der ganzen Schweiz, die ihm Material verschafften; es ist die Fülle darin aufgespeichert. Man spürt allerdings, welche Mühe das Urkundenlesen ihm bereitete. Das Unrichtige, das in seinem Werk sich findet, ist meist die Folge einer judenfeindlichen Überlieferung. Wohl hat man heute ein grösseres und gesicherteres Material, aber es ist seither keine neue wissenschaftlich ausgerichtete Geschichte der Juden in der Schweiz erschienen.

In Ulrichs Werk fliesst Altes und Neues zusammen. Den Fall Jerusalems und die Zerstreuung des Volkes betrachtet er als Strafe für die Verachtung des Heilands. Und doch ist er voll Mitleid für Israels Jammer. Er sucht zu erklären, warum die Juden nicht übertreten wollen. Ihre Fehler, ihren Wucher und was sonst ihnen anhängt, kennt er. Ein Wort des Tacitus wendend, bemerkt er: «Vitia erunt donec Judaei». Aber er nimmt sie in Schutz gegen die herkömmlichen Verdächtigungen, hält die meisten Ritualmorde für erfunden. Dass sie 1348 die Brunnen vergiftet und den Schwarzen Tod verbreitet hätten, bezeichnet er als Aberglauben, lässt aber den Grund für ihre Unbeliebtheit, den Wucher, durchschimmern. Er verdammt die Verfolgungen, hält nichts auf dem Ewigen Juden. Nach den Quellen erwähnt er als Judenstrafe in Glarus: wegen Diebstahl an den Füssen aufhängen zwischen zwei bissigen Hunden.

Bei aller kritischen Haltung klebt Ulrich doch zu sehr an den Dokumenten; er erhebt sich nicht zu einer völlig freien Überschau, zu einer durcharbeitenden Darstellung. Es handelt sich bei seinem Werk ja auch um eine «Sammlung Jüdischer Geschichten». Der Gang der Untersuchung ist wissenschaftlich. Für die Vergangenheit finden sich Ansätze immanenter Kritik, die Linien auf seine Zeit hat Ulrich mit modernem Bewusstsein gezogen. In die Zukunft freilich zieht er sie falsch, wenn er meint, die Juden seien in Endingen und würden dort vermutlich bleiben.

Sammlung Jüdischer Geschichten, welche sich mit diesem Volk in dem XIII. und folgenden Jahrhunderten bis auf 1760 in der Schweiz von Zeit zu Zeit zugetragen; Basel 1768.

DAVID HERRLIBERGER: Johann Caspar Ulrich, Pfarrer zum Frau Münster; Zürich 1760. – DAVID HERRLIBERGER: Herrlibergische Capell oder Kleiner Ehren Tempel Erlauchter Helvetier, Johann Caspar Ulrich; Zürich 1774. – GEROLD MEYER VON KNONAU: Johann Caspar Ulrich; ADB 39, Leipzig 1895, S. 251. – GEROLD MEYER VON KNONAU: Eine Studienreise eines zürcherischen Theologen in den Jahren 1727–1729; Zürcher Taschenb. 1895, S. 192 ff. – LOTHAR ROTHSCHILD: Johann Caspar Ulrich von Zürich und seine «Sammlung jüdischer Geschichten in der Schweiz»; Schw. Stud. Geschichtswiss. 17, Heft 2, Zürich 1933. – FLORENCE GUGGENHEIM-GRÜNBERG: Fortgesetzte und vermehrte Sammlung jüdischer Geschichten; Israelit. Wochenbl. 51, Nr. 24, S. 15; Nr. 25, S. 19, Zürich 1951.

Johann Jakob Bodmer 1698–1783   *Johann Jakob Breitinger* 1701–1776

Beide waren Stadtzürcher. Bodmer sollte Kaufmann werden, hielt es aber nicht aus, arbeitete auf der Staatskanzlei und studierte Geschichte sowie Sprachen, amtete von 1725–1775 als Professor der Geschichte an der obersten Schule, dem Chorherrenstift. Breitinger studierte Theologie und lehrte dann als Professor des Hebräischen und Griechischen. Bodmer ist für die Geschichte wie für die Literatur der grosse Anreger, Kritiker, Sammler, Herausgeber, Gründer von Vereinen, Förderer der Jugend, eine «Bruthenne der Talente», wie Goethe sagte. Breitinger übertraf ihn an sicherem Wissen und begleitete seine temperamentvollen Unternehmungen mit ruhiger, stiller Kleinarbeit.

Scheuchzer war der Vorläufer, Bodmer der Vorkämpfer der Aufklärung. Sein Hauptinteresse galt der Geschichte; er profilierte ihren künftigen Weg. Schon früh befasste er sich mit vaterländischer Historie. 1720 kritisierte er in einem Brief an Breitinger die ältere Historiographie wie Simler, Rahn, Stumpf. Er wirft ihnen vor, sie gäben nicht Aufschluss über Grundfragen des älteren Staatsrechts, es mangle ihnen an Eigenart: «Unsere Historienschreiber sind unter die einfältigste Art zu zählen, welche nichts Eigenes haben einzumischen.» Er kennt eben die besten, Bullinger, Anshelm, Vadian, noch nicht. 1721 schrieb er einen Aufsatz: *Vom Wert der Schweitzergeschichte*, der wohl wegen der Zensur nicht gedruckt wurde. Darin entwirft er das Programm der aufgeklärten Geschichtsschreibung für die Schweiz. Sie soll lehrhafte Vorbilder sowie abschreckende Beispiele zeigen und «rühmliche Aemulation wecken»; sie soll die Volksart und die Individualitäten schildern, und sie steht im Dienst einer höheren Aufgabe, der Erneuerung der Sitten.

Seine Kritik setzt Bodmer fort im angriffigen Aufsatz «Haupttatsachen der Historie», erschienen im ersten Band der *Discourse der Mahlern*. Er wagt alles in eigenem Licht zu zeigen, wirft neue Gedanken ein, teilt die Geschichtsschreiber in Copisten, das heisst Annalisten, in Critiker, die Wahres und Falsches, Wichtiges und Unwichtiges unterscheiden, und in Originale, die zeitgenössische, selbsterlebte Geschichte schreiben. Zu den Copisten zählte Bodmer verächtlich «die meisten von den Chronick-Schreibern des Schweitzerlandes». Von den Originalen, in seinen Augen die einzig wahren grossen Geschichtsschreiber, aus denen der Leser mehr Vorteil ziehen könne als «öffters aus einer gantzen Chronik», forderte er eine Begründung der Ereignisse, Charakterbilder von Menschen und Völkern, wobei er als Vorbild die Alten nannte. Er selber bietet eine Probe von Volksschilderung, wobei er die Umwelt stark heranzieht. In Band III, 12 verlangt er von den Schweizerhistorikern Sittenschilderung, Beschreibung des Alltags, der Umwelt und ist mit dieser Forderung Montesquieu und Voltaire vorangeeilt, versuchte aber nie, dieses Postulat in der Form einer Gesamtdarstellung zu verwirklichen. An gleicher Stelle verspricht er, selber ein Muster dieser Art zu schreiben. Kulturgeschichte hat es in der schweizerischen Historiographie natürlich schon früher gegeben, wenn auch nicht mit bewusster Absicht. Den Gegenstand der heutigen Kulturgeschichte, nämlich die Entstehung der Kultur, die Ausdehnung des menschlichen Bewusstseins nach innen und aussen, kannte er nicht; er wollte nur Kulturbilder bestimmter Zeiten entwerfen.

Später ging er an die Ausgabe der Quellen zur Schweizergeschichte; ein Vorläufer solcher Bestrebungen war Goldast gewesen mit seinen «Rerum Alamannicarum scriptores» 1605/06, die aber nicht aus schweizerischen Archiven stammten. Bodmer verstand es, dank seiner lebendigen, sprühenden Art, Mitarbeiter zu gewinnen. 1727 gründete er einen Geschichtsverein, die Helvetische Gesellschaft. Deren erste Arbeit bestand darin, einen Zettelkasten anzulegen: *Bibliotheca Scriptorum Historiae Helveticae universalis;* dieser Katalog leistete später dem Bibliographen G.E. Haller sehr nützliche Dienste. Bodmer war Gründer und Mitbesitzer der Orellischen Buchhandlung und ein guter Geschäftsmann, der seinem Verlag zügige Sachen zuführen wollte. Als erste Publikation erschien *Thesaurus Historiae Helveticae;* die Vorrede, aus der Feder von Johann Conrad Füssli, ist der gelehrte Kommentar dazu. Aufgenommen wurden lauter lateinische Werke der Autoren: Johannes Vitoduranus, Willibald Pirkheimer, Felix Hemmerli, Glarean, Simler, Guillimann, Plantin, Suicerus, Ammianus. Alle waren vorher schon ganz oder teilweise gedruckt worden; Bodmer bot Kostproben.

Nun wagte er es mit einer Zeitschrift; stets steckte er voller Pläne und Anregungen, bei ihm musste etwas laufen. Von 1735-1741 gab er die *Helvetische Bibliothek* heraus, die erste schweizerische historische Zeitschrift, sechs Bände. Sie enthielt Rezensionen, Editionen, Abhandlungen. An Erstausgaben brachte sie Thüring Frickers Twingherrenstreit, den Zürcher Richtebrief, Christian Kuchimeisters Nüwe Casus und anderes. Bodmer ist der Hauptkritiker. Da Montesquieu in seinen 1734 erschienenen «Considérations sur les causes de la grandeur des Romains et de leur décadence» Bodmer heftig angriff, verschärfte er in seinen Besprechungen die Pfeile gegen die übliche lederne Aneinanderreihung von Oberflächentatsachen der Schweizer Historiker. Sein Urteil ist unabhängig und rücksichtslos, er spricht nicht andern nach. Ein Beispiel: «Frickers Twingherrenstreit ist mehr wert als der ganze Quark von Stettler.» Bodmer will eben zündende Ideen, Durchleuchtung. Von seinen Abhandlungen in der Bibliothek ist die wertvollste diejenige über Felix Hemmerlis Leben und Schriften, eine Monographie, wie sie in der Schweiz nicht eben üblich war.

Von 1736-1738 erschienen in seinem Verlag achtzehn Bände «Genaue und umständliche Beschreibung helvetischer Geschichten des verstorbenen Berner Professors Jakob Lauffer». Dies bildete den Anstoss zu einer neuen Veröffentlichung der beiden Zürcher: *Historische und Critische Beyträge zu der Historie der Eidsgenossen*, vier Bände, 1739, eine Sammlung von Abhandlungen und Quellentexten, mit der Absicht, Lauffers Werk zu stützen. In der Vorrede von Bodmer, «Empfehlungsschrift», steht der Satz, dass die Wahrheit die Seele der Historie, die Wahrscheinlichkeit die Seele der Fabel (Poesie) sei; später hat bekanntlich Lessing ähnlich geurteilt. Bei der Auswahl bewies Bodmer Scharfsinn und politischen Mut. Seine Abhandlungen sind folgende: *Die Ursachen der Grösse der Stadt Bern*, mit Motivenforschung nach Montesquieus Beispiel, *Geschichte des Regiments der Stadt Zürich*, die erste Rechtsgeschichte einer Schweizer Stadt nach Urkunden. Zu diesen Publikationen steuerte Bodmer mehr die Ideen, Breitinger mehr die gelehrte Kleinarbeit bei. Mit dem Jahr 1741 hörten ihre Zeitschriften auf, nicht wegen mangelnder Teilnahme der Leser, sondern wegen des Versagens der Mitarbeiter. Die beiden wurden nun durch ihre Fehde mit Gottsched, durch die literarische Publikation in Anspruch genommen.

In den «Discoursen» hatte Bodmer versprochen, selber Schweizergeschichte nach den neuen Ideen zu schreiben; mit der Professur hatte er den Auftrag bekommen, Rahns Eidgenössische Geschichte fortzusetzen. Er arbeitete um 1730 daran, machte es aber der Zensurkommission mit seiner Selbständigkeit nicht recht; denn er wollte nicht nur Staatsaktionen aufnehmen, meinte er doch, aus den Staatsakten sei nicht die ganze Wahrheit zu ersehen. Es war einst ein Fortschritt gewesen, dass man solche Akten verwendete; nun bestand der Fortschritt darin, dass noch mehr dazu genommen wurde. Bodmers Manuskript blieb als Torso liegen.

Während eines halben Jahrhunderts bekleidete Bodmer am Carolinum den Lehrstuhl der vaterländischen Geschichte und hat, nach dem Zeugnis eines Zeitgenossen, «die weisesten und besten unserer Regenten erzogen». Im Alter kehrte er auch publizistisch zur Geschichte zurück und wollte ihr eine neue Seite abgewinnen; er benützte sie, um auf die Öffentlichkeit, namentlich auf die Jugend zu wirken. Mit den Jahren wurde er immer radikaler, schwärmte für Rousseau, für Freiheit, Einfalt, Natur. Er war modern, demokratisch, sympathisierte mit allem, was jung war, jugendfrisch und munter. Von Voltaire abgestossen, nannte er diesen einmal «den Schänder der Erschaffung». Den Zürcher Herren wurde er sehr unbequem, war aber zu angesehen, um zum Schweigen gewiesen zu werden. Patriarch Bodmer sagte, er tue den Herren noch lange nicht den Gefallen, zu sterben. So sehr er unter dem «gesunkenen Geist der Zeit» litt, so war er doch ein glücklicher Mensch, weil er seine Herzenssache in beständigem Aufstieg sah; die Katastrophe brauchte er nicht zu erleben. Er predigte in seinen ermüdenden Staatsdramen – in der Literatur wie in der Historiographie war er mehr Wisser als Könner –, er predigte in Vorträgen, in populären Geschichtsbüchern. Unermüdlich, unerschöpflich plünderte er, was ihm unter die Hände kam. «Der gute Alte stiehlt wie ein Rabe», sagte Wieland. Von Rousseau und von seinen Jugendjahren her empfand er Liebe zum Landvolk, das er gegen die Stadt in Schutz nahm, verteidigte als Physiokrat den Ackerbau gegen den Handel und das Gewerbe. Aus seiner Jugend holte er die Idee der Kulturgeschichte hervor. 1762 gründete er die Historisch-politische Gesellschaft zu Schuhmachern, die seit 1765 Helvetisch-vaterländische Gesellschaft hiess. Seine dort gehaltenen Vorträge sind im Manuskript vorhanden, zum Beispiel *Durch welche Mittel können die verdorbenen Sitten eines Volkes wieder hergestellt werden?* Er sieht die verdorbenen Sitten nur bei den Regenten, nicht beim Volk. Ferner findet sich unter den Manuskripten auch ein *Bürgerkathechismus*, ein *Bauernkathechismus* – erste Versuche einer Staatsbürgerkunde. In einem anderen Manuskript unternimmt er den ersten Versuch einer Periodisierung der Schweizergeschichte. Seine eigene Zeit nennt er den Zeitpunkt des Geschmacks und der Vertraulichkeit. Wieder ein anderes Manuskript ist dem damals aktuellen Thema *Wegen der Restitution der Grafschaft Baden* gewidmet.

Bodmer fühlt sich als Erzieher des kommenden Geschlechts; er bedient sich der Geschichte als Mittel der Jugendbildung und trachtet nach der besten Art, die Jugend in die Vergangenheit einzuführen. So verfasste er auch populäre Schulbücher, zunächst *Historische Erzählungen, die Denkungsart und Sitten der Alten zu entdecken*. Im Vorwort wendet er sich gegen die ausschliessliche Pflege der Kriegsgeschichte: «Es ist ein Unglück, dass die Geschichtsschreiber nur die Zeiten für wichtig halten, da die Staaten in Kriege verwickelt sind ... Wieviel mehrern Nutzen könnte hingegen die Erzählung kleiner, nacketer, das Herz verrathender Geschichtgen haben, welche gute Wirkungen vornehmlich auf die erste, neue Denkungsart eines Jungen, ihn zu gewöhnen, dass er von dem Glücke der Menschen nicht nach dem Scheine, sondern nach dem Zustande ihres Herzens urtheilete...». Die Erzählungen sind eine chronologisch geordnete Sammlung von gegen hundert geschichtlichen Episoden. Sie wurde von der Zürcher Realschule als Geschichtsbuch eingeführt und stellt ein Muster didaktischer Historie im Sinne der zeitgenössischen Tugendpädagogen dar. Zwar stimmt Bodmer den Ton kindertümlich herab, hütet sich aber vor moralisierendem Reden, überlässt vielmehr die Auslegung der Ereignisse dem jugendlichen Leser selbst, im Vertrauen, dass «der wohlangeführte Junge durch sich selbst» das historische Geschehen «beurtheilen» werde. Hier wird deutlich merkbar, dass Bodmer Einbildungskraft und Herz der Jugend fesseln will. Er bringt Sagen wie Ueli Rotach, die Mazze im Wallis und andere, die er verbreiten will. Aber er streut auch erzieherisch lateinische Chronikstücke ein, weil die Schüler damals noch das Latein beherrschten.

Ein Schulbuch war ebenfalls seine *Geschichte der Stadt Zürich*, 1773 «mit hoher Approbation» erschienen. Der ausgezeichnete Geschichtskenner schöpft aus den ursprünglichen, ersten Quellen. Er bietet Kleidersitten, Heiratsmandate, Belagerungstechnik, Rechtsverhältnisse. Als Zweck schwebt ihm die Erziehung zu «republikanischer Tugend», zu «vernünftiger» Vaterlandsliebe vor. In dieser Historie seiner Heimat verzichtet er auf anekdotische Züge, stellt die gedrängte Entwicklung Zürichs in den grösseren Zusammenhang der eidgenössischen und der allgemeinen Geschichte hinein. Dem Mittelalter tritt er mit einer für seine Zeit bemerkenswerten Unbefangenheit gegenüber: «So elend im zwölften und dreyzehnten Jahrhundert die Barbarey in Absicht auf Religion, Physik und Geographie aussah, und so wilde Ausschweifungen im Schlachtfelde geschahen, so entstand doch bey der Ritterschaft ein Gefühl von Ehre, von Tugend und Achtung für das Frauenzimmer, eine Verfeinerung der Sitten, die man in Zeiten, die sich für ganz polit halten, umsonst sucht.» Für den Konfessionalismus und seine Kämpfe hat der Aufklärer Bodmer nichts übrig: «Bey dem Volke hatte die eidgenössische Freundschaft die Oberhand über den Religionseifer, der ihm nicht natürlich und nur von den Priestern eingebunden war. Die Leute sagten, es sey eine Plage über sie gekommen.» Die eidgenössischen Bürgerkriege von 1654 und 1712 schwächt er zu «vorübergehenden Uebelheiten» ab und verleugnet nirgends seine demokratischen Grundanschauungen.

Bodmers didaktische Schriften sind durchwegs allerliebste Sachen, die den Schülern schon wegen ihres schmalen Umfanges gefallen mussten. Von ähnlicher Absicht getragen, aber gar nicht von der gleichen starken Wirkung waren seine dramatischen Versuche *Wilhelm Tell, oder der gefährliche Schuss* und *Gessler, oder das erlegte Raubtier*.

In allem merkt man den Einfluss der Antike, für die Bodmer von jung an begeistert war. Plutarchs Biographien hatten es ihm angetan; hier fand er, was man später edle Einfalt und stille Grösse nannte. Wie andere Aufklärer hat er die Spannung zwischen einer ideal geschauten Vergangenheit und einer ebensolchen besseren Zukunft nie beglichen, vielleicht nicht empfunden. Sein Alterslohn war, dass er noch Johannes von Müller erlebte. Dessen Werk betrachtete er als eine Erfüllung seiner Wünsche, als Verwirklichung seines Postulats einer nationalen, patriotischen Sittengeschichte und nannte es enthusiastisch «den Stolz der historischen Literatur». Er prägte das Wort: «Müllers Werk ist ein Bollwerk der Schweiz.» Bodmers Wirkung lässt sich aus der Entwicklung der schweizerischen Historiographie nicht wegdenken.

Die Discourse der Mahlern; 4 Theile, Zürich 1721–23. – *Bibliotheca Scriptorum Historiae Helvetiae universalis.* Das ist Verzeichniss aller zur eidgenössischen Historie dienenden Schriften, sowohl gedruckter als von Hand geschriebener kleiner und grosser etc. in verschiedene Classen eingetheilt, in chronologischer, alphabetischer und topographischer Ordnung, nach der Materien Verschiedenheit...; Zürich 1728. – *Thesaurus Historiae Helveticae;* Tiguri 1735. – *Helvetische Bibliothek,* bestehend in Beyträgen zu den Geschichten des Schweizerlands; Zürich 1735–41. – *Historische und critische Beyträge zu der Historie der Eidsgenossen,* bestehend in Urkunden, Zeugnissen und Untersuchungen, auch ganzen historischen Werken, grösstentheils aus authentischen Handschriften genommen; 4 Theile, Zürich 1739. – *Historische Erzählungen die Denkungsart und Sitten der Alten zu entdecken;* Zürich 1769. – *Unparteiische Kirchen- und Ketzerhistorie mittlerer Zeiten;* Zürich 1770. – *Geschichte der Stadt Zürich;* Zürich 1773. – *Schweizerische Schauspiele.* Wilhelm Tell; oder: der gefährliche Schuss. Gesslers Tod; oder: das erlegte Raubthier. Der alte Heinrich von Melchthal im Land Unterwalden; oder: die ausgetretenen Augen; 1775. – *Schriften,* ausgewählt von *Fritz Ernst;* Frauenfeld 1938. – *Ein Verzeichnis der Werke und Ausgaben Bodmers* sowie der Literatur hiezu bietet: Johann Jakob Bodmer. Denkschrift zum 200. Geburtstag (19. Juli 1898), veranlasst vom Lesezirkel Hottingen und hg. v. der Stiftung Schnyder von Wartensee; Zürich 1900.

Gerold Meyer von Knonau: Johann Jakob Bodmer; ADB 3, Leipzig 1876, S. 19 ff. – Johann Caspar Mörikofer: Johann Jakob Breitinger; ADB 3, Leipzig 1876, S. 295. – Gustav Tobler: J. J. Bodmer als Geschichtsschreiber; Njbl. Stadtbibl. Zürich 1891. – Hans Bodmer: Die Gesellschaft der Maler in Zürich und ihre Diskurse (1721–1723); Zürich/Frauenfeld 1895. – Gonzague de Reynold: La critique Suisse. Bodmer et l'école zurichoise; Bibliothèque univers. et Rev. Suisse 43, Lausanne 1906, S. 5 ff. –

GONZAGUE DE REYNOLD: Jean-Jacques Bodmer et Jean-Jacques Rousseau. Caractères de l'écrivain suisse; Rev. Frib. 39, 1908, S. 170 ff. – GONZAGUE DE REYNOLD: Bodmer et l'école suisse; Histoire littéraire de la Suisse au dix-huitième siècle 2, Lausanne 1912. – KARL SCHWARBER: Nationalbewusstsein und Nationalstaatsgedanken der Schweiz von 1700–1789; Manuskript Basel 1919, S. 155 ff. – PAUL GIROUD: J. J. Bodmer als Politiker und Patriot; Basel 1921. – ROSA SCHUDEL-BENZ: Laurenz Zellweger und Jakob Bodmer; Zeitschr. Schw. Gesch. 10, 1930, S. 1 ff. – MAX WEHRLI: Johann Jakob Bodmer und die Geschichte der Literatur; Wege zur Dichtung 7, Frauenfeld 1937. – ANTHONY SCENNA: The treatment of ancient legend and history in Bodmer; New York 1937. – MAX WEHRLI: Johann Jakob Bodmer; Grosse Schweizer, Zürich 1938, S. 295 ff. – FRITZ ERNST: Johann Jakob Bodmer; NDB II Berlin 1955, S. 362 f. – HANS RUDOLF MERKEL: Demokratie und Aristokratie in der schweizerischen Geschichtsschreibung des 18. Jahrhunderts; Basl. Beitr. Geschichtswiss. 65, Basel/Stuttgart 1957, S. 32 ff., 40 ff., 87 ff. – RENÉ SALATHÉ: Die Anfänge der historischen Fachzeitschrift in der deutschen Schweiz; Basl. Beitr. Geschichtswiss. 76, Basel/Stuttgart 1959, S. 38 ff. – ERNST WESSENDORF: Geschichtsschreibung für Volk und Schulen in der alten Eidgenossenschaft; Basl. Beitr. Geschichtswiss. 84, Basel/Stuttgart 1962, S. 129 ff.

David Herrliberger 1697–1777

Herrliberger war Kupferstecher, gab eine Anzahl von Bilderwerken heraus, so *Heilige Ceremonien ... der Stadt und Landschaft Zürich* 1750; sie besitzen Eigenwert und veranschaulichen das Kirchenwesen. Ferner veröffentlichte er *Zürcherische Ausrufbilder* und *Baslerische Ausrufbilder*, in denen er die Strassenhändler mit Esswaren, Gebrauchsgegenständen, Schmuck aufziehen lässt und einen eindringlichen Begriff vom Umfang des ungebundenen Handels sowie der Fülle der guten Dinge, die man sich damals gönnte, gibt; damit lieferte er einen Beitrag zur Kulturgeschichte des Alltäglichen.

Sein Hauptwerk ist die *Neue und vollständige Topographie der Eydgenossenschaft,* von 1754–1773 in drei Bänden erschienen, mit erklärendem, ortsgeschichtlichem Text. Eine Anzahl Künstler und Schriftsteller lieh ihm die Hand. An die Originalität des Merianischen Werkes reicht er nicht heran. Echte Vaterlandsliebe steht hinter seinem Unternehmen; er will die Schweiz der Welt zeigen. Das Vorwort ist des Glückes voll von der Schönheit, Fruchtbarkeit und Gesundheit des Schweizerlandes und atmet die Zufriedenheit, den Optimismus, mit dem man sich im 18. Jahrhundert der Heimat freute, viel mehr, als eine spätere, düstere Auffassung von den damaligen politischen Zuständen es zugeben möchte – ein Beweis, dass die Staatsverfassung nicht das Ganze des Lebens ausmacht. Ein guter Teil jenes dankbaren Frohmuts verschwand später. Man glaubte in den folgenden Zeiten nicht so rasch an die glückliche Schweiz in der besten der Welten. Aus der abwechslungsreichen, nicht chronologisch geordneten Bilderflucht seien als Dokumente des Zeitgeistes die Landsitze und Gebirgspartien hervorgehoben. In grosser Anzahl sind die Edelsitze im Umkreis der Patrizierstädte aufgenommen, sauber, geleckt, mit Ziergärten nach französischem Muster, wahre Schaukästchen, ganz im koketten Zeitgeschmack; inmitten einer bäuerlichen Umgebung vermitteln sie den Begriff eines höheren Daseins und idyllischen Regentenglücks; nach damaligen Begriffen brauchte es allerdings nicht viel zu einem Schloss. Die Gebirgsbilder dagegen lassen erkennen, dass der Schweizer noch nicht zur unbefangenen oder gar beglückt hingerissenen Anschauung des Hochgebirges erwacht ist. Aus den erschrockenen Darstellungen spricht die Angst, die das Schroff-Ungeheuerliche, die Dimensionen nach oben und unten übertreibt; von selber stellt sich das Romantische ein. Die Aufnahmen sind von unterschiedlichem Wert.

Heilige Ceremonien oder Religions Übungen der Abgöttischen Voelker der Welt; 3 Bde., Zürich 1746–48. – *Kurze Beschreibung der Gottesdienstlichen Gebräuche.* Wie solche in der Reformierten Kirche der Stadt und Landschaft Zürich begangen werden; Zürich 1751. – *Neue und vollständige Topographie der Eydgenossenschaft,* in welcher die in den Dreyzehen und zugewandten auch verbuendeten Orten und Landen dermal befindliche Städte, Bischthümer... beschrieben und nach der Natur oder bewährten Originalien perspectivisch und kunstmaessig in Kupfer gestochen, vorgestellt werden; 3 Bde., Zürich 1754–73. – *Neue Ausgabe:* 2 Bde., Frankfurt/Basel 1928. – *Register zu Herrliberger's Topographie der Eydgnosschaft,* hg. v. F. Spänhauer und A. Waldburger; Basel 1929. – *Schweizerischer Ehrentempel,* in welchem die wahre Bildnisse theils verstorbener, theils annoch lebender berühmter Männer geist- und weltlichen Standes, sowohl aus den XIII, als zugewandten Orten vorgestellt werden; 2 Stücke; Basel/Zürich 1748–59. – *Herrlibergische Capell oder kleiner Tempel Erlauchter Helvetier.* Fortsetzung des schweizerischen Ehrentempels. Oder Helvetische Galerie der Bildnisse verdienstvoller Schweitzer; Zürich 1774.

JOHANN CASPAR FÜSSLI: Geschichte der besten Künstler in der Schweitz; 4, Zürich 1774, S. 117. – DANIEL BURCKHARDT: David Herrliberger; Schw. Künstler-Lexikon 2, Frauenfeld 1908, S. 49f.

Johann Konrad Fäsi 1727–1790

Ein deutscher Gelehrter, Anton Friedrich Büsching, erregte im 18. Jahrhundert Aufsehen durch seine neue politisch-statistische Methode der Staatsbetrachtung, obschon er nicht tief ging, sondern mehr handwerkmässig Zahlen häufte, ohne der Natur eines Landes gerecht zu werden. Die physische Geographie verschwand hinter der politischen. Büschings Hauptwerk war die «Neue Erdbeschreibung» 1760, wo er im vierten Band die Schweiz ziemlich ausführlich, aber ungenau und oberflächlich behandelte; es war gedacht als Vorbereitung zu einer Schweizerreise für Deutsche. Der rasche Erfolg und das Ungenügende der Arbeit riefen einen Schweizer auf den Plan, es besser zu machen: Johann Konrad Fäsi. Er war Zürcher, Schüler von Bodmer und Breitinger, wurde Pfarrer in Uetikon und nachher in Flaach, und trat in die «Eidgenössische Gesellschaft zu Schinznach» ein.

Von der Orellischen Buchhandlung erhielt er den Auftrag, ein zeitgemässes Werk für das Inland und Ausland zu schreiben. Das Verlangen nach Übersichten war damals verbreitet. Fäsis Werk erschien von 1765 bis 1768 in vier Bänden als *Genaue und vollständige Staats- und Erdbeschreibung der ganzen Helvetischen Eidgenossenschaft, derselben gemeinen Herrschaften und zugewandten Orten.* Es muss als grossartige Leistung in so kurzer Zeit bezeichnet werden. Von seinem stillen, herrlich gelegenen Pfarrhaus in Ueti-

Tafel 36. Rhonegletscher, aus der Topographie von David Herrliberger, 1754–1773.

kon hatte Fäsi Fäden zu den Gelehrten in der Schweiz herum angesponnen, die ihm Stoff zutrugen. Allerdings hat die Buchhändlereile auch verschiedene Unrichtigkeiten des Verfassers verschuldet, nicht viele in Ansehung der gewaltig ausgedehnten Arbeit. Fäsis Bände wurden das beliebte, unentbehrliche Nachschlagewerk, besonders ergiebig für statistische Angaben. Es enthält Erdbeschreibung, Geschichte, Staats- und Ortskunde geschickt und planmässig vereinigt und ist eine Bestandesaufnahme der politischen, wirtschaftlichen, geographischen, sittlichen Kräfte, wobei nach Vollständigkeit getrachtet wird. In der Einleitung bietet er eine Übersicht über das Ganze, dann folgen die dreizehn Orte und ihre Zugewandten, zuletzt die Vogteien. Alles wird in einer wackeren, freundlichen Art dargestellt, die beide Konfessionen leben lässt. Man greift wirklich gerne zu diesem gelehrten, erquicklichen Niederschlag einer Pfarrhausidylle. Daraus spricht innige Liebe zum Vaterland, die nicht nach dem Nutzen temperiert ist, sowie ein durchgehender Optimismus.

Der geistige Ahne des Werkes ist die italienische Blondus-Schule des 15. Jahrhunderts, die auf topographisch-antiquarischer Grundlage arbeitete. Stumpfs Chronik hat sie in unbeholfener Weise auf die Schweizergeschichte übertragen. Gewiss stand sie auch Simlers Republik zu Gevatter und schliesslich Büsching. Nur zwei Jahrhunderte trennen Stumpf und Fäsi, aber welcher Unterschied in der Fülle und Sicherheit des Wissens, in der Ordnung und Helle des Denkens. Alles Fabelmässige, Wundergläubige ist gefallen, die Welt entzaubert. Wieviel des Interessanten auch die Ortsmonographien bieten, wir halten uns hier nur an die Einleitung, die die ganze Schweiz betrifft. Vorausgeschickt wird ein Privileg der Orte und Zugewandten, welches das Werk zwanzig Jahre lang vor Nachdruck schützt, und ein Literaturverzeichnis. Fäsi bietet ein Verzeichnis der Schweizer Karten, gibt die Höhe der Berge an, versucht eine Erklärung der Gletscher, findet für die Schönheit der Berge endlich das menschliche Gefühl, erwähnt Metallvorkommnisse und Bergbau, wobei er dazu neigt, den Reichtum des Bodens zu überschätzen, in einer Zeit, da noch nicht alles von den Zyklopenschätzen Amerikas verdunkelt war. Im fernern beklagt er den Holzmangel infolge übler Forstwirtschaft, lobt die Steinkohle, macht genaue Angaben über Manufakturen. In der Stadt Basel befänden sich 20 Bandfabriken, aus denen jährlich gegen 400000 Gulden Arbeitslohn der Landschaft zuflössen. Das Wallis, das wärmste Tal der Schweiz ausser Veltlin, habe vortrefflichen Weinwuchs, so dass man dort auf den Esstischen «kein Wasser nicht» sehe. Fäsi behauptet, die Schweiz weise die stärkste Bevölkerung von Europa auf, wendet sich gegen die vielen Ferientage, beginnt einen Geschichtsabriss, beschreibt das eidgenössische Staatsrecht, entwirft eine optimistische Schilderung der schweizerischen Militärbereitschaft, spricht Hallers Behauptung vom Reichtum des Oberlandes nach.

Fäsi verfasste noch andere historische Arbeiten. 1770 erhielt er von den Schinznachern den Auftrag, Tschudi fortzusetzen; sein Manuskript wurde nicht gedruckt.

Genaue und vollständige Staats- und Erd-Beschreibung der ganzen Helvetischen Eidgenossenschaft, derselben gemeinen Herrschaften und zugewandten Orten; 4 Bde., Zürich 1765–68. – Auszüge daraus sind von GOTTFRIED BÜRGIN ohne Kommentar herausgegeben worden unter dem Titel «Die Eidgenoszschaft ist unstreitig das oberste und am meisten erhöhete Land in ganz Europa»; Bern 1972.

RUDOLF WOLF: Biographien zur Kulturgeschichte der Schweiz, 1; Zürich 1858, S. 167ff. – GEROLD MEYER VON KNONAU: Johann Konrad Fäsi; ADB 6, Leipzig 1877, S. 578ff. – GEROLD MEYER VON KNONAU: Zwei rivalisierende zürcherische Gelehrte des 18. Jahrhunderts; Zürcher Taschenb. 1878, S. 66ff. – HERMANN ALFRED SCHMID: Die Entzauberung der Welt in der Schweizer Landeskunde; Basl. Beitr. Geschichtswiss. 7, Basel 1942, S. 187ff. – ALVIN E. JAEGGLI: Johann Konrad Faesi; NDB IV, Berlin 1959, S. 742f. – RUTH DEBRUNNER: J. C. Fäsis Geschichte der Landgrafschaft Thurgau; Thurg. Beitr. vaterl. Gesch. 97; Frauenfeld 1960.

Johann Konrad Füssli 1704–1775

Er war Theologe und Historiker, amtete als Pfarrer zu Veltheim, als Kämmerer des Kapitels Winterthur, ein ebenso scharfsinniger wie streitsüchtiger Gelehrter von ungemein fruchtbarer literarischer Tätigkeit. Unter seine ersten Arbeiten fallen die *Prolegomena* zu Bodmers Thesaurus Historiae Helveticae. Seine Spezialität war die Kirchengeschichte. So veröffentlichte er von 1741–1753 in fünf Bänden *Beyträge zur Erleuterung der Kirchen-Reformations-Geschichten des Schweitzerlandes,* 1742 die *Epistolae ab ecclesiae Helveticae Reformatoribus vel ad eos scriptae centuria prima,* 1770 die dreibändige *Unpartheyische Kirchen- und Ketzerhistorie mittlerer Zeiten.* Darüber hinaus publizierte er in Zeitschriften zahlreiche Aufsätze, worin unverkennbar wissenschaftliche Tüchtigkeit und vorzügliche Brauchbarkeit noch für spätere Zeiten liegt, aber ebensoviel Eitelkeit, Geltungssucht und Bissigkeit. Dies zeigt sich besonders auffällig in seinen vier pseudonymen *Streitschriften* gegen Breitinger 1751 über den Fall Calvin-Servet, wo er den hochgeachteten Gelehrten herunterriss. Oder anderwärts in seiner Polemik gegen Stanyan: Ein Engländer solle sich nicht unterstehen, eine «Geschichte der Schweitzer» zu schreiben, sondern seine Zeit auf Besseres verwenden. Solches hat ihn in den Augen der Nachwelt diskreditiert. Sie sieht in ihm nur den händelsüchtigen Charakter und unterschätzt ihn deshalb; er war aber origineller als Fäsi.

Als 1765 der erste Band von Fäsis Hauptwerk erschien, stach Füssli aus dem allgemeinen Beifall durch eine säuerlich anerkennende Kritik heraus; er trug sich mit ähnlichen Plänen. Von 1770–1772 veröffentlichte er in vier Bänden eine *Staats- und Erdbeschreibung der schweizerischen Eidgenossenschaft,* durchgängig eine Kritik, aber auch eine methodische Anpassung an Fäsi. Die Kritik ist im historischen Teil sicher nicht unberechtigt. Stärker als sein Vorgänger arbeitete er das Historische heraus. Er sagt: «Zur Erdbeschreibung hat man die Historie vonnöten, und ohne Historie ist die Erdbeschreibung ein leeres Wörterbuch.» So berichtigt er Fäsi manchenorts, aber neidisch, gehässig. Anderseits nimmt er stets Bezug auf ihn, verzichtet auf die Darstellung gewisser Dinge, weil sie bei Fäsi stünden. So blieb doch Fäsis Werk das beliebte Handbuch, das Geographie,

Geschichte, Staatskunde liebenswert und harmonisch vereinigte. Füssli teilte Hiebe nach allen Seiten aus; namentlich streifte er die alte Kirche mit bissigen Ausfällen gegen Niklaus von Flüe, die Reliquien, St. Ursus und die Mutter Gottes. Die katholischen Stände erhoben 1771 auf der Tagsatzung Klage über die höchst ärgerliche Publikation; nach einigem Hin- und Herreden versandete die Sache wie gewohnt. Daneben stehen Dinge in Füsslis Werk, die den selbständigen Denker verraten, so seine Zweifel an der üblichen Darstellung des Alten Zürichkriegs und seine Bemerkung zum Ursprung der Eidgenossenschaft. Da die Menschen zur Freiheit geboren sind, besitzen sie das Recht zum Widerstand gegen eine gewalttätige Obrigkeit; deshalb ist der Zusammenschluss im Waldstättebund gerechtfertigt. Tells Tat wird nicht in Beziehung zur gemeinsamen Aktion gesetzt. Im Bauernaufruhr von 1653 sieht Füssli keinen Nachfahr des altschweizerischen Befreiungskampfes. Als Kind seiner Zeit gibt er sich trotz seines zürcherischen Standesbewusstseins zu erkennen, wenn er erklärt: «Mein Vaterland ist die Eidgenossenschaft». Für die beste Staatseinrichtung hält er eine Mischform von Aristokratie und Demokratie, einen «gemässigten Staatskörper». Er gibt eine schlagende Definition der Schweiz und ihres Wesens. Füssli konnte also sehr wohl zur Ergänzung gebraucht werden.

Am Ende seines Lebens setzte er sich selber ein Denkmal, schrieb sich selbst einen Nekrolog, weil er meinte, er sei ohnehin bei der Welt zu kurz gekommen. Einigermassen trifft das zu, aber nicht ohne sein Verschulden.

Beyträge zur Erleutherung der Kirchen-Reformations-Geschichten des Schweitzerlandes; Zürich 1741–53. – *Epistolae ab ecclesiae Helveticae Reformatoribus vel ad eos scriptae;* Zürich 1742. – *Unpartheyische Kirchen- und Ketzerhistorie mittlerer Zeiten;* Zürich 1770. – *Staats- und Erdbeschreibung der schweizerischen Eidgenossschaft;* Schaffhausen 1770–72.

DAVID HERRLIBERGER: Herrlibergische Capell oder kleiner Tempel Erlauchter Helvetier, Johann Konrad Füesslin; Zürich 1774. – GEROLD MEYER VON KNONAU: Johann Konrad Füssli; ADB 8, Leipzig 1878, S. 256ff. – GEROLD MEYER VON KNONAU: Zwei rivalisierende zürcherische Gelehrte des 18. Jahrhunderts; Zürcher Taschenb. 1878, S. 66ff. – HANS RUDOLF MERKEL: Demokratie und Aristokratie in der schweizerischen Geschichtsschreibung des 18. Jahrhunderts; Basl. Beitr. Geschichtswiss. 65, Basel/Stuttgart 1957, S. 72.

Johann Heinrich Schinz 1725–1800

Geborener Zürcher, betätigte er sich zuerst als Kaufmann, schwenkte dann in die Ämterlaufbahn ein und wurde Mitglied der Regierung. Er war Historiker aus natürlicher Begabung. An ihm erkennt man besonders deutlich die Erweiterung des Stoffgebietes und die Verfeinerung der Methode. Als Forscher ist er durchaus selbständig, ein Vordenker und Neubahner. Unermüdlich sammelte er ein grosses Material, Bücher, Handschriften, Münzen, Überbleibsel aller Art, und wurde zu einem ausgezeichneten Kenner des Mittelalters, dem seine Zeit fernstand. Mit seinen neuen Einsichten regte er Johannes von Müller und Johann Heinrich Füssli an.

Der *Versuch einer diplomatischen Geschichte der Freiherren von Regensperg*, den Füssli 1787 im «Schweitzerischen Museum» unter seinem eigenen Namen herausgab, stammt in der Hauptsache von Schinz. Anno 1763 liess er anonym einen schlanken Band erscheinen: *Versuch einer Geschichte der Handelschaft der Stadt und Landschaft Zürich*. Daran ist schon das bemerkenswert, dass er die Vergangenheit auf einen bestimmten Gegenstand zu einer Monographie absucht und dabei eine grosse Quellenkenntnis und Treffsicherheit in den Zitaten beweist. Noch mehr: Seine Abhandlung bedeutet einen Markstein, ein kleines Meisterwerk, das mit einem Schlag das geschichtliche Gesichtsfeld und Denken erweitert. Er hat, was den Historiker ausmacht, den rückwärts gewandten Seherblick, der die erloschenen Zusammenhänge und Verbindungslinien wieder herstellt und in einer Zusammenschau das Ganze des Lebens in der Verflechtung seiner Antriebe und Kräfte wiedergibt. Das Neue liegt darin: Er führt das Wirtschaftliche in die Schweizergeschichte ein. Schinz will nicht die Geschichte auf die Wirtschaft gründen, er postuliert nicht den Primat des Wirtschaftlichen in der Historie, aber er will die gegenseitige Bedingtheit von Politik und Wirtschaft dartun. So gibt er als Wirkung des kanonischen Zinsverbotes den Wucher der Juden an und zeigt später, wie die Durchbrechung des Zinsverbotes die Juden überflüssig macht, was J.C. Ulrich noch nicht gemerkt hatte. Bewusst erfasst er eine wirtschaftliche Umstellung: Zürichs Gewerbe nahm im 15. Jahrhundert ab, wofür der Erwerb von Landgebiet stieg. Den Wandel des Wirtschaftslebens in der Reformation leitet er von einer neuen Sinnesart her, ist aber noch in der alten Vorstellung von der Schweizer Schlichtheit befangen, die durch die Burgunderbeute verdorben worden sei. Er verdammt Reislauf und Pensionen, fasst geschickt die wirtschaftliche und politische Verderbnis zusammen, so dass die Reformation unvermeidlich erscheint. Von ihr entwirft er ein Idealbild. Er zuerst zieht aus der neuen Denkungsweise Schlüsse auf den Wandel der Sitten und der Wirtschaft, auf allgemeine Wiedergesundung. Neues meldet sich bei ihm auch darin, dass er Lohnberechnungen anstellt, dass er zeigt, wie sich wirtschaftliche Gegensätze früher in Preiskämpfen austrugen, die sich dann im 19. Jahrhundert zu Lohnkämpfen steigern sollten. Bei Schinz findet sich das erste Anzeichen dieses Wandels, ebenfalls die erste Definition des Proletariats. Er ahnt auch schon die Zukunft der Steinkohle.

Im Mittelpunkt seines Denkens steht das Bevölkerungsproblem. Während man früher das Menschenleben einzeln und in Masse gering veranschlagte, sah Schinz Kraft und Reichtum des Staates in der möglichst grossen Bevölkerungszahl. Diese Erkenntnis fliesst nicht nur aus wirtschaftlicher Einsicht, sondern auch aus dem Optimismus des Jahrhunderts, der zeitweise überwältigend durchbricht. Der Zusammenhang zwischen Nahrungsspielraum und Bevölkerungsdichte ist ihm klar, und doch wendet er sich gegen den Reislauf. In ihm streiten sich der Merkantilist und der Physiokrat. Die Bürgerschaft Zürichs nehme zu, weil sich der «Commerz» entwickle; er tadelt, dass man die Refugianten nicht aufnahm, spricht vom unvergleichlichen Colbert, aber er übernimmt die Forderung der Bodenreformer: das Pflügen des Weidbodens. Dann wieder nähert er sich Adam Smith, der jede Arbeit gelten lassen will. Und doch hat man zuweilen den Eindruck, dass der Kampf gegen den einseitigen Physiokratismus seiner Zeit ihm die Feder in die Hand drücke. Jedenfalls kann er nicht genug Bevölkerung bekommen und bekämpft scharf die Auswanderung.

Schinz tadelt oft die verkehrten Wirtschaftsmassnahmen vergangener Jahrhunderte, rühmt aber Zwinglis Bekämpfung des auswärtigen Solddienstes; denn damit hat der Reformator die Arbeitskräfte im Lande zurückbehalten und den zürcherischen Wohlstand begründet: «Pflanzung der Lust und Liebe zur Arbeit, Ausreutung des Müssiggangs und Hebung der allgemein gewordenen Armuth.» Materiell ist Schinz heute zum Teil überholt; sein Blick aber bleibt unübertrefflich.

Versuch einer Geschichte der Handelschaft der Stadt und Landschaft Zürich; Zürich 1763. – *Versuch einer diplomatischen Geschichte der Freyherren von Regensperg;* Schweitzerisches Museum 1787, S. 777 ff. 910 ff. – *Geschichte des Münzwesens Löbl. Stands Zürich* (Haller IV, 12). *Bericht des Ratsherrn Johann Heinrich Schinz, Verwalter des Salzamtes, über seine Verrichtungen als Gesandter nach München im Jahre 1765,* hg. v. *Gerold Meyer von Knonau;* Zürcher Taschenb. 1903, NF 26, S. 71 ff. – *Aus den eigenhändigen Aufzeichnungen* von Johann Heinrich Schinz, hg. v. *Gerold Meyer von Knonau;* Njbl. Stadtbibl. Zürich 1907.

SALOMON HIRZEL: Angedenken meines Freundes, des sel. Stadthalters Johann Heinrich Schinz; Zürich 1804. – GEORG VON WYSS: Johann Heinrich Schinz; ADB 34, Leipzig 1892, S. 718 f. – GEROLD MEYER VON KNONAU: Johann Heinrich Schinz, ein zürcherischer Staatsmann und Geschichtskenner im 18. Jahrhundert; Njbl. Stadtbibl. Zürich 1903.

Johann Heinrich Füssli 1745–1832

Er war von 1775–1785 Geschichtsprofessor als Nachfolger Bodmers. Dann beanspruchte ihn die Politik, und er wurde Mitglied der Obrigkeit. Von 1800–1802 sass er in der helvetischen Regierung. Die Beschiessung von Zürich durch General Andermatt brachte ihn in der Vaterstadt um seine Geltung. Nun lebte er den Studien und der wissenschaftlichen Arbeit.

Als Historiker hatte er das Glück, für seine reiche Begabung die richtige Anregung zu finden. Er war Schüler von Bodmer und Schinz, stand mit Johannes von Müller in einem freundschaftlichen Briefwechsel. Die beiden fassten 1773 den Plan, gemeinsam eine Schweizergeschichte zu schreiben. Füssli anerkannte die grössere Begabung Müllers, verzichtete und öffnete ihm seine reichen Sammlungen über das Mittelalter. Als einziges selbständiges Werk Füsslis erschien 1780 *Johann Waldmann, ein Versuch, die Sitten der Alten aus den Quellen zu erforschen.* Das in den Mittelpunkt gerückte Reformwerk Waldmanns steht in einem inneren Zusammenhang mit den Reformen, die Füssli für die Regeneration der Alten Eidgenossenschaft am Vorabend der französischen Revolution für nötig hielt. Er beurteilt als Historiker die Waldmann-Wirren mit der gleichen vermittelnden Haltung, die er dann als Politiker im Stäfener Handel einnehmen sollte. Eigentlich geht es um die Revolution mit allen ihren Auswirkungen. Bei der Abfassung seines Waldmann – eine der wenigen Biographien des 18. Jahrhunderts – hat ihm Schinz reichlich geholfen. Man merkt deutlich, dass Bodmers Saat darin aufging. Bodmer hatte Sittengeschichte und Tatsachen aus den Quellen, nicht bloss Wahrscheinlichkeit verlangt. Auch in dieser Biographie ist wie bei Schinz nicht das stoffliche Ergebnis, sondern die Methode das Bleibende. Wir finden den Einsatz neuer Ideen vereint mit den Anregungen Mabillons. Füssli nimmt Mabillon gegen dessen Widersacher in Schutz und sagt: «Er ist wohl nicht darüber zu tadeln, dass er nur nach dem Genius seines Zeitalters gross sein konnte.» Füssli besass Erzählertalent, und deshalb ist es schade, dass er nicht mehr schrieb. Vielleicht war er auch der Autor der *Briefe des Conte di Sant' Alessandro an einige Freunde in Rom,* eines satirisch gefärbten kulturhistorischen Denkmals.

Nach Bodmers Tod sammelte er die verwaiste Schar um das *Schweitzerische Museum* (1783–1790) und um das *Neue Schweizerische Museum* (1793 bis 1796). Die erste Nummer eröffnete er mit einem Lebensabriss von Bodmer. Obschon das Museum eine Fachzeitschrift war, erschien doch im ersten Band eine Abhandlung «Von der Auswahl eines Ehegatten». Seit 1780 gab Füssli den *Helvetischen Kalender,* seit 1798 den *Helvetischen Almanach* heraus. Seine letzte Beschäftigung mit Geschichte bestand darin, dass er des Vaters Schweizerisches Künstlerlexikon neu bearbeitete; es wurde die Hauptquelle des «Neuen Künstlerlexikons» von 1917.

Johann Waldmann, Ritter, Bürgermeister der Stadt Zürich, *Ein Versuch, die Sitten der Alten aus den Quellen zu erforschen;* Zürich 1780. – *Zürich im Spätrokoko.* Briefe des Conte di Sant'Alessandro, hg. v. *Emil Ermatinger;* Frauenfeld 1940.

IGN. HEINRICH VON WESSENBERG: Johann Heinrich Füssli; Trogen 1836. – GEROLD MEYER VON KNONAU: Johann Heinrich Füssli; ADB 8, Leipzig 1878, S. 263 ff. – AUGUST STADLER: Johann Heinrich Füssli als Privatmann, Schriftsteller und Gelehrter. Freier Auszug aus dem Manuskripte seines Biographen Wilhelm Füssli; Njbl. Stadtbibl. Zürich 1900. – ARMIN SCHÜLE: Die politische Tätigkeit des Obmanns Johann Heinrich Füssli von Zürich (1745–1832); Schw. Stud. Geschichtswiss. 10, Zürich 1917. – WOLFGANG VON WARTBURG: Obmann J.H. Füssli als Wegbereiter des Umsturzes von 1798; Zürcher Taschenb. 1953, S. 81 ff. – ALFRED KÖNIG: Johann Heinrich Füssli, 1745 bis 1832. Weltanschauung eines Zürcher Politikers im 18. Jahrhundert; Zürich 1959. – MARIE BEYME: General Beat Fidel Zurlauben und Obmann Heinrich Johann Füssli in ihren Briefen; Zuger Njbl. 1960, S. 36 ff. – VERENA BODMER-GESSNER: Johann Heinrich Füssli; NDB V, Berlin 1961, S. 705 f.

Hans Rudolf Maurer 1752–1805

Auch er war Schüler Bodmers, führte aber nicht die patriotische, sondern die theologisch-aufklärerische Komponente seiner Lehre weiter. Die Geschichte beurteilt er einzig nach dem Massstabe der Vernunft, entkleidet die alten Eidgenossen der sittlichen Gloriole, nennt sie einmal sogar tadelnd die «geldhungrigen Schweizer». Er verwirft die «Glaubenstyrannei» früherer Zeiten, wendet sich gegen die «unwissenden Priester, die das Volk mit Gesängen, Fabeln und Gepränge» betören. Zwingli erscheint als eine Art Vorläufer der Aufklärung; denn er ist gesandt worden, um «des Aberglaubens Joch zu brechen», wie denn überhaupt nach Maurers Überzeugung das Zeitalter der Reformation und dasjenige der Aufklärung viel miteinander gemein haben und sich seiner Vorliebe erfreuen. So drängt er die Kriegsgeschichte zugunsten der Sittenschilderung zurück. Sein 1779 erstmals erschienenes Schulbuch «Kurze Geschichte der Schweiz. Für Anfänger» war bis ins 19. Jahrhundert hinein ein beliebtes Volksbuch und ist erst gegen Ende der Restauration durch Heinrich Zschokkes Schweizergeschichte verdrängt worden.

Neujahrsblätter der Chorherren, Zürich 1809. – ERNST WESSENDORF: Geschichtsschreibung für Volk und Schulen in der alten Eidgenossenschaft; Basl. Beitr. Geschichtswiss. 84, Basel/Stuttgart 1962, S. 166–169.

Leonhard Meister 1741–1811

Dieser Theologe und Vielschreiber sticht unvorteilhaft von der trefflichen Zürcher Gelehrtenschule ab. Zuerst versah er eine Geschichtsprofessur an der Kunstschule, dann am Chorherrenstift, aber in nachlässiger Weise. Hierauf amtete er als Pfarrer, in der Helvetik als Sekretär bei der Verwaltung. Er publizierte flüchtig und oberflächlich drauflos, um die Geschichte zu popularisieren, wobei er dem Zeitgeschmack, der Sittengeschichte verlangte, nachgab. Seine von Sachfehlern strotzenden drei Bände *Hauptscenen der Helvetischen Geschichte* und seine *Geschichte von Zürich* halten den Vergleich mit der volkstümlichen Historiographie seiner Zeit nicht aus. Mit seiner *Galerie grosser Männer* wandte er sich in lehrhaft patriotischem Ton an die eidgenössische Jugend und rief sie zur Einigkeit auf: «Noch so verschieden in Meinungen und Gebräuchen, wir lieben einander als Brüder». Am lesbarsten, wenn auch ebenfalls unzuverlässig, sind die biographischen Sammelwerke *Berühmte Züricher* 1782 und *Helvetiens Berühmte Männer* 1783/92. Davon besitzen nur einige kurze Lebensskizzen von Meisters Zeitgenossen informatorischen Wert. Schiller tat ihn in den Xenien mit folgendem Distichon ab:

Deinen Namen les' ich auf zwanzig Schriften, und dennoch
Ist es dein Name nur, Freund, den man in allem vermisst.

Berühmte Züricher; 2 Teile, Basel 1782. – *Helvetiens Berühmte Männer, in Bildnissen dargestellt von Heinrich Pfeffinger;* 3 Bde., Zürich 1782–86. – *Historisches, geographisch-statistisches Lexikon von der Schweiz;* 3 Bde., Ulm 1796. – *Helvetische Revolutionsgeschichte;* Basel 1803.

(HEINRICH) BREITINGER: Leonhard Meister; ADB 21, Leipzig 1885, S. 261 ff. – HUGO DAFFNER: Galeotto in einem frühen Schweizer Roman; Deutsches Dantebuch 9, Weimar 1925, S. 56 ff. – HANS RUDOLF MERKEL: Demokratie und Aristokratie in der schweizerischen Geschichtsschreibung des 18. Jahrhunderts; Basl. Beitr. Geschichtswiss. 65, Basel/Stuttgart 1957, S. 113 ff.

BERN

Schwer nur rang sich im 18. Jahrhundert das Geistige, das Historische insbesondere, durch eine Kruste von Gleichgültigkeit und amtlichem Misstrauen. Die Klage tönt immer wieder in der Korrespondenz der Geweckten. So schrieb G. E. von Haller an J. A. F. von Balthasar in Luzern: «Die Gelehrsamkeit ist für das hiesige Publikum allzu abgeschmackt, als dass es fähig wäre, ein Urteil zu fällen.» Und in einem weiteren Brief erwähnt Haller ein interessantes Tuchreglement aus dem Jahr 1362, das er aber nicht drucken lassen dürfe, «weil es anfängt mit den Worten: Wir der Schultheiss, der Rath, die CC und gemeinlich die Burger von Bern usw., welche Titulatur man auf das äusserste hasset und alle dergleichen Dokumenta gerne verbrennete und vernichtigte». Erst die zweite Hälfte des Jahrhunderts schuf die Möglichkeit zu ungehemmterer Entfaltung, wie der gleiche Haller bekennt: «Man duldet nach und nach eine freiere Denk- und Schreibweise, einige Erzignoranten und Verfolger der Aufklärung starben weg und die Zensur schlief gelassen ein.» Träger der Bewegung waren meist Patrizier. Die Aufklärung drang ein; Vereine und Zeitschriften nach Zürchermuster halfen nach. Seit 1689 ungefähr erschien die *Gazette de Berne* der Postpächter von Fischer-Reichenbach; sie kam bis 1798 unter verschiedenen Titeln halbamtlich, zuletzt amtlich heraus. Das *Avis- und Wochenblättlein* war der Stadtanzeiger. Als erste Zeitschrift kann der *Mercure galant* von 1719 gelten. Das *Freytagsblättlein* von Georg Altmann 1722–1723 ahmte den englischen Spectator von Richardson und die Discourse der Mahlern von Bodmer und Breitinger nach. Andere kurzlebige Unternehmungen folgten. Sind solche Dinge mehr merkwürdig, so haben dagegen die *Abhandlungen und Beobachtungen durch die Oekonomische Gesellschaft zu Bern gesammelt*, von 1760 an einen tiefen und segensreichen Einfluss ausgeübt. Das beste Streben Berns in dieser Zeit fliesst hier zusammen. Man gewinnt den Eindruck einer Zeitschrift, die wirklich den Geist der Zeit gibt.

Die Frage ist nun: Wird Bern im 18. Jahrhundert den historiographischen Ausdruck erhalten, der seiner Grösse würdig ist?

LUDWIG LAUTERBURG: Biographische Literatur, enthaltend eine Sammlung gedruckter biographischer Quellen aus dem Zeitraum von 1785 bis 1840; Bern. Taschenb. 1853, S. 189 ff. – GUSTAV TOBLER: Die Chronisten und Geschichtsschreiber des alten Bern; Festschr. VII. Säkularfeier Berns, Bern 1891, 3. Teil, S. 67 ff. – GUSTAV TOBLER: Die Gazette de Berne; N. Bern. Taschenb. 1911, S. 215 ff.

Isaak Steiger 1669–1749

Er wurde aus einem verarmten Zweig des Geschlechts geboren, errang sich mit hartem Fleiss Bildung und Weg nach oben, gelangte 1732 auf den Schultheissenstuhl und starb aus Kummer über die Henzi-Verschwörung.

Steiger war ein bedeutender Mann. Albrecht von Haller entwirft in dem Gedicht «Über die verdorbenen Sitten» ein schmeichelhaftes Bild von ihm, und ähnlich charakterisiert ihn Lessing in seinem Trauerspiel «Henzi». Als Geschichtsfreund verfasste er ein *Staats-* und *Standbuch von Bern*, das ungedruckt blieb. Es ist eine Kompilation der eidgenössischen und bernischen Geschichte. Steiger kannte die Schäden der Republik. Unwille bewog ihn zur Niederschrift des Erlebten. So stellte er das Stück bernischer Geschichte von 1711/12 dar. Darin urteilt er sehr freimütig, da seine Aufzeichnungen nur für die Nächsten bestimmt waren. Es ist Kritik von oben, eines Regierungsmannes, der sich nicht durch Publizistik entladen konnte. Er schrieb unter dem Eindruck der Ereignisse oder wenig nachher.

Die Losordnung bezeichnet er als trauriges Mittel, das aber wegen der «Praktizierfürsten» notwendig sei. Auch gibt er die Ursachen zum Toggenburgerkrieg an, lässt die reformierte Willkür gegen den Abt, die Ermunterung der Toggenburger, den Kriegswillen der beiden Städte durchblicken: Frankreich und der Kaiser können jetzt dem Abt und den Katholiken nicht helfen. Steiger schildert den Feldzug bis zur Belagerung von Baden, den er als Kriegszahlmeister mitmachte; es ist kein erhebendes Bild. Hier findet sich nichts von altschweizerischer Tapferkeit. Er gibt ungeschminkte Wahrheit: Die Berner hätten in der Staudenschlacht bei der ersten Salve die Flucht ergriffen. Gar schlecht weg kommen die Zürcher: Sie seien nie zur Stelle gewesen; Steiger empört sich über ihre grenzenlose Feigheit.

Ein Bruchstück der bernischen Geschichte aus den Jahren 1711 und 1712; Arch. Hist. Ver. Bern 9, 1879, S. 411 ff.

C. von Steiger: Isaak Steiger. Biographie eines Zeitgenossen Haller's; Bern. Taschenb. 1879. – Emil Blösch: Isaak Steiger; ADB 35, Leipzig 1893, S. 582 ff. – Emil Blösch: Isaak Steiger; Slg. Bern. Biogr. 2, Bern 1896, S. 521 ff.

Johannes Fankhauser 1666–1746

Aus angesehenem Burgdorfergeschlecht stammend, trat er ins französische Regiment von Erlach ein, machte die Schlachten des Pfälzischen Erbfolgekriegs mit. Da er ein geborener Soldat, auch eine echt soldatische Erscheinung war, stieg er unter den patrizischen Kameraden zum Aidemajor empor, quittierte den Dienst, ging nach Hause, wurde Hauptmann der Burgdorfer Kompagnie und Venner seiner Vaterstadt. Der Zweite Villmerger Krieg gab ihm Gelegenheit, seine militärische Tüchtigkeit zu entfalten. Er rückte mit seiner Kompagnie aus, wurde sogleich zum Bataillonskommandanten ernannt, zeichnete sich in der Staudenschlacht aus, machte bei Villmergen einen Umgehungsmarsch in den Rücken der Katholiken, wurde anstelle des gefallenen Generals Tscharner Untergeneralquartiermeister und erhielt nach dem Feldzug einen silbernen Ehrenbecher.

Fankhauser hinterliess ein *Tagebuch über den Feldzug von 1712*, das sich in einer Kopie erhalten hat. Es ist soldatisch knapp und sachlich gehalten, gewährt gute Einblicke. Die Eintragungen beginnen mit dem Aufgebot von 1712. Dann ist viel die Rede von dem steten Gegensatz zu den Zürchern, von ihrer elenden Aufführung, von der Undisziplin der Soldaten im allgemeinen, vom Murren über den langen Dienst. Als Kommandant von Baden muss Fankhauser die Festungswerke abtragen, das Silbergeschirr und die Kasse der Stadt teilen. Immer wird er von den Oberen mit Lob überschüttet, zur Tafel gezogen, wofür er sich sehr empfänglich zeigte. Ein Streit mit Generalmajor Sacconay lässt diesen in ungünstigem Licht erscheinen. In der Schlacht herrschte Verwirrung und Schwanken beim bernischen Oberkommando. Fankhauser hinderte mit dem Schwert die Soldaten an der Plünderung im Feindesland.

Ausgaben von Fankhausers Tagebuch: Merkwürdiges als zuverlässiges Tagebuch eines erfahrenen Offiziers aus dem Kanton Bern, über den Feldzug von 1712; 1788, diskrete Kürzungen. – Tagebuch des Major Fankhauser über den Toggenburgerkrieg von 1712; Schweizerischer Militär-Almanach auf das Jahr 1854. – Tagebuch des Venners und Oberstleutnants Johannes Fankhauser von Burgdorf über den zweiten Villmergerkrieg 1712, hg. v. *Rudolf Ochsenbein;* Burgdorf 1899.

RUDOLF OCHSENBEIN: Johannes Fankhauser; Slg. Bern. Biogr. 3, Bern 1898, S. 560ff. 638. – HERMANN KASSER: Zwei silbervergoldete Pokale («Fankhauser-Becher»); Bern. Kunstdenkmäler 4. Lief., Bern 1903, und Berner Heim Nr. 3, 1905, S. 20f.

Franz Ludwig von Lerber 1648–1720

Er trat 1673 in den Rat der CC, wurde 1707 Salzdirektor, 1713 Venner. Lerber hinterliess *Notizen zur bernischen Geschichte der Jahre 1673–1680 und 1687.* Während Karl Manuel die ruhige Oberfläche der Dinge widerspiegelt, deckt Lerber die Gegensätze, den Personen-, Familien-, Parteienhader ab, der das Patriziat quälte. Er dringt in die Tiefen der Politik, zergliedert Ratsverhandlungen, bietet sogar Aktenstücke und enthüllt Missbräuche, schwer gekränkt in seiner Rechtlichkeit; er hat die Strenge des Geschichtsschreibers. Der scharfe kritische Ton lässt vermuten, dass Lerber das Bittere zu Papier brachte, das er in der Öffentlichkeit nicht vorbringen durfte.

Man hat ihm noch ein anderes Manuskript mit *Aufzeichnungen vornehmlich der Jahre 1703–1711* zugewiesen. Hier bringt Lerber, was den Berner jener Zeit besonders beschäftigte, die Stimmenzahlen bei Burgerbesatzungen und Ratswahlen, die Umtriebe in den CC bei den Vogteivergebungen, denen 1711 durch die Losordnung ein Ende bereitet wurde. Ferner kennzeichnet er die Unterschleife, Unlauterkeiten der Landvögte, die man schwer zur Verantwortung ziehen konnte, weil sie von mächtigen Gönnern, die ihnen zum Amt verholfen hatten, gedeckt wurden. Das hörte mit der Losordnung auf; sie trug viel zur Gesundung der Verwaltung bei.

Lerber tadelt die Auswüchse des Systems, nicht das System. Er selber legte eine schöne Laufbahn zurück. Gerade das gibt seinem Wort Gewicht.

Gottlieb Emanuel von Haller schrieb in seiner Bibliothek der Schweizergeschichte (IV, 645) die Notizen zur bernischen Geschichte Samuel Herbort, Landvogt in Herzogenbuchsee, zu, daher der Name *Herbortsche Zeitchronik*. *Heinrich Türler* weist nach, dass sie von Franz Ludwig von Lerber stammen: *Das sog. Herbortsche Zeitbuch;* N. Bern. Taschenb. 1905, Bern 1905, S. 288 ff.

Johann Rudolf Gruner 1680–1761

Bernburger, seit 1707 Pfarrer in Trachselwald, seit 1725 Stadtpfarrer in Burgdorf, wurde er 1744 Dekan, entfaltete eine segensreiche Tätigkeit, begründete die Stadtbibliothek sowie eine Prediger-Witwen- und Waisenkasse. Als Lokalhistoriker arbeitete er ungemein fleissig: auf der Stadtbibliothek Bern liegen 386 sauber geschriebene Folianten, enthaltend *Genealogien bürgerlicher Geschlechter von Bern, Beschreibung der Stadt Burgdorf und anderer Orte,* die *Historia Reformationis der Landschaft Bern,* alles gewissenhaft zusammengetragen. Auch an Leus Lexikon arbeitete Gruner mit, sammelte Raritäten, Münzen und Medaillen. Vom Hauch des Jahrhunderts wurde er wenig berührt. Er stand der alten Zeit näher als der Aufklärung, schrieb als Lobredner des Regiments, vom Standpunkt der Regierenden aus, erzählte Staatsaktionen und Curiosa.

1732 veröffentlichte er ohne Namensangabe in deutscher Sprache *Deliciae urbis Bernae*. Hier zählt er die politischen Einrichtungen, Anstalten, Gebäude, Seltsamkeiten der Stadt auf. Voraus schickt er einen Geschichtsabriss, mit falschen Angaben und Zahlen gespickt: die Zähringer seien ein Zweig der Habsburger; Bern sei seit 1223 aristo-demokratisch, seit 1384 gutwillig aristokratisch. Dagegen ist wertvoll die Inschrift zu Burgdorf, die er allein uns erhalten hat, «Berchtoldus dux Zeringiae, qui vicit Burgundiones, fecit hanc portam». Die Burgerbesatzung schildert er – vielleicht absichtlich – unklar. Das Los nennt er schön und vernünftig blind, vom Predigerkloster spricht er, ohne Niklaus Manuels Totentanz zu erwähnen. Im ganzen ist das Büchlein trocken, stellt nur einen flüchtigen Reflex des damaligen Bern dar. Unverdienterweise wurde das harmlose Ding von der Regierung verboten, wohl deshalb, weil Gruner gegen die Verengerung der Aristokratie zur Oligarchie eingestellt war und die kleinen Geschlechter bevorzugte. Überhaupt neigte die Obrigkeit noch jeder Publizität ab.

Die Deliciae stellen eine Mischform zwischen volkstümlicher und gelehrter Geschichtsschreibung dar, eine Verbindung von Historie, Geographie und Staatskunde, wie die «Epitome» Chr. Wurstisens und die «Memorabilia Tigurina» J. H. Bluntschlis. An ihnen erkennt man, wie sehr die ehemals so blühende populäre Geschichtsdarstellung jetzt verdorrt. Jedenfalls fehlt dieser Gattung der didaktisch-patriotische Zug fast ganz. Sie weist mehr Verwandtschaft auf mit den historisch-naturwissenschaftlichen Reiseschilderungen sowie den Staats- und Erdbeschreibungen der Folgezeit. Die Ursachen dieses Prozesses liegen in der verstärkten Konfessionalisierung, in dem sich vertiefenden Graben zwischen Stadt und Land, in der Aristokratisierung des öffentlichen Lebens und in der Monopolisierung der Historie durch Gelehrte geistlichen Standes, die lateinisch für ein gebildetes Publikum schrieben.

Ob die 1737 als selbständiger Band erschienenen *Fragmens historiques de la Ville et République de Berne* auch von Gruner stammen, bleibt ungewiss. Jedenfalls handelt es sich um eine Kompilation von Oberflächentatsachen, die den Regierenden in die Augen dienen sollten und daher zum Teil geschminkt sind, so der fatale Krieg von 1589, wo Schultheiss von Wattenwyl als Opfer der Ränke erscheint, während der Bauernkrieg mit ein paar Zeilen abgetan wird. Gruner erwähnt weder das Defensionale noch den Fall der Freigrafschaft; er schaltet alles Unangenehme aus. Die «Fragmens» sind des Jahrhunderts unwürdig.

Das Wertvollste von Gruner ist sein – von ihm nicht veröffentlichtes – *Chronikon*, umfassend die Zeit von 1707–1761. Wahrscheinlich hat Gruner Jahr für Jahr Notizen eingetragen, die er dann später zusammenstellte und überarbeitete, so dass er sich von früher auf später beziehen konnte. Das Chronikon macht nicht den Eindruck einer Altersarbeit; dazu sind die Notizen zu frisch, zu unmittelbar, werden gegen das Ende hin immer reicher. Es ist kein Geschichtswerk, sondern eine Annalensammlung, eine Fülle des Interessanten bietend: Geistliches, Literarisches, Kulturelles, Politisches. Obschon Gruner mit dem Urteil zurückhält, bewegt er sich doch viel freier als in den Deliciae, wohl deshalb, weil er diese Aufzeichnungen nicht für die Öffentlichkeit bestimmte. Er greift ins Volksleben hinein, verspürt selber leise den Wandel des Geistes, notiert Skandälchen, was dem Patriziat nicht behaglich sein konnte; aber gegen den strengen Isaak Steiger ist er noch harmlos. Politisches berührt er wenig, verzeichnet mehr die aufregenden Zwischenfälle des Alltags. Im Mittelpunkt steht Bern, mit dem er eng verbunden ist, auch Burgdorf. Gewisse Angaben kehren immer wieder: das Aussterben burgerlicher Geschlechter, der Neubau von Pfarrhäusern. Natürlich liegen ihm geistliche Dinge, das Sektenwesen und Ähnliches, am nächsten. Aber es steckt viel mehr im Chronikon.

Er erzählt noch von Gespenstern, glaubt aber nicht mehr daran, berichtet vom Widerstand der Geistlichen gegen das Orgelspiel, – der Münsterpfarrer sagt, man solle ihn «ungeörgelet lassen absterben» – erwähnt Hallers jungen Ruhm, den steigenden Hochmut in Bern, den Beginn der Fremdenindustrie im Oberland, die Schrecken bei einer Mondfinsternis, die Verschenkung einer Kette aus der Grandsonbeute an einen fremden Diplomaten, den bernischen Hochzeiter-Katechismus, das Auftreten der Pfarrer gegen Galeerenstrafen für Wiedertäufer, die Überlastung der Pfarrer, die sich zutode predigen, den raschen Anbau von Kartoffeln 1741, Voltaires Besuch in Bern und die Furcht, er hinterlasse «ein schädlich Gesäm des Atheismi».

Gruner hat auch ein *Tagebuch vom zweiten Villmergerkrieg* hinterlassen, das nicht veröffentlicht ist.

Deliciae urbis Bernae, Merckwürdigkeiten der hochlöbl. Stadt Bern; Zürich 1732. – *Fragmens historiques et literaires de la Ville et République de Berne;* Mercure Suisse, Mai 1736–avril 1737. – *Berner Chronik von 1701–1761,* hg. v. *Jakob Sterchi;* Bl. Bern. Gesch. u. Altertkde. 9, Bern 1913, S. 101 ff. 179 ff. 229 ff.

Rudolf Wolf: Biographien zur Kulturgeschichte der Schweiz 4; Zürich 1862, S. 161 ff. – Emil Blösch: Johann Rudolf Gruner; ADB 10, Leipzig 1879, S. 42. – Gustav Tobler: Die Chronisten und Geschichtsschreiber des alten Bern; Festschr. VII. Säkularfeier Berns, Bern 1891, 3. Teil, S. 74 f.

Jakob Lauffer 1688–1734

Als Bürger von Zofingen wurde ihm das Studium an der Berner Akademie gestattet. Dann unternahm er eine Bildungsreise nach Deutschland, Holland, Frankreich, verbrachte ein anregendes Semester in Halle, wurde Theologe, 1718 Professor der Eloquenz und Geschichte in Bern. Sein Vortrag gefiel so gut, dass junge Burger 1725 an die Behörden den schriftlichen Wunsch richteten, man möge ihm einen Lehrauftrag für vaterländische Geschichte erteilen. Diese Eingabe wurde «nicht ohne Bedenklichkeiten angesehen» und zurückgelegt. Lauffer war eine gewichtige, etwas eitle Persönlichkeit, sonnte sich in den Gnadenstrahlen von oben, bemühte sich aber um das Erwachen des geistigen Lebens in Bern. Er steuerte zwei Discourse zu den Mahlern Bodmers bei, gründete mit dem Theologen und Historiker Johann Georg Altmann die erste literarische Gesellschaft, die von 1722–1723 das bernische Freytagsblättlein herausgab und damit den Spott der Zürcher erregte. Mit Bodmer und Laurenz Zellweger in Trogen unterhielt er einen angeregten Briefwechsel.

Nur mit innerem Widerstreben, aus Furcht, der Regierung sonst zu missfallen, nahm er 1724 den amtlichen Auftrag an, die bernische Chronik fortzusetzen. Seine Bedenken sind typisch für das Zeitalter: Es sei «ein gefährliches Werk, sonderlich in einer freyen Republick», Geschichte zu schreiben. Ein wahrheitsliebender Mann könne nicht vermeiden, mehrere Familien zu verletzen und sie sich zu verfeinden. Mit grossem Eifer arbeitete er an seinem Werk. Seine Methode hat er folgendermassen umschrieben: sie bestehe darin, «authentische Quellen von allen Seiten zusammen zu suchen, sowohl Fremde als Einheimische zu befragen, sie in meinem Kopfe dann wie in einem Destillierkolben umzuschmelzen, die wahren Beziehungen der Ereignisse aufzusuchen und alles dies in einem etwas blühenden Stile zu erzählen, untermischt mit Reflexionen, die ganz natürlich aus den Sachen hervorgehen. So suche ich die trockene Weise der Annalisten zu umgehen.»

Lauffer spann den Faden nicht dort an, wo ihn Michael Stettler, der letzte amtliche Chronist, gelassen, bei 1630, sondern begann im Altertum, kam bis 1637, als er infolge eines Sturzes starb. Der Rat liess das nachgelassene Werk amtlich prüfen. Der Befund der Kommission lautete: Es sei das vollkommenste seiner Gattung, in guter Ordnung, in sauberer Redensart, mit grosser Vorsicht geschrieben. Von 1736–1739 erschien das Werk zu Zürich in achtzehn Teilen unter dem Titel *Genaue und umständliche Beschreibung Helvetischer Geschichte*. Bodmer liess vier Bände «Beyträge zur Historie der Eidsgenossen» folgen. Der Berner Rat beauftragte Altmann mit der Vollendung; sie misslang, blieb liegen.

Leider nahm Lauffer den Stoff meist aus zweiter Hand, nicht aus ursprünglichen Quellen. Seine Gewährsmänner waren Stettler, Guillimann, Leu, Simler, Bullinger – also Darsteller, gute zwar, aber nicht Originalquellen. Viel mehr Wert als auf Quellenforschung legte er auf schöne Form; seine angenehme Darstellungsweise bedeutete denn auch einen Fortschritt gegenüber der trockenen Annalistik. Der Zeitgenosse Bodmer rühmt wiederholt, bisher habe nie ein schweizerischer Historienschreiber so geredet wie Lauffer. Zwar sah er immer deutlicher dessen Schwächen als Historiker: die Unoriginalität der Quellen, den Mangel an Kritik und Sorgfalt. Was wir heute als rhetorischen Schwulst bewerten, als späten Nachklang des Barock, rühmte Bodmer als «Anmuth», die sich vorteilhaft von der Mattheit und Trockenheit der zeitgenössischen Geschichtswerke abhebe. Zur Bewertung Lauffers muss man auch seine «grosse Vorsichtigkeit» miteinbeziehen, die ja sogar amtlich gerühmt wurde; das heisst, er bietet die Ereignisse vom Standpunkt der Herrschaft aus. Heute hat das Werk keinen stofflichen Wert mehr, da Lauffers Gewährsmänner gedruckt vorliegen. Eine Originalhistorie «für alle Eidgenossen», wie sie die Patrioten ersehnten, stellt seine Schweizergeschichte nicht dar. Sein Interesse an der Geschichte ist ein unechtes: Sie soll den Ruhm erhalten und so zur Tugend anfeuern; von der nachlebenden Kraft des Stils ist er überzeugt. Bei ihm hört endlich der Unfug auf, die ganze Entwicklung von Adam bis zu den Helvetiern auszubreiten; er beginnt einfach mit diesen. Etwas eigenen Wert bekommt die Darstellung erst seit 1630, wo Stettler aufhört. Im Bauernkrieg zeigt er sich befangen, bringt aber treffliche Einzelheiten. Die erste Schlacht von Villmergen erzählt er ungeschminkt, wagt es sogar, die bernische Führung zu tadeln.

Allgemeine Geschichte der Schweizer; ab Bd. 2: *Genaue und umständliche Beschreibung Helvetischer Geschichte;* 18 Theile, Zürich 1736–39, mit *Register;* Zürich 1739. – Vgl. auch: *Johann Jakob Bodmer:* Historische und critische Beyträge zu der Historie der Eidsgenossen; Zürich 1739.

EMIL BLÖSCH: Johann Jakob Lauffer; ADB 18, Leipzig 1883, S. 42. – EMIL BLÖSCH: Johann Jakob Lauffer; Slg. Bern. Biogr. 1, Bern 1884, S. 173 f. – GUSTAV TOBLER: Die Chronisten und Geschichtsschreiber des alten Bern; Festschr. VII. Säkularfeier Berns, Bern 1891, 3. Teil, S. 69 ff. – MARIA KREBS: Das Berner Freitagsblättlein. Kulturhistorisches und Litterarisches aus dem alten Bern; N. Bern. Taschenb. 1903, S. 1 ff. – RUDOLF ISCHER: Johann Georg Altmann (1695–1758). Die Deutsche Gesellschaft und die moralischen Wochenschriften in Bern; Njbl. Literar. Ges. Bern 1903. – ERNST WESSENDORF: Geschichtschreibung für Volk und Schulen in der alten Eidgenossenschaft; Basl. Beitr. Geschichtswiss. 84, Basel/Stuttgart 1962, S. 106 ff.

Hans Rudolf Grimm 1665–1749

Die erstmals 1723 zu Burgdorf erschienene *Kleine Schweitzer Cronica oder Geschichtbuch* wendet sich, wie der ungelehrte Autor ausdrücklich bemerkt, an «den gemeinen Mann», weil dieser «von seinem selbst eigenen Vatterland etwas mehrers wissen sollte». Der Verfasser, Buchbinder, Trompeter und Flachmaler von Beruf, lässt sich dauernd grobe sachliche und chronologische Verwechslungen zuschulden kommen. Vom neuen Geist unberührt, ragt er wie ein Relikt aus wundergläubiger Vergangenheit in die Gegenwart herein. Aber er weiss die überkommenen Heldengeschichten gut zu erzählen, und dieser Eigenart verdankt das Werklein wohl seine Beliebtheit und Verbreitung. Dies zeigt, dass das Interesse für die schweizerische Vergangenheit auch in den ungebildeten Volksschichten durchaus vorhanden war und dass die Aufklärer nicht grundlos immer wieder nach einer volkstümlichen Geschichtsschreibung riefen.

ERNST WESSENDORF: Geschichtsschreibung für Volk und Schulen in der alten Eidgenossenschaft; Basl. Beitr. Geschichtswiss. 84, Basel/Stuttgart 1962, S. 27ff.

Beat Emanuel von May 1734–1802

Gleich dem Vater wurde er May von Romainmôtier genannt. Er ist der erste bernische Militärschriftsteller. In französischen Diensten verlor er leichtsinnig sein Vermögen und kehrte heim. 1772 veröffentlichte er eine *Histoire militaire des Suisses dans les differens services de l'Europe*, in zwei Bänden; eine zweite Auflage von 1788 wuchs schon auf acht Bände an. Der erzählende Teil ist unzuverlässig, kritiklos aus Zeitgenossen kompiliert. Bloss die biographischen Abrisse von Offizieren in fremden Diensten besitzen Wert. May verfolgte die militärischen Ereignisse von 1788–1801 mit Aufzeichnungen, die trotz ihres Wertes nicht veröffentlicht worden sind.

Histoire militaire des Suisses dans les differens services de l'Europe; 2 Bde., Bern 1772; 2., erweiterte Auflage, 8 Bde., Bern 1788.

EMIL BLÖSCH: Beat Emanuel May; Slg. Bern. Biogr. 1, Bern 1884, S. 637 ff. – EMIL BLÖSCH: Beat Emanuel May; ADB 21, Leipzig 1885, S. 83. – GUSTAV TOBLER: Die Chronisten und Geschichtsschreiber des alten Bern; Festschr. VII. Säkularfeier Berns, Bern 1891, 3. Teil, S. 87f.

Alexander Ludwig von Wattenwyl 1714–1780

Wahrscheinlich Schüler von Lauffer, gründete er 1739 mit Altmann die Deutsche Gesellschaft, deren Zweck darin bestand, «die deutschen Schriften kennen zu lernen und die verlebte Mundart zu verlassen». In diesem Programm bricht der Rationalismus der Aufklärung durch, der hier zum vollen Irrtum wird. Wattenwyl sass in vielen Kommissionen, amtete als Landvogt in Nidau, veranlasste, dass die handschriftlichen Chroniken vom Staatsarchiv auf die Bibliothek zur allgemeinen Benützung gebracht wurden, verfasste ein Gutachten über die Errichtung einer staatsrechtlichen Professur, entfaltete überhaupt eine vielseitige und nützliche Tätigkeit im Geistigen. Seit 1763 machte er bei den Schinznachern mit; seine Präsidialrede von 1766 wurde gedruckt. Er tritt hier für legale Freiheit ein, wendet sich gegen den Contrat social, wirft einen gerührten Blick auf die Umarmung von Fürst und Bauer, glüht vor Vaterlandsliebe.

Wattenwyls Sinn für Geschichte war eine Leidenschaft von jung auf. Mit neun Jahren schon machte er Auszüge aus dem Vogteiarchiv Landshut und arbeitete eine lateinische Geschichte Berns aus. Später stand er mit

Bodmer im Briefwechsel. Er klagte ihm, man lege in Bern allen, die sich der Geschichtsschreibung zuwendeten, «nicht nur allerhand hinternisse in den weg, sondern dehortiert sie gantz ernsthaft davon». 1747 machte er den Vorschlag zu einer «Gemein Eydgenössischen Historischen Societet». Da er den Chronisten nicht traute, ging er auf die ursprüngliche Quelle, die Urkunden, zurück. Er sammelte sie unermüdlich. Sein Ehrgeiz ging dahin, die Geschichte nur auf sie zu gründen – der erste Berner, der diesen Grundsatz vertrat, und gleich in der Übertreibung, der ein neuer Gedanke verfällt. Die Freiheit des Zeitalters äusserte sich bei Wattenwyl in der Kritik der Überlieferung, was früher undenkbar gewesen wäre. Jeder Augenblick, den ihm die Staatsgeschäfte liessen, gehörte der Forschung. So machte er eine Reihe wichtiger Entdeckungen: Die Bärenjagd bei der Gründung Berns ist unhaltbar; Bern war von je eine Aristokratie, Wattenwyl erkannte die Bedeutung der Verfassungsjahre 1294 und 1384. Die Patrizier selber scheinen geglaubt zu haben, die Demokratie sei die ursprüngliche Staatsform Berns gewesen und dann verdrängt worden. Als erster stellte Wattenwyl fest: Bern wurde reichsfrei, weil es auf Reichsboden stand. Daneben hat er allerdings auch Irrtümer verschuldet.

Seine Auffassung von der Aufgabe des Geschichtsschreibers lautete: Im historischen Werk darf weder der Glaube noch die Nationalität des Autors spürbar sein. Mit dieser Auffassung übertreibt er wieder, hier konstatiert man erneut einen schärfsten Umschlag ins Gegenteil. Der richtige Kern seines Ausspruchs liegt in der Forderung, dass der Historiker hinter dem Stoff verborgen bleiben solle. Diese streng rechtliche Auffassung stach bei Wattenwyl auch im täglichen Leben hervor; er wurde der amtliche Verteidiger der Angeklagten im Henzi-Prozess.

Wattenwyl veröffentlichte 1746 eine *Genealogie der Zähringer*, worin er sie vom burgundischen Königshaus ableitete. Dieser Irrtum erzeugte einen Gelehrtenstreit, der der Zeit alle Ehre macht. Sein Hauptwerk aber ist die *Histoire de la Confédération helvétique*, die er 1754 in zwei Bänden publizierte; sie geht bis 1516, die zweite Auflage bis 1531, die dritte bis 1603. Übersetzungen ins Deutsche folgten rasch. Wattenwyl konnte seinen Plan, die Geschichte nur auf Urkunden zu gründen, nicht durchführen; er greift auf die Chronisten zurück, aber mit strengem kritischem Urteil. Die wuchernde Vorgeschichte von Adam bis 1000 v. Chr., das Herkommen, die Ausschmückungen der Humanisten, tut er ab, geht gleich auf die Gründung zu, beginnt mit ihr seine Schweizergeschichte: «Unsere Zeiten, die mehr Licht haben, verwerfen alles, was nicht mit bündigen Beweisen befestiget ist.» Als erster datiert er den Waldstättebund auf 1291. Gleichwohl erzählt er die übliche Geschichte von der Befreiung und von Tell, behält sie trotz der Ablehnung durch Uriel Freudenberger. Wie seinen Vorgängern geht es ihm darum, die Rechtmässigkeit des ersten Bundes und die Mässigung seiner Gründer zu erweisen: «Cette entreprise établie sur l'équité et la justice a été exécutée sans violence et sans effusion de sang: seul exemple connu dans l'histoire d'une pareille révolution, qui n'ait pas été accompagnée de meurtres et de désordres.» Im ganzen kommt er der Wirklichkeit näher, als man es früher tat; man kann ihn als ersten modernen Historiker Berns bezeichnen. Die Kraft und Klarheit des Stils sticht von Lauffers Rhetorik ab. Er tritt den Dingen frei entgegen, schreibt angenehm und gebildet, so dass auch Damen sein Werk lasen. Die didaktischen Forderungen der sogenannten Patrioten ignoriert er.

Von den nachgelassenen Manuskripten wurde die *Histoire du Gouvernement de Berne* 1783 durch Füssli unter dem Titel *Über die Staatsverfassung der Stadt und Republik Bern* herausgegeben. Als erste ist sie historisch und systematisch zugleich, betont die aristokratische Herkunft der Stadt, spricht von Bürgern und Angehörigen, nicht von Untertanen, verweist mit Nachdruck auf das sehr geringe Verwaltungspersonal. Ungedruckt blieb eine *Histoire de la ville de Berne*, in der er Justinger kritisch hernimmt; eine grosse *Histoire du Canton de Berne*, die Gottlieb Emanuel von Haller als ungemein wichtig bezeichnet, scheint völlig verlorengegangen zu sein.

Wattenwyls Leben gehörte dem Staat, dem er auf seine Weise diente. Die Unabhängigkeit dieses gemässigten Aristokraten ist erstaunlich unter Verhältnissen, die irgendeinen Grad von Behutsamkeit verlangten, ja zur Befangenheit verleiteten.

Lettre de M. de Watteville de Landshut, Membre du Conseil Souverain de la Ville et République de Berne, à M. *Loys de Bochat,* Lieutenant Baillival à Lausanne, *sur l'origine des Ducs de Zeringuen et sur diverses particularitez de l'Histoire de Suisse;* Mercure Suisse, September 1746, S. 230 ff. – *Histoire de la Confédération Helvétique;* Bern 1754. 3., ergänzte Aufl., Yverdon 1768. *Deutsche Ausgaben:* übersetzt von Uriel Freudenberger, Biel 1754 und Heilbronn 1768, auch v. *Carl Andreas Bel,* Lemgo 1763. – *Über die Staatsverfassung der Stadt und Republik Bern;* Schweitzerisches Museum 1783, S. 148 ff. – *Weitere Schriften* Wattenwyls sind v. *Gustav Tobler* in der Slg. Bern. Biogr. 5, Bern 1906, S. 476 ff. verzeichnet.

Lettre de M. de Bochat à M. de Watteville; Mercure Suisse, November 1746, S. 377 ff. – Etienne Meuron: Examen du nouveau Sistème de M. de Watteville de Landshut, sur l'origine des Ducs de Zeringuen; Mercure Suisse, Dezember 1746, S. 496 ff. – Gustav Tobler: Alexander Ludwig von Wattenwyl; ADB 41, Leipzig 1896, S. 245 f. – Gustav Tobler: Die Chronisten und Geschichtsschreiber des alten Bern; Festschr. VII. Säkularfeier Berns, Bern 1891, 3. Teil, S. 75 ff. – Gustav Tobler: Alexander Ludwig von Wattenwyl; Slg. Bern. Biogr. 5, Bern 1906, S. 476 ff. – Gonzague de Reynold: Histoire littéraire au dix-huitième siècle 2, Lausanne 1912. – Hans von Greyerz: Nation und Geschichte im bernischen Denken; Bern 1953, S. 68 f. – Alville: An der Schwelle von Berns «goldenem Zeitalter». Aus dem unveröffentlichten Jugendtagebuch des Historikers Alexander Ludwig von Wattenwyl; Der kl. Bund 1957, Nr. 428. – Ernst Wessendorf: Geschichtsschreibung für Volk und Schulen in der alten Eidgenossenschaft; Basl. Beitr. Geschichtswiss. 84, Basel/Stuttgart 1962, S. 109 ff.

Vincenz Bernhard von Tscharner 1728–1778

Man erfasst hier ein Volleben aus dem bernischen Patriziat. Mit seinem etwas älteren Bruder Niklaus Emanuel lebt er vereint in der Erinnerung fort. Beide erhielten eine ausgezeichnete Erziehung durch Johannes Stapfer, nachmaligen Professor der Theologie. Um die Mitte des Jahrhunderts unternahmen sie Bildungsreisen ins Ausland. Sie erfuhren die besten Antriebe des Jahrhunderts. Unbekümmert um standesgemässe Anschauungen legten sie sich Leben und Tätigkeit zurecht. Sie haben ihre eigene geistige Physiognomie. Als weltbürgerliche Jünglinge wollten sie die Kulturen einander annähern, indem sie Wertvolles übersetzten. So übertrug Vincenz Bernhard die Gedichte des von ihnen hochverehrten Albrecht von Haller und den «Messias» Klopstocks ins Französische. Vater Bodmer gab seinen Segen dazu; die Welt sollte erfahren, «dass die Deutschen Gedanken haben, die der französischen Sprache gut anstehen». Man wollte die Ebenbürtigkeit beweisen. Später erfuhr das Verhältnis zu Bodmer eine Trübung durch Niklaus Emanuels Noahkritik. Die selbständigen Dichtungen des Vincenz Bernhard wurden von ihm und seinen Zeitgenossen überschätzt, so zum Beispiel seine Ode an die Schweizer gegen den Söldnerdienst: «Helvetien! verbeut es deinen Söhnen! Lass reissenden Tartaren den Gewinnst! Kann sich ein frei erschaffnes Herz gewöhnen An den Parteiendienst?» Vincenz Bernhard verkehrte mit Julie Bondeli, Lessing, Wieland, Zimmermann, schwärmte für Rousseau. Auf Haller hielt er 1778 die wertvolle Gedächtnisrede; er wusste als ein Eingeweihter Hallers Lebensarbeit zu würdigen und den Verlust Berns in seiner Grösse zu fassen. Während des Siebenjährigen Krieges goss er seine Preussenbegeisterung in Oden.

Man darf ihn nicht als Gründer, wohl aber nachmals als die Seele der Oekonomischen Gesellschaft bezeichnen; lange betätigte er sich als Hauptarbeiter an ihren Abhandlungen und Beobachtungen. Er war ein begeisterter Naturfreund und Physiokrat. Unter anderem verfasste er ein Lehrgedicht von zweihundertsiebzig Versen, betitelt *Von der Wässerung*, worin er den Bauern die Kunst beibringen will, «Wie von der kühlen Flut sich fette Triften nähren, Wodurch im grünen Tal gesunder Kräuter Saft Den Herden Unterhalt, dem Acker Dünger schafft.» Dieser verstiegenen didaktischen Dichtung stand natürlich Haller zu Gevatter. Tscharner ist es wohl zuzuschreiben, dass Rousseau, den er im Traverstal besuchte, zum Ehrenmitglied der Oekonomischen Gesellschaft gewählt wurde. Am Jubiläum der Universität Basel 1760 erneuerte Vincenz Bernhard seine alte Freundschaft mit Isaak Iselin; auf dessen Aufforderung trat er in die Helvetische Gesellschaft ein, gefiel dort sehr, machte mit, obgleich er sich gelegentlich abfällig über ihre uferlosen Pläne äusserte. Tscharner gründete auch eine Typographische Gesellschaft, deren Hauptredaktor er war. Ihr Zweck bestand darin, wissenschaftliche Zeitschriften für die europäische Literatur herauszugeben. Das Unternehmen gelang nicht besonders, da er sich in Geschäften zu wenig auskannte. Er büsste viel von seinem Vermögen ein, was einen Schatten auf das sonst so heitere Dasein dieses reinen Kindes der Aufklärung warf.

An ihm wird die Ausweitung der Interessen besonders deutlich. Selbstverständlich gehörte seine Arbeit auch dem Staate Bern. Da erreichte ihn eine Berufung zum Kultusminister in Berlin. Die Stelle war verlockend: Aufsicht über Schulen, Universitäten und Kirchen. Doch lehnte er hochsinnig ab, um seine Kräfte der Vaterstadt zu widmen. Diese dankte ihrem tüchtigen Sohn, indem sie ihn in verschiedene Ämter berief. Von 1769 bis 1775 wirkte er als Landvogt in Aubonne, während sein Bruder zugleich Obervogt von Schenkenberg war. Diesem hat Pestalozzi im Volksbuch «Lienhard und Gertrud» in der Gestalt des Arner ein schönes Denkmal gesetzt. Bei beiden Tscharner fügte sich Kulturelles und Staatsmännisches wohl zusammen, was damals und später nicht selbstverständlich war. Die Brüder sind herrliche Zeugen der grossen Bewegung des Jahrhunderts, mit tüchtigem bernischen Einschlag.

Vincenz Bernhards Interessen umfassten auch Geschichte. Während Wattenwyl sie aus wissenschaftlichem Drang betrieb, pflegte Tscharner sie als Patriot und Schöngeist. Jener war Kritiker, dieser humaner Beglücker – und beide kamen von der Aufklärung her. Anno 1757 hielt Tscharner im Äussern Stand eine Rede über die Schlacht bei Laupen, welche die Sitte der *Gedenkreden* nach Bern verpflanzte. Nachdem er eine französische Schweizergeschichte geplant, um sie den Welschen nahezubringen, sah er sich hierin von Wattenwyl überholt. Daher veröffentlichte er von 1756–1758 eine *Historie der Eydgenossen* in zwei Teilen. Sie enthält keine Quellenforschung, bietet nur die bekannten Vorgänge nach Tschudi, Stumpf, Guillimann, Rahn, Stettler. Tscharner beabsichtigt nicht, das Wissen seiner Vorgänger zu vertiefen, sondern es «in ein schöneres licht und in eine bequemere ordnung zu bringen». Er wollte nicht exakter Forscher sein, sondern Lichtspender, Eklektiker, edler Popularisator. Immerhin wagt er es, bei der Schilderung der Bundesgründung die Tellensage wegzulassen, und bei der Erörterung der Schuld am Ausbruch der Burgunderkriege das offensive Vorgehen Berns anzudeuten. Dem üppigen Treiben am Hofe Karls des Kühnen stellt er die «einfalt und armuth» der Eidgenossen entgegen. Das Ende des 15. Jahrhunderts gilt ihm, wie jedem Patrioten, als «Anfang des Sittenzerfalls und der Staatstrennung». Er gibt nicht nur politische Geschichte, sondern hält «die beschreibung der sitten und die erwehnung der merkwürdigsten satzungen eines volkes vor wichtiger als die blosse erzählung seiner zufälle und verrichtungen», damit wichtige Forderungen seiner Zeit erfüllend. Im Konfessionellen zeigt er sich tolerant, zurückhaltend gegenüber der alten Kirche.

Tscharners Darstellung geht nur bis 1586. Sie fand weithin sehr gute Aufnahme, obschon Kraft, Wucht und Tiefe des grossen Historikers fehlen. Man war dankbar für den Wahrheitsdrang und die liebenswürdige Absicht, für die angenehme, flüssige Form, von patriotischer Wärme durchglüht. Auch die temperiert aristokratische Grundansicht sprach allgemein an. Geschichte war jetzt zum Bedürfnis der Gebildeten geworden. Er hat als erster die Forderung der Schinznacher nach einer patriotischen Schweizergeschichte erfüllt. Johann Georg Zimmermann, der Verfasser der berühmten Schrift «Von dem Nationalstolze», begrüsste Tscharner als schweizerischen Thukydides und Tacitus. Am Ende dieser Entwicklung stehen Johannes von Müllers Geschichten schweizerischer Eidgenossenschaft, die dem Verlangen der Patrioten auch nach der Originalhistorie Genüge taten.

Später ging Tscharner zur Forschung und zur Urkundensammlung über. Er verwendete sie, als er mit Gottlieb Emanuel von Haller die Artikel über schweizerische Geschichte und Topographie verfasste für die umgearbeitete Encyclopédie, die der Neapolitaner Fortunato de Felice in Yverdon seit dem Jahr 1770 herausgab. Die Artikel von Tscharner und Haller erschienen später gesondert als *Dictionnaire géographique, historique et politique de la Suisse;* er erlebte mehrere Auflagen und wurde auch ins Deutsche übersetzt. Natürlich atmet dieses Werk den aristokratischen Geist seiner Verfasser; sie versichern denn auch: «Nous ne prétendons point faire le panégirique des démocraties».

Das Ganze stellt eine reiche Blüte auf dem spröden Boden Berns dar.

Historie der Eydgenossen; 2 Theile, Zürich 1756-58. – *Anleitung zum Forstbau zum Gebrauche des Landvolkes in der Schweiz;* Bern 1768. – *Dictionnaire géographique, historique et politique de la Suisse;* Neuchâtel 1775. – *Lobrede auf Herrn Albrecht Haller;* Bern 1778.

FRIEDRICH FREUDENREICH: Nachricht von Herrn Vincenz Bernhard Tscharner, eines um sein Vaterland verdienten Mannes; N. Slg. physisch-ökonom. Schr., hg. v. d. Ökonomischen Gesellschaft in Bern, 2, Zürich 1782, S. LXVff. – C.F.v.T.: Aus dem Briefwechsel Vinzenz Bernhard v. Tscharner's mit berühmten Zeitgenossen; Sonntagsbl. Bund 1879, Nr. 20-25. – RICHARD HAMMEL: Rousseau in der Schweiz. Mittheilungen aus Briefen der Jahre 1748-1768 an Vinzenz Bernhard von Tscharner; Rostock 1881. – EMIL BLÖSCH: Vinzenz Bernhard von Tscharner; ADB 38, Leipzig 1894, S. 704f. – GUSTAV TOBLER: Vinzenz Bernhard Tscharner (1728-1778); Njbl. Literar. Ges. Bern 1896, Bern 1895. – ENID STOYE: Vincent Bernard de Tscharner; Fribourg 1954. – HANS RUDOLF MERKEL: Demokratie und Aristokratie in der schweizerischen Geschichtsschreibung des 18. Jahrhunderts; Basl. Beitr. Geschichtswiss. 65, Basel/Stuttgart 1957, S. 143. – KARL FRIEDRICH WÄLCHLI: Niklaus Emanuel Tscharner. Ein Berner Magistrat und ökonomischer Patriot; Bern 1964.

Gottlieb Emanuel von Haller 1735-1786

Er war der Sohn des grossen Albrecht von Haller, wuchs in Göttingen auf. Vom vielbeschäftigten Vater wurde er sich selbst überlassen. Als geistiges Erbe empfing er ein echt hallerisches Gedächtnis, umfassende Arbeitskraft, den enzyklopädischen Zug, die Selbständigkeit des Forschens. Zuerst entschloss er sich zum Studium der Naturwissenschaften und der Medizin und veröffentlichte schon mit fünfzehn Jahren Briefe botanischen Inhalts. Dann trug ihn eine angeborene Neigung zur Geschichte. Nach Bern zurückgekehrt, wies ihn der Vater in den Staatsdienst. Er bekleidete verschiedene Ämter, erhielt schliesslich die gute Vogtei Nyon, wo er als Wohltäter wirkte. Das Patriziat hat seine geistigen Zierden nicht völlig übergangen, sondern ihnen genügend Spielraum gewährt.

Neben seiner Amtsarbeit betrieb Haller ein energisches Selbststudium von Geschichte und Recht. Auf seinen Reisen sammelte er unermüdlich Archivmaterial und kehrte mit reicher Ausbeute zurück. Als Historiker war Haller ein echter Gelehrter, Sammler, Forscher, Kritiker, nicht Darsteller. Nur zwei kleine Aufsätze aus seiner Feder sind überliefert: ein Nachruf auf Franz Urs Balthasar und eine Rede auf Wilhelm Tell, letztere nicht eben ein Ehrenblatt für ihn. Uriel Freudenberger, Pfarrer in Ligerz am Bielersee, entwarf 1752 eine kleine Abhandlung über das Unwahrscheinliche der Tellensage, ihre Herkunft von Norden. Vielleicht half Alexander Ludwig von Wattenwyl mit, der damals Landvogt von Nidau war. Sie ging zunächst in Abschriften um und machte unliebsames Aufsehen. Haller überarbeitete und ergänzte die Abhandlung und gab sie anonym mit Zustimmung des Pfarrers 1760 französisch und deutsch heraus: *Guillaume Tell, fable danoise* und *Der Wilhelm Tell. Ein dänisches Mährgen*. Sie erregte einen Sturm der Entrüstung, wurde in Uri verbrannt, rief einer Gegenschrift von Freund Johann Anton Felix von Balthasar in Luzern. Uri klagte in Bern, die Obrigkeit lenkte den Verdacht an die richtige Stelle, gab aber keine Folge. Es ist möglich, dass Haller sich bekehrte, möglich aber auch, dass er den Skandal fürchtete, der seiner Laufbahn schaden konnte. So lenkte er ein und hielt 1772 eine Rede im Äussern Stand, in der er Tell rechtfertigte und den toten Freudenberger verurteilte. Sie wurde gedruckt und von Uri mit «einer ungemein verbindlichen Antwort» und Komplimenten bedacht.

Hallers Stärke lag in der sondernden und sichtenden Kritik, die er auf seine Sammlungen anwandte. 1753 veröffentlichte er ein *Verzeichnis der Landkarten*, 1780/81 ein *Schweizerisches Münz- und Medaillenkabinet* in zwei Bänden; es enthält eine Münzgeschichte und ein nach Kantonen geordnetes Verzeichnis von Wert- und Erinnerungszeichen, mit kurzer Charakterisierung der Stücke. Als ähnliches Werk kam nach seinem Tode 1795 in zwei Bänden eine *Beschreibung der Eydgenössischen Schau- und Denkmünzen* heraus.

Sein bleibendes Lebenswerk aber ist die Bestandesaufnahme des schweizergeschichtlichen Stoffes, von Urkunden und Werken, von gedruckten und ungedruckten, das Ganze eine echt Hallersche Riesenleistung. Er stand zu diesem Zwecke mit fast allen schweizerischen Bücherkennern und Historikern in Verbindung. Sein gelehrter Briefwechsel, heute auf der Bibliothek in Bern, füllt siebenundzwanzig Bände. Um Vollständigkeit zu erreichen, bot er Kostproben, unter anderem 1757 das *Specimen bibliothecae historiae helveticae*. So bekam und fand er Ergänzungen, bis dann von 1785–1788 die in ihrer Art einzig dastehende *Bibliothek der Schweizer-Geschichte* erschien, in sechs Bänden und einem Registerband; die Vollendung des Druckes erlebte er nicht mehr. Alle erreichbaren Werke und Dokumente über die Schweizergeschichte sind hier aufgeführt. Es ist nicht bloss eine Bibliographie; sondern Haller unterzog jedes Werk mit einer erstaunlichen Belesenheit und angeborenem kritischem Blick einer meist trefflichen Beurteilung. Man hat das Werk das testamentarische Inventar der alten Eidgenossenschaft an die neue Schweiz genannt. Noch heute ist es mit Gewinn zu benützen, und viele Irrtümer würden vermieden, wenn man es häufiger zu Rate zöge. Es stellt eine wissenschaftliche Schatzkammer von erstaunlicher Sachlichkeit und Toleranz dar.

Specimen bibliothecae historiae helveticae; 1757. – Verzeichniss derjenigen Landkarten, welche über Helvetien und dessen verschiedene Theile bisher verfertigt worden sind; 1771. – Wilhelm Tell. Eine Vorlesung gehalten im Hochlöblichen äussern Stande zu Bern, den 21. Merz 1772. –

Il y a un siecle mon cher patron que je n'ai de vos nouvelles, ma lètre de Paris est restée sans reponse. J'en attendois constament a Bâle, et a Zurie, mais sans effet, je dois donc rompre mon silence pour vous rendre compte de mes travaux. A Bâle j'ai decouvert peu de Manuscrits inte. essans, les Balois ressemblent trop aux Bernois, et ils n'aiment pas a comuniquer quoique ce soit. Cependant mr. Brukner m'a procuré la connoissance de quelques uns dontje parlerai dans un de mes premiers volumes. A Zurie en echange j'ai été plus heureux. J'ai entrée dans les Cabinets prodigieux de Orseleu, Mr. Durfueler, Simler, Scheuchzer, aux archives, aux bibliothéques publiques etc. Mr Scheuchzer a pres de 150 vol. de my. tous de feu son oncle Jean Jaques Scheuchzer, il y a bien de miseres, mais aussi des choses très curieuses, tels que 18 vol. My. de diplomas, entre lesquels il y a beaucoup d'inconnus. Aux archives se trouvent 26 vol. imprimés de documens de St. Gall, j'en ai parlé d'une facon fort informe dans mon premier essay p. 206. 207. J'ai de meme passé 15 jours a Zoug ouj'ai admiré la rudis indigestaque moles de Mr. de Zurlauben, il y a 174 volumes My. de Miscellanea sans aucun ordre, et sans regitre; je les ai parcourus tous, pour extraire une douzaine de pieces utiles a mon projet.
Je crois avoir dequoi composer 3 ou 4 volumes de suite qui seront fort interessans, par les notices de plusieurs ouvrages très curieux. Je ne sais si vous voudrés entreprendre la continuation de cet ouvrage sans quoi je le ferai imprimer a Zurich, ou a Zoug. Voici le catalog. de quelques pieces dontje parlerai.

1. Psudo Prophetæ des Cimbrorum, Tigurinorum, Uniorum, Ambronum 3. ff. My. Engelberg.
2. G. chron. helv. latinum a 863 – 752. My. ib.
3. G. Duces Sueviæ 916 ad Conradinum My. ib.
4. G. diplomata excerpta a Seculo VII. ad XIII. My. ib.
5. G. Chronicon helv. latinum a 900 ad 1200 My. ib.
6. G. Ansermi suissne Urbar de 1308. My. ib.

Tafel 37. Brief von G. E. von Haller an V. B. von Tscharner, 1761.

Schweizerisches Münz- und Medaillenkabinet; 2 Theile, Bern 1780/81. – *Bibliothek der Schweizer-Geschichte und aller Theile, so dahin Bezug haben;* 6 Bde. und Register, Bern 1785-88. – *Lebensbeschreibung* des Verfassers; Bibliothek Schw. Gesch. 6, Bern 1787, S. VIIff. – *Beschreibung der Eydgenössischen Schau- und Denkmünzen;* 2 Bde., Bern 1795.

Gottlieb Em. von Haller; Schweitzerisches Museum 1786, S. 33 ff. – USTERI: G.E. Haller; Biogr. universelle 18, Paris 1857, S. 373. – EMIL BLÖSCH: Gottlieb Emanuel von Haller; ADB 10, Leipzig 1879, S. 430 f. – EMIL BLÖSCH: Gottlieb Emanuel von Haller; Slg. Bern. Biogr. 1, Bern 1884, S. 409 f. – ERICH GRUNER: Gottlieb Emanuel von Haller, ein Berner Gelehrter und Staatsmann aus dem 18. Jahrhundert; Berner Heim Nr. 41, 1935, S. 161 ff. – HANS HAEBERLI: Gottlieb Emanuel von Haller. Ein Berner Historiker und Staatsmann im Zeitalter der Aufklärung, 1735-1786; Arch. Hist. Ver. Bern 41, 1952, S. 111 ff. – HANS VON GREYERZ: Nation und Geschichte im bernischen Denken; Bern 1953, S. 70. – HANS HAEBERLI: Die Handschriftensammlungen Gottlieb Emanuel von Hallers und der Familie von Mülinen; Schätze der Burgerbibliothek Bern, Bern 1953, S. 51 ff. – HANS HAEBERLI: Gottlieb Emanuel von Haller; NDB VII Berlin 1966, S. 548 ff.

Isaak Gottlieb Walther 1738-1805

In Bern aus burgerlichem Geschlecht geboren, studierte er zuerst Theologie, wurde dann aber wegen Zweifel an der Religion vom Examen ausgeschlossen. Da warf er sich auf das Rechts- und Geschichtsstudium, wo ein angeborenes Talent ihn rasch förderte. Er legte ein glänzendes juristisches Examen ab; die Experten sprachen von einer seltenen Gelehrsamkeit und einem noch selteneren Genie. Um eine so hervorragende Begabung dem Staate nutzbar zu machen, betrieb der Schulrat die Schaffung einer Professur für vaterländisches Recht. Der Historiker Alexander Ludwig von Wattenwyl empfahl sowohl das Fach als auch die Person Walthers in einem ausführlichen Gutachten; er bezeichnete eine auf Urkunden gegründete Rechtsgeschichte als notwendig. Daher erhielt Walther auf zehn Jahre zur Probe eine Professur für Jurisprudenz und den Auftrag, eine bernische Rechtsgeschichte zu schreiben. Er enttäuschte; als Lehrer kündete er Vorlesungen an, begann sie, beendete aber keine, stellte sie später überhaupt ein.

Dagegen war er eifrig literarisch tätig. Auf seinen Auftrag nahm er nur soweit Rücksicht, als er seine Arbeit auf Staatskosten druckte; den Stoff wählte er frei. Die Regierung legte sehr viel Geduld an den Tag, bedauerte, ihn nicht am neuen Politischen Institut verwenden zu können; nach der zehnjährigen Probe schied sie ihn von der Akademie aus, beliess ihm aber Titel, halbes Gehalt und den Auftrag für die Rechtsgeschichte; er blieb «Historiograph der Republik». Jedoch sank er immer tiefer und starb in Verkommenheit.

Walther war ein ursprüngliches Talent. Er besass grosse Kenntnisse, Belesenheit, kritische Schärfe, wissenschaftliche Spürkraft sowie kecken Mut zu Hypothesen und Behauptungen. Seine Schriften zeugen davon:

1. *Versuch zur Erläuterung der Geschichten des Vatterländischen Rechts* 1765. Hier stürzte er die geltende Ansicht, dass das bernische Recht ein Ausfluss des römischen sei, und wies den rein deutschen Ursprung an der

Handfeste nach. Diese ist hier zum ersten Mal abgedruckt worden, nach einer schlechten Handschrift.

2. *Critische Prüfung der Geschichte von Ausrottung des Zäringischen Stamms* 1765. Durch einen Vergleich von Chroniken und Urkunden widerlegte Walther die Überlieferung vom Giftmord der beiden Söhne Berchtolds V., wobei er eine vorzügliche Methode bewies.

3. *Rede gegen das Reisen,* im Äussern Stand 1772 gehalten. Es ist ein mutiges Eintreten für eine verpönte Ansicht. Walther anerkennt allerdings den durch das Reisen bewirkten Aufschwung der Wissenschaften, bedauert aber, dass dadurch auch der Grund zum sittlichen Verfall, zur Unfreiheit des Denkens gelegt worden sei.

4. Studien zur helvetischen Geschichte, für die Walther eine Vorliebe hatte. a) *Grundsätze zur Beurtheilung der Verfassung und Sitten der Helvetier* 1781. b) *Celtische Alterthümer* 1783. c) *Versuch über die älteste Geschichte Helvetiens* 1784. d) *Geschichte Helvetiens,* zweiter Teil 1791. – Überall zeigt sich hier das Streben nach einem sicheren Weg und grosse Kenntnis der Alten. Ein Mangel liegt in der vorgefassten Meinung, dass die Germanen und Kelten identisch seien, wozu er sogar die Edda als Quelle heranzog, eine weitere Schwäche in seinem Hang zu willkürlichen Hypothesen.

5. Rechtsgeschichtliche Versuche. a) *Versuch einer Einleitung zu den Geschichten des bernischen Stadtrechts* 1780. b) *Geschichte des bernischen Stadtrechts.* Dies sollte sein Hauptwerk werden. Der erste Band – eine grosse Leistung – erschien 1794, den zweiten liess er drucken, vernichtete aber die ganze Auflage, weil ihm die bernische Regierung, seine Auftraggeberin, einen Streich gespielt hatte: Zwei Schulräte korrigierten den Band in abträglichem Sinn. Walther war Aufklärer, Rationalist, in seinem Frühwerk noch nicht Demokrat, ist es aber als Reaktion auf seine Amtsenthebung geworden. Nun legte er seine neuen Ansichten dem alten Bern unter, machte aus dem Bern des 13. Jahrhunderts eine Demokratie; dies wurde heimlich verbessert. Der dritte Band lag im Manuskript fertig vor, wurde aber nie gedruckt, so dass das Werk unvollendet blieb, obgleich die Helvetik dem Autor zur Ermunterung eine Pension aussetzte.

Walthers Arbeit wurde dadurch erschwert, dass man ihm das Staatsarchiv verschloss. Die Gründe des Schulrats, der sein Gesuch ablehnte, sind zu vermuten; sie lagen wohl zum grossen Teil in seiner Unzuverlässigkeit. Das ist zu bedauern; denn er bemühte sich, die Rechtsgeschichte auf Urkunden aufzubauen, und verhielt sich den Quellen gegenüber kritisch. Man kann Walther als den ersten bernischen Rechtshistoriker bezeichnen – er hatte den sicheren Blick dafür und eine gute Methode des Urkundenvergleichs – und zugleich als den letzten amtlichen Historiographen Berns.

Versuch zur Erläuterung der Geschichte des Vatterländischen Rechts; Bern 1765. – *Critische Prüfung der Geschichte von Ausrottung des Zäringischen Stamms, durch Vergiftung zweyer Söhnen Berchtolds des V;* Bern 1765. – *Versuch einer Einleitung zu den Geschichten des bernischen Stadtrechts;* Bern 1780. – *Grundsätze zu Beurtheilung der Verfassung und Sitten der alten Helvetier vor der römischen Herrschaft;* Bern 1781. – *Celtische Alterthümer zu Erläuterung der* ältesten Geschichten und Verfassung Helvetiens; Bern 1783. – Geschichte Helvetiens; 2 Bde., Bern 1784–91. – Geschichte des bernischen Stadtrechtes; Bern 1794.

MARKUS LUTZ: Nekrologe denkwürdiger Schweizer aus dem achtzehnten Jahrhundert; Aarau 1812, S. 559 f. – GUSTAV TOBLER: Die Chronisten und Geschichtsschreiber des alten Bern; Festschr. VII. Säkularfeier Berns, Bern 1891, 3. Teil, S. 81 ff. – GUSTAV TOBLER: Isaak Gottlieb Walther; Slg. Bern. Biogr. 3, Bern 1896, S. 248 ff. RUDOLF KÜHNE: Gottlieb Walther und die historische Rechtsschule; Abh. schw. Recht, NF, Heft 300, Bern 1952. – HANS RUDOLF MERKEL: Demokratie und Aristokratie in der Geschichtsschreibung des 18. Jahrhunderts; Basl. Beitr. Geschichtswiss. 65, Basel/Stuttgart 1957, S. 148 ff., 155 ff.

Franz Sigmund von Wagner 1759–1835

Er gehörte dem Patriziat an, studierte an den Akademien von Bern und Lausanne und trat als Volontär in die Verwaltung ein, um sich für den Staatsdienst vorzubereiten. Die Umwälzung von 1798 schnitt seine Laufbahn ab. Für sich selber hätte er das wohl verschmerzt, da eigentlich nicht die Politik, sondern die Kultur seine Leidenschaft war; für sein Bern jedoch hat er dem Revolutionsjahr nie verziehen. Damit er nicht allem zuschauen musste, hielt er sich von 1799–1803 in Zürich auf, wo er von Kennern in die Kunst eingeführt wurde und die mannigfaltigsten Anregungen erfuhr. Nach Bern zurückgekehrt, nahm er an den Geschäften des wiederhergestellten Staates soweit Anteil, als es sich mit seinen Neigungen vertrug. Er war Mitglied der Bibliothekskommission bis zu seinem Tod und obrigkeitlicher Zensor bis 1832; das hiess wenig für einen Patrizier. Dafür bot er als Schutzgeist, als Dilettant im besten Sinn des Wortes den Mittelpunkt für Geistiges und Künstlerisches. Er wirkte durch seine Persönlichkeit, die so ganz aus der Art schlug, und nahm sich der Dinge an, die sonst in Bern zu kurz kamen. Ledig, in bescheidenen Verhältnissen lebend, etwas unpraktisch, aber von einer unbernischen Anmut des Geistes, hat er doch eine tiefere Furche gezogen als mancher mit Amtsgewalt ausgestattete Zeitgenosse. Unabsehbar fast sind die Anregungen, die von ihm ausgingen. Anno 1804 rief er die erste schweizerische Kunstausstellung in Bern ins Leben, der später noch andere folgten. Auf sein Befürworten wurde 1804 der bernische Botanische Garten gegründet. Seine ganze Tätigkeit hatte ausgesprochen den Zweck, den man später als Heimatschutz, Pflege des Bodenständigen bezeichnete. Es war die Reaktion auf die Franzosenzeit. Er organisierte und beschrieb 1804 sowie 1808 die Hirtenfeste zu Unspunnen, sammelte Hirtenlieder und Kuhreihen, war der Sachverständige in Kunstfragen, half die Oekonomische Gesellschaft wieder beleben. Dann starb er weg aus einer Zeit, die für ihn grau und ungeniessbar geworden war.

Vaterlandsliebe, Stolz auf sein Alt-Bern führten ihn der Geschichte zu. Er trieb bernische und schweizerische Historie als Liebhaber und Begeisterter. Wagner muss sehr viel geschrieben haben, was Geschichte war oder an Geschichte heranreichte, aber nur wenig ist veröffentlicht. Seine Gegenstände wählte er nach Neigung. Er publizierte Biographien von

Johann Rudolf Tschiffeli, dem Begründer der Oekonomischen Gesellschaft, und des Malers *Siegmund Freudenberger*. Von 1808–1813 liess er sechs Neujahrsblätter für die bernische Jugend erscheinen, in denen er ihr die vaterländische Vergangenheit schilderte. Das Glück der wiedererstandenen Republik belebte ihn neu und regte ihn an zu *Berns vornehmsten Merkwürdigkeiten*, worin er als Geniessender die Anmut der Stadt beschreibt. In den Sturmtagen von 1831 erschien *Das schönste Blatt in der Geschichte Berns*; damit meint er die Regierungsproklamation vom 13. Januar 1831. Auf einer Maienfahrt durchs Land lässt der Verfasser noch einmal den Reichtum des Staates Bern, die gesellige und wirtschaftliche Kultur, die das alte Bern geschaffen, aufsteigen, um von ihm für immer Abschied zu nehmen – und wird dafür verhöhnt.

Das Wichtigste aber: Kurz vor seinem Tod setzte er sich hin und schilderte das alte Bern in seiner Glanzzeit. Diese Aufzeichnungen wurden erst viel später unter der Überschrift veröffentlicht: *Novae Deliciae Urbis Bernae oder das goldene Zeitalter Berns*. Ganz anders als bei Gruner trifft hier der Titel zu. Es ist eine Elegie auf die entschwundene Herrlichkeit. Wagner spricht als Wortführer des schwindenden Kreises, der sie noch genossen. Wehmut verklärt das Bild der Zaubertage, da er jung und Bern unter einem väterlichen Regiment glücklich war. Die liebenswürdige Plauderei, die Schwärmerei verraten auf jeder Seite den Sohn des 18. Jahrhunderts. Er schildert das gesellschaftliche, häusliche Leben der Stadt, die Vergnügungen, Feste der Vornehmen wie der Einfachen seit 1700. Er schreibt aus dem Gedächtnis und nach Aufzeichnungen, die ihm ältere Leute über die erste Hälfte des Jahrhunderts diktiert haben, und er schildert nur, was ihn interessiert. Zu Anfang des 18. Jahrhunderts lebte die Familie altfränkisch, schlicht, engverbunden, um den Patriarchen des Hauses geschart; Nachbarn und Freunde schliessen sich an; zwischen Arbeit und Vergnügen fliesst das Leben heiter dahin. Verlieben und Verloben ist noch Sache der Familie, nicht des Einzelnen. Um 1720 kommt Frau Brigadier Stürler aus Holland. Sie bringt den Goût, die Parisermöbel, die höhere Konversation, das Spiel, den Tee, den Kaffee, die Schokolade, die Komödie. Sie erobert die Gesellschaft, gründet den Salon, führt die Frau in die Gesellschaft ein. In den 1760er, 1770er Jahren entfaltet das Patriziat seine Schwingen, das Leben der Société blüht wie nie: vornehmer Zuschnitt des Haushalts, Pracht und Reichtum des Auftretens. Die Feste im Hotel de Musique glichen Versammlungen von Fürsten, habe eine Hofdame gesagt; Bern sei berühmt für seine schönen Patrizierinnen, die, wer sie einmal gesehen, sein Leben lang nicht vergesse; Julie Bondeli verdiene mit ihrem Geist, ihrer Grazie ein besonderes Kapitel. Haller kommt mit ein paar Anekdoten weg, die die Seltsamkeit des Mannes andeuten.

Dann fallen die ersten Schlagschatten. Finanzielle Verluste treffen die vornehmsten Gesellschaftskreise; man hört vom Westen das Rollen der Revolution. Das junge Geschlecht von 1780–1798 ist ernster, dem Geist zugewandt, kennt und geniesst die deutsche Literatur. Aber noch hält das heitere Geniessen an. Wagner schildert reizende Landpartien ins Gurtentäli und auf den Frieswilhubel. Überhaupt wirft er über das alte Bern einen Duft von Frohmut und Frauenschönheit, der es fast der Welt entrückt. Es ist des Seraphischen für Bern reichlich viel, alles in die Stimmung rötlicher Abendsonne, in die Stimmung des Versinkenden getaucht.

Die Politik mengt sich ein, soweit die Gesellschaft durch sie bedingt wird. Wagner entwirft ein lebhaftes Bild von einer Burgerbesatzung, den Feldzügen der Kandidaten, der Belagerung der Barettlitöchter, den Ostermontagsherrlichkeiten mit Umzügen, Spielen, Schmausereien, meist in leicht satirischer Färbung. Er ist nicht Politiker und frei von dem nagenden Neid der übergangenen Burger. Darum kann er mit Rührung das Andenken hochsinniger Staatsmänner wie eines Niklaus von Steiger zurückrufen und feiern. Ergriffen, überwältigt, nimmt er von dem goldenen Zeitalter Abschied. 1798 bricht die lange Nacht an; seither gibt es nicht einmal mehr richtige Winter. Gegen das Neue verhält er sich mild ablehnend. Er sah darin nur Auflehnung und Verwilderung, konnte sich den guten Staat nur in der patriarchalischen Idylle denken. Eigentümlich aber: Zu seinen Lieblingen gehört Rousseau, dem er sich wohl von der Naturschwärmerei her nähert. Dem Andenken des unvergesslichen Hans Jakob Rousseau ist die Monographie der *St. Petersinsel* gewidmet.

Der Stadt Bern vornehmste Merkwürdigkeiten, samt einer kurzen Chronik der Geschichte dieser Stadt, von ihrem Ursprung bis auf das Jahr 1808; Bern 1808. – *Lebensgeschichte Herrn Johann Rudolf Tschiffeli,* Stifter der ökonomischen Gesellschaft in Bern; Bern 1808. – *Neujahrsblatt für die Schweizerische besonders aber Bernische Jugend;* Bern 1808: Der Neujahrstag von 1308, oder die Stiftung der alten, Schweizerischen Freyheit. 1809: Die Schlacht bey Morgarten. 1810: Die Schlacht bey Laupen. 1811: Die Schlacht bey Sempach. 1812: Die Schlacht bey Murten. 1813: Der Bruder Niklaus von der Flüe. – *Leben und Charakteristik Sigmund Freudenbergers von Bern;* Sechstes Neujahrsstück, hg. v. der Künstler-Gesellschaft in Zürich auf das Jahr 1810. – *L'île de Saint-Pierre dite l'île de Rousseau, dans le lac de Bienne;* Bern 1810. – *Das schönste Blatt in der Geschichte Berns und der glücklichste Tag in meinem Leben;* Bern 1831. – *Novae Deliciae Urbis Bernae oder das goldene Zeitalter Berns,* hg. v. *Heinrich Türler;* N. Bern. Taschenb. 1916, S. 226ff.; 1918, S. 189ff.8; 1919, S. 126ff. – *Erinnerungen aus meinem Leben,* hg. v. *Eduard Bähler;* N.Bern. Taschenb. 1919, S. 100ff.

KARL LUDWIG FRIEDRICH VON FISCHER: Franz Sigmund von Wagner; Slg. Bern. Biogr. 1, Bern 1884, S. 177ff. Dieser kurzen Biographie ist ein Verzeichnis seiner erschienenen Schriften beigefügt. – Aus dem Briefwechsel des Berner Kunstfreundes Sigmund von Wagner mit David Hess; 2 Theile; Njbl. Künstlerges. Zürich 1889, 1890. – RUDOLF STECK: Sigmund von Wagner und seine Erzählung «Das schönste Blatt in der Geschichte Berns»; Sonntagsbl. Bund 1907, Nr. 21, S. 164ff.

Karl Ludwig Stettler 1773–1858

Angehöriger einer regierenden Familie, genoss er eine sorgfältige Erziehung durch seinen ernsten, würdigen Vater, der dem lebhaften Temperament des Knaben Spielraum liess. Als eifriger Artillerieoffizier machte er 1798 den Märzfeldzug mit, wo sein Vater ermordet wurde. Ungern diente er 1799 unter Masséna, war jedoch 1802 beim Stecklikrieg mit dem Herzen dabei. In der Verwaltungslaufbahn stockte er, wohl weil er eigenwüchsig war, ein Mann nach seinem Kopf. Auch für ihn bedeutete die

Politik im Grunde keine Leidenschaft, er war zu lebensfroh. Später wurde er noch Oberamtmann von Trachselwald und Appellationsrichter, dann trat er in den Ruhestand. Er bekämpfte das Neue mit Witz und Karikatur, trieb geschichtliche und topographische Studien, deren Früchte er aber nicht veröffentlichte. Um 1845 schrieb er seine Lebenserinnerungen und starb aus einer Zeit weg, in die er nicht mehr hinein gehörte und die für ihn keinen Sinn mehr hatte.

Stettlers *Lebenserinnerungen* sind eine Quelle ersten Ranges für Alt-Bern. Er schrieb nicht aus dem Gedächtnis, sondern auf Grund eines Tagebuches. Die Proben, die er von diesem einlegt, zeugen von seiner Sorgfalt, Reichhaltigkeit und Treffsicherheit. Bestimmt wandte er sich damit nicht an die Öffentlichkeit; denn sonst hätte er nicht so ganz aufgeschlossen, nicht so ganz rückhaltlos sich gegeben, wie er war: ein Kavalier nach bernischer Fasson, ein guter Kamerad, vorzüglicher Offizier, glühender Verehrer Berns und des schönen Geschlechts. Stettler bietet alles: Tageserfolge, Tagesniederlagen, Liebeskummer, Schlendrian, Freuden, Melancholien, Seitensprünge, Tollheiten, Reisen, Abenteuer, Feldlager, Feldzüge. Nie war er in führender Stellung, aber doch stets dabei, tüchtig auf seinem Posten, unternehmungslustig, ein scharfer Beobachter, mit einem guten geistigen Auge. In seinen Aufzeichnungen macht er den Eindruck unbedingter Wahrheit. Und er schreibt ausgezeichnet, frisch, lebendig, rasch, mit einer reichen Skala von Gedanken und Empfindungen, mit dem Talent zu charakterisieren. Dass er neben dem Seraph Wagner ein Stück Erdenschwere hat, ist willkommen. Er bewegt sich nicht nur auf der Sonnseite, schwebt nicht über den Dingen, sondern steht mitten drin, erleidet sie.

Neben der Erzählung seiner Jugendgeschichte nehmen sich die bekannten Schilderungen von Stapfer, Werdt, Müslin als Zerrbilder aus. Stettler verlebte reizende Knabenjahre auf Schloss Bipp, wo der Vater als Landvogt wirkte. Die Jünglingsjahre waren geteilt zwischen müssigen Amtsgeschäften, Militärdienst und Vergnügungen. Wie leicht doch das Leben den Patriziern einging! Die schönen Amtssitze auf dem Land waren ein Netz von Posten, wo sie stets Gastfreundschaft erwartete; auch die Pfarrhäuser öffneten sich dem geselligen Zusammensein. Auf dem Äussern Stand herrschte oft wildes Treiben, furchtbares Zechen. Packend schildert Stettler die Märztage, wo er nach des Vaters Tod seines Lebens nicht mehr sicher war. Auch den tragikomischen Verlauf des Stecklikrieges stellt er ohne Schminke dar.

Dieser Einspänner wollte mit seinen Lebenserinnerungen sich geben und gab Bern. Für die Kenntnis der letzten Jahre des alten Bern ist er unentbehrlich.

Aus den *Lebenserinnerungen,* hg. v. *Heinrich Türler* (leider gekürzt und nicht in chronologischer Reihenfolge); N. Bern. Taschenb. 1910–27. 1929. 1931.

HEINRICH TÜRLER: Karl Ludwig Stettler; N. Bern. Taschenb. 1910, S. 198 ff.

BASEL

Die Historiker betätigten sich hier zunächst als Editoren. Sie bezeugen, dass die Geschichtsschreibung in Basel nun wissenschaftlich wird.

Jakob Christoph Iselin 1681–1737

Nach Studien an der Universität seiner Vaterstadt bekleidete er Geschichtsprofessuren in Marburg und Basel, promovierte hier zum Doktor der Theologie, bestieg den Lehrstuhl «Locorum communium et controversiarum Theologicarum» und stand zudem der Universitätsbibliothek vor. Auf einer ausgedehnten Studienreise durch Europa trat er mit zahlreichen Gelehrten in Verbindung und wurde Mitglied gelehrter Gesellschaften, was sein allgemeines Ansehen in Basel noch erhöhte. Ausser vielen theologischen Arbeiten gab er 1724 heraus *Baselisches, neu vermehrtes Historisches und Geographisches Allgemeines Lexicon* in vier Bänden von je 1100–1200 Seiten; daran hatten ausser ihm Frey, Zwinger und Waldkirch mitgearbeitet. 1742/44 erschienen zwei Supplementbände, verfasst von den Baslern *Jakob Christoph Beck* und *August Johann Buxtorf*. Bis 1747 brachte es dieses beliebte Nachschlagewerk auf vier Auflagen in sechs Foliobänden. Es ist zuverlässig, weist Spuren aufklärerischer Ansichten auf, so zum Beispiel im Artikel über Wilhelm Tell. Iselin schrieb noch eine *Vita Christiani Urstisii* sowie Anmerkungen zu Wurstisens und Stumpfs Chroniken und veröffentlichte historische Beiträge vermischten Inhalts im «Mercure Suisse».

Baselisches, neu-vermehrtes Historisches und Geographisches Allgemeines Lexicon; 4 Bde., Basel 1726/27; 2 Supplementbde. v. *Jacob Christoff Beck* und *August Johann Buxtorff*, Basel 1742–44; bis 1747 sind vier Auflagen des *Basler Lexikon* herausgekommen.

MARCEL GODET: Au temps de la «Respublica litterarum». Jacob Christophe Iselin et Louis Bourguet, in: Festschr. Karl Schwarber, Basel 1949, S. 117 ff. – FRITZ HEITZ: Johann Rudolf Iselin. Ein Beitrag zur Geschichte der schweizerischen Historiographie des 18. Jahrhunderts; Basl. Beitr. Geschichtswiss. 32, Basel 1949, S. 17 ff. (mit Literaturangaben). – ANDREAS STAEHELIN: Geschichte der Universität Basel 1632–1818; Basel 1957, S. 222 ff. 272 ff.

Johann Rudolf Iselin 1705–1779

Ein Vetter des Vorgenannten, studierte Jurisprudenz, durchschritt eine mühsame Laufbahn mit Misserfolgen bei den Bewerbungen um akademische und bürgerliche Würden, bis er endlich, zweiundfünfzigjährig, die Professur für öffentliches Recht an der Universität erhielt. Sein zwiespältiges Wesen, verbittert durch enttäuschten Ehrgeiz und unbefriedigte Ruhmsucht, weist einen durchgehenden, übermächtigen Zug auf: die Hingabe an wissenschaftliche Arbeit. Er stand mit der gelehrten Welt der Schweiz im Briefwechsel, griff mit seiner Korrespondenz über die Grenzen der Heimat hinaus ins Reich, nach Holland, Frankreich, Italien und Ungarn, woher er Nachrichten für die Herausgabe der Basler Mittwoch- und Samstagzeitung bezog. Ausser der Publizistik widmete er sich auch der Politik. Er erkannte die Schwäche des eidgenössischen Bundes gegenüber den neuen Formen der Grossmachtpolitik und verlangte «Herstellung der Eydgenössischen Vertraulichkeit». Mit der Zeit wurde er zum inoffiziellen Berater der Basler Regierung.

Immer mehr ging Iselin in seiner wissenschaftlichen Tätigkeit von der rechtshistorischen zur eigentlichen historischen hinüber. Er arbeitete an Bodmers «Thesaurus historiae helveticae» mit. Als rein geschichtliche Abhandlung publizierte er 1732 *Historischer und Politischer Versuch von dem Durchzuge der Kayserlichen und Spanischen Armée, als selbige im Jahr 1633... über Löbl. Stadt Basel Bottmässigkeit gezogen*. Es ist die erste umfassende Darstellung dieses für Basel und die Eidgenossenschaft so bedeutsamen Ereignisses und besonders aufschlussreich hinsichtlich der damaligen Auffassung von der völkerrechtlichen Neutralität.

Als sein Hauptwerk aber und sein grosses Verdienst kann bezeichnet werden die 1734–36 veröffentlichte Erstausgabe der seit fast zweihundert Jahren unpubliziert gebliebenen Chronik von Aegidius Tschudi unter dem Titel *Chronicon Helveticum* in zwei Foliobänden. Iselin hatte grosse Schwierigkeiten zu überwinden, bis er die Kopie von Muri mit dem Original auf Gräplang vergleichen konnte. Unter Verzicht auf eigene Auseinandersetzung mit dem Chronisten in der Form eines kritischen Kommentars leistete er gewissenhafte Editionsarbeit. Es ist eine bedeutende Leistung im Hinblick auf die vielen äusseren Hindernisse, die Zensur, die Bedachtsamkeit der Verleger und die Langsamkeit der Drucker, die Höhe der Spesen und die misstrauischen Eifersüchteleien aller Hüter der Handschriften sowie der übrigen Anwärter auf das Recht der Edition; sie stellte eine Art Basler Konkurrenzunternehmen zu den Plänen Bodmers und der Zürcher dar. Mit dieser Ausgabe hat Iselin die Voraussetzung geschaffen zu Johannes von Müllers historischem und Friedrich Schillers dichterischem Werk. Dass Iselins editorische Tat zu seinen Lebzeiten nur geringe Anerkennung fand, hat mitgeholfen, die volle Entfaltung seines grossen Talentes abzuschneiden und seine angeborene Empfindlichkeit zu völliger Erbitterung zu steigern.

Immerhin entschloss er sich 1740 noch zur Publikation der Neuausgabe der seit hundert Jahren vergriffenen *Briefe des Petrus Vinea*, des Kanzlers Kaiser Friedrichs II.; diese Briefe sind, so wenig wie die Chronik Tschudis, seither neu aufgelegt worden. Damit stieg Iselin von der Lokalhistorie über die Schweizer- zur Allgemeinen Geschichte auf. In seinen Vorlesungen haben sich sein Neffe Isaak Iselin und Peter Ochs gebildet. Ersterer urteilte über seinen Onkel «Il n'est pas justement grand génie... mais fait pourtant un des plus savants jurisconsultes qui existent».

Historischer und Politischer Versuch von dem Durchzuge der Kayserlichen und Spanischen Armée, als selbige im Jahre 1633 unter Anführung Hrn. General Feld-Marschall von Altringen und Hertzog von Feria über Löbl. Stadt Basel Bottmässigkeit gezogen; 1732. – *Aegidii Tschudii Chronicon Helveticum*, hg. v. *Johann Rudolf Iselin*; 2 Bde., Basel 1734-36. – *Petri de Vineis*, *judicis aulici et cancellarii Friderici II. Imp. Epistolarum libri VI,* hg. v. *Johann Rudolf Iselin;* 6 Bde., Basel 1740.

AUGUST BERNOULLI: Johann Rudolf Iselin; ADB 14, Leipzig 1881, S. 611. – FRITZ HEITZ: Johann Rudolf Iselin. Ein Beitrag zur Geschichte der schweizerischen Historiographie des 18. Jahrhunderts; Basl. Beitr. Geschichtswiss. 32, Basel 1949. – HERIBERT RAAB: Giuseppe Garampi und Johann Rudolf Iselin; Zeitschr. schw. Kirchengesch. 62, Freiburg 1968, S. 142 ff. – EDGAR BONJOUR: Die Universität Basel von den Anfängen bis zur Gegenwart; 2. Aufl. Basel 1971, S. 289 ff. – FRITZ HEITZ: Johann Rudolf Iselin; NDB X, Berlin 1974, S. 189.

Johann Rudolf von Waldkirch 1678–1757

Aus dem Basler Zweig des Geschlechts stammend, studierte er Iura, wirkte von 1718–1722 als Professor des Staatsrechtes in Bern, nachher in gleicher Eigenschaft in Basel bis zu seinem Tod. Man kennt ihn als staatsrechtlichen und historischen Schriftsteller. Aus seinen Werken sei das Wichtigste herausgegriffen: *Gründliche Einleitung zu der Eydgnossischen Bunds- und Staats-Historie* 1721; eine zweite Ausgabe folgte 1757. Es ist eine Darstellung der Gesamtschweiz, während man sonst nur die einzelnen Kantone zum Gegenstand eines Darstellungsversuchs machte. Aus Vorlesungen hervorgegangen, war es als Kompendium für Akademien und höhere Schulen gedacht.

Im Vorbericht wendet sich Waldkirch an die Regenten und erklärt, ebenso wie der Advocatus das ius privatum, so sollte der Politicus das ius publicum kennen; er veröffentliche dieses Buch, weil Josias Simlers Werk alt und unvollständig sei. Waldkirch gibt einen Überblick über das, was das eidgenössische Staatsrecht ausmacht: Bundesbriefe der Orte und Zugewandten, Konkordate, Friedensschlüsse, Verträge mit dem Ausland. Natürlich wendet er sich dagegen, dass der Schweizerbund aus einer Verschwörung entstanden sei; die conspiratio widersprach eben der ganzen Ideologie von Befreiung. Ferner bietet Waldkirch einen kurzen Überblick über die Eidgenossenschaft; dies ist das Wertvollste am ganzen Werk. Sämtliche Orte, führt er aus, bildeten ein Systema status und souveränes Corpus; seit der Reformation herrsche zwischen den Angehörigen beider Konfessionen eine kaltsinnige Affektion; das Volk der Landschaft sei strichweise dumm, strichweise gescheit, in den Hauptstädten verschmitzt; die Alpen erzeugten Grausen. Der grösste Teil des Werkes besteht aus einer Schweizergeschichte von den Anfängen bis 1718. Sie ist unvollständig, einseitig konfessionell, so 1712, wo die Veranlassung zum Krieg den Katholiken zugeschoben wird, das Ganze mit läppischen Etymologien gespickt. Waldkirch druckte hundertfünfunddreissig Urkunden ab, darin lag damals der Wert des Buches. Doch ging er bei der Auswahl nicht mit der nötigen Sicherheit vor. Am Schluss bringt er eine allzuknappe Übersicht über die Regierungsform der Orte.

Der dogmatische Teil ist völlig ungenügend. Waldkirch streift überhaupt nicht die Frage, ob die Schweiz ein Staat sei. Die Neutralität beschreibt er nur knapp im Vorbericht. An Gedankeninhalt steht sein Werk weit unter demjenigen Simlers, das er ersetzen wollte. Sein Werk bietet, was ein Gelehrter ohne eindringliche Studien damals wissen konnte, also einen Durchschnitt des Zeitstandes in der vaterländischen Historie. Aber Geschichte ist Waldkirch nur Dienerin des Staatsrechts, nur Mittel zur rechtlichen Dokumentation.

Gründliche Einleitung zu der Eydgnossischen Bunds- und Staats-Historie; 2 Theile, Basel 1721.

GEROLD MEYER VON KNONAU: Johann Rudolf Waldkirch; ADB 40, Leipzig 1896, S. 709f. – ERNST WESSENDORF: Geschichtsschreibung für Volk und Schulen in der alten Eidgenossenschaft; Basl. Beitr. Geschichtswiss. 84, Basel/Stuttgart 1962, S. 92ff.

Jakob Christoph Beck 1711–1785

Bevor er zur theologischen Professur aufstieg, hatte er von 1737–1744 den Lehrstuhl für Geschichte inne und blieb der Historie zeitlebens als seiner «Nebenabsicht» treu, denn nach der Glaubens- und Sittenlehre sei Geschichte «die nöthigste Wissenschaft eines Bürgers». 1744 veröffentlichte er eine *Introductio in Historiam patriam Helvetiorum, ad Annum 1743 usque progressa et in usum Academicum concinnata.* Dieser streng an Akademiker sich richtende Leitfaden der Schweizergeschichte enthält genaue Angaben und eigenes Urteil; er stellt in kompendienhafter Kürze die Geschichte von den Helvetiern bis ins 18. Jahrhundert dar. Gemäss der überlieferten Auffassung erscheinen die Habsburger als Bedrücker – Albrecht habe befohlen «das Volk, wie es auch immer seyn möchte, seiner Freyheit zu berauben» –, die Eidgenossen als stets Friedfertige. Dagegen scheint er an der Tellsage zu zweifeln und übergeht die Apfelschussszene. In konfessionellen Fragen gibt er sich tolerant, kritisiert sogar den Glaubenseifer der reformierten Zürcher. Kein patriotischer Klang tönt aus diesem dürren Tatsachengerippe, keine anschauliche Schilderung belebt dieses erste schweizergeschichtliche Lehrbuch. Es wurde schon im Jahre seines Erscheinens von J. J. Spreng ins Deutsche übersetzt, auch in Zürich und Bern benützt, erlebte drei Auflagen und war auf Jahrzehnte hinaus das einzig brauchbare Kompendium für den schweizergeschichtlichen Unterricht. Ferner verfasste Beck Anmerkungen zur deutschen Ausgabe von Wurstisens «Epitome». Seine grossangelegte *Basilea erudita, das heisst Gelehrtes Basel oder gesammelte Nachrichten zu der Kirchen- und Gelehrtengeschichte von Basel* fand keinen Verleger, was G. E. Haller als eine «wahre Schande» bezeichnete.

Introductio in Historiam patriam Helvetiorum, ad Annum 1743 usque progressa, et in usum Academicum concinnata; Tiguri 1744. – *Geschichte der Buchdruckerkunst zu Basel* (Haller II, 1722). – *Gelehrtes Basel oder gesammelte Nachrichten zu der Kirchen- und Gelehrtengeschichte von Basel* (Haller II, 357).

Athenae Rauricae, hg. v. JOHANN WERNER HERZOG; Basel 1778, S. 64ff. – KARL RUDOLF HAGENBACH: Die theologische Schule Basels und ihre Lehrer; Basel 1860, S. 46ff. – WILHELM VISCHER: Jakob Christoph Beck; ADB 2, Leipzig 1875, S. 213f. – FRITZ HEITZ: Johann Rudolf Iselin. Ein Beitrag zur Geschichte der schweizerischen

Historiographie des 18. Jahrhunderts; Basl. Beitr. Geschichtswiss. 32, Basel 1949, S. 157ff. – ANDREAS STAEHELIN: Geschichte der Universität Basel 1632–1818; Basel 1957, S. 223, 276f.

Johann Heinrich Brucker 1725–1754

Auch er war Professor der Geschichte an der Universität, hatte 1747 eine vielversprechende Lehrtätigkeit begonnen. Ein scharfer Basler Beobachter augurierte: «son jugement délié et son application surprenante le conduiront au point d'une érudition au-dessus du vulgaire». Während Brucker nur über allgemeingeschichtliche Themen gelesen zu haben scheint, wandte er sich in seiner Forschung und Publikation der Schweizergeschichte zu. 1752 gab er *Scriptores rerum Basiliensium minores* heraus. Darin veröffentlichte er Wurstisens «Epitome», Gerung-Blauensteins Bischofsgeschichte, den Brief des Enea Silvio Piccolomini über Basel und Tschudis Aufsatz über das alte Rauracien. Infolge des frühen Todes Bruckers erschien leider nur der erste Band seines verheissungsvollen Quellenwerkes.

Praefatio. Scriptores rerum Basiliensium minores 1, Basel 1752.

Athenae Rauricae, hg. v. JOHANN WERNER HERZOG; Basel 1778, S. 398ff. – FRITZ HEITZ: Johann Rudolf Iselin. Ein Beitrag zur Geschichte der schweizerischen Historiographie des 18. Jahrhunderts; Basl. Beitr. Geschichtswiss. 32, Basel 1949, S. 154ff. – ERNST STAEHELIN: Die Korrespondenz des Basler Professors Jakob Christoph Beck; Basel 1968. – EDGAR BONJOUR: Die Universität Basel von den Anfängen bis zur Gegenwart; 2. Aufl. Basel 1971, S. 290f.

Johann Jakob Spreng 1699–1768

Als ausserordentlicher Professor lehrte er an der Universität deutsche Poesie und Beredsamkeit, erforschte die Basler Mundart, wo er Brauchbares leistete, und befasste sich auch mit den «staubichten Altertümern». 1744 hielt er auf die Schlacht von St. Jakob eine schwungvolle Jubiläumsrede, die vom Rat wegen einiger Stellen beanstandet wurde. Sprengs beste Leistung auf historischem Gebiet war eine zuverlässige Reedition von Petermann Etterlins *Kronika von der loblichen Eidtgnoschaft* 1752; eine Neuausgabe von Schodeler, die er ernsthaft vorbereitete, kam nicht zustande. Seine editorischen Bestrebungen standen, wie diejenigen Johann Rudolf Iselins, in geistigem Zusammenhang mit den Unternehmungen der Zürcher und zugleich auch in leichter Konkurrenz zu ihnen.

Als die Wortführer der helvetisch-patriotischen Bewegung die Einrichtung deutscher Lectiones über vaterländische Geschichte an der Universität wünschten, wurde Spreng damit beauftragt. Die anfangs zögernde Regenz hatte dieser Neuerung schliesslich zugestimmt und sie gar als ein nützliches Werk bezeichnet, sofern «dasselbe mit erforderlicher prudenz traktiert, von allen unbekandten Zeiten abstrahiert, alle unnützen weitläuffigkeiten vermitten, besonders aber denen anmerkungen, welche in gewissen fählen von sonderbahrer consequenz seyn könnten, ziel und schranken gesetzt wurde». Diesen vorsichtig-ängstlichen Ermahnungen fügte sich der kecke Dozent nun aber gar nicht und hielt unter ansehnlicher Beteiligung von Zuhörern phantasievolle Vorlesungen über den Ursprung Basels, aus denen 1756 die Publikation hervorging: *Abhandlungen von dem Ursprunge und Alterthum der mehrern und mindern Stadt Basel, wie auch der raurachischen und baselischen Kirche.* Da Spreng hier seinem angriffigen, aufklärerischen Geist freien Lauf liess, die thebäischen Legionäre als Aufrührer hinstellte und die Historizität des heiligen Fridolin bezweifelte, beschwerten sich einige katholische Orte über die «mit frechen und ärgerlichen Schmähworten durchzogene» Schrift, worauf der Basler Rat dem Autor eine strenge Rüge erteilte und die Schrift beschlagnahmte; sie wurde vom Papst auf den Index gesetzt. Tatsächlich wies sie Unkenntnis des Mittelalters und übermütige Interpretationslust auf. Isaak Iselin bezeichnete sie als «un tissu d'absurdités élégantes». Sprengs Wunsch, eine Geschichte Basels zu schreiben, ging – fast möchte man sagen glücklicherweise – nicht in Erfüllung.

Kronika von der loblichen Eidgnoschaft von Peterman Etterlin, hg. und erläutert v. *Johann Jakob Spreng;* Basel 1752. – *Abhandlungen von dem Ursprunge und Alterthum der mehrern und mindern Stadt Basel, wie auch der raurachischen und baselischen Kirche;* Basel 1756.

Athenae Rauricae, hg. v. JOHANN WERNER HERZOG; Basel 1778, S. 384 ff. – JOHANN CASPAR MÖRIKOFER: Die Schweizerische Literatur des achtzehnten Jahrhunderts; Leipzig 1861, S. 69 ff. – CHRISTOPH JOHANNES RIGGENBACH: Der Kirchengesang in Basel seit der Reformation; Beitr. vaterl. Gesch. 9, 1870, S. 451 ff. – JAKOB BÄCHTOLD: Geschichte der Deutschen Literatur in der Schweiz; Frauenfeld 1892, S. 486 ff. – ADOLF SOCIN: Johann Jakob Spreng. Ein baslerischer Gelehrter und Dichter aus dem 18. Jahrhundert; Basl. Jahrb. 1893, S. 227 ff. – ADOLF SOCIN: Johann Jakob Spreng; ADB 35, Leipzig 1893, S. 291 ff. – FERDINAND SCHWARZ: Das Sprengische Geschäft, ein Religionshandel im alten Basel; Basl. Jahrb. 1922, S. 25 ff. – FRITZ HEITZ: Johann Rudolf Iselin. Ein Beitrag zur Geschichte der schweizerischen Historiographie des 18. Jahrhunderts; Basl. Beitr. Geschichtswiss. 32, Basel 1949, S. 150 ff. – RUDOLF SUTER: Die Baseldeutsche Dichtung vor J.P. Hebel; Basel 1949. S. 114 ff. – ANDREAS STAEHELIN: Geschichte der Universität Basel 1632–1818; Basel 1957, S. 224 f. – EDGAR BONJOUR: Die Einführung der Allgemeinen und Schweizergeschichte an der Universität Basel, in: Die Schweiz und Europa 2; Basel 1961, S. 203 ff. 211.

Johann Heinrich Gleser 1734–1773

Als Jurist gehörte er dem Stadtgericht Kleinbasels an, wurde Mitglied des Grossen Rates, arbeitete schliesslich auch in der Kanzlei. Anno 1760 veröffentlichte er *Specimen observationum ex jure gentium et jure publico circa Helvetiorum foedera, cui accedit antiquissimum perpetuum foedus trium Civitatum Sylvestrium, nunc primum in luce editum.* Hier gab er – wie schon der Titel ankündigt – zum ersten Mal den Bundesbrief von 1291 deutsch und lateinisch heraus; der deutsche Text war eine Übersetzung aus dem Archiv zu Stans, ohne Siegel. Freunde der Geschichte, sagt er, hätten ihm beide zur Verfügung gestellt. Verwundert wirft er die Frage auf, warum diese Aktenstücke bisher den Forschern, selbst ihrem Meister Tschudi, entgangen seien. Die lateinische Urkunde war wegen der Abbreviaturen schwer leserlich, noch schwerer verständlich. Am deutschen Exemplar des Briefes hing kein Siegel, weshalb es missachtet wurde. Beide seien fast gleichzeitig geschrieben, meint Gleser. Er muss die zwei Originale gesehen haben, erklärt sie bestimmt für das erste Bündnis, entgegen der allgemeinen Ansicht vom Gründungsjahr 1315. Gleser hielt an der Geschichtlichkeit Tells fest; gerade seine Veröffentlichung sollte aber das meiste zur Zerstörung der Sage beitragen. Auch mit der übrigen Tschudischen Konstruktion von der hergebrachten Freiheit war er einverstanden: der Bund bedeute keine Rebellion. Johannes von Müller hat Glesers Entdeckung schon in seinen «Geschichten der Schweizer» von 1780 erwähnt; der Doyen Bridel publizierte 1791 eine französische Übersetzung und erklärte: «Ce traité doit donc être regardé à juste titre comme le fondement de la Confédération Helvétique.»

Specimen observationum ex jure gentium et jure publico circa Helvetiorum foedera, cui accedit antiquissimum perpetuum foedis trium Civitatum Sylvestrium; Basel 1760.

FRITZ HEITZ: Johann Rudolf Iselin. Ein Beitrag zur Geschichte der schweizerischen Historiographie des 18. Jahrhunderts; Basl. Beitr. Geschichtswiss. 32, Basel 1949, S. 159f. – ANDREAS STAEHELIN: Geschichte der Universität Basel 1632–1818; Basel 1957, S. 581.

Daniel Bruckner 1707–1781

Er studierte die Rechte, wurde Mitglied des Grossen Rates, 1748 Ratssubstitut. Unermüdlich erforschte er die heimatliche Geschichte, legte ein Antiquitäten- und Naturalienkabinett an, das er der Universitätsbibliothek verkaufte. Im Jahr 1765 gab er eine Neuauflage von Wurstisen mit einer Fortsetzung von 1588–1620 heraus. Eine weitere Fortsetzung in siebzehn Foliobänden, die eine Basler Münzgeschichte einschloss, blieb Handschrift. Auch seine Manuskripte zur Basler Wappen- und Sittenkunde wurden nicht gedruckt; den Baselstab hält er für einen «Stachel», womit man Kähne abstösst, während es sich mehrteils um den bischöflichen Krummstab handelt. 1766 veröffentlichte er eine tüchtige Karte des Kantons.

Angeregt durch die Deutsche Gesellschaft, deren Mitglied er war, entstand sein Hauptwerk *Versuch einer Beschreibung historischer und natürlicher Merkwürdigkeiten der Landschaft Basel;* er veröffentlichte es in dreiundzwanzig mit Kupfern versehenen Stücken in den Jahren 1748–1763. Es ist das Muster einer Heimatkunde auf wissenschaftlicher Grundlage. Für das Naturgeschichtliche halfen ihm zunächst Friedrich Zwinger und Johann Jakob Bavier; nach dem achten Stück fiel auch die Naturhistorie Bruckner zu. Ortsgeschichte, Botanik, Mineralogie, Mineralwasser und Versteinerungen sind sehr sorgfältig, ausgiebig, mit Tabellen behandelt; weniger umfangreich und eingehend stellt er die Tierwelt dar. Vernachlässigt hat er leider Sitten, Gebräuche, Charakter, Beschäftigung, Industrie der Landleute aus seiner Zeit. Er besitzt nicht das volle Bewusstsein dessen, was das Milieu für die Geschichte ausmacht, trotz Montesquieu. Hier klafft eine Lücke. Dafür entschädigt das Historische und Naturgeschichtliche. Die Ortsgeschichte hat Bruckner von Grund auf geschaffen, dank der fleissigen Benützung des Staatsarchivs, wo er Zutritt hatte und die unbekannten Urkunden – ausnahmsweise – für sein Werk verwerten konnte. Sie bestätigen, dass auch der Kanton Basel im 18. Jahrhundert der Form nach noch mittelalterlich war. Die Besitztitel der Stadt waren zum Teil privatrechtlich, zum Teil öffentlich-rechtlich nach heutigem Begriff; im Mittelalter machte man keinen Unterschied zwischen beiden; die Neubegründung der staatlichen Macht erfolgte erst 1798. Bruckn. Eindringen in die dunkeln Ortsrechte ist um so anerkennenswerter, als er keine systematische Kenntnis von der mittelalterlichen Rechtsordnung hatte.

Die Methode ist diplomatisch-kritisch, beruht auf dem Quellenprinzip, auf dem Quellenvergleich. Seine Kenntnis der Urkunden geht weit über das Baslerische hinaus. Noch ziemlich befangen schildert er nach Tacitus die alten Germanen, deren man sich im 18. Jahrhundert schämte. Die Etymologie ist noch tastend, dilettantisch. Alle Spuren, alle Überreste der Vergangenheit hat er sorgfältig aufgehoben und beschrieben. Der Ton bleibt nüchtern, sachlich, fast trocken. Auch Rechtskuriositäten werden aufgeführt: ein Erlass von 1422 gegen die Bettler, die Gebresten vortäuschen, in der Gaunersprache. Über die Schlacht von St. Jakob bringt er neue Urkunden, unbekannte Verlustlisten. Er beschreibt genau den Aussatz, der seit fünfzig Jahren verschwunden sei, ebenfalls den Lachsfang, während er die Industrie nicht erwähnt. Etwas selbstgefällig stellt er fest, die Dörfer seien unter der Herrschaft der Stadt gewachsen.

Die naturwissenschaftlichen Kapitel verraten ein energisches Ringen nach Erkenntnis und zureichender Naturerklärung. Anscheinende Zaubereien werden aufgehellt, gegen den Aberglauben wird Stellung genommen. Gleichwohl erzählt Bruckner die Episode der Sintflut, wie er denn unter dem Drucke der übernommenen biblischen Vorstellungen steht. Aber er versucht den Nachweis, dass der Christ die Natur erforschen solle. Die Dürftigkeit der Fauna wird mit der Jagdlust erklärt; viele Tierarten verschwänden. Sehr sorgfältig werden die Heilquellen behandelt; ein starker Glaube an ihre Kraft waltet vor. Auch Bruckner spricht bereits vom Segen der Steinkohle. In allem Naturwissenschaftlichen gilt Conrad Gessner immer noch als Autorität, nach zweihundert Jahren! Die beigegebenen reizenden Kupfer zeigen Landsitze um Basel herum im Versaillergeschmack, ferner Burgen, geschlossene Dörfer; man ersieht aus diesen Bildern auch, dass es im Kanton herum noch viele Reben gab. Der letzte, umfangreiche Teil ist ausschliesslich den Altertümern von Augst gewidmet. Bruckner kennt die Vorarbeiten von Basilius Amerbach, nicht aber diejenigen von Andreas Ryff.

Das Bleibende an Brucknеrs Werk ist Ortsgeschichte. Mit dem Bündner Heimatkundler Sererhard verbindet ihn manches; doch sind beide nicht in den gleichen Gebieten reich oder arm.

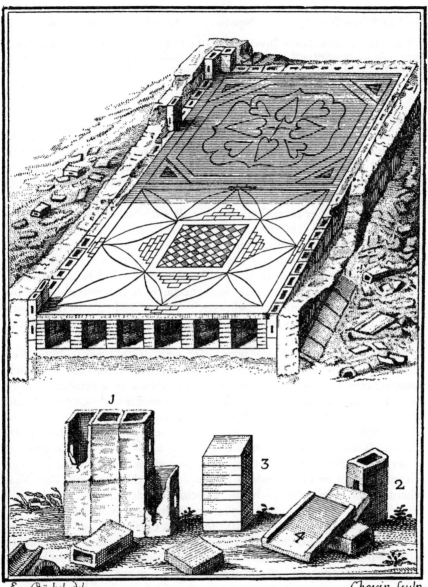

Tafel 38. Römische Heizung in Augst, aus den «Merkwürdigkeiten» von Daniel Bruckner, 1748–1762.

Versuch einer Beschreibung historischer und natürlicher Merkwürdigkeiten der Landschaft Basel; 23 Stücke, Basel 1748–62. – Neudruck mit Kommentar; Zürich 1976.

WILHELM VISCHER: Daniel Bruckner; ADB 3, Leipzig 1876, S. 399. – GUSTAV ADOLF FREY: Daniel Bruckners Werk und Leben; Rauracher 1939, Nr. 2. – GUSTAV ADOLF FREY: Allerlei Merkwürdigkeiten aus Daniel Bruckners Zeitlichem; N. Basl. Ztg. 1939, Nr. 6, 12, 18, 26.

Isaak Iselin 1728–1782

Der bekannte spätere Menschenfreund, Philosoph und Mitbegründer der Helvetischen Gesellschaft studierte in Basel und Göttingen vornehmlich die Rechte, promovierte 1751 zum Dr. iur., hielt sich einige Monate in Paris auf und kehrte in seine Vaterstadt zurück, wo er sich vergeblich um eine Geschichtsprofessur bewarb. Ursprünglich stand ihm die Geschichte fern, und er betrachtete sie nur als ein «Nebenwerk» der Philosophie. Unter dem Einfluss der Göttinger Historischen Schule jedoch lernte er den Wert der politischen Geschichte für die Erfassung des Staates und der Kulturgeschichte für die Erkenntnis der Sittenlehre begreifen. Die Antike wurde ihm, mehr als das Mittelalter, zum Erlebnis. Besonders schätzte er Tacitus, nach dessen Lektüre er die für seine spätere kosmopolitische Auffassung vom Normalmenschen so charakteristischen Worte schrieb: «Les cœurs des uns sont faits comme ceux des autres, point de différences.»

Verhältnismässig spät erst wandte er sich der eidgenössischen Vergangenheit zu, wurde von ihr aber so stark gefesselt, dass er die Absicht äusserte, eine Geschichte der Schweiz oder Basels zu schreiben. Er verfasste 1754 die *Succinta Confoederationis Helveticae*, die verloren gingen, und dachte an eine Fortsetzung des Werkes von Waldkirch, als seine Wahl zum Ratsschreiber alle derartigen schweizergeschichtlichen Pläne durchkreuzte. Wichtiger als die Erziehung zum Staatsbürger war diesem Aufklärer reinen Bluts die Erziehung zum Menschen. Um dieses Ziel zu erreichen, spannt er unter andern Disziplinen die Historie ein. Zur Menschenbildung führt aber nicht die Geschichte der Schweiz, sondern die *Geschichte der Menschheit*, die er 1764 veröffentlichte. Ausgehend vom Urzustand, das heisst vom Kindheitsalter, leitet er hinüber zur stürmischen Jugend, dem Zustand der Wildheit, von da zur gesitteten Periode, zuerst im milden Orient, dann auch im Norden, von hier zu den griechischen und römischen Epochen und im sechsten Buch endlich zur Gegenwart, die aus den finsteren mittleren Zeiten in eine bessere Zukunft hinüberführt. Iselin glaubt, dass «Europa seinen männlichen Jahren und besseren Tagen entgegenreifet; glücklich durch unzählige Vorzüge, welche ihm in den meisten der vorigen Jahrhunderte versagt waren, und stolz auf Hoffnungen, welche erst die folgenden erfüllen können». So mündet das Werk in eine Glorifizierung der Vernunft ein, deren «langsamer Anwachs den Nachkömmlingen schöne Tage» verheisse. Im ganzen ist es der Versuch, die Entwicklung des Menschengeschlechts von der biologischen bis zur moralischen Stufe, das heisst vom Instinkt bis zur Vernunft aufzuzeigen. Besonders im Ausland erzielte die Geschichte der Menschheit einen so starken Erfolg, dass sie fünfmal aufgelegt werden musste. Ein Ausspruch Herders soll gelautet haben: «Eigentlich folgen wir so aufeinander: Iselin, ich und Kant... So stehen wir Drei in der Weltgeschichte», womit er Iselins Werk als Ausgangspunkt seiner und sogar der Kantschen geschichtsphilosophischen Ideen bezeichnete.

Im Gegensatz zu Rousseaus Naturmystik verfolgt Iselin vom festen Boden des Naturrechts aus eine Art humanitärer Fortschrittsidee, im unerschütterlichen Glauben, dass das Gute schliesslich das Schlimme überwinden werde. Nicht Krieg, Politik, Wirtschaft oder Verfassung interessieren ihn; im Zentrum seiner Betrachtung steht der Mensch, wie er es schon in der Widmung des Werkes an die Patriotische Gesellschaft ankündet: «Der einzige Gegenstand der Sittenlehre und der Gesetzgebung ist der Mensch... Er ist der Wildheit eines Hottentoten und der Erhabenheit eines Plato fähig... Meistens ist er ein Gemisch von Gutem und Schlimmem, von Erhabenem und Niedrigem, von Tugend und Laster. Die Geschichte ist ein lebhaftes Gemählde dieser Vermischungen.» In Iselins ethisch-humanitärer Betrachtung wurde die Geschichte der Menschheit zu einer Historie der Humanität und eröffnete damit eine neue Geschichtsauffassung, die freilich in der Schweiz zunächst wenig Frucht trug. Herder, für dessen «Ideen zur Philosophie der Geschichte der Menschheit» Iselins Werk ein Wegbereiter und eine Vorstufe war und mit dem er viel gemein hat, brach aber entschieden mit Iselins teleologischem Prinzip, mit dessen Fortschrittsglauben und Kulturoptimismus: «Die Kultur rückt fort, sie wird aber damit nicht vollkommen.»

Philosophische Muthmassungen über die Geschichte der Menschheit; Frankfurt 1764. – 2. Auflage: *Über die Geschichte der Menschheit;* Zürich 1768. – 5. Auflage, mit dem Leben des Verfassers vermehrt, Basel 1786. – *Pariser Tagebuch,* hg. v. *Ferdinand Schwarz;* Basel 1919.

SALOMON HIRZEL: Denkmal Isaak Iselins; Basel 1782. – AUGUST VON MIASKOWSKI: Isaak Iselin. Ein Beitrag zur Geschichte der volkswirtschaftlichen, sozialen und politischen Bestrebungen der Schweiz im XVIII. Jahrhundert; Basel 1875. – FERDINAND SCHWARZ: Isaak Iselin als Student in Göttingen; Basl. Jahrb. 1916, S. 110 ff. – FERDINAND SCHWARZ: Isaak Iselins Reisetagebuch 1754; Basl. Jahrb. 1917, S. 96 ff. – P. MEINRAD ALOIS REGLI: Isaak Iselins «Geschichte der Menschheit», eine Vorarbeit zu Herders «Ideen zur Philosophie der Geschichte der Menschheit»? Borna/Leipzig 1919. – GUSTAV STEINER: Der Einfluss Isaac Iselins auf Peter Ochs; Basl. Jahrb. 1921, S. 64 ff. – FERDINAND SCHWARZ: Isaak Iselins Jugend- und Bildungsjahre; 101. Njbl. GGG, Basel 1923. – Briefwechsel des Basler Ratschreibers Isaak Iselin mit dem Luzerner Ratsherrn Felix Balthasar, hg. v. FERDINAND SCHWARZ; Basl. Zeitschr. Gesch. Altertkde. 24, 1925, S. 1 ff. – ALFRED STERN: Über Isaak Iselins Geschichte der Menschheit; Zeitschr. Schw. Gesch. 10, Zürich 1930, S. 205 ff. – HANS PAUL BÖHI: Der metaphysisch-religiöse Impuls der Aufklärung im besonderen bei dem Spätaufklärer Isaak Iselin; Zürich 1933. – ERNST WINKLER: Isaak Iselin. Grosse Schweizer; Zürich 1938, S. 307 ff. – ULRICH IM HOF: Isaak Iselin. Sein Leben und die Entwicklung seines Denkens bis zur Abfassung der «Geschichte der Menschheit» von 1764; 2 Bde., Basel 1947. – ULRICH IM HOF: Isaak Iselin; 138. Njbl. GGG, Basel 1960. – ERNST WESSENDORF: Geschichtsschreibung für Volk und Schulen in der alten Eidgenossenschaft; Basl. Beitr. Geschichtswiss. 84, Basel/Stuttgart 1962, S. 96 ff. – EDGAR BONJOUR: Die Universität Basel von den Anfängen bis zur Gegenwart, 2. Aufl.; Basel 1971, S. 267 f. – ULRICH IM HOF: Isaak Iselin; NDB 10, Berlin 1974, S. 188.

Peter Ochs 1752–1821
Es ist der umstrittene helvetische Revolutionsmann aus vornehmer Basler Familie. Der Vater war reich, gebildet, ein internationaler Geschäftsmann. Sein Sohn wurde in Nantes geboren, wuchs zu Hamburg in fürstlichem Reichtum auf, erhielt eine weltmännisch freie Erziehung, die Bildung des Jahrhunderts. Die Zweisprachigkeit war ihm natürlich; Baseldeutsch konnte er aber nicht reden. Gegen den Willen des Vaters, der ihn ins Kontor setzen wollte, studierte er die Rechte in Basel, promovierte zum Dr. iur. und unternahm Reisen. Seit 1779 lebte der Auslandschweizer in Basel. Isaak Iselin war sein väterlicher Freund und Lehrer; Ochs nahm dessen Ideen, dessen Liebe zur Geschichte auf. Auch Johannes von Müller regte ihn an. Nach Iselins Tod 1782 wurde er sein Nachfolger als Ratsschreiber, das heisst als Vorsteher des Archivs. Er nahm eine glänzende gesellschaftliche Stellung ein dank seinem Vermögen, seinem gewinnenden Wesen, seinen Kenntnissen. Aber trotz politischer und gesellschaftlicher Triumphe fasste er zu Basel kein Herz. Die alten, engen Formen und Anschauungen des kleinen Stadtstaates standen im Widerspruch zu seinem aufgeklärten, grenzenlosen Weltbürgertum.

Daher begrüsste er die Französische Revolution, schwärmte namentlich für die Befreiung des Landvolkes. Seine Begeisterung kühlte sich nicht ab, als sein Schwager von Dietrich in Strassburg, auch ein Freund der Revolution, hingerichtet wurde, während er selber in Frankreich einen grossen Teil seines Vermögens verlor. Er stand im Briefwechsel mit den neuen Männern der französischen Revolution, mit Dumouriez und Barthélemy. In seinem schönen Haus, dem Holsteinerhof, wurde 1795 der Basler Frieden zwischen Preussen und Frankreich abgemacht. 1796 rückte er zum Amt eines Oberstzunftmeisters auf, zur zweithöchsten Würde, die die Stadt Basel zu vergeben hatte. Nun betrieb er den Umsturz der alten Schweiz, begab sich 1797 nach Paris. Bekannt ist seine politische Kurzsichtigkeit, wie er sich von Napoleon brauchen liess, wie er im Januar 1798 die neue Verfassung ausarbeitete. Auf sein Betreiben fand der Umschwung in Basel statt, der erste in einem regierenden Ort der Eidgenossenschaft. Seine Glanzrolle während der Helvetik hatte er bald ausgespielt; er war Parteigänger Frankreichs. Die Schweiz blieb ihm fremd, bedeutete für ihn eigentlich nur ein Versuchsfeld. Im Sommer 1799 von Laharpe plötzlich aus dem Direktorium gestossen, zog er sich verfemt und gemieden nach Basel zurück, wo ihn Verachtung und Hass der altstädtischen Familien umgab.

Dieses Los war nicht unverdient. Seine intellektuellen Vorzüge, seine Menschenliebe wurden entstellt durch Eitelkeit, die ihn blind machte, durch Oberflächlichkeit, durch Mangel an Willen und Festigkeit, durch eine verführerische Leichtigkeit. Er glich einem schwankenden Rohr, war kein Staatsmann. Zwar hatte er Einfälle, nicht aber Grundsätze. Temperament und Gefühl beherrschten ihn. Erst als diese abgeschäumt waren, kam ein besserer Grund zum Vorschein. Das dankbare Landvolk vergass den nicht, der ihm die Freiheit gebracht; es wählte ihn 1803 – als letzten –

in die Regierung. Hier besorgte er das Kirchen-, Schul- und Armenwesen bis zu seinem Tod, ging in Person den Landschulen nach, schrieb Schulbücher. In stiller, hingebender Kleinarbeit gewann er einen Teil der Achtung wieder. Er lebte einsam, halb vergessen, zumal er sein Vermögen verloren hatte. Seinen Söhnen gab er den Rat, den grossmütterlichen Namen His anzunehmen.

Zu Ochsens Tugenden gehörte ein nimmermüder Arbeitsgeist; eine Frucht davon war seine *Geschichte der Stadt und Landschaft Basel* in acht Bänden. Er begann in den Tagen, da das Glück ihn verwöhnte. Als Ratsschreiber hatte er die Verfügung über das Archiv. Während die ersten zwei Bände noch vor der Helvetik erschienen, 1786 und 1792, kamen die sechs letzten erst von 1819–1822 heraus. Der erste Band enthält die französische Widmung an die Prinzessin Sophie von Anhalt, die jahrelang in Basel wohnte und geistige Bestrebungen unterstützte; gesellschaftliche Prunksucht bewog den Republikaner und Weltbürger zu dieser Huldigung. Ferner enthält der erste Band eine lange Einleitung, die sein politisches Glaubensbekenntnis ausspricht und Rechenschaft von seinen Grundsätzen gibt. Das ist der erste Fall dieser Art in der eidgenössischen Geschichtsschreibung. Wo man früher solche Rechenschaftsberichte traf, liefen sie auf Religion, auf die besondere Gnade Gottes für die Schweiz hinaus, waren generell, nicht individuell gehalten.

Die Vorrede hat doppelten Wert: Einmal erfährt man, wie ein Aufklärer Geschichte verstehen will, und sodann, von welchen Ideen der spätere Revolutionsmann ausgeht. Die Gedanken hat er von seinem Lehrer Isaak Iselin. Dieser arbeitet als Aufklärer mit vorgefassten Begriffen. Sein wichtigstes Apriori ist folgendes: Die Menschheit durchläuft drei Stufen, die Kindheit, das Jünglingsalter und die Reife; ihre Merkmale sind Sinnlichkeit, Einbildungskraft und Vernunft. Iselin versteht unter Sinnlichkeit ungebändigte Naturliebe. Barbaren stehen in der Kindheit, deshalb urteilt er über sie wegwerfend. Ihre einzige Kunst ist die Poesie, die er gering schätzt, weil sie nicht von der Vernunft eingegeben wird. Er verachtet den Naturmenschen, vollzieht den Bruch mit Rousseau. Für ihn gilt die Aufklärungsgleichung nicht: natürlich = vernünftig = gut = glücklich. Ochs folgt ihm. Das ist ihm zuzubilligen, er hat den Sinn der Geschichte erfasst, sie soll den Menschen zum Selbstverständnis verhelfen.

Sein eigenes System läuft auf Veredelung der Menschenseele hinaus und lässt die Aufklärung aus der Kultur, nicht aus der Natur hervorgehen. Das Zwiespältige seines Wesens kündigt sich an. Er ist Philosoph und praktischer Politiker zugleich, nimmt Rationalismus und Basler Erfahrung zur Richtschnur, ohne wohl des Gegensatzes inne zu werden. Ersichtlich strengt er sich an, die Schwärmerei zu unterdrücken und durch die Forschung zu berichtigen. Sein politisches System ist eine Mischung von Einsicht und verstiegener Theorie. Er schliesst sich nicht an Montesquieu und Rousseau an, hat eigene Ansichten über Staatsformen und Gewaltentrennung, wobei er oft in Tüftelei verfällt. Dann wieder verfügt er über gesunde Einsichten, macht treffende Bemerkungen über politischen Einfluss, über Freiheitsdemagogie, über wirtschaftliche Umwälzungen. Insgesamt ist die Verrechnung zwischen Ideal und Wirklichkeit nicht besonders gelungen, aber sie verrät die Vielseitigkeit von Ochsens Denken, seine Teilnahme und mehr gesunden Menschenverstand, als man erwartet. Mitten im zerstreuenden Weltleben besass er die Kraft der Sammlung. Seine Theorie ist viel gemässigter als sein Tun in der Helvetik, das mehr von Leidenschaften als von Prinzipien bedingt wurde.

Ochs gibt auch Rechenschaft über seine Methode. Er verurteilt die Annalistik und die Darstellung nach Rubriken, nimmt sich eine verflechtende Zusammenschau vor, unterscheidet zwischen Erzählung und Bericht. Seine Quellen führt er einzeln auf, die alten Basler Chronisten, die meist noch Manuskript waren; einige, wie den wichtigen Knebel, lässt er unerwähnt. Diesem pragmatischen Programm sollte nun freilich die Ausführung nicht ganz entsprechen. Seine Basler Geschichte erstreckt sich von den Anfängen bis 1798. Sie ist ein Werk mühseliger Kleinarbeit, hingebenden Fleisses und eines wachsamen kritischen Sinnes, ohne Nationalstolz. Scharf tut er die Ursprungssagen ab, lässt Basel erst seit 372 gelten. Er schreibt Geschichte nicht nach dem befangenen Aufklärungsschema, sondern gewissenhaft nach den Quellen. Damit übertrifft er hier die Erwartung. Er ist mehr Forscher, als es sonst die Aufklärer sind, obgleich er sich nicht zum Historiker gebildet, sondern Iura studiert hatte. Fehlurteile fällt er in guten Treuen aus dem Zeitdenken heraus. So bietet er eine ungünstige, abgeneigte Schilderung der Alemannen und des Mittelalters. Er bringt sehr reichhaltige kulturgeschichtliche Kapitel, fördert überhaupt einen gewaltigen unbekannten Stoff zutage. Dagegen enttäuscht die Form. Rasch verfällt er in Annalistik und Rubriken, was das Bequemste ist. Vielleicht reichte die Gestaltungskraft nicht aus. Die Leuchtkraft der Sprache ist gering.

Erhebungen des Landes gegen die Stadt wie den Bauernkrieg von 1653 stellt er sachlich, eingehend, den Aufständischen eher ungünstig dar; er spricht von Rebellen und ihren heuchlerischen Wortführern. Die Sachlichkeit hört dagegen auf bei der Darstellung der Umwälzung von 1789 bis 1798. Diese ist einseitig, unvollständig, eine Rechtfertigung des Verfassers, der im Mittelpunkt der Ereignisse stand. Er verteidigt sich nicht etwa gegen den Vorwurf, dass er den neuen Ideen huldigte, sondern dass er sich von Bonaparte und Reubel habe übertölpeln, als Werkzeug gegen die Schweiz gebrauchen lassen. Und gerade diesen Vorwurf hat er nicht widerlegt, trotz der Entstellungen und Missdeutungen, in die er verfällt, so über die entscheidenden Beratungen anlässlich des Dîners bei Reubel, wo er von der Invasion abgeraten haben will. Seine eigenen, seither bekannt gewordenen Briefe strafen ihn Lügen; darin fordert er französische Truppen. Er muss Frankreichs Politik und Friedensliebe möglichst günstig, die schweizerische möglichst ungünstig beurteilen. Mit verdeckten Worten klagt er das alte Basel des Neutralitätsbruches von 1797 an, stellt den Vorfall von Thierrens als Provokation von seiten Berns dar, behauptet, jeder Widerstand Basels wäre Verderben gewesen, rechtfertigt die Brandstiftung

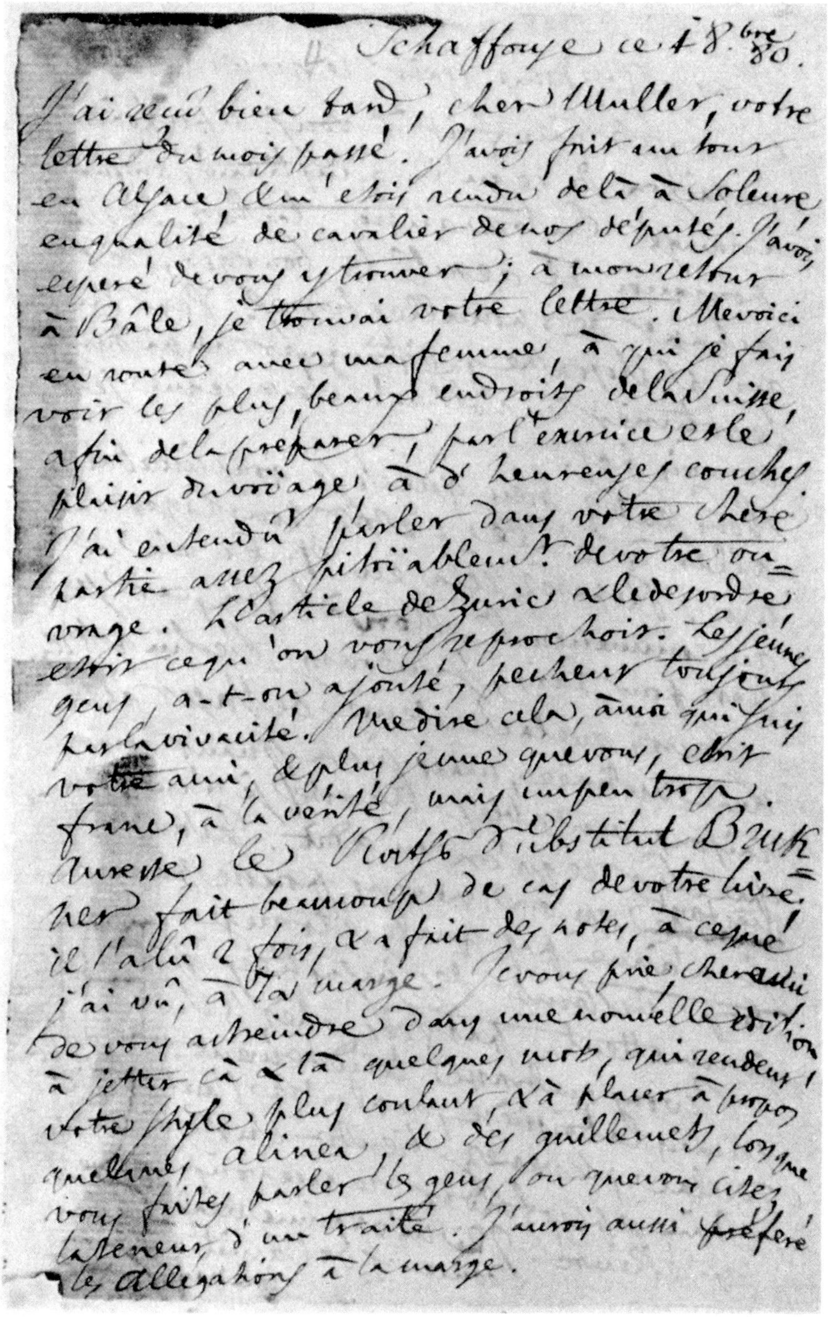

Schaffouse ce 18.bre 80.

J'ai reçû bien tard, cher Muller, votre lettre du mois passé. J'avois fait un tour en Alsace, d'où m'étois rendu delà à Soleure en qualité de cavalier de nos députés. J'avois esperé de vous y trouver; à mon retour à Bâle, je trouvai votre lettre. Me voici en route avec ma femme, à qui je fais voir les plus beaux endroits de la Suisse, afin de la preparer, par l'exercice et le plaisir du voïage, à d'heureuses couches. J'ai entendu parler dans votre chere patrie assez pitoïablement de votre ouvrage. L'article de Zuric & le desordre est-il ce qu'on vous reprochoit. Les jeunes gens, a-t-on ajouté, pechent toujours par la vivacité. Me dire cela, à moi qui suis votre ami & plus jeune que vous, étoit franc, à la verité, mais un peu trop. Au reste le Profs. d'Institut Buxner fait beaucoup de cas de votre livre; il l'a lû 2 fois, a fait des notes, à ce que j'ai vû, à la marge. Je vous prie cher ami de vous astreindre dans une nouvelle edition à jetter ça & là quelques mots, qui rendent votre style plus coulant, & à placer à propos quelques alinea, & des guillemets, lorsque vous faites parler les gens, ou que vous citez la teneur d'un traité. J'aurois aussi préferé les allegations à la marge.

Tafel 39. Brief von Peter Ochs an Johannes von Müller, 1780.

der Schlösser, erteilt der angeblich zahmen Landrevolution unverdientes Lob. Er gibt zu, dass er die Basler Revolution in Gang brachte, weil es das einzige Mittel der Rettung gewesen sei; bekanntlich sollte sie Basel nicht retten.

Ochsens Selbstverteidigung ist trotz der bedenklichen Mittel nicht gelungen. Jedoch hat er insgesamt den Wesenszug Basels durch die Jahrhunderte getroffen: die stete Besorgtheit der reichen Handels- und Grenzstadt, die bei jedem Zwischenfall zittert und Krieg fürchtet.

Geschichte der Stadt und Landschaft Basel; 8 Bde., Berlin/Basel 1786–1822. – *Korrespondenz des Peter Ochs,* hg. v. *Gustav Steiner;* Quell. Schw. Gesch. NF, Abt. 3, Bde. 1. 2/1.Teil. 2/2. Teil, Basel 1927–37.

DANIEL ALBERT FECHTER: Der Geschichtsschreiber Johannes von Müller in seinem Briefwechsel mit Peter Ochs in Basel; Basl. Beitr. vaterl. Gesch. 8, 1866, S. 131 ff. – MARTIN BIRMANN: Peter Ochs; ADB 24, Leipzig 1887, S. 131 ff. – ALBERT GESSLER: Peter Ochs als Dramatiker; Basl. Jahrb. 1894, S. 106 ff. – HANS BARTH: Untersuchungen zur politischen Tätigkeit von Peter Ochs während der Revolution und Helvetik; Jahrb. Schw. Gesch. 26, Zürich 1901, S. 145 ff. – RUDOLF LUGINBÜHL: Peter Ochs und Basel in den Jahren 1801/02; Basl. Zeitschr. Gesch. Altertkde. 4, 1905, S. 277 ff. – AUGUST HUBER: Einige Mitteilungen über Peter Ochs; Basl. Zeitschr. Gesch. Altertkde. 5, 1906, S. 286 ff. – GUSTAV STEINER: Der Einfluss Isaak Iselins auf Peter Ochs; Basl. Jahrb. 1921, S. 64 ff. – GUSTAV STEINER: Die Mission des Stadtschreibers Ochs nach Paris; Basl. Jahrb. 1924, S. 223 ff. – EDGAR BONJOUR: Basel im Schweizerbund; Basel 1951, S. 233 ff. – ANDREAS STAEHELIN: Peter Ochs als Historiker; Basl. Beitr. Geschichtswiss. 43, Basel 1952. – MARC SIEBER: Das Nachleben der Alemannen in der schweizerischen Geschichtsschreibung; Basl. Beitr. Geschichtswiss. 46, Basel 1953, S. 68 ff. – GUSTAV STEINER: Die Herkunft des Basler Staatsmannes Peter Ochs; Basl. Stadtb. 1960, S. 11 ff.

GLARUS UND APPENZELL

Johann Heinrich Tschudi 1670–1729

Aus der bekannten Glarner Familie gebürtig, wirkte Tschudi seit 1692 als Pfarrhelfer in der Heimatgemeinde Schwanden und wurde 1719 Hauptpfarrer. Er war still, schweigsam, aber ein guter Kanzelredner und fruchtbarer Schriftsteller, auch er ein Selbständiger, der sich in der Einsamkeit bildete. Da er stets kränkelte, beschäftigte er sich mit Heilkunde. Der Zweck seiner Schriftstellerei war die Volkserziehung. Er schrieb über Diät, Sünden, Kirchengeschichte, stets im belehrenden Volkston und tapfer in der Meinung. In seinen Gesundheitslehren bekämpft er unter anderem die damals grassierende übertriebene Anwendung des Aderlasses. Das Morgenrot der Aufklärung streift ihn. Er vertritt die vernünftige Orthodoxie in der Zeitschrift *Monatliche Gespräche*, die er von 1714–1725 herausgab. Sie ist ein wichtiges Zeugnis für jene Zwischenepoche, eine geistige Bestandesaufnahme. Freunde lieferten ihm Beiträge. Zur Frage der Staatsform äusserte er sich 1715 noch unbeirrt im Sinne der alten Auffassung von ihrer überweltlichen Herkunft: «Und wenn schon alle Politiker sich vereinigten, würden sie doch nimmer mächtig sein, aus einer Aristokratie eine Monarchie zu machen, oder hingegen diese in jene zu verwandeln, es sei denn, dass Gott selbst eine Änderung beschlossen habe.» Als ein holländischer Gelehrter den bösen Geistern das Dasein absprach, erregte das noch lange den Unwillen der schweizerischen Pfarrer, und Tschudi gab dieser Stimmung in seiner Zeitschrift besorgten Ausdruck. Man meinte, die Überwelt wanke, wenn man die Unterwelt verabschiede. Gelegentlich macht sich in den «Gesprächen» Polemik gegen den alten Glauben breit. So bezweifelte Tschudi 1723 das zwanzigjährige Fasten von Bruder Klaus. Unterwalden empörte sich so sehr darüber, dass es das Heft verbrennen liess und hundert Taler auf den Kopf des Autors setzte.

Tschudis Hauptwerk ist die 1714 erschienene *Beschreibung des Löblichen Orths und Lands Glarus*, die unter dem Namen *Glarner Chronik* volkstümlich geworden ist. Wohl um der Zensur zu entgehen, widmete er sie demütig den evangelischen Orten, die eben den von den Katholiken verschuldeten Zwölferkrieg gewonnen hätten. In der Widmung zieht er einen Vergleich zwischen dem Menschenkörper und der Eidgenossenschaft, den er medizinisch durchführt. In der Vorrede entwickelt er seine Ansicht von der Geschichte. Die höchste Beziehung bleibt ihm natürlich Gott; er wird stets angerufen, sein Geist waltet in der Geschichte. Die Historie ist eine «anmuthige und lustige Wüssenschaft», sie lässt die Vorfahren in ihren «Manieren und Thaten» schauen, erspart kostspielige Reisen. Unter der Sonne gibt es nichts Neues. Die Welt ist eine Schaubühne mit stets gleichen Spielern seit dem Sündenfall. Der Mensch erscheint als Gottes Instrument. Aufgabe der Geschichte ist es, den Menschen mit seiner Heimat vertraut zu machen; mancher kennt die Ferne, nicht aber das Nächste. Tschudi schützt sich gegen die Kritik mit der Bemerkung, nur vom Redner, nicht aber vom Historiker sei blühender Stil zu verlangen.

Als Quellen dienten ihm bis 1469 ein Manuskript von Aegidius Tschudi, später die Aufzeichnungen von Valentin Tschudi. Das Übrige musste er mühsam zusammensuchen, wobei Misstrauen ihm manches Archiv verschloss. Der Inhalt besteht aus der Beschreibung des Landes und aus der Erzählung der Geschichte bis 1712; am Schluss fügte er Ämterlisten und Karten bei, auf denen die Brücken sorgfältig verzeichnet sind. Die Beschreibung des Landes ist eine wertvolle Zusammenschau des Geographischen, Wirtschaftlichen und Politischen. In dieser Verflechtung sucht er sein Land zu verstehen, noch vor Montesquieus Milieupflege. Scheuchzer ist ihm Autorität. Er selbst besteigt die Berge nicht, lässt sich von Gemsjägern berichten, spricht vom unfreundlichen Gesicht der hohen Berge. Als höchster Berg der Schweiz gilt ihm der Tödi; er hält ihn für unbesteigbar. Gegen Wundergeschichten nimmt er Stellung, erzählt aber Hexenhinrichtungen ohne Kritik. Ferner: Früher war der Glarner stark; seit er Wein trinkt und sich dem Luxus hingibt, ist er schwächer geworden und lebt kürzer. Die Glarner Institutionen erscheinen wie die «Regiments-Form» der Urkantone, als «eine pur lautere Democratie». Diese hält er aber nicht für die unbedingt beste Staatsform, er spricht wegwerfend über den Volksverstand. Er bedauert den Mangel an Manufakturen; die Einfuhr ist grösser als die Ausfuhr, weshalb die Armut zunimmt.

Nach dem Abschluss seines Buches entdeckte Tschudi Fridolin Bäldis Reformationschronik und hing sie im Auszug an; es ist aber nicht diejenige, die wir heute kennen. Tschudis Heimatkunde zeigt, wie der Glarner damals lebte; hier liegt ihr Wert. Ihre Zugkraft erklärt sich dadurch, dass sie zum ersten Mal die Landesgeschichte im Druck brachte.

Sein *Irenicum Helveticum* von 1712 ist wichtig für die Kenntnis des Nationalbewusstseins.

Irenicum Helveticum; das ist: Erinnerung zu beständigem Frieden an samtliche Herren Eydgnossen worinn sonderlich die Natur und Wichtigkeit des unter ihnen habenden grossen Bunds vorgestellt wird; o.O. 1712. – *Beschreibung des Löbl. Orths und Lands Glarus;* Zürich 1714. – *Relatio historica politica,* oder Summarische Histori und Denkwürdigkeiten, der vornehmsten Geschichten der Herrschaft Werdenberg; Chur 1726. – *Kurzgefasster Lebenslauf ... Johann Heinrich Tschudis;* im Anhang von *J.H. Tschudi: Gemeine Vorurtheile,* 4. Auflage, Zürich 1749.

JOHANN JAKOB BÄBLER: Johann Heinrich Tschudi, der Chronikschreiber. Festg. f. d. vaterl. Jugend 4 u. 5, Glarus 1862. 1863. – JOHANNES STRICKLER: Die gemeinnützigen und politischen Zeitschriften der Schweiz; Polit. Jahrb. Schw. Eidg. 6, Bern 1891, S. 81 ff. – GOTTFRIED HEER: Johann Heinrich Tschudi; ADB 38, Leipzig 1894, S. 746 ff. – ADOLF DÜTSCH: Johann Heinrich Tschudi und seine «Monatlichen Gespräche». Ein Beitrag zur Geschichte der Aufklärung in der Schweiz; Wege zur Dichtung 41, Frauenfeld 1943. – HANS HUBSCHMID: Gott, Mensch und Welt in der schweizerischen Aufklärung; Bern 1950. – JAKOB WINTELER: Geschichte des Landes Glarus 2, Glarus 1954, S. 99 ff.

Christoph Trümpi 1739–1781

Ein liebenswerter Menschenfreund, in dem sich Altes und Neues mischte, als Pfarrhelfer in Schwanden wirkend. Für Fäsis Erdbeschreibung bearbeitete er den Artikel Glarus. Er fand Fäsis Arbeit ungenügend, wollte Besseres leisten und zugleich Johann Heinrich Tschudis Glarner Chronik fortsetzen. Seine *Neuere Glarner Chronick* enthält eine Schilderung von Glarus, seiner Natur und Politik, und eine Glarner Geschichte. Bis 1712 arbeitete er nach bekannten Quellen, von da bis 1774 selbständig. Diesen Teil hat er vollkommen aktenmässig dargestellt. Seine Landbeschreibung ist umsichtig, zuverlässig, lehrreich. Das Blickfeld weitet sich gegenüber dem 17. Jahrhundert, die Betrachtung wird eindringender. Er geht liebevoll auf die Eigenheiten seines Landes ein, sieht die Verflechtung mit dem Klima. Als Haupterzeugnisse des Landes bezeichnet er Butter, Käse und Vieh, das über den Panixerpass nach Lugano verkauft wird. Seit 1714 wird Baumwolle gesponnen, später bedruckt, aber nicht gewoben. Gewinn und Verdienst belegt er mit genauen Zahlen. Er beschreibt, wie sein Gebirgstal mit der Weltwirtschaft zusammenhängt: Die Glarner «haben zuerst die Baumwollen von Zürich, Chur, Kempten, hernach von Venedig, auch Marseille oder Genua her selbst angeschafft, und das gesponnen Garn in die Cattun-Fabriken nach Zürich, St. Gallen, Herisau verkauft». Die Kinderarbeit erwähnt er nicht tadelnd, sondern eher als eine wohltätige Errungenschaft; denn die Manufakturen helfen der anwachsenden Bevölkerung zum Erwerb.

Das Politische berührt er vorsichtig, spricht sich in gewundenen Sätzen über die Staatsordnung aus, wagt in der Demokratie nicht, frei zu sprechen, spielt den Tadel ins Seelsorgerische hinüber, wo er recht behalten muss. Er vertraut zwar auf den Höchsten, weiss um die besondere Gnadenstelle, die der Schweiz in der göttlichen Vorsehung zukommt, und schreibt deshalb: «Der Herr ist es, der die Eidgenossenschaft zum Wunder der Welt erhoben hat.» Aber vom Zusammenhang zwischen Welt und Überwelt denkt er doch bescheidener, als man es früher zu tun pflegte. Von der Aufklärung her tritt er für unbedingte Toleranz und Ablehnung des Aberglaubens ein, vom Beruf her haften ihm noch überholte Meinungen an; er verdammt die neuen Genüsse: Kaffee sei jetzt eine allgemeine Wollust, Zucker eine Delikatesse. Gott strafe den Menschen für den Übermut und Luxus mit Unglück. Trümpi preist die alte Einfachheit; sein Ideal liegt also doch nach rückwärts. An den fremden Diensten sind die Glarner sehr stark beteiligt. Trümpi wägt sorgfältig die Vor- und Nachteile ab. Bei der Errichtung neuer Kompagnien begegnet man stets den gleichen Namen: Zwicki, Brunner, Schindler auf reformierter, Freuler, Tschudi, Bachmann auf katholischer Seite. Der neapolitanische Dienst erscheint wie eine Domäne der Tschudi; Glarner kämpfen sogar in Marokko.

Der ältere Teil der Chronik zeigt den Fortschritt, dass das Fabelhafte ganz ausgeschieden und das Ungewisse behutsam behandelt ist. Jedoch glaubt er noch an Aegidius Tschudis Stammbaum, setzt die Freiheit zu früh an. Seinen eigenen Teil von 1712 an hält er annalistisch. Namentlich das Geschehen von seiten der Natur wird vollkommen dargestellt: Überschwemmungen, Lawinen, Ungewitter, Brünste, Krankheiten, Kälte, Missernten, Teuerungen. Auch das Geistige wird gestreift, so die Gründung einer Bibliothek. In diesem engen Rahmen, in erbaulich mahnendem Ton ist der Auftrieb des Jahrhunderts, der Fortschritt unverkennbar. Aber die Verbesserung der Lebenshaltung wird noch mit geistlichem Bedenken festgestellt. Vom alten Kalender will das Volk trotz Zureden nicht lassen. Gegen die Pocken wird bereits geimpft. Die mitgeteilten Lebensmittelpreise zeigen eine durchgehende Preissteigerung im 18. Jahrhundert. In der Schlussbetrachtung gibt Trümpi Rechenschaft vom Aufstieg, von der Bevölkerungsvermehrung und von der Erweiterung des Nahrungsspielraums.

Das Was und Wie ist an dieser verspäteten Chronik gleich lehrreich. Sie lässt die Fülle des neuen Geistes ahnen, wagt sie aber nicht zu geben, streift die Probleme des Jahrhunderts nur. Von der Institution der Landsgemeinde, die er verteidigt, schreibt er: «In einer solchen höchsten Staatsversammlung haben die Oberen das Recht und die Pflicht, das Volk durch ihre Einsichten zu erleuchten, aber nicht über dasselbe zu herrschen.» Der neue Geist bewegt sich unter der Oberfläche. Trümpi erfasst die Lebensbedingungen seines Volkes, aber er scheut vor einer rücksichtslosen Überprüfung aller Lebensverhältnisse zurück. Häufig bezieht er sich auf Albrecht von Haller; dieser ist noch die höchste geistige Instanz.

Neuere Glarner Chronick; Winterthur 1774.

JAKOB WINTELER: Geschichte des Landes Glarus 2; Glarus 1954, S. 183 ff.

Johann Jakob Tschudi 1722–1784

Man kennt ihn als Pfarrer in Glarus, Freund des Schulwesens und eifrigen Forscher. Zwar veröffentlichte er wenig, so Beiträge zu Gottlieb Emanuel von Hallers Bibliothek, zu Füsslis Staats- und Erdbeschreibung, alles nicht unter seinem Namen. Seine grosse *Glarnergeschichte* blieb ungedruckt. Und dennoch leistete er der Wissenschaft wertvolle Dienste mit seinen Sammelbänden; denn manches ist in seiner Abschrift erhalten, was 1861 beim grossen Brand im Original verlorenging.

Ein Kapitel aus der ungedruckten *Chronik* von Camerarius Joh. Jakob Tschudi, verfasst von zirka 1764–1774 und handelnd von der Erwerbstätigkeit der Glarner, hg. v. *Adolf Jenny-Trümpy;* Jahrb. Hist. Ver. Glarus 33, Glarus 1899, S. 41 ff.

JOST WICHSER: Camerarius Joh. Jakob Tschudy vornehmlich als Geschichtsforscher; Jahrb. Hist. Ver. Glarus 17, 1880, S. 14 ff. – GOTTFRIED HEER: Johann Jakob Tschudi; ADB 38, Leipzig 1894, S. 748 f. – KARL SCHWARBER: Nationalbewusstsein und Nationalstaatsgedanken der Schweiz von 1700–1789; Manuskript, Basel 1919, S. 207 ff. – JAKOB WINTELER: Geschichte des Landes Glarus 2, Glarus 1954, S. 179 ff. – JAKOB WINTELER: Camerarius Joh. Jak. Tschudi von Glarus als Basler Theologiestudent 1739/1740; Basl. Zeitschr. Gesch. Altertkde. 58/59, 1959, S. 289 ff.

Gabriel Walser 1695–1776

Er stammte aus einer Appenzeller Pfarrerfamilie, studierte in Basel und an deutschen Universitäten, amtete als Pfarrer zu Speicher. Weil er im Landhandel 1732 zu den Zellwegern hielt, wurde er mit harter Geldbusse belegt, die ihn in Verlegenheit stürzte. In seiner Einsamkeit spürte er den Drang nach vielseitiger geistiger Betätigung als Schriftsteller, Geschichtsforscher, Geograph. Von 1735-1748 gab er den *Appenzeller Schreibkalender* heraus, unternahm grosse Reisen, entwarf Karten, nicht nach Messung, sondern nach Schätzung; 1769 erschien sein grosses *Schweizerisches Kartenwerk*, 1770 seine *Schweitzer-Geschichte*, wo der Abschnitt über die Alpen selbständigen Wert hatte.

Sein Hauptwerk ist die *Neue Appenzeller Chronick*, 1740 herausgekommen. Sie umfasst beide Rhoden und setzt Bischoffbergers Chronik fort, die bis 1682 reicht. Er bricht 1732 beim sogenannten Landhandel ab; die Behörde verbot ihm, darüber zu schreiben. Sein Werk widmet er den evangelischen Orten, entschuldigt in der Dedikation die platte Schreibweise, weil er sich nach den Fähigkeiten des Landmannes habe richten müssen; also kennt er den geistigen Abstand. Aus der Vorrede sei herausgehoben: Er huldigt dem milderen Vorsehungsglauben (Gottes Güte wird hervorgehoben), während der erste reformierte Glaube strenger Erlösungsglaube war und den strafenden Gott betonte. Ihm ist die Geschichte ein Spiegel der göttlichen Allmacht; er glaubt noch nicht an die Eigenwirkung geschichtlicher Kräfte. Der Schweizer hat die Freiheit erhalten zum Lobe Gottes. Und doch anerkennt Walser den Eigenwert der Geschichte, wenn er Cicero zitiert: «Nescire quid ante te actum sit, est quasi tamque puerum esse.» Dann folgt ein Quellenverzeichnis. Die Quelle für die geographische Beschreibung ist das Reisen, die Bergbesteigung, nicht mehr die Kopie fremder Autoren. Er legt eine selbst gezeichnete Karte bei. Die Chronik zerfällt in einen beschreibenden und in einen geschichtlichen Teil. Der beschreibende bietet eine genaue, klare, auf Erfahrung gegründete Darstellung Appenzells, seiner Lage, Beschaffenheit des Bodens, Naturgeschichte, Politik und Staatseinrichtungen. Es ist eine ungemeine Leistung des einsamen Mannes, der von den üblichen Hilfsmitteln abgeschnitten war. Er sucht als vernünftiger Orthodoxer Glaube und Wirklichkeit in Einklang zu bringen. Nirgends wie hier ist die Weisheit des Schöpfers so sichtbar, der das Ländchen überaus mit Früchten begnadet hat; die Teilhabe an der göttlichen Gnade wird demnach als ausserordentlich betrachtet.

Der geschichtliche Teil beruht auf Bischoffberger, einer handschriftlichen Appenzeller Chronik von Bartholomäus Anhorn, der in Appenzell Pfarrer war, und Archivstudien, «weil die Wahrheit am besten ex Historia diplomatica erhellet». Dem Volk zulieb hält er sich an den alten Kalenderstil. Trotz seiner Studien hat er Bischoffberger nicht viel verbessert. Zwar lässt er die ältesten Vorfabeln weg und beginnt mit 94 v. Chr., als die Römer kamen. Diese sind die Vorfahren der Appenzeller. Die ganze Appenzellergeschichte bis 1061 hat er nach Analogien erfunden: «Denen Appenzellern aber lag die, von denen drey Ländern erfochtene Freyheit immer zu Sinn, und hegten heimlichen Lust, sich mit der Zeit auch frey zuschlagen.» Viel besser geraten ist die Darstellung des 17. und 18. Jahrhunderts. Er erzählt die Verpflanzung des Leinengewerbes von St. Gallen nach Appenzell, den

Beginn des Tabakrauchens, die hohe Teuerung mit ihren schrecklichen Szenen, die Abhängigkeit Appenzells von der deutschen Fruchtzufuhr, schliesslich auch die Verbrennung von Hexen; er glaubt nicht an ihren Umgang mit dem Teufel, erklärt es für Ausgeburt ihrer Phantasie, wohl aber an das Vergiften von Menschen und Vieh. Mit Genugtuung vermerkt er die 1726 erfolgte obrigkeitliche Unterdrückung der Alpstubeten, der Alpkilbinen mit den üblichen Wettkämpfen, weil sie aus der heidnischen Zeit der olympischen Spiele stammten.

Die Politik erschöpft sich in unaufhörlichen Händeln und Keilereien des hitzigen Völkleins, dem jeder Anlass zum Austoben willkommen ist. Von einer Landsgemeinde erzählt er, sie sei «wider alles vermuthen fried und wohl» vor sich gegangen. Obgleich Walser im Vorwort sagt, er werde die Witterung kurz abtun, bildet sie doch neben den Zänkereien den Hauptinhalt des Buches, weil das Wohlergehen damals viel mehr durch sie bedingt wurde als später.

Das Werk ging durch die «ordentliche» Zensur; sie liess ihm manche Kritik durch, weil er sie pfarrherrlich aufputzte. Gegen Trümpi ist Walser ein Abfall; an Vielseitigkeit der Beziehungen und an geistigem Gehalt kommt er ihm nicht gleich.

Neue Appenzeller Chronick oder Beschreibung Des Cantons Appenzell Der Innern- und Aussern Rooden; St. Gallen 1740; 2. Auflage, 4 Theile, Ebnat/Trogen 1825–29. – *Appenzeller Chronik; Vierter Teil* (1772–1798), fortgesetzt von *Gabriel Rüsch;* Trogen 1831. – *Appenzeller Chronik;* Fünfter Teil (1798–1829), fortgesetzt von *Gabriel Rüsch,* bearbeitet und hg. v. *Adam Marti;* Appenz. Jahrb. 37–40, Trogen 1909–12. – *Atlas novus Reipublicae Helveticae* XX. Mappis compositus Sumtibus Homannianis Heredibus; Norimbergae 1769. – *Schweitzer-Geographie,* Samt den Merkwürdigkeiten in den Alpen und hohen Bergen; Zürich 1770.

Pfarrer Gabriel Walser; Appenz. Monatsbl. 1826, 8. 9. – BERNHARD STUDER: Geschichte der Physischen Geographie der Schweiz bis 1815; Bern 1863, S. 287 f. 328 f. – JOHANNES DIERAUER: Pfarrer Gabriel Walser, der Chronist und Geograph; St. Gallen 1896. – JOHANNES DIERAUER: Gabriel Walser; ADB 41, Leipzig 1896, S. 16 ff. – JAKOB BOESCH: Pfarrer Gabriel Walser 1695–1776; Rheint. Almanach 1957, 8, S. 48 ff. – HANS RUDOLF MERKEL: Demokratie und Aristokratie in der schweizerischen Geschichtsschreibung des 18. Jahrhunderts; Basl. Beitr. Geschichtswiss. 65, Basel/Stuttgart 1957, S. 173 ff. – KURT BASCHWITZ: Hexen und Hexenprozesse. Die Geschichte eines Massenwahns und seiner Bekämpfung; München 1963.

GRAUBÜNDEN

Hier hatten die Unruhen, Erschütterungen, Freiheitskriege im 17. Jahrhundert eine reiche Geschichtsschreibung erweckt. Die Ruhe des 18. Jahrhunderts blieb stumm. Was sich hervorwagte, hat seinen Wert weniger im eigentlich Historischen als in einer gewissen unverwüstlichen Eigenart.

Niklaus Sererhard 1689–1756
Von seinem Leben ist nur das Dürftigste bekannt. Er stammte aus der Theologenfamilie Erhard von Zernez (Ser = Signor). Als Pfarrerssohn zu Küblis im Prättigau geboren, ging er zu einem Geistlichen in die Lehre, um ihm das Nötige abzuschauen, trieb auch einige Studien in Zürich. Zuerst amtete er als Pfarrer in Malix, von 1716 bis zu seinem Tod in Seewis.

Er hinterliess ein Manuskript: *Einfalte Delineation aller Gemeinden gemeiner dreien Bünden*. Dieses 1742 geschriebene Werk ist eine Heimatkunde, schlicht, treuherzig, bodenständig; man sollte von jedem Zeitalter einen Historiker haben, der über der Menge steht, und einen, der aus der Menge heraus schreibt, mit den Vor- und Nachteilen dieser Stufen. Den Anstoss zur Niederschrift gab ihm seine Mitarbeit an Leus Lexikon. Er verfolgte den Plan, einen Gang durch alle Gemeinden Bündens, ohne die Vogteien, zu machen. Seine Teilnahme gehört vor allem der Natur, ihren Wundern und Seltsamkeiten; aus ihm spricht nicht eigentlich Natursinn, sondern Interesse für die Nützlichkeit der Natur. Sodann wendet er seine Aufmerksamkeit Land und Leuten zu. Er bietet eine Naturgeschichte des Bündnervolkes, erzählt behaglich, mitteilsam, ohne Falsch, wie es leibt und lebt, woher es seine kümmerliche Nahrung gewinnt, was ihm der Boden, was sein Gewerbe gibt, wie ihm das Recht gesprochen wird, welche Gedanken es in seine Seele aufnimmt, welches sein Alltag, welches die spärlichen Unterbrechungen der Arbeit sind. Wohl kann er es gelegentlich derb schelten und belachen; unüberwindlich bleibt aber doch seine heimliche, herzliche Freude an den lieben Bundsleuten. Das Lokalkolorit ist – unbewusst – meisterhaft getroffen.

Der Vergangenheit gewinnt er wenig Geschmack ab. Er kennt zwar Gulers und Sprechers gedruckte Werke und macht historische Notizen, aber gleichgültig, oberflächlich, aufs Geratewohl, ohne Kritik. Rhaetus spukt natürlich in seinem Buch. Von den Bündnerwirren hat er keine lebendige Erinnerung mehr. Urkunden liegen ihm vollends fern, desgleichen die Politik, die ihn kalt lässt; vielleicht haben ihn gewisse Vorgänge des öffentlichen Lebens abgekühlt. Von den Institutionen gibt er nur einen dürftigen Begriff, mehr die Einteilung der Gerichte als die Verteilung der Macht und den Ämtermechanismus. Sein Verhältnis zur Aufklärung und zur Zeitbildung ist ein lockeres. Er hat zwar die «Monatlichen Gespräche» von Johann Heinrich Tschudi und auch Scheuchzer gelesen; aber er steht noch in der guten alten Zeit drin, verteidigt tapfer Gespenster und Drachen, reibt sich gern an den Aufklärern. Anderseits ist er vom Hauch der neuen Zeit berührt; er möchte die Naturwunder auf die damals übliche philosophisch-spekulative Weise erklären, immer mit kleinen Hieben auf die hochgelehrten Aufklärer, die doch vor Gottes Allmacht nichts seien. Er selber ist von einem wackeren, praktischen, lebenskräftigen Vorsehungsglauben durchdrungen, vertritt die vernünftige Orthodoxie.

Der Wert seiner Delineatio liegt darin, dass er das Bündnervolk seiner Zeit aus dem Vollen hinstellt, mit seiner Beschränktheit, Mühsal, Verbundenheit, Schlaglust und mit seinen Vorurteilen. Seine Quellen sind die eigene Anschauung, seine Reisen – er ist aber nicht überall hingekommen –, alte Leute, Kollegen auf der Synode, Säumer, Jäger. Den Oberen Bund stellt er am knappsten dar, weil von dort wenig Kollegen die Synode besuchten. Sererhard ist kein Polterer, sondern ein Plauderer. Unermüdlich tischt er Geschichtchen, Schnurren, Anekdoten auf mit dem Ehrgeiz, diesen Schatz des Volkes zu erschöpfen. Er erzählt ausgezeichnet, am liebsten Geschichten zwischen Lachen und Grausen, im bequemen Abendsitzton: bald hätte ich noch ein merkwürdiges Ding vergessen – jetzt hätte ich mich beinahe verplaudert – nun wollen wir uns weiter umsehen.

Der Inhalt des Werkes ist folgender: Hexen, Jagdabenteuer, Mordtaten, Räubereien, Schatzgräbereien, Ruinen, Lawinen, Passwanderungen im Wettersturm und wunderbare Errettung – kurz das, was der naiven Einbildungskraft ungebrochener Menschen zusagt, die noch die Fähigkeit zum Staunen haben, alles aus dem Alltag eines rauhen Daseins geschöpft. Mitten durch seine frische Schalkhaftigkeit geht eine gewisse Zimperlichkeit, die nur unter Entschuldigungen mit der Sprache herauskommt, und eine pfarrherrliche Freude an lateinischen Bibelzitaten. Kollegen, denen er das Manuskript zeigte, tadelten seine Geschichten, und er schämte sich nachträglich ihrer, zu Unrecht.

In gewissen Dingen ist er genau und regelmässig, ob ein Ort reformiert oder katholisch, deutsch oder romanisch sei, so dass man heute die Verschiebungen nachprüfen kann. Fanatismus irgendwelcher Art bleibt ihm fremd; nur spitzt er seine Schnurren gern auf katholisches Wesen zu und ist seelenvergnügt, wenn er einen Priester in der Patsche stecken oder ein Heiligenbild draufgehen lassen kann. Genau verzeichnet er auch, was zum Leben wichtig ist: Lage und Fruchtbarkeit eines Orts, Ebene oder Steilheit des Ackerbodens, Nähe oder Ferne des Kornmarktes, da doch das meiste getragen werden muss, Obstwuchs, Holzreichtum oder Mangel, Fischgehalt der Gewässer, Sonnseite, Schattseite, Güte der Weine, Passwirtshäuser. Sein Natursinn ist kaum erwacht, doch wird er von der Schönheit eines Prospektes auf Bergeshöhe ergriffen.

Man trifft bei ihm viele Ausdrücke mit verschollenem Sinn: Zernez nennt er «mein Vaterland», spricht von den «Völkern Rätiens», bezeichnet den Schweizerboden schon als die Fremde. Die benachbarten Tiroler sind die Teufelskerle, die mehr können als Brot essen, nämlich Gespenster bannen und Schätze wittern. Im Engadin herrschen die Planta, im Zehngerichtebund die Salis; diese haben das Beste von allem, Alpen, Seen, Weinberge, Wirtshäuser. Der Palast der Salis in Soglio erscheint ihm mit unschätzbaren Reichtümern gefüllt.

Sererhard ist unersetzlich, weil er als einziger Derartiges bietet. Man bedauert, nicht auch von anderen Kantonen solche Bestandesaufnahmen aus dem 18. Jahrhundert zu besitzen. An ihm wird erneut sichtbar, wie gross der Beitrag des reformierten Pfarrhauses an die Kultur Bündens ist.

Einfalte Delineation aller Gemeinden gemeiner dreien Bünden, hg. v. *Conradin von Moor;* Bündn. Geschichtsschreiber u. Chronisten 8, Chur 1872. – Neuausgabe bearbeitet v. *Oskar Vasella*, hg. v. *Walter Kern;* Chur 1944.

FRIEDRICH PIETH: Bündnergeschichte; Chur 1945, S. 291.

Peter Dominicus Rosius a Porta 1732–1808

Er entspross einer alten Unterengadiner Adelsfamilie, die durch Jahrhunderte der reformierten Bündnerkirche Pfarrer gab. Nach Studien in Basel und an fremden Universitäten amtete er als Pfarrer in verschiedenen Dörfern des Engadins und des Bergells. Er führte ein stilles Leben, das der Seelsorge und der Forschung gewidmet war.

Sein Hauptwerk ist die *Historia reformationis ecclesiarum Raeticarum*, drei Bücher in zwei Bänden, 1771 und 1777 erschienen. Er macht sich die Quellenkritik der Mauriner sowie die Ideen- und Sachkritik der Aufklärung zunutze. Im Grunde seines Wesens ist er ein bibelfester, eifriger reformierter Pfarrer. Sein Trachten geht darauf aus, sein Werk auf die ersten Quellen zu gründen. Im Vorwort spricht er bitter von den Enttäuschungen, die ihm seine Quellensuche eintrug. Er bedauert die geistige Rückständigkeit Bündens gegenüber den evangelischen Schweizerkantonen. Die katholischen Pfarrer kennen nur die Messe, die reformierten lernen die Predigten aus einer Eselsbrücke auswendig; der Adel vergeudet seine Mittel mit Jagd, Gelagen, politischen Ränken. Das sind die Leute, an die er sich um Auskünfte wenden muss. Wieviel vergebliche Gänge tat er: Er findet die Kirchenarchive leer, selbst dort, wo der Krieg von 1618–1638 nicht gewütet hat. Die Adligen halten ihm fast ohne Ausnahme die Familienarchive verschlossen. Nur bei einigen Salis, besonders bei dem grossen Ulysses, dem Herrn von Marschlins, findet er Förderung und Verständnis. Auch das Bundesarchiv in Chur ist ihm nicht gleich zugänglich, schon deshalb nicht, weil nur zur Zeit des Bundestages alle Schlüsselträger anwesend sind und dieser Tag nicht immer in Chur stattfindet. Schliesslich hilft ihm der Zufall: Der Bundestag ordnete eine Sichtung des Archivs an; für ein paar glückliche Wochen darf er in den Schätzen schwelgen.

Dann wendet er seine Schritte ins «Ausland». In St. Gallen entdeckt er den Nachlass Anhorns, die Geschichte des Bündner Krieges; aber für die Benützung werden ihm solche Bedingungen gestellt, dass er darauf verzichtet. Das sind die Handelsherren, die schon Vadians Schriften gleich nach seinem Tod eingesargt haben; begreiflich, eine unbequeme Publikation könnte das Geschäft stören. In Zürich dagegen fühlt er sich wie in einer Oase. Er findet Aufnahme, Verständnis, Anerkennung, besonders vom Ratsherrn Leu, dem Sohn des Bürgermeisters und Historikers. Hier gräbt er eine Abschrift Anhorns und insbesondere den Briefwechsel zwischen den Zürcher und Bündner Reformatoren aus, über den er trunken herfällt. Er segnet Zürich. Aber wie er zu Hause seine Schätze strahlend ausbreitet, stösst er auf Gleichgültigkeit: Wozu denn das Zeug nütze? Auch im Glanzalter der Aufklärung war der Forscher noch auf sich selber angewiesen, musste sich an seinem eigenen Feuer wärmen. Umso grössere Anerkennung verdient der Mut, der nicht nachgab, sondern die platte Mitwelt bezwang.

Porta beginnt mit der Einführung des Christentums und zerpflückt die Heiligenlegenden mit den Mitteln der Aufklärung: äussere Unmöglichkeit, die verdächtigen Analogien so vieler Heiligenleben. Er verwirft Lucius, Fridolin, die Thebäer und nimmt rational die Einführung des Christentums auf den Handelswegen an. Die breite Darstellung setzt mit 1522 ein. Sie beruht auf Akten; solche werden reichlich eingelegt. Das Werk steckt voll neuer unbekannter Tatsachen; ohne Porta würde heute manches verloren sein. Eine gewaltige Gelehrsamkeit wird mit eigentümlicher Klarheit verarbeitet, in einem allerdings nicht besonders reinen Latein. Neue Ideen bietet der Verfasser nicht. Er schafft mit dem geistigen Gut der Reformation und der Aufklärung, prüft und urteilt als Reformierter. G.E. Haller, der sich sonst sehr lobend über a Portas Werk äussert, wirft ihm vor, er lasse sich zu unanständigen Ausdrücken gegen die Altgläubigen hinreissen. Gelegentlich läuft ihm das unter – im allgemeinen aber trachtet er nach Wahrheit und Gerechtigkeit; die Tatsachen werden nicht verfälscht. Seine Darstellung gegenüber den Skandalprozessen ist kritisch. Auf den Prozess gegen Dr. Johannes Planta von Rhäzüns, der 1572 wegen verräterischen Beziehungen zu Rom angeklagt, von einem Fähnlilupf festgenommen und hingerichtet wurde, fallen scharfe Lichter: gegen einen einzigen Mann seien zweiundzwanzig Fähnli aufgebrochen, die es gegen einen äusseren Feind nicht so eilig gehabt hätten; die Strafsummen seien willkürlich nach den Kosten des Auflaufs bemessen worden. Wie die Geschichtsschreiber des Bündnerkriegs, die Salis, Sprecher, Juvalta, kann er seine Geringschätzung des Volksgeistes, des Wankelmuts, der bösen Launen der Menge, der üblen Tapferkeit gegen die Opfer der öffentlichen Wut, des Versagens in den Stunden der Landesgefahr nicht verhehlen. Dabei verschmäht er es, seinen Unwillen in eine geistliche Strafpredigt einzukleiden wie Anhorn; er verurteilt als Politiker mit mannhaftem Bekenntnis. Auch das Thusener Strafgericht von 1618 hat nicht seinen Beifall, trotz geistlicher Beteiligung; er spricht von «Tribunalia Rhadamantea».

Sein Werk geht bis 1642. Der versprochene vierte Band, der bis in seine Gegenwart hätte führen sollen, blieb aus, wohl weil die ersten geringen Absatz fanden. Es lag nicht nur an der lateinischen Sprache; diese war damals den gebildeten Kreisen noch genügend vertraut; sondern es fehlte überhaupt das Verlangen nach solchen Dingen. Der Churer Verleger verkaufte 1827 den Stock von Exemplaren einem Glarner Schabzigerhändler.

Porta war ein überaus fleissiger Schriftsteller, hauptsächlich im Rätoromanischen, das er förderte. 1787 liess er, weil eine italienische Bündnergeschichte noch fehlte, ein *Compendio della Storia della Rezia* erscheinen. Es ist ein Auszug aus dem Hauptwerk mit weltlichen Ergänzungen, etwas flüchtig, von ungleicher Proportion; die neuere Zeit kommt zu kurz.

So ungünstig die Bündner Geschichtsschreiber ihre Demokratie beurteilen, so ist doch eines anzuerkennen: Die stete Bewegung, in die das Volk durch die Demokratie versetzt wurde, erzeugte eine Geschichtsschreibung, wie sie kein anderer Kanton in dieser Mannigfaltigkeit kennt. Alle Stufen sind vertreten, von den köstlichen Volksbüchern eines Ardüser und Sererhard bis zu dem hohen Ton eines Sprecher und Juvalta.

Historia reformationis ecclesiarum Raeticarum; 2 Bde., Chur 1771–77. – *Compendio della Storia della Rezia si civile, che ecclesiastica;* Chiavenna 1787.

JOHANN ANDREAS VON SPRECHER: Geschichte der Republik der drei Bünde im achtzehnten Jahrhundert; 2, Chur 1875, S. 521 ff. – FRIEDRICH PIETH: Bündnergeschichte; Chur 1945, S. 291. – JOHANN ANDREAS VON SPRECHER: Kulturgeschichte der Drei Bünde im 18. Jahrhundert, bearb. und neu hg. v. Rudolf Jenny; Chur 1951, S. 453 ff. 678.

INNERSCHWEIZ

Joseph Anton Felix Balthasar 1737–1810

Die Familie kam aus dem Maggiatal, bürgerte sich 1547 in Luzern ein. Sein Vater Franz Urs Balthasar war ein aufgeklärter Staatsmann, Verfasser der «Patriotischen Träume eines Eidgenossen», geistiger Mittelpunkt der Innerschweiz. Der Sohn genoss eine Erziehung in des Vaters Geist, besuchte das Gymnasium der Jesuiten, studierte in Lyon; sein Sinn für alles Gute wurde geweckt, ein aufgeklärtes Verlangen nach Menschenbeglückung. Mit achtzehn Jahren trat er in den Grossen Rat ein, nach des Vaters Tod in den Kleinen Rat, die Regierung.

Doch wenn auch diese Möglichkeit zu nützlichem Wirken ihm willkommen war, seine Leidenschaft, sein Ehrgeiz ging viel mehr auf Studien, besonders auf Geschichtsschreibung. Seine schwache Konstitution und Kurzsichtigkeit mochten ebenfalls eine Betätigung in der Öffentlichkeit beeinträchtigen. Die Kämpfe, die damals das luzernische Patriziat entzweiten und 1770 mit der Verbannung seines Freundes Valentin Meyer endeten, griffen ihn heftig an. Immerhin machte er seinen Weg durch die Mittelmässigkeit seiner Umgebung. Von 1772–1785 amtete er als Seckelmeister, nahm damit die zweite Stelle im Staat ein. Bei der Schultheissenwahl 1782 unterlag er ohne Leid gegen einen verdienten Kandidaten. Oft weilte er als luzernischer Gesandter auf der Tagsatzung, war von 1785 bis 1787 Syndikator im Tessin und sass in manchen Kommissionen. Als Agronom betrieb er die Reform der Landwirtschaft, als Aufklärer in der katholischen Stadt die Reform der Schule und der Priesterbildung, entwickelte als Mitglied der Kleiderkommission einen etwas belächelten Eifer gegen den Luxus. In ihm ist die eigentümliche Mischung von Standesvorrecht und Aufklärungsdrang sichtbar. Die Aristokratie blieb ihm die gegebene Staatsform. Skeptisch führte er die Unruhen, Erhebungen seiner Zeit auf Neuerungssucht, Luxus, Atheismus zurück. Die französische Revolution verurteilte er und erkannte früh ihre Ansteckungskraft, ihre Gefährlichkeit. 1798 trat er von den Staatsämtern zurück und lehnte in der Helvetik sowie Mediation alle Wahlen ab. Nur seiner Stadt diente er noch als Präsident der Munizipalität, nachher des Stadtrates. Er starb tief betrauert; schon die Mitwelt hatte ihn als edlen Mann erkannt und geschätzt.

Balthasar gehörte als Geschichtsschreiber einem wirksamen kleinen Kreis an. Von jung an war er eng mit G. E. Haller befreundet, ebenfalls mit B. F. A. Zurlauben; ihre Briefe sind Zeugnisse der Zeit. Beglückt beobachtete und förderte er den Aufstieg Johannes von Müllers. Wie die andern sammelte er unermüdlich und brachte eine grosse Bibliothek, einen Schatz von Dokumenten und Bildern zusammen, was damals noch leicht möglich war. Daraus unterstützte er die Freunde; solche Privatsammlungen ersetzten die öffentlichen Institute. Da er nach den Anregungen von Mabillon arbeitete, zugleich die besten Antriebe der Aufklärung erfuhr und damit einen kräftig bewegten, manchmal blühenden Stil verband, dem jeder Ausdruck gesteigerter Vaterlandsliebe möglich war, so schien den Luzernern der Historiker zu erstehen. Und doch war sein Verhältnis zur Geschichte zweckbedingt. Er betrachtete sie als Mittel, die Gegenwart zu belehren, direkte Nutzanwendung daraus zu ziehen. Was er sagte, entsprach zwar der Forschung, den Regeln Mabillons; auch die Schwäche so vieler Aufklärungshistoriker, oberflächliches Ideenspinnen ohne Rücksicht auf die Realität, überwand er. Aber was er sagte, das mündete unweigerlich in die Gegenwart aus, so dass das Recht der Vergangenheit auf besondere Darstellung und Erscheinung bei ihm zu kurz kam. Er erlag der Gefahr von ungerechten Analogien, überging Wichtiges, was der Gegenwart fremd war. Dafür hat er uns heute so viel über *seine* Zeit zu sagen, über ihre Lust, Sehnsucht, Schwäche, über ihren Fortschritt, ihre Lebenshaltung, ihr Äusseres und Inneres; aus ihm predigt der Geist der Zeit unwiderstehlich. Dabei erschöpfte er seine Sammlungen bei weitem nicht, gab weniger, als er hatte.

 Balthasar begann nicht eben glücklich 1760 mit einer *Défense de Guillaume Tell*, wofür er vom dankbaren Uri eine goldene Medaille erhielt. Im gleichen Jahr veröffentlichte er eine *Schuzschrift für die Tebäische Legion* gegen den Basler Professor Spreng, womit er eine bessere Spürkraft bewies. 1768 verfasste er eine kleine kirchenrechtliche Schrift, die der Ausdruck einer langen inneren Spannung ist. Von jeher war das Luzerner Patriziat auf der Hut vor dem Anspruch der Kirche in den rechtlichen Grenzgebieten. Hinter dem Aufruhr der Bauern von 1712 standen Geistliche; ihre Macht wurde sichtbar und damit das Misstrauen geschärft. Der aufgeklärte Teil des Patriziats, die Familien Keller, Meyer, Balthasar, nahmen entschieden die Rechte des Staates gegen die Kirche wahr, so auch Balthasars Vater. Der Sohn publizierte 1768 *De Helvetiorum Juribus circa sacra*, worin er die geschichtliche und naturrechtliche Grundlage aller Rechte des Staates gegen die Kirche aufdecken will. Er beruft sich auf 1370 und 1481, wonach die Eidgenossen immer den Priester als Staatsbürger unter das Staatsgesetz gestellt hätten. Unrichtig ist aber die übrigens alte Behauptung, es hätten die Katholiken das Tridentinum zwar mit Vorbehalten angenommen, aber nicht gehalten. Die Schrift erschien namenlos, doch erriet man den Autor. Sie erregte grosses Aufsehen und wurde von Rom auf den Index gesetzt. Mit dem Sturm gegen die Kirchengegner verquickte sich der Familienhass der Meyer und Schumacher. Auch Balthasar sah sich bedroht; das Opfer wurde sein Freund Meyer, den man für fünfzehn Jahre verbannte. Den Meyer-Handel stellte Balthasar in einer Schrift dar, die er nie veröffentlichte. Dagegen ist jene Streitschrift «De Juribus Helvetiorum» noch wiederholt aufgelegt und auch übersetzt worden.

 Zwei Schriften gewannen ihm die Gunst Luzerns zurück: 1. *Historische und moralische Erklärungen der Bilder und Gemählde auf der Kapell-Brücke der Stadt Lucern*, 1775 erschienen. Hier liess er sich von pädagogisch-patriotischer Absicht leiten; er wollte damit dem «Jünglinge nützliche Anerinnerungen und schickliche Sittenlehren» beibringen: «Wenn die Geschichtskunde überhaupt eine der nützlichsten Wissenschaften für jeden wohlerzogenen Weltbürger ist; um so viel nützlicher und nothwendiger wird für Jeden, der Vernunft und ein wohlgebildetes Herz hat, die Erkenntnis der Geschichte seines Vaterlandes, die man, wo nicht am ersten, doch am fleissigsten und gründlichsten studieren soll, um darinn nicht Fremde zu seyn und sich zu seiner Zeit zu allerhand Geschäften desto tüchtiger und fähiger zu finden.» Hier nimmt Geschichte die Wendung zum staatsbürgerlichen Unterricht der Jugend. 2. *Museum virorum Lucernatum fama et meritis illustrium*, 1777 erschienen. Balthasar hatte schon lange Bildnisse berühmter Luzerner gesammelt; nun gab er sie mit kurzen Lebensabrissen als luzernische Ruhmeshalle heraus. Die Obrigkeit machte ihm ihr Kompliment, die erfreute Stadt schloss ihn ins Herz.

Darum gab er, dem Beispiel reformierter Städte folgend, seit 1779 *Neujahrsgeschenke, der Luzerner Jugend gewidmet*, heraus. Ihr Zweck war die Anleitung zur eidgenössischen Eintracht, die Bildung des Nationalgeistes, wie denn das 18. Jahrhundert allerwärts die historische Jugendliteratur pflegte. Balthasar bot hier Stücke aus alten ungedruckten Chroniken, wie den Bruder Fritschi. Es waren kleine Arbeiten im Sinne Bodmers, eine Verbindung von quellennaher Sittengeschichte und vaterländischem Geist, ohne jede «spitzfindige Morale». Johannes von Müller hat sie zu seinem grossen Geschichtsgemälde benutzt. Am wichtigsten ist das fünfte Geschenk von 1783, die *Geschichte des Gemeineidsgenössischen Rechtes*, worin Balthasar mit genauen Kenntnissen der Urkunden richtige Unterscheidungen macht und das Wesen der Eidgenossenschaft, ihre Zusammenhänge, gut erfasst. Er entscheidet sich für die Regierungsform, die das meiste Glück verbürgt, verurteilt den eitlen Verbesserungswahn der Jugend. An einer anderen Stelle nennt er Rousseaus Lehren von Gleichheit und Freiheit überspannt. Während Balthasar die Neujahrsblätter mit erzieherischen Absichten zu schreiben begonnen hatte, beendete er sie als Forscher, der Quellenanhänge veröffentlichte und die Urkunden «den ächten, einzigen Grundstoff der Geschichtskunde» nannte. Folgerichtig liess er den Untertitel «Für die Jugend» fallen.

Sein letztes grösseres und zugleich sein wichtigstes Werk *Historische, Topographische und Oekonomische Merkwürdigkeiten des Kantons Luzern*, 1785 bis 1787 in drei Teilen herausgekommen, blieb unvollständig. Es zeigt Balthasars Fähigkeit zu antiquarisch genauer Forschung, aber auch seine Neigung, die Geschichte als eine Schublade von Regeln und Weisheitslehren aufzufassen, die man unmittelbar aufs Leben anwenden soll. Deshalb hat Balthasar trotz seiner Kenntnisse nie ein Stück Vergangenheit vollständig dargestellt. Dagegen versetzen uns die «Merkwürdigkeiten» mitten in die Anliegen der Zeit. Es ist eine Kantonsbeschreibung mit zeitgemässen Betrachtungen, eine Naturgeschichte des Luzernervolkes, eine Heimatkunde. Balthasar redet schärfer als Trümpi und Tschudi, weil er es darf. Wie die zwei Pfarrer, wie Tscharner und andere ist er Physiokrat, verehrt das Landleben als Quell der Kraft, schwärmt für Einfachheit und alte Sitte. Auch bei ihm findet sich der Widerspruch zwischen Reformgeist und einer idealisierten Vergangenheit, wie sie für alle in Hallers «Alpen» gezeichnet ist. Er eifert wie die andern gegen den Luxus, überschätzt das Alte, betätigt einen rückwärts gewandten Reformeifer und empfindet Abscheu gegen die vorstürmende Lebenslust. In den neuen Sitten sieht er vor allem Prachtliebe, Ausschweifung, Verderbnis und übersieht, dass dahinter eine notwendige Hebung der Lebenshaltung verborgen liegt. Daneben weist er gute volkswirtschaftliche Einsichten auf.

Diese Heimatkunde wurde sehr warm aufgenommen, ihr vorzeitiger Abbruch bedauert. Die Frische des Tons, die hübschen Landschaftsschilderungen, die Mannigfaltigkeit der berührten Interessen, die Genauigkeit der Nachrichten, die für die Gegenwart und Vergangenheit neu waren, die klaren Reformvorschläge, der Sinn für das Einfache und Echte – das alles musste für den Leser eine herzquickende Lektüre sein. Johannes von Müller schreibt in seinen «Geschichten schweizerischer Eidgenossenschaft»: «Balthasar ist einer der wenigen tiefen Forscher, auf deren Bericht wie auf Urkunden zu trauen ist.» Ein paar Wochen vor seinem Tod trat Balthasar der Vaterstadt seine Bibliothek und seine Sammlungen gegen geringes Entgelt ab; es ist der Anfang der 1812 eröffneten Bürgerbibliothek.

Défense de Guillaume Tell; Zürich 1760. – *Vertheidigung des Wilhelm Tell;* o.O. 1760. – *Schuzschrift für die Tebäische Legion, oder Den Heiligen Mauritius und seine Gesellschaft,* wider den Hrn. Professor Sprengen; Luzern 1760. – *Zusatz zu der Schuz-Schrift für die tebäische Legion, oder den Heiligen Mauritius und seine Gesellschaft;* Luzern 1761. – *De Helvetiorum Juribus circa sacra,* das ist: Kurzer historischer Entwurf der Freyheiten, und der Gerichtsbarkeit der Eidsgenossen, in so genannten geistlichen Dingen; Zürich 1768. – *Historische und moralische Erklärungen der Bilder und Gemaehlde auf der Kapell-Brücke der Stadt Lucern:* Zürich 1775. – *Museum virorum Lucernatum fama et meritis illustrium,* quorum imagines ad vivum depictae visuntur; Luzern 1777. – *Herrn von Balthasar Historische Aufschriften,* Die zu den gesammelten Bildnissen verschiedener berühmter Luzerner verfasst worden; übersetzt von Joseph Pfiffer von Heidegg, Luzern 1778. – *Fragmente zur Geschichte der Denkungsart, und der Sitten der alten Schweizer,* Als Neujahrsgeschenke, der Luzernischen Jugend gewiedmet, Luzern 1779–81. – *Gedanken und Fragmente zur Geschichte des Gemeineidsgenössischen Rechtes,* nebst einigen dahineinschlagenden Urkunden; Luzern 1783. – *Historische, Topographische und Oekonomische Merkwürdigkeiten des Kantons Luzern;* Luzern 1785.

ADOLF SAXER: Joseph Anton Felix Balthasar als Staatsmann und Geschichtsschreiber; Luzern 1913. – Briefwechsel des Basler Ratschreibers Isaak Iselin mit dem Luzerner Ratsherrn Felix Balthasar, hg. v. FERDINAND SCHWARZ; Basl. Zeitschr. Gesch. Altertkde. 24, 1925, S. 1 ff. – WERNER PETER: Briefwechsel des Basler Ratschreibers Isaak Iselin mit dem Luzerner Ratsherrn Felix Balthasar; Zeitglocken, Luz. Tagbl. 1926, 4. 5. 6. – FRITZ BLASER: Ein Luzerner Patrizier des 18. Jahrhunderts schreibt über schweizerische Druckgeschichte; Gutenberg Jahrb., Mainz 1950, S. 230ff. – BRUNO LAUBE: Joseph Anton Felix Balthasar; NDB 1, Berlin 1953, S. 568. – BRUNO LAUBE: Joseph Anton Felix Balthasar. Ein Beitrag zur Geschichte der Aufklärung in Luzern; Basl. Beitr. Geschichtswiss. 61, Basel 1956. – RENÉ SALATHÉ: Die Anfänge der historischen Fachzeitschrift in der deutschen Schweiz; Basl. Beitr. Geschichtswiss. 76, Basel/Stuttgart 1959, S. 156ff. – ERNST WESSENDORF: Geschichtsschreibung für Volk und Schulen in der alten Eidgenossenschaft; Basl. Beitr. Geschichtswiss. 84, Basel/Stuttgart 1962, S. 182ff.

Beat Fidel Anton von Zurlauben 1720–1799

Die Familie Zurlauben, am französischen Hof sehr gut angeschrieben, war in Zug die herrschende Söldnerfamilie. Beat Fidel Anton kam schon zwanzigjährig ans Collège Mazarin zu Nantes, wo ihn der berühmte Lehrer Charles Rollin anspornte, eine Schweizergeschichte zu schreiben. Zurlauben unterbreitete ihm 1740 eine «Histoire helvétique»; dieser Erstling blieb Manuskript. Unterdessen trat Zurlauben in das Schweizergarderegiment ein und legte eine schöne militärische Laufbahn zurück, die er wohl seinen Ahnen verdankte. Er machte die Feldzüge in Flandern und am Rhein mit, scheint aber nicht hohe Kommandi geführt zu haben, trotzdem er 1780 mit dem Rang eines Generallieutenants Abschied nahm. Nun liess er sich auf seinem Familiensitz in Zug nieder. Dieses Landhaus, der sogenannte Zurlaubenhof, bildete einen gastfreien Mittelpunkt des Geistigen. Zurlaubens Zeit und Leidenschaft hatte immer der Geschichtsschreibung gehört. Er betrieb sie als aufgeklärter Aristokrat. Sein erstes grösseres Werk ist die *Histoire militaire des Suisses au service de la France;* sie erschien von 1751–1753 in acht Bänden. Hier bereits kündigt sich seine Eigenart an: Hingabe an Frankreich, ernstes Quellenstudium, Leichtigkeit der Darstellung, weites Blickfeld, aber auch eine Neigung zu raschem, oberflächlichem Vorgehen. Immerhin ist das Werk dokumentarisch wohlbegründet. Es geht auf die politischen Beziehungen zu Frankreich weitläufig ein und setzt mit patriotischer Absicht die Verdienste der Schweizer um Frankreich ins helle Licht. Die drei ersten Bände enthalten Biographien hoher Offiziere, die fünf folgenden die Begebenheiten, wobei das Politische das Militärische überwiegt. Schlachtenschilderungen fehlen ganz; dem Werk sind dreihundert Dokumente beigelegt. G. E. Haller bezeugt, Zurlauben habe sich «unzähliger Handschriften und Bücher bedient». Die «Histoire militaire» ist heute noch unentbehrlich.

Als Ergänzung zu diesem Werk veröffentlichte Zurlauben von 1758 bis 1764 in vier Bänden einen *Code militaire des Suisses.* Der erste Band schildert das innere Leben der Söldnerregimenter, Sold, Dienst, Rangverhältnisse, Privilegien, Gerichtsbarkeit; die drei anderen Bände bringen dreihundertvierundfünfzig Urkunden. Dieses Werk ist heute ebenso aufschlussreich und unentbehrlich wie das erste.

Im «Code» kündet Zurlauben eine Arbeit an, die ihm Herzenssache war, ein schweizerisches Adelslexikon. Er wurde aus den andern eidgenössischen Orten eifrig unterstützt und schuf die grösste schweizerische Urkundensammlung im 18. Jahrhundert. Mit Franz Vincenz Schmid zusammen begann er 1787 das *Nobiliaire militaire Suisse* zu publizieren; aber das Werk kam nicht über die erste Lieferung, den Buchstaben A, hinaus. Stücke davon erschienen in anderen Schriften, wurden auch von anderen Autoren herausgegeben. Ebenso scheiterte der Plan eines schweizerischen Diplomatars. Dafür stellte Zurlauben seine Sammlungen Forschern wie Schöpflin, Neugart, Gerbert und Hohenbaum van der Meer zur Verfügung.

Mit dem Franzosen La Borde veröffentlichte er von 1780–1788 die *Tableaux topographiques, pittoresques, physiques, historiques, moraux, politiques, littéraires de la Suisse* in drei Foliobänden; ein Band enthält Kupferstiche, die beiden anderen bringen den Text. Den Anstoss zu diesem Hauptwerk Zurlaubens bildete wohl die Bündniserneuerung von 1777; es ist dem Grafen von Artois, dem Generalobersten der Schweizer, gewidmet. In der Vorrede an La Borde gibt Zurlauben als Zweck an, die Franzosen mit der Schweiz bekannt zu machen; das Werk müsse ihnen gefallen, weil das französisch-schweizerische Bündnis das dauerhafteste sei, das die Geschichte kenne. Einen «Discours sur l'Histoire naturelle de la Suisse» steuerte Besson bei, der eigens hiefür die Schweiz bereiste. Das meiste aber floss aus Zurlaubens Feder. Er bietet eine Bestandesaufnahme der Kenntnisse über die Schweiz, stellt sie nach allen Beziehungen mit sehr grosser Belesenheit dar, gibt auch Quellen an. Das Ganze ist mit leichter Lebhaftigkeit geschrieben, flüssig, rücksichtsvoll, schöngeistig, aber nicht allzu tief und gründlich. Ein Klang von «histoire galante» lässt sich vernehmen, die sonst an der Schweiz vorübergegangen ist. Zurlauben berührt alles; man kommt unmittelbar in die Zeit hinein. In charakteristischer Weise vermischt er Vaterlandsliebe mit Verehrung für Frankreich, legt manches auf die Verherrlichung des französischen Dienstes an. Die Streitfragen der Zeit werden aufgegriffen. Er polemisiert gerne, aber mit gutem Anstand. V. B. Tscharner kreidet er die Behandlung der Altgläubigen zur Reformationszeit in der Historie der Eidgenossen an und nennt ihn «une tête exaltée». Aber gleichwohl gibt er den Schaden der vielen katholischen Feiertage, die sittlichen Mängel des Klerus zu. Zurlauben ist duldsam, tadelt als Physiokrat die Industrie und den Luxus, verteidigt den Söldnerdienst gegen Tscharner. Für die Schweizergeschichte des 18. Jahrhunderts stellt Zurlaubens Werk eine unumgängliche, aber mit Vorsicht zu benützende Quelle dar.

Die Grösse der Schweiz gibt er schwankend an, verdammt die durch die Industrie erzeugte Überbevölkerung, nennt die Eidgenossenschaft «la plus grande fabrique d'hommes qu'il y ait dans le monde». Das Staatsrecht der Schweiz trifft er gut, spricht vom Bauernglück, obgleich er stets die geringe Fruchtbarkeit, die «terre ingrate» der Schweiz betont. In vierundzwanzig Stunden können 300000 Mann mobilisiert werden. Er lobt die militärischen Vorbereitungen, glaubt aber nicht an die Möglichkeit, dass die Schweiz angegriffen werde. Im ganzen ist der Auftrieb des Jahrhunderts spürbar. Das Werk zeigt trotz eines gewissen Dilettantismus ein deutliches Sichbesinnen auf die Existenz der Schweiz. Hundert Jahre zuvor wäre das meiste davon noch unsagbar gewesen.

Der Bilderband stammt meist von französischen Künstlern; etwas weniges zeichnete Dunker. Die Themata sind willkürlich und zufällig gewählt. Es finden sich darin zahlreiche Darstellungen von Môtiers-Travers, natürlich wegen Rousseau, und vom Grindelwaldgletscher; Wichtiges dagegen wird übergangen. Einige Ansichten sind geschmacklos, flüchtig und unkenntlich aufgenommen. Das Werk enthält Landschaften, Trachtenbilder, Porträts, Genres, Landkarten; mehrteils sind die Kupfer trefflich gestochen. Im ganzen erweisen sich die Bilder als kulturhistorisch ergiebig: Brücken, Wege, Mühlen, Häuser; Frauen, die schwere Lasten auf dem Kopf tragen. Hier sehen wir einen Schandpfahl und dort die Strassenreinigung von Bern durch Zuchthäuslerinnen; dann wieder werden die Tempeltrümmer von Augusta Rauracorum gezeigt. Leider sind auch Bildnisse von Winkelried und Gundeldingen eingestreut. Man bot eben, was der Fremde Merkwürdiges sehen wollte, nicht den Durchschnitt und den Alltag.

Zurlauben arbeitete auch an Leus Lexikon, an Hallers Bibliothek, an der Germania Sacra mit. Er wurde eine Autorität in genealogischen Fragen, stellte Stammbäume her mit Hilfe von gewagten Hypothesen und Urkundenkorrekturen sowie Urkundenergänzungen. Deswegen ist es ihm im 19. Jahrhundert schlecht ergangen. Man warf ihm Fälschungen des Jahrzeitbuches von Seedorf vor und griff ihn wegen des Anonymus Friburgensis an, den er 1790 veröffentlicht hatte. Die ganze historische Zunft glaubte, er habe diese Chronik erfunden und gefälscht, bis dann 1919 eine alte Handschrift gefunden wurde. Was Zurlauben mitgeteilt hatte, stimmte genau.

Hochbetagt verlor Zurlauben einen Teil seines Vermögens und seine Pension in der Französischen Revolution. Da verkaufte er 1795 seinen Urkundenschatz und seine Bibliothek an das Kloster St. Blasien auf Ableben hin. Die helvetische Regierung aber wollte diese Kulturgüter nicht nach dem Ausland weggehen lassen, sondern kaufte alles und übergab es dem neuen Kanton Aargau – eine schöne Tat der Helvetik. In Aarau bildet die *Zurlaubensche Sammlung* bis heute den Grundstock der Kantonsbibliothek.

Histoire militaire des Suisses au service de la France; 8 Bde., Paris 1751–53. – *Code militaire des Suisses,* pour servir de suite à l'histoire militaire des Suisses au service de la France; 4 Bde., Paris 1758–64. – *Tableaux topographiques, pittoresques, physiques, historiques, moraux, politiques, littéraires de la Suisse;* Paris 1777–1780. – Wiederherausgabe im Originalformat, Genf 1977 ff. – *Tableau de la Suisse ou voyage pittoresque fait dans les treize cantons et états alliés du corps helvétique;* 12 Bde., Paris 1780–88. – Das *Verzeichnis der gedruckten und ungedruckten Arbeiten* Zurlaubens bietet *Heinrich Kurz* im Katal. Aarg. Kantonsbibl. 1, Aarau 1857, S. XIII ff.

LEONHARD MEISTER: B.F.A.J.D. von Zurlauben; Helvetiens berühmte Männer 2, Zürich 1784, S. 237 ff. – HEINRICH KURZ: Der General von Zurlauben; Kat. Aarg. Kantonsbibl. 1, Aarau 1857, S. V ff. – KEISER-MUOS: Das Geschlecht der Zurlauben, Freiherren von Thurn und Gestelenburg in Zug; Geschichtsfreund 29, 1874, S. 140 ff. – Den Angriff auf Zurlaubens Zuverlässigkeit führte THEODOR VON LIEBENAU: Fälschungen von Jahrzeitbüchern und Necrologien; Anz. Schw. Gesch. 1882, S. 81 ff. – HANS HERZOG: Beat Fidel von Zurlauben; ADB 45, Leipzig 1900, S. 507 ff. – GLEY: Biogr. universelle 45, Leipzig o.J., S. 638 ff. – WILHELM JOS. MEYER: Beat Fidel Anton Johann Dominik Zurlauben; in: Zuger Geschichtsschreibung in neuerer Zeit, Zug 1914, S. 5 ff. – WILHELM JOS. MEYER: War General Zurlauben ein Chronikfälscher? Zuger Nachr. 12, 1921, Nrn. 20. 21. – WILHELM JOS. MEYER: Beat Fidel Zurlauben, in: Grosse Schweizer, Zürich 1938, S. 363 ff. – FRITZ ERNST: General Zurlauben, in: Generäle, Zürich 1942, S. 55 ff. – HANS HERZOG: Die Zurlauben-Bibliothek als Grundstock der Aargauischen Kantonsbibliothek; Argovia 56, 1944, S. 205 ff. – GALL HEER: Marschall Beat Fidel Zurlauben von Zug und P. Karl Stadler von Engelberg im Lichte ihres Briefwechsels, 1781–1793; Innerschw. Jahrb. Heimatkde. 1959/

60, S. 189ff. – MARIE BEYME: General Beat Fidel Zurlauben und Obmann Johann Heinrich Füssli in ihren Briefen; Zuger Njbl. 1960, S. 36ff. – NOLD HALDER: Die Zurlaubiana; Argovia 72, 1960, S. 261ff. – Die Zurlaubensche Sammlung wird gegenwärtig von einem Forscherteam bearbeitet.

Franz Vincenz Schmid 1758–1799

Er stammte aus altem Urnergeschlecht, war der Sohn eines Landammanns, tat vorübergehend französische Dienste. 1778 wurde er Urner Landschreiber. Er erlangte die Volksgunst durch «einen neuen fast orientalischen Ton», das heisst durch niedrige Schmeicheleien. Schmid hatte eine journalistische Ader, verstand es, für sich und seinen Kanton Reklame zu machen. Verschiedentlich bekleidete er militärische Würden, führte 1792 das Urner Kontingent nach Basel. 1798 trat er als heftiger Gegner der Franzosen auf, ergoss sich in verstiegenen Deklamationen, denen die Taten nicht entsprachen. Beim Schwyzer Aufstand vom Mai zeigte er sich mutlos, beim Nidwaldner Aufstand vom September zweideutig. Obgleich er eine helvetische Beamtung angenommen hatte, riss er bei der innerschweizerischen Erhebung vom Frühjahr 1799 die Urner mit, von Ehrgeiz und unberatener Vaterlandsliebe getrieben. Er fiel als General «der sieggewohnten urnerischen Harsten» bei Flüelen, worauf General Soult Uri unterwarf.

Durch Zurlauben angeregt, verlegte sich Schmid auf Geschichte. Er sammelte kritiklos Urkunden, legte Genealogien an und veröffentlichte 1788–1790 in zwei Bänden eine *Allgemeine Geschichte des Freystaats Ury*, die bis 1481 reicht. Kantonsgeschichten waren auch damals noch das Nächstliegende, entsprachen dem allgemeinen Verlangen. Schmid gibt dem Werk einen wissenschaftlichen Anstrich, zitiert Quellen; er hat viel alte Chroniken gelesen, zieht Urkunden herbei, präsentiert sich in Forscherhaltung. Aber es sind blosse Tastversuche in der Diplomatik, ohne Ernst und Halt. Urkunden dienen ihm als Ausgangspunkt für Fabeleien, um seinem Bedürfnis nach Abrundung genug zu tun. Unter anderem beruft er sich auf eine Püntiner-Chronik aus dem 15. Jahrhundert, die nicht aufzufinden ist. Die Forschung hat ihr das Dasein abgesprochen; Tschudi, mit den Püntiner verwandt, kannte sie nicht, ebensowenig Balthasar, so dass man sie vielleicht als eine Erfindung Schmids ansehen muss. Seine Urkundensammlung ist eine Mischung von Echtem und Unechtem. Manches Echte hat er gerettet; die meisten Fälschungen stammen aus der Zeit vor ihm. Zu seinen Lasten aber geht die Urkunde von 809: Uri begibt sich in den Schutz des Reiches. Ein Vergleich seines urkundlichen Anhangs mit modernen Editionen ergibt, dass er Zahlen und Wörter verliest.

Immerhin, Uri bekommt seine erste Landesgeschichte. Ihr Zweck ist nicht die Wahrheit, sondern die Überhöhung, die Verherrlichung aller Verhältnisse des Kleinstaates. Schmids Urnergeschichte ist ein Muster von Unsachlichkeit und Ruhmredigkeit. Es strahlt einen falschen Schimmer von Aufklärung aus, von der er die Rhetorik und den Optimismus hat: Die Urner nennt er die gesegnetsten Weltbürger, Altdorf den Ge-

Tafel 40. Titelblatt der «Tableaux topographiques» von B. F. A. von Zurlauben, 1780–1788.

burtsort des helvetischen Staatskörpers, spricht von dem weltberühmten freien Volk der Urner, von dem unsterblich verdienten Haus Jauch, behauptet, vortreffliche Genies seien in Silenen etwas Gemeines. Gott hat dem Volk im «Erzpatrioten» Tell «einen Erlöser» erweckt, der das Ungeheuer tötet und die Freiheit wiederherstellt; das ist seine Ansicht vom Tyrannenmord.

In seiner Schreibweise erscheint Schmid als ein Waghals gegen die Sprache. Es fehlt ihm nicht an Farbe, Gestaltung, Mannigfaltigkeit, erhöhter Temperatur; er hat Talent, allerdings mehr für den Roman. Jedoch verdirbt er alles durch eine seltsame Mischung von blühendem Freiheitsstil und unterwürfiger Volksverhimmelung. Das Lokalkolorit wird durch den Schwulst verpfuscht; bisweilen schlägt er ins Komische um.

Den Geist des Jahrhunderts spürt man im Zurücktreten der Wunder bei gutkirchlicher Gesinnung. Auch Schmid ist von der Glückseligkeit ergriffen. Wie alle Geschichtsschreiber des 18. Jahrhunderts zeigt er sich von dem besonderen Glück der Schweizerfreiheit überzeugt. Wenn man heute anders urteilt, so ist das eben eines der vielen Missverständnisse der Gegenwart in bezug auf die Vergangenheit. Mit Schmids Freiheitsstolz verquickt sich eigentümlich seine österreichische Gesinnung.

Das Ganze ist ein menschliches Dokument, das man nicht missen möchte. Sein Fortschritt besteht darin, dass selbst ein Fabulist wie Schmid Urkunden nicht mehr entbehren konnte.

Allgemeine Geschichte des Freystaats Ury; 2 Bde., Zug 1788–90. – *Selbstbiographie* des urnerischen Geschichtsschreibers F. Vinzenz Schmid, hg. v. *Eduard Wymann;* Anz. Schw. Gesch. 1911, S. 188 ff.

THEODOR VON LIEBENAU: Franz Vinzenz Schmid; ADB 31, Leipzig 1890, S. 693 ff. – ROBERT HOPPELER: Zur Charakteristik Franz Vinzenz Schmids; Anz. Schw. Gesch. 1894, S. 134 f.

Joseph Thomas Fassbind 1755–1824

Gebürtiger Altschwyzer, wurde er Priester und amtete seit 1803 als Pfarrer in Schwyz. Die Würden senkten sich auf sein Haupt: Er war Komment des vierwaldstättischen Kapitels, päpstlicher Protonotar, bischöflicher Kommissar.

Fassbind schrieb eine Kirchengeschichte von Schwyz, *Religionsgeschichte unseres Vaterlandes,* die nie veröffentlicht wurde, ferner eine «Vaterländische Profangeschichte», die sein Schüler, Pfarrer Rigert in Gersau, von 1832–1838 als *Geschichte des Kantons Schwyz* herausgab. Freilich, was vorliegt, ist nicht mehr der alte Fassbind. Rigert kürzte, strich, ergänzte, modernisierte. Fassbind geht bis ca. 1810, während Rigert seine Bearbeitung nur bis zum Jahr 1798 führt. Im Vorwort zählt Fassbind Quellen und Vorgänger auf, die nicht gedruckt worden sind. Er geht nüchtern, kritisch, sachlich, ohne Landsgemeindeschmeichelei zu Werk. Seine vorherrschende Eigenschaft ist der Verstand. Die Frühgeschichte stellt er fabelfrei dar, ergründet sie sehr vorsichtig. Er zieht Quellen heran, wo er kann. Da er alles Kirchliche in der Religionsgeschichte zusammengetragen hat, kann er sich hier im Weltlichen frei bewegen. Er nennt Alemannen als Vorfahren; aber sie seien nur Krieger und Jäger gewesen. Die Gründung von Muri gibt er unrichtig an, scheint den diplomatischen Streit zwischen Muri und St. Blasien nicht zu kennen. Dazu kommen die üblichen Irrtümer aus Tschudi: 1231 und 1240 seien alle drei Freiheitsbriefe ausgestellt worden. Aber ein Volk tue gut daran, die Freiheit, «dieses höchste irdische Gut, mehr mit Waffen als mit papiernen oder pergamentenen Urkunden und Instrumenten» zu verteidigen. Über die Entstehung der Eidgenossenschaft berichtet er legendenhaft. Dagegen unternimmt er höchst erfreuliche Versuche, die Rechtsverhältnisse zu ergründen, schiebt auch kulturgeschichtliche Abschnitte aus dem Mittelalter ein. In den Glaubenskriegen vertritt er ohne Fanatismus seine Partei, strebt nach Gerechtigkeit, so noch im Toggenburger- und Bauernkrieg, wo er sich als Landmann gegen die städtischen Herren fühlt und die Bluturteile verdammt. Eigentümlich ist, wie ihm im Zweiten Villmergerkrieg sein Zeitgewissen, das heisst der Hass gegen die Franzosen, die Lage verschiebt: Er meint, der Trost der Katholiken sei der Kaiser, nicht Frankreich gewesen. Überhaupt nimmt er kühl Abstand zu Frankreich, was mit der wirklichen Vergangenheit nicht stimmt. Die Aufklärung wirkt bei ihm als humane Gesinnung. Trotz so günstigen Voraussetzungen enttäuscht der fünfte Band über das 17. und 18. Jahrhundert; er läuft in kahle Annalistik aus, wirft Fremdes und Heimisches durcheinander, erlahmt sachlich. Fassbind hätte uns über Schwyz viel mehr sagen können. Das Kulturgeschichtliche verschwindet, der fünfte Band hält nicht, was der erste versprach; er endet, in der Fassung Rigerts, mit der Beschreibung der Kämpfe vom Mai 1798.

Geschichte des Kantons Schwyz; 5 Bde., Schwyz 1832–38.

HANS NABHOLZ: Das Volk des Landes Schwyz im Kriegsjahr 1798; Njbl. Waisenhaus Zürich 1918, S. 4ff. – MARTIN OCHSNER: Pfarrer und bischöflicher Kommissar Thomas Fassbind von Schwyz; Mitt. Hist. Ver. Schwyz 32, 1924, S. 1ff.

Josef Businger 1764–1836

Seit 1788 wirkte er als Kaplan in seinem Geburtsort Stans. Er schloss sich eifrig der Helvetik an und wurde sogleich als helvetischer Archivar nach Aarau berufen. Nach dem Überfall vom Herbst 1798 kehrte er nach Stans zurück, um das Volk zu versöhnen; dieser Versuch scheiterte an der Bevölkerung von Unterwalden. Da trat er 1803 zurück und siedelte nach Luzern über. Königin Luise von Preussen verschaffte ihm ein Ehrenkanonikat am Stift zu Grosslogau in Schlesien und damit die freie Musse zu gelehrter Arbeit.

Er publizierte: *Die Stadt Luzern und ihre Umgebungen,* 1811; *Schweizer'sche Bilder Gallerie... der Kapellbrücke zu Luzern,* 1820; *Bruder Klaus und sein Zeitalter,* 1827. Busingers Hauptwerk ist *Kleiner Versuch einer besonderen Geschichte des Freystaats Unterwalden, ob und nid dem Kernwalde,* zwei Bände 1789–1791. Er gab dieses Werk mit Franz Nicolaus Zelger heraus, doch stammt die Hauptarbeit von ihm. 1827/28 veranstaltete er eine Neuausgabe – Zelger war unterdessen gestorben – unter dem Titel *Die Ge-*

schichten des Volkes von Unterwalden. Ein Vergleich der beiden Vorworte ergibt, dass die Voraussetzung beider Ausgaben zeitbedingt verschieden ist. Im ersten «An Euer Gnaden und Herrlichkeiten von Nidwalden» zeigt Businger die alte Schweiz in sonnigster Beleuchtung, Unterwalden glückselig im Schosse der Freiheit; die Eidgenossen hätten keinen anderen Wunsch, «als so zu bleiben, wie wir sind». Das zweite Vorwort von 1827 schlägt andere Töne an; der Verfasser empfindet das Bedürfnis, seine Stellung zur Helvetik aus der Geschichte zu rechtfertigen. Darum konstruiert er. Alle Tugenden lässt er auf die Schweizer des 14. und 15. Jahrhunderts fallen: Seit dem Burgunderkrieg entartet der Schweizergeist; die Helvetik belebt ihn wieder. Darum ist der Klang in den beiden Ausgaben nicht der gleiche.

Beide Editionen weisen bemerkenswerte Sachkritik auf. Aber trotz guter Einsichten ist die ältere Geschichte der Waldstätte verzerrt: Er will wie Tschudi und Müller die ursprüngliche Freiheit beweisen. Und ferner erwähnt er, wie Schmid und Fassbind, die Einwanderung der Alemannen, glaubt aber, die hätten nach Zülpich wieder weichen müssen; auch er schämt sich, von diesen Wildlingen abzustammen. Daher kennt er die alemannische Verfassung, die Grund-, Rechts- und Wirtschaftsordnung, nicht. Er gibt sich zwar grosse Mühe, die mittelalterliche Rechtsordnung nach Urkunden, namentlich von den Klöstern her zu ergründen, bleibt aber an der Oberfläche, da er sie nicht in die alemannischen Rechtsverhältnisse einordnen kann. Mit Stolz blickt er von der Höhe der Unterwaldner Freiheit auf die Völker ringsum herab, welche erst noch «die Rechte der Natur und Menschheit aus dem Staube hervorsuchen und die Fesseln des Despotismus und der Tyrannei brechen» müssen.

Die Aufklärung ist erkennbar an seiner Toleranz; er bespricht die Reformation sehr unbefangen. Später gleitet die Darstellung ins Annalistische ab. Immerhin legt er sittengeschichtliche Versuche aus dem 18. Jahrhundert ein. Am Schluss steht eine nicht ganz unbefangene Schilderung der Schreckenstage von 1798. Trotz seiner helvetischen Vergangenheit anerkennt er, dass die Kämpfe der Waldstätte die Annexion der Schweiz verhindert hätten.

Businger kommt schon in der ersten Ausgabe seines Werkes von allen drei Innerschweizern der modernen Forschung am nächsten.

Kleiner Versuch einer besonderen Geschichte des Freystaats Unterwalden, ob und nid dem Kernwalde; 2 Bde., Luzern 1789–91. – *Die Stadt Luzern und ihre Umgebungen,* In topographischer, geschichtlicher und statistischer Hinsicht; Luzern 1811. – *Schweizer'sche Bilder Gallerie* oder Erklärung der vaterländischen Geschichten in den Gemälden auf der Kapell-Brücke zu Luzern; 2 Bde., Luzern 1820. – *Bruder Klaus und sein Zeitalter,* oder die Lebens- und Zeitgeschichte des seligen Niklaus von Flüe aus Unterwalden; Luzern 1827. – *Die Geschichten des Volkes von Unterwalden ob und nid dem Wald,* von dessen frühester Abkunft an bis auf unsere Zeiten, mit Hinsicht auf die Geschichten seiner Nachbarn von Ury und Schwyz; 2 Bde., Luzern 1827/28.

HANS RUDOLF MERKEL: Demokratie und Aristokratie in der schweizerischen Geschichtsschreibung des 18. Jahrhunderts; Basl. Beitr. Geschichtswiss. 65, Basel/Stuttgart 1957, S. 179 ff.

GENF

Die Genfer Historiographie hielt im 18. Jahrhundert, was sie in früheren Epochen versprochen hatte. Mit der baslerischen, bündnerischen, bernischen gehört sie zu den reichen Kantonsgeschichten und feierte im 19. Jahrhundert ihre Auferstehung in prächtigen Ausgaben. Trotz den politischen Unruhen, die Genf im 18. Jahrhundert erlitt, erfreute es sich einer geistig-wirtschaftlichen Blüte, die in grossen Namen durch Europa glänzte. Sie gehörten meist der regierenden Aristokratie an, die reich genug war, auch während aller politischen Bedrängnis ihren Beitrag zum Kulturbesitz der Menschheit beizusteuern. Immer noch erwies sich diese Stadt als unerschöpflich im Vermögen, die Welt mit ihrer literarischen Eigenart zu fesseln. Man hat das Verzeichnis der geschichtlichen und zeitgeschichtlichen Literatur Genfs im 18. Jahrhundert gesammelt; es spricht von der Fülle des Geschehens, Aufzeichnens und Bekennens.

Im 18. Jahrhundert hatte Genf aristokratischen Zuschnitt. Die entscheidenden Behörden waren der Kleine Rat oder Senat und der Grosse Rat der CC. Beide bestätigten und wählten sich gegenseitig. Daneben gab es eine Gemeindeversammlung, den Conseil général. Schon von Calvin war er zurückgesetzt worden, jetzt sank er zum Scheindasein hinab.

Genf kannte vier Klassen von Bürgern: 1. die Citoyens, die Alteingesessenen, denen alles offen stand. 2. die Bourgeois, das heisst neu aufgenommene Bürger und ihre Söhne; sie konnten nur in den Rat der CC, nicht aber in den Senat gelangen, erst ihre Enkel. 3. die Habitants, frisch Angesessene. 4. die Natifs, die Söhne und Nachkommen der Habitants; diese Klasse war die zahlreichste, da Aufnahmen ins Bürgerrecht nur sehr selten vorkamen. Den Habitants und Natifs verwehrte man den Zutritt zu den politischen Ämtern, zur Handwerksmeisterschaft, zum Handel, zu den militärischen Chargen, zu den liberalen Berufsarten und den Zunftämtern.

Das ganze 18. Jahrhundert sah periodisch Bewegungen für Volksrechte in Genf; Genf stand im Mittelpunkt der Güter und Gedanken jener Zeit, entwickelte ein blühendes Gewerbe. Der erste Vorstoss fand 1707 statt, misslang aber. Sein Führer Fatio wurde hingerichtet. Der zweite Vorstoss 1734–1738 führte zum Erfolg. Eine Mediation bestimmte: Der Conseil général wählt vier Syndics und stimmt über alle Gesetze ab. Der dritte Vorstoss von 1766–1768 brachte neuen Erfolg. Nun wählte der Conseil général die Hälfte des Grossen Rates und konnte jährlich vier unbeliebte Senatoren wegwählen. In diesen Kämpfen standen die Natifs zu den Bürgern. Sie gingen aber praktisch leer aus; nur dass ihnen 1732 und 1768 einige Berufe erschlossen wurden, von denen man sie bisher ausgeschlossen hatte. Ausgeschieden blieben sie aber immer noch von den Zunftämtern, den Offiziers- und Unteroffiziersstellen und damit von der gesellschaftlichen Achtung; und zudem wurden sie schwer mit Steuern belastet. Da erstand ihnen der Führer in Isaac Cornuaud. Ein bewegtes

Schrifttum gibt in der zweiten Jahrhunderthälfte Kunde von diesem Ständekampf.

EMILE RIVOIRE: Bibliographie historique de Genève au 18ième siècle; Mém. doc. Soc. hist. arch. Genève 6/7, Serie 2, Genève 1896/97.

Jean Antoine Gautier 1674–1729

Der Tradition der regierenden Familien folgend, wurde er für den Genfer Staat erzogen, dem der Vater wiederholt als Syndic gedient hatte. Er lag Rechtsstudien ob in Genf, Basel und Paris. Anno 1696 wurde er Philosophieprofessor der Akademie, wo er die Scholastik durch den Cartesianismus vertrieb. Dass er zur Erlangung dieser Professur mit andern Kandidaten Probevorlesungen in Logik und Physik halten musste, zeugt für den Universalismus der Zeit. Schliesslich wurde zwischen den beiden besten Kandidaten das Los gezogen. Zwei Jahre nach seiner Wahl heiratete er die Tochter des Syndic Bonnet. Als junges Ehepaar leisteten sie sich einmal das harmlose Vergnügen, mit einem Freund und dessen Gattin beim Klang der Geigen bei sich zu Hause zu tanzen. Das erzeugte im puritanischen Genf einen solchen Skandal, dass das Consistorium mit Strafen gegen die Sünder vorgehen wollte, daran aber durch die Regierung verhindert wurde. Anno 1704 gelangte Gautier in den Rat der CC, 1710 in den Rat der LX, wurde oft mit dem Vater auf diplomatische Sendungen abgeordnet. Von 1717–1721 war er Rektor. Bei der akademischen Schlussfeier von 1721 schritten amtsüblich Vater und Sohn miteinander in die Peterskirche hinein, der erste Syndic und der Rektor, was sich in Genf nie wiederholt hat. Nach dem Tod des Vaters trat er in den Kleinen Rat ein und wurde Staatsschreiber.

Im Andenken lebt Gautier noch als Geschichtsschreiber, hatte freilich ein spätes Nachleben. Für diesen Beruf brachte er die glücklichsten Vorbedingungen mit: allgemeine Bildung, philosophische Schulung, praktische Erfahrung in den Staatsgeschäften und Zutritt zu den Quellen, damals das Schwierigste, das auch ihm nicht leicht wurde. Nicht amtlicher Auftrag, sondern eigenes Bedürfnis, Liebe zum Staat gab ihm die Feder in die Hand. Als erste historische Arbeit verfasste er *Histoire des troubles arrivés dans la ville de Genève en l'année 1707*. Er schrieb sie unmittelbar unter dem Eindruck der Ereignisse nieder, bestimmte sie bezeichnenderweise nur für die Familie, nicht für die Öffentlichkeit. Leider ist die Histoire bloss in unveröffentlichten Fragmenten erhalten, so dass uns diese Beleuchtung von der Gegenseite fehlt. Ferner verfasste Gautier eine Abschrift von Bonivards «Ancienne et nouvelle police de Genève» und einen Kommentar hiezu. Das Original Bonivards ging verloren, die Kopie rettete das Werk.

Dann wagte Gautier den grossen Wurf, eine *Geschichte von Genf*, die not tat. Seine Vorgänger waren: Bonivard, der mit dem Blick und der Kühnheit des geborenen Historikers die urkundliche Geschichte Genfs in seinen «Chroniques de Genève» bis 1530 begründete, freilich lückenhaft, nicht immer zuverlässig, auch dort nicht, wo er es besser wissen konnte. Ihm folgte der strenge Calvinist Roset, der mit der Wahrheit vertrauter umging, aber nur die Zeit Calvins behandelte. Beide waren um 1700 noch ungedruckt. 1678 veröffentlichte Spon seine «Histoire de Genève», annalistisch trocken, flüchtig, mit ungenügender Quellenunterlage.

Gautier begann ohne Auftrag 1708 die Geschichte Genfs nach Materialien, wie sie jeder haben konnte, und kam damit bis 1388. Aber in ihm brach der echte Geschichtsschreiber durch; er wollte nicht unkontrolliert wiederholen, was andere gesagt hatten; darum bat er 1709 den Rat um Benützung des Archivs, das man eben zu ordnen unternommen hatte. Was folgt, ist für den Geist der Zeit, für die ängstliche Wahrung des Staatsgeheimnisses bezeichnend. Nach wiederholter Beratung im Staatsrat erhielt Gautier die Erlaubnis, nicht etwa das Archiv frei zu benützen, sondern bestimmte Urkunden zu bezeichnen und sich davon Kopie geben zu lassen. Die Staatsräte machten diese Gewährung von der Bedingung abhängig, «que quand son ouvrage seroit fait, il ne prétendroit pas le faire imprimer sans ordre du conseil, ou le rendre public; qu'il remettroit par serment l'original et tous les brouillons entre les mains du conseil, sans les communiquer à personne; que le dit conseil en disposeroit comme il le trouveroit à propos, ou en le corrigeant, ou en le supprimant et l'enfermant dans une garderobe». So begegnete man dem Bürgermeistersohn und Ratsmitglied. Später erhielt Gautier die Bewilligung, die Ratsregister (Manuale) zu benützen und den amtlichen Briefwechsel sowie die Akten politischer Prozesse einzusehen. 1712 wurde das Werk von einer Kommission provisorisch geprüft, worauf er mit seiner Arbeit weiterfahren durfte. Anno 1713 schloss er die Darstellung ab, die von Julius Caesar bis 1565 reicht. Der letzte Satz des Manuskriptes lautet: «Fait et fini le 3 juillet à sept heures du matin... laus Deo, Amen.»

Zugleich hatte Gautier eine andere Arbeit besorgt, die schwer leserlichen Ratsregister zu amtlichem Gebrauch ausgezogen. Dem Rat legte er «l'exemplaire officiel» vor, acht Bände Geschichte und sieben Bände Ratsregister in sauberer Abschrift. Der Rat «accepte et prend en bonne part son ouvrage qui sera mis dans nos Archives», beschloss, dem Autor die Kosten zu entschädigen und eine Belohnung auszurichten, nachdem er alle Notizen und Konzepte zur Arbeit abgeliefert habe. Später setzte Gautier die Geschichte fort; der Tod überraschte ihn, als er bis 1691 gelangt war. Seine Erben überreichten auch diese Bände dem Rat, worauf sie ebenfalls im Archiv verschwanden. Ein Ausschuss von Genfer Geschichtsfreunden gab das Werk um die Wende des 19./20. Jahrhunderts heraus. Es stellt heute noch die eingehende, wissenschaftliche Genfergeschichte dar.

Die Entstehung wurde hier ausführlich behandelt, um den Unterschied von einst und jetzt zu zeigen. Warum waltete so grosse amtliche Vorsicht, ja Ängstlichkeit vor? Was hielt Gautier davon? Er sagt es in seiner «Préface». Das Geheimnis galt weniger dem eigenen Volk als den Nachbarn: Genfs unveränderliche Richtschnur ist die äusserste Behutsamkeit gegenüber den angrenzenden grossen Mächten; alles soll vermieden werden, was sie verletzen könnte. Eine getreue Darlegung des Vergangenen muss also geheim bleiben. Zugleich dient die Geschichte auch den praktischen Zwecken der Regierung; diese findet hier alles Notwendige, Titel, Rechte, ihre Herkunft und Behauptung. Gautier billigt das Geheimnis nicht nur, sondern er fühlt sich erst frei, wenn er nicht für die Öffentlichkeit schreiben muss; nur so kann er der Wahrheit ganz dienen, nur eine solche Geschichte schadet dem Staat nicht. Welche Hingabe an die Sache, welche Liebe zur Heimat, die zwanzig Jahre Arbeit leistet, unter Verzicht auf den stärksten Anreiz, die Wirkung ins Allgemeine!

Gautier schrieb nach der Methode der Mauriner und in der Denkweise des Descartes. Der Wert des Werkes ergibt sich daraus, dass es nach zweihundert Jahren hervorgezogen wurde. Gewiss, die ältere Zeit weist Lükken auf und wurde durch neuere Arbeiten überholt; das 15. und 16. Jahrhundert dagegen bleibt in den Linien bestehen, die er gezogen hat, zumal manches von ihm verwendete Dokument seither verschwand. Sein Urteil ist gemässigt, das Werk von einer musterhaften Gewissenhaftigkeit, von einer Arbeitskraft getragen, die seiner Zeit Ehre macht. Der Blick reicht weit über Genf hinaus. Die Sprache ist einfach, klassisch gemessen, mit einem altertümlichen Hauch. Bei der Lektüre des Werkes wird man immer wieder durch seine Geradheit und Wahrheitsliebe überrascht. Gautier deckt die Denunziation Servets durch Calvin in Vienne auf, macht sehr richtige Bemerkungen über reformierte Verfolgungssucht und äussert seinen Abscheu vor dem schrecklichen Urteil. Man spürt hier deutlich den Einfluss Pierre Bayles. Auch enthüllt Gautier die kleinliche Gehässigkeit Calvins wegen der vorchristlichen Taufnamen. Dagegen ist er der Freiheitspartei abhold, nennt sie die «cabale libertine». Er erlag dem Einfluss von Roset, Bonivard und der Calvin-Briefe, hier muss er am meisten berichtigt werden; es ist ein Irrtum aus bestem Wollen. Sehr behutsam stellt er die Streitigkeiten mit Bern dar.

Gautier sagt in seiner «Préface», der Staat habe die Pflicht, die Geschichte dem Volk zugänglich zu machen; denn Geschichte stelle eine Wissenschaft dar, die «à la portée de tous les esprits» sei. Darum regt er 1723 eine amtliche Neuausgabe von Spon als Volksbuch an, dessen Darstellung der Frühzeit Genfs er allerdings als «pur roman» abtat. Im Auftrag des Rates verfasste Gautier berichtigende Zusätze und eine Fortsetzung, *Annales* von 1682–1728. Die Neuausgabe erschien erst 1730 mit Zusätzen, aber ohne Fortsetzung; diese Annales gingen verloren, was um so mehr schade ist, als sie die Unruhen von 1707 von amtlicher Seite beleuchtet hätten. In der von Gautier korrigierten und ergänzten Neuauflage Spons, die als amtliche Ausgabe herauskam, ist die Einführung der Reformation in Genf differenzierter beschrieben. Es wird gezeigt, einen wie wesentlichen Anteil daran das verbündete mächtige Bern hatte. Die Opposition weiter Bevölkerungskreise auf dem Land und in der Stadt war noch lange nicht gebrochen. So konnten die reformierten Prädikanten bloss unter militärischer Bedeckung zur Predigt aufs Land fahren. Calvin habe nicht nur eine Reform des Dogmas angestrebt, worin ihm viele Altgenfer gefolgt seien, sondern auch eine Säuberung der Sitten, wogegen die Libertins sich gewehrt hätten, die ihre «jeux, cabarets et autres lieux de débauches» behalten wollten.

Calvins überlegener Intellekt und seine aufrichtige Selbstlosigkeit, aber auch seine Heftigkeit, sein harter Charakter, der in Religionssachen keine andere Meinung duldete, treten deutlich in Erscheinung, bei aller Anerkennung seiner Grösse. Er habe die Kirche von Grund auf reformiert und seiner Lehre internationale Bedeutung verliehen. Auf seine Anregung sei die Genfer Akademie gegründet worden. Mit Bewunderung wird von seiner riesigen Arbeitskraft gesprochen: mit den «affaires publiques, particulières, ecclésiastiques, politiques» habe er sich ununterbrochen abgegeben. Zu bestimmten Punkten jedoch bringt Gautier Vorbehalte an. Während Spon den Servet noch eindeutig als Atheisten, Apostaten, Empörer hinstellte, meint Gautier, Servets Antworten auf die ihm vorgelegten theologischen Fragen seien «pas si détestables» gewesen. Die gleiche milde Auffassung bekundet der Altgenfer in der Angelegenheit der evangelischen Glaubensflüchtlinge. – Von allen Staatsformen hält er diejenige Genfs für die beste «à tous égards», obgleich auch sie nicht ohne Fehler sei.

Das einzige von Gautier, das zu seinen Lebzeiten erschien, ausser den Zusätzen von Spon, waren seine Beiträge über Genf zu Josias Simlers «Vom Regiment der loblichen Eydgenosschaft», in der Ausgabe von Leu aus dem Jahr 1722. Auch diese Beiträge wurden vorher vom Rat gelesen und genehmigt.

Histoire de Genève des origines à l'année 1691, ed. *A. Cartier;* 8 Bde. und Registerband, Genève 1896–1914 (lehrreiches Vorwort).

ALFRED GAUTIER: Notice sur la vie et les écrits de Jean-Antoine Gautier; Genève 1868. – HANS RUDOLF MERKEL: Demokratie und Aristokratie in der schweizerischen Geschichtsschreibung des 18. Jahrhunderts; Basl. Beitr. Geschichtswiss. 65, Basel/Stuttgart 1957, S. 185 ff. – HEIDI NEUENSCHWANDER: Das Gespräch über Calvin. Frankreich 1685–1870; Basl. Beitr. zur Geschichtswiss. 136, Basel/Stuttgart 1975, S. 118–125.

Jacob Vernet 1698–1789

Er war Genfer Bürger, stammte von französischen Refugianten ab, lehrte als Professor der Literatur, Geschichte, Theologie an der Genfer Akademie. Literarisch ist er besonders als Kirchenhistoriker hervorgetreten. Er hat das von d'Alembert in der «Grande Encyclopédie» und von Voltaire in seinem «Essai sur les mœurs» entworfene, ungünstige Bild Calvins und der Genfer Reformation zurechtgerückt. In seinen 1761 erstmals erschienenen *Lettres critiques d'un Voyageur Anglois,* die mehrere Auflagen erlebten, verteidigt er die Reformatoren gegen die auf Voreingenommenheit beruhenden Anklagen der berühmten Aufklärer. – Zu dem Vorwurf, Calvin und die Reformation seien schuld an der Spaltung der

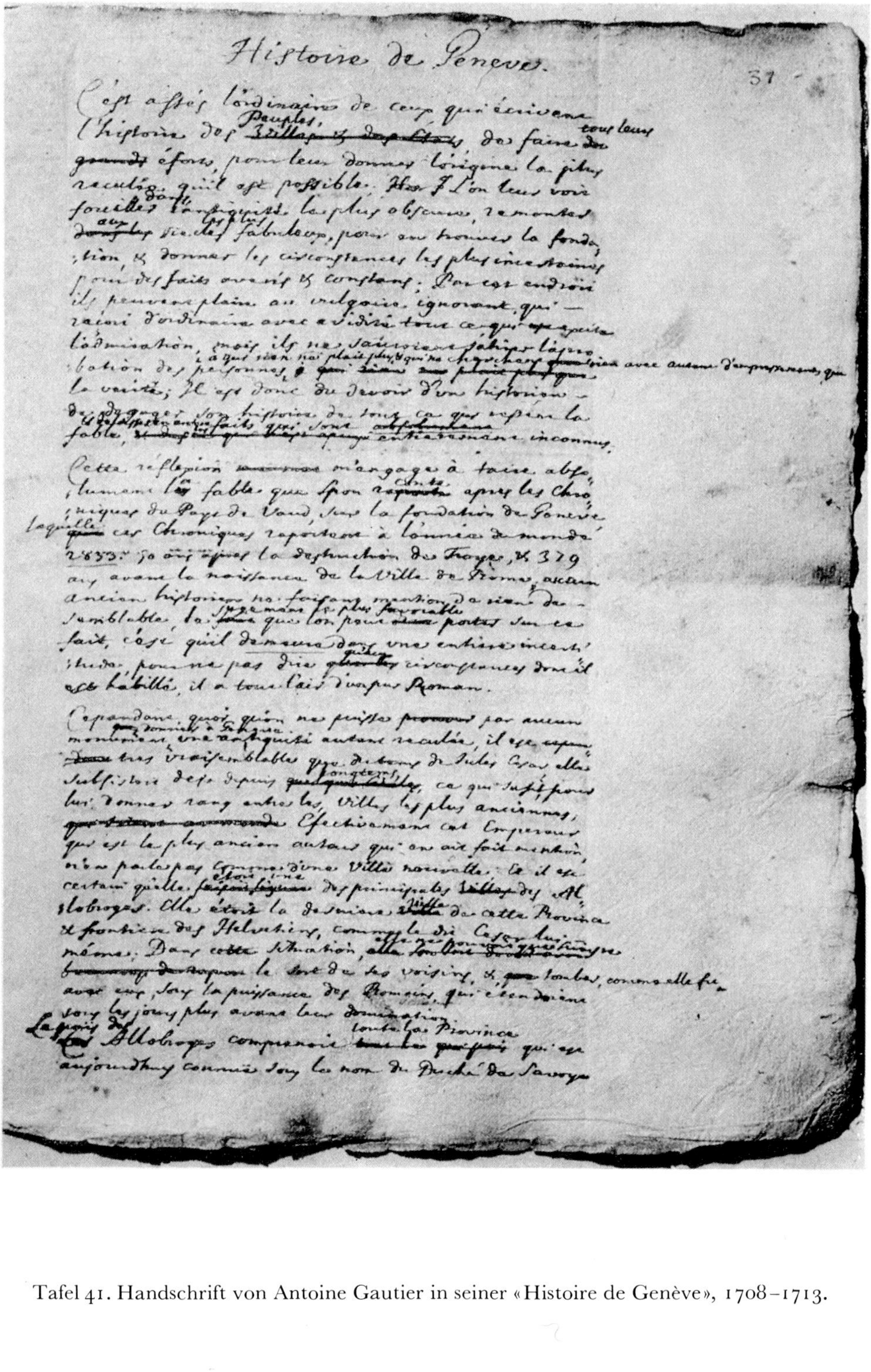

Tafel 41. Handschrift von Antoine Gautier in seiner «Histoire de Genève», 1708–1713.

Schweiz in zwei konfessionell-politische Lager und hätten damit die schweizerische Nation geschwächt – wie Johannes von Müller schrieb und in Genf lehrte – nahm Vernet nicht Stellung, meint aber gegenüber den Aufklärern, die Calvin der Halsstarrigkeit bezichtigten: Mit Toleranz habe man die grossen Aufgaben der Epoche nicht meistern können; dazu seien Wagemut, Opfersinn, ein heisses Herz nötig gewesen. Calvin bewundert er als genialen Denker und hervorragenden Schriftsteller. Wenn man heute weiter sehe als er, so nur deshalb, weil man auf seine Schultern steigen könne. Im Ganzen ist Vernets Schrift ein – noch unvollkommener – Versuch, die Calvininterpretation der Aufklärer zu korrigieren und die Reformatoren aus ihrer Zeit heraus zu erklären.

Lettres critiques d'un Voyageur Anglois sur l'Article «Genève» du Dictionnaire Encyclopédique et sur la lettre de M. d'Alembert à Mr. Rousseau touchant les spectacles, Utrecht 1761; éd. définitive, Genève 1766; 3ᵉ éd., Utrecht/Copenhague 1766, 2 Bde.

Mémoire historique sur la vie et les ouvrages de J. Vernet; Paris/Genève 1790. – EUGÈNE DE BUDÉ: Vie de Jacob Vernet; Lausanne 1893. – HEIDI NEUENSCHWANDER: Das Gespräch über Calvin. Frankreich 1685–1870; Basl. Beitr. Geschichtswiss. 136, Basel/Stuttgart 1975, S. 125–130.

Léonard Baulacre 1670–1761

Er war Genfer Bürger, studierte Theologie. Da ihm das Auswendiglernen der Predigten Mühe machte, übernahm er keine Pfarrei und betrat nur aushilfsweise die Kanzel. In heiterer Musse lebte er seinen gelehrten Neigungen. Er besass ein mässiges Vermögen, war von Natur geistig und körperlich gut ausgestattet und teilte nun sein Dasein zwischen Stadt- und Landsitz. Auch darin erscheint er als Glückskind, dass die geistige Atmosphäre Genfs für ihn wie geschaffen war. Der Junggeselle mit reicher Verwandtschaft in der Oberschicht bildete sich noch in der glücklichen Zeit vor den Unruhen. Als geistreicher Gesellschafter, als lauterer und hilfreicher Mensch wurde er allenthalben geschätzt. Von 1712–1715 unternahm er mit einem vornehmen Genfer Jüngling eine Bildungsreise durch Holland, England, Frankreich. Überall traf er Landsleute, was von der genferischen Weltläufigkeit zeugt. Anno 1728 erhielt er das Amt eines Bibliothekars der Stadtbibliothek; als Lohn gab man ihm eine Amtswohnung. 1756 trat er zurück.

Mit sechzig Jahren wurde er literarisch tätig und schüttete sein reiches Wissen in Zeitschriften aus, womit er in den Mittelpunkt des gelehrten Betriebes geriet. Seine wichtigsten Abhandlungen betreffen Literatur, Geschichte, Theologie, Altertums- und Heimatkunde, Münzen, Wappen, Erdkunde. Sie geben den damaligen Stand der Geisteswissenschaften wieder und bezeugen, welche Entfaltung dem Geist in französischer Sprache vergönnt war, während ein Scheuchzer und Bodmer noch um den Ausdruck rangen. Baulacre war nicht nur einer der ersten Gelehrten, sondern auch ein Meister der wissenschaftlichen Kritik, ein Anreger ersten Grades, und damit über seiner Zeit stehend. Er übertrug die Methode

Mabillons auf die verschiedensten Gebiete und handhabte sie mit der Eleganz, die ihm die Vorzüge seiner Sprache erlaubten. Wie Voltaire besass er die Fähigkeit, die schwierigsten Dinge klar, durchsichtig, unabhängig, gemeinverständlich und gehaltvoll zu behandeln, bisweilen mit leicht sarkastischem Anflug, stets geistreich und liebenswert. Selten fällt ein hartes Wort, so über die leichtfertige «Historia Genevrina» des Gregorio Leti, den er einen «archimenteur» schilt. Er geht auf die ersten Quellen zurück und prüft auch diese; den Manuskriptenschatz der Bibliothek kennt er wohl. Rückhaltlos durchdringt er das zähe Sagengeflecht des ältesten Genf und stellt fest: Caesar nennt als erster Genf.

Seine Untersuchung über die Mär, dass einst ein unterirdischer Gang zwischen dem Mönchs- und dem Nonnenkloster in Genf bestanden habe, stellt nicht nur seiner konfessionellen Unbefangenheit ein gutes Zeugnis aus, sondern sie könnte mit ihrer meisterhaften philologischen und Realkritik sogar in einer modernen Fachzeitschrift stehen; desgleichen die Abhandlung über die Thebäer, worin er nachweist, wie der Zweifel an der Legende aufkam. Wenn er, anders als man es später tat, zur Verwerfung neigt, so fehlen ihm eben die neueren Beweismittel. Und dann spielt ihm gelegentlich sein Rationalismus einen Streich, auch bei der Annahme, dass der Bergsturz von Octodurus und die Überschwemmung Genfs durch Erdbeben verursacht worden seien. Sein Aufsatz über die erste Druckerei und die Wiegendrucke in Genf ist ebenfalls vortrefflich. Belustigt ergeht er sich über die vielen Verwechslungen zwischen Genf und Genua (Geneva, Genova), über die Genfer Bogner bei Crécy (1346), über den Genfer Kolumbus. Als erster gibt er einen Lebensabriss von Bonivard, allerdings, da ihm nur dessen memoirenhafte «Chroniques de Genève» zur Verfügung standen und nicht das Archiv, einen zu günstigen; bei dem Quellenmangel reichte hier seine Vorsicht nicht aus.

Ein anderer Gewinn der Lektüre Baulacres ist der: Man lernt bei ihm die damals führenden Geister und Bücher kennen. Um seine Überlegenheit, seinen Vorsprung zu ermessen, braucht man nur die Tastversuche des um ein Menschenalter jüngeren Bodmer neben seine Bestimmtheit zu halten. Er ist ein moderner Gelehrter. Leider hat er nie einen Abschnitt Geschichte zusammenhängend dargestellt, er fing zu spät an; seine grosse Stoffsammlung über die genferische Literaturgeschichte wurde später, um 1780, vom Bibliothekar Senebier zur «Histoire littéraire de Genève» verwertet.

Im ganzen ist man etwas erstaunt. Die amtlichen Ängstlichkeiten gegenüber Gautier lassen eine so freie Persönlichkeit wie Baulacre in Genf nicht ohne weiteres voraussehen. Freilich hielt er sich abseits von der Politik und behielt sich Freiheit in seinem Bezirk vor. Dafür ist er ein deutlicher Ausdruck der genferischen Wissenschaft und Kultur.

Œuvres historiques et littéraires, hg. v. *Edouard Mallet;* 2 Bde., Genève 1857.

ALBERT DE MONTET: Dictionnaire des Genevois et des Vaudois 1, Lausanne 1877, S. 33f.

Paul-Henri Mallet 1730–1807

Weniger originell als Baulacre, aber doch Historiker von bemerkenswerter Eigenständigkeit, fügte er der genferischen Historiographie einen neuen Zug bei. Während seiner in Genf verbrachten Jugend war er ein Studienkamerad von Jacques Necker gewesen. Als Professor der französischen Literatur in Kopenhagen wurde er zum Entdecker der skandinavischen Mythologie und half durch seine Werke über nordische Dichtkunst die modische Schwärmerei für diese Poesie heraufführen. Hernach dozierte er Geschichte an der Genfer Akademie, trat in den Rat der CC und beteiligte sich mit mehreren Broschüren am politischen Leben seiner Vaterstadt. Von 1792–1801 lebte er im selbstgewählten Asyl in Rolle, von wo aus er mit dem Kreis um Frau von Staël in Coppet Verbindung aufnahm und Johannes von Müller kennenlernte. Wiederholt ermunterte er diesen, seine «Geschichten schweizerischer Eidgenossenschaft» auch französisch herauszugeben. Als Müller sich dazu nicht entschliessen konnte, veröffentlichte Mallet 1803 einen Auszug aus dem Müllerschen Werk und liess ihm eine Fortsetzung folgen: *Histoire des Suisses ou Helvétiens*. Er war sich des Abstandes zwischen seiner Kompilation und Müllers Originalwerk durchaus bewusst, meinte aber, nur eine kurze Darstellung vermöge den Menschen dieser stürmischen Zeit zur Geschichte zu führen. In hemmungsloser Schönfärberei malte er die Eidgenossen: «La valeur, la justice et l'humanité constamment réunies ne permirent jamais qu'aucune barbarie souillât chez eux le berceau de la liberté, et put faire naître aucun sujet de larmes, de regrets ou de vengeances. Cinq siècles de gloire, et surtout de bonheur, accordés par le ciel aux vertus de ceux qui la fondèrent, sembloient destinés à instruire tous les âges, et leur dire que c'est ainsi seulement que la liberté peut obtenir un triomphe durable et glorieux.» Die Hauptleistung dieses Genfers liegt in der geschichtlichen Erschliessung des Nordens.

Histoire des Suisses ou Helvétiens, depuis les temps les plus reculés, jusques à nos jours; 4 Bde., Genève 1803.

HÉLÈNE STADLER: Paul-Henri Mallet; Lausanne 1924. – EDGAR BONJOUR: Studien zu Johannes von Müller; Basel/Stuttgart 1957, S. 31f., 47.

Jean-Pierre Bérenger 1737–1807

Wie sein Lehrer Rousseau wurde er aus Genf exiliert, wobei der Henker 1773 seine Genfer Geschichte öffentlich verbrannte; erst nach mehreren Jahren durfte er in seine Heimatstadt zurückkehren, wo er, der minderberechtigte Natif, nun rasch in den Bürgerstand aufgenommen und 1796 zum Syndic erhoben wurde. In seiner Genfer Geschichte, für die er nur die von der Regierung konzedierten Quellen benützen durfte, will er die Revolutionen seiner Vaterstadt erforschen und beschreiben. Er beurteilt die Entwicklung vom demokratischen Standpunkt aus: Der Verschwörer Fatio «avait raison, ce semble, mais il était imprudent». Die Verfassung des Micheli du Crest sei «conforme au génie du peuple» gewesen, also billigt sie Bérenger. Immerhin: Vollständige Freiheit frommt dem Volke nicht, sondern «égalité proportionnelle». Er hat einen zu tiefen Einblick in die Geschichte gewonnen, als dass er nicht den Wert des Masshaltens erkennte.

Histoire de Genève, 6 Bde., o.O. 1772/73.

CLAUDIUS FONTAINE-BOREL: Jean-Pierre Bérenger historien; Bulletin de l'Institut National Genevois 37, Genf 1885, S. 59ff. – HANS RUDOLF MERKEL: Demokratie und Aristokratie in der schweizerischen Geschichtsschreibung des 18. Jahrhunderts; Basl. Beitr. Geschichtswiss. 65, Basel 1957, S. 202ff.

Isaac Cornuaud   1743–1820

Er wurde als Sohn eines Natif in bescheidenen Verhältnissen geboren, erhielt keine Schulung, war wie sein Vater Schalenmacher und eignete sich selber Bildung an. Geistig ungemein rege, hielt er es beim Handwerk nicht aus. Er studierte nebenbei Mathematik, wurde Rechnungslehrer, besorgte dann den Handelshäusern die Buchhaltung, was seine Familie reichlich ernährte. 1779 warf er sich in die Politik, sammelte seine Standesgenossen und wurde ihr gefürchteter Führer. Die Natifs, die grosse Masse, bisher aber ohne Organisation, standen eher auf der Seite der Repräsentanten und drückten zu deren Gunsten auf die Waage. Diese siegten im Edikt von 1768 und konnten nun den Grossen und Kleinen Rat teilweise wählen, während die Natifs fast leer ausgingen. Da rührten sie sich, wurden aber 1770 durch eine blutige Verfolgung von den Repräsentanten zum Schweigen gebracht, ihre Führer verbannt. Cornuaud wurde bei dieser Gelegenheit gekränkt, misshandelt, in seinem Recht beleidigt, was er seinen Widersachern nicht vergass. Der Streit zwischen Aristokraten und Repräsentanten ging weiter, weil diese auf völlige Gleichheit drängten. Hier griff Cornuaud 1779 ein als geborener Parteiführer, als Meister des Worts und der Flugschrift, die damals die Rolle der späteren Zeitung spielte. Er schmiedete die haltlose Masse der Natifs zur Partei, löste sie von den Repräsentanten, hielt sie zuerst zur Neutralität an und stellte ihnen dann vor: Die Repräsentanten weigern euch bürgerliche und politische Rechte; die Constitutionnaires, das heisst die Aristokraten, die nicht im Erwerbsleben stehen, werden euch die bürgerlichen gewähren und dazu die gesellschaftliche sowie die wirtschaftliche Gleichstellung, die wichtiger ist. Damit gewann er sie für die Aristokratie, was bei den Repräsentanten Wut auslöste. Fein und verschlagen nötigte er diese zu neuen Missgriffen, schliesslich zu den blutigen Aufständen von 1781 und 1782, zum Sturz der Verfassung, worauf die Garantiemächte Frankreich und Bern nebst Sardinien mit Truppen eingriffen. Die Repräsentantenpartei wurde zerschmettert, eine Anzahl ihrer Führer verbannt. Das Pazifikationsedikt von 1782 stellte die Herrschaft der Aristokratie wieder her, gab den Natifs die bürgerliche Gleichstellung mit der Bourgeoisie, nicht aber die politische. Cornuaud, in seinem Rachegefühl befriedigt, zog sich von der Politik zurück, die Partei löste sich auf. Seine politische Begabung war grösser als sein Ehrgeiz; er hatte alles zum Politiker, ausser der Machtgier.

Anno 1782 erfolgte seine Ernennung zum französischen Postmeister, da er Anhänger der Politik Frankreichs gewesen war. Aber diese Stellung wurde für ihn unerquicklich, so dass er sie 1788 aufgab. Von der Französischen Revolution erschreckt, schrieb er für ein gemässigtes Königtum. Da rief ihn die Genfer Revolution von 1792–1795 ins politische Leben zurück. Er verbrachte siebzehn Tage im Gefängnis, schwebte in Todesgefahr, hielt eine Verteidigungsrede nach Thukydides, wurde freigesprochen und gelangte wieder zur Macht. Mit erstaunlicher Anpassungsfähigkeit schloss er sich der revolutionären Partei an, um sie, die er «cannibales, bêtes féroces» nannte, zu zähmen. Er bekleidete wichtige Stellungen, verhinderte manches Unheil in der Schreckenszeit und rettete Genf vor dem Abgrund. Diese Erfahrungen führten ihn dazu, 1798 den Anschluss an Frankreich zu befürworten. Er wurde Generalsekretär des Département du Léman, kehrte aber 1801 ins Familienleben, in die Studien zurück, was eigentlich stets sein Glück ausgemacht hatte.

In der Zeit von 1785–1796 schrieb er seine *Mémoires*, die von der Jugend bis 1795 reichen. Diese Aufzeichnungen sind schon deshalb wichtig, weil sie die Genfer Geschichte jener Jahre in einem neuen Licht zeigen, nicht in einem besseren, aber in einem deutlicheren. Cornuaud schreibt weder vom Standpunkt der Regierung noch von dem der Opposition aus; er ist sein eigener Ausdruck. Wieweit er Vertrauen verdient, muss sich aus seinem Charakter ergeben. Nichts ist schwieriger, aber auch nichts reizender, als den seltsamen, vielumstrittenen Mann, der aus aller Kategorie herausfällt, zu bestimmen, zu ergründen. Als Mensch wie als Politiker hat er seine eigenartigen Züge. Als Mensch liebt er ruhige Häuslichkeit, Ordnung, Arbeit, Studien. Die Bildung ist sein Höchstes, feine Sitten seine Sehnsucht, geistreiche Unterhaltung sein Genuss. In den schwierigsten Augenblicken findet er Sammlung in einem guten Buch. Seine grossen Fähigkeiten entwickelt er selbst. Er hat ungewöhnliche Einsicht ins Leben, ein scharfes Auge, prüft den Menschen innen und aussen; genferisch mag es sein, dass er stets den Politiker daraufhin ansieht, ob sein Äusseres für die Öffentlichkeit passt. Er hat den gesunden Menschenverstand, der ihn vor Täuschungen bewahrt; als Wirklichkeitsmensch und Skeptiker nimmt er die Menschen wie sie sind und macht sich im stillen alle Vorbehalte über die Torheit der Welt. Blitzschnell errät er Stärke und Schwäche eines Gegners. Von der Schnellkraft seines Geistes zeugt, dass er auf ein feindliches Pamphlet innert ein paar Stunden seine Antwort erteilt.

Mit dieser Messerschärfe versöhnt sein Abscheu gegen alle Gewalttat, alles Blutvergiessen, alle Gesetzlosigkeit und Tyrannei irgendwelcher Art, ein Gerechtigkeitssinn, der aus einem tiefen und nachtragenden Gemüt emporsteigt. Den Repräsentanten verzeiht er es nie, dass sie ihn, den jungen, unbeachteten Menschen, anno 1770 übermütig, roh, höhnisch behandelten. Umgekehrt ist sein empfindliches Ehrgefühl ebenso empfänglich für die Liebenswürdigkeit, mit der ihn die Aristokraten aufnehmen, in ihren geistreichen Unterhaltungen als ebenbürtig betrachten und ihn eine Kultur geniessen lassen, die von jung an sein Entzücken war. Niedrig geboren, ist er merkwürdig frei von kleinbürgerlichem Trotz gegen oben. Eine Schwäche, die Eitelkeit, zeigt sich darin, wenn er berichtet, wie vornehme Herren ihm den Mantel anziehen helfen. Seine stärkste Leidenschaft ist die Politik, ein widriges Geschick verschlägt ihn dahin. Er geizt nicht nach Geld, Macht, hohen Stellen, aber einmal drin, will er als Meister im politischen Kampf, als Parteiführer bewundert werden, wie denn auch die Sammlung und Erziehung der Natifs ein Meisterstück war. Mit Wonne geniesst er die Freuden des Federkampfes, die Wirkung seines Wortes. Seine Memoiren sind ein Lehrbuch für Parteiführer.

Cornuaud hat die Ansichten eines Aufklärers älteren Schlages: alles für das Volk, nichts durch das Volk. Er ist zu sehr Menschenkenner, um in den grenzenlosen Enthusiasmus des Jahrhunderts einzustimmen. Gewiss will er bürgerliche Freiheit für alle; die Regierung aber soll einer Auslese, einer Aristokratie, die vom Volk unabhängig ist, gehören, und für eine solche findet er allerdings in Genf ein überzeugendes Beispiel vor. Sein Schriftsteller ist Voltaire, der von Ferney aus direkt zugunsten der Natifs eingreift. Dagegen verwirft er Rousseau, den Contrat social, die Volksherrschaft, die ihm einen Rückfall in die Barbarei bedeutet. Er fühlt sich völlig frei von jedweder Hochachtung vor dem Volk als Masse, ihm gilt nur der hervorragende Mensch, und er betrachtet es als den Fluch der Politik, dass ein solcher immer mehr in Abhängigkeit vom Volke gerät; denn er selber hat zu sehr auf die öffentliche Meinung eingewirkt, um sich über die Mittel dazu zu täuschen. Durch die Erfahrung hat er sich davon überzeugt, dass es auch eine demokratische Volksverführung gibt, die er für die schlimmste von allen hält, weil an ihrem Ende die Revolution steht. Das Glück eines Volkes sieht er nicht in der Verfassung, sondern in «la liberté civile et la douceur du gouvernement», Ansichten, die sein Buch weit über das Genferische hinausheben. Man darf nicht vergessen, dass er während der Französischen Revolution schrieb, die alles furchtbar ausreifen liess, was in Genf keimte.

Seine Ansichten über Revolutionen erläutert er am Beispiel der Repräsentanten, ihrer Führer Duroveray, Clavière, d'Ivernois. Er nennt sie nur Demagogen, zerreisst den Schleier ihres selbstgefälligen Idealismus, rechnet ihnen ihre Mittel vor: Volksschmeichelei, Erweckung des Klassenhasses und des Neides, Verfemung der selbständigen Persönlichkeit, Entfesselung von Aufständen, auf deren rohe Niedertracht er mit Nachdruck verweist. Immer wieder hält er ihnen vor: Ihr wollt die Demokratie und unterdrückt die Natifs; ihr schützt das Volk vor und wollt nur die Aristokratie aus den ersten Stellungen verdrängen; euer Ziel ist «la démocratie aristocratique». Meisterhaft reizt er sie zu den äussersten Schritten, um sie in den Abgrund zu stürzen; das betont er selber an mancher Stelle: «Mes jouissances commencèrent.» Dieser kühle Wirklichkeitsmensch wirkt wie ein Sprengstoff in Genf. Aber so richtig er die Gegner schaut, mit wie grosser Genugtuung er sie als Opfer ihrer eigenen Ränke fallen sieht, so hat er sie doch nur von einer Seite erschaut; sie sind nicht nur aus Gemeinem gemacht; auch bei ihnen gab es eine Überzeugung. Sie selber schalten ihn einen erkauften Wühler der Aristokratie; 1794 stellte ihn dieser Vorwurf zu Unrecht vor das Novembergericht. Er war ihr überzeugter Anhänger und erzählt ohne Hehl mit Genugtuung, wie die Aristokraten für die Bedürfnisse seiner Familie aufkamen, als er sich der Politik ganz widmen musste; es gab eben noch keine bezahlten Parteisekretäre und Parteijournalisten.

So unerbittlich er schon in der Politik an den Gegnern Vergeltung übte, den schwersten Schlag fügte er ihnen mit seinen Memoiren zu. Sie sind wie eine Widerlegung des Buches von d'Ivernois. Wenn die Geschichtsschreibung bis in die neueste Zeit die Repräsentanten in Glanzrollen auftreten liess, an Cornuauds Memoiren kann sie nicht vorübergehen; sie wird gut tun, ihr Urteil über die Repräsentanten nachzuprüfen und ihr zerrissenes Ehrenkleid nachdenklich in die Theatergarderobe der Geschichte zu hängen. Sein Buch ist für die Demokratie unbequem. Noch in einem anderen Punkt gibt Cornuaud der üblichen Geschichtsschreibung unrecht. Während diese die Genfer Verfassungskämpfe als den weltbedeutenden Auftakt zur grossen Revolution betrachtet, spottet Cornuaud an mancher Stelle über den Sturm im Wasserglas, über die Raserei im Winkel, der ihm so teuer ist; verzeiht er doch den Gegnern die Störung seiner Idylle nicht.

Der Reichtum, die Genauigkeit von Cornuauds Memoiren gründen sich auf Augenblicksaufzeichnungen, Briefe, Flugschriften; er muss jedes Erlebnis mit Tag und Stunde notiert haben. Seine Memoiren sind mit Geschmack geschrieben. Da er das Auge für das Grosse und das Gemeine, für das Alltägliche und das Ausserordentliche hat, werden sie zum Abbild Genfs. Bisweilen bricht der Künstler im Pittoresken und im Dramatischen durch, so bei der Schilderung seiner Verteidigungsrede. Er schont sich selbst nicht. Ein einzigartiges Buch, das dem revolutionären Zeitgeist Hohn bietet. Es hat nicht seinesgleichen in der schweizerischen Historiographie, gleicht einer unheiligen Weltbibel wie Goethes Reineke Fuchs. So ist vom Volke noch selten geredet worden.

Mémoires politiques, hg. v. *Charles Laurent;* Bull. Inst. nat. genev. 28, 1888, S. 268 ff.
- *Mémoires sur Genève et la révolution,* hg. v. *Emilie Cherbuliez;* Genève 1912.

ALBERT DE MONTET: Dictionnaire des Genevois et des Vaudois 1, Lausanne 1877, S. 203 ff. – RICHARD FELLER: Isaac Cornuaud nach seinen Memoiren, in: Mélanges Charles Gilliard, Lausanne 1944, S. 432 ff.

Francis d'Ivernois 1757–1842

Er ist der literarische Gegenspieler Cornuauds, der Führer der Repräsentanten. Besonders 1782 tat er sich hervor, wurde mit anderen Häuptern der Partei verbannt und ging nach England. Die Umwälzung von 1789 hob die Verbannung auf; er kehrte 1792 zurück, trat in den Rat der CC, musste aber kurz darauf wieder fliehen und wurde in der Schreckenszeit 1794 als Abwesender zum Tode verurteilt. In England war er jetzt publizistisch für sein Asylland und gegen die Französische Revolution tätig, erhielt schliesslich den Adelstitel. Anno 1814 kehrte er nach Genf heim, wurde Staatsrat, ging mit Pictet de Rochemont an den Wiener Kongress und trat 1824 von seinen Ämtern zurück. Aus diesem Lebenslauf ist ersichtlich, welch tragische Enttäuschungen den Genfer Volksführern der Siegeslauf ihrer Ideen bereitete. D'Ivernois war noch einer der Glücklicheren unter seinen Freunden. Clavière, 1792 Girondeminister, betrieb den Angriff auf Genf, wurde gefangen und beging Selbstmord. Andere Genfer Repräsentanten kamen 1794 als Schreckensmänner zum Vorschein.

D'Ivernois war ein Mann der Feder, ein Geschichtsschreiber, mehr noch der publizistische Vorkämpfer einer Partei, der von seinem Standpunkt aus verteidigte und angriff. Von seinen zahlreichen Gelegenheitsschriften über die Unruhen in Genf und die Französische Revolution seien die drei herausgehoben, die er der Genfergeschichte des 18. Jahrhunderts widmete, nicht weil sie hervorragende historiographische Leistungen sind, sondern weil sie über die geistige Bewegung des Jahrhunderts und ihre Auswirkung in der Politik einen eigentümlichen Aufschluss geben.

1. *Tableau historique et politique des révolutions de Genève*, 1782 anonym erschienen. D'Ivernois hat diese Broschüre hastig innerhalb einiger Monate geschrieben, zur Zeit der revolutionären Repräsentantenherrschaft, wobei er das Archiv benützen konnte. Die Schrift umfasst die Jahre 1700-1768, also die Krisen von 1707, 1734-1738, 1762-1768. Er schreibt vom Standpunkt der Opposition aus, Cornuaud hat seinen persönlichen Standpunkt. D'Ivernois stimmt in den Enthusiasmus des Jahrhunderts ein, Cornuaud nicht. Der Leitfaden d'Ivernois' ist der Contrat social, das Naturrecht, Freiheit und Gleichheit. In unbemerktem Widerspruch dazu steht ein historischer Rechtfertigungsgrund: Das Regiment von Genf sei ursprünglich demokratisch gewesen; die Repräsentanten wollten die Usurpation der Aristokraten rückgängig machen. Nach diesen Gesichtspunkten wird eine Thesenarbeit geliefert. D'Ivernois ist ein Beweis, dass Rationalismus nicht vor emotionalem Denken schützt. Die Eigenart Genfs, die bei Cornuaud so ursprünglich und originell auflebt, wird hier nirgends spürbar; Schauplatz könnte irgendeine Stadt des 18. Jahrhunderts sein, handelt es sich doch um die Anwendung abstrakter Ideen. Recht und Unrecht werden einseitig verteilt: Die Aristokraten sind stets schuldig, gewalttätig, die Repräsentanten stets die Opfer, die sich wehren müssen. Er gibt viele Beispiele von aristokratischem Hochmut, von aristokratischer Willkür und Ausschliesslichkeit, die erst noch aus den Akten zu belegen wären. Gegen seine Beschuldigungen spricht, dass die aristokratischen Räte im 17. Jahrhundert 874 Familien das Bürgerrecht schenkten, von 1700-1782 730 Familienvätern, bei einer Einwohnerzahl von 30 000. Auf der andern Seite sticht durch, dass die Repräsentanten-Majorität der Aristokraten-Minorität mit Massendemonstrationen, Massendruck und Massenerhebung neue Rechte abtrotzen wollte, durchaus nicht nur in Verteidigung. Ihre Führer züchteten revolutionäre Erregung, was für den Mittelstand immer bedenklich ist. Daher denn auch die Wut, dass die Aristokraten mit der Masse

der Natifs, dem grösseren Teil der Bevölkerung, gemeinsame Sache machten und dem Gegner das demokratische Konzept verdarben. Die Natifs sind die «populace», über die die Aristokraten eine «popularité révoltante» gewinnen. In Bestätigung von Cornuaud sagt er, dass die Aristokraten die Natifs zu ihren Ansprüchen ermuntert hätten. Dieser Rousseau-Jünger will den Natifs nicht politische Rechte zubilligen. Zum politischen Hass tritt der soziale. D'Ivernois verdammt und verdächtigt die Aristokraten stets als die Reichen. Er spricht von den «droits du peuple» und den «prétentions du conseil»; in Wirklichkeit war es umgekehrt. Das Kulturhistorische erscheint als platt: Luxus herrscht in Genf, in der Schweiz «simplicité des mœurs». Hierüber legt d'Ivernois ganze Leitartikel ein. Genf wird vom Contrat social aus beurteilt. Mit dieser Einseitigkeit, dieser Selbstverständlichkeit der neuen Ideen und anscheinenden Klarheit bestach das Buch die Nachwelt; die spätere Geschichtsschreibung über das Genf des 18. Jahrhunderts ist von ihm bestimmt.

2. *Tableau historique et politique des deux dernières révolutions de Genève*, 1789 in zwei Bänden ohne Verfassernamen erschienen. Dieses Buch wurde nach erneutem Sieg der Repräsentanten 1789 geschrieben, umfasst die Jahre 1769–1789. Hier ist d'Ivernois mehr Historiker als politischer Dogmatiker, urteilt nicht nur von Rousseau her, sondern auch von der Wirklichkeit aus. Er sieht das Unrecht nicht nur auf einer Seite, gerät dadurch aber in Verlegenheit seinem ersten Buch sowie seiner Partei gegenüber und verwickelt sich in Widersprüche. Hauptsächlich schildert er sein Verhältnis zu den Natifs. Jetzt hat er Verständnis für sie, beklagt ihr Los, anerkennt den Handelsneid, die Gewerbearistokratie der Repräsentanten. Andrerseits wirft er ihnen ihre Organisation, ihre Bewegung, ihre «cercles» vor, alles Dinge, die auch die Repräsentanten als ihr gutes Recht in Anspruch genommen haben. Ihren Gleichheitsdrang verurteilt er als «prétentions dangereuses». Tronchin, der strenge Aristokrat, wird getadelt, weil er den Natifs 1763 in seinen berühmten «Lettres de la campagne» den ersten Anstoss gegeben habe. Den Aristokraten im allgemeinen hält er vor, mit den «droits civils» der Natifs einverstanden zu sein, weil sie wegen ihres Reichtums nicht Handel und Gewerbe treiben müssten. D'Ivernois will – das ist sein Kreuz – Unmögliches: von den Ideen des ersten Buches abweichen und doch die Repräsentanten verteidigen. Natürlich lobt er Bérenger.

Cornuaud dagegen führt er als «homme pervers», als verkauften Parteigänger der Aristokratie und Frankreichs ein. Als dieser das las, schrieb er, seine Memoiren würden ihn vor der Nachwelt rechtfertigen. D'Ivernois empfand Zorn darüber, dass Cornuaud den Repräsentanten das Vorrecht nahm, die Massen in Bewegung zu setzen, und dass er das besser verstand. Im übrigen nimmt das Drama bei beiden den gleichen Verlauf, nur unter verschiedener Beleuchtung. D'Ivernois gibt zu, dass die Natifs Cornuaud alles verdanken; er musste sie aufreizen, damit die Repräsentanten ihnen entgegenkamen, da diese äusserst ungern Handelskonzessionen machten. Das Verbrechen Cornuauds habe darin bestanden, dass er zu hetzen fortfuhr, als die Repräsentanten einlenkten, weil er nicht an ihre Ehrlichkeit geglaubt und französische Vermittlung gewollt habe. Der Vorwurf des Vaterlandsverrats wirkt nicht überzeugend. Auch die Repräsentanten rangen in Paris um Einfluss; ihre Niederlage deutet er in einen Sieg des Patriotismus um. Die Aufstände von 1781 und 1782 sollen von den Repräsentanten nicht vorbereitet worden sein. Cornuaud beweist genau das Gegenteil mit Einzelheiten. D'Ivernois verschweigt die ruhmlose Flucht der Volksführer; denn sein zweites «Tableau» ist eine Rechtfertigungsschrift für sie. Er braucht zwar auch hier das übliche Vorgehen, die eigene Partei nach den Besten, die Gegner nach den Schlechtesten zu beurteilen. Aber er geht doch tiefer als im ersten, lässt das Eigenleben Genfs hervortreten, ist gründlicher; dafür hat dieses Buch nicht so eingeschlagen wie die einseitige Einfachheit des ersten.

3. *La révolution française à Genève*, 1795 mit Namen erschienen, umfasst die Jahre 1789–1794. Es ist der schärfste Angriff auf die revolutionären Prinzipien. «L'arbre de la liberté» wird hier zum «étendard de l'anarchie». Der Umschlag des Verfassers bricht völlig durch, seine Wandlung ist der Leidensweg des Aufklärungsgedankens überhaupt, sein Fall typisch. Offene Widersprüche zum ersten Werk klaffen allenthalben auf. Dort bezeichnet er die Lebenslänglichkeit der Ämter als Ursache allen Übels, hier lobt er die Verfassung von 1791 wegen der Lebenslänglichkeit des Senats; jetzt ist er erschrocken über die Stürzbarkeit aller Behörden, die seine Partei nicht erstrebt habe. Im ersten Buch arbeitet er mit dem Schlagwort der Demokratie, im zweiten findet er das «démocratiser» verwerflich. Das erste Buch ist vom Gedanken der Gleichheit getragen, jetzt braucht er scharfe Wendungen gegen das Egalisieren. Früher spekulierte er auf den niederen Instinkt und machte Stimmung gegen die Reichen; nun, da die Folgen da sind, hebt er die soziale Rolle des Reichtums hervor. Er hält zwar auch jetzt an Rousseau anscheinend fest; aber er behauptet, die Franzosen hätten seine Lehren missverstanden. Das ist unrichtig; denn die revolutionären Staatskonstruktionen entsprechen durchaus dem Contrat social. Allerdings waren die Revolutionsgreuel Zutaten, die Rousseau nicht voraussah. Nachdem d'Ivernois' Partei die Genfer Verfassung durch Jahrzehnte allen Gefahren der Volksbewegungen preisgegeben hatte, predigte er nun das konservative Prinzip: Festhalten an der alten Verfassung. Jetzt sind die Repräsentanten «le parti constitutionnel»! Cornuaud stimmt mit ihm in der Schilderung der Genfer Schreckenszeit überein: Bluturteile, Willkür, Verbrechen, Raub, Bereicherung der Volksmänner. Als sittliche Folgen der Revolutionen gibt er an: Faulheit, Genusssucht, Roheit, Gewissenlosigkeit. Für das Unglück Genfs macht er die Girondisten verantwortlich, deckt die Rabulistik der Revolution gegen aussen auf: Die Könige haben Genf viel anständiger behandelt, als die Republikaner es taten.

Es ist begreiflich, dass er bei solchem Gesinnungswandel viele schmerzliche Enttäuschungen zu verschweigen hatte. Er nennt die Girondisten nicht, die in Frankreich am meisten Genf übelwollten, die ehemaligen

Führer der Repräsentanten. Auch verschweigt er, dass einige Schreckensmänner einst Stützen seiner Partei waren. Dem Bankrott seiner Ideen gibt er mit den Worten Dantons Ausdruck, dass die Revolution wie Saturn ihre eigenen Kinder verschlinge, was soviel heissen will: Man weiss wohl, wo eine Revolution anfängt, nicht aber, wo sie aufhört. Dass die früheren Repräsentantenbewegungen dem Umsturz von 1792 den Weg ebneten, das kommt bei Cornuaud viel deutlicher zum Ausdruck. D'Ivernois will es nicht wahrhaben; er klammert sich an den Wahn, seine Partei sei nicht revolutionär gewesen.

Immerhin enthielt das Buch so viel unverbindliche Eingeständnisse, dass es nicht einschlug. Je mehr d'Ivernois' Werke an Erfahrung und Reife zunahmen, um so weniger Erfolg hatten sie. Er wandte sich mit seinen drei Schriften nicht nur an Genf, sondern an alle Welt. Wieder einmal muss man staunen, wie die kleinen Communen der Schweiz die Kraft hatten, die Aufmerksamkeit Europas ernsthaft zu beschäftigen. Hier wenigstens macht der geistige Reichtum Genfs das Phänomen begreiflich.

Am Ende sind Spieler und Gegenspieler doch einig. Wer recht behalten hat, ergibt sich aus den Ereignissen. Auch darin gleichen sie sich: Sie kommen beide nicht von Genf los. D'Ivernois ist wichtiger als ein Stück Menschheitsgeschichte denn als Geschichtsschreiber.

Tableau historique et politique des révolutions de Genève dans le dix-huitième siècle; Genève 1782. – *Tableau historique et politique des deux dernières révolutions de Genève;* 2 Bde., London 1789. – *Des révolutions de France et de Genève,* London 1795, enthält zwei Abhandlungen: *La Révolution française à Genève,* 3. Auflage (Die 1. Auflage erschien in London 1794 mit dem Untertitel: *Tableau historique et politique de la conduite de la France envers les Genevois, depuis le mois d'octobre 1792 au mois d'octobre 1794)* und *Réflexions sur la guerre,* 2. Auflage. – *Inventaire des papiers de Sir Francis d'Ivernois* conservés à la Bibliothèque publique et universitaire de Genève, hg. v. *Otto Karmin;* Rev. hist. révol. franç. et de l'empire 4, Paris 1913, S. 126 ff. 321 ff. 521 ff.

Ernest Desplaces: François d'Ivernois; Biogr. universelle 20, Paris 1858, S. 428 f. – Albert de Montet: Dictionnaire des Genevois et des Vaudois 2, Lausanne 1878, S. 2 ff. – Otto Karmin: Un écrit inédit de Sir Francis d'Ivernois contre Sismonde de Sismondi économiste; Bull. Inst. nat. genev. 41, Genève 1913, S. 97 ff. – Otto Karmin: Le Gouvernement anglais et la Révolution française: «Les cinq accusations» pour faire suite aux cinq promesses, par Sir Francis d'Ivernois; Bull. Inst. nat. genev. 41, Genève 1914, S. 357. – Otto Karmin: Les Finances russes en 1812 et la mission de Sir F. D'Ivernois à Saint-Pétersbourg; Rev. hist. révol. franç. et de l'empire 6, 1915, S. 177 ff. – Otto Karmin: Sir Francis d'Ivernois 1757–1852. Sa vie, son œuvre et son temps; Genève 1920. – Hans Rudolf Merkel: Demokratie und Aristokratie in der schweizerischen Geschichtsschreibung des 18. Jahrhunderts; Basl. Beitr. Geschichtswiss. 65, Basel/Stuttgart 1957, S. 207 ff.

ÜBRIGE WESTSCHWEIZ

Zeitschriften
Sie liefern den wichtigsten Beitrag Neuenburgs zur Historiographie im 18. Jahrhundert. Seit 1732 erschien die Monatsschrift *Mercure Suisse;* sie hiess seit 1738 *Journal Helvétique,* seit 1769 *Nouveau Journal Helvétique,* seit 1780 *Journal Helvétique ou Annales littéraires et politiques de l'Europe.* Es war der Sprechsaal namhafter Gelehrter, der Baulacre, Loys de Bochat, Iselin, Ruchat, Wattenwyl, Engel, und diente als Ersatz für eine historische Zeitschrift. Namentlich in den älteren Jahrgängen findet man Beiträge, die in die Kultur des Jahrhunderts einführen.

FRITZ STÖRI: Der Helvetismus des Mercure Suisse; Zürich 1953.

Abraham Ruchat 1678–1750
Er ist der erste grosse Geschichtsschreiber, den die Waadt hervorgebracht hat. Die waadtländischen Quellen erscheinen im Vergleich mit denjenigen anderer Kantone als dürftig. Aus dem 9. Jahrhundert stammen die Annales Lausanenses, aus der Zeit um 1230 das Kartular von Lausanne, aus der Reformationszeit die Memoiren des Guillaume de Pierrefleur von Orbe; eine erbärmliche Histoire du Pays de Vaud von 1614 verdient keine Beachtung. Im 17. Jahrhundert betätigte sich Pfarrer *Jean B. Plantin* als Historiker, veröffentlichte jedoch nichts über seine Heimat; seine Chronique du Pay de Vaud blieb Manuskript.

Abraham Ruchat gehörte einer waadtländischen Bauernfamilie an, trieb Theologiestudien in Lausanne und Bern, lernte eifrig alte und neue Sprachen, unternahm mit Stipendien eine Studienreise nach Deutschland und Holland, wurde Pfarrer in Aubonne, 1721 Professor der Literatur in Lausanne, 1733 der Theologie. Er verfasste Linguistisches, Theologisches, Historisches, war eine echte Gelehrtennatur, zeichnete sich durch Bienenfleiss aus, durch eine Hingabe, die von keiner Gleichgültigkeit der Umwelt abgestumpft wurde. In seiner Arbeit ging er ganz auf, genügte ihr und sich selbst. Schon als Student trieb er Archivstudien. Auf den Reisen schöpfte er aus Bibliotheken und Archiven, wo er konnte; denn er suchte immer die ersten Quellen auf. Als Lebensplan nahm er sich die Ausarbeitung einer quellenmässigen Schweizergeschichte vor. Er opferte ihm Augenlicht und Gesundheit.

Als erste Frucht seiner wissenschaftlichen Bemühungen entstand der *Abrégé de l'Histoire ecclésiastique du Pays de Vaud* 1707. Ruchat durfte mit Recht sagen, die Schrift sei ganz neu; es steht viel sicheres Wissen darin. Er widmete sie der Regierung, um Zutritt zum Archiv zu erhalten; was er hier biete, sei nur eine Probe. Eigentlich ist es eine Einleitung zu einer Geschichte der Waadt, die er vorhatte. Als erster entwarf er den Grundriss zu dieser vernachlässigten Geschichte. Hier schon künden sich Vorzüge und Mängel Ruchats an: lauter Quellennachrichten, trockene, genaue, an-

Tafel 42. Abraham Ruchat, 1678–1750.

nalistische Darstellung, reformierter Eifer. Ohne innere Kämpfe übernahm er den ererbten Glauben als ein sicheres Gut. Diesem Werke ist angehängt eine *Dissertation sur l'origine des noms des principaux lieux de la Suisse*, worin sich keltische Namenspielereien nach dem Muster seines Freundes Loys de Bochat breitmachen.

Anno 1727/28 veröffentlichte er die *Histoire de la réformation de la Suisse* in sechs Bänden. Der Druck des letzten, siebenten Bandes sei verboten worden, weil er die alten ständischen Rechte der Waadt in Erinnerung gerufen habe, wurde behauptet; in den amtlichen Akten der Zeit findet sich nichts hievon. Die deutschschweizerische Reformation ist zumeist Hottingers Kirchengeschichte nachgeschrieben. Aber die Geschichte der welschen Reformation schuf Ruchat neu auf Grund eines gewaltigen Wissens aus unbekannten Quellen. Sein Denken ist klar, sein Stil mühsam, schwer, farblos. Er erzählt genau, umständlich nach den Akten, gibt nicht den Geist davon; ganz unwelsch opfert er die Form völlig dem Inhalt. Mit den Akten geht er getreu, aber einseitig um. Seine Absicht ist wissenschaftlich, nicht polemisch wie im 17. Jahrhundert; und doch, ohne es inne zu werden, wird er parteiisch, so in seinen Rechtfertigungen der bernischen Eroberung von 1536, namentlich Lausannes. Er ist der überzeugte Reformierte, dem nicht der leiseste Gedanke kommt, dass die christliche Haltung, das Märtyrerblut bisweilen auf seiten der Katholiken, die Verfolgungslust im Lager der Reformierten zu finden ist. Von daher rührt eine gewisse Einseitigkeit seiner Darstellung. Mit welch mildem Licht erhellt er die Genfer Reformation; nichts vom bernischen Druck, von Misshandlungen der Katholiken. Das anklagende Buch der Klosterfrau Jussie tut er mitleidig als Phantasiegebilde eines überängstlichen Nönnchens ab. Er arbeitet mit den üblichen Verdächtigungsmitteln gegen den Klerus: Zwischen zwei Klöstern in Genf habe ein geheimer Gang bestanden, eine Behauptung, die Baulacre auf den Plan rief; dieser wies die Haltlosigkeit des Geschwätzes nach. Das gleiche behauptet Ruchat von Grandson. Wie harmlos wird Froment in Genf eingeführt, wie streng Glarean verurteilt. Doch greift er auch etwa reformierte Härte an, erklärt die widerspenstige Haltung der Waadtländer gegen die Reformation. Seine Reformationsgeschichte kam 1732 auf den Index; von Freiburg aus wurde sie heftig angegriffen. Mit seiner «Histoire» hat Ruchat historisches Neuland gewonnen und die Waadtländer für ihre Geschichte interessiert.

Unter dem Namen Gottlieb Kypseler von Münster veröffentlichte Ruchat 1714 in Leiden *Les délices de la Suisse* in vier Bänden mit achtundsiebzig Tafeln. Zuerst bietet er einen allgemeinen Überblick über Land und Volk, Natur und Politik, dann Ortsbeschreibungen. Für die Naturgeschichte schöpft er aus Scheuchzer und Wagner, für die Geschichte aus den üblichen Quellen. In der Vorrede gibt er den Grund zur Abfassung an: Deutschschweizer und Welschschweizer kennen einander zu wenig, den Welschen erscheint die deutsche Sprache als barbarisch. Ruchat unterwirft sein Französisch nicht dem Joche der Pariser Akademie. Überhaupt hegt er eine ausgesprochene Abneigung gegen Frankreich; er ist guter

Berner, wettert gegen das Eindringen französischen Wesens in Bern, betrachtet die Franzosen als Sittenverderber in der Schweiz; sie höhnten, der Schweizer sei «lourdaut», führten die neue Mode des Kaffee- und Teetrinkens ein. Er lehnt das Fremde ab, träumt von einer schweizerischen Autarkie. Dagegen greift er den Söldnerdienst noch nicht an. Die Ortsbeschreibungen sind unzuverlässig, von leichtgläubigen Angaben entstellt. Jedoch bringt er neue römische Inschriften; die Kupferstiche sind eine wahre Zierde.

Dieses Werk erlangte eine gewisse Berühmtheit. Daher erschien 1730 zu Amsterdam eine Neuausgabe, namenlos, unter dem Titel *L'Etat et les Délices de la Suisse*. Der allgemeine Teil ist völlig umgearbeitet, von wem, kann nicht mehr sicher herausgebracht werden. Der schneidige und gewandte Stil des neuen allgemeinen Teils lässt nicht auf Ruchat schliessen. In der Vorrede wird als Zweck angegeben: Europa mit den Schweizern bekannt zu machen, Vorurteile zu zerstreuen, da die Schweizer vielerorts noch wie Untiere aus Afrika angestaunt würden. Das Bild von der Schweiz ist aber nicht geschmeichelt, sondern scharf und kritisch gehalten, auch gegen oben. Selbstverständlich wird die Aristokratie als beste Staatsform vorausgesetzt, aber die Aristokraten werden nicht geschont. Der tiefe Einblick in die Aristokratie lässt den Schluss zu, dass die Neubearbeiter aus diesen Kreisen stammen. Man erkennt, wie freimütige Schweizer damals ihr Land einschätzten und es anders haben wollten. Die Zeitfragen werden behandelt: Luxus, Soldwesen, Verhältnis zwischen den Konfessionen, Lebensbedingungen, Erziehung. Gerade weil das Werk nicht über die Zeit hinaussah, lässt sich daraus bestimmen, welche Einsichten man hatte, welche nicht. Das Buch enthält noch Kapitel über Drachen und Riesen.

Anno 1764 erschien eine neue Ausgabe in vier Bänden zu Basel. Diese ist wenig verändert; die anstössigsten, unduldsamsten Stellen, alles Abergläubische wurde gestrichen. Die Kupfer sind nicht so schön wie 1714. Dagegen hat die Ortsgeschichte wesentliche Verbesserungen erfahren. Alle Probleme der Epoche werden berührt. Der Zug zur Weltverbesserung ist beibehalten; man wird mitten in die Zeit und ihre Ideen geführt. Im kurzen Geschichtsabriss tauchen neue Gedanken auf; doch bleibt er dürftig, ungenau, ohne Kenntnis der mittelalterlichen Rechtsgeschichte. Die Kritik an der Aristokratie ist scharf, die Idee der Volkssouveränität aber noch fern. Eine Gefahr für die Aristokratie besteht im Streben nach Staatsversorgung.

Ruchats Lebensplan war eigentlich eine Schweizergeschichte, *Histoire générale de la Suisse*, von der die Reformationsgeschichte nur ein Stück bildete. Er arbeitete stets daran, kam bis 1516. Sie wurde nie gedruckt; das Manuskript liegt heute in der Stadtbibliothek Bern. Es ist eine gewaltige Leistung. Mit ihr wurde die Waadt endlich würdig in die Geschichtsschreibung eingeführt.

Anno 1723 verfasste Ruchat gleich nach dem Tode des Majors Davel einen Bericht über den Zwischenfall, *Relation de l'histoire du Major Davel*, der im 20. Jahrhundert veröffentlicht wurde. Er gibt die Meinung der

Zeitgenossen wieder, verurteilt die Tat, bedauert den Täter, den er nur als religiös Verwirrten verstehen kann; auch deutet er an, dass in der Familie Davel verschiedene Fälle von Geistesgestörtheit vorgekommen seien.

Histoire générale de la Suisse depuis l'origine de la Nation jusques à l'an 1516 (Haller IV, 485, ausführliche Würdigung des Werkes). – *Abrégé de l'Histoire ecclésiastique du Pays de Vaud;* Bern 1707. Neuausgabe, Nyon 1838. – *Les délices de la Suisse,* une des principales Répûbliques de l'Europe; 4 Bde., Leiden 1714. – *Histoire de la réformation de la Suisse;* 6 Bde., Genève 1727/28. Neuausgabe, vollständig in 7 Bänden, hg. v. Louis Vulliemin, Nyon 1835–38 (in Bd. 7 Verzeichnis der Werke Ruchats). – *L'Etat et les délices de la Suisse;* Amsterdam 1730. Neuausgabe, Basel 1764. – *Relation de l'histoire du Major Davel;* Rev. hist. vaud. 31, 1923, S. 55 ff.

LOUIS VULLIEMIN: Extrait de la Notice sur Ruchat; Journ. Soc. vaud. d'Utilité publ. 5, 1837, Nr. 61, S. 414 ff. – EUSÈBE HENRI GAULLIEUR: Abraham Ruchat, Historien du pays de Vaud, et Claude-Ant. Dudding, évêque de Fribourg; Le Musée Suisse, Album de la littérature et des arts, Genève 1855, S. 67 ff. – LOUIS VULLIEMIN: Abraham Ruchat; Galerie suisse, hg. v. EUGÈNE SECRETAN; 1, Lausanne 1873, S. 586 ff. – ALBERT DE MONTET: Dictionnaire des Genevois et des Vaudois 2, Lausanne 1878, S. 428 ff. – MAXIME REYMOND: L'historien Ruchat; Rev. hist. vaud. 34, 1926, S. 236 ff. 268 ff. – MAXIME REYMOND: Les historiens vaudois de la Confédération; Rev. hist. vaud. 1941, S. 147 f. – HERMANN ALFRED SCHMID: Die Entzauberung der Welt in der Schweizer Landeskunde; Basl. Beitr. Geschichtswiss. 7, Basel 1942, S. 134 ff. – HENRI PERROCHON: Abraham Ruchat ou la vocation de l'histoire; Rev. Suisse 2, 1952, S. 104 ff. – FRITZ STÖRI: Abraham Ruchat; Neue Zürcher Zeitung 1953, Nr. 408. – *Catherine Santschi et Charles Roth: Catalogue des manuscrits d'Abraham Ruchat;* Lausanne 1971. – CATHERINE SANTSCHI: Les évêques de Lausanne et leurs historiens des origines au XVIIIe siècle; Mém. doc. Soc. hist. Suisse Romande, 3e série, t. XI, Lausanne 1976.

Charles Guillaume de Loys de Bochat 1695–1754

Aus alter, edler Waadtländer Familie geboren, studierte er in Lausanne und Basel zuerst Theologie und ging dann zur Jurisprudenz über. Anno 1717 wurde er zum Professor der Rechte und Geschichte in Lausanne ernannt. Bevor er das Amt antrat, unternahm er eine dreijährige Studienreise durch Deutschland, Holland, Frankreich, wo er wertvolle Bekanntschaften machte; von da an datiert seine gelehrte Korrespondenz. Als Professor war er Vertrauensmann der Regierung von Bern und übernahm hohe Verwaltungsämter, alles neben der Professur. Dazu entfaltete er eine ausgebreitete Forscher- und Schriftstellertätigkeit, in enger Freundschaft und Zusammenarbeit mit Ruchat. Beide erinnern daran, wie gut die Vorfahren, fern von den zerstreuenden Forderungen des Alltags, ihre Zeit und Aufgabe wahrzunehmen verstanden.

Aus seinen zahlreichen, umfangreichen Schriften sei nur das Wichtigste herausgegriffen. 1727 verfasste er eine *Streitschrift für Luzern gegen die Kurie im Udligenschwiler-Handel.* 1730 veröffentlichte er in drei Bänden *Ouvrages pour et contre les services militaires étrangers.* Nicht alle Abhandlungen stammen von ihm; er tritt für den Fremdendienst ein, der damals im Federkampf heftig umstritten war.

Von 1748–1751 publizierte er in drei Bänden *Mémoires critiques pour servir d'éclaircissements sur divers points de l'histoire ancienne de la Suisse.* Er hatte die

Übersetzung von Lauffer begonnen, aber nicht fortgeführt und beschloss, die grossen Lücken Lauffers über die Zeit der Helvetier und das Mittelalter auszufüllen. So ist das Werk entstanden. Er widmete es in einer tiefgefühlten Huldigung den Herren in Bern, pries ihre Fürsorge fürs Geistige. Sie hätten zehn Jahre zuvor in Lausanne die erste Druckerei und die erste Bibliothek errichtet. (Freilich, sein früherer Vorschlag, die Akademie Lausanne zur Universität zu erweitern, war abgelehnt worden.) Die Vorrede strömt das Glücksgefühl, die Zuversicht, den Optimismus aus, die den Schweizern des 18. Jahrhunderts eigen waren: die Schweiz besitze eine Verfassung, wie sie besser nicht möglich sei, ohne jeden Makel. Andere Völker dürfe man ihre Vergangenheit nicht wissen lassen, weil die Gegenwart den Vergleich damit nicht aushalte; dem Schweizer dagegen könne man ruhig seine Geschichte in die Hand geben, so sehr überstrahle sein gegenwärtiger Zustand die Vergangenheit. Hier wird die schweizerische Idylle überhöht. In der Widmung spricht er von «nation entière»; die französische Wortbildung erscheint in diesem Punkt fortgeschrittener als die deutsche.

Der Inhalt des Werkes ist eine quellenkritische Untersuchung über die Anfänge der Schweizergeschichte von den Römern bis gegen 1000, die aus einem gewaltigen Wissen herfliesst. Damals wandten die Forscher ihre Gunst dem schweizerischen Altertum zu, während das Mittelalter im Verruf stand. Und dann wurde Bochat auch durch die handgreifliche Fabelkruste gereizt, mit der die Chronisten die Zeit der Helvetier überzogen hatten. Namentlich nimmt er den gläubigsten, Anton Haffner, aufs Korn, ebenfalls Stumpf, und deckt den Quell ihrer Märchen auf. Aber auch mit den ernsthaften Vorarbeiten eines Guillimann, Plantin, Johann Konrad Füssli setzt er sich auseinander. Sein Verdienst ist eine grosse, wenn auch nicht vollständige Aufräumungsarbeit, die den Platz für die Forschung freimacht. Indessen sind doch die meisten Fabeln gefallen. Der daraus sich ergebenden Aufgabe, anstelle der Fabeln die Wirklichkeit zu setzen, wird er nicht gerecht. Das zwar trifft er richtig, dass er die Streitfrage, ob die Helvetier von den Germanen oder Galliern abstammen, zugunsten der gallischen Herkunft entscheidet. Die damals aufkommende Keltomanie trübt jedoch seinen Blick; er will alle Orts- und Eigennamen aus dem Keltischen ableiten, das man damals entdeckt zu haben meinte. Auch spricht aus seinem Bemühen die humanistische Ansicht, dass den Namen eine tiefere Bedeutung zukomme, die man ergründen müsse. Daher wurde Bochats Werk trotz der verdienstvollen Säuberungsarbeit im 20. Jahrhundert belächelt.

Mémoires pour servir à l'histoire du différend entre le Pape et le Canton de Lucerne, à l'occasion du bannissement des Terres de Lucerne, du nommé an der Matt, Curé d'Udlingenschweil; Lausanne 1727. – *Ouvrages pour et contre les services militaires étrangers;* Lausanne/Genève 1738. – *Lettre de M. de Bochat à M. de Watteville;* Mercure Suisse, November 1746, S. 377ff. – *Mémoires critiques pour servir d'Eclaircissements sur divers points de l'histoire ancienne de la Suisse et sur les monuments d'Antiquité qui la concernent;* 3 Bde., Lausanne 1747-49. – *L'Exécution de Davel;* Rev. hist. vaud. 31, 1923, S. 97.

Lettre de M. de Watteville à M. Loys de Bochat sur l'origine des Ducs de Zeringuen; Mercure Suisse, September 1746, S. 230 ff. – HENRI PERROCHON: Un savant d'autrefois: Ch. G. Loys de Bochat (1695-1754); Rev. hist. vaud. 49, 1941, S. 29 ff.

François Joseph Nicolas d'Alt de Tieffental 1689-1770

Er gehörte dem Freiburger Patriziat an, diente im französischen Garderegiment und trat 1713 als Hauptmann in österreichische Dienste über. Zu Hause durchging er die Ämterlaufbahn und war von 1737 bis zu seinem Tod Schultheiss.

Daneben betätigte er sich literarisch. Von einer ungedruckten Schrift, *Hors d'œuvre*, sind im 19. Jahrhundert Auszüge veröffentlicht worden. Sein Hauptwerk ist die von 1749-1753 in zehn Bänden erschienene *Histoire des Helvétiens*. Wie er im Vorwort sagt, wollte er eine Lücke ausfüllen, indem er eine Schweizergeschichte in französischer Sprache veröffentlichte; Alexander Ludwig von Wattenwyls «Histoire de la Conféderation helvétique» kam erst 1754 heraus. D'Alt arbeitete rasch, kräftig, aber oberflächlich. Er nennt seine Gewährsmänner, Simler, Tschudi, Lauffer, Haffner, untersucht jedoch ihre Glaubwürdigkeit nicht, übt nicht wissenschaftliche, sondern konfessionelle Kritik an ihnen, so an Lauffer, gegen den er oft polemisiert. Sein Werk ist vom katholischen Standpunkt aus geschrieben; im Vorwort fällt die bittere Bemerkung über 1712 «restituer le patrimoine». Da er aber sonst als gut schweizerischer, friedlicher Staatsmann bekannt war, vermutete man, andere hätten ohne sein Wissen eine fanatische Note hineingebracht.

Seine Leidenschaft ist nicht Glaubenshass, sondern Freude am Hochglanz, am Kriegsruhm. Da er in der Schweizergeschichte nicht genug Schlachten findet, so sucht er sie in der allgemeinen. Das hat ihm den Plan verrückt. Er zieht ganze Abschnitte, besonders kriegerische, der Nachbarstaaten herein, den Hugenottenkrieg, den Dreissigjährigen Krieg, wo er seinen Geschmack für Schlachtenschilderung und Staatsaktionen sättigen kann; unter anderem erzählt er breit die Abdankung Karls V. 1556. So schwoll seine Geschichte auf zehn Bände an, ohne dass er viel bisher Unbekanntes brächte. Der Gefahr der Liebhabereien ist er nicht entgangen. Neues steht in dem Werk nur über Freiburg, weil er dort das Staats- und die Familienarchive benützt hat.

Von den geläufigen Ideen des Jahrhunderts teilt er die Überzeugung vom besonderen Glück der Schweizer. In der Vorrede steht: «La vie est douce en Suisse, surtout pour le laboureur... la Suisse est un riche trésor de curiosités naturelles.» Dagegen ist er nicht unbedingt wie die anderen davon durchdrungen, dass die Aristokratie besser sein müsse als die Demokratie; er meint, dass Demokratie an ihrem Ort ebenso gut sein könne. Die staatsrechtlichen Kategorien waren damals anders als heute. Solothurn nennt er «gouvernement démocratique tempéré par l'aristocratie», weil die Bürgerversammlung den Schultheissen, die Venner und Grossweibel wählte. Sein Urteil über grosse Persönlichkeiten ist dem Jahrhundert angepasst; Cromwell wird als «prince sans vertus et tiran sans vices» eingeführt, Ludwig XIV. immer «Louis le Grand» genannt. Er streicht den Glanz vornehmer Schweizerfamilien heraus. Für ihn ist der Ruhm die Würze der Geschichte, des Lebens. Er hat eine Vorliebe für die Anekdote auf Kosten der Genauigkeit.

Seine Schweizergeschichte geht von den dunkelsten Anfängen bis 1663. Die Behandlung der Frühgeschichte verrät den Mangel an wissenschaftlicher Kritik. Er nimmt das Fabelwesen auf, das Haffner so behaglich ausgebreitet hat, Stammbäume von Japhet her, ungeheuerliche Jahreszahlen v. Chr. Bochats «Mémoires critiques» lagen ihm eben noch nicht vor. Einen passenden Abschluss für seine Geschichte gewinnt er durch die Schilderung der Pariser Festlichkeiten von 1663. Sein Französisch erscheint als mangelhaft; er entschuldigt sich in der Vorrede, dass er nicht geborener Franzose sei. An der Zeit, dem Stand der Forschung gemessen, nicht an der Gesinnung, ist sein Werk ein Rückschritt.

Histoire des Helvétiens, aujourd'hui connus sous le nom de Suisses; 10 Bde., Fribourg 1749–53. – Auszüge aus dem *Hors d'œuvre;* Nouv. Etr. Fribourg. 8, Fribourg 1874–79. – *Lettres à un seigneur de l'état de Fribourg sur l'établissement d'une université catholique en Suisse,* hg. v. *F.J.J. Berthier;* Rev. Suisse cath. 28, Fribourg 1897, S. 467ff.

ALBERT BÜCHLI: Die freiburgische Geschichtsschreibung in neuerer Zeit; Freiburg 1905, S. 4f. – MARC SIEBER: Das Nachleben der Alemannen in der schweizerischen Geschichtsschreibung; Basl. Beitr. Geschichtswiss. 46, Basel 1953, S. 52ff.

AUSLAND

Vendramino Bianchi gest. 1738

Bianchi war paduanischer Edelmann, wurde 1696 zu einem Sekretär des Rates von Venedig ernannt, weilte 1705-1707 als venezianischer Resident in der Schweiz, in Zürich und in Chur; am 12. Januar 1706 erneuerte er das Soldbündnis mit Zürich und Bern, am 17. Oktober desselben Jahres mit Bünden. Obgleich diese Allianzen während eines europäischen Krieges abgeschlossen wurden, kam ihnen keine besondere Bedeutung zu. Bianchi starb als Sekretär des Rates der Zehn.

Nach seiner Rückkehr veröffentlichte er 1708 in Venedig unter dem Pseudonym *Arminio Dannebuchi* eine *Relazione del paese de' Svizzeri e loro alleati*. Die Inquisition genehmigte den Druck, weil nichts gegen den katholischen Glauben, gegen Fürsten und gute Sitten, drinsteht. Bianchi erzählt, es fehle an Nachrichten über die gegenwärtige Schweiz; französische und lateinische Autoren berührten nur die ältere Eidgenossenschaft; daher habe er dem Verlangen der Drucker nicht widerstehen können. 1769 erschien eine zweite Auflage. Im Vorwort erklärt er seine Unbefangenheit. Er möchte die übertriebene Auffassung, die man in Italien von den Fehlern der Schweizer hat, berichtigen. Modern mutet es an, dass er dem Leser Langeweile ersparen will, worauf die Historiker damals nicht eben Acht hatten. Wenn er auch seine katholische Überzeugung betont, so ist er doch frei von Verdammungssucht, schon weil er mit den Reformierten die Bündnisse schloss. Es entspricht den Verhältnissen, dass er Graubünden besonders behandelt, bildete es doch noch nicht einen Teil der Schweiz. Der Unterschied Bianchis zu Padavinos Bericht von 1608 liegt darin: dieser schrieb seine Relazione als rückhaltlosen Geheimbericht, der nur für die Augen der venezianischen Staatsleiter bestimmt war; Bianchi dagegen schrieb für die Öffentlichkeit und musste Rücksicht nehmen, schweigen, dämpfen, mildern. Nichts weist darauf hin, dass er Padavinos Relation, die im Archiv schlummerte, kannte. An Geist, Tiefe, Bewegung und Ertrag steht er unter Padavino.

Bianchi behandelt Politik, Militär, Wirtschaft, Natur und Kultur. Es war für ihn, wie überhaupt für jeden Ausländer, schwer, in zwei Jahren einen genügenden Einblick in die verworrene Kleinwelt der Schweiz zu gewinnen. So irrt er etwa in Einzelheiten, geht im Oberflächlichen fehl; aber die Gesamtschau ist zutreffend, der Schweiz günstig und freundlich. Der Natursinn scheint bei ihm noch nicht erweckt; und doch gerät er vor dem «Naturspiel» des Rheinfalls in Entzücken: «sia il più bello scherzo della natura, che si trovi in tutta l'Europa». Seiner Beschreibung schickt er einen Geschichtsabriss voraus, der zwar in vielem nicht stimmt, aber seinen gewaltigen Eindruck von den alten schweizerischen Heldentaten widerspiegelt. Ihm bedeutet die Kriegstüchtigkeit noch die grösste Kraft und Tugend der Schweizer. Die uralte Waffenehre ist ihnen natürlich. Daher geniessen sie allgemeine Achtung bei den Fürsten, brauchen keine

Festungen und keine Besatzungen und können sich doch sicher fühlen. Er übertreibt die Kraft des Defensionale, glaubt nicht an eine Abnahme des Kriegsgeistes. Die Schweiz ist wegen des Kinderreichtums und des gesunden Klimas übervölkert, sie kann ihre Bewohner nicht ernähren, muss Getreide und Salz einführen. Aber die Schweizer ängstigen sich nicht um die Versorgung, weil die Nachbarn im Wetteifer sie beliefern, dank der günstigen aussenpolitischen Bilanz. Wenn ein Staat die Ausfuhr sperrt, hilft der andere. Nur dann brauchen die Schweizer sich zu fürchten, wenn der Kaiser und Frankreich sich zusammen verbünden. Hier scheint die Einsicht in die Abhängigkeit der Schweiz von der internationalen Lage durchzuschimmern, besonders vom europäischen Gleichgewicht. Obschon der Handel mit Frankreich am meisten blühte, betont Bianchi die wirtschaftliche Abhängigkeit vom Reich für die Ein- und Ausfuhr. Er bespricht die Sympathien der schweizerischen Glaubensgruppen für die einzelnen Mächte, die Wirkung der Refugianten auf die Meinungsbildung. Würde das Land von Frankreich unterworfen, so würden die Schweizer auswandern.

Die Einfachheit und Reinheit der Sitten fällt ihm auf, abgesehen von den Gastmählern. Er erinnert an das Sprichwort «sanctius vivitur ultra montes». Auch der geringe soziale Unterschied überrascht ihn: Ein Krämer kann Regierungsrat sein; bloss trägt er ein anderes Kleid für das Amt als für das Geschäft; der Wechsel ist selbstverständlich. Vornehme gehen ohne Gefolge aus, Frauen bewegen sich frei und sicher auf der Strasse. Da die Schweizer als sehr kurzangebunden galten, fürchteten die fremden Gesandten für ihre Würde und ihren Rang; darum verzeichnet Bianchi die gute Sitte von Ort zu Ort. Die Berner gehen sehr höflich mit den Fremden um, die Appenzeller sind die rohesten. Von der Stadt Basel bemerkt er, sie sei «senza dubbio la più grande, e la più bella di tutta l'Elvezia».

Im allgemeinen bietet Bianchi nicht viel Neues. Aber es hat seinen Reiz, wie der Italiener den schweizerischen Alltag sieht und das Unterschiedliche feststellt. Er will nicht überraschen, nicht geistreich und tief sein, sondern einen genauen und geordneten Begriff der Schweiz geben, der nicht auf dem flüchtigen Blick des Reisenden beruht. Bianchi hat das Auge für das, was heute dem Diplomaten so wichtig ist, für Wirtschaft und internationalen Handel. Wie Padavino fühlt er die Verwandtschaft zwischen den beiden Republiken Venedig und der Schweiz, die sich gegenseitig stützen müssen.

Arminio Dannebuchi: *Relazione del paese de' Svizzeri e loro alleati;* Venedig 1708.

RICHARD FELLER: Die Schweiz des 17. Jahrhunderts in den Berichten des Auslandes; Schw. Beitr. Allg. Gesch. 1, Aarau 1943, S. 65 f.

Abraham Stanyan 1669–1732

Er trat in den diplomatischen Dienst seines britischen Vaterlandes, war Gesandter in Venedig, dann von 1705–1713 bei den reformierten Orten der Eidgenossenschaft, mit Residenz in Bern, wo er eine Tochter der

Tafel 43. Abraham Stanyan, 1669–1732.

Familie Bondeli heiratete. Ein Zeitgenosse meinte, er habe in seinem Äussern, seiner dunkeln Gesichtsfarbe und seiner geistigen Beweglichkeit, mehr einem Italiener als einem Engländer geglichen. Seine Aufträge stimmten mit den Absichten der Reformierten überein, was ihm den Dienst in schwieriger Zeit, im Spanischen Erbfolgekrieg, erleichterte. Die Reformierten, besonders Bern, wandten ihre Neigung der franzosenfeindlichen Allianz England-Holland-Kaiser zu, und Stanyan arbeitete mit Bern in den wichtigsten Angelegenheiten, im Neuenburger Handel und im Zweiten Villmergerkrieg, zusammen.

Nach seinem Rücktritt gab Stanyan in London *An account of Switzerland* heraus. Es ist eine Schau der damaligen Schweiz, begründet aus der Vergangenheit. Stanyan nennt Simler und Plantin als Quellen; aber auch Bianchi hat ihm vorgelegen; an ihm findet er gute Begabung, doch seien seine Bemerkungen zu allgemein. Er wundert sich, dass man die Schweiz im Herzen Europas so wenig kenne und daher verachte. Es fehle auch an guten Schriftstellern, die die nötige Kenntnis von der Eidgenossenschaft hätten. Stanyan liebt die Schweiz an sich und auch deshalb, weil seine Gesandtschaft im ganzen erfolgreich war. Er will ihr Lob verkünden, die Vorurteile gegen sie zerstreuen und setzt doch die Kritik nicht aus. Seine geistige Ausrüstung ist gut. Er hat die Fähigkeit zu höheren Gedanken, zur Subsumption. Bei ihm meldet sich auch der neue Geist des Jahrhunderts, vielleicht von Bacon oder Locke, vielleicht von der Glorreichen Revolution 1688 angeregt; dieser wird zum ersten Mal als fremder Massstab an die Schweizerdinge gelegt, und zwar mit einer gewissen geschäftlichen Unbefangenheit, da England weder Söldner begehrte, noch sonst besondere Anliegen in der Schweiz hatte.

Stanyans Absicht war, nur die dreizehn regierenden Orte zu schildern. Im Anhang fügte er knapp die Zugewandten bei. Er beschreibt zuerst das Land: Die Berge sind bewachsen, was ihm wohl im Gegensatz zu Schottland auffällt. Er gibt einen Geschichtsabriss, obschon er meint, ein Fremder könne nicht die Geschichte eines andern Landes schreiben, zumal die schweizerische Überlieferung schlecht und seine Historiker Annalisten seien. Seine Geschichtsdarstellung ist denn auch mangelhaft; er bringt das Übliche mit eigenen fehlerhaften Zusätzen: Der Kampf der Eidgenossen gegen den Adel führte zum Zusammenschluss; ihre Schlachten würden sich grösserer Berühmtheit erfreuen, wenn sie richtig geschildert worden wären; der Thurgau und der Aargau wurden 1415 erobert; der gleiche Herzog Leopold kämpfte bei Morgarten und bei Sempach.

Seit Bodin 1576 ist Stanyan der erste Fremde, der das eidgenössische Staatsproblem aufgreift; er bekämpft die Ansicht, als ob die Schweiz *ein* Staat, *eine* Souveränität sei, und gibt die Gründe an: Es existiert kein einziger allgemeiner Bundesbrief; nicht alle Orte sind miteinander verbündet. Jeder Fürst muss auch örtische Gesandte empfangen. Stanyan durchgeht die Organisation der einzelnen Kantone, verweilt besonders bei Bern. Die Bedingungen für die Republik sind das Milizsystem, die Verteilung des Grundbesitzes, der Ämterwechsel. Er tadelt den Ausschluss der Landleute von der Regierung, was die Gefahr der Revolution in sich berge. Die Aristokratie gleiche einer auf die Spitze gestellten Pyramide; Demokratie verspreche längere Dauer; freilich sei das leichter zu tadeln, als besser zu machen. Eine Sicherheit für die schweizerischen Regierungen bestehe darin, dass sie die kleinsten Steuern der Welt erhöben und sich gegenseitig Hilfe leisteten. An letzteres glaubt er allerdings nicht recht. Das Bewusstsein dieser Grundsätze ist neu und taucht hier zum ersten Mal in der Schweizergeschichte auf.

Stanyan wagt sich an die schwierige Aufgabe, den Nationalcharakter der Schweizer zu bestimmen: Sie gelten als bieder, beschränkt und geistlos. Diesen Ruf haben ihnen die Franzosen geschaffen, sie bringen den Schweizer so auf ihr Theater, haben ihn derart verächtlich dargestellt, dass die Genfer und Neuenburger es bedauern, Schweizer zu sein. Der Engländer nimmt sie gegen den Vorwurf der Geistlosigkeit in Schutz. Er habe Schweizer von hellstem Verstand angetroffen. Schweizerische Treue und Tapferkeit würden allgemein anerkannt; den Vorwurf, dass sie mit Menschen Handel treiben, weist er energisch zurück; ihre wegen des Kinderreichtums dichte Bevölkerung finde einen Abfluss in den Fremdendienst. Was ihr Verhältnis zum Geistigen betreffe, so fehlten nicht Begabung, wohl aber Musse und grosse Vermögen. Sie müssten von jung auf im Beruf Geld verdienen, da sie früh heirateten. Daher seien sie nüchterne Fachmänner, verfügten nicht über «fine taste of polite learning». Leider eigneten sich die Schweizer im Ausland leicht fremde Sitten an. In den Städten bewegten sich die Frauen in Gesellschaft freier, seien aber auch hier rein und haushälterisch. Ein Gesetz verbiete Schauspiele und Bälle. Der Autor meint, jede Nation habe ihr Eigentümliches, und das Natürliche sei das Beste.

Stanyan lobt die Tüchtigkeit der Bauern und sagt, sie hingen der Regierung an wegen der geringen Lasten. Allerdings tadelt er die Korruption der Gerichte in den Vogteien, besonders bei den Katholiken, wie er denn überhaupt die Reformierten sittlich höher wertet. Bei der Besprechung der religiösen Verhältnisse fällt er ein hartes Urteil über die Sektierer, lobt indessen die Wohltätigkeit, den Fleiss und die Predigt der Pfarrer; in Bern sei ihnen das Politisieren auf der Kanzel untersagt. Die Behandlung des Ökonomischen ist etwas knapp gehalten. Stanyan legt Nachdruck auf die Landwirtschaft, erwähnt die Ausfuhr des Käses, der Weltruf geniesse. Ungenügend sei die Schweiz mit Salz, Getreide und Wein versehen. Erwähnt werden Zürichs und St. Gallens Industrie, nicht aber Basels Seide und Genfs Feinmetallwaren. Es fehlten Darlehens- und Sparkassen; in Genf allein gebe es Banken, die Frankreichs Kriege finanzierten. Stanyan weist auf die passive Handelsbilanz hin, und doch verarme das Land nicht. In den Städten werde sogar thesauriert. Daher rät Stanyan dringend zur Industrialisierung der Schweiz, wobei er verkennt, welchen Umfang sie bereits hat.

Überzeugt, dass Europa damals nichts Ähnliches aufzuweisen habe wie die Schweiz, führt er einen Vergleich mit dem alten Griechenland durch, der zwar bisweilen etwas gezwungen anmutet. Obgleich er die Schweiz preist und Bern besonders hochstellt, fahndete doch die bernische Regierung nach dem Buch wegen der Kritik am Ausschluss der Landleute sowie an gewissen politischen Sitten und versuchte es zu unterdrücken; sie wollte sich grundsätzlich nicht in ihre Sachen reden lassen.

An account of Switzerland, written in the year 1714; London 1714. – *L'Etat de la Suisse;* traduit de l'anglais, Amsterdam 1714. Die anonyme Übersetzung stammt vom gebürtigen Basler Lukas Schaub, dem späteren Sir Luke Schaub.

RICHARD FELLER: Die Schweiz des 17. Jahrhunderts in den Berichten des Auslandes; Schw. Beitr. Allg. Gesch. 1, Aarau 1943, S. 66. – BEATRICE BUCHER: Abraham Stanyan, 1705–1714. Die englische Diplomatie in der Schweiz zur Zeit des spanischen Erbfolgekrieges, Zürich 1951. – EDGAR BONJOUR: Die Schweiz und England, in: Die Schweiz und Europa 2, Basel 1961, S. 28 ff.

Edward Gibbon 1737–1794

Der berühmte englische Verfasser des Werkes *Niedergang und Fall des römischen Reiches* hat viele fruchtbare Jahre seines Lebens in der Schweiz verbracht, die er sein Adoptivvaterland nannte. Er bewunderte die Freiheitskämpfe der alten Eidgenossen und beabsichtigte, sie in einer *History of the liberty of the Swiss* darzustellen. Zu diesem Zweck liess er sich, der deutschen Sprache unkundig, einige Chroniken übersetzen, sammelte Bilder und Schlachtenpläne, studierte eifrig die Tellsage und arbeitete schliesslich 1767 das erste Buch seiner Schweizergeschichte, die sich vom ersten Bund der Eidgenossen bis ins 16. Jahrhundert erstrecken sollte, sorgfältig aus. Als es bei einer Vorlesung in London auf Ablehnung stiess, verfolgte er sein Projekt nicht weiter. Das Manuskript ist erhalten geblieben und wurde in französischer Übersetzung unter dem Titel *Introduction à l'histoire générale de la République des Suisses* postum veröffentlicht. Dieses Fragment sticht weder durch Originalität der Forschung noch der Konzeption hervor und unterscheidet sich kaum von den im 18. Jahrhundert üblichen Darstellungen, ausser durch seinen geistreichen und lebhaften Stil. Den Rat des wohlwollenden Beurteilers David Hume, Gibbon solle seine Schweizergeschichte fortsetzen, hat dieser – wohl kaum zum Schaden der schweizerischen Historiographie – nicht befolgt. In seinen übrigen Schriften finden sich viele einsichtige Bemerkungen über die schweizerische Vergangenheit verstreut.

Introduction à l'histoire de la République des Suisses, hg. v. *Lord Sheffield* in: «Miscellaneous Works of Edward Gibbon» 3, London 1815. – Deutsche Übersetzung in: Schweizerisches Museum, 1. Jg., Aarau 1815.

GUSTAV SCHIRMER: Edward Gibbon und die Schweiz; Festschr. zum 14. Neuphilologentage in Zürich 1910, Zürich 1910, S. 87–118.

William Coxe 1747–1828

Als britischer Geistlicher mit ausgesprochen historischen Interessen durchstreifte er, von Norden kommend, zu Fuss, zu Pferd und per Schiff vom Juli bis Oktober 1776 ein erstes Mal die Schweiz. Weitere Reisen in schweizerische Gegenden, die er nur flüchtig besichtigt hatte, folgten 1779, 1785 und 1786. Eine Frucht davon waren die 1779 in London erschienenen *Sketches of the natural, civil and political state of Switzerland*, die zwei Jahre später in drei Bänden auf Deutsch in Zürich herauskamen. Nach seiner zweiten Reise arbeitete sie Coxe um und veröffentlichte sie unter dem Titel *Travels in Switzerland and the country of the Grisons*. Sie erfreuten sich grosser Beliebtheit, erlebten vier Auflagen und wurden in mehrere Sprachen übersetzt.

Zweierlei interessierte ihn hauptsächlich: die verschiedenen Regierungsformen und die eigentümlichen Naturschönheiten des Landes. Er recherchiert wie ein moderner Reporter, fragt Amtspersonen, Gastwirte, Bauern aus, beobachtet genau und urteilt wohlwollend. Über die Geschichte der einzelnen Orte informiert er sich auch mit Hilfe der gedruckten Lokalhistorien.

Wie er vom Schwarzwald kommend Schweizer Boden betritt, atmet er entzückt die Luft der Freiheit. Wenn er Schweizern begegnet, gemahnen sie ihn in ihrer ungezwungenen Wesensart an seine Landsleute, so dass er sich für einen Augenblick in seine britische Heimat versetzt wähnt. An Schaffhausen fällt ihm auf, dass diese Stadt, obgleich an der Landesgrenze gelegen, nur schwach befestigt ist und keine Besatzung aufweist. Johannes von Müller, dessen Werk er gekannt haben muss, erwähnt er mit keinem Wort. Dafür spricht er bei der Beschreibung Zürichs ausführlich von den Geistesgrössen dieser Stadt, von Zwingli, den er als milden, gemässigten Friedensfreund charakterisiert, von Salomon Gessner, dessen «pastoral simplicity» und «singular modesty» es ihm angetan haben. Unter den Gelehrten schätzt er offenbar Konrad Gessner, dieses «monstrum eruditionis», am höchsten. Im Archiv liest er andächtig die lateinisch geschriebenen Briefe der unglücklichen Jane Grey an Bullinger. Den Geist der Bürgerschaft empfindet er im allgemeinen als eng, weil sie sich ängstlich gegen die Aufnahme von Zugezogenen ins Bürgerrecht abkapselt. Dagegen lobt er den «original spirit of independence» der Stadt, die fremden Einflüssen nicht erliegt. – Von Basel meldet er, dass die jungen Bürger, auch wenn sie sich dem Handel und Gewerbe widmen wollen, Latein und Griechisch lernen, so dass sie später in ihrer Altersmusse mühelos Horaz, Vergil, Plutarch lesen. Den Niedergang der ehemals so berühmten Universität schreibt er in erster Linie der Wahl der Professoren durch das Los zu. Er nennt mit Verehrung die in der ganzen Welt bekannten Mathematiker Bernoulli, den edlen Erasmus, bewundert die Malerei Holbeins, besucht die Bibliothek und das Kabinett der Faesch. Das Münster nennt er «an elegant gothic building», tadelt aber in Unkenntnis des roten Natursandsteins seine Verunstaltung durch den rosafarbenen Anstrich. – Im Bernbiet erstaunt ihn der Wohlstand der Bauern. Berns Regierungsform, «the wisdom of whose administration is so justly admired», beschreibt er ausführlich. Er wertet die Institution des «Äusseren Standes», «a political seminary for the youth», als höchst originelle und nützliche

Einrichtung. Die Berner Gesellschaft, wo viel getanzt werde, bezeichnet er als «extremely agreeable». Zwar werden die gelehrten Studien hier weniger betrieben als in Basel. Aber dennoch ist aus Bern einer der grössten Geister hervorgegangen, Albrecht von Haller. An seiner geistigen Leistung imponiert dem Engländer die unerhörte Universalität. Er erzählt den Lebenslauf Hallers, gespickt mit Anekdoten, wie er sie in Bern von den noch lebenden Zeitgenossen des grossen Gelehrten in Fülle zu hören bekam. – An den Verfassungsverhältnissen des Fürstentums Neuchâtel rühmt der Monarchist, die Freiheiten des Volkes seien hier besser gewahrt als in manchen demokratischen Kantonen. Natürlich interessiert ihn Rousseau; über seine sonderbare Lebensweise und den beginnenden Verfolgungswahn erfährt er von den Bewohnern Môtiers viel Authentisches.

An den Innerschweizern lobt er, dass sie in zäher Arbeit dem rauhen Boden fruchtbare Felder abgerungen haben. Freilich genügen diese nicht zur Ernährung der Bevölkerung, weshalb die überschüssige Jungmannschaft in den fremden Solddienst zieht. Diesen – «a mistaken policy» – kritisiert er mit den Argumenten der Aufklärung. Handel und Industrie könnten hier Abhilfe schaffen wie in der Ostschweiz. Mit den wirtschaftlichen Vorteilen, welche die französischen Könige in den Kapitulationen gewährt hätten, sei es nicht mehr weit her, da sich Frankreich nicht mehr an die Versprechen halte. Coxe kennt die modernen Zweifel an der Geschichtlichkeit Tells, des besonderen «Abgottes des grossen Haufens». Wenn aber der Apfelschuss der Fabel angehöre, heisse das nicht, dass Tell nie existiert habe. Den Befreiungsaufstand der Urkantone datiert er auf den 13. Januar 1308. Als Angehöriger der britischen High-Church begegnet er dem Katholizismus mit bemerkenswerter Unvoreingenommenheit, verkehrt mit den Äbten von Einsiedeln und Engelberg, schildert Niklaus von Flüe mit Sympathie. Seine Toleranz aber hat ein Ende bei der Beschreibung des Wallis. Hier ist die Bevölkerung aus Verschulden der katholischen Kirche bigott, unwissend, abergläubisch. – Eine Vorliebe zeigt Coxe für Graubünden. Er kennt und lobt dessen Historiker: Campell, Guler, von Sprecher, a Porta. Von dem schwer zu erfassenden, vielgestaltigen Land hat er ein überraschend differenziertes Bild erarbeitet.

Die schweizerische Landschaft findet er schön, namentlich dort, wo sie fruchtbar ist; so rühmt er etwa von der Zuger Gegend, sie sei mit Obstbäumen so dicht bepflanzt, dass man sie für einen ausgedehnten Obstgarten halten könnte. Darüber hinaus aber wird er bereits von einem Hauch Frühromantik angeweht. Bergprospekte, Ruinen, Felsen, Abgründe – dem Menschen früher nur Widerwillen und Furcht einflössend – fesseln seinen Natursinn. Die Gletscher seien die erhabensten Erscheinungen der Bergwelt.

Den Bewohner dieses eigenartigen und schönen Landes charakterisiert Coxe als unverfälscht, allen Künsteleien abhold, offen. In der Schweiz verfügt der gemeine Mann über viel mehr Wissen als anderswo. Gewöhnliche Bauern haben kluge Fragen über die Weltpolitik an ihn gerichtet. Und so

stimmt denn Coxe in den allgemeinen Stimmenchor der Zeit ein: die
Schweizer seien ein glückliches Volk, weil ihr Regierungssystem und die
Natur ihres Landes sie vor der Pest des Luxus bewahrten.

Sketches of the natural, civil and political state of Switzerland, 3 Bde., London 1779. –
Briefe über den natürlichen, bürgerlichen und politischen Zustand der Schweiz, 3 Bde., Zürich
1781–1792. – *Travels in Switzerland and in the country of the Grisons*, 3 Bde., Basle 1882.

Encyclopaedia Britannica VII, New York 1910, S. 354. – GEROLD MEYER VON
KNONAU: Die Schweiz im 18. Jahrhundert in den Briefen eines englischen Reisenden;
Jahrb. Schw. Alpenclub, 57. Jg., Bern 1917, S. 87–102. – GAVIN DE BEER: Early travellers in the Alps, London 1966, S. 133 ff.

Christoph Meiners 1747–1810

Im letzten Viertel des 18. Jahrhunderts wurden Reisen in die Schweiz
auch bei den Deutschen Mode. Aus der grossen Reiseliteratur sehr unterschiedlichen Gehalts ragen *Goethes Briefe von einer Reise durch die Schweiz*,
1789, hervor. Reiseberichte veröffentlichten unter andern *Johann G.R.
Andreae* (1724–1793): *Briefe aus der Schweiz nach Hannover*, 2. Abdruck Zürich und Winterthur 1776; *Christian C.L. Hirschfeld* (1740–1795): *Briefe
über die vornehmsten Merkwürdigkeiten in der Schweiz*, Leipzig 1769, 1776,
1785; *Gottlieb K.Ch. Storr: Alpenreise vom Jahre 1781*, 2 Theile, Leipzig
1784–1786; *Karl G.Küttner* (1753–1808): *Briefe eines Sachsen aus der Schweiz
an seinen Freund in Leipzig*, 3 Theile, Leipzig 1785–1786; *Johann G.Spazier*
(1761–1805): *Wanderungen durch die Schweiz*, Gotha 1790.

Die grösste Wirkung aber hatten die *Briefe über die Schweiz* des Göttinger
Professors Christoph Meiners. Seit 1772 vertrat er an der Universität
Psychologie, Ästhetik, Geschichte der Philosophie und der Religionen.
Ausser einer Menge von Büchern veröffentlichte dieser überaus betriebsame Schriftsteller in dem von ihm gemeinsam mit dem Historiker Ludwig Spittler herausgegebenen *Göttingischen historischen Magazin* aus dem
Gebiete der Völkerpsychologie, der vergleichenden Anthropologie, der
Kulturgeschichte unzählige Aufsätze, denen es an Zuverlässigkeit der
Angaben und Originalität der Konzeption fehlt. Ähnliches gilt nur in sehr
vermindertem Masse von seinen Berichten über die Schweiz; er publizierte sie nach zwei ausgedehnten Reisen, die er 1782 und 1784 unternommen hatte. Das vielseitige Interesse des lebhaft beobachtenden Autors
macht sie zu einer wertvollen Information für die Kenntnis der Alten
Eidgenossenschaft.

Am meisten interessiert ihn Bern, der damals grösste Stadtstaat diesseits der Alpen: Die Häuser der Stadt verkündigen – hier stimmt er mit
Goethe überein – «eine glückliche Mittelmässigkeit und eine grössere
Gleichheit ihrer Bewohner». Wie Johannes von Müller hält er die Existenz Berns für sehr gefährdet durch den unruhigen, ländergierigen Kaiser
Joseph II. Berns Wohlstand ist das Ergebnis einer sparsamen Regierung;
«er würde bald verzehrt sein, wenn der Staat einen so zahlreichen Hof,
einen so kostbaren Civil- und Militäretat als die deutschen Fürsten vom

dritten Rang erhalten müsste». Von der Aufgeklärtheit der bernischen Regenten zeugt, dass die Folter nur mit grösster Behutsamkeit angewendet werden darf, der Geständniszwang demnach so gut wie abgeschafft ist, dass so schöne Strassen gebaut werden, die Meiners gleich wie Goethe als die besten der Schweiz preist, dass Kranke und Arme im Burgerspital so ausgezeichnet aufgehoben sind wie sonst nirgends. Auf dem Lande fällt ihm die Wohlhabenheit der Bewohner auf. Im Oberaargau leben Bauern mit einem Vermögen von 100000–200000 Gulden. Es sei bekannt, dass es in ganz Europa, Holland und England ausgenommen, keine so glücklichen Landleute «als im teutschen Theil des Kantons Bern» gebe.

An der Berner Gesellschaft imponiert ihm die Höflichkeit, Eleganz, Weltläufigkeit. Von einem Fest im Hôtel de Musique, das er besuchte, behauptet er, noch nie eine so schöne Tanzgesellschaft gesehen zu haben. Zwar verböten Luxusgesetze den Aufwand für Kleider und Schmuck. Aber die Häuser der Patrizier seien geräumig, das Tafelgeräte sei köstlich. Dass in der Umgangssprache dem Französischen vor dem Deutschen der Vorzug gegeben wird, erregt seinen Unwillen, und ebenfalls kritisiert er, dass die Patrizier ihre Söhne nicht genügend schulen. Völlig unverständlich ist ihm, dass diese vor dem Eintritt in den Staatsdienst nicht, wie in Deutschland, Examina ablegen müssen, sondern kraft ihrer Geburt in die Ämterlaufbahn einschwenken können. Warum sie trotzdem den Staat vorbildlich verwalten und leiten, hat Meiners nicht ergründet, weil ihm die bernischen Voraussetzungen der Staatsbegabung entgehen. Für ihn steht fest, die bernische Aristokratie sei die vollkommenste, die sich je in der wirklichen Welt befunden habe.

Ausser von der Aristokratie Berns fühlt sich Meiners – dem Zug der Zeit folgend – besonders von der Berglerdemokratie Appenzells angezogen. Die Appenzeller werden von den übrigen Schweizern als das «freyste, glücklichste und geistreichste Hirtenvolk» betrachtet. Für Meiners ist offenkundig, wo dieses Glück seinen Ursprung hat: in dem Gefühl der Bewohner, keinen andern Gesetzen und Obrigkeiten gehorchen zu müssen als denjenigen, die sie sich selbst gegeben. Nach einer schwärmerischen Beschreibung der arkadischen Landschaft und Lebensweise der Appenzeller bemerkt Meiners unvermittelt: «Wenn man an ihren Hütten vorbeykommt, so hört man das Geräusch des Weberstuhles», der dem Landbewohner Wohlstand verschaffe. Der Aufklärer Meiners rühmt den Einzug des Gewerbes in diese idyllische Gegend, wie er denn überhaupt nirgends genug Industrie sehen kann. Er lobt sogar die Industriezentren La Chaux-de-Fonds und Le Locle und findet diese neuen Ortschaften mit ihren regelmässigen Häusern schön. Vom Abt von Engelberg rühmt er, dieser sei der aufgeklärteste Insasse seines Klosters, weil er «Betteley und Armuth» aus dem Tale vertrieben habe, «indem er unter den Engelbergern Industrie verbreitete». Und dabei ist Meiners für die gesundheitlichen Schäden, die von der Arbeit in den trüben, feuchten, übelriechenden Webkellern herrühren, nicht etwa blind. Das frühe und anhaltende Sitzen in den «kerkerartigen Höhlen in der Erde» verderbe die leibliche und geistige Gesundheit der Arbeiter, so dass es jetzt viel mehr gebrechliche und verstümmelte Menschen gebe als vordem. Die Einführung der «Musselin-Weberey» habe eben gute und schlimme Wirkungen hervorgebracht: raschen Reichtum auf der einen Seite, Vernachlässigung der Kindererziehung, Zügellosigkeit der Jugend und Steigerung ihrer Ansprüche auf der andern. Jetzt forderten die Bettler sogar Caffee, wenn man ihnen Most und Wein anbiete.

Die Regierungsform der Appenzeller, meint Meiners, sei eine Demokratie, die vollkommenste unter allen demokratischen Verfassungen Helvetiens, weil bei Besetzung der Ehrenämter und Landvogteien keine Bestechungen vorkämen. Aber je besser Meiners die Demokratie in den eidgenössischen Städten und Ländern kennen lernte, desto mehr kam er von seiner hohen Wertschätzung dieser Regierungsform zurück und überzeugte sich, dass unumschränkte Demokratie ebenso wenig als unbeschränkte Alleinherrschaft nützlich sei.

Die Briefe von Meiners wurden viel gelesen und haben das günstige Bild, das man sich im Ausland von der Schweiz machte, mitgeprägt. In der Schweiz selber erregten sie nicht nur eitel Freude. Als die Berner Patrizier das hohe Lob vernahmen, das er ihrem Stande zollte, tönte es von ihnen zurück: «De quoi se mêle donc cet impertinent? Nous n'avons aucun besoin de ses éloges».

Briefe über die Schweiz, 4 Theile, Tübingen 1784, 2. Aufl., Tübingen 1791. – *Kritische Reise durchs Appenzellerland;* Unterhaltungsblatt der Appenzeller-Zeitung; 35. Jg., Herisau 1952. – Neuedition: *Aus Briefen über die Schweiz;* Zürich 1966.

CHRISTIAN GOTTLOB HEYNE: Memoria Christophori Meiners, Göttingen 1810; in den Comment. societ. reg. Gotting. ad ann. 1808–1811. – PRANTL: Christoph Meiners; ADB 21, Berlin 1885, S. 224–226. – HEDWIG WÄBER: Die Schweiz des 18. Jahrhunderts im Urteile ausländischer Reisender; Bern 1907. – JAKOB WYRSCH: Eine Reise durch die Innerschweiz 1782; Der Hochwächter, Blätter für heimatliche Art und Kunst, 8. Jg., 1952, S. 217–229.

Tafel 44. Johannes von Müller, 1797.

JOHANNES VON MÜLLER

Sein Vater, angesehener Vertreter einer Schaffhauser Bürgerfamilie, war Theologe, ehrenfest und liebevoll, amtete als Pfarrer in Neunkirch, Neuhausen, Schaffhausen. Der Grossvater mütterlicherseits, Johann Schoop, wirkte ebenfalls als Pfarrer in Schaffhausen; er gab dem erwachenden Geist von Johannes Müller die ersten, bestimmenden Eindrücke. Ein eifriger Freund und Sammler der Schweizergeschichte, führte er den Enkel in sie ein; dieser setzte seine Umgebung mit fünf Jahren schon in Erstaunen durch ungemeines Gedächtnis und aussergewöhnliche Fassungsgabe. Grossvater Schoops Vermächtnis an den Enkel war die Schweizergeschichte.

Der 1752 geborene Müller genoss tüchtigen Unterricht, wobei die alten Sprachen obenan standen. Er war von lebhaftem Wesen, zart, gutherzig, aber im Spielen ungeschickt; kurzsichtig; von den Mitschülern verspottet, lebte er nur sich selber und den Büchern. Schon als Knabe betrieb er die Studien aus eigenem Antrieb, planmässig, die Feder in der Hand. Im neunten Lebensjahr unternahm er den Versuch einer Geschichte von Schaffhausen, mit zwölf Jahren las er die alten Klassiker, die in der Schule nicht behandelt wurden. Bis ans Lebensende begeisterte er sich für die antiken Schriftsteller; sie blieben seine letzte Zuflucht. Mit vierzehn Jahren besuchte er das Gymnasium, Collegium humanitatis, als einziger Schüler seiner Klasse, so dass die Professoren lauter Privatissima mit ihm abhielten. Diese tüchtigen Männer waren stolz auf ihren wunderbaren Zögling. Leider zollten sie ihm zu viel Anerkennung. Hier liegen die Keime zu Müllers Selbstüberschätzung bei sonst anspruchslosem Auftreten. Er nahm die gute Gewöhnung an, morgens um vier Uhr aufzustehen, um zu arbeiten, und füllte so einen gewaltigen Schulsack.

Vom Vater wurde er zum Pfarrer bestimmt. Seine geheime Neigung jedoch trieb ihn in die Gelehrtenlaufbahn. Beim Austritt aus dem Gymnasium war er gegen die grossen Aufklärer eingestellt, die er später bewunderte; er wies einen Anflug von Pietismus auf. Da für Geistliche zwei Jahre Studium an einer fremden Universität vorgeschrieben waren, verbrachte Müller die Zeit von 1769–1771 in Göttingen. Er studierte dort Theologie und Kirchengeschichte, wurde aber durch Professor August Ludwig Schlözer, der ihm einen tiefen Eindruck machte, für die Profangeschichte gewonnen. Dieser war ein weitgereister Mann, ein feuriger Geist, ein glänzender Redner, ein origineller Kopf. Er wandte die Geschichte auf die Gegenwart an, ohne der grossen Gefahr ganz inne zu werden, dass in der Aktualität der Tod der Idee liegt. Man kann ihn als den Vater der deutschen Statistik und Publizistik bezeichnen. Müller war Schlözers erklärter Liebling.

Früh schon wurde Müllers ganzes Wesen deutlicher, enthüllten sich seine bleibenden Grundzüge, vor allem die schwärmerische Sehnsucht nach Freundschaft, die ihren Gegenstand idealisiert. Frauenliebe ist nie in Müllers Leben eingetreten. Dem Impuls, den wechselnden Gefühlen, dem Widerspruchsvollen war er dauernd fast wehrlos preisgegeben. Jetzt bereits werden die dunklen Seiten in Müllers Wesensart sichtbar: die Unruhe seines Temperamentes, die hohe Selbsteinschätzung, die reizbare Empfindlichkeit, die Sprunghaftigkeit in den Entschlüssen, das rasche Schwanken zwischen den gegensätzlichsten Stimmungen und Meinungen. Das sind die eigentlichen Ursachen seines zerrissenen Lebens.

In Göttingen beginnt Müllers gewaltiger Briefwechsel, der das ganze Leben anhielt. Er war ein ausgezeichneter Briefsteller. Seine Briefe sind anziehend durch die leichte Lebhaftigkeit des Tones, durch den unmittelbaren, natürlichen Ausdruck seines reich fliessenden Geistes, seines wallenden Gemütes. Müller hat auf die Umgebung stets bezaubernd gewirkt. Er stand Zeit seines Lebens im Mittelpunkt eines weiten Freundeskreises und führte deshalb eine sehr ausgedehnte Korrespondenz. Als persönlichste Dokumente spiegeln sie die eigenartige Individualität, das innere Werden und das geistige Bild Müllers am reinsten wider. Sie bilden eine Fundgrube für die Kenntnis seiner Person und seiner Zeit.

Dem Vater zuliebe widmete er seine erste veröffentlichte Schrift einer theologischen Frage; das war aber zugleich auch sein Abschied von der Theologie. Der Weggang von Göttingen fiel ihm schwer; vierzig Jahre später sollte er der Beschützer dieser selben Universität werden. Von Göttingen brachte er die Vorstellung grösserer Verhältnisse nach Hause. Hier, in Schaffhausen, legte er ohne inneren Anteil ein tüchtiges Theologieexamen ab. In Göttingen hatte er sich Rousseau und Voltaire zugewandt, war ein feuriger Anhänger des neuen Geistes geworden. In Schaffhausen warf er sich in den Sturm und Drang. Anno 1772, kaum zwanzigjährig, erhielt er die Griechisch-Professur in Schaffhausen; aushilfsweise predigte er in Landgemeinden. All die Zeit durch war er bewunderungswert fleissig, trieb umsichtige Privatstudien, las viel und zog das Gelesene aus. Schlözer bestärkte ihn in seiner Neigung zur eidgenössischen Historie. Bereits schwebte dem jungen Müller der Schriftstellerruhm als das Lebensziel vor. Von einer Darstellung der Schweizergeschichte erhoffte er sehnlichst Unsterblichkeit.

Wie bei keinem anderen lässt sich das Werden des Historikers verfolgen. Die Vielseitigkeit seiner Erscheinung birgt allerdings die Gefahr, ihn unter all dem Schillernden nicht richtig zu sehen. Anno 1772 veröffentlichte er die Schrift *Bellum Cimbricum*. Die lateinisch geschriebene Arbeit zeichnet sich durch erschöpfendes Quellenstudium aus. Aber bereits zeigen sich auch die späteren Mängel Müllers, besonders die ungenügende Quellenkritik; er unterscheidet zu wenig zwischen ersten und abgeleiteten Quellen. Eine der wichtigsten Annahmen seiner Abhandlung, dass die Cimbern keltischen Ursprungs gewesen seien, eine Ansicht, zu der sich später auch Niebuhr bekannt hat, wird heute nicht mehr aufrecht erhalten.

Neben seiner Forscherarbeit schrieb Müller fleissig Rezensionen. Nach Albrecht von Haller hat kein Schweizer so unermüdlich neuerschienene

Bücher für deutsche Zeitschriften besprochen wie Müller. Er begann bereits als Zwanzigjähriger zu rezensieren und führte diese literarisch-kritische Tätigkeit mit kurzen Unterbrechungen bis in die letzten Lebensjahre fort. Mehrfach beklagten seine Freunde, er verschwende damit seine Zeit, die er für wertvollere Arbeit brauchen könnte. Aber trotz wiederholter Vorwürfe hielt Müller am Rezensieren fest, gewiss nicht nur deshalb, weil es ihm rasch eine angesehene Stellung in der Gelehrtenwelt verschaffte. Es muss nicht bloss einer Neigung, sondern geradezu einem Bedürfnis Müllers entsprochen haben, grösseren Kreisen über seine Lektüre sichtend Auskunft zu geben. Dazu traten Motive mannigfacher Art. Nur einen Teil davon nennt er, wenn er einem Freund anvertraut, er könne durch dieses Mittel am schnellsten auf ein sehr zahlreiches Publikum wirken, das sonst der Verführung rettungslos erliege. Auch zur weiteren Klärung wissenschaftlicher Fragen sollten seine Besprechungen dienen: «Denn in diese pfropfe ich Bemerkungen und Probleme, die ich aufgelöst wünsche.» Seiner produktiven Art entsprach es, möglichst viel aufzunehmen, nicht bloss Fachliches, stets mit der Feder in der Hand zu lesen, das Neue, die Wissenschaft Fördernde auszuziehen und dazu Stellung zu nehmen, so dass ihm die Rezensionen im allgemeinen nicht schwere Mühe machten; vielmehr fielen sie wie Nebenfrüchte seiner Hauptarbeit ab, als Zeugnisse des frühreifen publizistischen Talentes.

Anfänglich handhabte Müller die Kritik schneidig, äusserte sich wegwerfend über die neueste deutsche Lyrik, auch über Wieland, obschon er selber keine poetische Natur war. In Briefen an Freunde goss er ätzenden Hohn aus über Lavater, über dessen Christentum, dessen Gefühlsseligkeit. Trotzdem suchte er ihn aber 1772 in Zürich auf. Lavater hat nach diesem kurzen Besuch ein treffendes Bild von Müller entworfen: «Professor Müller ist ein zwanzigjähriges Monstrum Eruditionis. Er hat das beste Herz, aber ist im Schreiben dreist und absprechend. Genie hat er gewiss. Sein Styl ist sehr wizig und bis zur Affektation lebhafft. Aber er hat das Gute, dass er sich gern belehren lässt und sich leicht schämen kann. Er ist äusserst fein organisiert, hat ein helles, leuchtendes Paar Augen; sonst sieht er sehr jüngferlich aus. Ich glaube, man kann aus ihm machen, was man will. Sein Gedächtnis scheint beinahe übermenschlich zu seyn.»

In Schaffhausen fühlte sich Müller unbehaglich. Ihn drückte die Enge der kleinstädtischen Verhältnisse, der schweizerischen überhaupt. Den damals geltenden Optimismus über das Schweizerglück teilte er nicht: «Lieber meine Lebenstage nichts den Wasser und Brot, als Reichtum, Ruhe, Wollust und Sclaverey.» Dann wieder klagte er über Mangel an Verständnis für seine Arbeit. Nicht einmal die eidgenössischen Abschiede wolle man ihm in Schaffhausen zeigen: «Ignoranz und ihre Schwester Zurückhaltung verwahren unser Archiv mehr noch als seine Mauern und Riegel.» Müller war auch von der Scheu vor dem drohenden Pfarramt erfüllt. Er wünschte eine Wirksamkeit ins Grosse und Weite, im Staatsdienst. Der Wunsch, den er Kaiser Joseph II. unterbreitet hatte, in seinen Dienst zu treten, blieb unbeantwortet. Da sehnte sich Müller nach Deutschland: «Für den, welchen Geist, sonst nichts empfiehlt, taugt die Monarchie ungleich besser als eine kleine aristokratische Republik.» Doch als Müller das Rektorat eines Berliner Gymnasiums angeboten wurde, fehlte ihm die Entschlusskraft, und er lehnte ab.

Bereits hatte Müller die Schweizergeschichte zu seiner Lebensarbeit erkoren und hielt an ihr trotz aller Unbeständigkeit fest. Er trat in Verbindung mit den namhaftesten Gelehrten der Schweiz, mit Johann Heinrich Füssli, mit dem er sich zuerst in die Arbeit teilen wollte, mit Bodmer, Gottlieb Emanuel Haller, Isaak Iselin. Sie alle verfolgten mit Liebe seinen aufblühenden Genius. Im Mai 1773 begab er sich nach Schinznach an eine Tagung der Helvetischen Gesellschaft. Hier traf er mit Karl Viktor von Bonstetten zusammen; es wurde daraus eine Lebensfreundschaft von entscheidender Bedeutung. Bonstetten, ein Berner Patrizier, war vom Glück mit Gaben des Geistes und Körpers überschüttet, mit Reichtum, Unabhängigkeit, Schaffensdrang. Und doch blieb er dazu verurteilt, in Planlosigkeit zu zerflattern. Zu aufgeklärt, zu skeptisch, um ernstlich die bernische Ämterlaufbahn zu erstreben, hielt er von Bern unmutig und kritisch Abstand. An der Patriziererziehung übte er bittere Kritik. Stets beschäftigte er sich mit literarischen und wissenschaftlichen Plänen, fand jedoch nicht die Kraft, sie auszuführen. Ihm fehlte die Notwendigkeit, die innere und die äussere, die ihn zum Ziel gezwungen hätte. Mit seinem Geist, mit seiner weltmännischen Bildung für die grössten Verhältnisse geschaffen, sah er sein Leben in Nichts zerrinnen. Da man ihn sonst nirgendshin tun konnte, haben ihn Mit- und Nachwelt zum Philosophen Berns im 18. Jahrhundert neben Haller erklärt. Auf Müller übte Bonstetten stärksten Einfluss aus und leistete ihm hingebende Freundschaftsdienste.

Ihren *Briefwechsel* hat die dänische Schriftstellerin Friederike Brun 1802 herausgegeben. Die Welt war entzückt und segnete Bonstetten. Einer urteilte anders, Johann Georg Müller, der als Pfarrer in Schaffhausen amtete. Er war sieben Jahre jünger als sein Bruder Johannes, kein Genie wie dieser, aber an festem Willen dem Älteren überlegen, auch an Klugheit, Lebenskunde, geradlinigem Denken. Zeitlebens blieb er der treueste Freund und Berater seines Bruders. Er meint, Bonstetten habe Johannes das Notwendigste, den Halt, nicht geben können, weil er ihm selbst fehlte. Und in der Tat: dieser hat durch bewundernde Anerkennung Müllers masslosen Ehrgeiz gesteigert.

Bonstetten verschaffte seinem Freund eine Hauslehrerstelle bei dem berühmten Staatsrat Jacques Tronchin in Genf. Trotz Müllers Abreise hielt man ihm in Schaffhausen sein Professorat noch lange offen; aber Müller kehrte nicht mehr in dieses Amt zurück. Er lebte von 1774–1780 in Genf, in einem anderen Sprachgebiet, einer kosmopolitischen Umgebung, einem bewegten öffentlichen Leben. Das ehemals puritanische Genf, jetzt wissenschaftlich erblüht und von allen Spannungen der Epoche geladen, bedeutete für einen so unbegrenzt Aufnahmefähigen wie Müller einen der erregendsten Schauplätze Europas. Hier wurde er in die Welt eingeführt, in die feine Geselligkeit. Rasch legte er die Gewohnheiten der Studierstube

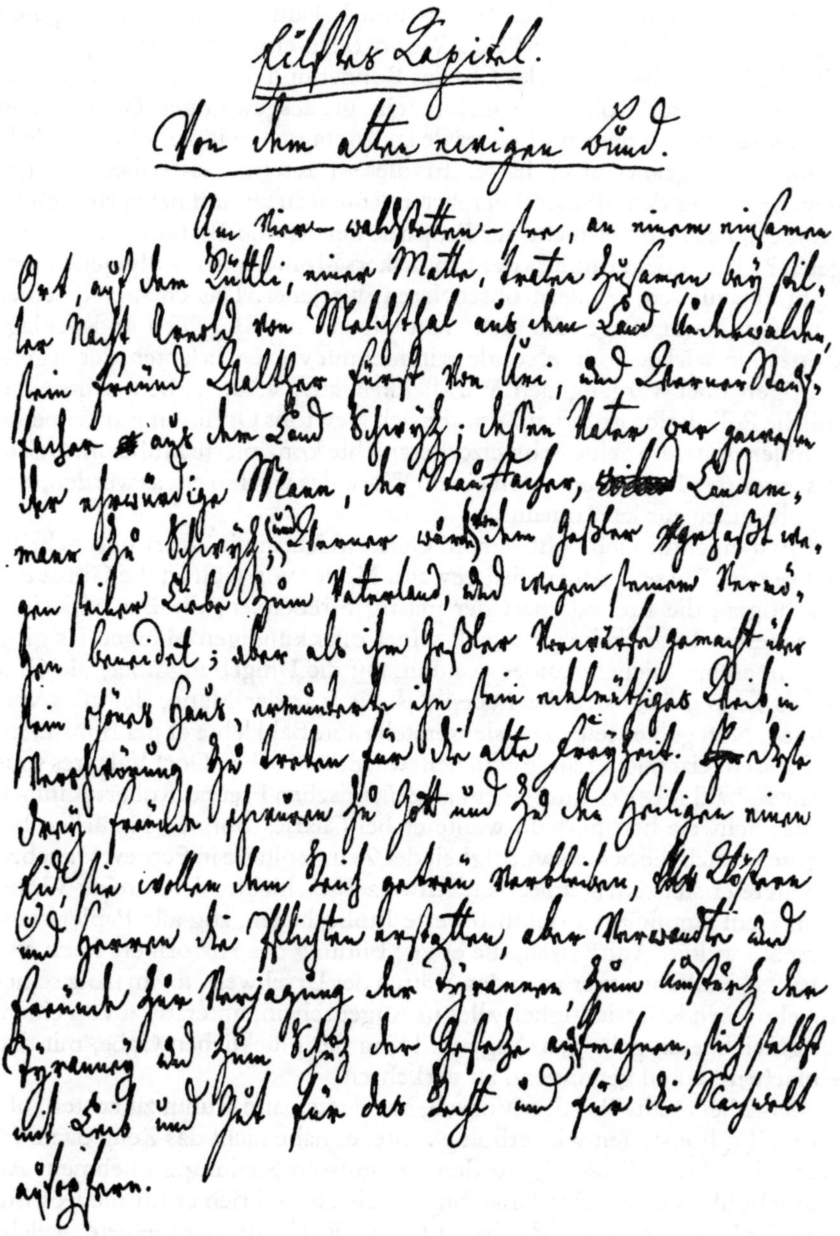
Eilftes Kapitel.

Von dem alten ewigen Bund.

An einem waldstätten-see, an einem einsamen Ort, auf dem Rütli, einer Matte, traten zusammen bey Stille der Nacht Arnold von Melchthal aus dem Land Unterwalden, sein Freund Walther Fürst von Uri, und Werner Stauffacher aus dem Land Schwyz; dessen Vater war gewesen der ehrwürdige Mann, der Stauffacher, Landamman, wann zu Schwyz; und Werner wäre dem Gessler verhasst wegen seiner Liebe zum Vaterland, und wegen seinem Vermögen beneidet; aber als ihm Gessler Vorwürfe gemacht über sein schönes Haus, ermunterte ihn sein edelmüthiges Weib, in Verschwörung zu treten für die alte Freyheit. Diese drey Freunde schwuren zu Gott und zu den Heiligen einen Eid, sie wollen dem Reich getreu verbleiben, die Klöstern und Herren die Pflichten erstatten, aber Verwandte und Freunde zur Verjagung der Tyrannen, zum Umsturz der Tyranney und zum Schutz der Gesetze aufmahnen, sich selbst mit Leib und Gut für das Recht und für die Nachwelt aufopfern.

Tafel 45. Entwurf Johannes von Müllers zur Schweizergeschichte, um 1777.

ab, mässigte sein zappeliges Wesen und bekam Form. Hervorragende Männer brachten ihm väterliches Wohlwollen entgegen, so der philosophische Naturwissenschaftler Charles Bonnet und der gewesene Generalprokurator Jean Robert Tronchin, ein geistesgewaltiger Gegner von Rousseau, der auf dessen «Lettres de la Montagne» mit den «Lettres de la Campagne» geantwortet hatte. In diesem Kreise geistvoller Männer schwor Müller dem glühend verehrten Rousseau ab und bekehrte sich zu Montesquieu: «Ist er nicht der Prophet, der Apollo Pythius der Gesetzgeber?» Unter dem Einfluss des Empirikers Montesquieu will er jetzt nicht mehr speculieren, sondern observieren wie jener. Das entsprach seiner innersten Naturanlage, die nicht von allgemeinen Begriffen und Schlagworten aus wirken konnte, sondern immer nur von der erlebten, der gegenwärtigen oder vergangenen Wirklichkeit aus: «Auf ... Beobachtungen soll die Politik sich gründen, so wahr sich Newtons Optik auf Experimente gründen musste.» Seine Schweizergeschichte konzipierte Müller im Geiste des verehrten Franzosen: «Mit einem Wort, das wird so etwas werden, wie Montesquieu sur les Romains.»

Es ist eigentümlich: Mit seinem Geistesreichtum in Wort und Schrift, mit seinem Wissen, seinem Stil gwann Müller von früh an die Gunst der Mächtigen, die Freundschaft der geistig Strebenden, die Bewunderung eines festen Leserkreises, trotz all seiner offenkundigen Mängel. Es ging ein unbeschreiblicher Zauber von ihm auf die Umgebung über, die Glut seines Empfindens strahlte Leben aus. Er war der Mann, der alles versprach. Nun gab er seine Hauslehrerstelle auf. Bald lebte er bei Bonstetten auf dessen reizendem Landgut in dem waadtländischen Dorf Valeyres sous Ronces, bald reiste er mit seinem amerikanischen Freund Robert Kinloch in der Schweiz herum, bald weilte er bei Charles Bonnet. Natürlich besuchte er auch die Sehenswürdigkeit der Zeit, Voltaire in Ferney. Daneben arbeitete er stets eifrig an seiner Schweizergeschichte, deren reine Vision er in Genf empfing. Er durchstöberte Bibliotheken, zog alte Papiere aus, forschte weiter. Auf Reisen, die er zur Bildung des Historikers hoch einschätzte, wallfahrtete er nach den Stätten der Urschweiz, nahm trotz seiner angeborenen Kurzsichtigkeit alles in Augenschein, unterstützt von einem ausgezeichneten geistigen Auge und von der glücklichen Gabe, mit den einfachen Leuten gewinnend zu verkehren.

Nebenbei quälte ihn der Wunsch, als Staatsmann Ruhm zu ernten, obgleich ihn Bonstetten wiederholt warnte, er habe nicht das Zeug dazu. Es war seine Art, selbständig zu den Ereignissen Stellung zu nehmen. An Einsicht übertraf er seine Umgebung meist. So schrieb er für die Restitution der Beute von 1712, das heisst für die Rückgabe der Gebiete, welche die reformierten Orte den katholischen im Zweiten Villmergerkrieg abgenommen hatten. Er billigte 1777 wegen des Nutzens und des Alters die Allianz mit Frankreich in einer *Zuschrift an alle Eidgenossen*. Darin äusserte sich seine realistische Anschauung. Schon in den 1770er Jahren sagte er die Umwälzungen in Europa voraus, da er das Beispiel Amerikas, die Sprengkraft Voltairescher Frivolität, richtig einschätzte. Auch Rousseaus

Fanfarenruf nach Freiheit und Gleichheit erschreckte ihn jetzt; aber er freute sich beinahe auf den bevorstehenden Szenenwechsel.

In seinen Aufsätzen stiess Müller wiederholt Warnungsrufe aus. Freilich war er nicht der Mann, einzugreifen und die Stürme abzuwenden. Denn bei aller noch so staunenswerten Einsicht blieb er sich gleich. Die angeborenen Schwächen konnte er nie überwinden: Wankelmut, Auf und Ab der Stimmung, Wehrlosigkeit gegen äussere Eindrücke, Sprunghaftigkeit der Entschlüsse, denen Reue folgte; ein schwankendes Rohr, mit dem Stärkere spielten. Nach Goethes Wort war er eine problematische Natur, die keiner Lage genügte und der keine Lage genügte. Und doch umgab ihn stets eine Faszination, die bedeutendste Männer fesselte. Tronchin regte ihn an, in Genf Vorlesungen über allgemeine Geschichte zu halten. Mit schneller Fassungsgabe arbeitete er sich ein, hielt im Winter 1778/79 Lektionen und wiederholte sie im folgenden Jahr. Die Kollegienhefte bildeten die Grundlage für die später ausgearbeiteten *Vierundzwanzig Bücher Allgemeiner Geschichten besonders der Europäischen Menschheit*. In der Erkenntnis, dass er Schweizergeschichte aus der Weltgeschichte aufbauen müsse, zog er auch diese in seinen Bereich, las ihre Quellen, machte Auszüge, arbeitete stets daran; aber erst nach seinem Tod ist seine Allgemeine Geschichte erschienen.

Den Sommer 1779 verbrachte er im Saanetal bei Bonstetten, der auf Schloss Rougemont als Landvogt residierte. Bonstetten schrieb hier in französischer Sprache die Briefe über ein schweizerisches Hirtenland (Saanethal). Müller übersetzte sie und liess sie 1781 in Wielands Teutschem Merkur erscheinen. Vor allem aber vollendete er nun den Druck seines Jugendwerkes und gab mit Bonstettens Hilfe 1778 zu Bern heraus: *Die Geschichten der Schweizer*, erster Band. Zur Umgehung der Zensur wurde als Druckort Boston angegeben. Das Buch umfasste die Anfänge von 1291 bis zur Schlacht von Näfels 1388. Müller verarbeitete darin ein gewaltiges Material, wie es noch kein Historiker zusammengetragen hatte, Chroniken und Urkunden. Aber er ordnete die Quellenkritik der Form unter, pries zum Beispiel Tschudi als Autorität. Die Komposition ist überaus sorgfältig. Den Stil bildete er Tacitus nach. Hier fand er sein Ideal: Einfachheit, Kraft und Beredsamkeit sowie den Edelrost der Sprache. Sein Werk, wünschte er, sollte ein Jahrtausend bleiben. Völlig neu war sein sittliches und patriotisches Pathos. Er nahm die Tellsage auf; nur die Szene mit dem Hut und dem Apfelschuss schien ihm zu bedenklich, so dass er sie wegliess. Während er die Berner Aristokratie verherrlichte, liess er die Zürcher Zunftverfassung dagegen abfallen, was natürlich in Zürich verdross. In der Besprechung des Werkes äusserten sich auch Bedenken. Man kritisierte die dunkle, gesuchte Schreibweise; so meinte G. E. Haller, diese Geschichte enthalte «fast mehr Gedanken als Worte». Ferner rügte man die dürftige Prüfung der Quellen. Allgemein aber wurde das Buch mit rauschendem Beifall aufgenommen. Müller hatte ein Bedürfnis der Leserwelt getroffen. Im gleichen Jahre setzte der Verleger die ganze Auflage ab. Müller war jetzt eine europäische Berühmtheit.

Unterdessen verleidete ihm Genf; er beklagte sich über die Geistreichelei in der Genfer Gesellschaft. Nun wollte er bei seinem Musterfürsten Friedrich dem Grossen ankommen. In der Vorrede zu den «Geschichten der Schweizer» schmeichelte er ihm; es war eine literarische Vorbereitung des Gesuches. Ende 1780 reiste er nach Berlin; dort gab er seine *Essays historiques* heraus, die als französische Empfehlungsschrift für Friedrich den Grossen gedacht waren. Diese Essays enthalten drei Abhandlungen: 1. *Vue générale de l'histoire politique de l'Europe dans le moyen-âge.* Es ist ein Abriss der allgemeinen Geschichte bis zur Reformation. 2. *Considérations sur le gouvernement de Berne.* Hier wird viel Lob über die Berner Aristokratie ausgeschüttet. 3. *Lettres sur les troubles de la République de Genève.* Über die Genferbewegungen urteilt Müller ungefähr wie Cornuaud; er will auch seine staatsmännische Weisheit leuchten lassen.

Müller übersandte die Essays dem König. Dieser empfing ihn in Potsdam. Die Unterredung verlief sehr gnädig; Müller war hingerissen. Aber Friedrich dem Grossen missfiel der kleine unruhige Schweizer, und er zog ihn nicht in seinen Dienst; in seiner Selbstbiographie schreibt Müller den Misserfolg der List und dem Neid zu. Auch die erstrebte Nachfolge Lessings als Bibliothekar in Wolfenbüttel schlug fehl.

Auf der Rückreise besuchte Müller den Liederdichter Gleim. In Kassel fand er zufällig einen Gönner in dem allmächtigen Minister Martin Ernst von Schlieffen. Dieser verschaffte ihm beim Landgrafen Friedrich von Hessen eine Professur am Collegium Carolinum, einer Akademie für Offiziere und Hofleute. Kassel stand damals dank dem Fürsten in Blüte, so dass Müller unter angenehmen Verhältnissen arbeiten konnte. Er hielt Vorträge, wobei namentlich gebildete Offiziere seine Zuhörer waren. Schlieffen, selber ein Geschichtskenner, half ihm bei den historischen Forschungen, denen sein nimmerrastender Fleiss gehörte. Die Früchte seiner Kasseler Studien waren vor allem zwei Arbeiten: *Histoire de l'établissement de la nomination temporelle du Souverain Pontife* und *Die Reisen der Päpste*, 1782. Pius VI. befand sich eben in Wien, was Müller zum Ausgangspunkt seiner Schrift genommen hatte. Darin brachte er seine neue Auffassung vor: Er würdigte die katholische Kirche des Mittelalters, das Mittelalter überhaupt, in freimütiger Sprache. Die Schrift erregte grosses Aufsehen, wurde in Rom huldvoll vermerkt. Müller erhielt den Titel «Kurfürstlicher Rat» und eine Gehaltserhöhung. Diese konnte er wohl brauchen; zwar war er kein Verschwender, aber ein sorgloser Haushalter. Die Geldverlegenheit bildete seinen gewöhnlichen Zustand. Wie oft mussten die Mutter und Bonstetten, gute Freunde, reiche Gönner einspringen.

Trotz dem grossen Entgegenkommen in Kassel fühlte sich Müller doch einsam. Dies war eben eine andere Qual seines Lebens: Er sehnte sich stets nach Einsamkeit und konnte sie doch nicht aushalten. Da nahm er Urlaub, ging nach der Schweiz, liess sich in den Dienst des alten Staatsanwalts Tronchin ziehen, dem er Gesellschaft leisten sollte. Aber kaum war er dort, reute es ihn. Es behagte ihm in Genf einfach nicht mehr. Er hielt hier wieder Vorlesungen und arbeitete daneben an seiner Schweizergeschichte. Diese bildete recht eigentlich den Leitstern auf den Irrfahrten seines verstörten Lebens. Hier hat er alle seine Vorzüge entwickelt: die Ordnung in den Schriften, die genaue Zeiteinteilung; durchschnittlich arbeitete er vierzehn Stunden im Tag, las im Reisewagen, in Gesellschaft, überall.

Unter Schmerzen löste er sein Verhältnis zu Tronchin und wandte sich an Bonstetten, der ihn in Bern einführte. Müller hielt hier im Winter 1785/86 Geschichtsvorlesungen, die im jüngeren Patriziat einen lebhaften Widerhall fanden. Das bessere Bern strengte sich an, Müller festzuhalten. Neben dem begeisterten Bonstetten bemühten sich eifrig um ihn die späteren Schultheissen Niklaus Rudolf von Wattenwyl und Niklaus Friedrich von Mülinen, der Seckelmeister Karl Albrecht von Frisching und Karl Ludwig von Erlach, der spätere General. Da erhielt Müller unerwartet einen Ruf nach Mainz und reiste im Februar 1786 ab, sich dort umzusehen. Seine Freunde in Bern fuhren mit ihren Bemühungen, ihn für die Heimat zu gewinnen, fort, zumal eben die zweite, umgearbeitete Auflage des ersten Bandes seiner Schweizergeschichte mit der grossen *Vorrede an die Eidgenossen* erschien und Bewunderung erregte. Man erwog in Bern zwei Möglichkeiten: entweder Müller von Staats wegen am neu zu gründenden Politischen Institut anzustellen oder aber ihm von den Berner Familien ein Jahrgehalt zu sichern, wozu sich die Familienkisten verpflichten sollten. Das erste misslang, der Grosse Rat lehnte eine Berufung Müllers ab. Das zweite gelang, das Geld kam zusammen. Aber nun wollte Müller nicht mehr. Bei dieser Gelegenheit bewährte sich Bonstettens Freundschaft auf herrliche Weise. Er setzte Bern in Bewegung und war tiefbetrübt, als sich die Sache zerschlug; aber er ersparte dem Freund den Tadel nicht.

Es war nur eine gerechte Anerkennung des Genius Müllers, wenn ihn die Grossen in ihren Dienst zu ziehen versuchten, wo sie konnten. Diesmal bemühte sich um ihn ein katholischer Kirchenfürst, Karl Joseph von Erthal, Erzbischof von Mainz, Kurfürst und Erzkanzler des Reichs. Müller wurde Bibliothekar, Hofrat und fand rasch Gelegenheit, sich zu bewähren. Eben hatte Friedrich der Grosse sein letztes bewundertes Meisterwerk geschaffen, den Fürstenbund gegen die Ausdehnungspläne Josephs II., der Bayern einziehen wollte. Müller pries diese Schöpfung in seiner Schrift, der *Fürstenbund*, 1787. Von jetzt an galt Müller als der erste deutsche Publizist. Ranke nennt den «Fürstenbund» eine der besten seiner Schriften. Darin beurteilte Müller die Päpste und die deutsche Verfassung allerdings zu günstig; er liess sich, wie so oft, von der Lage überwältigen. Die Schrift erscheint als eine Fundstelle von Müllers Gedanken, namentlich der Gleichgewichtsidee. Er erwartete vom Fürstenbund die zeitgemässe Umgestaltung des deutschen Reichs, versprach sich die Sicherheit des Reichs aus der Reform. Hier ging ihm endlich ein alter Wunsch in Erfüllung, er konnte in die Politik tätig eingreifen.

Im Frühjahr 1787 wurde er in der Angelegenheit des Fürstenbundes nach Rom gesandt; von der Ewigen Stadt empfing er einen mächtigen

Eindruck. Im Sommer erfolgte auf Betreiben Preussens seine Sendung in die Schweiz, um die Eidgenossenschaft zum Eintritt in den Fürstenbund zu bewegen; denn ihm schien der wankende Thron Frankreichs keine Gewähr mehr für die Schweiz zu bieten. Seine Sendung blieb indessen erfolglos. In seinen Berichten aus der Schweiz entwirft Müller ein grosses Bild vom bernischen Schultheissen Steiger, schildert den Verfall der französischen Partei. Nach Mainz zurückgekehrt, fand er dort wieder die angenehmsten Verhältnisse: einen Freundeskreis, geistreichen Umgang, Gnade des Fürsten, rasche Beförderung zum wirklichen geheimen Archivdirektor. Dabei weihte man ihn tief in die Staatsgeschäfte ein. 1791 wurde er vom Kaiser auf sein Gesuch hin geadelt; er wählte den Titel Johann Edler von Müller zu Sylfelden, Ritter des Heiligen Römischen Reiches Deutscher Nation. Und doch war er nicht befriedigt, klagte stets, einmal wegen seiner schwankenden Gesundheit, wegen seiner Krankheiten, dann wegen des Staatsdienstes, dessen er bald überdrüssig wurde, obgleich er sich hinein gesehnt hatte. Er fand nun, solche Arbeit sei verborgen und vergänglich; der Geschichtsschreiber allein schaffe für die Unsterblichkeit. Indes besass Müller diplomatisches Geschick, einen guten Blick, mehr noch für die Zukunft als für die Gegenwart, was allerdings oft aufgehoben wurde durch die Schwäche, sich vom Augenblick blenden zu lassen. Während dieser Mainzerjahre führte er seine Schweizergeschichte fort; davon erschienen 1786 der erste umgearbeitete und der zweite Band, 1788 die erste Hälfte des dritten Bandes. Müller war der Berufene, auf dessen Bücher man wartete.

Da griff die Revolution in sein Schicksal ein. Er hatte sie kommen sehen. Die Vorgänge in Amerika bereiteten ihn auf alles vor. Beim Ausbruch 1789 nahm er sie mit zwiespältigen Gefühlen auf; er erkannte ihre Notwendigkeit, fürchtete ihr Ausmass. Jedoch erhoffte er von ihr einen günstigen Einfluss auf die Wissenschaft. Er kam sogar in den Verdacht eines Demokraten, was er aber nie war. Nach dem Tuileriensturm 1792 riet er zum Anschluss der Schweiz an die Koalition, sonst würden die alten Regierungen in drei Jahren verschlungen sein. Als General Custine Mainz besetzte, befand sich Müller gerade in Wien und eilte nun zurück. Custine versuchte, ihn in französische Dienste zu ziehen, vergeblich. Vielmehr nahm Müller einen Ruf nach Wien an und traf dort Ende 1792 ein. Einige verdachten es ihm, dass er den landesflüchtigen Kurfürsten verliess.

Der Übertritt in habsburgische Dienste scheint tatsächlich nichts Selbstverständliches: Müller war Protestant, war Anwalt des Fürstenbundes. Für Müllers Berufung sprach: Österreich konnte die beste Feder Deutschlands publizistisch verwenden, konnte von ihm eine verherrlichende Geschichte des Erzhauses bekommen, konnte ihn vielleicht auch bekehren. Müller arbeitete als kaiserlicher Hofrat in der geheimen Hof- und Staatskanzlei. Bald verschlang ihn das «Nichts der Geschäfte», und er bereute seinen Umzug nach Wien. Er war ja wirklich nicht am richtigen Ort. Die Zeit brachte ungeheure Ereignisse; aber er konnte sie von seinem Standpunkt aus nicht frei erfassen. Seine publizistische Feder feierte, er veröffentlichte nur ein paar *Staatsschriften gegen den Separatfrieden Preussens mit Frankreich, gegen den Basler Frieden von 1795*. Dafür gewannen die Studien. Müller trieb Religionsgeschichte, österreichische Geschichte, allgemeine Geschichte, mit deren Abfassung er sich stets trug. 1795 konnte er die zweite Hälfte des dritten Bandes seiner «Geschichten schweizerischer Eidgenossenschaft» herausgeben.

Von politischen Geschäften aber hielt ihn das Misstrauen Thuguts fern. Müller war ohne Arg gegen den verschlagenen Höfling, baute Häuser auf ihn, besuchte ihn auch nach dessen Sturz. Inzwischen sah er das Ungewitter über der Heimat aufziehen. Im Sommer 1797 weilte er mit Urlaub der österreichischen Regierung in der Schweiz, um hier die Aussichten kennen zu lernen und gegebenenfalls die Schweiz zum Anschluss an Österreich zu bewegen. Er fand die Eidgenossenschaft geängstigt vom Gerücht einer Teilung zwischen Österreich und Frankreich. Seine Berichte nach Wien lauteten trostlos. Als einziges Heilmittel, um der gewaltsamen Umwälzung zuvorzukommen, empfahl Müller die Einführung demokratischer Reformen. Er knüpfte mit allen Parteien an, sogar mit dem französischen Geschäftsträger, wobei er mehr Einsicht als Vorsicht an den Tag legte. Einige hielten ihn für einen Verräter, deuteten an, er sei bereit gewesen, in französische Dienste zu treten. Jedenfalls beklagte sich Müller, Thugut traue ihm nicht; dieser habe auf seine Berichte nur sehr kühl geantwortet. Wahrscheinlich war Thugut besser auf dem Laufenden, als Müller annahm. Das Ergebnis seiner Schweizerreise bestand darin, dass er der Eidgenossenschaft nichts nützte, sondern nur sich schadete, auch dies eine Folge seiner Unstetigkeit. Eine einzige seiner Anregungen wurde verwirklicht, nämlich die Beschwörung der alten Bünde in Aarau. Mit Kassandrarufen eilte er anfangs 1798 nach Wien zurück.

Vom raschen Umsturz in der Schweiz war Müller tief erschüttert. Die Schaffhauser Wahlversammlung ernannte ihn zum Mitglied des helvetischen Obergerichts. Zuerst entzückte ihn die Ehrung, seine Vaterlandsliebe flammte auf; dann lehnte er, klüger geworden, ab. Er warf sich nun ganz auf die andere Seite, verkehrte in Wien mit der Emigration. Alles Heil erwartete er jetzt aus Österreich, betrieb den Einmarsch in die Schweiz in Verbindung mit dem Volkskrieg. Nachdem im Zweiten Koalitionskrieg alles fehlgeschlagen hatte und Thugut kaltgestellt worden war, bedeutete es für Müller eine Erlösung, dass er 1800 zum ersten Custos der Hofbibliothek ernannt wurde. Sofort stürzte er sich in die literarischen Schätze, schuf den fehlenden Realkatalog, ohne in Wien dafür Verständnis zu finden. Fortlaufend exzerpierte er für seine Weltgeschichte. Die Verhältnisse in Wien liessen sich indessen für ihn stets unerquicklicher an. Mit seiner Vertrauensseligkeit, seinem Temperament, seiner Weltunkenntnis war er nicht für den Hofdienst geschaffen. Man beargwöhnte ihn, der Neid und die Ränke des Adels umgaben ihn. Bei der Wahl des Bibliothekdirektors wurde er übergangen. Man untersagte ihm sogar den Druck des vierten Bandes seiner Schweizergeschichte; als Geschichtsschreiber der Schweizer Freiheitskämpfe geriet er am Habsburgerhof in eine schiefe

Stellung. Es kam noch hinzu, dass ein junger Mann ihn um den Grossteil seines Vermögens betrog.

Da wurde er 1804 in amtlichem Auftrag nach Berlin geschickt, um eine Annäherung zwischen Österreich und Preussen anzubahnen. Auf der Durchreise in Weimar galt sein erster Besuch der Witwe Herders; er plante die *Herausgabe der Werke Herders* und hat später diesen Plan ausgeführt. Auch mit Goethe verkehrte er, «der mir immer lieber wird», mit Wieland, mit Frau von Staël, mit Benjamin Constant. In Berlin wurde er vom Andenken des Grossen Friedrich ergriffen. Er atmete in dieser Lebensluft auf, man merkt es an seinen Briefen. Sofort ging vom Hof ein schönes Angebot aus, um ihn festzuhalten. Die Fürsten griffen eben auf ihn, wo sie ihn zu fassen bekamen. Müller nahm an. Beim Umzug von Wien machte er im Sommer 1804 einen letzten Besuch in der Schweiz. Er schied in tiefer Trauer, denn er ahnte, dass ihm kein langes Leben beschieden sei.

Um so mehr gedachte er in Berlin sein Werk voranzutreiben. Seine Stellung war die angenehmste. Er wurde Geheimer Kriegsrat, Mitglied der Akademie, Historiograph des Hauses Hohenzollern. Man öffnete ihm die Archive, zahlte ihm ein hohes Gehalt, zog ihn in die oberste Gesellschaft. Geistig bot ihm Berlin den besten Umgang, den er je gehabt. Alexander von Humboldt wurde sein intimer Freund. Müller lebte auf, Mut, ungemessene Schaffensfreude erfüllte ihn, er entwarf zahllose Pläne. 1805 erschien der *vierte Band der Schweizergeschichte*. Diese gewaltige Leistung trug ihn auf die Höhe seines Ruhms. Jetzt begann er die Umarbeitung der früheren Bände. Ferner befasste er sich mit einer Biographie Friedrichs, die ihm zur Herzensangelegenheit wurde. Vielfach ging man ihn um weitere literarische Dienste an, da seine Feder die öffentliche Meinung beherrschte. Als Historiker machte er Schule: Heeren, Luden, Raumer blickten zu ihm als einem Vorbild auf. Er galt als der bedeutendste Vertreter der Geschichtsschreibung in deutscher Sprache. Frau v. Staël stellte ihn in dem berühmten Buch «De l'Allemagne» neben die Dichterfürsten, Goethe bewunderte ihn, und Schiller setzte ihm im Schauspiel «Wilhelm Tell» ein literarisches Denkmal.

Schatten in diese glückliche Epoche seines Lebens warfen nur die Zeitereignisse. Napoleons Aufstieg erschreckte ihn; der «Autokratos» drohe, die kleinen Staaten zu verschlingen, auf deren Mannigfaltigkeit die Kultur Europas beruhe. Müller erhoffte von Preussen Rettung, wollte den deutschen Nationalgeist heben. Er wurde zu einem der lautesten Rufer gegen Napoleon, gegen die Universalmonarchie, und bedauerte, dass die Kriegserklärung von 1806 nicht ihm übertragen worden sei: «Ich hätte alles auf *einer* Seite mit Nachdruck zusammengetragen.» Die Schlacht von Jena war für ihn ein Donnerschlag: «kaum, dass mich die Beine tragen konnten». Er zitterte für seine Person: «Ich habe den Kaiser nie persönlich, namentlich angegriffen.» Jedoch konnte er sich nicht entschliessen, mit dem preussischen Hof nach Osten zu fliehen. Die in Berlin einrückenden Franzosen behandelten ihn aufmerksam und verschonten ihn mit Einquartierung, denn sie wussten seinen Wert zu schätzen. Staatssekretär Maret empfahl ihn dem Kaiser.

Jetzt sah Müller im Untergang Preussens das Strafgericht Gottes, in Napoleons Sieg ein Glück für die Kultur. Schon lange hatte er die Empfindung, an der Entwicklung einer grossen historischen Epoche und am Beginn einer neuen Ära zu stehen. Er verglich sich wiederholt mit Polybios, der die alte griechische Staatenwelt untergehen und das neue römische Kaiserreich heraufkommen sah. Auch apokalyptische Anschauungen wirkten stark auf Müller, der fast täglich in der Bibel las. Gehörte der Franzosenkaiser etwa als notwendiger Faktor in den göttlichen Weltplan, bildete er eine vorbestimmte schmerzliche Durchgangsstation zur Läuterung der Menschheit? Stellte er den «Vollzieher der Verhängnisse Gottes» dar, «den die Hand des Höchsten über schlaftrunkene Völker führt»? Wenn dem so war, blieb dem einzelnen Menschen nur übrig, sich zu fügen. Müllers christlich und zugleich antik gefärbter Schicksalsglaube nahm in ihm wieder überhand: «Nun das Alte offenbar vergangen, die Welt hin gegeben, eine lange Periode der Universalgeschichte geschlossen ist, so ergebe ich mich ohne Heuchelei noch Zurückhaltung.» In der hochbedeutenden Unterredung mit dem Imperator vom 20. November 1806 fand der für alles Geniale hellsichtige Historiker nur bestätigt, was er erwartet hatte. Dass Napoleon ihn so ernst nahm, über wichtige Geschichtsentwicklungen gleich dachte wie er und ihn einen tiefen Blick in seine Gedankenwelt tun liess, gewann den leicht beeindruckbaren Gesprächspartner vollends. Seine antike Heldenverehrung fand hier ein lebendes, monumentales Objekt.

Müllers Akademierede vom 29. Januar 1807 *De la gloire de Frédéric* wurde in Deutschland, besonders wegen ihrer Schlusssätze, die man als eine allzutiefe Reverenz vor Napoleon betrachtete, heftig angegriffen. Da übersetzte sie Goethe unter anderem auch deshalb, um das Vorurteil, als enthalte sie eine tadelnswerte Gesinnung, zu beseitigen. In einer ostentativen Besprechung schrieb er: Müller «hat in einer bedenklichen Lage trefflich gesprochen... Nicht allein, was er gesagt hat, sondern auch wie es gesagt ist, verdient ungeteilten Beifall». Dass Müller ferner den Rheinbund als eine geistig-politische Notlösung, als Stütze des Corpus germanicum universalen Charakters begriff und sich von dieser Conföderation aus Napoleons Gnaden eine Wiederbelebung ganz Deutschlands versprach, trug ihm weitere Kränkungen ein. Aber sogar Fichte, der Verfasser der «Reden an die deutsche Nation», betrachtete die gegen Müller erhobenen Vorwürfe als «Unrecht, das man der herrlichen Gesinnung des Mannes» zugefügt habe. Müller benützte seine guten Beziehungen zum vielvermögenden französischen Minister Maret, um ein eindringliches, warmes Wort für die Schweiz einzulegen: Man solle ihr ja keinen Herrn geben.

Er hatte gehofft, Verwendung in Paris zu finden, als napoleonischer Historiograph, jedoch vergeblich. Da bot ihm der König von Württemberg einen Lehrstuhl der Geschichte an der Universität Tübingen an; Müller sagte zu, bat in Preussen um Entlassung, die man ihm nur ungern gewährte. Auf der Reise nach Tübingen wurde er vom Kurier Napoleons erreicht, der ihn nach Fontainebleau berief, zugleich mit der Ernennung zum Minister des neuen Königreiches Westfalen. Müller nahm nach kurzem, heftigem Widerstreit fast verzweifelt an – «que ne puis-je rester historien!» – und begab sich in die neue Hauptstadt Kassel, wo er nun zum zweiten Mal weilte. Bald fiel ihn bitterste Reue an. Es war sein Schicksal, dass er, den Tod im Herzen, zu den höchsten Stellen emporstieg. König Jérôme war jung, leichtfertig, für den Thron unvorbereitet, der Hof ausschweifend, die Verwaltung drückend, quälerisch, das Land von gewissenlosen Günstlingen, von emporgekommenen Abenteurern ausgebeutet. Müller hatte als Staatssekretär alle Erlasse auszufertigen. Schon nach neun Tagen reichte er seine Entlassung ein, worauf er zum Generaldirektor des Unterrichts ernannt wurde; er blieb.

Als Unterrichtsdirektor hatte er fünf Universitäten vorzustehen, ungefähr hundert Gymnasien und dreitausend Schulen. Die Last der Geschäfte drückte unmässig auf ihn. Er fand bald keine Möglichkeit mehr zu wissenschaftlicher Arbeit. Immer musste er die deutschen Universitäten gegen die Franzosen verteidigen, die das Stiftungsgut angriffen, um daraus den rohen Prunk des Napoleoniden zu bestreiten. Es gelang Müller in heroischer Abwehr, Marburg, Halle und Göttingen, sein Göttingen, zu retten. Das gebildete Deutschland erkannte seine Leistung und blieb ihm dafür dankbar. Von den Franzosen aber erfuhr er Kränkung und ungnädige Behandlung durch den König. Jérôme sagte ihm im Angesicht des Hofes: «Ich will keine Gelehrten mehr, Halle soll verbrannt, die Universitätsstädte sollen zerstört werden. Ich will nur Soldaten und Dummköpfe.» Noch am gleichen Tag reichte Müller in bündigen und würdigen Worten seine Demission ein. Man suchte ihn zu beruhigen und umzustimmen, umsonst. Noch mehr frass ihm am Herzen, dass man ihn in Deutschland verkannte. Ein Augenzeuge, der ihn bei einem Hoffest in goldbetresstem Galakleid sah, schreibt: «Es lag der schwere Gram über den Verfall des Menschengeschlechts auf seinem Gesicht.»

Bei aller Geschäftsüberhäufung war Müller noch wissenschaftlich tätig gewesen. Er gab Herders Werke heraus und vollendete den *fünften Band der Schweizergeschichte*, der bis 1493 reicht. Noch einmal schien sich ihm ein ehrenvoller Ausweg aus seiner verfahrenen Lebenssituation zu bieten: Einflussreiche Freunde wollten auf der Sommertagsatzung von 1809 den Antrag einbringen, Müller sei ein Gehalt zuzusprechen, damit er in der Heimat die Schweizergeschichte vollenden könne. Es sollte nicht sein. Durch Gram und Anstrengung vor der Zeit verzehrt, schied Müller am 29. Mai 1809 aus dem Leben, das ihm zur Last geworden war. Die Beisetzung fand zu Kassel statt. Jakob Grimm schrieb: «Er sah an die Siebenzig aus. Er ist wie unter Heiden gestorben; ein anderer Ort wäre der vielen Jahre würdiger, da er so fleissig und herzlich gearbeitet. Heute von zehn bis halb zwölf war der Leichenzug. Am Grabe weinten seine drei Bedienten laute Tränen.» Auf der Tagsatzung gedachte Landammann d'Affry des grossen Verlustes. Müllers Testament brachte den ergreifenden Abschiedsbrief an das Heimatland, das ihm doch am meisten gewesen. Er deutete an, die Tagsatzung möchte für die Vollendung der Schweizergeschichte Sorge tragen.

Müller als Geschichtsschreiber

Geschichtsauffassung: Um Müller richtig zu verstehen und einzureihen, muss man seine Voraussetzungen, die historiographische Entwicklung des 18. Jahrhunderts, durchgehen. In der ersten Jahrhunderthälfte herrschte einseitige Aufklärung vor. Der Geschichtsverlauf wurde rationalistisch erfasst, aus den berechneten, vernünftigen Handlungen der Individuen erklärt – eine gewaltsame Vereinfachung, mit der man dem Geschichtlichen leicht beizukommen vermeinte. Man behandelte Geschichte wie eine exakte Wissenschaft, wie Mathematik, wie Logik, die strenge Kausalität sind. Wo die kausale Erklärung aus den Individuen nicht ausreichte, behalf man sich mit Surrogaten, unter anderem mit der Katastrophentheorie; das heisst, man erklärte zum Beispiel plötzlich auftretende geistige Strömungen, epidemische Gemütszustände aus gewaltigen Erschütterungen: so den Humanismus aus der Eroberung Konstantinopels durch die Türken und der Flucht der griechischen Gelehrten. Einer solchen mechanischen Auflösung des Volksganzen in Individuen entsprach natürlich die Vertragstheorie zur Erklärung des Staates. Die geschichtliche Bewegung wurde teleologisch gedeutet; es wurde ihr ein leicht erkennbarer Zweck, der Fortschritt, untergelegt. Das ist der sogenannte Pragmatismus reiner Prägung. Man wollte den Fortschritt gegen früher feststellen, die Verknüpfung zu einem sinngemässen Ganzen. Vorher war die Einheit nur gegeben durch die Chronologie oder den Ort oder die Religion. Dem Nützlichkeitsstreben des Zeitalters entsprechend hatte der Pragmatismus eine lehrhafte Seite; er wollte «nützliche Wahrheiten», Vernunftregeln ausfinden und einprägen, auf dass der Mensch sein Verhalten danach richte. Denn die Aufklärer waren von der Gesetzmässigkeit des geschichtlichen Ablaufs überzeugt. Diesem Pragmatismus sieht man die Herkunft von den Naturwissenschaften an. Er beruht auf ungenügender Kenntnis des Menschen und völliger Verkennung der Menschenverbindungen, der Familie, der Gesellschaft, des Volkes; er ist blass international.

Einen Schritt nach vorwärts tat die Erkenntnis mit Voltaire und Montesquieu. Sie arbeiteten zwar in der Hauptsache auch mit der individualistisch-mechanischen Kausalität, aber sie kamen doch darüber hinaus, indem sie neue Ursachen des Geschehens, wie Bodengestalt, Klima, Volksgeist, Geist der Zeit einführten, ohne freilich den letzteren Begriffen auf den Grund zu gehen; sonst hätten sie den reinen Pragmatismus überwunden.

Den Weg für die neue Auffassung in der zweiten Hälfte des Jahrhunderts eröffnete Herder. Er entdeckte das Besondere am Menschen, seine «eingebohrene genetische Lebenskraft»; er fand diesen «inneren Genius» auch beim Volk, das ebenfalls eine Individualität hat, der man nicht mit allgemeinen Gesetzen beikommen kann. Herder machte das deutlich mit den «Stimmen der Völker in Liedern». Der Mensch ist für ihn nicht eine bloss rationale Nummer, das Volk nicht ein beliebiger Haufe, dessen Abbild sich zu Dutzenden auf der Erde wiederholt. Herder verkündet die Persönlichkeit des Einzelnen wie des Volkes. Damit war der Damm gebrochen, und nun flutete der Gedankenstrom herein, der die ältere Aufklärung hinwegspülte; es begann ein Zeitalter menschlicher und völkischer Entdeckungen. Der Mensch wurde in grossen Teilen nicht von der Vernunft erfasst, sondern irrational, triebhaft; sein Dasein erklärte man bedingt durch das unsichtbare und unbewusste Gemeinschaftsband, die Familie, die Gemeinde, das Volk, die Rasse, die Umwelt. Die Einsicht in die nationale Bedingtheit des Geschehens, in die Wucht und Tragweite des Volksmässigen, in Tradition und Sitte, dämmerte auf. Anstelle des ruckweisen Fortschrittes durch Erschütterung, durch Katastrophe, trat die stille Entwicklung, das langsame Wachstum nach eingeborenen Anlagen, nach naturhaften Kräften: «Volksseele» gegen Rationalismus. Nun verdrängte das Organische das Mechanische: der Staat ist nicht mehr das flache Gebilde, das mit dem Vertrag beliebig erzeugt werden kann, sondern er ist etwas Eigenwüchsiges, organisch Gewordenes, «die Gesamtkraft, die accumulierte Kraft vieler aufeinander folgenden Geschlechter», das Ganze des Lebens. Die Gesamtheit der Erscheinungen muss zur Erklärung herbeigezogen werden, soweit man erklären kann. Es gibt keine Gesetzmässigkeiten des Geschehens, nur der historischen Methode. Man sucht nicht nach Nützlichkeitsregeln, sondern bewundert das Vergangene. Vernunft allein reicht zum Begreifen nicht aus; Ahnung, Seherblick, Intuition müssen bei der Forschung das Ihre tun. Das ist Romantik. Wie die Romantik dann das Bewusstsein in Recht, Religion, Geschichte, Politik rückwärts wandte, das heisst in Reaktion auslief, gehört schon dem 19. Jahrhundert an. Jedenfalls wurden so die Pragmatik, der internationale Normalmensch, das Weltbürgertum überwunden. Das alles sei hier gesagt im Bewusstsein, dass die Aufklärung kein Intermezzo war, sondern die dauernde kritische Unterlage des modernen Forschens bildet.

Die Schweizer Geschichtsschreiber lehnten meist den reinen Pragmatismus ab, weniger aus thematischer Erwägung als unwillkürlich aus besserer Kenntnis der Wirklichkeit. Wie es der Schweizerart entsprach, entnahmen sie zwar dem Pragmatismus die Lehrhaftigkeit, teilten mit der Aufklärung die Abneigung gegen das Mittelalter, die Alemannen; aber sie motivierten nicht aus dem vernünftigen Normalmenschen, sondern aus dem Volksganzen, aus Sitten und Zuständen; meist schrieben sie als Sittenprediger. Auch dass sie das besondere Glück der Schweiz priesen, verstiess eigentlich gegen die weltbürgerliche Gleichmachung der Aufgeklärten, ebenso die behagliche Freude am Erreichten; das war nicht rational-fortschrittlich. Die schärfsten Rationalisten in der schweizerischen Geschichtsschreibung waren wohl Bodmer und Ochs. Bodmer aus Überzeugung und dem Bedürfnis verärgerten Dreinredens; er schrieb im Alter Geschichte für die Kinder. Ochsens Vorrede zur Basler Geschichte ist ein rationalistisches Bekenntnis; darin verurteilt er die magi-

Die Geschichten der Schweizer.

Durch Johannes Müller.

Sei mila Elvezii, audace & fera plebe,
Da gli Alpini castelli avea raccolto;
Chi 'l ferro, uso à far solchi, à franger glebe,
In nuove forme & in più degne opre ha volto;
E con la man, che guardò rozzi armenti,
Par', ch' i Regi sfidar nulla paventi.
T. Tasso.

Das erste Buch.

Boston,
bey der neuen typographischen Gesellschaft.
1780.

Tafel 46. Erstausgabe von Johannes von Müllers Schweizergeschichte, 1778.

schen Namen Blutsgenossen, Schulgenossen, Zunftgenossen. Bei der Intensität seiner Forschung aber konnte er den rationalistischen Gedankenzug nicht beibehalten. Auch Cornuaud wäre nach seiner geistigen Herkunft Rationalist gewesen; indessen schreibt er aus einer wirklichkeitsgesättigten Erfahrung, aus der das besonders Generische, das Lokalkolorit wundervoll hervorbricht.

Wie ist Müller in die Grundformen und Grundgedanken der beiden Richtungen einzureihen? Er fällt in eine Übergangsepoche. Solche Zeiten stellen zwar hohe Anforderungen an den Charakter, tragen aber eine wahrhaft schöpferische Fruchtbarkeit des Geistigen in sich. Für Müller handelte es sich darum, das Human-Allgemeine der ersten Periode mit dem Konkret-Individuellen der zweiten zu verbinden. Was gab ihm die Zeit, und was brachte er als Uranlage mit? Dies ist schwer zu bestimmen, weil sein geistiger Umriss so verschwimmend, seine Ideenwelt so durcheinanderwogend erscheint.

Durchgeht man Müllers Bildungsstufen, so ersieht man, wie er im Elternhause die Orthodoxie aufnahm und im Unterricht unvermittelt daneben den Rationalismus; einen tiefen Eindruck machte ihm auch die Antike, Plutarch vor allem. Damals war er nicht Aufklärer. Noch 1770 wetterte er gegen den «alten Sünder» in Ferney und den «Lästerer» Rousseau. In Göttingen wandte er sich vom Christentum ab, weil die Kirchenväter die plutarchischen Helden, von denen er hingerissen war, in die Hölle verdammten, und eröffnete sich nun der Aufklärung. Tiefer und dauerhafter aber beeindruckte ihn der Sturm und Drang. Er kannte Bürger und Heinse, ebenso Herder aus seinen Werken und persönlich. Er erlebte den Durchbruch des Gefühls, war davon tief ergriffen, in seinem Ehrgeiz, einer seiner stärksten Triebfedern, getroffen. Wie der junge Schiller, deutete er die plutarchischen Helden als Kerle um. Das Leben ist Tat: «Unsterblich zu sein, darnach brannte ich von Jugend auf. Nur zwei Wege waren: schreibwürdige Thaten oder thatenerregende Schriften.» Wie es der Sturm und Drang mit sich brachte, wogte in Müller neben dem Kraftmenschentum die Gefühlsseligkeit, die in seiner hemmungslosen Impressibilität und Weichheit eine wohlvorbereitete Stätte fand. Er lebte zeitlebens sehr stark mit dem Herzen.

In Genf begann sein Abfall von Rousseau und Voltaire; von der Freigeisterei suchte er den Rückweg zum Christentum. Montesquieu blieb ihm zeitlebens teuer, und er nahm nie Anstand, sich zu ihm zu bekennen. Den Kult der Antike steigerte er womöglich noch. So erklärte er seine Vorliebe für Bern damit, dass diese Aristokratie den antiken Geist bewahrt habe. Die Superiorität der Engländer über alle anderen Völker rühre von ihren gründlich betriebenen Studien des Altertums her, beruhe auf ihrer besseren humanistischen Bildung. In Kassel erfolgte Müllers völlige und dauerhafte Rückkehr zum Christentum. Die anhebende Romantik wirkte nicht auf ihn, sondern umgekehrt, er auf sie, wie aus der Verehrung der jungen Romantiker für ihn hervorgeht. Unberührt blieb er von Kant und dem reifen Klassizismus Schillers und Goethes, nicht deshalb, weil er erst in sein Mannesalter fiel, sondern weil er seinen Grundanlagen widerstrebte.

Was brachte Müller als Grundanlagen von Natur mit? Seine äusserst feine Organisation, seine Wehrlosigkeit gegen Einflüsse, seine Gefühlswärme und Empfindungsweite, die zunächst als Freundschaftsdrang sich äusserte, aber bei Müllers Zug zum Monumentalen sich rasch zur Vaterlandsliebe steigerte; seine grenzenlose Herzensgüte, aus der seine Liebe für das kleine Volk, sein Sinn für Recht und Gerechtigkeit herflossen; seinen Ehrgeiz und seine Eitelkeit, die ihn zu Taten stachelten; sein lebhaftes Temperament, das er den Dingen entgegenbrachte, mit dem er sein Objekt behandelt: «Wie ward Helvetien? Wie ward ... die Höhle der Auerochsen und Rennthiere zum Sitz einer dauernden Republik, zur Wohnung der Zwingli, der Gessner und Haller?» Während Ranke zeigen wollte, wie es eigentlich gewesen, möchte Müller wissen, wie es kam. In Jacob Burckhardts Betrachtungen spricht ein Beobachter mit tragischer Grundstimmung. Müllers Darstellung sucht nicht das Statische, sondern das Dynamische; sie ist nicht quietistisch, sondern energisch gerichtet.

Was ist nun Müller von all den widerstrebenden Einflüssen geblieben? Wenn man dies feststellen will, von der unbewussten Spur bis zur bewussten Überzeugung, so lässt sich erkennen, dass er die Gegensätze in sich nicht auszugleichen und zur geschlossenen Weltanschauung zu bereinigen vermochte. In Hauptfragen klaffen Widersprüche aus der gleichen Zeit. Man kann deshalb seine Auffassungen nicht klar umreissen, wohl aber seinen Geisteszug verfolgen. Von der älteren Aufklärung übernahm er die Lehrhaftigkeit und den Optimismus, bisweilen auch den Pragmatismus. Im «Fürstenbund» motiviert er stellenweise nur aus den Personen, ihren offen und geheimen Absichten; in der Schweizergeschichte schildert er Rudolf von Habsburg als einen Mann von grossem Verstand, der darum auch meist ein guter Mann gewesen sei. Im ganzen aber lehnt er die streng kausale Pragmatik, ihre Gesetzmässigkeit ab. Er nimmt es mit der Begründung überhaupt nicht streng, namentlich nicht in den ersten Bänden der Schweizergeschichte. Hier motiviert er aus dem ganzen Menschen, aus dem Volk, aus seiner Umwelt. Dies hat er von Montesquieu, dem er stets verbunden bleibt, mit dem er Lieblingsgedanken teilt: das urkundliche Recht, den Abscheu gegen den Despotismus, gegen Luxus, Verfeinerung, Handel. Für Voltaire hat er schliesslich überhaupt nichts mehr übrig. Und auch Rousseau sagt er in wichtigen Punkten ab. Er ist niemals der rousseauische Freiheitspathetiker, zu dem man ihn erklärt hat. Seine Begeisterung für die Schweizerfreiheit stammt nicht aus Rousseau, dessen Gleichheit liegt ihm fern. Bloss stilistisch hat Rousseau bei ihm eine bleibende Spur hinterlassen.

Dagegen wurde Müller entscheidend durch Herder beeinflusst. Gegen das Weltbürgertum der Aufklärer spielte dieser das Volk aus. Müller griff es begierig auf, ging viel weiter, liess sich auch von Justus Möser leiten. So gelangte er dazu, jedem Volk eine besondere unzerstörbare Individualität beizulegen. Er spricht als erster schweizerdeutscher Historiker durchgehend wie selbstverständlich von Volk, Nation, Nationalgeist, -charakter, -erziehung, dies alles auf die Gesamtschweiz bezogen, weil er sie als einheitliche Kulturnation auffasst. Diese Begriffe waren vorher nie geprägt. Damit erschliesst er ein neues Gesichtsfeld, wennschon ihm abgerundete Kulturbilder noch nicht recht gelingen und er als Kulturhistoriker die Neigung der Aufklärer teilt, Tadel auszuteilen und zu polemisieren. Aber stets liegt er im Anstand auf Zeichen und Äusserungen des besonderen Volkstums, in Chroniken und auf Reisen, in Sagen, Liedern, Sprichwörtern, Bräuchen, Redewendungen, Festen, selbst in Wundern. Sein Lieblingsausdruck lautet «Geist und Leben». Unter Umständen lässt er Wunder gelten, wird überhaupt immer sagengläubiger. Von der Tellengeschichte erwähnt er in der Ausgabe von 1780 nur die Szene mit dem Hut, in der Edition von 1786 die Verhaftung Tells und 1806 sogar den Apfelschuss. Als erster erlöst er das Mittelalter vom Verruf und lässt es in seiner bunten Farbigkeit erstehen. Damit erweckte er die Begeisterung der Romantiker.

Für Müller brauchte sich Kulturvolk nicht mit Staat zu decken. Über die Auffassung vom Staat bestanden damals allgemein zwei Theorien: Einmal die Entstehung aus berechnetem Willensakt nach vernünftiger Zweckmässigkeit; es war die Vertragstheorie der Aufklärer, eines Hobbes, Locke, Rousseau; dieser letztere nannte den Staat eine klug erfundene Maschine. Und sodann gab es die historische Erklärung: Der Staat sei allmählich geworden aus natürlichen Bedingungen und Machtverhältnissen, in pflanzenartigem Wachstum, sei ein lebendiger Organismus. Müller schwankte zuerst in seiner Auffassung, wobei man bei Unstimmigkeit stets seinen guten Glauben annehmen muss. Im «Fürstenbund» klingt es noch, als ob er der Vertragstheorie zuneige. In der Vorrede zur Schweizergeschichte dagegen lehnt er den Contrat social glatt ab. Seine Betrachtungsweise des Staates wurde schliesslich die historisch-organische. Verfassungen erschienen ihm als Werk der Verhältnisse und Umstände. Keine Staatsform hielt er für absolut gültig. Wohl aber neigte er dazu, für kleine Staaten die Demokratie als angemessen zu erachten, für mittlere Staaten die Aristokratie und für grosse die Monarchie. Ihm stand am nächsten eine bewegungs- und verjüngungsfähige Aristokratie. Die Einheit der Schweiz sah er aber im Innermenschlichen, im Bewusstsein, nicht in der Staatsform. Darum tröstete er nach dem Umsturz von 1798 seine schweizerischen Landsleute: Niemand könne einem Volk Denkart und Lebensweise nehmen: «Was ist unvertilgbar? Was, eingegraben in den Geist, sich fortpflanzt von Geschlecht zu Geschlecht.» Hier anerkennt und würdigt Müller den «Nationalcharakter».

Damit verhilft er auch dem Organischen zu seinem Recht. Einen Idealstaat, politische Metaphysik und starre politische Begriffe gibt es für ihn nicht. Ihm gilt die Lebensfülle, der Tatendrang, die Machtbehauptung. Macht und Glück scheinen ihm synonym zu sein: «Edelster Lebensgenuss ist das Kraftgefühl.» Daher wohl fliesst seine Zivilistenliebe für Militär und Krieg, die sich mit seiner von Herder übernommenen Humanitäts-

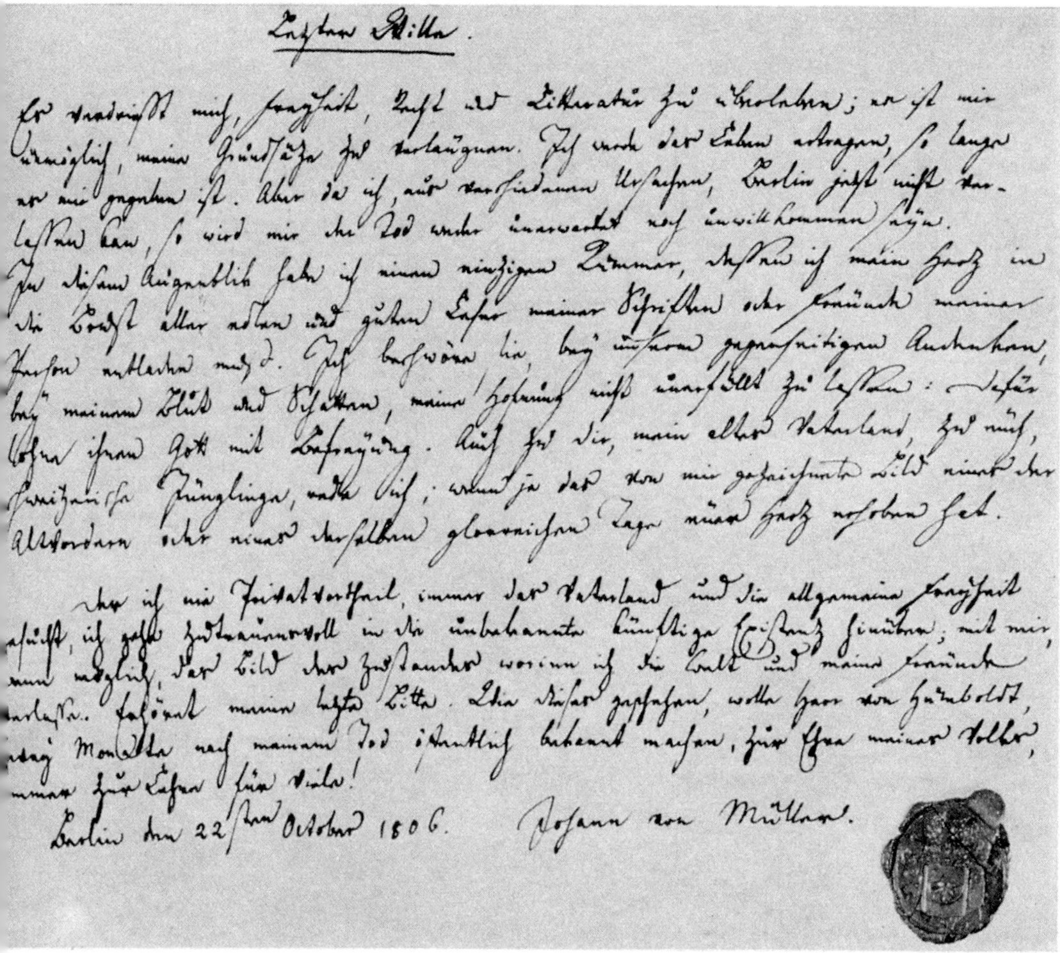

Letzter Wille.

Er verbietet mir, Freyheit, Licht und Litteratur zu unterdrücken; er ist mir unmöglich, meine Grundsätze zu verläugnen. Ich werde das Leben ertragen, so lange er mir gegeben ist. Aber da ich, aus verschiedenen Ursachen, Berlin jetzt nicht verlassen kann, so wird mir der Tod weder unerwartet noch unwillkommen seyn.

In diesem Augenblick habe ich einen einzigen Kummer, daß ich mein Herz in die Brust aller edlen und guten Leser meiner Schriften oder Freunde meiner Person entladen muß. Ich beschwöre sie, bey unserem gegenseitigen Andenken, bey meinem Blut und Schatten, meine Hofnung nicht unerfüllt zu lassen: dafür lohne ihnen Gott mit Befriedigung. Auch für dir, mein alter Vaterland, für euch, schweizerische Jünglinge, rede ich; wenn je das von mir gezeichnete Bild eines der Altvordern oder eines derselben glorreichen Tage euer Herz erhoben hat.

Der ich nie Privatvortheil, immer das Vaterland und die allgemeine Freyheit gesucht, ich gehe zutrauensvoll in die unbekannte künftige Existenz hinüber; mit mir nun möglich, das Bild des Zustandes worinn ich die Welt und meine Freunde verlasse. Erfüllt meine letzte Bitte. Ehe dieses geschehen, wolle Herr von Humboldt, einige Monate nach meinem Tod öffentlich bekannt machen, zur Ehre meiner Volkes, meiner für Leser für viele!

Berlin den 22sten October 1806. Johann von Müller.

Tafel 47. Testament Johannes von Müllers, 22. Oktober 1806.

idee kaum vertrug. Das alles ist Sturm und Drang, Renaissance, Antike. Dieses Jugendbrausen hat er nie ganz überwunden. Darum war ihm das edle Mass der Klassiker unerreichbar, ja unwillkommen.

Machiavelli wohl half mit, ihn zur Anerkennung alles Gegebenen, zum historischen Realismus hinzuführen; von ihm übernahm er auch den Begriff der «virtù». Diese entsteht nur aus dem Wettbewerb unter den Staaten, nötigt zur Anstrengung. Sie vertreibt das Stillesitzen, den Schlummer, den Müller hasst; sie weckt das Leben; er selber will ein Erwecker sein, nicht durch zu viel Gesetze, das erstickt den Volksgeist. Mit dieser Anschauung hängt auch sein Abscheu vor der Universalmonarchie zusammen. Das Wünschenswerte sieht er in einem Zusammenschluss mittlerer Staaten, sowohl für Europa wie für die Eidgenossenschaft: «Die Schweiz hatte alte Freiheit in hundert Verfassungen.» Darin kommt auch seine Freude am Bunten und Mannigfaltigen zum Ausdruck. Müller hat diesen Gedanken vor allem im «Fürstenbund» verherrlicht, der mit den Vorreden zur Schweizergeschichte sein politisches Programm enthält. So kommt er dazu, das Papsttum im Mittelalter, Gregor VII. zu würdigen wegen seines Kampfes gegen den Imperialismus. Es ist die Apologie der Gleichgewichtsidee. Müller liebt die Gleichheit nicht, wittert dahinter Tyrannei. Er möchte das Volk ständisch gegliedert; denn die Stände bilden ein Gegengewicht gegen Fürstengewalt.

Wohl das stärkste Erlebnis erfuhr Müller in der Religion. Plato leitete ihn wieder zum Christentum zurück. Diese Wendung zum Religiösen brachte ihm das Wunder des Geistes nahe, d.h. die Gewissheit der ideellen Kräfte in der Menschheitsgeschichte. Er hatte ein lebhaftes Gefühl für die Vorsehung, für die Wege Gottes in der Geschichte. Die Religion nannte er die grosse Mutter der Gesellschaft; auf kein Volk passe die Bibel so gut wie auf die Schweiz. Die natürlichen Rechte deutete er ins Neutestamentliche um. Und doch erschloss sich ihm wohl kaum der letzte, reinste Begriff von der Religion; deshalb wurde er der Reformation auch nicht völlig gerecht. Die Erkenntnis der ideellen Kräfte brachte ihn zwar dem Schöpferischen, der Geschichte näher, verleitete ihn aber gelegentlich zur Überschätzung des Zeitgeistes.

In der «Schweizergeschichte» ist sein Patriotismus wirksam, der die geistige Elite der Eidgenossenschaft schon in seiner Jugendzeit erfüllt und ihm den ersten Plan seines Lebenswerkes eingegeben hatte: den gefährdeten Nationalcharakter der Eidgenossen zu stärken und zu halten gegen die heranflutende Revolution durch die Rückkehr zu der Reinheit der alten Sitten und Staatsgrundsätze. Bei Müller erfährt der helvetische Patriotismus des 18. Jahrhunderts seine letzte Läuterung und Steigerung. Er verklärt ihm die alten Eidgenossen, die nach ihm nie urkundliches Recht verletzt haben. Bisweilen überhöht er die Ereignisse der Ortsgeschichte. Die ältere Geschichte erschliesst sich ihm allerdings auch deshalb nicht völlig, weil er nicht ins mittelalterliche Recht eindringt. So deutet er den Passus aus dem Bundesbrief von 1291 über die Talrichter auf Personalität des Rechts.

Bei der Gedrängtheit unserer Darstellung von Müllers Geschichtsauffassung kam vielleicht mehr Zusammenhang hinein, als die Wirklichkeit erlaubt. Jedenfalls darf man bei Müller kein System annehmen.

Methode: Er arbeitete mit Exzerpieren und Observieren. Observieren nannte er das Beobachten der Wirklichkeit, das Übertragen auf die Geschichte, exzerpieren das Anlegen einer Materialsammlung. Hier ging er über alles Dagewesene hinaus. Einen solchen Stoff hatte noch keiner zusammengetragen. Aber er behandelte ihn nicht kritisch; Tschudi nahm er unbesehen hin. Das geschah sowohl aus Unkraft als auch aus ästhetischem Bedürfnis. Er wollte nicht in seinem künstlerischen Verlangen nach Gestaltung und Abrundung durch kritische Ergebnisse Lücken reissen. Geschichte bedeutete ihm wie der Romantik in erster Linie Kunstwerk. Ein solches zu schaffen, war er allerdings begabt. Er hatte die Kraft der Einfühlung, die Fähigkeit, sich ins Fremdseelische zu versetzen. Diese Energie seines Denkens wurde noch übertroffen von der Intensität seines Fühlens. Der Verkehr mit dem Objekt erregte sein emotionales Denken. Seiner Abwendung von der Reflexion entsprach ein gesteigertes Anschauungsvermögen, das ihm Menschen und Dinge malerisch und plastisch vorführte. Wie Jacob Burckhardt ging er von der inneren Anschauung, nicht von Begriffen aus. Daher gelang ihm die bunte Farbigkeit des Mittelalters, die Schilderung des bewegten Lebens, das durch die Täler und Städte der alten Schweiz ging, der warme Lokalton. Die Verschmelzung von Poesie und Geschichte war ihm nicht unsympathisch; dagegen schloss er Philosophie aus. Er kannte die Gefahren der Phantasie und ist ihnen nicht entgangen: «In meiner Seele ist weit mehr dichterische Bildsamkeit als reines Begriffsordnen.» Was die Philosophie generalisiere, solle die Geschichte individualisieren, meinte er. Er erfand schöne Reden wie Thukydides und Tacitus.

Dem entsprach seine Arbeitsweise. Er ordnete das Material zu einem Abschnitt sehr umsichtig, prägte es sich ein, legte es dann beiseite und «komponierte» frei aus dem gewaltigen Gedächtnis. Ein Brouillon machte er nicht; wenn er den Stoff erlebt hatte, begann er mit der Niederschrift, auf die er alle Sorgfalt verwandte. Gegen die Tadler, die Müller gar aller Kritik unfähig wähnen, ist festzustellen: Seine ausserordentlich geschärfte Spürkraft führte ihn zur Erkenntnis der doppelten Beurteilung des Geschichtlichen.

Stil und Gestaltung: Wie Müller pflegte kein deutschschreibender Historiker die Form. Sie gab ihm viel mehr zu tun als die Kritik. Er schuf nach Vorbildern und aus Eigenem. Darum musste er seine Stunde haben, da der Geist über ihn kam. Den Satzbau entnahm er den Alten, insbesondere Tacitus. Als jung schon sagte er von sich: Tacitior Tacito. Hier fand er Kraft, Würde, Abstand zum Objekt, Gedrungenheit. Er nahm überhaupt das Gute, wo er es fand. An Rousseau bewunderte er die stürmende Gewalt, die Glut der Sprache: «Dieser Rousseau lehrt mich eine einzige, sehr grosse, nicht genug von mir bedachte Wahrheit – die grosse Wichtigkeit und Allmacht der Kunst zu reden. Hat er nicht das ganze denkende

Europa entzückt ... nur weil er die Sprache so allmächtig führt, wie Gott Jupiter seine Donner. So will ich denn dieses grossen Instrumentes mich auch bemächtigen. Von der Völkerwanderung bis auf Erasmus hat man gestammelt, von Erasmus bis auf Leibnitz geschrieben, von Leibnitz und Voltaire bisher räsoniert, so will denn ich – sprechen.» Aus den Chroniken und den Urkunden holte er das verschollene Wort, den Edelrost der Sprache, wie er überhaupt stets auf der Jagd nach dem seltenen Wort war, das zum Aufhorchen zwingt. Aus seinem Eigenen strömten Wärme, Schwung und Pathos. Selbst der Romantik entlehnte er die Stimmungsmittel. Dabei liess er sich nie gehen, sondern führte die Feder beherrscht und berechnend, im Gegensatz zu den Briefen, wo er sich gab, wie er war. Alle diese Stilmittel handhabte er mit der Eigengewalt des Künstlers, des Dichters, so dass er sich gegen den Vorwurf verwahren durfte, er sei ein Nachahmer. Er gab seinem Stoff Farbe, Sichtigkeit, Gehalt und Spannung, er teilte ihm seine Seele mit.

Im Aufbau ist Müller nicht überall gleich glücklich. Neben glänzenden Stellen finden sich vereinzelt auch Wüsteneien. Er verfällt bisweilen in blosse Annalistik; das Nebeneinander der Chroniken, die er benützte, ist nicht immer verschmolzen, seine Bilder sind nicht durchwegs geschlossen. Die kulturgeschichtlichen Abschnitte misslingen ihm zum Teil, weil hier die Kunst der Darstellung noch zu schaffen war. Er wollte eben mehr, als der damalige Stand der Geschichtsschreibung ihm erlaubte. Zu oft auch eilt die Energie seines Schaffens von der indirekten zur direkten Charakteristik. Bei allem aber geht er darauf aus, den sinnlichen Eindruck zu erzeugen. Darum erzielt er grossartige Wirkungen. Hervorragend sind seine Porträts, seine Schlachtenbilder, seine Schilderungen von der Ursprünglichkeit der Gebirgsvölker, deren Grossväterschlichtheit er schon im einfachen Satzbau erfasst.

So kann er vor allem das Mittelalter, das verrufene, wortkarge und doch von innerer Spannung strotzende, zum Sprechen bringen. Er gab dem Publikum zuerst wieder zwar nicht ein genaues, wohl aber ein liebevolles Bild dieser Zeit. Rittertum, Kirche, Chroniken erhielten neuen Wert; daher die Begeisterung der Romantiker. Es tritt noch hinzu, dass er bis in die Lokalgeschichte Welthistoriker der grossen Linie bleibt, dass er jeden Gegenstand mit seiner eigentümlichen Herzenswärme erfasst und aufquellen lässt. So ist er bei allem Irrtum doch stets der Ausserordentliche mit dem eigentümlichen Zug von Grösse, der auf dem Gegenpol des platten Alltags steht.

Was das Lesen Müllers trotz aller schönen Stellen nicht zum reinen Genuss werden lässt, ist seine bekannte Dunkelheit, das Allzutaciteische. Selbst Bonstetten klagte darüber: Müller solle Entwürfe schreiben und das leidige Kopfmeditieren weglassen. Da in Müllers Kopf alles klar sei, fühle er nicht, wann der Ausdruck ihm dunkel gerate. Schon zu seinen Lebzeiten wurde er mehr gelobt als gelesen. Von der nächsten Generation bezeugte Ranke, Müller wirke mehr durch seine Briefe als durch seine Werke. Ein Volksbuch konnte seine Geschichte nicht werden. Jedoch den gebildeten Kreisen des In- und Auslandes gab er ein Neues: die Schweiz als eine Nation. Er hat zudem das erste durchgebildete Geschichtswerk in deutscher Sprache geschaffen. Sein Stil ist veraltet, nur Liebhabern geniessbar. Die Forschung ist über ihn hinweggegangen; der Mythos unserer Vergangenheit, den er zwar nicht ersonnen, aber doch gross und herrlich umgeschaffen hat, ist den Akten gewichen.

Aber von Müllers Werk hat die volkstümliche Geschichtsschreibung der Schweiz im 19. Jahrhundert, über alle konfessionellen und parteipolitischen Schranken hinweg, ihren Ausgang genommen. Er erweist sich immer noch als lebenskräftig und wirkungsmächtig. Seine Schweizerhistorie ist selber Geschichte, Schicksal geworden. An ihr richtete sich der Schweizer auf, als sein Vaterland 1798 zusammenbrach; die berühmte Vorrede zum vierten Band von 1805 wurde der Trostspruch der Verzweifelnden. Noch mehr: Als nach dem Fall von 1798 Europa sich gleichgültig von der Schweiz abwenden wollte, da hat neben dem Widerstand der Urkantone Müllers Geschichtswerk Europa von der Lebenskraft, dem Einzigartigen, sonst Niegewesenen der Eidgenossenschaft, von der Notwendigkeit einer Schweiz überzeugt und zur Teilnahme und Wiederherstellung genötigt. Der Mythos der helvetischen Vergangenheit, den er aus dem Überlieferungsgewebe von verklärender Sage und nüchterner Chronik so unnachahmlich gestaltete, speiste die Freiheitsideologie in der Entstehungszeit des schweizerischen Bundesstaates und hat bis ins 20. Jahrhundert, bis in die Epoche äusserster Gefahr, seinen Volksgenossen immer wieder inneren Halt geboten.

Eine umfassende Johannes von Müller-*Bibliographie* bietet *Ernst Schellenberg* in Heft 29 der Schaffhauser Beiträge zur vaterländischen Geschichte, Thayngen 1952, S. 161 ff., und Nachtrag 1 in Heft 37, Thayngen 1960, S. 227 ff., so dass wir uns hier mit einer Auswahl aus der neueren Müller-Literatur begnügen.

Sämtliche Werke, hg. v. *Johann Georg Müller;* 27 Bde., Tübingen 1810–19. Unveränderter Abdruck in 40 Bänden, Stuttgart/Tübingen 1831–35. – *Schriften in Auswahl,* hg. v. *Edgar Bonjour,* 2., erw. Aufl., Basel 1955. – *Kleinere Schriften,* hg. v. Stadtrat von Schaffhausen und v. Historischen Verein des Kantons Schaffhausen, Schaffhausen 1954. – *Briefwechsel der Brüder J. Georg Müller und Johannes von Müller,* hg. v. *Eduard Haug;* Frauenfeld 1891. – *Johannes von Müller, Briefwechsel mit Johann Gottfried Herder und Caroline von Herder geb. Flachsland,* hg. v. *Karl Emil Hoffmann;* Schaffhausen 1952. – *Briefe in Auswahl,* hg. v. *Edgar Bonjour;* 2., erw. Aufl., Basel 1954.

KARL HENKING: Johannes von Müller; Bd. 1: 1752–1780, Bd. 2: 1780–1804, Stuttgart/Berlin 1909–28. – GONZAGUE DE REYNOLD: Histoire littéraire de la Suisse au 18e siècle 2; Lausanne 1912, S. 760 ff. – ARNOLD JAGGI: Über Johannes von Müllers Geschichtsauffassung; Bern 1922. – FRIEDRICH GUNDOLF: Johannes von Müllers Schweizergeschichte als deutsches Sprachdenkmal, in: Die Schweiz im deutschen Geistesleben 13; Leipzig 1923. – WERNER KIRCHNER: Studien zu einer Darstellung Johannes von Müllers; Heppenheim a. d. B. 1927. – PAUL REQUADT: Johannes von Müller und der Frühhistorismus; München 1929. – PETER HERZOG: Johannes von Müller und die französische Literatur; Frauenfeld/Leipzig 1937. – WILLY STOKAR: Johannes von Müller. Sein Leben und Werk; Zürich 1938. – FRITZ ERNST: Johannes von Müller, Bruchstücke einer Rede; Essais 1, Zürich 1946, S. 136 ff. – WILLY ANDREAS: Johannes von Müller in Weimar; Schaffh. Beitr. vaterl. Gesch. 29, 1952, S. 34 ff. – PAUL REQUADT: Johannes von Müller, Aufgabe und Schicksal; Schaffh. Beitr. vaterl. Gesch. 29, 1952, S. 71 ff. – EDGAR BONJOUR: Studien zu Johannes von

Müller; Basel 1957. – François Jost: Jean de Muller et la Suisse Romande; Schweiz. Zeitschr. Gesch. 1957, S. 327ff. – Werner Rihm: Das Bildungserlebnis der Antike bei Johannes von Müller; Basl. Beitr. Geschichtswiss. 74, Basel/Stuttgart 1959. – Theodor Leuenberger: Johannes von Müller und das Christentum; Basl. Beitr. Geschichtswiss. 78, Basel/Stuttgart 1960. – Paul Stauffer: Die Idee des europäischen Gleichgewichts im politischen Denken Johannes von Müllers; Basl. Beitr. Geschichtswiss. 82, Basel/Stuttgart 1960. – Edgar Bonjour: Johannes von Müller und Alexander von Humboldt, in: Die Schweiz und Europa 2; Basel/Stuttgart 1961, S. 287ff. – Heinz Ryser: Johannes von Müller im Urteil seiner Zeit; Basl. Beitr. Geschichtswiss. 94, Basel/Stuttgart 1964. – Kurt Wehrle: Die geistige Entwicklung Johannes von Müllers; Basl. Beitr. Geschichtswiss. 98, Basel/Stuttgart 1965. – Karl Schib: Johannes von Müller; Thayngen/Schaffhausen 1967. – Thomas Grütter: Johannes von Müllers Begegnung mit England. Ein Beitrag zur Geschichte der Anglophilie im späten 18. Jahrhundert; Basl. Beitr. Geschichtswiss. 109, Basel/Stuttgart 1967. – Peter Maurer: Die Beurteilung Johannes von Müllers in der Schweiz während der ersten Hälfte des 19. Jahrhunderts; Basl. Beitr. Geschichtswiss. 129, Basel/Stuttgart 1973. – Edgar Bonjour: Mülleriana; Die Schweiz und Europa 3, Basel 1973, S. 259ff.; 4, Basel 1976, S. 295ff.; 5, Basel 1977, S. 315ff.

V.
NEUZEIT
19. und 20. Jahrhundert

EINLEITUNG

Johannes von Müller war aus ruhigen Zuständen aufgegangen, die sein Wachstum behüteten. Das 19. Jahrhundert empfing seine Nachfolger härter. Die Helvetik zerschnitt ihre Jugend und verschlechterte die seelischen Bedingungen. Wie sie sich auch zu den revolutionären Theorien stellten, quälend und unauslöschlich blieb die Erinnerung an die fremde Gewaltherrschaft, durch die das Vaterland vor sich selbst, vor seiner Vergangenheit und vor Europa erniedrigt wurde. Und es war der Schweiz nicht vergönnt, selbst das zerstörte Gleichgewicht herzustellen. Nach fünfzehn Jahren des Druckes, der Abhängigkeit von Napoleon gewann die Schweiz ihre Befreiung nicht wie andere Völker durch erhebende Tat, sondern 1815 vom Wohlwollen der Siegermächte, die ihr die Selbständigkeit und die alten Grenzen zurückgaben. Nicht dem eigenen Aufschwung, sondern dem restaurierten Europa verdankte sie ihre Gegenwart und Zukunft. Darum fiel ihren Historikern nicht die herzbewegende Aufgabe zu, die Kraft des empörten Volkes an den Leiden des geknechteten zu messen und zu schildern, sondern sie mussten sich mit dem flauen Trost abfinden, die Schweiz habe Glück und Gunst erfahren. Der alte nationale Glaube war geknickt, ein neuer musste sich bilden; die Frage war, ob die Macht der Vergangenheit oder die neuen Ideen ihn spendeten. Hier fiel der Geschichtsschreibung eine Pflicht zu.

Die Eidgenossenschaft wurde 1815 als Staatenbund der zweiundzwanzig Kantone auf aristokratischer Grundlage wiederhergestellt. Doch unter der stillen Oberfläche der Restauration ging der Geist der Neuerung um, nicht mehr als das fremde Ungetüm von 1798, sondern gewarnt und auf die Schweiz besonnen. Er verlangte in den Kantonen Volksherrschaft und unter den Kantonen engeren Zusammenschluss, den Bundesstaat. Der Einheitsstaat, den die Franzosen 1798 der Schweiz auferlegten, war mit der üblen Erinnerung behaftet, dass er wie die Sieger aus grösseren und rücksichtsloseren Machtverhältnissen stammte. Jedenfalls stand ein Kampf bevor, der politische und geistige Bewegungen an sich zog, ineinander verwirkte und den Geschichtsschreiber versuchte, wie er sich zur laufenden Politik stelle und sich mit den Gewinnen und Erfahrungen einer solchen Beziehung abfinde.

Das 18. Jahrhundert hatte die Verbindung zwischen Politik und Geschichtspflege gelassen genommen. Angesehene Geschichtsschreiber hatten hohe Ämter bekleidet und sich zwanglos in Staat und Wissenschaft zugleich glaubhaft gemacht. Die Revolution zerstörte diese Unbefangenheit und unterwarf die Verbindung einer Probe, die nicht günstig verlief. Der Zürcher Hans Heinrich Füssli verlor in der Helvetik die Achtung seiner Landsleute. Doch stärker als diese warnenden Beispiele war für die Historiker die schweizerische Gewöhnung zur Vaterlandsliebe, zur Teilnahme am Staat, zumal die Politik seit 1830 immer gebieterischer jede Begabung in ihren Dienst zog.

Überhaupt verschob sich das Verhältnis zur Öffentlichkeit. Diese wurde begehrlicher und selbstgerechter und verlangte als Tribut, was einst als freie Gabe der Begeisterung dargebracht worden war. Dabei lief der Anspruch mit, der Historiker solle der geltenden Tagesmeinung nachschreiben, während seine wahre Aufgabe nicht dem Tag verfallen ist und seine geheimsten Empfindungen und Gedanken sich erst am Überzeitlichen des Nationalgeistes entzünden. Ungleich dem Politiker muss er in mehreren Zeiten zu Hause sein. Hatte er früher dem Argwohn der Regierenden Rechnung getragen, so war ihm nun Behutsamkeit vor der öffentlichen Meinung geboten. Allerdings entstand dann doch eine Abart der Geschichtsschreibung, die der öffentlichen Meinung als Publizistik entgegenkam. Sie nimmt sogar einen breiten, ausgetretenen Platz ein, und es lässt sich aus zeitlicher Ferne nicht immer ermessen, auf welcher Stufe der Zweckhaftigkeit sie sich gerade bewegte. Dieser Gattung gegenüber erhielt die unabhängige Geschichtsschreibung die Aufgabe, nationales Gut, das jene verwüstet und zugeschüttet hatte, wiederherzustellen und zu bewahren. Wir überblicken heute, dass ihre Heilkraft grösser war als die Beschädigung.

Das Verhältnis der schweizerischen Geschichtsschreibung zum Staat lässt sich nie ganz von einer bestimmten Parteistellung aus erfassen. Historiker verschiedener Richtungen trafen sich in der Überzeugung, dass der Staat nicht für eine bestimmte Form da ist, sondern die Form für den Staat. Das hängt mit dem geringen theoretischen Bedürfnis des Schweizers zusammen, der nicht leicht das Sein dem Soll, die Wirklichkeit dem Begriff opfert. Der Widerstand gegen eine Stärkung der Bundesgewalt wurde nicht von einem wissenschaftlichen System, auch nicht vom Individualismus, sondern von der Liebe zur engeren Heimat, vom Föderalismus getragen. Es war von je schwierig, den vaterländischen Sinn der Schweizer auf einen Nenner zu bringen; davon gibt die Geschichtsschreibung mit ihren verschiedenen Lichtbrechungen eine Vorstellung.

Waren die persönlichen Schwierigkeiten gestiegen, so blieben sich die sachlichen zunächst gleich. Die dürftigen akademischen Verhältnisse boten keine Sicherheit für die fachmännische Schulung des Historikers. Die Akademien von Zürich, Bern, Lausanne und Genf bildeten Theologen aus und berücksichtigten nur beiläufig andere Wissenschaften. Die Universität von Basel, die einzige der Schweiz, war unter der Ungunst der Zeit ermattet und begann sich eben erst wieder zu beleben. Es fehlten Anregung und Anschluss, ohne die ein Talent verkümmern kann. Es bot keinen genügenden Ersatz, dass der Schweizer seine Schritte an auswärtige Universitäten lenkte. Die Historiker kamen zunächst aus der Theologie, die allein ein vollständiges akademisches Studium gewährte und auch ein Stück Geschichte in sich schloss. Der Fehlbetrag in der heimischen Bildung hemmte um so mehr, als das sichere Empfinden abhanden gekommen war. Wenn sonst Revolutionen den Geschichtssinn erfrischen, so traf das in der Schweiz nicht zu. Bei dem Gewaltsamen, das sie seit 1798 erlebt hatte, war das einheitliche Weltbild in Brüche gegangen, der Glaube an die sittliche Ordnung beschädigt. Es brauchte viel, bis man sich wieder fand. Die Unsicherheit kam bei dem einen als Ermattung, bei dem andern als Drang zu jäher Stellungnahme zum Vorschein.

Wenn auch Johannes von Müller mit gewaltiger Fülle des Quellenstoffes überrascht und Wege gewiesen hatte, so war doch das Rüstzeug der Forschung erst noch zu schaffen. Man musste fast von vorn anfangen. Noch lagen die wichtigsten Chroniken ungedruckt und zum Teil ungeordnet in Archiven und Bibliotheken; noch waren die Hauptakten nicht herausgegeben, die Depeschen der fremden Gesandten in den auswärtigen Archiven schwer erreichbar. Man reiste bei mangelhaften Postanschlüssen langsam und unbequem. Die Stoffsammlung allein verschlang Zeit und Geld. Zwar kam die Gegenwart mit einigen Erleichterungen entgegen. Die grössern kantonalen Archive waren einigermassen geordnet und standen dem Gelehrten offen. Auch hatte privater Fleiss vorgearbeitet. So war im 18. Jahrhundert in Zürich die unschätzbare Simlersche Sammlung, in Bern die Bibliothek von Mülinen, in Zug die Zurlaubensche Sammlung entstanden. Man ahnte, wie viel Verborgenes noch zu enthüllen war. Die Umstände drängten auf den Berufshistoriker, der, vom Zufall der persönlichen Lage befreit, sich ganz der Geschichte widmete. Er wurde als Gattung erst mit dem Ausbau der hohen Schulen möglich.

Wesentlich war es, dass ein Mittelpunkt geschaffen wurde, wo sich die Strebenden finden und stärken konnten. Schultheiss Niklaus Friedrich von Mülinen gründete 1811 in Bern mit einem kleinen Kreis von Gleichgesinnten die Schweizerische Geschichtforschende Gesellschaft. Damit wurde der Historiker der Vereinsamung entrissen. Es ergab sich ein Einverständnis, das, wenn auch nur von wenigen getragen, aus den verschiedenen Teilen des Landes antwortete. Seit 1812 erschien als Organ der Gesellschaft *Der schweizerische Geschichtforscher*, der den Zusammenhang und die Fortdauer der Studien herstellte. Nicht ohne Andacht nimmt man heute seine mit vaterländischer Hingabe, aber unbeholfen zusammengestellten Bände zur Hand.

So frei sich der Geschichtsschreiber fühlen mag, so erfährt er doch den Einfluss der Gemeinschaft, die ihn umschliesst. Das schweizerische Volkstum war nach Herkunft, Sprache und Glaubensbekenntnis nicht einheitlich; aber es gab eine schweizerische Art, vom Ausland scharf abgeschnitten und unterschieden durch die Freiheit, geringe Standesunterschiede, einfache Staatsverwaltung, geringe Steuern, billige Verteilung von Besitz, Selbstbewusstsein, durch schlichten Zuschnitt des Lebens, der persönlichen Ansprüche und der Gehorsamsbezeugung und durch genossenschaftliche Zusammengewöhnung über die Schranken der Kantone und der Konfessionen hinweg. Dieses gemeinsame Leben bildete zusammen mit der geschichtlichen Erinnerung trotz des lockern Staatenbundes einen starken nationalen Willen, der für seine Berechtigung keinen Grund brauchte. Das Volk verlangte vom Geschichtsschreiber nicht die Verdeutlichung seiner halbbewussten Art, sondern die Verherrlichung des grossen, aber ungeklärten Erbes, das die Vergangenheit hinterlassen hatte. Das bestimmte den Gegenstand und den Tonfall der Geschichtsschreibung, das erklärt auch ihre geringe Empfänglichkeit für die geistigen Strömungen des Auslandes. Selten findet sich bei ihr die geistige Spur der grossen historischen Richtungen jener Tage. Man scheute sich, das individuell Schweizerische in das Allgemeine einzureihen, aus Abneigung gegen die Konstruktion wie aus enggefasstem Heimatbewusstsein.

Gegen Hegel sträubte sich das meiste im schweizerischen Wesen: gegen seine Dialektik das schlichte Denken, gegen seine Staatsverklärung der hergebrachte Herzenszug, der sich viel mehr um das Schicksal des Volkes als des Staates bekümmerte, gegen seine Universalität das unverbrüchlich schweizerische Gesichtsfeld. Selbst wo eine innere Verwandtschaft vorlag, blieb der Schweizer spröde. Was die organologische Schule als Volksgeist entdeckte, war dem Schweizer altvertraut als Genossenschaft, und doch findet sich nicht, dass er bei jener bewusst und schulgerecht angeknüpft hätte. Die Romantik kam in der Schweiz ebenso wenig an, mit wie vielen Anklängen auch unsere Vergangenheit ihr entgegenzukommen schien. Gerade das spezifisch Romantische, die Mystik, das Wunder der blauen Blume, ging dem nüchternen Sinn des Schweizers nicht ein. Und dann traf die Romantik ihre Zeit nicht. Eben setzte nach der erzwungenen Pause der napoleonischen Kontinentalsperre die Industrialisierung der Schweiz mit erneutem Schwunge ein und erzeugte einen harten Arbeitswillen und eine Wirtschaftsgesinnung, die mit ihrem beschleunigten Rhythmus zu Leistungen auf allen Gebieten anregten, aber auch der Vergeistigung abhold waren, insbesondere mit der Romantik sich nicht vertrugen. Darum schlug diese als Lebensauffassung wie als Literatur bei uns nicht durch, sondern warf nur einen fernen Zauber in unser Land, der selten wie ein leichter Schimmer durch unsere Geschichtsschreibung geht. Als der naturrechtliche Rationalismus nach 1830 in der Politik Erfolge hatte, drang er auch in die Geschichtsschreibung ein, freilich nicht mit einem zwingenden Programm, sondern als Reflex einer Zeiterscheinung. Schon dass der Schweizer es liebte, die naturrechtliche Terminologie auf das Wort Freiheit zu vereinfachen, bekundet die Eifersucht, mit der er staatliche Neuerungen auf dieses teure Ahnenerbe bezog.

Aber der Schweizer konnte, wenn auch nicht weltanschaulich, so doch methodisch vom Ausland lernen. Auch hier nahm er die fremden Anregungen nur zögernd auf. Seit 1800 verdrängten die vergleichende Betrachtung und die historisch-genetische Methode die beschreibende und dogmatische aus den deutschen Geisteswissenschaften. Die Vergleichung sagte den schweizerischen Historikern nicht zu, weil für sie die Eidgenossenschaft nur sich selber gleich war. Erst nach Jahrzehnten sollte das genetische Verfahren Epoche machen.

Seit Müller war es Pflicht, möglichst viel aus unbekannten Quellen heranzuholen. Den Stoff behandelte man wie er beschreibend, individualisierend, moralisierend und mit entschiedenem ästhetischem Bestreben. Gegeben war Müllers Meisterwort: «Erhebet euch gegen die verdorbene Methode, den Geist auf Unkosten des Gemütes zu bilden.» Der Historiker ist oft von den Umständen abhängig, ob er sich der Darstellung oder der antiquarisch-kritischen Arbeit und der Erschliessung von Quellen zuwendet. Auch hier entschied Müllers Andenken. Er führte seine Schweizergeschichte nur bis 1489. Es wurde Ehrensache, sie in die Gegenwart fortzusetzen. Die nächsten Jahrzehnte gehörten vornehmlich der Synthese an. Auch hier galt es, Neuland zu gewinnen. Von den Kantonsgeschichten abgesehen, war die monographische Behandlung bisher wenig gepflegt worden. Der Versuch einer Geschichte der Handelschaft der Stadt und Landschaft Zürich 1763, vom Zürcher Johann Heinrich Schinz, mutet wie ein Vorläufer an, und die Biographie war wesentlich nur als geistlicher Nachruf bekannt. Die gedruckten und ungedruckten Leichenreden, die oft wertvolle autobiographische Elemente enthalten, sich aber selten zur literarischen Form der Autobiographie erheben, liegen zu hunderten in den kantonalen Archiven und Bibliotheken und sind eine Fundgrube der Personengeschichte.

ERSTE EPOCHE DER DARSTELLUNG

Fortsetzer Johannes von Müllers

Robert Glutz-Blotzheim 1786–1818
   Er berief sich selbst. Zu Solothurn aus patrizischem Geschlecht geboren, fiel in seine Jugend der Sturz der alten Eidgenossenschaft und des herrschenden Patriziates. Dieser gab seiner Verstandeshelle und dunklen Gemütsart eine gefährliche Nahrung und bestärkte eine herbe Eigenwilligkeit, die nicht Rücksicht kannte, wo es die höchsten Güter galt. An der Universität Landshut gewann ihn Professor Friedrich Breyer für die Schweizergeschichte. Eben erschien auch der vierte Band von Müllers Schweizergeschichte, der ihn überwältigte. Nach Solothurn zurückgekehrt, erfuhr er die Enttäuschung, die den hochstrebenden Geist leicht in engem, festgebanntem Kreis befällt. Er veröffentlichte geschichtliche Aufsätze in Zeitschriften, so 1813 eine *Topographisch-statistische Beschreibung des Cantons Solothurn* im Helvetischen Almanach. Nur der Wahrheit, den Quellen vertrauend, ging er über eingewurzelte Ansichten hinweg und kannte gegen den Leser keine Rücksicht, ausser der schönsten, durch die Kunst der Darstellung zu fesseln. Er wurde verkannt und verletzte sich an den spassigen Bemerkungen hochmögender Herren, die gegen das werdende Talent den Spiessbürger herauskehrten. Nach dem Fall der Mediationsordnung stürzte er sich 1814 in übereilte politische Abenteuer, die ihm keinen Tadel, auch den eigenen nicht, ersparten. Stets sein eigener Ausdruck, der Idee gehorchend, stiess er vollends mit einer Scharfäugigkeit an, die an jeder Richtung die Schwächen entdeckte und verurteilte. Er siedelte 1815 nach Zürich über und genoss hier im Verkehr mit den hellsten Köpfen, Paul Usteri, Johann Jakob Hottinger, die glücklichste Zeit seines unerquickten Lebens.
   Gleich nach Müllers Tod war Glutz der Gedanke gekommen, dessen Werk fortzusetzen. Er begann die Arbeit 1811 in Solothurn und schloss sie in Zürich in enger Beziehung zum reichen Archiv dieses alten Vororts ab. Seine *Geschichte der Eidgenossen* erschien 1816, die Jahre 1489–1516 umfassend. Während sie in der Schweiz fast peinlich überraschte, bereitete ihr die deutsche Kritik einen so günstigen Empfang, dass er nach Deutschland eilte, um dort ein Lehramt zu suchen. Plötzlich von Krankheit befallen, starb er 1818 in München mit zweiunddreissig Jahren.
   Obschon Glutz die Reife nicht erreichte, macht er in unserer Geschichtsschreibung Epoche. Herb und ohne Umschweife drängte er auf Erkenntnis; aber er fühlte, dass Erkenntnis noch nicht Wahrheit ist, sondern dass es der persönlichen Hingabe bedarf, um Erkenntnis in Wahrheit zu verwandeln. Diesem Idealismus opferte er die übernommenen lichten Ansichten vom alten Schweizertum, opferte er seinen ersten Lehrmeister Müller. Er durchschaute Müllers Sucht, die Dinge glücklich und erhebend eintreffen zu lassen. Er durchbrach die zeitgenössische Empfindungs-

schicht, um bei strengeren Vorbildern, Thukydides, Tacitus, in die Lehre zu gehen. Sie schärften seine Überzeugung, dass die Geschichte die Verrechnung unter den Zeiten vorzunehmen habe. Dazu war er vorzüglich, aber nicht vollkommen ausgestattet. Er hatte einen scharfen Sinn für Zahlen, für die Grössen und Mächte der Wirklichkeit, er hatte Sinn für das Dynamische; er erfuhr die Dynamik und trug ihren Schauer in sein Werk. Ihm mangelte aber das letzte Verständnis für das Menschliche, das er unbedingt nahm. Das lag an seiner Jugend wie an der behandelten Epoche. Er stellte die Zeit des Schwabenkrieges und der italienischen Feldzüge dar, da die Eidgenossen von ihrer alles niederwerfenden, fast spielenden Todesverachtung zu ungesuchter Grossmachtstellung emporgetragen wurden und sie haltlos verloren. Er setzte die Feder an, da die Schweiz Napoleon unterworfen war, erlebte eine der grössten Wendungen in der neueren Geschichte, den Fall Napoleons, und schloss das Werk, als die Schweiz ermattet in die Restauration trat. Mit dem dunklen Bewusstsein ähnlicher Gefahren erkannte er in beiden Zeiten nationalen Niedergang, Gleichgültigkeit gegen die Volksehre, dort mit Übermut, hier mit Kleinmut gepaart. Diese Enttäuschung grollt in seinem Werk.

Auch im Stoff war Glutz selbständig. Er schöpfte aus den ersten Zeugnissen, Urkunden und Akten, und las die wichtigsten Chronisten im Manuskript; begreiflich, dass Anshelm ihn am meisten ansprach. Er unterwarf sich den Aussagen der echten Zeugen, was es ihn auch kostete. Er gesteht in der Vorrede, wie vor seiner Seele ein schönes Bild der kraftvollen Ahnen schwebte, wie aber eine Tugend nach der andern verschwand; «beinahe blieben nur Kraft und ein von Sinnenlust und Prachtliebe getrübtes Ehrgefühl». Wie hätte er den nationalen Mythos, der Müller so trefflich gelang, weiter weben sollen? Dafür konnte er sagen, er habe jeden Tag der Darstellung aus den Quellen geschöpft. Auch hierin war er ohne Vorläufer. So befreite er sich von Müller und zerriss den Schleier: hatte man bisher Grosstaten bewundert, so deckte er die Abgründe auf, aus denen sie emporgestiegen waren. Mochte es auch seine Forscherlust reizen, dass sie ihm erlaubte, konventionellen Ansichten eine bittere Absage zu erteilen, so bewegte ihn doch die vaterländische Pflicht. Er wollte der verzagten Gegenwart eine Zeit schildern, die mit ihr viele Fehler teilte, aber durch eine Tugend leuchtete, die unter Umständen alle Mängel aufwiegt, das Heldentum. Die Versachlichung, die er den Dingen gab, entsprang nicht nur der kühlen Quellenverrechnung, sondern auch einem harten Sieg über den Aufruhr seiner Gefühle. Nicht der höhnende Verstand, sondern das übervolle Herz sprach aus der Einsamkeit. Darin trennt er sich von den Quellen, dass er die Schwäche der Ahnen nicht aus der Erbsünde erklären kann; er will die transzendente durch die immanente Begründung ersetzen. Hier ist er wach, auf der Hut gegen die Fülle der Gesichte. Er berauscht sich nicht am Wort und gestattet seiner Einbildungskraft nicht, Unfertiges zu ergänzen und zu runden, in bewusstem Gegensatz zu Müller. Sein erster Stil ist an Müller gebildet. Noch in der Vorrede hascht er nach Müllers architektonischem Satzbau, nach der Verdichtung des einprägsamen Lehrsatzes. Doch rasch findet er die eigene Andacht für die Sprache und strebt Müller nur dort noch nach, wo dieser unvergleichlich ist, in der Gedrungenheit, in der einsamen Wendung, die ihren Schöpfer überdauert. Einfach reihen sich bei Glutz die Sätze, in lebhafter Bewegung wechseln Anschauung und Gedanken, die Begriffe formen sich nicht, sie werden durch Tatsachen ausgedrückt. Und doch bleibt es beim kritischen Bericht; zum eigentlichen Erzählen kommt es nicht, obschon sein epischer Zug unverkennbar ist. Er sucht, Müllers Weihedunkel vermeidend, in schlichter Darstellung das Monumentale.

In sachlicher Hinsicht rechnet er mit Müller nicht. Er lässt den tapfern, tugendhaften Schweizer vor 1489 gelten und setzt den sittlichen Absturz erst nach diesem Jahr an. Um ihn zu erklären, schreitet er von den Begebenheiten zu den Zuständen und gibt eine geordnete Schilderung der Sitten, der Häuslichkeit, der Institutionen, der Künste und Wissenschaften, der Wirtschaft, Kleidung, Ernährung, des Unterrichts, der sozialen Schichtung, des Charakters, der Ehrliebe und des Glaubens. Es hebt sein Gefühl, dass er diese einheitlich versuchte, wenn er auch nicht einheitlich gelungene Analyse als erster gibt und der Geschichtsschreibung neue Wege weist. In einem irrt er, von den Quellen verleitet. Die Nation fand um 1500 ihren beherrschenden Ausdruck im Söldnertum, das sich mit schier übermenschlichen Heldentaten wie mit wilder Ausschreitung in die Geschichte der Nachbarländer eintrug. Glutz erkennt den ausserordentlichen Zustand, ohne ihn zu durchschauen. Er sieht im Söldnertum eine nationale Verderbnis von furchtbarer Gemeinverständlichkeit. Gerade diese Gemeinverständlichkeit hätte ihn warnen sollen, dass sich hier nicht nur Gier und Vergeudung tolle Tage machten. In Wirklichkeit war der Krieg die notwendige Lebensäusserung unseres Volkes geworden. Die zu dicht besiedelte Schweiz konnte auf ihrem kargen Boden ihre Kinder nicht mehr ernähren und musste einen Abzug für sie haben. Glutz sieht nur Taumel und Niedergang, wo ein harter Zwang gebot, weil seine Gewährsmänner, die Chronisten Anshelm und Bullinger, ihm die Überzeugung vom wirtschaftlichen Selbstgenügen jener Schweiz eingaben. Er versucht zwar, wirtschaftliches Denken auf jene Zeit zu übertragen, aber da er von vorn anfangen muss, sind ihm die Mittel dazu noch nicht gegeben. Doch daneben welche Spürkraft für die Regungen des Volkes, welcher Blick für das Massgebende, welche Fülle des Neuen, welche Sicherheit in dem Dunkel, in das er zuerst eindringt!

Da die Schweizer um 1500 bestimmend in die europäischen Verhältnisse eingriffen, setzt er sich mit der hohen Politik auseinander. Er hat hier Blick und Kombinationsgabe. Er unterscheidet die wechselnden Fronten der Schweiz unter den verfeindeten Grossmächten Frankreich und Habsburg richtig; aber seine Begründungen treffen nicht immer zu, weil sein Wissen noch unsicher ist, weil ihm die Depeschen der fremden Gesandten nicht offen stehen. Überhaupt hatte die Forschung das Verständnis jener Zeit noch ungenügend vorbereitet. So hat Glutz den Begriff der Renaissance noch nicht. Er beurteilt die Ereignisse eher nach dem Charakter der Handelnden als nach den Notwendigkeiten, nach dem Gesamttrieb der Zeit mit ihren Gegenströmungen und Wirbeln. Auch überlässt er sich seinen Neigungen und Abneigungen. Es fehlt ihm noch die Sicherheit, den Stoff zu begrenzen. Frankreich ist ihm das Gefährliche und Zerstörende schlechthin, weil zu seiner Zeit die Franzosen die Schweiz vergewaltigten. Diesen Groll trägt er dreihundert Jahre zurück und macht die Franzosen, ihre Verlockungen, ihr Geld für den sittlichen Tiefgang der Schweiz verantwortlich, indem er verkennt, dass die Franzosen diesen Zustand nicht heraufführten, sondern benützten. Deutlich wird, wie sehr das Verstehen im Wesen des Beobachters verhaftet ist.

Wenn auch Glutz manchmal das Schweizerische abzustreifen scheint, in der hohen Politik gibt er sich durchaus als Schweizer. Die Schweizer waren um 1500 die ersten Krieger Europas. Ringsum taten sich ihnen lockende Eroberungen auf und stellten sie vor den Entscheid, ob die Eidgenossenschaft ihrem ersten Antrieb gemäss Kleinstaat bleiben oder mit der Gunst einer unvergleichlichen Lage sich ausdehnen solle. Während andere Völker in solchen reifen Augenblicken ernteten, übten die Schweizer eine Entsagung, die ihnen von ihrer Gewöhnung, ihrer Abneigung gegen grosse Bindungen, ihrem Freiheitsdrang auferlegt wurde. Sie entschieden für den Kleinstaat, und die Schlagkraft, die Mitteleuropa hätte umgestalten können, verflatterte im wilden Triebleben des Reislaufes. Glutz sieht das Problem überhaupt nicht, er wägt die Möglichkeit einer Grossschweiz nicht ab. So bedauert er nicht die verpasste Gelegenheit, den zwecklosen Verbrauch der militärischen Überlegenheit, sondern die seelische Verwüstung im Gefolge des vergeudeten Söldnertums. Nach schweizerischer Art empfindet er die Machtnatur des Staates wenig und trennt das Sittliche vom Politischen, stellt jenes über dieses. Auch bei ihm ist das Kleinstaatliche die stille, unverrückbare Voraussetzung bis in das höchste Geistesleben.

Glutz gibt kein System seiner Weltanschauung; er ist Empiriker mit dunkler Gemütsfärbung. Darum hält es schwer, seine Trostgedanken auszufinden. Wo er seine Ansicht zu Lehrsätzen verdichtet, geht er nicht von der Tagesklugheit, sondern von hohen sittlichen Begriffen aus: «Je grösser die Masse, desto ungewisser ist ihre Richtung, desto eher wird sie missleitet.» Da er das Schwankende, schwer zu Ergründende der geschichtlichen Willensbildung erkennt, ist ihm auch das Urteil der Geschichtsschreibung bedingt. Er weiss, wie sehr der Leser noch in der annalistischen Behandlung befangen ist; daher ersucht er um Nachsicht, dass er die chronologische Ordnung um des Zusammenhanges willen nicht beobachtet habe. In der innern Gruppierung ist er denn auch Meister. Von der Aufklärung übernimmt er die Gedankentechnik und die kritischen Grundlagen. Aber er bleibt dem wesentlichen Gedankengut der Aufklärung abgeneigt. Zum Optimismus gibt ihm weder die Zeit um 1500 noch die um 1815 Anlass. Die Volksherrschaft behandelt er indifferent und führt sie nicht als geschichtliche Macht ein. An entscheidender Stelle legt er das Bekenntnis ab: «In dieser dunklen Nacht erschien ein Stern am Himmel, auf bessere Wege zu leiten – Jesus Christus. Er versöhnte die gefallene Menschheit mit dem Schöpfer.» Hier keimt seine Menschlichkeit.

Es wäre verfehlt, Glutz in eine Schule einzureihen. Vom Rationalismus übernahm er die Denkfortschritte, aber sein Bestes stieg aus irrationalen Tiefen. Von der Romantik trennte ihn sein herber Wirklichkeitssinn. Geradhin übte sich sein kräftiger, hochgearteter Geist, im Dunkel der Welt zurechtzukommen. Wenn auch der Frühverblichene nicht durchaus über sich selbst hinaus gelangte, der Verlockung zum Wohlgefallen gab er nicht nach. Sein Buch stiess auf viel Empfindlichkeit; es brauchte Zeit, bis man sich an seine Enthüllungen gewöhnte. Auch wer den genialen Zug bemerkte, wollte ihm den Freimut nicht verzeihen.

Topographisch-statistische Beschreibung des Cantons Solothurn; Helvet. Almanach 1813, S. 6 ff. – *Geschichte der Eidgenossen,* vom Tode des Bürgermeisters Waldmann bis zum ewigen Frieden mit Frankreich; Zürich 1816.

WILHELM GISI: Robert Glutz-Blotzheim; ADB 9, Leipzig 1879, S. 262 f. – KURT STIEFEL: Werte in der schweizerischen Geschichtsschreibung des 19. Jahrhunderts; Schw. Stud. Geschichtswiss. 20, Zürich 1942, S. 65 ff. – OTTO HEINRICH ALLEMANN: Robert Glutz-Blotzheim; Fribourg 1949. – HANS C. HUBER: Grosse Darstellungen der Schweizergeschichte; Zürich 1960, S. 39 ff.

Johann Jakob Hottinger 1783–1860

Auch er legte aus innerer Bewegung und freiem Entschluss Hand an. Müllers Schweizergeschichte wurde nicht aus amtlichem Auftrag, sondern aus persönlicher Hingabe vollendet, freilich mit Unterschied: Hottinger und Vulliemin blieben in der Schweizergeschichte ihrem Heimatkanton verhaftet, Glutz und Monnard lösten sich von ihm.

Bei Hottinger werden die allgemeinen Bedingungen noch deutlicher. Die Geschichtsschreiber mussten eine grosse Vorarbeit leisten, um dorthin zu gelangen, von wo heute der Fachmann ausgehen kann. Unverbrüchlich war für alle das Glück und die Entsagung des Kleinstaates. Vulliemin setzt sich mit diesem auseinander. Er findet bei Gervinus die Bemerkung, dass das Leben im Kleinstaat den Geist verengere, den Charakter lähme, dass das Volk des Kleinstaates der grossen Interessen und Perspektiven, der grossen Beweggründe, die zu grossen Taten führen, und der politischen Erziehung auf breiter praktischer Grundlage entbehre. Vulliemin meint, es sei ein Korn von Wahrheit darin; er habe auf Reisen nach Erweiterung seines Gesichtsfeldes gesucht. Ferner gedieh die schweizerische Geschichtsschreibung des 19. Jahrhunderts im Schutz einer anerkannten Neutralität und in einer genügsamen Sicherheit, die leicht das Grosse vom Kleinen aus beurteilte. Es fehlte die Bildung durch die Gefahr.

Hottinger entstammte einer alten Zürcher Familie, die der Stadt im 17. Jahrhundert die namhaftesten Gelehrten gab. Er wuchs in knappen Verhältnissen auf. Seine theologischen Studien wurden durch die Wirren der Helvetik zerrissen und blieben unfertig. Er arbeitete sich im Unterricht empor und wurde mit fünfunddreissig Jahren Geschichtslehrer an der Kunstschule. Mit seiner Regsamkeit, seiner geschickten Feder, seiner

Menschenliebe gelangte er in den Mittelpunkt des Geistigen. Er gründete die vaterländisch-historische Gesellschaft, förderte Glutz und fasste nach dessen jähem Tod den Entschluss, das Werk fortzusetzen, trotzdem er sich das wissenschaftliche Rüstzeug erst schaffen musste. In den zwanziger Jahren erschien seine Fortsetzung. Das allgemeine Vertrauen berief ihn bei der Erneuerung von 1831 in die Kantonsregierung. Er trat nach einem Jahr aus, weil er sich nicht dem Zwang der öffentlichen Meinung unterwerfen wollte. Dafür half er die Universität Zürich gründen, und als sie 1833 eröffnet wurde, übernahm er den neu geschaffenen Lehrstuhl für vaterländische Geschichte. Wiewohl er von körperlichen Leiden heimgesucht wurde, ging eine bedeutende Wirkung von ihm aus. Er gewann Vulliemin und Monnard für die Fortsetzung der Schweizergeschichte und übersetzte Vulliemins Teil ins Deutsche. Vulliemin lebt in seinen Souvenirs auf an den Tagen, die er in Zürich bei dem gütig spendenden, unerschöpflich aufmerksamen Freund und Förderer genoss. Hottinger gab zuerst Heinrich Bullingers Reformationschronik heraus; er half 1841 die Allgemeine Geschichtforschende Gesellschaft der Schweiz gründen und betreute jahrelang ihr Organ, das *Archiv für schweizerische Geschichte*.

Zahlreich sind die Früchte seines eingezogenen Fleisses. Er widmete dem Zürcher Reformator 1842 eine Monographie: *Huldreich Zwingli und seine Zeit, dem Volke dargestellt*. Hatte einst der Ahn, der universale Johann Heinrich Hottinger, 1654 mit seinem «Methodus legendi historias helveticas» den ersten Abriss der schweizerischen Historiographie gegeben, so wiederholte der Nachkomme den Versuch 1844 mit dem Aufsatz: *Die schweizerische Historiographie*. Wiederholt bekundete er der Vaterstadt seine Liebe mit literarischen Gaben. So schloss er J.C.Bluntschlis *Geschichte der Republik Zürich* 1857 mit dem dritten Band, von der Reformation bis zur Helvetik, ab. Zürich huldigte ihm 1858 bei der Stiftungsfeier der Universität.

Hottingers *Geschichte der Eidgenossenschaft während der Zeiten der Kirchentrennung* erschien 1825 und 1829; sie umfasst die Jahre 1516–1531. Er verwandte acht Jahre auf das Quellenstudium; freilich war es mehr ein Sammeln als ein kritisches Sichten; Glutz griff schärfer zu. Hottingers Auffassung ist nicht rücksichtslos, sondern nach Zeitgedanken gerichtet. Mit feiner Empfänglichkeit nimmt er den mildesten Gehalt der Restauration auf. Obschon Bürger des regierenden Zürich, will er kein Vorrecht der Hauptstadt mehr, sondern Herrschaft der Menschlichkeit, des gebildeten Bürgertums. Leicht spricht er von der genusssüchtigen und wankelmütigen Menge, vom rohen Haufen und seinem gröbern Sinne, Kennzeichnungen, die sich dann die Historiker nach 1830 abgewöhnten. Mit seinem Spürsinn kündet er 1829 in der Vorrede den Umschwung des nächsten Jahres an und atmet ihm entgegen, weil er von ihm Licht und Geistesfreiheit erhofft. Doch mehr als Anregung ist ihm die Tagespolitik nicht. Er empfängt sein geschichtliches Verständnis von der Aufklärung, ihrer Menschenwürde und ihrem Bildungsdrang; in ihrem Spiegel sieht er die Vergangenheit. Von hier kommen seine Stärke und seine Schwäche: was der Menschenfreund gewann, entgalt der Historiker. Man vernimmt bei ihm nicht die echte Stimme des 16., sondern den führenden Ton des 18. Jahrhunderts. Er erfasst die geschichtliche Bewegung spiritualistisch und gedenkt beiläufig des Wirtschaftlichen, weil es eben immer mehr Brauch wurde. Er verschreibt sich zwar nicht der Ratio, aber er wird dort Rationalist, wo der Romantiker sich entzündet: Das Mittelalter ist ihm das Reich der Finsternis; der Reliquienkult, der dem heiligen Franziskus dargebracht wurde, ist ihm die Ausschweifung eines barbarischen Zeitalters. Verständnislos geht er über die gewaltige Gestaltungskraft des Mittelalters hinweg.

Hottinger legte später in der Schrift über *Aristokratie und Demokratie* das Bekenntnis ab, er gehöre der altreligiösen, nicht der neuphilosophischen Richtung an und sei von der göttlichen Natur Christi überzeugt. Diesen Glauben hebt er in seiner Reformationsgeschichte nicht heraus. Die Reformation ist ihm Bildungserlebnis, Kampf zwischen Magie und Wissenschaft, die er für die Reformation fast monopolisiert. Er hat den höchsten Begriff von der Wissenschaft, die Helle schafft und das Glück verbürgt: «Unausweichlich sind die Fortschritte der Freiheit an diejenigen der Bildung geknüpft.» Den andern Gewinn der Reformation findet er in der Sittenerneuerung, deren Erfolg er zuversichtlich einschätzt. Dagegen übersieht er die Hauptsache, den Aufbruch eines verschütteten Glaubens. Er schwelgt in den Entdeckungen der Wissenschaft, nicht in der neuen Auslegung der Schrift. Die Glaubenswandlung und ihre Dogmatik bleiben an der Oberfläche, weil er findet: «Es liegt ausser dem Bereich einer Landesgeschichte, in Glaubensartikel tiefer einzutreten.» Da er das Schriftprinzip nicht erfasst, vermag er nicht die Grundlagen aufzuzeigen, auf denen Zwingli seine Kirche einheitlich aufführte, sondern er gibt einzelne Verordnungen ohne Zusammenhang. Der Bildungsmensch der Aufklärung verfällt in den Irrtum, die theozentrische Natur der Reformation in eine anthropozentrische umzudeuten. Darin können ihn die Quellen nicht anfechten. In ihm ist die einfache und einleuchtende Synthese mächtig: ohne Reformation keine Aufklärung und ohne diese keine moderne Welt. Mit seiner Zeit meint er, dass das Papsttum am Vergehen sei; er sieht in die Vergangenheit hinein, was ihm notwendig ist.

Als Individualist behandelt er auch den Staat. Er schwebt über dem Staat, der ihm der Ausdruck des Alltäglichen und Wirklichen ist. Er hat nicht das Auge dafür, dass die Reformation die Staatsgewalt stärkte und mit höchster Rechtfertigung ausstattete. Ein so guter Schweizer er ist, so erscheint doch das Nationale bei ihm zuweilen in weltbürgerlicher Verklärung. Er bezeichnet als seinen Leitstern das Sittlich-Erhabene, ohne dessen Verbindung mit dem Nationalen herzustellen. Wohl ruft er immer wieder die Freiheit auf. Aber sie erscheint bei ihm selten als nationale Unabhängigkeit, sondern als das menschenrechtliche Postulat des 18. Jahrhunderts. Er wird nicht müde, die Denkfreiheit als das heilige Geschenk der Helden des 16. Jahrhunderts zu preisen, ohne den grossen geistigen Verzicht zu fassen, den die Reformation verlangte. Seine Vaterlandsliebe führt ihm die Schweizer mehr als Kulturnation denn als Staatsnation vor. Er stellt die Verbindung zwischen dem seelischen Gewinn der Reformation und dem politischen nicht her; die beiden sind ihm keine Einheit. Und doch meint er, und dazu fordert ihn die Reformation geradezu auf, die Schweiz sei besonders berufen, die Fortschritte der Menschheit zu verwirklichen. Das ursprüngliche Ahnenerbe lebt bei Glutz viel kräftiger nach als bei ihm. Seine milde Zuversicht bleibt der Dynamik geschichtlicher Wendungen verschlossen; über die Katastrophe von Kappel kommt er mit der Beruhigung hinweg, dass die Berner die Schuld trügen.

Man darf Hottinger einiges einräumen. Er war von der Bewegung seiner Zeit ergriffen und gab ihr, was die Besten ersehnten, Optimismus, Humanität, Bildung. Nicht Glaubensfragen standen voran, sondern die Individualrechte, die sich anschickten, den Staat zu erobern. Hottingers Ideologie berührt sich streckenweise mit den reformierten Problemen, wenn sie auch nicht an die zentralen heranreicht. Er ist standhaft genug, seine sittlichen Begriffe auch dort anzuwenden, wo sie die Reformation treffen. In der sonnigen Beleuchtung fallen nur leichte Schatten auf Zwinglis Gewaltsamkeit in der Ostschweiz. Dem Gegner freilich rechnet er ungehemmt das Schlechte zu.

Hottinger ist stilistisch von Müller abhängiger als Glutz. Sein mittlerer Pulsschlag macht ihm die Anpassung an ein Vorbild leicht, ohne dass er sich aufgibt. Wie Müller baut er lange, kluge und erfüllte Sätze; aber er besitzt nicht Müllers durchflutende Wallung und Selbstvergessenheit, die sich am eigenen Wort berauscht. Darum leiden seine Anläufe zu gewaltiger Sprache bisweilen an Kürze des Atems und Unsicherheit des Geschmacks. Wenn er das Bildnis Kardinal Schiners entwirft, spricht er von des gleissnerischen Priesters unritterlichem Krummstab. Wie anders wusste Müller das verschollene Wort einzufangen. Wie Müller versucht er sich in der abgerissenen, schlagartigen Antithese, wie dieser streut er Lehrsätze ein. Hottinger hat die Tiefe der gütigen Besonnenheit, Müllers Reichtum entströmt dem fruchtbaren Zusammenstoss zwischen Leidenschaft und scharfem Denken. Wenn auch Hottinger gelegentlich daneben greift, so versteht er doch mit dem Leser zu verkehren und ihn zu gewinnen, während sich Glutz um das Einverständnis der Leser wenig kümmert. Der Gunst gewiss, holt Hottinger zur Erzählung aus und verleiht ihr mit leichttragender Sprache und vertrauten Farben und Umrissen Reiz. So viel nützlichen Stoff er heranbringt, so betrit er doch nicht Neuland, sondern führt das Reformationsbild aus, das die Aufklärung vorempfunden hat.

Hottinger liess 1844 seine *Vorlesungen über die Geschichte des Untergangs der schweizerischen Eidgenossenschaft der dreizehn Orte* erscheinen. Hatte er die Reformationsgeschichte in der beruhigten Stimmung der stillen Restaurationszeit geschrieben, so entstanden die Vorlesungen in den stürmischen Tagen der Regeneration. Dort ein Gegenstand, den ihm die Wissenschaft stellte, hier Fragen, mit denen eine gebieterische Gegenwart sein Gewissen prüfte. Als Knabe erlebte er erschrocken den Einbruch der Revolution; sie sei ihm täglich unter dem Sinnbild der bluttriefenden Jakobinermütze vorgestellt worden. Als Mann erlebte er seit 1830 wieder die Unerbittlichkeit der neuen politischen Dogmatik, die ihn aus der Zürcher Regierung und der Tagespolitik trieb. Jetzt ergeht er sich nicht mehr in den Herzenswallungen des befriedigten Optimisten, sondern sein Inneres bricht in einem Aufruhr auf, der in bitterem Kampf Erkenntnis sucht, und so ist er, dass ihn dieser Kampf selbst mehr beglückt als der Erfolg des Kampfes. Darin bleibt er sich treu: er ist der Anwalt der humanen Sittlichkeit, die er der Aufklärung entnommen hat, er betrachtet es wie zuvor als die erste Aufgabe der Geschichtsschreibung, die sittliche Weltordnung zu behaupten. Als Neues tritt das Nationale hinzu; denn das Dasein der Schweiz ist nicht mehr fraglos, sondern schwankt 1798 mit dem Einbruch der Franzosen auf des Messers Schneide. Er dringt nicht bis zur letzten Entscheidung: Was will und soll der Kleinstaat unter Grossstaaten? Er stellt das Dasein der Schweiz rein auf das Recht ab, das von der Grossmacht wohl gelegentlich verletzt, aber nicht dauernd zerstört werden kann. Die Verbindung zwischen dem Sittlichen und dem Nationalen will sich nicht immer ungezwungen einstellen, sondern wird gelegentlich durch eine auffallende Naht gekennzeichnet. Aber persönlich und wissenschaftlich wächst er über die Reformationsgeschichte hinaus.

Die Vorlesungen stellen das Ringen der Eidgenossenschaft gegen das revolutionäre Frankreich bis zum Zusammenbruch im März 1798 dar. Hottinger schöpft vornehmlich aus dem Zürcher Archiv und sieht sich tüchtig in der Literatur, namentlich in der französischen, um. Er setzt sich mit den Grundsätzen der Revolution auseinander. Was er in der Reformationsgeschichte vermieden hat, hier wägt er das Verhältnis zwischen Staat und Christentum ab. Scharf wendet er sich gegen den Contrat social. Der Behauptung Rousseaus, dass das Christentum eine kräftige Staatsordnung hindere, weil die Heimat des Christen nicht auf Erden sei, stellt er die Überzeugung von der innigen Gemeinschaft zwischen Staat und Christentum entgegen. Er trachtet nach Unparteilichkeit zwischen zwei verfeindeten Zeiten, obschon er so ergriffen ist, dass er gesteht, in seinen Tagen könne sich kein Mensch über den Parteien halten. Er preist die häuslichen und öffentlichen Tugenden der alten Eidgenossenschaft und tadelt ihr mittelalterliches Gewand. Er denkt grösser vom Volk als von seinen Lenkern und glaubt, eine Selbstverjüngung hätte die Schweiz vor 1798 retten können. Daher haben es ihm die Versuche der demokratischen Selbsthilfe, so die Volksbewegung im Kanton Zürich, der Stäfener Handel, angetan. Dabei nimmt er mit andern Historikern das schweizerische Mittelalter demokratischer, als es war. Und doch ist er nicht in Verfassungstheorien befangen, ihm geht es um die Erhaltung der Schweiz; er verneigt sich vor dem Eigenrecht der Nation, «vor dem alle Theorie toter Buchstabe wird».

Wenn Hottinger meint, die Eidgenossenschaft hätte mit einer Verbesserung ihrer Staatsordnung den treulosen Anschlägen des französischen Direktoriums den Boden entzogen, so verkennt er die verschlingende Dynamik und den imperialistischen Zug der französischen Revolution, der die Alpenstellung und die Ausbeutung der Schweiz zu ihrer Erfüllung unentbehrlich war. Er beklagt mit nie verwundenem Schmerz, dass die Schweiz dem Einfall der Franzosen nicht geschlossene Reihen entgegenstellte. Was ihn auch vom Schultheissen von Steiger trennt, er bewundert an ihm eine Haltung, die der Vergangenheit Berns würdig war, und fühlt den geschichtlichen Rang solcher Charaktere: «Ob sie siegen oder unterliegen, ihr Werth bleibt derselbe.» Die Einheit seiner Auffassung wird nicht durch eine politische Theorie, sondern durch das vaterländische Empfinden gegeben. Er ahnt, dass 1798 der Zukunft furchtbare Beispiele gegeben wurden. Überhaupt ist die Auffassung des Sittlichen noch gesteigert.

Dem Betagten wurde das Glück zuteil, dem Grundzug seines Wesens, der gleichmässigen Heiterkeit, in einem Werk genugzutun. Es ist die Biographie: *Hans Conrad Escher von der Linth, Charakterbild eines Republikaners*, 1852. Es war Escher eigen, dass er der Aufklärung den reinen Ausdruck gab. Aus einem unerschöpflichen Vorrat von Güte und Tatensinn erhob er sein Dasein zu einer lauteren Menschlichkeit, um deretwillen man seinen Ort und seine Zeit glücklich preisen möchte. Paul Usteri (1768 bis 1831), der Zürcher Staatsrat und erfolgreichste Publizist seiner Zeit, schrieb die ersten Kapitel, Hottinger vollendete das Werk. Man begegnet Usteri sonst nicht in der Geschichtsschreibung, und erstaunt nimmt man die historiographische Feinheit des umgetriebenen Tagesschreibers wahr, an dem man sonst den Vollklang der öffentlichen Entrüstung oder die List des verbotenen Federkampfes gewohnt ist. An zarter Andacht, an Anmut des Wortes übertrifft er Hottinger sogar.

Nicht nach seiner ersten Absicht, auch nicht nach ursprünglicher Anlage, sondern von Tüchtigkeit und Ausdauer und von den Umständen bedient, wurde Hottinger Berufshistoriker. Auf seinem vorzüglichen Posten konnte er seinem Streben eine Sammlung und Entfaltung geben, die früher auch einer höheren Begabung nicht erlaubt waren.

Geschichte der Eidgenossen während der Zeiten der Kirchentrennung; 2 Bde., Zürich 1825–29 (Johannes von Müller Geschichten schweizerischer Eidgenossenschaft Bde. 6 und 7). – *Heinrich Bullinger: Reformationschronik,* hg. v. *Johann Jakob Hottinger* und *Hans Heinrich Vögeli;* 3 Bde., Frauenfeld 1838–40. – *Huldreich Zwingli und seine Zeit;* Zürich 1842. – *Aristokratie und Demokratie in der alten Zeit, Kirche und Staat in der neuen;* Zürich 1843. – *Die schweizerische Historiographie bis auf Johannes von Müller;* Neue Helvetia, Zürich 1844, S. 94 ff. – *Vorlesungen über die Geschichte des Untergangs der schweizerischen Eidgenossenschaft der dreizehn Orte;* Zürich 1844. – *Hans Conrad Escher von der Linth, Charakterbild eines Republikaners;* Zürich 1852 Neuausgabe von *Fritz Ernst,* Zürich 1939. – *Geschichte der Republik Zürich,* hg. v. *Johann Caspar Bluntschli* 3; Zürich 1857.

CONRAD VON WYSS: Lebensbild Johann Jakob Hottingers; Njbl. Hülfsgesellschaft Zürich 1861. – GEORG VON WYSS: Johann Jakob Hottinger; ADB 13, Leipzig 1881, S. 199 ff. – RUDOLF HAURI: Die Reformation in der Schweiz im Urteil der neueren schweizerischen Geschichtsschreibung; Zürich 1945, S. 13 ff.

Louis Vulliemin 1797–1879

Es entsprach der politischen und der geistigen Lage, dass die Westschweiz bisher wenig in der schweizerischen Geschichtsschreibung hervortrat. Erst seit 1798 wurde die französische Sprache in den schweizerischen Räten vernommen. Genf schloss sich erst 1814 der Eidgenossenschaft an. Die bedeutende calvinische Historiographie Genfs hatte keinen ausgesprochen schweizerischen Gesichtskreis. Die Waadtländer Vulliemin und Monnard vollendeten Johannes von Müllers Schweizergeschichte, und damit begann die freie Zusammenarbeit unter den Historikern beider Sprachen, für unsere Geschichtsschreibung eine Bereicherung, bildet doch die Westschweiz das einzige geschlossene Gebiet, das zugleich romanisch und reformiert ist.

Louis Vulliemin von Yverdon genoss den ersten Unterricht in Pestalozzis Anstalt und kam mit zehn Jahren an die Schule von Thun, wo er nicht nur mit der schriftdeutschen Sprache, sondern auch mit der Mundart vertraut wurde, was später seine Forschungen in den alten Dokumenten erleichterte. Er studierte an der Akademie Lausanne Theologie und sah hier begeistert den Stern Monnards aufgehen. Er wirkte kurze Zeit als Seelsorger, verzichtete aber bald auf diesen Beruf, da seine Gesundheit und seine Stimme nicht dafür ausreichten. In Unabhängigkeit lebend, überliess er sich seiner Neigung zur Geschichte. Er wurde Honorarprofessor an der Akademie und Lehrer an der freien theologischen Fakultät zu Lausanne; in der Hauptsache war er Herr seiner Zeit.

Zart, fein, früh erwacht, frohmütig, mit einem guten geistigen Auge ausgestattet, stand er mannigfachen Einflüssen offen. Freundschaft und Glaube bildeten seinen ersten Menschen; früh schon wurde er von der Erweckungsbewegung erfasst. Reisen nach Paris, wo er in die beste Gesellschaft aufgenommen wurde und mit Thiers und Guizot verkehrte, gaben ihm den Begriff von grösseren Verhältnissen. Seine ersten Versuche galten der Religion und der Geschichte zugleich. In weite Kreise drang sein Name erst, als er 1835 und 1836 den *Chroniqueur*, eine Jubiläumszeitschrift auf die waadtländische Reformationsfeier von 1836 hin, herausgab. Die Zuverlässigkeit seiner Forschungen erwarb ihm die Aufmerksamkeit der Fachleute. Unmittelbar daran schloss sich die Neuausgabe der echt wissenschaftlichen *Histoire de la Réformation de la Suisse* seines Landsmannes Abraham Ruchat, die hundert Jahre zuvor erschienen war.

Vulliemin erzählt in seinen *Souvenirs*, wie er am Tage, da er das Pfarramt niederlegte, Johannes von Müller und seine Fortsetzer zu studieren begann. Besonders zog ihn Hottinger an, der ihm den geistigen Schweizer um 1830 darstellte. Er besuchte ihn in Zürich, schloss Freundschaft mit ihm und übertrug Hottingers Reformationsgeschichte ins Französische. Eben erbot sich ein reicher Freund der Schweiz in Paris, auf seine Kosten die Vollendung und die Übersetzung der gesamten Schweizergeschichte Müllers herauszugeben. Vulliemin tat sich mit Monnard zusammen und übernahm die Fortsetzung von 1532–1715, Monnard von da bis 1815 und dazu die Übertragung von Müller und Glutz.

Vulliemin empfing von seinen Vorgängern zwei Verpflichtungen: aus den Quellen zu schöpfen und schön zu schreiben. Im übrigen suchte er sich durchaus persönlich der schweizerischen Vergangenheit zu bemächtigen. Um einen Rückhalt zu gewinnen, gründete er 1837 mit andern die Société d'histoire de la Suisse romande. Die quellenkritischen Studien musste er von vorn beginnen und durfte dafür kaum berührtes Neuland betreten. Auf seinen Archivreisen in die Kantone fand er offene Türen; Zellweger führte ihn im appenzellischen Archiv in die Diplomatik ein. Im Ausland war die Ausbeute ungleich. In Paris und Turin kam er in den Archiven an; in Mailand scheiterten seine Bemühungen, er wurde sogar von der österreichischen Polizei bewacht. Die Stoffsammlung dauerte Jahre, die Ausarbeitung erfolgte rasch. Das Werk erschien 1841/42 als *Histoire de la Confédération suisse aux 16e et 17e siècles* in drei Bänden.

Vulliemin war sich eines Leserkreises bewusst, der Zeit hatte und einem Walter Scott jede Breite verzieh. Er arbeitete als Künstler, der die Form nicht dem Inhalt opfert. Seine knappen Fussnoten geben nicht die planmässige Übersicht der Quellen, sondern fesselnde Illustrationen. Vulliemin hat einen starken romantischen Einschlag, er ist mehr Romantiker als irgendeiner der Fortsetzer Müllers. Als Knabe schon, als Mann noch geht er auf seinen Wanderungen den verschollenen Sitten und dem patriarchalischen Wesen der Ahnen nach. Dazu kam die Empfänglichkeit für die heroische Tat, wie er denn als Knabe für Napoleon und die Grosse Armee geschwärmt hatte. Das Mittelalter ist ihm vor allem als Gegensatz zu seiner nüchternen Zeit eine künstlerische Augenweide. Vom Mittelalter trennt ihn die verfeinerte Humanität, die aus der Aufklärung stammt. Aber ein Aufklärer wird er nicht. So gute Beziehungen er zu den führenden Geistern Frankreichs unterhält, so spricht er doch in seinen Souvenirs von der Oberflächlichkeit und Dürre der Pariser Intelligenz. Dagegen fühlt er sich vom «esprit gaulois» angezogen und spürt dieses Geistes einen Hauch in sich. Er sei mehr zu Einfällen aufgelegt gewesen als Monnard, sagt sein Biograph. Er hat eine Empfänglichkeit, die vieles aufnimmt, ohne es zu verschmelzen. Er möchte allem gerecht werden, alles künstlerisch bewältigen, auch wo die Forschung stockt. Durch das ganze Werk geht seine christliche Überzeugung. Er deutet den Sturz des Kaiserreichs als göttliches Gericht. Dieses regt mehr seinen künstlerischen als seinen Geschichtssinn an: Es ist die klassische Tragödie, die erhebt, indem sie zermalmt. Doch so offen er seinen Glauben bekennt, so sorgfältig verbirgt er den Theologen. Darum ergründet er weder die Glaubenslehre der Reformatoren noch die Dogmatik des Konzils von Trient.

Er betrachtet die Schweiz als Begeisterter. Sie ist ihm eine Selbstverständlichkeit, die nur vom Ewigen ermessen werden kann. «Wird die Schweiz sich überleben? Gott weiss es.» Er denkt Geschichte vom Kleinstaat aus und bezieht auf diesen das Höhere im Menschen. Auch für ihn ist die Schweiz vor dem Burgunderkrieg Vorbild und Vermächtnis. Andächtig besucht er das Rütli «trotz Kopp und den Skeptikern». Er fasst seinen Auftrag so auf, nachzuprüfen, wie weit die Schweiz im 16. und 17.

Jahrhundert von dieser Überlieferung abgefallen ist. Dagegen ist er staatskühl. Wie bei andern Schweizer Historikern stellt sich bei ihm unwillkürlich die Unterscheidung zwischen Staat und Vaterland ein; für dieses schlägt sein Herz. Die Staatsnatur der Schweiz, die Kunst, dieses Staatswesen täglich in Gang zu setzen und im Gleichgewicht zu halten, reizt ihn nicht; seine politische Ader pulst schwach. Er findet sich mit der Bemerkung ab, dank den Rechten des Schweizervolkes biete der unfruchtbarste Boden Europas das Bild des verbreitetsten Wohlstandes. Er schreibt nun schon unter der demokratischen Regeneration. Er schliesst sich ihr an, weil er in ihr Urgut aus der alten heroischen Schweiz wiederfindet. Aber gerade weil ihm die Freiheit die unentbehrliche Lebensluft ist, ahnt er die Gefahren, die von der demokratischen Mehrheitsherrschaft drohen. «Wann hat sich die eifersüchtige Mittelmässigkeit für frei gehalten, bevor sie alles bis auf sich selbst zerstört hat?» Er anerkennt die öffentliche Meinung als die Wundermacht des Jahrhunderts, ohne sich vor ihr zu verneigen; er schilt sie eine wankelmütige Herrscherin. Seine höchste Beziehung bleibt sein Gewissen, das sich in Gott wiederfindet. Es schmerzt ihn, aber es überrascht ihn nicht, dass ihn eine unduldsame Volksherrschaft aus der Landeskirche vertreibt.

Vulliemin hat das 16. und 17. Jahrhundert darzustellen. Seine Vorgänger schilderten eine deutsche, er eine mehrsprachige Schweiz, denn Bern gliederte 1536 den welschen Westen der Schweiz an. Er findet es nicht für nötig, das Zusammenleben glaubhaft zu machen, da ihm die Eidgenossenschaft genügend durch den Willen zur Zusammengehörigkeit ausgewiesen ist. Er freut sich vielmehr des Unterschieds der Sprachen, der der schweizerischen Mannigfaltigkeit einen reizvollen Zug beifügt. Nur das läuft ihm bisweilen unter, dass er die Dinge am Genfersee durch das Vergrösserungsglas betrachtet. Dagegen verdammt er die Aristokratie und das Söldnerwesen, die als eine hässliche Einheit jene beiden Jahrhunderte kennzeichnen und den Abfall von der alten Schweiz offenbaren. Er hat zwar das Künstlerauge für das Bunte ihrer Erscheinung, aber politisch versteht er sie nicht, weil er weniger nach der Schweiz forscht, wie sie sein musste, als wie sie hätte sein sollen. Er misst die Aristokratie mit dem Urteil des 19. Jahrhunderts und weiss nicht um ihre geschichtliche Aufgabe, die örtlichen Korporativrechte zu beschränken und den Staat zu straffen. Das Söldnerwesen ist ihm ein Greuel, weil er nicht die Bedürfnisse des schweizerischen Temperaments und der Übervölkerung anerkennt. Darum bricht er auch den Stab über die fremden Allianzen, die ihm nur Macht des französischen Geldes, Bestechlichkeit der Regierenden und Servilität bedeuten; er unterschätzt, welche Sicherungen der Schweiz notwendig waren. Insbesondere grollt er der Aristokratie, weil sie die Reformation zu ihren Zwecken ausgebeutet und der raschen Verwelkung preisgegeben habe; schon die zweite Generation sei kleinherzig in eine Unduldsamkeit gefallen, die ihn mit jener Zeit völlig entzweit.

Viel mehr als in der Problemerfassung entfaltet Vulliemin seinen Willen und sein Können in der Darstellung. Er hat das Bewusstsein, dass er seine

Sprache mit einem grossen Wurf in die schweizerische Historiographie einführen muss, und nimmt Abstand von der abschreckend nüchternen Literatur, die er bei der Stoffsammlung zu überwinden hatte. Er vermeidet, was den Leser langweilen könnte; er will geschmackvoll und hinreissend erzählen. Dazu ist er vorzüglich ausgestattet. Er hat eine Einbildungskraft von unerschöpflicher Fülle der Töne und Farben, er hat den Pulsschlag, der ihm jeden Grad der Bewegung erlaubt, die leichte Lebhaftigkeit, die über die Mühen der Arbeit hinwegtäuscht, die Grossherzigkeit, sich auch mit einem ungeliebten Gegenstand zu versöhnen, die Einfühlung, die das Fremde erschliesst, den Schwung, der zur Höhe trägt, wo er will, er hat die Rücksichtslosigkeit, zu vereinfachen, wo die Spannung es erfordert, er hat die Kühnheit, mit Spiegelungen und Verkürzungen zu wirken, sogar eine kleine Unordnung herzustellen, wenn sie dem Malerischen dient, und schliesslich hat er die Kraft, dies alles durch drei Bände mit unerschöpfter Bilderfülle durchzuhalten. Er prüft Menschen und Dinge auf ihre Leuchtstärke und dramatische Geniessbarkeit und trägt bisweilen etwas davon in sie hinein. Er fährt lieber auf den Stromschnellen des Geschehens als auf den stillen Gewässern der Zustände. Darum verwandelt er die Zustände in Bewegung. Er hat das Feingefühl für gespannte Lagen und versteht es, gefahrvolle Übergänge und Angstmomente zu steigern. Stets ist für Erfrischung gesorgt; bei den reichen Mitteln der Verdeutlichung bringt fast jeder Satz eine schlagende Vorstellung. So hingerissen er ist, so geht doch eine sichere Berechnung der Wirkung mit. Stets hat er das Auge auf die kleinen bezeichnenden Fälle, die er freilich nicht im Sinne des Positivismus, sondern malerisch verwendet. Er führt neue Reizmittel der Darstellung ein, legt das Landschaftsbild ein, hascht impressionistisch eine Gestalt, ja nur einen Schimmer aus dem Geisterzug der Vergangenheit heraus. Das alte Mittel des Kontrastes dient zu neuen Schauwirkungen; das Pittoreske springt hundertfältig hervor. Wenn er auch die Söldnerzüge verurteilt, so gewinnt er ihnen doch das Heroische ab und steigert sein Talent zu dramatischer Schlachtenschilderung. Er sucht den Zutritt zum Menschlichen nicht als Forscher, sondern als Künstler. Er vermeidet ausgeführte Schilderungen und lässt nur im Vorbeigehen Streiflichter auf Sitten, Literatur, Kunst und Wirtschaft fallen. Ihn fesselt nicht die Aufgabe der Kulturgeschichte, den Durchschnitt des Alltags herzustellen, er trachtet nach dem dramatischen Überschwang des Völkerlebens. Gewiss, er täuscht nicht geistige Trunkenheit vor, seine Leidenschaft ist echt; aber der Denker räumt dem Künstler zu viel ein.

Vulliemin durfte mit dem rascheren Pulsschlag und der lebhafteren Einbildungskraft des Welschen stilistisch mehr wagen. Und doch überraschte seine Sprache in der Westschweiz. Das waren nicht die gepflegten Satzperioden, in denen der Historiker das Für und Wider abzuwägen pflegte. Man vermisste die Einheit des Stils. Bald wirft er dem Gegenstand das Blütenkleid der Sprache über, das von der innern Spannung mit leisem Schimmer bewegt wird; bald gibt sich der Schnellschritt der Darstellung in knappen, gehackten Sätzen aus; bald macht sich die Ergriffenheit in einer zerschnittenen Redeweise Luft; bald beschwört er die Vergangenheit mit dem archaischen Wort. Zuweilen freilich unterlässt er es, das Licht abzublenden. Dass er ein grosser Erzähler sei, bezweifelte man nicht.

Vulliemin hat die Fehler seiner Vorzüge. Sein Werk leidet an Veräusserlichung. Nicht die innere Gruppierung, sondern Scheinübergänge und Anreihung stellen bisweilen die Einheit her. Er motiviert mehr aus äussern Anlässen als aus innern Gründen. Oft merkt man aus einer Andeutung, dass er die Problematik kennt, aber sie verschweigt, um nicht gelehrt zu dozieren. Die zeitgenössische Kritik klagte, man sei mächtig durch die buntbewegte Oberfläche angeregt, aber man komme im Allzuvielen nicht zurecht. Wohl beugt Vulliemin dem Tadel mit dem Einwand vor, zu viel Genauigkeit könnte der Wahrheit schaden. Er straft sich selber durch Verallgemeinerungen, die seiner Feinheit nicht würdig sind, wenn er etwa den Satz aufstellt: die Kirche pflanzt kein Kreuz, ohne dass sich daneben ein Banner erhebt.

Vorweg kommt das Hauptproblem zu kurz. Vulliemin lässt die Eidgenossenschaft von 1550–1700 einen Tiefstand bis zur Lebensunfähigkeit durchlaufen. Warum fiel sie nicht auseinander, welches waren die Heilkräfte? Darauf antwortete er mit einer transzendentalen Schau: die Eidgenossenschaft das Geschenk, das Wunder Gottes. Solcher Glaube ehrt den wackern Eidgenossen; vom Historiker erwartet man andere Rechenschaft. Einerseits taucht er jene Zeit in Grau und Öde, anderseits freut er sich an ihrem farbigen Volkstum und ihren bewegten Vorgängen. Es behelligt ihn nicht, wie und mit welchen moralischen und materiellen Mitteln der Staat besteht und sich durchsetzt, was überhaupt Politik ist. Hier ist er wie Hottinger beruhigt und optimistisch. Glutz kommt dem Prekären, dem Fragwürdigen der Politik näher.

Vulliemins Werk erregte im In- und Ausland Aufsehen. Die ersten Federn in Deutschland, in Paris und in der Schweiz würdigten es als ein literarisches Ereignis. Könige reichten dem Verfasser ihre Auszeichnungen.

Vulliemin wandte seine Studien nun der engern Heimat zu. Für das Sammelwerk *Historisch-geographisch-statistisches Gemälde der Schweiz* bearbeitete er 1849 das *Tableau du Canton de Vaud* und widmete 1851 dem *Schloss Chillon* eine Monographie. Beide erfuhren mehrere Auflagen. Er behandelte das Leben zweier hervorragender Waadtländer aus neuerer Zeit: *Le doyen Bridel, essai biographique*, 1855, und *Un magistrat suisse, Auguste Pidou, Landammann du Canton de Vaud*, 1860. Pidou war ein Führer der werdenden Waadt zu Beginn des Jahrhunderts. Auch hier passt sich Vulliemin dem Thema an, ohne sich zu verlieren: das Sittliche, nicht das Politische ist der Mittelpunkt dieser politischen Biographie. Doch ringt er mit dem politischen Problem, das zum Wesen der Schweiz gehört, mit dem Föderalismus. Er hat in seiner Schweizergeschichte die Zerrissenheit früherer Jahrhunderte beklagt; aber er versteht auch den Föderalismus seiner Waadtländer zu deuten und zu verklären.

Mit sechsundsiebzig Jahren kehrte er noch einmal zur Schweizergeschichte zurück und schrieb in geistiger Spannung eine *Histoire de la Con-*

Charles Monnard, 1790–1865.

Louis Vulliemin, 1797–1879.

Tafel 48.

fédération suisse in zwei Bänden 1875/76. Sie geht von den Pfahlbauten bis zum Bundesstaat von 1848. Er gibt eigene Studien, nicht Kompilation und enthüllt, wie man um 1870 die Schweizergeschichte nach dem Stand der Forschung und den geltenden Anschauungen betrachtete. Obschon er in der Einleitung ein Bekenntnis für die Sage ablegt, so erzählt er doch die Gründung der Eidgenossenschaft nach den neuen Ergebnissen. Das Urteil über das 16. und 17. Jahrhundert wird nicht gemildert, das Ganze des Volkes, Gesittung, Kunst und Wirtschaft mit leichten, sicheren Strichen berührt. Es spielt der alte Zauber, der immer noch mit Vereinfachungen auf Kosten der Genauigkeit wirkt. Immer noch denkt er in Tatsachen, die seiner Einbildungskraft entgegenkommen, setzt er die hohen Regungen der Seele in eine Anmut um, die weiten Kreisen eingeht. Als rasch eine zweite Auflage nötig wurde, besorgte sie sein Verehrer Pierre Vaucher mit den notwendigen Berichtigungen.

In den *Souvenirs racontés à mes petits-enfants*, die 1871 erschienen, konnte Vulliemin sein, wie er war: Geist, Güte, Gottvertrauen. Der Hauch eines gesegneten Erdentages weht den Leser an.

Abraham Ruchat: Histoire de la Réformation de la Suisse, hg. v. *Louis Vulliemin;* 2 Bde., Nyon/Paris 1835–38. – *Le Chroniqueur;* Lausanne 1836. – *Histoire de la Confédération suisse aux 16e et 17e siècles;* 3 Bde., Lausanne 1841/42. – *Geschichte der Eidgenossenschaft während des 16. und 17. Jahrhunderts,* übersetzt v. *Joh. Jak. Hottinger;* Zürich 1842–45. (Johannes von Müller Geschichten schweizerischer Eidgenossenschaft Bde. 8–10.) – *Historisch-geographisch-statistisches Gemälde der Schweiz; Tableau du Canton de Vaud;* Lausanne 1849. – *Chillon;* Lausanne 1851. – *Le doyen Bridel, essai biographique;* Lausanne 1855. – *Un magistrat suisse, Auguste Pidou, Landammann du Canton de Vaud;* Lausanne 1860. – *Souvenirs racontés a mes petits-enfants;* Lausanne 1871. – *Histoire de la Confédération suisse;* 3 Bde., Lausanne 1875/76, 2. Auflage 1879.

CHARLES VULLIEMIN: Louis Vulliemin d'après sa correspondance et ses écrits; Lausanne 1892. – WALTER L. KELLER: Louis Vulliemin, schweizerischer Historiker aus der Waadt; Jahrb. Schw. Gesch. 23, 1898, S. 1 ff. – PIERRE VAUCHER: Louis Vulliemin; Rev. hist. vaud. 11, 1905, S. 500ff. – HANS C. HUBER: Grosse Darstellungen der Schweizergeschichte; Zürich 1960, S. 53 ff.

Charles Monnard 1790–1865

Er wuchs in Bern auf, wo sein Vater, ein Waadtländer, eine bescheidene Stelle bekleidete. Jung wurde er mit den beiden Hauptsprachen und Hauptstämmen des Landes vertraut. Not begleitete seine Kindheit. Der Vater starb früh, und der Sohn siedelte mit der Mutter nach Lausanne über, wo er Theologie studierte. Nachdem er mehrere Jahre in Paris als Erzieher gedient hatte, erhielt er 1816 die Professur für französische Literatur an der Akademie zu Lausanne. Mit unbedingter Selbständigkeit bot er Neues, das wie der Umsturz hereinbrach. Vulliemin schildert in den Souvenirs die Überraschung, das Entzücken der Hörer. Seine Vorlesungen waren Enthüllungen aus einer neuen Welt; übertrug er doch mit vertiefter Seelenkunde die junge Methode der vergleichenden Betrachtung auf Literaturen, Völker und Zeiten. Seine Freudigkeit zur Arbeit befähigte ihn zu schier übermenschlichen Leistungen. An Begabung kam er Müller am nächsten, an Lebenskraft übertraf er Müller und die Fortsetzer. Seine Seelenstärke hatte bestürmende Wucht; Vulliemin spricht von seinem starken und heroischen Schlag. Monnards erste öffentliche Gänge legten Probe davon ab. Eben meldete sich die Erweckungsbewegung, der die amtliche Vernunftreligion nicht genügte. Er schloss sich ihr nicht an; aber als sie von Regierung und Volk verfolgt wurde, stritt er mit seinen reichsten Gaben für die Freiheit der Überzeugung. Die Regierung stellte ihn dafür 1829 in der Professur ein; er hielt seine Vorlesungen privat und hatte grössern Zudrang denn je. Die Regeneration von 1830 gab ihm die Führerstellung in der Waadt. Er behielt die Professur bei. Als massgebender Redner im Grossen Rat, als Redaktor des *Nouvelliste*, als Vertreter der Waadt auf der Tagsatzung entwickelte er eine bewunderte Persönlichkeit. Damals lernte er sich als Staatsmann führen. Das Kirchengesetz von 1839 knickte seine politische Laufbahn. Umsonst kämpfte er für die Glaubensfreiheit. Gegen sich hatte er Druey, der ebenso hervorragend ausgestattet und ihm darin überlegen war, dass er die Volksherrschaft bei ihren Leidenschaften zu nehmen wusste. Die Unduldsamkeit siegte im Gesetz. Als Druey mit der Revolution vom 14. Februar 1845 die Gewalt an sich riss, legte Monnard seine Professur nieder und übernahm die Pfarrei Montreux, in der Hoffnung, still seine Geschichtsstudien zu fördern. Doch gleich brach der Streit zwischen der Kirche und dem Staat in der Waadt offen aus, und Monnard wurde des Amtes enthoben. Er diente der freien Gemeinde von Clarens als Prediger. Wie er eines Sonntags im Dezember 1845 im Talar den Gemeindesaal betreten wollte, wurde er von radikalen Regierungsrotten misshandelt. Ein Schrei der Entrüstung ging durch die gebildete Welt, König Friedrich Wilhelm IV. übertrug ihm die Professur für französische Literatur an der Universität Bonn. Monnard wirkte dort noch neunzehn Jahre in ehrenvoller Tätigkeit; aber die Sehnsucht nach der undankbaren Heimat liess sein Glück nicht mehr völlig werden.

In die Zeit, da Monnard die Heimat meiden musste, fällt seine grosse historiographische Leistung. Seine Musse hatte bisher nur zu kleinen Arbeiten, so zu den *Biographien von Laharpe und Johannes von Müller* gereicht. Er übersetzte 1837–1840 Müller und Glutz ins Französische. Das Haus Ballimore in Paris gab ihm den Auftrag, das Werk mit der Darstellung der Jahre 1715–1815 abzuschliessen. Seine *Histoire de la Confédération Suisse* erschien 1842–1851 in fünf Bänden. Die erste grosse Schweizergeschichte wurde im Ausland vollendet. Monnards und Vulliemins Teile wurden gleichzeitig ins Deutsche übersetzt, so dass das ganze Werk 1853 in beiden Sprachen vorlag.

Monnard hatte den Ehrgeiz, den Stoff möglichst aus erster Hand zu bieten. Es erstaunt, wie viel und wie einsichtig er gelesen hat. Er schöpfte aus privaten, kantonalen und aus den Pariser Archiven. Er ist in der Gestaltung freier als Vulliemin. Während dieser den Ereignissen fast annalistisch getreu folgt, scheidet und fasst er den Stoff nach höheren Gesichtspunkten zusammen. Er hat eine echte innere Gruppierung, die klärt. Er behandelt Ereignisse und Zustände getrennt und behält doch stets ihre natürliche Verbindung im Auge. Er macht sich selbst zum Historiker und erwirbt das Rüstzeug ohne Fachschulung; nur das Schwerste gelingt ihm nicht, die Beherrschung seiner Fähigkeiten. Das hängt mit seiner Natur zusammen. Sie war aus trefflichen Grundstoffen gebildet, aber nicht einheitlich.

Monnards Geist war stark und reich, seine Einbildungskraft mühelos, sein Temperament feurig und ausdauernd. Sein Mut führte ihn auf die Gefahrposten der Öffentlichkeit. Seine Vaterlandsliebe bestand die Probe im Ausland: von Bonn aus erschienen ihm die Schweizerdinge nicht geringer als von Lausanne aus. Aus seiner staatsmännischen Erfahrung brachte er das Augenmass für die Wirklichkeit des Staates und des politischen Kampfes mit. Seinen Geschichtssinn bekundete er mit sechsundzwanzig Jahren, als er auf dem Katheder zu Lausanne die Literatur aus dem Zustand eines Volkes und der Seelenhabe begnadeter Menschen aufsteigen liess. Indem sich zu diesen Vorzügen noch die ursprüngliche Kraft des Schriftstellers gesellte, entwickelte sich eine Persönlichkeit, die stärker war als die übrigen Fortsetzer Müllers, als Müller selbst, die aber nicht zum Ausgleich gelangte, weil sich in ihr Geschichtssinn und Gesinnung stritten. Das wog um so schwerer, als er in der Einleitung erklärte, die Wahrheit gehe dem Vaterland voran. An Monnard fühlt man, was Genialität in der Geschichtsschreibung ist.

Sein Geschichtssinn drängte auf reines Verstehen des Vergangenen, wurde aber mit Anschauungen von dogmatischem Rang belastet, die er ungeprüft übernehmen musste, nämlich, dass die Demokratie des 19. Jahrhunderts schon die Urform der Eidgenossenschaft gewesen sei, dass die Reformation zur Freiheit des Menschen, nicht zur Ehre Gottes geschaffen worden sei und dass die Schweiz seit 1550 das alles verleugnet habe und darum entartet und entseelt worden sei. So legte es die Gesinnung dem Geschichtssinn auf, und diese Gesinnung stammte aus der Aufklärung. Monnards geistiger Mensch datiert aus dem 18. Jahrhundert. Seine Begeisterungsfähigkeit ging mit dem besten Gut der Aufklärung eine Verbindung ein, die den Menschen adelte, den Politiker befeuerte, den Historiker aber ablenkte. Er war von Anlage dem Spiritualismus geneigt. Nicht die Ereignisse, sondern die darunter liegenden Ideen sind ihm der wichtigste Gegenstand der Geschichte. Noch mehr, die Geschichte ist ihm Erkenntnis des Guten und des Bösen, die sittliche Ordnung, während der Entwicklungsgedanke nur angedeutet wird. «Die Menschenseele bleibt immer der erste Spieler auf der Schaubühne der Geschichte.»

An der Aufklärung bildet Monnard seine führenden Begriffe von Christentum, Humanität, Freiheit und Demokratie. Freiheit ist ihm das Grundgesetz der Schweiz, und er verwirft das 17. und 18. Jahrhundert, weil sie von ihr abgefallen seien. Er findet seinen Trost darin, dass in der verschütteten Tiefe des Volkes ein unzerstörbarer Herd noch Wärme und Leben spende. Wie sehr sein Freiheitsbegriff ein Vernunftpostulat ist, wird er nicht inne, denn er mengt ihm einen traditionalistischen Zug bei, den

Föderalismus. Das bestimmt seine Haltung zum Hauptanliegen seiner Gegenwart: Staatenbund oder Bundesstaat. Er tritt für den Staatenbund, aber auch für die eidgenössische Universität ein, weil er in den Schweizern mehr eine Kulturnation denn eine Staatsnation sieht. Für ihn ist das Leben eines Kantons unvertilgbar. Vom Föderalismus aus periodisiert er die Zeit, die er darzustellen hat. Ihrem natürlichen Gesetz abtrünnig, verfällt die Schweiz im 18. Jahrhundert der Auflösung. Die beleidigte Natur, das Organ der Vorsehung, rächt sich und zerstört die alte Eidgenossenschaft. Diese erleidet unter fremder Gewalt eine erkünstelte Einheit. Die Schweiz zerbricht sie, um zum angeborenen Föderalismus zurückzukehren. Die Einheit seiner Auffassung beruht also auf christlich geläuterten, föderalistisch ermässigten Vernunftpostulaten, die der immanenten Kritik nicht eben hold waren.

Das ist nun das Wertvolle an Monnards Werk, dass Forschung und Erfahrung diese Einheit zerbrachen und dass an den Bruchstellen echte Vergangenheit emporquoll. Bei seinen Archivstudien entdeckt er erstaunt in den Papieren der gnädigen Herren hochherzige Gedanken und väterliche Gefühle. Er wirft ihnen vor, sie hätten ihren Verruf selbst verschuldet, weil sie sich ins Staatsgeheimnis gehüllt hätten. Die Aristokratie aber betrachtet er als einen geschichtlichen Irrtum, den er seelisch berichtigt. Er verkennt ihre Herkunft aus den Notwendigkeiten der Vergangenheit, ihre staatsbildende Bedeutung für den Aufbau der Eidgenossenschaft. Nicht warnt es ihn, dass die Fortschritte der Gesetzgebung und der Gesittung in den Aristokratien, nicht in den Landsgemeindedemokratien des 18. Jahrhunderts zu finden waren und dass die Zeitgenossen jenen vor diesen den Vorzug gaben. Die Aristokratien hatten eben keine Verfassung, die nach dem Glauben seines Jahrhunderts das Glück der Völker verbürgt. Soviel aber wird er inne, dass die aristokratische Schweiz, die nach seinen Begriffen hätte auseinander fallen sollen, durch eine geheimnisvolle Kraft zusammengehalten wurde, die er nicht näher bezeichnet.

Aber noch von einer andern Seite her kommt er über die herrschenden Ideen hinaus. Mit der Aufklärung teilt er die Verehrung der Natur, die Freiheit und Freistaat schaffe; er hängt an dem Glauben, dass das Volk nicht Unrecht haben könne. Aber aus den politischen Erfahrungen, die mit seiner Verdrängung aus der Heimat enden, geht ihm die Verantwortungslosigkeit des Volkes auf. Schwer löst er sich vom alten Glauben, bis er bekennt: «Der Geist der Freiheit ist nicht in demokratische Formen eingegrenzt.»

Monnard bietet mehr auf als seine Vorgänger, um die Vergangenheit zu deuten. Ihm schwebt die Erfassung aller Lebensbedingungen vor, aus denen sich der geschichtliche Prozess entwickelt, Recht, Religion, geistige Bewegung, Überlieferung, Sitte, Lebenshaltung, Kunst, Wissenschaft, Industrie und Landwirtschaft. Nach Talent und Neigung gibt er dem Geist den Primat unter den geschichtlichen Mächten und stellt ihn in den Mittelpunkt, von dem aus die Vielheit der Erscheinungen bewegt und zusammengehalten wird. Der Wurf ist gross, die Ausführung kommt ihm nicht völlig nach, obschon er über die dürftige Motivenlehre der Aufklärung hinausgeht. Weder kann er aus dem durchwaltenden Antrieb des Geistes die Einheit überzeugend aufsteigen lassen, noch sich der einzelnen Gebiete bemächtigen. Das Wirtschaftliche liegt ihm überhaupt nicht, und es fehlten die Vorarbeiten, die ihm hier das Eindringen erleichtert hätten. Das Aufkommen einer leistungsfähigen Exportindustrie im 18. Jahrhundert erklärt er mit der schweizerischen Freiheit, die den Gewerbefleiss begünstige. Der kapitalistische Zug der neuen Industrie, ihr Kampf mit den Zünften, der Rückschlag auf die Politik entgehen ihm. Das wirtschaftliche Problem stellte sich namentlich in den Verfassungswirren, die Genf im 18. Jahrhundert erschütterten, mit spannender Gewalt. Die bürgerliche Mittelschicht kämpfte gegen die aristokratische Oberschicht und gab damit der politisch rechtlosen und wirtschaftlich zurückgesetzten breiten Unterschicht der Natifs ein Beispiel, das sich gegen sie selbst wandte. Monnard misst die Vorgänge an dem Freiheitsbegriff und billigt der Mittelschicht die innere Berechtigung zu, die aristokratische Ordnung zu stürzen, um diesen Begriff zu erfüllen. Dagegen wendet er sich gegen die Erhebung der Natifs, weil sie mit ihren sozialen Forderungen die Errungenschaften der Mittelschicht bedrohen. Die Grenzen, die ihm weltanschaulich gesetzt sind, werden sichtbar.

Bei seiner spiritualistischen Richtung war Monnard vorzüglich berufen, die grosse Bewegung des Jahrhunderts, die Aufklärung, zu würdigen. Zwar stand er ihr zeitlich zu nahe, um sie unter den Jahrhunderten ganz auszufinden, um ihren Ansatz und Ausklang, ihre epochemachende Grundgewalt für das menschliche Bewusstsein und die siegreiche Wende des Geistes scharf herauszuheben. Aber warmherzig und menschheitsgläubig ahnt er, was er noch nicht voll erfasst. Die Helle, die das Jahrhundert durchflutet, wirft einen Glanz auf seine Darstellung; es zittert in ihr der jubelnde Aufbruch neuer Fähigkeiten, das Aufspringen verschütteter Quellen nach. Wohl wendet er den neuen Gedanken nicht mit allseitigem Nachdruck auf das Ganze des Lebens an, aber er verfolgt ihn ergriffen und zukunftverheissend in der Wissenschaft, der Literatur, der Kunst, der Erziehung und im Natursinn. Die Aufklärung erfüllt ihn mit der herrschenden Spannung, während er die andern zeitgenössischen Einflüsse, die Romantik, Hegel und Comtes Positivismus, trotz seiner Aufgeschlossenheit nicht zulässt. Freilich am Ende seines Lebens hat er den Glauben verabschiedet, dass die Menschheit sich selbst erlösen könne.

Monnard trat dem Staat näher als seine Vorgänger, widmete ihm aber doch nicht die durchdringende Erforschung, die seine eigene bedeutende politische Laufbahn erwarten liess. Das war nicht Enttäuschung oder Gleichgültigkeit, sondern eher schweizerische Veranlagung, in der Verschiedenes zusammentraf, die Abneigung gegen theoretische Betrachtung, die Scheu, mit rücksichtslosen Gedankengängen naturhafte und geistige Grundkräfte zu scheiden, eine gewisse kleinstaatliche Ideologie des Rührmichnichtan. Es sind Mächte der Vergangenheit, die hier über den Historiker geboten. Dazu trat bei Monnard noch sein aufgeklärter

Individualismus. Ihn beschäftigte die Spitze des Staates, die Regierungsform, nicht die Stärke und Wirksamkeit der Staatsgewalt, ihre Ausstattung und Organisation. Er war überzeugt, dass das Problem des Staates mit der Verfassung gelöst sei; ja, er war von dem zeitgemässen Doktrinarismus nicht allzu fern, dass der Staat um der Verfassung willen da sei. Dass der Staat sein besonderes gewaltiges Dasein über alle Verhältnisse hinweg habe, davon hatte man damals noch nicht die Vorstellung. Monnard trägt keine entwickelte Staatslehre vor. Die Einheit seines Staatsdenkens wird durch die Freiheit gegeben, die er als Aufklärer individualistisch, humanitär, moralisch und als Historiker aus volksmässiger Überlieferung begründen kann. Diese Vereinfachung erspart ihm die Fragen, wie weit der Staat überhaupt mit den Menschenrechten bestehen kann, wie er sich mit der Kirche zu vertragen hat. Wo bei ihm Ansätze von Systematik sichtbar werden, verraten sie, dass er doch seinen Individualismus unterordnet. Er geht von einer Volksvernunft aus, die irgendwie der «volonté générale» Rousseaus verwandt ist.

Monnard war berufen, die Helvetik und die Mediation, da die Schweiz von Frankreich abhängig war, zu schildern. Er ist ergriffen von den neuen Grundsätzen und entsetzt über ihre gewaltsame Anwendung auf die Schweiz. Er erhebt sich mit freiem Schwung über den Realismus der Macht. Er hat noch manchen Wortführer der Helvetik gesprochen. Auch den neuen Gang der Staatsgeschäfte, den Parlamentarismus, die Parteien, die Öffentlichkeit, kennt er aus eigener Erfahrung. Er versteht es, die Stimmung in den Räten zu unterscheiden. Er widmet dem Auf und Nieder der parlamentarischen Willensbildung eindringliche Schilderungen und bereichert sie mit bedeutsamen Schattenrissen aus dem Volk und seiner Auslese. Man spürt den Staatsmann, der hohe Verantwortung getragen hat. Er hat ein feines Gefühl für die Schändungen des Geistes und den Mut, gegen sie sich zu erheben. Hier ist er aller Steigerung fähig und empfindet die Dynamik der Geschichte als Menschheitstragödie. Zuviel muss er verabschieden, was ihm teuer gewesen ist. Was ihm die höhere Lust erhält, ist die Überzeugung, dass die Freiheit in der Schweiz sich wiederfinden muss. Unter den Parteien steht er den Republikanern, der gemässigten Richtung der Usteri, Escher und Kuhn nahe, weil aus ihnen das unverfälschte Gedankengut der Aufklärung in die Wirklichkeit drängt. Was ihn von den Republikanern trennt, ist ihr Bekenntnis zum Einheitsstaat. Er ist Föderalist und versteht nun, dass das Lebensgesetz der Schweiz nicht in Paragraphen gebracht werden kann. Er bezeichnet dieses Gesetz als die Einheit des Gefühls in der Verschiedenheit der Volksstämme. Wie in den früheren Teilen des Werkes der Gedanke, so ist nun für die Helvetik die Mässigung sein Kennwort. Gegenüber Frankreich ist er Schweizer. Er durchschaut, dass die Franzosen aus ihren Bedürfnissen heraus die alte Ordnung in der Schweiz zerstörten, und lehnt die verschleiernden Deutungen anderer ab. Das öffentliche Elend, das die französische Besetzung zur Folge hatte, belegt er mit Zeugnissen aus der französischen Literatur; er kann hier Bonaparte und dessen Bruder Lucien das Wort erteilen. Er ahnt, welche Bedeutung die militärisch erfolglosen Aufstände der Innerschweiz für die Zukunft der Schweiz haben sollten. Ihre Erhebung aus tiefem Fall ist ihm das Unterpfand des schweizerischen Lebensrechtes.

Obwohl Monnard im Vorwort kein leichtes Lesen in Aussicht stellt, so stattet er doch sein Werk mit durchhaltender Spannung aus, ohne je den Ton höherer literarischer Art preiszugeben. Er arbeitet mit den grossen Mitteln seines Reichtums. Er wirkt nicht mit dem bunten Nebeneinander der Tatsachen, sondern mit den grossen Linien, die zur Einheit führen. Unerschöpflich ist die Fülle der Vorstellungen und Beziehungen, von einer natürlichen Beredsamkeit, einer durchgebildeten Sprachgewalt bedient, die das Licht wie den leisen Schatten des Gedankens wiedergibt. Über dem Glanz übersieht man bisweilen die trefflichen Bildnisse, die er im Vorbeigehen entwirft. Die Echtheit ist verbürgt durch die seelische Haltung, die sich selbst dem Werk darbringt. Das ist das Besondere an Monnard, dass er in Geistessphären Heimatrecht gibt, wo man meint, allein zu sein, die feinste Schmeichelei, mit der er den Leser umwirbt und auszeichnet.

Es brauchte siebzig Jahre, bis die erste moderne Schweizergeschichte vorlag. Müller gab den ersten Band 1780 heraus, Monnard schloss 1851 ab. In dieser Zeit blieben sich die Vaterlandsliebe und die Methode gleich. Die Methode ging darauf aus, den Stoff aus den ersten Quellen zu sammeln, mit Seelenkunde und Sittlichkeit auszutiefen und in einer Darstellung von geschmackvoller und gepflegter Form aufquellen zu lassen. Nach Temperament, Schärfe, Kritik und Gesichtspunkten unterschieden sich die Verfasser; über allen lag der Hauch einer grossen klassischen Überlieferung. Die Methoden aber, die eine stärkere Ausbeutung des Stoffes erlaubten, mussten erst noch vom Ausland übernommen werden. Der Berufshistoriker war im Werden.

Notice biographique sur le général Frédéric-César de la Harpe; Lausanne/Genève 1838. – *Biographie de Jean de Muller;* Paris/Lausanne 1839. – *Histoire de la Confédération Suisse;* 1–5, Paris/Genève 1842–51. – Deutsche Übersetzung: *Geschichte der Eidgenossen während des 18. und der ersten Decennien des 19. Jahrhunderts;* Zürich 1847–53.

Gallerie berühmter Schweizer der Neuzeit, hg. v. ALFRED HARTMANN; 1, Baden 1868, Nr. 52. – CHARLES SCHNETZER: Charles Monnard et son époque; Lausanne 1934. – KURT STIEFEL: Werte in der schweizerischen Geschichtsschreibung des 19. Jahrhunderts; Schw. Stud. Geschichtswiss. 20, Zürich 1942, S. 76ff. – HANS C. HUBER: Grosse Darstellungen der Schweizergeschichte; Zürich 1960, S. 61ff. – MARGUERITE RUSILLON: Autour de Charles Monnard; Rev. hist. vaud. 68, 1960, S. 24ff. – SVEN STELLING-MICHAUD: Sismondi et les historiens suisses; Schw. Zeitschr. Gesch., 1971, S. 290ff.

Joseph Planta 1744–1827

Dieser rätoromanische Auslandschweizer hat Müller zwar auch fortgesetzt, aber vor allem popularisiert. Er studierte an verschiedenen deutschen Universitäten sowie in Utrecht Sprachwissenschaft, verfasste bemerkenswerte philologische Abhandlungen und folgte seinem Vater als Bibliothekar am British Museum, wo er zum Chief Librarian aufrückte; daneben führte er das anspruchsvolle Sekretariat der königlichen Gesellschaft der Wissenschaften. Auch als nunmehr britischer Staatsbürger bekundete er viel Anhänglichkeit an seine schweizerische Heimat. Er plante zunächst eine Übersetzung des bewunderten Werkes von Müller ins Englische. Aber nach der gewaltsamen Abtrennung des Veltlins von seinem Heimatkanton Graubünden und nach dem von ihm ebenso beklagten Sturz der Alten Eidgenossenschaft veröffentlichte er 1800 eine Gesamtgeschichte der Schweiz bis auf seine Zeit, die zweibändige *History of the Helvetic Confederacy* aus eigener Feder, jedoch in starker stofflicher Abhängigkeit von Müller. In seinem ersten Teil ist das Werk nicht viel anderes als ein Auszug aus Müllers Geschichten schweizerischer Eidgenossenschaft. Müller vertraute einem Freunde an, Planta sei, wo er aufhöre sich auf ihn zu stützen, häufig unrichtig, im Urteilen manchmal schief, in Betrachtungen zuweilen schwatzhaft; und doch lese er ihn mit Vergnügen. Im Jahr 1807 erschien eine zweite, zum Teil auf Müllers Anregungen hin verbesserte Ausgabe mit einem Nachwort *A View of the Restoration of the Helvetic Confederacy*. Mit Plantas Werk ist dem englischen Publikum die schweizerische Vergangenheit nahe gebracht worden. Einwirkungen auf Schriftsteller wie Walter Scott und auf Staatsmänner wie Castlereagh, Canning, Wellington lassen sich nachweisen.

The History of the Helvetic Confederacy; 2 Bde., London 1800. Second Edition in drei Bänden, London 1807.

The Dictionary of National Biography 45, London 1896, S. 398. – ARNOLD LÄTT: Joseph Planta; Grosse Schweizer; Zürich 1938, S. 359ff. – FRIEDRICH PIETH: Bündnergeschichte; Chur 1945, S. 287. – EDGAR BONJOUR: Studien zu Johannes von Müller; Basel 1957, S. 116f.

Jean Charles Léonard Simonde de Sismondi 1773–1842

Dieser Genfer gehört zwar nicht zu den Fortsetzern Müllers, wohl aber zu den von ihm am stärksten Angeregten. Nach dem Sturze des Patriziats seiner Heimatstadt verbrachte Sismondi seine Jugendjahre im englischen und italienischen Exil. Dann schloss er sich dem Kreis um Frau von Staël an, mit der er als Liberaler und Freihändler gegen Napoleons politisches und ökonomisches System frondierte. In Coppet lernte er den seit langem verehrten Geschichtsschreiber der Eidgenossen kennen, den er in der Vorrede zu seinem Hauptwerk «le plus grand historien de nos jours» nennt. Aus den Blättern der Schweizergeschichte war ihm die Flamme der Freiheitsidee entgegengelodert, in Müllers Berliner Schrift über Europa im Mittelalter hatte er dankbar eine neue Würdigung des mediävalen Italien gelesen, und aus Müllers Berner Vorlesung konnte er über die Wirksamkeit der italienischen Stadtrepubliken bei der Ausbildung der europäischen Freiheitskonzeption Entscheidendes vernehmen. In diesen Schriften waren die Gedanken eingefangen, die Sismondi zu seinem Lebenswerk entzündeten, wie er selber bezeugte. Nach gründlichem Studium von

Muratoris Quellenwerk und nach Forschungen im Archiv von Lucca schrieb er von 1807–1818 sein 16bändiges Werk *Histoire des Républiques italiennes*, wovon die ersten vier Bände in Zürich erschienen. Sismondi stellte hier die Föderation italienischer Stadtrepubliken – wie es Müller mit dem Bund eidgenössischer Orte getan hatte – als werdende Nation dar, belebt von der Freiheitsidee: «Mein Werk, Frucht einundzwanzigjähriger Arbeit, ist der Ausdruck eines einzigen Gedankens und eines einzigen Gefühls, die mich mein ganzes Leben lang erfüllt haben.» Die italienischen Stadtrepubliken hätten die Fremdherrschaft abgeschüttelt und sich frei geschlagen; deshalb sei es eine Ehre, einem kleinen Staat anzugehören, meinte er. Zum ersten Mal wurde in seinem Werk die italienische Geschichte von 1100–1500 als ein Ganzes dargestellt. Das hat auf den italienischen Liberalismus, das Risorgimento und die Einigung Italiens als mächtiger Ansporn gewirkt. Zum ersten Mal auch ist hier die Bezeichnung Renaissance gebraucht worden, womit Sismondi die Neugeburt der italienischen Stadtfreiheit verstand. Später verwendeten Michelet und Burckhardt diesen Ausdruck für die Gesamtheit des italienischen Lebens jener Epoche.

Nachdem Sismondi all die Jahre hindurch der Fronde gegen Napoleon angehört hatte, bekehrte er sich nun zu dem aus der Verbannung zurückgekehrten Kaiser, weil dieser Frankreich eine liberale Verfassung gab, die weitgehend Sismondis freiheitlichen Anschauungen entsprach. Der Fall Napoleons und die Folgen davon für Frankreich schmerzten ihn, so sehr liebte er nun seine zweite Heimat. Der Erforschung und Darstellung ihrer Geschichte widmete er den Rest seines Lebens. Von 1821–1842 gab er in 29 Bänden die *Histoire des Français* heraus. Sie ist nicht auf originalem Quellenmaterial aufgebaut und war keine Entdeckung wie die Geschichte der italienischen Republiken, bedeutete aber gegenüber ihren Vorgängerinnen doch in verschiedener Hinsicht einen Fortschritt. Es fällt auf, dass Sismondi die Wirtschaft, deren Einfluss und Macht er wie kaum ein zweiter seiner Zeit ermass, nicht als bestimmendes Element in seine Geschichtsdarstellung einbezogen hat. Seine nationalökonomischen Spekulationen liefen nebenher, sind ins kommunistische Manifest von 1848 eingeflossen und noch von Lenin als Wirtschaftsromantik bekämpft worden.

Histoire des républiques italiennes du moyen-âge; 16 Bde., Zürich/Paris 1807–18, 4.Aufl., Bruxelles 1826. – *Geschichte der italienischen Freistaaten im Mittelalter;* Zürich 1807–24. – *Nouveaux principes d'économie politiques ou De la richesse dans ses rapports avec la population;* 2 Bde., Paris 1819. – *Histoire des Français;* 29 Bde., Paris 1821–42.

AMÉDÉE ROGET: Sismondi; Galerie Suisse, hg. v. Eugène Secrétan; 2, Lausanne 1876, S. 435 ff. – JEAN-R. DE SALIS: Sismondi 1773–1842. La vie et l'œuvre d'un cosmopolite philosophe; Paris 1932. – Sismondi. Discours prononcés à l'Aula de l'Université de Genève le 18 février 1943. – PETER STADLER: Geschichtsschreibung und historisches Denken in Frankreich 1789–1871; Zürich 1958, S.82 ff. – CARLO PELLEGRINI: Il Sismondi e Napoleone; Ginevra e l'Italia; Firenze 1959. – WILLIAM E. RAPPARD: Economiste genevois du XIXe siècle; Genève 1966. – SVEN STELLING-MICHAUD: Sismondi et les historiens suisses; Schw. Zeitschr. Gesch. 1971, S. 282 ff.

Da Müllers Werk nur langsam fortgesetzt wurde und für den Grossteil der Leser zu umfangreich war, so benötigte das Verlangen nach Geschichte, das durch die grossen Umwälzungen kräftig angeregt worden war, knappe Zusammenfassungen. Hier konnten die verschiedenen Grade von Begabung und Gewissenhaftigkeit in Wettbewerb treten.

Ludwig Meyer von Knonau 1769–1841

Er gehörte einer regierenden Familie von Zürich an, die seit Jahrhunderten die Gerichtsherrschaft Weiningen besass. Seine Jugendjahre teilte er zwischen Stadt und Land und verband die beste Bildung der Aufklärung mit den Eindrücken eines patriarchalischen Familienregimentes. Kräftig und entschlossen überwand er das Widerspruchsvolle, das ihm der Wandel der Zeit zumutete. Er war der Schweizer Historiker, der die in strengem Wechsel sich ablösenden Epochen, Aristokratie, Helvetik, Mediation, Restauration und Regeneration, nicht nur bewusst erlebte, sondern ihnen auch in öffentlichen Ämtern diente. Durch Jahrzehnte gehörte er der zürcherischen Regierung an, trat aber in der Politik wenig hervor, weil sein Herz der Wissenschaft verfallen war. Er brachte ihr die Unbefangenheit entgegen, mit der er sich in allen Lagen seines Lebens als humaner Mann der mittleren Linie behauptete. Selbststudium und Reisen führten ihn in die Geschichte und in die Heimatkunde ein. Er arbeitete gerne mit der Feder und veröffentlichte Juristisches, Biographisches und Volkskundliches. In den letzten Jahren des Augenlichtes entbehrend, diktierte er seine *Lebenserinnerungen*, die ein Enkel 1883 herausgab. Ein Auftrag des Verlages Orell Füssli wurde der Anstoss zu dem *Handbuch der Geschichte der Schweizerischen Eidgenossenschaft*, das 1826 und 1829 in zwei Bänden erschien.

Meyer verwandte sieben Jahre auf die Vorstudien, da er bei seinem schwachen Gesicht fremder Augen und Hände bedurfte. Das gesammelte Innenlicht ist denn auch kräftiger am Werk als die äussere Anschauung. Er sucht keine gefällige Annäherung an den Leser, sondern will ihn «zur Nachahmung des Grossen, Ruhmvollen und Guten» anleiten. Er gibt eine knappe Übersicht über die Schweizergeschichte von Caesar bis in die Gegenwart und zieht alle Verhältnisse heran, wenn schon der Nachdruck auf der Politik ruht. Sein Wissen hält sich an die damalige Forschung, so dass man bei ihm ihren Stand ablesen kann. Er gibt manches unrichtig, aber nichts willkürlich wieder. Die Herrschaft der Römer empfindet er trotz des kulturellen Fortschrittes als Erniedrigung. Die Alemannen sind ihm die zerstörungssüchtigen Wildlinge, die den vorhandenen Ansatz der Kultur knickten. Die Gründung der Eidgenossenschaft erzählt er mit Johannes von Müller nach der Sage: Die Waldstätte hätten sich 1308 gegen den harten Druck der habsburgischen Vögte empört. Je mehr er in der Zeit heraufkommt, desto zuverlässiger wird sein Bericht, obschon er nach dem Beispiel von Aegidius Tschudi und Johannes von Müller einer gewissen Entelechie erliegt: Die fertige und unabhängige Schweiz schwebt ihm stets vor Augen und bestimmt das Urteil. Schmerzbewegt enthüllt er das düstere Sittengemälde der italienischen Feldzüge. Dass die militärische Überlegenheit damals die grössere Schweiz verhiess, verkennt er; die Entschlossenheit seines Denkens geht nicht über das Wunschbild des unabhängigen Kleinstaates hinaus. Die Reformation nimmt er als Aufklärer unergriffen. Er weiss zwar, dass es um das Schriftprinzip geht; aber er wertet mehr das politische Ergebnis, die Trennung von Rom, als das religiöse Verlangen. Er übt Duldsamkeit bis zu dem Punkt, wo die Schwärmerei der Vernunft gefährlich wird; Täufertum und Pietismus lehnt er ab. Es entspricht seiner freigeistigen Haltung, dass er die epochemachende Bedeutung des Konzils von Trient nur berührt. Trotzdem er sich um Geistesgeschichte bemüht, schüttelt er mit seinen Zeitgenossen die barocke Kultur wie einen überstandenen Irrtum ab. Der Ausdruck Gegenreformation fällt überhaupt nicht.

Dagegen springen seine Quellen im 18. Jahrhundert auf. Hier ist er verwandt und verfügt über selbständige Erfahrungen und Einsichten, weil seine Jugend in die letzten, beglückten Jahrzehnte vor der Revolution fiel. Geniessend ergeht er sich im «Zeitalter des Emporstrebens», sein Herz öffnet sich im Überschwang. Wie er aber in die Zeit nach 1789 übergreift, knöpft er sich zu und behilft sich mit einer wertfreien Sachlichkeit, die er damit begründet, dass es der Zukunft zukomme, die Gegenwart in ihrer wahren Gestalt zu erkennen. Man muss schon aus ein paar huschenden Glossen verstehen, dass er die Helvetik ablehnt und die Mittellösung der Mediation anerkennt. Freier äussert er sich über soziale Zustände, und da vernimmt man überrascht, dass um 1820 Sorgen umgingen, die wir für die besonderen unserer Tage halten, die hohe Verschuldung der Landwirtschaft, die Gefahr der Überschulung der Jugend, Aufwand, der das Heiraten über das passende Alter hinausschob.

Bei der Bedeutung, die Meyer von Knonau zukommt, ist es ein Gebot, ihn auf der Stufe der Geschichtsschreibung auszufinden, die ihm seiner Veranlagung und seiner Zeit gemäss zukommt. Was tragen Altes und Neues an der Wende, die er erlebt, zu seiner historischen Bildung bei? Sein geisterfülltes Wesen gewährt tiefe Einblicke. Er ist frei von kantonaler Einseitigkeit. Er kann seine Vaterstadt Zürich sogar zu streng beurteilen und eine hohe Auffassung von der Staatskunst Berns bekunden. Die Freiheit ist ihm die höchste Beziehung; von ihr aus gewinnt er seine Ehrfurcht vor der Vergangenheit, trifft er seine Wahrnehmungen. Nun ist der Freiheitsbegriff von jeher für die schweizerische Geschichtsschreibung massgebend gewesen, aber sein Inhalt wechselte. Als dauerhafte Bestandteile lassen sich erkennen die Sicherung vor Willkür von innen und aussen, die persönliche Fähigkeit, das Recht zu bewegen, und die Abwehr der Ungebühr. Diese Vorstellungen vertrugen sich mit konfessioneller Unduldsamkeit und politischen und gesellschaftlichen Unterschieden. Das lebt bei Meyer nach; aber er gibt der Freiheit doch einen erfrischten Inhalt:

Menschenrechte, Herrschaft der Bildung, nicht Demokratie. Sein Freiheitsbegriff fällt nicht mit Rousseaus Gesellschaftsvertrag zusammen, obschon er das Unvergängliche Rousseaus fühlt: «Ungeachtet mancher Paradoxien sprach Rousseau für Erziehung und Politik Wahrheiten aus, die auch für spätere Jahrhunderte nicht verloren seyn werden.»

Doch glaubt Meyer nicht an den besten Staat. Er urteilt von den altschweizerischen Demokratien, sie seien rachsüchtiger als die Monarchien, und von den Aristokratien, sie hätten den eigennützigen Missbrauch der Verwaltung zäher behauptet als die Monarchien. In der Welt seiner Vorstellungen streiten sich Freiheit und Staat, aus der Überzeugung, dass der Kleinstaat nur in der Freiheit seine Berechtigung habe. Stärkung der Staatsgewalt kann ihn herausfordern. Er verwirft die Reformen, mit denen Bürgermeister Waldmann den zürcherischen Staat befestigen wollte: «Die fiskalischen und selbstherrscherischen Grundsätze Carls des Kühnen und Ludwigs XI., welche von dieser Zeit an vielen gefielen, hatten auch ihn und seine Mitarbeiter erfasst. Dieses System bedenkt nicht, dass der Staatsgenosse nicht nur Mittel, sondern auch Zweck sein will.» Die Beschränkung, die Zürichs Regierung 1779 dem überwuchernden Weinbau auferlegte, reizt ihn zu dem Ausfall: «Verbothe sind gerade so anzusehen, als wenn man jedem Menschen ein gewisses Mass von täglicher Nahrung vorschreiben wollte, weil unstreitig manche zu viel essen und trinken.» Das ist nicht Manchestertum, sondern von der alten Freiheit aus gedacht. Im Gesamtbild, das er von der Vergangenheit versucht, übergeht er die Geschichte der Staatsinstitutionen.

In der Unruhe der Helvetik, in der Ungewissheit der Mediation, da so viele Charaktere und Gesinnungen zergingen, da es der Rechtschaffenheit und dem höheren Verlangen schwer wurde, sich zu behaupten, da gewann Meyer seinen Halt an der antiken Stoa, die ihn über das schweizerische Denken hinausführte. Sie befähigt ihn, das Heimische in das Allgemeine zu deuten. Mit der Stoa lehrt er den «haushälterischen Gebrauch der Freiheit». Er ist misstrauisch gegen alles, was nach Menge aussieht. Von der Stoa aus bricht er mit dem Optimismus, den sonst die Geschichtsschreibung aus dem besonderen Glück der Schweiz nährte: «Wo ist die Geschichte, welche nicht mehr traurige als erfreuliche Gemählde liefert?» Hier spricht die nationale Heimsuchung zu Beginn des Jahrhunderts mit. Sie drängt ihn in eine innere Vereinsamung, wo er sich mit der Vergänglichkeit der Schweiz vertraut machen muss. Während sonst in den politischen Glauben des Schweizertums ein objektiver Idealismus, der im Ganzen aufgeht, einbedungen ist, richtet er sich an dem subjektiven Idealismus auf, den ihm die stoische Tugend gibt. Doch das bestimmt nicht ganz sein Verhältnis zur Persönlichkeit. Es ist wenig in das schweizerische Bewusstsein eingegangen, dass der Einzelne die Geschichte mache. Unsere ältere Geschichtsschreibung ist der Ausdruck davon: Sie vernachlässigte das Individuelle. Auch als der Humanismus den Sinn für das Persönliche erzog, blieb sie spröde; die Biographie darbte noch im 18. Jahrhundert. Meyer ist hier eingestimmt. Er setzt die bewegende Kraft der Persönlichkeit kaum ein; er kommt ihr nur von der Tugend aus entgegen. Er versteht sittliche, nicht dämonische Charaktere. Hans Waldmann lässt ihn kühl, ebenso Georg Jenatsch: «Niemahls ersetzen grosse Eigenschaften den Mangel der Rechtschaffenheit.» Es ergibt sich weniger aus seiner Eigenart als aus der Mittellage des schweizerischen Empfindens, dass er sich der Macht der grossen Persönlichkeit verschliesst.

Meyer bezeugt der Vergangenheit seine Ehrfurcht durch die Sorgfalt, mit der er den Stoff sammelt und bereitet. Er muss mit dem Erkenntnisproblem gerungen haben; denn über die Nachahmer Müllers fällt die tiefe Bemerkung: «Nicht weniger gefallen sich Viele, jedes Zeitalter ohne Berichtigung in ihren Erzählungen mit all seinen Vorurtheilen und irrigen Ansichten auftreten zu lassen, und glauben, Müllern dadurch zu erreichen.» Er ahnt die Spannung zwischen dem immanenten und dem transzendenten Massstab. Er weiss, vieles wäre in der Geschichtsschreibung anders aufzufassen; aber er kann es noch nicht. Am wenigsten hätte er bei der Romantik Rat geholt. Mehr als das Erkenntnisproblem beschäftigt ihn die Kunst der Darstellung. Der Aufbau seines Handbuches ist von der hohen Aufgabe bestimmt, die durchgehende Bewegung des Gesamtlebens sinnhaft zu machen; aber in der Verknüpfung ist er bisweilen noch unsicher und fällt in die Annalistik zurück. Er will richtig, aber nicht schön schreiben, im Gegensatz zu Müller und seinen Nachfolgern. Es ist nicht Beifall, wenn er über Müller urteilt, dieser sei, von der Muse der Geschichte geleitet, in die Bahn der historischen Schriftsteller getreten. Er hat das Gefühl, dass es Zeit sei, Klio zu verabschieden. Wenn er auch von zwei Lösungen die bewegtere und farbigere vorzieht, so gestattet er doch seiner Einbildungskraft nicht, dem Leser mit blossen Reizmitteln entgegenzukommen. Er arbeitet auch nicht mit den intuitiven Fähigkeiten, die den erloschenen Verbindungslinien zwischen den Ereignissen nachspüren. Dagegen hat er den sicheren Blick des Vernünftigen, der mit der Empirie die Erscheinungen erfasst.

Das Handbuch erschien in zweiter Auflage, weil es einem Bedürfnis genug tat.

Handbuch der Geschichte der Schweizerischen Eidgenossenschaft; 2 Bde., Zürich 1826–29. – *Lebenserinnerungen,* hg. v. *Gerold Meyer von Knonau;* Frauenfeld 1883.

GEROLD MEYER VON KNONAU: Ludwig Meyer von Knonau; ADB 21, Leipzig 1885, S. 621 ff.

Niklaus Friedrich von Mülinen 1760–1833

Seine Geburt wies ihn in den Staatsdienst, da er einer ritterbürtigen Familie der bernischen Aristokratie angehörte, Sohn eines Schultheissen war. Ihm wurde ein reicher, empfänglicher Geist zuteil, der auf der Universität Göttingen durch vielseitige Studien Förderung empfing und in seinen Bildungen den Wandel der Zeit zurückstrahlte. Von den Vorfahren erbte er das gehobene Standesbewusstsein und den Sinn für die vaterländische Vergangenheit, wie denn sein Grossvater und sein Vater den Grundstock zur berühmten Bibliothek von Mülinen legten. Dem 18. Jahrhundert verdankte er die Humanität und die innere Bewegung, die ihn zu wissenschaftlicher Forschung befähigte. Entscheidend wurde seine Begegnung mit Johannes von Müller, der sich 1785 in Bern aufhielt und ihn für die Geschichte gewann. Der Umsturz von 1798 unterbrach seine öffentliche Laufbahn. Er trug auf dem Schlachtfeld die Waffen gegen die Franzosen und wurde ausgeschaltet. Auf der Konsulta zu Paris empfing er 1802 von Bonaparte Beweise eines Vertrauens, das er nicht zu erwidern vermochte. Das wiedererstandene Bern berief ihn 1803 zu Beginn der Mediation als Schultheiss an die Spitze des Staates. Die Mediation genügte seiner politischen Auffassung, da er mit der aristokratischen Ausschliesslichkeit gebrochen hatte und das Heil des Landes in der lebendigen Gemeinschaft aller Schichten sah. In der Mediation waren auch die Landleute an den Staatsgeschäften beteiligt. Seine schwankende Gesundheit nötigte ihn 1806, die Schultheissenwürde niederzulegen. Der Umschwung von 1813 berief ihn wieder in die vorderste Reihe. Er vertrat Berns Sache vor den verbündeten Monarchen und kämpfte zu Hause gegen die ausschliessliche Aristokratie für die politische Berechtigung des Landvolkes. Zur Beruhigung der Verhältnisse übernahm er wieder das Schultheissenamt und versah es unter Gesundheitsopfern bis 1827, da er endgültig zurücktrat.

Mülinen hatte nicht die Leidenschaft, die nur der Genuss der Macht stillt. Das verlieh ihm einen Rang über die Politik hinweg. Seine edlen Sitten, der Hauch von grosser Welt, der von ihm ausging, empfahlen ihn der europäischen Gesellschaft. Fremde, die in Bern einsprachen, fragten zuerst nach ihm; Fürsten genossen seine Gastfreundschaft im reizenden Bächigut bei Thun. Er pflegte die Geschichte nicht als Liebhaberei, sondern in enger Beziehung zu seiner politischen Tätigkeit. Er empfand die Unsicherheit alles Rechtes, die seit der Revolution Europa innerlich auflöste. Hier keimte seine Auffassung: Fortdauer des Rechts unter zeitgemässer Weiterbildung. Er trachtete nach der Vereinigung der Gleichgesinnten und gründete am 17. Dezember 1811 zu Bern die Schweizerische Geschichtforschende Gesellschaft, die Mitglieder aus allen Teilen der Schweiz umfasste. Da die Schweiz damals dem Gebote Napoleons unterworfen war, sollte der Verein den gesunkenen Geist der Zeit beleben. Mülinen hoffte, «dass das bei manchem Schweizer durch den Geist der Zeit eingeschläferte Hochgefühl für Nationalsinn, Nationalfreiheit und Nationalehre wieder geweckt werden könne». Eben lösten sich die alten Korporativverbände auf; eine Neugruppierung der Gesellschaft hob an. Hatte früher die Geburt den Zusammenhang gegeben, so wurde er jetzt von der Gesinnung und der Neigung bestimmt. Die Geschichtforschende Gesellschaft gab das Beispiel, indem sie über die Kantonsschranken hinwegging. Sie stellte sich die Aufgabe, Zeugnisse der schweizerischen Vergangenheit zu sammeln, und gründete eine Zeitschrift, den *Schweizerischen Geschichtforscher*.

Mülinen hat seine Auffassung von der Geschichte wiederholt ausgesprochen, so in der Präsidialrede von 1817. Er sieht ihre Aufgabe darin, die Gegenwart aus der Vergangenheit verständlich zu machen, da ein Einzelleben zu kurz sei, um die Summe der Erfahrung zu ziehen; die Vergangenheit könne der Gegenwart den eidgenössischen Sinn mitteilen. Damit deutet er seine Vorliebe unter den Zeiten an: sein Herz schlägt für die Vergangenheit.

Er gibt eine Probe im *Versuch einer diplomatischen Geschichte der Reichsfreiherren von Weissenburg im Bernischen Oberlande*, mit dem er 1812 den ersten Band des Geschichtforschers eröffnete.

Nicht nur entwirrt er in sorgfältiger Forschung ein dunkles Stück Mittelalter, sondern er ist in das Land seiner Träume entrückt, wo er die feste Rechtsordnung findet, die er in der willkürgeschüttelten Gegenwart vergebens sucht. Der Zug des Herzens schafft die sonntägliche Stimmung, die Sehnsucht verklärt das Bild, wenn er das verworfene Mittelalter in Schutz nimmt, von den «klugen und gütigen Herren in jenen sogenannten Zeiten des Lehenszwangs» spricht und den letzten Freiherrn im einsamen Simmental mit der Anmut einer patriarchalischen Herrschaft umgibt. Er ist der Romantiker unter den Historikern. Er findet, dass wenig Arbeiten über das Mittelalter mehr Licht verbreiten als Dynastengeschichte, und macht damit in der Gesellschaft Schule. Nicht die Macht, die er aus Erfahrung kennt, sondern das Recht ist Gegenstand seiner Untersuchung. Wenn er schon wegen Kränklichkeit und Staatsdienst nicht mit weiteren Arbeiten hervortrat, so hatte er doch seine unersetzliche Stelle: Er ist der grosse Anreger, der mit dem Adel seiner Gesinnung und seiner Hingabe eine leuchtende Spur in der Forschung hinterliess. Wurstemberger und von Rodt gehen unmittelbar auf ihn zurück.

Versuch einer diplomatischen Geschichte der Reichsfreiherren von Weissenburg im Bernischen Oberlande; Schw. Geschichtforscher 1, 1812.

JOHANN NIKLAUS WURSTEMBERGER: Lebensgeschichte des Schultheissen Niklaus Friedrich von Mülinen; Schw. Geschichtforscher 9, 1837. – GEORG VON WYSS: Niklaus Friedrich von Mülinen; ADB 22, Leipzig 1885, S. 783 ff. – FRÉDÉRIC CÉSAR DE LA HARPE: Beitrag zur Lebensgeschichte des Nicolaus Friedrich von Mülinen; Bern 1837. – GEORG VON WYSS: Niklaus Friedrich von Mülinen; Slg. Bern. Biogr. 2, Bern 1896, S. 631 ff. – HANS GUSTAV KELLER: La Chartreuse. Der Landsitz des Schultheissen Niklaus Friedrich von Mülinen; Thun 1941. – Hundert Jahre Allgemeine Geschichtforschende Gesellschaft der Schweiz 1841–1941; Festschr. Bern 1941.

Johann Ludwig Wurstemberger 1783–1862

Dieser Berner Patrizier kam spät, nach seiner Verdrängung aus dem Staatsdienst, zur Geschichte. Früh bewährte er sich in öffentlichen Ämtern und legte eine schöne militärische Laufbahn zurück, die ihn als Oberstquartiermeister in die Leitung des Bundesheeres führte. Er hatte die Vorzüge der bernischen Art in herbem Umriss; er vereinfachte seine Verhältnisse auf das Unentbehrliche, um einer unbedingten Gesinnung zu leben, die zu jedem Opfer gerüstet war. Hatte er in der Restauration als liberaler und freimütiger Patrizier gegolten, so trat er doch 1831 aus dem Staatsdienst zurück, weil er die Regeneration als Rechtsbruch verurteilte. Aber in unerschütterlichem Drang, Nützliches zu leisten, suchte er sich die Vergangenheit aus, da ihm die Gegenwart versagt war. Mit fünfzig Jahren nahm er auf seinem Landsitz in Bern das Geschichtsstudium auf. Er hatte eine freie, aber keine wissenschaftliche Bildung erhalten und verfügte über schöne Kenntnisse in den Sprachen und Realien. Mit strenger Selbstzucht und einem Geschichtssinn, der sich in dunklen Fernen zurechtfand, erschloss er sich den Weg. Es bleibt erstaunlich, wie er sich und die Wissenschaft bereicherte.

Er widmete dem *Schultheissen von Mülinen* im neunten Band des Geschichtforschers ein Lebensbild, das zu den dauerhaften literarischen Denkmälern Berns gehört. Herzenssache wurde es ihm, Berns Geschichte zu schreiben. Schon hatte er mit einer Monographie über die Grafen von Bucheggdie Einleitung dazu gegeben, als politisches Misstrauen ihm die Benützung des bernischen Staatsarchivs verwehrte. Da verfasste er auf Betreiben seiner gelehrten Freunde in Turin, besonders Cibrarios, die grosse Monographie *Peter der Zweite, Graf von Savoyen, Markgraf in Italien, sein Haus und seine Lande*, die 1856–1858 in vier Bänden erschien. Im Vorbericht gewährt er Einblick, wie er sich das Weltgeschehen verdeutlicht. Er geht von jenem persönlichen Idealismus aus, der die Zuflucht der Abgedrängten ist. Er nimmt an, dass die Welthändel vom Individuum bestimmt werden. Damit scheint er nur eine psychologische Kausalität anzuerkennen, scheinen ihm die überpersönlichen Mächte, die Luftströmungen, die ein Zeitalter lenken, fremd zu sein. Und doch ist er einer weitern Auffassung fähig, nur dass die Elemente des Verstehens bei ihm unvermittelt nebeneinander liegen, die Klippe des Autodidakten. Er weiss, dass Verhältnisse stärker sein können als Persönlichkeiten, nennt er doch Peter einen Menschen, «dessen äussere Geschickesgaben mit ihren inneren Naturanlagen in keinem Verhältnis stunden». Damit kam die Behandlung des Persönlichen ins Gleichgewicht: sie beseelte den Stoff und vermied die Gefahr, mit blosser Psychologie die Einheit herzustellen und aufzuhellen, wo die Quellen versagen.

So stolzen Bekennermut Wurstemberger der Gegenwart bezeigt, der Vergangenheit naht er bescheiden und mit erlaubten Mitteln. Er sichert sich durch ein gewaltiges Studium der Quellen; er versäumt nichts, was einen Glimmer Licht ins Dunkel werfen könnte, und hält sorgfältig Befund und Hypothese auseinander, um nicht die Dinge klarer zu machen als die Quellen gestatten. Er macht sich mit dem Recht, der Wirtschaft, den Münzen vertraut und wird in der Chronologie so fertig, dass er ein Datum aus dem 13. Jahrhundert im Kopf auflöst. Vor lauter Handwerksehrlichkeit verfehlt er fast seine Absicht: Er gibt weniger eine Biographie Peters als eine Geschichte des Hauses Savoyen im 13. Jahrhundert. Und doch tritt er nicht ganz hinter seinen Stoff zurück. Mit einer scharfen Gegenwartsnote hebt er etwa die Bedeutung des Lehenswesens heraus, das «von dem unwissenden und parteiisch befangenen Aufklärungsdünkel unserer Zeit ungerecht beurtheilt und behandelt wurde».

Das Werk fand grosse Anerkennung; aber Wurstemberger wurde seiner nicht recht froh, weil er einem fremden Gegenstand Jahre geopfert hatte, die eigentlich der heimischen Geschichte gehörten. Er hatte ursprünglich an einer Frühgeschichte der Schweiz bis zu den Zähringern gearbeitet, aber das Manuskript unfertig liegen lassen. In den Siebzig stehend, nahm er es wieder vor und erneuerte es nach dem Stand der Forschung. Der Tod verhinderte die Vollendung; Freunde gaben das Werk 1862 zweibändig als *Geschichte der Alten Landschaft Bern* heraus. Der Titel besagt zu wenig. Wohl gilt Wurstembergers Augenmerk dem Aaregebiet; aber eine innere Notwendigkeit und der Stand der Quellen führten ihn dazu, über die ganze Schweiz ins klare zu kommen. Als erster unternimmt er es, die Frühgeschichte unseres Landes bis zum Erlöschen der Zähringer in wissenschaftlichem Zusammenhang darzustellen, indem er alte und neue Forschungen heranzieht. So benützt er die Pfahlbaugrabungen wie die von Mommsen gesammelten römischen Inschriften. Vergleicht man die Voraussetzungen mit dem Ergebnis, so ist Erstaunen berechtigt. Wieviele falsche Vorstellungen muss er hinwegräumen, um die Frühgeschichte unseres Landes neu aufzuführen. Wieder bewähren sich die Vorzüge seiner wissenschaftlichen Zucht, sorgfältiger Umgang mit den Quellen, losgelöste Versenkung, scharfe Unterscheidung zwischen dem Belegbaren und bloss Denkbarem, sinnvolle Verknüpfung der erkennbaren Beziehungen. Dabei nimmt er es mit einer ganzen geltenden Glaubwürdigkeit auf, wenn seine Spürkraft ihn auf das Richtige führte, und übt doch die Vorsicht, dass er nur mit dem genügenden Beweis verwirft, was er vorfindet. Er nimmt einiges auf, was die spätere Forschung nicht mehr halten wird, wie er denn gegen Heiligenlegenden zuviel Nachsicht übt. Er beherrscht den weiten Stoff mit ungezwungener Gliederung und weiss an passender Stelle den Gang der politischen Geschichte zu unterbrechen, um Überblicke über Recht, Sitte und Wirtschaft einzulegen. Da er sich sicherer fühlt als in der savoyischen Geschichte, gibt er dem Herzen mehr Freiheit zu Ausfällen auf die Gegenwart, auf Mode und Volkston, vor denen zu allen Zeiten Recht und heller Verstand hätten weichen müssen. Ja, er steigert sich zu höchster geschichtlicher Verrechnung: «Die göttliche Vergeltung kennt keine Verjährung», und wandelt das am Schicksal der französischen Königshäuser von den Merowingern bis zu den Bourbonen ab.

Auch darin war er in die Nachfolge Mülinens getreten, dass sein Landhaus der Mittelpunkt eines eingestimmten Kreises und die Verbindungsstelle zwischen Osten und Westen der Schweiz wurde, wo man mit Gewinn einkehrte.

Lebensgeschichte des Schultheissen Niklaus Friedrich von Mülinen; Schw. Geschichtforscher 9, 1837. – *Peter der Zweite, Graf von Savoyen, Markgraf in Italien, sein Haus und seine Lande;* 4 Bde., Bern/Zürich 1856–58. – *Geschichte der Alten Landschaft Bern;* 2 Bde., Bern 1862.

EMIL BLÖSCH: Johann Ludwig Wurstemberger; ADB 44, Leipzig 1898, S. 343 f. –
RUDOLF VON DIESBACH: Johann Ludwig Wurstemberger; Slg. Bern. Biogr. 4, Bern
1902, S. 115 ff.

Bernhard Emanuel von Rodt 1776–1848

Auch an ihm enthüllte die Schicksalswende von 1798, wieviel tüchtige und standhafte Bildung im herrschenden Patriziat Berns verbreitet war. Liebe zum Kriegerstand, geschichtliche Studien und Abneigung gegen die Revolution erfüllten seine Jugend. Als Artillerieoffizier focht er 1798 im Grauholz und suchte nach dem Fall Berns den Kampf gegen die Franzosen ausserhalb der Schweiz. Er trat 1800 in das schweizerische Regiment Rovéréa in englischem Sold und führte im Mittelmeer die Waffen gegen die Franzosen. 1802 kehrte er nach Bern zurück und diente dem wiederhergestellten Kanton in verschiedenen Ämtern zugleich, da ihn sein eingezogener Fleiss und seine anspruchslose Einfachheit zu ausgedehnter Tätigkeit befähigten. Besonders zog ihn das Sekretariat des Kriegsrates an. Mit der Regeneration von 1831 trat er in das Privatleben zurück, die Ereignisse verurteilend, aber mit frommem Sinn das Unwillkommene hinnehmend. Er kam nicht erst mit der Musse zur Geschichte, sondern hatte schon unter den Ämtern im Archiv geforscht. So konnte er 1831 mit dem ersten Band der bernischen Kriegsgeschichte den Abschied von der amtlichen und den Eintritt in die wissenschaftliche Tätigkeit nehmen.

Schon die alte Regierung hatte erfahren, dass seine Anspruchslosigkeit mit viel Freimut gepaart war. Dieser wurde nun zum Wahrheitswillen des Historikers. Seine Ehrlichkeit warnte ihn vor der Zeitgeschichte, da er sich hier befangen fühlte. Seinen Stoff suchte er in der Vergangenheit Berns. Für seine historische Bildung war er auf die eigene Anstrengung angewiesen. Seinem Takt und guten Vorbildern vertrauend, vermied er die Fehler des Autodidakten.

Die Geschichte des Bernerischen Kriegswesens von der Gründung der Stadt Bern bis zur Staatsumwälzung von 1798 erschien 1831 und 1834 in zwei Bänden. Vorarbeiten fehlten ihm. Aus der Literatur gewann er das Allgemeine, aus dem Staatsarchiv das Bernische, wobei ihn ein gutes Gefühl für den Rang der Quellen, die monographische Ausscheidung und Zusammenfassung des Stoffes leitete. Das ältere Kriegswesen, noch bei Müller von Bewunderung umschimmert, wird in die Versachlichung gezogen. Was könnte das wissenschaftliche Nachleben der Aufklärung mehr bestätigen, als dass dieser altgesinnte Mann ihre Erkenntnisform, die Entwicklungslehre, wie selbstverständlich auf das bernische Kriegswesen überträgt? Er gibt die Organisation in ihrer Wandlung und die massgebenden Ereignisse als Beispiel dazu. Die Realkritik an den Quellen überwiegt die philologische. Der bald gemessene, bald bewegte Ton lässt keine Laune und Manier zu; man merkt, dass er seine Alten gelesen hat. Wenn auch die Forschung in verschiedenem weiter gekommen ist, so ist er heute doch noch der Wegweiser auf diesem Gebiet. Das Urteil waltet frei, auch für die Zeit, da sein Stand regierte. Die Wandlung des Heerwesens wird bis in die

Einzelheiten, Waffen, Kleidung, Sold, Rüstung, Hilfsanstalten, Exerzitium und Taktik, aufgezeigt, ebenso der langsame Schritt der Neuerung, der hinter dem Heerwesen der Nachbarstaaten einherwankte. Ein Mangel liegt im Werk, dass das Staatliche zu wenig mit dem Militärischen verglichen wird. Aber die ergiebigen Adern sind doch angeschlagen.

Unter der Arbeit war ihm der Wunsch aufgestiegen, den Höhepunkt bernischer Kriegstüchtigkeit, den Burgunderkrieg, besonders darzustellen, da er erkannte, dass dieser zu sehr in die Schweizergeschichte eingegrenzt, sein europäischer Hintergrund zu sehr vernachlässigt worden war. Eben war Gingins mit neuer Beleuchtung der Schuldfrage hervorgetreten. Das Werk, das 1843/44 zweibändig herauskam, benannte er *Die Feldzüge Karls des Kühnen... und seiner Erben*. Der Krieg mit den Schweizern bildet das breite Mittelstück, dem die erste Regierungszeit Karls als Einleitung vorangeht und das Schicksal seines Nachlasses als knapper Nachtrag folgt. Er plante eigentlich eine Studie über das erste stehende Heer, das Karl schuf. Der Nachdruck ging dann auf die Politik über, so dass die Einheit des Werkes durch die französischen Versuche, die Juralinie zu erreichen, gegeben wurde. Rodt lernte den Krieg als Ausdrucksmittel der Politik einschätzen, und darin liegt das geistesgeschichtliche Interesse. Er hält Karls tragische Gestalt als Mittelpunkt des Empfindens und der Beziehungen mit einem Wahrheitswillen fest, der vom nationalen Stolz nicht gehemmt wird. Gestützt auf seine aufschlussreiche Forscherarbeit, namentlich im bernischen Staatsarchiv, geht er über eine ganze schweizerische Literatur, die Karl verdammt, hinweg und betrachtet die Dinge auch von der burgundischen Seite, eine Selbstentäusserung, die ihm mit der Ausweitung des Gesichtsfeldes gelohnt wird. Für die Quellenkritik bringt er die erste Voraussetzung, die innere Unabhängigkeit, mit. Er entdeckt die Parteilichkeit des bernischen Amtschronisten Schilling und die Befangenheit des Philippe de Commines, der in seinen bewunderten Denkwürdigkeiten sein Überläufertum rechtfertigen muss. Als Erster schöpft er aus einer Quelle ersten Ranges, den Depeschen des mailändischen Gesandten Panigarola, der Karl auf seinen Feldzügen begleitete; er verdankte die Abschriften der Gunst des Fürsten Metternich. Schon das verlieh dem Werk Neuheit. Da sie ihm für den ersten Band noch nicht vorlagen, trägt er das Wichtige daraus im Vorwort zum zweiten nach.

Über die Ursachen des Burgunderkrieges entzweiten sich schon die beiden zeitgenössischen Chronisten Berns, Schilling und Anshelm. Schilling betrachtet den Krieg als eine nationale Notwendigkeit; Anshelm betont den Anteil Ludwigs XI. von Frankreich, der die Schweizer in den Krieg gegen Karl lockte. Rodt schliesst sich Anshelm an: Die Schweizer erscheinen ihm trotz ihres Ruhms als Werkzeuge französischer Pläne. Er beklagt es, dass der bernische Schultheiss Niklaus von Diesbach in den gifthauchenden Luftkreis Ludwigs XI. geraten sei, obschon er in Diesbach den schweizerischen Staatsmann erkennt, der am nachhaltigsten in die europäischen Verhältnisse eingegriffen hat. Es gibt Stellen, wo er versagt, weil er sich doch nicht völlig über den zeitgenössischen Stand der Problembehandlung erheben kann. So gibt er die Entwicklung des burgundischen Heerwesens, nicht aber die gleichlaufende Entwicklung des Staates, dessen Machtorganisation er in schweizerischem Sinne stark mit Gefühlsmomenten, Liebe und Abneigung der Untertanen, umlagert. Er begründet die Vorgänge nach dem Muster der Aufklärung mit individueller Psychologie und pragmatischer Motivdeutung. Aber er fühlt, dass das für die rätselhafte Persönlichkeit Karls nicht ausreicht: die glücklichsten Voraussetzungen der Macht, Herrschertugenden und doch um die Stirn das eiserne Band des Zwanges, das seine Unternehmungen mit Misserfolg schlug. Wenn er auch der Fülle der Probleme nicht völlig inne wird und nicht zur Erkenntnis durchdringt, dass das Verschwinden des burgundischen Zwischenreiches Europas Schicksal wurde, so ist er doch von der Grösse des Trauerspiels ergriffen und bekundet seine Ehrfurcht mit den Mitteln, die er von den Alten nimmt. Seine Schlichtheit befreit den Burgunderkrieg von den Überladungen Müllers. Dass im Burgunderkrieg jene Grossmachtstellung der Eidgenossenschaft anhob, die mit Marignano enden sollte, verzeichnet er ohne Erhebung, eher mit der leisen Missbilligung, die der schweizerischen Gewöhnung geziemt.

Geschichte des Bernischen Kriegswesens von der Gründung der Stadt Bern bis zur Staatsumwälzung von 1798; 2 Bde., Bern 1831–37. – *Die Feldzüge Karls des Kühnen, Herzogs von Burgund, und seiner Erben;* 2 Bde., Schaffhausen 1843/44.

JOHANN LUDWIG WURSTEMBERGER: Bernhard Emanuel von Rodt. Lebensbild; Bern 1851. – EMIL BLÖSCH: Bernhard Emanuel von Rodt; ADB 29, Leipzig 1888, S. 36ff. – RUDOLF VON DIESBACH: Bernhard Emanuel von Rodt; Slg. Bern. Biogr. 3, Bern 1898, S. 106ff. – PETER SULZER: Die Burgunderkriege in der schweizerischen Geschichtsschreibung; Schw. Stud. Geschichtswiss. NF 2, Zürich 1945, S. 169ff.

Johann Anton von Tillier 1792–1854

Dieser bernische Patrizier gehörte nicht dem Kreise Mülinens an, sondern wählte aus Berechnung und Selbstgefühl seinen eigenen Weg. Unter den erschütternden Eindrücken der Revolution brach er mit dem ausschliessenden Vorrecht seines Standes, blieb aber Aristokrat, der seinen Rang behauptet. Als Student erlebte er 1813 in Jena die Erhebung Deutschlands und suchte hingerissen nach hohen Entschlüssen. In den Vorlesungen Ludens fand er den Durchbruch zu seiner Bestimmung, als Geschichtsschreiber und Staatsmann seinem Volk voranzugehen. Nach Bern zurückgekehrt, wurde er gleich in den Wirbel der Ereignisse gerissen, aus denen die bernische Restauration hervorging. Er verurteilte sie, weil sie die Vorrechte des Patriziats zu sehr betonte; denn er durchschaute, dass das politische Kapital der Patrizier von der Zeit nicht mehr verzinst wurde. Aber da ihm die Politik Bedürfnis war, diente er dem Staat und sass im obersten Gerichtshof. Der Umschwung von 1831 überraschte ihn nicht, befriedigte ihn aber nicht. Er träumte von einer Herrschaft der Bildung, und es entstand ein Volksstaat mit derben Bedürfnissen. Er schloss sich ihm an und brach mit seinen Standesgenossen, die sich zurückzogen. Er prägte das ungerechte Wort vom Selbstmord des Patriziats, das ihm begierig nachgeschrieben wurde. Wenn ihn aber die Standesgenossen als Opportunisten verachteten, so bezeichnet ihn das nicht genügend. Er legte seine Laufbahn unter starken Vorbehalten zurück.

Da er persönliche Vorzüge einsetzen konnte, Arbeitskraft, ausgedehnte Kenntnisse, entwickelten Geist, die Fähigkeit des Wortes und der Repräsentation, auch die Unabhängigkeit, die ihm sein Vermögen gewährte, brauchten ihn die mangelhaft ausgestatteten neuen Männer. Er trat in die Regierung, übernahm diplomatische Sendungen ins Ausland und führte für Bern auf der Tagsatzung das Wort. Aber für die Würde des Schultheissen, die er erstrebte, fand er nie genug Stimmen. Ihm fehlte die Entschlossenheit zum Endkampf um die Macht, ihm fehlten die grossen Augenblicke der Selbstvergessenheit, die zum ersten Rang in jeder Hinsicht notwendig sind. Stets wahrte er sich eine Zuflucht, wo er nichts preiszugeben brauchte, obschon er sich wiederholt gegen den zudringenden Radikalismus mit Mut und Geschick einsetzte. Auch belastete es seine politische Laufbahn, dass er als Historiker die Forderungen des Tages mit dem Sinn der Vergangenheit abwog. Er sass noch 1848-1851 im ersten schweizerischen Nationalrat. Da er das neu aufkommende Parteiwesen missbilligte, wurde er schliesslich von allen Parteien verworfen. Als er 1851 bei der Neuwahl unterlag, verliess er die Heimat und starb als letzter seines Geschlechtes 1854 in Deutschland. Sein Nachlass blieb in fremden Händen zurück. Als Politiker gewann Tillier die Einheit der Auffassung nicht. Er diente dem Volksstaat und bewaffnete sich doch im Nationalrat mit dem Dichterwort: Die Stimmenmehrheit ist des Rechtes Probe nicht.

Tillier wurde durch eine frühe Neigung zur Geschichte hingezogen. Auch spürte seine feinere Begehrlichkeit hier eine Befriedigung heraus, die ihm die Politik versagte: Er lebte fort, wenn die Sieger des Tages verschollen sein würden. Er brachte eine gute Ausstattung mit, vielseitige Bildung, Ausdauer, die Kunst, den Arbeitstag auszunützen, das Geschick für das Handwerkliche, die Erfahrung aus dem politischen Leben und den Sinn für tiefe geschichtliche Beziehungen; zur Hauptsache war er Autodidakt. Er wurde Geschichtsschreiber, ehe ihn die Politik einzog, und veröffentlichte 1829 eine vierbändige *Geschichte der Europäischen Menschheit*, um aus der Gärung zur Klarheit zu kommen. Seine Hauptwerke fallen in die Zeit, da er politisch angestrengt war. Es erschien 1838 bis 1840 die *Geschichte des eidgenössischen Freistaates Bern von seinem Ursprunge bis zu seinem Untergange im Jahre 1798* in sechs Bänden. Daran schloss sich die Darstellung der schweizerischen Geschichte von 1798-1848 in Werken, die nach den verschiedenen Epochen, Helvetik (1798-1803), Mediation (1803-1813), Restauration (1814-1830) und Regeneration (1831-1848) abgeteilt waren, im ganzen elf Bände. Da die Geschichte des Freistaates Bern das Wesentliche von der ältern Eidgenossenschaft umfasst, so hat er die ganze Schweizergeschichte bis in seine Gegenwart behandelt, eine Leistung des schnell arbeitenden Geistes und der lasttragenden Geduld; denn er kompilierte nicht, sondern schöpfte aus den Quellen, aus den Archiven.

Wenn schon Tillier noch nicht um alle Geheimnisse weiss, die der Historiker der Vergangenheit abzufordern hat, so bewegt ihn doch die echte Sehnsucht, mit den Zeiten zu ringen. Nur nebenher läuft die Berechnung, den Zeitgenossen aus der Geschichte die Leitlinie zu geben. Er legt ein hohes Bekenntnis vom Beruf der Geschichtsschreibung ab: Keiner solle sich ihm widmen, der nicht sich selbst und dem Höchsten Reinheit zugeschworen habe. Sein inneres Leben stammt aus der Aufklärung und dem Christentum der Erlösung, ohne dass er den tiefen Zwiespalt unter den beiden empfindet; begegnen sie sich doch in der Humanität, die ihm als Massstab gilt. Schwerer macht er es sich, die eidgenössische Vergangenheit in eine einheitliche Vorstellung zu bringen. Er begeistert sich an der Heldenzeit der Ahnen und zerstört doch dieses Ideal. Er erkennt «das allmähliche Ausleben des alten, kräftigen Geistes der Eidgenossenschaft». Aber wie das Neue in der Helvetik kommt, verdammt er die Fremdherrschaft, «das Hauptunglück jedes Volkes». Er fühlt: Die Formen können wechseln; die Unabhängigkeit kann nicht gewechselt, sondern nur verwechselt werden. Und doch ist er von der Notwendigkeit der Umgestaltung überzeugt. Wie stellt er sie sich vor? Die Frage beschäftigt ebenso sehr den Politiker wie den Geschichtsschreiber Tillier. Die Tage der Aristokratie waren gezählt. Ihm schwebt die Herrschaft des Lichtes, der Humanität, die Vermählung von Sittlichkeit und Macht vor. Die Regeneration brachte die Volksherrschaft, die revolutionäre Gärung und die Agitation des erwachten Ehrgeizes. Da er bei dieser ungeahnten Begehrlichkeit für Staat und Kultur erbebt, erwächst ihm eine neue Auffassung, die nicht schweizerischer Denkweise entspricht. Er erkennt und schildert den Staat als ein für sich lebendes Wesen über die Gestaltungen der Gesellschaft, über den Wahn und die Begierde des Tages hinweg. Seine Gedankengänge kommen manchmal der Staatsraison nahe, wenn er schon kein Rationalist ist, sondern der Überlieferung und der Wirklichkeit vor der Konstruktion den Vorzug gibt. Sie sind nur ein Ausweg, Vergangenheit und Gegenwart gleichmässig zu durchdringen und zu versöhnen. Wenn auch seine Abneigung gegen vermehrte Volksrechte aus dem Entsetzen über die alles verschlingende demagogische Woge verständlich ist, so entfremdet er sich doch damit dem Volksmässigen, das im schweizerischen Geschehen eine offene oder stille Macht gewesen ist. Die Volksabstimmung über Gesetze schilt er einen Rückfall ins Mittelalter, von dem er die Auflösung des Staates befürchtet. Wenn auch der Bundesstaat von 1848 ein Lichtblick ist, der ihn noch einmal mit seinem Volk zusammenführt, so verliert sich doch der Schluss seines Werkes in Bitterkeit. Die wegwerfenden Urteile über die blind aufgeregte Menge, über den tierähnlichen Pöbel folgen sich. Da nun einmal die Wirklichkeit auf den reinen Gedanken neidisch ist, wird für ihn nicht das Volk, sondern der Staat die historisch bedingte Lebenseinheit. Sein Werk entsteht in einer Zeit, die er erduldet, nicht überwindet. Es ist mehr ein banger Seufzer als eine Hoffnung, wenn er den Leser mit dem Bekenntnis entlässt, nur Wahrheit und Gerechtigkeit in Gott könnten den jungen Bundesstaat erhalten.

Aber Tillier bleibt als Historiker ein Schweizer, und der schweizerische Geschichtsschreiber hat sich nie an der blossen Wesensschau ersättigt, sondern das Sein auf eine innere Stimme bezogen, die bald als Vaterlandsliebe, bald als Gottvertrauen, bald als Freiheitsdrang ertönt. Tillier bezwingt sein Herz nicht zur Gelassenheit, die Vergänglichkeiten zu ertragen, die auf dem Strom der Zeit dahertreiben. Und wenn er gar die Regeneration schildert, an der er auf wirksamen Posten teilnahm, so verfällt er in die Wallungen des erregten Selbstgefühls, die ihn freilich auch über die Bequemlichkeiten einer unpolitischen Ethik hinausführen. Sein Urteil ist oft ungerecht, namentlich über Personen, die ihm zuwider gelebt haben, aber es ist vom Parteimässigen unabhängig, weil er das aufkommende Parteiwesen als einen Schaden betrachtet. So nimmt er die Ereignisse, die 1833 zur Trennung von Stadt und Land im Kanton Basel führten, nicht als einseitiges Verschulden der Stadt, sondern legt den Nachdruck auf die Landdemagogie, die von der Tagsatzung ermutigt wurde. Er beklagt den Sonderbund als ein Unglück, aber er anerkennt, dass dieser in der Frage der Bundesrevision das formelle Recht für sich hatte.

Tillier hat das Auge für die Gesamtheit der Erscheinungen; ihre Triebkräfte ordnet er nach dem Idealismus seiner Bildungsepoche ein. Der Geist kommt voran. Gerne verfolgt er die Strömungen der Gesellschaft und die Wandlungen des Salons, da er die Geselligkeit als Ausdruck höheren Lebens, als Gradmesser der Gesittung bewertet. Dabei schlägt der Aristokrat durch: Die Männer der Helvetik und ihre zurechtgemachten Frauen kommen bei ihm nicht gut weg. Er schenkt dem Wirtschaftsleben viel Aufmerksamkeit, aber er weist ihm nicht den Rang an, den es heute in der Geschichtsschreibung hat. Die Wirtschaft verlegt er in die Privatsphäre und warnt vor Experimenten des Staates, wie er denn das Papiergeld als Gefährdung des Eigentums betrachtet. Weitlings Lehren bedeuten ihm das Ende der Gesittung. Den sozialen Gedanken möchte er nicht dem Staat, sondern der Humanität der Gesellschaft anvertrauen.

So sorgfältig Tillier den Stoff sammelt und durchdringt, so bequem macht er es sich mit der Form: Er reiht die Ereignisse am Zeitband auf. Dieser Rückfall in die Annalistik erleichtert ihm die Arbeit und erklärt den Umfang seines Werkes neben der politischen Tätigkeit. Er beschränkt sich auf eine kausal-psychologische Deutung der Erscheinungen und verzichtet auf ihre Gruppierung nach ihrem Sinn und Gewicht. In der Geschichte des Freistaates Bern bedient er sich der Schablone statt der Verflechtung, indem er Kultur, Geistesleben und Wirtschaft als besondere Abschnitte jedem Jahrhundert anhängt. Dagegen versucht er in der Geschichte der Helvetik eine Verknüpfung von Geistesgeschichte und Politik, so dass er sich hier der innern Einheit nähert. Wie in der Politik, so fehlt Tillier in der Geschichtsschreibung die letzte Energie, das Höchste zu geben.

Sein umfangreiches historiographisches Lebenswerk hat Tillier mit der dreibändigen *Geschichte der Eidgenossenschaft während der Zeit des sogeheissenen*

Fortschrittes abgeschlossen; sie ist postum 1854/55 erschienen. Hier bietet er eine Darstellung der Sonderbundsepoche, wobei er seinen Standpunkt vorsichtig zwischen den zwei ausschlaggebenden Lagern bezieht. Denn von beiden sei die gesunde, organische Entwicklung der Schweiz gestört worden. Der Bruderkampf wurde nach Tillier durch den Übermut der Parteien entfacht. Das Volk selber habe anfänglich keinen Krieg gewollt; er sei ihm durch die Führer der Extremen aufgeschwatzt worden, die fälschlich behauptet hätten, alle friedlichen Mittel zur Beilegung des Konflikts seien erschöpft. In den sonderbündischen Soldaten, deren Tapferkeit und Glaubenstreue Tillier rühmt, sieht er nicht Feinde, sondern übel beratene und falsch geführte Brüder. Deshalb kann er es nicht billigen, dass die Tagsatzung den besiegten Kantonen die gesamten Kriegskosten aufbürdet. Die gemahne ja an das Vorgehen des revolutionären französischen Imperialismus in den von ihm eroberten Ländern. Aus seiner geschichtlichen Kenntnis weiss Tillier, wie solche Massnahmen den Keim zu späteren Zerwürfnissen in sich tragen.

Tilliers Takt ist nicht ganz gesichert. Wohl entwirft er Bildnisse von Lebenden und Abgeschiedenen, die ein gutes Auge und Freimut bekunden. Aber in der Darstellung der Regeneration enthüllt er zu viel von den Gedanken, die er sich und den Zeitgenossen widmet. Seine Empfindlichkeit ist den Versuchungen, die hinter einer Zeitgeschichte lauern, nicht ganz gewachsen. Er nimmt sein Format zu gross, wenn er seine eigenen Kammerreden einlegt. Er will wohl aus dem Geist einer Zeit urteilen, wie er in der Vorrede zur Geschichte der Helvetik bekennt. Das gelingt ihm besser für entfernte Epochen als für seine Gegenwart. Sein Wortschatz ist ansehnlich, die Gedankenführung klug, wo nicht das Herz zu heftig pocht; es wird eine gewisse Höhe des Tones gesucht, der freilich doch zuweilen in das zufriedene Summen der Arbeitsbiene übergeht. Wegen der Fülle der Nachrichten ist sein Werk heute noch unentbehrlich.

Geschichte der Europäischen Menschheit im Mittelalter; 4 Bde., Basel 1829/30. – *Geschichte des eidgenössischen Freistaates Bern von seinem Ursprunge bis zu seinem Untergange im Jahre 1798;* 6 Bde., Bern 1838–40. – *Geschichte der Eidgenossenschaft während der Zeit des sogeheissenen Fortschrittes von dem Jahre 1830 bis zur Einführung der neuen Bundesverfassung im Herbste 1848,* aus authentischen Quellen dargestellt; 4 Bde., Bern 1854/55. – Ein Auszug aus seiner unbekannten *Autobiographie,* hg. v. *B.;* Der kl. Bund 1924, Nr. 41.

BERNHARD ZEERLEDER VON STEINEGG: Erinnerung an Johann Anton Tillier; 1854. – EMIL BLÖSCH: Johann Anton von Tillier; ADB 38, Leipzig 1894, S. 310ff. – EMIL BLÖSCH: Johann Anton von Tillier; Slg. Bern. Biogr. 2, Bern 1896, S. 542ff. – ERNST BURKHARD: Anton von Tillier als Politiker; Arch. Hist. Ver. Bern XLVII, Bern 1963.

Johann Kaspar Zellweger 1768–1855

Zellweger stammte nicht aus der Stadt, sondern aus dem Voralpendorf Trogen in Appenzell A.-Rh. und erwarb von hier aus seinen geistigen Rang, wie es von je zum schweizerischen Wesen gehörte, dass Macht, höheres Streben und feinere Begehrlichkeit nicht allein aus der Urbanität aufgingen, sondern auch auf dem Land beheimatet waren. Seine Vorfahren bekleideten die ersten Ämter in dem demokratischen Landsgemeindekanton und häuften mit internationalen Handelsunternehmungen einen Reichtum, der die politische Macht bestätigte, aber das Haus Zellweger mit Misstrauen und Ansprüchen umzog, die sich bisweilen in politischen Ungewittern entluden. Zellweger überzeugte sich früh von der Unbeständigkeit der Volksgunst. Er verdankte seine Bildung nicht den hohen Schulen, sondern dem väterlichen Handelsgeschäft. Mit fünfzehn Jahren kam er an die Zweigniederlassung nach Lyon und dann nach Genua. Hier gewann er die Weltläufigkeit und den Blick für Völker und ihre Schicksale. Von Kränklichkeit und Melancholie heimgesucht, fühlte er früh, dass sein Dasein nicht im heiteren Genuss, zu dem ihn sein Reichtum berief, sondern im Schaffen war. Er kehrte in den Stürmen der Helvetik nach Trogen zurück und leistete der Heimat mit seiner Weltkunde grosse Dienste. Er trug seine Vermögenseinbussen leichter als die Vergewaltigung des Vaterlandes. Hier keimte seine dauernde Abneigung gegen die Franzosen. Nahe den Fünfzig zog er sich vom Geschäft zurück und lebte in edler Musse seiner Neigung. Er hielt sich von der Kantonspolitik fern, weil sie durch die Launen der Volksgunst bedingt war. Nun stellte er seine reiche geschäftliche Erfahrung der Tagsatzung zur Verfügung und entwarf in dornenvoller Arbeit den Plan zur Vereinfachung der schweizerischen Binnenzölle. Seinem Kanton schenkte er eine Armenschule, ein Gymnasium und Lehrerbildungskurse; immer war er bereit, aus seinem Geld und seinem Geist zu spenden.

Zu seiner Erfüllung erkor er die Geschichte. Er kam mit fünfzig Jahren zu ihr und musste vorn anfangen. So günstig auch seine Verhältnisse lagen, so geht doch aus seinen Lebenserinnerungen hervor, von wie vielen Zufällen der Historiker damals abhing. Da er seit der Knabenzeit französisch oder italienisch korrespondierte und im Alltag die Mundart redete, musste er sich das Schriftdeutsch erst noch aneignen. Im appenzellischen Archiv lernte er Urkunden und Chroniken lesen. Seine Forschungen erschlossen ihm die Freundschaft und den Briefwechsel mit bedeutenden Historikern. Er liess 1830–1840 die *Geschichte des Appenzellischen Volkes* in drei Bänden Darstellung und drei Bänden Urkunden erscheinen. Sie reicht von den Anfängen bis zur Landestrennung von 1597. Das Werk kennzeichnet einen Übergang. Mit seiner dokumentarischen Beglaubigung gehört es der kommenden kritischen, mit seiner schonenden Behandlung der Überlieferung der vergehenden Epoche an. Damit hatte sich Zellweger in die Geschichtsschreibung eingeführt. Das Vertrauen berief ihn auf den Präsidentenstuhl der Schweizerischen Geschichtforschenden Gesellschaft, wo seiner eine wichtige Aufgabe harrte. Die Gesellschaft siechte seit dem Tode ihres Stifters Mülinen. Sie hatte einen tüchtigen, aber einseitigen altbernischen Einschlag und pflegte vornehmlich Familiengeschichte und Wappenkunde. Das genügte nicht mehr. Die Gründung kantonaler Vereine zeigte, dass das Leben sich aus dem Ganzen in die Teile zurückzog. Auf

Zellwegers Anregung beschloss die Jahresversammlung zu Bern 1841 die Umwandlung und Erweiterung zur Allgemeinen Geschichtforschenden Gesellschaft der Schweiz. Zellweger leitete sie und rief ihr Organ, das *Archiv für schweizerische Geschichte*, ins Leben.

Zellweger beklagte es bei seiner Welterfahrung oft, dass die schweizerischen Historiker die auswärtigen Beziehungen vernachlässigten und die grosse Politik zu sehr vom kleinstaatlichen Gesichtskreise aus beurteilten. Bei seinen reichen Mitteln brachte er eine einzigartige Sammlung von diplomatischen Aktenstücken zusammen, vornehmlich Abschriften aus den Archiven von Paris, Dijon und Wien. Bei seinem vorgerückten Alter konnte er nicht mehr die gesamte Aussenpolitik der alten Schweiz behandeln, sondern er wählte die wichtigsten Beziehungen aus und veröffentlichte 1848/49 zwei Bände *Geschichte der diplomatischen Verhältnisse der Schweiz mit Frankreich von 1698-1784*. Der Achtzigjährige konnte das Werk freilich nur bis 1715 führen. Doch auch so hatte er genügend Gelegenheit, seine Ansichten zu entwickeln. Sein Zweck ist nicht nur reine Erkenntnis, sondern Einwirkung auf die Gegenwart. Die grosse Masse, findet er, wird durch Leidenschaft und grosse Worte hingerissen. Das Schicksal der Völker hängt von den Führern der Staaten ab, und ihre Absichten muss man mehr der Geheimgeschichte als den öffentlichen Zuständen entnehmen. Die Böswilligen sollen wissen, dass ihr Benehmen der Nachwelt enthüllt wird. Gerade seine Landsleute warnt er: «Dies ist hauptsächlich in Republiken von grosser Wichtigkeit, wo die Regenten so oft wechseln und jeder glauben kann, es werde sein persönlicher Antheil an den Vorgängen in der Masse der mitwirkenden Männer sich verlieren und der Beachtung entgehen.» Er hofft, der schweizerischen Staatskunst nützliche Anweisungen zu geben. Ehemals hätten die schweizerischen Staatsmänner Gelegenheit gehabt, sich in längerem Umgang mit den Diplomaten zu bilden. Jetzt könne mancher, der berufen werde, sich nicht mehr mit diesem Fach vertraut machen, wie in der Tat die neuen Männer wiederholt in der Aussenpolitik die Blössen der Unerfahrenheit gezeigt hatten. Aus seiner sittlichen Überzeugung spricht strenge Bürgertugend: Verwerflich sei der Unterschied zwischen öffentlicher und privater Moral, nur das Gute könne den dauernden Erfolg sichern. Seine höchste Beziehung ist die Gerechtigkeit, die Freiheit des Urteils gegen jedermann. Daher seine steife Charakteristik der französischen Könige. Wenn er die Sittenlosigkeit Ludwigs XIV. für den Misserfolg seiner letzten Jahre verantwortlich macht, so überlässt er sich einer zu schlichten Vorstellung von den freien und unfreien Voraussetzungen grossstaatlicher Willensbildung.

Sein Werk behandelt ausführlich die französische Diplomatie in der Schweiz von 1698-1715. Die Darstellung ist von kräftigem Geist getragen, entbehrt aber der guten Form; sie geht auf grosse Strecken in die Wiedergabe von Akten über. Aber er öffnet neue Wege und überrascht durch eine freie Auffassung vom Reislauf: Der schweizerische Waffengeist habe ihn gebieterisch verlangt. Er, der Kaufmann, räumt ein, der Handel habe nicht weniger als der Solddienst den fremden Luxus und den fremden

Geist in der Schweiz verschuldet. Er kennt die Schwäche der schweizerischen Aussenpolitik, die nur ausnahmsweise alle Orte in eine gemeinsame Front zusammenführte. Da er es versteht, auch den Standpunkt des Auslandes einzunehmen, geht ihm manche Einsicht auf, die andern schweizerischen Historikern verschlossen blieb, weil oft der Wille, sich in Fremdseelisches zu versetzen, an der Landesgrenze erlahmte. Er versteht es, dass Richelieu gegen die Hugenotten vorgehen musste, um die Einheit Frankreichs zu behaupten. Er macht sich tiefere Gedanken als üblich, wie sich die grossen Richtlinien Europas über die Schweiz hinweg wandelten, wie die Idee des Gleichgewichts von der Politik der Barrieren abgelöst wurde. Und gleich daneben wieder die moralische Vereinfachung der Probleme. So meint er, nicht auf künstlichen Barrieren beruhe die Sicherheit des Staates, sondern auf der durch Tugend und Einigkeit verbürgten Kraft. Er erkennt die Spannung zwischen staatlicher Notwendigkeit und Sittlichkeit; aber er empfindet sie nicht in ihrer vollen Tragweite, weil er sie mit der Tugend und der Gerechtigkeit zu überwinden meint, hierin der Sohn der Aufklärung. Freilich hält er diesen erhabenen Standpunkt nicht durch. Er findet richtig aus, dass im Streit um die Neuenburger Erbfolge von 1707 das Recht für französische Ansprecher zeugte; und doch billigt er die Lösung, die Neuenburg dem König von Preussen zusprach, weil die Sicherung der Schweiz Deckung gegen Frankreich verlangte.

Bei der Unvollständigkeit der Akten und der Abneigung gegen die Politik Ludwigs XIV. gelangte Zellweger zu Urteilen über die französische Diplomatie, die heute nicht mehr anerkannt werden. Insbesondere ist er voll Misstrauen gegen die einflussreiche Tätigkeit des Botschafters du Luc und schreibt seiner Hetzerei den Ausbruch des letzten schweizerischen Glaubenskrieges von 1712 zu. Es fehlen ihm die Depeschen des Hofes an du Luc; er hat nur die Berichte des Botschafters in den Händen. Ebenso schiebt Zellweger dem Botschafter die grosse Wendung in der französischen Bündnispolitik zu. Von jeher hatte die französische Diplomatie ihre Überlegenheit darin gesucht, alle Orte im Bündnis zu vereinigen. So wollte es auch Ludwig XIV., als er 1715 kurz vor seinem Tode das Bündnis erneuerte. Dass das misslang, misst Zellweger du Luc zu, dieser habe von Anfang an ein Sonderbündnis mit den katholischen Orten betrieben. In Wirklichkeit setzte du Luc seinen Ehrgeiz darein, mit allen Orten das Bündnis zu erneuern. Die Katholiken durchkreuzten seinen Plan, weil sie nicht mit den Reformierten zusammengehen wollten. Nur aus Not holte er schliesslich die Vollmacht vom Hof ein, mit den Katholiken allein zu erneuern. Gewiss hat Zellweger die richtige Witterung dafür, dass du Luc in unserer Geschichte Epoche machte. Dass dem Fremdling das gelang, reizt Zellwegers nationales Empfinden und zeigt ihm die Gestalt des Botschafters in unheimlichen Umrissen.

Doch trotz solcher Mängel brachte Zellweger eine Erweiterung des Gesichtsfeldes, indem er von freierer Warte aus den Binnengeist überwand, der bisher das Mass für die Behandlung der Aussenpolitik gegeben hatte.

Geschichte des Appenzellischen Volkes; 3 Bde., Trogen 1830-40. – *Geschichte der diplomatischen Verhältnisse der Schweiz mit Frankreich von 1698 bis 1784;* 2 Bde., St. Gallen/ Bern 1848/49.

KARL RITTER: Johann Caspar Zellweger und die Gründung der Schweizerischen Geschichtforschenden Gesellschaft; Jahrb. Schw. Gesch. 16, 1891, S. 1 ff. – OTTO HUNZIKER: Johann Caspar Zellweger; ADB 45, Leipzig 1900, S. 38 ff. – Hundert Jahre Allgemeine Geschichtforschende Gesellschaft der Schweiz 1841-1941. Festschr.; Bern 1941. – PETER DIETZ: Johann Caspar Zellweger. Neue Gesichtspunkte zur Würdigung seiner Leistung und geistigen Persönlichkeit; Appenz. Zeitung 1955, Nr. 240 f.

Johann Heinrich Gelzer 1813-1889

Gelzer war Schaffhauser, studierte in Zürich sowie in Deutschland Theologie und Geschichte, trat 1839 zu Basel ins akademische Lehramt und wurde 1844 Professor in Berlin, wo er das Vertrauen Friedrich Wilhelms IV. gewann, das er 1857 im Neuenburger Handel für die Schweiz einsetzte. Er legte 1850 die Professur nieder und zog sich nach Basel zurück, um in den *Protestantischen Blättern für innere Zeitgeschichte* die christliche Gesinnung gegen den herrschenden Materialismus zu verteidigen. Deutschland blieb er dauernd verbunden. Als Ratgeber deutscher Fürsten hatte er Anteil an der Gründung des Reiches. Carl Hilty hat einmal bedauert, dass Gelzer um der Höfe willen der Schweiz verloren gegangen sei. Hilty täuscht sich über die Ursache. Gelzer wollte vaterländisch wirken, drang aber nicht durch, weil er der Unzeitgemässe war. Die Schweiz befand sich in einem hoffnungsreichen Aufstieg, der den Optimismus erzeugte, das Glück sei unverwüstlich. Gelzer erkannte die Gefahren, die der Zukunft drohten, er sprach sie aus und beleidigte die Gegenwart. Er überzeugte sich, dass die menschliche Gemeinschaft bei der Sprengkraft des Fortschrittes nur durch die christliche Liebesethik zusammengehalten werden könne.

Gelzer wollte nicht Historiker sein. Er kehrte bei der Vergangenheit nur ein, um den Blick für die Zukunft zu schärfen. Kaum hatte er die Studien abgeschlossen, hielt er 1837 in Bern Vorträge über die Schweizergeschichte seit der Reformation und behandelte in einer weiteren Vortragsreihe 1839 zu Basel die ersten Jahrhunderte der Eidgenossenschaft. Diese Vorlesungen gab er unter dem Titel *Die drei letzten Jahrhunderte der Schweizergeschichte* 1838 und 1839 in zwei Teilen und *Die zwei ersten Jahrhunderte der Schweizergeschichte* 1840 heraus. Gelzer war für Geschichtsschreibung vorzüglich gerüstet. Er hatte den Sinn für den geschichtlichen Augenblick, für das geheimnisvolle Heraufziehen einer geistigen Lage, den Tiefenblick für die Keimzellen des Geschehens und den Geschmack, mit treffenden Beispielen zu verdeutlichen. Er hat den Stoff nicht nur als Lehrzweck benutzt, sondern auch bereichert; denn da ihm die alten Familien von Bern ihre Archive und Bibliotheken öffneten, gebot er über Schätze, die heute noch nicht ausgeschöpft sind. Und doch sind seine Vorlesungen nicht reines Geschichtswerk, sondern eine geistvolle Auseinandersetzung mit dem schweizerischen Wesen um 1840. Der Seherblick gibt ihnen die Bedeutung. Mit fünfundzwanzig Jahren verfügt er über die Gedanken, die sein bedeutendes Wirken leiten sollten.

Der Bruch mit der Vergangenheit, auf den die Zeitgenossen stolz waren, erfüllt ihn mit Sorge. Als Leitspruch stellt er das Wort des Engländers Edmund Burke voran: «Das Volk, das seine Vorfahren nicht bedenkt, wird auch seine Nachkommen vergessen.» Die Gegner schalten ihn konservativ; das trifft sein Wesen nicht, da der Sinn für das Dynamische in ihm stark entwickelt war. Aber im Überschwang der Regeneration erkennt er Keime des Verderbens, die in die Zukunft weisen. Er nimmt die Demokratie nicht als Heilmittel für alles, weil sie wie andere Staatsformen der Selbstsucht als Aushängeschild dienen könne, nur dass bei ihr alles ins Vielfache gehe. Nicht die demokratische Neuverteilung der Macht erschreckt ihn, sondern der Übergang der Macht an den Geist, der mit dem Glauben gebrochen hat; der Abfall vom Glauben müsse zur Verstandesbarbarei, zur blossen Ausbildung des Verstandes führen, die er den Aberwitz der Zeit nennt. Er sieht eine Freigeisterei am Werk, die bloss einen jüdischen Verstand zum höchsten Richter ihrer Überzeugung einsetze. Was die Zeitgenossen vor allem am Staat sehen, die Regierungsform, diese ist ihm bei seinen grossen Anliegen Nebensache. Er weiss, dass Regierungsformen ihre Stunde und ihre Notwendigkeiten haben. Er wirft den Patriziern vor, dass sie zu lange an der privatrechtlichen Auffassung des Staates und in den Handelsstädten zu lange am Gewerbezwang festgehalten hätten. Er erhebt sich weit über das Übliche, wenn er den Staatsinhalt, die Staatsgewalt und den Grad ihrer Stärke von der Staatsform unterscheidet. Er zieht den Vorhang der Zukunft und sagt die Staatsallmacht voraus: Die französische Revolution hat sie praktisch und Hegel hat sie theoretisch vorbereitet, sie wird den innern und äussern Menschen beschlagnahmen und alle geistige und religiöse Richtung neben sich erdrücken. Er verwirft die Konstruktionen des naturrechtlichen Rationalismus und betrachtet den Staat als eine erwachsene Bildung, wobei der Einfluss der deutschen Organologie und der Romantik unverkennbar ist. Er stellt die beiden Apostelworte, dass die Obrigkeit von Gott sei und dass man Gott mehr als den Menschen gehorchen müsse, einander gegenüber; in beiden seien schon Staat und Kirche, Recht und Freiheit anerkannt, für beide tiefmenschliche Bedürfnisse finde sich in der christlichen Anschauung Raum und Anerkennung.

Gelzer untersucht die Wirkung des Zeitgeistes auf die Geschichtsschreibung. Johannes von Müller, Glutz und Hottinger erhalten den verdienten Ehrenplatz; Vulliemin und Monnard waren noch nicht erschienen. Zschokkes Schweizergeschichte wird in die Publizistik verwiesen und diese Gattung an der viel gelesenen *Geschichte der Schweizerischen Eidgenossenschaft* von *Johann Konrad Vögelin* (1792–1847) nachgeprüft. Dieser aufgeklärte Zürcher Pfarrer schrieb: «Mit dem Schluss der Reformation, in den letzten zweihundertfünfzig Jahren der alten Eidgenossenschaft, erstirbt fast alles, was den eidgenössischen Geschichtsschreiber erwärmen und beleben kann. Eine öde, meist that- und sorgenlose, auf jeden Aufschwung des Geistes lähmend einwirkende Periode muss er mühselig und freudlos durchwandern.» Das ist Sektierertum, das ein paar Jahrhunderte der vaterländischen Vergangenheit in Verruf verstösst, um sich eine Befriedigung seiner Überzeugung zu verschaffen, und nicht einmal imstande ist, das Jahrhundert der Aufklärung zu würdigen. Solche Einseitigkeit bestärke Gelzer in der Überzeugung, dass die zeitgemässe Vernünftigkeit allein nicht ausreiche, die Vergangenheit frei zu erfassen. Er bezweifelt das Wort Schillers, dass die Weltgeschichte das Weltgericht sei. Um so mehr wollte er der Vergangenheit zu ihrem Recht verhelfen, indem er ihre Stimme sprach.

In den ersten Jahrhunderten des Bundes bewegt sich Gelzer nicht mit der gleichen Unabhängigkeit, weil er nicht die volle Übersicht über die Quellen hat. So lehnt er die kühnen Gedanken ab, die Kopp eben damals über die Gründung des Bundes vortrug. Und doch ist er auch hier mit eigenem Urteil zu Hause, weil er den unter den Historikern noch nicht erwachten Sinn für den Staat hatte. Er erkennt die Abneigung der Eidgenossen gegen die territoriale Ausdehnung und belegt sie mit einem Wort des Bruders Klaus: man müsse den Zaun nicht weiter als billig machen. Er greift durch das Anekdotische hindurch auf den Kern des Twingherrenstreits in Bern, und über Waldmann urteilt er: «Ihm zuerst – scheint es – hat die Idee des Staates in modernem Sinn vorgeschwebt.»

Es ist eine weite Welt, die der junge Gelzer aufrufen kann. Er ist in ihr mit eigenem Ausdruck beheimatet, er hat ein schönes Wort, um den Stoff aufquellen zu lassen und dem Gedeuteten Bedeutung zu geben. Und doch hatten seine Gedanken keinen Einfluss auf sein Zeitalter, insbesondere auf die Geschichtsschreibung. Noch befanden sich seine Gegner mit unverbrauchten Mitteln und Überzeugungen im Angriff. Er schaute zu weit in die Zukunft, als dass man ihm hätte folgen können. Die Warnungen, über die man damals hinwegging, beschäftigen heute die Welt. Der erstaunliche Reichtum, mit dem er sich ankündigte, sollte in unserer Historiographie keinen Aufstieg finden. Gelzer kehrte nicht zur Schweizergeschichte zurück; sein weltbürgerlicher Zug führte ihn in grössere Verhältnisse.

Die drei letzten Jahrhunderte der Schweizergeschichte mit besonderer Berücksichtigung der geistigen und religiösen Zustände und der Sittengeschichte; 2 Bde., Aarau 1838/39. – *Die zwei ersten Jahrhunderte der Schweizergeschichte, von der Stiftung der Bünde bis zur Reformation;* Basel 1840.

FRIEDRICH CURTIUS: Heinrich Gelzer; Gotha 1892. – EDGAR BONJOUR: Heinrich Gelzers Vermittlungstätigkeit im Neuenburgerkonflikt 1956/57; Bern/Leipzig 1930. – KARL WALL: Heinrich Gelzer als Diplomat im Neuenburger-Konflikt; Basl. Zeitschr. Gesch. Altertkde. 49, 1950, S. 203 ff. – KARL WALL: Heinrich Gelzer; Msk., Basel 1950. – EDUARD VISCHER: Johann Heinrich Gelzer; Schaffhauser Biographien des 18. und 19. Jahrhunderts; Thaynen 1956, Teil 1, S. 331 ff. – EDGAR BONJOUR: Heinrich Gelzer; NDB VI, Berlin 1964, S. 177 f. – EDGAR BONJOUR: Die Universität Basel von den Anfängen bis zur Gegenwart; 2. Aufl., Basel 1971, S. 684 f.

Johann Konrad Vögelin: Geschichte der Schweizerischen Eidsgenossenschaft; 2 Bde., 2. Aufl. Zürich 1827–38.

GEROLD MEYER VON KNONAU: Johann Konrad Vögelin; ADB 40, Leipzig 1896, S. 141 f.

Gallus Jakob Baumgartner 1797–1869

Baumgartner kam zur Geschichtsschreibung, als ihm andere Mittel versagt wurden, mit seiner Gegenwart zu ringen. Im sanktgallischen Rheintal geboren, legte er seinen Weg unter Entbehrungen zurück. Müller-Friedberg, der gebietende Mann im Kanton, hob ihn in den Staatsdienst. Die Regeneration gab Baumgartner die Macht im Kanton St. Gallen, ja er wurde mit seiner staatsmännischen Veranlagung, mit seinen parlamentarischen und publizistischen Fähigkeiten ein Führer des schweizerischen Liberalismus, bis ihn 1841 eine innere Wendung in das entgegengesetzte Lager drängte. Als Vorkämpfer des Katholizismus erfuhr er wechselnde Schicksale, die ihm den Regierungsrat bald öffneten, bald verschlossen. In einer politischen Pause wurde er Geschichtsschreiber, um die jüngste Vergangenheit zu vergegenwärtigen, und liess 1853–1866 *Die Schweiz in ihren Kämpfen und Umgestaltungen von 1830–1850* in vier Bänden erscheinen.

Baumgartner ist gut vorbereitet, hat er doch seine Feder in der Publizistik geübt, besitzt er doch genaue Kenntnis der wichtigsten Verhältnisse und den unbeugsamen Mut, der den angeborenen Rang unter Widerwärtigkeiten behauptet. Er bejaht im Vorwort das Recht auf Zeitgeschichte, sofern die geistige Selbständigkeit und eine von Parteinahme nicht geknechtete Stimmung gewahrt würden. Es geht bei seinem Werk weniger um die Genauigkeit der Tatsachen – für manche ist er die einzige Quelle – als um das Urteil, mit dem er die Ereignisse verfolgt. Es ist eine Höhe der Gesinnung wie des Wortes da, die seinen Aufstieg und seinen Sturz erklärt; es ist eine lebhafte Empfänglichkeit da, die den Eindruck der Dinge so nahe wiedergibt, dass dem Leser der Geist einer mächtigen Bewegung entgegenschlägt. Auf der scharfen Linie zwischen Absicht und Gerechtigkeit hält er sich nicht ohne Fehl, aber doch mit einer Sicherheit, die ihn der Publizistik enthebt und in die Geschichtsschreibung weist. Wenn er die Entwicklung nicht nur aus der Zwangsläufigkeit der Verhältnisse, sondern auch aus dem Antrieb überlegener Führer aufgehen lässt, so hatte er in beiden ganz persönlich Erfahrung.

Als Baumgartner die Abfassung seiner grossen historischen Darstellung der schweizerischen Gesamtentwicklung von Beginn der Regeneration bis zum Abschluss der Bundesverfassung begann, lag seine berüchtigte politische Wendung vom Liberalen zum Klerikal-Konservativen bereits hinter ihm, was die Einheitlichkeit des Blickpunktes verbürgt. Dieser ist aber nicht parteimässig bedingt. Sowohl der ultramontane Siegwart als auch der Bündner Protestant Conradin von Planta rühmen die Darstellung als gerecht. Baumgartner selber meint, um vaterländische Geschichte zu schreiben, bedürfe es eines hohen Masses von geistiger Selbständigkeit und einer Stimmung, die sich durch die Strömungen des Parteiwesens nicht knechten lasse. Er ist einer der wenigen, die solche Worte nicht nur im Munde führten, sondern ihnen auch nachlebten. Die eigene staatsmännische Leistung tönt er etwa an, wenn er von «erfahrenen Ärzten» spricht, drängt sie aber nicht in den Vordergrund. Seine Haltung ist diejenige eines kirchlich gebundenen und konservativ denkenden Menschen, der jedoch im Staatlichen an eine absolute Stabilität der Ordnung weder glaubt noch sie überhaupt für erstrebenswert hält. Deshalb wohl umschreibt er seinen Standpunkt mit dem Ausdruck «Freisinnigkeit».

Die treibenden Kräfte der 1840er Jahre sieht Baumgartner etwas vereinfachend in dem üblichen Gegensatzpaar: «Bern glaubte während zwei Jahren das Recht durch die Macht zu ersetzen; Luzern nahm sich vor, der alles zermalmenden Macht gegenüber das Recht auf den Thron zu erheben.» So scheut er sich denn auch nicht, die Tagsatzungspartei als die zwölf bundesbrüchigen Stimmen zu bezeichnen. Sie seien mit dem Terror, mit Freischarenzügen und Wahlfälschungen ans Ziel gelangt, während sich der Sonderbund nie anderer als rechtlicher Mittel bedient habe. Man verwundert sich, dass Baumgartner der Mittelpartei, deren Ziele ihm naheliegen mussten, so wenig Erfolgsaussichten beimisst. Dagegen scheint er von der vermittelnden Tätigkeit des Katholikenvereins in den Sonderbundswirren viel erwartet zu haben. Dieser sei nicht etwa zur Zerreissung, sondern zur brüderlichen Einigung der Konfessionen bestimmt gewesen. Und gerade in der religiösen Entzweiung sieht Baumgartner eine mindestens ebenso starke Kriegsursache wie in der politischen Verfeindung. Der Sonderbundskrieg sei nichts anderes gewesen als eine Fortsetzung der so verabscheuungswürdigen Freischarenzüge, ein Versuch, das radikale Tyrannenregiment in souveränen Ländern einzuführen.

Es trägt viel zur Belebung des ganzen Werkes bei, dass Baumgartner von den führenden Gestalten in beiden Lagern, die er fast alle persönlich gekannt hat, treffliche Porträtskizzen entwirft. Auch die zahlreich eingestreuten politischen Räsonnements lockern die Erzählung auf. Baumgartner erzählt nicht nur, er erklärt auch. Das Ganze ist in viele Kapitel mit übersichtlichen Unterabteilungen gegliedert, worin er die einzelnen Entwicklungslinien überlegen zusammenfasst, ohne aber in ein rationalistisches Schachtelungssystem zu verfallen, das die Einzelerscheinungen beziehungslos nebeneinander stellt, alle Rätsel vernünftelnd auflöst und keine Geheimnisse mehr kennt. Obgleich Baumgartner zu den Besiegten gehört, zieht er sich nicht verärgert in den eidgenössischen Schmollwinkel zurück, schreibt nicht eigentlich «ab irato». Am nationalen Standpunkt hält er unentwegt fest und beschwört die siegreichen Radikalen, der Schweiz ihr Eigenstes zu retten, warnt sie vor der kosmopolitisierenden Vertrödelung der nationalen Eigentümlichkeiten an das Fremdentum. Trotz allen Bedenken gegenüber den Zeittendenzen spricht ein männliches Vorwärts aus seiner Geschichtsbetrachtung. Weite des gesamtschweizerischen Gesichtspunktes, Darstellungskraft und schriftstellerisches Können haben sich in Baumgartners Werk zu einer Leistung vereinigt, hinter der eine staatsmännische Persönlichkeit steht.

Die Schweiz in ihren Kämpfen und Umgestaltungen von 1830–1850; 4 Bde., Zürich 1853–66.

HERMANN WARTMANN: Gallus Jakob Baumgartner; ADB 2, Leipzig 1875, S. 165 ff.
– ALEXANDER BAUMGARTNER: Gallus Jakob Baumgartner, Landammann von St. Gallen, und die neuere Staatsentwicklung der Schweiz; Freiburg i. Br. 1892. – THOMAS HOLENSTEIN: Landammann Gallus Jakob Baumgartner; Schw. Rundschau 20, 1926/27. – ERNST KIND: Karl Müller-Friedberg und Gallus Jakob Baumgartner, die Bildner des Kantons St. Gallen; Zeitschr. Schw. Gesch. 10, 1930, S. 502 ff. – WILHELM EHRENZELLER: Gallus Jakob Baumgartner und die santkgallische Verfassungsrevision von 1830/31; Njbl. Hist. Ver. St. Gallen 72, 1932. – WILHELM EHRENZELLER: Gallus Jakob Baumgartner und der Kanton St. Gallen in den ersten Jahren der Regenerationszeit 1831–1833; Njbl. Hist. Ver. St. Gallen 73, 1933. – ERNST KIND: Briefe des Landammanns Gallus Jakob Baumgartner zur Zeit des Sonderbundes von 1844–1848; Mitt. vaterl. Gesch. 39, St. Gallen 1934. – ERNST KIND: Gallus Jakob Baumgartner; NDB I, Berlin 1953, S. 666.

Politische Geschichtsschreibung

Nicht die führenden Werke drangen in grossen Auflagen ins Volk. Sie gaben wohl die Richtung an; aber die allgemeine Kenntnis von der Schweizergeschichte wurde durch Gattungen verbreitet, die nicht von der Forschung ausgingen. Da war das Schulbuch, da waren die volkstümlichen Schweizergeschichten, bei denen ehrliche Überzeugung und Gemeinverständlichkeit die wissenschaftliche Grundlage ersetzten. Weil man den Abnehmern noch Zeit zum Lesen zutraute, umfassten sie oft mehrere Bände. Sie stellten eine Verbindung zwischen den Forschungsergebnissen und den schlichten Ansprüchen grosser Kreise her. Da war aber auch eine verbreitete publizistische Gattung, die als entflammter Gelegenheitsruf wie als berechnete Lockschrift die Geschichte als Waffe im politischen Kampf benützte. Der Volksfreund wie der Parteimann kommen hier zum Wort, bald geschieden, bald in einer Person verwachsen, bald leidenschaftlich, bald gelassen, bald in geschickter Verhüllung, bald aufdringlich offen. Diese weitläufige Gattung kann nur mit ein paar Namen angedeutet werden.

Karl Ludwig von Haller 1768–1854

Der Verfasser der berühmten *Restauration der Staatswissenschaft* hat neben diesem Lebenswerk eine Reihe von Schriften verfasst, die im weiten Bezirk zwischen strenger Geschichtswissenschaft und politischer Publizistik verschiedene Schattierungen aufweisen. Sie entstammen dem Bedürfnis, durch das Verständnis der Vergangenheit Kräfte für die Gestaltung der Gegenwart frei zu machen. Dies gilt sowohl für das in offiziellem Auftrag 1797 publizierte *Exposé historique des faits concernants la neutralité de la Suisse envers la France* des jungen Diplomaten, worin er der Neutralität die Schuld am Untergang der Alten Eidgenossenschaft zuschiebt, als auch für die Schrift des alten Staatsdenkers *Révélations sur les causes qui ont amené la révolution suisse en 1830 et 1831*, worin er die neue, aus der Französischen Revolution stammende Freiheit der Regenerationsbewegung bekämpft und ihre verderbliche Wirkung «enthüllt». Auch in der 1801 erschienenen

Schrift *Geschichte der Wirkungen und Folgen des österreichischen Feldzuges in der Schweiz*, die er nach eigener Aussage als «sachkundiger Augenzeuge» schrieb, will er nicht so sehr durch neue Fakten erhellen, als vielmehr politisch auf den Leser einwirken, nämlich die Aufmerksamkeit des Auslandes auf seine kleine Heimat richten. Denn diese sei, meint der durch seine Traditionsfanatik Verblendete und alle Proportionen Verzerrende, «die Citadelle, von deren Bestehen vielleicht das Schicksal Europas abhängt».

Alle historischen Schriften Hallers sind Ausdruck seiner fest umrissenen Staatsanschauung, für die er Allgemeingültigkeit beanspruchte. Sie geht vom Zentralerlebnis der französischen Revolution, diesem «tumultuarischen Unfug», aus und wendet sich leidenschaftlich gegen das ungebrochene Fortwirken des revolutionären Prinzips als gegen das schlechthin Böse, welches Tradition, Autorität, Legitimität untergräbt. Hallers historische Schriften erschliessen nicht Neuland auf dem Feld geschichtlicher Tatsachen, sondern «spiegeln» die Anschauungen des Restaurators und seiner konservativ-reaktionären Kreise treu «zurück» und lassen die Verbindungsfäden erkennen, die zum englischen Staatsdenker Edmund Burke sowie zum Basler Altertumsforscher Johann Jakob Bachofen führen. Als Widerpart der platten Aufklärung vieler Revolutionäre hat er das einseitige Staatsdenken seiner Zeit durch den Hinweis auf die allenthalben fortwirkenden Kräfte der Geschichte vertieft.

Exposé historique des faits concernants la neutralité de la Suisse envers la France; anonym o. O. 1797. – *Geschichte der Wirkungen und Folgen des österreichischen Feldzugs in der Schweiz; ein historisches Gemälde der Schweiz vor, während und nach ihrer versuchten Wiederbefreyung mit mancherley unbekannten Aufschlüssen über die Ereignisse dieser Zeit;* Weimar 1801. – *Révélations sur les causes qui ont amené la révolution suisse en 1830 et 1831;* o. O. 1833.

EMIL BLOESCH: Karl Ludwig von Haller; ADB 10, Leipzig 1879, S. 431 ff. – EDGAR BONJOUR: Karl Ludwig von Haller; Grosse Schweizer, Zürich 1938, S. 422 ff. – ADOLPHINE HAASBAUER: Die historischen Schriften Karl Ludwig von Hallers; Basl. Beitr. Geschichtswiss. 35, Basel 1949. – HEINZ WEILENMANN: Untersuchungen zur Staatstheorie Carl Ludwig von Hallers; Aarau 1955. – EDGAR BONJOUR: Karl Ludwig von Haller; NDB VII, Berlin 1966, S. 549 ff. – HERIBERT RAAB: Friedrich Leopold zu Stolberg und Karl Ludwig von Haller; Zeitschr. schw. Kirchengesch. 1968, S. 333 ff.

Heinrich Zschokke 1771–1848

Er stammte aus Magdeburg und kam 1795 in die Schweiz, die seine Wahlheimat wurde. Er diente der Helvetik in hervorragenden Beamtungen. In der Mediationszeit liess er sich im Aargau nieder, nahm an der kantonalen Politik teil und betätigte sich als Schriftsteller von einer kaum fasslichen Fruchtbarkeit. Er schrieb Romane, Dramen, Geschichtswerke, politische, religiöse, forstwirtschaftliche Abhandlungen, Zeitungen und Kalender. Er hatte das Feingefühl für das Bedürfnis des Lesers und machte dem Zeitgeschmack die nötigen Zugeständnisse. Von der Romantik entlehnte er die Farbe und das Stoffgebiet. Aber durch die literarischen Moden hindurch blieb er sich innerlich gleich, ein Aufklärer und liberaler Volksbildner, und bereitete das Geschlecht der Restauration auf die Regeneration vor. Er war in der ersten Hälfte des Jahrhunderts der gelesenste Schriftsteller der deutschen Schweiz. Als Geschichtsschreiber trat er zuerst mit Veröffentlichungen über die Helvetik hervor, *Geschichte vom Untergang und Kampf der schweizerischen Bergkantone* und *Historische Denkwürdigkeiten der helvetischen Staatsumwälzung*. Hier kündet sich seine Meisterschaft an, anscheinend das Herz an das Alte zu verlieren und den Kopf für das Neue frei zu halten. Schwung und Innigkeit der Sprache lassen eine Unparteilichkeit verlauten, die doch nicht seine Gesinnung war. Hellsichtig erkennt er die Klippe, die er als Ausländer zu vermeiden hat. Tillier anerkennt seine Fähigkeit, sich einzuleben.

Zschokke schrieb 1822 *Des Schweizerlands Geschichten für das Schweizervolk*, die zuerst als Artikelserie in seinem Blatt, dem *Schweizerboten*, erschienen, dann in Buchform Auflage über Auflage, auch in Übersetzungen, erlebten und den zwanziger und dreissiger Jahren die Anleitung gaben. Mühelos überwand er die Schwierigkeit, das Werk fortlaufend für seine Zeitung zu liefern. Den Stoff schöpfte er mit Vorliebe aus Schuler.

Johann Melchior Schuler von Glarus (1779–1859) gab sich in der Einsamkeit seiner ländlichen Pfarrei ernsten und begeisterten Geschichtsstudien hin, half an der ersten Ausgabe der Werke Zwinglis mit und wurde vornehmlich durch sein volkstümliches Werk *Die Thaten und Sitten der Eidgenossen*, das in mehreren Bänden und Auflagen erschien, bekannt. Schuler hatte den Blick für das Geniessbare in den alten Chronisten wie in den neuen Geschichtsschreibern, sammelte ein echtes Wissen in der politischen und der kulturellen Geschichte und waltete darüber human, ehrbar und ansprechbar. Zschokke nimmt aus den «Thaten und Sitten», was er für seinen Zweck benötigte: Aus der vaterländischen Vergangenheit fliessen die Lehren des Liberalismus ungezwungen, wie aus natürlicher Notwendigkeit. Die Zugänge zum Leser sind sorgfältig ausgespäht und benützt. Mit leichter Bewegung des Wortes und des Gedankens gleitet die Erzählung wie über lauteren Grund und macht sich ohne Anstrengung, ohne Beteuerungen glaubhaft. Die Sprache ist meist zutraulich, mit erwogener Ausnahme zuweilen erschreckend, stets anschaulich, nie gewöhnlich und leichtfertig. Zschokke kennt den Weiheton des Priesters wie den patriarchalischen Bardenton. Er nimmt die herzliche Einfalt eines beschränkten Gesichtskreises an, und doch gelingt ihm stets das gedankenziehende Wort. Da seine Schweizergeschichte von den Helvetiern bis zu der Restauration auf 325 Seiten zusammengezogen ist, muss er kürzen und vereinfachen; aber der volle, ausgiebige Ton hilft dem Leser über die Verknappung hinweg. Er gestattet es sich sogar, den schön gleitenden Fluss der Sprache bisweilen zum Gefälle zu stauen.

Zschokke zieht die geschichtliche Entwicklung auf schlichte Linien. Er begründet nicht aus der Geisteslage oder dem Wirtschaftszwang, sondern aus den Leidenschaften des Alltags; denn die Bewegkraft der Geschichte sucht er nicht beim hervorragenden Mann, sondern beim Volk. Seine höchsten Beziehungen sind sorgfältig überdacht. Er erweist der

Religion, sogar der Kirche Ehrerbietung, legt ihnen aber nicht Bedeutung bei und hält sich vorsichtig zwischen den Glaubensparteien. Er ehrt die Sagen, die festgefahrenen Vorstellungen. Er zieht aus der Vergangenheit die Lehre: «Das Volk ist verloren, das von seiner Überlieferung abfällt», und will doch das Volk mit seiner Vergangenheit entzweien, um es dem Fortschritt des Jahrhunderts zu öffnen. Er sucht die Geschichte auf die Kräfte ab, die ihm dienen, und gibt ihnen Deutungen, die oft gewollte Spiegelung sind. Er huldigt dem genügsamen Kleinstaat und dem alten Heldentum und warnt am Schluss des Buches das Volk vor einer Friedliebe, die Wehr und Waffen vernachlässige und Geld an den Zins lege. Aber er gibt das alte Schweizertum im Licht der Aufklärung. Aus dieser stammen seine Lehrsätze, dass noch nie ein Reich durch die Tugenden seiner Bürger untergegangen sei, oder dass Recht und Gerechtigkeit gewaltiger seien als alle Gewalt, stammt die Einheit von Tugend und Freiheit, die für ihn den Sinn der Schweizergeschichte ausmacht. Daher erscheint bei ihm die ursprüngliche Schweizerfreiheit nicht in ihrer mittelalterlichen Bedingtheit, sondern wird im Geist der Aufklärung dogmatisiert. Das bestimmt die Gedankenführung: Er betrachtet die Entwicklung durch die Jahrhunderte als Abfall von der Überlieferung in die Aristokratie. Darnach werden konventionell die Rechtsverletzungen festgestellt. Wo das Volk die Ordnung bricht, um mehr Freiheit zu erlangen, übt es sein altes Recht. Wo die Obrigkeit gegen das Volk einschreitet, um die Ordnung zu schützen, ist sie im Unrecht. «Wehe der Obrigkeit, die sich mit anderen Waffen als der Liebe des Volkes schützen will.» Namentlich hat er es auf das 18. Jahrhundert abgesehen. Er verteilt Farben und Linien so, dass es in düsterer Ungestalt erscheint, weil die Aristokratie damals ihre Blüte erlebte. Er findet nur Herrenübermut und Auflehnung, die Sünden früherer Zeiten gesteigert, «alles mehr oder weniger stille Verwesung». Er muss die Fensterläden sorgfältig schliessen, um dieses künstliche Dunkel zu erzeugen. Er verhängt die wirtschaftlichen und kulturellen Leistungen, er verhängt sogar die Sonne des Jahrhunderts, die Aufklärung. Nur im Vorbeigehen wird einmal «Hans Jakob Rousseau, ein weiser Mann von Genf», erwähnt.

Einige seiner gespitzten Urteile gehen unmittelbar auf die Kampfstellung der Liberalen in der Restauration zurück. Da sich die Schweiz, vorab die Liberalen, damals der Bevormundungsversuche der Heiligen Allianz zu erwehren hatte, zirkelt er die Unabhängigkeit gegen aussen so scharf ab, dass sie zum Isolierschemel wird, der die Schweiz auf den geringsten Zusammenhang mit den Nachbarstaaten beschränkt.

Zschokkes Schweizergeschichte hatte dank ihrer ausgezeichneten publizistischen Fassung einen ausserordentlichen Erfolg. So erreichte er seine Absicht, den Liberalen die Aufräumungsarbeit, die sie vorhatten, zu erleichtern. Er drang durch und machte in der Geschichtsschreibung Schule. Wohl warnten Kenner, wie Monnard und Gelzer, vor seiner Einseitigkeit. Gelzer urteilte zutreffend: «Da sie mit Sorgfalt alles ab Seite lässt, was in ihren engen Gesichtskreis nicht passt, so kann sie darauf zählen, auch von dem oberflächlichsten Verstand gefasst zu werden.» Es war umsonst, da falsche Ansichten sich leichter verbreiten als wieder beheben lassen. Zschokke wurde in seiner Gattung nicht übertroffen.

Geschichte vom Kampf und Untergang der schweizerischen Berg- und Waldkantone; Bern 1801. – *Historische Denkwürdigkeiten der helvetischen Staatsumwälzung;* 3 Bde., Winterthur 1803–05. – *Geschichte des Freystaates der drey Bünde im hohen Rhätien;* Zürich 1817. 2. erw. Ausgabe der Schrift «*Historische Skizzen der drei ewigen Bünde in hohen Rhaetien*», 1798. – *Des Schweizerlands Geschichten für das Schweizervolk;* Aarau 1822, 9. Aufl. Aarau 1853.

J.C. BÄR: Heinrich Zschokke; Winterthur 1849. – JOHANN JAKOB BÄBLER: Heinrich Zschokke; Aarau 1884. – JOHANN JAKOB BÄBLER: Heinrich Zschokke; ADB 45, Leipzig 1900, S. 449ff. – MAX SCHNEIDERREIT: Heinrich Zschokke; Berlin 1904. – ROLF ZSCHOKKE: Heinrich Zschokkes Geschichtsauffassung; Zürich/Affoltern 1928. – PAUL SCHAFFROTH: Heinrich Zschokke als Politiker und Publizist während der Restauration und Regeneration; Argovia 61, 1949, S. 5ff. – EMIL DIETSCHE: Heinrich Zschokkes Rechts- und Staatsdenken; Zürich 1957.

Melchior Schuler: Die Thaten und Sitten der Eidgenossen; 7 Bde. Zürich 1809–37, 2. Aufl. 1842–57.

GEORG VON WYSS: Melchior Schuler; ADB 32, Leipzig 1891, S. 677ff. – HANS WEHRLI: Johann Melchior Schuler; Zürich 1950.

Josef Anton Henne 1798–1870

In St. Gallen geboren, kehrte er, eine Ausnahme unter den Schweizern, von der Universität Heidelberg als Romantiker heim. Er musste sich ausgeben, wie es auch war. Er war Dichter in guten Stunden und griff publizistisch in die Tagespolitik ein. Seine *Neue Schweizerchronik für's Volk, aus den Quellen untersucht und dargestellt, drei Theile,* 1828–1834, war im ersten Band von katholischer Romantik erfüllt und endete radikal; denn er schlug 1830 heftig zur Regeneration um und wurde in St. Gallen mit volkstümlicher Beredsamkeit Wortführer der stürmischen Erneuerung. Dem entsprach der Schluss seines Werkes, aus dem er in den spätern Auflagen die Spuren der Jugendromantik tilgte. Er gab stets den offenen Ausdruck seiner Augenblicksüberzeugung und brachte dafür Opfer. Er suchte zur Geschichte ein ehrliches Verhältnis und wurde 1842 als Professor an die Universität Bern gewählt. Aber er konnte trotz seiner unermüdlichen Feder nicht Fuss fassen, weil seine Einbildungskraft ihn den gewagtesten Hypothesen preisgab. Es lief durch die Presse, dass er den Ursprung des Menschengeschlechtes in seine geliebten Appenzeller Berge verlegte. Enttäuscht legte er 1855 die Professur nieder und verbrachte seine letzten Jahre in sanktgallischen Beamtungen. Ein letzter Versuch in der Wissenschaft, die Herausgabe der *Klingenberger Chronik* 1861, stiess auf Ablehnung. Hatte die politische Geschichtsschreibung mit Zschokke einen Triumph erlebt, so stellte Henne sie bloss, weil er zu heftig war, um die Mischung von Publizistik und Wissenschaft glaubhaft zu machen.

Neue Schweizerchronik für's Volk, aus den Quellen untersucht und dargestellt; 3 Bde., St. Gallen 1828–34, 2. Aufl. St. Gallen/Bern 1840–43. – *Die Klingenberger Chronik,* hg. v. *Anton Henne;* Gotha 1861.

HERMANN WARTMANN: Anton Josef Henne; ADB 11, Leipzig 1880, S. 763 ff. – JOHANNES DIERAUER: St. Gallische Analekten, Briefe an Dr. Anton Henne 1818 bis 1850; St. Gallen 1902. – FRIEDRICH HAAG: Die Sturm- und Drangperiode der bernischen Hochschule 1834–1854; Bern 1914. – KARL HEINRICH REINACHER: Josef Anton Henne, sein Leben und seine Jugendwerke; St. Gallen 1916. – RUDOLF MATZIG: Von unserem Heimatdichter Josef Anton Henne; Sarganserländer 1933. – WALTER RÜSCH: Josef Anton Henne von Sargans und die Mundartdichtung der schweizerischen Romantik; Nationale Hefte, Juli 1942. – GEORG THÜRER: Anton Josef Henne; NDB VIII, Berlin 1969, S. 535 f.

Peter Feddersen 1812–1874

In Altona geboren, hatte Feddersen etwas von der Geschicklichkeit Zschokkes. 1837 kam er als Flüchtling in die Schweiz und beteiligte sich als Journalist zuerst in Bern, dann in Baselland, wo er sich einkaufte, an den politischen Kämpfen. Er gab 1867 eine *Geschichte der Schweizerischen Regeneration von 1830–1848* heraus, weil er fand, dass Tillier und Baumgartner diese Zeit ungünstig behandelt hätten. Tiefe Bildung und reines Streben nach Erkenntnis fehlten. Die Regenerationsordnung erschien ihm als Endziel und Erfüllung des Weltplans. Daher betrachtete er die Vergangenheit als einen Irrtum, den er mit dem üblichen Wortschatz, geraubte Rechte, faule Schäden, Pfaffenregiment, erledigte. Da ihm geistige Überlegenheit fehlte, ging bei ihm Zschokkes Feinheit in die Verschlagenheit des Tagesschreibers über. Seine Anlage entsprach einem durchschnittlichen Radikalismus, der für die letzten Menschheitsfragen nur ein System hatte. Darum kann Feddersen nicht entschlossen vom Volk aus urteilen, sondern weist das Volk überall dort zurecht, wo es seinem System zu nahe tritt. Er hat kein Verständnis für die harte Lage der Fabrikarbeiter im Kanton Zürich; und wie sie zur Selbsthilfe griffen und 1832 die Maschinen zerstörten, da entrüstet er sich über die Wahnbegriffe und Vorurteile gegen die verfassungsmässige Gewerbefreiheit. Nicht minder wendet er sich gegen das Verlangen nach Gemeindeautonomie, das bei der Verfassungsrevision von 1841 im Solothurner Volk sich regte. Auch hier kommt er mit einem Schlagwort, Ochlokratie, über die bedenkliche Lage hinweg. Mit Überhebung schaut er auf die beschränkten Köpfe hinab, die das einzig Wahre nicht fassen. Bei der einlässlichen Behandlung der Sonderbundswirren findet er kein Wort der Ergriffenheit über den Ausbruch des schweizerischen Bruderkrieges. Den Sturz des Sonderbundes beschreibt er mit unverhohlenem Behagen. Er sieht den wahren Grund dieser Katastrophe nicht so sehr bei den Führern des Separatbündnisses als in «dieser sogenannten katholischen Sache selbst». So billigt denn Feddersen durchaus das scharfe Vorgehen der Tagsatzung gegen die abgefallenen Kantone. Die gewalttätige, undemokratische Einsetzung einer radikalen Minderheitsregierung in Freiburg erscheint diesem Demokraten ganz einfach als die Ausräumung eines «theokratischen Augiasstalles». Bis zum Ende des Werkes ist die Absicht durchgehalten: Die eigene Partei wird gerechtfertigt, der Gegner eingedunkelt. Das Buch kann der Regeneration nicht dienen; denn diese ist trotz ihrer Mängel nicht genötigt, bei der geschichtlichen Gerechtigkeit um Almosen zu gehen.

Geschichte der Schweizerischen Regeneration von 1830–1848; Zürich 1867.

EMANUEL LINDER: Zur Erinnerung an Herrn Peter Feddersen-Possenti, Leichenrede; Basel 1874. – EDGAR BONJOUR: Historiographie der Sonderbundszeit; Aarau 1947. – EDGAR BONJOUR: Die Schweiz und Polen, ein geschichtlicher Rückblick; Die Schweiz und Europa, Basel 1958, S. 79ff.

ZEITGENÖSSISCHE LITERATUR
ÜBER DEN SONDERBUND

Das neue historische Schrifttum der Schweiz ist arm an Denkwürdigkeiten. In was für Charaktereigenschaften des Schweizers und äusseren Bedingungen eidgenössischen Daseins dies begründet sein mag, soll hier nicht erörtert werden. Der Mangel an Lebenserinnerungen und Bekenntnisschriften scheint jedoch besonders auffallend, wenn man die vielen Memoirenwerke der ausländischen Literaturen – der französischen und deutschen zumal – vergleichend heranzieht. Nur in Zeiten starker innerer Erregung, wenn der Schweizer von den Vorgängen um ihn herum tief aufgewühlt wurde, löste sich seine Zunge oder griff er zur Feder, um von den erschütternden Zeitereignissen Kunde zu geben, um aus innerer Notwendigkeit die eigene Sache zu verteidigen sowie die Argumente des Gegners zu entkräften und damit dem übervollen Herzen Luft zu machen. Eine solche Epoche war die der Reformation und, in bestimmtem Abstand hievon, auch das Zeitalter der Sonderbundswirren.

Ihre Wurzeln reichen in die Regenerationsperiode hinab. Damals begann die innerschweizerische Auseinandersetzung, die dann schliesslich um die Jahrhundertmitte in den Bürgerkrieg einmündete. Aber schon mit dem Einbruch des liberal-demokratischen Gedankengutes war der Eidgenossenschaft der Gärungsstoff zugeführt worden; er wirkte immer stärker, bis dass der schweizerische Volkskörper wie von Fiebern geschüttelt wurde und das öffentliche Leben in fast anarchische Zustände auszuarten drohte. Der politische Kampf tobte sich in Volksversammlung, Parlament und Presse aus und erreichte eine im Hinblick auf das vielberufene schweizerische Masshalten ausserordentliche Heftigkeit. Er hielt die Mithandelnden und Mitlebenden so stark in Atem, dass sie die nötige innere und äussere Musse für die schriftliche Fixierung des Erlebten nicht fanden.

Das änderte sich nach Ausbruch und Überwindung der Krise. Durch das bald vorübergegangene Gewitter des Waffenganges entspannte sich die Atmosphäre und wurde bereit für stille, persönliche Rückschau. Weitaus die meisten autobiographischen Darstellungen der Sonderbundszeit, die unmittelbar nach der Katastrophe erschienen, stammten aus dem Lager des Sonderbundes. Das ist nicht verwunderlich, wenn man bedenkt, wie sehr die Schmach der Niederlage die Überwundenen brannte. Sie hatten das Bedürfnis, vor ihren engeren Landsleuten und vor dem Ausland sich zu rechtfertigen, den raschen militärischen Zusammenbruch zu erklären, die Gerechtigkeit ihrer Sache noch einmal eindringlich darzulegen und das Volk vor der Beschuldigung der Feigheit in Schutz zu nehmen. Den Häuptern des Sonderbundes war es darüber hinaus noch darum zu tun, die Schuldfrage zu klären und die Verantwortung für den Untergang von sich abzuwälzen; alles Gründe genug zur Entstehung einer reichen Produktion von Erinnerungswerken auf Seiten der Besiegten.

Bei den Siegern jedoch sprach ihr Vorgehen laut und eindeutig genug und erfuhr in der weiten Welt Zustimmung, so dass für die Leiter der Tagsatzungspartei kein dringendes Bedürfnis bestand, sofern nicht eine amtliche Verpflichtung sie nötigte, vor der Öffentlichkeit Rechenschaft abzulegen. Sie überliessen die Verherrlichung ihrer Taten einem Schwarm von Publizisten, die sich denn auch sofort auf den dankbaren Gegenstand stürzten. Da dem Erfolgreichen die breite Masse weit entgegenzukommen pflegt, brauchten die Tagesschriftsteller den prinzipiellen Standpunkt der Sieger nicht näher zu begründen, sondern konnten sich ganz der Erzählerfreude hingeben. Diese Autoren hatten selten ein militärisch oder politisch hervorragendes Amt bekleidet, besassen deshalb nicht Einblick in das Zustandekommen des Willens bei den obersten Instanzen und waren nicht von dem starken Verantwortungsbewusstsein gegenüber der Berichterstattung erfüllt wie die führenden Persönlichkeiten der Innerschweiz, was alles dazu beiträgt, den auffallenden Niveauunterschied zwischen den Schilderungen der Sonderbündischen und der Radikalen zu erklären.

Unter den Autoren sind die mannigfachsten Persönlichkeiten und Parteischattierungen vertreten, wie denn ebenfalls die Formen des schriftlichen Niederschlages variieren, von der Bekenntnisschrift über die Chronik der Zeitereignisse bis zum grossen Geschichtswerk. Wir lassen im folgenden die blossen Streitschriften beiseite und befassen uns mit den eigentlichen historischen Bearbeitungen der Sonderbundswirren. Da die Grenzen zwischen diesen beiden Gattungen in der Wirklichkeit oft verwischt sind, war die Ausscheidung manchmal schwer; in derartigen Fällen wurde sie nach spezifischem Gewicht und Auswirkung der Schrift vorgenommen. Die Einteilung in Werke der Besiegten und in solche der Sieger sowie innerhalb dieser Gruppen die chronologische Reihenfolge muss sich durch unsere Darstellung selber rechtfertigen; sie liess sich nicht immer mühelos durchführen. Denn es gab eine Anzahl Männer, die, ohne gleichgültig oder auch nur unbeteiligt zu sein, aufrichtig darnach strebten, einen Standpunkt über den Parteien zu gewinnen, um von höherer Warte aus die Ereignisse unbefangen zu prüfen. Diese Gemässigten gehörten vorzugsweise dem höheren Bürgertum an, vertraten die Bildung, urteilten differenzierter und waren mehr quietistisch Beobachtende als energisch Handelnde. Sie teilten das Schicksal der sehr zahlreichen, aber ganz unorganisierten Mittelgruppe, von den aktiven Extremisten beider Flügel erdrückt zu werden, so dass ihre geistig unabhängigen Warnungsrufe im Streitgetöse untergingen. Nachdem nun aber der Kampfeslärm verhallt war, vermochten sich ihre klugen Stimmen Gehör zu verschaffen. Gerade bei ihnen steigert sich nicht selten die Partei- und Lokalgeschichte zur Nationalhistorie.

Guillaume Henri Dufour 1787–1875

Die zuverlässigste Darstellung des Sonderbundskrieges stammt vom Oberbefehlshaber der Tagsatzungstruppen selbst. General Wilhelm Heinrich Dufour schrieb sein Büchlein *Campagne du Sonderbund* unter dem frischen Eindruck der Ereignisse und beendete es schon 1849; erschienen ist es auf seinen Wunsch erst nach seinem Tode. Sein erster Biograph Edouard Sayous hat es 1876 herausgegeben. Die 1848 publizierte Schrift *Allgemeiner Bericht des eidgenössischen Oberbefehlshabers über die Bewaffnung und den Feldzug von 1847* trägt zwar die Unterschrift Dufours, stammt aber aus der Feder seines Generalstabschefs. Dufour hat nur einige Sätze hinzugefügt, wie aus der Autobiographie Frey-Herosés «Letztwilliges» hervorgeht. Mehrere Gründe mögen den General bewogen haben, den kurzen militärischen Rapport durch eine umfassendere, persönlichere Darstellung zu ergänzen: der Wunsch einer Präzisierung, das Bedürfnis, die volle Verantwortung zu übernehmen, und nicht zuletzt der Umstand, dass erst im folgenden Jahr der Sonderbundskrieg als Vorspiel der europäischen Revolution aufgefasst wurde, wodurch dessen allgemeine Bedeutung stieg.

Dufours Bericht kann die Bezeichnung klassisch zuerkannt werden, wenn man darunter Gültigkeit der Aussage, weises Mass in Haltung und Ausdruck, Streben nach Objektivität bei starker innerer Anteilnahme versteht. Der General verfasste die Schrift auf Grund seines Tagebuches, des Registers seiner Befehle und seiner Korrespondenz. Ein dokumentarischer Anhang, «pièces justificatives» genannt, soll das Erzählte erhärten und gewährt Einblick in Proklamationen und Verfügungen des Generals. Dufour beschränkt sich auf die Schilderung des Militärischen, da er sich nur hier zuständig fühlt. In grossen Zügen und übersichtlicher Disposition entrollen sich vor uns die kriegerischen Ereignisse. Der gleiche sichere Sinn für Hierarchie der Werte, für Unterstellung des Nebensächlichen unter die Hauptsache, wie er Dufours militärisches Handeln auszeichnet, spricht aus der Darstellung; es haftet ihr etwas von der klaren Art des Mathematikers an.

Nirgends begibt sich der General in die Niederungen eines schriftstellerischen Ehrgeizes, der mit dem ungewöhnlichen Wort zum Aufhorchen zwingen, durch überraschende Wendungen den Leser reizen und so auf den literarisch Verwöhnten Eindruck machen will. Einfach, schmucklos, in ruhigem Ton erzählt Dufour und erreicht damit eine Wirkung von seltener Eindringlichkeit. Das hohe Verantwortungsgefühl desjenigen, der an der Spitze der Ereignisse steht, durchwaltet das Ganze und verleiht ihm seinen Adel. So gewinnt das Büchlein den Charakter eines Rechenschaftsberichtes für den General selbst, für das erschütterte Gesamtvaterland und für das erregt zuschauende Ausland. Dufour drängt den überragenden eigenen Anteil vornehm zurück, so dass der Erfolg als Ausfluss der gemeinsamen, pflichteifrigen Anstrengung aller, der Führer wie der Geführten, erscheint; und dabei unterbleibt jede Schmeichelei gegenüber dem gemeinen Manne, wie denn überhaupt alle Popularitätshascherei dem Verfasser ganz fremd ist.

Die überwundenen Gegner, sowohl die Heerführer wie die Armeen, nimmt er ritterlich gegen die Beschuldigung der Unehrenhaftigkeit und Unfähigkeit in Schutz, wenn schon sein vertraulich persönliches Urteil über sie schärfer lautete. Gerne ist er auch bereit, menschlich schöne Haltung anzuerkennen, wobei er aus seiner Reserve heraustritt und warm wird. Es mutet wie eine Entgiftung der Atmosphäre an, wenn er den Kampf als einen Widerstreit zweier Prinzipien wertet und ihn so gleichsam zu entpersönlichen sucht. Hier wie allerwärts äussert sich eben Dufours durchgehende Humanität, die nicht verletzen, sondern Wunden heilen, die gestörte Eintracht wieder herstellen möchte. Deshalb wohl auch die bewusste Dämpfung und Milderung der Farben, wenn er die Exzesse der eidgenössischen Soldaten in Freiburg und Luzern erwähnt, wenn er die truppenpsychologische Gefechtskrise bei Gislikon streift, wenn er bündig jeden Einfluss englischer Diplomatie auf seine Entschliessungen zurückweist.

In diesen wie in andern Partien wird der moderne Historiker vielleicht die Akzente etwas verschieben, die Gewichte ein wenig verlagern. So emsig aber auch die kritische Wissenschaft auf Grund eines weitausgedehnten Quellenmaterials seit hundert Jahren den Sonderbundskrieg durchforscht hat, ist sie doch zu keiner eigentlichen Korrektur des Du fourschen Bildes vorgestossen. Gewiss lässt sich diesem Gemälde mehr Kolorit geben, können einzelne Gestalten schärfer charakterisiert, mögen Vordergrund und Hintergrund jetzt stärker beleuchtet werden. Namentlich wird man das Gesamtbild nach der Seite der Sonderbundspartei ergänzen und ins einzelne ausmalen. Die Hauptzüge aber bleiben unverändert. Von dem überaus feinen, leicht verblassten und vergilbten Stahlstich geht ein unnachahmlicher Reiz aus, dem man sich nicht mehr entwindet. Es ist der Zauber der schönen Menschlichkeit Dufours mit ihren calvinistisch bürgerlichen Tugenden der Schlichtheit und Gerechtigkeit, mit ihren militärischen Werten der Entschlusskraft und Verantwortungstreue, wie sie das Werklein widerspiegelt. So ist es denn die sachlichste, wahrhaftigste und eindruckvollste Schrift über den Sonderbundskrieg geblieben.

Allgemeiner Bericht des Eidgenössischen Oberbefehlshabers über die Bewaffnung und den Feldzug von 1847; Bern/Zürich 1848. – *Campagne du Sonderbund et événements de 1856,* précédé d'une notice biographique par Edouard Sayous; Neuenburg/Genf/Paris 1876. – *Der Sonderbundskrieg und die Ereignisse von 1856,* eingeleitet durch eine biographische Skizze v. Edouard Sayous; Basel 1876.

FRIEDRICH FREY-HEROSÉ: Letztwilliges. Aus der handschriftlich hinterlassenen Autobiographie; Argovia 13, 1882. – WALTER SENN-BARBIEUX: Das Buch vom General Dufour; St. Gallen 1896. – La jeunesse du général Dufour. Souvenirs inédits, hg. v. PH. GODET; Biogr. universelle 75, 1914, S. 225 ff. – HANS SCHMID: Bundesrat Frey-Herosé; Aarau 1917. – FRITZ WARTENWEILER: Führende Schweizer in schweren Krisenzeiten; Zürich 1934. – EDOUARD CHAPUISAT: Le général Dufour; Lausanne 1935. – HANS MÜLLER-GRÄNICHEN: Der Aargau und der Sonderbund; Wohlen 1937. – OTTO WEISS: General Dufour als Heerführer; Gestalten und Gewalten der Schweizergeschichte 2, Bern 1939. – EDGAR SCHUMACHER: Guillaume Henri Dufour; Grosse Schweizer, Zürich 1938, S. 522 ff.; 1942, S. 206 ff. – FRITZ ERNST: Generäle. Portraits und Studien zur schweizerischen Biographie; Zürich 1942, S. 117 ff. – ALBERT PICOT: Le Général Dufour; Brugg 1943. – EDGAR BONJOUR: Das Schicksal des Sonderbundes in zeitgenössischer Darstellung; Aarau 1947, S. 243 ff.

Die Besiegten

Josef Burkhard Leu 1808–1865

Schon unmittelbar nach den Ereignissen lieferte einen glaubwürdigen und originalen Beitrag zu den Sonderbundswirren der in Luzern dozierende Professor der katholischen Theologie Leu, Mitglied des kantonalen Erziehungsrates und nachmaliger Stiftspropst, mit seiner unter dem Pseudonym Joseph Imhof erschienenen Schrift *Die Jesuiten in Luzern, wie sie kamen, wirkten und gingen.* Leu, an deutschen Universitäten zum Wissenschaftler gebildet und von Schleiermacher beeindruckt, hatte während der vierziger Jahre mehrmals lebhaft in den Streit der Jesuitenberufung eingegriffen, um sie zu verhindern. Zu diesem Zwecke verfasste er verschiedene Schriften, darunter auch das *Minoritätsgutachten des Erziehungsrates in der Jesuitenfrage* und einige Reden, die dann von bekannten Politikern vorgetragen wurden. In öffentlicher Predigt hatte er gegenüber den gefangenen Freischärlern Milde empfohlen und scheint überhaupt eine vermittelnde Richtung vertreten zu haben, was auch seine beruhigende, versöhnende Haltung nach der Niederwerfung des Sonderbundes erklärt.

Als die eidgenössischen Armeen im Begriffe gewesen seien, einander gegenüber zu treten – so erzählt Leu – habe er sich mit bekümmerter Seele ans Pult gesetzt und den Weg überblickt, der zu einem so traurigen Ziele geführt. Er habe sich in seiner Darstellung auf Luzern beschränkt und ihm einen Spiegel vorgehalten, in dem sich dieser Kanton soweit sehe, dass er sich als einen grossen Sünder erkennen könne. Zwar habe sich der Verfasser der Unparteilichkeit beflissen, was ihn aber nicht hindere, Ansichtsäusserungen zu wagen. Davon macht Leu denn auch kräftig Gebrauch. Im Verlauf seiner Geschichtserzählung merkt man bald einmal, wo er geistig-politisch steht; so wenn er zur Regeneration bemerkt: «Aus der Pandorabüchse aus Frankreich fiel in der Schweiz die Volkssouveränität heraus, die Mutter des zügellosen Radikalismus einerseits und des jesuitischen Fanatismus andererseits, zweier Kinder, die sich gegen alles höhere geistige Leben verbanden, dann aber übereinander herfielen und sich in den Haaren lagen bis auf die letzten Tage.» Er war kein Liberaler, sondern ein Mann der Mitte.

Über die Jesuiten urteilt er, der katholische Geistliche, mit offener Kritik. Er möchte aufdecken, dass sie sich schon zu Beginn des 19. Jahrhunderts widerrechtlich in die Eidgenossenschaft eingeschlichen hätten. Dabei will er nicht die Frage erörtern, wie es sich mit der von seiten der Jesuiten gerühmten Unterwürfigkeit unter die Gesetze der Kirche und des Staates vertrage, mit einem falschen Namen ins Wallis und nach Solothurn einzudringen, zu einer Zeit, da der Orden vom Papsttum noch verboten war. Dass die Jesuiten nicht schon 1814 nach Luzern gelangten, schreibt Leu dem Umstande zu, dass es damals in Luzern noch wirkliche Staatsmänner gegeben habe, die zu regieren verstanden hätten, «und daher auch lieber selbst Herr im Lande sein wollten, als demütige Werkzeuge eines Ordens». Für den letzten luzernischen Staatsmann von Format hält der Verfasser

Eduard Pfyffer, der ihm seine theologische Ausbildung ermöglicht hatte. Dieser habe sich noch der Jesuiten zu erwehren gewusst, aber die bittere Erfahrung machen müssen, dass die von ihm mündig erklärte Demokratie nicht nur nach der liberalen Seite, sondern auch nach der jesuitischen bündnisfähig sei. So wohlberechnet die Jesuitenpartei operiert habe, so ungeschickt hätten sich die Radikalen auf dem von ihnen unterminierten Boden getummelt. Unter dem liberalen Regime sei die intellektuelle Bildung der Jugend gediehen, weniger ihre eigentliche Erziehung, was viel dazu beigetragen habe, den Jesuiten den Weg zu ebnen. Leu von Ebersol sei tief davon überzeugt gewesen, seine Lebensaufgabe als Werkzeug Gottes bestehe darin, den Jesuitenorden nach Luzern zurückzuführen: «Mögen seine Handlungen, die der Eidgenossenschaft den Krieg gebracht, ihm bei Gott Ruhe verschafft haben.»

Den gewundenen Aufstieg des Schultheissen Siegwart verfolgt Leu mit höchstem Misstrauen. Er kennzeichnet dessen Politik als das von Schlauheit eingegebene Doppelspiel eines Opportunisten und zitiert mit Behagen den Brief eines streng Konservativen, worin von der ungemeinen Höflichkeit Siegwarts die Rede ist: «Aber, aber... der Teufel ist verführerisch.» Die politische Konversion Siegwarts scheint der Verfasser nicht für aufrichtig zu halten, weil er nicht an die Wahrhaftigkeit dieses Mannes glaubt. Von den Jesuiten habe Siegwart zynisch gesagt, man benötige sie wegen der Wahlen. Als es dann Siegwart durch seine Machinationen endlich gelungen sei, die Jesuiten nach Luzern zu bringen, da habe jedem Einsichtigen eingeleuchtet, dass die Regierung durch das Dekret der Jesuitenberufung «die Staatsverfassung verletze, den Heiligen Vater hintergehe und die Stadtgemeinde betrüge». Am meisten stösst ihn an Siegwart ab, dass dieser stetsfort seine persönliche Angelegenheit sowie diejenige der Jesuiten mit der Sache Gottes identifiziert und dem Volke den Sieg durch göttlichen Beistand prophezeit: «Es hüte sich der arme Menschensohn, sich aufzublähen, als hätte er im Rate Gottes gesessen und mit dem Allmächtigen einen Sonderbund abgeschlossen. Die Wege Gottes sind nicht die Wege des Menschen...»

Von dem Wirken der Jesuiten in Luzern weiss er zu berichten, dass sie anfangs nur leise auftraten und nichts Auffallendes unternehmen wollten. Bald indessen hätten sie sich stärker hervorgewagt und bewiesen, «dass sie wohl noch die alte Freiheit, nicht aber die alte Klugheit besassen». Sie hätten die vorgeschriebenen Lehrpläne umgangen und ihre Zöglinge die eigentliche Jesuitenmoral gelehrt, während sie das breite Volk in ihren Missionen mit nicht einwandfreien Mitteln fanatisierten. Von dem bekannten Pater Roh entwirft Leu ein nuanciertes Porträt, dem man Bemühen um Gerechtigkeit anspürt. Seine Ausführungen liegen zwischen Lob und Tadel und gipfeln in dem Urteil, man müsse Roh einen «guten Jesuiten» nennen. Die Flucht der Jesuiten stellt Leu als unrühmlich dar und bemerkt tadelnd, sie hätten als erste Opfer für eine so heilige Sache, für die sie zu kämpfen vorgaben, sich selber preisgeben müssen: «Allein den Fanatismus, den man Andern beizubringen suchte, besass man selbst nicht in dem Masse, dass man nach der Krone des Märtyrertums hätte greifen mögen.»

Es erhöht den Reiz dieser unabhängigen Kritik, dass sie aus Luzern selber und von einem angesehenen Kirchenmann sowie katholischen Dozenten stammt. Das hebt sie weit über die zahlreichen Angriffe gegen den Jesuitismus aus radikalen Federn empor und gibt ihr in der Diskussion über die viel umstrittene Erscheinung Gewicht.

Die Jesuiten in Luzern, wie sie kamen, wirkten und gingen; ein Beitrag zur Geschichte dieses Kantons v. *Joseph Imhof (J.B. Leu);* St. Gallen 1848.

Einige Bemerkungen über Propst Leu; Luzern 1865. – Blätter der Erinnerung an S. Gn. Josef Burkard Leu; Luzern 1865. – FRANZ HEINRICH REUSCH: Joseph Burkard Leu; ADB 18, Leipzig 1883, S. 466ff. – EDUARD HERZOG: Stiftspropst Josef Burkard Leu und das Dogma von 1854. Ein Beitrag zur Vorgeschichte des vatikanischen Konzils; Bern 1904. – GUIDO WÜEST: Josef Burkard Leu, Propst im Hof und Professor der Theologie in Luzern; Bern 1974.

Franz von Elgger 1794–1858

Eine eingehendere und fachmännischere Schilderung der militärischen Vorgänge, als sie der Milizoffizier Segesser bot, entwarf der Berufsoffizier Elgger. Er hatte im grossen Freischarenkampf und dann wieder im Sonderbundskrieg als Generalstabschef der innerschweizerischen Armee vorgestanden, worüber er 1850 ein mehr als fünfhundertseitiges Werk veröffentlichte. Es trägt den bezeichnenden Titel: *Des Kantons Luzern und seiner Bundesgenossen Kampf gegen den Radikalismus von 1844–1847 und mein Anteil an demselben.* Elgger war gebürtiger Rheinfelder, machte die deutschen Freiheitskriege mit, trat nach vieljährigem ausländischem Dienst in den eidgenössischen Generalstab und übernahm schliesslich, von Dufours Vertrauen und Freundschaft getragen, als Oberst die Direktion der Generalstabsschule in Thun. Wie nun für seinen neuen Heimatkanton – Luzern hatte ihm nach dem Sieg über die Freischaren den Bürgerbrief geschenkt – die gefahrvolle Stunde nahte, stellte er sich ihm selbstlos zur Verfügung, obgleich er gegen die Leitung des Sonderbundes viel einzuwenden hatte und obschon er wusste, dass er damit Leben, militärischen Ruf und die Existenz seiner Familie aufs Spiel setzte. Aber sein gerader Sinn und sein lauteres Pflichtgefühl wiesen ihm deutlich diesen Weg, der ihm zum Leidensweg wurde. Von allen sonderbündischen Offizieren verfügte er wohl über die beste theoretische sowie praktische Schulung und besass am meisten Initiativkraft. Durch und durch Militär, nahm er nach dem Verhängnis vom November 1847 in der päpstlichen Armee Dienst, wo er bis zum General aufrückte.

Was diesem Militär reinsten Wassers, der bisher nur das Schwert geführt hatte, die Feder in die Hand drückte, war seine gekränkte Soldatenehre. Dass unter seinen Waffengefährten keiner für ihn aufstand und die gegen ihn erhobenen Schmähungen öffentlich zurückwies, hat ihn tief verletzt. Er wollte seinen Kindern einen blanken Namen hinterlassen; seine Schrift trägt deshalb im höchsten Grade Rechtfertigungscharakter. Sie ist ein Plädoyer in eigener Sache vor den Schranken der Weltgeschichte, die für ihn das Weltgericht bedeutet. Immer wieder ruft er den urteilenden Nachfahr leidenschaftlich als Richter an. Daher kommt es, dass in diesem Buche so oft vom Verfasser selbst die Rede ist; der Titel deutet ja ohne Scheu daraufhin. Siegwarts missgünstiges Urteil in einem Brief an Landammann Baumgartner, Elggers Darstellung sei eine «romantische Selbstvergötterung», schiesst weit übers Ziel hinaus, verkennt die eigentlichen Absichten des Autors. Gewiss ist das Buch stark persönlich gehalten; doch steigert sich das nirgends zu aufdringlicher Subjektivität. Man empfindet es durchaus als wertvoll, über die verschiedenen Phasen des Krieges ein so unmittelbares und militärisch so fundiertes Urteil zu vernehmen. Um so mehr, als es aus einer prächtig warmblütigen Offiziersgestalt voll Saft und Kraft fliesst. Die Ritterlichkeit ist diesem Edelmann angeboren; sie lässt ihn auch dem Gegner gerecht werden. Wo er aber die militärischen Fehler im eigenen Lager durch menschliche Unzulänglichkeiten verschuldet sieht, stellt er sie an den Pranger. Da er nicht gebürtiger Luzerner ist, kennt er hier keine Rücksichten des engeren Standes. In seinen militärischen Auseinandersetzungen nimmt er oft den gereizten Ton des Fachmannes an, der den Dilettanten eines Besseren belehren will, des Qualifizierten, der den Unbefugten tadelt. Man versteht Segesser, wenn er von dem leicht verletzbaren und cholerischen Elgger schreibt, die Untergebenen hätten ihn geliebt, für Übergeordnete sei er etwas unbequem gewesen.

Elggers Darstellung besitzt auf weite Strecken den Originalwert eines Augenzeugenberichtes voller Farbe und Anschaulichkeit. Wo er nicht dabei war, konnte er sich besser als ein anderer erkundigen. Diese Blicknähe hat ihre Vor- und Nachteile. Was an Zuverlässigkeit im einzelnen gewonnen wird, geht manchmal an Gesamtschau verloren. Bei Elgger jedoch ist infolge seiner hohen militärischen Stellung der zusammenhängende Überblick gewahrt. Eine gewisse Unausgeglichenheit des Ganzen rührt von der ungleichen Dokumentation her. Die ersten Abschnitte des Buches sind fast ganz aus der Erinnerung geschrieben, für andere Teile standen dem Verfasser Akten zur Verfügung. Und dann mag auch die bruchstückartige Entstehung des Werkes, veranlasst durch das unstete Exiliertenleben Elggers, in der Komposition spürbar sein. Dass trotzdem nichts Ungleichförmiges entstand, dafür sorgt die Haudegengestalt Elggers, die mit ihrem Wesen das Buch bis in jeden Satz durchdringt und Verschiedenartiges zusammenschmelzt. Alles, auch das Nebensächlichste, ist von Elggers Temperament befeuert, jeder Abschnitt verrät Elggers Ton. Dieser ist stets schwungvoll, nimmt oft überschwängliche Form an, gleitet gelegentlich ins Barocke ab, bleibt aber immer bewegt, abwechslungsreich. Elgger versteht es zu erzählen, Spannung zu erzeugen, jede öde Annalistik zu vermeiden. Der etwas wortreiche Offizier bewegt sich oft waghalsig in der Sprache, wie er es im Krieg getan zu haben scheint. Bisweilen gelingen ihm ausgezeichnete Bilder, die die Situation oder Stimmung kräftig veranschaulichen oder verdichten, dann wieder geraten sie schief und pompös.

Die Anwendung Napoleonischer oder Turennescher Worte auf die Strategie und Taktik der Innerschweizer stellt zwar einen löblichen Versuch dar, Eidgenössisches mit Europäischem zu verbinden, wirkt aber nicht immer organisch und macht deshalb zum mindesten den Eindruck des Gezwungenen. Dagegen tragen die vielen eingestreuten historischen Reminiszenzen zur Erhellung und Vertiefung der geschilderten Vorgänge wesentlich bei. In der Geschichte und in der Literatur ist dieser Mann der Waffe gut bewandert; besonders die klassische Bildung holt er gern hervor.

Seine politischen Anschauungen sind emotionell, nicht intellektuell bedingt; ihre Darlegung mutet reichlich bieder-treuherzig an, hat einen fast primitiven Beisatz. Der Radikalismus ist ihm der Antichrist, der Widersacher politischer und sozialer Hierarchie des Abendlandes. Da die französische Revolution ihm den militärischen Aufstieg geknickt, die spanische Revolution das Vermögen geraubt hat, hegt er gegen die Revolution in allen ihren Ausdrucksformen einen geradezu persönlichen Hass. Stets kämpft er für die bedrohte Ordnung, jetzt für die geschichtlich gewachsene Föderation der Schweiz. Man könnte seinen Standpunkt als gemässigt konservativ bezeichnen: Er wehrt sich gegen den Vorwurf, am Alten starr festzuhalten, und möchte vernünftigen Reformen Raum geben. Übrigens widerstrebt es ihm, sich auf ein Parteidogma festzulegen. Als Militär bleibt er derartigen Bindungen fern, was ihn natürlich nicht hindert, sich über die wichtigsten Vorgänge eine persönliche Meinung zu bilden. Die Berufung der Jesuiten hält er für unzeitgemäss und unklug, weil dadurch den Radikalen der gewünschte Anlass geboten werde, die protestantische Bevölkerung gegen ihre «friedliebenden Eidgenossen zu fanatisieren».

Mit den Häuptern des Sonderbundes steht er nicht in gutem Einvernehmen, verteidigt sie jedoch gegen den schweren Anwurf des Landesverrates, wie er denn stets gewillt ist, seinen Schild vor die Sonderbündischen zu halten; so nimmt er die Obersten Philippe de Maillardoz von Freiburg und Carl Emanuel Müller von Uri in Schutz. Für Bernhard Meyer und Leu von Ebersol findet er hohe Worte der Anerkennung. Dagegen übt er an General von Salis wiederholt scharfe Kritik, wirft ihm Kurzsichtigkeit vor: «quem Deus vult perdere prius dementat.» Elgger gibt sich als unbedingter Vertreter des Angriffsgeistes; jedoch habe er seine Offensivpläne gegenüber dem zaudernden Salis nie durchsetzen können. Zum alten Waffengefährten Dufour, mit dem er nun die Klinge kreuzen musste, blickt er voller Verehrung auf. Sogar an Ochsenbein rühmt er nicht nur verschiedentlich die ja allgemein anerkannte Ritterlichkeit, sondern auch dessen militärische Intelligenz. Den Plan zur Organisation des grossen Freischarenzuges nennt er geradezu «meisterhaft», die Aufgabe «ausgezeichnet gelöst».

In der Hauptfrage nach der Ursache der Niederlage urteilt Elgger ähnlich wie Segesser: Die politische und militärische Führung versagte, während das brave Volk es an Opfergeist nicht fehlen liess. Als man den Kampf vorzeitig abbrach, hätten sich Offiziere und Soldaten laut beklagt, «dass man sie zurück und nicht gegen den Feind führe». Elggers emphatische Begründung des Zusammenbruchs lautet: «Nicht der Feinde massenhafte Überzahl, nicht die langen Reihen ihrer Geschütze, nicht ihre Tapferkeit – nein! – die Flucht der obersten Behörden unseres Landes hat unsere Kraft gebrochen, und sie war es, welche durch ihre Folgen das schmachvolle Ende fünfhundertjähriger Freiheit herbeigeführt hat.» Die Nacht nach der Flucht des Kriegsrates nennt Elgger die grässlichste seines Lebens. Er schildert mit dokumentarischer Treue bis in alle Einzelheiten die allgemeine Wirrnis, die unentschlossene Passivität des Generals, die Verzweiflung auf dem sinkenden Kommandoschiff.

Nur mit tiefster Bitternis vermag er den Untergang zu erzählen: Die Waldstätte seien im Namen der gleichen Eidgenossenschaft, welche sie einst gegründet, von den Truppenmassen jener Kantone, denen die eidgenössischen Vorfahren Freiheit, Selbständigkeit und Bedeutung erkämpft hätten, überschwemmt und als erobertes Land behandelt worden. Den Versuch der Grossmächte, dem Sonderbund diplomatische Hilfe zu bringen, habe «Lord Palmerstons Schlangenpolitik» vereitelt. Es kennzeichnet Elggers Haltung sowohl wie seine Ausdrucksweise, wenn er am Schluss seines Buches wehmütig-pathetisch ausruft: «Das Verhängnis hat mich verdammt, den Tag der Schmach zu überleben; aber mit reinem Gewissen stehe ich hier und werfe mein zerbrochenes Schwert auf den Sarg der alten Schweiz. Mein Name mag nun der Vergessenheit anheimfallen, aber Euch, auf denen die grosse Schuld unseres Unterganges lastet, Euch werde die Berühmtheit eines Herostrats!»

Des Kantons Luzern und seiner Bundesgenossen Kampf gegen den Radikalismus vom 8. Dezember 1844 bis 24. November 1847 und mein Antheil an demselben; Schaffhausen 1850.

PHILIPP ANTON VON SEGESSER: Franz von Elgger; Slg. kl. Schriften 2, Bern 1879, S. 433 ff.

Philippe de Maillardoz 1783–1853

Als Ergänzung zu den militärischen Ausführungen Dufours, Segessers und Elggers ist die Schrift zu betrachten, die der Oberkommandierende der Freiburger Truppen 1850 in Freiburg veröffentlichte: *Mémoire sur ma participation aux événements de Fribourg en 1847.* Maillardoz gibt selber zu, dass er sich mit dieser Broschüre rechtfertigen wolle vor seinen Verleumdern im In- und Ausland, die ihn versteckt und offen des Verrats bezichtigten. Man gewinnt den Eindruck, als habe dieser geborene Militär – eine glänzende Laufbahn in französischen Diensten lag hinter ihm – nur nach schwerer innerer Überwindung zur Feder gegriffen. Er beschränkt sich denn auch in seinem knappen Bericht aufs Militärische und hier wiederum auf das, was mit seiner Person zusammenhängt.

Der Verfasser macht zunächst eingehende Angaben über die Organisation der freiburgischen Armee und über seine Verteidigungspläne. Er erwartete einen gleichzeitigen Angriff auf beiden Seiten der Sense und richtete sich darnach ein. Wie schlecht indessen das Zusammenspiel zwischen den verschiedenen freiburgischen Instanzen funktionierte, erhellt schon daraus, dass dem höchsten Kommandanten nicht mitgeteilt wurde, wie viel und was für Gewehre der Staat anschaffte. Maillardoz wirft der Regierung immer wieder übertriebene Sparsamkeit am falschen Ort vor; es scheint tatsächlich, dass man in Freiburg die kriegerischen Anstalten mehr unter dem kommerziellen als unter dem militärischen Gesichtspunkte betrieb. Aber auch mit den fünf innerschweizerischen Orten kam es zu keiner vernünftigen Zusammenarbeit, so sehr sich Maillardoz darum bemühte. Mit dem General von Salis stand er von Anfang an auf gespanntem Fuss. Es drängte sich ihm immer mehr die Einsicht auf, in der Rechnung des Sonderbundes gelte Freiburg nicht viel. Es sei nur dazu da, die eidgenössische Armee einige Tage aufzuhalten, damit das innerschweizerische Heer für seine Operationen und das Ausland für die Interventionen Zeit gewinne. An der Vernachlässigung Freiburgs, behauptet er, trage der Machiavellismus Siegwarts die Schuld. Nicht Freiburg sei vom Sonderbund abgefallen, sondern der Sonderbund habe Freiburg schnöde im Stich gelassen.

Während sich Maillardoz über seine Offiziere wohlwollend kritisch äussert, macht er aus seiner Abneigung gegen den Landsturm kein Hehl; als Berufsoffizier traute er diesen regellosen Banden keine kriegerischen Leistungen zu. Auch missbilligte er es, dass soviel Pfarrer und Jesuiten die Truppe begleiteten, sie fanatisierten, in alles hineinredeten und damit die allgemeine Verwirrung förderten, wie er denn überhaupt auf die Jesuiten nicht gut zu sprechen ist. Was den Fall Freiburgs betreffe, so stelle es in der Kriegsgeschichte wohl etwas Einzigartiges dar, dass eine Regierung mit dem Feind eine Kapitulation abschloss, ohne mit dem Oberkommandierenden Fühlung zu nehmen. Aus solchem angestauten Groll floss die brüske Art, mit der Maillardoz demissionierte.

Immer wieder weist er auf die geringe Anzahl der ihm zur Verfügung stehenden Truppen – 5115 Mann – und auf den Mangel an Geschützen hin, was ihn in seinen Dispositionen ausserordentlich stark behindert habe. Ein offensiver Ausfall aus seinen Verteidigungsplänen wäre unter diesen Umständen einem Abenteuer gleichgekommen, meint er. Die Gründe für den raschen Zusammenbruch des Sonderbundes sieht Maillardoz letztlich darin, dass die Schutzvereinigung von Männern angeführt wurde, die unerschrocken dem Bürger- und Religionskrieg entgegengingen, im entscheidenden Augenblick jedoch die nötige Energie nicht aufbrachten. Statt sich abzusondern und zu einer Partei zusammenzuschliessen, hätten die sieben Kantone beim Verlassen der Tagsatzung den Bundesvertrag als verletzt, die Tagsatzung als aufgelöst, die Rechte des Vororts als erloschen erklären sollen. Hätten sie in Luzern eine neue Tagsatzung einberufen und diese als Repräsentation der Eidgenossenschaft verkündet, so wären die Grossmächte gezwungen gewesen, sofort Stellung zu beziehen. Zum Schluss fällt Maillardoz selber in den Fehler des Dreinredens, den er an andern so sehr rügt: Er belehrt die Sonderbündischen, wie sie es militärisch besser hätten machen sollen.

Trotz diesem Misston im Ausklang und trotz den persönlichen Absichten des Autors hinterlässt seine Schrift den Eindruck eines weithin sachlichen und aufschlussreichen Berichtes über ein Teilgebiet des Krieges, das viel diskutiert und missverstanden worden ist.

Mémoire sur ma participation aux événements de Fribourg en 1847; Fribourg 1850.

PIERRE ESSEIVA: Fribourg, la Suisse et le Sonderbund 1846–1861; Bar-le-Duc 1882. – HENRI DE SCHALLER: Souvenirs d'un officier Fribourgeois 1789–1848; Fribourg 1890. – F. DUCREST: Le combat du fort Saint-Jacques près Fribourg; Ann. frib. 1921.

Joseph Balthasar Ulrich 1817–1876

Nicht so subjektiv wie Segessers und Elggers Schriften, ohne darum aber zuverlässiger oder gar wissenschaftlicher zu sein, ist das umfangreiche, zu Einsiedeln erschienene Buch des Schwyzer Landschreibers Ulrich: *Der Bürgerkrieg in der Schweiz...* Er besass als ehemaliger Redaktor der führenden Staatszeitung in der katholischen Schweiz, als Privatsekretär Siegwarts und als Infanterieleutnant während des Krieges guten Einblick in die politischen und militärischen Vorgänge. Ob man ihn deshalb jedoch als den besten Gewährsmann bezeichnen kann, wie sich Siegwart gegenüber Altlandammann Baumgartner aussprach, möchte man bezweifeln; sicher ist nur, dass der Luzerner Schultheiss in diesem Werk am besten wegkommt. Für den Wert eines Geschichtsschreibers ist indessen der günstige Standort nicht allein ausschlaggebend; als wichtiger erscheinen Charakter, Kenntnisse, Talente. Die Persönlichkeit Ulrichs war nicht stark ausgeprägt: Treue gegenüber seinem Volk und dessen politischer Lebensform sowie journalistische Gewandtheit stechen hervor. Weder in der Politik noch in der Dichtkunst – in beiden suchte er sein Glück – machte er sich einen Namen. Seine solide, universelle Bildung hatte er sich bei den Jesuiten geholt. Spuren davon zeigen sich etwa im unbedingten Gehorsam gegenüber der Autorität, besonders der kirchlichen, sowie gelegentlich in der Art seiner Argumentation.

Auch Ulrichs Buch ist eine Parteischrift. Sie ist es vielleicht um so mehr, als der Verfasser sich ganz mit der offiziellen katholischen Meinung identifiziert, mag er sich auch immer wieder leidenschaftlich auf den Richterstuhl der unparteiischen Historie berufen. Natürlich will er ebenfalls nur die Wahrheit geben; darunter versteht er aber in erster Linie Widerlegung all des Nachteiligen, das die Radikalen über den Sonderbund ausgestreut haben, Darlegung der Absichten und Unternehmungen der Besiegten. Das läuft dann von selber auf eine Verurteilung der Tagsatzung hinaus, die er mit der Revolution gleichsetzt: «Wie sie, die Revolution, den Kampf eingeleitet, ihn fortgesetzt und endlich siegreich vollendet hat, – dieses zu zeigen liegt in gleichem Masse in unserer Aufgabe, wie wir die ‹Geheimnisse des sogenannten Sonderbundes› vor aller Welt enthüllen wollen, um gerade durch diese Enthüllung die nackte Wahrheit vor Augen zu stellen.»

Ulrich tut sich sehr viel darauf zugute, dass seine Ausführungen fast durchwegs auf amtlichen Akten beruhen, von denen er etwas naiverweise annimmt, sie enthielten nur unbestrittene Tatsachen. Es standen ihm als primäre Quellen zur Verfügung: das Protokoll des siebenörtigen Kriegsrates, die Tagsatzungsabschiede, die Berichte der eidgenössischen Repräsentanten, die Dekrete der Regierungen. Daneben konnte er auch schon die bereits veröffentlichten Schriften von Segesser und Elgger sowie der Gegenpartei – von Dufour, Amiet, Henne, Leuthy, Tschudi – benützen. Auf Grund dieser älteren Beweismittel sei er in der Lage, Tatsachen zu bieten, und, so wähnt er, «Tatsachen machen die Geschichte».

Die wichtigste Quelle, nämlich seine eigene Erfahrung, nennt er nur nebenbei, und wirklich ist davon recht wenig zu spüren. Die Darstellung trägt kompilatorischen Charakter. Sie ist nüchtern, trocken, reizlos, unpersönlich. Auch die Sprache besitzt weder Kraft noch Würze, vermeidet aber alles journalistische Wortgeflimmer und hält sich in mittlerer Temperatur. Der Verfasser sagt selber, er habe kein Kunstwerk schaffen wollen. Dagegen leistet sein Buch zur Information ausgezeichnete Dienste. Einmal schon deshalb, weil Ulrich nach Vollständigkeit strebt und auf den fast achthundert Seiten seines Werkes ausserordentlich viel Wissenswertes zusammengetragen hat. Sodann und vor allem, weil der weitschichtige Stoff mit grossem Geschick klar disponiert ist; eine rationale Systematik durchzieht das ganze Werk. In einer reichen Zahl von Abschnitten und Paragraphen werden einzelne Erscheinungen erklärt und Ereignisse zusammenfassend dargestellt. Ulrich bemüht sich um eindeutige, leichtfassliche Definitionen, wie er sich denn überhaupt ans Volk wendet, ohne aber ein eigentliches Volksbuch geschaffen zu haben. Das solide Werk mit seinem didaktischen Einschlag nähert sich eher dem Typus eines Hand- und Lehrbuches.

Ulrich begnügt sich nicht mit der Schilderung des Kriegsverlaufs. Er spannt seinen Bogen viel weiter, will den ganzen Zeitraum von der Regeneration bis zur Einführung der neuen Bundesverfassung beschreiben. In der geschichtlichen Einleitung singt er das Lob der Urschweiz als der Wiege eidgenössischer Freiheit. Er überhöht diese Zeit, verleiht ihr einen Glanz, der verdächtig nach Politur aussieht. Ohne geringste Skrupeln anzudeuten, tischt er die wissenschaftlich längst widerlegte Befreiungstradition auf: Die drei Waldstätte, ursprünglich nicht dem Reiche zugehörig, hätten sich freiwillig in den Schutz des Reiches begeben. Die Reformation schildert er verdeckt als Vorläuferin der Revolution und bricht in die übliche Klage über die Glaubensspaltung als Ursache des Sittenzerfalls aus. Alles historische Geschehen wird auf die Gegenwart zugespitzt, empfängt nur von ihr Sinn und Wert, soll dem Beweis von der Güte des konservativen und der Bosheit des radikalen Prinzips dienen. Dieser recht robuste Pragmatismus mündet in die Frage ein, was die Geschichte der alten Eidgenossenschaft lehre? Die Antwort kann nicht zweifelhaft sein: «Statt Freiheit durch Ordnung und Gesetz getragen, wie unsere Väter sie geliebt, tritt sie jetzt in Wort und Tat vieler als Zügellosigkeit auf. An

Stelle der Gerechtigkeit will bittere Parteisucht sich geltend machen... Wo ist noch der alte kindliche Glaube der Väter, wo die heilige Treue dem gegebenen Worte, wo die Ehrfurcht vor kirchlichen Gesetzen, Personen und Institutionen?» Deshalb zurück zur Quelle schweizerischer Freiheit, das heisst zur christlichen Gerechtigkeitsliebe der Urschweiz. Und diese wird – was der Verfasser nicht ausspricht, aber supponiert – durch die ehemaligen Sonderbundsstände verkörpert.

Die Entwicklung der Eidgenossenschaft seit der Regeneration erklärt Ulrich als üble Folgeerscheinung des revolutionären Wechselfiebers. Seine Schilderung dieser Epoche kommt einer Pathologie des schweizerischen Volkskörpers gleich. Zu den schlimmsten Krankheitserregern gehört Ochsenbein, der Unhold der Zeit. Siegwart dagegen ist der nie wankende Fels der Rechtgläubigkeit, «der an diplomatischer Klugheit, an Wissenschaft und Rechtlichkeit wohl keinem eidgenössischen Staatsmanne nachstand». In apologetischem Ton werden dessen grosse Arbeitskraft, scharfer Geist, anerkannte Sittlichkeit, tiefe Religiosität und Bescheidenheit gerühmt, während Ulrich den Staatsschreiber Bernhard Meyer durchaus an die zweite Stelle rückt, nicht ohne die Nebenbuhlerschaft zwischen diesen beiden besten Köpfen des Sonderbundes anzudeuten. Dufour und von Salis sind matt, geradezu unbeholfen charakterisiert; das Porträtieren ist nicht Ulrichs Sache.

Nach Ulrich wurde die Staatskrise der Eidgenossenschaft einzig vom Radikalismus heraufgeführt; dieser bedeutet ihm das Böse schlechthin. Alle verderblichen Zeittendenzen fasst er unter dem Schlagwort radikal zusammen: Revolutionarismus, Atheismus, Kommunismus, Staatsabsolutismus. Besonders deutlich kennzeichne sich der Radikalismus durch den Rechtsbruch der Klosteraufhebung. Zur Verteidigung der Jesuitenberufung verwendet Ulrich widerspruchsvolle Argumente und versteift sich auf die Legalität des Vorganges. Kein Wort von der politischen Unzweckmässigkeit, völliges Schweigen über die Opposition, der ja anfänglich gerade Siegwart und Meyer angehörten.

Besonders nachdrücklich diskutiert Ulrich die Sonderbundsfrage. Er erklärt die Schutzvereinigung als Sicherungsmassnahme gegen die Freischaren; weder der Bund noch die Kantonsregierungen hätten genügend rechtlichen Schutz mehr geboten: «Der Buchstabe blieb tot, weil nicht befolgt, die Garantien blieben tot, weil nicht beachtet.» Die Legalität des Sonderbundes, die Ulrich unterstreicht, wird historisch recht lückenhaft begründet, weil sie dem Verfasser selbstverständlich ist. Er sieht nicht ein, inwiefern der Sonderbund eine dem Bundesvertrag nachteilige Verbindung habe darstellen können. Allen derartigen Erörterungen liegt die Tendenz zur Legitimierung eines bestimmten Zustandes zugrunde, der in den Augen der Konservativen schon infolge seiner Dauer gottgewollt war. Diese Verabsolutierung einer bestimmten politischen Situation führt zum Gleichsetzen von vergänglichem Recht mit Rechtlichkeit, einer fatalen Verwechslung, deren sich Ulrich in seinem dogmatischen Fanatismus nicht bewusst wird.

Die kriegerischen Ereignisse erzählt er oft in fast wörtlicher Anlehnung an seine Vorgänger. Als erster rechtfertigt er die Flucht des Kriegsrates, wie er denn Siegwarts Verhalten durchgängig verteidigt. Mit minutiöser Gründlichkeit registriert er alle Ausschreitungen der eidgenössischen Truppen, ermittelt Statistiken der ihnen zur Last fallenden Brandschäden, beschreibt ihre Jesuitenjagden. Die Tagsatzungspartei habe ihre Zusage gebrochen und sich als übermütige Siegerin aufgeführt. Das beweise auch ihr Verhalten bei der Rekonstitution der sonderbündischen Orte; mit Bitterkeit ironisiert er das Geschenk der radikalen Volksfreiheit und geisselt das Vorgehen der Tagsatzung in den einzelnen Kantonen als willkürlich sowie despotisch.

Immer wieder wirft Ulrich die bange Gewissensfrage auf, warum wohl Gott diese Züchtigung der Schutzvereinigung zugelassen habe? Er wollte damit die Gerechten prüfen, die Gottlosen strafen. Man solle nicht alles Gelingen der menschlichen Weisheit und Kraft, auch nicht alles Versagen der menschlichen Führung allein zumessen. Gottes Ratschluss sei unerforschlich. Seine Macht und Weisheit wisse auch aus dem Bösen Gutes zu ziehen. Eine Hoffnung hält Ulrich aufrecht und damit tröstet er seine Landsleute: Mit dem Siege der Revolution seien Recht und Wahrheit noch nicht aus der Welt verbannt.

Er glaubt an ihre Auferstehung, obgleich ein halbes Jahr nach Niederwerfung des Sonderbundes einige Tausend Barrikadenmänner «fast alle Throne der mächtigsten Fürsten Europas in ihren Grundfesten erschütterten». Den Zusammenhang zwischen dem Vordringen des Radikalismus in der Schweiz und der Revolution in Europa verkennt er zwar nicht, weist sogar mehrmals vieldeutig darauf hin. Aber er sieht ihn viel zu direkt, als ob zwischen den revolutionären Parteien ein geheimes internationales Einverständnis, ein allgemeiner Plan, bestanden habe, nach dem poetischen Geständnis der Radikalen: «Das Blut, das wir im Bürgerkrieg vergiessen, wird durch Europas matte Adern fliessen.» Ein Höherer habe indessen den endgültigen Sieg des Bösen nicht zugelassen: «Dass die Revolution von der Schweiz auslaufen, über ganz Europa losstürmen und endlich am Fels Petri den Schädel verstossen sollte, bleibt kein geschichtliches Geheimnis.»

Das Interventionsrecht der Grossmächte «oder überhaupt der Stärkeren in den inneren Angelegenheiten der Kleineren und Schwächeren» bezeichnet Ulrich als wohlbegründet. Damit will er offenbar einen allfälligen Appell des Sonderbundes ans Ausland um Dazwischenkunft als rechtmässig erweisen. Eine bewaffnete Intervention sei zwar von der Schutzvereinigung weder je beabsichtigt noch tatsächlich angerufen worden.

Im Gegensatz zu den andern Sonderbundsschriften klingt Ulrichs Buch in einer versöhnlichen Stimmung aus, die aber nach dem unmittelbar vorangegangenen eingehenden Verweilen auf zugefügtem Unrecht nicht ganz echt wirkt. Die unterdrückten katholischen Kantone seien willens, alle die vielen Leiden und Kränkungen zu vergessen, sofern man ihnen Freiheit der katholischen Kirche, Schutz ihrer Institutionen sowie politisches Lebensrecht zusichere. Dann könnte der neue Bund «ein Bund der Versöhnung und der Eintracht» werden.

Ob in diesen Worten eine bedingte Anerkennung der neuen Kräfte lag oder zumindest eine Mahnung, sie möchten sich mit den alten Kräften organisch verbinden, ist nicht klar ersichtlich. Jedenfalls war damit die Brücke zu der neuen Legitimität geschlagen. Dass die Anpassung ans Neue nicht so rasch erfolgte, dafür sorgte der Nachdruck, mit dem Ulrich die Rechtlichkeit der alten Ordnung herausgestellt hatte. Und so kam seinem Werk ausser der Aufgabe der Orientierung auch noch die Funktion zu, durch die Besinnung auf die haltenden und bewahrenden Kräfte der Tradition den mitreissenden Kräften des Fortschritts und des Umschwungs ein Gegengewicht zu schaffen.

Der Bürgerkrieg in der Schweiz in seiner Veranlassung, Wirklichkeit und seinen Folgen, umfassend den Zeitraum von 1830 bis zur Einführung der neuen Bundesverfassung 1848; Einsiedeln 1850.

ADOLF SUTER: Der Dichter des Riesenkampfes Joseph Balthasar Ulrich; Monatsrosen 50, 1906.

Jacques Crétineau-Joly 1803–1875

Noch konsequenter, ja geradezu fanatisch hat den Standpunkt des Sonderbundes, besonders seines klerikalen Flügels, ein Ausländer verfochten. Der Franzose Crétineau-Joly veröffentlichte 1850 in Paris eine zweibändige *Histoire du Sonderbund* von gegen elfhundert Seiten, die später ins Spanische, Italienische und Deutsche übersetzt und in der Originalsprache bald wieder aufgelegt wurde. Hieraus ergibt sich schon, dass sich das Werk zunächst nicht an den schweizerischen, sondern an den europäischen Leser wandte. Und zwar will es nicht so sehr einen abgeschlossenen Vorgang der Vergangenheit klären, als vielmehr den verderblichen Einfluss des Radikalismus auf den sozialen Volkskörper aufzeigen. Es geht dem Verfasser weniger um wissenschaftliche Erhellung denn um politische Wirkung.

Wer den Polemiker Crétineau-Joly aus der europäischen Zeitgeschichte kennt, wird über die Tendenz seiner Sonderbundsgeschichte nicht erstaunt sein. Als gebürtiger, echter Vendéen setzte er sich stets für die katholische Kirche und das historische Recht ein. Er verteidigte diese Mächte als vehementer Publizist, der glaubt, mit der Feder die drohenden Gefahren abwenden zu können. Im Kampf gegen die Revolution sah er seine Mission. Er focht zunächst als Journalist, dann als Profanhistoriker und schliesslich als Kirchenhistoriker. Die Erfolge der Revolution und seine persönlichen Niederlagen trieben ihn immer mehr ins Extrem, so dass er das europäische Geschehen bald nur noch von seiner fixen Idee aus beurteilte: dem Einfluss der Geheimgesellschaften auf die Politik. Unter der Masslosigkeit seines Angriffes litt oft die Sache, der er diente; sogar seinen Freunden, den Jesuiten, ging er in seiner gewalttätigen Art zu weit.

Das Thema der Sonderbundszeit war wie geschaffen, um die europäischen Grundkräfte, an deren Vernichtung oder Verherrlichung Crétineau so viel gelegen war, sichtbar zu machen. So hat er denn auch die Anregung des damaligen Jesuitengenerals P. Roothan, eine Sonderbundsgeschichte zu schreiben, sofort aufgegriffen. Offenbar wurde er zur Übernahme dieser Aufgabe auch von Pius IX. und dessen Staatssekretär Antonelli ermuntert. Den Hauptteil der Quellen lieferte ihm der Jesuit P. Hartmann, der seine reiche Materialsammlung aus Freiburg nach Frankreich geflüchtet hatte und Crétineau während der Abfassung des Werkes unentwegt beistand. Hartmann reiste auch nach Löwen, um dort Dokumente aus Luzern und dem Wallis zu behändigen. Auf Wegen, die oft durch Hintertüren führten, verschaffte er sich zudem Einblicke in die geheime diplomatische Korrespondenz. Ob es ihm ferner gelang, «des lettres d'Ochsenbein, de Dufour, quelques preuves intimes de plus, des aveux, des pièces intérieures de St-Gall, de Zurich, etc.» aufzustöbern, ist nicht ersichtlich. Jedenfalls war die Dokumentation, wenn auch sehr einseitig, so doch derart eingehend, dass sich Segesser über die intime Kenntnis dieses Ausländers in schweizerischen Dingen wunderte. Auffallend ist bloss der Mangel an Siegwartschen Papieren; der Luzerner Altschultheiss steuerte keine Akten bei. Er betrachtete Crétineaus Darstellung nicht als einen getreuen Spiegel der Wirklichkeit, wie aus einem Brief an Baumgartner hervorgeht: «Crétineau-Joly dürfen Sie glauben, soweit er Aktenstücke anführt, allein seinen Erzählungen und Räsonnements können Sie kein Gewicht beimessen.»

In wahrhaft ekstatischem Zustand schuf Crétineau – immer von P. Hartmann sekundiert – während nur vier Monaten das umfangreiche Werk. Es haftet ihm viel von der rhapsodischen Entstehungsweise an. Weder Vollständigkeit der Information noch Gerechtigkeit des Urteils waren angestrebt. Der Verfasser, dieser «Hammer des Radikalismus», wollte mit seiner schneidenden Kompromisslosigkeit zur Stellungnahme zwingen, die Lauen aufrütteln: «L'auteur est de l'avis... qu'un ouvrage n'est bon que lorsqu'il fait crier beaucoup, longtemps et hautement; il est ennemi mortel des demi-mesures, des conciliateurs absurdes.» Aus dieser zugegebenen Absicht unter anderem erklären sich die grellen Farben, die scharfen Konturen, die lauten Töne.

Gegenüber seinen literarischen Vorgängern in der Schweiz verhält sich Crétineau völlig selbständig; nur ganz gelegentlich bezieht er sich auf französisch geschriebene Broschüren und Zeitungen. Über seine eigentlichen Unterlagen schweigt er sich aus. Diese waren mehr diplomatischer Natur. Sein Interesse galt ja auch nicht den militärischen, sondern den sozial-politischen Geschehnissen. Was er über die Kriegsereignisse aussagt, ist dürftig und fehlerhaft. Umso aufschlussreicher wird er bei der Schilderung gesellschaftlicher Erscheinungen und des diplomatischen Getriebes. Dabei richtet sich sein Augenmerk immer auf das, was seine Franzosen an dem schweizerischen Drama bewegt. Der Zusammenhang zwischen der eidgenössischen und der weltpolitischen Entwicklung wird lückenlos gewahrt, ja ganz besonders betont. Crétineau sieht die schweizerischen Ereignisse als Teil und als Ausdruck der gesamteuropäischen, misst ihnen deshalb so grosse Bedeutung bei und begleitet sie unausgesetzt mit seinen politischen Überlegungen.

Diese umreissen seinen Standpunkt mit schärfster Eindeutigkeit: Die Idee der sozialen Revolution ist von verlorenen Aussenseitern der menschlichen Gesellschaft ausgegangen, welche sich in die Eidgenossenschaft geflüchtet haben. Beschützt wurden sie vom schweizerischen Radikalismus; er hat sich mit ihrem Geist erfüllt. Dabei trat er mit den internationalen, subversiven Geheimgesellschaften in Verbindung und leistete ihnen überall Vorschub. Auf solche Weise ist Helvetien zur Wiege aller Verschwörungen gegen die soziale Ordnung, zur Nährmutter der europäischen Revolution geworden. Die Komplizen des schweizerischen Radikalismus triumphierten zu gleicher Zeit in Paris, Wien, Berlin, Dresden, Mailand, Rom.

Crétineau erörtert diese prinzipielle Stellungnahme nicht etwa im Zusammenhang, wie denn überhaupt sein Werk am Mangel formaler Kohärenz leidet; man muss seine grundsätzliche Ansicht aus den verstreuten Geschichtsbetrachtungen ableiten. Dabei greift der Autor bis auf die Französische Revolution zurück und will zeigen, wie sich deren Gift im eidgenössischen Volkskörper allmählich festfrass. Einen neuen Zersetzungsstoff führte die Juli-Revolution der Schweiz zu. Der Liberalismus mit seinem falschen Prinzip der Volkssouveränität zerstörte in einigen Kantonen die angestammte Freiheit, während die Innerschweiz in weiser Besinnung dem liberalen Ansturm trotzte. Den Urkantonen, diesen Urbildern echter Freiheit, gehört Crétinaus schwärmerische Liebe; sie seien «maîtres dans l'art d'être libres, démocrates purs qui auraient forcé Platon à rougir de son utopie républicaine». Dagegen sei der Ruf der Radikalen nach Freiheit nur Heuchelei, nur Mittel zum Zweck. Einmal an der Macht, erwiesen sie sich als reine Tyrannen: «Ce qu'ils n'ont jamais connu, c'est la liberté.»

Nach diesen Prämissen kann kein Zweifel mehr bestehen, in welcher Beleuchtung Crétineau die Sonderbundsereignisse vorführt: Die Entstehung der Schutzvereinigung ist eine Folge der radikalen Provokationen. Er betrachtet den Sonderbund als ebenso rechtmässig wie den Rütlibund und den Goldenen oder Borromäischen Bund. Keineswegs hätten die katholischen Stände durch ihren Zusammenschluss sich über die Rechte der anderen Kantone hinweggesetzt; sie wollten ja nur den Bundesvertrag von 1815 stützen: «Elle (die Schutzvereinigung) violait les droits des autres cantons à peu près comme le propriétaire qui place une serrure à son coffre-fort viole le droit des voleurs.» Die Jesuitenfrage sei von den internationalen Geheimgesellschaften in der Schweiz einzig dazu benützt worden, ihre Kraft gegenüber Europa zu erproben. In den dunkelsten Farben malt Crétineau die Freischaren und vergleicht sie mit den Truands. Sie bestünden aus ehemaligen Sträflingen, Nichtstuern, catilinarischen Existenzen; alle seien in die Schule des Kommunismus gegangen. Ihren Führer

Ochsenbein charakterisiert er mit hemmungsloser Wut, wie er denn die Gestalten aller radikalen Politiker arg verzeichnet. Sogar an den General Dufour wagt sich seine verleumderische Feder. Er wirft ihm Ehrgeiz, Machthunger und Eitelkeit vor; sein Mangel an Seelengrösse habe ihn trotz seiner ursprünglich gemässigten Gesinnung den Oberbefehl über die Tagsatzungstruppen übernehmen lassen. Dagegen umgibt Crétineau die politischen Häupter des Sonderbundes mit dem idealisierenden Heiligenschein von Märtyrern einer guten Sache.

In den Sonderbündischen sieht Crétineau moderne Vendéens, eine Art Avantgarde der Zivilisation. Er kann es ihren Führern nicht verzeihen, dass es ihnen an Genie und Tatkraft gebrach. Sie hätten sich furchtlos auf die Schlange der Revolution stürzen und ihr mit einem Schlage den Kopf zermalmen sollen. Statt dessen hätten sie es vorgezogen, ihr so sachte, so legal wie möglich auf den Schwanz zu treten «comme pour envenimer davantage ses morsures». Ihr defensives Verhalten sei der Grund ihres Unterganges gewesen. Nur Siegwart und Philippe de Reynold hätten immer wieder zum Angriff gedrängt.

Als ganz unentschuldbar aber betrachtet Crétineau das klägliche Versagen der Mächte. Sie hätten leider die Lehren des grossen Politikers Machiavelli vergessen, wonach man einem Übel nicht aus dem Wege gehen könne, indem man den Krieg vermeide. Diese Sünde räche sich jetzt bitter. Louis-Philippes Sturz wird in geschmackloser Weise mit Bibelzitaten als gerechte Strafe des Himmels hingestellt. Des Autors heftigster Zorn jedoch ergiesst sich auf den verbrecherischen Widersacher einer europäischen Intervention, Lord Palmerston. Für Crétineau steht es unumstösslich fest – was eine gewissenhafte Forschung verneint –, dass Palmerston den Radikalen Subsidien ausschüttete, dass er dem Tagsatzungspräsidenten durch den Gesandten Peel ein «laisser-passer» erteilte, dass er dem General Dufour raten liess, mit dem Sonderbund rasch ein Ende zu machen. So habe Palmerston die Sache des Rechtes kompromittiert und den Triumph des revolutionären Prinzips begünstigt.

Dem siegreichen Radikalismus werden alle Greuel angedichtet: Nach dem «sac de Fribourg» habe er dort wahre Saturnalien gefeiert. Beim Feldzug gegen Luzern sei von Ochsenbein die Beutegier seiner Spiessgesellen durch die Ansetzung von Prämien gereizt worden. Nun habe der Radikalismus von der Eidgenossenschaft Besitz ergriffen; Bern beherrsche vermittels einer zentralistischen Anomalverfassung die Gesamtschweiz. Der Radikalismus lasse keine bürgerliche Freiheit bestehen und erwürge die kirchliche. Seine Religionspolitik sei ein Beispiel kommunistischer Perversität. Helvetien sehe sich denjenigen ausgeliefert, welche die Milch der Depravation in den Höhlen der Geheimgesellschaften eingesogen hätten. Die Doktoren des Atheismus, berauscht von allen antisozialen Theorien, lehrten, wie man die Menschen am Halfter der Freiheit in die Knechtschaft führe: «La loi, la conscience publique, l'honneur privé, les devoirs, la religion du foyer domestique, la famille, le culte, tout a été attaqué, tout a été englouti dans le naufrage. Il ne reste debout sur les ruines qu'une ruine encore menaçante: C'est la souveraineté du bonnet rouge.»

Gegen den Schluss seiner geschichtlichen Darstellung lüftet Crétineau seine Maske ganz und zeigt, wohinaus er will: Europa habe den Sonderbund im Stich gelassen und sei ihm deshalb Wiedergutmachung schuldig. Dieses beklagenswerte Opfer der Päpste, der Könige, der Regierungen und Völker atme noch im Sarge seiner Unabhängigkeit und könne sich erheben; denn noch rolle das Blut Tells und Winkelrieds in seinen Adern. Eine Wiederbelebung der alten Eidgenossenschaft würde der Gesamtschweiz und Europa zugute kommen.

Crétineau-Jolys Werk ist ein schreiender Protest gegen die Ungerechtigkeit, die im Namen der Freiheit gegen die zutiefst demokratische Urschweiz und gegen die katholische Religion verübt werde; dass die Revolution hier in der Tarnung der Legalität vorgegangen sei, bedeutet ihm eine ganz besondere Bosheit. Seine Anklage fliesst aus heissem Herzen und stempelt sein Werk zu einem leidenschaftlichen Kampfbuch. Mit der Ergründung der historischen Wahrheit hat das Werk dieses «brillantesten, gelehrtesten und geistreichsten Schriftstellers des legitimistisch-katholischen Frankreichs» streckenweise kaum mehr etwas gemein.

Histoire du Sonderbund; 2 Bde., Fribourg 1850.

MICHEL ULYSSE MAYNARD: Jacques Crétineau-Joly, sa vie politique, religieuse et littéraire; Paris 1875. – W. KREITEN: Jacques Crétineau-Joly; Stimmen aus Maria Laach 11, 1876. – LUDWIG KOCH: Jesuitenlexikon; 1934, Spalte 365. – GASTON CASTELLA: Comment fut composé l'Histoire du Sonderbund de Crétineau-Joly 1850; Neuchâtel 1937.

Jonas Karl Bluntschli 1809–1865

Eine Art deutschsprachiges Gegenstück zu Crétineau-Joly stellt das im gleichen Jahr erschienene, fast sechshundert Seiten starke Buch von Bluntschli dar: *Der Sieg des Radikalismus über die katholische Schweiz und die Kirche im Allgemeinen. Vom Standpunkt des Rechtes und der Politik.* Der Autor, ein entfernter Verwandter des bekannten Zürcher Staatsmannes und Staatstheoretikers Johann Kaspar Bluntschli, war 1847 zum Katholizismus übergetreten. Nach dem Umschwung in der Schweiz verliess er seine Zürcher Heimat; man begegnet ihm später als Mitarbeiter der führenden katholischen Zeitschrift Deutschlands «Historisch-Politische Blätter». Er scheint dem Kreise derjenigen Schweizer angehört zu haben, die im Ausland verzweifelt für die Sache der Besiegten weiterkämpften.

Wie Crétineau-Joly stand Bluntschli den Jesuiten sehr nahe, denen er zwei apologetische Kapitel seines Buches widmet. Gleich jenem vertritt er eine starr unbeugsame Rechtsansicht. Was irgendwie gegen das historische Recht, das heisst gegen die durch beschworenen Vertrag sanktionierte Ordnung verstösst, wird als Rechtsbruch verurteilt und als revolutionär gebrandmarkt. Auch Bluntschli geht es letztlich nicht um das Schicksal der Schweiz. Die eidgenössische Sache dient ihm mehr dazu, den allgemein europäischen Kampf zwischen den katholischen erhaltenden Kräften und den ungläubigen revolutionären Mächten zu schildern; hier tritt ebenfalls der nationale hinter dem konfessionellen Gesichtspunkt zurück. Und ganz im Sinne von Crétineau-Joly schreibt Bluntschli weniger als Historiker denn als Politiker; er will seinen Leser nicht so sehr belehren als vielmehr aufrütteln, zum Handeln bringen. So ist es denn nicht verwunderlich, dass beide Pamphletäre ihre Werke in die mehr oder weniger versteckt ausgesprochene Hoffnung ausmünden lassen: Das konservative Europa möge dem geschlagenen Sonderbund zu Hilfe kommen und das Unrecht von 1847/48 wieder gutmachen. Es klingt auch bei Bluntschli wie eine Aufforderung zur Intervention, was beim Schweizer immerhin schwerer wiegt als beim Franzosen.

Die prinzipielle Ausgangsstellung ist in beiden Büchern ebenfalls ähnlich. Bluntschli sieht die Bewegungen der Reformation, der Aufklärung und der Revolution in der einen gleichen Linie. An ihrem Anfang stehe der Abfall von der Kirche, und ihr durchgehender Zug sei Religionsfeindschaft. Diese Entwicklung ende konsequent im Liberalismus. Es liegt Bluntschli viel daran, die Liberalen und Radikalen als echte Kinder der Revolution hinzustellen. Er versucht dies nachzuweisen, indem er die Geschichte der Schweiz in der ersten Hälfte des 19. Jahrhunderts besonders unter dem kirchlich-konfessionellen Aspekt erläutert. Der Radikalismus trachte nach der Lähmung der kantonalen Souveränität, um den Katholizismus zu schwächen, er wolle mit der zentralisierten Staatsgewalt die Kirche erdrosseln. Das sei der eigentliche Sinn der Badener Artikel. Unverhüllt äussere sich diese Tendenz des Radikalismus beim Rechtsbruch der aargauischen Klösteraufhebung.

Am verheerendsten wirke sich der Radikalismus im Schulwesen aus. Die moderne Schule mit ihrem Fächersystem sei nicht nur konfessionell indifferent, sondern direkt religionsfeindlich, was eine sittliche Verwilderung der Jugend zur Folge habe. Allen möglichen Geistesrichtungen werde freie Meinungsäusserung gewährt, bloss nicht der katholischen Kirche. Die verweltlichte, von der Aufklärung angefressene Schule könne die jungen Innerschweizer nicht mehr in der überkommenen Weltanschauung erziehen; deshalb müsse dies die Gesellschaft Jesu übernehmen. Die eidgenössische Zentralbehörde habe kein Recht, die Jesuiten zu verbieten; jeder katholische Staat dürfe den von der Kirche anerkannten Orden berufen.

In den Augen Bluntschlis ist der Sonderbundskrieg ein erweiterter Freischarenzug gegen die Bewahrer des Rechtes. Er findet es nicht unter seiner Würde, in langen Exkursen und dokumentarischen Beilagen den Exzessen der Tagsatzungstruppen sowie den rednerischen Ausfällen radikaler Parteihäupter sorgfältig nachzugehen. Den jungen Bundesstaat verschreit er als revolutionären Gefahrenherd für Europa, wobei er die Bereitschaft der Radikalen, ihren Gesinnungsgenossen im Ausland beizuspringen, stark übertreibt. An einen inneren Frieden unter den Eidgenossen glaubt er nicht, will er nicht glauben; denn dieser ginge ja doch auf Kosten der

Katholiken. Gewiss riefen jetzt die Radikalen nach Versöhnung und Ruhe, aber bloss, um im ungestörten Besitz ihrer Errungenschaften bleiben zu können. Unter der neuen Bundesverfassung würden die Katholiken stets einer feindlich gesinnten Mehrheit untertänig sein. Der Autor verpönt jeden Kompromiss mit den Radikalen, der «Partei der Lüge, des Unglaubens und der Ungerechtigkeit», mit jener Partei, «die alles Heilige und Kirchliche verspotten und wegwerfen, beim Aufruhr in die Hände klatschen, zum Meuchelmorde lächeln, den Meineid und den Verrat preisen heisst».

Bluntschli verfügt über den gleichen europäisch geweiteten Blick wie Crétineau-Joly, hegt den gleichen Hass gegen die Revolution, weiss ihm aber nicht so leidenschaftlich beschwingten Ausdruck zu verleihen, sondern erhebt sich oft nicht über bittere Gehässigkeit. An pamphletärer Wirkung steht sein Buch demjenigen des Franzosen nach. Seine reichlich oberflächlichen prinzipiellen Erörterungen graben nicht in die prätendierten wissenschaftlichen Tiefen. Eine gereifte Einsicht in die Bedürfnisse des Staates geht ihm ab, wie ihm denn überhaupt sein ultramontaner Doktrinarismus ein richtiges Verständnis der konkreten Welt verbaut. Da seiner Erzählung der Ereignisse der Reiz eines Augenzeugenberichtes fehlt, überzeugt Bluntschlis Buch auch nach dieser Richtung wenig und leistet nicht viel für die wissenschaftliche Erkenntnis der Sonderbundszeit.

Der Sieg des Radikalismus über die katholische Schweiz und die Kirche im Allgemeinen. Vom Standpunkt des Rechtes und der Politik; Schaffhausen 1850.

DAVID AUGUST ROSENTHAL: Convertitenbilder aus dem 19. Jahrhundert; 1, Teil 2, 2. Aufl. Schaffhausen 1871.

Constantin Siegwart 1801–1869

Dagegen hat zur historiographischen Erhellung der inneren und äusseren Vorgänge in der Sonderbundszeit das Haupt der katholischen Schutzvereinigung selber, Siegwart-Müller, ausserordentlich viel beigetragen. Sein umfangreiches Werk von zwei starken Bänden zu je ungefähr tausend engbedruckten Seiten, *Der Kampf zwischen Recht und Gewalt* und *Der Sieg der Gewalt über das Recht*, ist erst lange nach der Katastrophe erschienen. In seiner Verbannung hatte der Verfasser genügend Musse, über die sieben Schicksalsjahre nachzudenken, während welcher er als Schultheiss Luzerns nicht nur die Politik dieses Kantons, sondern fast der gesamten Innerschweiz lenkte. Man spürt dem Werke die zeitliche Distanz von den Ereignissen an. Diese äussert sich einmal in dem ruhigen, partienweise beinah abgeklärten Ton. Nicht als ob etwa die Leidenschaft von Siegwarts starkem Herzen erloschen gewesen wäre; sie ist bloss gebändigt, kommt verhaltener als früher zum Ausdruck. Und sodann macht sich der zeitliche Abstand auch darin bemerkbar, dass Siegwart die geschichtlich entscheidungsvolle Epoche nun als Ganzes überschauen kann und sie in ihrer tiefen Grundsätzlichkeit bis in ihre feinsten Verästelungen zu erfassen vermag. Er steht schon ein wenig über den Dingen.

Der historische Wert des Werkes wird dadurch erhöht, dass der Autor eine Menge von Urkunden wörtlich zum Abdruck bringt. Es sind dies Dokumente amtlicher und privater, politischer und militärischer Natur: Verträge, Protokolle, diplomatische Korrespondenzen, Rapporte, Augenzeugenberichte, vertrauliche Briefe. Sie stammen wohl aus Siegwarts vielbändigen Tagebüchern, die mit andern Schriftstücken aus der Luzerner Sequestrierung per nefas gerettet und ihm schon im Frühling 1848 ins Ausland nachgeschickt wurden. Leider sind die Quellen nicht in einem dokumentarischen Anhang, sondern im Text verstreut wiedergegeben, was die einzelnen Bände unmässig anschwellen lässt und ihre Lesbarkeit stark beeinträchtigt. Sie erhalten dadurch einen recht gemischten Stilcharakter. Man kann sie weder als eine Quellenedition noch als eine reine Darstellung ansprechen; auch der eigentümliche Reiz von Memoiren geht diesen umständlichen und kunstlosen Büchern ab. Ausser den primären Quellen hat Siegwart die bereits erschienenen Schriften über die Sonderbundswirren verwertet, so vor allem den Bericht des eidgenössischen Oberbefehlshabers und die Publikationen von Baumgartner, Elgger, Segesser, Ulrich, Crétineau-Joly, Maillardoz. Als Unterlage diente ihm ferner seine vom 14. Januar 1848 datierte umfangreiche Denkschrift für Metternich.

Siegwart motiviert den Abdruck der vielen Akten damit, dass er sein Urteil dem Leser nicht aufdrängen wolle, sondern es ihm anheimstellen möchte, sich eine eigene Meinung zu bilden. Wenn Segesser im Hinblick darauf sagt, es gebe kein aufrichtigeres Buch, so gilt das nur mit Einschränkung. Siegwart hat das Urkundenmaterial nicht lückenlos ausgebreitet. Gewisse Dokumente seiner Feder hat die Forschung seither in ausländischen Archiven ausgegraben, und es trifft sich, dass gerade die von Siegwart nicht veröffentlichten Stücke – mindestens zehn – den ehemaligen Staatsmann belasten. Er handhabt eben mit grossem Geschick die Kunst des Verschweigens, des Verschleierns und der verdeckten Andeutungen. Man erinnert sich bei dieser Feststellung daran, dass schon zu Siegwarts Lebzeiten einer seiner engeren Mitarbeiter sagte, es habe in seinem Wesen etwas Lauerndes gelegen. Eigentliche Entstellungen jedoch konnten ihm bisher nicht nachgewiesen werden. Die vorhandenen Unrichtigkeiten und Ungenauigkeiten lassen sich meist als Irrtum erklären.

In einem Brief aus dem Jahr 1850 gesteht Siegwart, er führe einen Kampf zwischen Eigenliebe und Selbstverleugnung, ob er Denkwürdigkeiten veröffentlichen solle. Wenn er schliesslich mit der Herausgabe so lange wartete, so mochte dabei wohl kaum, wie Segesser annimmt, die Ruhe seines Gewissens ausschlaggebend gewesen sein. Eher darf vermutet werden, dass der Verfemte die weitverbreitete Erregung, wie sie im Landesverratsprozess gegen ihn zum Ausdruck kam, sich zunächst abkühlen lassen wollte, bevor er auf die Anklagen antwortete. Jetzt konnte er überdies nicht mehr in den Verdacht kommen, er wolle sich mit seiner Publikation den Weg zurück ins öffentliche Leben ebnen. Siegwart war viel zu selbstbewusst, um seine Vergangenheit zu verleugnen; in die neuen Bahnen der Politik mochte er nicht mit einschwenken. Der Bruch zwischen ihm und der neuen Zeit war ein vollständiger. Nicht nur verfolgte ihn die radikale Schweiz mit unerbittlichem Hass. Auch seine früheren Anhänger verleugneten ihn und schoben ihm die Hauptschuld am vaterländischen Unglück zu. Siegwart ertrug zunächst diese Anfeindungen in scheinbar stolzer Resignation. Als die Angriffe abgeflaut waren, veröffentlichte er sein Werk, nicht um damit die Macht zurückzuerobern, sondern um sich von den Anwürfen reinzuwaschen. Sein Werk ist viel eher eine Rechtfertigungsschrift als ein Kampfbuch, wenn schon eine leise Hoffnung auf politischen Umschwung anklingt.

Siegwart wollte seinen Landsleuten, den «katholischen Völkerschaften», zeigen, dass sie sich nicht zu schämen brauchten, seiner Fahne gefolgt zu sein. Sie sollten es nicht bereuen, dass sie die Schutzvereinigung schlossen und diese mit den Waffen verteidigten. Denn gegen ihren katholischen Glauben, ihre katholischen Bildungsanstalten, ihre Freiheit, Selbständigkeit und Gleichberechtigung würde die Tagsatzungsmehrheit doch Krieg geführt haben. Hätten sie sich nicht mit dem Schwerte gewehrt, so würden sie jetzt der Schmach anheimfallen: «Wem ein Gut mit Gewalt entrissen wird, der hat Anspruch, es durch Recht wieder zu erlangen; wer aber dem Verluste eines Gutes zusieht, ohne sich zu wehren, verliert den Anspruch auf Wiedererwerbung desselben.»

Gegenüber allen Anfeindungen versteift sich Siegwart auf den Glauben, seine Politik sei die allein richtige gewesen. Er erinnert daran, dass man ein Ding nicht nach seinem Erfolg beurteilen dürfe, vergisst aber, dass diese Wahrheit gerade für das Wirken eines Politikers nicht unbedingt zutrifft. Bei der Beurteilung eines Staatsmannes wird man immer auch den Ausgang der Sache, die er vertrat, mit einbeziehen. Man wird nicht nur fragen, was er angestrebt hat, sondern man wird auch prüfen müssen, wie er sein Ziel zu erreichen suchte, ob er sich dazu der richtigen Mittel bediente. Über diese letzte Frage gleitet der Verfasser hinweg, und gerade hier wird die Kritik an dem Staatsmann Siegwart einzusetzen haben. Wenn Siegwart indessen weiter behauptet, der katholische Schutzverein sei nicht nur gerecht, sondern auch erspriesslich gewesen, so wird man dieser Aussage eine gewisse Richtigkeit zuerkennen, vielleicht nicht in dem genau gleichen Sinn, wie sie Siegwart verstand. Denn dass er so zäh an dem überkommenen alteidgenössischen Föderalismus festhielt und darin von seinen innerschweizerischen Landsleuten so mannhaft unterstützt wurde, hat mitgeholfen, das rastlose Fortschreiten des Zentralismus zu hemmen. Seine energische Besinnung auf die Grundfreiheiten eidgenössisch-staatlichen Daseins, seine begeisterte Verkündigung dieser Erkenntnis in den breiten Volksschichten und sein opferbereiter Einsatz für diese Ideen haben sich als fruchtbar erwiesen und wirkten bis ins 20. Jahrhundert fort.

Bei der Lektüre von Siegwarts Werk kann man sich des Eindrucks nicht ganz erwehren, er habe in der Rückschau auf sein Leben klarer als während seines politischen Kampfes erkannt und ausgesprochen, was er eigentlich erstrebte: Vermeidung der Bundeszentralisation, Verhinderung einer Unterjochung der katholischen Kirche unter die Staatsgewalt, Festhalten an der Kantonalsouveränität, an den Rechten, Gütern, Korporationen der katholischen Kirche und – um dies wirksamer durchzusetzen – Aufrechterhaltung des Bundesvertrags, der diese eidgenössischen Urfreiheiten verbürgte. Immer wieder kehrt Siegwart zu diesen Leitgedanken zurück, die ihn während seines Wirkens als verantwortlichen Staatsmann beseelt hätten: «Die Zentralisation ist überall die Mörderin der Volksfreiheit; die Unabhängigkeit des Staates von der Kirche und der Kirche vom Staate führt zum Verfall des Christentums, welches die Weltbestimmung hat, alle gesellschaftlichen Verhältnisse zu durchdringen und zu halten.» Ob ihm darüber hinaus noch eine Restauration des altschweizerischen Dualismus, der Parität eines Corpus Evangelicorum und eines Corpus Catholicorum vorschwebte, ist aus seinen Darlegungen nicht zu ersehen und kann mit dem dort wiedergegebenen Aktenmaterial schwerlich bewiesen werden.

Um seine politischen Absichten zu verwirklichen, wurde die Schutzvereinigung geschlossen, der ihre Gegner den diffamierenden Namen Sonderbund gaben. Siegwart bemüht sich krampfhaft, die Rechtlichkeit dieser Verbindung nachzuweisen, wie ja ebenfalls die Radikalen zum Teil leidenschaftlich ihre eigene Legalität beteuerten. Er scheut sich nicht, die katholische Schutzvereinigung in direkte Parallele zum Rütlibund zu setzen; auch dieser sei eine Vereinigung zum Schutze der von aussen bedrohten Rechte und Landesfreiheiten gewesen. Der sonst so gedankenklare Siegwart versinkt in demagogische Rabulistik, wenn er in sonderbarer Deduktion erklärt: «Wer die schönen Früchte jenes schönen Rütlisonderbundes geniesst und dabei jeden politischen Sonderbund verurteilt, gleicht demjenigen, welcher den Baum umhaut, aber die Äpfel davon sammeln will, oder dem Sohne, welcher seinen Vater verleugnet.» Deshalb sei der Ausgang des Bürgerkrieges in der Schweiz ein Sieg der Gewalt über das Recht, wie der Titel des Werkes programmatisch angibt.

Wer daran die Schuld trägt, will Siegwart im zweiten Bande seines Werkes erzählen; dieser enthält die Geschichte der Entstehung, Befeindung und Unterdrückung der Schutzvereinigung. Siegwart war sich immer bewusst, dass sein Kampf gegen den schweizerischen Radikalismus nur einen Teil des allgemein europäischen Kampfes der beharrenden Mächte gegen den Zeitgeist darstelle. In seinen Augen war sein treues Innerschweizer Volk die Vormauer europäischer Ordnung und Ruhe. Aus diesen Gefühlen einer engern innern Verbundenheit mit den konservativen Kräften Europas hat er unbedingt – mehr als einem Staatsmann an seiner verantwortungsvollen Stelle erlaubt gewesen wäre – an die tatkräftige Unterstützung durch das Ausland geglaubt. Dass er sich in der aktiven Hilfsbereitschaft der Mächte so sehr geirrt hatte, gehörte zu seinen bittersten Enttäuschungen. Jetzt habe der Zeitgeist auch die Grossmächte überwunden, klagte er. Mehr als hundert Millionen Menschen seufzten gegenwärtig «in geistiger und leiblicher, in religiöser und politischer Knechtschaft... Woher dieser traurige Zerfall? Woher anders, als weil diese Völker nicht gleich am Anfange den zerstörenden Elementen Halt geboten, den Kampf für ihre höchsten Güter nicht geistig und körperlich zugleich zu führen verstanden.» Wie günstig stünden im Vergleich mit ihnen die katholischen Eidgenossen da, die sich gewehrt hätten – für Siegwart eine weitere Rechtfertigung der von ihm geleiteten Sonderbundspolitik.

Seine politische Wirksamkeit erzählt Siegwart, wie er verspricht, ohne Schminke, aber eben doch als Parteimann, mit allerhand Ressentiments beladen. Der vieldiskutierte Mann erscheint uns in allen Momenten des Krieges, ausgenommen vielleicht bei der Flucht, als die tatkräftigste und fähigste Persönlichkeit, ihre Umgebung weit überragend; nur Bernhard Meyer erreicht ihn in bestimmten Zügen. Von sich selber sagt Siegwart, er habe in seinem ganzen Leben unabhängige, freimütige Männer um sich geschart, was aber sogar von ihm wohlgesinnten Zeitgenossen bestritten wird: im Gegenteil habe er nur minder begabte Menschen um sich geduldet, die ihm schmeichelten. Darin liegt vielleicht eine Erklärung für gewisse Fehlhandlungen des Schultheissen. Es war sein Verhängnis, dass er, der ausgesprochene Zivilist, keinen tüchtigen Feldherrn fand.

Jedoch darf es Siegwart zur Ehre angerechnet werden, dass er unentwegt für eine militärische Offensive eingetreten ist, dass er die Heeresleitung immer wieder zu grösserer Planmässigkeit der militärischen Vorbereitungen drängte. Bekanntlich scheiterte sein Bemühen am hartnäckigen Widerstand des Generals. Man fragt sich erstaunt, wie denn Siegwart, nachdem er doch die Unzulänglichkeit der militärischen Verteidigung eingesehen hatte, noch so fest an Sieg glauben konnte. Eine Stelle in seinem Werk bringt Licht in diese Frage: «Das Gefühl unseres heiligen Rechtes, die Zuversicht in die Tapferkeit und Treue unserer Truppen, das unbedingte Vertrauen auf Gottes Hilfe siegten in mir über alle Einwendungen.» Hier tritt das Irrationale, das Glaubensbestimmte von Siegwarts Wesen hervor. Es scheint, dass sich bei ihm das Gottvertrauen bis zur Gewissheit eines Rettungswunders im letzten Augenblick steigerte. Und dazu kam noch, dass er sich wohl für ein auserwähltes Werkzeug des Allmächtigen hielt. Erst die Nachricht von Zugs Abfall, der ihn im Innersten traf, erschütterte seine Siegeszuversicht. Nun witterte er Verrat bis in die Waldstätte hinein. Sein bisher so zielsicheres und eben deshalb mitreissendes Handeln zeigt nun Spuren der Unsicherheit, ja Verwirrung.

Was die vielgeschmähte Flucht Siegwarts betrifft, so begründet er sie damit, die Regierung habe sich nur deshalb in die natürliche Festung der kleinen Kantone, das heisst ins innerschweizerische Réduit zurückgezogen, um dort die ganze bewaffnete Macht zu sammeln und sich bis aufs äusserste zu verteidigen. Dass es dazu nicht kam, war nicht seine Schuld. Mit der Kapitulation der Urkantone schliesst Siegwart seine Darstellung der Tragödie. Er übergeht die Verheerungen und Bedrückungen durch die Tagsatzungsarmee in Luzern, es andern überlassend, sich in Schilderungen solcher Greuel zu ersättigen.

In einem besonderen Kapitel gibt Siegwart noch über das Verhältnis der Schweiz zum Ausland Auskunft, wobei seine Beziehungen zu den fremden Mächten naturgemäss im Vordergrund stehen. Anhand seiner vielseitigen diplomatischen Korrespondenz kann man verfolgen, mit welcher Gewandtheit sich der in der Welt nicht weit herumgekommene Siegwart auf dem ihm ehemals fremden Gebiet bewegte. Aus allen Zeugnissen spricht seine Überzeugung, die Mächte dürften in ihrem eigenen Interesse die katholische Schutzvereinigung nicht untergehen lassen, weil auch sie wüssten, dass der Sonderbund den europäischen Vorkampf des Guten wider das Böse, des Glaubens gegen den Unglauben, der Kirche gegen die Hölle führe. Der ausländischen Diplomatie in der Schweiz macht Siegwart zum Vorwurf, sie sei immerwährend in der Illusion befangen gewesen, der Radikalismus werde es nicht zum offenen Kampfe kommen lassen. Als die Tagsatzungspartei dann doch den Krieg begann, habe in der Diplomatie vollkommene Ratlosigkeit geherrscht. Schliesslich habe die Treulosigkeit Lord Palmerstons eine rechtzeitige Dazwischenkunft der Grossmächte vereitelt. Es muss den gestürzten Schultheissen wie eine Art Ekel überkommen haben, als er beim Rückblick auf diesen Teil seiner Tätigkeit bemerkte: «Dies war und ist europäische Politik. Intrige, Schwäche, Grundsatzlosigkeit, Anerkennung jeder vollendeten Tatsache, ohne alle Rücksicht auf Recht und Unrecht.»

Bei der Darlegung dieser Verhältnisse leitete Siegwart zweifellos die Absicht, sich von dem Verdachte des Landesverrates reinzuwaschen. Die Echtheit der Briefkopie, worauf sich die Anklage zur Hauptsache stützte, bestreitet er zwar nicht, jedoch stellt er konsequent in Abrede, damit um bewaffnete fremde Intervention nachgesucht oder je eine solche befürwortet zu haben. Bekanntlich ist das Verfahren gegen ihn mangels weiterer Beweise suspendiert – nicht niedergeschlagen – worden. Die moderne Forschung hat nun aber aus den Archiven so schweres Belastungsmaterial zutage gefördert, dass kein Zweifel mehr besteht, Siegwart habe sich nicht nur um einen rechtlichen Einspruch der Grossmächte bemüht, sondern, nach Ausbruch des Krieges, auch um eine bewaffnete Dazwischenkunft.

Siegwart war ein zu tief blickender Mensch, um sich bei der Frage nach der Schuld am Untergang der sieben katholischen Stände mit dem billigen Hinweis auf das Versagen der Grossmächte zu begnügen. Er nennt noch andere, in der Natur der Sache liegende Gründe: die zerstreute geographische Lage der Sonderbundskantone, die Schwäche des katholischen Heeres gegenüber einer Gewaltarmee von hunderttausend Mann, die Uneinigkeit der Sonderbundsfeldherren, die Unfähigkeit des Generals; von Fehlern der politischen Führung spricht Siegwart nicht. Alle diese Gründe jedoch vermöchten das Unglück nicht restlos zu erklären, gesteht er. Die Schweizergeschichte liefere ja Beispiele genug, dass kleine Heere grosse Armeen überwanden. Diesmal habe die Vorsehung anders entschieden. Wer könne ihre ewigen Ratschlüsse erfassen? Siegwart vermisst sich, ein wenig in dieses Geheimnis einzudringen: «Gott wollte die Fürsten und Völker züchtigen. Das Unglück der katholischen Schweiz sollte die Augen derselben öffnen.» Noch mehr als das: «Die Gesellschaft Jesu musste aus dem engen Wirkungskreise in den Gebirgen in Deutschlands unermessliche Gebiete verbreitet werden, um da den Glauben zu wecken und die Hoffnung zu erheben.»

Nicht in solchen Spekulationen und Deutungen liegt der historische Wert von Siegwarts Büchern, sondern in der überaus reichen Dokumentation. Sein partienweise bitteres Erinnerungswerk stellt eine der interessantesten Quellensammlungen zur Geschichte der Sonderbundszeit dar. Wer diese Epoche in ihrem Geist und Ablauf kennenlernen will, muss sich mit den schwerfällig angelegten Büchern auseinandersetzen, worin der Führer des Sonderbundes von seinem Wollen und Tun Zeugnis ablegt und damit seiner Zeit den Prozess macht. Es ist sein wichtigstes Vermächtnis.

Der Kampf zwischen Recht und Gewalt in der schweizerischen Eidgenossenschaft; Altdorf 1864. – *Der Sieg der Gewalt über das Recht in der schweizerischen Eidgenossenschaft;* Altdorf 1866.

PHILIPP ANTON VON SEGESSER: Constantin Siegwart; Slg. kl. Schriften 2, Bern 1879, S. 448 ff. – GEROLD MEYER VON KNONAU: Constantin Siegwart; ADB 34, Leipzig 1892, S. 206 ff. – ARNOLD WINKLER: Siegwart-Müllers Abrechnung mit dem Sonderbund; Schw. Rundschau 1926/27, S. 730 ff. 910 ff. 993 ff. – EDGAR BONJOUR: Die Gründung des Schweizerischen Bundesstaates; Basel 1948, S. 36 ff. 145 ff.

Bernhard Meyer 1810–1874

Als letzter hat der zweite Führer der katholischen Stände über seine Rolle im Sonderbundsdrama Rechenschaft abgelegt. Staatsschreiber Meyer nannte sein erst 1876 in zwei Bänden postum erschienenes Werk *Erlebnisse* und reihte es damit in die Memoirenliteratur ein, die im schweizerischen Schrifttum nicht eben glänzend vertreten ist. Vor Siegwart hat er die hohe Lesbarkeit voraus. Sein Buch ist prägnant, spannungsreich geschrieben, mit Sinn für dramatische Momente, für das Auf- und Abschwellen der Handlung, mit Verständnis für die Wichtigkeit des kleinen bezeichnenden Faktums, mit eindringendem psychologischem Blick; der Stil ist anschaulich und zugleich gedankenscharf. Man wusste bereits, dass Meyer das erste rednerische Talent des Sonderbundes war; er hat mit seinen Büchern bewiesen, dass er auch dessen höchste schriftstellerische Begabung darstellt. Aus seiner Feder, die den Volkston zu treffen wusste, sind die Kriegsmanifeste Kaiser Franz Josephs von 1859 und 1866 geflossen, und durch seine spätere Mitarbeit ist das Hauptblatt der österreichischen Monarchie, die Wiener Zeitung, in ihrem Niveau gehoben worden; heute hinterlassen Meyers Beiträge für die Tagespresse eher den Eindruck eines etwas langatmigen Professorenjournalismus.

Die literarischen Qualitäten machen nicht etwa den alleinigen, ja nicht einmal den hauptsächlichsten Wert des Historikers Meyer aus. Denn er hat auch in bezug auf die Neuartigkeit des Stoffes, die gewissenhafte Treue der Übermittlung und die originale Gesamtkonzeption Hervorragendes zu bieten. Wie Siegwart schöpfte er seine Ausführungen vornehmlich aus der eigenen Erinnerung und dem zum grossen Teil von ihm selbst herrührenden Aktenmaterial; da er in entscheidender Zeit Führer der luzernischen Tagsatzungsgesandtschaft gewesen war, an der Siegwart in den letzten Jahren nicht mehr teilnahm, weiss er besser als dieser Bescheid über die Verhandlungen und Mitglieder der eidgenössischen Versammlung. Ihm allein von allen Zeitgenossen stand eine Quelle zur Verfügung, die bisher völlig unerreichbar geblieben war: das Wiener Archiv. Als hoher österreichischer Beamter konnte er sich hier Zutritt verschaffen; er nützte diese Vergünstigung aus, indem er möglichst alle Dossiers der reichhaltigen Bestände durchforschte. Wie er bei der Auswahl vorging, was er ans Licht zog und was er im Dunkel beliess, ist sein Geheimnis geblieben. Sicher hat er nichts mitgeteilt, was ihn persönlich, den Sonderbund oder den Wiener Hof irgendwie hätte kompromittieren können. Immerhin sind wichtigste Teile der diplomatischen Korrespondenz bis heute nur durch ihn bekannt geworden. Und sie gewähren über die Hintergründe der Tragödie viel Aufschluss.

Gegenüber Siegwart, der mehr die klerikale Richtung des sonderbündischen Konservativismus vertrat, erscheint Meyer eher als dessen politischer Exponent. Nach seinem eigenen Zeugnis stand er in der ersten Periode seines Wirkens nicht mit so sicherer, fester Überzeugung auf katholischem Boden wie später. Er hat zeit seines Lebens nie ein Hehl daraus gemacht, dass er die Berufung der Jesuiten als den grössten politischen Fehler, Siegwarts extrem ultramontane Gesinnung als eine Hauptursache der Sonderbundskatastrophe ansah. Nachdem aber einmal in Luzern die Würfel gefallen waren, stellte er als treuer Sohn der Kirche die Opposition ein. Mit Siegwart, dem er nie freundschaftlich nähertrat, arbeitete er loyal zusammen. Zwischen den beiden Männern scheint eine latente Rivalität geherrscht zu haben. Während aber der Altschultheiss in seinem Werk diese Spannungen nicht berührt, lässt Meyer in seinen Memoiren kaum eine Gelegenheit vorbeigehen, Siegwart eins auszuwischen, gereizt vielleicht durch ungünstige Urteile Siegwarts über seine Person, wie er sie im Wiener Archiv aufgestöbert hatte; auch hat er wohl nie verzeihen können, dass Siegwart ihn im Walliser Bürgerkrieg blossstellte. So insinuiert er unter anderem dem Leser, der Schultheiss habe aus Angst um sein Leben die Tagsatzung nicht mehr besucht; oder er wirft ihm schnödes Benehmen auf der Flucht gegenüber den Unglücksgefährten vor. Hier kommen recht kleinliche Charakterseiten Meyers zum Vorschein. Die Hinterhältigkeit, mit der er nach eigener Beschreibung den Denunzianten von Leus Mörder einseift, oder die Tücke, mit der er italienische Revolutionäre in einer Mailänder Kneipe belauscht und einen sonderbündlerischen Überläufer der Polizei angibt, wirkt abstossend. Seine Erzählung, wie er den Mörder Leus überführte, enthüllt ihn als geborenen Kriminalbeamten. Das Verschlossene, Versteckte seines Wesens, die Finassereien seines Vorgehens waren es wohl, was seine radikalen Tagsatzungskollegen mit Verachtung als jesuitisch abtaten. Neben dem oft so kräftigen Metallklang seiner Rede lässt sich manchmal ganz unvermittelt ein seltsam süsslich schmeichlerischer Ton vernehmen. Hierin, wie in der kalt fanatischen, ja verbissenen Dogmatik seiner Rechtsauffassung ähnelt er gar sehr dem preussischen Gesandten in der Eidgenossenschaft, Rudolf von Sydow. Nicht zufällig bezeugte er dem Wesensverwandten seine Verehrung und nannte ihn «den herrlichen Mann».

Von besonderem geschichtlichem Wert ist Meyers Erzählung seines direkten Eingreifens in die Walliser Wirren, seines dreijährigen Kampfes gegen die Jesuitenberufung, seiner hochpolitischen Auslandsreisen im Dienste des Sonderbundes zur Geld- und Waffenbeschaffung, wobei er ausgezeichnete diplomatische Eigenschaften entwickelte. Meyers Gegenüberstellung von Konservativismus und Radikalismus, seine Ausführungen über das Wesen von Mittelparteien sind Kabinettstücke parteipolitischer Charakterisierung. Die Radikalen waren kaum je einem klügeren Kritiker ausgesetzt gewesen. In ihrem «antijesuitischen Indianergeheul» sieht Meyer nur einen Vorwand zur Fanatisierung der protestantischen Massen, um mit ihnen die Bundesrevision durchzusetzen. Das sei die erste Revolution der Neuzeit, die nicht von unten herauf, das heisst vom Volke, sondern von oben herab, das heisst von den Behörden, unternommen worden sei. Mit Erbitterung wendet er sich gegen «die finstere Macht des Radikalismus» und dessen «Majoritätsdespotismus». Im Hinblick hierauf verteidigt er den Sonderbund als einen «dem Naturrechte und dem bestehenden Bundesrechte nach gerechtfertigten Akt der Notwehr».

Der Höhepunkt der Krise zeigt den luzernischen Staatsschreiber auch im Zenith seines Wirkens. Hier wächst er in grosses Format hinein. Mit leidenschaftlicher Unbedingtheit nimmt er Stellung: «Lieber Untergang im Kampf, im offenen Feld, als feige Unterwerfung im Ratssaale.» Und dabei war Meyer überzeugt, dass man dem Unglück nicht entrinnen werde. Es bedeutete ihm in der furchtbaren Spannung eine Erleichterung, den abgefallenen Zugern die Wahrheit über ihren Verrat ins Gesicht zu schleudern. Wie das alles in seiner Schilderung nach dem Falle Luzerns würdelos auseinanderstiebt! Nicht einmal die Kollegen des Kriegsrates in Altdorf halten mehr zusammen. Auch die Groteske fehlt nicht: Für den Reisewagen zur tollen Flucht über den St. Gotthard wird ein übersetzter Preis verlangt. Und dann zuletzt die erschütternde Klage des Verstossenen: «Das war der Dank für meine Aufopferung, der Dank der Welt...; so lange man als Führer obenan steht, siegend die Partei vorwärtsführt, ist man gefeiert; sinkt der Stern, dreht man dem einst Gefeierten den Rücken, und seine Kinder können auf der Gasse schlafen, was schert das die Leute.» Aber Meyer fand Trost in dem selbstgerechten Bewusstsein, unbekümmert um irdischen Vorteil den Weg gegangen zu sein, den ihm sein Gewissen schon am Anfang seiner politischen Laufbahn vorgezeichnet hatte.

Von der europäischen Bedeutung des Sonderbundskrieges war Meyer, wie so viele seiner Zeitgenossen in beiden Lagern, tief durchdrungen. Anlässlich seiner Reise nach Wien, im Frühling 1847, machte er Metternich auf die allgemeine europäische Gefahr eines Sieges der schweizerischen Revolutionspartei aufmerksam. Auch den französischen Botschafter Boisle-Comte warnte er vor den schädlichen europäischen Rückwirkungen eines Triumphes der Schweizer Radikalen. Er stimmte mit Sydow überein, der Sonderbundskrieg sei das Avantgardegefecht des universellen Kampfes. Wie er in Erfahrung gebracht haben will, soll der Herzog von Broglie, von gleichen Gedanken erfüllt, zu Palmerston gesagt haben: «Die Radikalen trachten sozusagen eine Zitadelle in der Schweiz zu erbauen, wo sie versuchen werden, herauszubrechen, um in ganz Europa ein junges Italien, junges Frankreich, junges Deutschland aufzurichten, und wohin im Falle einer Niederlage sie als sicheren Rückzugs- und Zufluchtsort sich zurückziehen können!» Durch diesen Alarmruf sei aber der «Meister der Revolution» nicht umgestimmt worden.

Bei seinem regen Interesse für die europäische Verflechtung des Sonderbundskrieges ist es verständlich, dass Meyer diesem Gegenstand eine besondere Untersuchung widmete; er liess sie den Memoiren anhangsweise folgen. Man stellt bei der Lektüre mit wachsender Verwunderung fest, wie unerhört viel Papier und Tinte die Leiter der grossmächtlichen Politik auf die Erörterung der Sonderbundswirren verwendeten, wie lebhaft sie diskutierten und wie matt sie handelten. In den Kabinetten häuften sich die Korrespondenzen, Promemorias und Noten über den aufregenden Fall; zwar kann man die Schriftstücke kaum mehr Noten nennen, sondern eher gelehrte Abhandlungen, in denen der österreichische Staatskanzler als ein wahrer Professor Metternich mit dem nicht minder gründlichen Guizot die Schweizer Angelegenheit diskutierte. Für Metternich ist bezeichnend, wie scharf er von Anfang an den sozialrevolutionären Einschlag im Radikalismus erkannte: Der Sturz der Genfer Regierung, erklärte er, bestätige den ersten vollständigen Sieg, den die Arbeiterbevölkerung über die anderen Gesellschaftsklassen davon getragen habe.

Von der österreichischen Politik meint Meyer, Metternich habe die Sachlage klar durchschaut und den richtigen Weg zum Ziel vorgezeichnet. Aus den mitgeteilten Akten ergibt sich, dass Metternich als letztes Mittel eine bewaffnete Dazwischenkunft ins Auge fasste, diese jedoch nicht allein, sondern nur im Verein mit Frankreich durchführen wollte. Von hier aus fallen überraschende Streiflichter auf das französische Verhalten. Louis Philippe suchte seinen Premierminister von draufgängerischem Einschreiten zurückzuhalten, und dieser zögerte selber, obgleich im Prinzip mit Metternich völlig einig. Aber aus seiner persönlichen Kenntnis schweizerischen Wesens heraus erachtete er die Folgen einer bewaffneten Intervention für überaus gefährlich. Zudem war er durch die französische Innen- und Aussenpolitik in der Ausführung der als richtig erkannten Idee gehemmt. Er musste auf die anschwellende parlamentarische Opposition Rücksicht nehmen und durfte die bereits brüchige Entente cordiale mit England nicht noch mehr sich beschädigen lassen. Im geheimen jedoch unterstützte Guizot die Sonderbündischen mit Rat, Geld und Waffen, wodurch seine Politik den Charakter der Halbheit und Doppeldeutigkeit gewann und manchmal sogar Metternich verdächtig wurde.

Zur Kenntnis der englischen Politik bringt Meyer wenig Neues bei, weil ihn hier sein Wiener Urkundenmaterial im Stiche liess. Immerhin weiss er zu berichten, dass der französische Botschafter in London schon Ende Juni 1847 zu Guizot bemerkt habe, Palmerston befinde sich in vollendetster Unwissenheit über die Schweizer Angelegenheit; er habe sogar von Souveränität der Tagsatzung gefaselt. Meyer sah Palmerston in der üblichen Beleuchtung als «Souffleur der Zwölfermehrheit», als gerissenen, perfiden Staatsmann, der das gemeinsame Einschreiten der Grossmächte torpediere. Englands Revolutionsprotektor und die Revolutionsmänner der Schweiz hätten sich lächelnd die Hand gereicht. Die schwächlichen Versuche der Mächte, nach dem Sieg der Tagsatzung nun mit Konferenzen doch noch in der Schweiz ihren Willen durchzusetzen, verzeichnet Meyer fast mitleidig als den letzten Akt des «diplomatischen Trauerspiels».

Als Meyers Memoiren erschienen, waren die meisten Kampfgenossen des weiland luzernischen Staatsschreibers ins Grab gesunken. Sein Werk stellt die letzte bedeutende Kundgebung der Sonderbündischen dar. Aus dem Lager der Tagsatzungspartei ist seinesgleichen nicht hervorgegangen.

Erlebnisse des Bernhard Ritter von Meyer, weiland Staatsschreiber und Tagsatzungs-Gesandter des Cantons Luzern, nachmaliger k.k. österreichischer Hof- und Ministerialrath, Sekretär des Ministerraths etc., hg. von dessen Sohn *Bernhard Ritter von Meyer;* 2 Bde., Wien/Pest 1875.

FRIEDRICH FIALA: Bernhard Meyer; Anz. Schw. Gesch. 1874, S. 90. – GEROLD MEYER VON KNONAU: Bernhard Meyer; ADB 21, Leipzig 1885, S. 555 ff. – EDGAR BONJOUR: Die Gründung des Schweizerischen Bundesstaates; Basel 1948, S. 39 ff. 88 ff.

Die Sieger

Jakob Amiet 1817–1883

Der triumphierende Radikalismus hat einen starken Niederschlag gefunden in dem Buche *Der siegreiche Kampf der Eidgenossen gegen Jesuitismus und Sonderbund*. Als Verfasser des anonym erschienenen Werkes erkennen wir den Solothurner Advokaten Jakob Amiet. Er redigierte den durch Martin Disteli bekannt gewordenen «Schweizerischen Bilderkalender» und trat später als eidgenössischer Staatsanwalt hervor. Seine Schrift ist mit Vignetten Distelis geschmückt und verrät dadurch schon äusserlich ihre politische Tendenz. Sie gibt sich als Volksbuch und hat denn auch starke Verbreitung gefunden, sogar über die schweizerischen Landesgrenzen hinaus, wie deutsche Publikationen aus dem folgenden Jahr erweisen. Zu dieser Popularität des Buches hat nicht nur sein frischer Ton und seine handfeste Ausdrucksweise beigetragen, sondern auch sein vereinfachender Gedankengang, der dem Fortschrittsglauben der Zeit weit entgegenkam. Die dröhnende Rhetorik der Epoche, wie sie partienweise in dem Buche widerhallt, ging dem breiten Lesepublikum ebenfalls leicht ein.

Der Kampf der Tagsatzungspartei erschien dem Verfasser als ein «Kampf der Nation gegen fremde, unschweizerische, durch und durch antinationale Elemente», als «ein Prinzipienkampf». National sind ihm alle Kräfte in der Schweiz, welche die Einigung ihrer Glieder erstreben, antinational jene Elemente, welche die Einigung hemmen oder ihr entgegenarbeiten. Die Eidgenossenschaft habe sich von ihren Anfängen an immer als einige Nation gefühlt; stets seien es fremde, antinationale Einflüsse gewesen, die die Schweiz vom Wege zur Zentralisation abgelenkt hätten. Ihrer Natur entspreche ein einheitlicher, demokratischer Bundesstaat. Da nun jedes Volk ein Anrecht auf die ihm allein angemessene Konstitution besitze, sei die Schweiz berechtigt, ja verpflichtet, sich in einen zentralisierten Bundesstaat zu verwandeln.

Diese falsche, aber für die Zeitgenossen bestrickende Annahme sucht Amiet durch die Geschichte zu erhärten. Sein historischer Überblick über die schweizerische Entwicklung ist antithetisch auf dem gegensätzlichen Kräftepaar national – antinational aufgebaut, wodurch der schweizerischen Vergangenheit reichlich Gewalt angetan wird. Amiet will eben nicht geschichtlich aufhellen, sondern politisch wirken, den Leser im Sinne des radikalen Ideals beeinflussen. Den Kampf um die neue Bundesverfassung stellt Amiet als einen Kampf der schweizerischen Nation gegen antinationale Kräfte dar; zu diesen rechnet er die Aristokratie, die römische Nuntiatur und die Jesuiten. Stets hätten diese drei unschweizerischen Elemente an der Auseinanderreissung der Eidgenossenschaft gearbeitet. Jetzt hätten sie sich im Sonderbund vereinigt. Er sei nicht etwa als Folge der Freischareneinfälle entstanden, sondern in ihm habe das Projekt gewirkt, «hervorgegangen aus dem Streben der Aristokratie, auf den Trümmern des zerrissenen Vaterlandes sich neuerdings mit Hilfe des Auslandes und der Hierarchie emporzuschwingen und das Werk der Restauration neu zu beginnen – ein Projekt, hervorgegangen aus dem Streben der Nuntiatur und der römischen Kurie nach kirchlicher und politischer Allmacht über ein von allem Verkehr mit protestantischen Bundesbrüdern abzuschliessendes und durch die geistige Herrschaft des Aberglaubens und des religiösen Fanatismus darniederzudrückendes Volk, – ein Projekt, hervorgegangen aus den sowohl im Interesse Roms und der Aristokratie als im ökonomischen Interesse des Ordens, von den Jesuiten jahrhundertelang systematisch fortgesetzten Zerstörungsplänen geistiger Freiheit und politischer Selbständigkeit». So ist denn der Sonderbundskrieg nach Amiet ein Kampf gegen Fremdkörper. In ihm ringt die Schweiz um ihre Nationalität.

Den Feldzug selber schildert Amiet in der zweiten Hälfte seines Buches eingehend, nicht ohne auf Selbsterlebtes hinzuweisen; er hatte als Ordonnanzoffizier dem Stabe der dritten Division Donats angehört. Obgleich er zeitweise als Augenzeuge erzählen kann, mangelt doch seinem Bericht die Frische der Unmittelbarkeit. Amiet bespricht umsichtig die militärischen Operationen, wobei er die Ereignisse ständig wertet. Diese Parteinahme steigert sich oft zu unbeherrschter Parteilichkeit. Die Expedition der Innerschweizer in den Tessin ist ihm ein Beweis gegen den defensiven, unschuldigen Charakter der Schutzvereinigung. Was die Sonderbundsführer hierüber ausgesagt hätten, ihre «im Schosse der Tagsatzung niedergelegten feierlichen und heiligen Versicherungen», seien lauter Lügen gewesen, «Lügen, wie sie nur der Jesuitismus in seiner abscheulichsten und verdammenswertesten Wirksamkeit zu erzeugen und zur Erreichung seines heillosen Zweckes zu gebrauchen imstande ist». Amiet erzählt mit Entrüstung, dass ein Jesuitenpater einen gefallenen Sonderbündler in der Grabrede als Heiligen gepriesen und dass ein Pfarrer im Freiburgischen ein weibliches Rächerkorps aus Jungfrauen gebildet habe, wie sich denn Amiet nicht genug tun kann, den Aberglauben und Fanatismus der Sonderbündischen anzuprangern. Seine Pfeile richten sich aber ausschliesslich gegen die geistlichen und aristokratischen Führer des Sonderbundes, nicht gegen die sonderbündischen Truppen, deren Mut und Kampfseifer er im Gegenteil hervorhebt. Die sonderbündischen Soldaten sind ihm bloss irregeleitete Schweizer. So erscheint ihm denn auch der Einzug der Tagsatzungsarmee in Zug und ihr Empfang durch die Bevölkerung als eine freudige Wiedervereinigung von Brüdern.

Es besteht für Amiet kein Zweifel daran, dass der siegreiche Kampf der Tagsatzung den hauptsächlichsten Anstoss gebildet hat für die «versuchten und errungenen Freiheitsbestrebungen» der europäischen Völker: «Dieser Sieg des Vaterlandes hatte jedoch nicht nur für die Schweiz eine unermessliche Bedeutung. Er dehnte sich weit hinaus über die Grenzen unseres Vaterlandes. Er brachte ringsum die Völker zum Erwachen. Durch ganz Europa scholl wie Geisterruf die Siegeskunde.» Nach Amiet leuchtete um die Jahrhundertmitte die Schweiz als Beispiel der Freiheit den Völkern Europas voran.

Das Buch mündet in eine Art Apotheose des «neuen Schweizerbundes» aus. In der Bundesverfassung sieht Amiet die Erfüllung der gesamtschweizerischen Entwicklung. Aus diesem teleologischen Prinzip, wonach alle Epochen nur Vorstufen für den Endpunkt geschichtlichen Wachstums sind und sich die Vergangenheit in schwellender Entfaltung der Gegenwart zuneigt, spricht der robuste Fortschrittsglaube der Radikalen.

Der siegreiche Kampf der Eidgenossen gegen Jesuitismus und Sonderbund, durch einen Offizier der eidgenössischen Armee; Solothurn 1848.

GEROLD MEYER VON KNONAU: Jakob Amiet; ADB 45, Leipzig 1900, S. 771f. –
ADOLF LECHNER: Jakob Amiet; N. Solothurn. Wochenbl. 1, 1910/11.

Louis Rilliet de Constant 1794–1856

Gleichsam als Ergänzung zum «Allgemeinen Bericht des eidgenössischen Oberbefehlshabers» publizierte 1848 der Chef der ersten Division eine umfangreichere Schrift über ein Teilgebiet des Sonderbundskrieges *Novembre et Décembre 1847; Fribourg, Valais et la première division.* Der Verfasser, ein Verwandter von Jacques Necker und Benjamin de Constant, hatte als französischer Offizier an napoleonischen Feldzügen teilgenommen, war dann in seine Heimatstadt Genf zurückgekehrt, wo er politisch und schriftstellerisch hervortrat. 1830 wurde er Tagsatzungsgesandter des

Standes Genf und später als eidgenössischer Oberst Chef des Waffenplatzes Thun. Dufour ernannte den fähigen Mann zum Kommandanten der ersten Division. Die Aufgabe, die er ihr zuwies, lag mehr am Rande des grossen Geschehens; ihre Aktionen standen nie im Brennpunkt des allgemeinen Interesses. Trotzdem wurde ihr viel Übles nachgeredet, so dass sich Rilliet gedrängt sah, dem schweizerischen Souverän, das heisst der Öffentlichkeit, einen Rechenschaftsbericht auf Grund offizieller Akten vorzulegen. Er schmeichelt sich nicht etwa, damit ein Geschichtswerk verfasst zu haben, sondern blieb sich bewusst, nur die Materialien hierfür zu liefern.

Rilliet erörtert zunächst die Zusammensetzung seiner Truppen und den Aufmarschplan gegen Freiburg. Den Waffenstillstand vom 12. November sollen nach seiner Darstellung die Gegner gebrochen haben. Als Platzkommandant von Freiburg sah sich Rilliet grossen Schwierigkeiten gegenüber, da er keine verhandlungsfähige Regierung vorfand. Die Wirren in der Stadt und die Verwüstungen im Jesuitenkollegium führt er auf Verhetzungen seiner Soldaten durch freigelassene politische Häftlinge und herbeigelaufene freiburgische Emigranten zurück. Rilliet erzählt eingehend und überzeugend, wie er die Ausschreitungen sofort bekämpfte und die Disziplin wiederherstellte. Mit den eidgenössischen Repräsentanten und der neuen radikalen Regierung, der er Unterdrückung vorwarf, unterhielt er gespannte Beziehungen, so dass er froh war, auf Befehl des Generals sich mit seiner Division der Bezwingung des Wallis zuwenden zu können.

In diesem zweiten Feldzug bereiteten ihm wiederum die Gegner weniger Ungemach als die sogenannten Freunde, das heisst jetzt die radikalen Hilfstruppen aus dem Unterwallis; sie brannten darauf, sich auf die konservativen Oberwalliser zu werfen, um an ihnen für 1844 Rache zu nehmen. Rilliet konnte nicht verhindern, dass die Unterwalliser Flüchtlinge mit den Waffen in Sitten eindrangen, wo sich rasch eine neue Regierung bildete. Auch der Einbruch im Hospiz auf dem Grossen St. Bernhard geschah ohne sein Wissen und wider seinen Willen. Über den Charakter der Oberwalliser urteilte Rilliet sehr günstig, nahm aber starken Anstoss an der Unsauberkeit und an anderen Äusserlichkeiten des Volkslebens. Am Schluss seiner rein militärischen Ausführungen macht Rilliet noch, gleich dem General, einige Bemerkungen über Qualität und Ausrüstung der ihm unterstellten verschiedenen Truppengattungen. Er wünscht vor allem eine engere Verbundenheit zwischen Offizier und Mannschaft und gibt auch Ratschläge, wie diese zu festigen wäre.

Rilliet flicht in die Geschichtserzählung fortlaufend seine Korrespondenz mit dem General ein. Diese sowie die im Anhang veröffentlichten Aktenstücke erhöhen den dokumentarischen Wert des Buches. Ebenfalls nach der menschlichen Seite erscheint dieser militärische Rechenschaftsbericht in sympathischem Lichte: Kein unbeherrscht verletzendes Wort über den Gegner, stete Bereitschaft zu möglichst rascher und unblutiger Erledigung des Bürgerzwistes. Rilliet tritt nirgends mit der Anmassung des Unfehlbaren auf, sondern gibt die Möglichkeit persönlicher Missgriffe zu. Vom unbedingten Recht der radikalen Sache und ihrer Vortrefflichkeit ist er restlos überzeugt.

Novembre et Décembre 1847; Fribourg, Valais et la première division; Bern/Zürich 1848.

GONZALVE PETITPIERRE: Galerie des Suisses distingués; 1841. – LOUIS RIBORDY: Le Sonderbund en Valais 1844–1847; Polit. Jahrb. Schw. Eidg. 2, 1887, S. 607ff. – URBAIN OLIVIER: Campagne de Bâle 1831, Sonderbund 1847; Journaux de route, publiés par Frank Olivier; Lausanne 1943.

Auch *J. A. Henne* (S. 629) äusserte sich zur Zeitfrage mit der Broschüre *Der Sonderbund und dessen Auflösung durch die Tagsatzung*, 1848. Es ist eine Gelegenheitsschrift, mit allen Mängeln ihrer raschen und stimmungsgetrübten Entstehung behaftet. Unter dem alleinigen Aspekt der Regeneration zeichnet Henne einseitig die eidgenössische Entwicklung in der ersten Hälfte des 19. Jahrhunderts. Er verteidigt die Massnahmen der Radikalen durch dick und dünn als gesetzmässig, während er das Vorgehen der Sonderbundskantone als Rechtsbruch hinstellt. Über die Illegalität der Freischarenzüge gleitet er hinweg, sucht sie sogar als Notwendigkeiten zu rechtfertigen: Es gebe eben noch höhere Rücksichten als die sogenannte bestehende Ordnung, es gebe Momente, wo es unabweisbare Pflicht werde, die aufgehobene Ordnung wieder vom Volk aus herzustellen. Mit ähnlich fader Dialektik verteidigt er Klösteraufhebungen und andere Gewaltakte der Radikalen. Natürlich hat nach Henne der Sonderbund mit seinem intensiven Rüsten den Krieg heraufbeschworen, die Tagsatzung dagegen unentwegt friedliche Lösungen angestrebt. Als eigentliche Ursache des Krieges gibt Henne in oberflächlicher Begründung den konfessionellen Gegensatz an, die Hetze des katholischen Klerus, vor allem der Jesuiten. Nach solchen Voraussetzungen ist es nicht zu verwundern, dass Henne sein Thema auffasst als «die Schilderung einer gegen Licht und Volk geschlossenen Verschwörung und des Gerichtes, welches sie getroffen», wobei der Privatcharakter einzelner auf dem Gerichtsstuhle Mitsitzender auch nicht entfernt zur Sprache zu kommen habe.

Den Feldzug selber hat Henne nicht mitgemacht. Also kann er nicht aus eigener Anschauung schöpfen, sondern verlässt sich auf Augenzeugenberichte und Zeitungsartikel. Für die militärischen Vorgänge in der Innerschweiz stützt er sich vornehmlich auf Segessers «Beiträge», entnimmt ihnen aber mehr nur die Kritik an der sonderbündischen Heeresleitung. Auch gegenüber den Schäden in der eidgenössischen Armee ist er nicht blind. Er erwähnt, dass die Befehlsübermittlung in den höheren Stäben nicht durchweg richtig funktioniert habe. Leidenschaftlich wendet er sich gegen die Anschauung der vielgelesenen Augsburger Allgemeinen Zeitung, wonach Dufour «ein auf dem Schachbrett zum voraus gewonnenes Spiel» gespielt habe. Ohne das Feldherrengenie Dufours hätte der Krieg auch einen andern Ausgang nehmen können. Henne weist auf die

Widerstandskraft der Urkantone beim Franzoseneinfall am Ende des vorangegangenen Jahrhunderts hin und erwähnt, dass die Tagsatzungstruppen nicht durchweg zuverlässig waren.

Weder im Grundsätzlichen noch im Tatsächlichen bietet Henne Neues. Die Lücken und Ungenauigkeiten mögen in der mangelnden Dokumentation, die formlos sprudelnde Rhetorik in der raschen Niederschrift ihre Erklärung finden. Aber die parteipolitische Tendenz war Absicht und gehört zum Wesen der Broschüre.

Der Sonderbund und dessen Auflösung durch die Tagsatzung im November 1847; Schaffhausen 1848. – Siehe auch S. 629.

Johann Jakob Leuthy 1788–1855

Eine noch ausgesprochenere Tendenzschrift stellt das annähernd vierhundert Seiten starke Buch von Leuthy dar, was schon im umständlichen Titel zum Ausdruck kommt: *Die neuesten Kriegsereignisse in der Schweiz, veranlasst durch die Berufung der Jesuiten und den im Bade Rothen gestifteten Sonderbund*, 1848. Hatte Henne gegenüber dem siegreichen Radikalismus noch einige Vorbehalte gemacht, so identifizierte sich Leuthy völlig mit ihm. Es war für die Sieger ein Verhängnis, dass sie ihre Taten von dieser trivialen Feder verherrlichen lassen mussten. Denn Leuthy besass wenig Bildung, hatte in der Politik und Journalistik Schiffbruch erlitten und suchte nun in der Geschichtsschreibung ein neues Feld seines Ehrgeizes und Erwerbs. Er tummelte sich in diesem Revier als wahrer Freibeuter. Innert zehn Jahren veröffentlichte er zwanzig Schriften kompilatorischen, ja plagiatorischen Charakters, die ihm nicht den Ruhm eines Geschichtsschreibers einzubringen vermochten.

Und doch hatte er es gerade darauf abgesehen. Im Vorwort zu seinem Buch über den Sonderbund dankte er dem Schweizer Volk, das ihn gewürdigt habe, Geschichtsschreiber der glorreichen Periode zu sein, «in welcher dasselbe eine so grosse Tatkraft entwickelte und seine Selbständigkeit im Innern und nach aussen vollständig errang, wie vielleicht kein anderes Land auf Erden». Seine Bewährung sieht der eitle Autor darin, dass sich rasch Auflage auf Auflage folgten. Es ist schwer zu sagen, was die Popularität des Buches ausmachte, ob es die Plattheit der Gedankengänge war, oder die Simplizität der Erzählung, oder die Ruhmredigkeit, womit Leuthy der siegreichen Partei schmeichelte. Ton und Stil liegen unter der Durchschnittsschriftstellerei der Zeit. Jedenfalls kann man es kaum als volkstümliche Sprechweise bezeichnen, wenn Leuthy bei der Diskussion der Jesuitenberufung den Ratsherrn Leu in die Frage ausbrechen lässt: «‹He, Herr Siegwart, ich will wissen, ob Sie für die Jesuiten sind – ja oder nein?› Siegwart antwortete mit ja und wurde – Schultheiss, und nach Leus Tod Luzerns Diktator und Lenker des Sonderbundes.» Dem hohlen Wortgepränge, das der Verfasser verächtlich von sich weist, ist er selbst immer wieder erlegen.

Leuthy beginnt seine Darstellung mit der Aargauer Klosteraufhebung, schildert dann eingehend die militärischen Vorgänge und wendet sich schliesslich der Stellung des Auslandes zu, mit willkürlicher Verteilung von Licht und Schatten, ohne aber Persönliches auszusagen. Die Freischarenzüge werden gerechtfertigt, der Sonderbundskrieg wird nicht als Bürgerkrieg, sondern als Waffengang der Landesbehörde gegen Rebellen hingestellt. Mit phrasenhafter Übertreibung lobt Leuthy die Heldentaten der eidgenössischen Wehrmänner. Anschliessend bietet er – wohl um die Volkstümlichkeit seines Buches zu erhöhen – einen reichen Kranz von Militäranekdoten; auch sie sind alle mit parteipolitischer Tendenz zurechtgestutzt und wenig amüsant.

Als Quellen gibt Leuthy Beiträge von anonymen Generalstabsoffizieren und Truppenkommandanten an, schreibt aber seitenlang Segessers Schrift ab, ohne seine Vorlage zu nennen. Sogar den Tagesblättern entnimmt er seine Ausführungen; so stammt zum Beispiel die Charakteristik Dufours fast wörtlich aus einem Artikel der Neuen Zürcher Zeitung. Es ist Leuthy nicht gelungen, wie er im Vorwort prahlend verkündet, «ein Werk zu gestalten», das für die Nachwelt Geltung habe – sein Machwerk genügte auch nicht den Besten seiner Zeit. Man vernimmt daraus mehr Schlagworte als Einsichten.

Die neuesten Kriegsereignisse in der Schweiz, veranlasst durch die Berufung der Jesuiten nach Luzern und den im Bade Rothen gestifteten Sonderbund der Kantone Luzern, Uri, Schwyz, Unterwalden, Zug, Freiburg und Wallis; Zürich 1848.

WALTER WETTSTEIN: Die erste Zeitung auf der zürcherischen Landschaft; ein Beitrag zur Geschichte der Zürcher Presse; NZZ 1905, Nrn. 43-46.

J. Martin Rudolf 1798–1859

Eine weitere radikale Parteischrift, wenn auch allgemein auf höherer Stufe stehend, hat der Aargauer Rudolf in Zürich 1848 unter dem Titel veröffentlicht: *Die Geschichte der Ereignisse in der Schweiz seit der aargauischen Klosteraufhebung 1841 bis zur Auflösung des Sonderbundes und der Ausweisung der Jesuiten.* Der Verfasser, einstiger Herausgeber einer militärischen Taschenbibliothek, nennt sich auf dem Titelblatt einen gewesenen Major, und tatsächlich weist er sich in dem gut sechshundertseitigen Buch über solide militärische Kenntnisse aus. Aber nicht hier liegt der Hauptcharakter der Schrift, sondern in ihrer durchgehenden Tendenz, die grossen eidgenössischen Zerwürfnisse auf das Wirken der Jesuiten und der katholischen Intoleranz zurückzuführen.

Rudolf macht die aargauische Klosterfrage zum Ausgangspunkt seiner Darstellung und zur Voraussetzung der eidgenössischen Wirrnis in den vierziger Jahren. Die Klöster führt er in düsterster Beleuchtung vor, nach dem Motto: «So lange es finster war im Lande, waren die Klöster leuchtende Gestirne; und wie es Tag wurde, verdunkelten sie.» Augustin Kellers Voten betrachtet er als die wahrsten Darstellungen von der Gefährlichkeit der Orden. Es ist Rudolfs besonderes Anliegen zu zeigen, welch empörender Missbrauch mit dem Volk getrieben wurde, um es «für Jesuitismus, Aberglauben, Intoleranz und Herrenspiel in den blutigen Kampf gegen seine Miteidgenossen zu jagen».

Mit besonderem Nachdruck untersucht der Verfasser die Gründe, die zur Niederlage der Freischaren geführt haben, und er setzt sie einzeln auseinander. Dabei schimmert überall sein Bedauern durch, dass das «denkwürdige Unternehmen» misslang. Natürlich lag nach ihm die Ursache nicht in der Tapferkeit der Angegriffenen, sondern in der Mutlosigkeit der Angreifer. Die Luzerner hätten ihren Sieg missbraucht: «Statt nun Gott für den unverdienten und nicht selbst erkämpften Sieg zu danken, fingen sie an, den Kopf als Sieger hoch zu tragen und ihren Mitständen frech den Handschuh hinzuwerfen.» In leidenschaftlicher Verzerrung werden die Luzerner Zustände vorgeführt: «Von den Kanzeln gab man Gott die Ehre für die Vertilgung der Freischaren; allein nicht in Demut, sondern in Hochmut. Man hielt sich für nichts weniger als das auserwählte, das Volk Gottes; die Gegenpartei aber, das heisst die Liberalen, als das Volk des Satans.» Die Justiz des Riesenprozesses gegen die Freischaren beschimpft Rudolf als «feile Dirne Siegwartscher Politik». Fast blasphemisch tönt es, wenn die Entführung des Dr. Johann Steiger aus dem Luzerner Kerker mit den Worten begleitet wird: «Der Mensch denkt und Gott lenkt.»

Nach dem Dargelegten versteht es sich leicht, dass der Exekutionsbeschluss der Tagsatzung gutgeheissen, der Krieg gegen den Sonderbund bewundert und schliesslich die Bundesverfassung verherrlicht wird. Auch Rudolf erfasst im Grunde genommen alle Bewegungen der Vergangenheit bloss als geglückte oder missglückte Versuche zur Erreichung des idealen Gegenwartszustandes. Sein Buch vermittelt einen besonders starken Eindruck von der Anarchie, in der sich die Eidgenossenschaft während der vierziger Jahre befand, wobei allerdings die Schuld nur auf katholischer Seite gesehen wird. So ergibt sich für ihn zwingend als einzige nationale Rettung der zentralisierende Bundesstaat.

Die Geschichte der Ereignisse in der Schweiz seit der aargauischen Klösteraufhebung 1841 bis zur Auflösung des Sonderbundes und der Ausweisung der Jesuiten. Mit besonderer Berücksichtigung der Militärverhältnisse der schweizerischen Eidgenossenschaft und des Auslandes; Zürich 1848.

Niklaus Friedrich von Tschudi 1820–1886

Einen schönen Versuch, die Sonderbundsfrage über den Parteien stehend darzustellen, hat der spätere sanktgallische Regierungsrat und Verfasser des berühmten Buches *Tierleben der Alpenwelt* unter dem Pseudonym Dr. C. Weber geliefert. Tschudis Bemühen ist um so bemerkenswerter, als seine Schrift *Der Sonderbund und seine Auflösung, vom Standpunkte einer nationalen Politik* unmittelbar nach den Ereignissen, zu Beginn des Jahres 1848, erschien. Den Extremen beider Lager gleichermassen abhold, steht der Verfasser sowohl dem exklusiven Ultramontanismus als dem terroristischen Radikalismus fern. In den vermittelnden Elementen sieht er das besonnene und intelligente Volk verkörpert. Er hofft, der Liberalismus der Legalität werde die Initiative der schweizerischen Politik ergreifen und der Stimme der ruhigen, Recht und Freiheit liebenden Nation immer mehr Gehör verschaffen. Stets plädiert er für gesetzmässige Entwicklung, unterstreicht er die grosse Bedeutung eines unverletzten Rechtsbewusstseins. Neben dem im Titel erwähnten nationalen Standpunkt macht sich auch ein ausgeprägt protestantischer geltend.

Tschudi meint, das Volksleben der Schweiz habe seit 1815 keine natürliche, organische Entwicklung genommen. Er betont, dass Luzern im Recht war, die Jesuiten zu berufen, und stellt das Scheitern der Freischarenzüge als Gottesurteile hin. An der Entstehung des Sonderbundes seien die Fehler der radikalen Partei schuld. Was er der Schutzvereinigung vorwirft, ist ihre Unvolkstümlichkeit. Sie sei bald einmal zu einer gefährlichen Herrenligue geworden, die alle wahren Volksinteressen ihren Zwecken geopfert und die Regierungen der verbündeten Kantone in das unheilvolle System eines ehrgeizigen Kopfes verwickelt habe, «dessen Sauvegarde sie bilden mussten». Aber nicht nur wenig volkstümlich, auch wenig national sei der Sonderbund gewesen; er habe sich gegen jede vaterländische Regierung, gegen jede Entwicklung nationaler Verhältnisse gewandt. Den verruchtesten Schritt nach dieser Richtung habe Siegwart getan, der Diktator und fremde Abenteurer, als er die Intervention des Auslandes anrief: «So bildeten die Kantone des Separatbundes in den beweglichen Fluten des vaterländischen Lebens eine tote Insel, auf welcher der grüne Baum eidgenössischer Freiheit krank und verdorrend stand – ein trauriger Anblick.»

Im letzten Entscheidungskampf stellt sich Tschudi auf die Seite der Tagsatzungspartei. Er billigt den von ihr getroffenen Auflösungsbeschluss und geisselt das neutrale Beiseitestehen eidgenössischer Kantone: «Hätte Neuenburg ein etwas gesunderes Rechtsgefühl, ein minder versauertes und verbittertes Misstrauen gegen die liberalen Mitstände und eine auch nur schwache Ahnung von eidgenössischem Nationalleben besessen, so hätte es seine Stimme wenigstens mit Basel vereint.» Die Mässigung der Tagsatzungsproklamation an den Sonderbund rechnet Tschudi dem Radikalismus hoch an, während ihn am Manifest der sonderbündischen Kantone «eine höchst widerwärtig zur Schau getragene, aber offiziell wohlberechnete Frömmigkeit» abstösst. Als gemässigter Liberaler bedauert er sehr, dass die Tageszeitungen den Bürgerkrieg mit ihren Hetzereien vergifteten: «Hundert Völker beneiden uns um unsere Pressefreiheit, während wir selber oft im Zweifel sind, ob wir derselben mehr Segen oder Fluch verdanken.»

Das Werklein Tschudis zeichnet sich aus durch Aufgeschlossensein gegenüber allen massvollen Erscheinungen des politischen Lebens, durch wirkliches Streben nach Gerechtigkeit und durch innere Unabhängigkeit. Im Gegensatz zu vielen seiner liberalen Zeitgenossen, die alles Vergangene nur auf ihr staatliches Wunschbild zu beziehen vermochten, beliess er der Vorzeit ihren Eigenwert. Er ist auch einer der wenigen, die im Zusammenhang zu denken fähig waren. Auf geistvolle Art fortschrittliche und konservative Gesinnung verbindend, ragt sein Beitrag über das gewöhnliche liberale Schrifttum der Sonderbundszeit hinaus.

Der Sonderbund und seine Auflösung von dem Standpunkte einer nationalen Politik, hg. v. C. Weber, St. Gallen 1848. – *Das Tierleben der Alpen;* 11. Aufl. Leipzig 1890.

Landammann Dr. Niklaus Friedrich von Tschudi; Gedenkblatt für die Familie und Freunde 1886. – FRIEDRICH FIALA: Dr. Friedrich von Tschudi; Anz. Schw. Gesch. 1887, S. 83b. – HERMANN WARTMANN: Friedrich von Tschudi; ADB 38, Leipzig 1894, S. 744ff. – THEODOR WILLY STADLER: Friedrich von Tschudi; Grosse Schweizer, Zürich 1938, S. 610ff. – GEORG THÜRER: Friedrich von Tschudi als Dichter; Veröff. HHS St. Gallen, Reihe B, 7, St. Gallen 1942.

Eusèbe Henri Gaullieur 1808–1859

Auch von welscher Seite wurde bald nach Beendigung des Krieges eine unvoreingenommene, ausserhalb der verfeindeten Lager stehende Schilderung und Erläuterung der Ereignisse gewagt, in der Schrift des seit kurzem in Genf Geschichte dozierenden Neuenburger Publizisten Gaullieur: *La Suisse en 1847 ou précis des événements politiques et militaires accomplis dans la Confédération pendant le cours de cette année et au commencement de 1848.* Weder war der Verfasser am Feldzug beteiligt noch trat er politisch stärker hervor. Den Mangel an Augenzeugenberichten wollte er wohl dadurch wettmachen, dass er in seine Erzählung sehr ausgiebig authentische Akten einflocht, mit Vorliebe Protokolle, die über den Verlauf der Sitzungen einzelner eidgenössischer und kantonaler Behörden Aufschluss geben. Der Wert des Buches liegt in der gefälligen Anordnung des Stoffes, in der angenehmen Lesbarkeit und in der Mittellage der geistigen Haltung, die nicht nur aller Leidenschaft, sondern überhaupt jedem gesteigerten Gedanken und Ausdruck fremd ist. Diese liebenswürdige Flachheit hat offenbar der wohlmeinenden Schrift ihre weite Verbreitung gesichert. Sie besitzt aber weder Schwung noch Tiefe.

Es entspricht der Moderation des Autors, wenn er in der Klöster- und Jesuitenfrage das strikte formelle Recht auf seiten der Katholiken sieht, die politische Zweckmässigkeit aber auf seiten der Tagsatzung. Sein mild aufgeklärter Geist stösst sich an den Jesuiten; sie passten nicht mehr in die moderne Welt, glaubt er. Den Radikalen verdenkt er es, dass sie den Krieg benützten, um den Etatismus zu stärken: So habe die Waadt die Press- und Religionsfreiheit aufgehoben und die Steuerschraube angezogen. Alles Schlimme sei eben nicht von einer einzigen Partei gekommen, das ist seiner Weisheit Schluss.

Bei der Beschreibung des Falles von Freiburg hütet sich der Autor, Maillardoz des Verrates zu bezichtigen, lässt aber doch die Frage offen, ob der freiburgische Oberkommandierende sich nicht infolge seiner Verbindungen mit Persönlichkeiten aus dem gegnerischen Lager zur Preisgabe des Widerstandes entschlossen habe. Natürlich erwähnt er auch die Verwüstungen in der Stadt. Es klingt aber doch fast wie eine Entschuldigung, wenn er schreibt, die Koketterie, der Luxus und die beinahe theatralische Pracht der Jesuiten hätten in gewissem Sinne die Beschädigungen provoziert. Den kläglichen Zusammenbruch der Innerschweizer vergleicht er mit ihrem heldenhaften Widerstand gegen die Franzosen Anno 1798: Damals hätten sie in ihren Reihen eben keine österreichischen Fürsten und keine Jesuiten gezählt; auch seien sie nicht von künstlichen Empfindungen erregt gewesen wie jetzt, sondern von nationalen Gefühlen beseelt.

Dufour war in jeder Hinsicht, namentlich auch in menschlicher, der Mann Gaullieurs. Er findet zu seiner Wahl schöne Worte: «C'est que la grandeur et l'imminence des dangers qu'on allait courir, la gravité de la situation, commandaient ici impérieusement, même aux plus exaltés, un examen consciencieux, une religieuse appréciation des titres de celui qui allait mener au combat tant de milliers de citoyens. C'est qu'il est aussi des réputations si bien établies, des carrières tellement bien remplies, qu'elles sont au-dessus des attaques des partis... Dufour donna à la guerre dans laquelle on allait entrer un caractère qu'elle n'avait pas eu jusqu'alors.»

Zum Interessantesten des sonst nicht eben aufschlussreichen und spannenden Buches gehört, wie Gaullieur abschliessend die Wirksamkeit der politischen Parteien nach dem allgemeinen Umschwung einschätzt: Die Konservativen lägen völlig am Boden, sie könnten nicht tiefer fallen. Die siegreichen Radikalen seien mitten im Triumph nicht stärker als früher. Lange habe diese Partei von der Erregung gegen den Sonderbund gelebt. Jetzt fehle ihr der nötige Impuls. Sie müsse zwei Klippen vermeiden, denen sie zutreibe: die ausländische Propaganda und den Kommunismus. Über kurz oder lang werde das Volk grosse Forderungen an die Partei stellen, die seinen Vätern soviel versprochen habe. Der Radikalismus habe der Schweizer Nation auf dem politischen Gebiet einen riesigen Dienst erwiesen, indem er den Sonderbund zerschlug. Im wirtschaftlichen Bereich sei der Radikalismus nicht so erfolgreich gewesen; es gebe immer noch ebenso viel arme Hungerleider wie zuvor. Eine Zeitlang habe es geschienen, als ob die gemässigten Liberalen, von England ermutigt, sich über die beiden anderen Parteien erheben und das Staatssteuer ergreifen wollten; für die Durchführung dieses Vorhabens hätten sie auf die Armee und ihre Führer gezählt. Diese Illusionen seien nun rasch verflogen; denn die schweizerische Partei der Mitte bestehe nur noch aus einigen Individualitäten. Einzig eine neue Bundesverfassung sichere die Schweiz vor den ihr drohenden inneren und äusseren Gefahren.

La Suisse en 1847, ou précis des événements politiques et militaires accomplis dans la Confédération pendant le cours de cette année et au commencement de 1848; Genève 1848.

Biographie neuchâteloise par FRÉDÉRIC ALEXANDRE JEANNERET: 1, 1863, S. 390ff. – ALBERT DE MONTET: Dictionnaire biographique des Genevois et des Vaudois 1, Lausanne 1877, S. 337ff.

Albert An der Matt 1823–ca. 1877

Ein im Ausland lebender Rechtskonsulent aus Zug gab 1849 zu Regensburg eine grössere Schrift über *Die politischen Ereignisse in der Schweiz seit 1840–1849* heraus. Der Verfasser macht damit keinen Anspruch auf eine «eigentliche historische Bearbeitung». Er stützt sich in der langen geschichtlichen Einleitung auf «bewährte Geschichtsschreiber» und benützt für die Darstellung der Zeitgeschichte ausführliche Zeitschriftenartikel aus «gewandter Feder». Sein Standpunkt – wenn von einem solchen überhaupt gesprochen werden kann – scheint, spärlichen Äusserungen zufolge, ein gemässigt liberaler gewesen zu sein. Offenbar ging es dem geschäftigen Autor darum, möglichst rasch und umfassend ausländische Leser zu orientieren. Diesem Zwecke dient die wahllos zusammengetragene, aber recht geschickt aufgeschüttete Stoffmasse; sie lässt jede gedankliche Durchdringung vermissen. Der Verfasser begnügt sich, ohne Fragen aufzuwerfen und zu beantworten, mit einer Schilderung des äusseren Geschichtsablaufs, der sich in Wahrheit nicht so einfach klar vollzog. Farblos bis zur Langeweile, vermag seine Geschichtserzählung auch bescheidenen Ansprüchen kaum zu genügen.

Kurios ist einzig sein helvetischer Stolz auf das Schweizervolk, «welches wegen seiner unübertrefflichen Eigenschaften des Geistes und des Gemüts berufen sein könnte, als Muster dazustehen», und sein fester Glaube an einen europäischen Völkerbund. Komme dieser Bund der Völker, «so wird die Schweiz, als ein Mitglied desselben, gegenüber anderen Staaten in mancher Beziehung eine vorteilhafte Stellung einnehmen, als ihr bisher von der kommerziellen Engherzigkeit und den extremen Prohibitivsystemen der Nachbarstaaten eingeräumt war. Sie wird als Bundesgenossenschaft als das kleine Vorbild des grossen europäischen Völkerbundes gelten…».

Die politischen Ereignisse in der Schweiz seit 1840 bis 1849, mit einer geschichtlichen Einleitung; Regensburg 1849.

Ausser in Monographien ist die Sonderbundszeit auch noch in zwei weiteren zusammenhängenden Geschichtsdarstellungen behandelt worden, in der *Geschichte der Eidgenossenschaft während der Zeit des sogeheissenen Fortschritts* von *Johann Anton von Tillier* (s. S. 612 ff.) und in der *Geschichte der schweizerischen Regeneration* von *Peter Feddersen* (s. S. 630 f.). Beide Autoren haben als Politiker am Geschehen teilgenommen, das sie nun rückblickend zu gestalten suchen – nicht mit derselben Distanz zur Tagesschriftstellerei. Verschiedenen politischen Richtungen angehörend, lassen ihre Werke die Sonderbundsepoche mannigfach sich spiegeln. Die Ungleichheit in Bildung, Temperament, Können und Absicht ergibt weitere Variationen der Darstellung.

EPOCHE DER KRITISCHEN FORSCHUNG

Die Epochen lassen sich nicht durch scharfe Einschnitte trennen, sie gehen ineinander über. Sie lassen sich nicht immer mit bestimmten Persönlichkeiten kennzeichnen, da nur einige sich ganz der neuen Richtung ergeben, andere auch der älteren verwandt bleiben. Aber es ist eine entschiedene Wendung des Willens da. Die ältere Epoche hatte nach den besten Quellen getrachtet und den Stoff pragmatisch-rational gesichtet, ihn aber doch mehr ästhetisch als kritisch genommen und den Nachdruck auf die schöne Form und die nationale Erbauung gelegt. Ein Verstoss gegen die Genauigkeit erschien gering neben einem Versagen in der Sinngebung. Die neue Epoche verabschiedete Klio. Sie wollte das Was, nicht das Wie, sie wollte genaue Erkenntnis der Wirklichkeit, nicht gewählten Stil. Das gab die Erlaubnis zu jener Unform, da auf einer Druckseite die Darstellung ein Drittel und die Fussnotenwucherungen zwei Drittel einnehmen. Die neue Epoche schaltete das Nationale nicht aus, stellte es aber zurück. Sie wurde besonders durch das Dunkel der ersten Jahrhunderte des Bundes gereizt, während die ältere Epoche sich mehr den neueren Jahrhunderten zugewandt hatte. Die ältere Epoche war es zufrieden, wenn sie zu den besten Quellen gelangte; die neue kritisierte auch die besten, und um die Analyse zu schärfen, übernahm sie von Deutschland die genetische und vergleichende Methode. Ein Schimmer davon fiel schon früher in die Schweiz; die kritische Epoche hat ihre Vorläufer. *Ildefons von Arx*, einer der letzten Mönche des aufgehobenen Klosters St. Gallen, der fruchtbare Beziehungen zu den Monumenta Germaniae unterhielt, zeigt Ansätze des Kommenden in seinen dreibändigen *Geschichten des Kantons St. Gallen*, die 1810–1830 erschienen, ebenso, von ihm angeregt, Zellweger in seiner *Geschichte des Kantons Appenzell*. Als Vorläufer erscheint auch *Joseph Lüthi* mit seinen Veröffentlichungen im *Solothurner Wochenblatt*. Der Bahnbrecher der kritischen Epoche ist Kopp; er revolutionierte die Forschung.

RICHARD FELLER: Hundert Jahre schweizerischer Geschichtforschung, Vortrag; Bern 1941. – Ildefons von Arx, Bibliothekar, Archivar, Historiker zu St. Gallen und Olten; Gedenkschrift (mit Beiträgen von JOHANNES DUFT, PAUL STAERKLE, EDUARD FISCHER, EDUARD VISCHER, EDUARD STUDER), Olten 1957.

Anfänge

Joseph Eutych Kopp 1793–1866
Er stammte aus dem luzernischen Flecken Beromünster und wuchs im Schatten eines uralten Chorherrenstiftes auf. In Freiburg i. Br. und Paris studierte er klassische Philologie und wirkte von 1819 an bis zu seinem Tod als Professor der alten Sprachen am Lyzeum zu Luzern, das Muster eines Lehrers. Gelegentlich beteiligte er sich an der Politik. Er war Katholik und Demokrat mit konservativem Einschlag, ein Freund der alten

Einfachheit und friedliebend, weil Kriege ihm des Jahrhunderts nicht mehr würdig schienen. Er trat 1841 in die katholisch-demokratische Regierung von Luzern und sprach gegen die Jesuitenberufung. Freiwillig schied er 1845 aus, weil die Politik seiner Unabhängigkeit nicht zusagte. Da die Politik in der Schweiz Gemeingut, nicht Beschäftigung enger Kreise ist, gehörten ihr mehrere Historiker an, aber nur wenige, wie Monnard, Segesser und Andreas Heusler, haben sich ihr mit Leidenschaft ergeben. In der Schweiz wurde die Politik eher der Forschung geopfert als umgekehrt, weil sie nicht das unbetretbare Sehnsuchtsland mit dem Reiz des Geheimnisvollen war.

Kopp kam als Schulmann zur Geschichte und liess 1828 einen Auszug aus Johannes von Müller erscheinen, in dessen Vorwort er sich als Müllers grössten Verehrer bekannte. Als Luzern sich 1832 anschickte, den fünfhundertjährigen Eintritt in den Bund zu begehen, bereitete er eine Denkschrift vor und ging in das Archiv. Eine neue Welt ging ihm aus den Urkunden auf, und wurde ein Forscher, der sich von Zeitgeist und Überlieferung absonderte, um der Erkenntnis zu leben. Er erkannte, dass die sagenfrohe Geschichte der ersten Eidgenossenschaft vor den unbestochenen Zeugnissen nicht bestand. Sie musste neu geschaffen werden, und dieser Aufgabe opferte er jede Rücksicht. Er betonte die Notwendigkeit, Müller «abzutragen». Der Demokrat zögerte nicht, verkannten Herrschern zum geschichtlichen Recht zu verhelfen. Zu dem Wagnis des Erkennens, das er unternahm, regten ihn Einflüsse aus Niebuhrs kritischer Schule an. In der Hauptsache war er Autodidakt, der nach selbständigen Regeln die Rechts- und Reichsgeschichte des 13. Jahrhunderts neu entdeckte. Einige Hilfsmittel standen bereit, die Sammelarbeiten der Sanblasianer, Schöpflins Alsatia diplomatica, Friedrich Böhmers Reichsregesten. Die Archive der Kantone und Klöster waren ihm zugänglich. Er fand Freunde an Böhmer, Pertz und Wurstemberger in Bern.

Die Festschrift auf 1832 erschien nicht, dafür 1835 das Bändchen *Urkunden zur Geschichte der eidgenössischen Bünde*, zweiundachtzig Stücke mit Kommentaren, die den Kern seiner Ansichten enthielten. Er verwarf Tell, den Bund auf dem Rütli, die Vertreibung der Vögte. War Tell schon bezweifelt worden, den schönen Bericht von der Befreiung hatte noch niemand angetastet. Daher das gewaltige Aufsehen, die Entrüstung: ein konservativer Luzerner, der die Axt an den Baum der Freiheit legt. Doch das schlichte Bändchen liess sich nicht mehr aus der Welt schaffen. Ottokar Lorenz sagt, es sei ein Markstein, von dem eine neue Bewegung ausgegangen sei. Kopp forschte unbeugsam weiter und dehnte die Suche in auswärtige Archive aus. Nachdem er 1830 die *Amtliche Sammlung der älteren eidgenössischen Abschiede* von 1291–1420 herausgegeben hatte, ging er an die Hauptarbeit. Der erste Band der *Geschichte der eidgenössischen Bünde* erschien 1845 in Leipzig. Die Fortsetzung stockte, da der Absatz gering war. Der fünfte und letzte Band erschien erst 1882 nach seinem Tod. Kopp gründete 1843 den Historischen Verein der V innern Orte und leitete sein Organ, den Geschichtsfreund, zog sich aber bald von ihm zurück. Er

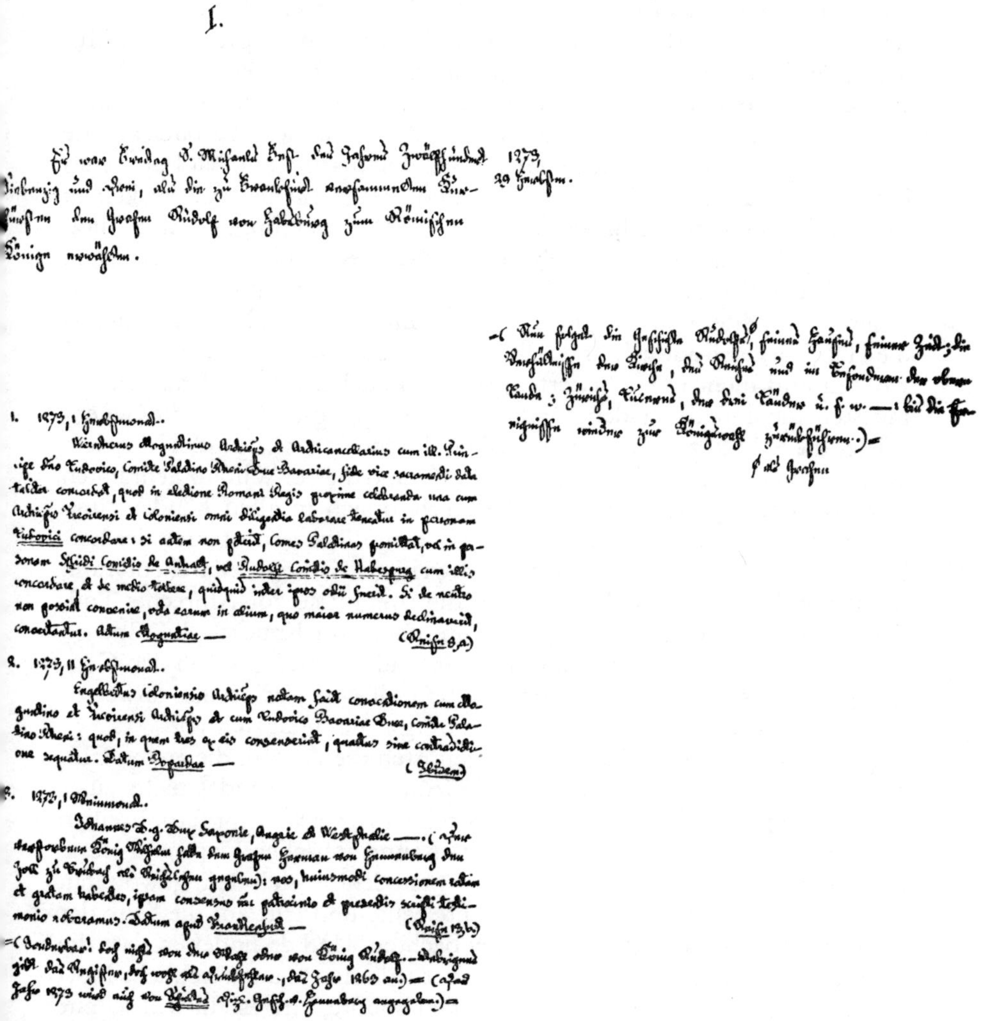
I.

Es war Freitag v. Michaelis Tag des Jahres Zwölfhundert 1273,
siebenzig und drei, als die zu Frankfurt versammelten Kur- 29 Herbstm.
fürsten den Grafen Rudolf von Habsburg zum Römischen
Könige erwählten.

=(Nun folgt die Geschichte Rudolfs ø, seines Hauses, seiner Zeit; die Verhältnisse der Kirche, des Reichs und im Besondern der obern Lande: Zürichs, Luzerns, der drei Länder u. s. w. —: bis die Ereignisse wieder zur Königswahl zurückführen.)=
ø als Grafen

1. 1273, 1 Herbstmonat.
Wernherus Moguntinus Archiepus et Archicancellarius cum ill. Principe dno Ludovico, Comite Palatino Rheni Duce Bavariae, fide vice sacramenti data taliter concordat, quod in electione Romani Regis proxime celebranda una cum Archiepis Treverensi et Coloniensi omni diligentia laborare teneatur in personam Ludovici concordare: si autem non poterit, Comes Palatinus promittat, vel in personam Sifridi Comitis de Anhalt, vel Rudolfi Comitis de Habesprug cum illis concordare, et de medio tollere, quidquid inter ipsos odii fuerit. Si de neutro non possint convenire, vota eorum in alium, quo maior numerus declinaverit, concordantur. Actum Moguntiae — (Reichss. 8, a)

2. 1273, 11 Herbstmonat.
Engelbertus Coloniensis Archiepus notam facit conventionem cum Moguntino et Treverensi Archiepis et cum Ludovico Bavariae Duce, Comite Palatino Rheni: quod, in quem tres ex eis consenserint, quartus sine contradictione sequatur. Datum Boppardiae — (Ibidem)

3. 1273, 1 Wimmonat.
Johannes D. g. Dux Saxoniae, Angariae et Westphaliae —. (Der verstorbene König Wilhelm habe dem Grafen Herman von Henneberg den Zoll zu Dorbach als Reichslehen gegeben): nos, huiusmodi concessionem ratam et gratam habentes, ipsam consensus nostri patrocinio et presentis scripti testimonio roboramus. Datum apud Frankenhusen — (Reichss. 13, b)
=(Sonderbar! doch nicht von dem Vater oder von König Rudolf. — Uebrigens gibt das Register, doch wohl als Schreibfehler, das Jahr 1263 an.) = (Das Jahr 1273 wird auch von Schultes Dipl. Gesch. d. Henneberg angegeben.) =

Tafel 49. Entwurf von Joseph Eutych Kopp zur «Geschichte der eidgenössischen Bünde», um 1840.

lehnte 1852 einen Ruf nach Wien ab. Doch dehnte er seine Forschungsreisen aus und sah 1858 das ersehnte Rom. Angriffe beugten seinen Mut nicht, das wachsende Ansehen seines Werks erquickte sein Alter. Als er 1851 ein zweites Bändchen Urkunden herausgab, fand es willige Aufnahme.

Kopp veröffentlichte nicht nur unbekannte Urkunden, das taten andere auch, sondern er deutete sie neu. Er besass Divination und hat Poetisches hinterlassen. Er entdeckte, dass Tell und die grausamen Vögte keinen Platz in der Geschichte haben. Das war eine Erleuchtung, die ihm blitzartig den Weg zeigte: Die Habsburger sind verleumdet und verdienen eine Ehrenrettung. Darum erweitert sich sein fünfbändiges Werk zur Reichsgeschichte. Die Zeit um 1300 erscheint ihm wie eine Tragödie, da die Habsburger Rudolf I. und Albrecht I. noch einmal das Reich festigen wollten und nicht nur scheiterten, sondern auch an ihrem Haus büssen mussten. Sie sind die Helden, für die sein Herz schlägt, während die Gegenspieler die Schuld zu übernehmen haben. Er scheidet von Rudolf mit dem Wort: «Mit dem Tode des Königs Rudolf stand die der Willkür Schranken setzende Reichsgewalt still; Unfriede erhob sich in allen Landen, und jedermann eilte für sich selber sorgen.» Seine Liebe gehört auch der herben Gestalt Albrechts, der in der Schweiz als finsterer Märchentyrann nachlebte. Fast dramatisch steigert er die Ereignisse vor Albrechts Tod, den Verrat, der ihn dicht und dichter umspann, zur Katastrophe. Ebenso wenig kann der Urkundenmann den Abstand des Gefühls von den Gegnern der Habsburger wahren. Er nennt Adolf von Nassau den unweisen Grafen und wirft Heinrich von Luxemburg böses Gelüsten vor.

Zu den Gegnern der Habsburger gehörten die Ahnen, die ersten Eidgenossen. Wohl verurteilt Kopp die Gründung des Bundes nicht; aber er will sein natürliches Empfinden der reinen Erkenntnis opfern. Freilich gelingt es nicht völlig, es bleibt eine Spannung zwischen Kopf und Herz, die er nicht überwindet. Gewaltsam fast entzieht er sich dem gewohnten Bann der schweizergeschichtlichen Entelechie und tritt auf die Seite der Reichsgewalt, um von dort aus zu beobachten. Und da findet er, dass die Gründung des Bundes, die von den andern als eine unausweichliche Notwendigkeit, die gar nicht anders eintreffen konnte, hingestellt wurde, nur ein glücklicher Zufall in gefährlicher Lage war, womit freilich die Weihe von ihr abfiel. Scharf rechnet er mit Tschudi und Johannes von Müller ab. Er deckt die Kunstgriffe Tschudis auf. Müller billigt er zwar mildernde Umstände zu, aber er giesst seinen Hohn über Müllers Wortschwelgerei aus.

Wie stellt sich Kopp die Lage der drei Waldstätte vor? Er gewinnt darüber nicht ganz Klarheit. So schwankt er in bezug auf die landschaftliche Zugehörigkeit der Waldstätte. Zunächst weist er sie dem Aargau zu, später spricht er mehr vom Zürichgau. Auch die Herrschaftsverhältnisse bezeichnet er mit wechselnden Ausdrücken. Er nimmt Schwyz als eine habsburgische Vogtei nach der Urkunde von 1217; später betont er mehr die Landgrafengewalt der Habsburger. Solche Unsicherheit verrät, wie schwer es ihm fällt, auf dem neuen Grund Fuss zu fassen. Das Massgebende aber ist, wie er den Grad der Abhängigkeit ermittelt. Galt seit Tschudi die Überzeugung, dass die drei Täler von alters her reichsfrei waren, so deckt er den Unterschied unter ihnen auf: Uri im 13. Jahrhundert unmittelbare Reichsvogtei, Schwyz und Unterwalden eindeutig reichsmittelbar. Er stützt sich auf die Urkunden, denen er die chronikalischen Berichte unterordnet. Er widerlegt Tschudi, der den ersten Zusammenschluss der drei Täler auf 1206 ansetzt. Aber er selbst kommt über das Alter des Bundes nicht ins Reine. Er merkt zwar die ersten Verbindungsversuche um 1240. Aber noch dem Bundesbrief von 1291 erkennt er die fundamentale Bedeutung nicht zu. Denn er verficht thesenhaft die Ansicht, unter Rudolf I. hätten im Reich Ordnung und Recht gegolten, so dass für die Täler keine Ursache gewesen sei, sich zu ihrem Schutze abzusondern; er missdeutet den Brief von 1291. Nach ihm hat erst die rechtswidrige Begünstigung durch Heinrich VII. und Ludwig von Bayern die Täler zum Bund und zur Empörung gegen Habsburg gereizt. Darum würdigt er den Bundesbrief von 1315 richtig; ja, da er nicht mit der gewohnten nationalen Ergriffenheit, sondern fast mit gemachter Kühle prüft, durchschaut er besser als die Früheren die Natur des Bundes von 1315: die erste Eidgenossenschaft war nur eine Verwahrung gegen aussen, kein Staat, und mit einem Meisterblick durch die Jahrhunderte erkennt er die Notwendigkeit der Konkordate von 1370, 1393 und 1481 für den innern Zusammenhang. Vollends bricht er mit der Überlieferung, wenn er die grausamen Vögte, Tell, den Rütlischwur und die Erhebung von 1308 ausschaltet, weil keine Urkunde sie bestätigt, aber auch weil sie seiner These von der Gerechtigkeit der Habsburger widersprechen.

Trotzdem Kopp manches übernommen hat, was die Nachwelt berichtigte, behält er seinen Rang als Forscher. Schwieriger ist es, den Geschichtsschreiber auszufinden. Hatten es bisher die Historiker als ihre Aufgabe betrachtet, die höheren Beziehungen, das wunderbare Schicksal der Eidgenossenschaft, die Linie von der Gründung bis zur Gegenwart zu wahren und zu verdeutlichen, Kopp legt den Nachdruck auf die Genauigkeit der Tatsachen. Das Was, Wann und Wo kommt voran, das Warum hat sich zu begnügen. Er scheidet das zeugende Wechselspiel von Idee und Wirklichkeit aus. Er lässt die Zeit nicht aus ihren wesentlichen Äusserungen in Sitte, Religion, Wirtschaft, Kriegskunst und Lebensdrang aufsteigen. Aus Besorgnis vor der Ungenauigkeit gibt er seine Leitgedanken nicht gesichtet, sondern kasuistisch wieder. Tatsache folgt auf Tatsache. Georg Waitz urteilte 1857 in den Göttingischen Gelehrten Anzeigen, man anerkenne allgemein, dass Kopp nicht eigentlich Geschichte biete; er könne die Urkundenergebnisse nicht zusammenfassen, so dass es nicht möglich sei, sie ganz zu überblicken. Um nicht gegen die Genauigkeit zu verstossen, verbannt Kopp in der Tat, was nach Einbildungskraft, Farbe und weiter Schau aussieht, und misst Wort für Wort an den Urkunden ab. Das wissenschaftliche Verdienst lässt sich in die Fussnoten hinab, die unheimlich anschwellen. Er bezahlt die erstrebte Vollständigkeit mit innerer Unform und Mangel an Proportion, indem Grosses und Kleines sich ohne unterscheidende Auszeichnung folgen. Man könnte meinen, die geschichtliche Dynamik sei für ihn im Staub der Archive versunken. Dazu kommt noch, dass er auch im Stil den Gegenschlag gegen Müller führt. Seiner Sprache fehlt der Glanz, die festliche Stimmung Müllers; nüchterne Mannhaftigkeit ist ihr Grundton.

Trotz allem wäre es aber ungerecht, Kopp Rückfall in die Annalistik vorzuwerfen. Dagegen spricht schon die spannende Wucht, mit der die Tatsachen auftreten und sich ereignen. Und dann ist er in Wahrheit von der höheren Ordnung des Geschehens ergriffen und verehrt im Reichsrecht eine geschichtliche Macht, ja den übermenschlichen göttlichen Willen. Das erlaubt ihm, die psychologische Kausalität, überhaupt die Motivenerklärung einzuschränken. Er weiss um den Zusammenhang zwischen dem Allgemeinen und dem Besonderen und will darin neu sein, dass er die eidgenössische von der Reichsgeschichte aus erklärt. Das ist freilich nur der Schatten einer Dynamik. Der Sinn der Umstände, der geheimnisvolle Auftrieb, die innere Notwendigkeit eines ganzen Menschengeschlechtes, das nach Befreiung verlangte, das alles bleibt bei ihm stumm. Kopp hat sich einmal gegen die Kritik mit dem Wort eingedeckt: «Nicht was in der Folge aus dem Bund entsprungen ist, kommt hier in Betracht, sondern was derselbe bei seinem Entstehen war und woraus er hervorging.» Er verwahrt sich damit gegen die stille, ja unbewusste Neigung, die Vergangenheit aus der Gegenwart zu erklären. Aber er lehnt auch die Pflicht des Historikers ab, die Gegenwart aus der Vergangenheit zu deuten; nennt er doch die Ewigkeit des Bundes von 1315 einen täuschenden Zauber. Er möchte vielmehr die Zeit um 1300 aus den Gegenwartsbeziehungen isolieren, um sie rein zu betrachten. Damit sieht er vom Entscheidenden ab: um 1300 erwachte der Geist, der unser Volk bilden sollte. Aber es bleibt ein weiter Bezirk, auf dem Kopp Bahnbrecher ist.

Die Wirkung Kopps war ebenso überraschend wie nachhaltig. Zwar in weitere Kreise drangen seine Ansichten lange nicht; aber die Wissenschaft konnte sich ihnen nicht entziehen. Die ersten Urteile lehnten ihn nicht ohne Leidenschaft ab. Gelzer und Monnard waren gegen ihn. Und zwar kränkte die Entfernung der Sage noch mehr als die wissenschaftlich wichtigere Beobachtung, dass die ersten Bünde nicht die vermeinte Stärke gehabt haben. Monnard war sicher, dass Kopp nicht den Glauben an Tell zerstören könne. Und doch nötigte Kopp die Historiker, auf seinen Spuren zu forschen, und leitete damit eine neue Epoche der Wissenschaft ein.

Urkunden zur Geschichte der eidgenössischen Bünde; 2 Bde., Wien 1835–51. – *Amtliche Sammlung der älteren eidgenössischen Abschiede. 1921–1420;* Luzern 1839. – *Geschichte der eidgenössischen Bünde.* Mit Urkunden; 5 Bde., Leipzig 1845–82.

ALOIS LÜTOLF: Joseph Eutych Kopp als Professor, Dichter, Staatsmann und Historiker; Luzern 1868. – Gallerie berühmter Schweizer der Neuzeit, hg. v. ALFRED HARTMANN; 2, Baden 1871, Nr. 90. – PHILIPP ANTON VON SEGESSER: Joseph Eutych Kopp; Slg. kl. Schriften, 2, Bern 1879, S. 369 ff. – GEROLD MEYER VON KNONAU: Joseph Eutych Kopp; ADB 16, Leipzig 1882, S. 685 f.

Frédéric de Gingins-La Sarraz 1790–1863

Gingins eröffnete in der Westschweiz den Kampf gegen die Überlieferung, freilich dass er den Vorstoss anderswo ansetzte als Kopp. Er entstammte dem ältesten freiherrlichen Adel der Waadt. Wie seine Vorfahren wollte er sich der militärischen Laufbahn widmen, als er mit sechzehn Jahren von völliger Taubheit getroffen wurde. Er vervollkommte sich in der Kunst, das Wort auf den Lippen zu lesen, um den Verkehr mit andern aufrecht zu erhalten, und bewahrte den Drang, seinem Leben einen ausgezeichneten Inhalt zu geben. Er diente zehn Jahre auf der Staatskanzlei in Bern, wo seine Familie verburgrechtet war, und wurde mit der Schriftsprache wie mit der Mundart der deutschen Schweiz vertraut, was seine Urkundenforschung erleichtern sollte. Durch Erbschaft unabhängig geworden, liess er sich an der Seite seiner geistvollen Gattin auf dem Stammsitz La Sarraz nieder und wandte sich mit vierzig Jahren der Geschichte zu. Mit ein paar kleinen Arbeiten, so 1843 mit dem *Essai sur l'Etat des personnes et la condition des terres dans le pays d'Uri au XIIIe siècle* griff er in den Gedankenkreis Kopps ein, dessen Kühnheit nicht ohne Einfluss auf ihn blieb. Zur Hauptsache galten seine Studien dem alten Burgund diesseits und jenseits des Jura, wobei er nicht nur Urkunden, sondern auch Baudenkmäler und Münzen zeugen liess. Er widmete den Herrscherfamilien von Hoch- und Niederburgund ein umfangreiches Werk. Aber Mittelpunkt seiner Forschung wurde Karl der Kühne von Burgund. Hatte die Überlieferung bisher Karl als Wüterich und Urheber des Krieges verabscheut, wurde es für Gingins Pflicht, das Andenken Karls zu reinigen und den Fluch von seinem Namen auf ein ungerechtes Schicksal zu werfen, dessen Diener die Schweizer wurden. Seine Vorfahren hatten für Karl gegen die Schweizer gestritten und dafür Verfolgung erduldet; die Waadt hatte grausam unter dem Krieg gelitten. War der Krieg bisher von schweizerischem oder französischem Standpunkt aus geschildert worden, der Waadt wollte er Genugtuung verschaffen. Aus waadtländischer Heimatliebe half er 1837 die Société d'histoire de la Suisse romande gründen.

Gingins veröffentlichte 1839 in der Revue des deux Bourgognes seine *Lettres sur la guerre des Suisses contre le duc Charles le Hardi*, die wie eine Fanfare erschollen. Der herkömmlichen, volkstümlichen Auffassung stellte er seine ritterliche entgegen. Nicht nur fand er die Triebfedern des Kriegs am französischen Hof und in Bern aus, sondern er nahm auch Fehl und Makel vom Namen Karls und erklärte seinen Fall aus der Tücke des Gegners. Die Untersuchung ist durch Scharfblick, edles Empfinden und ungenügende Kenntnisse gekennzeichnet. Damit griff er den Streit zwischen den bernischen Chronisten Schilling und Anshelm auf und entschied für Anshelm, der bisher hatte zurückstehen müssen. Gingins fand weniger Widerstand als Kopp, weil sein Problem nicht so tiefe Leidenschaften erregte. Zellweger und von Rodt näherten sich in der Schuldfrage seinem Standpunkt. Er entwickelte seine Ansicht weiter in den *Episodes des guerres de Bourgogne*, die 1849 erschienen. Seine Kenntnis hatte sich vertieft; denn nun stand ihm eine Quelle ersten Ranges zur Verfügung, die Berichte des mailändischen Gesandten Panigarola. Sie zeigen Karl aus menschlicher Nähe, weil ihn Panigarola auf den Feldzügen begleitete, und Karl gewinnt dabei. In einigem berichtigte sich Gingins, in der Hauptsache hielt er an seinem Standpunkt fest, indem er noch schärfer als Rodt von Commines Abstand nahm. Ein drittes Mal huldigte er dem Andenken Karls, indem er 1858 in zwei Bänden *Les dépêches des ambassadeurs milanais sur les campagnes de Charles le Hardi de 1474 à 1477* herausgab. Die begleitenden Fussnoten bekunden die genaue Vertrautheit des Herausgebers mit der Zeit und ihren Menschen. Die Mängel der Edition zeigte der junge Theodor Sickel in einer Besprechung in der Wiener Zeitung an: Wichtige Stücke fehlen, was zum Teil durch die Unordnung im Mailänder Archiv verschuldet wurde, und bei der schwierigen Sprache der Depeschen schlichen sich Fehler der Kopisten ein. Gleichwohl ist die Ausgabe für die Wissenschaft unentbehrlich. Die Geschichtsschreibung hat sich das Urteil, das Gingins über den Burgunderkrieg fällte, nicht ganz zu eigen gemacht, so nicht seine Vorliebe für Karl. Aber sie nimmt die Schuldfrage nicht mehr einseitig vom französischen oder schweizerischen Standpunkt aus.

Gingins wandte seine Vorliebe für antiquarische Arbeit auch der Heimat zu. Er veröffentlichte die Urkundensammlungen verschiedener waadtländischer Gotteshäuser, so in Band VI der *Mémoires et documents* das berühmte Kartular von Lausanne, die wichtigste Quelle für die Westschweiz im 13. Jahrhundert.

Gingins hatte eine zarte und unbeirrbare Art. Weder Lob noch Tadel berührten seine Überzeugung. Mit grosser Begabung schuf er sich seine wissenschaftliche Bildung selbst, aber es blieben Lücken, die er bisweilen mit Willkür ergänzte, wenn ihn auch seine Intuition gewöhnlich gut führte. Er wurde ein Mittelpunkt der Studien, die das geistige Leben der Heimat anregten. Ehrungen von nah und fern zeichneten ihn aus. Die Waadt war stolz auf ihn und ernannte ihn 1850 zum Honorarprofessor der Akademie in Lausanne. Er hat an seiner Stelle gezeigt, dass es an der Stunde war, die Überlieferung mit den Hilfsmitteln der Neuzeit nachzuprüfen.

Lettres sur la guerre des Suisses contre le duc Charles le Hardi; Rev. des deux Bourgognes 9/10, 1839. – *Essai sur l'état des personnes et la condition des terres dans le pays d'Uri au XIII*e *siècle;* Arch. Schw. Gesch. 1, 1843, S. 17 ff. – *Les dépêches des ambassadeurs milanais sur les campagnes de Charles le Hardi de 1474 à 1477;* Paris 1858. – *Documents inédits sur la Chartreuse de Notre Dame d'Oujon,* hg. v. Dom. *Albert-Marie Courtray;* Mém. doc. Soc. hist. Suisse romande 6, Lausanne 1907, S. 107 ff. – *Episodes des guerres de Bourgogne;* Mém. doc. Soc. hist. Suisse romande 8, Lausanne 1912.

JEAN JOSEPH HISELY: Frédéric de Gingins-la Sarraz; Lausanne 1863. – PETER SULZER: Die Burgunderkriege in der schweizerischen Geschichtsschreibung; Schw. Stud. Geschichtswiss. ; NF 2, Zürich 1945, S. 131 ff.

Andreas Heusler 1802–1868

Er entstammte einer alten Basler Familie und teilte sein Leben zwischen Politik und Wissenschaft. Er wurde 1830 Rechtsprofessor an der Universität Basel und gab das Amt nicht ganz auf, als er 1831 in die Regierung trat. Am Kampf zwischen Stadt und Land beteiligte er sich mit scharfer Feder. Sein Verdienst ist es, dass die Universität nicht zusammenbrach, als sie 1833 bei der Landesteilung ihres Vermögens beraubt wurde; er rettete sie mit privater Unterstützung. Er kehrte 1852 aus der Regierung zur Professur für schweizerisches Staatsrecht zurück.

Heuslers Aufmerksamkeit für Schweizergeschichte wurde auch durch die schweren politischen Irrungen nicht abgelenkt. Kopps Urkundenbändchen von 1835 rief ihn auf den Plan. In der Abhandlung: *Die Anfänge der Freiheit von Uri bis auf Rudolf von Habsburg,* urkundlich nachgewiesen, holt er zum schärfsten Schlag aus, der gegen Kopp geführt wurde. Er kann Kopp einige Irrtümer nachweisen, verfällt aber in schwerere. Doch nicht an den Einzelheiten liegt es, sondern an der Stimmung. Unverhohlen gibt Heusler die Entrüstung wieder, die Kopps Vorstoss auch in urteilsfähigen Kreisen erregte. Wie andere wirft er Kopp Eitelkeit und ungebundenes Streben nach Originalität vor. Er geht noch weiter und spielt auf die Staatsgefährlichkeit Kopps an: Kopp bestreite die Unschuld der ältesten Bünde. «Insofern dürfte vielleicht auch Kopps Unternehmen sogar von politischer Seite her nicht als ganz gleichgültig angesehen werden.» Er verkennt Kopps epochemachende Bedeutung und betrachtet ihn als einen ärgerlichen Zwischenfall. Er kommt nicht weiter mit einer zweiten Arbeit, *Die Rechtsfrage zwischen Schwyz und Habsburg,* die 1839 im genannten Museum erschien. Er verteidigt die Sage und Tschudi, indem er darauf beharrt, dass Friedrich II. mit dem Freibrief von 1240 den Habsburgern die Landgrafschaft in allen drei Waldstätten entzogen habe. Diesen Irrtum sollte erst Hermann Wartmann 1862 mit seiner Dissertation «Die königlichen Freibriefe für Uri, Schwyz und Unterwalden von 1291-1316» endgültig berichtigen.

Die weiteren Forschungen Heuslers betrafen das vernachlässigte 17. Jahrhundert, und hier zeigte er sich nicht minder unabhängig als Kopp. So erhellte er 1843 mit der Abhandlung: *Bürgermeister Wettsteins eidgenössisches Wirken 1651-1666* die Bemühungen des Basler Staatsmannes, eine Mittelpartei unter den erhitzten Konfessionen zu schaffen. Die Arbeit: *Der Bauernkrieg von 1653 in der Landschaft Basel,* 1854, prüft die Bauernerhebung als schweizerische Erscheinung und sucht die Schuld bei den Regierungen, den Untertanen und den Zeitströmungen. Er beobachtet, wie von Frankreich her der Begriff der Souveränität, wenn auch nicht in seiner Fülle, so doch soweit übernommen wurde, dass die Untertanen eine straffere Gewalt zu spüren bekamen. Dagegen wendet er sich scharf gegen die Missdeutung, das Stanserverkommnis sei eine Herrschaftsversicherung unter den Regierenden gewesen. Nicht minder bestimmt erteilt er der Staatskonstruktion der Aufklärer eine Absage; er lehnt den Naturzustand der Philosophen als Urhirngespinst ab. Einsichtiger als manche Geschichtsschreiber der Regenerationsrichtung mittelt und gleicht er zwischen Vergangenheit und Gegenwart aus. Auch die Abhandlung *Zur Entstehung des eidgenössischen Defensionals,* 1855, bekundet seine Umsicht, die schweizerische mit der allgemeinen Geschichte zu verbinden: Die schweizerische Neutralität, zu Beginn des 17. Jahrhunderts noch nicht geklärt, geht im Dreissigjährigen Krieg als höhere Notwendigkeit in die nationale Überzeugung ein und führt 1647 zur ersten dürftigen Wehrordnung im Defensionale von Wyl.

Das umfangreichste Werk Heuslers, *Die Trennung des Kantons Basel,* zwei Bände 1839–42, behandelt brennende Zeitgeschichte und trägt die Spuren davon, bei aller Anstrengung, den Rang der Geschichtsschreibung zu wahren.

Die Anfänge der Freiheit von Uri bis auf Rudolf von Habsburg; Schw. Museum hist. Wiss. 1, 1837, S. 181 ff. – *Die Rechtsfrage zwischen Schwyz und Habsburg;* Schw. Museum hist. Wiss. 3, 1839, S. 231 ff. – *Die Trennung des Kantons Basel;* 2 Bde., Zürich 1839–42. – *Bürgermeister Wettsteins eidgenössisches Wirken in den Jahren 1651–1666;* Basel 1843. – *Der Bauernkrieg von 1653 in der Landschaft Basel;* Basel 1854. – *Zur Entstehung des eidgenössischen Defensionals;* Basel 1855.

WILHELM VISCHER: Andreas Heusler; ADB 12, Leipzig 1880, S. 337 ff. – EDUARD HIS: Ratsherr Andreas Heusler und seine Politik in der «Basler Zeitung»; Basl. Zeitschr. Gesch. Altertkde. 28, 1929, S. 249 ff. – EDUARD HIS: Basler Gelehrte des 19. Jahrhunderts; Basel 1941, S. 104 ff. – EDUARD VISCHER: Rauchenstein und Andreas Heusler; ein politischer Briefwechsel; Aarau 1951. – MAX BURCKHARDT: Aus den Studienjahren des Ratsherrn Andreas Heusler; Basl. Jahrb. 1955, S. 40 ff. – EDGAR BONJOUR: Die Universität Basel von den Anfängen bis zur Gegenwart; 2. Aufl. Basel 1971, S. 380 f. 396 f. 408 f. 436 f. – THEODOR BÜHLER: Andreas Heusler; NDB IX, Berlin 1972, S. 49.

Jean Joseph Hisely 1800–1866

Auch Hisely offenbart die Wirkung, die Kopp auf die Forschung in der Schweiz, in Deutschland und Frankreich ausübte. Er wurde zu Neuenstadt am Bielersee in bescheidenen Verhältnissen geboren. Um den geistigen Drang zu befriedigen, übernahm er eine Erzieherstelle in Holland und erwarb 1824 an der Universität Groningen die Doktorwürde mit einer Dissertation, in der er die Geschichtlichkeit Tells verteidigte. In die Heimat zurückgekehrt, fand er eine bleibende Stätte in Lausanne. Er wurde 1838 Lehrer der alten Sprachen und 1842 Professor für klassische Philologie an der Akademie. Vorübergehend trug er auch Geschichte vor. Diesem Fache gehörte der Fleiss seiner Musse. Kopp gab den Anstoss, und Hisely hielt es für seine Pflicht, den Irrtum seiner Dissertation zu berichtigen.

In drei Abhandlungen, die 1839–1843 erschienen, ringt er um Klarheit über die Bundesgründung. Wie Kopp ist er von der Philologie her mit antiquarischer Arbeit vertraut; wie Kopp legt er die Urkunden zugrunde und stellt die Chroniken zurück; wie Kopp ist er um der Erkenntnis willen der Selbstentäusserung fähig. Darum kommt er Kopp näher als andere, und doch bewahrt er den Abstand von ihm. Kopp bricht mit der Überlieferung, Hisely will sie mit der Forschung versöhnen. Er findet die Stellung Kopps aus, wenn er bemerkt, für Johannes von Müller sei die Befreiung eine Wiederherstellung des früheren Zustandes, für Kopp eine Usurpation, für ihn selbst eine Erhebung, die durch den Druck der Habsburger

Tafel 50. Andreas Heusler, 1802–1868.

gerechtfertigt ist. Die Tatsachen allein genügen nicht; es gibt einen Geist der Zeit, den Kopp verkannt hat. Dieser Geist wühlte auch anderswo die Untertanen auf und reizte die Grossen, die Reichsrechte zu verletzen und Territorialstaaten zu gründen. Diesen geheimnisvollen Auftrieb, diese innere Notwendigkeit eines Menschenalters billigt Hisely den Waldstätten zu. Er erkennt, dass sie nicht eine uralte Freiheit vom Reich hatten, und stellt über Kopp hinaus die zentrale Bedeutung des Briefes von 1291 fest. Er hält sich frei vom zeitgemässen Doktrinarismus und lehnt das seit der Aufklärung übliche Verdammungsurteil über den Feudalismus ab, dem er seine notwendige Stelle in der Entwicklung zuweist. Schärfer noch wendet er sich gegen Tschudi, den er als den grossen Verdunkler verurteilt. Wenn aber Hisely glaubt, er stimme mit Kopp in den Tatsachen, nicht in der Bewertung überein, so täuscht er sich. Auch er meint, die drei Waldstätte seien 1240 ans Reich genommen worden, und während Kopp das Willkürregiment der habsburgischen Vögte und die Empörung des Volkes als ungeschichtlich ablehnt, betrachtet sie Hisely als Tatsachen und setzt den Rütlischwur auf 1306 an.

In den *Recherches critiques sur l'histoire de Guillaume Tell,* der dritten jener Abhandlungen, entfaltet Hisely eine ausgezeichnete Kenntnis der Streitliteratur bis in die entlegenen Ausläufer, die heute noch gute Dienste leistet. Er nimmt einen tyrannischen Vogt an, der in Altdorf den Herzogshut aufstellte, und einen jungen Urner Wilhelm, der den Gruss weigerte, auf das Schiff geführt wurde und den Vogt von der Platte erschoss; der Apfelschuss ist ausgeschieden. Wenn bei so eingehender Kenntnis und guter philologischer und realer Kritik der Ertrag auf dieser Stufe blieb, so wird deutlich, wie schwer sich auch ein wissenschaftlicher Kopf von der Überlieferung löste. Und doch half Hisely Kopp den Weg bahnen.

Später wandte sich Hisely der westschweizerischen Geschichte zu. Er gab Kartulare von Klöstern heraus. Sein Hauptwerk ist die dreibändige *Histoire du comté de Gruyère,* 1851–1857. Er errang sich eine achtbare und nützliche Stellung, diente der Société d'histoire de la Suisse romande als Sekretär und genoss die Freundschaft erlesener Geister wie Monnard und Gingins.

Dissertatio historica inauguralis de Gulielmo Tellio; Groningen 1824. – *Essai sur l'origine et le développement des libertés des Waldstetten Uri, Schwyz, Unterwalden;* Mém. doc. Soc. hist. Suisse romande 2, Lausanne 1839. – *Recherches critiques sur l'histoire de Guillaume Tell;* Lausanne 1843. – *Histoire du comté de Gruyère;* Mém. doc. Soc. hist. Suisse romande 9–11, Lausanne 1851–57.

JEAN GREMAUD: Jean Joseph Hisely; Mém. doc. Soc. hist. Suisse romande 22, 1867.

Johann Kaspar Bluntschli 1808–1881

Er wuchs in seiner Vaterstadt Zürich auf und wurde in Bonn und Berlin von Savigny in die historische Rechtsschule eingeführt. Seine Heimkehr fiel mit dem Ausbruch der Regeneration zusammen. Mit Wort und Schrift stritt er als gemässigter Konservativer gegen die herrschende radikale

Reformpartei und übernahm 1833 an der neuen Universität die Professur für römisches und deutsches Recht. Unter den Kämpfen fand er die Sammlung zu grösseren Werken. Seine zweibändige *Staats- und Rechtsgeschichte der Stadt und der Landschaft Zürich* von 1837 und 1839 nahm als Vorbild Karl Friedrich Eichhorns deutsche Staats- und Rechtsgeschichte und führte die historisch-genetische Methode anstelle der dogmatischen und deskriptiven in den schweizerischen Stoff ein. Er liess 1846/56 eine dreibändige *Geschichte der Republik Zürich* folgen, ohne eigene Forschung, wie überhaupt seine Fruchtbarkeit der Gründlichkeit Abbruch tat. Nach dem Sturz der radikalen Richtung trat er 1839 in die Regierung von Zürich und schien zu bedeutendem Wirken berufen. Da geriet er unter den Einfluss der mystisch-pantheistischen Richtung Friedrich Rohmers, von der er nicht mehr loskam, trotzdem sie ihn der öffentlichen Meinung entfremdete. Er kehrte 1845 aus der Regierung zum Lehramt zurück, nahm aber an der Neugestaltung der Schweiz innigen Anteil und schrieb für sie die Geschichte des schweizerischen Bundesrechts, aus der Überzeugung, dass der Bundeszentralisation geschichtliche Schranken gesetzt seien. Da der Sonderbundskrieg seine mässigende Sendung knickte, ging er 1848 nach Deutschland und wurde eine Zierde der Universitäten München und Heidelberg. Auch hier entfaltete er eine Fülle der Leistungen und trat als Liberaler für die Gründung des deutschen Bundesstaates ein.

Bluntschlis *Geschichte des schweizerischen Bundesrechts* erschien 1849; er gab ihr 1852 einen Urkundenband bei. Mit der genetischen Methode gibt er einen Überblick über das Bundesrecht, die Bundesbriefe und Verkommnisse, die Stellung der Zugewandten und der gemeinen Herrschaften, die Beziehungen zu den Nachbarstaaten, den Einfluss der Reformation und zieht die Summe der alten Eidgenossenschaft. Dann verfolgt er die staatsrechtlichen Erscheinungen von 1798–1848. Er erzählt Schweizergeschichte unter stärkerer Betonung der Verträge. Die Sprache ist klar und einfach, der Wert der einzelnen Teile ungleich. Das Mittelalter ist am wenigsten sorgfältig behandelt. Er verlegt sich den Weg zur Erkenntnis durch die Abneigung gegen Kopp. Er hält an den österreichischen Vögten und ihrer Vertreibung nach Albrechts Tod fest, ebenso am Rütlischwur, den er als eine Wiederholung des Bundes von 1291 betrachtet. Er zergliedert den Brief von 1291 und findet, dass dieser stellenweise das geltende Recht überschritt. Wenn er Herzog Albrecht, der dreimal Zürich belagerte, beharrlich Herzog Friedrich nennt, so verrät das den Mangel an Aufmerksamkeit. Mit der Neuzeit springen seine Quellen und Gedanken auf, so dass er Eigenes über die Reformation und die Lösung vom Reich bietet. Er ist ein überzeugter Reformierter, aber er trachtet nach konfessioneller Unbefangenheit, wie er denn Zwinglis politische Rücksichtslosigkeit verurteilt.

In dem überschauenden Kapitel über die Bundesverfassung der alten Eidgenossenschaft ist sein Blick für die Natur des Staates nicht so geschärft wie der Gelzers. Da er sich den Korporativgedanken nicht vergegenwärtigt, lässt er im 18. Jahrhundert den Durchbruch zum Absolutismus unbeschränkt erfolgen. Er verwirft die helvetische Einheitsverfassung, aber er zeigt den Bruch mit der Vergangenheit nicht staatsrechtlich auf. Dagegen preist er die Mediationsakte von 1803; ihr Schöpfer Bonaparte habe ihr ein nationaleres Gepräge gegeben, als es die Schweizer vermocht hätten. Die eben geschaffene Bundesverfassung von 1848 flösst ihm Besorgnisse ein. Er vergleicht den Bundesstaat mit einem Aktienunternehmen, das einen grossen Palast erstelle, von dem es nur ein paar Räume für seine kleinen Geschäfte benütze. Er klärt das Verhältnis zwischen Bund und Kantonen nach der damals geltenden, von Waitz und Tocqueville vertretenen Theorie von der Teilbarkeit der Souveränität. Er findet, die Grundzüge der Verfassung seien föderalistisch, die Behörden unitarisch gedacht, und ihn verfolgt die Ahnung, die Behördeneinheit könnte den föderalistischen Charakter aushöhlen. Er hält es für möglich, dass aus der damals tobenden europäischen Revolution ringsum Republiken aufgehen könnten, womit die Schweiz ihre eigentliche Berechtigung verlieren würde – der alte Gedanke, dass die Schweiz am besten durch ihren Unterschied zur Umgebung geschützt werde. Es ist ein Mangel, dass Bluntschli nur selten zur Diskussion des Dogmatischen gelangt. Er bewegt nicht das für die Vergangenheit so wichtige Problem der Korporation, nicht die Frage, ob die alte Eidgenossenschaft ein Staat gewesen sei, die doch die Denker seit dem 16. Jahrhundert beschäftigte. Er streift sie nur, wenn er etwa meint, schon vor 1648 habe sich die Schweiz vielfach als Staat benommen. Wenn er auch am Schluss die Begriffe des Bundesstaates und des Staatenbundes und ihrer Mischformen kurz erörtert, so wird doch das Verlangen nach genauer begrifflicher Ausscheidung im ganzen nicht befriedigt. Dagegen umfasst er liebend die Eigenart und den Sinn der Eidgenossenschaft.

Bluntschli hatte 1849 bei seinem Abgang der Schweiz das Buch als letzten Willen hinterlassen. Als dieser nicht beachtet wurde, verlor er das Interesse am Buch. Wohl gab er es 1875 noch einmal heraus; aber er nahm sich nicht die Mühe, das Gedankengut zu erneuern, auch nur die groben Fehler der ersten Auflage zu tilgen.

Staats- und Rechtsgeschichte der Stadt und der Landschaft Zürich; 2 Bde., Zürich 1838/39. 2. Aufl. 1856. – *Geschichte des schweizerischen Bundesrechts von den ersten ewigen Bünden bis zur Gegenwart;* Zürich 1849. 2. Aufl. 1875. *Urkundenbuch* dazu; Zürich 1852. – *Geschichte der Republik Zürich;* 3 Bde., Zürich 1846–56. – *Denkwürdigkeiten aus meinem Leben;* Nördlingen 1884.

GEROLD MEYER VON KNONAU: Johann Kaspar Bluntschli; ADB 47, Leipzig 1903, S. 29 ff. – FRIEDRICH MEILI: Johann Caspar Bluntschli und seine Bedeutung für die moderne Rechtswissenschaft; Zürich 1908. – Briefwechsel von Johann Caspar Bluntschli und Christian Josias von Bunsen, hg. v. ALEXANDER PFISTER; Polit. Jahrb. Schw. Eidg. 27, 1913, S. 315 ff. – HANS HEROLD: Johann Kaspar Bluntschli; Grosse Schweizer, Zürich 1938, S. 581 ff. – HANS FRITZSCHE: Johann Kaspar Bluntschli; Schweizer Juristen der letzten 100 Jahre, hg. v. Hans Schulthess, Zürich 1944, S. 135 ff. – EDUARD VISCHER: Die deutsche Reichsgründung von 1871 im Urteil schweizerischer Zeitgenossen; Schw. Zeitschr. Gesch. 1951, S. 452 ff. – HEINRICH MITTEIS: Johann Kaspar Bluntschli; NDB II, Berlin 1955, S. 337 f.

Johann Jakob Blumer 1819–1875

Seine Familie gehörte zu den führenden in der glarnerischen Landsgemeindedemokratie, und er bereitete sich durch das Studium der Rechte auf den Staatsdienst vor. Das Ansehen der Familie, mehr noch persönliche Eignung führten ihn über die kantonalen Ämter und den Ständerat zum Vorsitz des ersten ständigen Bundesgerichts. Seinem Kanton diente er vornehmlich als Gesetzgeber. Von Herkunft Demokrat, suchte er nicht die Gunst der Öffentlichkeit, sondern überzeugte durch unbestochenes Urteil, Verantwortungswillen und eine Arbeitskraft, die den Geschäften die Musse für die Forschung abgewann. Überall gab er den Begriff hoher republikanischer Tugend und übertrug seine Unabhängigkeit auf die Geschichtsschreibung. Nachdem er sich zuerst in der Kantonsgeschichte versucht hatte, liess er 1850–1859 sein dreibändiges Hauptwerk erscheinen: *Staats- und Rechtsgeschichte der schweizerischen Demokratien oder der Kantone Uri, Schwyz, Unterwalden, Glarus, Zug und Appenzell.* Als Vorbild diente ihm die zürcherische Rechtsgeschichte von Bluntschli, den er in der Vorrede als seinen Lehrer ehrt. Den Anstoss gab ihm das Sturmjahr 1848. Freudig bewegt sah er ringsum neue Freistaaten entstehen, denen er die ältesten in der Ausbildung ihrer Formen vorstellen wollte, wie es im Vorwort vom Juli 1848 heisst. Aber er arbeitete nicht publizistisch, sondern liess dem Gegenstand ein eigenes Licht und Recht.

Blumer verfolgt die Ausbildung der sechs Landsgemeindekantone von den Anfängen bis 1798 in ihren Landesordnungen, ihrem Zusammenhang mit dem Bund, in Bodenverteilung, Kirchenwesen, Straf- und Zivilrecht. Er ist der gewissenhafte Forscher und Systematiker, der dem Werk den durchsichtigen Aufbau und die sinnhafte Einheit gibt. Den Grossteil der Urkunden entnimmt er den Archiven; der kleinere Teil lag im Druck offen. Er hat ein gründliches Auge für dunkle Bestände. Er wagt es, dogmatisch zu sein, und umschreibt die Rechtsbegriffe genau. Sein Urteil macht vor den Schwächen der Demokratie nicht Halt. Er ist weniger Schriftsteller als Bluntschli, aber seine sorgsam sachliche Darstellung ist von innerer Bewegung getragen. Sein Gedankengut ist erlesen, der Gedankenfluss regelmässig, der Gedankenschwung verhalten. Er will nicht durch Neufunde den Zeitgeist bestätigen oder durch Entdeckungen die gelehrte Welt überraschen, sondern das Zuverlässigste jeder Art geben. Darum ist sein Werk heute noch eine Fundstelle, die bei der guten Anlage leicht benützt werden kann.

Gleich die ersten kritischen Gänge bezeugen den Scharfsinn. Er lehnt die Goten und Schweden als Vorfahren ab und gibt wieder den Alemannen die Ehre. Ungleich Bluntschli kommt er Kopp entgegen und lässt von der Freiheitssage nur noch die Vögte unter König Albrecht I. gelten. Sein Landsmann Tschudi ist ihm ganz entfallen. Er betrachtet die Freiheitskriege als Kampf gegen Österreich für das Reich und für die erworbene Reichsfreiheit. Es geht ihm auf, dass die alte Eidgenossenschaft mehr durch Gemeinsinn und Bewusstsein als durch ein äusseres Band zusammengehalten wurde. Er behandelt das Mittelalter selbständiger als die Neuzeit, in der er von fremdem Urteil abhängig ist. Er wahrt eine gute Haltung zwischen den Glaubensparteien und erstrebt eine Gerechtigkeit gegen die Katholiken, die dem Reformierten in den Jahren des Sonderbunds nicht leicht fiel. Er übernimmt die vorhandenen Ansichten über die Friedensschlüsse der Glaubenskriege und über das französische Bündnis, weil er hier nicht mit eigener Forschung eindringt. Aber trotz solchem Verkennen, das dem wissenschaftlichen Stand der Zeit entspricht und das er mit versöhnlichem Takt mildert, ragt sein Werk über seine Zeit hinaus, weil er nicht einen vergangenen oder gegenwärtigen Gegner niederringen will, sondern nach dem Geist trachtet, den man in unsern Tagen den Historismus nennt.

Es war kein Zufall, dass Blumer das Mittelalter besser durchdrang als die Neuzeit. Die kritische Epoche wandte sich dem Mittelalter zu, weil sie auf diesem Gebiet die Vorzüge der neuen Methode am besten entfalten konnte. Die Geschichtsschreiber der ersten Epoche hatten die späteren Jahrhunderte bevorzugt, weil sie aus ihnen die politischen Lehren für die Gegenwart zu ziehen meinten und nach ihrer moralisierenden Art hier am besten ihre Gesinnung betätigen konnten. Und diese Art hielt auch in der kritischen Epoche an. Darum war der Widerstand gegen Kopp zähe. Sowohl die konservativen Freunde der Überlieferung wie die radikalen Freunde der schweizerischen Erneuerung verteidigten das alte Bild von der Bundesgründung. Doch die Saat Kopps reifte, die Zeit der Ernte kam.

Staats- und Rechtsgeschichte der schweizerischen Demokratien oder der Kantone Uri, Schwyz, Unterwalden, Glarus, Zug und Appenzell; 3 Bde., St. Gallen 1850–59.

JOACHIM HEER: Johann Jakob Blumer; Jahrb. Hist. Ver. Glarus 14, 1877, S. 1 ff. – GEROLD MEYER VON KNONAU: Johann Jakob Blumer; ADB 47, Leipzig 1903, S. 26f. – HANS FRITZSCHE: Johann Jakob Blumer: Schweizer Juristen der letzten 100 Jahre, hg. v. Hans Schulthess, Zürich 1944, S. 225 ff. – MARC SIEBER: Das Nachleben der Alemannen in der schweizerischen Geschichtsschreibung; Basl. Beitr. Geschichtswiss. 46, Basel 1953, S. 114f. – HANS FRITZSCHE: Johann Jakob Blumer; NDB II, Berlin 1955, S. 334.

Jacob Burckhardt 1818–1897

Die berühmten Bücher des bedeutendsten schweizerischen Historikers des 19. Jahrhunderts galten Themen der europäischen, nicht der schweizerischen Geschichte. Aber in seiner ersten Dozententätigkeit an der Basler Universität beschäftigte sich Burckhardt intensiv mit der älteren eidgenössischen Geschichte und las wiederholt über die Geschichte der Schweiz im Mittelalter bis zur beginnenden Ablösung vom Reich, wobei er sich – im Gegensatz zur vorwaltenden wissenschaftlichen Diskussion – besonders der keltisch-römischen Zeit und der alemannisch-burgundischen Epoche widmete. Er knüpfte mit seiner Darstellung der Landesgeschichte bewusst an Müller an: «Von den Geschichten der Schweiz beruht nur Johannes von Müller auf grossartiger, selbständiger Forschung. Aus ihm haben alle anderen geschöpft.» Mehr Gewicht als Müller legt er auf die Alemannen, während er in der Kritik der Befreiungstradition gegenüber dem Alleszerstörer Eutych Kopp der älteren Müllerschen Auffassung zuneigt: «Tell hat existiert und mit diesem Namen. Er hat durch irgendeine mutige Handlung teilgenommen an der Befreiung und die allgemeine Bewunderung auf sich gezogen.» Die Vorlesung über die frühere Schweizergeschichte mündete in eine grossartige Improvisation der Kulturgeschichte am Ende des Mittelalters, worin schon einige Grundideen zum späteren Werk «Kultur der Renaissance» auftauchen. Der frühe Plan, eine Geschichte der Gegenreformation in der Schweiz zu schreiben, gelangte nicht zur Reife. Vielleicht dachte Burckhardt eine Zeitlang auch an eine Fortsetzung der Geschichten schweizerischer Eidgenossenschaft Johannes von Müllers.

Zwanzig Jahre lang hat sich Burckhardt mit schweizergeschichtlichen Fragen abgegeben. Wenn seine Erforschung der älteren eidgenössischen Historie in seinem literarischen Werk auch nur einen geringen monographischen Niederschlag gefunden hat – Quelleneditionen zum 15. und 17. Jahrhundert in Zeitschriften und Sammelbänden –, so ist sie doch im akademischen Hörsaal sehr wirkungsvoll zum Ausdruck gekommen und bezeugt seine lebhafte Teilnahme an der Landesgeschichte. Wilhelm Vischer war sein Schüler; er wurde zu den schweizerhistorischen Forschungen durch seinen Basler Lehrer angeregt und hat an der Basler Universität Burckhardts schweizergeschichtliche Vorlesungtätigkeit fortgesetzt.

Die Schlacht bei St. Jakob in den Berichten der Zeitgenossen, hg. v. *Wilhelm Wackernagel;* Basel 1844. Beiträge Jacob Burckhardts S. 24 ff. 96 ff. 99 f. 101 f. 103 ff. 106 ff. 110 f. – *Bericht eines Augenzeugen über den Veltlinermord;* Arch. Schw. Gesch. 1849, S. 241 ff. – *Relation des Andrea Cardoino über Genf, vom Jahr 1721;* Arch. Schw. Gesch. 1849, S. 267 ff. – *Päpstliche Instruktionen betreffend Veltlin und Genf, vom Jahr 1721;* Arch. Schw. Gesch. 1849, S. 281 ff. – WERNER KAEGI: Jacob Burckhardt; Grosse Schweizer 1938, S. 591 ff. – Briefe, hg. v. MAX BURCKHARDT; bisher 8 Bde., die Jahre 1818–1885 umfassend, Basel 1949 ff. – WERNER KAEGI: Jacob Burckhardt, eine Biographie 2, Basel 1950, S. 315 ff. 353 ff. – WERNER KAEGI: Jacob Burckhardt; NDB III, Berlin 1957, S. 36 ff.

Wilhelm Vischer 1833–1886

Vischer ging aus einer alten, gelehrten Familie Basels hervor. Sein gleichnamiger Vater (1808–1874), klassischer Philologe an der Universität, hatte historisch gearbeitet und über Gräberfunde und die älteste Geschichte der Universität geschrieben, und sein gleichnamiger Sohn (1861–1928), der Jurist, in den letzten Lebensjahren Präsident der Allgemeinen Geschichtforschenden Gesellschaft, veröffentlichte geschichtliche Studien in den Basler Neujahrsblättern. Wilhelm Vischer, der Mittlere, war Professor der Geschichte an der Universität. Er regte die Sammlung der Basler Chroniken an und gab die ersten Bände musterhaft heraus. Als Fachmann, der nur die Rücksicht auf die Wissenschaft kennt, nahm er die Probleme Kopps auf und zog 1867 die Summe in der Schrift *Die*

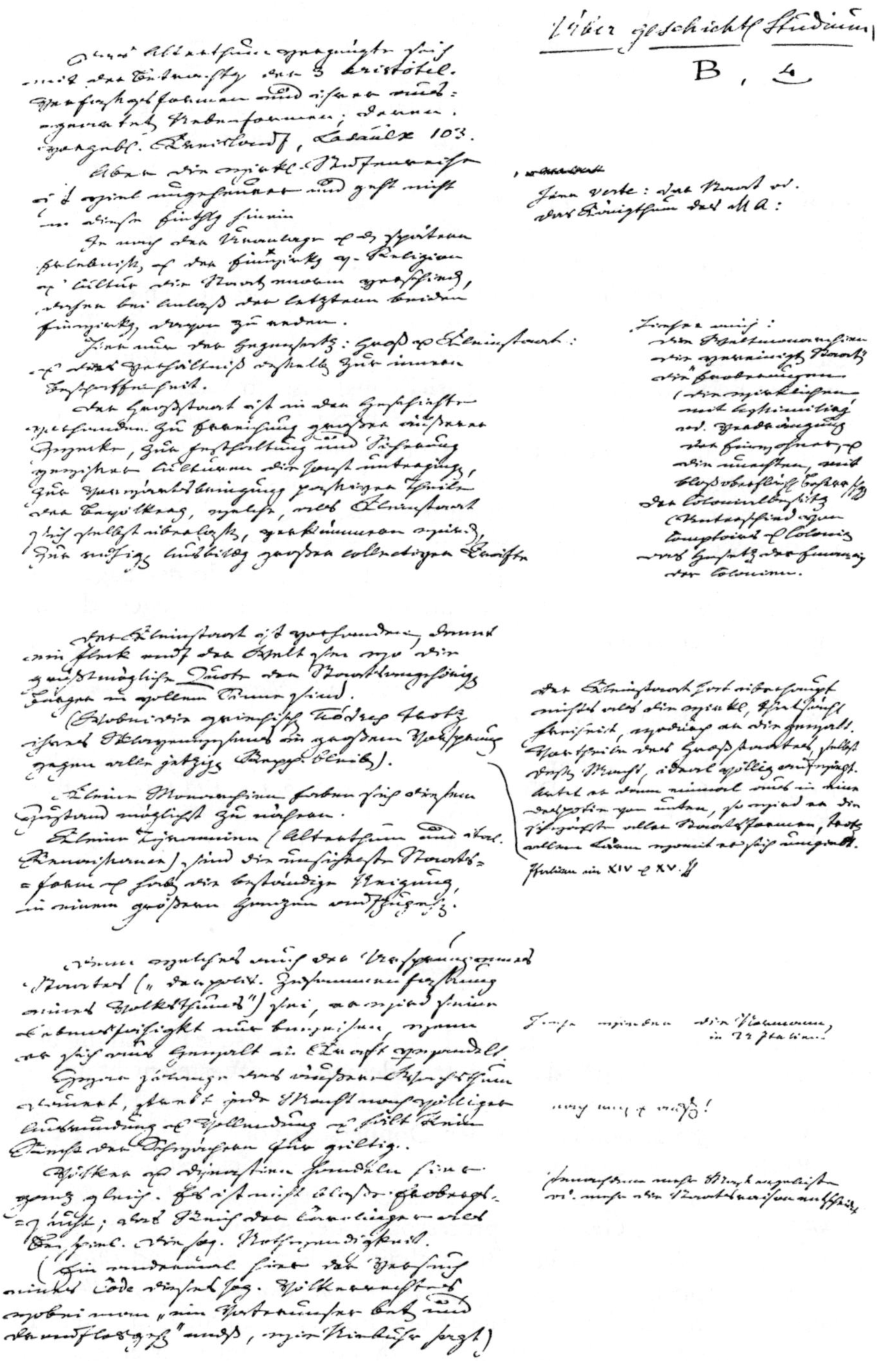

Über geschichtl. Studium

B, 4

Tafel 51. Manuskript von Jacob Burckhardt zur Vorlesung «Über geschichtliches Studium» 1872/73.

Sage von der Befreiung der Waldstätte, die er seinem Lehrer Georg Waitz widmete und die dieses Namens würdig ist. Es herrscht Helle darin. Er gibt Rechenschaft von den Forschungsergebnissen, umschreibt klar das gesicherte Wissensgut und verteilt unbefangen Recht und Unrecht. Dann bringt er, was noch fehlte, eine vergleichende Übersicht über die Berichte zur Entstehung der Eidgenossenschaft von Johannes von Victring bis Johannes von Müller. Der geschichtliche Tatbestand wurde einst von den Zeitgenossen dürftig aufgezeichnet, da man die Wichtigkeit der entlegenen Ereignisse in den Waldstätten nicht ahnte; nur die Schlacht von Morgarten, der Sieg der Bergleute über das Ritterheer, prägte sich ein. Dafür schlang sich die Sage um die Tatsachen. Vischer betrachtet die Tellengeschichte als eine Mischung älterer sagengeschichtlicher und mythologischer Bestandteile. Er zuerst spricht aus, dass im Weissen Buch von Sarnen zwei Sagen, die dem Anteil von Schwyz und Uri entsprechen, verschmolzen sind; er beleuchtet die Arbeitsweise Tschudis und bricht mit der Verehrung, die dem schweizerischen Herodot immer noch entgegengebracht wurde. Vischer gibt die Erkenntnis, die durch Wilhelm Oechslis Urkundenwerk von 1891 in der Hauptsache bestätigt werden sollte. Das nationale Empfinden leidet darunter nicht: anders als in der Sage, aber nicht geringer tritt in der Geschichte der Heldenmut entgegen, der die Eidgenossenschaft schuf.

Die Sage von der Befreiung der Waldstätte nach ihrer allmählichen Ausbildung untersucht; Leipzig 1867. – Basl. Chron. 1–3, Leipzig 1872–87.

ANDREAS HEUSLER: Wilhelm Vischer; Basl. Jahrb. 1891, S. 1ff. – AUGUST BERNOULLI: Wilhelm Vischer; ADB 40, Leipzig 1896, S. 70f. – EDUARD HIS: Basler Gelehrte des 19. Jahrhunderts; Basel 1941, S. 252ff. – EDGAR BONJOUR: Die Universität Basel von den Anfängen bis zur Gegenwart; 2. Aufl., Basel 1971, S. 688f.

Westschweiz

Verhältnismässig spät wandte sich die westschweizerische Forschung dem Streit um die Bundesgründung zu, trotzdem man im Westen nicht minder vom Andenken der ersten Eidgenossenschaft ergriffen war. Hatte doch die Lemanische Republik 1798 den Donnerstag vor St. Martin, da 1307 der Rütlischwur geleistet worden sei, als erstes Nationalfest bezeichnet.

In Genf griff die Kritik auf einen näheren Gegenstand. *Jean Barthélemy Galiffe*, 1818–1890, Geschichtsprofessor an der Akademie, eröffnete den Kampf gegen das überlieferte Bild Calvins, indem er 1862 und 1863 zwei Schriften veröffentlichte: *Quelques pages d'histoire exacte* und *Nouvelles pages d'histoire exacte*, die Calvin in seiner unerbittlichen Härte aufdeckten. Er bediente sich der quellenkritischen Methode, aber indem er einige Fälle heraushob, ergab sich ein einseitiges Urteil. Das kasuistische Verfahren Galiffes ist kein Sonderfall der Epoche. Ein Forscher entdeckt Tatsachen, die der hergebrachten Meinung widersprechen; die ersten heftigen Eindrücke werden unvermittelt veröffentlicht; das Pendel schlägt nach der andern Seite aus und stört nicht minder das Gleichmass und die Gerechtigkeit. Bisweilen bedachten die Vertreter der kritischen Schule eben zu wenig, was der einzelne Fall im Verhältnis zum Ganzen bedeutet. Aber Galiffe hat doch das Verdienst, dass er Calvin in die neue Kritik zog und gründlicheren Studien rief.

Der Waadtländer *Aimé Louis Herminjard,* 1817–1900, ein Forscher von sprichwörtlicher Gelehrsamkeit, widmete sich seit 1865 dem monumentalen Sammelwerk *Correspondance des réformateurs dans les pays de la langue française,* von dem bis zu seinem Tod neun Bände erschienen; es blieb unvollendet. *Amédée Roget,* 1825–1883, Professor der Schweizergeschichte an der Akademie Genf, gründete auf Archivstudien seine *Histoire du peuple de Genève depuis la Réforme jusqu'à l'Escalade,* sieben Bände 1870–1883. Da sich die Ereignisse um die international einsame Gestalt Calvins bewegen, wird die Stadtgeschichte zur allgemeinen Geschichte, die von einer kleinen Republik aus beleuchtet wird. Wenn auch Roget Calvin nicht durchaus entlastet, so findet er doch den Massstab, der Calvins Bedeutung entspricht.

JEAN BARTHÉLEMY GALIFFE: *Quelques pages d'histoire exacte soit les procès criminels intentés à Genève;* Genève 1862. – *Nouvelles pages d'histoire exacte soit le procès de Pierre Ameaux;* Genève 1863.

AIMÉ LOUIS HERMINJARD: *Correspondance des réformateurs dans les pays de la langue française;* 9 Bde., Genève 1866–97 (unvollendet).

AMÉDÉE ROGET: *Histoire du peuple de Genève depuis la Réforme jusqu'à l'Escalade;* 7 Bde., Genève 1870–1883.

Albert Rilliet 1809–1883 *Henri Bordier* 1817–1888

Da man sich in der Westschweiz wenig mit der Gründungsgeschichte befasste, setzte das Institut national von Genf 1866 einen Ermunterungspreis von sechshundert Franken für eine Schrift über die Tellensage aus. Nicht dieser Preis, sondern die Reife des Problems rief einen Kenner auf den Plan. *Rilliet,* aus einem gelehrten Genfer Geschlecht, gab 1846 nach dem Sieg der demokratischen Revolution seine Literaturprofessur an der Akademie auf und widmete sich privaten Geschichtsstudien. Er veröffentlichte 1868 *Les origines de la confédération suisse, histoire et légende,* mit der er der Westschweiz den gleichen Dienst leistete wie Vischer im Jahr zuvor der deutschen Schweiz. Er bekennt sich als Anhänger der urkundlichen Forschung, der sich die Überlieferung unterordnen müsse. Mit genauer Sachkunde verbindet er einen Gedankenreichtum, der weite Beziehungen herstellt. Freilich verleitet ihn die Strenge, mit der er nur beglaubigte Zeugnisse gelten lässt, gleich anfangs zu einem Irrtum. Weil die dokumentarischen Zeugnisse von einer frühen Besiedlung der Waldstätte schweigen, meint er, die Täler seien zuerst um 700 von Alemannen bevölkert worden. Er betrachtet den Bund von 1291 als eine revolutionäre Tat, die er aus höherer Sittlichkeit rechtfertigt: Das Volk sei der Freiheit würdig gewesen. Tell, den Rütlischwur, den Aufstand gegen König Albrecht scheidet er aus, weil die Dokumente darüber schweigen und weil Albrechts Herrschaft nicht zur Empörung reizte. Die Sage überrascht ihn nicht, da fast jedes Volk eine solche an seiner Wiege habe. Er verfolgt die Ausbildung der Sage und spricht es bestimmt aus, dass Tell der nordischen Überlieferung vom Schützen Tokko entlehnt sei.

Rilliet erregte Aufsehen und Widerspruch. *Bordier,* ein genferischer Paläograph von Ruf, gab der Stimmung 1869 mit der Schrift *Grutli et Guillaume Tell* Ausdruck. Er besass nicht Rilliets Sachkenntnis, er verhehlte es auch nicht, aber er berief sich auf den gesunden Menschenverstand, der sich nicht von gelehrten Überfällen einschüchtern lassen dürfe, und griff an richtiger Stelle zu. Hatte Rilliet eine voralemannische Bevölkerung der Waldstätte bestritten, so wies Bordier auf eine ältere, aus den Ortsnamen zu erkennende romanische Besiedlung hin und folgerte, wenn das Schweigen der historiographischen Zeugnisse hier nicht entscheide, so treffe das auch für die Erhebung von 1308 zu, die nach der gesamten Lage unvermeidlich gewesen sei. Damit legt Bordier freilich nur die Unsicherheit von Analogieschlüssen bloss. Wenn keine schriftliche Kunde von der romanischen Besiedlung besteht, so liegt das an der ungemeinen Spärlichkeit der ersten Quellen, während um 1300 die Aufzeichnungen so zahlreich waren, dass sie eine Erhebung von so dramatischem Schwung wohl nicht übergangen hätten.

ALBERT RILLIET: *Les origines de la confédération suisse, histoire et légende;* Genève 1868.

THÉOPHILE DUFOUR: Albert Rilliet; Mém. doc. Soc. hist. arch. Genève, 2e série, 2, 1886, S. 302 ff.

HENRI-LÉONARD BORDIER: *Grutli et Guillaume Tell ou défense de la tradition vulgaire sur les origines de la confédération Suisse;* Genève 1869.

EDOUARD FAVRE: Henri-Léonard Bordier; Mém. doc. Soc. hist. arch. Genève, 2e série, 3, 1888–94, S. 327 ff.

Pierre Vaucher 1833–1898

Er studierte in seiner Vaterstadt Genf Theologie und wandte sich an der Universität Berlin der Geschichte zu. Vatke führte ihn in die kritische Methode ein, deren überzeugter Anhänger er wurde. An der Akademie Genf, wo er sich habilitierte, erhielt er 1865 den Lehrauftrag für schweizerische, 1866 für allgemeine Geschichte und wurde 1869 Ordinarius. Er erlebte die Umwandlung der Akademie in eine Universität. Er hat die kritische Methode nicht nach der Westschweiz gebracht, aber er hat sie dort verbreitet und zur geistigen Haltung gemacht. Er diente ihr mit einer gewissen Einseitigkeit, überschritt aber die Grenzen nicht, die ihr von der Natur der Dinge gesetzt sind. Von seinem bedeutenden Geist empfing sie den vollen Ausdruck. Er misstraute den Konstruktionen so sehr, dass er die ihm vorgeschriebene Vorlesung über Geschichtsphilosophie ziemlich ungläubig hielt. Wirtschaft, Gesellschaft und Kultur traten zurück vor der Sicherheit der politischen Tatsachen, die er rastlos festhalten wollte. Trotzdem er von Jugend auf an schwerer Myopie litt und zuletzt fast erblindete, beherrschte er die Lage dank seiner Lehrgabe und der Frische seines Gedächtnisses. Er habe an der hohen Schule von Genf das Geschichtsstudium eigentlich organisiert, heisst es in einem Nachruf. Er war der grosse Anreger und Führer, der seine eigenen Arbeiten zurückstellte, um die der anderen zu fördern. Er schrieb auch deshalb kein grösseres Werk, weil er die Dinge im Fluss sah und überzeugt war, dass jede Darstellung binnen kurzem von der nachdrängenden Forschung überholt sein werde. Dem kommenden Geschlecht, das die grosse Zusammenfassung zu geben hatte, wollte er mit kritischer Tätigkeit den Boden bereiten.

Die zahlreichen Artikel und Abhandlungen, mit denen er die sachliche Genauigkeit herzustellen trachtete, betrafen vornehmlich die ersten Jahrhunderte der Eidgenossenschaft. Wie er sich selbst immer wieder nach den neuesten Ergebnissen berichtigte, so lag er kampflustig im Anschlag, um die Irrtümer anderer flugs zu beheben. Er war der Betreuer der kritischen Methode durch die ganze Schweiz, wie denn sein Einfluss in die Ferne reichte und ihm die Freundschaft der deutschschweizerischen Kollegen eintrug. Mit Georg von Wyss pflegte er vertrauten Briefwechsel. Er schuf in Genf eine Schule, die ihm 1895 zur Feier seiner dreissigjährigen Dozententätigkeit mit den *Pages d'histoire suisse* huldigte.

Vaucher sammelte seine wesentlichen Studien in zwei Bändchen, *Esquisses d'histoire suisse,* 1882, und *Mélanges d'histoire nationale,* 1889. In den Mélanges gibt er einen Rechenschaftsbericht vom Stand der Geschichtforschung, indem er die Bemühungen um die Gründungsgeschichte und die Herausgabe der Chroniken und Akten würdigt. Eigentümlich, der nüchterne Tatsachenmensch, der dem erhöhten Gefühlsstand der vorausgegangenen Historikergeneration nicht recht traut und mit einer gewissen Missbilligung von der «finesse ingénieuse» Vulliemins und der «gravité un peu factice» Monnards spricht, spürt die Grenzen der kritischen Methode heraus. Er meint und trifft damit sich selbst, die gegenwärtigen Historiker hätten mehr Neigung, ihre Funde zu veröffentlichen, als zu zeigen, was man aus ihnen machen könne. Vaucher weiss auch um die Ursache dieses Versagens: Der Verstand allein reicht zur ganzen Erfassung der Vergangenheit nicht aus. Er sagt in der Abhandlung *Calvin et les Genevois,* der Historiker müsse Gefühle in sich aufnehmen, die ihm ursprünglich fremd seien, und einsehen, dass ein Mensch zu andern Zeiten anders dachte und glaubte als die Gegenwart. Damit ruft er das Einfühlungsvermögen auf, das sich nicht immer zum kritischen Verstand gesellt. Vaucher war einer der besten Vertreter der kritischen Schule, aber sie war ihm nicht Selbstzweck, da er sich über ihre Grenzen nicht täuschte.

Esquisses d'histoire suisse; Lausanne 1882. – *Mélanges d'histoire nationale;* Lausanne 1889. – *Calvin et les Genevois;* Genève 1908.

Pages d'histoire suisse, Dédiées à M. Pierre Vaucher; Genève 1895. – EUGÈNE MOTTAZ: Pierre Vaucher; Rev. hist. vaud., Lausanne 1898, S. 311 ff.

Ferdinand Keller 1800–1881

Die kritische Epoche ging zunächst von den schriftlichen Zeugnissen aus und beachtete die Altertümer, von den Inschriften abgesehen, wenig. Zwar hatte man schon der römischen Zeit Aufmerksamkeit geschenkt, und *Franz Ludwig von Haller* hatte 1811/12 sein zweibändiges Werk *Helvetien unter den Römern* erscheinen lassen. Man kümmerte sich so wenig um die Überreste, dass Salomon Vögelin der Ältere 1828 klagte, die vaterländischen Altertümer gingen täglich mehr der Zerstörung entgegen. Da kam der Zürcher Keller. Wie Kopp mit den Fussnoten einer kleinen Urkundensammlung die schweizerische Geschichtforschung revolutionierte, so sollte er mit einer kleinen Abhandlung der Allgemeingeschichte ein neues Gebiet erschliessen.

Keller studierte Theologie und lebte einige Jahre als Erzieher in England, wo die Grabhügel von Salisbury Plain seine Aufmerksamkeit erregten. Nach Zürich zurückgekehrt, sah er auf einem Gang vor die Stadt beim Fällen von Bäumen Überreste zum Vorschein kommen und war gleich entschlossen, das Fundgut zu sammeln. Aus alter Familie und wohlbefreundet, stiftete er am 1. Juni 1832 mit ein paar Gleichgesinnten die Gesellschaft für vaterländische Altertümer, rasch die Antiquarische Gesellschaft geheissen. Er sollte sie durch vierzig Jahre in voller Selbständigkeit leiten. Die Gesellschaft wollte Altertümer sammeln und beschreiben, zu einer Zeit, da sie dem Untergang oder fremden Käufern preisgegeben waren; herrschte doch eine fortschrittliche Abneigung gegen alles Alte, das Platz wegnahm. Das ist das Entscheidende, dass Keller, von der romantischen Idee des Volkshaften berührt, in den Überresten die Zeugen einer uralten Besiedlung erkannte. Zu gleicher Zeit erwachte die Forschung im Norden. Der Däne Thomson kam 1832 mit der Schrift über die Steinaltertümer, in der er bereits die Dreiteilung der Frühzeit nach Stein, Bronze und Eisen entwickelte.

Keller erzog sich selbst zum Antiquar. In mässiger Unabhängigkeit lebend, ganz der Sache hingegeben, mit einer geschickten Hand, einem scharfen Auge und einer ungewöhnlichen Spürkraft ausgestattet, wurde er der Meister, der ebenso sicher auf einen Fund hinwies, als er die Abform von einer Inschrift nahm oder eine Zeichnung entwarf. Dabei hatte er eine glückliche Art, Leute heranzuziehen und zu Leistungen anzuspornen. Seit 1837 erschienen in zwangloser Folge die «Mitteilungen der Antiquarischen Gesellschaft», die Keller zum guten Teil aus seiner Feder bestritt. Sein Forschungsgebiet ging von der Frühgeschichte bis ins Mittelalter. So schrieb er über Gräber und klassifizierte sie, indem er sie mit den französischen und deutschen Funden verglich; damit begründete er die Gräberkunde. Er gab 1844 den berühmten *Bauriss des Klosters St. Gallen* heraus. Schon damals regte er das schweizerische Idiotikon an, wozu Jakob Grimm seinen Beifall spendete. Selbst *Theodor Mommsen*, der 1852–1854 den Lehrstuhl für römisches Recht an der Universität Zürich hatte, geriet in den

Bann seines erfrischenden Wesens und veröffentlichte 1854 in den «Mitteilungen» die *Inscriptiones Confoederationis Helveticae latinae* und seinen Aufsatz *Die Schweiz in römischer Zeit*, in dem er bekannte, wie einem Ausländer die schweizerische Geschichtspflege vorkam. In seiner scharfen und überlegenen Art tadelt er die wissenschaftliche Abgeschlossenheit der Schweizer, die das römische Helvetien erforschen wollten, ohne das römische Reich zu kennen, und vom Altertum nicht viel mehr erforschten als die nicht eben bedeutenden Anfänge ihrer Nation. Zu Recht durfte Mommsen diesen Binnentrieb der schweizerischen Forschung für das Altertum blossstellen, während er nicht ermessen konnte, mit wieviel Notwendigkeit diese Haltung für die neuere Geschichte gegeben war.

Bei sehr niedrigem Wasserstand wurden im Winter 1853/54 bei Meilen am Zürichsee Reihen von Pfählen sichtbar. Wie Keller den Seegrund erforschte, fand er Geräte von Stein und Knochen und Tongeschirr. Er deutete die Fundstelle als Ufersiedlung der keltisch-helvetischen Bevölkerung in vorhistorischer Zeit und prägte für sie die Bezeichnung Pfahlbauten. Und da ihm auf die Kunde von Meilen hin ähnliche Entdeckungen von andern Schweizerseen gemeldet wurden, veröffentlichte er 1854 in den «Mitteilungen» den schlichten Aufsatz: *Die keltischen Pfahlbauten in den Schweizerseen*, der einen neuen Zweig der Geschichtswissenschaft begründete. Keller stellt bereits die Siedlung auf dem Wasser fest, nicht auf trockenem Boden, der später überflutet worden sei, und nimmt an, dass es sich um einen durch das keltische Europa verbreiteten Wohnungstypus handle. Auf ein paar Blattseiten ist das Programm der neuen Wissenschaft skizziert. Bereits zieht Keller vergleichend die Berichte des Kapitäns Cook heran, der in der Südsee Siedlungen von überraschender Ähnlichkeit fand.

Damit war das Zeichen gegeben, und rasch bestätigten Funde im Osten und Westen der Schweiz Kellers Vermutung, dass die Pfahlbauten Zeugen einer grossen Kulturepoche seien. In der Veröffentlichung von 1858: *Pfahlbauten, zweiter Bericht,* darf er schon nach Stein, Bronze und Eisen periodisieren, um die Bewegung der Kultur zu kennzeichnen, aber immer mit der Vorsicht und Klarheit des Meisters. Wie er hervorragende Fachleute, den Zoologen *Ludwig Rütimeyer* und den Botaniker *Oswald Heer*, heranzog, die in den «Mitteilungen» die Überreste deuteten, so kämpfte er anderseits gegen Fälschungen und Phantastik. Im sechsten Bericht konnte er 1866 bereits eine stattliche internationale Fachliteratur mustern. Seit der Entdeckung der Pfahlbauten zog er sich vom Mittelalter zurück und beschränkte sich auf das Altertum. In den «Mitteilungen» erschien 1860 und 1864 die Schrift *Die römischen Ansiedlungen in der Ostschweiz*, die als seine hervorragendste Leistung gilt und den ungeteilten Beifall Mommsens fand, und 1873 gab er die *Archäologische Karte der Ostschweiz* heraus. Da die Ausdehnung der Forschung einen Sprechsaal benötigte, gründete er 1855 im Benehmen mit der Allgemeinen Geschichtforschenden Gesellschaft den *Anzeiger für schweizerische Geschichte und Altertumskunde*, der sich 1868 in den *Anzeiger für schweizerische Geschichte* und den *Anzeiger für schweize-*

rische Altertumskunde spaltete. Das Opfer eines ganzen Lebens, die Willenskraft, die von ihm ausstrahlte, machten ihn in Zürich zum Mittelpunkt der prähistorischen Forschung. Seine Sammlungen gingen an das neugegründete Landesmuseum über.

Wie sehr Kellers Wirken die verwandten Wissenschaften anregte, bezeugen die *Crania helvetica* Ludwig Rütimeyers 1864 und *Die Urwelt der Schweiz* Oswald Heers 1865. Die Bodenforschung, nicht die Urkundenarbeit, trug den Sinn für Heimatkunde in weite Kreise. Ein Beispiel ist der Bauer Jakob Messikommer, der 1858 den Pfahlbau von Robenhausen am Pfäffikersee entdeckte und von dort aus seine Forschungen über die Ostschweiz ausdehnte.

FRANZ LUDWIG VON HALLER: *Helvetien unter den Römern;* 2 Bde., Bern 1811/12. – EMIL BLÖSCH: Franz Ludwig von Haller; ADB 10, Leipzig 1879, S. 429f.

FERDINAND KELLER: *Bauriss des Klosters St. Gallen vom Jahre 820;* Zürich 1844. – *Die keltischen Pfahlbauten in den Schweizerseen;* Mitt. Antiq. Ges. Zürich 9, 1854, S. 67. – *Pfahlbauten Zweiter bis Achter Bericht;* Mitt. Antiq. Ges. Zürich 12–20, 1858–79. – *Die römischen Ansiedlungen in der Ostschweiz;* Mitt. Antiq. Ges. 12, 15, Zürich 1860.1864. – *Archäologische Karte der Ostschweiz;* Zürich 1873.

GEROLD MEYER VON KNONAU: Ferdinand Keller; ADB 15, Leipzig 1882, S. 563ff. – ANTON LARGIADER: Aus dem Briefwechsel Ferdinand Kellers. Mit Bibliographie; Festgabe Hans Lehmann; Zürich 1931. – GOTTFRIED BOESCH: Ferdinand Keller und die Abtei Rheinau; Zeitschr. Schw. Kirchengesch. 1956, S. 321ff.

THEODOR MOMMSEN: *Die Schweiz in römischer Zeit;* Mitt. Antiq. Ges. Zürich 9, 1854, S. 3ff. – *Inscriptiones Confoederationis Helvetiae latinae;* Mitt. Antiq. Ges. Zürich 10, 1854.

LUDWIG RÜTIMEYER: *Crania helvetica;* Basel/Genf 1864.

OSWALD HEER: *Die Urwelt der Schweiz;* Zürich 1865. 2. Aufl. 1879.

OTTO TSCHUMI: *Urgeschichte der Schweiz;* 1, Frauenfeld 1949. – *Das Pfahlbauproblem,* hg. v. *Walter Ulrich Guyan;* Monographien zur Ur- und Frühgesch. d. Schw. 11, Basel 1955. – *Repertorium der Ur- und Frühgeschichte der Schweiz,* hg. v. *Walter Drack;* 4 Hefte, Zürich 1955–1958.

Frédéric Troyon 1815–1866

Ein Waadtländer brach der Bodenforschung im Westen Bahn. Troyon bereitete sich auf das Pfarramt vor, als 1838 auf dem väterlichen Gut Belair eine Grabstätte entdeckt wurde. Der Fund gewann ihn für die Altertumskunde, zu der er sich wie Keller selbst ausrüsten musste. Er unternahm 1843–1846 eine Studienreise nach Deutschland, Skandinavien, London, Petersburg und Moskau und kehrte als vergleichender Archäologe zurück, der nach allgemeinen Schlüssen drängte. Unermüdlich feuerte er seine Landsleute an, der Erde die Spuren der schriftlosen Vorzeit zu entreissen. Die Regierung ernannte ihn 1852 zum Konservator des kantonalen Altertumsmuseums. Er fand ein paar hundert zufällige Stücke und hinterliess eine geordnete Sammlung von mehreren tausend Nummern, zu der bei seinem Ableben noch sein eigenes Fundgut kam. Kellers Pfahlbaubericht von 1854 gab ihm das Zeichen; er stürzte sich in die Erforschung des Neuenburger- und des Genfersees. In dem kleinen Bericht von 1857,

Habitations lacustres de la Suisse verarbeitete er die Ergebnisse gleich mit der kühnen Deutung, dass die Übergänge zwischen den Pfahlbaualtern durch Völkerkatastrophen gekennzeichnet seien: Die von Asien einwandernden Kelten hätten das Steinzeitvolk vernichtet und die Bronzekultur gebracht; die Helvetier hätten das Bronzevolk unterdrückt und das Eisen gebracht. Obgleich diese Synthesen Bedenken erregten, führte er sie in dem grossen Werk *Habitations lacustres des temps anciens et modernes* mit Hilfe der vergleichenden Archäologie aus. Das Buch hatte Glück, da es ein rundes Bild entwarf. Troyon bereitete mit unerschütterter Überzeugung die Neuauflage vor, als der Tod ihn abrief.

Wie Keller war Troyon mit einem guten Auge und einer geschickten Hand ausgestattet. Aber während sich bei Keller die Sätze in klassischer Festigkeit reihten, jeder eine Beobachtung aussprach, keiner die Grenze überschritt und alle zusammen eine Gesamtschau vorbereiteten, die sich der Meister noch versagte, überliess sich Troyon den Eingebungen seiner Einbildungskraft, wozu noch der Stachel kam, dass ihm Keller die grosse Entdeckung vorweggenommen hatte. Er wollte Keller dort übertreffen, wo dieser kargte, im umfassenden Schluss und in der vorauseilenden Konstruktion. Troyon arbeitete deduktiv, Keller induktiv. Keller übte die Kunst, Mitarbeiter heranzuziehen und im richtigen Augenblick zurückzustehen, während Troyons verzehrende Unrast unter dem Zugreifen anderer litt. Ein Zusammenschaffen wie in Zürich wollte sich am Genfersee nicht einstellen, obwohl tüchtige Männer am Werk waren, so de Claparède in Genf, so von Morlot in Lausanne.

Habitations lacustres de la Suisse; Genève 1857. – *Habitations lacustres des temps anciens et modernes;* Lausanne 1860.

Karl Adolf von Morlot 1820–1867

Professor der Geologie an der Akademie Lausanne, hatte er die Genialität, die schuf, was Troyon vorschwebte, die Methode der vergleichenden Archäologie. In den Schriften: *Considérations générales sur l'archéologie* 1859 und *Leçon d'ouverture d'un cours sur la haute antiquité* 1861 verteidigte er die angefochtene Abfolge der drei frühgeschichtlichen Epochen und entwickelte am Schuttkegel, den der Wildbach La Tinière am Genfersee aufbaute, die Lehre von den Ablagerungsschichten und der sich darauf gründenden Funddatierung. Er starb zu früh, um sich ganz zu geben.

Considérations générales sur l'archéologie; Bern 1859. – *Leçon d'ouverture d'un cours sur la haute antiquité;* 2. Ausg., Porrentruy 1862.

Albert Jahn 1811–1900

Jahn eröffnete in Bern den Weg in die Frühzeit. Nach theologischen und philologischen Studien an deutschen Universitäten habilitierte er sich an der neugegründeten Hochschule in Bern für Philologie und lehrte an Mittelschulen. Aber da ihm die Gabe der lebendigen Mitteilung versagt war, trat er in die Bundesverwaltung über. Doch er war nicht zum Glück geschaffen, verstand es nicht, spröde Verhältnisse zu wenden, und verzehrte sich verdüstert in subalternen Bedingungen, die nicht im Verhältnis zu der Geistesarbeit seiner kargen Mussestunden standen. Was er neben dem Broterwerb mit ungemeiner Arbeitskraft und Konzentration wissenschaftlich geleistet hat, ist erstaunlich. Dass ihn die Universität Bern zum Ehrendoktor ernannte, dass er 1894 Honorarprofessor wurde, mochte seine Enttäuschungen lindern, ebenso die Freundschaft mit Morlot und Bonstetten. Immer mehr wandte er sich von der Altphilologie zur Altertumswissenschaft, der seine eigentliche Neigung gehörte.

Jahn schuf in Bern die Archäologie. Wie seine ersten Schriften verraten, kam er von der Keltentheorie her. Er überwand sie mit Hilfe einer ausdauernden Bodenforschung, die das Labsal seines unerquickten Lebens war. 1850 gab er eine erste Ernte: *Der Kanton Bern, deutschen Theils, antiquarisch-topographisch beschrieben.* Es ist ein Lexikon, das ein grosses Studium der Landschaften und der Literatur voraussetzt und zu jedem Ort die Überreste und Nachrichten vom Altertum bis ins Mittelalter verzeichnet. Bei seiner Zuverlässigkeit ist es noch heute der Ausgangspunkt der Ortsforschung. Als Fortsetzung folgte 1857 die *Chronik oder geschichtliche, ortskundliche und statistische Beschreibung des Kantons Bern alten Theils,* in der die Nachrichten vom frühen Mittelalter an ortsweise gesammelt sind. Ferdinand Kellers Entdeckungen waren auch ihm eine Erleuchtung. Mit dem Arzt Johann Uhlmann erforschte er die ergiebigen Pfahlbauten des Moosseedorfsees, von denen sie 1857 in der Schrift *Die Pfahlbau-Altertümer von Moosseedorf* Rechenschaft ablegten. Neben seinen grösseren Schriften veröffentlichte Jahn ununterbrochen Berichte und Rezensionen. Das nächste Werk war 1860 *Die keltischen Altertümer der Schweiz, zumal des Kantons Bern,* worin er die Dreiteilung Thomsens so mit der Keltentheorie versöhnen wollte, dass er die Abfolge der drei Epochen und als ihre Träger Völker, die den Kelten stammesverwandt gewesen seien, anerkannte.

Jahns zweibändige *Geschichte der Burgundionen und Burgundiens bis zum Ende der ersten Dynastie,* 1874, nähert sich dem letzten erlaubten Punkt der kritischen Schule. Mit dem Stolz ihrer Gewissenhaftigkeit hat er die ganze Literatur nachgeprüft und durch die Ergebnisse der Bodenforschung ergänzt. Aber er gibt keine laufende Darstellung, sondern eine vergleichende Übersicht über die Quellenberichte mit eigenen Entscheiden, die er mit bitterer Polemik begleitet. Denn wieder hat ihn die Tücke des Zufalls getroffen. Mitten in seine mühsamen Vorbereitungen kam 1868 Karl Bindings «Geschichte des burgundisch-romanischen Königreichs», die ihm manches vorwegnahm. Jahn hält sich von der Versuchung frei, die Ansichten herauszustellen, die von den bisherigen am weitesten abweichen. Er mässigt sich in den Ergebnissen mehr als in der Aussprache. Schroff wendet er sich gegen die aufkommende Manier, Geschichte feuilletonistisch zu behandeln, und gegen «die Sucht, Erscheinungen entlegener Geschichtsperioden nach den Ideen modernster Politik und Cultur zu bemessen», womit er auf Mommsen zielt. Er aber sündigt durch das Gegenteil. Wenn er im zweiten Band die Provinzen des burgundischen Reichs durchgeht und jedem Ort die Ereignisse beifügt, die sich dort zugetragen haben, so löst er den Zusammenhang der Ereignisse auf, geschweige, dass ein höherer Begriff von Burgunds Schicksal möglich wäre. Es wird fühlbar, wie die letzten Schritte in der kritischen Schule zur Unfruchtbarkeit führen konnten. Gegenüber der Verbindung mit den Naturwissenschaften, die die neue Bodenforschung einging, verhielt sich dieser verdienstvolle Förderer der Altertumsforschung noch zurückhaltend.

Der Kanton Bern, deutschen Theils, antiquarisch-topographisch beschrieben; Bern/Zürich 1850. – *Chronik oder geschichtliche, ortskundliche und statistische Beschreibung des Kantons Bern, alten Theils;* Bern/Zürich 1857. – *Die Pfahlbau-Altertümer von Moosseedorf im Kanton Bern;* Bern 1857. – *Die keltischen Alterthümer der Schweiz, zumal des Kantons Bern;* Bern 1860. – *Geschichte der Burgundionen und Burgundiens bis zum Ende der ersten Dynastie;* Halle 1874.

OTTO TSCHUMI: Aus dem Nachlasse Albert Jahn's; Njbl. Literar. Ges. Bern 1916. – HANS-GEORG BANDI: Albert Jahn. Festgabe Hans von Greyerz, Bern 1967, S. 147–172, mit einem Verzeichnis seiner Publikationen.

Gustav von Bonstetten 1816–1892

Neben Jahn förderte er in Bern die Bodenforschung. Reich und unabhängig, verliess er den Hofdienst in Wien und machte die archäologischen Studien zu seiner Lebensarbeit. Er dehnte sie über die Westschweiz bis nach Südfrankreich aus. Er schnitt 1852 mit Jahn die reiche Fundstätte in der Tiefenau bei Bern an und legte die römischen Mosaiken in Orbe bloss. Seine Forschungen galten besonders den Dolmen, und indem er ihre Verbreitung festzustellen versuchte, gelangte er zur chorographischen Methode. Zahlreiche Schriften und wertvolle archäologische Karten der Kantone Aargau, Bern, Freiburg und Waadt und des Departements Var geben Zeugnis von seinem Schaffen.

Als die Zeit gekommen war, gab *Jacob Heierli*, Privatdozent an der Universität Zürich, 1901 eine Zusammenfassung der Forschungsergebnisse mit der *Urgeschichte der Schweiz*.

Recueil d'antiquités suisses; 3 Bde., Bern 1855–67.

JACOB HEIERLI: *Urgeschichte der Schweiz;* Zürich 1901.

Kritische Schule

Georg von Wyss 1816–1893

Er wuchs in Zürich unter vielversprechenden Verhältnissen auf, die seine Richtung bestimmten. Sein Grossvater und sein Vater standen dem Staate als Bürgermeister vor, und er selbst sah solchen Ehren entgegen. Doch die Regeneration gab seiner Laufbahn eine andere Wendung. Von den öffentlichen Zuständen gekränkt, entschloss er sich zum Studium der Naturwissenschaften und pflegte sie auf der Akademie in Genf, wo er sich die französische Geselligkeit und Sprache aneignete. In Berlin, wo er seine Studien fortsetzte, erkannte er, dass die Naturwissenschaften für ihn nur ein Ausweg aus der Verlegenheit waren. Ohne Abschluss kehrte er heim und wurde gleich von der Politik beschlagnahmt. Zürich hatte sich eine konservative Regierung gegeben, und diese wählte ihn 1842 zum zweiten Staatsschreiber. Er überliess sich dem Parteikampf und stritt mit Wort und Schrift für seine Richtung. Doch als die Liberalen wieder obenauf kamen, wurde er 1847 aus dem Amt verdrängt und nahm fürderhin in der Opposition an der Politik teil. Er gehörte durch Jahrzehnte der kantonalen Volksvertretung an. Nie ermattete der vaterländische Sinn, mit dem er die öffentlichen Angelegenheiten verfolgte. Er besass nicht den durchdringenden Blick in die Zukunft, wohl aber ein massvolles und festes Urteil über die Gegenwart. Seine ererbten Wünsche gehörten dem Staatsdienst; dass sie sich nicht erfüllten, wurde seine Bestimmung.

Als er 1847 mit einunddreissig Jahren sein Amt verlor, fand er die Geschichte. Die ersten Anregungen gehen ins Elternhaus zurück; Schultheiss von Mülinen, der Grossvater mütterlicherseits, führte den Knaben in seine berühmte Familienbibliothek ein. In Berlin hörte Wyss bewundernd Ranke und las hingerissen Johannes von Müller. Ferdinand Keller nahm ihn für die Geschichte ein. Spät und als Autodidakt kam er zu ihr; sie gab ihm die Reife und die Lebensarbeit, wenn sie auch nicht völlig sein Herz erfüllte. Die besondere Begabung wies ihn in das Mittelalter, und er habilitierte sich 1850 für ältere Schweizergeschichte. Er traf in die richtige Zeit. Was Niebuhr für die ältere, was Eichhorn für die mittlere Geschichte angebahnt hatten, was Ranke auf die neuere übertrug, das sollte auch in der Schweiz durchdringen, Erfassung der echten Quellen. Dafür war Wyss wie geschaffen. Mit seinem Spürsinn und seiner Hingabe gewann er eine ungemeine Sicherheit in den Urkunden und Chroniken. Sein erstes grösseres Werk, *Geschichte der Abtei Zürich,* die 1851–1858 in den «Mitteilungen der Antiquarischen Gesellschaft» erschien, ist Darstellung und Urkundensammlung zugleich. Es entsprach seinem Wesen, dass er von zuverlässigen Ausgangspunkten aus das gesicherte Ergebnis erstrebte. Schmuck des Wortes und Hypothesen gehörten nicht zu seinen Mitteln. Er machte sich durchaus die neue Methode zu eigen, nur gelten zu lassen, was beweisbar ist. Davon zeugt seine Ausgabe 1856 des von Gerold Meyer von Knonau entdeckten Manuskriptes des Weissen Buches von Sarnen und sein Vortrag 1858 *Über die Geschichte der drei Länder,* der auf Urkunden beruht: er kann keinen Aufstand der Waldleute feststellen, wohl aber die Abhängigkeit der Schwyzer und Unterwaldner von der habsburgischen Landesherrschaft. Seit 1859 trug er über Literatur zur Schweizergeschichte vor. Daraus entstand sein bedeutendstes Werk, *Geschichte der Historiographie in der Schweiz,* an dem er zeitlebens arbeitete, so dass es erst nach seinem Tode von seinen Freunden und Schülern herausgegeben wurde, mit mannigfachen Bereicherungen und Änderungen.

Während Wyss wissenschaftlichen Rang erwarb, behandelte ihn die liberale Regierung mit Zurücksetzung. Sie zog ihm 1858 einen untauglichen Parteimenschen als Staatsarchivar vor, und die Fakultät erreichte nur, dass er damals zum Extraordinarius ohne Gehalt ernannt wurde. Erst als die Radikaldemokraten zur Herrschaft gelangten, wurde er 1870 mit vierundfünfzig Jahren Ordinarius. Er hielt sich in den Vorlesungen zunächst an das Mittelalter, weil es ihm erlaubte, von der Gegenwart Abstand zu nehmen; nur zögernd ging er zur neueren Geschichte über. Die angeborne Tugend, die vom Staat abgedrängt wurde, bewährte sich in gelehrten Kreisen. Versöhnlichkeit, festes Wesen und gesellschaftliche Bildung erschlossen ihm die Ehrenämter der Universität. Unter seinem Vorsitz trat 1862 der Ausschuss zusammen, der das schweizerische Idiotikon vorbereitete. Ihn bewegte das Wort Jakob Grimms: «Die Schweizersprache ist mehr als Dialekt, wie es schon aus der Freiheit des Volkes sich begreifen lässt.» Er half die Allgemeine Geschichtforschende Gesellschaft gründen, diente ihr gleich als Schriftführer und leitete sie seit 1854 bis zu seinem Tod als Präsident. Vieles traf glücklich ein, dass er hier seinen besondern Rang fand. Kündeten schon seine Unabhängigkeit und Stoffbeherrschung den Führer an, so trat nun noch eine Würde hinzu, die, um die eigene Anerkennung unbekümmert, um die Anerkennung anderer besorgt war. Er hatte das Geschick für Vereinswesen und den Takt für kollegiale Geschäftsbehandlung, der zur alten Schweizerart gehörte. In unermüdlichem Briefwechsel spann er das Netz, das die Gesellschaft unsichtbar zusammenhielt. Er bewegte und erfüllte sie. An der Jahresversammlung sprach er mit getragenem Wort aus, was das Glück und die Sorge um das Vaterland ihm eingaben.

Wyss hatte eine Begabung, die mit den damaligen Forderungen der Wissenschaft, Erforschung und Sammlung, übereinstimmte. Er gab fast nichts als Tatsachen, ermöglichte es aber seinen Schülern, «die Einzelheiten nach der strengsten neuesten Forschung zu berichten». Junker Wyss, wie ihn seine Schüler nannten, hatte in seiner Haltung etwas vom Ancien régime. In der Politik konservativ, ging er in der Forschung auf das Neueste aus. Das befähigte ihn zu einer fragenden Analyse, die seine synthetische Kraft überwog. Gerne gab er sich in der kleinen Monographie aus. Über hundert Artikel schrieb er für die *Allgemeine Deutsche Biographie*. Der Universität Zürich gab er 1883 die Festschrift zu ihrem fünfzigjährigen Bestehen. Deutlich erhellt seine Darstellungsweise aus der Geschichte der Abtei von Zürich, des gefürsteten Fraumünsterklosters. Die Abtei wird in ihre geschichtliche Umgebung gestellt, die Vergangenheit Zürichs rollt ab, das Reich wird herangezogen, Kirchenordnung, Bauten, Geistesleben und gesellige Sitten reihen sich ein, ein genauer Tatsachensinn waltet und versteht eins aus dem andern; und doch fügen sich Zustände und Begebenheiten nicht immer zur lebensvollen Einheit zusammen, weil wohl die Bewegung eines grossen Geschehens erfasst, aber nicht in Spannung umgesetzt ist. Dafür ist seine Sprache zu bedächtig. Sein dauerndes Vermächtnis ist die Geschichte der Historiographie in der Schweiz.

Als Grundlage zu diesem Werk diente ein Vorlesungsmanuskript, mit dem er schon 1860 begonnen hatte. Die erst viel später postum erschienene Historiographie ist das Ergebnis eines Zusammenwirkens verschiedener Spezialforscher. Sie ist in vielem überholt. Ihr Verdienst liegt darin, dass sie die seit langem erste Übersicht über einen weit zerstreuten Stoff bot, der mühsam zusammengesucht werden musste. Ein grosses Tatsachenmaterial ist hier übersichtlich geordnet worden.

Geschichte der Abtei Zürich; Mitt. Antiq. Ges. Zürich 8, 1851/58. – *Über die Geschichte der drei Länder in den Jahren 1212–1315;* Zürich 1858. – *Geschichte der Historiographie in der Schweiz;* Zürich 1895.

GEROLD MEYER VON KNONAU: Georg von Wyss; Anz. Schw. Gesch. 1894, S. 1 ff. – GEROLD MEYER VON KNONAU: Georg von Wyss; ADB 44, Leipzig 1898, S. 417 f. – WERNER KOLLER: Georg von Wyss; Zürich 1958.

Friedrich von Wyss 1818–1907

Er teilte mit seinem Bruder Georg Gesinnung und Schicksal. Er gelangte vom Rechtsstudium zur Geschichte, für die auch er ein gutes geistiges Erbe mitbrachte. Sein öffentliches Wirken war zwischen dem Richteramt und der Lehrtätigkeit geteilt. Er habilitierte sich 1845 an der juristischen Fakultät und las über deutsche Rechtsgeschichte, die sein Arbeitsfeld wurde. Gegen Bluntschlis romanistische Tendenz betonte er das heimische Recht. Er wurde 1849 zum Extraordinarius ernannt und 1852 ins Obergericht berufen. Aus politischen Gründen kehrte er 1862 als Ordinarius für deutsches und schweizerisches Recht an die Universität zurück, bis ihn 1871 schwere Erkrankung nötigte, das Lehramt aufzugeben. Aus den Familienpapieren schuf er das zweibändige Werk *Leben der beiden Zürcherischen Bürgermeister David von Wyss, Vater und Sohn,* das 1884–1886 erschien und zu den dauerhaften Biographien unserer Geschichtsliteratur gehört. Zahlreich sind seine Beiträge zur Rechtsgeschichte. Er sammelte die drei bedeutendsten 1892 unter dem Titel: *Abhandlungen zur Geschichte des schweizerischen öffentlichen Rechts.* Es sind *Die schweizerischen Landsgemeinden in ihrer historischen Entwicklung,* 1852, *Die freien Bauern, Freiämter, Freigerichte und Vogteien der Schweiz,* 1873, und *Geschichte der Entstehung der Verfassung der Stadt Zürich bis zur Einführung des Zunftregimentes,* 1890. Diese Abhandlungen, die Ulrich Stutz zu den klassischen Monographien des Faches zählt, bekunden, wie das Quellenstudium in der Rechtsgeschichte die übliche dogmatische Darstellung zurückdrängte. Wyss gestaltete sie zur Einheit, indem er sich fortlaufend nach dem Stand der Forschung berichtigte, und schuf die Grundlagen, auf denen unsere Rechtsgeschichte arbeitet.

Leben der beiden Zürcherischen Bürgermeister David von Wyss, Vater und Sohn; 2 Bde., Zürich 1884–86. – *Abhandlungen zur Geschichte des schweizerischen öffentlichen Rechts;* Zürich 1892.

LUDWIG VON WYSS: Einiges aus dem Leben des sel. Prof. Friedrich von Wyss; Zürch. Taschenb. 1912, S. 202 ff.; 1913, S. 83 ff.

Hermann Wartmann 1835–1929

Er gehört zu den Bahnbrechern der kritischen Schule, indem es ihm vergönnt war, einen kleinen Kreis zu erfüllen und einen grösseren anzuregen. Er empfing den Geist seiner Vaterstadt St. Gallen, der zwei grosse Erinnerungen in sich vereinigte. Das Kloster St. Gallen, das im frühen Mittelalter der Kulturplatz für die Ostschweiz gewesen war, bestand nicht mehr; aber noch lagen die literarischen Schätze da, die es hinterlassen. Daneben die stolze industrielle Überlieferung St. Gallens: im Mittelalter Export von Leinwand, seit dem 18. Jahrhundert blühende Erzeugung von Stickerei und Musselin. Kloster und Industrie bestimmten Wartmanns Werk und befähigten ihn, das zu geben, was der Realismus der Zeit verlangte, Kritik und Ausgabe der Quellen und Wirtschaftsgeschichte. Er wurde von Waitz in Göttingen zum Urkundenforscher erzogen und schloss die Studien mit der Dissertation *Die königlichen Freibriefe für Uri, Schwytz und Unterwalden von 1231 bis 1316* ab, die bleibenden Wert hat. Beriefen sich die Gegner Kopps auf Tschudi, der die Freibriefe von 1231 und 1240 als königliche Erlasse für alle drei Täler erklärte, so wies Wartmann nach, dass Tschudi den Schwyzer Brief von 1240, gestützt auf die irrtümlichen Bestätigungsurkunden Ludwigs des Bayern von 1316, den Urner Brief von 1231 aber willkürlich auf die drei Täler bezog, womit eine starke Stellung der Überlieferungsfreunde fiel.

Es ist seltsam, wie ein hochbegabter Mann sich über seine Art täuschen konnte. Als Wartmann mit dreiundzwanzig Jahren nach St. Gallen zurückkehrte, lebte er in der Sehnsucht, sein Können still der Wissenschaft zu weihen. Noch wusste er nicht um seine Kraft, Menschen und Dinge der Gegenwart zu bilden. Um ein Auskommen zu gewinnen, wurde er 1863 Aktuar des Kaufmännischen Direktoriums von St. Gallen. Übernahm er das Amt widerstrebend, so entdeckte er rasch, welche Weite es seinem Tätigkeitsdrang eröffnete. Er erhob es von einem lokalen Schreiberposten zu der Warte, wo die Ergebnisse der schweizerischen Textilindustrie geistig verarbeitet wurden. Von den eindringenden Jahresberichten aus, mit denen er die industriellen Fortschritte begleitete, griff er in die Zeiten zurück. Eine Frucht davon war der *Atlas über die Entwicklung von Industrie und Handel der Schweiz* für die Wiener Weltausstellung von 1873. Es folgte 1875 das Werk *Industrie und Handel des Kantons St. Gallen auf Ende 1866* in geschichtlicher Darstellung, das die gesamte gewerbliche Tätigkeit St. Gallens durch die Jahrhunderte behandelte. Der ausgezeichnete Versuch einer Geschichte der Handelschaft der Stadt und Landschaft Zürich, mit dem Johann Heinrich Schinz 1763 tiefsinnig die Wirtschaft zur Geschichtswürde erhob, hatte in der Monographie kaum Nachahmung gefunden. Jetzt öffnete Wartmann der Wirtschaftsgeschichte einen Weg, indem er mit antiquarischem Wissen den Blick für die lebendige Wirklichkeit vorbildlich verband.

Seine ausnehmende Kenntnis wurde den Bundesbehörden unentbehrlich. Er arbeitete mit am schweizerischen Fabrikgesetz von 1878, und als die Schweiz den Freihandel aufgeben musste, entwarf er den ersten Zolltarif mit schützenden Absichten. Im übrigen verzichtete er auf eine politische Tätigkeit. Als er in das eidgenössische und das kantonale Parlament gewählt wurde, blieb er nicht lange in diesen Behörden, weil sie ihm zu viel Zeit nahmen. Ungleich seinem Freunde Georg von Wyss entbehrte er die Politik nicht. Mochte ihm auch die Gegenwart hohes Ansehen und Einfluss gönnen, sein Herz gehörte der Vergangenheit, namentlich der grossen klösterlichen Erinnerung seiner Vaterstadt, und da er rasch und umsichtig arbeitete, gewann er Musse für das, was die Lust seines ausgefüllten Lebens war.

Kaum von der Universität heimgekehrt, gründete er den Historischen Verein von St. Gallen und leitete ihn sechsundfünfzig Jahre. Von diesem Mittelpunkt aus belebte er die historischen Studien in der Ostschweiz, hier sammelte er die zerstreuten Anstrengungen und gründete die Mitteilungen zur vaterländischen Geschichte des historischen Vereins von St. Gallen. In dieser Zeitschrift erschien der literarische Nachlass des Klosters: die Viten der Heiligen, die Annalen, Chroniken und Totenbücher. Mit Hilfe des Vereins setzte er die Gründung eines historisch-ethnographischen Museums durch. Mit Johannes Dierauer und Ernst Götzinger bildete er das Triumvirat, das St. Gallen durch Jahrzehnte das Gepräge gab. Mit Gerold Meyer von Knonau regte er die Allgemeine Geschichtforschende Gesellschaft zur Herausgabe des Jahrbuchs und der Quellen zur Schweizergeschichte an. Sein geselliges Talent belebte die Tagungen der Historiker, seine Begeisterung strömte Anregung auf die Jüngern aus.

Wieviel auch Wartmann in seinen Abhandlungen gab, zutiefst blieb er Urkundenmann, und hier war ihm eine Aufgabe sondergleichen beschieden, die Veröffentlichung der Klosterurkunden. Diese waren in der Reformation zerstreut worden. Waitz wies schon den Studenten darauf hin, dass sich eine Anzahl der ältesten in Bremen befände. Goldast und Neugart hatten verschiedene Stücke mit mangelhafter Entzifferung und Auflösung der Abkürzungen und Daten herausgegeben. Wartmann überwand diese Schwierigkeiten dank seiner Schulung. Der erste Halbband des *Urkundenbuches der Abtei St. Gallen* erschien 1863 und erregte freudiges Aufsehen; er brachte die Urkunden von 700 an, die zu den ältesten von Europa gehören und die allgemeine Geschichte beschäftigen. Wartmann führte das Werk bis zum vierten Band, der 1899 herauskam; andere setzten es fort.

Es schmerzte Wartmann, dass sein reiches Dasein nicht zur innern Einheit kam. Das lag nicht so sehr an den auseinander strebenden Richtungen seiner Arbeit, als am Wesen des Jahrhunderts. Mit hochgestimmter, begehrender Seele gehörte er einer nüchternen Zeit an und war ihr durch seine dienstliche Stellung noch besonders verpflichtet. Die tägliche Lektüre in den alten Klassikern brachte ihm wohl Beschwichtigung, nicht den vollen Frieden. Sein grosses Werk entsprang nicht zum mindesten der Anstrengung, diese Kluft zu überwinden.

Die königlichen Freibriefe für Uri, Schwytz und Unterwalden von 1231 bis 1316; Zürich 1860. – *Atlas über die Entwicklung von Industrie und Handel der Schweiz in dem Zeitraume vom Jahr 1770 bis zum Jahr 1870;* Winterthur 1873. – *Urkundenbuch der Abtei St. Gallen;* 5 Bde., Zürich/St. Gallen 1863–1913. – *Industrie und Handel des Kantons St. Gallen auf Ende 1866;* St. Gallen 1875.

HERMANN WARTMANN: Dr. Hermann Wartmann; Zürich 1929. – OSKAR FÄSSLER: Hermann Wartmann; Njbl. Hist. Ver. St. Gallen 1936. 1937.

Philipp Anton von Segesser 1817–1888

Die Segesser waren ein altes Dienstmannengeschlecht aus dem Freiamt, das im 13. Jahrhundert erwähnt wird. Sie siedelten nach Luzern über, wo sie dem Patriziat angehörten und die ersten Stellen bekleideten. Philipp Anton wuchs in knappen Verhältnissen auf, und knapp hielt er sich zeitlebens. Nachdem er in Deutschland die Rechte studiert hatte, trat er seiner Neigung gemäss unter einer katholisch-konservativen Regierung in den luzernischen Staatsdienst. Er misstraute dem Sonderbund; aber dass dieser 1847 mit Waffengewalt zerschmettert und Luzern der Herrschaft des Liberalismus überantwortet wurde, das trug er den Liberalen zeitlebens nach. Er war auch dem neuen liberalen Bundesstaat abgeneigt. Er trat 1848 in den Nationalrat, dem er 40 Jahre angehören sollte. Dass die Katholiken damals politisch verfemt und gesellschaftlich gemieden waren, schüchterte ihn nicht ein; denn in ihm lebte unüberwindlich der Geist. Er wurde Führer der kleinen katholisch-konservativen Oppositionspartei, und wie oft auch niedergestimmt, so erwarb er sich doch mit seiner juristischen und historischen Bildung, seiner schlagfertigen Beredsamkeit, seiner meisterhaften Feder und seiner ausserordentlichen Arbeitskraft einen angesehenen und gefürchteten Namen. Sein geistiger Zuschnitt war gut auf das Aussenseitertum abgepasst, zu dem ihn die Umstände nötigten. Er bekannte von sich: «Ich sprach und stimmte im öffentlichen Leben überall als Katholik, als Föderalist und als Demokrat.» Dieses Selbstbildnis ist nicht vollständig: In ihm wallte das Blut vornehmer Ahnen, das gelegentlich in einem unwillkürlichen Wort laut wurde: «Der höhere Stand involvierte nach meinen Begriffen nur ein höheres Mass an Pflichten, nicht an Rechten.» Auch das schied ihn aus, dass ihn der wirtschaftliche Aufschwung, der materialistische Zug der Zeit innerlich nicht berührte. Wo aber seine Konfession und Kultur aufgerufen wurden, wo die Vergangenheit hereinragte, da wurde er feurig und stand unentwegt in der Bresche. Die Gegner anerkannten seine geistige Macht; seine Gesinnung schätzten sie nicht ganz richtig ein. Sie waren überrascht, als er im Unfehlbarkeitsstreit gegen Rom Stellung nahm und im darauffolgenden Kulturkampf durch seine mutige und versöhnende Haltung der Eidgenossenschaft grosse Dienste leistete. Sonst waren ihm in der eidgenössischen Politik nur Achtungserfolge beschieden. Dagegen gelang es ihm, 1871 das liberale Regiment in Luzern zu stürzen; er trat an die Spitze des Kantons.

Segessers grosses literarisches Werk entsprang nicht Aufträgen, sondern dem eigenen Trieb. Mit Leidenschaft verfolgte er den Kampf zwischen dem Alten und Neuen, der seine Zeit zerriss. Er sah den Sieg des Radikalismus und dessen Abgründe voraus und kündete sie mit den Befürchtungen des humanen Gewissens und dem Bewusstsein an, dass er der Welt Massgebendes zu sagen habe. Er ging in seiner Pflicht auf. Seine Erholung fand er im Wechsel der Arbeit, seinen Genuss in der Unabhängigkeit. Er schuf keine Tageszeitung, obschon er ihren geistigen Unterhalt leicht bestritten hätte; er wollte durchaus sein eigener Ausdruck sein. Während Wartmann Keimfähiges ausstreute, das andere hegten und ernteten, nutzte Segesser sein Gedankengut vollständig aus; jener machte Schule, dieser nicht. Auch in seiner Partei war Segesser ein Einsamer, aber mit seiner Überlegenheit und seinem gewaltigen Rüstzeug unentbehrlich. Man fühlte, dass er im Ausserordentlichen daheim war. Selbst Roms Unwille musste vor ihm einlenken, hatte er doch zuerst wieder dem politischen Gegner Achtung und Rücksicht für den darniedergeworfenen Katholizismus abgenötigt.

Segessers historiographisches Werk umfasst Gegenwart und Vergangenheit, schweizerische und allgemeine Geschichte. Zwiefach ist auch der Antrieb: Er entspringt der ausbrechenden Leidenschaft wie der durchdringenden Hellsichtigkeit. So kann er die providentielle Sendung des Hauses Bonaparte fast fanatisch verherrlichen und wiederum seiner Kirche eindringliche Ratschläge erteilen, die notwendigen Zugeständnisse an die Gegenwart nicht zu versäumen. Die Auskunftsmittel seines reichen Geistes stehen ihm mühelos zur Verfügung und erlauben ihm eine weite Stufenreihe des Ausdrucks, die Beschwörungskraft des Augenblicks, den Sarkasmus, der den Gegner zerschneidet, die Schlichtheit der guten alten Zeit, den Tonfall der Jahrhunderte, der die unvergänglichen Anliegen der Menschheit aufruft. Er ist eindringlich, durchsichtig auch im verwirkten Satzgefüge und löst schwierige Gedankenknoten einfach auf. Sein starker Pulsschlag erfüllt die kleine Abhandlung wie das grosse Werk; an verlassener Stelle leuchtet unvermutet der Geistesblitz auf. Dagegen ist ihm Wohlklang versagt; die harten Übergänge verraten den rücksichtslosen Lauf der Arbeit.

Es ist eigentümlich, wie seine Anteilnahme auf Nahes und Fernes zugleich ging. Der Mann, der die heimatliche Rechtsgeschichte bis in die Einzelheiten des Dorfes erforschte, erfasste liebend und hassend sein ganzes Zeitalter mit einem weltbürgerlichen Zug, den er der neuen Internationalität der Börse und der Aktien entgegensetzte. Es war die Auflehnung des Geistes gegen die dürre Geschäftsmässigkeit der Zeit. Und dieser Weltbürger kam in seiner Heimat als Verfechter der Bodenständigkeit und Verächter des gekauften Namenschweizertums zum Vorschein. Es sind wohl diese still schmerzenden Widersprüche, aus denen seine ungemeine Begabung Fruchtbarkeit empfing. Die harte Forscherarbeit dämpfte die Glut der Leidenschaft nicht.

Seine literarische Tätigkeit hat Segesser als 30jähriger unmittelbar nach Abschluss des Sonderbundskrieges begonnen; er veröffentlichte anonym eine Schrift über die schmerzlichen Ereignisse. Damit wollte er nicht nur

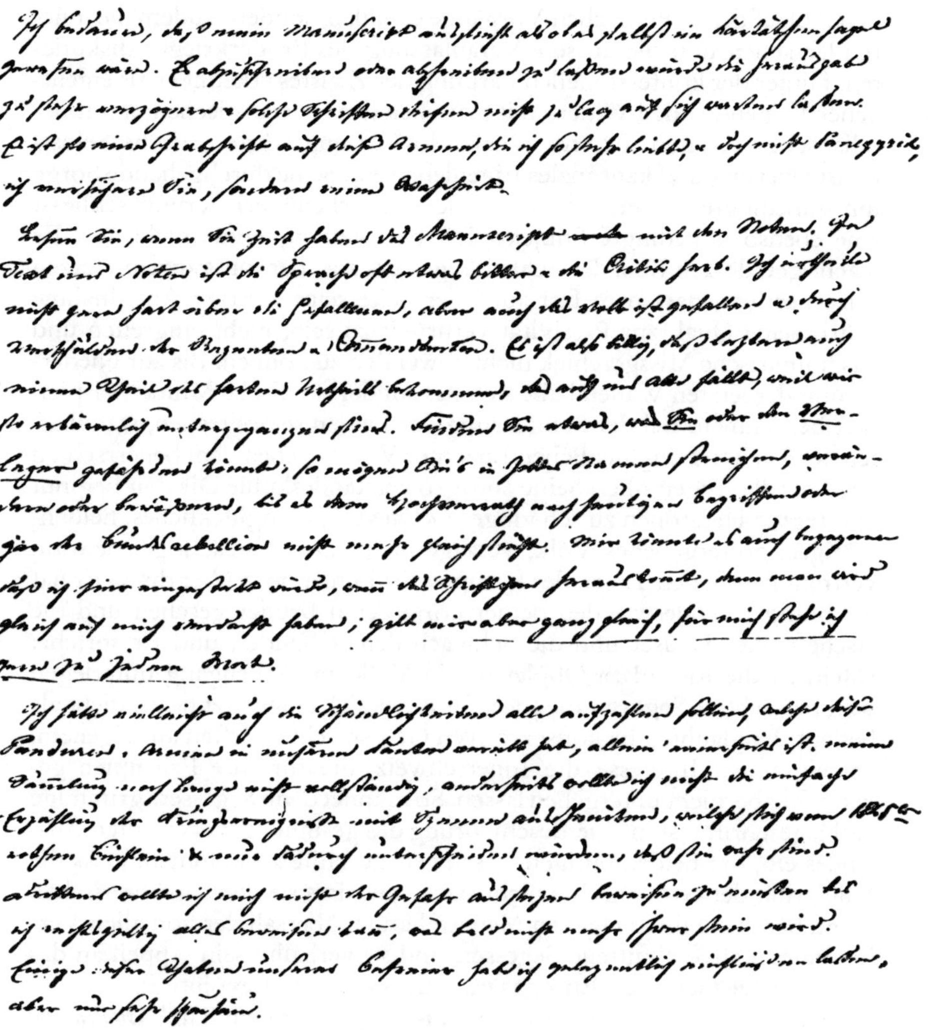

Tafel 52. Brief von Philipp Anton von Segesser an Andreas Heusler, 1847.

den Ablauf der militärischen Vorgänge erzählen, sondern zudem die inneren Ursachen und die äussere Veranlassung des Bruderkrieges diskutieren. Hinter der konfessionellen Färbung des Zwistes erkennt er als eigentlichen Gegensatz den Widerstreit zwischen den zentralistischen und föderalistischen Kräften. Er tritt rückhaltlos für ungestörte örtische Selbstkonstituierung und kantonales Eigenleben ein. Seine durchgehende Sorge um unbedingte Zuverlässigkeit in der Tatsachenüberlieferung schliesst eine ebenso unbedingte Subjektivität der Stellungnahme nicht aus. Es macht gerade den Reiz der Schrift Segessers aus, der mit ganzem Herzen Luzerner war, dass man fast auf jeder Seite seine fiebrige Anteilnahme spürt, seine Qual, zur Passivität verurteilt zu sein, nicht eingreifen und das militärische Missgeschick nicht abwenden zu können. Bis zur Niederlegung der letzten Waffen habe sich das sonderbündische Militär beispielhaft benommen. Bei der Schilderung der Leiden seines treuen, standhaften, jetzt ach tief unglücklichen Luzerner Volkes gehen dem beherrschten Segesser die Augen über. Seine sonst so verstandeskühle Diktion beginnt in erregten Herztönen zu schwingen: «Du aber, o unglückliches, heldenmütiges, gottergebenes Volk, verzage nicht. Der Allmächtige, dem du vertraut hast in den Tagen des Kampfes, ist immer noch über dir... Er hat die blutigen Todeswunden deiner ermordeten Brüder gesehen und die Asche deiner Häuser und die Schmach deiner Kinder, und Er spricht: ‹Mein ist die Rache!›.» Obgleich sein Volk im Waffengang unterlegen war, betrachtete Segesser die Idee, für die es sich eingesetzt hatte, nicht als besiegt. Er glaubte, die konservativen Grossmächte dürften aus eigenem, gemeinsamem Interesse die Innerschweiz, die für ihre Prinzipien gekämpft habe, nicht untergehen lassen. So mündet denn Segessers grimmige Anklageschrift fast in eine Beschwörung des gesinnungsverwandten Auslandes ein, der heldenmütigen Urschweiz zu Hilfe zu kommen. Dass die Solidarität der Grossmächte nicht stark war, dass sie den aufrührerischen Feind bereits in ihren eigenen Mauern hatten, übersah der von allen Verbindungen abgeschnittene Segesser, und so verhallte sein Appell an das konservative Gewissen Europas im Sturmwind der Revolution.

Segesser veröffentlichte von 1859 bis 1875 unter dem Titel *Studien und Glossen zur Tagesgeschichte* acht Abhandlungen, die er den Ereignissen vom italienischen Krieg bis zum Kulturkampf widmet. Sie reichen weit über das gewohnte Schweizerische hinaus. Dass er der Gegenwart mehr Wissbegierde als Liebe entgegenbringt, dass ihn der Fortschrittsgedanke nicht überzeugt, gibt ihm die Freiheit zu einem grossangelegten Versuch, die Gegenwart aus der Vergangenheit zu deuten, während damals der Fortschrittsoptimismus leicht zum Gegenteil verführte. Indem Segesser die wichtigsten wie die verfänglichsten Zeugen befragt, kommt ihm die Notwendigkeit, von den Grenzen der Erkenntnis Rechenschaft zu geben: Die Geschichte ist ihm das Weltgericht, aber er zaudert, den Geschichtsschreiber als Weltrichter anzuerkennen. Wilhelm von Humboldts und Schellings Forderung, die geistigen Kräfte des Geschehens zu erfassen, hatte bisher, von Monnard und Gelzer abgesehen, in unserer Geschichtsschreibung zu zagen, tastenden und ungenügenden Versuchen geführt. Segesser, obwohl sonst nicht ein Jünger Humboldts und Schellings, trachtet durchaus nach einer historischen Ideenlehre. Er waltet mit einer Überlegenheit, die ihn nicht nötigt, den Boden seines Glaubensbekenntnisses zu verlassen. Mit einer schmerzenden Schärfe kennzeichnet er den Fortschritt des Staates und nennt den absoluten Staatsbegriff den Gott der Neuzeit; nicht minder befürchtet er den absoluten Zug in seiner Kirche. In der Abhandlung *Am Vorabend des Konzils,* die 1869 erschien, wendet er sich gegen das angekündigte Unfehlbarkeitsdogma, warnt das vatikanische Konzil vor Bannformeln, die noch dem tridentinischen möglich gewesen seien, und warnt insbesondere davor, die Unfehlbarkeit in einer absoluten Spitze zu konzentrieren. Er entfaltet ein seltenes Verständnis für die Alternativen und Mehrdeutigkeiten geschichtlicher Bedingungen und nennt die absolute Spitze ein logisches Denkprodukt, das an der Wirklichkeit abbrechen könnte. Er sieht den Zusammenstoss zwischen Kirche und Staat voraus und möchte die beiden mit Hilfe einer dritten Macht wo nicht versöhnen, so doch neutralisieren. Diese dritte Macht ist die Kultur, in der er Trost und Freiheit findet. Die Gefahr macht ihn weitherzig. Den Feind sieht er nicht im Protestantismus, der mit dem Katholizismus die christlichen Grundlagen gemeinsam hat, sondern im Absoluten und in allem, was zum Unglauben führt. Der modische Positivismus ist ihm die philosophische Schule der Selbstsucht. Da er eine Kulturtragödie befürchtet, strengt er sich aufs äusserste an, Brücken zu schlagen zwischen Kirche und Staat, zwischen Dogma und Wissenschaft und das Spirituale mit dem Realen zu durchdringen, das Absolute durch deskriptive Behandlung zu erweichen. Er sagt: «Es verhält sich mit dem Sittengesetz wie mit dem Dogma, beide entziehen sich bis auf einen gewissen Punkt der logischen Aktion.» Von höherer humaner Verantwortung aus hat er nie gedacht.

Als das Unfehlbarkeitsdogma siegte, nahm er es hin, ohne seine Bedenken aufzugeben. Er äusserte sie 1875 in der Schrift *Der Culturkampf.* Er erkennt der kirchlichen Gewalt das Recht zu, den Widerspruch zu verbieten, nicht aber das Recht, von den Bedenklichen zu verlangen, dass sie «sincero core» die vatikanischen Definitionen als die richtigen anerkennen sollten. Er bedauert, dass das Vaticanum dem wachsenden, von der Naturwissenschaft genährten Unglauben eine ausgezeichnete Gelegenheit zum Kampf gegeben habe. Unverkennbar ist seine kühle Haltung zur Aufhebung des Kirchenstaates; er hatte in früheren Schriften darauf hingewiesen, welche Rücksichten der Kirchenstaat der kurialen Politik auferlegte. In Rom wollte man seine Schriften auf den Index setzen; bereits ging ihm die Submissionsformel zu. Er unterzeichnete sie nicht, weil er in kirchlichen Dingen der Kirche gehorsam sei, in literarischen aber nur ein literarisches Gericht anerkenne. Seine Schriften kamen nicht auf den Index.

Für die Kritik der hohen Politik war er um so besser ausgestattet, als er sich von der üblichen Verachtung der Monarchie frei hielt. Vielmehr wurde diese der Ausgangspunkt seiner Betrachtungen. Er sieht in der demokratischen Monarchie die Zukunftsform der europäischen Staaten und findet sie in Frankreich verwirklicht, wo sich beide Napoleon durch das Plebiszit haben bestätigen lassen. Er billigt dieser Monarchie einen Vorzug zu: Sie schütze die Minderheit, die in der Demokratie vergewaltigt werden könne. Er preist die Bonaparte als das von der Vorsehung berufene Geschlecht, Europa vor der Geissel der Revolution zu schützen. Wieviel seine stolze Seele der Bewunderung fähig ist, soviel gehört den Bonaparte. Er freut sich über jedes Stück, das Napoleon III. an den Verträgen von 1815 abbricht, und verzeichnet mit Genugtuung seine Siege über die legitimistischen Monarchien Russland und Österreich. Eher noch gibt er der Kurie als dem Kaiser unrecht. Selbst die Expedition nach Mexiko ist ihm ein tiefer, erdumspannender Gedanke. Nach 1870 hält er am Kaiser fest. Dagegen teilt er die Verehrung nicht, die sonst in der Innerschweiz dem österreichischen Kaiserhaus entgegengebracht wurde. Mag die Donaumonarchie die katholische Grossmacht sein, er durchschaut ihre Fragwürdigkeit und bespricht sie gelassen. In England findet er die Verkörperung der Utilität, die andere ausnützt, so Österreich als Blitzableiter verwendet. Die Fortschritte Deutschlands nimmt er zunächst günstig auf und erkennt früher als andere Schweizer Bismarcks Genialität. Noch 1866 billigt er den Norddeutschen Bund; aber nach 1870 schlägt seine Stimmung in offene Abneigung um. Einmal entwickelt sich das geeinigte Deutschland nicht zur demokratischen Monarchie, sondern erhält eine Verfassung, in der er kein klares Prinzip der inneren Ordnung finden kann, und dann habe die Eroberung von Elsass-Lothringen das europäische Gleichgewicht verschoben.

Trotz des entschiedenen Wortes ist Segessers Haltung nicht leicht auszufinden. Er schwankt in der Verrechnung von Macht und Idee, obschon er vereinfachend das Transzendente ausscheidet: «Über Ziele und Wege der göttlichen Weltordnung in der Geschichte lässt sich nicht streiten.» Wenn er auch Geistesmensch ist, gibt er doch dem Realen seinen Rang. Er meint, keine Erfindung habe mehr Einfluss auf die territorialen Gestaltungen als die Eisenbahnen. Der menschlichen Freiheit erkennt er nicht die Bedeutung zu wie sein Jahrhundert, sie entscheide nicht über den Gang der Geschichte, sondern über die Seligkeit des Einzelnen. Aber er weiss um die Macht des Geistigen und Sittlichen; er sagt, die Ideen, von denen die Völker ergriffen werden, seien stärker als die politischen Berechnungen. Wenn er seine Anschauungen auch nicht immer zur Einheit durchbilden kann, wenn ihn auch zuweilen die Leidenschaft über die Erkenntnis hinausführt, so wägt er doch mit europäischem Sinn Staat, Kirche und Kultur ab und gibt mit zündendem Gedanken auch dort Licht, wo er irrt. Unter der Blüte des Fortschrittsglaubens las er in der Tragödie der Menschheit.

Segessers schweizergeschichtliche Arbeiten betreffen die Gegenwart und die Vergangenheit. Was Segesser 1848 über den Sonderbundskrieg aussprach, das kehrt schärfer wieder in seiner Altersschrift von 1887:

Fünfundvierzig Jahre im luzernischen Staatsdienst. Er schildert sein Lebenswerk als Kampf gegen das Fremde, das der Zeitgeist seiner Vaterstadt und seinem Kanton zumutete. Er findet hier den Ton der Traulichkeit, der bekundet, dass ihm das Schlichte so gut lag wie die Weltüberblicke. Wie diese entspringt die Schrift dem Bedürfnis, die Gegenwart geschichtlich zu reflektieren. Er will berichten, wie ihm die schweizerische Politik von Luzern aus erschien. Die Kritik ist allseitig und trifft auch die eigene Partei. Den Ausschlag gibt die Abneigung gegen das Neue, mag er die Gotthardbahn als eine Gefährdung der schweizerischen Unabhängigkeit beklagen, mag er von der Volksschule verlangen, dass sie auf der Bildungsstufe der Eltern bleibe, mag er die Massnahmen schildern, mit denen die regierenden Gegner die Mehrheit im Kanton zu behaupten suchten. Härter als andere Schriften traf diese seine Gegner, weil sie fühlten, dass er sie vor das Gericht der Zukunft zog.

Die Arbeiten, die Segesser der Vergangenheit widmete, hatten den gleichen Zweck, das Alte vor der Missachtung und Entwertung durch die Gegenwart zu schützen. Seine *Beiträge zur Geschichte des Stanserverkommnisses,* die in dem Band II der *Sammlung kleiner Schriften* erschienen, wenden sich gegen den Versuch, das Stanserverkommnis als Herrenbund und beginnenden Verfall der Freiheit zu verrufen, und decken zuerst die tiefe Ursache des Bruderstreites auf, die zentralisierenden Absichten der Städte und den föderalistischen Widerstand der Länder, und stellen den Sieg des Föderalismus fest. Seinem Kanton gab er die vierbändige *Rechtsgeschichte der Stadt und Republik Luzern,* die bis 1848 geht. Die Anregung empfing er von Bluntschlis zürcherischer Rechtsgeschichte. Die ersten Bände stützen sich wie das Muster stark auf Eichhorns Konstruktionen, die letzten haben mehr Selbständigkeit. Das Werk ist ein Zeugnis seiner raschen, entschlossenen und durchdringenden Arbeitsweise. Aus Liebe zum Landleben stellt er die Rechtsverhältnisse eines Dorfes mit gleicher Ausführlichkeit dar wie die der Hauptstadt, so dass die Darstellung in die Breite geht. Zugleich arbeitete er rastlos an der *Sammlung der eidgenössischen Abschiede.* Er übernahm zunächst die Jahre 1478–1590 und dehnte schliesslich die Arbeit in vier Bänden über die ganze Zeit von den Anfängen der Eidgenossenschaft bis zur Reformation aus, womit er den ersten, von Kopp 1839 herausgegebenen Band überholte. Er ging über den vorgeschriebenen Rahmen hinaus und zog neben den Tagsatzungsabschieden auch Gesandtschaftsberichte, Instruktionen und Briefe heran, ein fruchtbares Beispiel für spätere Bearbeiter.

Sein Alterswerk ist die vierbändige Biographie *Ludwig Pfyffer und seine Zeit.* In dieser bedeutenden Gestalt der Gegenreformation verehrte Segesser den grössten Luzerner, der als Söldnerführer in den Hugenottenkriegen und als Haupt der katholischen Schweiz den Namen des Schweizerkönigs erwarb, ja, er fühlte sich mit ihm verwandt, weil er im 19. wie Pfyffer im 16. Jahrhundert für den katholischen Glauben und die innern Orte stritt. Mit ganz persönlichem Genuss führt er die Handlung auf einen grösseren Schauplatz, wo er seine Neigung für weite Überblicke, seinen

Sinn für die Einheit der europäischen Gesellschaft und seine Vorliebe für allgemeine Betrachtungen in den Einleitungen und Zusammenfassungen einzelner Abschnitte befriedigen kann. Auch hier anerkennt er Zeitwandlungen, denen uralte Ordnungen wie die «republica christiana» des Mittelalters weichen müssen. Den Stoff schöpft er aus den erreichbaren Quellen, den Memoiren und den kantonalen Archiven. Nicht sind die Gesandtschaftsdepeschen in der Bibliothèque nationale zu Paris benützt, die ihm doch gelegentlich das Bild verrückt hätten. Die Mängel des Werkes sind unverkennbar. Gewiss verleugnet sich seine Geisteskraft nicht. Aber der hohe Geschmack der Glossen zur Tagesgeschichte ist dem Hang zur derberen Kaustik gewichen, während der Zweck der beiden Werke das Umgekehrte erwarten liesse. Auch ist die vornehmliche Aufgabe der Biographie, einheitliche Blickführung auf den Helden, nicht gewahrt. Paris und Luzern, der König von Frankreich und der Schweizerkönig wechseln, ohne dass die Notwendigkeit vorliegt, die französischen Ereignisse, so die Bartholomäusnacht, bis in die Einzelheiten des Problems auszuholen. Der Gegenstand ist zu wenig gerafft. In meisterhafter Linienführung, die an das geschliffene Kunstwerk der Glossen erinnert, entwirft er die Lage der Schweiz, Frankreichs, Europas; daneben dehnen sich ausgewalzte Flächen; Pfyffer verliert sich oft lange aus der Darstellung, mag man auch durch das Ganze den scharfsinnigen Historiker erkennen. Aber nicht nur in der Form, sondern auch im Urteil lässt er sich gehen. Es ist, wie wenn sich hier der gallige Niederschlag seiner Kämpfe sammelte. Man ist nicht bei der Unbefangenheit zu Gast, die an mancher seiner Schriften fesselt. Trotzdem er die Lage durchschaut, wird er dem französischen Protestantismus im tödlichen Ringen um das Dasein nicht völlig gerecht, sondern möchte ihm die Greuel des Bürgerkrieges zurechnen, die Bartholomäusnacht als die Abwehr eines geplanten hugenottischen Überfalls erklären; Coligny traut er das Verworfene zu.

Was man auch gegen Segessers Schriften einwenden muss, so legt man sie doch mit der Überzeugung aus der Hand, dass er eine geistige Macht war, die Furcht und Achtung gebot.

Beiträge zur Geschichte des innern Krieges in der Schweiz im November 1847 von einem luzernischen Miliz-Offizier; Basel 1848. – *Rechtsgeschichte der Stadt und Republik Luzern;* 4 Bde., Luzern 1851–58. – *Sammlung der Eidgenössischen Abschiede 1245–1520;* 4 Bde., Zürich/Luzern 1858–74. – *Sammlung kleiner Schriften;* 3 Bde., Bern 1877–87. Enthält u.a.: Studien und Glossen zur Tagesgeschichte. Am Vorabend des Konzils. Der Culturkampf. – *Ludwig Pfyffer und seine Zeit;* 4 Bde., Bern 1880–82. – *Fünfundvierzig Jahre im luzernischen Staatsdienst;* Bern 1887. – *Erinnerungen;* Luzern 1891. – Briefwechsel zwischen Philipp Anton von Segesser und Andreas Heusler-Ryhiner 1847–1867, hg. v. EDUARD HIS; Basl. Zeitschr. Gesch. Altertkde. 31, 1932, S. 5ff. – Briefe Anton Philipp von Segessers an August von Gonzenbach aus den Jahren 1848–1868, gh. v. WERNER GANZ, Schw. Zeitschr. Gesch. 10, Zürich 1960, S. 376ff. – Aus dem Segesser-Briefwechsel, hg. v. PAUL LETTER, Geschichtsfreund 114, 1961, S. 192ff.

GEROLD MEYER VON KNONAU: Anton Philipp von Segesser; ADB 33, Leipzig 1891, S. 594ff. – ARNOLD JONELI: Anton Philipp von Segesser als Historiker; Basl. Beitr. vaterl. Gesch. 13, 1893, S. 213ff. – KASPAR MÜLLER: Anton Philipp von Segesser; 2 Bde., Luzern 1917–24. – Zum 100. Geburtstag von Anton Philipp von Segesser; Zeitschr. schw. Recht NF 36, 1917, S. 303 ff. – KASPAR MÜLLER: Philipp Anton von Segesser, eine Gedächtnisschrift zu seinem 100. Geburtstag; Luzern 1917. – FRITZ FLEINER: Anton Philipp von Segesser zu seinem 100. Geburtstag; NZZ 1917, Nr. 599. – PLAZID MEYER VON SCHAUENSEE: Zum 100. Geburtstag des Luzerner Schultheissen Anton Philipp von Segesser; Zürich 1917. – ALPHONS BECK: Kirche und Staat in den Schriften Anton Philipp von Segessers; Ingenbohl 1927. – EMIL FRANZ MÜLLER: Der schweizerische Foederalismus in der Idee Anton Philipp von Segessers; Neue Ordnung, Fribourg 1938. – OSCAR ALIG: Anton Philipp von Segesser; Grosse Schweizer, Zürich 1938, S. 573 ff. – THEODOR STIRNIMANN: Zur Staatsauffassung Anton Philipp von Segessers und ihren geistigen Quellen; Fribourg/Immensee 1942. – JACOB STREBEL: Anton Philipp von Segesser; Schw. Juristen, Zürich 1945, S. 169 ff. – RUDOLF KEEL: Demokratie im Denken Anton Philipp von Segessers; Zürich 1950. – WERNER GANZ: Anton Philipp von Segesser als Politiker; Schw. Zeitschr. Gesch. 1, 1951, S. 245 ff. – E. F. MÜLLER-BÜCHI: Anton Philipp von Segesser als Student der Rechte; Zeitschr. schw. Recht 72, 1953, S. 111 ff. – HANS LENTZE: Die romantisch-konservative Richtung der deutschen Rechtsgeschichte; Geschichtsfreund 106, 1953, S. 5 ff. – E. MÜLLER-BÜCHI: Bundesverfassungsrevision von 1874 und Kulturkampf im Erleben Segessers; Zeitschr. schw. Kirchengesch. 1974, S. 299. – E. MÜLLER-BÜCHI: Segessers Abrechnung mit Vaticanum und Kulturkampf; Zeitschr. schw. Kirchengesch. 1975, S. 127 ff. – WERNER MEYER: Demokratie und Caesarismus. Konservatives Denken in der Schweiz zur Zeit Napoleons III. Europ. Hochschulschr., Reihe III, 48; Bern/Frankfurt 1975.

Moritz von Stürler 1809–1882

Die historische Kritik konnte ihre Gegner überwinden. Aber es ist in einer siegreichen Richtung die Gefahr der Ausschreitung gegeben. Anzeichen davon melden sich beim Berner Stürler. Nicht seine patrizische Herkunft, sondern seine Veranlagung gab bei ihm den Ausschlag. Er legte im Staatsdienst langsam die Ämterlaufbahn zurück, die ihn 1850 an die Spitze der Staatskanzlei und des Staatsarchivs führte. Klug und zurückhaltend, vermied er in bewegten Zeiten Kämpfe und politischen Einfluss, um seine geschäftliche und persönliche Unabhängigkeit zu wahren. Sein Herz gehörte dem Staatsarchiv, das er dem wissenschaftlichen Gebrauch erschloss. Mit bescheidener Vorbildung – er hatte nur einige Vorlesungen an der Akademie Bern gehört – erzog er sich zum Forscher. Er hatte den Ehrgeiz, nicht aber die Lieblosigkeit der kritischen Schule und unterschied sich darin vorteilhaft von seinem Berufsgenossen, dem luzernischen Staatsarchivar von Liebenau. Es war für ihn ein Opfer, die Ehrfurcht vor der Überlieferung zu verabschieden. Er bekannte: «Für uns ist es nun, trotz vielfältiger Anerkennung des Bedürfnisses, weder leicht noch persönlich lohnend, Jahrhunderte lang gewurzelten, lieb gewonnenen und beinahe zu Glaubenssätzen gewordenen Irrthümern den Process zu machen und eine Revision unserer vaterländischen Geschichten, im Allgemeinen wie im Besondern, zu unternehmen. Das haben unter reichlicher Verkennung und Verunglimpfung durch die Zeitgenossen Prof. Kopp in Luzern und seine kritische Schule erfahren.» Mit strenger Wahrheitliebe liess er seine Studien zur geschlossenen Anschauung reifen und erscheint auch dort achtungswürdig, wo ihn die spätere Forschung nicht bestätigt hat.

Stürler legt seine Auffassung von der kritischen Methode 1870 dar in der Schrift *Die Staatspolitik Berns gegenüber Genf*. Er tadelt, dass Calvins Biograph Kampschulte nicht nur die Tatsachen, sondern auch die Motive der Handelnden darstelle; da diese urkundlich oder nach Indizien selten zu ermitteln seien, so müsse der Verfasser nach persönlichen Eindrücken urteilen und, wenn er die Tatsachen noch nach Moralgesetzen analysiere, müsse er das Verdikt nach Überzeugung fällen, womit der Gegenstand ein nicht ursprüngliches Licht empfange, während die kritische Schule nur nach Beweisen urteile oder, wo diese mangelten, das Urteil unterlasse. Freilich nur theoretisch huldigt er hier der kritischen Schule bis in ihre Unfruchtbarkeit; denn in der genannten Schrift lenkt er den Strahl der Erkenntnis nicht nur nach Beweisen, sondern auch nach persönlicher Überzeugung, womit er ungewollt bestätigt, dass die reine Objektivität über die Kraft des Willigsten geht.

Da er eine vollkommene Kenntnis des bernischen Archivs, des grössten schweizerischen, besass, entschloss er sich, die Urkunden zur bernischen Geschichte bis 1415 herauszugeben, ein Unternehmen, das nicht von einem Menschenalter bewältigt werden konnte. Zuerst erschien der zweite Band der *Fontes rerum Bernensium,* der von 1218 an geht; den ersten und den dritten Band hat Stürler noch vorbereitet. Im zweiten Band nun die Aufsehen erregende Enthüllung: Die Goldene Handveste von 1218, mit der Kaiser Friedrich II. Bern die Reichsfreiheit erteilte, wird von ihm nach Rücksprache mit Philipp Jaffé und andern Kennern als eine Zusammenstellung aus dem spätern 13.Jahrhundert erkannt; sie sei wohl 1273 in die vorliegende Form gebracht und so 1274 von König Rudolf I. bestätigt worden. So grossem Widerstand er begegnete, so ist ihm doch die Wissenschaft in der Hauptsache gefolgt. Die Fontes sind heute auf elf Bände angewachsen, aber noch nicht abgeschlossen. Da Stürler seine Aufgabe vornehmlich darin sah, dokumentarische Grundlagen für die künftige Geschichtsschreibung zu schaffen, veröffentlichte er die *Urkunden zur bernischen Kirchenreform*, ferner die *Korrespondenz des Generals Brune vom 5. Februar bis 28. März 1798* und *Aktenstücke zur Geschichte der französischen Invasion in der Schweiz im Jahr 1798*.

Stürler schrieb weniger, als seine ausgebreiteten Kenntnisse erwarten liessen. Er ist wohl mit sich selber über das Letzte nicht ins reine gekommen. Bei seiner regen Einfühlungsgabe blieb ihm nicht verborgen, dass zum Aktenstudium noch die höhere Einsicht des Verstehens treten müsse. Er besass dieses Vermögen, aber er wollte doch vor allem als der Vertreter der kritischen Schule erscheinen, der sich den nackten Ergebnissen der Akten unterwarf, auch wenn sie ihn schmerzten. Nach seinem Tode wurde die Studie *Der Laupenkrieg 1339 und 1340* veröffentlicht. In einem schmalen Band drängt er das Ergebnis vierzigjähriger Bemühungen zusammen, das ihm das Geständnis abnötigt: «Wahrlich, die Kritik hat Momente, wo sie den selbst, der sie ausübt, anwidert, und doch muss es sein.» Es handelt sich um die Frage, ob Rudolf von Erlach Anführer bei Laupen gewesen sei. Stürler verneint sie, indem er den Bernerstolz der Forscherpflicht unterwirft. Wie es zu geschehen pflegt, wenn der entscheidende Schritt getan wird, geht er zu weit. Da Justingers Stadtchronik Erlach zuerst nennt, spricht er ihr alle Glaubwürdigkeit ab. Um überhaupt nicht einen Ruhmeskranz zu erteilen, schätzt er die Taten der Berner klein ein, weder sei ihr Sieg so durchschlagend, noch die Zahl der Feinde so gross gewesen, als man angenommen habe. Er ist seither in wichtigen Punkten des Irrtums überführt worden. Er musste sich selbst gegen sein besseres Empfinden verbauen, um das Grosse am Laupenkrieg, da Bern seine Zukunft gegen eine Überzahl von Feinden behauptete, zu übersehen. Schon bei ihm lief die Kritik in eine Sucht aus, die das Feingefühl für das Wesentliche überwucherte.

Stürlers Ansicht von Laupen war schon früher bekannt geworden und hatte die bernischen Historiker herausgefordert. *Gottlieb Studer,* 1801 bis 1889, Theologieprofessor und Geschichtskenner, der Justingers Chronik herausgab, bekämpfte sie in den Kommentaren zu Justinger, die er im Archiv des historischen Vereins des Kantons Bern veröffentlichte. *Emil Blösch,* 1838–1900, ebenfalls Theologieprofessor und Historiker, trat Stürler mit der Schrift entgegen *Rudolf von Erlach bei Laupen,* in der er scharf den Standpunkt der Geschichtsschreibung gegen die kritische Schule betonte: Diese führe zur Unfruchtbarkeit, wenn sie sich den Geschichtssinn, zu dessen Unterstützung sie berufen sei, unterjochen wolle. Damit war die Frage gestellt, ob die kritische Schule ihre Ergebnisse, das Gute, das in ihr lag, selber verwerten konnte.

Die Korrespondenz des Generals Brune vom 5. Februar bis 28. März 1798; Arch. Schw. Gesch. 1858, S. 227 ff. – *Aktenstücke zur Geschichte der französischen Invasion in der Schweiz im Jahr 1798;* Arch. Schw. Gesch. 1864, S. 175 ff.; 1868, S. 179 ff. – *Urkunden zur bernischen Kirchenreform;* 2 Bde., Bern 1862–82. – *Die Staatspolitik Berns gegenüber Genf;* Bern 1870. – *Fontes rerum Bernensium;* Bde. 1–3, Bern 1877–83. – *Der Laupenkrieg 1339 und 1340;* Bern 1890.

FRIEDRICH FIALA: Moritz von Stürler; Anz. Schw. Gesch., 1882, S. 95.

Ernst Ludwig Rochholz 1809–1892

Bei ihm brach das Allrecht der Kritik, die Erlaubnis zu durchgehendem radikalem Urteil ungehemmt durch. Er kam 1834 aus Bayern als politischer Flüchtling in die Schweiz und fand als Lehrer an der Kantonsschule in Aarau eine Stätte. Mit philologischen und juristischen Kenntnissen wohl ausgerüstet, lebhaften, rastlosen Geistes, hatte er doch zum grossen Werk nicht die Geschlossenheit. Seine Vorstellungswelt war zerrissen. Die Romantik regte in ihm die Liebe zum Volkstümlichen an. Doch seiner reizbaren Eigenwilligkeit fehlte die Ehrfurcht vor der Überlieferung. Mit Stolz bezeichnete er sich als denkfrei und bekämpfte das Christentum, weil es dem germanischen Volkstum aufgedrängt worden sei. Er sammelte im Aargau alten Volksbrauch, Lieder, Märchen, Sagen, Sprüche, Spiele, Rechtsaltertümer; sechzig Bände fanden sich in seinem Nachlass. Mit zahlreichen Veröffentlichungen in der Presse arbeitete er der Wissenschaft vor, die man heute Folklore nennt. Aber er kam dem Alten nicht mit liebevollem Erhorchen, sondern mit herrischem Besserwissen entgegen und beanspruchte für sich eine Freiheit, die er dem Gegenstand nahm. Er gab eine *Eidgenössische Lieder-Chronik* mit den ältesten historischen Liedern und die *Amts-, Dorf- und Hofrechte aus dem Aargau* heraus. Seine *Deutschen Volks- und Heldenbücher*, neu erzählt, erlebten rasch vier Auflagen. In verdüsterter Altersstimmung wandte er sich der Sagenkritik zu. In der Studie *Tell und Gessler in Sage und Geschichte* verfolgt er mit Quellenkenntnis und schiefer Überlegenheit die Entstehung der Sage. Strenger sind die alten Chronisten nie angefasst worden: Sie hätten mit vorberechneter Arglist die Tatsachen gefälscht. In der nächsten Studie *Die Aargauer Gessler,* will er nachweisen, dass die Kantone die Gessler von Brunegg beraubt und dass die Chronisten aus den Vergewaltigten Vergewaltiger gemacht hätten, «weil es aller Lohnschreiber Art von jeher war, die Sünden der Herren, denen man dient, ganz abzuleugnen».

In die Zeit des Kulturkampfes fällt *Die Schweizer Legende von Bruder Klaus von Flüe*. Es ist ein grollender Ausbruch, in dem die Kritik zum Zerrbild wird. Wieder verfügt er über eine ungemeine Quellenkenntnis und macht damit deutlich, dass die Kritik eine Kunst ist, die nicht nur Ratio, sondern auch seelischen Kompass verlangt. Der Klerus und die Magnaten hätten den schmutzigen, erschrockenen Sonderling mit geheimnisvollem Zauber umzogen, um den Fanatismus des unwissenden Bergvolkes zu stacheln. Weil Bruder Klaus nichts ass und trank, nichts konnte und nichts tat, nennt ihn Rochholz das vierfache Nichts, das man dem gewerbstätigen Schweizervolk als verehrungswürdig vorstelle. «Ist es wohl auch eingegeben vom hl. Geist, welcher doch zweifellos der Vater unserer schlichten Menschenvernunft ist?» Rochholz sieht auch nichts Gutes in dem versöhnenden Einfluss, den Bruder Klaus 1481 auf die Tagsatzung zu Stans ausübte, weil das Ergebnis, das Stanser Verkommnis, die Willkürherrschaft über die Untertanen gewährleistet habe. «Damit ist auch Klausens angebliches Verdienst mitentwertet.» Es ist geübter Scharfsinn im einzelnen da, in der Erfassung des Gesamtproblems versagt er. Es scheint wie abgeirrte Aufklärung, mit grellem Wortschatz geputzt; die antiklerikalen Zynismen fallen zum Platten des Schenktisches ab. Die Erlaubnis zu seiner gelehrten Ausschreitung gaben ihm der Kulturkampf, das industrielle Ethos der Zeit und eine rationale Geschichtsauffassung, die den Eigentümlichkeiten der alten Schweiz nicht hold war. Er verstand es ausgezeichnet, der herrschenden Tagesrichtung zu dienen; diese und nicht die kritische Schule trägt mit ihm die Verantwortung für das Buch.

Eidgenössische Lieder-Chronik; Bern 1835. – *Die Schweizer Legende von Bruder Klaus von Flüe;* Aarau 1875. – *Die Aargauer Gessler in Urkunden von 1250–1531;* Heilbronn 1877. – *Tell und Gessler in Sage und Geschichte;* Heilbronn 1877. – *Deutsche Volks- und Heldenbücher;* 1. Aufl., Leipzig 1876, 4. Aufl., Stuttgart 1883.

JACOB HUNZIKER: Ernst Ludwig Rochholz; Progr. aarg. Kantonsschule 1892/93. –
EDWARD SCHRÖDER: Ernst Ludwig Rochholz; ADB 53, Leipzig 1907, S. 415 ff.

Theodor von Liebenau 1840–1914

Er holte seine wissenschaftliche Bildung an der Universität Innsbruck und war von 1871 bis zu seinem Tod Staatsarchivar von Luzern. Von den Urkunden aus erwarb er sich ein Wissen, das zu den umfangreichsten in der Schweiz gehörte. Infolge der rastlosen Arbeit entbehrte er in den letzten Jahren das Augenlicht. Liebenau war vorzüglich Kenner und Kritiker, nicht Könner und Darsteller. Obschon seine Begabung mit der wissenschaftlichen Richtung der Zeit übereinstimmte, geriet doch seine Arbeit ins Freudlose. Das lag nicht an einer konfessionellen oder politischen Einseitigkeit, sondern die Trübung war persönlich. Da es ihm nicht leicht fiel, sich einzureihen, verwies ihn das Leben in die innere Vereinsamung. Erfrischung zog er aus seiner kritischen Ader. Es bereitete ihm Genugtuung, Unzulänglichkeiten aufzuspüren und andere beschämt abziehen zu lassen. Bisweilen geriet er an den Unrechten, wie denn sein Streit mit P. Martin Kiem über die Anfänge des Klosters Muri nicht einseitig zum Verdruss des Gegners verlief. Wertvolles scheint bei ihm verkümmert zu sein. Es gelang ihm, die Richtigkeit der Fläche, nicht die Reichhaltigkeit der Tiefe auszufinden. Das Walten geschichtlicher Mächte ergriff ihn nicht.

Dabei leistete Liebenau verdienstliches Werk, indem er zu mancher Stelle unserer Geschichte gesichertes Wissen beisteuerte. Wie Rochholz liebte er die Streuarbeit; die Zahl seiner Artikel in der Presse ist fast unabsehbar. Sein reiches Wissen machte er vornehmlich seiner Leidenschaft für das Verneinen dienstbar. Besonderes Aufsehen erregte sein Angriff auf die Chronique des chanoines de Neuchâtel aus dem späten Mittelalter, die Samuel de Pury 1714 gefunden und ausgezogen haben wollte, kurz bevor sie bei einem Brand untergegangen sei. Liebenau unternahm 1895 in den Katholischen Schweizerblättern den Nachweis, dass die Chronik eine Erfindung de Purys sei, indem er sich besonders des Einwandes bediente, die Chorherren hätten Begebenheiten, die ihnen als Zeitgenossen hätten bekannt sein müssen, unrichtig aufgezeichnet, ein Einwand, der als kritisches Prinzip genugsam widerlegt ist. Er übersah bestimmte Anzeichen, die darauf hindeuten, dass de Pury, wenn auch nicht eine Chronik der Chorherren, so doch gute alte Vorlagen für seinen Auszug benutzt haben muss. Die Fachleute pflichteten ihm bei, und er ging 1900 zu einem neuen Angriff über. Beat Fidel von Zurlauben hatte 1753 die Handschrift einer Freiburger Chronik aus dem 14. Jahrhundert gefunden, die 1794 als Anonymus friburgensis im Druck erschien. Nachher ging die Handschrift verloren. Liebenau behauptete, Zurlauben habe jene Handschrift ungeschickt gefälscht, und spielte erneut das Argument aus, die Chronik bringe Unwahres, das ein Zeitgenosse hätte richtig wissen müssen. Wieder stimmten die Fachleute ausnahmslos den scharfen Beweisen Liebenaus bei, obschon sie ein Blick in Gottlieb Emanuel Hallers Bibliothek der Schweizergeschichte hätte warnen sollen. Da wurde 1919 zu Lausanne eine Handschrift des Anonymus entdeckt, deren Schriftzüge auf 1420 hinweisen. Die kritische Schule lief sich mit Liebenau leer, so dass es bereits an Zerstörbarem zu mangeln begann.

Liebenau wählte für seine beschreibenden Arbeiten vornehmlich Kulturgeschichte. Man hatte sie früher nur gestreift, ohne ihren Gegenstand klar zu erfassen. Man hatte Auffälliges und Seltsames dafür angesehen, und erst allmählich wies man sie auf ihre wahre Bestimmung hin, den vergangenen Alltag zurückzurufen. Liebenau gehörte zu den ersten, die das richtig ausfanden. Er kam dem Fremdenverkehr mit der Monographie *Das Gasthof- und Wirtshauswesen der Schweiz in älterer Zeit* entgegen. Das Thema erlaubte, Lachen, Lust und geselligen Lärm der Vorfahren mit Behagen zu schildern. Er aber gelangte nicht über sich hinaus, sondern tat sich an seinen erstaunlichen Kenntnissen mit einer stechenden Laune gütlich, die jedem Ort etwas anhängte. Wo er sich im Bereich des Menschlichen vom Sinnigen bis zum Ausgelassenen ergehen durfte, fand er sich mit Witz und platter Nutzanwendung ab. Seinem Geburtsort widmete er *Das alte Luzern*. Es ist eine Beschreibung der Stadt nach Quartieren mit eingestreuten kulturgeschichtlichen Notizen. Der Sinn der Sitte, die Notwendigkeiten einer karg ausgestatteten Zeit werden nicht gesucht, sondern das vergangene und das gegenwärtige Luzern mit boshaften Glossen bedacht. Wenn er die Wohnung des Scharfrichters als Kulturstätte und die Hinrichtung als Kopfarbeit bezeichnet, fehlt es ihm eben an Geschmack und Herz. In amtlichem Auftrag schrieb er die *Geschichte der Fischzucht in der Schweiz*, um vor der Verwüstung des alten Fischreichtums zu warnen, eine Probe seiner ausgedehnten Kenntnisse im Wirtschaftsleben. Aber wieder kommt seine Unlust aus, den Sinn der Dinge zu vertiefen, hier eine Verrechnung zwischen der Liebhaberei und dem wirtschaftlichen Bedürfnis zu finden.

Liebenau verfasste auf 1886 die Denkschrift für die Jahrhundertfeier von Sempach, *Die Schlacht von Sempach*. Sie zerfällt in eine Darstellung und eine Quellensammlung. Gegen seine Art spannt er die Kritik ab und wird traditionsgläubig, um Winkelried auf die Feier hin zu retten; ja, er rechnet in der Einleitung mit der kritischen Schule ab und wirft ihr vor, sie sei in der Verneinung zu weit gegangen. Das Winkelriedproblem wird nicht erörtert, sondern mit bejahender Gelindigkeit gestreift. Die vielen Einzelheiten lassen die grosse Linie nicht aufkommen, geschweige dass es ihm gelänge, die eindringliche Kraft und den beschwingten Ton zu finden, den der eidgenössische Feiertag verlangte.

Rastlos forschend und produzierend, fand Liebenau nicht die Besonnenheit, die zu höherer Ordnung und Einheit führt. Der Ehrgeiz, möglichst viel Kenntnisse auszubreiten, bot keinen Ersatz dafür. Dauerhaftes konnte sein Werk nicht tragen, da er auf der äussersten Grenze einer Gattung stand.

Das alte Luzern; Luzern 1881. – *Die Schlacht von Sempach.* Gedenkbuch zur fünften Säcularfeier; Luzern 1886. – *Das Gasthof- und Wirtshauswesen der Schweiz in älterer Zeit;* Zürich 1891. – *Der luzernische Bauernkrieg im Jahre 1653;* Jahrb. Schw. Gesch. 18, Zürich 1893, S. 229–331, 19, 1894, S. 71–320, 20, 1895, S. 1–233. – *Die Chronisten des*

Stiftes Neuchâtel; Kath. Schw. Bl. 11, 1895, S. 479 ff. – *Geschichte der Fischzucht in der Schweiz;* Bern 1897. – *Über Liebenaus Kritik am Anonymus Friburgensis* (Anz. Schw. Gesch. 1919, S. 194 ff.), siehe S. 92.

ANNA VON LIEBENAU: Erinnerungen an Theodor von Liebenau; o. O. u. J. – PETER XAVER WEBER: Die literarischen Arbeiten von Theodor von Liebenau. Zusammenstellung; Anz. Schw. Gesch. 1914.

Johannes Strickler 1835–1910

Die haltbare Frucht der kritischen Schule hatte eine Reife erreicht, die den Fachmann ermunterte, sie geniessbar weiten Kreisen darzubieten. Herkunft und Humanität beriefen Johannes Strickler zu diesem Werk. Er trug in der Jugend das Joch der Armut und arbeitete sich im zürcherischen Lehrerseminar zu geistiger Leistung empor. Er diente seinem Kanton als Seminarlehrer und 1870–1881 als Staatsarchivar. Dass er rasch einen gelehrten Namen erwarb, lenkte ihn nicht von der Aufgabe ab, die er heissen Herzens als die Pflicht seines Lebens auffasste. Den Übergangenen, den kleinen Leuten, deren Not er geteilt hatte, sollte seine Arbeit gehören, ihnen wollte er das Licht des Geistes spenden, wie er auch politisch auf der Linken stand. Er veröffentlichte 1867 den *Grundriss der Schweizergeschichte,* der 1874 als *Lehrbuch der Schweizergeschichte für höhere Schulen, zugleich vaterländisches Lesebuch für alle Stände* in zweiter Auflage erschien. Er gab die klare, knappe und geistvolle Zusammenfassung eines auserlesenen Stoffes, in der er Gesittung, Wirtschaft und Geistesleben, die man bisher allenfalls als Anhang mitgenommen hatte, mit der Politik verflocht. Doch seine Hoffnung wurde enttäuscht. Seine feingeschnittene Darstellung liess jenen volksfesselnden Ton vermissen, der sich bald grollend, bald aufblühend, bald behaglich über die Vergangenheit ergeht. Es ist ein Buch höherer Grade, aus dem sich der Fachmann, nicht das Volk versah. Es enthält seine Überzeugung. Freilich, da es für ihn nur eine Menschheitslösung gab, die Ideen von 1789, so taucht er, was weiter zurücklag, in den fahlen Schein des Vergehens. Er liess sich nicht entmutigen, den Weg zum Volk zu suchen und Schweizerart mit höherer Gesittung zu durchdringen. Um den Alltag von ehemals auferstehen zu lassen, schrieb er die *Geschichte der Gemeinde Horgen,* die als Muster einer Gemeindemonographie gilt.

Das weist Strickler die Stellung in der Wissenschaft an, dass er mit der volksbildenden Schriftstellerarbeit die fruchtbarste Quellenforschung verband. Dieweilen er auf dem vernachlässigten zürcherischen Staatsarchiv Ordnung schaffte, gab er in zwei Bänden die eidgenössischen Abschiede der Reformationszeit von 1521–1532 heraus; das Urteil hat sie als die besten der Sammlung bezeichnet. Von der Grösse des Gegenstandes ergriffen, wollte er ihn dem Volk erschliessen und arbeitete ihn um in die fünf handlichen Bände der *Aktensammlung zur schweizerischen Reformationsgeschichte,* von der er meinte, dass sie in jedem Gemeindearchiv Platz finden sollte. Das Ergebnis war Enttäuschung. Doch dafür entschädigte ihn das Glück, das er in seiner Begeisterung fand.

Er trat 1883 in das Bundesarchiv in Bern über und übernahm die Herausgabe der helvetischen Akten. Wieder bewährte sich seine Meisterschaft in der Behandlung der Akten, der Scharfblick, der den unabsehbaren Wust durchdrang, die geduldige Hingabe an das Grosse wie das Kleine. Von 1886 bis 1911 erschien in elf Bänden die *Actensammlung aus der Zeit der Helvetischen Republik*. Noch sehen wir ihn, wie er am Tage, da der letzte Band herauskam, durch die Gassen Berns daherging, mit dem ungehobelten Schritt, der lauten Stimme, dem weissen, wehenden Bart und dem guten Blick; er gestand, er gönne sich zum Ereignis einen freien Nachmittag, den ersten seit zwanzig Jahren. Gleich ging er an die zweite, kulturgeschichtliche Reihe der helvetischen Akten; er konnte ihre Ausgabe nur vorbereiten. Zuweilen liess er sich zu vaterländischen Gedenktagen vernehmen, so im Jubiläumsjahr 1891 mit dem *Schweizerischen Verfassungsbüchlein*, so 1898 mit der Schrift *Die helvetische Revolution*. Er strebte nach der Unbefangenheit des Urteils, ohne die Seite des Volkes zu verlassen. Seiner Pflicht hat er ganz gelebt, aus dem tiefen, vielleicht unbewussten Ethos, dass ohne solche Opferfähigkeit die Wissenschaft, die Gesittung nicht bestehen.

Grundriss der Schweizergeschichte; Zürich 1867/8. – *Lehrbuch der Schweizergeschichte;* 2., gänzlich umgearbeitete Aufl. Zürich 1874. – *Amtliche Sammlung der älteren Eidgenössischen Abschiede* Bd. IV, Abt. 1 a 1521–1528, Brugg 1873, Abt. 1 b Zürich 1876. – *Aktensammlung zur schweizerischen Reformationsgeschichte;* 5 Bde., Zürich 1878–1884. – *Geschichte der Gemeinde Horgen;* Horgen 1882. – *Actensammlung aus der Zeit der helvetischen Republik;* 16 Bde. (Bde. 12–14 hg. v. *Alfred Rufer*), Bern 1886–1966. – *Schweizerisches Verfassungsbüchlein;* 2. Aufl. Bern 1891. – *Die helvetische Revolution;* Frauenfeld 1898.

Die Jugendzeit Johannes Stricklers, von ihm selbst erzählt, hg. v. ALFRED RUFER; Zürcher Post 1920.

Traugott Schiess 1864–1935

Neben Strickler reiht sich wie von selbst dieser Appenzeller ein: gleicher Weg, gleiche Leistungen, ein paar Grade herber, ohne Stricklers Verlangen nach Volksnähe, dafür von künstlerischen Neigungen angeregt. Nach zehn Jahren Schuldienst in Chur kam Schiess 1901 als Stadtarchivar und Bibliothekar nach St. Gallen. In zahlreichen Monographien behandelte er die Geschichte St. Gallens und der Ostschweiz vom Altertum bis in die neueste Zeit. Vor allem trug er sich als Herausgeber in die Wissenschaft ein: *Appenzeller Urkundenbuch*, zwei Bände, *Heinrich Bullingers Korrespondenz mit den Graubündnern*, drei Bände, *Briefwechsel der Brüder Ambrosius und Thomas Blaurer*, drei Bände, *Urkundenbuch der Abtei St. Gallen*, Band fünf und sechs. Nahe der Siebzig, krönte er seine Lebensarbeit mit dem *Quellenwerk zur Entstehung der Schweizerischen Eidgenossenschaft*, dessen erste Bände er zusammenstellte; über der Drucklegung des zweiten Bandes ist er gestorben.

Bullingers Korrespondenz mit den Graubündnern; Quell. Schw. Gesch. 23–25, Basel 1904–06. – *Briefwechsel der Brüder Ambrosius und Thomas Blaurer;* 3 Bde., Freiburg i. Br.

1908–12. – *Urkundenbuch der Abtei St. Gallen;* 5/6, St. Gallen 1913. 1955 (unter Mitwirkung von *Joseph Müller* und *Paul Staerkle*). – *Appenzeller Urkundenbuch;* 2 Bde., Trogen 1913. 1934. – *Quellenwerk zur Entstehung der Schweizerischen Eidgenossenschaft;* 1, Aarau 1933.

Zur Erinnerung an Herrn Dr. phil. Traugott Gottfried Schiess; Ansprachen an der Trauerfeier 1935. – H.E.: Traugott Schiess; Zwingliana 6, S. 129ff. – ERNST KIND: Traugott Schiess; Zeitschr. Schw. Gesch. 15, 1935, S. 77ff. – OSKAR VASELLA: Stadtarchivar Dr. Traugott Schiess; Zeitschr. Schw. Kirchengesch. 29, 1935, S. 158ff.

Friedrich Salomon Vögelin 1837–1888

Es gab in Zürich eine gelehrte Familie Vögelin, die sich durch Generationen um Geschichte bemühte. Der Kirchenrat *Salomon Vögelin,* 1774 bis 1849, verfasste 1829 *Das alte Zürich,* ein sinnig erdachter Rundgang durch Zürich im Jahr 1504. Aus dem Büchlein wird man wieder inne, dass man vor hundert Jahren einem behaglich eingestimmten Leserkreis erzählen durfte. Der Sohn *Anton Salomon,* 1804–1881, Pfarrer und Professor der Philologie, gab Beiträge zur zürcherischen Stadtgeschichte und biographische Abrisse. Mit dem Enkel Friedrich Salomon trug sich das Geschlecht am nachdrücklichsten in das Geistesleben ein. Aufsehen umgab ihn von jung an. Als Pfarrer von Uster forderte er durch radikale Reformtheologie heraus. Wie Strickler schenkte er sein Herz den untern Volksschichten und sass als erster Arbeitervertreter im schweizerischen Nationalrat. Aber welch ein Unterschied zwischen dem hartgestählten Proletariersohn vom Lande, der mit Leib und Seele standhielt, und dem letzten Spross einer hochkultivierten, altkonservativen Stadtfamilie, der ein angehäuftes Geisteserbe glänzend und unglücklich zu Ende trug, überragend begabt, hinreissend beredt, vielseitig, rastlos, zartnervig mit schwankender Gesundheit. Er hat auf die Geschichtsstudien ungemein anregend gewirkt. Da er Jacob Burckhardts Vorlesungen in Basel gehört hatte, wandte er sich schon als Landpfarrer der heimischen Kunstforschung zu. Bei dem demokratischen Umschwung von 1869 wurde für ihn eine Professur für Kultur- und Kunstgeschichte an der Universität geschaffen. Er war vorzüglich für den geistigen Hochflug ausgestattet; seine Verjüngungskraft floss aus unerschöpfter Tiefe. Wo er durchkam, hinterliess er eine geniale Spur; er bereicherte, was er berührte. Aber es war ihm nicht gegeben, mit seinem Reichtum hauszuhalten. Er konnte seine Leidenschaft wohl für einen Vortrag, nicht auf die Dauer zusammenfassen. Vieles griff er an, den grossen Wurf versuchte er nicht. Er kam zur Unterschicht, Strickler kam aus der Unterschicht, dieser Unterschied geht durch das Ganze. Dass Vögelin nicht der gebietende Ausdruck seiner Zeit wurde, das verschuldete wohl der Mangel an stäter Lebenskraft. So heftig er sich in der Politik verausgabte, in der Wissenschaft fand er die Unbefangenheit. Während seine politische Stellung das Bekenntnis zum Materialismus verlangte, bewahrte er seinen spiritualistischen Zug.

Mehr als die reine Forschung beherrschte ihn das Verlangen, dem Volk das Beste zu erschliessen. In dem Vortrag *Kunst und Volksleben* ist jeder

Satz ein spannender Gedanke in schlichter Form. Er betont, dass die Monarchien mehr für die Kunst getan hätten als die Republiken, obschon die echte Kunst aus der Volkstiefe lebe; darum verlangt er von der Demokratie, dass sie die Kunst hege, weil es ihr nicht gleichgültig sein könne, welche Bilder die Volksphantasie beherrschten. Wie er Gegenwartsforderungen mit der Vergangenheit bekräftigte, bezeugt der Lebensabriss *Ulrich Zwingli*. Er nimmt Zwingli von der sozialpolitischen und gesetzgeberischen Seite, der stärksten Kraft des Reformators, während die theologische zurücktritt; aber mit dem Mut, der vor keinem Geständnis haltmacht, enthüllt er auch die Verirrungen, in die Zwingli in der letzten Zeit fiel. Wieder ist ein Reichtum an offenen Gedanken da, den er, wie alles, mit eigentümlichem Schwung zum ergreifenden Bekenntnis erhebt. Dem kritischen Zug der Geschichte huldigte er mit einer antiquarischen Abhandlung. Theodor Mommsen hatte in seinen Inscriptiones Confoederationis Helveticae latinae behauptet, nicht Aegidius Tschudi, sondern Johannes Stumpf habe zuerst in der Schweiz römische Inschriften gesammelt und gedeutet. Vögelin stellte fest, dass Tschudi zuerst Inschriften abschrieb und auflöste und damit Stumpf ausstattete, eine Freigebigkeit, die Vögelin mühelos verstand. Ein Werk der Pietät war es, dass er *Das alte Zürich* seines Grossvaters neu herausgab und mit anderen Gelehrten durch einen Kommentar erläuterte, der sinnfällig verdeutlichte, wieviel die Heimatforschung in fünfzig Jahren gewonnen hatte. Vögelin blieb bis zuletzt eine grosse Hoffnung; mit Bedauern ahnt man, was eine Schweizergeschichte aus seiner Feder geworden wäre.

SALOMON VÖGELIN: *Das alte Zürich;* Zürich 1829. 2. Aufl., 2 Bde. und Register, hg. v. *Friedrich Salomon Vögelin;* Zürich 1878–90.

FRIEDRICH SALOMON VÖGELIN: *Ulrich Zwingli;* Zürich/Winterthur 1868. – *Kunst und Volksleben;* Öffentliche Vorträge, gehalten in der Schweiz, 3, Heft 11, Basel 1876. – *Wer hat zuerst die römischen Inschriften in der Schweiz gesammelt und erklärt?* Jahrb. Schw. Gesch. 11, 1886, S. 27 ff.

GEROLD MEYER VON KNONAU: Friedrich Salomon Vögelin; ADB 40, Leipzig 1896, S. 148 f. – WALTER BETULIUS: Friedrich Salomon Vögelin. Sein Beitrag zum schweizerischen Geistesleben in der 2. Hälfte des 19. Jahrhunderts; Winterthur 1956.

Alexandre Daguet 1816–1894

Daguet hat unter den Historikern von Freiburg das grösste Schriftwerk hinterlassen. Als er in seiner Vaterstadt in die Schule des berühmten Paters Girard eintreten sollte, nahm dieser den Rücktritt und ging nach Luzern. Daguet empfing seine Schulung bei den Jesuiten. Erst später, als Girard nach Freiburg zurückkehrte, wurde Daguets aufgehendes Talent durch den Umgang mit diesem reichen und humanen Geist gefördert. Das Elternhaus gab ihm die religiöse Überzeugung, und sie wurde nicht erschüttert, als er begierig die Gedanken der Regeneration aufnahm. Man hat ihn deshalb einen liberalen Katholiken genannt. Er begann seine Laufbahn als Lehrer, und um das literarische Leben zu wecken, gab er die erste Zeitschrift in Freiburg heraus. Mit der Leichtigkeit und Klarheit des geborenen Schriftstellers erregte er mit seinen ersten geschichtlichen Versuchen Aufsehen. Obschon er bisweilen mehr gab, als er hatte, bemerkte man doch die anhaltende Arbeit und den Sinn für das Wichtige.

Die Politik schnitt tief in sein Leben ein. Die radikale Minderheitsregierung, die nach dem Sonderbundskrieg aufkam, übertrug ihm die Leitung der neugegründeten Kantonsschule. Er konnte nicht Herz zu ihr fassen und bekam ihren Unwillen zu fühlen. Das gewann ihm nicht das Vertrauen der katholisch-konservativen Gegenpartei. Als diese 1856 an die Macht gelangte, wurde Daguet an eine untere Schule versetzt und blieb vom höheren Unterricht ausgeschlossen, trotzdem zahlreiche Ehrungen von aussen der Vaterstadt seine Bedeutung vorstellten. Da nahm er 1866 einen Ruf an die Akademie von Neuenburg an. Mochten auch Beredsamkeit und Wissen eine zahlreiche Hörerschaft um ihn sammeln, er verschmerzte Freiburg nicht, das ihm verschlossen blieb.

Daguet erhielt 1849 von der freiburgischen Regierung den Auftrag, Zschokkes Schweizergeschichte in ein französisches Schulbuch umzuarbeiten. Er hatte keine Fachschulung erhalten, sein Weg war hastig gewesen. An diesem Auftrag erzog er sich zum Geschichtsschreiber. Er wurde nicht sowohl Forscher als Darsteller, der sich berufen fühlte, die Ergebnisse der Forschung einem weiten Leserkreis zu vermitteln. Er schob Zschokke beiseite und ging seine eigenen Wege. Seine *Histoire de la nation suisse, d'après les principaux écrivains nationaux et quelques sources originales* erschien 1851 und 1853 in zwei Bändchen. Der Schriftsteller bewährt sich sogleich. Es ist eine Verführung da, die unmerklich zu schmeicheln versteht. Die zugriffigen, knappen Sätze folgen sich mit einer Sicherheit, die den Zweifel ausschliesst. Der Historiker findet sich mühsamer in seine Pflicht. Stofflich haben die Eile der Arbeit und die Lust, das Einleuchtende dem Richtigen vorzuziehen, Irrtümer über das Mass hinaus gehäuft, das man bei einer populären Darstellung nachsieht. Und doch ist anzuerkennen, dass er sich nicht seiner Leichtigkeit überlässt, sondern mit dem Sinn der Geschichte ringt. Dieser Kampf ist so schwer, dass die Leitgedanken manchmal hart sich stossen. Unverkennbar ist in den ersten Kapiteln der Einschlag des damaligen westlichen Positivismus. Und doch wahrt er durch das Ganze hindurch den geschichtlichen Rang des Christentums. Er schreibt nicht nach, sondern setzt sich mit den neuen Ergebnissen der Forschung auseinander. Er hört Kopp über die Bundesgründung und Gingins über den Burgunderkrieg ab; er fühlt bei ihnen eine gewisse Einseitigkeit heraus, sie hätten sich durch ein vorgefasstes System leiten lassen. Immerhin ist seine Darstellung von ihnen beeinflusst. Je mehr er sich vertieft, um so weniger genügt ihm Zschokke als Vorlage. Vollends verabschiedet er ihn für das 18. Jahrhundert. Während Zschokke es eingedunkelt hat, entdeckt er die Aufklärung und ergeht sich entzückt in ihrem Reichtum. Freilich sind sein Scharfsinn, seine Witterung und seine Gerechtigkeitsliebe noch nicht geübt genug, um jedem Jahrhundert sein

Recht und seine Sittlichkeit zuzuerkennen. Und doch hielt Daguet mehr, als erwartet wurde. Man hatte seiner flüssigen Feder den Auftrag gegeben, der Geistesmensch vollzog ihn.

Daguets Schweizergeschichte kam einem Bedürfnis entgegen. Weil sie die Anstrengung verbarg und mit leichter Anmut hohe Vorstellungen gab, schlug sie durch und wurde ein Volksbuch, das Auflage um Auflage erlebte und an Umfang zunahm. Damit hatte Daguet wie kein anderer Historiker Gelegenheit, die Ergebnisse der Forschung regelmässig einem weitern Kreise mitzuteilen. Er erkannte seine Aufgabe und suchte sie als Fachmann wie als Volkserzieher zu lösen. Die Auflage von 1879/80 trägt den Titel *Histoire de la Confédération suisse* und ist auf zwei stattliche Bände angewachsen. Unverkennbar hat er viel und sorgfältig seit der ersten gearbeitet und an Sicherheit der Kenntnisse gewonnen. Das Werk erstreckt sich von den Pfahlbauten bis zur Bundesrevision von 1874. Wohl hat er noch das Auge für die springende Linie an Menschen und Dingen; aber unter den neuen Stoffsorgen treten die Frische und Bildhaftigkeit der ersten Auflage zurück. Seine Gesinnung ist christlich und noch schlichter republikanisch als dreissig Jahre zuvor; er lehnt die Theorie von den Männern der Vorsehung ab. Er behandelt Verfassungsfragen und Probleme des Staates breiter als in der ersten Auflage und mutet dem Leser mehr Geduld zu. Sein Denken über den Staat hat sich bereichert; denn er steht unter dem Eindruck der Kämpfe, die zwischen der deutschen und der welschen Schweiz um die Bundeszentralisation ausgefochten worden sind, und legt als Welscher ein Bekenntnis zum Föderalismus ab.

Daguet ist in der letzten Auflage ein besserer Kenner, aber weniger Jünger der Wissenschaft als in der ersten, weil er in dieser mit grösserer Unbefangenheit nach Licht rang. Ihm schwebt die Pflicht vor, das Wunschbild von der nationalen Vergangenheit gegen die Angriffe der kritischen Richtung zu verteidigen. Hat er sich in der ersten Auflage mit geringeren Mitteln zum Historiker erzogen, in der letzten erliegt er bei besserer Ausstattung einer vermeinten nationalen Pflicht. Ist er Kopp und Gingins in der ersten halbwegs gefolgt, in der letzten wird die Darstellung zu einer Widerlegung der beiden.

Sein letztes Werk ist die Biographie *Le père Girard et son temps, histoire de la vie, des doctrines et travaux de l'éducateur suisse, 1765–1850,* die nach seinem Tod erschien. Girard hatte ihm auf dem Todbett seine Papiere übergeben. Doch nicht nur die Pietät führte die Feder, sondern auch der Wunsch, die Geistesgeschichte der Zeit zu bieten. Das Werk ist die Frucht sorgfältiger Arbeit in gefälliger Darstellung. Wer sich über den grossen Pädagogen erkundigen will, muss bei ihm nachfragen. Aber Daguet entwirft nicht Geistesgeschichte, sondern ein Seelengemälde. Die Weltanschauung Girards wird gut illustriert, aber nicht aus ihren dogmatischen und philosophischen Grundlagen aufgeführt, weil Daguet in Theologie und Philosophie nicht systematisch genug geschult war.

Schwer war es, die Anforderungen der Wissenschaft und die Erwartungen eines weiten Leserkreises zugleich zu befriedigen. Daguet entschied sich aus nationalem Glauben für das zweite, daher der Erfolg seiner Schweizergeschichte.

Histoire de la nation suisse, d'après les principaux écrivains nationaux et quelques sources originales; 2 Bde., Paris 1851–53. – *Geschichte der schweizerischen Eidgenossenschaft von den ältesten Zeiten bis 1866;* Aarau 1867. – *Histoire de la Confédération suisse;* 7. Aufl. der *Histoire de la nation suisse,* Paris 1879/80. – *Le père Girard et son temps;* Paris 1896.

AUGUSTE SCHORDERET: Alexandre Daguet et son temps; Ann. frib. 1921, S. 1 ff. 49 ff.

Otto Henne am Rhyn 1828–1914

Die kritische Schule liess eine Lücke. Sie pflegte das Mittelalter, gab hauptsächlich Tatsachen, keine Interpretation und bemühte sich nicht um Gemeinverständlichkeit. Wie Daguet für die Westschweiz, versuchte Henne am Rhyn sie für die deutsche Schweiz auszufüllen. Er wurde Staatsarchivar in seinem Heimatkanton St. Gallen, dann Journalist in Deutschland und kehrte auf seine alten Tage wieder ins Staatsarchiv zurück. Von seinem Vater Josef Anton erbte er die Fruchtbarkeit und die Parteinahme. Er hatte nicht die Geduld zu kritischer Forschung, sondern brannte darauf, Kulturgeschichte zu verbreiten. Er wurde von der Witterung für das Tagesbedürfnis und von der Fähigkeit bedient, geistige Nahrung rasch aufzunehmen und wiederzugeben. Neben mehreren Einzelwerken zur Kulturgeschichte schrieb er eine dreibändige *Geschichte des Schweizervolkes und seiner Kultur von den ältesten Zeiten bis zur Gegenwart,* 1865–1868. Da dieses Werk rasch drei Auflagen erlebte, gibt es über das Lesebedürfnis Aufschluss.

Die Irrtümer beginnen mit den Tatsachen. Er anerkennt die Forschungsergebnisse der kritischen Schule; aber seine Studien sind so flüchtig, dass seinen Angaben die Zuverlässigkeit abgeht. Schwerer wiegen die Verstösse gegen den Geist. Der Fortschrittsglaube seiner Zeit bestimmt seinen Massstab und verleitet ihn zu Ausschreitungen gegen die Vergangenheit. Er geht von einer allgemeinen germanischen Volksfreiheit aus, die im Mittelalter verloren ging und in der modernen Demokratie wiedererstand. Damit werden grosse Epochen als eine Verirrung hingestellt, die erst vom 19. Jahrhundert korrigiert wurde. Die Geschichte bekommt den Zweck, dieses Jahrhundert zu bestätigen. Dabei spielt ihm eine falsche Überlegenheit fortwährend Streiche. Er deutet das Feudalwesen als Mittel der Unterdrückung schlechthin und betrachtet auch die alte Kirche als eine Anstalt, die freie Geistestätigkeit darniederzuhalten. Der Reformation wendet er seine Gunst zu, weil er ihren bibliokratischen Grund völlig verkennt: Die Reformation habe den Menschen von der Unterwerfung unter den Buchstaben der Schrift befreien wollen. Zwingli ist deshalb sein Liebling, weil er mit dem gesunden Sinn seines Volkes habe sagen müssen: Der Mensch lebt nicht allein vom Wort Gottes, sondern auch vom täglichen Brot. Die Konstruktion beruht auf der Unfähigkeit, das Irrationale der Seele zu verstehen. Vollends versagt er gegenüber Calvin, weil sich hier noch die Abneigung gegen alles Französische hinzugesellt. Er entwirft vom Calvinismus ein Zerrbild ohne Ahnung von dessen Weltbedeutung. Trotzdem die Kulturgeschichte seine wesentliche Absicht ist, findet er ihren wahren Gegenstand, den Alltag des Volkes, nicht aus, sondern trägt Sonderbares und Abgeschmacktes zusammen. Selbst bei seiner Nährmutter, der Aufklärung, kommt er nicht an, sondern zählt einige Namen auf, die er mit Glossen begleitet; Voltaire wird als geistreicher Schwindler abgetan. Seine geistesgeschichtlichen Urteile verlieren sich überhaupt in Liebhaberei: So sei seit Luthers Bibelübersetzung kein anderes Werk ausser Rousseaus Gesellschaftsvertrag dem Leben Jesu von Strauss an tiefgreifender Bedeutung gleichgekommen. Es sind die Grundsätze eines engbürgerlichen Radikalismus, nach denen er das Ewigkeitslicht verteilt. Mit ihnen ist er gegen Andersgeartetes gefeit. Darum gestaltet er die Ereignisse seit 1830 zum Bilderbuch seiner Partei, weiss er mit der Umschichtung der Gesellschaft, mit dem zweiten Umbruch des Jahrhunderts nichts anzufangen. Der Fabrikbrand von Uster, der 1832 die Verzweiflung der Arbeiter grell beleuchtete, ist ihm die Untat «einer Pöbelbande, welche in der aufblühenden Fabrikthätigkeit irriger Weise den Untergang der Handarbeiter sah». Im gleichen Ton spricht er vom «verschrobenen, wilden Marx». Aber er war willkommen, weil er mit fixen Urteilen dem Leser die Überlegung ersparte und ihn mit ungescheuter Plauderhaftigkeit unterhielt. Er bot hemmungslose Selbstverwirklichung auf Kosten der Vergangenheit. Die Auserwählung, der Adel der Geschichte, war ihm fremd; er kannte sich in der Welt der Parteien aus. Aber wenn sein Werk auch ein Irrtum des Geistes ist, so enthüllt es doch die Bedingungen, unter denen die Geschichtsschreibung einen weiten Widerhall fand. Es hatte den Erfolg, den Stricklers gründliches Buch nicht erreichte. Einen Teil der Verantwortung trägt die kritische Schule. In ihre Probleme versenkt, trat sie zu wenig aus sich heraus, um ein gehobenes Geschichtsbewusstsein zu verbreiten. Darum schlug Hennes keckes Gegenstück durch.

Geschichte des Kantons St. Gallen von seiner Entstehung bis zur Gegenwart; St. Gallen 1863, Fortsetzung St. Gallen 1896. – *Geschichte des Schweizervolkes und seiner Kultur von den ältesten Zeiten bis zur Gegenwart;* 3 Bde., Leipzig 1865/66, 1871. – *Autobiographie,* hg. v. Oskar Wilda; Deutsche Denker und ihre Geistesschöpfungen, Heft 8; Danzig 1890.

PLACID BÜTLER: Otto Henne; Hist.-Biogr. Lex. Schw. 4, 1927, S. 184. – GEORG THÜRER: Otto Henne am Rhyn; NDB VIII, Berlin 1969, S. 535 f.

John Martin Vincent 1857–1939

Die auf die «romantischen» Geschichtsschreiber folgende amerikanische «scientific history» beschäftigte sich vornehmlich mit verfassungs- und institutionsgeschichtlichen Fragen sowie mit der vergleichenden Rechtsgeschichte. Als Schüler dieser neuen historischen Schule, vielleicht auch angeregt durch «philhelvetische» Neigungen seiner Zeit, wandte Vincent sein Interesse schon früh der schweizerischen Vergangenheit zu. Nach einigen Studiensemestern an deutschen Hochschulen wirkte er in verschiedenen Stellungen an der Johns Hopkins Universität; sie besass den wissenschaftlichen Nachlass und die Büchersammlung von Johann Caspar Bluntschli und verfügte somit über ein ausgezeichnetes Arbeitsinstrument für schweizergeschichtliche Forschung. Zudem unternahm Vincent zahlreiche Reisen in die Schweiz, wo er in Archiven und Bibliotheken Material sammelte.

Sein 1891 erschienenes Buch *State and Federal Government in Switzerland* ist eine Darstellung der eidgenössischen Regierungs- und Verwaltungsinstitution, erläutert mit geschichtlichen Rückblicken. Sie wird eingeleitet durch einen Abriss der schweizerischen Verfassungsgeschichte, behandelt hierauf das Militärwesen, das Verhältnis zum Ausland, die Finanzverwaltung, das Erziehungswesen und die Sozialgesetzgebung. An den kantonalen Einrichtungen interessiert den Verfasser besonders die Institution der Landsgemeinde; er sieht darin gemäss seinem Lieblingsgedanken altgermanische Rechtstraditionen wirksam. Vincents Darstellung hatte für die Amerikaner so grossen Informationswert, dass das Buch nach einigen Jahren erweitert und die neueste Entwicklung berücksichtigend in zweiter Auflage erschien. Mit Vincent betrachteten die Amerikaner seiner Zeit die Schweiz als eine sister republic mit verwandten politischen Strukturen.

Noch vertiefteres Eindringen in die schweizerische Vergangenheit zeigt die 1904 erschienene Schrift *Switzerland at the beginning of the sixteenth century*. Vincent bietet hier eine eingehende rechtshistorische Beschreibung der dreizehnörtigen Eidgenossenschaft und behandelt vor allem ihre kulturellen Aspekte wie Brauchtum und Volkssitten, Verhältnis zu Kirche und Kurie, Söldnertum, für das er erstaunlich viel Verständnis aufbringt. In der Schrift *Municipal Problems in Mediaeval Switzerland* wendet Vincent sein Augenmerk ausser der Verfassungsgeschichte nun auch der Sozial- und Wirtschaftshistorie der Schweizerstädte zu, beleuchtet ihre verschiedenen Zweige aufgrund einer ungewöhnlichen Kenntnis und sorgfältigen Verwendung der Originalquellen. Das Gleiche gilt von seiner 1935 herausgegebenen kulturhistorischen Studie *Costume and Conduct in the Laws of Basel, Bern and Zurich 1370–1800*, einer noch heute lesenswerten Beschreibung altschweizerischen Volkslebens: Taufen, Hochzeiten, Begräbnisse, Badenfahrten, Schlittenpartien, Kleidermandate. Vincents auf wissenschaftlicher Forschung beruhende Bücher haben viel dazu beigetragen, die Kenntnis der schweizerischen Vergangenheit im englischsprechenden Ausland, besonders in Nordamerika, zu fördern. Diese Leistung ist denn auch in der Schweiz nicht unbeachtet geblieben: Die Universität Genf, an der der Rechtshistoriker Charles Borgeaud in Vorlesungen und Publikationen die schweizerischen Institutionen mit den nordamerikanischen verglich, verlieh Vincent 1909 die Würde eines Dr. jur. h.c.

A study in Swiss History; Nachdruck New York 1888. – *State and Federal Government in Switzerland;* Baltimore 1891. – *Government in Switzerland;* New York/London 1900. – *Switzerland at the beginning of the sixteenth century;* Baltimore 1904. – *Municipal Problems in Mediaeval Switzerland;* Baltimore 1905. – *Costume and Conduct in the Laws of Basel, Bern and Zurich 1370–1800;* Baltimore 1935.

HANS RUDOLF GUGGISBERG: Ein amerikanischer Erforscher der Schweizergeschichte: John Martin Vincent; Discordia Concors, Festgabe für Edgar Bonjour 2, Basel/Stuttgart 1968, S. 523 ff.

Ergebnisse

Es ist schwer, geistige und psychische Epochen zu unterscheiden, da die Konstruktion leicht in das Gezwungene gerät. Immer sind Ausnahmen da, die sich nicht leicht einreihen lassen, so Segesser. Und doch sind gewisse Abgrenzungen erlaubt. Vaterländischer Stolz und der Wunsch, den Volksgeist zu heben oder auch nur Parteiprogramme ins Volk hinauszutragen, hatten im ersten Teil des Jahrhunderts die Geschichtsschreibung bewegt. Seit 1840 begann man den Nachdruck auf die wissenschaftliche Forschung zu legen, neben der jene Motive immer noch ihre Kraft behielten. Die Angriffe eines Kopp, eines Gingins auf das überlieferte Geschichtsbild, das Fruchtbare, das sie brachten, die Übertreibungen, die unterliefen, verlangten eine sorgfältige Methode. Diese Leistung fiel den jungen Universitäten zu. Zürich verwandelte 1833, Bern 1834 seine alte Akademie in eine Hochschule. Westschweiz: In Genf entstand 1872, in Lausanne 1890, in Neuenburg 1909 aus der alten Akademie eine Universität, und 1890 gründete Freiburg eine Universität. Es wurden Lehrstühle für allgemeine und schweizerische Geschichte errichtet. Sie übermittelten die fortgeschrittenen Methoden des Auslandes, die Schule von Ranke und Waitz; in der Westschweiz hatte Gabriel Monod Einfluss. Deutsche Professoren gründeten die ersten Seminarien, Büdinger in Zürich um 1860, Winckelmann in Bern um 1870. Kamen die älteren Geschichtsschreiber von der Theologie her, die allein eine allgemeine Bildung vermittelt hatte, so wurde nun eine besondere Fachbildung möglich. Es entstand der Berufshistoriker als Gattung, während er früher nur vereinzelt aufgetreten war. Das erzeugte eine Umlagerung: Die Geschichtsstudien zogen sich an den Universitäten zusammen, womit ihre Kontinuität gesichert wurde, ohne dass ein Monopol entstand. Die Geschichtsschreibung ging vornehmlich an die Professoren über, weil die Anforderungen sich so erweiterten, dass ihnen nur eine Lebensarbeit genügte; damit wurde sie dem Zufall des privaten Antriebs enthoben. Dieser wurde nicht ausgeschaltet, sondern verbürgte weiterhin den freien Wettbewerb, die Mannigfaltigkeit und Ursprünglichkeit der Geschichtsschreibung, aber er verzichtete stillschweigend auf unbegrenzte Beliebigkeit und nahm irgendwie Mass und Richtung von den akademischen Studien.

Die verschiedenen Bestrebungen sammelten sich in der Allgemeinen Geschichtforschenden Gesellschaft der Schweiz, die 1841 auf breiterer Grundlage als ihre Vorgängerin gegründet wurde und sich ein Organ im *Archiv für schweizerische Geschichte* gab. Dieses genügte nicht. Es kam 1870 der *Anzeiger für schweizerische Geschichte* für kleine Mitteilungen hinzu, und seit 1875 wurde das Archiv ersetzt durch *Das Jahrbuch für schweizerische*

Geschichte mit grösseren Abhandlungen und durch *Die Quellen zur Schweizer Geschichte*. Neben dem allgemeinen gediehen die kantonalen und interkantonalen Vereine mit ihren Zeitschriften. Auf breiter Front wurde die Aufgabe angegriffen, die Quellen zu veröffentlichen. Das Rückgrat bildete die *Amtliche Sammlung der älteren eidgenössischen Abschiede,* in denen die Tagsatzungsprotokolle niedergelegt waren. Nachdem Kopp 1839 von sich aus eine erste Probe gegeben hatte, übernahm der Bundesstaat die Herausgabe. Heute liegt die Sammlung von den Anfängen bis 1848, dem Ende der Tagsatzung, abgeschlossen vor. Die Teile sind ungleich geraten, die Arbeiten von Strickler und Segesser ragen hervor. Daran schlossen sich die kantonalen Veröffentlichungen, voran das Urkundenbuch der Abtei St. Gallen, die Urkundenbücher von Zürich, Basel, Schaffhausen und anderen Kantonen, die Fontes rerum Bernensium, die alle auf Staatskosten auf lange Sicht unternommen wurden und zum Teil noch nicht vollendet sind. Bisweilen stand ein einziger mit seinem Eifer ein, so der Abbé *Jean Gremaud* von Freiburg, 1823–1897, mit den acht Bänden *Documents relatifs à l'histoire du Valais.* Zugleich wurden Chroniken, Annalen, Korrespondenzen und Tagebücher herangezogen. Noch um 1800 lagen die Meisterwerke der Chronistik nur handschriftlich vor. Privater Eifer übernahm die Herausgabe. Da aber über die Grundsätze solcher Arbeit noch Unklarheit herrschte, konnten die Erstausgaben nicht genügen. Hier traten die Vereine ein, vorweg die Allgemeine Geschichtforschende Gesellschaft, die dafür die Abteilung Quellen schuf. Die kantonalen Gesellschaften wetteiferten mit Editionen. Die Krone gebührt Basel mit seinen zehn Bänden *Basler Chroniken*, die bezeugen, dass Basel seinen alten Überfluss an Geist und gelehrter Musse bewahrt hat. In St. Gallen gab *Ernst Götzinger,* 1837–1896, die Geschichtsschreibung der Reformation, Johannes Kesslers Sabbata und Vadians Chronik der Äbte heraus. In Bern feierten Justinger, Schilling und Anshelm ihre Auferstehung. Die Ausgabe Diebold Schillings durch *Gustav Tobler,* 1855–1921, ist das Muster sorgsamer Textbereinigung und Kommentierung. In Genf erschienen die Geschichtsschreiber der Befreiungszeit, Bâlard, Bonivard, Froment und Roset. In Zürich nahm man unter anderem die wissenschaftliche Neuausgabe der Werke Zwinglis an die Hand. Auch in Schaffhausen, Luzern und Glarus wurden die Ortschronisten zutage gefördert, am umfassendsten und intensivsten doch wohl in Graubünden. Hier hat *Theodor von Moor* (1794–1854) als rühriger Sammler Urkunden und Handschriften zusammengebracht, geordnet, zum Teil im vierbändigen Codex diplomaticus ediert und damit den Boden für eine Darstellung der Bündnergeschichte bereitet. Er wies seinen Sohn *Peter Conradin von Moor* (1819–1886) auf den reichen Schatz von Chroniken hin. Dieser übersetzte sie aus dem Lateinischen ins Deutsche, kürzte sie gelegentlich und gab sie auf eigene Kosten als Autodidakt, manchmal mit mehr Begeisterung und Hingabe als mit Vorsicht, heraus. Mit der Edition der Campell, Sprecher, Salis-Marschlins, Anhorn, Sererhard, Guler (Juvalta hatte Theodor von Moor schon früher herausgegeben), war ein weites Feld der Bündnergeschichte, besonders

Bündens Leidenszeit im Dreissigjährigen Krieg, für den Laien erschlossen; die wissenschaftliche Ausgabe des Urtextes besorgte eine spätere Generation. Auf Grund seiner umfangreichen Quellenkenntnis konnte P.C. von Moor eine solide Bündnergeschichte verfassen, nach eigener Aussage «zum ersten Mal im Zusammenhang und nach den Quellen bearbeitet». Sie erschien in zwei Bänden 1870–1874 und ist seine grösste Leistung.

Victor Cérésole liess in den siebziger Jahren im Archiv zu Venedig Kopien, die auf unsere Geschichte Bezug haben, anfertigen und legte sie im Bundesarchiv nieder. Damit war ein ungemein fruchtbares Unternehmen eingeleitet; denn seither hat das Bundesarchiv in Mailand, Turin, Rom, Florenz, Paris, London, Wien *Abschriften* namentlich von den *Gesandtschaftsdepeschen* nehmen lassen; andere Archive werden noch folgen.

Die kritische Epoche brachte Verdichtung und Ausbreitung der Forschung zugleich. Hatte man früher die politische Geschichte herausgehoben, so griff sie nun mit wissenschaftlicher Methode auf benachbarte Lebensgebiete über und erweiterte damit den Raum ihrer Tätigkeit. Es kam besonders der Wirtschaftsgeschichte zugute. Aber auch andere Wissenszweige erhielten ihre besondere Behandlung bis zur Verselbständigung. *Hans Rudolf Rahn,* 1841–1912, Professor an der Universität Zürich, pflegte die schweizerische Kunstgeschichte. *Emil Egli,* 1848–1908, Professor an der gleichen Universität, wandte sich der schweizerischen Kirchengeschichte besonders während der Reformation zu und gründete für sie die Zeitschrift *Zwingliana. Ernst Alfred Stückelberg* von Basel, 1867 bis 1926, erforschte die Heiligenleben und die älteren Denkmäler. *Egbert Friedrich von Mülinen,* 1817–1887, der Enkel des Schultheissen, schuf die *Helvetia sacra,* das Verzeichnis der schweizerischen Gotteshäuser und ihrer Vorsteher. Dieses Unternehmen hat eine Basler Forschungs- und Editionskommission im 20. Jahrhundert wieder aufgenommen und führt es auf breiter Grundlage durch. Ein bedeutendes und dauerndes Ergebnis der kritischen Epoche war die Heimatkunde, die den Heimatschutz, die Erhaltung und Sammlung von Altertümern, in sich schloss.

CHRISTIAN SCHMID: Theodor von Mohr und die bündnerische Geschichtsschreibung in der ersten Hälfte des 19. Jahrhunderts; Chur 1950. – OTTO CLAVUOT: Peter Conradin von Moor; ein Bündner Geschichtsschreiber. 92. Jahresber. der Hist. Antiq. Ges. Graub., Chur 1964. – LÉON KERN und EDGAR BONJOUR: Summarisches Verzeichnis der Abschriften aus ausländischen Archiven, die im Bundesarchiv aufbewahrt werden; Zeitschr. Schw. Gesch. 15, 1935, S. 422ff. – WALTER MEYRAT: Die Manuscripten- und Abschriftensammlung des Bundesarchivs; Schw. Zeitschr. Gesch. 9, 1959, S. 214ff. – BRIGITTE DEGLER-SPENGLER: Arbeitsberichte über die Helvetia Sacra; Schw. Zeitschr. Gesch. 1972, S. 282ff., 1974, S. 98ff., 1975, S. 142, 1976, S. 209. – WALTER MEYRAT: Die Abschriftensammlung des Bundesarchivs, Veröff. schw. Bundesarchivs; Inventare, Bern 1977.

NEUE EPOCHE DER DARSTELLUNG

Wie eine geistige Epoche nie einheitlich ist, so wurde die neue Darstellung von Kräften bewegt, die sich bald unterstützten, bald widersprachen, und stets war auch das Individuelle da.

Die kritische Schule stellte die Mittel zur Verfügung, die Geschichte dem Urteil des Gutdünkens zu entziehen und das Ungewisse einzuschränken. Es meldete sich sogar die rationalistische Schwärmerei, die Geschichte unter die exakten Wissenschaften einzureihen, da sich die Kritik vornehmlich den Tatsachen zuwandte. Die neuen Darsteller wussten um die Macht des Geistes in der Geschichte, fanden sie aber nicht sowohl in jenem durchwaltenden Trieb, der aus geheimnisvollem Quell die geschichtliche Entfaltung nährt, als in den Grundsätzen von 1789, die sie als die Erfüllung des Menschengeschlechtes nahmen. Ungleiches gesellte sich da. Sie anerkannten die Urgewalt der Revolution, die mit der Verwerfung und Umlagerung sozialer Schichten arbeitet, und meinten doch, das Ergebnis von 1789 werde dauern und vom beruhigten Fortschritt weitergebildet werden. Über diese Kluft, über die Problematik von Freiheit und Gleichheit half ihnen der Glaube an absolute Vernunftwerte hinweg. Überhaupt war der stille Widerstreit zwischen Bewusstem und Unbewusstem am Werk. Bewusst bekannten sie sich zu den weltbürgerlichen Ideen von 1789, unbewusst blieb die Binnennatur des Schweizers, die auf die Verinselung der Schweizergeschichte hindrängte. So fehlten die Voraussetzungen zum reinen Historismus; an seine Stelle trat die Geschichtsfrömmigkeit irgendwelchen nationalen Grades. Auch in der Geschichtsschreibung meldete sich die Eigentümlichkeit des Schweizers, die Mittellagen den Extremen vorzieht. Auf Schweizerboden schrieb Friedrich Albert Lange 1866 die «Geschichte des Materialismus»; die materialistische Geschichtsschreibung aber wurde in der Schweiz nicht gepflegt. Im ganzen war die zukunftsfrohe Geistesrichtung einer Historisierung des Bewusstseins nicht günstig.

Die herrschenden Ideen der Geschichtsschreibung nährten sich am nationalen Geschehen. Das Nationale und Politische gewann sittlichen Wert. Seit der Bundesstaat von 1848 das alte Vielerlei vereinfacht hatte, befand sich die Schweiz in hoffnungsvollem wirtschaftlichem und gesellschaftlichem Aufstieg. Was die Vernunft geschaffen, wurde durch die Wirklichkeit bestätigt. Diese Überzeugung erregte geschichtliche Luftspiegelungen, die dem Eigenleben der Vergangenheit nicht immer günstig waren. Die neuen Darsteller traten mit Ausnahme von Segesser für die Zentralisation, die Stärkung der Staatsgewalt in Bund und Kantonen, ein und beurteilten danach die älteren Zeiten, die solche Bedürfnisse nicht oder nicht in dem Mass gekannt hatten. Die durchgehende Stimmung war Staatsfreudigkeit, der nun freilich nicht immer ein tieferes Eindringen in die Herkunft des Staates entsprach. Über den Stammbaum der Staatsgewalt herrschten unbestimmte Vorstellungen. Wie Segesser bemerkt, nahmen die Gebildeten die Allmacht des Staates als so selbstverständlich, dass sie nicht glaubten, es hätte je anders sein können. Daraus ergibt sich das Missverständnis, dass manche Unterlassung des alten Staates, die seiner Schwäche entsprang, als Übelwollen, Härte oder Gleichgültigkeit ausgelegt wurde. Dass diese Schwäche dem Volk eine staatsfreie Sphäre gestattet hatte, wurde deshalb nicht als ein Vorteil betrachtet, weil nun erst noch der entscheidende Unterschied der Regierungsformen hinzukam: in der alten Eidgenossenschaft Aristokratie und Herrschaft, in der neuen Demokratie und Freiheit. Da tat sich eine Kluft auf, die der Doktrin des 19. Jahrhunderts unüberbrückbar schien. Dass die alte Eidgenossenschaft ein Erbe hinterlassen hatte, das den naturrechtlichen Konstruktionen des 19. Jahrhunderts zugute kam, wurde nicht genügend erwogen. Es verstärkte die Angriffslust auf die Vergangenheit, dass der Geist der Zeit auch mit ihren strengen religiösen Vorstellungen brach. Er überliess sich einer weltlich abgestimmten Humanitätsphilosophie, von der aus die urtümliche Macht des Glaubens im Völkerleben leicht als Fanatismus erschien, daher auch die Neigung, der Religion eine selbständige Vergangenheit abzusprechen und sie in die Kulturgeschichte einzureihen. Der römischen Kirche trug er von der Sonderbundszeit her einen besonderen Groll nach. Dafür waltete das Hochgefühl, es sei der Menschheit nichts anderes mehr beschieden als beständiger Aufstieg im Geist der Aufklärung. Das fand seinen Ausdruck in der neuen Geschichtsschreibung: Sie war weltlich gestimmt, humanitär, fortschrittsfest und zentralistisch. Den relativierenden Tendenzen des zeitgenössischen Historismus setzte sie ein festes nationales Ethos entgegen. Zuweilen vergass sie beinahe die Mahnung der grossen Historie, keine Generation dürfe sich für das Ziel der Entwicklung halten. Sie sah ihre Aufgabe darin, aus der Spezialisierung der kritischen Epoche zur Zusammenfassung zu gelangen und die Ergebnisse der Forschung gemeinverständlich zu verbreiten, ohne sie abzuflachen. Die Tatsachen ermittelte sie nach den Regeln der Kritik, das Urteil fällte sie nach den Idealen der Zeit. Reichten diese aus, das Antlitz der Vergangenheit zu entschleiern?

Carl Hilty 1833–1909

Der bekannte Lehrer des Staats- und Völkerrechts an der Universität Bern, aus dem sanktgallischen Werdenberg gebürtig, hat sich forschend, gestaltend und kritisch auch mit Geschichte beschäftigt. Seine Geschichtsauffassung machte Schwankungen durch. Er ging von der Geschichtstheodizee Schlossers aus, wandte sich für kurze Zeit der «objektiven» Historie Mommsens zu, kehrte aber bald wieder und für immer zu einer ethisch und christlich wertenden Geschichte zurück, die sich mit einem massvollen Fortschrittsglauben verband. Mit dieser Einstellung hat er in der Mitte seines Lebens seine beiden grössten Geschichtswerke verfasst.

Für die *Politik der Eidgenossen*, 1875, trieb er noch keine archivalischen Quellenstudien. Er benützte nur gedruckte Aktensammlungen und alte

Darstellungen, auf die er seine eidgenössische Geschichte aufbaute: Die Eidgenossen streben die Reichsunmittelbarkeit als Abwehr gegen Übergriffe an. Aus dem Verteidigungsbündnis entwickelt sich mit wachsender Kraft die Neigung zur Grossmachtpolitik. Richtschnur der Innenpolitik ist die «Herstellung einer wahren schweizerischen Nationalität». Darunter versteht Hilty nicht ein organisch auf geschichtlicher Grundlage der Stammesgemeinschaft entstandenes, altherkömmliches Ganzes, sondern eine Gemeinschaft, die auf einem politischen Gedanken beruht. Die schweizerische Nationalität sei noch heute nur das Werk einer Idee. Stets wieder umkreist Hiltys Denken das Problem der schweizerischen Nationalität, die nicht deutsch und nicht lateinisch sei, sondern eigenen Charakter besitze, und er hat damit seine Zeitgenossen, unter anderen Bluntschli, zur Reflexion über diese schweizerische Zentralfrage angeregt.

Die *Öffentlichen Vorlesungen über die Helvetik*, 1878, sind ganz aus den Handschriften des helvetischen Archivs herausgewachsen, das Hilty wie kein zweiter vor ihm kannte. Hier konnte er mit vollen Händen Neues bieten. Das ideale Streben dieser Epoche hat es ihm angetan, er sieht es am reinsten in den Staatsmännern Stapfer, Rengger, Kuhn, sogar in Laharpe verkörpert, verehrt ihren hochfliegenden Geist: Sie hätten die Untertanenverhältnisse abgeschafft und die Rechtsgleichheit eingeführt; ihr oberstes Ziel sei die Volksbildung gewesen; darin liege ihre Grösse und ihr Verdienst. Diese Epoche bedeutet in Hiltys Augen eine allgemeine Regeneration; sie habe eine soziale Erneuerung herbeigeführt, ein «besseres, menschenwürdigeres Dasein» und beweise den fortwährenden Prozess zum Guten. Hilty erkennt aber auch die Schatten, die über der Helvetik liegen: das Politisieren nach fremden, abstrakten Ideen, die Finanzmisere, den geringen Widerstand gegen ausländische Theorien und Soldaten, wobei er das namenlose Elend, das die Besetzungstruppen über das Schweizervolk brachten, unterschätzt. Was diese Epoche lehre, stehe in Flammenschrift über dem Einheitsstaat: «Wagt und opfert vorher das Letzte, bevor Ihr fremde Armeen auf Euren Boden treten lasset.»

Die Vergangenheit erforscht Hilty nicht in erster Linie um ihrer selbst willen, sondern um aus ihr Lehren für die Gegenwart zu ziehen, um sie patriotisch auszuwerten. Zu diesem Zwecke eignet sich die neuere Geschichte besser als das Mittelalter, das ihm fern liegt. Mit geschichtlichen Erfahrungen interpretiert er die Zeitgeschichte in dem von ihm herausgegebenen *Politischen Jahrbuch der schweizerischen Eidgenossenschaft*: die Epochen der Mediation, der Restauration, der Regeneration. Als sein früher so fester Glaube an die Offenbarung Gottes in der Geschichte schwand, schrieb er nicht mehr Geschichte im Zusammenhang, besprach nur noch die Zeitereignisse. Das Interesse an der Historie aber verlor er nie. Noch kurz vor seinem Tod wandte er sich in einem Aufsatz *Über das subjektive Element in der Geschichte* gegen die grassierende Stoffhuberei und die gleichgültige «Pragmatik», gegen die auf Hegels falsche Philosophie sich stützende Objektivität der Geschichtsdarstellung, die alles Grosse auf der Welt bloss aus gesellschaftlichen Abstraktionen hervorgehen lasse und nicht aus der Wirkung von Persönlichkeit und Individualität. Hilty ist nie von seinem 1911 formulierten Credo abgewichen: «Geschichte ist stets ein Kunstwerk, eine Wiederbelebung vergangener Verhältnisse in einem schöpferisch angelegten, verständnisvollen Geiste, der das Wahre und auch das Wesenhafte von dem Übrigen zu sondern weiss, das mit Recht der Vergessenheit anheimfällt.»

Vorlesungen über die Politik der Eidgenossen; Bern 1875. – *Öffentliche Vorlesungen über die Helvetik;* Bern 1878. – *Die Neutralität der Schweiz in ihrer heutigen Auffassung;* Bern 1889. – *Die Bundesverfassungen der schweizerischen Eidgenossenschaft;* Bern 1891. – *Über das subjektive Element in der Geschichte;* Polit. Jahrb. schw. Eidg., 18. Jg., Bern 1904.

JAKOB STEIGER: Carl Hiltys schweizerisches Vermächtnis; Frauenfeld/Leipzig 1937. – HANS RUDOLF HILTY: Carl Hilty und das geistige Erbe der Goethezeit; St. Gallen 1953. – HANSPETER MATTMÜLLER: Carl Hilty 1833–1909; Basl. Beitr. Geschichtswiss. 100, Basel/Stuttgart 1966.

Karl Dändliker 1849–1910

Da Dändliker jeden Gedanken, jede Regung mit der Feder festhielt, kann man die Wandlungen verfolgen, die ihm Zeitgeist und Wissenschaft auferlegten. Er kam schwärmerisch fromm und mittelalterlich angehaucht aus einem ländlichen Pfarrhaus an die Stadtschule von Zürich. An der Universität Zürich führte ihn Büdinger mit scharf durchforstender Methode in die neue Schule ein. Seine Erstlingsarbeit *Geschichte der Gemeinden Rorbas, Freienstein und Teufen* fiel schulgerecht und ernüchtert aus; die Romantik war verflogen. Auf der Universität München vollendete sich die innere Wendung; Dändliker verabschiedete das Christentum für den Humanitätsglauben. Von Riehl empfing er den fruchtbaren Gedanken, alle Lebensäusserungen des Volkes zu erfassen, und zwar nicht nur aus den urkundlichen Niederschlägen; es war die notwendige Ergänzung zu Büdingers Rationalismus. Der Staat Zürich stellte Dändliker 1872 als Lehrer für Geschichte und Geographie am Lehrerseminar zu Küsnacht an. Seine Gesundheit war schwach, sein Wesen fein und schüchtern, sein Geist heischend und mutig. Er habilitierte sich von Küsnacht aus an der Universität und am Polytechnikum für Schweizergeschichte und wurde 1887 Extraordinarius. Er nahm am politischen Leben nicht teil, legte aber 1881 in der Erinnerungsschrift *Der Ustertag* ein Bekenntnis zur Demokratie ab. Er war vor allem Schriftsteller und Lehrer und verfasste, kaum von München zurückgekehrt, Schulbücher über Welt- und Schweizergeschichte. Er wurde Forscher, um die Grundlagen für die grosse Darstellung zu gewinnen. In den Studien über den *Alten Zürichkrieg* und *Hans Waldmann* übte er sein kritisches Vermögen. Er entlastete Zürich von der Alleinschuld am furchtbaren Bruderkrieg und dämpfte das günstige Licht, das der erste Biograph Hans Heinrich Füssli über Waldmann verbreitet hatte.

Dändliker bereitete sich auf die grosse Schweizergeschichte, deren Plan schon in München keimte, wie auf ein priesterliches Werk vor. Er wollte der Bildner seines Volkes werden. Wie aber Wissenschaft und Volkstümlichkeit miteinander verbinden? Die Tagebücher legen Zeugnis von dem schmerzlichen Ringen ab. Mehr als die Stoffbeherrschung behelligten ihn der Aufbau des Werkes und die Kunst der Darstellung. Da er an sich einen Mangel an Ursprünglichkeit beklagte, griff er nach den besten Mustern über das Schweizerische hinaus und gewann dabei weite Hintergründe jenseits seiner ersten Anlage. Er belauschte bei Macaulay und Thierry das Geheimnis, die Kleinmalerei mit der grossen Linie zu verbinden. Er schöpfte aus dem beschwingten Realismus Mommsens, aus der kulturhistorischen Methode Riehls und der Kulturphilosophie Buckles, obschon der Positivismus, von dem Buckle herkam, seinem innersten Wesen widerstrebte. Buckles Einfluss ist doch da und dort bemerkbar, nicht eben vorteilhaft, weil er zu leicht über die Zusammenhänge zwischen Kultur und Politik hinweghalf. In drei Bänden erschien 1883–1888 seine *Geschichte der Schweiz mit besonderer Rücksicht auf die Entwicklung des Verfassungs- und Kulturlebens von den ältesten Zeiten bis zur Gegenwart*. Das Werk hat Seele; denn Dändliker schenkte ihm seine Menschenliebe. Freilich, er schrieb in einer geborgenen Zeit, und das liess den Sinn für die furchtbare Dynamik des Geschehens, für die tragische Anlage des Menschengeschlechtes nicht zu voller Entfaltung kommen, auch wenn man den Glücksvorschuss abzieht, der unserem Volke vor anderen Völkern zuteil wurde. Dändliker glaubte weltbürgerlich an die Erlösung durch die Ideale der Aufklärung. Es fällt auf, wie wenig Jacob Burckhardts Pessimismus über Dändliker und seine Zeitgenossen vermochte. Das mag zum Teil daran liegen, dass Burckhardt seine bösen Ahnungen in Vorlesungen konzentrierte, die erst Jahrzehnte nachher herauskamen. Jedenfalls hatte Burckhardt auch das damalige Lebensgefühl gegen sich.

Das Werk hat einen durchsichtigen und gut abgeteilten Aufbau. Dändliker erzählt bequem, anschaulich, leicht verständlich, mit der Tiefe der Zeit. Er trachtet mit Riehl nach allen Äusserungen des Volkslebens; er nimmt auch Sagen auf, weil sie zwar nicht die Tatsachen, aber doch eine bestimmte Sehnsucht belegen. Er erkennt als Inhalt der Kulturgeschichte den vergangenen Alltag und lässt das Grelle zurücktreten. Die politischen Epochen der Eidgenossenschaft belegt er mit den Akzenten, die der Überzeugung seiner Zeit entsprechen. Er sieht das wahre Leben der Eidgenossenschaft in dem Heldenalter der Bundesbegründung und Bundesbehauptung und der ungebrochenen Volkskraft; mit dem 16. Jahrhundert beginnt der Niedergang. Es hängt damit zusammen, dass ihm ein ungleiches Erbe der Forschung zur Verfügung stand. Die kritische Schule hatte vornehmlich das Mittelalter aufgehellt; in den spätern Jahrhunderten musste sich Dändliker selbst zurechtfinden. Da liess er sich mehr von der politischen Dogmatik seiner Zeit als von der genetischen Methode leiten. Es ist die Verfemung der aristokratischen Epoche, die seit Zschokke weiterging. Die Schweiz liegt um 1700 in tiefer Erniedrigung. Sie ist der fast willenlose Spielball der fremden Diplomatie und des gewalttätigen französischen Despoten; sie verliert das Letzte, die nationale Ehre. Aus dieser

Schilderung spricht die Unkenntnis; noch waren die diplomatischen Akten, die Gesandtschaftsberichte nicht ausgebeutet. Immerhin hätten sich schon aus Zellweger einige Berichtigungen ergeben. Der gleiche Schlagschatten fällt auf die innern Zustände. Not und Elend sind die Folgen des aristokratischen Absolutismus. Die Schweiz geht, wie das europäische Staatensystem, ausgelebt der Auflösung entgegen. Anders lautet freilich das Urteil, das fremde Beobachter über die Schweiz um 1700 fällten. Der Historiker hat den Abstand, der seine Welt von der vergangenen trennt, nicht genug überwunden, um dieser die ursprünglichen Züge abzugewinnen. Bisweilen fehlt es an der richtigen Herleitung. Da Dändliker mit dem Überweltlichkeitsgedanken gebrochen hat, so versteht er die Verpflichtungen nicht, die der Obrigkeit von der Reformation her nachgingen, und sieht in den Sittenmandaten aristokratische Herrschsucht, wobei auch sein Zeitbedürfnis mitwirkt, das Volk auf Kosten der aristokratischen Regierungen zu entlasten. Wenn er um 1700 noch das Schreckgespenst des Feudalismus umgehen sieht, ist ihm nicht gegenwärtig, was gerade die Aristokratie für die Ausbildung des kantonalen Staatswesens und der Staatsgewalt unter Verdrängung des Feudalismus tat, welche notwendige Stufe der Entwicklung zum Vollstaat sie bezeichnet. Wohl feiert er die grosse Bewegung des 18. Jahrhunderts, die Aufklärung: in der Politik Absterben, in Wissenschaft und Literatur ein herrliches Erwachen. Wie aber ist dieser Gegensatz zu deuten? Er meint, die Kläglichkeit der Politik habe die edleren Geister in das Reich des Gedankens verscheucht. Hier reichen die Mittel von 1880, reicht Buckle nicht aus, um den Haushalt des Geistigen zu ermessen. Im ganzen legt Dändliker den Plan so an, dass die Ideen der Revolution mit unwiderstehlicher Erlösungskraft aufspringen. Die vorausgehende Zeit büsst viel von ihrem Eigenrecht ein, weil er von Selbstverständlichkeiten ausgeht, die frühere Jahrhunderte nicht gekannt haben.

Das alles wird nun freilich gemildert durch die feine, gütige Natur Dändlikers. Wo er sich den ursprünglichen Berichten überlässt, kann er helle Bilder in den dunklen Rahmen stellen. Glückliche Kleinmalerei macht den Reiz des Buches aus. Aber aus einem Wurf ist das Werk nicht. Es sind Ansätze zu einheitlich fragender Durchdringung da, und dann werden wieder absolute Leitsätze, die eine reine Individualisierung des Geschehens nicht erlauben, als Massstäbe genommen. Dieses Schwanken beeinträchtigt das Werk mehr als die Doppelabsicht, der Wissenschaft und dem Volk zu dienen. Aber wenn auch manches zeitbefangen ist, so bleibt doch der Fachmann unverkennbar; er verbindet sich mit dem liebenswürdigen Schriftsteller, dem warmen Freund des Vaterlandes zu einem Werk, das dem Verlangen mit höherem Gehalt entgegenkam, als der Gemeinverständlichkeit sonst üblich war. Das Werk hatte mehrere Auflagen.

Nach dem Erfolg der Schweizergeschichte kehrte Dändliker zu seiner Jugendliebe, der Heimatkunde, zurück. Er gab 1897 eine Anleitung dazu mit der Schrift *Ortsgeschichte und historische Heimatkunde in Wissenschaft und Schule, ihre Methode und Hilfsmittel* und liess das Beispiel folgen, indem er nach umfassenden Studien die dreibändige *Geschichte der Stadt und des Kantons Zürich,* 1908–1912 schuf, wobei wieder die Absicht vorwaltete, gelehrtes Wissen mit angenehmer Lesbarkeit zu verbinden. Mag man auch an Dändliker den Funken der Ursprünglichkeit bisweilen vermissen, so hat er doch viel dazu beigetragen, das Geschichtsbewusstsein weiter Kreise zu heben.

Geschichte der Gemeinden Rorbas, Freienstein und Teufen; Bülach 1870. – *Der Ustertag und die politische Bewegung der Dreissiger Jahre im Canton Zürich;* Zürich 1881. – *Geschichte der Schweiz mit besonderer Rücksicht auf die Entwicklung des Verfassungs- und Kulturlebens von den ältesten Zeiten bis zur Gegenwart;* 3 Bde., Zürich 1883–88. 4. Aufl. Zürich 1900– 04. – *Hans Waldmann und die Zürcher Revolution von 1489;* Zürich 1889. – *Zur Charakteristik der Lage Zürichs in den Jahren 1443 und 1444;* Turicensia 1891, S. 71 ff. – *Ortsgeschichte und historische Heimatkunde in Wissenschaft und Schule;* Zürich 1897. – *Geschichte der Stadt und des Kantons Zürich;* 3 Bde., Zürich 1908–12.

ROBERT HOPPELER: Karl Dändliker; Anz. Schw. Gesch. 1912, S. 337. – GOTTFRIED GUGGENBÜHL: Karl Dändliker, ein Lebensbild; Zürich 1912. – KURT STIEFEL: Werte in der schweizerischen Geschichtsschreibung des 19. Jahrhunderts; Schw. Stud. Geschichtswiss. 20, Zürich 1942, S. 86 ff. – HANS C. HUBER: Grosse Darstellungen der Schweizergeschichte; Zürich 1960, S. 69 ff.

Wilhelm Gisi 1843–1893

Über ihm waltete das Verhängnis, das ihm des Forschens schönste Kränze zeigte und im Augenblick des Gelingens versagte, so dass den Mitlebenden auch ein geringes Los neben dem seinen wünschenswert blieb. Das war das Tückische, dass ihn nicht die Gunst verwöhnte, sondern dass er in harter Anstrengung die Höhe gewann, wo der Lohn seiner wartete – er sollte ihm nicht werden. An den Schulen von Solothurn und an fremden Universitäten holte er gründliche Kenntnisse in den alten Sprachen, Staatswissenschaften und Geschichte. Seine Tübinger Dissertation *Der Anteil der Eidgenossen an der europäischen Politik in den Jahren 1512 bis 1516* kündete den Willen zur Darstellung an. Unter dem Einfluss Rankes holt er die Schweiz aus ihrer Abgeschlossenheit heraus und setzt sie mit Europa in Beziehung, indem er nach dem grossen Stil für die Epoche trachtet, da die Schweiz Grossmacht wurde. Wie sein Meister sucht er einen Standort, der die Auswahl des Sehenswerten gestattet, ja, er gibt von den europäischen Beziehungen eine genauere Vorstellung als von den heimischen und übt sich, ohne sittliche Glossen das wechselnde Spiel der Mächte aufzuzeigen. Tief liegt bei ihm ein asketischer Zug, der nicht Menschen, sondern Mächte bewegt.

Zunächst unterrichtete Gisi ein paar Jahre an der Kantonsschule St. Gallen und schuf dort ein Werk, mit dem er auf die kritische Richtung der Zeit einging. Ihm schwebte ein grosses Quellenwerk zur Schweizergeschichte vor, und er gab 1869 eine Probe davon mit dem Band, der die alten griechischen und römischen Autoren umfasste und mit eindringendem Kommentar erschloss. Eine Fortsetzung war ihm nicht vergönnt; denn er trat 1868 als Unterarchivar in den Bundesdienst und stieg 1879 zum Vizekanzler der Eidgenossenschaft auf. Auch in Bern erschloss er sich den Wirkungskreis, der seiner Vielseitigkeit genug tat. Er wurde 1870 Privatdozent an der Universität und las ununterbrochen über Schweizergeschichte und Staatswissenschaften. Zugleich leitete er die Zeitschrift für schweizerische Statistik und erwarb einen Ruf durch grössere statistische Arbeiten. Daneben liefen Beiträge an die Allgemeine deutsche Biographie und an das Archiv für schweizerische Geschichte, so als Fortsetzung der Dissertation *Der Antheil der Eidgenossen an der europäischen Politik während der Jahre 1517–1521*, so *Über die Entstehung der Neutralität von Savoyen*. Dabei leitet ihn wieder die Absicht, unsere Geschichte aus der Vereinsamung in das Licht des Allgemeinen zu stellen. Er hat den Sinn für die schweren Fügungen und die verborgenen Wege des Geschicks, die er ohne Überhebung, eher zögernd enthüllt. Seine Begründungen sind gut angesetzt, wenn auch nicht immer erschöpfend, da er lieber das Gewirr der diplomatischen Fäden als die Irrgänge des Herzens verfolgt. Man spürt den grossen Zug, die starke, verhaltene Bewegung, nicht aber die nächtliche Eile seiner beherrschten Arbeit.

Als Gisi vom Verleger Perthes aufgefordert wurde, für das Sammelwerk *Geschichte der europäischen Staaten* die Schweizergeschichte in fünf Bänden zu bearbeiten, sagte er nach einem zögernden Blick auf das Übermass seiner Arbeit zu, weil es ihn drängte, mit einem grossen Wurf zu geben, was ihm verliehen war. Unter sorgfältiger Forschung entwarf er den ersten Band bis 1308; dieser sollte nie gedruckt werden. Gisi hatte sich zu viel zugemutet. Trotzdem seine Gesundheit von jung an schwankte, seine Nervosität zunahm und seine Augen früh der Schonung bedurften, hielt er die Kraft, die ihn emporgetragen hatte, für gestählt. Einsam und erfüllt, wie er war, glaubte er das innere Gleichgewicht behaupten zu können. Er erblindete 1881, legte die Ämter nieder und zog sich nach Solothurn zurück, wo er zerbrochen und geistig umnachtet verschied. Die Besten betrauerten den Fall eines edlen Geistes, dem auf dem dunklen, unbezwingbaren Untergrund des Menschenloses Mass und Vollendung versagt waren.

Der Anteil der Eidgenossen an der europäischen Politik in den Jahren 1512–1516; Tübingen 1866. – *Quellenbuch zur Schweizergeschichte;* Bern 1869. – *Der Antheil der Eidgenossen an der europäischen Politik während der Jahre 1517 bis 1521;* Arch. Schw. Gesch. 1871, S. 63 ff. – *Über die Entstehung der Neutralität von Savoyen;* Arch. Schw. Gesch. 1873, S. 1 ff.

WOLFGANG FRIEDRICH VON MÜLINEN: Wilhelm Gisi; Anz. Schw. Gesch. 1894, S. 139 f. – MARTIN GISI: Zur Erinnerung an Dr. Wilhelm Gisi; Zeitschr. Schw. Statistik 36, 1900, S. 4 ff. – MARTIN GISI: Wilhelm Gisi; ADB 49, Leipzig 1904, S. 368 ff.

Johannes Dierauer 1842–1920

Mit dem Namen Dierauers verbindet sich ein schlichtes Gelehrtendasein, von dem eine grosse Wirkung ausging. Er brachte eine unverbrauchte Kraft aus der Jugend mit, die er auf dem väterlichen Hof im sanktgallischen Dorf Bernegg erlebte. Sein Bildungsgang führte ihn über Hindernisse –

mit den alten Sprachen wurde er durch Selbststudium vertraut – an die Universitäten Zürich, Bonn und Paris. In Zürich schloss er mit der Dissertation *Beiträge zu einer kritischen Geschichte Trajans* ab und wurde 1868 als Nachfolger Gisis Geschichtslehrer an der Kantonsschule in St. Gallen. Er stand bis 1907 auf diesem Posten und übernahm 1874 dazu die Stadtbibliothek, die berühmte Vadiana, die er bis zu seinem Tod betreute, ein grosser Gewinn für seine Quellenstudien. Nicht minder förderte ihn die Freundschaft mit Hermann Wartmann und Ernst Götzinger. Wartmann brachte die entscheidende Wendung, indem er ihn 1881 dem Verlag Perthes in Gotha für die Bearbeitung der Schweizergeschichte in der Sammlung der Staatengeschichte empfahl. Zum andernmal trat Dierauer das Erbe Gisis an, und ihm war die Erfüllung beschieden. Von 1887–1917 erschien die *Geschichte der Schweizerischen Eidgenossenschaft* in fünf Bänden von den Anfängen bis 1848. Sie wurde das nationale Werk. Dass Dierauer diese grossartige Leistung aus den kargen Mussestunden zwischen zwei Ämtern herausholen konnte, dazu gehörten eine rüstige Gesundheit, angeborene Eignung, vaterländische Freudigkeit und zähe Ausdauer. Nüchtern, gründlich und verstandeshell, war er vorzüglich berufen, die Summe der kritischen Schule zu ziehen.

Dierauer kannte seine Grenzen und schrankte demgemäss seine Darstellung ab. Er gab politische Geschichte, nicht Kultur und Wirtschaft. Nur in den beiden letzten Bänden wird die Kulturgeschichte berührt, weil der Nationalsinn seit dem 18. Jahrhundert alle Lebensgebiete ergriff. Schon die Stoffmasse gebot Dierauer Enthaltsamkeit; sie wurde ihm durch seine Neigungen erleichtert. Beherrschung und Masshalten waren seine Lebensregeln. Die Stimme des Herzens bewahrte er für den Kreis der Nächsten; bis in den vertrauten Brief setzte er die Regungen des Gemüts in deutliche Bestimmtheit um. Seiner unverbrüchlichen Gemessenheit lag es nicht, mit biegsamem Wort das Schwebende, Unbestimmte, Flüchtige, Beschwingte und Abgründige des Seelenlebens und des Geisteszuges zu verfolgen. Es war auch schweizerische Scheu, die letzten Tiefen des Eigenen zu enthüllen. So sehr er als Student von den Vorträgen Friedrich Theodor Vischers fortgerissen worden war, so hatte er doch schon damals die Wahl für die Systematik des Erkennbaren getroffen und unter stiller Verehrung des Unerforschlichen auf die Schau der geistigen Gesamtheit verzichtet. Wie er in sich keine Leidenschaft zu unterdrücken brauchte, um das Gleichgewicht zu wahren, so liess er sich nicht mit den Mächten ein, die unter der Schwelle des Bewusstseins liegen, und grenzte sich gegen die verborgenen Lebensströme der Vergangenheit, gegen die Antinomien und die Paradoxien des Geschehens ab. Wohl hatte er den intuitiven Blick, und doch versagte er es sich, mit Hilfe der Spekulation, der geschichtsphilosophischen Konstruktion den Untergründen beizukommen. Wie sein Leben ein klarer Arbeitstag war, so wollte er das Erkennbare in grosser Linie geben. Diesen Entschluss hat er mit unermüdeter Wachsamkeit durchgehalten und den Einzelzug, er mochte noch so treffend sein, geopfert. Nicht golden und nicht grell, nicht mit Brechungen und wechselndem Wolkenzug, sondern mit gerader, stäter Helle lässt er das Licht einfallen.

Eben begann sich in der deutschen Geschichtswissenschaft der Historismus durchzusetzen. Obschon Dierauer mit ihm die geistige Wurzel in der Aufklärung hatte, nahm er doch von ihm Abstand. Dem Fliessenden des Historismus setzt er die festen Gegebenheiten des eidgenössischen Wesens entgegen, und während der Historismus die Kultur der Politik voranstellte, erschaut er die Eidgenossenschaft nicht als eine Kulturnation, sondern als eine Staatsnation, deren Eigenart er erfassen will. Das ist das Gesichtsfeld, zu dem er sich bescheidet; auf ihm arbeitet er mit überlegener und sparsamer Meisterschaft. Sein Gegenstand ist der Werdegang der nationalen Willensgemeinschaft. Seine Stoffbeherrschung gibt unbedingtes Zutrauen, und zu den Vorzügen des Werkes gehören die begleitenden Anmerkungen, in denen er die Literatur mit sorgfältiger Auswahl sichtet. Seinen Standpunkt nimmt er vom Gedankengut des Bundesstaates aus, der 1848 entstand und eine glückliche Zeit über die Eidgenossenschaft heraufführte. Hier nährt sich sein Geschichtssinn, auf diesen Zeitpunkt hin lenkt er das Geschehen. Er ist freisinnig, reformiert und Anhänger zentralisierender Bestrebungen. Doch das deutet seine Gesinnung, nicht die Weite der Betrachtung an. Er ist nicht der Gefangene seiner Zeit. Er kennt die Gnadenstände der Vergangenheit, wenn er ihnen auch den Glauben versagt. Von der Sage trennt er sich, weil sie der kritischen Prüfung nicht standhält. Ein starker Bürgersinn lebt in ihm, und er ist dort zu Hause, wo Ernst, Ausdauer und Rechtschaffenheit gedeihen. Mit liebendem Blick streift er die Gestalten, die diese Tugenden verkörpern. Vorrechte beleidigen ihn, weil sie nicht verdient sind. Im Bürgersinn sieht er das Gedeihen der Eidgenossenschaft in der Vergangenheit wie in der Gegenwart begründet; der Bürgersinn gibt ihm die Zuversicht für ein schweizerisches Dauerglück. Das Herz geht ihm auf ob der Tapferkeit der alten Eidgenossen, darin ist er Schweizer. Und doch urteilt er von einem Beschluss der Tagsatzung, er sei zwar nicht tapfer, aber vielleicht doch staatsmännisch gewesen. Das war eine Wendung aus dem Unwillkürlichen einer allzu beruhigten Gegenwart. Es hat Zeiten gegeben, wo das Tapfere und das Staatsmännische nicht zu trennen waren.

Dierauer hat von sich bekannt, es sei sein erster Ehrgeiz gewesen, ein rechter Lehrer zu werden. Das ist ihm in seine Schweizergeschichte nachgegangen. Er will sein Volk unterweisen, und darnach richtet er seine Darstellung. Der Aufbau ist klar, durchsichtig und ausgeglichen, ohne dass dem Geschehen Gewalt angetan wird; denn er hat die stille Abfolge der Zeiten erahnt. Die Sprache entbehrt der Anmut und des Schimmers und ist mit gedrungener Wucht und Treffsicherheit geladen. Andere haben mit grösserem Wortschatz geringere Wirkungen erzielt. Es ist nicht die Blüte der Einbildungskraft, sondern eine Verbindung von Geistesschärfe und verhaltener Überzeugung, die durchschlägt. Das Gedankengut von 1848 mag sich wandeln – die hohen Anklänge an das Vaterländische werden immer zu Dierauers Namen gehören.

Dierauers Schweizergeschichte fand die Aufnahme, die einem ersehnten Gut zuteil wird. Nicht nur durch die Fachkreise lief die freudige Genugtuung, dass das Werk geschaffen sei, das die kritische Epoche krönte. Maxime Reymond übersetzte es mit Bundeshilfe ins Französische. Die Auflagen folgten sich. Mit jedem Band stieg die Achtung. Behörden und gelehrte Gesellschaften brachten dem Verfasser ehrende Kundgebungen dar. Er selber empfand es als Lohn, dass ihm vergönnt war, das Werk bis zu dem gesetzten Zeitpunkt von 1848 zu führen.

Als vollgewachsenen Jünger der kritischen Epoche erwies sich Dierauer auch in einem schwierigen Quellenunternehmen. Es gab stadtzürcherische Aufzeichnungen aus dem Mittelalter, die sich dunkel und verschlungen dem Zugriff entzogen. Dierauer meisterte das stachelige Geheimnis und gab sie in den Quellen zur Schweizer Geschichte als *Chronik der Stadt Zürich* heraus. Die Einleitung erschliesst mit vorbildlicher Klarheit die Probleme einer verfänglichen Textrezension.

Wenn sich auch Dierauer als Anhänger des starken Bundesstaates bekennt, so wird doch an ihm deutlich, dass solche Gesinnung den Schweizer nicht erschöpft. In ihm wurzelte eine vertraute Liebe zum Heimatkanton, und er hat ihr Opfer gebracht. Wiederholt lehnte er Berufungen an Universitäten ab, um St. Gallen treu zu bleiben. Das war die andere Genugtuung seines Lebens, dass er mit Wartmann und Götzinger eine Geistesblüte über St. Gallen heraufführte. Es gehört zur schweizerischen Freiheit, dass sich überall ein Mittelpunkt des Geistigen bilden und das Erlesene an sich ziehen kann. Dierauer bezeugte es mit seinen Arbeiten über heimische Geschichte. So gab er ein Lebensbild von *Karl Müller-Friedberg,* der 1803 den Kanton St. Gallen schuf, schilderte er das erste Jahrhundert des Kantons in der Jubiläumsschrift *Politische Geschichte des Kantons St. Gallen 1803 bis 1903.* St. Gallens hervorragenden Männern setzte er das Denkmal in der Allgemeinen deutschen Biographie. Bis in die Geschichte des Dorfes und Hofes verfolgte er das geheime Leben und Weben seiner Heimat, und sein Stolz war, auch im Kleinen getreu zu sein.

Beiträge zu einer kritischen Geschichte Trajans; Untersuchungen zur römischen Kaisergeschichte 1, Leipzig 1868. – *Karl Müller-Friedberg;* Mitt. vaterl. Gesch. St. Gallen 21, 1884. – *Geschichte der Schweizerischen Eidgenossenschaft;* 5 Bde., Gotha 1887–1917. Fortsetzung: *Hans Schneider: Geschichte des Schweizerischen Bundesstaates 1848–1874;* Zürich 1931. – *Histoire de la Confédération Suisse,* übersetzt v. Maxime Reymond; Lausanne 1910–13. – *Chronik der Stadt Zürich;* Quell. Schw. Gesch. 18, 1900. – *Politische Geschichte des Kantons St. Gallen 1803–1903;* St. Gallen 1904.

OSKAR FÄSSLER: Johannes Dierauer. Ein Lebensbild; Njbl. Hist. Ver. St. Gallen 1921. – RUDOLF SCHÄR: Prof. Dr. Johannes Dierauer. Zum 100. Geburtstag; Der Staatsbürger 1942, S. 48 f. 55 f. – KURT STIEFEL: Werte in der schweizerischen Geschichtsschreibung des 19. Jahrhunderts; Schw. Stud. Geschichtswiss. 20, Zürich 1942, S. 95 ff. – JAKOB BOESCH: Johannes Dierauer. Ein Lebensbild; St. Gallen 1956. – WERNER NÄF: Johannes Dierauer; NDB III, Berlin 1957, S. 654. – EDGAR BONJOUR: Johannes Dierauer; Die Schweiz und Europa 1, Basel 1958, S. 303 ff. – HANS C. HUBER: Grosse Darstellungen der Schweizergeschichte; Zürich 1960, S. 103 ff.

Hans Schneider 1865–1942

Er übernahm die Fortsetzung von Dierauers Geschichte der Schweizerischen Eidgenossenschaft und führte sie weiter von 1848–1874. Die Verwandtschaft mit Dierauer ist gewahrt, soweit ein geistiges Erbe übernommen werden kann. Schneider teilt mit seinem Vorgänger die Vaterlandsliebe und die freisinnige Überzeugung. Da er aber um ein Menschenalter jünger war als jener, ging er von andern Voraussetzungen aus. Dierauer reichte noch in die Zeit zurück, die den Bundesstaat erkämpfte, daher seine bestimmte Stellungnahme gegen Föderalismus und Katholizismus. Schneider kennt diese Gegensätze auch, aber er legt nicht den gleichen Nachdruck auf sie, sondern betont sie gedämpfter. Er gehörte einer Zeit an, für die der Bundesstaat als die glückliche Form schweizerischen Zusammenlebens gesichert war. Das erlaubte dem Verfasser eine Freiheit des Ausblicks, die er mit Verständnis benützte.

Auf Schneiders Buch ruht der Abglanz einer glücklichen Zeit. Aufatmend tauchte das Schweizervolk aus schweren Wirren auf; der junge Bundesstaat schuf Beruhigung und gab den gehemmten Unternehmungsgeist frei. Tage hoffnungsreicher Entfaltung brachen an. Die Kultur stieg und bewahrte noch die Einfachheit der früheren Stufe. Der Lohn war ein sicheres Glücksgefühl; man wusste, wo man stand und hingehörte. Die schweizerische Volksherrschaft erbrachte damals den Beweis, dass sie sich mit einer geordneten sozialen Gliederung verträgt.

Schneiders Darstellung beruht auf einem umsichtigen und eindringlichen Studium der Quellen; diese häufen sich schier unübersehbar, da nun auch die Zeitungen als Zeugen mitzusprechen haben. Die Quellen werden in den Fussnoten sorgfältig behandelt und nach ihrem Gehalt wohl abgewogen aufgeführt. Durch das Ganze geht die gespannte Aufmerksamkeit des Verfassers und das Bestreben, seine Leser leicht, sicher und zuverlässig in den Stoff einzuführen. Der Stil ist deutlich, ungesucht und den Kunstgriffen blosser Geschicklichkeit fremd; sollte er dem Ernste des Gegenstandes angemessen sein, durfte er sich nicht an die Verwöhnten wenden. Darstellung und Aufbau gewähren eine gute Übersicht. Innen- und Aussenpolitik werden in getrennten Kapiteln behandelt, aber in ihrer Verwandtschaft und Verflechtung aufgezeigt. Die grossen Linien heben sich ab, die treffende Auswahl bezeichnender Einzelzüge gibt dem Ganzen Wirklichkeit und Fülle.

Bei der Behandlung der Aussenpolitik verfolgt Schneider mit besonderer Wachsamkeit das Gedeihen der schweizerischen Neutralität. Sie bestand seit 1815 als Grundsatz, aber ohne bestimmte, abgeklärte Geltung. Schneider beobachtet mit kundiger Erwägung, wie die Neutralität mit jeder europäischen Krise schärfer erfasst und gehandhabt wurde. Bei der Behandlung der Innenpolitik spürt man das Hochgefühl des Autors, mit dem er die Gründung des Bundesstaates als Meisterstück preist. Dass der siegreiche Liberalismus der verführerischen Gelegenheit, kühne Träume zu verwirklichen, widerstand, dass die Weisheit über die Leidenschaft den Sieg davon trug, rühmt er als Verdienst des Liberalismus, das seinen Erfolg erhöht.

Während Dierauer das Wirtschaftliche nur streifte, ergründet es Schneider in ausführlichen Abschnitten, die nicht einer persönlichen Liebhaberei, sondern dem Rang der Tatsachen entsprechen: Wirtschaft wurde Politik. Die Verfassung von 1848 schuf ein geschlossenes schweizerisches Wirtschaftsgebiet, indem sie dem Bund Zoll, Münze, Masse und Post mit der notwendigen Gesetzgebung übertrug. Und da auch die Förderung der Volkswohlfahrt unter die Bundeszwecke aufgenommen wurde, so eröffneten sich dem Bund unabsehbare Aufgaben, mit denen er unmittelbar in den Alltag eingriff. Diesen Dingen ist Schneider bis in die entlegenen Fundstätten nachgegangen. Man bekommt Einsicht, wie der Bund mit bescheidenen Mitteln seinen Haushalt aufbaute, wie er mit seiner Gesetzgebung in das Werden des Maschinenzeitalters eingriff, wie dieses auf den Bund zurückwirkte und die Verschränkung von Politik und Geschäft anbahnte. Die Wirtschaftskapitel bereichern das Buch über das hinaus, was Dierauer geboten hatte, zumal Schneider sie mit Beobachtungen begleitet, die trefflich auf die Natur des Landes und die Art des Volkes bezogen sind. Aber so sehr er auch den Einsatz der neuen Kräfte würdigt, so ist doch unverkennbar, dass er der Politik noch den Rang vor der Wirtschaft gibt.

Geschichte des Schweizerischen Bundesstaates 1884–1918, erster Halbband 1848–1874; Zürich 1931.

RICHARD FELLER: Geschichte des schweizerischen Bundesstaates; Der kleine Bund, Bern 1931, Nr. 51, S. 401 f, Nr. 52, S. 415 f.

Wilhelm Oechsli 1851–1919

Sein Geburtsort ist das Dorf Riesbach bei Zürich. Er begann mit dem Studium der Theologie, wurde aber von Büdinger zur Geschichte hingezogen. Salomon Vögelin wies ihm begeisternd die demokratische und freigeistige Richtung. In Berlin arbeitete er in Mommsens Seminar. Nachdem er 1873 in Zürich das Diplom für das höhere Lehramt und mit einer geschichtlichen Dissertation die Doktorwürde erworben hatte, schloss er Studienjahre in Holland, England und namentlich Frankreich an und wurde 1876 ans Gymnasium von Winterthur berufen. Vielseitig gebildet, mit ausgreifendem Begehren, entwickelte er seine reiche und leidenschaftliche Natur an den Regeln der Methode und eignete sich den Unterricht durchaus an. Er verfasste eine *Schweizergeschichte für Real- und Mittelschulen* und schuf die mehrbändigen *Bilder aus der Weltgeschichte;* beide Werke hatten mehrere Auflagen. Wenn diese Lehrmittel überholt sein werden, so wird sein *Quellenbuch zur Schweizergeschichte* von 1886 bleiben, in dem er mit glücklicher Auswahl Quellenstücke in deutscher Übertragung vereinigte. Er liess 1893 einen zweiten Band mit kulturgeschichtlichem Inhalt folgen. Eine weitere Gabe an die Schule: Er entwarf 1897 mit Baldamus die grosse *Wandkarte der Schweiz im Jahre 1798*. Der Bundesrat berief ihn 1887 als Professor für Schweizergeschichte an das Polytechnikum, und 1893 wurde ihm der Lehrstuhl für Schweizergeschichte an der Universität Zürich übertragen.

Oechsli war an der Universität vor allem der Lehrer, der es als eine hohe Pflicht betrachtete, die Schüler in die selbständige Forschung einzuführen. Er mochte gegenüber den Studenten nicht haushalten, sondern hatte eine geräumige, freigebige Art. Er war unermüdlich in Anregung und Ermunterung, überliess den Schülern seine Stoffsammlungen und brachte sie mit höchst eingreifendem Wirken auf alle Weise vorwärts. Dafür hatte er oft die Genugtuung, dass sich aus der Gemeinsamkeit des Stoffes eine solche des Geistes ergab. Er hinterliess als Lehrer den stärksten Eindruck.

Ebenso rückhaltlos gab sich Oechsli in der Forschung aus. Von seiner Gesundheit und Lebenskraft, auch von der Überschaubarkeit seines Gebietes bedient, machte er sich in allen Zeiten der Schweizergeschichte, von der Urzeit an, durch eigene Untersuchungen heimisch. Während Dierauer nach der grossen Linie trachtete, wurde Oechsli von der Fülle und Mannigfaltigkeit der Erscheinungen angezogen. Seines Annäherungsvermögens sicher, griff er nicht nach einem bestimmten Plan zu, sondern wie es der Zufall oder der Auftrag mit sich brachte. Auf den meisten Gebieten gewann er aus erster Hand einen gewaltigen Stoff und wurde bis ins einzelne so vertraut, dass das eine harte, rasche und umsichtige Arbeit in die Nächte hinein voraussetzt, und bei seiner Leidenschaft möchte man annehmen, dass er gelegentlich das Glück hatte, sich an seinen Mühen zu berauschen.

Oechsli schrieb in den Mitteilungen der Antiquarischen Gesellschaft über die *Urgeschichte des Wallis und Graubündens* und verfasste 1896 *Die älteste Geschichte des Wallis*. Er setzte sich 1908 in der Studie *Zur Niederlassung der Burgunder und Alamannen in der Schweiz* mit dem dürftigen historiographischen Niederschlag der Völkerwanderung auseinander und erkannte aus ihm die Mitte des 5. Jahrhunderts als Zeitpunkt der germanischen Besiedelung. Seine Denkschrift zur Bundesfeier von 1891 ist eine Kraftleistung, da er in einem Jahr den Auftrag des Bundesrates vollziehen musste. Es sind *Die Anfänge der Eidgenossenschaft,* denen man die Eile nicht ansieht. Er sammelt die urkundlichen und chronistischen Zeugnisse über die Bundesgründung und zieht in scharfsinniger, überlegener Untersuchung die Ergebnisse jener Forscherarbeit, die mit Kopp angehoben hat. Mit diesem Werk stand sein Gelehrtenruf fest. Daneben hatte er seine Neigung zu bestimmten Gestalten und Epochen. Aus der Reformation wählte er das Schöpferische aus, das den Staat befruchtete, und steuerte zu dem zürcherischen Erinnerungswerk vom Jahr 1919 den Abriss *Zwingli als Staatsmann* bei. Überhaupt hatte er das Auge für das Werden des Staates und widmete dem Gefüge der alten Eidgenossenschaft zwei Abhandlungen, 1884 *Orte und Zugewandte* und 1916/17 *Die Benennungen der alten Eidgenossenschaft und ihrer Glieder*. Es sind bedeutende Untersuchungen zum Bundesrecht der alten Eidgenossenschaft, die ihn in der Auffassung bestärkten, dass die Missgeschicke der alten Eidgenossenschaft auf die Schwäche des Bundes zurückzuführen seien. In der *Geschichte der Gründung des eidgenössischen Poly-*

technikums mit einer Übersicht seiner Entwicklung 1855–1905 gab er eine vorzügliche Probe der Fähigkeit, ein Vielerlei zur Sinneinheit zusammenzufassen.

Oechsli war im besten Alter, als ihn der Auftrag des Verlags S. Hirzel in Leipzig erreichte, zum Sammelwerk der *Staatengeschichte der neuesten Zeit* die Geschichte der Schweiz beizutragen. Er mochte ihm wie die Krönung seiner Lebensarbeit erscheinen. Umfassende Studien, die ihn ins Ausland führten, bereiteten das Werk vor, und 1903 und 1913 erschienen die beiden ersten Bände der *Geschichte der Schweiz im 19. Jahrhundert,* die den Zeitraum von 1798–1830 behandeln. In der Einleitung gibt er den beherrschenden Überblick über das 18. Jahrhundert, im Hauptteil verbindet er die Menge der Einzelheiten in durchsichtiger Ordnung zum Ganzen, ein Meister der grossen Linie wie des Kleinzuges. Soviel auch Frühere über diese Zeit beigebracht haben, so überrascht er doch durch die Fülle des Neuen. Die Politik bleibt der höchste gebietende Ausdruck des nationalen Lebens; aber Oechsli enthüllt auch die Kräfte des Geistes und der Wissenschaft, von denen es genährt wird. Als er an den dritten Band ging, brach der Weltkrieg aus. Er traf Oechsli in der Tiefe und steckte ihn mit dem Zweifel an der Zukunft Europas und seiner Wissenschaft an. Wie sollte das gegenwärtige Geschlecht unter der Wucht der Katastrophe noch die Besinnung finden, in den verblassten Linien der Vergangenheit seine Herkunft und Bestimmung zu lesen? Das Köstliche seiner Lebensarbeit schaute ihn fast wie ein Irrtum an. Er erzählt, wie er Ablenkung von schmerzlicher Aufregung in antiquarischer Arbeit gesucht habe, deren Frucht die ausgezeichnete Studie «Die Benennungen der alten Eidgenossenschaft und ihrer Glieder» wurde. Es bezeugt das Ursprüngliche seiner Begabung, dass sie auch vom herbsten Leid nicht geknickt wurde.

Mit Dierauer gelangte Oechsli zur Führung in der Geschichtsschreibung, mit Dierauer teilte er die klare feste Natur. Von Dierauer unterschied ihn der stärkere Pulsschlag. Er gab sich mit vollem Zug aus, zumal er an den Studenten hungrige Kostgänger hatte, die er mit den Früchten seines Fleisses ernährte. Er war ungenügsamer, begehrender und verschwenderischer als Dieraurer. Wo Dierauer in sorgsamer Überlegung suchte, mögen Oechsli Umriss und innere Form des Gewesenen plötzlich aufgegangen sein. Daher war er unmittelbarer im Ausdruck und unbedenklicher im Urteil und ging bisweilen über den Punkt hinweg, auf dem der Historiker verstummen darf, während sich Dierauer hier zur Achtsamkeit erzogen hatte. An Methode war er Dierauer gewachsen, ja überlegen, weil er nach der Gesamtheit der Erscheinungen trachtete. Anders als Dierauer zog er das Geistesleben und die Wirtschaft zur Politik heran und machte sie als Einheit deutlich, ohne dass die Darstellung in den Vorrang des Wirtschaftlichen umschlägt, wozu auch die schweizerische Vergangenheit weniger als eine andere einladet. Er hatte eine Neigung für Staatstheorien und geistesgeschichtliche Gedankenzüge; aber wenn er sich gerne in sie versenkte, so fand er sich doch immer wieder zu der Fähigkeit zurück, die Ergebnisse der Wissenschaft für den Alltagsgebrauch zu rüsten. Oechsli schreibt unfeierlich. Seine Sprache hat die Gabe des Einleuchtenden und die sichere Flüssigkeit, die den Leser durch Selbstverständlichkeit gewinnen; sie entbehrt auch nicht des Geschmacks und der Biegsamkeit, die zur Behandlung geistesgeschichtlicher Probleme erforderlich sind. Wenn auch Dierauer die zentrale Aufgabe hatte und an ihr gewaltig wurde, so hat doch Oechsli ebenso sehr auf seine Zeit gewirkt, ja die Geister vielleicht mehr beschäftigt, wie er auch der Empfänglichere war.

Wie Dierauer schöpfte Oechsli seine massgebenden Überzeugungen aus der Aufklärung. Als werdender Historiker erforschte er in Paris das Zeitalter der Revolution und durchdrang sich so sehr mit den Gedanken Rousseaus, dass er die sekundären Staatsgründungen der Puritaner in Neu-England als Beweis für die Geschichtlichkeit des Gesellschaftsvertrags ansah. Es wurde seine Aufgabe, die Aufklärung mit schweizerischem Inhalt zu erfüllen und aus der schweizerischen Entwicklung zu bestätigen. Im Bundesstaat von 1848 sah er wie Dierauer die Vermählung der alten schweizerischen Freiheit mit der Aufklärung. Vom Bundesstaat aus urteilte er als Demokrat, Zentralist und Reformierter. Damit war die Gefahr der Einseitigkeit gegeben, und Oechsli ist ihr nicht ganz entgangen. Er hat das Überweltliche kürzer abgefertigt, als dessen Macht in der Vergangenheit es erlaubt. Er hat es übersehen, dass die Aufklärung auch im Spiritualismus eine Wurzel hat.

Nun hat jede Gegenwart das gewaltige Bedürfnis, alles Erreichbare, auch das Vergangene, zu ihrer Verwirklichung heranzuziehen, sich anzugleichen oder zu entwerten. Gegenwartsnähe ist für den Historiker ein notwendiger, aber verführerischer Aufenthalt, mit dem die Versuchung gegeben ist, Geschichte in Gegenwart zu verwandeln. Oechsli ist ihr nicht erlegen; denn er anerkannte das Eigenrecht der Vergangenheit. Freilich kamen ihm das Land und das Zeitalter, in die er geboren wurde, mit Erleichterungen entgegen. Unsere neuere Geschichte kennt nur ausnahmsweise jenes Anschwellen der Aussenpolitik, das die Geschichte anderer Länder mit steter furchtbarer Verantwortung durchzieht, und Oechslis Lebensgeister erwachten unter den Verheissungen eines Aufstiegs, der die ewigen Glücksträume der Menschheit zu verwirklichen schien. Von dieser Aussicht aus hat er sich eingesetzt, einer weniger begünstigten Vergangenheit gerecht zu werden. Es gehörte zu seiner Mannhaftigkeit, dass er wohl irrte, aber nicht entstellte.

Dierauer und Oechsli waren berufen, dem Geschichtsglauben einer glücklichen Schweiz den grossen Ausdruck zu geben. Beide enthalten das Ausmass, wie weit sich unsere Geschichtsschreibung im 19. Jahrhundert fremder Schule überlassen durfte, ohne der schweizerischen Wirklichkeit wehzutun. Ihre Werke sind das Vermächtnis des Geistes von 1848 an die späteren Geschlechter. Beide wurden vom ersten Weltkrieg mit tragischer Enttäuschung ereilt. Dieser stellte erneut die Frage, wie die Eidgenossenschaft mit dem Unvergänglichen zusammenhängt.

WILHELM OECHSLI: *Lehrbuch für den Geschichtsunterricht in den Sekundarschulen;* Zürich 1883. – *Orte und Zugewandte, eine Studie zur Geschichte des schweizerischen Bundesrechts;* Jahrb. Schw. Gesch. 13, 1888, S. 1ff. – *Die Anfänge der Schweizerischen Eid-*

genossenschaft; Zürich 1891. – *Die älteste Geschichte des Wallis;* o.O. 1896. – *Quellenbuch zur Schweizergeschichte;* Grosse Ausg. Bd. 1, 2. Aufl. Zürich 1901, Bd. 2 Zürich 1893. Kleine Ausg., 2. Aufl. Zürich 1918. – *Geschichte der Schweiz im 19.Jahrhundert;* 2 Bde., Leipzig 1903. – *Geschichte der Gründung des eidgenössischen Polytechnikums mit einer Übersicht seiner Entwicklung 1855 bis 1905;* Frauenfeld 1905. – *Zur Niederlassung der Burgunder und Alamannen in der Schweiz;* Jahrb. Schw. Gesch. 33, 1908, S. 223ff. – *Die Benennungen der alten Eidgenossenschaft und ihrer Glieder;* Jahrb. Schw. Gesch. 41, 1916, S. 51ff.; 42, 1917, S. 87ff. – *Zwingli als Staatsmann;* Zwingli-Erinnerungswerk 1919.

THEODOR VETTER: Wilhelm Oechsli; Zürcher Post 1919. – RICHARD FELLER: Hundert Jahre schweizerischer Geschichtforschung, Vortrag; Bern 1941. – DAVID WECHSLER: Wilhelm Oechsli. Geschichtsauffassung und Problematik des 19.Jahrhunderts; Schw. Stud. Geschichtswiss. NF 5, 1945.

VI.
NEUESTE ZEIT
20. Jahrhundert

EINLEITUNG

Die älteren Historiker dieser Epoche wuchsen in den Jahrzehnten vor dem Ersten Weltkrieg auf, in der sogenannten guten alten Zeit, da alles im Aufstieg begriffen war. Sie glaubten an den unaufhaltsamen Fortschritt und waren überzeugt, die früheren Geschlechter hätten bloss gelitten und gestritten, um das Glück der gegenwärtigen Generation herbeizuführen. Diese Einstellung des Zeitalters kam einer eingeborenen Neigung des Schweizers entgegen, so dass die Geschichtsschreibung gelegentlich einem naiven Realismus verfiel und die Geschichte des Geistes, der Kultur vernachlässigte. Nur ganz wenige Historiker liessen sich von diesem beglückenden Sicherheitsgefühl nicht täuschen, glaubten nicht an die Allmacht menschlichen Verstandes und menschlicher Willenskraft; tiefere Einsicht in die dämonischen Triebe der menschlichen Natur liess sie schon die Schrecken der kommenden Zeit ahnen. Aber die Fortschrittsgläubigen überhörten die warnenden Stimmen und waren dann der Katastrophe völlig hilflos ausgeliefert.

Die Jungen, die nach 1900 geboren waren, hatten sich geistig angesichts von gewaltsamen Veränderungen gebildet. Ihnen wurde zur Selbstverständlichkeit, was den früheren Generationen Ausnahme schien: der zermalmende Entscheid mit den Waffen, die Fiebertemperatur, die Ruhelosigkeit, stürzende Regierungen und Verfassungen, Agitation um ihrer selbst willen, Ermatten des Gewissens. Die Welt zeigte ihnen eine düstere Einheitlichkeit, der nicht glücklichere Erfahrungen die Waage hielten. Sie wandten sich gegen den alles verschlingenden Organisationswillen des Staates, gegen den Zentralismus, der ihnen aus eben diesem Grunde verdächtig schien. Ein junger Föderalismus politisch-geistiger Prägung wuchs heran. Sein Interesse galt mehr dem Kanton als dem Bund, was die Entstehung von Kantonsgeschichten begünstigte.

Das 19. Jahrhundert hatte die Geschichtsschreibung, die früher eine Liebhaberei oder ein amtlicher Auftrag gewesen war, zur Wissenschaft mit rationaler Methode erhoben. Aber nicht um die erstaunliche Verfeinerung und Spezialisierung ihrer Technik ging es jetzt; das war gesicherter und in Lehrbüchern kodifizierter Besitz. Sondern man stritt um die Rangfolge der historischen Mächte, der Kräfte, die den geschichtlichen Verlauf bestimmen: die grosse Persönlichkeit, die Massen, die natürlichen Grundlagen des Daseins wie Klima und Bodenart, das Wirtschaftliche, die Kultur, die Religion. Früher hatte man gern dem begnadeten Menschen, dem bedeutenden Charakter die Führung und damit die Verantwortung in der Geschichte zugesprochen. Die grosse Persönlichkeit war das schönste Thema, die stille Sehnsucht des Historikers, der an ihm seine beste Kraft entfalten konnte. Und mit der grossen Persönlichkeit gaben geistige und sittliche Kräfte den Ausschlag. Eine solche Auslese verlieh der Geschichte einen aristokratischen Zug.

Diese Auffassung wurde von den Jungen angefochten. Sie erhoben die

Wirtschaft zur Macht, die den Verlauf der Geschichte bestimmt. Damit wurde der Forschung Neuland eröffnet. Sie bearbeitete es mit überraschenden Ergebnissen, auch wenn sie nicht zu den Schlüssen der klassischen materialistischen Lehre kam. Ihren bestimmten Ausdruck fand diese Theorie in der modernen kollektivistischen Geschichtsschreibung, deren Inhalt die Auseinandersetzung der Massen mit dem Wirtschaftsprozess ist. An die Stelle der verantwortlichen Persönlichkeit trat das zwangsläufige Geschehen. Für aristokratische Auslese war kein Platz mehr. Man kam überein, das Wirtschaftliche bilde den Grundton in der Melodie der Geschichte; er sei bald schwächer, bald stärker vernehmbar. Daneben gab es noch andere Auffassungen: Geschichte sei Soziologie, sei Psychologie, sei reiner Geist; wählerische Ästheten bevorzugten Beleuchtung interessanter Strecken des Geschichtsverlaufs. Aber keine dieser Richtungen, deren rivalisierende Ansprüche die allgemeine Anarchie im Denken und Fühlen der Zeit spiegeln, kann der geschichtlichen Betrachtung ganz gerecht werden. Auch die reine Ideengeschichte kann dies nicht, weil durch sie die geschichtliche Realität ihren Eigenwert zu verlieren droht. Ins Innerste der Geschichte dringt nur die überlegene Zusammenfassung aller Forschungsrichtungen und Betrachtungsweisen, die das Vielerlei zur Sinneseinheit zusammenfasst.

Ein weiterer Ruf nach Gewichtsverschiebung in der schweizerischen Historiographie betraf verstärkte Berücksichtigung der Aussenpolitik. In der Neutralität lag etwas Verführerisches. Sie hatte die Aufgabe des Schweizerhistorikers täuschend vereinfacht. Während des 19. Jahrhunderts und bis zum Ersten Weltkrieg verlieh die Neutralität der Schweiz eine undiskutierbare Sicherheit, die den Blick von der Aussenpolitik ablenkte. Da die internationalen Konflikte an den Schweizer Grenzen haltmachten, lebte der Schweizer auf einer sturmfreien Insel. Sein kleinstaatlicher Binnengeist trübte ihm das Auge für die Gefahren von aussen. Auch hier brachten die beiden Weltkriege eine Abwendung vom Geltenden, Selbstverständlichen und führten zu stärkerer Betonung der internationalen Verflechtung.

In der schweizerischen Geschichtsschreibung wurden alle diese Tendenzen der Zeit aufgenommen, aber – wie es eidgenössischem Mittelmass entspricht – temperiert verarbeitet. Besonders während der Kriege wehrte man sich dagegen, Schweizerisches international anzugleichen. Man fragte eindringlich, wo die Schweiz ihr Einzigartiges, Einmaliges habe. Die Aufmerksamkeit richtete sich auf das Zusammengehen von Stadt und Land, auf die Kleinstaatlichkeit, auf den Ausgleich der Sprachen und Volksteile, auf die Selbstbestimmung, und man betonte mit Nachdruck die Andersartigkeit gegenüber dem Ausland. Später, dem Zug der Zeit nach Integration folgend, begann man auf dasjenige Gewicht zu legen, was die Schweiz mit Europa, mit der Welt gemein hat; man bestrebte sich, das schweizerische mit dem allgemeinen Schicksal zu verknüpfen. Die Schweiz als Sonderfall verlor an Interesse.

RICHARD FELLER: Über Geschichtsbetrachtung; Der kleine Bund; Bern 1926, Nr. 16. – RICHARD FELLER: Hundert Jahre schweizerischer Geschichtsforschung.

Festbericht über die Jahrhundertfeier der Allgemeinen Geschichtforschenden Gesellschaft der Schweiz in Bern am 27. und 28. September 1941; Bern 1941, S. 3 ff. – EDUARD K. FUETER: Geschichte der gesamtschweizerischen historischen Organisation; Hist. Zeitschr. 189, München 1959, S. 449 ff. – EDUARD VISCHER: Zur schweizerischen Geschichtsschreibung im ersten Drittel des 20. Jahrhunderts; Schaffh. Beitr. 50, Thayngen 1973, S. 8 ff. – PETER STADLER: Zwischen Klassenkampf, Ständestaat und Genossenschaft. Politische Ideologien im schweizerischen Geschichtsbild der Zwischenkriegszeit; Hist. Zeitschr. 219, München 1974, S. 290 ff.

BERN

Gustav Tobler 1855–1921

Um die Jahrhundertwende blühte in Bern die kritische Geschichtsforschung auf, führte jedoch nicht schon im ersten Anlauf zu einer Gesamtdarstellung der bernischen Vergangenheit. Der aus dem Appenzell stammende, verehrte Hochschullehrer Tobler fühlte sich zwar in der Bundesstadt heimisch und kannte sich im Berner Staatsarchiv bald aus wie kein zweiter; aber er hat nur Streifzüge, allerdings nachhaltige, in die bernische Historie unternommen. Dem Optimismus, der Hochstimmung seiner Zeit stellte er seine Skepsis gegenüber. Und so hat er es als erster Geschichtswissenschafter unternommen, das von der radikalen Geschichtsschreibung mit Verachtung zugedeckte Ancien régime unbefangen zu würdigen. Aus seinen emsigen Forschungen im Staatsarchiv ging eine lange Reihe kleinerer Schriften hervor: *Geschichte der Juden in Bern, Gazette de Berne, Tierprozesse in der Schweiz, Jugendzeit Samuel Schnells, Verhältnis von Staat und Kirche in Bern, die Brüder Tscharner*. Immer waren es originale, aus Primärquellen geschöpfte Studien, meistens zur Kulturgeschichte. Die Zeit sei vorüber, schrieb Tobler, in der man unter Geschichte ausschliesslich die politischen Vorgänge, soweit sie sich im Ratssaal vollzögen, verstanden und nur denjenigen Männern Interesse entgegen gebracht habe, die im staatlichen Leben eine führende Rolle gespielt hätten. Von der politischen Geschichte als dem unentbehrlichen Grundgerüst aller Historie ausgehend, forderte er zur Erforschung aller Lebensbereiche der Vergangenheit auf.

Toblers grösste wissenschaftliche Leistung aber sind seine Beiträge zur Historiographie. Er hat diesem Zweig der historischen Disziplin schon früh sein Interesse zugewandt. Unter seinen literarischen Anfängen figuriert eine Schrift *Johann Jakob Bodmer als Geschichtsschreiber*. Bald darauf behandelte er *Die Chronisten und Geschichtsschreiber des Alten Bern*, wo er in vorwiegend biographischer Form die historiographischen Werke Berns vom 14. bis 18. Jahrhundert kritisch musterte und zur Darstellung brachte. Es war ein Schritt ins Neuland. Und schliesslich gab er die *Berner Chronik des Diebold Schilling* heraus, in mustergültiger Edition. Während die Ausgaben anderer grosser Schweizer Chronisten von gelehrten Gesellschaften während Jahrzehnten mühsam und mangelhaft ausgebrütet wurden, vollbrachte Tobler die Riesenarbeit ganz allein. Was das Staatsarchiv zur Kritik, Interpretation und stofflichen Ergänzung von Schillings Darstellung hergeben konnte, hat Tobler in den ausführlichen Anmerkungen verarbeitet. Damit gab er ein kaum übertroffenes Beispiel dafür, wie auch das Handwerkliche der historischen Wissenschaft beseelt werden kann. Mehr noch als diese stillen Mühen und Sorgen kostete den Herausgeber der Verzicht auf den eigenen Ausdruck. Er leistete ihn um des Ertrages willen, der andern zugute kommt. Tobler versagte es sich, Geschichte im grösseren Zusammenhang, in thematisch oder regional Jahrhunderte übergreifender Gesamtdarstellung zu schreiben. Hingegen leistete der Begabte opferwillig das, was andere gerne umgehen, die zeitraubende Kleinarbeit. Er sichtete in Jahrbüchern sorgfältig die schweizergeschichtlichen Neuerscheinungen und edierte unermüdlich Quellen. Über der Arbeit an den *Akten zur Geschichte der bernischen Reformation,* deren Herausgabe er mit dem Kirchenhistoriker *Rudolf Steck* unternommen hatte, starb er.

Die Chronisten und Geschichtsschreiber des alten Bern. Festschr. zur VII. Säkularfeier der Gründung Berns; Bern 1891. – *J. J. Bodmer als Geschichtsschreiber;* Njbl. Stadtbibliothek Zürich auf das Jahr 1891, Zürich 1891. – *Vinzenz Bernhard Tscharner;* Njbl. Litterar. Ges. Bern, Bern 1895. – *Zur Geschichte der Juden im alten Bern bis 1427;* Arch. Hist. Ver., Bern 1896, S. 1ff. – *Zur Mission des französischen Gesandten Reinhard in der Schweiz 1800–1801;* Arch. Hist. Ver., Bern 1899, S. 294ff. – *Die Berner-Chronik des Diebold Schilling 1468–1484;* 2 Bde., Bern 1897, 1901. – *Das Verhältnis von Staat und Kirche in Bern.* Festgabe für Gerold Meyer von Knonau; Zürich 1913, S. 343. – *Aktensammlung zur Geschichte der Berner Reformation,* hg. v. R. Steck und G. Tobler; Bern 1918–1921.

EDGAR BONJOUR: Gustav Tobler. Die Schweiz und Europa 4; Basel 1976, S. 251 ff.

Heinrich Türler 1861–1933

Auch dieser ausgezeichnete Kenner bernischer Vergangenheit hat keine Geschichte Berns geschrieben. Nicht nur liess ihm seine Arbeitslast – er war Staatsarchivar, später Bundesarchivar und Hochschullehrer – keine Musse für eine Geschichtsschreibung grossen Stils, auch sein sprunghaftes Wesen trug dazu bei, dass die zusammenhängende Darstellung nie zum bestimmenden Inhalt seiner wissenschaftlichen Tätigkeit wurde. Sein Interesse zersplitterte sich dauernd, ohne dass er sich indessen an Themen vergeudete, die ihm nicht lagen. Bei aller Wendigkeit besass er doch die Kraft, sich zusammenzuhalten. Er betätigte sich auf den verschiedensten historischen Feldern, – Rechtsgeschichte, Kulturgeschichte, politische Geschichte – und durchstreifte mit gleicher Liebe Mittelalter sowie Neuzeit. Mit ungewöhnlicher Arbeitsenergie eroberte er sich stets neue Stoffe. Die Liste seiner Publikationen – in Zeitschriften, Almanachen, Tageszeitungen verstreut – umfasst gegen vierhundert Nummern. Er schrieb über Burgen-, Kirchen-, Städtebauten, Prozesse, geselliges Leben, Feuersbrünste, Pest, Industrie, Handel, Gewerbe, Münzen, Siegel, Inschriften, Chroniken, Taufrödel. Immer war es reine Liebe zur versunkenen Welt, die seine antiquarische Einstellung bestimmte. Daneben edierte er noch einzelne Bände der Fontes Rerum Bernensium.

Die Andacht zum Kleinen und Kleinsten, das vielfältige Interesse, gepaart mit einer besonderen Organisationsgabe, befähigten ihn in hohem Masse zur Herausgabe des *Historisch-Biographischen Lexikons der Schweiz.* Unter seinem nicht nachlassenden Impuls wurde dieses Unternehmen eine Enzyklopädie alles historisch Wissenswerten der gesamten Eidgenossenschaft. Natürlich weist sie, wie jedes Werk dieser Art, auch Lücken und Fehler auf, so dass gewisse Artikel der Nachprüfung bedürfen. Das Ganze aber ist eine erstaunliche Leistung, in verhältnismässig kurzer Zeit erbracht. Was Türler als deutscher Autor dieses Nachschlage- und Sammelwerkes für Mit- und Nachwelt getan hat, wurde von den Zeitgenossen als nationales Denkmal betrachtet und ist auch für die Nachfahren von bleibendem Wert.

Fontes Rerum Bernensium 8, Bern 1908; 9, Bern 1909. – *Historisch-Biographisches Lexikon der Schweiz*, hg. v. *Heinrich Türler, Marcel Godet, Victor Attinger;* 7 Bde. und Suppl., Neuenburg 1921–34.

EDGAR BONJOUR: Heinrich Türler. Die Schweiz und Europa 3; Basel 1973, S. 253 ff.

Richard Feller 1877–1958

Der grosse Wurf, eine monumentale Geschichte Berns zu schaffen, gelang um die Jahrhundertmitte dem Berner Feller, einem der hervorragendsten historiographischen Talente seiner Generation. Im Bernerlande geboren und aufgewachsen empfing er an der Berner Hochschule seine entscheidenden wissenschaftlichen Eindrücke und bestieg an der Heimatuniversität den Lehrstuhl der Schweizergeschichte. Hier trug er während fast drei Jahrzehnten in unerschütterlicher Stetigkeit seine bis ins einzelne ausgearbeiteten Vorlesungen, auch über bernische Geschichte, vor und übernahm unverdrossen Ämter in wissenschaftlichen Körperschaften. Er hat sich sein wissenschaftliches Werk neben zeitraubender Arbeit im Dienste des Staates abgerungen und sich Atem und Blick für die grosse Historie freigehalten.

Die ganz persönliche Art seiner Geschichtsbetrachtung offenbart sich in allen seinen Büchern: in der zweibändigen Biographie des Nidwaldners *Melchior Lussy*, wo Feller die Kräfte der katholischen Glaubenserneuerung aufzeigt, in den Arbeiten über die schweizerische Bündnispolitik und über die Beziehungen der Schweiz zum Ausland im 17./18. Jahrhundert, wo er die wirtschaftspolitische Notwendigkeit des verschrieenen Söldnergewerbes erläutert, in den Schriften zur Reformation, wo er dem durch die Glaubenserneuerung bewirkten Umbruch im bernischen Staatsbewusstsein bis in die feinsten Verästelungen nachgeht. In der mit den Fachkollegen Nabholz, von Muralt, Bonjour herausgegebenen *Schweizergeschichte* stellt er das eidgenössische Ancien régime so unvoreingenommen dar, wie es bisher noch niemand getan hatte. Es folgten Untersuchungen von ausländischen Relationen über die Schweiz und subtile Studien zur Geschichtsschreibung der Schweiz im 19. Jahrhundert. In der *Geschichte der Universität Bern* bekam das dürre Archivgerippe akademischer Institutionen Fleisch und Blut und wurde unter Fellers Feder zu einer bernischen Gelehrtenhistorie, wandelte sich schliesslich zu einer Geschichte der Wechselbeziehungen zwischen Wissenschaft und Staat, zwischen Geist und Macht. In die politische, soziale und ökonomische Geschichte des 19. Jahrhunderts stiess Feller vor, als er Berns Verfassungskämpfe 1846 analysierte. So hat er durch seine spannungsreiche Forschung dem überkommenen Bild unserer Vergangenheit nicht nur neue, ungeschminkte

Züge abgewonnen, sondern auch die Gesamtentwicklung Berns unter einheitlichem Blickpunkt dargestellt.

Als Fellers grösstes Vermächtnis kann man seine monumentale *Geschichte Berns* bezeichnen, an der er bis in seine letzten Tage arbeitete. Sie ist das grosse Epos von den wechselvollen Schicksalen des mächtigsten Stadtstaates diesseits der Alpen, seinem Aufstieg, seiner Blüte und seinem Untergang. Als breiter Strom fliesst das vergangene Leben in Staat, Kirche, Gesellschaft, Wirtschaft, Kunst am Leser vorüber. Oft tönt es, als ob ein moderner Barde die Mären der Vorzeit künde. Doch wird hier die Einbildungskraft genau überwacht und entfernt sich nicht von der urkundlichen Überlieferung; der Quellengeruch macht ja gerade einen besonderen Reiz dieser Geschichtserzählung aus. Stets wird bei aller Betonung der bernischen Einzigartigkeit der Zusammenhang mit den Wachstumskräften Europas gewahrt. Feller klärt die politischen, sozialen und ökonomischen Vorbedingungen des Geschichtsverlaufs auf und bietet eine Darstellung von ungemeiner Fülle, ein glänzendes Bild voller Farbe und Leben, wie es sich die Sehnsucht von Generationen gewünscht hatte. An Geist, Bewegung, Ertrag kommt diese Kantonsgeschichte den höchsten historiographischen Leistungen Berns aller Zeiten gleich: Es ist Valerius Anshelm ins Moderne übertragen, wobei auch dessen sittlicher Ernst nicht fehlt. Gleich wie Bern in früheren Jahrhunderten seinen stärksten literarischen Ausdruck nicht im Kunstwerk seiner Dichter, sondern im Geschichtswerk seiner Chronisten gefunden hat, so auch jetzt wieder in der wissenschaftlich-künstlerischen Historie Fellers. Kein schweizerischer Kanton besitzt eine Darstellung seiner Vergangenheit, die sich der Fellerschen an die Seite stellen liesse, ausser Basel. Aber das Werk Rudolf Wackernagels bricht schon an der Schwelle der Reformation ab, während Feller die bernische Entwicklung von den Anfängen bis in die französische Revolution hinaufführt, gegenüber dem neoromantischen Basler in klassisch anmutendem Realismus.

In Fellers Geschichtsschreibung vereinigt sich verstandesmässige Erfassung mit intuitiver Erahnung der Vergangenheit. Ihm eignet in hohem Masse, was er einmal den rückwärts gewandten Seherblick genannt hat. Manchmal stösst er bis an die Grenze des rationalen Verständnisses vor und scheint mit kaltem Schauder am Rand der Geschichte haltzumachen, wo man vor den Abgründen kaum mehr die Augen aufzuschlagen wagt. Auf ihn trifft Burckhardts Wort über Ranke zu: «Wenn er von grossen Momenten spricht, so lagert sich der historische Ernst deutlich, ja unheimlich in seine tiefgefurchten Züge.» Dieser klare, bohrende Denker und einsichtige Deuter ist zugleich ein gestaltender Künstler von eigenkräftiger Formgebung und Beschwörungskraft. Neben der Gabe der Kritik und eindringenden Analyse verfügt er über die krönende Kunst der Synthese, der Zusammenfassung verschiedener Antriebe zu einem vollen Bild vergangenen Lebens, was erst den echten Historiker ausmacht. Er fügt die Ergebnisse zäher Geistesarbeit zum Gemälde zusammen und vermittelt sie in sinnfälliger Anschauung. Diese Grundhaltung äussert sich bis in die sprachliche Gestaltung hinein. Aber wie sparsam geht er mit den Kunstmitteln um, wie sicher ist sein Takt in der stilistischen Prägung: Männliche Kraft des Ausdrucks, überraschende, fast harte Verdichtungen, scharfe Konturen und daneben behutsame Zartheit, wie mit leichtem sensiblem Silberstift gezogene Umrisse, andeutende Ausblicke ins Weite. Überall herrscht zuchtvolles Mass und sichere Fassung.

Hinter dem Geschichtswerk spürt man allgegenwärtig die geschlossene Persönlichkeit des Autors. Gerechtigkeitsliebe sowie Verantwortungsgefühl gegenüber den vergangenen und künftigen Geschlechtern tragen seine Darstellung. Davon zeugt unter anderem das mitfühlende Verständnis in seiner erbarmenden Schilderung der aus Leben und Geschichte Verstossenen, der bernischen Täufer. Feller sucht sich seine Arbeit nicht zu erleichtern, indem er sich hinter eine bequeme Objektivität verschanzt; er weiss, dass das Urteil eine herbe Pflicht des Historikers ist. Und nie begegnet man bei ihm, wo alles auf erster Forschung beruht, historisch-theoretischen Konstruktionen, blossen Ideengebilden; immer lässt er uns die konkrete geschichtliche Wirklichkeit mit Händen fassen, auch dies ein Erbteil seines bernischen Wesens. Wie sehr aber auch sein Schrifttum von bernischen Verhältnissen seinen Ausgang nimmt, so bleibt er doch nie im Lokalen haften. Vom bernisch-helvetischen Mutterboden steigt er immer wieder ins universale Reich des Geistes auf.

Verzeichnis der Veröffentlichungen Fellers, in Arch. Hist. Ver. Bern 1948, S. 421 ff. – *Ritter Melchior Lussy von Unterwalden, seine Beziehungen zu Italien und sein Anteil an der Gegenreformation;* 2 Bde., Stans 1906, 1909. – *Die Schweiz und das Ausland im spanischen Erbfolgekrieg;* Bern 1912. – *Bündnisse und Söldnerdienst 1515–1798;* Schw. Kriegsgesch., III, Bern 1916. – *Der Staat Bern in der Reformation;* Bern 1928. – *Die Anfänge des Täufertums in Bern;* Arch. Hist. Ver., Bern 1931, S. 105 ff. – *Die Universität 1834–1934;* Bern 1935. – *Geschichte der Schweiz im 17. und 18. Jahrhundert.* – *Geschichte der Schweiz v. H. Nabholz, L. v. Muralt, E. Bonjour;* 2 Bde., Zürich 1938, S. 3 ff. – *Von der alten Eidgenossenschaft;* Bern 1938. – *Die schweizerische Geschichtsschreibung im 19. Jahrhundert;* Zürich 1938. – *Die Schweiz des 17. Jahrhunderts in den Berichten des Auslandes;* Schw. Beitr. Allg. Gesch., 1, Aarau 1943, S. 55 ff. – *Geschichte Berns* I *(von den Anfängen bis 1516),* Bern 1946; II *(von der Reformation bis zum Bauernkrieg 1653),* Bern 1953; III *(Glaubenskämpfe und Aufklärung 1653 bis 1790),* Bern 1955; IV *(Der Untergang des alten Bern 1789–1798),* Bern 1960.

Richard Feller, Ansprachen an der Trauerfeier; Bern 1958. – EDGAR BONJOUR Richard Feller. Die Schweiz und Europa 2; Basel 1961, S. 135 f. – PETER STADLER: Zwischen Klassenkampf, Ständestaat und Genossenschaft; Hist. Zeitschr. 219, München 1974, S. 345 ff.

Hans von Greyerz 1907–1970

Wie sein Vorgänger auf dem akademischen Lehrstuhl der Schweizergeschichte stammte auch von Greyerz aus bernischem Boden, studierte zur Hauptsache in Bern, unterrichtete an bernischen Lehranstalten und beschäftigte sich forschend vor allem mit der Vergangenheit seines Heimatkantons, bis er dann in den eidgenössischen Bereich aufstieg. Schon seine Erstlingsarbeit *Studien zur Kulturgeschichte der Stadt Bern am Ende des Mittel-*

Johannes Dierauer, 1842–1920.

Wilhelm Oechsli, 1851–1919.

Richard Feller, 1877–1958.

Tafel 53.

alters zeigt seine besondere Begabung, politische und Geistesgeschichte als Ganzes darzustellen. Eine Probe seiner Ausdauer und Akribie bot er mit der Edition der spätmittelalterlichen *Chronik von Ludwig Schwinkhart*. Und wie vorbildlich er die Unparteilichkeit und Objektivität des Historikers in strittigen Fragen zu wahren verstand, beweist seine Mitarbeit am Gutachten über die Vereinigungsurkunde des Jura mit dem Kanton Bern, dessen geschichtlichen Teil er im Auftrag der Regierung verfasste. Seine grösste Leistung aber ist die *Festschrift zur Gedenkfeier des sechshundertsten Jahrestages des Eintritts Berns in den ewigen Bund der Eidgenossen*. Ihre Originalität liegt darin, dass der Autor es verschmäht, in üblicher Weise Rückschau zu halten und die Berner Geschichte, die sein Lehrer Feller so meisterhaft dargestellt hat, nachzuerzählen; vielmehr durchleuchtet er die bernische Vergangenheit auf ein bestimmtes Thema hin, *Nation und Geschichte im bernischen Denken*, das er ohne pedantische Systematik oder neumodische Forschungsmethode und Fragestellung in überlegen-freier Weise abwandelt. Wie eindringlich, ohne parteipolitische Bindung, sich von Greyerz auch mit der jüngsten schweizerischen Entwicklung abgab, zeigt seine Rede *Die Schweiz zwischen zwei Weltkriegen*. In seinem Beitrag zum Handbuch der Schweizer Geschichte *Der Bundesstaat seit 1848* – eine Epoche, die er durch seine Schüler nach verschiedenen Seiten hin bearbeiten liess – bewegt er sich auf zum Teil nur mangelhaft erforschtem Gelände. Er analysiert die innenpolitische Entwicklung bis in die feinsten Verästelungen der Kantone, beweist sensibles Verständnis für die schwierigen aussenpolitischen Krisen, klärt die komplizierten Verfassungsfragen, die handelspolitische Kampfstellung, die wachsende Wirtschafts- und Sozialpolitik. Überall sorgfältige Dokumentation, behutsames Eindringen in die Probleme, steter Blick auf das Ganze des historischen Lebens. Die Umrisse der neuesten Entwicklung sind gezogen, der Forschungsstand ist um ein gutes Stück vorangebracht.

Bibliographie Hans von Greyerz; Bern. Zeitschr. Gesch. u. Heimatkde., Bern 1971, S. 209 ff. – *Studien zur Kulturgeschichte der Stadt Bern am Ende des Mittelalters;* Bern 1940. – *Ludwig Schwinkhart, Chronik 1506–1521* hg. v. Hans von Greyerz; Bern 1941. – *Gutachten über die Vereinigungsurkunde des Jura mit dem Kanton Bern* (gemeinsam mit *Albert Comment* und *Hans Huber*); Bern 1948. – *Nation und Geschichte im bernischen Denken.* Vom Beitrag Berns zum schweizerischen Geschichts- und Nationalbewusstsein; Bern 1953. – *Die Schweiz zwischen zwei Weltkriegen;* Bern 1962. – *Der Bundesstaat seit 1848;* Handbuch der Schweizer Geschichte II, Zürich 1977, S. 1021–1246.

Lebenslauf und Gedenkreden bei der Trauerfeier; Bern. Zeitschr. Gesch. u. Heimatkde., 1970, S. 115 ff.

Robert Grimm 1881–1958

Als Aussenseiter und Autodidakt unternahm es der bekannte sozialdemokratische Politiker und Staatsmann 1919, in der erzwungenen Ruhe als politischer Strafgefangener nach dem Generalstreik, eine *Geschichte der Schweiz in ihren Klassenkämpfen* zu schreiben. Natürlich bietet diese auf sehr schmaler Basis ruhende Darstellung nicht quellenmässig neue Einsichten, sondern eine neue Beleuchtung und Interpretation der eidgenössischen Geschichte. Es ging dem Verfasser darum, «mit der Sonde des historischen Materialismus in die geschichtliche Vergangenheit der Schweiz» einzudringen. Grimm versucht als erster, die historische Verbindung der modernen Arbeiterbewegung mit den früheren Unruhen in der Schweiz, die er als Klassenkämpfe wertet, herzustellen. Die Geschichtswissenschaft tat unrecht daran, dem 1920 erschienenen originellen Aufriss mit einer «conspiration du silence» zu begegnen, statt im einzelnen die Einseitigkeiten und Verzerrungen nachzuweisen und die neuen Perspektiven zu diskutieren. Ein gescheiter Kopf hat den ihm von den geltenden Darstellungen vorgelegten Stoff gewaltsam seiner materialistischen Geschichtstheorie unterworfen, für seine Zwecke zurechtgebogen und zu einer Synthese geformt, die in der Arbeiterschaft sicher meinungsbildend gewirkt hat. Die bürgerliche Demokratie wird hier scharf angegriffen, ihr Klassencharakter zu entlarven versucht und der Sozialismus als logische Folge der schweizergeschichtlichen Entwicklung dargestellt. An Stelle der bürgerlichen Interpretation der Schweizergeschichte und ihrer Freiheitsidee setzt Grimm eine sozialistische, antikapitalistische. In späteren Jahren beschäftigte sich Grimm noch einmal mit der schweizerischen Vergangenheit, als er die *Geschichte der sozialistischen Ideen in der Schweiz* schrieb. Auch diese Schrift ist, obgleich der Verfasser den tatsächlichen Geschichtsverlauf nun treuer wiedergibt, ein Kampfbuch mit Tendenz gegen das Bürgertum.

Geschichte der Berner Arbeiterbewegung; Bern 1913. – *Geschichte der Schweiz in ihren Klassenkämpfen;* Bern 1920. Neuausgabe, mit einem Nachwort von *Felix Müller;* Zürich 1976. – *Geschichte der sozialistischen Ideen in der Schweiz;* Zürich 1931.

Robert Grimm, Revolutionär und Staatsmann (Auswahl aus seinen kleinen Schriften und Aufsätzen über ihn); Zürich 1958.

ZÜRICH

Gerold Meyer von Knonau 1843–1931

Er war zu seiner Zeit der repräsentativste, in internationalen Gelehrtenkreisen am besten bekannte Schweizer Historiker. Das hatte seinen Grund in seiner erstaunlichen Kenntnis der Universalhistorie, besonders des Mittelalters, in seinen fruchtbaren wissenschaftlichen Publikationen und in seinen Funktionen in gelehrten Körperschaften. Spross eines Adelsgeschlechtes, das sich um Zürich sehr verdient gemacht hatte, studierte er in Bonn unter Sybel, in Berlin unter Ranke, Droysen, in Göttingen unter Waitz, seinem Hauptlehrer, dessen kritische Methode er übernahm und in Zürich von 1870 an als Inhaber des Lehrstuhles für den Gesamtbereich der Geschichte ein halbes Jahrhundert lang vertrat. Er war kein hinreissender Dozent, aber seinen zahlreichen Schülern als Vorbild eines treuen Forschers ehrwürdig. Eine seiner intelligentesten Schülerinnen schrieb: «Er wollte möglichst richtig und vollständig mitteilen, was gewesen war. Nur dass er Stücke gab ohne den Atem und die Gestalt des Lebens.»

Das gilt zum grossen Teil auch von seinen Publikationen, wo er mehr Annalist denn zusammenschauender Historiker war. Als Mitglied der Historischen Kommission bei der Bayerischen Akademie liess er während fast zwanzig Jahren die *Jahrbücher des deutschen Reiches unter den Königen Heinrich IV. und Heinrich V.* erscheinen. Mit diesem seinem von gewissenhaftester Akribie zeugenden Lebenswerk, das zu den besten Editionen des bedeutenden wissenschaftlichen Unternehmens gehört, ermöglichte er eine unbefangene Würdigung des Kampfes zwischen Kaiser und Papst. Seine Auffassung, dass Heinrichs IV. Busse in Canossa bei aller Demütigung ein kluger Schachzug war, womit der Papst zur Absolution genötigt worden sei, ist Gemeingut geworden und in die Geschichtslehrbücher eingegangen. Als Editor betätigte er sich auch zusammen mit Hermann Wartmann bei der kritischen Ausgabe der Geschichtsquellen der Abtei St. Gallen. Daneben hat er für die Allgemeine Deutsche Biographie zahlreiche Artikel beigesteuert und in den Göttinger Gelehrten Anzeigen, in Sybels Historischer Zeitschrift, in der Deutschen Literaturzeitung unablässig Neuerscheinungen besprochen. Eine fast unübersehbare Fülle von Aufsätzen, Untersuchungen, Abhandlungen, die aus seinem intimen Umgang mit den Archivquellen erwuchsen, veröffentlichte er in schweizerischen Zeitschriften. Sie zeugen von seinem geradezu enzyklopädischen Wissen.

Mit Meyer von Knonau hielt die im Ausland bereits durchgedrungene kritische Schule, die mit Eutych Kopp einen ersten Vorstoss gewagt hatte, in der Schweiz ihren siegreichen Einzug. Meyer von Knonau lehnte die romantische, literarisch-ästhetische Geschichtsbetrachtung ab, besass keine historisch konstruktive Phantasie, misstraute der historischen Zusammenschau, beschäftigte sich nicht mit Ideengeschichte. Als eine ganz auf das Zusammentragen vornehmlich unbekannter Urkunden gerichtete Forschernatur interpretierte er vorsichtig abwägend, auch das Kleinste berücksichtigend, immer wieder die Texte vergleichend, bis sie alles zur Ermittlung eines gesicherten Ergebnisses hergegeben hatten. Er räumte mit allem Dilettantismus an der Universität auf. Ihm ging es um die philologisch exakte Interpretation der Quellentexte, um die Ermittlung des genauen historischen Tatbestandes.

Über Nitharts vier Bücher Geschichte. Der Bruderkrieg der Söhne Ludwigs des Frommen und sein Geschichtsschreiber; Leipzig 1865. – *St. Gallische Geschichtsquellen;* St. Gallen 1870-81. – *Ekkeharts IV. Casus sancti Galli,* übersetzt; Leipzig 1878, 2. Aufl. 1925. – *Das Cartular von Rheinau;* Basel 1882. – *Lebenserinnerungen von Ludwig Meyer von Knonau,* hg. v. G.M.v.K., Frauenfeld 1883. – *Jahrbücher des deutschen Reiches unter Heinrich IV. und Heinrich V.;* Leipzig 1890–1909. – *Wie soll der Schweizer Geschichte studieren?;* Zürich 1896. – *Der Chronist Johannes von Winterthur;* Zürich 1911. – *Die Universität Zürich in den Jahren 1883–1913;* Zürich 1914. – *Die ältesten Zeiten bis zum Jahr 1218;* Schw. Kriegsgesch., Bern 1915.

ANTON LARGIADÈR: Gerold Meyer von Knonau; Zeitschr. schw. Gesch., Zürich 1931, S. 206ff. – HERMANN ESCHER: Gerold Meyer von Knonau; Njbl., Zürich 1933.

Paul Schweizer 1852–1932

Er ergänzte die beiden Hauptdozenten der Geschichte Meyer von Knonau und Oechsli ausgezeichnet, so dass man vom leuchtenden Dreigestirn an der Universität Zürich sprach. Aus einer altzürcherischen Familie stammend, Sohn eines bekannten Theologieprofessors, studierte er hauptsächlich in Deutschland, habilitierte sich in Tübingen, von wo ihn die Zürcher durch die Ernennung zum Staatsarchivar in die Heimatstadt zurückholten. Er erschloss das Archiv der wissenschaftlichen Forschung und begründete das *Urkundenbuch der Stadt und Landschaft Zürich,* dessen stattliche Bände er grösstenteils selber in Zusammenarbeit mit J. Escher-Bodmer herausgab. Ferner edierte er das *habsburgische Urbar* und die *Korrespondenz der französischen Ambassadoren in der Schweiz von 1664 bis 1671.*

Seine grösste historiographische Leistung aber ist die *Geschichte der Schweizerischen Neutralität.* Bismarck hatte im Konflikt mit der Schweiz, im sogenannten Wohlgemuth-Handel 1889, die Anerkennung der eidgenössischen Staatsmaxime in Frage gestellt, worauf Schweizer es unternahm, ihre Rechtsnatur historisch zu begründen. Auf Grund vornehmlich des Zürcher Archivmaterials ging er den Anfängen eidgenössischer Neutralitätspolitik im Einzelnen nach und führte die Entwicklung bis in seine Zeit herauf. So entstand ein Werk, auf das man sich zu berufen pflegte, weil es dem Gegenstand sowohl mit der Bewältigung eines gewaltigen Stoffes als auch mit der Erfassung der Probleme vorzüglich gerecht wurde.

Schweizers weitgespannte Interessen galten ferner der Geschichtsphilosophie, worüber er scharfsinnige, heute ganz vergessene Abhandlungen veröffentlichte, und andern Grenzgebieten, wovon seine Studien über die *Wallensteinfrage in Geschichte und Drama* zeugen.

Vorgeschichte und Gründung des schwäbischen Bundes; Zürich 1876. – *Urkundenbuch der Stadt und Landschaft Zürich;* 11 Bde., bearb. zus. mit Jakob Escher und Friedrich Hegi,

Zürich 1888–1920. – *Geschichte der schweizerischen Neutralität;* Zürich 1895. – *Die Wallensteinfrage in der Geschichte und im Drama;* Zürich 1899. – *Beschreibung, Geschichte und Bedeutung des Habsburgischen Urbars;* Basel 1904. – *Der Fortschritt in der Weltgeschichte;* Zürich 1912. – *Geschichte der Familien Schwyzer und Schweizer;* Zürich 1916.

HANS NABHOLZ: Paul Schweizer. Universität Zürich, Bericht über das akademische Jahr 1932/33; Zürich 1933. – ANTON LARGIADÈR: Paul Schweizer; Njbl. 1934, Zürich 1934.

Ernst Gagliardi 1882–1940

Väterlicherseits stammte Gagliardi aus dem Tessin, mütterlicherseits aus dem Kanton Zürich. Romanisches und alemannisches Erbe floss in ihm zusammen, ohne sich ganz harmonisch zu vereinen. Beide Einflüsse haben seine Persönlichkeit und sein Werk geprägt. Seinen innersten Neigungen folgend hätte er, der sich besonders für ästhetische Fragen interessierte, am liebsten Kunstgeschichte studiert, wählte aber, vorwiegend aus Gründen der Existenzsicherheit, die Geschichte zu seinem zentralen Studienfach, studierte in Zürich, Berlin und München und dozierte von 1913 an an der heimischen Universität.

Seine Hauptleistung liegt zweifellos im Gebiete der Darstellung. Er hat sich ihr mit einer Ausschliesslichkeit ohnegleichen hingegeben und ihr alle anderen Aufgaben untergeordnet. Dass der Historiker bei der archivalischen Schatzgräberei nicht stehenbleiben dürfe, war schon dem Zwanzigjährigen klar: «Darstellen ist ja die eine Hauptseite des Historikers. Was nützt uns sein Scharren, wenn er das Gefundene dann doch nicht lebendig machen kann?» So hat zwar Gagliardi sehr gründlich in den Archiven gearbeitet, eilte aber jeweilen nach getaner Kärrnerarbeit mit Ungestüm zur Darstellung. Ihn, den gebürtigen Tessiner, reizte es, sich mit den ennetbirgigen Unternehmungen der Eidgenossen auseinanderzusetzen. Die dramatische Wucht der Vorgänge, «Höhepunkt und Verfall der Schweiz», packte ihn. Anhand der umsichtigen, kühl distanzierenden Darstellung erkennt der Leser, der das Fazit selber ziehen muss, wie die Eidgenossen durch die italienischen Feldzüge in den Wirbelsturm der grossen Politik hineingerissen wurden, über alles Erwarten und alles Mass, wie es den Eidgenossen zwar nicht an Schlagkraft fehlte, wohl aber an staatsbildendem Willen.

Eine besondere Anziehung übten auf Gagliardi die grossen Gestalten aus, denen er nicht etwa mit verehrender Bewunderung, sondern mit gemessenem Abstand, mit Skepsis und Kritik gegenübertrat. In zwei Bänden gab er *Dokumente zur Geschichte des Bürgermeisters Hans Waldmann* heraus und leitete sie mit einer realistischen Biographie ein, die dem Ruf Waldmanns schwer Abbruch tat. Gagliardi suchte nachzuweisen, dass das, was man bisher als schöpferisches Verdienst Waldmanns in Anspruch genommen hatte, nur die Auswirkung bereits vorhandener Antriebe gewesen sei; er bestritt Waldmann die Selbständigkeit des politischen Willens. – Eine zweite grosse Biographie aus Gagliardis Feder betraf den Zürcher *Alfred Escher*. Gagliardis Erkenntnisdrang lehrte ihn, dass eine so vielseitig und mächtig wirkende Gestalt wie Escher nicht isoliert bewältigt werden kann, sondern dass man die politischen, sozialen und wirtschaftlichen Verhältnisse, aus denen er herauswuchs und die er mitgestalten half, erfassen muss. Im Zeitalter Eschers zeigte er eine neue Geschäftsmässigkeit im Werden, Wirtschaft und Politik zu einem unentrinnbaren Knäuel verflochten. Die Einsichten, die daraus fliessen, muss sich der Leser wiederum selber erarbeiten: Während früher Geldleute und Fabrikanten der Politik ferngeblieben waren, weil der Staat ihren Geschäften nicht hindernd entgegentrat, liessen sie sich jetzt in die Räte wählen und versuchten, in der Politik bestimmte Wirtschaftsforderungen durchzusetzen. Gagliardi verleugnet die Schatten, die auf den allgemeinen Umschwung fielen, keineswegs: Einfluss fremder Geldmächte, materialistische Gesinnung. Aber seine Kritik wendet sich fast ausschliesslich gegen Eschers Gegenspieler, den staatsmännisch begabteren Jakob Stämpfli. – Die dritte grosse Gestalt, mit der sich Gagliardi nach ihren dynamischen Auswirkungen in die Tiefe und Breite beschäftigte, war Bismarck. In einem zweibändigen Werk *Bismarcks Entlassung* verwertete er minutiös sämtliche nur irgendwie auffindbaren Quellen in einem alles überwuchernden, unförmlichen Anmerkungsapparat. Im Verschwinden Bismarcks sieht er – in Übereinstimmung mit der deutschen Geschichtsforschung – den Verlust einer Friedensbürgschaft für Europa.

Die Krönung von Gagliardis historiographischem Lebenswerk bildet seine dreibändige *Geschichte der Schweiz*. Während sein Vorgänger Dierauer sich auf das Politische beschränkte und nur das Erkennbare in klarer Linie geben wollte, bestrebt sich Gagliardi, die Fülle und Mannigfaltigkeit der Erscheinungen zu bieten. Dierauer baute seine Darstellung auf dem innenpolitischen Gegensatz von Zentralismus und Föderalismus, von Stadt und Land, von Reformation und Katholizismus auf. Gagliardi zieht in viel stärkerem Masse die Wirtschafts- und besonders die Kulturgeschichte heran und begleitet seinen Text mit reichen bildlichen Illustrationen. Er hatte ein feines Sensorium für die Malerei und das Kunsthandwerk; die kulturgeschichtlichen Partien gehören zum Anziehendsten, was aus seiner Feder geflossen ist. Entschiedener als man das bisher getan hatte, rückte er das schweizerische Geschehen in den Rahmen des Europäischen. Das noch etwas kulturkämpferische Ethos seines Lehrers Oechsli hat Gagliardi völlig überwunden, ebenfalls dessen prononciert reformierten Standpunkt. Die Gegenreformation lässt er voll gelten, sieht in ihr eine Bereicherung. Nur mit so toleranter Einstellung konnte er ein so intolerantes Zeitalter in den Gang der Geschichte einordnen.

Gagliardi weiss noch, dass die ursprünglichste und wichtigste Aufgabe des Geschichtsschreibers, soll sein Tun einen weiteren Sinn haben, das Erzählen, Schildern, Erklären ist. Abstraktion und Zergliederung war nicht seine Sache, wie er denn überhaupt der Systematik und Konsequenz des Gedankens auswich und sich um lebendige Anschauung als das ihm Wesensgemässe bemühte. Diese konnte er nicht in der leichtbeschwingten Skizze, nicht im Essay vermitteln; dazu brauchte er epische Breite. Unbeabsichtigt ergab sich dabei die volkserzieherische Wirkung, wie vor allem beim Schluss mit den oft düstern Ausblicken auf Gegenwart und Zukunft. Diese zeitgeschichtlichen Abschnitte zeigen allerdings nicht die abgeklärte Haltung, welche die Schilderung früherer Epochen prägt. Ein anderer Wert von Gagliardis Schweizergeschichte liegt darin, dass er direkt aus den Originaldokumenten schöpfte. Wo er nicht Spezialist ist, lässt er einfach Gewährsmänner sprechen, was dann allerdings die Stileinheit empfindlich stört. Die gelegentlichen Bizarrerien seiner Sprache haben ihren Grund vornehmlich im Streben nach immer grösserer Konzision und Verdichtung, führen aber gelegentlich zu Vergewaltigungen der Sprache. Er ist nicht der erste Schweizer Historiker, der aus dem Drange nach Monumentalität und klassischer Prägung sich mit Latinismen am Charakter der deutschen Sprache vergangen hat.

Gagliardi stiess nicht zu neuen Grundansichten durch. Wohl aber erweiterte und vertiefte er das überkommene Geschichtsbild. Seine Geschichte der Schweiz stellt den imponierenden Versuch eines Einzelnen dar, eine geradezu beängstigende Stofffülle zu bewältigen, wozu man heute kaum mehr den Mut aufbringt. Gagliardis Werk diente in der Vorkriegszeit, als das Bedürfnis nach nationaler Verbundenheit mächtig erwachte und eine Welle eidgenössischer Selbstbesinnung durchs Land ging, als geistiges Arsenal; auch hier holte man sich Waffen zur Abwehr des Ansturms von aussen.

Novara und Dijon. Höhepunkt und Verfall der schweizerischen Grossmacht im 16. Jahrhundert; Zürich 1907. – *Dokumente zur Geschichte des Bürgermeisters Hans Waldmann,* mit einer Einleitung, hg. v. E.G. Quell. Schw. Gesch. NF, Abt. 2, Bd. 1, 1, Basel 1911. – *Der Anteil der Schweiz an den italienischen Kriegen 1494–1516;* Zürich 1918. – *Alfred Escher: Vier Jahrzehnte neuerer Schweizergeschichte;* Frauenfeld 1919. – *Geschichte der Schweiz. Von den Anfängen bis zur Gegenwart;* 2. umgestaltete Aufl. in 3 Bänden; Zürich 1934/37. – *Die Universität Zürich 1833–1933 und ihre Vorläufer;* Zürich 1938. – *Bismarcks Entlassung;* 1. Teil, Tübingen 1927; 2. Teil, Tübingen 1941.

GEORG HOFFMANN: Ernst Gagliardi, sein Leben und Wirken; Zürich 1943. – PETER STADLER: Aus den Tagebüchern des jungen Ernst Gagliardi; Zürcher Taschenb. 1974, S. 146ff. – PETER STADLER: Zwischen Klassenkampf, Ständestaat und Genossenschaft; Hist. Zeitschr. 219, München 1974, S. 341ff. – EDGAR BONJOUR: Ernst Gagliardi. Die Schweiz und Europa 4; Basel 1976, S. 257ff.

Karl Meyer 1885–1950

Er stand in bewusstem Gegensatz zu seinem Amtskollen Gagliardi. Nicht mit der Feder, sondern mit dem zündenden Wort wirkte er am eindringlichsten. Sein Forschungsgebiet war nicht die Neuzeit, sondern das Halbdunkel des Mittelalters. Darüber verfasste er eigenwillige, bahnbrechende Untersuchungen. Seinem Geschichtsstoff stand er nicht geistig objektivierend, in ironischer Distanz gegenüber, sondern mit ernster, ja leidenschaftlicher Teilnahme, formte ihn nach seinem Willen, scheute vor kühnen Hypothesen nicht zurück. Von sachlich-kühler Erörterung ging er immer mehr zu heftiger Polemik über, von zuchtvoller Form zu Anhäufung von Argumenten und sich überstürzenden Interpretationen; er war ungewöhnlich reich an eigenen, selbständigen Gedanken und Einfällen. Stürmisch warf er neue Fragen auf, bohrte in die Tiefe, analysierte scharfsinnig und gelangte zu verblüffenden Kombinationen. Bei dieser ganz persönlichen Arbeitsweise liess er sich ebenso von seinem hohen Intellekt wie von seiner erstaunlichen, bisweilen genialen Intuition leiten.

In seinen ersten Untersuchungen beschäftigte er sich mit der mittelalterlichen Geschichte des Tessin. Schon hier vereinigte er die geopolitische mit der soziologischen und institutionshistorischen Betrachtungsweise, wies auf die Bedeutung der Zölle als Erwerbsquelle des Landadels und auf den Passverkehr als Verdienst der Säumer hin, zeigte das Erstarken der Gemeindeautonomie freier Bauern, die Selbstverwaltung ganzer Talgenossenschaften, die dann von norditalienischen Machthabern bedroht wurde, so dass man die über den Gotthard hinausgreifenden Innerschweizer als Befreier empfand. Von der Entwicklung der südlichen Alpentäler wandte er sich der Territorialbildung in der Innerschweiz zu, untersuchte ihre räumlichen Voraussetzungen, legte die Bedeutung des Gotthardpasses dar – gewisse Thesen deutscher Historiker über mittelalterlichen Handel und Verkehr korrigierend – und betonte die Einflüsse der italienischen Kommunalbewegung bei der Entstehung der Eidgenossenschaft. Damit war Meyer beim Hauptthema seiner Forschung angelangt. Er sah im persönlichen Schwurverband den Hauptanstoss zur Abschüttelung der fremden Landesherrschaft. Das führte ihn folgerichtig zu einer weitgehenden Bestätigung der von der kritisch-rationalen Wissenschaft abgelehnten Befreiungstradition. Es wirkte sensationell, als Meyer die chronikalische Überlieferung mit urkundlichen Quellen zu erhärten sich unternahm, und wurde von weiten Volkskreisen freudig aufgenommen, während die Wissenschaft im In- und Ausland Bedenken erhob. Die «conspirati» des ersten Bundesbriefes haben – nach Meyer – gestützt auf das alte Widerstandsrecht die Burgen der habsburgischen Verwaltung gebrochen, die Vögte vertrieben, und zwar, wie Meyer später die antiqua confoederatio datierte, unmittelbar vor 1291 oder 1273. Schliesslich ging er so weit, sogar für die Person Tells urkundliche Belege anzugeben, hat diese verstiegene These dann aber offenbar wieder zurückgenommen. Seine Darstellung des urschweizerischen Befreiungskampfes gegen habsburgische Übergriffe fand auch deshalb ein so starkes Echo im Volk, weil sie in der Zeit wachsender Bedrohung der Schweiz durch das nationalsozialistische Deutschland vorgetragen wurde.

Fortan setzte sich Meyer mit seiner ganzen kraftvollen Persönlichkeit, mit seiner affektgeladenen Rhetorik für die Stärkung des schweizerischen Widerstandswillens ein. Vom Nutzen der Historie für das Leben überzeugt, wies er mit geschichtlichen Einsichten und militärpolitischen Erwägungen auf die nahende Gefahr des totalen Krieges hin. Nicht nur in seinen überfüllten Hörsälen, sondern auch auf Vortragsreisen im ganzen Land herum beschwor er seine Zuhörer, sich zur Verteidigung der kostbarsten Freiheitsgüter gegen brutale Macht im Entscheidungskampf zu wappnen. In diesem fieberhaften politischen Einsatz hat sich der Mahner der Nation verbrannt.

Seine grosse Bedeutung als Historiker kann mit seinen Schriften allein nicht erfasst werden. Um die Umrisse seines Wesens zu sehen, muss man in seinen geschichtstheoretischen Vorlesungen und Übungen die Schärfe seines Intellekts und die Weite seiner Konzeptionen kennengelernt haben. Mit fast verwegenen Konstruktionen überbrückt er Untiefen, überzeugt, dass mit dem Verstand allein das Ganze vergangenen Lebens nicht erfasst werden kann, sondern dass es dazu auch der ahnenden Spürkraft bedarf. Aus seiner postum erschienenen *Weltgeschichte im Überblick* spricht sein universal historisches Interesse und seine Gabe der Zusammenschau.

Blenio und Leventina von Barbarossa bis Heinrich VII.; Zürich 1911. – *Ennetbirgische Politik und Feldzüge der Innerschweizer bis zum Siege von Giornico;* Bern 1915. – *Die Capitanei von Locarno im Mittelalter;* Zürich 1916. – *Einwirkung des Gotthardpasses auf die Anfänge der Eidgenossenschaft;* Geschichtsfreund 1919. – *Italienische Einflüsse auf die Entstehung der Eidgenossenschaft;* Zürich 1920. – *Der älteste Schweizerbund;* Zürich 1924. – *Die Urschweizer Befreiungstradition in ihrer Einheit, Überlieferung und Stoffwahl;* Zürich 1927. – *Die Gründung der Eidgenossenschaft im Lichte der Urkunden und Chroniken;* Zürich 1930. – *Die Stadt Luzern von den Anfängen bis zum eidgenössischen Bund;* Luzern 1932. – *Luzerns ewiger Bund mit der urschweizerischen Eidgenossenschaft;* Luzern 1932. – *Der Ursprung der Eidgenossenschaft;* Zürich 1941. – *Der Freiheitskampf der eidgenössischen Bundesgründer;* Frauenfeld 1941. – *Weltgeschichte im Überblick;* Zürich 1959.

Karl Meyer: Ansprachen zu seinem Gedenken, von LEONHARD VON MURALT und KARL SCHMID; Kultur- und staatswissenschaftliche Schriften 77, Zürich 1951. – BRUNO MEYER: Karl Meyer; Schw. Zeitschr. Gesch. 1, Zürich 1951, S. 110ff. – SIEGFRIED FREY: Einleitung zur Ausgabe von Karl Meyers «Aufsätze und Reden»; Zürich 1952, S. IX ff. – PETER STADLER: Zwischen Klassenkampf, Ständestaat und Genossenschaft; Hist. Zeitschr. 219, München 1974, S. 332 ff.

Leonhard von Muralt 1900–1970

Die von Zwingli und der Reformation bis ins 19. Jahrhundert hinein gefärbte zürcherische Geschichtsschreibung, deren Tendenz Gagliardi zurückgedrängt hatte, lebte in seinem Nachfolger wieder auf. Muralt ging wissenschaftlich von Zwinglis Wirken aus, beschäftigte sich immer wieder intensiv mit Problemen der zürcherischen Reformationsgeschichte und kehrte gegen Ende seines Lebens ganz zu ihr zurück. Der in seiner Vaterstadt Geborene wurde wegen seiner mathematisch-technischen Begabung zum Ingenieurberuf bestimmt. Aber ihn zog es mit aller Macht zur Geschichte. Interesse an den Schicksalen seines alten, aus Locarno eingewanderten, regimentsfähigen Geschlechts? Streben nach historischer Standortsbestimmung in einer Zeit des Umbruchs? Freude am Mitteilen, Lehren? An der Zürcher Universität beeindruckte ihn vor allem der Kirchenhistoriker Walter Köhler. Dieser wies ihm den Weg zu einem christlichen Geschichtsbild. Die Gläubigkeit wurde ihm so selbstverständlich wie die Liebe zur Vaterstadt Zürich, wie etwas, womit man lebt und stirbt. Sie gewährte ihm einen festen Halt in allen weltanschaulichen Bewegungen der Epoche. Sein evangelischer Standpunkt machte ihn nicht etwa unfrei in seinem geschichtlichen Urteil oder eng in seinem historischen Interesse, sondern liess in aller Offenheit die Subjektivität seiner Geschichtsschreibung erkennen, gab ihr persönliches Profil.

Mit innerer Folgerichtigkeit wählte er die Themen seiner wissenschaftlichen Arbeiten, untersuchte eine wichtige Entwicklungsstufe der Reformation, die Badener Disputation, und begann hierauf die Dokumente zur Geschichte der Täufer zu sammeln, arbeitete auch an der neuen vollständigen Ausgabe der Werke Zwinglis mit. Damit rückte diese überragende geschichtliche Gestalt in den Mittelpunkt seiner Forschung. Dem jungen Forscher gelang der schöne Wurf: die Darstellung der Reformation und Gegenreformation in der Geschichte der Schweiz von Nabholz, Feller, Bonjour. Sie enthält alle Vorzüge seiner Geschichtsschreibung: Solidität der Quellenbasis, Durchdringung des Stoffes in einheitlicher Gedankenführung, Verbindung von schweizerischer und allgemeiner Geschichte, von Staats- und Kirchenhistorie.

Neben dem 16. fesselte ihn vornehmlich das 19. Jahrhundert. Und hier wiederum reizten ihn nicht so sehr die Wirtschafts- und Sozialgeschichte als vielmehr die Staatengeschichte im überkommenen Sinne Rankes, dem er sich auch in seiner christlichen Grundhaltung verbunden fühlte. Ein geradezu bohrendes Interesse widmete er ferner den erkenntnistheoretischen Problemen, den Fragen nach den theoretischen Grundlagen seiner Wissenschaft. Er war überzeugt, dass die menschliche Erkenntnis auch bei Ausschaltung aller subjektiven Willkür immer personengebunden bleibt. Und für personengebunden hielt er auch die geschichtlichen Triebkräfte. Mit stets sich erneuernder Spannung versuchte er, die geschichtliche Persönlichkeit zu ergründen: Zwingli und Luther und ganz besonders auch Bismarck. Um das Verständnis dieses dämonischen Mannes hat er sich leidenschaftlich bemüht, ohne jedoch mit seinen ethischen Fragestellungen und Antworten auf ungeteilte Zustimmung zu stossen. In einem Artikelband *Bismarcks Verantwortlichkeit* fragte er eindringlich, wie denn unter der Voraussetzung, dass man die Welt nach den Grundsätzen der Rechtsgleichheit, der Menschenrechte und des Selbstbestimmungsrechtes beurteile, ein gerechtes Urteil über Bismarck möglich sei. Es waren die Fragen, die letzten Endes auf das Problem des Historismus hinausliefen. Mit ähnlichen Fragestellungen trat er an Machiavelli heran, in seinem Buch *Machiavellis Staatsgedanke*. Der Analyse dieses Renaissancemenschen hatte er eine Darstellung der Renaissancezeit vorausgeschickt. Das 19. Jahrhundert erforschte er in Aufsätzen über festumrissene Fragen und stiess vereinzelt bis ins 20. Jahrhundert vor.

Gegen Ende seines Lebens kehrte er zu seinen wissenschaftlichen Anfängen zurück. Er schrieb eine Reihe von Artikeln in der von ihm während vierzig Jahren umsichtig geleiteten Zeitschrift *Zwingliana*. Den schönsten Schlussstein aber setzte er seinem Werk, als er sein altes Thema *Reformation und Gegenreformation* wieder aufnahm, auf breiterer Basis und mit reiferer Einsicht. Man steht in diesem grossen Beitrag zum Handbuch der Schweizer Geschichte überall auf dem festen Boden von Muralts eigener

Forschung oder derjenigen seiner Schüler. Aus seinen Ausführungen spricht sein inständiges Anliegen, gerecht zu urteilen. Er gibt sich in politischen Fragen konziliant, in evangelischen kompromisslos. Nur der Kenner ermisst, wieviel Berichtigungen, Ergänzungen, neue Aufschlüsse hier in schlichter, nie überspitzter Sprache geboten werden, wieviel mühsame, geduldige Arbeit in Archiven und Bibliotheken sich dahinter verbirgt.

Verzeichnis der Veröffentlichungen in: Festgabe für Leonhard von Muralt zum 60. Geburtstag; Zürich 1960, S. 339ff. – *Festgabe für Leonhard von Muralt zum 70. Geburtstag;* Zürich 1970, S. 321. – *Die Badener Disputation 1526;* Quellen und Abhandlungen zur schweizerischen Reformationsgeschichte III, Leipzig 1926. – *Reformation und Gegenreformation. Geschichte der Schweiz,* hg. v. H. Nabholz, R. Feller, L. v. Muralt, E. Bonjour, Zürich 1932. – *Über den Sinn der Schweizergeschichte;* Zürich 1936. – *Glaube und Lehre der schweizerischen Wiedertäufer in der Reformationszeit;* 101. Njbl., Zürich 1938. – *Das Zeitalter der Renaissance;* Propyläen-Weltgeschichte 3, Berlin 1941. – *Machiavellis Staatsgedanke;* Basel 1945. – *Zürich im Schweizerbund;* Zürich 1951. – *Bismarcks Verantwortlichkeit;* Göttingen 1955. – *Zum Problem der Theokratie bei Zwingli.* Discordia Concors, Festgabe für Edgar Bonjour; Basel/Stuttgart 1968, S. 367ff. – *Renaissance und Reformation;* Handbuch der Schweizergeschichte I, Zürich 1972, S. 389ff. – Editionen: Huldreich Zwinglis sämtliche Werke, Mitarbeit seit 1956. – *Quellen zur Geschichte der Täufer in der Schweiz* in Zusammenarbeit mit Walter Schmid; Zürich 1952.

KARL ZIMMERMANN: Leonhard von Muralt; Reformiertes Volksblatt 17, Basel 1970, S. 296ff. – RENÉ HAUSWIRTH: Leonhard von Muralt; Schw. Zeitschr. Gesch. 1970, S. 637ff. – HANNO HELBLING: Leonhard von Muralt; NZZ 1970, Nr. 461. – EDGAR BONJOUR: Leonhard von Muralt; Die Schweiz und Europa 3, Basel 1973, S. 239.

Hans Nabholz 1874–1961

Eine Erweiterung der Historie nach der Wirtschafts- und Verfassungsgeschichte hin brachte der Zürcher Staatsarchivar und spätere Universitätsdozent Nabholz. Mit einer ökonomisch unterbauten Schrift *Die Bauernbewegung in der Ostschweiz 1524–25* hatte er seine publizistische Tätigkeit begonnen und verfolgte fortan die wirtschaftliche Komponente in der schweizerischen Entwicklung. Wenn er die Ursachen der französischen Revolution behandelte, legte er das Hauptgewicht auf die ökonomischen. In seiner Darstellung der mittelalterlichen Geschichte der Schweiz tritt die wirtschaftliche und soziale Seite so stark hervor, dass die kulturelle ungebührlich im Hintergrund bleiben musste. Bis zu seinem Lebensende begleiteten ihn Fragen der Wirtschaftsgeschichte, wie er denn nie müde wurde, ihre Bedeutung und das Verhältnis von Wirtschaft und Staat in den aufeinanderfolgenden geschichtlichen Epochen zu betonen. Er glaubte, dass politische Massnahmen nie um ihrer selbst willen ergriffen würden, die letzten Antriebe seien stets wirtschaftlicher Art: «Ihre Begründung muss daher immer ausserhalb des politischen Bereiches gesucht werden.» Für die Theorien von Max Weber und Werner Sombart war er offenbar umso empfindlicher, als er von früher Jugend an, die er in ländlichen Verhältnissen verbracht hatte, in einem engen Verhältnis zur

Agrarwirtschaft stand. Obgleich mütterlicherseits von patrizischen Familien und väterlicherseits von Pfarrgeschlechtern abstammend, hatte Nabholz in seinem schlichten äusseren Gehaben etwas von einem Bauern, einem Herrenbauern natürlich. Wirtschaftsgeschichte – in der deutschen Schweiz nur an der Universität Zürich als besonderes Fach vertreten – wurde schliesslich zu seinem Lieblingsfach.

Ein zweites Gebiet, auf dem Nabholz sich besonders gern bewegte, war die Verfassungsgeschichte. Er hielt hierüber Vorlesungen, die ihren Niederschlag in einem vielbenützten Quellenbuch, das er zusammen mit Paul Kläui herausgab, fanden. Wissenschaftlich eingeleitet hat er seine verfassungsgeschichtlichen Studien in einem Aufsatz über den Zusammenhang der eidgenössischen Bünde mit der gleichzeitigen deutschen Bündnispolitik, wo er schon das Leitmotiv seiner späteren Interpretationen anschlug: die eidgenössischen Bünde als Teil der europäisch-abendländischen Entwicklung zu begreifen. Eine Reihe weiterer verfassungsgeschichtlicher Aufsätze ergänzte diese These. Die Auffassung von Nabholz stand derjenigen seines nächsten Fachgenossen, Karl Meyers, entgegen. Er glaubte in dessen Betrachtungsweise eine wissenschaftliche Ursünde erblicken zu müssen: aus der Stimmung der Gegenwart heraus die Vergangenheit zu deuten. Wohl anerkannte er durchaus die Aufrichtigkeit von Meyers Beweggründen, hielt aber dafür, dass dieser aus dem Bewusstsein nationaler Bedrohung, wie es in der Vorkriegszeit auf allen Schweizern lastete, das Geschichtsbild verzerre. Es kam vor dem Forum der Allgemeinen Geschichtforschenden Gesellschaft zu gelehrten Streitgesprächen, aus denen das grosse *Quellenwerk zur Entstehung der Schweizerischen Eidgenossenschaft* hervorging. Da sich die wissenschaftlichen Gegner nicht einigen konnten, wurde beschlossen, zunächst einmal alle vorhandenen Quellen verschiedensten Charakters herauszugeben. Nabholz leitete die Arbeit der Editionskommission; es ist sein Verdienst, dass die Hauptbände dieses grossgeplanten Unternehmens innert nützlicher Frist erschienen.

Mit seinem staatsbürgerlichen Wirken wurde er weit über die akademischen Kreise hinaus bekannt. Als profiliertes Mitglied der Neuen Helvetischen Gesellschaft nahm er zu prinzipiellen und Tagesfragen der schweizerischen Politik Stellung. Er glaubte an die Vervollkommnungsfähigkeit des Menschen und der menschlichen Gesellschaft, also auch an die baldige Verwirklichung des Weltfriedens. Während des Ersten Weltkrieges bemühte er sich um eine Versöhnung von welschen und deutschen Eidgenossen, trat bei Kriegsende rückhaltlos für den Eintritt der Schweiz in den Völkerbund ein. Noch als Zweiundachtzigjähriger forderte er in einem Vortrag über Neutralität und Mitverantwortung die Schweizer Jugend auf, sich nicht nationalistisch abzuschliessen, sondern mit dem neuen Europa zusammenzuleben.

Auch in den internationalen Gremien der Geschichtswissenschaft, wo er wegen seiner ruhigen sachlichen Unparteilichkeit und seines Organisationstalentes hohe Funktionen ausübte, mahnte er unablässig zum brüderlichen Zusammenleben der Völker, empfahl, die rücksichtslose Gewaltanwendung durch allgemein anerkannte Rechtsnormen einzudämmen. Er versuchte in der Zwischenkriegszeit, die sich weitenden Gräben zwischen den Nationen zu überbrücken, arbeitete nach dem Zweiten Weltkrieg rastlos an einer Wiederaufnahme der internationalen Beziehungen in der Geschichtswissenschaft, brachte 1950 gegen heftigen Widerstand eine deutsche Delegation an den internationalen, von ihm präsidierten Historikerkongress nach Paris und förderte eine internationale Bibliographie.

Der Zusammenhang der eidgenössischen Bünde mit der gleichzeitigen deutschen Reichspolitik; Zürich 1913. – *Die Eingaben des zürcherischen Volkes zur Verfassungsrevision des Jahres 1830;* Zürich 1921. – *Die Schweiz unter Fremdherrschaft;* Schweizer Kriegsgesch. 8, Bern 1921. – *Die Frage nach den Ursachen des Bauernkrieges 1525;* Stuttgart 1928. – *Geschichte der Schweiz: Vorgeschichte bis zum Abschluss der Mailänderkriege;* Gesch. d. Schweiz von H. Nabholz, R. Feller, E. Bonjour, Zürich 1932. – *Die Universität Zürich und ihre Vorläufer;* Zürich 1938. – *Quellenbuch zur Verfassungsgeschichte der schweizerischen Eidgenossenschaft und der Kantone von den Anfängen bis zur Gegenwart,* zusammen mit Paul Kläui; Aarau 1940. – *Der Kampf um den Beitritt der Schweiz zum Völkerbund;* Zürich 1944. – *Der Zürcher Bundesbrief vom 1. Mai 1351;* Zürich 1951. – *Die Helvetische Gesellschaft 1761–1848;* Zürich 1961.

MAX SILBERSCHMIDT: Hans Nabholz; Schw. Zeitschr. Gesch., Zürich 1961, S. 224 ff. – ANTON LARGIADÈR: Hans Nabholz; Njbl. 126, Zürich 1963. – EDGAR BONJOUR: Die Schweiz und Europa 5; Basel 1977, S. 283 ff.

Anton Largiadèr 1893–1974

Eine *Geschichte der Stadt und Landschaft Zürich* in zwei Bänden schrieb der Nachfolger im Archiv, Largiadèr. Der gebürtige Bündner hatte die Vergangenheit seiner Wahlheimat Zürich schon durch verschiedene quellennahe Spezialuntersuchungen aufgehellt, so durch die Monographie über *Rudolf Brun und die Zürcher Revolution von 1336,* wo er diese Vorgänge in die weitere Entwicklung der Reichs- und Sozialgeschichte einreihte. Largiadèrs Zürcher Kantonsgeschichte lässt sich schon deshalb der bernischen und der baslerischen Kantonsgeschichte nicht an die Seite stellen, weil sie ein anderes Ziel verfolgt. Sie ist auf Anregung der Erziehungsdirektion entstanden und wendet sich an einen weiten Leserkreis von Laien. Nicht durchgehend auf Originalquellen aufgebaut, bietet sie auch nicht immer eigene Interpretationen des Autors, gibt aber sachlich genaue Auskunft. Largiadèr hat sich besonders um die Edition von Akten, u.a. der Papsturkunden, verdient gemacht.

Rudolf Brun und die Zürcher Revolution von 1336; Zürich 1936. – *Geschichte der Stadt und Landschaft Zürich;* 2 Bde., Zürich 1945. – *Zürichs Bund mit den vier Waldstätten vom 1. Mai 1351;* Zürich 1951. – *Die Papsturkunden der Schweiz von Innozenz III. bis Martin V.;* Zürich 1968.

DIETRICH SCHWARZ: Anton Largiadèr; Zürcher Taschenb. 1976, Zürich 1975, S. 168.

Gottfried Guggenbühl 1888–1959

Wie sein Lehrer Karl Dändliker ging Guggenbühl von der zürcherischen Geschichte zur eidgenössischen über, wobei er sich vom reinen Forscher immer mehr – seinem narrativen Talente folgend – zum packenden Darsteller entwickelte. Er begann mit einer gediegenen Untersuchung über *Zürichs Anteil am Zweiten Villmergerkrieg* und wagte sich schon bald an eine zweibändige Biographie des bekannten Helvetikers und späteren Zürcher *Bürgermeisters Paul Usteri*, ein ausgezeichnetes, die ganze Zeit erfassendes Lebensbild, das den ersten politischen Journalisten der Schweiz in seinen verschiedenen Ausstrahlungen erfasste. Der faszinierenden Geschichte des Journalismus blieb Guggenbühl treu; er schrieb eine Monographie *Landbote 1836–1936* und durfte ihr den Untertitel *Hundert Jahre Politik im Spiegel der Presse* geben, weil er tatsächlich eine Geschichte des Kantons Zürich mit dem von der Zeitung aufgefangenen «Herzklopfen der Zeit» bietet. Es fallen in diesem Gesinnungsblatt, das noch nicht zum Nachrichtenblatt geworden war wie so viele andere Blätter in der als das zeitungsreichste Land geltenden Schweiz, interessante Streiflichter auf die eidgenössische und europäische Entwicklung. Guggenbühls grösste Leistung aber ist seine zweibändige *Geschichte der Schweizerischen Eidgenossenschaft*, eine klare, mitreissende Erzählung, ohne jeden Anmerkungsapparat und doch in allen Partien auf der genauesten Forschung beruhend. Man merkt dem Werk das Erlebnis der Kriegszeit an; der Verfasser fragt immer wieder, ob die Entwicklung des schweizerischen Staatswesens vor dem prüfenden Auge desjenigen bestehen kann, der auch in der Politik das Menschliche hochhält. Und der kritische Autor gelangt, ohne Mängel und Fehler zu verschleiern, zu einer klaren Bejahung. Diese Gesinnung äusserte sich auch in vielen nachdenklichen Reden, die er bei grossen öffentlichen Gedenkfeiern gehalten hat.

Ein besonderes Verdienst erwarb sich Guggenbühl um den Geschichtsunterricht in der Schule: mit den Mitarbeitern O. Weiss und H. Flach gab er originelle Quellenbücher heraus; sie wurden auch ausserhalb der Schweiz im deutschen Sprachraum verwendet.

Zürichs Anteil am Zweiten Villmergerkrieg; Zürich 1911. – *Bürgermeister Paul Usteri 1768–1831;* 2 Bde., Aarau 1924/31. – *Der Landbote 1836–1936. Hundert Jahre Politik im Spiegel der Presse;* Winterthur 1936. – *Geschichte der Schweizerischen Eidgenossenschaft;* 2 Bde., Zürich 1947/48. – *Geschichte der eidgenössischen Technischen Hochschule in Zürich;* Zürich 1955. – *Quellenbuch zur Allgemeinen Geschichte,* in Zusammenarbeit mit Otto Weiss und Heinrich Flach; 4 Bde., Aarau 1919–46.

FRANZ SCHOCH: Gottfried Guggenbühl; Schw. Zeitschr. Gesch., 9. Jg. 1959, S. 238 ff.

Alfred Stern 1846–1936

Während voller fünfundvierzig Jahre dozierte der von Göttingen kommende deutsche Gelehrte an Hochschulen seiner schweizerischen Adoptivheimat, zuerst in Bern, dann an der Eidgenössischen Technischen Hochschule in Zürich. Er war noch durch Ranke, Mommsen, Droysen, Waitz in die kritische Methode eingeführt worden und trug in ihrem Geist, ohne ihre überragende Begabung, Universalgeschichte der neueren Zeit vor. Sein historiographisches Lebenswerk ist eine zehnbändige *Geschichte Europas* von 1815–1871. Anders als bei solchen Monumentalwerken, die zum grossen Teil auf Kompilation und zweifelhafter Methode beruhen und zu vorschnellen Synthesen gelangen, baute Stern sein Werk auf Originalquellen auf. In den akademischen Ferien suchte er alle Archive der europäischen Hauptstädte auf, wo er der bekannteste Forscher aus der Schweiz war. Sein unbedingtes Streben nach Objektivität lässt den Ton seiner Darstellung oft etwas spröd und farblos erscheinen. Doch besticht sie durch die Fülle des Mitgeteilten, durch überlegene Disposition, Durchsichtigkeit, Solidität. Wer sich mit dieser Epoche beschäftigte, konnte das zuverlässige Handbuch nicht entbehren. Ausser der Geschichte Europas hat Stern noch zwei Biographien geschrieben, *Milton und seine Zeit* und *Das Leben Mirabeaus*, beide wiederum sehr substantiell und unbestechlich, aber ohne den Reiz, der einer Biographie innezuwohnen pflegt. In seiner sachlichen, genauen Art eignete sich Stern ausgezeichnet dazu, in der vom Franzosen Gabriel Monod herausgegebenen Revue historique über die Neuerscheinungen aus Deutschland und der Schweiz zu referieren. Er hat sich in seiner Geschichtsschreibung mit Erfolg bemüht, dem «unvergesslichen» Wort seines Lehrers Ranke nachzueifern, «sein Selbst gleichsam auszulöschen, um nur die Dinge reden zu lassen».

Über die zwölf Artikel der Bauern und einige andere Aktenstücke aus der Bewegung von 1525; Leipzig 1868. – *Basler Chroniken* 1, zusammen mit Wilhelm Vischer; Leipzig 1872. – *Milton und seine Zeit;* 2 Teile 1877, 79. – *Geschichte der Revolution in England;* Berlin 1881, 2. Aufl. 1898. – *Das Leben Mirabeaus;* 2 Bde., Berlin 1889. – *Geschichte Europas seit den Verträgen von 1815 bis zum Frankfurter Frieden von 1871;* 10 Bde., Berlin 1894–1924, 2. Aufl. Bd. 1–7, Berlin 1913–28. – *Abhandlungen und Aktenstücke zur Geschichte der Schweiz;* Aarau 1926. – *Abriss einer Geschichte der demokratischen Ideen in den letzten vier Jahrhunderten;* Zürich 1927. – *Der Einfluss der französischen Revolution auf das deutsche Geistesleben;* Stuttgart/Berlin 1927.

ALFRED STERN: Wissenschaftliche Selbstbiographie; Zürich 1932. – HANS NABHOLZ: Alfred Stern; Zeitschr. schw. Gesch., Zürich 1936, S. 429 f.

Eduard Fueter 1876–1928

Auch ein anderer in Zürich wirkender Dozent hat wichtige Beiträge zur Universalgeschichte geliefert. Fueter stammte aus Bern, verkörperte aber in seinem ganzen Wesen die mütterliche, baslerische Art. Talentierter als Stern, hat er nicht wie dieser sein ganzes Leben der Wissenschaft gewidmet, sondern bekleidete ausser seiner Privatdozentur an der Zürcher Universität noch andere Ämter, war Journalist, Beamter eines internationalen Amtes und einer Grossbank. Und trotzdem ist sein literarisches Werk ausserordentlich umfangreich und vielfältig.

Seine originellste Leistung ist seine 1911 erschienene *Geschichte der neueren Historiographie;* sie machte ihn mit einem Schlag in Europa bekannt, wurde in verschiedene Sprachen übersetzt und ist bis heute durch nichts Gleichwertiges ersetzt worden. Es bleibt erstaunlich, wie er, au-eine ungeheure Belesenheit gestützt, sich allein einen Pfad durch den Urwald der historischen Literatur bahnte, des niederen Gestrüpps kaum achtend seinen Blick auf die hohen Erscheinungen geheftet hielt und damit ein immenses, bisher kaum bekanntes Gebiet der Wissenschaft erschloss. Er beschäftigt sich mehr mit den grossen europäischen Strömungen als mit den Einzelerscheinungen; ihn interessiert stärker das Typische als das Individuelle. Weit entfernt von einer wertfreien Betrachtung, wie sie der Positivismus seiner Zeit verlangte, urteilt er selbständig mit strengem Massstab. Dabei standen ihm Rationalisten, wie der Aufklärer Voltaire und Mommsen, näher als jene Forscher, die nicht nur mit dem Intellekt, sondern auch kraft ihrer Intuition die Geistesspur in die Vergangenheit verfolgten und statt den Fortschritt zu preisen mit sorgenvoller Unruhe in die Zukunft sahen, wie etwa sein Grossvater Gelzer, der konservative und christliche Historiker mit dem unzeitgemässen Tiefenblick. Geschichtsphilosophie schaltete er aus und ebenfalls weitgehend die wissenschaftliche Methodenlehre. Sein Buch war eine reine Darstellung der Historiographie vom Humanismus bis auf seine Zeit, keine Quellenkunde.

Ein weiteres sehr selbständiges Werk veröffentlichte Fueter 1919 mit seiner *Geschichte des europäischen Staatensystems von 1492–1559,* einem Handbuch mit allen Vorzügen dieser Gattung in Disposition und Stoff. Einem zweiten, grösseren darstellenden Teil schickte er eine kurze Definition der politischen und militärischen Faktoren voraus, die dem Hauptteil als Grundlage dient. Dabei hält er seinen Blick auf die Modifikationen des europäischen Staatensystems geheftet und berücksichtigt in seiner Darstellung nur, was auf die internationale Politik eine Wirkung ausübte. Ebenso sieht er bei der Erörterung historisch wirksamer Akte auf dem politisch-militärischen Gebiet von der Persönlichkeit ab, da diese Akte nur selten das Produkt einzelner Individuen seien, wie er denn gegen die psychologische Rekonstruktion historischer Persönlichkeiten grösste wissenschaftliche Zweifel hegt. In der Epoche von den italienischen Kriegen bis zum Frieden von Cateau-Cambrésis sieht er das moderne europäische Staatensystem entstehen.

Ein bedeutendes Buch ist auch die 1921 herausgekommene *Weltgeschichte der letzten hundert Jahre 1815–1920.* Sie ist von einem wachen Beobachter des Ersten Weltkrieges verfasst – Fueter amtete in dieser Zeit als Redaktor für Aussenpolitik einer grossen Tageszeitung – und zeigt in ihren Urteilen und ihrer Bezogenheit auf die Gegenwart den Journalisten im Historiker. Hinter den Kritiken, denen dieses Buch besonders in Deutschland begegnete, stand meist nicht beleidigter wissenschaftlicher Sinn offenkundiger Sachfehler wegen, sondern nationalistische Ablehnung des mehr an Westeuropa orientierten Standpunktes. Aber selten ist so klar und eindringlich wie hier gesagt worden, dass die Weltherrschaft der Europäer auf einer viel prekäreren Basis beruhe, als man ehedem angenommen habe.

Das einzige Buch, das Fueter der eidgenössischen Vergangenheit widmete, war *Die Schweiz seit 1848*. Johannes Dierauer hatte bei 1848 haltgemacht, die Fortsetzung von Hans Schneider war erst im Werden, Karl Dändliker in seiner «Schweizergeschichte» und Theodor Curti in seiner «Geschichte der Schweiz im 19. Jahrhundert» boten nur dürftige Ausblicke über die Jahrhundertmitte hinaus. Bloss Paul Seippel hatte in seinem Sammelwerk «Die Schweiz im 19. Jahrhundert» die zweite Jahrhunderthälfte durch Fachleute bearbeiten lassen, die Wirtschaft durch Ernest Chuard und Hermann Wartmann. Eine Darstellung dieser Epoche, die auch den Ersten Weltkrieg mit einbezog, war bisher nicht unternommen worden. Fueter wagte den Wurf und reüssierte. Besonders verdienstvoll ist der Nachdruck, der auf der ökonomischen Struktur und auf den politischen Grundanschauungen liegt. Fueter erforscht die wirtschaftsgeschichtliche, die finanz- und sozialpolitische Entwicklung als Fachmann. Das Buch weist infolge seiner raschen Entstehung und der damals noch recht dürftigen Quellenlage Fehler auf. Ob dieser Mängel – sogar die Statistiken müssen nachgeprüft werden – hat man die grossen Vorzüge des Werkes zu Unrecht oft übersehen.

Geschichte der neueren Historiographie; Handb. d. mittl. u. neueren Gesch., hg. v. *G. v. Below* und *F. Meinecke;* München/Berlin 1911, 3. Aufl. 1936. – *Geschichte des europäischen Staatensystems von 1492–1559;* Handb. d. mittl. u. neueren Gesch., München/Berlin 1919. – *Weltgeschichte der letzten hundert Jahre;* Zürich 1921. – *Die Schweiz seit 1848;* Zürich 1928.

EDUARD VISCHER: Eduard Fueter. Zum hundertsten Geburtstag des Geschichtschreibers; NZZ, 13./14. Nov. 1976, Nr. 267, S. 67f.

Jakob Schollenberger 1851–1936

Er war Jurist, bekleidete während Jahrzehnten die Zürcher Professur für öffentliches Recht sowie Staats- und Verwaltungsrecht der schweizerischen Kantone. In seine grossen juristischen Werke liess er häufig historische Abschnitte einfliessen, so über die Geschichte der Gemeinde und der Rechtstradition, der Domänen, Ehehaften, des Passwesens. Zur Stellung der Eidgenossenschaft im Westfälischen Frieden, zur Langen Tagsatzung 1814/15 und zum Savoyer Konflikt 1859/60 äusserte er sich in wertvollen Beiträgen. Er meinte, die Historiker seien «für staatswissenschaftliche Darstellungen selten präzis genug».

In seinen grossen zusammenhängenden Geschichtswerken wollte er politische Geschichte «ohne Beiwerk» bieten, worunter er neben Militärgeschichte besonders Kulturgeschichte verstand, die sein Freund Oechsli in so reicher Fülle aufleuchten liess. Schollenberger bestrebte sich, die Politik «in ihrer fortlaufenden Betätigung, als fortschreitende Staatskunst von einer politischen Phase zur andern» aufzuzeigen. Geschichtliche Entwicklung in dieser Beschränkung zu lehren und zu schildern, ist diesem unabhängigen Kopf und streitbaren Vertreter seiner Ideen ausgezeichnet gelungen. Davon zeugt sein Werk *Die Schweiz seit 1848,* das er selbst ein staatsmännisches und diplomatisches Handbuch nannte. Aber auch seine zweibändige *Geschichte der schweizerischen Politik* und sein Buch *Die schweizerische Eidgenossenschaft von 1874 bis auf die Gegenwart* erhellt in strenger Logik das Tatsächliche der bundesstaatlichen Entwicklung; die kantonalstaatliche Entwicklung wird ausgeklammert, das aussenpolitische Geschehen jedoch gebührend berücksichtigt. Bei der Behandlung der bundesstaatlichen Aussenpolitik stiess Schollenberger oft in Neuland vor; die Darstellung beweist aussergewöhnliches Verständnis und Mut zur Kritik. Mit seiner positivistischen Einstellung lässt sich nur schwer vereinbaren, dass er, seiner Zeit vorauseilend, der Sage in der Geschichte eine Bedeutung einräumte und sich heftig gegen die kritische, von Eutych Kopp ausgegangene Forschungsrichtung wandte: Sie habe «nicht nur an das Herz des Volkes, sondern vielfach an die Wahrheit der Geschichte selbst gegriffen». Auch der Persönlichkeit in der Geschichte wies er eine wichtigere Rolle zu, als es seine Methode erwarten liesse.

Neben zahlreichen Werken der Jurisprudenz: *Das Bundesstaatsrecht der Schweiz. Geschichte und System;* Berlin 1902. – *Geschichte der schweizerischen Politik* 1; Frauenfeld 1906, 2, 1908. – *Die Schweiz seit 1848. Ein staatsmännisches und diplomatisches Handbuch;* Berlin 1908. – *Die schweizerische Eidgenossenschaft von 1874 bis auf die Gegenwart;* Berlin und Bern 1910. – *Der Kanton Tessin und die schweizerische Eidgenossenschaft;* Zürich 1911.

RUDOLF MAURER: Jakob Schollenberger. Rechtsgelehrter und Patriot; Bern 1972.

BASEL

Rudolf Wackernagel 1855-1925

Er war ein Sohn des aus Berlin berufenen Germanisten Wilhelm Wackernagel, der an der Universität eine glänzende Lehrtätigkeit entfaltet hatte und in Basel rasch heimisch geworden war. Rudolf überwand seine körperliche Behinderung mit vorbildlicher Willenskraft und rang sich ein grosses Lebenswerk und eine heitere Daseinsfreude ab. Unmittelbar nach beendeten juristischen Studien hatte er das Glück, zum Leiter des Basler Staatsarchivs ernannt zu werden. Hier fand er das seiner Begabung und seinen Interessen völlig entsprechende Betätigungsfeld, das er ein Leben lang mit Erfolg bebaute. Er hat das schlechtgeordnete Archiv nach modernen Gesichtspunkten und nach seinen persönlichen Bedürfnissen umgestaltet. Aus den reichen Urkundenschätzen ist sein historiographisches Werk erwachsen. Er dozierte später auch an der Universität, vor allem Baslergeschichte. Nebenher lief eine poetische Produktion in Gedichten, Novellen, Dramen neuromantischen Liebhabercharakters; davon fanden besonders die beiden patriotischen Festspiele von 1892 und 1901 weite Beachtung.

Wackernagel hat, zum Teil gemeinsam mit dem an der Universität lehrenden Rudolf Thommen (1860-1950), fünf Bände des *Basler Urkundenbuches* herausgegeben. Wichtiger aber als Edition und Quellenkritik war ihm die Geschichtsschreibung. In zahlreichen Aufsätzen mannigfaltigen Inhalts breitete er sein Wissen über die baslerische Vergangenheit aus, schilderte die Jugendjahre seines Vaters und veröffentlichte nach dem Ersten Weltkrieg eine *Geschichte des Elsass*. Darin zeigte er die enge Verflechtung Basels mit dem Nachbarland und wies unaufdringlich – noch vor dem Übergang des Elsass an Frankreich – auf den deutschstämmigen Volkscharakter der Elsässer hin.

Sein Lebenswerk aber ist die dreiteilige *Geschichte der Stadt Basel,* hervorragende Darstellung der Geschichte eines schweizerischen Kantons, die bei ihrem Erscheinen Aufsehen erregte. Ihren Rang verdankte sie der Quellennähe, der Interessenbreite – neben der politischen kam auch die kulturelle Entwicklung zur vollen Geltung – und der Darstellungskunst. Alle Qualitäten Wackernagels fliessen hier befruchtend zusammen: seine Verstandesklarheit, seine Gemütswärme, sein Einbildungsvermögen, seine Charakterisierungskunst. Hier entstand das wirklichkeitsgesättigte Lebensbild einer Stadt in bisher nicht bekannter Lebendigkeit und Farbigkeit. Neben der Gelehrsamkeit bewundert man die evokatorische Kraft des Autors.

Wackernagel verfolgt die Entwicklung von den römischen Anfängen bis in die Zeit der Reformation, wobei er sich bemüht, Basels Geschichte, nach einem Worte Jacob Burckhardts, im Zusammenhang «mit dem Weltgeschichtlichen und seinen Gesetzen» darzustellen, im Einzelnen, Lokalen das Allgemeine, Weltweite zu sehen. Die Schilderung der römischen Epoche ist überholt, da seither die Basler Archäologie grosse Entdeckungen gemacht hat. Dann bietet Wackernagel einen möglichst viele Lebensgebiete umfassenden Querschnitt durch die rudolfinische Zeit und verfolgt mit besonderem Nachdruck Basels Weg zur Eidgenossenschaft, seine Beteiligung an den siegreichen Burgunderkriegen, seine anfänglichen Schwankungen im Schwabenkrieg, dann seine Neutralität, das heisst seine völlige Unparteilichkeit gegenüber den beiden Lagern, bis es schliesslich seinen Übergang zur Eidgenossenschaft vollzieht. Charakteristischer und neuartiger als die Darstellung des äusseren Geschehens ist diejenige des inneren Lebens: Stadtverwaltung, Rechtspflege (mit besonderem Gericht auf dem Kohlenberg für das fahrende Volk), Einwohnerschaft, Handel, Gewerbe, Geldgeschäfte, Juden, Sieg des Handwerks über den Handel. Besonderen Nachdruck legt Wackernagel auf Schule und Gelehrsamkeit, auf die Gründung der Universität, den Buchdruck, die Kirche. In dem mit «Lebensformen und Gesittung» überschriebenen Kapitel gelingt ihm eine Durchleuchtung der sozialen Zustände. Er beobachtet den Bürger bei seiner täglichen Arbeit, bei seinem literarischen und künstlerischen Schaffen, belauscht das Denken und Fühlen des Volkes und vernimmt zeitweise den Schlag seines Herzens. Die allgemeine Sorge über den Kulturzerfall seiner Zeit, wie ihn so viele Kulturhistoriker damals äusserten, schien ihn nicht zu trüben; bürgerlicher Optimismus durchzieht sein Werk.

Da in der baslerischen Geschichte das Mächtige, Herrische fehle, schreibt Wackernagel, sei der Geschichtsschreiber zum Hervorholen zahlreicher Einzelheiten genötigt. Dadurch gewinnt das Bild an Ausführlichkeit und Farbe und wird zum grossflächigen kulturhistorischen Gemälde, das zwar spätromantische Züge aufweist, besonders im schriftlichen Ausdruck, in seiner Gesamtwirkung jedoch den Charakter des Impressionismus trägt. Es bedeutet einen Verlust für die Historiographie, dass Wackernagel seine Baslergeschichte nicht über die Reformation hinausführen konnte, denn seine Beherrschung eines weitschichtigen Archivmaterials und seine Gestaltungskraft waren einzigartig. An seiner Leistung kann man ermessen, wieweit es die Kulturhistorie über die ersten schüchternen Versuche im 18. Jahrhundert hinausgebracht hat. Freilich erreichen seine Bilder nicht die Geschlossenheit, die eindringliche klassische Kunst, womit sein Basler Mitbürger Jacob Burckhardt die Kulturgeschichte zu einer unerreichten Höhe geführt hat.

Urkundenbuch der Stadt Basel; Bde. 1–3, Basel 1890–96, in Zusammenarbeit mit *Rudolf Thommen,* hg. v. *Rudolf Wackernagel,* Bde. 4 und 5, Basel 1899–1900 allein v. Wakkernagel hg. – *Wilhelm Wackernagels Jugendjahre;* Basel 1885. – *Geschichte des Elsass;* Basel 1919. – *Geschichte der Stadt Basel;* 3 Bde., Basel 1907–23. Register, Basel 1954.

RUDOLF THOMMEN: Rudolf Wackernagel; Basl. Jahrb. 1926, S. 1 ff. – MARTIN WACKERNAGEL: Rudolf Wackernagel; Basl. Jahrb. 1930, S. 1 ff.

Hermann Bächtold 1882–1934

Der aus dem Kanton Schaffhausen Stammende hat sich zwar wenig mit der Vergangenheit Basels beschäftigt; sein Interesse galt von Anfang an der Universalhistorie. Aber er entfaltete seine reiche akademische Tätigkeit in Basel und wirkte mit seiner starken, aufs Grundsätzlich-Ethische gerichteten Persönlichkeit in weite Kreise. Während in der Schweiz die politische Geschichte im Mittelpunkt der Forschung stand, wandte er sich unter dem Einfluss seines deutschen Lehrers Georg von Below der Wirtschaftsgeschichte zu, die er in fruchtbarer Weise mit geopolitischen Überlegungen verband. Davon zeugen seine Aufsätze *Die Entstehung des Stammnetzes der schweizerischen Eisenbahnen* und *Die geschichtlichen Entwicklungsbedingungen der schweizerischen Volkswirtschaft,* wo er ihre dichte Verflechtung mit dem Welthandel aufzeigt – alles Proben seiner scharfsichtigen Wirklichkeitserfassung. Eindringende Studien widmete er auch Jacob Burckhardt, dessen Zug ins Universelle ihn anzog, dessen Skeptizismus ihn jedoch herausforderte. Immer leidenschaftlicher warf er sich – nicht von wissenschaftlicher Neugier, sondern von seinem Gewissen getrieben – auf die Zeitgeschichte, untersuchte *Die geschichtlichen Grundlagen des Weltkriegs,* seine unmittelbare *Vorgeschichte,* immer nach den grossen Linien drängend, das Gesetzmässige suchend, unter Zurückschiebung des Individuellen. Man spürt allen diesen Schriften die Schärfe seines bohrenden Geistes an, aber auch seine geistige Verpflichtung gegenüber Deutschland; die These von der deutschen Hauptschuld anerkannte er nicht. In diesen Diskussionen sowie in den Auseinandersetzungen mit der Gegenwart, die er als christlicher Politiker führte, hat der Sensible und Engagierte seine Nervenkraft verbraucht. Um seiner Gegenwartsaufgaben willen versagte er sich sein wissenschaftliches Lebenswerk. Er hat mit dem gesprochenen Wort nachhaltiger gewirkt als mit dem geschriebenen.

Gesammelte Schriften, hg. v. *Eduard Vischer;* Aarau 1939.

EDUARD VISCHER: «Zur Einführung»; Ges. Schriften. Hier auch GEORG VON BELOW: Ansprache bei der Beisetzung. – HERMANN BÜCHI: Emil Dürr und Hermann Bächtold; Basl. Jahrb. 1936, Basel 1936, S. 99–117. – RICHARD FELLER: Gesammelte Schriften Hermann Bächtolds; Der kleine Bund, Bern 1940, Nr. 41.

Emil Dürr 1883–1934

Obgleich kein Basler Stadtkind hat er sich doch nachhaltig mit der Vergangenheit der Stadt beschäftigt, die den gebürtigen Oltener nach Studien in Genf, München und Berlin mit einem akademischen Ruf festhielt und heimisch werden liess. Wissenschaftlich ging er von der Historiographie aus, untersuchte *Aegidius Tschudis Quellen zum Alten Zürichkrieg,* worauf ihn die Gestalt Jacob Burckhardts in ihren Bann zog. Er behandelte *Freiheit und Macht* im Werke des grossen Baslers und erforschte seine frühe journalistische Tätigkeit. Ein unschätzbares Verdienst erwarb er sich durch seine Burckhardt-Edition. Er gab in peinlich sorgfältiger Weise die

Vorträge heraus, von denen oft nur handschriftliche Skizzen vorhanden waren, so dass sie mit Hilfe von Zeitungsreferaten oder Nachschriften mühsam rekonstruiert werden mussten. Einen ebenso glücklichen Griff tat Dürr, als er unter dem Titel *Historische Fragmente* unveröffentlichte Partien aus Burckhardts Vorträgen und Vorlesungen herausgab.

Ein zweites grosses Forschungsgebiet, aus dem Dürrs umfangreichste und abgerundetste Schrift hervorging, war das eidgenössische Spätmittelalter. In seinem Buch *Die Politik der Eidgenossen im 14. und 15. Jahrhundert. Eidgenössische Grossmachtpolitik im Zeitalter der Mailänderkriege* verlässt er das traditionelle Thema der Befreiung, um in rein genetischer Betrachtungsweise, wie er schreibt, «die Dinge so darzustellen, wie sie wirklich waren»; er bedenkt nicht, wie zeitbedingt und standortbezogen auch er urteilt, ja urteilen muss, weil jedem Streben nach absoluter Objektivität in der Geschichte unüberwindbare Grenzen gesetzt sind und es sich immer bloss um Annäherungswerte handeln kann. Um möglichst vollständige Einsicht in die Zusammenhänge zu gewinnen, zieht Dürr auch die Wirtschafts- und Sozialgeschichte heran, lässt jedoch die «Kulturgeschichte im geistigen Sinn» beiseite. So entstand ein vielgestaltiges Gemälde, ähnlich den Bildern in den Chroniken, wo es von scharf konturierten Kriegern und Städten in einer perspektivisch nur unvollkommen gezeichneten Landschaft wimmelt. In dieser imponierenden Leistung hat Dürr die eidgenössische Geschichte der zwei Jahrhunderte von vielen durch Vorurteile bewirkten Trübungen gereinigt und den Blick für eine wirklichkeitsnahe Erfassung freigemacht.

Ein weiteres Forschungsgebiet Dürrs war das 19. und 20. Jahrhundert. Er umkreiste es mit einer Reihe von Einzeluntersuchungen, so über *Die Demokratie in der Schweiz nach der Auffassung Tocquevilles,* über *Gobineau und die Schweiz,* – Studien, deren Vorzüge in einer originellen Verbindung psychologischen und politischen Feinsinns liegen. Mit dem Aufsatz *Urbanität und Bauerntum in der Schweiz* eröffnete er die Reihe seiner ökonomisch-gesellschaftswissenschaftlichen Untersuchungen, die er auf die ganze neueste Zeit ausdehnen wollte. Er hätte, überzeugt von der Notwendigkeit der modernen Entwicklung, ohne romantische Verklärung den Übergang von der ländlich-handwerklichen zur industriell-kapitalistischen Schweiz beschreiben, das mit unerwarteter Raschheit heraufziehende Zeitalter der Technik, der Maschinen, der Banken erklären können. Von ihm, der so ungestüm Fragen an die Geschichte stellte, erhoffte man eine historische Darstellung schweizerischer Wirtschafts- und Sozialpolitik. Sie ist über kleine Vorarbeiten nicht hinausgediehen. Auf der Höhe seines Schaffens starb er an den Folgen eines Unfalls. Das wissenschaftliche Lebenswerk präsentiert sich als kraftvoller Torso.

Die Quellen des Aegidius Tschudi in der Darstellung des Alten Zürichkrieges; Basel 1908. – *Aktensammlung zur Geschichte der Basler Reformation* 1, 2 in Zusammenarbeit mit *Paul Roth;* Basel 1907/08. – *Freiheit und Macht bei Jacob Burckhardt;* Basel 1918. – *Die Demokratie in der Schweiz nach der Auffassung des Alexis de Tocqueville;* Basl. Zeitschr. Gesch. Altertkde. 23, Basel 1925. – *Arthur de Gobineau und die Schweiz;* Basl. Zeitschr. Gesch.

Altertkde., Basel 1926. – *Die Politik der Eidgenossen im XIV. und XV. Jahrhundert. Eidgenössische Grossmachtpolitik im Zeitalter der Mailänderkriege;* Schw. Kriegsgesch. 2, Bern 1933. – *Urbanität und Bauerntum in der Schweiz. Ihr Verhältnis von 1798 bis heute;* Die Schweiz, ein nationales Jahrbuch, Erlenbach/Zürich 1934, S. 140ff. – *Jacob Burckhardt als politischer Publizist.* Aus dem Nachlass hg. v. *Werner Kaegi;* Zürich 1937.

FELIX STAEHELIN: Worte der Erinnerung an Karl Dürr; Basl. Zeitschr. Gesch. Altertkde. 33; Basel 1934, S. 5 f. – HERMANN BÜCHI: Emil Dürr und Hermann Bächtold; Basl. Jahrb. 1936, Basel 1936, S. 99ff. – WERNER KAEGI: Erinnerung an Emil Dürr; Neue Schweizer Rundschau, 1933/34, S. 723ff. – EDGAR BONJOUR: Emil Dürr; Die Schweiz und Europa 5, Basel 1977, S. 277ff.

Felix Staehelin 1873–1952

Was Wackernagel nur unvollkommen hatte bieten können, die römischen Anfänge Basels, und was die Autoren von Gesamtgeschichten der Schweiz nur oberflächlich darstellten, die römische Vorzeit, das leistete der Althistoriker Staehelin mit seinen Schriften über das älteste Basel und mit seinem Hauptwerk *Die Schweiz in römischer Zeit.* Er führte damit Franz Ludwig von Hallers romantischen Versuch aus den Jahren 1811/12 «Helvetien unter den Römern» und Theodor Mommsens scharfen, kritischen Zugriff aus dem Jahr 1854 zum krönenden Abschluss. Laut eigenem Bekenntnis strebte er danach, den «Abglanz einer Herrlichkeit», in der die Schweizer aller Zungen den Urgrund ihrer gemeinsamen Kultur verehren sollten, zu vermitteln: durch die Zusammenfassung der in zahlreichen Abhandlungen zerstreuten neuesten Forschungsergebnisse und durch sinnvolle Zusammenfügung der einzelnen Steine schuf er ein riesiges, leuchtendes Mosaik. Staehelin war kein moderner Feldarchäologe, wenn er schon die Ergebnisse der Ausgrabungen im ganzen Land gewissenhaft verwendete. Seine Methode war die philologische, die mit äusserster Akribie vorgenommene Interpretation der schriftlichen Zeugnisse, der Inschriften und Texte. So schuf er in nimmermüder Arbeit, mit dem Sinn für das kleinste Detail als hervorragender Stilist sein Meisterwerk, das er in wiederholten Auflagen nach dem Stand der neuesten Forschung vervollständigte. Wenige europäische Länder haben über ihre römische Vorzeit Gleichwertiges aufzuweisen.

Ausser mit der Schweiz im Altertum beschäftigte sich Staehelin auch mit dem Hellenismus, in eindringenden Einzelstudien und in zahlreichen Artikeln der «Realenzyklopädie der klassischen Altertumswissenschaft». Ferner edierte er neu zwei Werke seines Grossoheims Jacob Burckhardt, den «Constantin» und die «Griechische Kulturgeschichte».

WILHELM ABT: *Bibliographie der Publikationen Staehelins;* Basl. Zeitschr. Gesch. Altertkde. 42, Basel 1943, S. 271 ff. – *Die Schweiz in römischer Zeit;* Basel 1927, 2. Aufl. Basel 1931, 3. Aufl. neu bearb. und erw. Basel 1948. – Herausgeber von Bd. 2, 8, 9, 10, 11, 13 der Jacob-Burckhardt-Gesamtausgabe.

PAUL BURCKHARDT: Felix Staehelin; Basl. Jahrb. 1953, Basel 1952, S. 7ff. – RUDOLF LAUR-BELART: Worte der Erinnerung an Felix Staehelin; Basl. Zeitschr. Gesch. Altertkde. 51, Basel 1952, S. 5ff.

Paul Burckhardt 1873-1956

Er hat die noch fehlende Fortsetzung von Wackernagels Stadtgeschichte geschrieben, obgleich der bescheidene Gelehrte eine solche Charakterisierung seiner *Geschichte der Stadt Basel* abwehrte. Die baslerische Entwicklung führt er von der Zeit der Reformation bis zur Gegenwart herauf. Er hatte sie bereits durch eine Reihe von Spezialstudien an verschiedenen Punkten aufgehellt. In dem einbändigen Werk entfaltet er nicht den Farbenreichtum Wackernagels, sondern beschränkt sich auf die grossen Linien. Das 16.-18. Jahrhundert behandelt er knapp. Sein Hauptinteresse gilt dem 19. und 20. Jahrhundert; er will zeigen, wie aus dem alten Basel ein neues geworden ist. Der Geschichte einer so umstrittenen Stadtpersönlichkeit könne nur gerecht werden, meint er, wer sie mit der Liebe eines hellsichtigen Sohnes betrachte, der die Vorzüge seiner Mutter dankbar anerkenne und ihre Fehler zu tragen wisse. Mit dieser Einstellung hat er eine liebevolle und zugleich kritische Gesamtschau geschrieben. Sie befriedigt mit ihrem soliden Quellenfundament und ihren gescheiten Einsichten nicht nur den Fachgelehrten, sondern erfreut mit ihrer sachlichen Gediegenheit und ihrer schlichten, unverstellten Sprache auch den Liebhaber der vaterländischen Historie. Nach diesem grossen Werk leistete er der Geschichtswissenschaft einen letzten Dienst, indem er das Tagebuch des Predigers zu St. Martin, *Johannes Gast,* mustergültig edierte und damit diese Quelle zur Basler Reformationsgeschichte reinigte.

Die Politik der Stadt Basel im Bauernkrieg des Jahres 1525; Basel 1896. - *Die Basler Täufer;* Basel 1898. - *David Joris;* Basler Biographien 1, Basel 1901, S. 91 ff. - *Geschichte der Stadt Basel von der Trennung des Kantons bis zur Bundesverfassung von 1848;* Basler Njbl. 1912-1914. - *Geschichte der Stadt Basel. Von der Zeit der Reformation bis zur Gegenwart;* Basel 1942, 2. Aufl. 1957. - *Das Tagebuch des Johannes Gast,* hg. v. Paul Burckhardt, Basl. Chroniken 8, Basel 1945.

WERNER KAEGI: Worte der Erinnerung an P.B.; Basl. Zeitschr. Gesch. Altertkde. 55, Basel 1956, S. 5-7. - JULIA GAUSS: Paul Burckhardt; Schw. Zeitschr. Gesch. 1956, S. 511 f. - ERNST JENNY: Paul Burckhardt; Basl. Jahrb. 1957, Basel 1957, S. 112 ff.

Hans Georg Wackernagel 1895-1967

Eine willkommene Erweiterung der Historie nach der Volkskunde hin verdankt die schweizerische Geschichtsforschung dem Basler H. G. Wackernagel. An verschiedenen Universitäten, zuletzt im Österreichischen Institut für Geschichtsforschung zum Mediävisten, Paläographen und Altphilologen ausgebildet, beschäftigte er sich, nach Basel zurückgekehrt, mit dem brauchtümlichen Leben in der alten Eidgenossenschaft. Im Vordergrund seiner Forschung stand nicht, wie bisher allgemein üblich, der Staat, sondern das Volk. Er wandte die Methoden und Einsichten der Volkskunde auf das eidgenössische Mittelalter an und gelangte so zu neuen, originellen Erkenntnissen. Die Wurzeln des alteidgenössischen Kriegswesens sah er im ausserstaatlichen jugendlichen Kriegertum - Knaben im Alter von 13-21 Jahren - in brauchtümlichen Bindungen, in Privatkriegen, im Fehdewesen, in der Privatrache, womit er das oft unverständliche irrationale Handeln der Eidgenossen erklärte. Diese schilderte er, wie vor ihm Johannes von Müller, nicht als Bauern, sondern als Hirten, untersuchte die alte Hirtenkultur, das Sippenempfinden, den stark ausgeprägten Ahnenkult, verglich die Lebensform der Hirten mit derjenigen der Ritter, stellte neue Bezüge zwischen der Tellsage, dem Kriegertum, der Befreiungstradition her – alles fruchtbare Gedanken, die auch seiner Monographie über die *Schlacht von St.Jakob an der Birs* zugute kamen. Durch den Gedankenaustausch mit anderen Disziplinen erschloss er dem Wanderer in der eidgenössischen Kulturgeschichte und Volkskunde bislang unbekannte Landschaften.

Ausserdem bemühte sich Wackernagel auch um die Erhellung der Basler Universitätsgeschichte, namentlich um die Edition der *Matrikeln*. Mit seiner Kenntnis der entlegensten Archivalien, mit der Erschliessung neuer Quellen, wie namentlich der Gerichtsakten, gelang ihm die Identifikation und Charakterisierung zahlreicher Studierender, so dass die Matrikelbände ein für die Gelehrtengeschichte wertvolles personengeschichtliches Nachschlagewerk darstellen. Diese entsagungsvolle Kleinarbeit ergänzte er durch Studien über das Studentenleben in früheren Jahrhunderten, womit er Lücken in der Universitätsgeschichte ausfüllte. So kehrte er nach gelehrten Fahrten in die Antike, ins frühmittelalterliche Europa und in die mediävale Innerschweiz zur Geschichte seiner Vaterstadt zurück, von der er ausgegangen war.

Von den kleinen, zerstreut publizierten Schriften zur historischen Volkskunde hat KARL MEULI einen Grossteil in dem Sammelbande *Altes Volkstum der Schweiz,* Basel 1956, herausgegeben. Weitere Schriften: *Die Schlacht bei St.Jakob an der Birs.* Gedenkbuch zur Fünfhundertjahrfeier der Schlacht bei St. Jakob an der Birs; Basel 1944, S. 1ff. – *Die Matrikel der Universität Basel,* hg. v. *H.G. Wackernagel,* 1, Basel 1951; 2 unter Mitarbeit von *Marc Sieber* und *Hans Sutter,* Basel 1956; 3 unter Mitarbeit von *Marc Sieber, Hans Sutter, Andreas Tammann,* Basel 1962; 4 von *Max Triet* und *Pius Marrer,* Basel 1975.

EDGAR BONJOUR: Hans Georg Wackernagel; Die Schweiz und Europa 3, Basel 1973, S. 245 ff.

Carl J. Burckhardt 1891–1974

Seiner eingeborenen Anlage folgend hatte er sich zum Historiker ausgebildet und kehrte in seinem bewegten Berufsleben, das ihn in die weiten Gefilde der Diplomatie und der hohen Politik führte, immer wieder zur Geschichte zurück. Schon in seinem Erstlingsbuch über *Charles Neuhaus* kündet sich seine besondere historiographische Kraft an. Was er hier über den Berner Schultheissen, über die dem Altbasler widerstrebende Bewegung des Frühradikalismus ausführte, ging weit über das Biographische hinaus und deckte mit erstaunlichem Spürsinn Licht- und Schattenseiten der revolutionären Zeit auf. In der Skizze von Maria Theresia gab er erstmals eine Probe seiner später so virtuos gemeisterten Kunst des historischen Porträts, seiner Fähigkeit, durch eine geschichtliche Gestalt hindurch eine Epoche in grösster Verdichtung aufleuchten zu lassen. Das

Buch jedoch, das den Geschichtsschreiber in voller Reife zeigt, ist sein *Richelieu, der Aufstieg zur Macht*. In den Jahren entstanden, da die problematische Lage Frankreichs die Frage nach der Notwendigkeit des gebietenden Mannes aufwarf, übt diese Biographie über allen Wandel der Zeit weiterhin ihren Zauber aus: durch die Abgewogenheit der Komposition, durch den Tiefenblick, der auf Grund von Akten zum vergangenen Leben vorstösst; dieses wagt er oft auch ohne schriftliche Dokumente zu deuten, ein gefährliches Unterfangen, auf Intuition statt auf mühevolle exakte Forschung abzustellen. Das künstlerische Empfinden des Lesers wird angesprochen durch den Reichtum der Spiegelungen, durch das Einfangen des Atmosphärischen. Ohne den Anspruch auf eigene Quellenforschung zu erheben, beschäftigen den Historiker Burckhardt weniger die tatsächlichen Bedingungen des politischen Lebens, die staatlichen Einrichtungen wie Heer, Wirtschaft, Verwaltung, Finanzen, also der eigentliche geschichtliche Unterbau, dessen Ergründung und Kenntnis mit zum Verständnis der Epoche gehören und von der Geschichtswissenschaft nicht vernachlässigt werden dürfen; ihn interessieren mehr die dahinter stehenden lebendigen Menschen, wie sie in der Leidenschaft grosser politischer Auseinandersetzungen und im Kampf mit den Dämonen der eigenen Brust sichtbar werden.

In dem Buche mit dem bezeichnenden Titel *Gestalten und Mächte* leuchtet die europäische Vergangenheit in kontrastreichen, aber innerlich zusammengehörenden Essays auf; sie zeigen eine reiche Mannigfaltigkeit von Gestalten: Erasmus von Rotterdam, Karl V., Lully, Camille Desmoulins, Friedrich von Gentz, Tocqueville – immer auf das ganze Abendland und seine geistigen Werte bezogen. Burckhardt rüttelt an den Grenzen, die der strengen Forschung gezogen sind, sagt in persönlichem Stil, was er aus persönlichem Interesse durchdacht und erschaut hat. Seinem Versprechen, die Richelieu-Biographie zu vollenden, ist Burckhardt in seiner Altersmusse nachgekommen, indem er dem genialen ersten Wurf einen zweiten und dritten Band folgen liess, diesmal in der Form einer mehr referierenden Chronik. Von der akademischen Wissenschaft hat er im Grunde immer Abstand genommen. Sie veralte am raschesten, meint er: «Am nächsten an dasjenige, was man mit so grossem Hochmut historische Wahrheit nennt, kommen nur die Dichter heran.»

Burckhardt hat auch Zeitgeschichte geschrieben. In seinem Buch *Meine Danziger Mission* gewährt er nicht bloss authentischen Einblick in die verwirrte Vorkriegszeit, sondern erlaubt eine Würdigung seines persönlichen Einsatzes als Hauptverantwortlicher für die ihm vom Völkerbund übertragene Mission, deren Erfolglosigkeit von Anfang an feststand. Selten vereinigen sich in Dokumenten der Zeitgeschichte Geschichtstäter und Geschichtsschreiber in so glücklicher Weise.

Charles Neuhaus; Frauenfeld 1925. – *Richelieu, Der Aufstieg zur Macht;* München 1935, 2. und 3. Bd. 1965/66. – *Gestalten und Mächte;* Zürich 1941, 2. Aufl. 1961. – *Meine Danziger Mission 1937–1939;* München 1960. – *Gesammelte Werke;* 6 Bde., Bern/München/Wien 1971.

WERNER SCHMID: Carl J. Burckhardt; Köpfe des 20. Jahrhunderts, Berlin 1960. – THEODOR SCHIEDER: Carl Jacob Burckhardt; Hist. Zeitschr. 220; München 1975, S. 255 ff. – EDGAR BONJOUR: Carl J. Burckhardt; Die Schweiz und Europa 4; Basel 1976, S. 285 ff.

Eduard His 1886–1948

Er war ein Nachkomme von Peter Ochs, teilte mit ihm die Neigung zur Verfassungsgeschichte, zur Historie überhaupt, wurzelte aber ungleich stärker in seiner Vaterstadt Basel, deren herkömmliche Eigenart er verkörperte: durch seinen kritisch-wissenschaftlichen Verstand, sein unbestechliches Urteil, seine Verbundenheit mit den früheren Generationen. Nachdem er sein juristisches Studium beendet und im Staatsdienst Einblick in das baslerische Rechts- und Verwaltungswesen genommen hatte, folgte er einem Ruf als Professor für öffentliches Recht nach Zürich, wurde dort aber nicht heimisch und kehrte gekränkt in die Vaterstadt zurück, wo er als Privatgelehrter auf dem weiten Feld der Geschichte eine fruchtbare Tätigkeit als Forscher, Schriftsteller und umsichtiger Hüter baslerischer Altertümer entfaltete. Er katalogisierte und bearbeitete die Nachlässe von Bonifacius und Basilius Amerbach, gründete die Stiftung Pro Augusta Raurica, leitete die Historische und Antiquarische Gesellschaft.

Was dem Juristen His aber einen Platz in der Schweizerischen Historiographie sichert, ist seine *Geschichte des neueren schweizerischen Staatsrechts 1798–1914* in drei grossen Bänden. Dieses Werk stellt eine originelle Verbindung von Rechtsgeschichte mit politischer Geschichte dar, fussend auf der Verarbeitung eines fast unübersehbaren Quellenstoffes, klar in der Gliederung, unabhängig im Urteil, persönlich in der Akzentsetzung – eine unentbehrliche Ergänzung der vorliegenden Darstellungen der Schweizergeschichte vom Untergang der Alten Eidgenossenschaft bis zum Ausbruch des Ersten Weltkrieges. – Eine wie grosse Bedeutung His der Persönlichkeit und dem Familienverband in der Geschichte zuweist, zeigen seine drei Bände über die *Basler Handelsherren, Staatsmänner und Gelehrten*. Von dieser biographischen Grundlage aus fallen erhellende Streiflichter auf die Geschichte des Basler Stadtstaates, seiner Wirtschaft, seiner Politik und seiner Wissenschaftspflege. Die Vorliebe des Autors für den von alten, tüchtigen Geschlechtern regierten aristokratisch-konservativen Staat sticht zwar überall durch. Aber His verschliesst sich als Liberal-Konservativer den Neuerungen, wenn sie sich als brauchbar erweisen, durchaus nicht, weist indessen den schroff vordrängenden, materiell fundierten Radikalismus zurück. Seine Geschichtsbetrachtung hat hier ihre Grenzen, korrigiert aber doch auch allzu selbstgefällige, optimistische Darstellungen des herrschenden Radikalismus und bringt eine grosse Epoche der Basler Vergangenheit ins allgemeine Bewusstsein zurück.

Neben diesen beiden Hauptwerken hat His noch eine Reihe weiterer historischer Schriften veröffentlicht. Er entwarf ein Lebensbild des von ihm verehrten Urgrossvaters, des Ratsherrn Andreas Heusler-Ryhiner, und edierte dessen Briefwechsel mit dem Luzerner Konservativen Philipp

Anton von Segesser und mit dem Zürcher Konservativen Georg von Wyss. Die Basler Familiengeschichte bereicherte er mit der Veröffentlichung der *Chronik der Familie Ochs genannt His*.

Geschichte des neueren Schweizerischen Staatsrechts I: *Die Zeit der Helvetik und der Vermittlungsakte 1798–1803;* Basel 1920. II: *Die Zeit der Restauration und der Regeneration 1814–1848;* Basel 1929. III: *Der Bundesstaat 1848–1914;* Basel 1938. – *Eine historische Staatsteilung;* Tübingen 1927. – *Basler Handelsherren des 19. Jahrhunderts;* Basel 1929. – *Basler Staatsmänner des 19. Jahrhunderts;* Basel 1930. – *Basler Gelehrte des 19. Jahrhunderts;* Basel 1938. – *Briefwechsel zwischen Ph. A. von Segesser und Andreas Heusler-Ryhiner 1842–1867;* Basler Zeitschr. Gesch. Altertkde. 31, Basel 1932. – *Briefwechsel zwischen Georg von Wyss und Andreas Heusler-Ryhiner 1843–1867;* Basl. Zeitschr. Gesch. Altertkde. 32, Basel 1933. – *Chronik der Familie Ochs genannt His;* Basel 1943.

CHRISTOPH VISCHER: Verzeichnis der Veröffentlichungen und Vorträge von Prof. Eduard His; Basler Zeitschr. Gesch. Altertkde. 48, Basel 1949, S. 205 ff. – PAUL ROTH: Eduard His; Basl. Jahrb. 1950, S. 68 ff.

Paul Wernle 1872–1939

Er stammte aus württembergisch-pietistischen Kreisen, begann als Dozent der neutestamentlichen Wissenschaft in Basel und übernahm dann den Lehrstuhl der Kirchengeschichte. In seinen Studienjahren ist er durch Treitschke für die Geschichte gewonnen worden, der ihm – laut Wernles eigenen Worten – die Geschichte als Lehrmeisterin für die Gegenwart deutete. Als Kirchenhistoriker trat er mit Werken über Luther, Zwingli, Calvin hervor. Zur schweizerischen Geistesgeschichte gehört sein dreibändiges Werk *Der schweizerische Protestantismus im 18. Jahrhundert*, das sich durch Materialbeherrschung und Berücksichtigung der ausländischen Geistesströmungen auszeichnet. Unentbehrlich für den Schweizer Historiker ist auch seine zweibändige Darstellung *Der schweizerische Protestantismus in der Zeit der Helvetik*.

Der evangelische Glaube nach den Hauptschriften der Reformatoren; Tübingen 1918/19. – *Der schweizerische Protestantismus im 18. Jahrhundert;* 3 Bde., Tübingen 1923/25. – *Der schweizerische Protestantismus in der Zeit der Helvetik;* 1, Tübingen 1938, 2, Zürich 1942.

Autobiographie in: Die Religionswissenschaft der Gegenwart in Selbstdarstellungen 5; Tübingen 1929, S. 207 ff. – RUDOLF SCHWARZ: Paul Wernle; Basl. Jahrb. 1940, S. 68 ff.

ST. GALLEN

Theodor Curti 1848-1914

Auch der aus Rapperswil gebürtige Curti war nicht Fachhistoriker, sondern Publizist, Journalist, Politiker. Aber er schrieb nicht nur für den Tag, sondern empfand stets das Bedürfnis, seine Anschauungen historisch zu untermauern. So behandelte er die Geschichte der von ihm vertretenen Volksrechte und der Volksgesetzgebung, versenkte sich in die politische und wirtschaftliche Geschichte der Schweiz vor und während der französischen Revolution, schilderte in der von Paul Seippel herausgegebenen Geschichte der Schweiz die *Arbeiterbewegung* und den *Sozialismus*. Den breitesten Leserkreis aber erreichte er mit seiner grossformatigen, über 700seitigen *Geschichte der Schweiz im 19. Jahrhundert*. Bewegt und packend erzählte er den Sturz des Ancien Régime mit Betonung der gesellschaftlichen Zustände und führte in diesem Sinn die Entwicklung bis in die «neueste Zeit», die er in ihren Hauptphasen aus eigener Anschauung und eigenem Erleben darstellen konnte: die demokratische Bewegung, den Kulturkampf, den Aufschwung der Wirtschaft und des Verkehrs. Das bestärkte ihn in seinem Optimismus so sehr, dass er seiner Heimat die Bewältigung höchster Aufgaben zutraute: «Wäre es nicht rühmlich, wenn die Schweiz die zuverlässigste Methode für die sozialen Lösungen fände, – wenn sie durch die Kraft ihrer politischen Freiheit den drohenden Blitz einer sozialen Revolution in ein friedfertiges Herdfeuer zu verwandeln vermöchte?» Curtis Werk, von einem Vaterlandsfreund weitesten Horizontes verfasst – er schrieb es als St. Galler Regierungsrat vor dem Wechsel in die Direktion der Frankfurter Zeitung – ist für seine Zeit zu einem wahren Volksbuch geworden.

Zur Geschichte der Volkrechte; St. Gallen 1881. – *Geschichte der schweizerischen Volksgesetzgebung;* Bern 1882, 2. Aufl. Zürich 1885. – *Die schweizerischen Volksrechte 1848–1900;* Bern 1900. – *Die Arbeiterbewegung und der Sozialismus,* in: Die Schweiz im 19. Jahrhundert, hg. v. Paul Seippel. – *Geschichte der Schweiz im 19. Jahrhundert;* Neuenburg 1902.

L. P. GYGAX: Theodor Curti; Wissen und Leben 15, Zürich 1915, S. 195 ff. – J. AMMANN: Theodor Curti, der Politiker und Publizist; Rapperswil 1930. – PETER GILG: Theodor Curti; NDB III, Berlin 1857, S. 443 f.

Wilhelm Ehrenzeller 1887–1949

Schüler von Johannes Dierauer, an in- und ausländischen Universitäten zum Historiker gebildet, hat sich Ehrenzeller fast ausschliesslich der Erforschung und Darstellung heimatlicher Geschichte gewidmet. Wie sehr er in seinem Heimatkanton verwurzelt war und dessen Historie beherrschte, zeigt sein souverän zusammenfassender, auch auf geopolitischen Einsichten fussender Überblick *Entwicklung der sanktgallischen Lande zum sanktgallischen Staate*. Aspekte der städtischen Wirtschafts- und Kulturgeschichte bietet seine *Geschichte der Familie Zyli von St. Gallen.* In die neuere Entwicklung St. Gallens führen die Studien über den St. Galler Landammann G. J. Baumgartner, wobei auch das lebhafte politische Interesse des Autors anklingt. Sein Hauptwerk aber ist die zweibändige *St. Gallische Geschichte im Spätmittelalter und in der Reformationszeit,* die bis zum Zeitpunkt gediehen ist, da Näf mit seiner grossen Vadianbiographie einsetzt. Ehrenzeller beleuchtet kritisch und anschaulich das wechselvolle Spannungsverhältnis zwischen Kloster und Stadt, da «keiner der beiden Gegner den andern auf die Knie zwingen konnte». Der Verfasser beklagt diese «Doppelung» als das eigentliche Verhängnis der sanktgallischen Landschaftsgeschichte: Die ständig miteinander um die Herrschaft ringenden zwei politischen Organismen hätten eine kräftige Expansion verhindert und die besten Kräfte verzehrt. Dieses Grundproblem der sanktgallischen Geschichte hat Ehrenzeller scharf erfasst und einleuchtend dargestellt. Leider ist das Werk infolge früher Erkrankung des Autors Torso geblieben.

Bibliographie in Gedenkschrift Wilhelm Ehrenzeller; S. 26 ff. – *Joachim Vadian, sein Leben und seine Bedeutung;* St. Gallen 1928. – *Geschichte der Familie Zyli von St. Gallen;* St. Gallen 1928. – *St. Gallische Geschichte im Spätmittelalter und in der Reformationszeit;* 2 Bde., St. Gallen 1931, 1938. – *Gallus Jakob Baumgartner und die st. gallische Verfassungsrevision von 1830–1831;* St. Gallen 1932. – *Gallus Jakob Baumgartner und der Kanton St. Gallen in den ersten Jahren der Regenerationszeit 1831–1833;* St. Gallen 1933. – *Die Entwicklung der sanktgallischen Lande zum sanktgallischen Staate;* St. Gallen 1936.

ERNST KIND: Wilhelm Ehrenzeller; Zeitschr. schw. Gesch. 1949, S. 268f.

Werner Näf 1894–1959

Der gebürtige St. Galler wuchs in seiner Vaterstadt auf, wirkte hier kürzere Zeit als Lehrer an der Mittelschule und als Dozent an der Hochschule, verbrachte den Hauptteil seines Lebens jedoch als Inhaber des Lehrstuhls für Allgemeine Geschichte in Bern. Forschend und darstellend beschäftigte er sich eingehend mit Gestalten der St. Galler Geschichte. Seine Biographie des *Landammanns Ferdinand Curti,* des radikalen Staatsmannes, ist ein talentvolles Jugendwerk und weist schon viel Vorzüge der Näfschen Geschichtsschreibung auf: genaue Erfassung und Verbindung geistiger und politischer Erscheinungen. Nach der bisher üblichen runden Zumessung von Tugenden an Curti fehlt bei Näf auch die Kritik nicht. Zu voller historiographischer Meisterschaft reifte Näf in seinem zweibändigen Werk über *Vadian und seine Stadt St. Gallen* heran. Damit erhielt der bedeutendste schweizerische Humanist und humanistische Historiker ein lang entbehrtes literarisches Denkmal. Bereits hatte Näf mit einem Stabe jüngerer Mitarbeiter Quellen und unbekannte Schriften Vadians ediert. Er verwendete dieses Material souverän, als scharfsinniger Deuter und feinsinniger Gestalter: Vadian wächst aus der Vaterstadt heraus, über sie hinaus, und ist doch nur im steten Blick auf St. Gallen ganz verständlich. Den entscheidenden Entwicklungsprozess prägt Näf fast thesenartig:

«Vadian kam vom Humanismus zur Reformation, so dass die reformatorisch bewegte religiöse Kraft in seine humanistische Geistigkeit einströmte.»

Auf den Boden der ausserschweizerischen Geschichtsforschung begab sich Näf schon früh mit seiner instruktiven Schrift über *Bismarcks Aussenpolitik* und in seinen wichtigen Beiträgen zur Organisation und Politik der *Heiligen Allianz*. Die aktuelle Schrift über *Kriegsursachen und Kriegsschuldfrage von 1914* zeigt, wie sehr ihn die Gegenwartsprobleme seiner Wissenschaft bewegten, schon lange, bevor Beschäftigung mit Zeitgeschichte zur Mode geworden war. Den Glauben an die lebensfördernde Wirkung historischer Erkenntnis liess sich Näf nicht nehmen: «Aus lebendigem Wissen soll wissendes Leben werden.» Freilich hat er sich nie dazu hergegeben, Historie in den Dienst der Politik einzuspannen. Überwölbt werden Näfs allgemeingeschichtliche Studien durch das doppelbändige Werk *Epochen der neueren Geschichte*. In die nach dem zweiten Weltkrieg einsetzende lebhafte Diskussion um eine Neubewertung der modernen Geschichte griff Näf damit meinungbildend ein. Die Einbeziehung immer weiterer Räume in den Prozess der neuesten Entwicklung hat er zwar gebilligt, aber zugleich an der Grundlinie seiner Erkenntnis festgehalten: «Nur von Europa aus gibt es Weltgeschichte.» Das ganze Werk erscheint als ein helvetischer Ausblick auf die Universalhistorie.

Um diese organische Einheit von Schweizergeschichte und Allgemeiner Geschichte ist es ihm immer und überall zu tun gewesen. Er hat nie eine scharfe Trennung der beiden Gebiete anerkannt, sondern vertrat die Ansicht, dass die Forschung ungehindert von einem Feld ins andere hinüber treten solle. Wiederholt forderte er sowohl eine europäisch geweitete Schweizerhistorie als auch eine schweizerisch beleuchtete Welthistorie. Er verfolgt in besonderen Schriften das Werden des schweizerischen Staates im Rahmen der europäischen Entwicklung und bot umgekehrt ein schweizerisch begriffenes Europabild, überzeugt, dass «aus schweizerischer Mentalität eine eigenartige Auffassung weltgeschichtlicher Grundfragen überhaupt» resultiere. Die schweizerische Sehweise sei wert, zur Geltung gebracht zu werden. Er wünschte zutiefst, dass seine Vorlesungen und Bücher für die Berechtigung solchen Anspruches zeugten.

Immer stärker trat in Näfs Geschichtsbetrachtung das abstrakt-theoretische Element in den Vordergrund, der Denker und der Erklärer, der von den Personen zu den Ideen, vom Besonderen zum Allgemeinen hinleitet. In seinen Schriften behandelte er nun Staat und Staatsgedanken, Staatsverfassungen und Staatstypen, die Entwicklung des Staatensystems, das Überstaatliche in der Geschichte. Diese Probleme vertiefte er in nie rastendem Denken, verfolgte sie in ihre historischen Wurzeln und machte sie zum bleibenden Gegenstand seines späteren Forschens.

Bibliographie in Schw. Beitr. Allg. Gesch. 18/19, Bern 1961, S. 34ff. – *Der schweizerische Sonderbundskrieg als Vorspiel der deutschen Revolution von 1848;* Basl. Zeitschr. Gesch. Altertkde. 19, Basel 1921. – *Landammann Basil Ferdinand Curti;* St. Gallen 1923. – *Zur Geschichte der Heiligen Allianz;* Bern 1928. – *Bismarcks Aussenpolitik 1871–1890;*

St. Gallen 1925. – *Die Schweiz in der deutschen Revolution;* Frankfurt/Leipzig 1929. – *Das Literarische Comptoir Zürich und Winterthur;* Bern 1929. – *Kriegsursachen und Kriegsschuldfrage von 1914;* Bern/Leipzig 1932. – *Staat und Staatsgedanke;* Bern 1935. – *Geschichtliche Besinnung in der Gegenwart;* Aarau 1940. – *Vadian und seine Stadt St. Gallen* I; St. Gallen 1944. – *Die Epochen der neueren Geschichte. Staat und Staatengemeinschaft vom Anfang des Mittelalters bis zur Gegenwart;* 2 Bde., Aarau 1945, 2. Aufl. hg. v. Ernst Walder, Aarau 1959/60. – *Universitas litterarum;* Bern 1947. – *Henricus Glareanus, Helvetiae Descriptio/Panegyricum,* hg. u. übersetzt v. Werner Näf, St. Gallen 1918. – *Vadian und seine Stadt St. Gallen* II; St. Gallen 1957.

ERNST WALDER: Schweizerische Universalgeschichte. Zur Einführung in Werner Näfs Werke. PETER WEGELIN: Historiker und geistige Landesverteidigung. Werner Näf als Beispiel; Schw. Beitr. Allg. Gesch. 18/19, Bern 1961, S. 9ff., S. 43ff. – ANTON LARGIADÈR: Werner Näf; Schw. Zeitschr. Gesch. 9, Jg. 1959, S. 240ff. – WILLY ANDREAS: Werner Näf, eine historiographische Würdigung; Hist. Zeitschr. 190, München 1960, S. 78ff. – EDGAR BONJOUR: Werner Näf; Die Schweiz und Europa 2, Basel 1961, S. 167ff.

INNERSCHWEIZ, AARGAU

Robert Durrer 1867–1939

Nidwalden hat mit Durrer der neuen Schweiz einen ihrer originellsten Historiker geschenkt. Zu Stans als Sohn des späteren Landammanns geboren, besuchte er, seinem zeichnerischen Talente folgend, in Genf die Ecole des beaux arts, studierte dann in Bern die Rechte und promovierte in Zürich an der Philosophischen Fakultät. Seine vielfältige Begabung bildete den Nährboden einer reichen Forschertätigkeit, barg aber auch die Gefahr der Zersplitterung, gegen die Durrer Zeit seines Lebens ankämpfte. Mit seinem besonderen Sensorium für die Realien der Geschichte befasste er sich mit Geräten, Waffen, Wappen, Siegeln, Fahnen, entwarf Gold- und Silberschmiedearbeiten, sorgte für die Erhaltung alter Kunstdenkmäler und Bauwerke, inventarisierte und restaurierte Kirchen, Kapellen, Wandgemälde, leitete Ausgrabungen auf dem Landenberg in Sarnen, auf der Ruine Attinghausen, auf dem Rotzberg, auf der Burgruine von Wolfenschiessen. Sein Heimatkanton übertrug ihm die Ämter eines Staatsarchivars, Kantonsrichters, Erziehungsrates; er verfasste Gutachten, hielt im Lande herum Vorträge, war eine Säule des Historischen Vereins der V Orte. Berufungen auf akademische Lehrstühle lehnte er ab, weil er ungebunden als freier Gelehrter leben wollte.

Seine Studien zur Einheit Unterwaldens, seine Forschungen zu den ersten Freiheitskämpfen belebten die Diskussion über die Entstehung der Eidgenossenschaft und erhellten die Frühgeschichte der Schweiz. Mit seinem Buch über die *Schweizergarde in Rom* und die *Schweizer in päpstlichen Diensten* interessierte er weite Kreise. Im Mittelpunkt seines Schaffens aber stand das vierbändige Werk über *Bruder Klaus,* um dessen Vollendung er leidenschaftlich rang. Es ist eine wortgetreue Edition aller erreichbaren bekannten und der unbekannten, erst von ihm entdeckten Urkunden; sie werden durch einen überquellenden, aus Originalakten stammenden Kommentar zusammengehalten. Man darf deshalb sagen, das Werk sei eine Darstellung des Lebens und Nachlebens von Niklaus von der Flüe. Das Neuartige an dieser Darstellung des Seligen vom Ranft liegt darin, dass Durrer auch den historischen Hintergrund, die kirchlichen und kirchenpolitischen Verhältnisse, in sein farbiges Geschichtsgemälde einbezieht. Seine Unbefangenheit ergibt sich schon daraus, dass er erklärt, für die Bedeutung von Klausens Mittlertätigkeit in Stans 1481 spiele es keine Rolle, ob der Eremit auf der Tagsatzung persönlich erschienen sei. Durrer hing nicht am Buchstaben, d.h. am Äusserlichen, sondern wollte in die Tiefe dringen, wollte das «innerlich Ganze» darstellen. Mit seinem Werk hat Durrer zur Heiligsprechung des Nidwaldner Landesvaters wesentlich beigetragen. – Auf manchem Gebiet der Geschichte und Kunstgeschichte war er ein fruchtbarer Anreger. Er selber hat eine Reihe nicht abgeschlossener Schriften hinterlassen. Sein Freund konnte ihm mit Recht zurufen: «Es gefällt Dir im Wirbel der werdenden Dinge, nicht in der Stille des Vollendeten.»

Die Familie Rappenstein genannt Mötteli und ihre Beziehungen zur Schweiz; Geschichtsfreund XLVIII, XLIX, Stans 1893. – *Die Freiherren von Ringgenberg, Vögte von Brienz, und der Ringgenberger Handel;* Jahrb. schw. Gesch. 21, 1896. – *Die Unruhen in Nidwalden nach dem Sturze der Mediationsverfassung und der Übergang Engelbergs an Obwalden;* Jahrb. schw. Gesch. 28, Zürich 1903. – *Die Bundesbriefe der alten Eidgenossen 1291–1513;* Zürich 1904. – *Die Einheit Unterwaldens. Studien über die Anfänge der urschweizerischen Demokratien;* Jahrb. schw. Gesch. 35, 1910. – *Die ersten Freiheitskämpfe der Urschweiz;* Schw. Kriegsgesch. 1, Bern 1915. – *Bruder Klaus, die ältesten Quellen über den seligen Bruder Niklaus von Flüe, sein Leben und seinen Einfluss;* I, Sarnen 1917, II, Sarnen 1921. – *Die Schweizergarde in Rom und die Schweizer in päpstlichen Diensten;* I, Luzern 1927.

ANTON LARGIADÈR: Robert Durrer; Zeitschr. schw. Gesch., Zürich 1934, S. 366 ff. – P. X. WEBER: Robert Durrer; Geschichtsfreund LXXXIX, Einsiedeln 1933. – JAKOB WYRSCH: Robert Durrer (eine ausführliche Biographie); Stans 1947. – P. RUPERT AMSCHWAND: Robert Durrer, Schöpfer des Quellenwerkes über Bruder Klaus; Beilage zum Jahresbericht der Kantonsschule Obwalden, 1967/68.

Walther Merz 1868–1938

Er war von Haus aus Jurist und hat dem Kanton Aargau ein Leben lang als angesehener Oberrichter gedient, eine im Kern auf Zuverlässigkeit und Arbeitsamkeit gegründete Natur. Sein ursprüngliches Interesse für Geschichte meldete sich schon sehr früh. Es führte zur erstaunlichen Gesamtleistung von über zweihundert historischen Publikationen. Ein charakteristischer Zug seines Schaffens ist die Verbindung von Geschichte und Recht. Zum Teil in Zusammenarbeit mit Andreas Heusler und Friedrich Emil Welti gab er in mustergültiger Weise zehn Bände *Aargauer Rechtsquellen* heraus, stellte die Rechtsquellen aller aargauischen Städte zusammen, edierte *Urkundenbücher* der Grafschaft Baden, von Zofingen und Lenzburg. Mit diesen und noch viel anderen Quelleneditionen gab er einer jüngeren Generation die notwendigen Instrumente zur Erforschung der aargauischen Vergangenheit in die Hand und leistete damit eine gewaltige Vorarbeit.

Ein weiteres Hauptinteresse galt den Burgen und Wehrbauten seines Kantons. Er berichtet selber, wie er als Kind den völligen Abbruch ehrwürdiger Ruinen erlebte und später den Entschluss fasste, «diese Denkmäler einer entlegenen und vielfach missverstandenen Zeit zu erforschen und festzuhalten, so wie es in Bild und Wort möglich ist». Seine Untersuchungen über die *Burgen und Wehrbauten des Aargaus und des Sisgaus* erhellen zudem die Geschichte des eingesessenen Adels und bürgerlicher Geschlechter, ihrer Siegel und Wappen, wie sich denn sein empfängliches Interesse nach vielen Seiten richtete und aus manchen Gebieten Gedanken sammelte.

Der Forscher Merz war auch ein anregender Darsteller. Das beweisen seine in weite Kreise gedrungenen Veröffentlichungen über die *Geschichte der Stadt Aarau im Mittelalter* und über die *Stadt Aarau als Beispiel einer mittelalterlichen Städtegründung*, wo er den Ertrag seiner sorgfältigen Kleinarbeit allgemein verständlich darlegte. In der allem leeren Prunk abholden, unbestechlich kritischen Darstellung prägt sich der sittliche Ernst des Mannes aus, der mit ungewöhnlicher Hingabe an die Sache die Vergangenheit des Kantons Aargau umfassend erforscht hat.

Bibliographie bis 1928 in *Festschrift Walther Merz;* Aarau 1928, S. 231 ff., und Nachtrag bis 1937 in Argovia 50, 1939, S. 163 ff. – *Die Ritter von Rinach im Aargau;* Aarau 1890. – *Die Rechtsquellen des Kantons Aargau;* Aarau 1900. – *Die mittelalterlichen Burganlagen und Wehrbauten des Kantons Aargau;* 2 Bde., Aarau 1904–06. – *Siegel und Wappen des Adels und der Städte des Sisgaus Aargau;* Aarau 1907. – *Die Burgen des Sisgaus;* Bde. 1–4, Aarau 1908–13. – *Die Stadtrechte von Bremgarten und Lenzburg;* Aarau 1909. – *Die Stadt Aarau als Beispiel einer landesherrlichen Stadtgründung;* Aarau 1909. – *Das Stadtrecht von Zofingen;* Aarau 1915. – *Geschichte der Stadt Aarau im Mittelalter;* Aarau 1925.

HEKTOR AMMANN: Walter Merz; Zeitschr. schw. Gesch. 18, 1938, S. 214 ff. – Erinnerungsschrift Walter Merz mit Beiträgen von Bernhard Wyss, P. Ignaz Hess, E. Steiner, Hektor Ammann; Aarau 1938.

Hektor Ammann 1894–1967

Ihm verdankt die Erforschung der schweizerischen Wirtschaftsgeschichte ihren Auftrieb. Er selber lieferte bahnbrechende und wichtige Beiträge zu diesem aufblühenden Wissenschaftszweig. Mit seiner Monographie über die *Diesbach-Watt-Handelsgesellschaft* eröffnete er 1928 die Forschungsbahn, auf der er von einem Ergebnis zum andern schreiten sollte. Immer aufgrund intensiver Ausbeutung archivalischer Quellen schrieb er wegweisende Studien über die mittelalterliche *Zurzacher und Genfer Messe,* über die Zofinger Münze, Untersuchungen über schweizerische Kleinstädte wie Aarau, Baden, Brugg, Diessenhofen, Königsfelden, Rheinfelden, ferner über die Wirtschaft Schaffhausens und Zürichs, über die Bevölkerung Basels im Mittelalter. Später, als Leiter des Instituts für Landeskunde des Saarlandes, dehnte er seine Studien auf die Messen Deutschlands, Frankreichs, des Elsass aus, auf Industrien wie die schwäbische Leinwand und das flämische Tuch, unablässig Neuland erobernd. Er hat die Erforschung der mittelalterlichen Wirtschaft, vor allem der mittelalterlichen Stadt entscheidend gefördert; sie lebte in der Schweiz lange von seinem Fleiss und seinen Einsichten. «Die Einzeluntersuchung am einzelnen Platz oder im kleineren Raume, die möglichst erschöpfend vorgeht, ebenso die über einzelne Wirtschaftszweige, ist die unabdingbare Voraussetzung für eine wirkliche wirtschaftsgeschichtliche Erkenntnis» bekannte er. Und dennoch ist es ein Verlust für die Historiographie, dass er nicht mehr dazu kam, seine gediegenen Einzelkenntnisse, sein reiches Wissen über die Städtegeschichte und über die Handelsbeziehungen des Mittelalters in einer zusammenfassenden Wirtschaftsgeschichte der Schweiz zu verwerten.

Die vielen, meist in Zeitschriften verstreuten Publikationen Hektor Ammanns sind zusammengestellt in *Beiträge zur Wirtschafts- und Stadtgeschichte,* Festschrift für Hektor Ammann; Wiesbaden 1965, S. XXVIII ff.

HERMANN KELLENBENZ: Hektor Ammann und die Erforschung der mittelalterlichen Wirtschafts- und Stadtgeschichte in: Festschrift für Hektor Ammann; Wiesbaden 1965, S. IX ff. – WERNER SCHNYDER: Hektor Ammann; Schw. Zeitschr. Gesch. 17, Zürich 1967, S. 372 ff.

FREIBURG

Gaston Castella 1883–1955

Der Kanton Freiburg erhielt schon 1920 eine moderne Geschichte. Castella verfasste die *Histoire du Canton de Fribourg depuis les origines jusqu'en 1857* aufgrund seiner eigenen und der Forschungen anderer. Er wollte in erster Linie ein Buch für die Lehrer schreiben, erreichte indessen mit seiner leicht fasslichen Ausdrucksweise einen weiten Kreis der Geschichtsfreunde. Die charakteristische Entwicklung des katholischen Kantons mit der gemischtsprachigen Bevölkerung innerhalb der Eidgenossenschaft ist gut getroffen und bereichert den bunten Kranz von Kantonsgeschichten um ein wertvolles Stück. Wie der Autor seine Arbeitsweise verstanden wissen will, deutet das Leitwort von Fustel de Coulanges an: «L'histoire ne résout pas les questions: elle nous apprend à les examiner.» Leider bricht diese geschichtliche Darstellung schon mit der Herrschaft und dem Sturz der Radikalen 1857 in Freiburg ab.

Histoire du Canton de Fribourg; Fribourg 1922. – *La garde fidèle du Saint-Père. Les soldats suisses au service du Vatican de 1500 à nos jours;* Paris 1935. – *Histoire des Papes;* 3 Bde., Zürich 1944. – *L'entremise pontificale de 1917 pour la paix;* Fribourg 1945.

CARL PFAFF: Die Pflege der Geschichte an der Universität Freiburg/Schweiz; Zeitschr. schw. Kirchengesch. 1975, S. 170ff. – Ausser den genannten Geschichtsschreibern Freiburgs wären noch eine Reihe an der Universität Freiburg wirkende Historiker zu erwähnen: HEINRICH REINHARDT verfasste Untersuchungen zur Geschichte der Bündner Wirren und gab mit FRANZ STEFFEN heraus: Die Nuntiatur von Giovanni Francesco Bonhomini 1579–1589; 3 Bde., Solothurn/Freiburg 1906–29. – MARIUS BESSON erforschte besonders das spätantike-frühmittelalterliche Christentum in der Westschweiz: Recherches sur les origines des évêchés de Genève, de Lausanne et de Sion; Fribourg/Paris 1906. L'art barbare dans l'ancien diocèse de Lausanne; Lausanne 1909, Paris 1911, 1912. – GUSTAV SCHNÜRER veröffentlichte die grossen Synthesen: Kirche und Kultur im Mittelalter; 3 Bde., Paderborn 1924–36. Katholische Kirche in der Barockzeit; Paderborn 1937, ... im 18. Jahrhundert; Paderborn 1941.

Albert Büchi 1864–1930

Dass der Bau einer Gesamtgeschichte Freiburgs auf so solidem Grund errichtet werden konnte, war auch das Verdienst Büchis, eines Kollegen Castellas an der Universität. Er hat in zahllosen Einzeluntersuchungen die Vorgeschichte Freiburgs und die schweizerische Kirchengeschichte erhellt und galt lange Zeit als der Mittelpunkt der katholischen Geschichtsschreibung der Schweiz. Aus seiner Publizistik ragen die zweibändige grundlegende Biographie des *Kardinals Matthäus Schiner* und die Biographie *Albrecht von Bonstettens* hervor sowie eine Darstellung *Die katholische Kirche in der Schweiz*.

Ein Verzeichnis der Publikationen Büchis enthält die *Festschrift zu Professor Albert Büchis 60. Geburtstag;* Freiburg 1914. Daraus seien hervorgehoben: *Albrecht von Bonstetten. Ein Beitrag zur Geschichte des Humanismus in der Schweiz;* Frauenfeld 1889. –

Albrecht von Bonstetten, Briefe und ausgewählte Schriften, hg. v. Albert Büchi; Basel 1893. – *Die katholische Kirche in der Schweiz;* München 1902. – *Die freiburgische Geschichtsschreibung in neuerer Zeit;* Freiburg 1905. – *Peter von Molsheims Freiburger Chronik der Burgunderkriege,* hg. v. Albert Büchi; Bern 1914. – *Kardinal Matthäus Schiner* 1; Zürich 1923, 2, Freiburg/Leipzig 1937.

J.P. KIRSCH: Albert Büchi; Zeitschr. schw. Kirchengesch. 1930, S. 161 ff.

Oskar Vasella 1904–1966

Der Nachfolger auf dem akademischen Lehrstuhl wandte sein Interesse vor allem seinem Herkunftsland Graubünden zu, aber auch der gesamteidgenössischen Landesgeschichte in der Epoche des Spätmittelalters und der Neuzeit, und hier besonders dem Gebiet der Kirchengeschichte zur Zeit der Reformation und der katholischen Reform. Mit seinen Untersuchungen über die Bildungsverhältnisse, besonders über den Bildungsstand des Klerus im Bistum Chur, seinen zahlreichen Aufsätzen und Besprechungen in der von ihm redigierten Zeitschrift für schweizerische Kirchengeschichte hat er für eine vertieftere und gerechtere Einschätzung der katholischen Reform in der Eidgenossenschaft geworben und diesem lange Zeit vernachlässigten Aspekt der Landesgeschichte zu seinem Recht verholfen.

Ein Verzeichnis der Publikationen von Vasella in *Festschrift Oskar Vasella zum 60. Geburtstag;* Freiburg 1964. Daraus: *Geschichte des Prediger-Klosters St. Nicolai in Chur;* Freiburg 1931. – *Untersuchungen über die Bildungsverhältnisse im Bistum Chur unter besonderer Berücksichtigung des Klerus vom Ausgang des 13. Jahrhunderts bis um 1530;* Freiburg 1932. – *Der bäuerliche Wirtschaftskampf und die Reformation in Graubünden 1526–ca. 1540;* Chur 1943. – *Oesterreich und die Bündnispolitik der katholischen Orte 1527–1529;* Freiburg 1951. – *Abt Theodul Schlegel von Chur und seine Zeit 1515–1529;* Freiburg 1954. – *Reform und Reformation in der Schweiz;* Münster i. W. 1958.

GOTTFRIED BOESCH: Oscar Vasella; Schw. Zeitschr. Gesch. 1967, S. 377ff. – Zum Andenken an Oskar Vasella; Zeitschr. schw. Kirchengesch. 1967, S. 3 ff.

Gonzague de Reynold 1880–1970

Das bedeutendste Historikerprofil an der Freiburger Universität aber war Gonzague de Reynold, für den eigens ein Lehrstuhl der Kulturgeschichte geschaffen worden war. In Freiburg 1880 geboren, ein romanisierter Alemanne mit patrizischen Vorfahren aus Freiburg und der Innerschweiz, hatte er in Süddeutschland und in Paris studiert, in Genf und Bern doziert, bis er in sein an der Sprachgrenze gelegenes Stammschloss zurückkehrte und seine Vorlesungen in Freiburg aufnahm. Er debütierte in der Wissenschaft mit seinem bahnbrechenden Werk *Histoire littéraire de la Suisse au XVIIIe siècle.* Auf diesem gesicherten Boden ruht die grossartige Evokation der *Cités et pays suisses,* das Ganze eine geschichtsträchtige Vision von einmaliger Eindringlichkeit. Nach dem Ersten Weltkrieg gab er die schweizergeschichtliche Schrift *La Démocratie et la Suisse* heraus, die bei ihrem Erscheinen das Buch des Tages war. Der passionierte Nonkonformist Reynold hielt hier der modernen Demokratie ihre Sünden vor.

Die liberalen Gleichheitsapostel, schrieb er, tendierten nach Zentralisation, statt nach Confoederation und Einigkeit: «Unifier n'est pas unir.» Die herrschende Demokratie vertrete die Quantität statt die Qualität, verhindere die Bildung von Eliten, erstrebe wirtschaftliche Wohlfahrt und vergesse darob die geistigen Bedürfnisse des Volkes; sie begünstige die Glaubenslosigkeit und Demagogie und führe letzten Endes zur kommunistischen Diktatur. So malte er seinen erschrockenen Zeitgenossen den asiatischen Teufel an die Wand.

Den Gipfel seines kulturhistorischen Werkes sah Reynold in dem achtbändigen Werk *La formation de l'Europe*. In dieser monumentalen Geschichte ging er den Ursprüngen Europas nach, untersuchte die griechische Antike und ihre Ideen, den Hellenismus und das europäische Genie, das römische Reich, die Kelten, die Germanen, die russische Welt; der abschliessende Band trägt den charakteristischen Titel *Le toit chrétien*. In der Entwicklung und Entfaltung Europas sieht Reynold bleibende Kraftlinien, die das Leben der Völker und Völkergemeinschaften gleichermassen durchziehen wie dasjenige der Einzelmenschen. Eine dieser Konstanten, die wichtigste, ist das Christentum, ohne das Europa nicht denkbar wäre: «Es gibt eine christliche Philosophie der Geschichte oder eher eine Theologie der Geschichte.» Demnach besteht gemäss Reynold das Amt des Historikers darin, die Absichten Gottes gegenüber der Menschheit aufzuzeigen. Das hohe Lob, das man dieser Frühgeschichte Europas zollte, bezieht sich wohl mehr auf die geschichtstheologische Exegese als auf das historische Fundament; denn dieses erscheint dem Fachhistoriker allzu schmal, als dass es eine so gewaltige Synthese zu tragen vermöchte. Das Ausland hat von diesem Werk des schweizerischen Vorkämpfers eines christlichen Europas sofort Notiz genommen.

Der greise Reynold gab in drei Bänden *Mes mémoires* Auskunft über sein Streben und zog die summa seines Lebens. Man staunt über die ganz aussergewöhnliche Schaffenskraft dieses katholisch und europäisch denkenden historicus et praeceptor Helvetiae. Er ist der Alten Eidgenossenschaft ein Deuter und Verherrlicher, der Neuen Schweiz ein Kritiker und Mahner gewesen.

Histoire Littéraire de la Suisse au XVIIIe siècle; 2 Bde., Lausanne 1909, 1912. – *Cités et Pays suisses;* 3 Bde., Lausanne 1937, 1948. – *La Suisse une et diverse;* Fribourg 1923. – *La démocratie et la Suisse;* Berne 1929, Bienne 1934. – *La formation de l'Europe;* 7 Bde., Fribourg 1944–57.

Gonzague de Reynold et son œuvre. Etudes et témoignages publiés à l'occasion de son 75e anniversaire; Fribourg 1955, L'historien, S. 131 ff. – EDGAR BONJOUR: Gonzague de Reynold; Die Schweiz und Europa 3, Basel 1973, S. 231 ff.

WESTSCHWEIZ

Edouard Rott 1854–1924

Der Neuenburger Rott studierte im Ausland die Rechte, trat dann in den Dienst der schweizerischen Gesandtschaft in Paris, wandte sich aber bald einmal, einer stillen Leidenschaft folgend, als Autodidakt der Geschichte zu, ausschliesslich der diplomatischen Historie. In Paris auf die reichen Archivbestände der Berichte französischer Ambassadoren in der Schweiz aufmerksam geworden, erkannte er ihren hohen Quellenwert. Aus diesem Handschriftenmaterial schöpfend veröffentlichte er kleine Untersuchungen zum 16. und 17. Jahrhundert, so über *Méry de Vic et Padavino*, über *Henri IV, les Suisses et la Haute Italie*, über *Philippe III et le duc de Lerme*, ferner über die französische Besetzung der Schweiz zur Zeit der Helvetik –, kleine, solide Handwerksstücke innerhalb eines begrenzten Gesichtskreises. Rotts Bedeutung für die Historiographie jedoch liegt darin, dass er das französische Archivmaterial der schweizerischen Geschichtsforschung erschloss. In jahrzehntelanger, mühsamer Arbeit verfasste er das *Inventaire sommaire des documents relatifs à l'histoire de la Suisse conservés dans les archives et les bibliothèques de Paris*. In diesem grossen Inventar katalogisierte er alle Dokumente, die sich auf die diplomatischen Beziehungen zwischen der Schweiz und Frankreich bezogen. Er trat selber als erster an die Auswertung der Akten heran; in neun dicken Bänden veröffentlichte er *Histoire de la représentation diplomatique de la France auprès des cantons suisses, de leurs alliés et de leurs confédérés*. Es ist eine minutiöse, streng chronologisch gehaltene Beschreibung der einzelnen Gesandtschaften, verzeichnet Tag für Tag die diplomatischen Ereignisse, gibt Tabellen der Agenten, Kreditive, alles dessen, was zu einer Gesandtschaft gehört, von Karl VII. bis Ludwig XIV. Trotz des voluminösen Umfangs handelt es sich nicht um ein Werk der grossen Geschichte, weil ihm die tiefere Durchdringung des Stoffes, der höhere Gehalt und die Gestaltungskraft abgehen. Jedoch leistet es der Information und als Ausgangspunkt für Spezialuntersuchungen gute Dienste. Das zwischen blosser Bestandesaufnahme und etwas eintöniger Darstellung eine unglückliche Mitte einhaltende Werk brachte seinem Autor in Frankreich grosse Ehren.

Méry de Vic et Padavino; Bâle 1881. – *Henri IV, les Suisses et la Haute Italie, la lutte pour les Alpes;* Paris 1882. – *Inventaire sommaire des documents relatifs à l'histoire de la Suisse conservés dans les archives et les bibliothèques de Paris;* Berne 1882–1894. – *Philippe III et le duc de Lerme;* Paris 1887. – *Perrochet et Masséna, l'occupation française en Helvétie 1798–1799;* Neuchâtel 1899. – *Histoire de la représentation diplomatique de la France auprès des cantons suisses, de leurs alliés et de leurs confédérés;* 9 Bde., Bern und Paris 1900–35.

ARMAND DU PASQUIER: Edouard Rott; Musée neuchât. 10, Neuchâtel 1924, S. 212 ff.

Arthur Piaget 1865–1952

An der Erhellung der bewegten Vergangenheit Neuenburgs haben sich zahlreiche Forscher beteiligt. Einer der originellsten und fruchtbarsten war der Sohn eines königstreuen Neuenburgers. A. Piaget studierte an der alten Akademie von Neuchâtel, promovierte in Genf, setzte seine Studien in Paris an der Ecole pratique des hautes Etudes fort, übernahm den Lehrstuhl für romanische Sprachen und Literatur an der Universität Neuenburg und wurde zum Staatsarchivar ernannt. Hier erfolgte die Wendung vom Philologen zum Historiker seiner Heimat. In die mehr von Liebhabern und Kompilatoren gepflegte Geschichtsschreibung Neuenburgs brachte er frischen Wind, verlangte unbedingte Wissenschaftlichkeit, strenge Methode, unvoreingenommenes Streben nach Wahrheit und wurde damit sofort das Haupt einer neuen Generation von Historikern in seinem Heimatkanton.

Den Generalangriff gegen den selbstgenügsamen Geschichtsbetrieb eröffnete er mit einer Untersuchung über die bisher fast wie ein nationales Schibboleth geachteten «Chroniques des chanoines de Neuchâtel». Man hatte sie immer dem Chorherren Henry de Pury zugeschrieben und ihm ein Denkmal errichtet. Schon Theodor von Liebenau hatte seine Autorschaft verneint. Jetzt unternahm es Piaget mit nachprüfender Schärfe, besonders von der philologischen Seite her jede Einzelheit peinlich untersuchend, die Chroniques als eine Fälschung des neuenburgischen Staatsrates Samuel de Pury aus dem Anfang des 18. Jahrhunderts zu entlarven. Mit seiner angriffigen These gewann er die Mehrzahl der Intellektuellen, stiess aber diejenigen ab, die – nicht bloss aus vaterländisch-sentimentalen Gründen – an der Echtheit festhielten. Er gab sie dem Spott preis, ohne zu bedenken, dass auch seine These mit guten Gründen in Frage gestellt werden konnte.

Fruchtbarer als der Polemiker wirkte der Forscher und Herausgeber. Er gab in zwei Bänden die *Procès-verbaux des Audiences générales 1816–1830* heraus, womit erst die Epoche der Restauration wissenschaftlich erfasst werden konnte. In Zusammenarbeit mit Louis Thévenaz veröffentlichte er ein aus dem Jahre 1663 stammendes Manuskript *Description de la frontière des Montagnes de Valangin,* versah es mit einem reichen Anmerkungsapparat, identifizierte zahllose Namen, so dass dieses Opusculum heute noch der Erforschung jurassischer Bevölkerungsgeschichte als Hilfsmittel dient. Aber Piagets wichtigste editorische Leistung war die Herausgabe der *Documents inédits sur la Réformation dans le pays de Neuchâtel.* Mit umsichtigem Eifer hatte er die Materialien in- und ausländischer Archive, Büchereien und Privatnachlässe zusammengetragen, die Funde streng musternd. Diese Aktenpublikation machte Piaget sofort zu einem der besten Kenner der Kirchenreform im französischen Sprachraum. Zur Fortsetzung und Vertiefung dieser Forschungen wurde an der Theologischen Fakultät der Universität Neuenburg ein besonderes Seminar für Reformationsgeschichte geschaffen. Es hat unter der Leitung Piagets wertvolle Beiträge zum grossen Thema geliefert, so die *Notes sur le livre des*

Martyrs de Jean Crespin, einem im 16. und 17. Jahrhundert weitverbreiteten Erbauungsbuch der Protestanten, oder die Aktenveröffentlichung zur Disputation von Landeron.

Als Vortragender und Darsteller beschäftigte sich Piaget vor allem mit der neueren Geschichte seiner engeren Heimat. Als ihn der Geschichtsverein um eine Vortragsserie über Neuenburgs Vergangenheit bat, packte er gleich das heisse Eisen der Revolution von 1848 an. Er traf damit auf das brennende Interesse seiner Mitbürger. Man kann heute dem Gang dieser Vorlesungen folgen, weil er sie unter dem Titel *Histoire de la révolution neuchâteloise* in fünf Bändchen gedruckt erscheinen liess. Er begann mit dem sogenannten Prozess von 1707, den er in neuartiger Weise analysierte. Seiner Auffassung nach wurden hier die Weichen für die spätere Entwicklung gestellt, indem die drei neuenburgischen Gerichte unter den zahlreichen Bewerbern um das verwaiste Fürstentum sich für die Verbindung mit dem König von Preussen und den Fortbestand des Burgrechtes mit Bern entschieden. Es ist erstaunlich, mit welcher Unbefangenheit Piaget – der Sohn eines Royalisten, der für seine Überzeugung grosse Opfer gebracht hatte – die jüngste neuenburgische Entwicklung darstellte und sie von der bisher so emotionsgeladenen Betrachtungsweise säuberte. Das unglückliche Zwitterverhältnis, Fürstentum des preussischen Königs und Mitglied der schweizerischen Eidgenossenschaft, ist Piagets Auffassung gemäss mit geradezu logischer Folge in das Ergebnis von 1848 eingemündet. Er zeigt, dass schon in den 1820er Jahren durchaus nicht bloss die «Canaille», wie noch Dubois-Reymond meinte, vom republikanischen Gedanken ergriffen war, sondern dass auch die gebildete Jugend sich den modernen demokratischen Ideen zu erschliessen begann. Natürlich erregte er mit seinen Ansichten den Widerspruch mancher altgesinnten Neuenburger. Sie trugen ihre abweichenden Meinungen vor, auf die er, älter und milder geworden, sorgfältig einging. Der junge Polemiker war längst dem liebenswürdigen Kritiker gewichen, der sich bemühte, Fühlen, Denken und Wollen auch seiner wissenschaftlichen Opponenten zu verstehen, der nicht mehr verwarf ohne zugleich aufzubauen.

Bibliographie in *Arthur Piaget: Pages d'histoire neuchâteloise;* Neuchâtel 1935, S. XXXIII–XLV.
Oton de Grandson et ses poésies; Paris 1890. – *La chronique des chanoines de Neuchâtel;* Neuchâtel 1896. – *La rébellion du Landeron en 1561;* Jahrb. schw. Gesch. 26, 1901. – *Abraham Robert et Benoît de la Tour. Description de la frontière des Montagnes de Valangin.* Introduction, notes et index alphabétique des noms de personnes et de lieux par A. Piaget et L. Thévenaz; Neuchâtel 1907. – *Histoire de la révolution neuchâteloise,* I, Neuchâtel 1909, II 1913, III 1919, IV 1925, V 1931. – *Les Mémoires du Grand Banderet d'Orbe;* Zeitschr. schw. Gesch. 1932, S. 145 ff. – *Procès-verbaux des Audiences générales 1816–1830;* Neuchâtel 1904. – *Documents inédits sur la Réformation dans les Pays de Neuchâtel;* Neuchâtel 1909. – *Les Actes de la Dispute de Lausanne 1536 ;* Neuchâtel 1928.

ALFRED SCHNEGG: Arthur Piaget; Schw. Zeitschr. Gesch. 1952, S. 119 ff. – EDGAR BONJOUR: Arthur Piaget; Die Schweiz und Europa 5, Basel 1977, S. 271 ff.

Eddy Bauer 1902–1972

Nach Studien an den Universitäten von Neuenburg und Basel bildete er sich in Paris an der Ecole Nationale des Chartes zum archiviste-paléographe aus. Er dozierte vorwiegend Mediävistik an der Philosophischen Fakultät seiner Heimatuniversität, wandte sich aber als Forscher und Darsteller der Zeitgeschichte zu. 1947 veröffentlichte er eine auch im Ausland stark beachtete *Guerre des blindés* mit einem Vorwort von General de Lattre de Tassigny. Sein letztes grosses Werk war eine siebenbändige *Histoire controversée de la deuxième guerre mondiale*, Frucht eines scharfen Verstandes und eines zähen Fleisses.

La guerre des blindés; Lausanne 1947, 2. Aufl. 1962 (Übersetzung: Der Panzerkrieg). – *Histoire controversée de la deuxième guerre mondiale 1939–1945;* 7 Bde., 1966–67.

RÉMY SCHEURER: Eddy Bauer; Schw. Zeitschr. Gesch. 1972, S. 118f.

Charles Gilliard 1879–1944

Er hat als Altphilologe begonnen; aber schon bald nach Abschluss seiner Studien in Lausanne erfolgte der Durchbruch zur Geschichte, und zwar zur Landesgeschichte. Gilliard habilitierte sich an seiner Heimatuniversität für Schweizergeschichte; im Lauf der Jahre liess er sich den gesamten Universitätsunterricht in allgemeiner Geschichte des Altertums, des Mittelalters und der Neuzeit sowie in der ganzen Schweizergeschichte aufladen, eine heute von keinem Gesichtspunkt aus mehr verantwortbare Regelung. Sie zeitigte immerhin die günstige Wirkung, dass sie Gilliard aus der reinen Lokalgeschichte herausriss und ihm jene Vertrautheit mit allen Epochen der Menschheitsgeschichte vermittelte, die seinen heimatgeschichtlichen Abhandlungen besonderes Gewicht gab.

Um zum Verständnis der Vergangenheit zu gelangen, wählte Gilliard den steinigen Weg über die Tatsachenforschung, nicht den blumenbesäten über die Phantasie. Er fragte der Geschichte ihr Geheimnis ab, indem er die Archive nach Quellenbelegen durchforschte und diese sinnvoll kombinierte. Mit wenig Worten wollte er viel sagen, indessen nicht mehr, als die gesicherten Fakten erweisen. Den Legenden setzte er scharf zu, hatte aber doch Spürkraft genug, sie nicht zurückzuweisen, wenn eine innere Beglaubigung für sie sprach. Er wusste, welche Quellen man für das Verständnis des alltäglichen Gedankenkreises einer Zeit abhören muss, auch wenn sie an Tatsächlichkeiten nicht viel Neues bringen und anscheinend nur den elenden Kram einer Kleinstadt zu Tage fördern. Deshalb wagte er es, von kleinen Dingen auf bescheidenem Schauplatz zu sprechen, getragen von einer fast eifersüchtigen Heimatliebe.

Wie seine ganze Natur, so ruhte auch seine Arbeitsweise auf Zuverlässigkeit, Redlichkeit. Dies kennzeichnet zugleich auch die Grenzen seiner Begabung. Das Unsagbare stimmhaft zu machen, lag ihm ganz fern; er traute nur dem genau abgegrenzten Ausdruck. Den verborgenen Adern der Geschichte ging er bloss so lange nach, als sie solides Metall hergaben. Auch von allgemeinen Meinungen und Gedankensystemen wollte er nichts wissen. Völlig unbefangen habe man die schriftliche Quelle – allen andern Zeugnissen der Vergangenheit gegenüber blieb er reserviert oder direkt ablehnend – auf ihren präzisen Aussagewert zu prüfen. Leuchtkraft des Wortes und Buchillustrationen als Mittel, das Farbenspiel vergangener Zeiten hervorzuzaubern, lehnte er ab. Ausser den Akten gab es für ihn kein wirkliches Leben der Vergangenheit, und für die Zusammenschau des historischen Kunstwerkes hatte er bloss Ironie übrig.

Ihn interessierten nicht nur die Grossen, die waadtländischen Nobeln und geistlichen Würdenträger, sondern mehr noch das gemeine Volk, in seinen Hausvätertugenden wie in seinen Fehlern, in seinen Bildungsbestrebungen wie in seinem täglichen Wirtschaftskampf, an seinen Festen wie an seinem Werktag. Man möchte fast annehmen, dass ihm das Gattungsmässige wichtiger war als das Individuelle, das Volk massgebender als die Einzelpersönlichkeit. Nach tastenden Versuchen eigenständiger Historiker, sich der vergangenen waadtländischen Wirklichkeit zu bemächtigen, war Gilliards Schilderung des Volkes und seiner Lebensverhältnisse der erste Erfolg. Seelengemälde grosser Individualitäten blieben bei ihm matt und stumpf. Gilliards Bildern fehlt das Atmosphärische, dafür eignen ihnen scharfe Umrisse und eindeutige Farben.

Die meisten von Gilliards kleinen Arbeiten sind Vorstudien zu seinem Buch über die Eroberung des Waadtlandes durch die Berner. Das gilt von der Untersuchung über das Burgrecht Lausannes mit Bern und Freiburg im Jahre 1525, von der Abhandlung über Moudon unter savoyischer Herrschaft, die Gilliard aufgrund des hauptsächlich von Bernard de Cérenville gesammelten Materials durchführte, von dem Aufsatz über Guillaume Farel und die Anfänge der Reformation in Lausanne. Erst durch Gilliard ist der Prozess der Angliederung des grossen westschweizerischen Lebensraumes an die Eidgenossenschaft in die internationalen Zusammenhänge jener Zeit, in den Rahmen des Kampfes zwischen Franz I. und Karl V. hineingestellt worden, haben bisher schwerverständliche Vorgänge eine weitreichende Deutung erfahren, sind überraschende Ausblicke nach manchen Seiten hin geöffnet worden, sogar nach den reichen baslerischen Gläubigern des savoyischen Herzogs. Ohne Pathos und Ressentiment werden die glänzenden Feldzüge der Berner geschildert. Doch gelingt es auch Gilliard nicht, das Geheimnis zu lüften, wie das waadtländische Volk damals empfand, ob es sich lieber den Bernern oder den Franzosen ergeben hätte; denn eine Fortdauer der savoyischen Schattenhoheit kam ja nicht in Frage. Gilliard erreicht nicht die Darstellungskunst, den hohen Flug, die weite Anschauung und das starke Ethos der Waadtländer Historiker Louis Vulliemin und Charles Monnard. Dafür übertrifft er sie an Genauigkeit und Wirklichkeitsnähe. – Eine knappgehaltene Schweizergeschichte, eine der letzten Schriften Gilliards, orientiert nüchtern und klar. Sie ist nach dem üblichen Schema gegliedert und will vor allem den Ausländern dienen.

Bibliographie in *Mélanges offerts à Charles Gilliard à l'occasion de son soixante-cinquième anniversaire;* Lausanne 1944, S. XXIff. *Seigneurs et paysans dans la paroisse de Montreux;* Lausanne 1911. – *La société de Zofingue 1819–1919;* Lausanne 1919, seconde éd. Lausanne 1946. – *La combourgeoisie de Lausanne avec Berne et Fribourg 1525;* Lausanne 1925. – *Moudon sous le régime savoyard* (en collaboration avec Bernard de Cérenville); Lausanne 1929. – *La Conquête du Pays de Vaud par les Bernois;* Lausanne 1935, übersetzt v. Hans Strahm, Bern 1941 (auf Grund des revidierten Originaltextes). – *Histoire de la Suisse;* Paris 1945.

EDGAR BONJOUR: Charles Gilliard; Die Schweiz und Europa 2, Basel 1961, S. 159ff.

Edmond Rossier 1865–1945

Ausschliesslich Universalgeschichte dozierte in Lausanne der Waadtländer Rossier. Der Pfarrersohn von Lucens studierte an seiner Heimatuniversität sowie in Berlin und Erlangen, wo er mit einer deutsch geschriebenen Dissertation promovierte. Seine akademische Antrittsvorlesung in Lausanne *Comment étudier l'histoire* trug programmatischen Charakter: Die Geschichte sei die eigentliche Wissenschaft der Menschheit; sie zeige den Menschen in seiner Aktivität, in seinem vollen Leben. Entgegen den herrschenden Tendenzen seiner Zeit, welche die Geschichte aus Gegebenheiten wie Rasse, Klima, Milieu, aus Sachzwängen erklärten, wollte Rossier die Rolle der Persönlichkeit und der Ideen in der Geschichte rehabilitieren. Zwar verkannte er die Verdienste der exakten, nüchternen Textinterpretation nicht. Aber der junge, soeben von deutschen Universitäten heimgekehrte Gelehrte scheute sich nicht, in einer Epoche des kritischen Historismus und Positivismus zu verkünden, die wahre Berufung des Historikers sei «une vocation produite par l'enthousiasme et soutenue par l'enthousiasme», – ein Bekenntnis, in dem die Anschauungen Johannes von Müllers nachklingen.

In diesem Geist hat Rossier über ein halbes Jahrhundert lang in Lausanne und später auch in Genf doziert. Eine noch grössere Wirkung als von seinem Katheder ging von seiner journalistischen Tätigkeit aus. In ungezählten Artikeln in westschweizerischen Zeitungen und Zeitschriften nahm er zu den grossen Tagesfragen der Weltpolitik Stellung, nicht in der distanzierenden Art des Gelehrten, sondern engagiert, immer sich für die hohen moralischen Werte der Unabhängigkeit, Freiheit, Gerechtigkeit einsetzend. Mit den aus geschichtlicher Meditation gewonnenen Einsichten erläutert er einem weiten Leserkreis die turbulenten Weltvorgänge der Kriegs- und Nachkriegszeit.

Neben dieser nervenaufreibenden Tätigkeit fand Rossier noch Zeit zur Abfassung grösserer Werke. Er veröffentlichte eine *Histoire politique de l'Europe 1815–1919* und später einen Essai d'histoire diplomatique, *Du Traité de Westphalie à l'Europe de Versailles*. Eine spezielle Studie widmete er der für die Entwicklung des schweizerischen Bundesstaates wichtigen *Affaire de Savoie 1860*. Wie gross sein Einfluss auf zwei Generationen Westschweizer war, wurde man erst nach seinem Tod inne.

Comment étudier l'histoire?; Lausanne 1891. – *Histoire politique de l'Europe de 1815 à 1919;* Lausanne 1931. – *Du traité de Westphalie à l'Europe de Versailles;* Paris 1938. –

Un siècle de liberté, in: Au peuple Vaudois 1803–1903; Lausanne 1903. – Verschiedene Artikel zur «Affaire de Savoie 1860» in der Bibliothèque Universelle, in der Revue militaire suisse, in der Revue historique 1903–1906.

SVEN STELLING-MICHAUD: Fonction de l'histoire; Schw. Beitr. Allg. Gesch. 2, Aarau 1944, S. 5ff. – PAUL E. MARTIN: Edmond Rossier; Zeitschr. Schw. Gesch. 25, Zürich 1945, S. 544ff. – Etudes et Lettres Sér. III, t. 1, N° 2; Lausanne 1968.

Paul Edmond Martin 1883–1969

Er war ein echter Repräsentant des altgenferischen Zivismus. 1883 aus hervorragender Familie geboren, studierte er vornehmlich Geschichte, zunächst in seiner Vaterstadt, dann an der Ecole Nationale des Chartes in Paris, empfing aber seine stärksten wissenschaftlichen Impulse an der Ecole Pratique des Hautes Etudes, wo ihn besonders der Mediävist Ferdinand Lot anregte und ihm den letzten Schliff im Umgang mit den Urkunden gab. Dann kam er in die Ämter, in denen er seiner Vaterstadt ein Leben lang dienen sollte: er wurde Staatsarchivar und daneben Vertreter der Schweizergeschichte an der Universität.

Martin war nicht ein Mann dicker Bücher, sondern kleinerer Arbeiten. Am Anfang seiner Publikationen steht seine Dissertation *La Suisse à l'époque mérovingienne* – eine Epoche, mit der er sich zeitlebens beschäftigt hat – gegen Ende verfasste er den vierten Band der *Histoire de l'Université de Genève.* Dazwischen veröffentlichte er Miszellen in Sammelschriften und Jahrbüchern. Sie umspannen die Zeit von den Anfängen des Christentums bis zum 20. Jahrhundert. Fast immer kreisen sie um die heimatliche Geschichte, deren verschiedenartige Aspekte sie aus den Urkunden erhellen. Überall: Quellennähe, Ehrlichkeit, Solidität, knappe Sachlichkeit. Polemik fehlt ganz; denn die deutliche Darstellung der eigenen Ansichten schien ihm fruchtbarer als gelehrte Fehde. Er hatte nicht die Art, umständlich Argumente gegeneinander abzuwägen. Seine Überlegungen führten ihn rasch zu fertigen Urteilen. Dagegen galt sein Interesse historiographischen Erörterungen: Er edierte Annalen, gab Briefe und Berichte heraus, untersuchte ihre Abhängigkeit voneinander, prüfte ihre Echtheit. Die rasch hingeschriebenen Bücher der Kompilatoren waren ihm ein Greuel, ihm, der jeden Satz gewissenhaft aus den Primärquellen belegen konnte. Regelmässig besprach er mit grösster Unparteilichkeit die Neuerscheinungen seines Faches, zum Teil in der «Revue d'Histoire Suisse», die er jahrelang umsichtig redigieren half, eine entsagungsvolle, aber sehr nützliche Arbeit, ohne jede Pose in schlichter Pflichterfüllung erledigt. Die gleiche Gewissenhaftigkeit bewog ihn, am Ende des ersten Weltkrieges im Streit der Schweiz mit Frankreich wegen der Freizonen Nordsavoyens und des Pays de Gex die schweizerischen Delegierten vor dem Internationalen Gerichtshof im Haag als unentbehrlicher Sachverständiger zu beraten.

Von der bekannten, noch aus dem 19. Jahrhundert stammenden Forderung, der Historiker solle Forscher, politischer Sachverständiger und darstellender Künstler sein, hat Martin die beiden ersten redlich erfüllt. Zuchtvoller Dienst an der Wahrheit und an der Gemeinschaft waren seine Leitsterne. Gegen Ende seines Lebens sprach er die bekenntnishaften Worte: «Les historiens suisses, et plus particulièrement ceux de Genève, n'oublient pas qu'ils sont en même temps au service de leur science et à celui de leur pays.»

Etudes critiques sur la Suisse à l'époque mérovingienne 534–715; Genève 1910. – *L'armée fédérale 1814–1915;* Bern 1921. – *Les sources hagiographiques relatives aux Saints Placide et Sigibert et aux origines du monastère de Disentis;* Paris 1925. – Beiträge in dem Buch Histoire de Genève des origines à *1798;* Genève 1951. – *Histoire de l'Université de Genève de 1914–1956,* in: Charles Borgeaud, Histoire de l'Université de Genève; Genève 1958.

Mélanges offerts à Paul Edmond Martin; Genève 1961. – EDGAR BONJOUR: Paul-Edmond Martin; Die Schweiz und Europa 4, Basel 1976, S. 265 ff.

William E. Rappard   1883–1958

Aus einem ursprünglich deutschschweizerischen Geschlecht stammend, das nach Deutschland ausgewandert war und sich dann in Genf niedergelassen hatte, wurde er als Sohn eines Genfers und einer Baslerin in New York geboren. Er verbrachte seine Jugend in Amerika, Basel und Genf, begann seine nationalökonomischen und soziologischen Studien an der Universität seiner Vaterstadt, setzte sie in Berlin, München, Paris, Wien fort und schwenkte dann an der Faculté des Lettres et des Sciences sociales der Genfer Universität in die akademische Laufbahn ein. Seine Tätigkeit als Dozent und gelehrter Publizist allein hätte genügt, sein Leben erstaunlich reich zu machen. Er aber stellte sein Wissen und Können dem Lande immer wieder als Diplomat zur Verfügung, wozu ihn seine Welt- und Sprachgewandtheit in hohem Masse befähigte, und er hat hier Wertvollstes geleistet.

In erster Linie war er, wie er selber bezeugte, wissenschaftlicher Schriftsteller. Sein wirtschaftgeschichtliches Schrifttum – einfach in der Problemstellung, klar in der gedanklichen Durchführung – ging von schweizerischen Verhältnissen aus. Ihn interessierte der Einfluss der ökonomischen Faktoren auf die Entwicklung der Arbeiterbewegung und der modernen Demokratie. Zu diesem Behufe untersuchte er sowohl die Landwirtschaft als auch die Industrie im Ancien régime. Ein durchgehender Zug seiner Forschungsweise zeichnet sich schon hier ab: Er tritt ganz ohne Thesen an seine Aufgabe heran, wie er sich denn überhaupt kaum je mit Fragen der reinen Spekulation, der theoretischen Nationalökonomie befasst hat. Sondern er durchpflügte geduldig das Material der Bibliotheken und Archive und gewann aus sorgfältiger Analyse seine Einsichten. Es ist die solide Methode des Historikers, mit der er das Wirtschaftsleben vergangener Zeiten erhellte und kritische Blicke auf die Entwicklung seiner eigenen Zeit richtete.

Mit der gleichen Arbeitsweise ging der Verfassungshistoriker Rappard ans Werk. In seinem Buch *L'individu et l'Etat dans l'évolution constitutionnelle de la Suisse* beschäftigte ihn besonders die Frage nach der Entwicklung der Individualfreiheit, die kaum durchgebrochen und allgemein anerkannt vom beginnenden Etatismus der Radikalen, ihrer steten Verstärkung der staatlichen Befugnisse und ihrer interventionsfreudigen Sozialpolitik, eingeengt wurde. Der Zentralismus der Diktatur, wie er ihn in Deutschland, Italien, Russland bedrohlich emporsteigen sah, erfüllte ihn mit grösster Sorge. Wie können die Errungenschaften des Liberalismus gerettet werden? Rappard sieht alles Heil in der Zurückdrängung der Wirtschafts- und Staatsallmacht sowie in neuen freien Formen der sozialen Zusammenarbeit, die er aber nicht umschreibt. Nur in freier Atmosphäre können sich die schöpferischen Arbeitskräfte des Menschen entfalten. Hier liegen, so bekannte er noch gegen Ende seines Lebens, «les conditions de la prospérité helvétique». Es war im Kern der Liberalismus der alten Genfer Nationalökonomen *Sismondi, Rossi, Cherbuliez;* Rappard hat jedem von ihnen eine Monographie gewidmet.

Die Gedanken des Verfassungshistorikers Rappard kreisen immer wieder um das Sicherheits- und Friedensproblem. Er versuchte diese damals in der Völkerbundspolitik vordringliche Frage zunächst auf schweizergeschichtlichem Boden zu klären. Nach minuziösem Studium der eidgenössischen Abschiede stellte er in dem Buche *Cinq siècles de sécurité collective* das Bundesleben von 1291–1798 dar, zeigte, dass dem Abschluss der Bünde vornehmlich das Sekuritätsstreben zugrunde lag und deshalb das Hilfsversprechen den Hauptinhalt der Bünde bildete. Sie funktionierten nicht immer erfolgreich und erreichten ihr Ziel, die Wahrung des Friedens und der Sicherheit, erst, als sich die Kantone im Bundesstaat enger zusammenschlossen, eine Entwicklung, die der Genfer Liga zum Leidwesen Rappards versagt blieb.

Gleichsam die Krönung seines verfassungsgeschichtlichen Schrifttums ist sein Jubiläumsbuch *Die Bundesverfassung der schweizerischen Eidgenossenschaft 1848–1948*. Er untersuchte hier Entstehung, Prinzipien und Wirkungen der Konstitution von 1848, welche der Grossteil des Schweizervolkes noch als eine Art Zwölftafelgesetz verehrte. Denjenigen, die sich an Schönheitsfehlern der Verfassung stiessen, gab er zu bedenken, dass eine Staatsverfassung nicht nur ein literarisches Werk sei, dass man ihre Vorzüge und Mängel nicht allein mit Massstäben des guten Geschmacks messen dürfe.

Mit seinen grossen Werken und mit seinen kleinen Schriften erreichte Rappard eine internationale Breitenwirkung, wie sie keinem Schweizerhistoriker seiner Zeit beschieden war. Was er aus der Erforschung der schweizerischen Vergangenheit an Einsichten gewann, die «Swiss experience», suchte er auf die Weltverhältnisse zu übertragen: Dem heraufziehenden Totalitarismus stellte er die in der schweizerischen Demokratie geltende Trennung der Gewalten entgegen, dem Zentralismus die Erfahrungen der schweizerischen Föderation, der Inkohärenz der Genfer Liga die Geschlossenheit des helvetischen Bundesstaates. Die kleine schweizerische Eidgenossenschaft als organisatorisches Muster des grossen Bundes der Völker? Rappard hat das nicht so undifferenziert propagiert. Aber dadurch, dass er immer wieder Parallelen zwischen der schweizerischen und der internationalen konstitutionellen Entwicklung zog, ist er an der Tendenz nicht unschuldig, der Schweiz eine internationale Mission eingeredet zu haben. Aus Rappards Schrifttum glaubt man neben dem Historia docet auch das Helvetia docet herauszuhören.

Bibliographie: in William Rappard: *Varia Politica;* Zürich 1953, S. 340 ff. – *Le facteur économique dans l'avènement de la démocratie moderne en Suisse;* Genève 1912. – *La révolution industrielle et les origines de la protection légale du travail en Suisse;* Berne 1914. – *La politique de la Suisse dans la Société des Nations;* Genève 1925. – *Antoine-Elisée Cherbuliez et la propriété privée;* Zürich 1941. – *L'avènement de la démocratie moderne à Genève 1942.* – *Sismondi et Genève;* Genève 1943. – *Cinq siècles de sécurité collective 1291–1798;* Genève 1945. – *Die Bundesverfassung der schweizerischen Eidgenossenschaft 1848–1948;* Zürich 1948. – *La Suisse et l'organisation de l'Europe;* Neuchâtel 1950.

Hommage à William Rappard; Neuchâtel 1963. – ALBERT PICOT: Portrait de William Rappard; Neuchâtel 1963. – EDGAR BONJOUR: William Rappard; Die Schweiz und Europa 4, Basel 1976, S. 269 ff.

William Martin 1888–1934

Wie Edmond Rossier und Eduard Fueter verkörperte er die fruchtbare Verbindung zwischen Journalismus und Geschichte. Als langjähriger Leiter des aussenpolitischen Ressorts im Journal de Genève hatte er sich den Blick für die bewegenden Kräfte des Weltgeschehens geschärft und wandte die dabei gewonnen Einsichten auf seine Betrachtung der heimatlichen Vergangenheit an; die Geschichte ist immer sein eigentliches Anliegen geblieben. Nachdem er in *La situation du catholicisme à Genève 1815–1907* den Beziehungen zwischen Staat und Kirche im Genf des 19. und 20. Jahrhunderts nachgegangen war, veröffentlichte er auf 300 Seiten eine geistvolle und glänzend geschriebene *Histoire de la Suisse,* worin er sich zu Reynold als dem Initiator und Animator bekannte. Bewusst auf eigene Quellenforschung verzichtend, bot er in einem kühnen Aufriss die Ergebnisse seiner Meditationen und kam mit seinen Ideen den schweizerischen Leserwünschen der Nachkriegszeit entgegen. Er schilderte, wie sich allmählich aus einer losen Vereinigung selbständiger Staaten ein festerer Bund gebildet habe, und schöpfte aus diesem einmaligen geschichtlichen Prozess den Glauben an eine ähnliche Entwicklung des Völkerbundes. Mit diesen historisch unterbauten Tendenzen stärkte er die Hoffnungen seiner Zeitgenossen auf eine Konsolidation der Genfer Liga. Zum reinen Historiker entwickelte sich Martin in seinem letzten Werk *La Suisse et l'Europe 1813–1814.* Er wollte in diesem mit vielen bisher unbekannten Urkunden aus auswärtigen Archiven sorgfältig dokumentierten Werk zeigen, wie die Schweiz aus den europäischen Verträgen von 1815 auferstanden war. Doch blieb es bei dem sehr aufschlussreichen ersten Band. Martins jäher Tod verhinderte Fortsetzung und Abschluss des Werkes, das seine grösste geschichtswissenschaftliche Leistung hätte werden sollen.

La situation du catholicisme à Genève 1815–1907; Genève 1909. – *Histoire de la Suisse. Essai sur la formation d'une confédération d'Etats;* Paris 1926. – *La Suisse et l'Europe 1813–1814;* Lausanne 1931.

Albert Picot: William Martin. Un journaliste genevois; Les cahiers protestants 18, Genève 1934, S. 218 ff. – Paul E. Martin: William Martin; Zeitschr. schw. Gesch. 14, Zürich 1934, S. 268 ff.

KANTONSGESCHICHTEN

Der föderalistischen Stimmung in der ersten Hälfte des 20. Jahrhunderts gemäss entstanden manchenorts Monographien kantonaler Entwicklungen. Jahrhundertfeiern der Zugehörigkeit zur Eidgenossenschaft luden einzelne Kantone zu einem historischen Rückblick ein. Meist gaben die Behörden den Auftrag zur Abfassung von Kantonsgeschichten und liessen dem Historiker in seiner Arbeit freie Hand. So genoss er den Vorzug, alle Archivalien uneingeschränkt benützen zu können, ohne der behördlichen Überwachung seiner Geschichtsdarstellung unterworfen zu sein. Der historiographische Gehalt dieser offiziellen oder offiziösen Geschichtsschreibung war verschieden, je nach der Eignung des Verfassers und dem Charakter des Auftrags: ob er dahin ging, ein grosses Geschichtsgemälde nach dem neuesten Stand der Forschung zu entwerfen oder in einer kurzen Zusammenfassung möglichst alle Volksschichten anzusprechen. Dabei kam es nicht selten zu einer glücklichen Verbindung beider Richtungen, was beweist, dass volkstümlich nicht unwissenschaftlich zu sein braucht.

Appenzell

Zur 450-Jahrfeier des Appenzellerbundes (1513–1963) gaben die Regierungen der beiden Halbkantone ein Werk über die Geschichte des ungeteilten Landes in Auftrag. Nach den veralteten Darstellungen *Gabriel Walsers* vor zweihundert und *Johann Caspar Zellwegers* vor hundert Jahren sollte aufgrund einer erneuten Durchackerung der Archive und Verarbeitung aller Ergebnisse der Spezialforschung eine grosse, die neuen Erkenntnisse verwertende Geschichtsdarstellung entstehen. Der erste Band beschlägt die Epoche der Urzeit und die geschichtlichen Epochen bis zur Teilung des Landes in zwei Halbkantone 1597; Verfasser sind *Rainald Fischer, Walter Schläpfer* und *Franz Stark*. Die konfessionellen Fragen des 16. Jahrhunderts haben die ausserrhodischen und innerrhodischen Historiker in harmonischer Zusammenarbeit erörtert. In einem zweiten Band hat Schläpfer, ebenfalls in behördlichem Auftrag, allein die Geschichte Ausserrhodens von 1597 bis zur Gegenwart im Zusammenhang mit der schweizerischen Entwicklung dargestellt. Ausser der politischen, verfassungsrechtlichen und konfessionellen Entwicklung findet auch die Geistes- und Kulturgeschichte angemessene Berücksichtigung. Die Eigenart des 13. Ortes der Eidgenossenschaft ist überzeugend herausgearbeitet. Anmerkungen und bibliographische Hinweise zeugen vom wissenschaftlichen Fundament. Nach Erscheinen des noch ausstehenden dritten Bandes über die Entwicklung des Bruderkantons Innerrhoden wird Appenzell eine würdige Gesamtgeschichte seines Kantons besitzen.

Appenzeller Geschichte; I *Das ungeteilte Land,* verfasst von P. RAINALD FISCHER, WALTER SCHLÄPFER und FRANZ STARK unter Mitarbeit von HERMANN GROSSER und JOHANNES GISLER; Kantonskanzleien Appenzell und Herisau 1964, II *Appenzell Ausserrhoden,* verfasst von WALTER SCHLÄPFER; Kantonskanzlei Herisau 1972.

Luzern

Auch Luzern verdankt seine Kantonsgeschichte einem Jubiläum, der sechsten Zentenarfeier seines Eintritts in den Bund der Eidgenossen (1332 bis 1932). Und auch diese zusammenhängende Darstellung ist die Frucht einer Zusammenarbeit verschiedener Historiker. Im 1. Band beschäftigt sich *Wilhelm Schnyder* umsichtig mit der Vor- und Frühgeschichte; *Karl Meyer* verfolgt in seiner souveränen und neue Einsichten eröffnenden Art die Entwicklung Luzerns von den Anfängen bis zum eidgenössischen Bund; *P. X. Weber* führt die Darstellung bis zum Ende des 15. Jahrhunderts. In einem II. Band, verfasst von *Sebastian Grüter*, wird die Geschichte des Kantons im 16. und 17. Jahrhundert geschildert. Der Verfasser nennt sie «Luzerns grosse Jahrhunderte», weil damals dem Stande Luzern so bedeutende wirtschaftliche, kulturelle, innen- und aussenpolitische Aufgaben gestellt worden seien wie nie zuvor. Auch diese Kantonsgeschichte hat durchaus wissenschaftlichen Rang.

Geschichte des Kantons Luzern von der Urzeit bis zum Jahr 1500, im Auftrag des Regierungsrates verfasst; Luzern 1932. – *Geschichte des Kantons Luzern im 16. und 17. Jahrhundert;* Luzern 1945.

Glarus

Die glarnerische Kantonsgeschichte hat nur einen einzigen Verfasser, was der Einheitlichkeit in Forschungsmethode, Auffassung und Darstellung zugute kommt. Im Auftrag der Behörde übernahm *Jakob Winteler* den Rechenschaftsbericht. Nachdem früher schon eine Reihe von ausgezeichneten Historikern die Geschichte des Landes Glarus erforscht und dargestellt hatten, *Johann Heinrich Tschudi, Christoph Trümpi, Johann Jakob Blumer, Gottfried Heer, Georg Thürer,* überprüfte nun *Winteler* die Quellen und ihre kritische Auswertung und zog bisher beiseite gelassene Spezialdisziplinen bei: die Urgeschichte, die Sprachwissenschaft, die Wirtschaftshistorie. So entstand eine Geschichte von Glarus, die diesen Ort in enger Verflechtung mit den näheren und entfernteren Kantonen der Eidgenossenschaft vorführt. In den letzten hundert Jahren, die bisher noch keine zusammenfassende Darstellung gefunden hatten, bewegt sich Winteler auf Neuland. Alle Quellennachweise sind in die Anmerkungen verwiesen, damit das Buch einem möglichst breiten Leserkreis zugänglich wird.

JAKOB WINTELER: *Geschichte des Landes Glarus;* I *Von den Anfängen bis 1638.* Zur 600-Jahrfeier des Glarner Bundes 1352–1952 hg. v. der Regierung des Kantons Glarus 1952; II *Von 1638 bis zur Gegenwart;* Glarus 1954.

Graubünden

Der aus verschiedenartigen Elementen zusammengesetzte Kanton mit seiner scharf ausgeprägten Eigenart als Bergland und Passstaat erhielt schon 1875 durch *Johann Andreas von Sprecher* eine Darstellung seiner Kultur. Zeitlich reicht sie von den Bündnerwirren bis zum Untergang des Freistaates. Aufgrund einer fast unabsehbaren Fülle handschriftlicher und gedruckter Quellen schildert Sprecher in einer losen Folge von Bildern die kulturellen, wirtschaftlichen und staatlichen Verhältnisse. Dieses aussergewöhnliche Werk der schweizerischen Geschichtsschreibung hat *Rudolf Jenny* in mustergültiger Weise neu herausgegeben und mit reichen wertvollen Zusätzen, die den Forderungen der modernen Wissenschaft entsprechen, versehen, ohne den Charakter des Sprecherschen Textes zu verändern. – Eine moderne Gesamtgeschichte Graubündens in einem Band und einem Guss veröffentlichte 1945 der Kantonsarchivar *Friedrich Pieth*. Im Mittelpunkt dieses gediegenen Werkes stehen die staatliche Organisation und das politische Leben, wobei die kulturelle Entwicklung einbezogen ist. Pieth wendet sich in natürlicher Sprache und klarem Gedankengang vor allem an den Geschichtsfreund, bietet aber infolge seiner Beherrschung der Quellen, der Literatur und der Probleme auch dem Fachmann wichtigste Erkenntnisse.

ANDREAS VON SPRECHER: *Kulturgeschichte der drei Bünde im 18. Jahrhundert;* 2 Bde., Chur 1873, 1875. Neu hg. mit einer einleitenden Würdigung des Autors und des Werkes von *Rudolf Jenny;* Chur 1951, 1976. – FRIEDRICH PIETH: Bündnergeschichte; Chur 1945.

Solothurn

Aus eigener Initiative stellte sich der tüchtige Lokalhistoriker *Bruno Amiet* die grosse Aufgabe, seinem Kanton die bisher fehlende geschichtliche Gesamtdarstellung zu schreiben. Er hatte den Ehrgeiz, mit dieser Arbeit das Interesse der Schule, des Volkes und zugleich der Wissenschaft zu befriedigen. Als seine Arbeit schon bis über die Reformation hinausgediehen war, nahm ihm ein früher Tod die Feder aus der Hand. *Hans Siegrist* führte in seinem Geist die Darstellung bis zum Höhepunkt des patrizischen Regiments, das heisst bis 1723. Ein dritter Band, der bis 1830 reichen soll, ist in Aussicht genommen.

BRUNO AMIET: *Stadt und Kanton Solothurn von der Urgeschichte bis zum Ausgang des Mittelalters* 1; Solothurn 1952. – BRUNO AMIET und HANS SIEGRIST: *Stadt und Kanton Solothurn von der Reformation bis zum Höhepunkt des patrizischen Regimes;* Solothurn 1976.

Thurgau

Dieser Grenzkanton besitzt seit 1943 eine moderne Geschichte aus einem Guss. Vorher war man auf die breiten Darstellungen von *Johann Adam Pupikofer* (1828–1830) und von *Jacob Häberlin-Schablegg* (1872) angewiesen. Sie werden als Stoffsammlungen ihren Wert behalten; aber die rastlose Neuzeit verlangte nach einer Historie, die nur die Hauptlinien ziehe und alles Überflüssige weglasse. Eine solche einbändige lesbare Geschichte des Thurgaus verfasste *Ernst Herdi*. Er bietet nicht nur Kompilation, sondern greift wenn immer möglich auf die Quellen zurück und wahrt durchaus immer einen selbständigen, einheitlichen Standpunkt. Die allgemein verständliche Darstellung verbannt alle Gelehrsamkeit in den Anhang.

ERNST HERDI: *Geschichte des Thurgaus;* Frauenfeld 1943.

St. Gallen

Auf dem geschichtsträchtigen Boden St. Gallens entstanden schon früh umfangreiche Kantonsgeschichten. 1810–1813 veröffentlichte *Ildefons von Arx* seine dreibändigen *Geschichten des Kantons St. Gallen;* 1868 legte *Gallus Jakob Baumgartner* in zwei Bänden eine *Geschichte des schweizerischen Freistaates und Kantons St. Gallen* vor, und um die Jahrhundertwende publizierte *Johannes Dierauer* eine *Politische Geschichte des Kantons St. Gallen 1803 bis 1903*. Heute besitzt St. Gallen eine moderne, reiche Gesamtschau seiner Vergangenheit in drei Bänden aus der Feder von *Georg Thürer*. Er fasst alle Komponenten der Entwicklung souverän zusammen, Stadt, Wirtschaft, Kultur, und es gelingt ihm, eine lebendige Mitte zu halten «zwischen einem sachlichen Bescheid, einer wahren Erzählung und einer philosophischen Besinnung». Das Werk reicht bis an die Schwelle der Gegenwart heran und trägt abschliessenden Charakter.

GEORG THÜRER: *St. Galler Geschichte. Kultur, Staatsleben und Wirtschaft in Kanton und Stadt St. Gallen von der Urzeit bis zur Gegenwart;* I, St. Gallen 1953; II, 1. u. 2. Halbbd., St. Gallen 1972.

Schaffhausen, Aargau

Beide Kantone erhielten in jüngster Zeit vorzügliche Gesamtdarstellungen ihrer Geschichte. *Karl Schib* beschränkt sich in seinem konzisen Werk auf einen «für den Leser zumutbaren Umfang». *Nold Halder, Heinrich Staehelin, Willi Gautschi* stellen die Entwicklung des Kantons Aargau von der Gründung bis 1953 in drei Bänden dar.

KARL SCHIB: *Geschichte der Stadt und Landschaft Schaffhausen,* hg. v. Histor. Verein des Kantons Schaffhausen; Schaffhausen 1972. – NOLD HALDER, HEINRICH STAEHELIN, WILLI GAUTSCHI: Geschichte des Kantons Aargau; Baden 1957, 1978.

Bern, Berner Jura, Schwyz, Zug, Tessin

Diese Kantone und Landschaften verfügen alle über neuzeitliche Darstellungen ihres geschichtlichen Werdens und Wachsens. Auf kleinem Raum sind die grossen Entwicklungslinien gezogen, in wohlabgewogener Kürze und anschaulicher Form die Geschicke erzählt, meist unter Verzicht auf Quellennachweise. *Strahm* geht in seiner Berner Geschichte besonders auf die landschaftliche und institutionelle Entwicklung ein.

P.-O. BESSIRE: *Histoire du Jura Bernois et de l'ancien Evêché de Bâle;* Porrentruy 1935. – GIULIO ROSSI, ELIGIO POMETTA: *Geschichte des Kantons Tessin,* deutsch bearb. v. MAX GRÜTTER-MINDER; Bern 1944. – ANTON CASTELL: *Geschichte des Landes Schwyz,* hg. v. Hist. Ver. Kanton Schwyz; Einsiedeln 1954. – EUGEN GRUBER: *Geschichte des Kantons Zug;* Bern 1968. – HANS STRAHM: *Geschichte der Stadt und Landschaft Bern;* Bern 1971.

Genf

Die alten, grossen und bedeutenden Werke über die Geschichte Genfs, aus der Feder eines einzigen Historikers, sind in jüngster Zeit durch Bücher ersetzt worden, die auf der Mitarbeit mehrerer Gelehrter beruhen. Im Auftrag der für die Erhellung der Genfer Vergangenheit verdienten

«Société d'histoire et d'archéologie de Genève» erwuchs unter der Leitung von *Paul-Edmond Martin* eine zweibändige Geschichte Genfs von den Anfängen bis 1931. Da jeder Mitarbeiter nur gerade einen begrenzten Zeitabschnitt behandelt, den er besonders gut kennt, ruht das Werk auf streng wissenschaftlicher Basis; reiche Literaturhinweise zu jedem Abschnitt laden zur Vertiefung in den speziellen Gegenstand ein.

Histoire de Genève des origines à 1798, 1 1951. *Histoire de Genève de 1798 à 1931;* 2, Genève 1956. Mitarbeiter sind PAUL-E. MARTIN, EDMOND PARÉJAS, EUGÈNE PITTARD, PAUL COLLART, ANDRÉ OLTRAMARE, LOUIS BLONDEL, HENRI GRANDJEAN, FRÉDÉRIC GARDY, EDOUARD FAVRE, PAUL-E. GEISENDORF, HENRI NAEF, EUGÈNE CHOISY, JACQUES COURVOISIER, LUCIEN CRAMER, HENRI DELARUE, GUSTAVE VAUCHER, BERNARD GAGNEBIN, JEAN-PIERRE FERRIER, PAUL CHAPONNIÈRE, EDOUARD CHAPUISAT, FRÉDÉRIC BARBEY.

Die jüngste, einbändige Geschichte Genfs, unter der Leitung von *Paul Guichonnet* verfasst, ging ebenfalls aus einer Zusammenarbeit von Fachgelehrten hervor. Sie berücksichtigt die neuesten Forschungsergebnisse und bietet ein farbiges Mosaik «de la plus originale, peut-être, des métropoles européennes».

Histoire de Genève, publiée sous la direction de PAUL GUICHONNET; Toulouse/Lausanne 1974. Mitarbeiter sind MARC R. SAUTER, PIERRE BROISE, LOUIS WILLIAM E. MONTER, ANNE-MARIE PIUZ, PAUL WAEBER, JEAN-CLAUDE FAVEZ, CLAUDE RAFFESTIN.

Waadt, Neuenburg

Auch hier, wo man auf bedeutende Geschichtswerke einzelner Historiker zurückblicken kann, wagt man sich aus wissenschaftlichen Skrupeln nur noch in gemeinschaftlicher Arbeit an die Abfassung von kantonalen Geschichten. Während – so sagen die Verfasser – früher die militärische und politische Geschichte überwogen hätten, wende man sich jetzt dem Alltag zu, der Bevölkerungsbewegung, der Entwicklung der Wirtschaft, – kurz jeglichem Wissenszweig, der das Leben vergangener Zeiten erhellen helfe; thematische und Ereignisgeschichte ergänzten sich aufs sinnvollste. Aus solchen Anschauungen ging eine Waadtländer Geschichte und – auf Anregung des Neuenburger Staatsrates – eine Historie der Beziehungen Neuenburgs zu der Schweiz hervor.

Histoire Vaudoise, volume publié sous la direction de HENRI MEYLAN; Lausanne 1973. Mitarbeiter: JEAN-CHARLES BIAUDET, HANS BÖGLI, MAURICE BOSSARD, JEAN-PIERRE CHUARD, JEAN-PIERRE CLAVEL, OLIVIER DESSEMONTET, MICHEL EGLOFF, ERNEST GIDDEY, ULRICH IM HOF, MARIE-CLAUDE JEQUIER, LOUIS JUNOD, ANDRÉ LASSERRE, COLIN MARTIN, MAURICE MEYLAN, RICHARD PAQUIER, JEAN-FRANÇOIS POUDREL, MARCEL REGAMEY, CATHERINE SANTSCHI, RAOUL WIESENDANGER, HENRI MEYLAN.

Neuchâtel et la Suisse. Ouvrage publié par le Conseil d'Etat de la République et Canton de Neuchâtel à l'occasion du cent cinquantième anniversaire de l'entrée de Neuchâtel dans la Confédération; Neuchâtel 1969. Mitarbeiter: LÉON MONTANDON, LOUIS-EDOUARD ROULET, ALFRED SCHNEGG, FRANÇOIS FAESSLER. – JEAN COURVOISIER: *Panorama de l'histoire Neuchâteloise;* Neuchâtel 1972.

VERZEICHNIS DER ABBILDUNGEN

Frontispiz Band 1. *Der Berner Chronist Diebold Schilling an der Arbeit* in einem Zimmer mit Ausblick auf einen See, vermutlich im Schloss Spiez; rechts unten das Wappen Schillings. Berner Chronik des Diebold Schilling Bd. 3, um 1480 (Burgerbibliothek Bern) 11

1 *Aus der «Cronica de Berno»,* um 1320. Erste chronikalische Erwähnung der Gründung Berns (Burgerbibliothek Bern) 10/11

2 *Fragment der in der Hauptsache verlorenen eigenhändigen Chronik Conrad Justingers.* Beigeheftet der Abschnitt des Winterthurer Exemplars der Chronik, um 1420/30 (Burgerbibliothek Bern)..................... 14/15

3 *Anna von Bubenberg-von Rosenegg und Johanna von Bubenberg-von La Sarraz (Mutter und Gattin Adrian von Bubenbergs) erscheinen wegen Übertretung von Schultheiss Kistlers Kleiderverordnung vor Gericht,* Twingherrenstreit 1470. Berner Chronik des Diebold Schilling Bd. 3 (Burgerbibliothek Bern) . 22/23

4 *Chronist (Schilling oder Justinger?),* um 1480. Der Besteller der Chronik, Rudolf von Erlach, Herr zu Spiez, besucht den Chronisten; dieser sitzt an seinem Arbeitspult mit Schreibgerät, Schere, Zange, Winkelmass und Farbnäpfchen. Private Berner Chronik des Diebold Schilling (Burgerbibliothek Bern)... 26/27

5 *Die drei Handschriften-Folianten der Berner Chronik Diebold Schillings,* 1483 (Burgerbibliothek Bern)... 26/27

6 *Oberstzunftmeister Henmann Offenburg,* Glasgemälde in der Basler Kartause, um 1416. Original im Historischen Museum Basel (Historisches Museum Basel)... 34/35

7 *Ausschnitt der Schweizerkarte von Konrad Türst,* 1497. Zentral- und Nordschweiz. Massstab 1:510 000 (Zentralbibliothek Zürich)............. 58/59

8 *Tells Apfelschuss,* Holzschnitt des Meisters D. S. aus der «Kronica» des *Petermann Etterlin,* Basel 1507. – Im Gegensatz zur späteren Darstellungsweise, aber entsprechend der ursprünglichen Vorstellung, erscheint hier Wilhelm Tell als junger «eleganter» Krieger (Universitätsbibliothek Basel)... 65

9 *Schwur auf dem Rütli,* Holzschnitt des Meisters D. S. aus der «Kronica» des *Petermann Etterlin,* Basel 1507 (Universitätsbibliothek Basel) 67

10 *Diebold Schilling überreicht dem Rate von Luzern seine Chronik,* 1513. Luzerner Bilderchronik des Diebold Schilling (Zentralbibliothek Luzern) 70/71

11 *Deutsche Fassung des «Herkommen»,* um 1460 mit Marginalien und Unterstreichungen von *Aegidius Tschudi* (Universitätsbibliothek Tübingen; Cliché Sauerländer & Co. Aarau) 77

12 *Weisses Buch von Sarnen,* 1470. Gründungsgeschichte der Eidgenossenschaft, Beginn der Erzählung (Staatsarchiv Sarnen)................. 78/79

13 *Papst Pius II.,* Enea Silvio Piccolomini, 1405–1464; Avers einer Medaille von Andrea Guacialoti da Prato, um 1460 (Landesmuseum Zürich) 122/123

Willibald Pirkheimer, 1470–1530, Kupferstich von Albrecht Dürer, 1524 (Kupferstichkabinett Basel) 122/123

14 *Titelblatt von Johannes Stumpfs «Gemeiner loblicher Eydgnoschaft Stetten, Landen und Völckeren Chronikwirdiger thaaten beschreybung»*, Zürich 1548 (Universitätsbibliothek Basel) 145

15 *Kartenausschnitt von Johannes Stumpfs «Gemeiner Loblicher Eydgnoschaft Stetten, Landen und Völckeren Chronikwirdiger thaaten beschreybung»*, Zürich 1548. Gotthardgebiet (Universitätsbibliothek Basel) 149

16 *Josias Simler, 1530–1576* (Porträtsammlung, Universitätsbibliothek Basel)... 163

17 *Handschrift von Valerius Anshelm* (Chronik) um 1530/40. Beginn des Eintrages zum Jahre 1515. Die ersten Zeilen sowie einige der seitlichen Angaben sind rot geschrieben (Burgerbibliothek Bern)............. 170/171

18 *Joachim von Watt (Vadianus)*, um 1580 (Stadtbibliothek Vadiana, St. Gallen).. 190/191

19 *Erste Seite der Autobiographie von Thomas Platter, 1572* (Universitätsbibliothek Basel) 210/211

20 *Felix Platter*, Gemälde von Hans Bock d.Ä., 1584 (Depositum der Öffentlichen Kunstsammlung im Regenzzimmer der Universität Basel) 214/215

21 *Titelblatt der Basler Chronik von Christian Wurstisen*, Basel 1580 (Universitätsbibliothek Basel).. 221

22 *Titelblatt des Reis-Büchleins von Andreas Ryff, 1600*. Basler Kaufleute zu Fuss, zu Pferd, im Wagen und auf dem Schiff (Universitätsbibliothek Basel)... 222/223

23 *Brief von François Bonivard* (prieur de Saint-Victor) an den Rat von Genf; Bonivard entschuldigt sich, ohne Urlaub abgereist zu sein (Archives d'Etat Genève)... 242/243

24 *Wappentafel der Eidgenössischen Orte und Zugewandten*, von Urs Graf, aus dem *Panegyricum von Heinrich Glarean*, Basel 1515 (Universitätsbibliothek Basel)... 259

25 *Schreiben des Aegidius Tschudi an Niklaus Briefer, 1541* (Universitätsbibliothek Basel).. 271

26 *Jakob Wimpfeling, 1450–1528, umgeben von seinen Jüngern im Kampf mit Thomas Murner, 1475–1537*, Holzschnitt (Defensio Germaniae, Bibliothèque de la ville de Sélestat, Bas-Rhin) 279

27 *Berner und Solothurner kehren von einem Beutezug aus Burgund zurück;* aus der Chronik von Werner Schodeler, um 1530 (Burgerbibliothek Bern) 297

28 *Bartholomäus Anhorn, 1566–1640* (Rätisches Museum Chur) 338/339
Fortunat Sprecher von Bernegg, 1585–1647 (Porträtsammlung, Universitätsbibliothek Basel) 338/339
Ulysses von Salis-Marschlins, 1594–1674 (Porträtsammlung, Universitätsbibliothek Basel) 338/339

29 *Grabmal des Herzogs von Rohan* in der Genfer Kathedrale; von Charles Iguel, 1888/90 (Paroisse protestante de St. Pierre-Fusterie, Genève) .. 342/343

30 *Titelblatt des «Methodus legendi Historias Helveticas» von Johann Heinrich Hottinger*, Zürich 1654 (Universitätsbibliothek Basel)............... 351

31 *Titelblatt eines Bandes der Amtlichen Berner Chronik von Michael Stettler, 1627* (Staatsarchiv Bern).. 358/359

32 *Titelblatt von Franz Haffners «Der klein Solothurner Allgemeine Schaw-Platz»*, Solothurn 1666 (Universitätsbibliothek Basel)............... 367

33 *Genf, aus der «Typographia Helvetiae» von Matthäus Merian*, Frankfurt 1642 (Universitätsbibliothek Basel) 371

34 *Titelblatt der «Helvetia Sancta seu paradisus Sanctorum Helvetiae florum», von Heinrich Murer*, Luzern 1648 (Universitätsbibliothek Basel).......... 393

Frontispiz Band 2. *Titelblatt des «Chronicon Helveticum» von Aegidius Tschudi*, herausgegeben von *Johann Rudolf Iselin*, Basel 1734 (Universitätsbibliothek Basel) II

35 *Johann Jakob Scheuchzer*, 1672–1733 (Porträtsammlung, Universitätsbibliothek Basel) 436/437

36 *Rhonegletscher, aus «Neue und vollständige Topographie der Eydgenossenschaft» von David Herrliberger*, Zürich 1754–1773 (Universitätsbibliothek Basel) 447

37 *Brief Gottlieb Emanuel von Hallers an Vinzenz Bernhard von Tscharner*, Zürich, 15. September 1761 (Burgerbibliothek Bern)................ 468/469

38 *Römische Heizung in Augst, aus «Versuch einer Beschreibung historischer und natürlicher Merkwürdigkeiten der Landschaft Basel» von Daniel Bruckner*, Basel 1748–1762 (Universitätsbibliothek Basel)..................... 483

39 *Brief von Peter Ochs an Johannes von Müller*, Schaffhausen, 1. Oktober 1780 (Stadtbibliothek Schaffhausen) 488/489

40 *Titelblatt der «Tableaux topographiques, pittoresques, physiques, historiques, moraux, politiques et littéraires de la Suisse» von Beat Fidel Anton von Zurlauben*, Paris 1780–1788, mit Schlachtennamen, Wappenschildern und Darstellungen von Szenen aus der Tellgeschichte (Universitätsbibliothek Basel) 508/509

41 *Handschrift von Antoine Gautier in seiner «Histoire de Genève»*, 1708–1713 (Archives d'Etat Genève).................................... 516/517

42 *Abraham Ruchat*, 1678–1750 (Archives d'Etat Lausanne) 528/529

43 *Abraham Stanyan*, 1669–1732, Gemälde von G. Kneller (National Portrait Gallery London) 536/537

44 *Johannes von Müller*, Gemälde von Felix Maria Diogg, 1797 (Privatbesitz Bern).. 544/545

45 *Entwurf Johannes von Müllers zur Schweizergeschichte*, geschrieben in Genf zwischen 1776 und 1778 (Stadtbibliothek Schaffhausen)............. 549

46 *Erstausgabe der Schweizergeschichte von Johannes von Müller*, zur Umgehung der Zensur unter dem fingierten Verlagsort Boston (= Bern) 1778 erschienen (Stadtbibliothek Schaffhausen) 561

47 *Testament Johannes von Müllers*, 22. Oktober 1806 (Ministerialbibliothek Schaffhausen)... 564/565

48 *Louis Vulliemin*, 1797–1879 (Bibliothèque cantonale et universitaire Lausanne)... 592/593
Charles Monnard, 1790–1865 (Porträtsammlung, Universitätsbibliothek Basel).. 592/593

49 *Entwurf von Joseph Eutych Kopp zur «Geschichte der eidgenössischen Bünde»*, um 1840 (Zentralbibliothek Luzern) 677

50 *Andreas Heusler*, 1802–1868. Gemälde (nach Photographie?) von (Sebastian?) Gutzwiller in der Aula des Museums für Natur- und Völkerkunde Basel 684/685

817

51 *Manuskript von Jacob Burckhardt zur Vorlesung «Über geschichtliches Studium», später «Über das Studium der Geschichte»*, 1872/73 («Weltgeschichtliche Betrachtungen»); Gedanken über den Kleinstaat (Staatsarchiv Basel).. 691

52 *Brief von Philipp Anton von Segesser an Andreas Heusler*, Luzern, 20. Dezember 1847 (Staatsarchiv Basel)............................ 709

53 *Johannes Dierauer*, 1842–1920 (Stadtbibliothek Vadiana St. Gallen) 760/761

Wilhelm Oechsli, 1851–1919 (Bibliothek ETH Zürich)............... 760/761

Richard Feller, 1877–1958 (Familienbesitz Bern)................... 760/761

PERSONENREGISTER

Abraham 268 289 354 366 395
Acquino, Ladislaus d' 404
Adam 20 31 87 166 244 461 463
Adolf von Nassau, König 678
Aemilius, Paulus 218
Affry, Louis d' (1743–1810) 558
Affry, Ludwig von († ca. 1530) 290f.
Agathius (Chorherr) 277
Agricola, Rudolf 189
Ahlfeld, Heinrich Arnold von 41 197
Airebaudouze, Pierre de 375
Alarich (Gotenkönig) 75
Alberti, Gioachimo 344–346
Albertus Argentinensis
 (s. auch Hohenberg) 33
Albrecht I. von Österreich 32 72 85
 87f. 102f. 151 478 678 686
 688 694
Albrecht II. von Österreich (der Lahme)
 34 103 686
Albrecht VI. von Österreich 94
Albrecht, Kurfürst von Mainz 117
Alembert, Jean d' 516
Alexander der Grosse 105 111 148
Alt de Tieffental, François Joseph d' 533f.
Altmann, Johann Georg 455 460 462
Alzellen (Wolfenschiessen, Landenberg),
 Vogt von 78 268
Amadeus VIII., Herzog von Savoyen 101
Ambrosius (Kirchenvater) 153
Ambühl, Familie 18
Ambühl s. Collinus
Amerbach, Basilius 418 482 787
Amerbach, Bonifatius 197 209 787
Amiet, Bruno 812
Amiet, Jakob 644 663–665
Ammann, Hektor 795
Ammianus, Marcellinus 441
An der Matt, Albert 674
Andermatt, Joseph Leonz 452
Andlau, Peter von 418
Andreae, Johann R. 542
An(d)wyl, Friedrich Jakob von 298f.
Anhorn, Bartholomäus (1566–1640)
 330–333 336f. 395 498f. 731
Anhorn, Bartholomäus (1616–1700)
 395 494
Anshelm, Plato 166
Anshelm, Valerius 12 23f. 56 164–176
 178 220 265 268 270 278 356–358 440
 579f. 611 681 731 759

Antonelli, Giacomo 648
Apiarius, Matthias 302
Appenweiler, Familie 38
Appenweiler, Erhard von 38
Appiano, Jacobus de 127
Ardüser, Hans 236f. 500
Armaingaud, Arthur 322
Arner s. Tscharner, Niklaus Emanuel
 von
Arnold von Brescia 350
Arnulf, deutscher Kaiser 192
Arsent, Franz 291
Arx, Hans von 69
Arx, Ildefons von 429 675 813
Asper(lin), Heinrich 17
Asper(lin), Rudolf 17
Atlas 366
Attila (Hunnenkönig) 49
Aubigné, Agrippa d' 381
Augustinus Aurelius (Kirchenvater) 153
 155 213
Augustus, römischer Kaiser 294
Aventinus (Turmayr), Johannes 265
 267
Avienus, Rufius Festus 189

Babenberger, Fürstengeschlecht 103
Bachmann, Familie 492
Bachofen, Johann Jakob 626
Bacon, Francis 352 537
Bächtold, Hermann 781
Bäldi, Fridolin 258 262 491
Bäschlin, Johann Heinrich 389
Bagnyon, Jean 100
Baillod, David 98
Baissey, Antoine 318
Bâlard, Jean 238f. 249 376 731
Balcus 307f.
Baldamus, Alfred 745
Baldegg, Rudolf von 392
Baldo, Johannes Angelus de 119
Ballimore, Verlag 594
Balthasar, Familie 501f.
Balthasar, Franz Urs 467 501
Balthasar, Joseph Anton Felix 455 468
 501–504 508
Bantlin, Christian 210
Bantlin, Heinrich s. Pantaleon
Barrillon, Jean 318f.
Barthélemy, François de 486
Bartholomäus von Lucca 89

819

Bary, Jakob de 370
Bauer, Eddy 802
Baulacre, Léonard 517–519 528f.
Baumann, Marx 112
Baumgartner, Gallus Jakob 623–625 630 639 643 648 654 790 813
Baumgartner, Katharina 21
Bavier, Johann Jakob 481
Bayard, Pierre 318
Bayle, Pierre 383 515
Beatus (Heiliger) 16 394 398
Bebel, Heinrich 115 350
Bechwinden, Heinrich von 113
Beck, Jakob Christoph 219 475 478f.
Beda, Abt von St. Gallen 272
Beeli, Georg 331
Beinheim, Heinrich von 36f. 41f. 207
Below, Georg von 781
Berchtold IV. von Zähringen 372
Berchtold V. von Zähringen 399 458 470
Berchtold von Falkenstein, Abt von St. Gallen 86
Bérenger, Jean-Pierre 519f. 525
Berlinger, Magister 207
Bernoulli, Mathematikerfamilie 540
Bernoulli, August V 30 79
Bernoulli, Johann III. 419
Berry s. Bouvier
Berthelier, Philibert 240 243
Besson, Marius 796
Besson, N. 506
Beza, Theodor 254 378
Bianchi, Vendramino 535–537
Bibliander, Johannes 141f.
Biliis, Andreas de 306
Binding, Karl 700
Biondo, Flavio 147 188 219f. 448
Bischoffberger, Bartholomäus 391 494
Bismarck, Otto von 712 764 766 770 791
Bla(u)rer, Ambrosius 196 722
Blarer, Diethelm, Abt von St. Gallen 183–185 191
Bla(u)rer, Thomas 196 722
Blauenstein s. Gerung
Blaurer s. Blarer
Blösch, Emil 11 717
Blondel, Philibert 382
Blondus, s. Biondo
Blumer, Familie 688
Blumer, Johann Jakob 274 688f. 811
Bluntschli, Fridli 57 143 146 167
Bluntschli, Johann (Hans) Heinrich 434 458
Bluntschli, Johann Kaspar 583 651 685–688 704 713 729 735

Bluntschli, Jonas Karl 651–653
Bodin (Bodinus), Jean 319–321 350 537
Bodmer, Johann Jakob 14 26 277 425 432f. 440–446 449 452f. 455 460f. 463 465 476 503 517f. 548 560 756
Böhmer, Friedrich 676
Boethius, Anicius Manlius Severinus 63
Bois-le-Comte, Charles Joseph Edmond 661
Bonaparte, Familie 708 712
Bonaparte, Lucien 598
Bonaparte s. Napoleon
Bondeli, Familie 537
Bondeli, Julie 465 472
Bonivard, François de 239–247 251f. 375f. 383 513 515 518 731
Bonjour, Edgar 758 770
Bonnet, Charles 550
Bonnet, Jean-Jacques 513
Bonstetten, Freiherrengeschlecht 81
Bonstetten, Albrecht von 57–59 62 80–83 307 796
Bonstetten, Gustav von 700f.
Bonstetten, Karl Viktor von 548 550–553 567
Bonstetten, Ulrich von 253
Boor, Helmut de 79
Bordier, Henri 693f.
Borgeaud, Charles 729
Bosshard, Laurenz (Lorenz) 135f. 350 390
Bossi, Donato 306
Bott, Jakob 237
Bouchet, Jean 317
Bouillon, Henri de la Tour d'Auvergne, duc de 339 341
Bourbon, Dynastengeschlecht 609
Bouvier (Berry), Gilles le 315
Boyle, Robert 414
Boyve, Jonas 98f.
Bracciolini, Poggio 120f.
Brackenhoffer, Elie 418
Brackmann, Albert 428
Brägger, Basilius 390
Brandenburg, Fürstenhaus 387
Brant, Sebastian 71 123
Breitinger, Johann Jakob 432 440–442 446 449 455
Brennwald, Felix 55
Brennwald, Heinrich 18 45 55–57 64 143 146f. 151 166 305 350
Breyer, Friedrich 578
Bridel, Philippe Sirice (doyen) 481 592
Briefer, Familie 206
Briefer, Niklaus 206
Brilinger, Hieronymus 37 41f. 207

Broglie, Albert Victor, Herzog von 662
Brucker, Johann Heinrich 479
Bruckner, Daniel 222 481–484
Brüglinger s. Sperrer
Brüllisauer, Magnus 426
Brun, Bruno 45 49
Brun, Friederike 548
Brun, Rudolf 32 45 88 104 773
Brun, Thomas 198
Brune, Guillaume-Marie-Anne 716
Bruni, Leonardo 121f. 167
Brunner, Familie 492
Brutus, Marcus Junius 261
Bubenberg, Adelsgeschlecht 16 21 23
Bubenberg, Adrian von 13 21 24 98
Bucelinus (Buzlin), Gabriel 394f.
Bucer, Martin 159
Buchegg, Adelsgeschlecht 31 608
Buchegg, Berchtold von 31f.
Buchegg, Matthias von 31
Bucher, Familie 390
Buckle, Henry Thomas 737f.
Büchi, Albert 97 116 796f.
Büdinger, Max 730 736 745
Bürger, Gottfried August 562
Bürkli, Hans Georg (Ratsherr) 396
Bürkli, Hans Jakob (Prediger) 396
Büsching, Anton Friedrich 446 448
Buffon, George Louis Leclerc,
   Graf von 321
Bugniet, Nicod 94f.
Bullinger, Heinrich 56 134 138f.
   141–143 146f. 153–158 160 164 187
   196 207 232f. 235 265f. 283 296 298
   301 312 352 415 440 461 540 580 583
   722
Bullinger, Johann Balthasar 434
Bundi, Jakob 235f.
Burckhardt, Carl J. 785–787
Burckhardt, Jacob 563 566 601 689f.
   723 737 759 779–783
Burckhardt, Paul 784
Burke, Edmund 621 626
Burkhard von Fricke 72
Burnet, Gilbert 413–416
Businger, Josef 510f.
Buxtorf, August Johann 475
Buzlin s. Bucelinus
Byron, George Noel Gordon, Lord 240

Cabaret s. Dronvilla
Caesar, Gaius Julius 56 148 169 192 206
   216 251 260f. 292 350 366 402 408
   514 518 602
Caligula, Gaius Caesar, röm. Kaiser 192
Callot, Jacques 370

Calvin, Johannes 132 158 177 212f.
   241 243 245f. 248 250–252 377 383
   449 512 514–517 692f. 695 716 727 788
Campell, Familie 233
Campell, Kaspar 233
Campell, Ulrich 115 233–235 237 332f.
   337 541 731
Canning, George 600
Capaul, Wolf von 231f.
Cardoino, Andrea 381
Caroli, Gioffredo 307
Carpentarius s. Zimmermann, Georg
Casati, Alfonso I. 292
Castella, Gaston 796
Castlereagh, Robert Stewart, Marquess
   of Londonderry 600
Catalan, Laurent, Apotheker 213
Catilina, Lucius Sergius 13
Cato, Marcus Porcius 13
Cellini, Benvenuto 314f.
Cérenville, Bernard de 803
Cérésole, Victor 732
Cesarini, Giuliano de 121
Châlons, Adelsgeschlecht 387
Champier, Symphorien 101
Chastel, Nicod de 94
Châteauguyon, Louis de 20
Chatelan, Emile 382
Cherbuliez, Antoine Elisée 807
Choupard, Jean Louis 98
Chuard, Ernest 777
Cibrario, Luigi 608
Cicero, Marcus Tullius 150 329 338 391
   494
Claparède, René Edouard 699
Claudius, römischer Kaiser 264
Clavière, Etienne 522 524
Clemens VII., Papst 148
Closener, Familie 103
Closener, Fritsche (Friedrich) 32 103
Clüver (Cluverius), Philipp 385
Cœur, Jacques 315
Colbert, Jean Baptiste de 452
Coligny, Familie 218
Coligny, Gaspard de, Admiral 218 714
Colladon, Esaïe 378–380
Collinus (Ambühl), Rudolf 212 285
Comander, Johannes 396
Commines, Philipp de 23 316f. 611 682
Comte, Auguste 597
Condé, Henri Jules de Bourbon,
   Prinz 386
Condé, Louis I. de Bourbon,
   Prinz 201
Condé, Louis II. de Bourbon,
   Prinz 386

Constant, Benjamin 556 665
Conti, François Louis de Bourbon, Prinz 386f.
Cook, James 697
Corio, Bernardino 306
Cornuaud, Isaac 512 520–527 552 562
Corvinus, Matthias 62 67
Coryat, Thomas 408f.
Cosimo II., Grossherzog von Florenz 402
Coucy, Enguerrand (Ingelram) VII. de 92
Coxe, William 539–542
Crespin, Jean 801
Cressier, Pétremand de 98
Crétineau-Joly, Jacques 647–654
Cromwell, Oliver 162 411 533
Cudrefin, Jacques 95
Curti, Ferdinand 790
Curti, Theodor 777 789
Cuspinian, Johannes 33
Custine, Adam-Philippe, comte de 554
Cysat, Rennward 62 286–288 314

Dändliker, Karl 736–739 774 777
Daguet, Alexandre 724–727
Dannebuchi, Arminio s. Bianchi, Vendramino
Dante, Alighieri 3
Danton, Georges 527
Davel, Familie 531
Davel, Abraham, Major 530
David, König 111
De Bary, s. Bary
Delacroix, Eugène 240
Demokrit 259
Dentières, Marie 245 248 376
Descartes, René 329 515
Desmoulins, Camille 786
Dierauer, Johannes V 46 175 706 740–748 766 777 789 813
Diesbach, Familie 18–21 23
Diesbach, Johannes von 318
Diesbach, Ludwig von († 1452) 18 20
Diesbach, Ludwig von († 1527) 18f.
Diesbach, Niklaus (Clewi) von († 1436) 19
Diesbach, Niklaus von († 1475) 13 19f. 23–25 611
Diesbach-Watt-Handelsgesellschaft 795
Diesbach, Wilhelm von 18–20 84
Diessenhofen, Ministerialengeschlecht 89
Diessenhofen, Heinrich von 53 89f.
Dietler, Seraphim 53
Dietrich, Johann Peter 390

Dietrich, Philipp Friedrich von 486
Dionysios, Periegetes 118 189
Disteli, Martin 663
Dittlinger, Heinrich 14f. 62 93
Donats, Peter Ludwig 664
Dronvilla, Jean, gen. Cabaret 101
Droysen, Johann Gustav 763 774
Druey, Henri 594
Dubois-Reymond, Félix-Henri 801
Dürr, Emil 46 50 781–783
Dürsteler, Erhard 432–434
Dufour, Guillaume-Henri 633–635 641 644f. 648 650 666f. 669 673
Dufour, Théophile 379
Du Luc, François Charles de Vintimille, comte 398 619
Dumouriez, Charles-François 486
Dunker, Balthasar Anton 506
Du Pan, Abraham 377f.
Duprat, Antoine 318
Du Roveray, Jacques Antoine 522
Durrer, Robert 70 79f. 793f.
Duval, Emile 379

Eberhard, Johann 84
Edlibach, Familie 54
Edlibach, Gerold 22 54–56 138 350
Edlibach, Hans 138f.
Edlibach, Ulrich 54
Egli, Emil 732
Egli, Tobias 233
Ehrenzeller, Wilhelm 789f.
Eichhorn, Ambrosius 428
Eichhorn, Karl Friedrich 686 702 713
Einhard 103
Ekkehard IV. (von St. Gallen) 85
Elgger, Franz von 638–641 643f. 654
Elisabeth I., Königin von England 154 217
Elisabeth, Äbtissin von Wetzikon 85
Ellenhard (der Grosse) 104
Emanuel Philibert, Herzog von Savoyen 176
Endingen, Adelsgeschlecht 31
Engel, Samuel 528
Erasmus, Desiderius (von Rotterdam) 186 194 197 209f. 212 226 259f. 282 298 540 567 786
Eremita, Daniel 385 402
Erhard, Familie 496
Erlach, Johann Jakob von 456
Erlach, Karl Ludwig von 553
Erlach, Rudolf von (Laupen 1339) 11 717
Erlach, Rudolf von († 1507) 25f. 57f.
Erlach, Sigmund von 360 415

Erthal, Karl Joseph von, Kurfürst 553
Erzberg, Cosmas 207
Escher, Alfred 598 765f.
Escher (von der Linth), Hans Konrad 587
Escher, Heinrich 369
Escher, Johannes (Stadtschreiber) 265
Escher-Bodmer, Jakob 764
Etterlin, Egloff 63f.
Etterlin, Petermann 5 27 42 45 56 63–68 79 105 115 118 125 282 284 286 291 296 312 314 323 479
Eugen IV., Papst 47 121
Eugen, Prinz von Savoyen 369
Eugenius 75
Eusebius (Kirchenvater) 104
Eva 31
Evelyn, John 411–414
Exuperantius (Zürcher Stadtheiliger) 45

Faber, Johannes 156
Fabri (Schmid), Felix 52f. 80
Fabry, Adémar 100
Faesch, Familie 540
Faesch, Remigius 419
Fäsi, Johann Konrad 429 446 448f. 491f.
Falk, Peter 291
Fankhauser, Johannes 456f.
Farel, Guillaume 238 245f. 255 803
Fassbind, Joseph Thomas 509–511
Fatio, Pierre 512 519
Fechter, Augustinus 193
Feddersen, Peter 630f.
Feer, Ludwig 117
Felice, Fortunato de 467
Felix (Zürcher Stadtheiliger) 45
Felix V., Papst 38 47 121f. 220
Feller, Richard VI 758–761 770
Ferdinand I., Grossherzog von Toscana 402
Ferdinand I., Kaiser 200 265 274
Ferdinand II., Kaiser 229 344
Fichte, Johann Gottlieb 557
Fidelis (Heiliger) 394
Filelfo, Francesco 82
Fischer, Rainald P. 810
Fischer von Reichenbach, Postpächterfamilie 455
Flach, Heinrich 774
Fleckenstein, Freiherr von 36
Fleckenstein, Johann von, Bischof von Basel 37
Fleurange, Robert de 318
Flüe, Hans von 84
Flüe, Jörg uf der 291

Flüe, Niklaus von 52 76 80f. 83f. 164 170 172 284 288 450 490 541 622 718 793
Flugi, Alfons von 115
Fluri, Viborata s. Mörli
Fontana, Benedikt 118f. 126
Forer, Heinrich 182
Fränkli, Hans 13
Franck, Sebastian 114
François, Jérôme 256f.
Franz I., König von Frankreich 28 259 285 309 314 318 803
Franz II., König von Frankreich 213
Franz, Abt von St. Gallen 183
Franz (Sforza), Herzog von Mailand 231
Franz Joseph, Kaiser 659
Franziskus (Heiliger) 584
Freising s. Otto von Freising
Freudenberger, Sigmund 472
Freudenberger, Uriel 463 467f.
Freuler, Familie 492
Freuler, Dietrich 118
Frey, Jakob Christoph 475
Frey-Herosé, Friedrich 634
Freytag, Gustav 213
Fricker, Niklaus 11
Fricker, Thüring (Frickard) 5 11–15 21f. 29 82 165 167 172 356 438 441
Fridolin (Heiliger) 398 480 499
Friedrich II., Kaiser 73 86 88 476 683 716
Friedrich III., Kaiser 34 37 48 53 81 93 121f. 125
Friedrich III., der Schöne, Herzog von Österreich 89 107 686
Friedrich VII. von Toggenburg 91
Friedrich der Grosse, König von Preussen 552f. 556f.
Friedrich Wilhelm IV., König von Preussen 594 620
Friedrich II., Landgraf von Hessen 552
Fries, Hans (Bern) 95
Fries, Hans (Freiburg) 95f.
Frisching, Karl Albrecht von 553
Fritschi (Bruder) 34 44 70 503
Froben, Johannes 323
Froment, Antoine 242f. 245–248 251 376 529 731
Froschauer, Christoph 150f.
Fründ, Johannes 15 21f. 46 54 60f. 74 82 296 356
Frujo (Fruyo), Peter 94 292
Fuchs, Heinrich 396f.
Fuentes, Don Pedro Enriquez, Conte di 332
Fürst, Walter 302

Füssli, Hans 136f.
Füssli, Hans Rudolf 453
Füssli, Johann Conrad 432 441 449f.
    493 532
Füssli, Johann (Hans) Heinrich 92
    432f. 450-453 464 548 573 736
Füssli, Peter 136f. 305
Fueter, Eduard 775-777 808
Fugger, Familie 211
Fustel de Coulanges, Numa Denis 796

Gaberel, Jean 379
Gagliardi, Ernst 765-767 769
Gaguinus, Robertus 166
Galiffe, Jacques Augustin (James) 245
Galiffe, Jean Barthélemy Gaïfre (John)
    245 692
Galilei, Galileo 218
Gallati, Frieda 274
Gallati, Johann Jakob 272
Gallicius (Gallitius), Philipp 233f.
Gallus (Heiliger) 192
Gast, Johannes 207-209 218 222 784
Gaullieur, Eusèbe Henri 672f.
Gautier, Jean Antoine 513-516 518
Gautier, Pierre 513
Gautschi, Willi 813
Geisshüsler s. Myconius
Gelzer, Johann Heinrich 620-622 628
    680 686 710 776
Gengenbach, Pamphilus 201
Gentz, Friedrich von 786
Gerbert, Martin 427f. 505
Germann, Kilian, Abt von St. Gallen 183f.
Gerung, Niklaus, gen. Blauenstein 38f.
    41 206 479
Gervinus, Georg Gottfried 582
Gessler von Brunegg, Familie 718
Gessler, Hermann 78 444 718
Gessner, Konrad 76 160 232 482 540
Gessner, Salomon 540 563
Gfeller, Freiweibel von Worb 13
Gibbon, Edward 539
Gilliard, Charles 802-804
Gingins-La Sarraz, Frédéric de 611
    681f. 685 725f. 730
Giovio, Benedetto 306
Giovio, Paolo 306 311f.
Girard, Grégoire (Père) 724 726
Gisi, Wilhelm 739-741
Glareanus (Loriti), Henricus 67 147 159
    164 258-262 265-267 277 285 290 350
    370 410 417 441 529
Gleim, Johann Wilhelm Ludwig 552
Gleser, Johann Heinrich 480f.
Glutz, Ludwig 290

Glutz-Blotzheim, Robert 578-583 585
    588 592 594 621
Gobineau, Arthur de 782
Göldli, Georg 136 156
Goethe, Johann Wolfgang 213 267 440
    523 542f. 551 556f. 562
Götzinger, Ernst 181 706 731 741 743
Goldast, Melchior 126 295 376 381
    388f. 441 706
Golder, Hans 266
Goldschmid, Johann Jakob 390
Goldschmid, Niklaus = Diesbach,
    Niklaus 18
Goliath 111
Golther, Wolfgang 114
Gondy, Familie 387
Gonzaga, Ferdinand 402
Gottsched, Johann Christoph 442
Goulart, Simon 254 375f. 379f.
Graf, Urs 174 260 278
Grasser, Johann Jakob 369f. 392 419
Grassis, Achilles de 174
Gratianus, röm. Kaiser 153
Graviseth, Jakob von 407
Grebel, Jakob 156 193
Grebel, Konrad 187 193
Grebel, Marta 193
Gregor von Nazianz 124
Gregor VII., Papst 192 565
Greierz (Gruyere, Grueire), Familie 92
Greierz, Hans 92f.
Greierz, Wilhelm 93f.
Gremaud, Jean 18 731
Grey, Jane, Königin von England 154
    540
Greyerz, Hans von 760f.
Grieb, Leonhard 42
Grimm, Hans Rudolf 461f.
Grimm, Jakob 159 558 696 703
Grimm, Robert 761f.
Grimmelshausen, Hans Jakob
    Christoffel von 418
Gross, Johannes 222
Gruben, Hans von der 18-20
Grueire s. Greierz
Grüter, Sebastian 811
Gruner, Johann Rudolf 458-460 472
Gruyere s. Greierz
Guggenbühl, Gottfried 774
Guicciardi, Giovanni 346
Guicciardini, Francesco 310f.
Guichenon, Samuel 383 385
Guichonnet, Paul 814
Guillimann, Franz 230 290 292-295 350
    365f. 385 392 441 461 466 532
Guise, Charles de, Kardinal 155

Guizot, François Pierre Guillaume 588 662f.
Guler von Wyneck, Hans 332
Guler von Wyneck, Johannes 235 332–340 392 394 496 541 731
Guler von Wyneck, Johann Peter 333f. 338 340
Gundelfingen, Heinrich von, Abt von St. Gallen 76
Gundelfingen, Heinrich von, Chronist 68 74 76–78 80f.
Gundelfingen, Konrad von, Gegenabt von St. Gallen 86
Gundelfinger, Niklaus 49 76
Gundoldingen, Peter von 507
Gurnel, Franz 291
Gustav II. Adolf, König von Schweden 75 361

Habsburg, Dynastengeschlecht 31–33 48 53 72–74 85 103f. 150f. 190 195 268f. 293–295 395 403 410 427f. 458 478 678f. 683f.
Hadlaub, Johannes 85
Häberlin-Schablegg, Jacob 812
Haffner, Anton 289 365 532–534
Haffner, Franz 365–368
Haffter, Ernst 345
Hagen, Gregor 53
Hagenbach, Peter von 24 39 105 109 112
Halbsuter, Hans 143
Halder, Nold 813
Haller, Albrecht von 348 448 455 459 465 472 493 503 541 546 548 563
Haller, Berchtold 164 177 277
Haller, Franz Ludwig von 696 783
Haller, Gottlieb Emanuel von V 272 441 455 457 464 467–469 478 493 499 501 505 507 548 551 719
Haller, Johannes 161 177f. 356
Haller, Karl Ludwig von 625f.
Hannibal, karthagischer Feldherr 148
Hartmann, Christoph 392
Hartmann, Pierre 648
Heer, Gottfried 811
Heer, Oswald 697f.
Heer, Rustenus 428
Heeren, Arnold Hermann Ludwig 556
Hegel, Georg Wilhelm Friedrich 576 597 621 735
Heidegger, Gotthard 353 431
Heidenberg von Trittenheim s. Trithemius
Heierli, Jakob 701
Heimgartner, Konrad 57
Heinrich II., König von Frankreich 178

Heinrich IV., König von Frankreich 216 292 341 378 799
Heinrich IV., Kaiser 763
Heinrich V., Kaiser 763
Heinrich VII. von Luxemburg, Kaiser 678f.
Heinrich VIII., König von England 322
Heinse, Wilhelm 562
Hektor, König von Troja 85
Hemmerli, Familie 47
Hemmerli, Felix 47–50 53 78 81 122 131 441
Henne, Josef Anton 46 629f. 644 667f. 727
Henne am Rhyn, Otto 727f.
Henneberger 107
Henry, prince of Wales 408
Henzi, Samuel 455
Herbort, Samuel 457
Herder, Johann Gottfried 485 556 558–560 562–564
Herdi, Ernst 812
Herkules 283 366
Hermann von Genua 106
Hermann, Gabriel 179f. 364
Hermannus, Contractus 104
Herminjard, Aimé Louis 693
Herodes 200
Herodot 271
Herold, Johannes Basilius 226
Herrgott, Marquard 428
Herrliberger, David 445–447
Heusler, Andreas (1802–1868) 676 682–684 787
Heusler, Andreas (1834–1921) 794
Heynlin vom Stein, Johannes 198
Hidber, Basilius 274
Hieronymus, Kirchenvater 282
Hieronymus von Prag 63
Hilber, Paul 70
Hilty, Carl 620 734–736
Hinwil, Hans von 141
Hirsch, Hans 428
Hirschfeld, Christian C.L. 542
Hirzel, Hans Kaspar 425
Hirzel, Salomon (1727–1818) 433
Hirzel, Salomon (1804–1877) 747
His, Familie 487 788
His, Eduard 787f.
Hisely, Jean Joseph 684f.
Hobbes, Thomas 564
Hochberg, Wilhelm von 48
Hodler, Ferdinand 69
Hofmann, Augustin, Abt von St. Gerold 392
Hofmeister, Rudolf 8

Hohenbaum van der Meer, Moritz 429 505
Hohenberg, Georg Albrecht von 33
Hohenstaufen, Kaisergeschlecht 102 191 195 269
Hohenzollern, Fürstenhaus 108 269 387 556
Holbein, Hans d. J. 280 322f. 415 540
Holzhalb, Beat 353f.
Holzhalb, Hans Jakob 437
Homer 118 189 408
Honorius, römischer Kaiser 74
Horaz (Horatius), Quintus Flaccus 103 150 159 259 540
Hottinger, Familie 582
Hottinger, Johann Heinrich V 348–352 385 396–398 529 583
Hottinger, Johann Jakob (1652–1735) 397f.
Hottinger, Johann Jakob (1783–1860) 578 582–588 592 621
Hottinger, Johann Konrad 431
Huber, Hans Oswald 229
Huber, Ulrich gen. Rüegger 112
Hubmaier, Balthasar 183 187f. 202 299
Hug, Hans 285
Hug, Heinrich 119
Hugues, Besançon 243
Hugwald s. Mutius
Humboldt, Alexander von 556
Humboldt, Wilhelm von 710f.
Hume, David 539
Hungerbühler, Magnus 429
Hurter, Diebold 303
Huss, Johannes 108

Id(d)a von Toggenburg 83
Imhof, Joseph (Josef Burkhard Leu) 636
Imperiali, Bernardino 80
Im Thurn, Familie 389
Im Thurn, Johann 389
Innozenz III., Papst 87
Irmy, Stefan 418
Iselin, Isaak 425 465 476 480 484–487 528 548
Iselin, Jakob Christoph 475
Iselin, Johann Rudolf 272 475–477 479
Iselin, Ludwig 418
Ivernois, Francis d' 522–527

Jaffé, Philipp 716
Jahn, Albert 699–701
Jakob I., König von England 410
Jakob II., König von England 411 413
Japhet, Stammvater 534
Jauch, Familie 509

Jauch, Hans 299
Jenatsch, Georg 331 335 337f. 340f. 343 415 605
Jenny, Rudolf 812
Jérôme (Bonaparte), König von Westfalen 558
Jesus Christus 142 152 187 192 366 582 584 728
Jetzer, Hans 70 164f. 167 172 174f. 278 415
Johann Friedrich I., Kurfürst von Sachsen 215
Johann Parricida, Herzog von Österreich 102
Johannes XXII., Papst 88f.
Jolanta, Herzogin von Savoyen 24 27 96 315
Joseph II., Kaiser 542 547 553
Joseph, Patriarch 20
Jost, Jodocus 359
Jovius, Paulus s. Giovio, Paolo
Julius II., Papst 148 172 301
Junod, Louis 256
Jussie, Jeanne de 247–250 256 376 383 529
Justingen, Herren von 8
Justinger, Conrad 5 7–11 15 21–23 49 62 64 78 82 92 96 105 166 296 301 356 464 717 731
Justinus, Marcus Julianus 122
Juvalta, Fortunat von 334–336 338 499f. 731

Kampschulte, Friedrich Wilhelm 716
Kant, Immanuel 485 562
Karl I. von Anjou, König von Neapel 102
Karl der Grosse 49 62 194 236
Karl der Kühne, Herzog von Burgund 24 39f. 96–98 109–111 123 125 127 148 151 315f. 408 466 604 611f. 681f.
Karl Martell 236
Karl I., König von England 411f.
Karl II., König von England 411
Karl III., Herzog von Savoyen 176 249 252
Karl IV., Kaiser 32 90
Karl V., Kaiser 150 166 215 222 282 314 533 786 803
Karl VII., König von Frankreich 315 799
Karl VIII., König von Frankreich 84 308 311 316
Karl IX., König von Frankreich 218
Karl Emanuel I., Herzog von Savoyen 361 381 383

Karolinger, Herrschergeschlecht 436
Katharina von Medici 218
Katzengrau, Franz 389f.
Keller, Familie 502
Keller, Augustin 669
Keller, Ferdinand 696-700 702
Kessler, Johannes 140 161 181-183 185-189 191 193 196 360 731
Kiburger, Elogius 16f. 74 99
Kiem, Martin 428 719
Kilchenmann, Hans 43
Kilchenmann, Ludwig 43
Kind, Christian Immanuel 235
Kinloch, Robert 550
Kistler, Peter 13f.
Kistler, Peter (Stiftspropst zu Zofingen) 76
Kitt, Heinrich 11
Kläui, Paul 772
Klarer, Walter 303
Klingenberg, Ministerialgeschlecht 46 85
Klingenberg, Heinrich von 85 629
Klingler, Anton 435
Klio (Clio), Muse 330 424 605 675
Klopstock, Friedrich Gottlieb 465
Klosener s. Closener
Knebel, Johannes 39f. 112 488
Knoblochzer, Heinrich 109f.
Köhler, Walter 769
Königshofen, Jakob Twinger von 8 56 64 99 103-106
Kolb, Pius 429
Kolin, Lazarus 302
Konrad von Bussnang, Abt von St. Gallen 86
Konrad von Pfäfers 85
Kopernikus, Nikolaus 189 218
Kopp, Fridolin 428
Kopp, Joseph Eutych 79 267 271 274 589 622 675-686 688-690 696 705 713 715 725f. 730f. 746 763 778
Kuchimeister, Christian 85f. 441
Kürschner, Conrad s. Pellikan
Küssenberg, Heinrich 299f.
Küttner, Karl 542
Kuhn, Bernhard Friedrich 598 735
Kunz, der arme 43
Kyburg, Grafengeschlecht 7 31
Kyburg, Eberhard von 33
Kypseler, Gottlieb (Ruchat Abraham) 529

La Borde, Jean Benjamin de 505f.
Läubli, Ludwig 164
Laharpe, Frédéric César de 486 594 735
La Marche, Olivier de 315f.
La Marque s. Fleurange
Landenberg s. Alzellen
Lang, Hans Kaspar (1571-1645) 230
Lang, Johann Kaspar (1631-1691) 396f.
Lange, Friedrich Albert 733
Largiadèr, Anton 773
La Trémouille, Louis de 317
Lattre de Tassigny, Jean Joseph Marie de 802
Lauber, Diebold 25 67
Lauffer, Jakob 441 460-462 464 532f.
Lavater, Johann Kaspar 547
Lavizzari, Pietro Angelo 345f.
Le Clerc, David 381
Lecques, Henri de Chaumont, baron de 343
Lect, Jakob (Jacques) 380 388
Leibniz, Gottfried Wilhelm 194 567
Lemnius Emporicus (Mercator), Simon 115 117f.
Lenin, Wladimir Iljitsch (Uljanow) 601
Lenz, Hans 114
Leo X., Papst 240 309
Leonidas 409
Leopold I., Kaiser 354
Leopold I., Herzog von Österreich 32 87 537
Leopold III., Herzog von Österreich 107 537
Lerber, Franz Ludwig von 457
Lercher, Lukas 302
Lescarbot, Marc 416-418
Lessing, Gotthold Ephraim 117 441 455 465 552
Leti, Gregorio 518
Leu, Johannes 437 499
Leu, Johann Jakob 162 436-438 458 461 496 499 507 516
Leu (von Ebersol), Josef 637 640 660 668
Leu, Josef Burkhard 636-638
Leuthy, Johann Jakob 644 668f.
Lichtenstein, Ulrich von 102
Liebenau, Theodor von 50 92 97 99 272 281 428 715 719-721 800
Livius, Titus 5f. 169 309 331
Locke, John 537 564
Löwenbrugger, Familie 80
Lombardus, Petrus 153
Longueville, Herzogsgeschlecht 386
Longueville, Heinrich von 386
Lorentzen, Theodor 114
Lorenz, Ottokar 676
Loriti, Heinrich s. Glareanus
Lot, Ferdinand 805
Louis-Philippe, König der Franzosen 650 662

Louise von Savoyen 318
Loys de Bochat, Charles Guillaume de 528f. 531–534
Lucius (Heiliger) 398 499
Luden, Heinrich 556 612
Ludovico Moro, Herzog von Mailand 57f. 68
Ludwig von Bayern, Kaiser 32f. 88–90 679 705
Ludwig der Deutsche, König 45
Ludwig der Fromme, Kaiser 192
Ludwig XI., König von Frankreich 18f. 81 96 173 316 318 320 604 611
Ludwig XII., König von Frankreich 28 170
Ludwig XIII., König von Frankreich 333
Ludwig XIV., König von Frankreich 320 364 368 386f. 534 618f. 799
Ludwig, Theodor 107
Lüthard, Christoph 357
Lüthi, Joseph 675
Luise, Königin von Preussen 510
Lully, Jean-Baptiste 786
Lupulus s. Wölflin
Lupus, Manfred Barberin 260
Lussy, Melchior 287 758
Luther, Martin 28 117 124 134 136 140 148 151–154 156 165 177 186f. 194 198 201 206 232 244 259 278 284 298 728 770 788
Lutz, Wilhelm 180 364

Mabillon, Jean 427 453 501f. 518
Macaulay, Thomas 737
Machiavelli, Niccolò 170f. 308–310 314 316 565 650 770
Maillardoz, Philippe de 640–643 654 672
Mailles, Jacques de 318
Maler, Josua 158–160
Mallet, Paul-Henri 519
Manfred, König von Sizilien 102
Manlius (Mennel), Jacob 85 123
Mansfeld, Ernst II., Graf von 339
Manuel, Albrecht 356f.
Manuel, Karl 363f. 457
Manuel, Niklaus 12 165f. 280 458
Maret, Hugues-Bernard 557
Margadant s. Lemnius
Margareta (Heilige) 41
Maria die Blutige, Königin von England 159
Maria von Burgund 40 315
Maria Theresia, Kaiserin 785
Marsilius von Padua 103
Marso, Ascanio 312–314 404

Martin V., Papst 108
Martin der Minorit 106
Martin, Paul-Edmond 805f. 814
Martin, William 808f.
Martinus, Polanus 104 106
Marx, Karl 728
Masséna, André 473
Matignon, Familie 387
Matthieu, Pierre 381
Maurer, Hans Rudolf 453f.
Maurer-Constant, Johann Heinrich 228
Maximilian I., Kaiser (Max) 19 28 55 57–59 63 68 81 85 113 117 124–126 187 189 210 259 298
Maximilian II., Kaiser 409
Maximilian, Erzherzog von Österreich 293f.
May, Bartholomäus 166
May (-von Romainmôtier), Beat Emanuel 462
Medici, Herzogsgeschlecht 308
Medici, Katharina s. Katharina
Meglinger, Joseph 427
Meiners, Christoph 542–544
Meinrad (Heiliger) 83 392
Meister, Leonhard 454
Mela, Pomponius 189 232
Melanchton, Philipp 117 125 186
Melchtal, Arnold von 78
Mennel s. Manlius
Merian, Matthäus 370–373 445
Merowinger, französisches Königshaus 609
Merz, Walther 794f.
Messiez (Messerii), Guillaume 250
Messikommer, Jakob 698
Metternich, Klemens Lothar Wenzel, Fürst von 611 654 661f.
Metzler, Jodocus 426
Meyer, Luzerner Familie 502
Meyer von Knonau, Familie 602 763
Meyer (zum Pfeil), Adelberg 207
Meyer, Bernhard 640 645 657 659–663
Meyer, Bruno 79
Meyer, Conrad Ferdinand 337
Meyer, Dietrich 370
Meyer, Johannes 53
Meyer, Johann Rudolf 435
Meyer, Karl 79 767–769 772 811
Meyer von Knonau, Gerold (1454–1518) 54
Meyer von Knonau, Gerold (1843–1931) V 79 702 706 763f.
Meyer von Knonau, Ludwig (1769–1841) 602–605
Meyer, Rudolf 328 394

Meyer, Valentin 501f.
Michael, Erzengel 17 435
Michelet, Jules 99f. 601
Micheli du Crest, Jacques Barthélemy 519
Miles, Hermann 181f. 187
Milton, John 775
Mirabeau, Gabriel-Honoré-Victor de Riqueti, Graf von 775
Mörli (Fluri), Viborata 185 256
Möser, Justus 563
Molière, Jean Baptiste Poquelin gen. 369
Molitor(is) s. Müller, Nikolaus
Molsheim, Peter von 21f. 94 96f.
Mommsen, Theodor 274 609 696f. 700 724 734 737 745 774 776 783
Monnard, Charles 582f. 588f. 593–599 621 628 676 680 685 695 710 803
Monod, Gabriel 730 775
Montaigne, Michel de 214 242 321f.
Montesquieu, Charles de 425 440–442 482 487 491 550 559 562f.
Montfalcon, Aimon de, Bischof von Lausanne 26
Montmollin, Georges de 100 386f.
Montyon, Michel 101
Moor (Mohr), Peter Conradin von 235 331 731f.
Moor, Theodor von 731
Morlot, Karl Adolf von 699f.
Morus (More), Thomas 322f.
Moryson, Fynes 409f.
Moses 20 106 435
Mülinen von, Familie 29 575 605 702
Mülinen, Egbert Friedrich von V 732
Mülinen, Niklaus Friedrich von 553 575 605–609 612 702
Müller, Carl Emanuel 640
Müller, Johannes von 36 79 98f. 267 271 425 444 450 452 466 476 481 486 501 503f. 511 517 519 540 542 545–569 573 575–580 582 585 588f. 593–595 599–603 605f. 610 612 621 676 678 680 684 689f. 692 702 785 804
Müller, Johann Georg 548
Müller-Friedberg, Karl 623 743
Müller (Molitor[is]), Nikolaus 199f.
Mülner, Eberhard 45
Münch, Familie 31
Münch, Conrad 33
Münster, Sebastian 147 160 206 242 266 305 312 333 372
Müslin (Musculus), Familie 178
Müslin, Abraham 178 474
Müslin, Wolfgang 178 356
Muralt von, Familie 769

Muralt, Leonhard von 758 769–771
Muralt, Martin von 312
Muratori, Ludovico Antonio 601
Mure, Konrad von 47f. 85
Murer, Heinrich 328 392–394 396
Murer, Johannes 26f. 397f.
Murner, Thomas 174 278–281 283
Musculus s. Müslin
Mutius, Ulrich (Hugwald, gen. Mutz) 209f.
Myconius, Oswald 67 153 164 208 211f. 260 277f. 285

Nabholz, Hans 758 770–773
Näf, Werner 790–792
Nägeli, Hans Franz 177
Nägeli, Magdalena 356
Napoleon I. Bonaparte 486 488 556–558 573 579 589 598 600f. 606 640 687 712
Napoleon III. 712
Nauclerus, Johannes 81 123 166 209 242 244
Necker, Jacques 519 665
Nemours, Marie de, Herzogin 363 386
Neuenburg, Matthias von 31–33 85 102
Neugart, Trudbert 428 505 706
Neuhaus, Charles 785
Newton, Isaac 550
Niccoli, Niccolo 120
Nicolaus, anonymer Skribent 111
Niebuhr, Georg Bartold 546 676 702
Niger, Franciscus (Bassanus) 232f. 333
Nithard, Propst 48
Noah 85 106 146 209 268 366 465

Ochs, Familie, später His 788
Ochs, Peter 476 486–489 560 787
Ochsenbein, Ulrich 640 645 648 650
Oechsli, Wilhelm V 692 745–749 764 766 777
Oekolampad, Johannes 136 148 153 197f. 208 220 277
Offenburg, Familie 34
Offenburg, Henmann 34f. 37 418
Oranien, Fürstenhaus 387
Orelli, Hans Konrad von 441 446
Orelli, Johann Caspar von V
Osiris 366
Oswald (Heiliger) 84
Othmar (Heiliger), Abt von St. Gallen 181 191
Otto von Freising 45 103 166 350
Otto von St. Blasien 45
Ottokar 102f.
Ovid(ius), Publius Naso 103 189

Pace, Richard 323
Padavino, Giovanni Battista 307 313 333 358 399–401 411 535f. 799
Palliard, Anton 290
Palmerston, Henry John, Lord 641 650 658 662f.
Panigarola, Giovanni Pietro 127 611 682
Pantaleon (Bantlin), Heinrich 210 312 370
Paradin, Guillaume 101
Paravicini, Vinzenz 222
Paulus, Niklaus 175
Peel, Robert 650
Pellikan (Kürschner), Conrad 139–143 153 418
Pellikan, Samuel 140
Perrin, Ami 243 247
Perrin, Pierre 376f.
Perthes, Friedrich Andreas 740f.
Pertz, Georg 676
Pestalozzi, Johann Heinrich 466 588
Peter II., Graf von Savoyen 608
Petri, Adam 207
Peyer, Familie 389
Pfettisheim, Familie 109
Pfettisheim, Konrad 109–111
Pfund, Ulrich 7
Pfyffer, Eduard 637
Pfyffer, Kasimir 70
Pfyffer, Ludwig 287 289 392 713
Pfyffer, Rudolf 252
Philipp, König von Makedonien 169
Philipp II., König von Spanien 381
Philipp III., König von Spanien 799
Philippe, Jean 247
Piaget, Arthur 256 800f.
Piaget, David 376 380
Piccolomini, Silvio Enea (Pius II.) 82 121–123 131 308 479
Pictet de Rochemont, Charles 524
Pidou, Auguste 592
Pierre, Hugues de 99
Pierrefleur, Familie 256
Pierrefleur, Guillaume de 256 528
Pierrefleur, Pierre de 256
Pieth, Friedrich 812
Pilatus, Pontius 200
Pirkheimer, Willibald 67 124–126 265 388 441
Pius II. (s. auch Piccolomini), Papst 121
Pius VI., Papst 552
Pius IX., Papst 648
Planta von, Familie 337 497
Planta, Conradin von 623

Planta, Johann von 233 499
Planta, Joseph 599f.
Planta, Pompejus von 331
Plantin, Jean-Baptiste 352 385f. 403 441 528 532 537
Plato 103 124 161 169 190 244 485 565 649
Platter, Familie 212 216 218
Platter, Felix 212–216 321
Platter, Thomas I. 160f. 211–218 277
Platter, Thomas II. 216f.
Plattner, Placidus 235
Plinius, C. Secundus 189 261
Plutarch 124 169 444 540 562
Poggio, Bracciolini 220
Polybios 557
Porta a, Familie 498
Porta, Peter Dominicus Rosius a 334 498–500 541
Priamus, König von Troja 366
Priamus, Merowingerfürst 85
Ptolemäus, Claudius 57f. 124 261
Püntiner, Familie 508
Pupikofer, Johann Adam 812
Pury de, Familie 98
Pury, Abram de 100 387
Pury, Henry de 99 800
Pury, Samuel de 98–100 719 800

Quadrio, Francesco Saverio 346
Quartéry, Jean Jost de 18
Quintilian(us), Marcus Fabius 120

Rabelais, François 213 242 247
Radegg von, ritterliches Bürgergeschlecht 73
Radegg, Rudolf von 49 73f. 82
Rahn, Hans Rudolf 732
Rahn, Johann Heinrich 354f. 440 442 466
Randegg, Adelsgeschlecht 48
Ranke, Leopold von 173 399 553 563 567 702 730 739 759 770 774f.
Rappard, William E. 806–808
Raron, Freiherrengeschlecht 17
Raron, Petermann von 91
Ratpert 85 193 426
Raumer, Friedrich Ludwig von 556
Rechberg, Hans von 61
Reding, Ital d. Ä. 46 54 61
Regino von Prüm 103
Regula (Zürcher Stadtheilige) 45
Reinhardt, Heinrich 796
Remus 74
Renatus, Herzog von Lothringen 84
Rengger, Albrecht 735

Repkow, Eike von 104
Reubel, Jean-Baptiste 488
Reuchlin, Johannes 258
Reymond, Maxime 743
Reynold, Gonzague de 797f. 808
Reynold, Philippe de 650
Rhaetus 337 343 345 366 496
Rhenanus, Beatus 206 265
Richardson, Samuel 455
Richelieu, Armand Jean du Plessis
  (Kardinal) 339 341f. 619 786
Richental, Johann 107
Richental, Ulrich 107f.
Rickenmann, Jakob Basil 390
Riedmatten, Hildebrand von 160
Riehl, Wilhelm Heinrich von 736f.
Rigert, Kaspar 509f.
Rilliet, Albert 248 250 693f.
Rilliet de Constant, Frédéric Jacques
  Louis 665–667
Ringier, Michael 360f.
Ringoltingen, Familie 18
Ringoltingen, Thüring von 18
Robustelli, Giacomo 345f.
Rochholz, Ernst Ludwig 717–719
Rodt, Bernhard Emanuel von 607
  610–612 681
Röist, Marx 134
Rösch, Ulrich, Abt von St. Gallen 192
Roget, Amédée 693
Roh, Pierre 637
Rohan, Henri, duc de 336f. 339
  341–345 405 415
Rohmer, Friedrich 686
Roll, Hans von 365
Rollin, Charles 505
Roothaan, Johann Philipp 648
Roset, Michel 243 250–253 376 383
  514f. 731
Rossi, Pellegrino 807
Rossier, Edmond 804f. 808
Rotach, Ueli 442
Rothenflue, Dominik 390
Rott, Edouard 799
Roulin, Alfred 92
Rousseau, Jean-Jacques (Hans Jakob)
  101 213 240 319 442 465 473 485 487
  503 506 519 522 525f. 541 546 550
  562–564 566 586 598 604 628 728 748
Rovéréa, Ferdinand de 610
Rubellus (Rötelin) 258 277
Ruchat, Abraham 256 528–531 588
Rudella, Franz 291f. 397
Rudolf, Herzog von Österreich 90
Rudolf I. von Habsburg, Kaiser 32 45 85f.
  88 103 105 134 194 295 563 678f. 683 716

Rudolf II. von Habsburg, Kaiser 293
Rudolf von Habsburg-Laufenburg,
  Graf 73
Rudolf, J. Martin 669f.
Rüd (Ryd) s. Anshelm Valerius
Rüeger, Johann Jakob 229f.
Rüegger s. Huber, Ulrich
Rüsch, Gabriel 495
Rüsch, Niklaus 39f.
Rütimeyer, Ludwig 697f.
Rütiner, Johannes 196
Ruppert, Philipp 107
Rusca, Niccolò 332 345f.
Russ, Melchior († 1493) 62
Russ, Melchior († 1499), Chronist
  62–64 67f. 105 282
Ryff, Familie 200 222
Ryff, Andreas 220 222–226 419 482
Ryff, Diebold 201f.
Ryff, Fridolin 200–202 204
Ryff, Peter 201
Ryhiner, Achilles 419
Ryhiner, Heinrich 205f.

Sacconay, Jean de 457
Sailer, Rudolf 183f.
Salat, Familie 281
Salat, Hans 81 146 164 266 281–284
Salis von, Familie 399f. 498
Salis-Zizers von, Familie 235
Salis-Soglio, Johann Ulrich von 640
  642 645
Salis, Rudolf von 338
Salis-Marschlins, Ulysses von
  (1594–1674) 335–341 343 499 731
Salis-Marschlins, Ulysses von
  (1728–1800) 498
Sallustius Pharamundus Helvetius 380
Sallust(us), Gaius Crispus 5 13 189 293
  330f.
Salomo III., Bischof von Konstanz 392
Samson (Sanson), Bernhardin 164
Sanuto, Marino 307f.
Sarasin, Jakob 419
Sarrasin, Jean 381
Saulx-Tavannes, Gaspard de 319
Savion, Jacques 375–377
Savion, Jean 375
Savoyen, Fürstenhaus 608
Sayous, Edouard 634
Scaliger, Joseph 402
Schaller, Nikolaus 296
Scharnachtal von, Familie 18 23
Scharnachtal, Konrad von 18
Scharnachtal, Niklaus von 17
Schaub, Lukas (Sir Luke) 539

Schedel, Hartmann 56 64 68 81
Schelling, Friedrich Wilhelm Joseph von 710f.
Scherrer, Gustav 91
Scheuchzer, Johann Jakob 431 434–436 440 491 496 517 529
Schib, Karl 813
Schiess, Traugott 181 235 274 722
Schiffmann, Franz Joseph 70
Schiller, Friedrich 67 75 267 434 454 476 556 562 622
Schilling, Familie 21 67 70
Schilling, Diebold (Bern) 15 21–26 54f. 57 61f. 64 68 93 95–97 166–168 296 356 611 681 731 756
Schilling, Diebold (Luzern) 67–71 81
Schilling, Hans 67
Schilling, Johann 21
Schilling, Klaus 67
Schindler, Familie 492
Schiner, Matthäus, Kardinal 28 81 164 172 227 291 323 585 796
Schinz, Johann Heinrich 450–453 577 705
Schläpfer, Walter 810
Schleiermacher, Friedrich 636
Schlieffen, Martin Ernst von 552
Schlözer, August Ludwig 545f.
Schlosser, Friedrich Christoph 734
Schmid, Felix s. Fabri
Schmid, Franz Vinzenz 505 508f. 511
Schneider, Hans 744f. 777
Schnell, Samuel 756
Schnewly, Pierre 292
Schnitt, Konrad 203–207
Schnürer, Gustav 796
Schnyder, Wilhelm 811
Schobinger, Bartholome 388
Schodeler, Werner 296f. 304f. 479
Schodeler, Werner d. J. 304
Schönbrunner, Hans I. 300
Schönbrunner, Hans II. 300
Schönbrunner, Heinrich 300f.
Schöni, Anton 50
Schöpflin, Johann Daniel 505 676
Schollenberger, Jakob 777f.
Schoop, Johann 545
Schorno, Christof 265
Schott, Jakob 58
Schradin, Nikolaus 6 64 68 115 123
Schreiber, Schwiderius 390
Schriber, Hans 78f.
Schürer, Sarah 180
Schuler, Johann Melchior 627
Schuler, Paulus Wala 265
Schulte, Aloys 274
Schulthais, Hans 107

Schulthais, Niklaus 107
Schumacher, Familie 502
Schurtanner, Jakob 303
Schwanden, Johannes von 73
Schweizer, Zürcher Familie 764
Schweizer, Johann Heinrich 348
Schweizer, Paul 73 299 764 748
Schwinkhart, Familie 27
Schwinkhart, Ludwig 27–29 167 356 761
Schwinkhart, Nikolaus 27
Schwyzer, Felix 137f.
Schwyzer, Johannes 137
Scoppius, Kaspar 402
Scott, Walter 589 600
Scotti (Scotus), Ranutio (Ranutius) 313 394 404f.
Seemann, Sebastian 301f.
Segesser (von Brunegg), Familie 707
Segesser, Philipp Anton von 638–641 643f. 648 654 667 669 676 707–715 730f. 733 787f.
Seiler, Hans s. Salat
Seiler, Ludwig 62f. 68
Seippel, Paul 777 789
Senebier, Jean 518
Senn von Münsingen, Johann, Bischof von Basel 31
Sererhard, Niklaus 482 496–498 500 731
Serres, Jean de 381
Servet, Michel 252 449 515f.
Servion, Jean 101
Sforza, Ascanio 82
Sforza, Galeazzo Maria 78
Sforza, Franz, Herzog von Mailand 231
Shakespeare, William 216 356
Sicher, Fridolin 182f. 187
Sickel, Theodor 682
Siegrist, Hans 812
Siegwart(-Müller), Constantin 623 637 639 642f. 645f. 648 650 653–660 668 670f.
Sigisbert (Heiliger) 236
Sigmund, Kaiser 8–10 18 34 106
Sigmund, Herzog von Österreich 70 76 84 151
Signau, Freiherrengeschlecht 31
Silberysen, Christoph 305
Silenen von, Familie 23
Silius, Italicus Tiberius 118
Silvio Enea (Silvius Aeneas) s. Piccolomini
Simler, Johann Jakob 432f. 575
Simler, Josias 160–163 225 233–235 254 267 292 294 320 333 355 385 392 408f. 433f. 437 440f. 448 461 477f. 516 533 537

Sinner von Ballaigues, Johann Rudolf 33
Sinner, Ludwig von V
Sismondi, Jean-Charles-Léonard Simonde de 600f. 807
Slecht, Reinbold 106
Sleidan, Johannes 255
Smith, Adam 452
Socini, Lelio 312
Soliman II., Sultan 136 228
Sombart, Werner 771
Sophie von Anhalt, Prinzessin 487
Soult, Nicolas Jean, General 508
Spanheim, Friedrich 383f.
Spazier, Johann G. 542
Sperrer, Familie 35
Sperrer, Hans, gen. Brüglinger 35–37
Spittler, Ludwig 542
Spon, Jakob (Jacques) 383 514–516
Sprecher, Johann Andreas von 811f.
Sprecher von Bernegg, Fortunat 332 335–341 343 346 392 394 496 499f. 541 731
Sprecher von Bernegg, Theophil 235
Spreng, Johann Jakob 67 478–480 502
Sprenger, Jakob 52
Sprüngli, Bernhard 139
Staal, Hans Jakob vom, d. Ä. 290 292 365
Staal, Hans Jakob vom, d. J. 365
Stähelin, Bürgermeister von Breisach 112
Staehelin, Felix 783
Staehelin, Heinrich 813
Staël, Germaine, Madame de 519 556 600
Stämpfli, Jakob 766
Stagel, Elsbeth 53
Stanyan, Abraham 449 536–539
Stapfer, Johannes 464 474
Stapfer, Philipp Albert 735
Stark, Franz 810
Statius, Publius Papinius 118
Stauffacher, Werner 74 78f. 210 302
Stauffer, Philipp 197
Steck, Rudolf 757
Steffen, Franz 796
Steiger, Isaak 455f. 459
Steiger, Johann 670
Steiger, Johanna 362
Steiger, Niklaus Friedrich von 473 554 587
Steiner, Zuger Familie 142
Steiner, Andreas 347
Steiner, Werner I. 142f.
Steiner, Werner II. 135 142–144
Stern, Alfred 30 114 774
Sterner, Ludwig 114 116
Stettler, Hieronymus 359
Stettler, Johannes 107

Stettler, Karl Ludwig 473f.
Stettler, Michael 14 27 29 173 175 350 356–359 363 385 441 460f. 466
Stipplin, Chrysostomus 426
Stockar, Famile 228
Stockar, Hans 227f.
Stöcklin, Augustin 272
Stör, Jakob 380
Stör, Stefan 205
Storr, Gottlieb 542
Strabo 261
Strahm, Hans 11 813
Strauss, David Friedrich 728
Stretlingen, Adelsgeschlecht 16
Strickler, Johannes 721–723 728 731
Stuart, schottische Königsfamilie 411
Studer, Gottlieb 7 10f. 92 266 717
Stückelberg, Ernst Alfred 732
Stürler, Marguerite von, Frau Brigadier 472
Stürler, Moritz von 11 715–717
Stürler, Susanna 361f.
Stüssi, Rudolf 46 49 52 269
Stulz, Heinrich 228
Stumpf, Johannes 18 51 56 75 118 144–152 155f. 160–162 191 193 195 204 206 219 222 225 230 234 242–244 266f. 269 274 286 291f. 301f. 305 313f. 333 354f. 392 426 434 440 448 466 475 532 724
Stutz, Ulrich 704
Suicerus 441
Sully, Maximilien de Béthune, duc de 341
Sulzer, Simon 177
Summermatter, Paulus 211
Suter, Kaspar 302f.
Swytherus 74
Sybel, Heinrich von 763
Sydow, Rudolf von 661f.

Tacitus, Publius Cornelius 5 146 261 402 439 466 482 484 551 566 579
Tafur, Pero 322
Tegerfeld, Anton 298
Tell, Wilhelm 62 67 75 78f. 210 232 261 295 302 346 370 408 434 450 463 466–468 475 478 481 502 509 539 541 551 564 651 676 678–680 684f. 690 692–694 718 768 785
Teutoboch 353
Theodosius II., römischer Kaiser 74
Thévenaz, Louis 800
Thierry, Augustin 737
Thiers, Adolphe 588
Thommen, Rudolf 779

833

Thomsen, Christian Jürgensen 696 700
Thou, Jacques de 214
Thürer, Georg 811 813
Thugut, Johann Amadäus Franz von 555
Thukydides 5 466 521 566 579
Thuremberg, Familie 92
Tillier, Johann Anton von 359 612–616 627 630
Tissot, Albert 99
Tobler, Gustav V VI 10f. 97 731 756f.
Tocqueville, Alexis de 687 782 786
Toggenburg, Dynastengeschlecht 74
Tok(k)o 370 694
Trajan, Marcus Ulpius, römischer Kaiser 741
Traunsdorff, Johann Heinrich von 407
Travers, Johann von 231
Treitschke, Heinrich von 788
Trithemius, Johannes, Abt von Spanheim 80 123
Tronchin, Jacques 548
Tronchin, Jean Robert 525 550–553
Troyon, Frédéric 698f.
Trümpi, Christoph 491–493 495 503 811
Tschachtlan, Benedikt 14–16 21f. 62 93 296 356
Tschachtli (de Chastel), Familie 94
Tscharner, Brüder 466 756
Tscharner, Daniel von 456
Tscharner, Niklaus Emanuel von (Arner) 464f.
Tscharner, Vinzenz Bernhard von 425 464–467 503 506
Tschiffeli, Johann Rudolf 472
Tschudi, Familie 261 264 269 490 492
Tschudi, Aegidius (Gilg) 36 46 56 64 79 83 118 147 150 160–162 194f. 206 229 232 234 242f. 260 262–276 286 291 294f. 312 333 404 410 426 434 448 466 476 479–481 491f. 508 510f. 533 551 566 603 678f. 683 685 688 692 705 724 781
Tschudi, Dominicus 427
Tschudi, Fridolin 262
Tschudi, Johann Heinrich 424 490–492 496 503 811
Tschudi, Johann Jakob 493
Tschudi, Ludwig 228
Tschudi, Niklaus Friedrich von 644 670–672
Tschudi, Valentin 261f. 491
Türler, Heinrich 757f.
Türst, Bernhard 57
Türst, Konrad 57–59 81
Tüsch, Hans Erhard 110f.

Tuisko 366
Turenne, Henri, vicomte de 640
Turmayr s. Aventinus
Twinger, Jakob s. Königshofen

Uhlmann, Johann 700
Ulrich, Herzog von Württemberg 285
Ulrich, Familie 438
Ulrich, Johann Jakob 431
Ulrich, Johann Kaspar 438f. 451
Ulrich, Joseph Balthasar 643–647 654
Ursperg, Burkard von 166
Ursus (Heiliger) 450
Ussermann, Aemilian 428
Usteri, Paul 578 587 598 774
Utenheim, Christoph von, Bischof von Basel 198

Vadian (Watt), Joachim 141 147f. 150–152 165 168 181–183 185–196 220 232 234 243 259 261 265f. 268–270 285 294 303 350 388 426 440 498 731 790f.
Valla, Laurentius 189
Vandel, Pierre 243 247
Van Papenbroeck, Daniel 427
Vasella, Oskar 797
Vatke, Johann Karl Wilhelm 694
Vaucher, Pierre 593 694f.
Veiras, Hans Franz 407
Verdeil, Auguste 256
Verena (Heilige) 299
Vergerio, Pierpaolo 312
Vernet, Jacob 516f.
Vesal, Johannes 214
Vespucci, Amerigo 189
Vettori, Francesco 309
Vic, Méry de 799
Victring, Johannes von 87 102f. 692
Villard, Jean du 253f.
Villiger, Peter 286
Vincent, John Martin 728f.
Vinea, Petrus de 476
Viret, Pierre 158 177 246 255
Virgil (Vergilius), Publius Maro 118 169 233 258 540
Vischer, Friedrich Theodor 741
Vischer, Wilhelm I. 690
Vischer (-Bilfinger), Wilhelm II. 30 79 419 690 692f.
Vischer, Wilhelm III. 690
Vitoduranus (Winterthur von), Johannes 32 79 87–90 103 390 441
Vögelin, Familie 723
Vögelin, Anton Salomon 723
Vögelin, Friedrich Salomon 274 723f.

Vögelin, Johann Konrad 621
Vögelin, Salomon 696 723 745
Vogelweide, Walter von der 195
Vogler, Hans (1442–1518) 303f.
Vogler, Hans (1498–1567) 303f.
Voltaire, François Marie Arouet 440
 442 459 516 518 522 546 550 559
 562f. 567 728 776
Voragine, Jacobus de 64 104 106
Vulliemin, Louis 582f. 588–594 621
 695 803

Wackernagel, Hans Georg 784f.
Wackernagel, Rudolf 225 759 779f.
 783f.
Wackernagel, Wilhelm 779
Wadislaus 74
Wagner, Franz Sigmund von 471–473
 529
Wagner, Johann Georg 366 368f.
Wagner, Johann Jakob 352f. 434
Waitz, Georg 679 687 692 705f. 730
 763 774
Wake, Isaac 410f.
Waldheim, Hans von 80f.
Waldkirch, Familie 389 477
Waldkirch, Johann Rudolf von 475
 477f. 484
Waldmann, Hans 22 50f. 54–56 151
 172f. 452f. 604f. 622 736 765
Wallenstein, Albrecht Wenzel von 764
Walser, Familie 493
Walser, Gabriel 493–495 810
Walther, Isaak Gottlieb 469–471
Wartmann, Hermann 683 705–708 741
 743 763 777
Waser, Johann Heinrich 161 432
Waser, Josias 347
Waser, Kaspar 408
Watt s. Vadian
Wattenwyl, Alexander Ludwig von
 462–464 466 468f. 528 533
Wattenwyl, Johann von 459
Wattenwyl, Niklaus Rudolf von 553
Weber, C. Dr. = Tschudi, Niklaus
 Friedrich 670
Weber, Max 771
Weber, Peter Xaver 811
Weber, Veit 25 111
Wehrli, Peter 134 156
Weimar, Bernhard, Herzog von 342 405
Weiss von, Familie 361
Weiss, Gabriel von 361–363
Weiss, Leo 152
Weiss, Otto 774
Weitling, Wilhelm Christian 615

Welfen, Herrschergeschlecht 269
Wellington, Arthur Wellesley,
 Herzog von 600
Welser, Marcus 333
Welti, Friedrich Emil 794
Wengi, Niklaus 289
Werder, Urs 50
Werdt, Samuel von 474
Wernle, Paul 788
Wettstein, Johann Rudolf 224 320 373f.
 683
Wieland, Christoph Martin 442 465
 547 556
Wieland, Johannes Baptist 428
Wilhelm von Montfort,
 Abt von St. Gallen 86
Wilhelm von Oranien 387 413
Wilhelm III., König von England 411
Wimpfeling, Jakob 64 81 115 123 279
 350
Winckelmann, Eduard 730
Winkelried, Erni (Arnold) von 62 210
 507 651 720
Winteler, Jakob 811
Winterthur, Johannes von
 s. Vitoduranus
Wirz, Hans Georg 79
Wittelsbach, Fürstenhaus 269
Wölflin, Familie 164
Wölflin (Lupulus), Heinrich 81
 164–167 284
Wohlgemuth, August 764
Wolfenschiessen s. Alzellen
Wolleb, Heini 116
Wurstemberger, Johann Ludwig
 607–610 676
Wurstisen, Christian 37 206 217–222
 225 458 475 478f. 481
Wyle, Niklas von 81f. 131 282
Wyss, Bernhard 56 134f. 144
Wyss, David von, d. Ä. 704
Wyss, David von, d. J. 704
Wyss, Friedrich von 704
Wyss, Georg von V 11 79 238 248
 272 284 695 701–704 706 788

Xenophon 124 320

Zähringer, Herzogsgeschlecht 458 463
 609
Zapf, Georg Wilhelm 429
Zehender, Familie 175
Zehender, Samuel 175–177
Zeiller, Martin 372
Zelger, Franz Nicolaus 510
Zellweger, Familie 493 617

Zellweger, Johann Kaspar 589 616–620 675 681 738 810
Zellweger, Laurenz 460
Zemp, Joseph V
Ze Rhin, Friedrich, Bischof von Basel 37
Zibol, Familie 41
Zibol, Jakob 41
Zigerli s. Ringoltingen, Thüring von
Zimmermann (Carpentarius), Georg 197 199
Zimmermann, Johann Georg 465 f.
Zoller, Johann Wilpert 432 f.
Zoller, Matthis 25
Zosimus, Papst 74
Zschekkenbürlin, Hieronymus 198–200
Zschokke, Heinrich 454 621 626–630 725 737
Zurlauben, Familie 505
Zurlauben, Beat Fidel Anton von 92 95 501 505–508 575 719
Zwicki, Familie 492
Zwinger, Friedrich 475 481
Zwinger, Johannes 408
Zwinger, Theodor 408 418
Zwingli, Ulrich 28 54 56 132 134 f. 138–143 146 151–154 156 164–166 177 182–184 190 194 198 208 211 f. 232 258 f. 261 f. 277 283–285 298–300 350 392 452 454 540 563 583–585 627 686 724 727 731 746 769 f. 788